SANGITA RAGA-KALPADRUMA

NAGENDRANATH VASU

GYAN

Published by

Gyan Publishing House
5, Ansari Road
Daryaganj, New Delhi-110002
Phone: 011-47034999, 9811692060
E-mail: books@gyanbooks.com

Distribution Network
gyanbooks.com
India, USA, Canada, UK, Australia

ISBN: 978-93-7225-077-0 (PB)

First Published, 1914

2nd Impression 2025

Printed at: Gyan Press, Delhi.

SANGITA RAGA-KALPADRUMA
Author: NAGENDRANATH VASU

SANGITA
RAGA-KALPADRUMA

सङ्गीत

रागकल्पद्रुमः

भारतीय प्राचीन सङ्गीत-शास्त्रालोचना

और

संस्कृत, हिन्दी, गुजराती, मराठी, कर्णाटी, तैलङ्गी, तामिल, बंगला, उड़िया,
अरबी, फारसी, उर्दू, पेगुयाम, अंगरेजी और राजपूतानेकी
नाना प्रादेशिक भाषाओंमें प्रचलित नाना
सुरका प्राचीन गान-संग्रह

स्वर्गीय कृष्णानन्द रागसागर-विरचित

———0———

सुप्रसिद्ध साहित्यानुरागी लालगोलेके

राजा राव श्रीयोगीन्द्रनारायण राय बहादुरकी

सम्पूर्ण व्यय और उत्साहपर

हिन्दी प्रभृति विविध भाषाओंमें पारदर्शी सङ्गीतज्ञोंके साहाय्यसे

विश्वकोष-सम्पादक

श्रीनगेन्द्रनाथ वसु प्राच्यविद्यामहार्णव

सिद्धान्तवारिधि-सम्पादित

———0———

२४३।१ अपर-सरकुलार रोड, बङ्गीय साहित्य-परिषत्-मन्दिरसे
श्रीरामकमल सिंह द्वारा प्रकाशित
कलकत्ता
संवत् १९७१

সঙ্গীত

রাগকল্পদ্রুম

ভারতীয় প্রাচীন সঙ্গীত-শাস্ত্রালোচনা

ও

সংস্কৃত, হিন্দী, গুজরাতী, মরাঠী, কর্ণাটী, তৈলঙ্গী, তামিল, বাঙ্গালা, উড়িয়া,
আরব্য, পারস্য, পেগুয়ান, ইংরাজী ও রাজপুতনার নানা-
প্রাদেশিক ভাষায় প্রচলিত নানা সুরের
প্রাচীন গান-সংগ্রহ

৺কৃষ্ণানন্দ ব্যাসদেব রাগসাগর বিরচিত

সুপ্রসিদ্ধ সাহিত্যানুরাগী লালগোলার
রাজা রাও শ্রীযোগীন্দ্রনারায়ণ রায় বাহাদুরের
সম্পূর্ণ ব্যয়ে ও উৎসাহে
হিন্দী প্রভৃতি বিবিধ ভাষায় পারদর্শী
সঙ্গীতজ্ঞগণের সাহায্যে

বিশ্বকোষ-সম্পাদক
শ্রীনগেন্দ্রনাথ বসু প্রাচ্যবিদ্যামহার্ণব সিদ্ধান্তবারিধি
সম্পাদিত

কলিকাতা
২৪৩।১ অপার সার্কুলার রোড, বঙ্গীয় সাহিত্য-পরিষৎ-মন্দির হইতে
শ্রীরামকমল সিংহ কর্ত্তৃক প্রকাশিত
সংবৎ ১৯৭১

SANGITA

RAGA-KALPADRUMA

Encyclopaedia of Indian Music

COMPRISING

Popular Sanskrit, Hindi, Gujrati, Karnatic, Telegu, Tamil, Bengali, Uriya, Arabic, Persian, Peguan and various songs of the different dialect of Rajputana as well as some ancient English songs.

COMPILED BY

LATE KRISHNANANDA VYASADEVA RAGASAGARA

———oo———

(REVISED EDITION)

Edited by

NAGENDRA NATH VASU, Prachyavidyamaharnava, Siddhantavaridhi

Under the distinguished patronage of

RAJA RAO JOGINDRANARAYAN RAY BAHADUR

OF

LALGOLA.

——o——

Published

From the Bangiya Sahitya Parishad,

By Rama Kamal Sinha

243|1 Upper Circular Road,

CALCUTTA.

1914

राजा राओ श्रीयोगीन्द्रनारायण राय बाहादुर
लालगोला

বিজ্ঞপ্তি

উদয়পুরের মহারাণার অন্যতম সঙ্গীতাচার্য্য ৺কৃষ্ণানন্দ ব্যাসদেব মহাশয় এই সুবৃহৎ সঙ্গীতবিষয়ক গ্রন্থ সঙ্কলন করেন। যে সময়ে কলিকাতায় সর্ রাজা রাধাকান্ত দেব বাহাদুর **শব্দকল্পদ্রুম** সমাধা করিতেছিলেন, সেই সময়ে শব্দকল্পদ্রুম দেখিয়া ব্যাসদেবজীর সঙ্গীতবিষয়ক **রাগকল্পদ্রুম** প্রকাশের ইচ্ছা হয়। তজ্জন্য তিনি ভারতের নানাস্থানে ভ্রমণ করেন এবং দেশীয় রাজন্যবর্গের সভায় উপস্থিত হইয়া বহুতর সঙ্গীতশাস্ত্র এবং তৎকালে ভারতের নানা ভাষায় ও প্রধান প্রধান গায়কদিগের নিকট প্রচলিত নানা সুরের প্রাচীন ও অর্বাচীন প্রসিদ্ধ গানগুলি সংগ্রহ করেন। তাঁহার রাগরাগিণী সম্বন্ধে অসাধারণ পারদর্শিতা লক্ষ্য করিয়া মেবাড়ের মহারাণার সভায় তাঁহাকে **"রাগসাগর"** উপাধি দেওয়া হয়। শব্দকল্পদ্রুমের ন্যায় তাঁহার **রাগকল্পদ্রুম** খানিও প্রথমে সাতখণ্ডে প্রকাশ করিবার সঙ্কল্প ছিল। কিন্তু তিনি নানা কারণে অবশেষে তিনখণ্ডে প্রকাশ করিতে বাধ্য হন। ১৯০০ সংবতে (১৮৪৩ খৃষ্টাব্দে) তাঁহার এই বৃহৎ গ্রন্থ সম্পূর্ণ হয়। তিনি অল্প সংখ্যক পুস্তকই ছাপাইয়া ছিলেন এবং দেশের গণ্যমান্য ধনী ও রাজন্যবর্গ সেই সেই খণ্ড গ্রহণ করেন। তাঁহার গ্রন্থের শেষাংশে সেই সকল মহাত্মার নাম প্রকাশ করিয়া গিয়াছেন।

সঙ্গীতবিষয়ক এত বড় মুদ্রিত গ্রন্থ ভারতে কেন জগতের অপর কোন ভাষায় আছে কি না জানিনা। বহু দিন হইতে অনেকেই এই অপূর্ব্ব সঙ্গীত-গ্রন্থের অভাব অনুভব করিতেছিলেন। সঙ্গীতামোদিগণের সেই অভাব দূর করিবার জন্য স্বনামধন্য লালগোলার রাজা রাও শ্রীযোগীন্দ্রনারায়ণ রায় বাহাদুর এই মহাগ্রন্থ প্রকাশের আবশ্যকতা অনুভব করেন এবং তাঁহারই যত্নে ও সম্পূর্ণ অর্থানুকূল্যে এই বিরাট গ্রন্থ মুদ্রিত হইতেছে। তাঁহার অর্থসাহায্য ব্যতীত এই বিশাল গ্রন্থের বিপুল ব্যয় নির্ব্বাহ হইত না, তজ্জন্য তিনি ভারতের সঙ্গীতামোদিগণের চিরকৃতজ্ঞতা-ভাজন হইবেন।

এই খণ্ডে প্রথমাংশ প্রকাশিত হইল। অতঃপর মূল গ্রন্থের মুদ্রণ শেষ লইলে সংগ্রহকার রাগসাগরের জীবনী, তিনি যে যে গায়কের গান সংগ্রহ করিয়াছেন তাঁহাদের সংক্ষিপ্ত পরিচয় এবং এই গ্রন্থে যে সকল গান প্রকাশিত হইয়াছে সেই সকল গানের অকারাদি বর্ণানুক্রম সূচী এবং মুখবন্ধ স্বরূপ ভারতীয় সঙ্গীতশাস্ত্রের সংক্ষিপ্ত ইতিহাস প্রদত্ত হইবে।

বঙ্গীয় সাহিত্য-পরিষদের পরম হিতৈষী মিত্র লালগোলার রাজা বাহাদুরই তাঁহার পুস্তকাগার হইতে এই রাগকল্পদ্রুমের এক খণ্ড বঙ্গীয়-সাহিত্য-পরিষদ্‌কে উপহার দান করেন এবং সেই গ্রন্থের পুনর্মুদ্রণের ব্যবস্থা করিয়া দেন। তাঁহারই ইচ্ছাক্রমে এবং তাঁহারই সম্পূর্ণ ব্যয়ে বঙ্গীয় সাহিত্য-পরিষৎ এই গ্রন্থ প্রকাশ করিলেন। বাঙ্গালা ভাষা ও সাহিত্যের অনুশীলনই বঙ্গীয় সাহিত্য-পরিষদের মুখ্য উদ্দেশ্য হইলেও এই গ্রন্থের গৌরব বিবেচনায় ইহার প্রকাশ সাহিত্য-পরিষদের অধিকার-বহির্ভূত হয় নাই। সঙ্গীত বিদ্যায় বাঙ্গালা দেশে ভাষা ভেদে কোন পক্ষপাত নাই,—ভারতবর্ষের অন্যান্য প্রাদেশিক ভাষায় রচিত গান বাঙ্গালা গানের তুল্য আদরই পাইয়া থাকে। সঙ্গীতবিদ্যায় হিন্দী-গানের সমাদর এ দেশে বাঙ্গালা গানেরও উচ্চে। লুপ্তপ্রায় বিস্তর বাঙ্গালা গানও এই পুস্তকে সঙ্কলিত হইয়াছে। এই গ্রন্থপ্রকাশে সেই সকল বাঙ্গালা গানও ধ্বংসমুখ হইতে রক্ষা পাইবে। ভারতবর্ষের সর্ব্বত্রই এই গ্রন্থের প্রচলন আবশ্যক, এই বিশেষ কারণে প্রচলিত প্রথা ত্যাগ করিয়া এই গ্রন্থ দেবনাগর অক্ষরেই মুদ্রিত হইল।

সম্পাদকের কর্ত্তব্য আদর্শ পুস্তকের পাঠশুদ্ধির দিকে লক্ষ্য রাখা। আদর্শ গ্রন্থ ১৯০০ সংবতে প্রকাশিত হয়, তৎকালে এদেশে নাগরী মুদ্রণের সুব্যবস্থা ছিল না, এ কারণ মূল গ্রন্থ পাদচ্ছেদবিরহিত হস্ত-লিখিত প্রাচীন পুঁথির

ভাবেই মুদ্রিত হইয়াছিল, তাহা আবার উপযুক্ত সংশোধনের অভাবে মুদ্রাকরের দোষে এতই ভ্রমপূর্ণ হইয়া মুদ্রিত হইয়াছে যে, অনেক স্থলে অর্থগ্রহ হওয়াই দুরূহ। বিশেষতঃ আদর্শ পুস্তকে নানা প্রাচীন সঙ্গীতশাস্ত্র হইতে যে সকল সংস্কৃত শ্লোক উদ্ধৃত হইয়াছে, বলিতে কি তাহার একটী শ্লোকও ভ্রমশূন্য নহে, এ কারণ প্রত্যেক শ্লোক ঠিক করিবার জন্য নানা স্থান হইতে মুদ্রিত ও অমুদ্রিত সেই সেই সঙ্গীতশাস্ত্র সংগ্রহ করিয়া বহু আয়াসে প্রত্যেক শ্লোকের পাঠশুদ্ধি ও প্রাপ্তিস্থান নির্দ্দেশ করিতে হইয়াছে। এতদ্ভিন্ন নানা পদের যথাসাধ্য প্রকৃত পাঠ ঠিক করিতে তৎতৎ ভাষায় অভিজ্ঞ নানা মহাজনের আশ্রয় লইতে হইয়াছে।

বঙ্গীয় সাহিত্য-পরিষৎ
২৪৩।১ অপার সার্কুলর রোড, কলিকাতা
ভাদ্র-পূর্ণিমা

শ্রীনগেন্দ্রনাথ বসু

विज्ञप्ति

उदयपुर-महाराणाके अन्यतम सङ्गीताचार्य ৺कृष्णानन्द व्यासदेव महाशयने यह सुबृहत् सङ्गीतविषयक ग्रन्थ सङ्कलन किया था। जिस समय कलकत्तेमें सर राजा राधाकान्त देव बहादुर शब्दकल्पद्रुम समाप्त कर रहे थे, उसी समय शब्दकल्पद्रुम देखकर व्यासदेवजीने अपने सङ्गीतविषयक रागकल्पद्रुमको प्रकाश करना चाहा। इसके लिये उन्होंने भारतके नाना स्थानोंमें भ्रमणकर और देशीय राजाओंकी सभामें उपस्थित हो, बहुतसा सङ्गीतशास्त्र, सामयिक भारतको नाना भाषाओं और प्रधान-प्रधान गायकोंके निकट प्रचलित तरह तरहका पुराना और नया गाना इकट्ठा किया। राग-रागिणियोंके सम्बन्धमें उनकी असाधारण पारदर्शिता देखकर मेवाड़के महाराणाको सभामें उन्हें 'रागसागर'की उपाधि दी गई। शब्दकल्पद्रुमकी तरह पहले रागकल्पद्रुमको भी सात खण्डोंमें वह प्रकाश करना चाहते थे। किन्तु अन्तमें कई कारणोंसे वह इसे तीन ही खण्डोंमें प्रकाश करनेके लिये वाध्य हुए। विक्रमीय १८०० संवत्में (सन् १८४३ई०) उनका यह बृहत् ग्रन्थ सम्पूर्ण हुआ। उन्होंने पुस्तकें थोड़ी ही छपाईं, और देशके गण्यमान्य धनियों और राजाओंने उन सब खण्डोंको ग्रहण किया। अपने ग्रन्थके अन्तमें वह लेनेवाले सब बड़े लोगोंके नाम प्रकाश कर गये हैं।

नहीं जानते, कि इतना बड़ा सङ्गीतविषयक मुद्रित ग्रन्थ भारतको ही क्या, जगत्की किसी भाषामें है या नहीं। बहुत दिनोंसे कितने ही लोग इस अपूर्व सङ्गीतग्रन्थके अभावका अनुभव करते थे। सङ्गीतामोदियोंका यही अभाव मिटानेके लिये स्वनामधन्य मुर्शिदाबाद—लालगोलेके राजा राव श्रीयोगीन्द्रनारायण राय बहादुरने इस बृहत् ग्रन्थके प्रकाश करनेकी आवश्यकता देखी; उन्हींके यत्न और सम्पूर्ण अर्थानुकूल्यसे यह विराट् ग्रन्थ छप रहा है; सिवा उनके अर्थमाहात्म्य इस विशाल ग्रन्थके विपुल व्ययका निर्वाह कभी न होता, इस लिये राजाबहादुर भारतीय सङ्गीतामोदियोंके चिरकृतज्ञताभाजन अवश्य ही होंगे।

इस खण्डमें ग्रन्थका प्रथमांश प्रकाशित हुआ है। इसके बाद मूलग्रन्थ छप जानेपर, संग्रहकार-रागसागरकी जीवनी, उन्होंने जिन-जिन गायकोंके गानको संग्रह किया, उनका परिचय, इस ग्रन्थमें जो सकल गान प्रकाशित हुए हैं, उन सबकी अकारादि वर्णानुक्रमिक सूची और मुखबन्धकी तरह भारतीय सङ्गीतशास्त्रका संक्षिप्त इतिहास प्रकाशित किया जायेगा।

वङ्गीय साहित्य-परिषत्के परमहितैषी मित्र लालगोलेके राजाबहादुरने ही अपने पुस्तकागारसे इस रागकल्पद्रुमका एक खण्ड वङ्गीय साहित्य-परिषत्को उपहार-स्वरूप दान और इसके फिरसे छपानेका प्रबन्ध किया। उन्हींकी इच्छाक्रम और उन्हींके सम्पूर्ण व्ययसे, वङ्गीय साहित्य परिषत्ने इस ग्रन्थको छपाया। बंगला भाषा और साहित्यका अनुशीलन ही वङ्गीय साहित्य-परिषत्का मुख्य उद्देश्य होते हुए भी इस ग्रन्थकी गौरवविवेचनासे इसका प्रकाश साहित्य-परिषत्के अधिकारसे वहिर्भूत न हुआ। सङ्गीत-विद्यापर बङ्गालमें भाषाभेदसे कोई पक्षपात नहीं,—भारतवर्षकी अन्यान्य प्रादेशिक भाषाओंमें रचित गान, बंगला गानके समान आदर पाया करते हैं। सङ्गीतविद्यामें हिन्दी गानका समादर इस देशमें बंगला गानसे भी बढ़ा है।

लुप्तप्राय अनेक बंगला गान भी इस ग्रन्थमें सङ्कलित हुए हैं। इस ग्रन्थके छपनेसे वह सकल बंगला गान भी ध्वंसमुखसे रक्षा पायेंगे। इसी विशेष कारणसे प्रचलित प्रथा छोड़, यह ग्रन्थ देवनागर अक्षरोंमें ही छापा गया, क्योंकि भारतवर्षमें सभी जगह इस ग्रन्थका प्रचलन आवश्यक है।

सम्पादकका कर्तव्य आदर्शग्रन्थको पाठशुद्धिपर लक्ष्य रखना है। आदर्शग्रन्थ विक्रमीय १८०० संवत्‌में प्रकाशित हुआ। पहले इस देशमें नागरीमुद्रणकी सुव्यवस्था न थी। इसीसे मूलग्रन्थ पादच्छेद-विरहित हाथको लिखी पुरानी पोथी ही को तरह मुद्रित हुआ था। इसी कारण उपयुक्त संशोधनके अभाव और मुद्राकरके दोषसे इतना भ्रमपूर्ण हो आदर्श ग्रन्थ छपा, कि कितनी ही जगह उसका अर्थ ही समझ पड़ना मुश्किल हो जाता है। विशेषत: आदर्श ग्रन्थमें नाना प्राचीन सङ्गीतशास्त्रोंसे जो सकल संस्कृत श्लोक उद्धृत हुए हैं, उनमें यह कहनेका आवश्यकता नहीं, कि एक भी श्लोक भ्रमशून्य नहीं देख पड़ता। इस लिये प्रत्येक श्लोक सुधारनेके लिये नाना स्थानोंसे मुद्रित और अमुद्रित, उन्हीं-उन्हीं सङ्गीतशास्त्रोंको संग्रह कर, बड़े यत्नसे प्रत्येक श्लोकको पाठशुद्धि और प्राप्तिस्थानको निर्देश किया गया है, सिवा इसके. नाना पदोंका यथासाध्य प्रकृत पाठ ठीक करनेमें उन-उन भाषाओंके अभिज्ञ नाना विद्वानोंका आश्रय लेना पड़ा है।

वङ्गीय साहित्य-परिषत्,
२४३।१ अपार सार्कुलार रोड, कलकत्ता।

श्रीनगेन्द्रनाथ वसु
भाद्र-पूर्णिमा।

रागकल्पद्रुमः

प्रथमखण्ड- -सूचीपत्र

रागरागिणी-समय

रागरागिणी-ध्यानोदाहरण

सूचीपत्र

२

झिंझौटी—

राग जङ्गला—

रागसागर-संग्रहकृत—

रागकल्पद्रुमः

अथ मङ्गलाचरणं

देवीं सरस्वतीं नत्वा गणेशं हरिमोश्वरम् ।
रागकल्पद्रुमं ग्रन्थं कुरुते रागसागरः ॥*

पौत्रोऽहममरानन्द-वेदव्यास-द्विजन्मनः ।
पुत्रश्च हीरकानन्द-वेदव्यासस्य धीमतः ॥

कृष्णानन्दाभिधो वेदव्यासो नत्वा सरस्वतीम् ।
रागकल्पद्रुमं नाम कुर्वे ग्रन्थं सतां मुदे ॥

देवीं वाक्पतिमीश्वरं गणपतिं नत्वा हरिं मारुतिं†
सङ्गीतं भरतेश-मारुति-मतं सम्यक् विचार्य्यादरात् ।‡
इन्द्रप्रस्थ-समुद्भवैर्विरचितं यत्तानसेनादिभि-
रुक्तं तत् प्रकरोमि§ नादनिलयं श्रीराग-कल्पद्रुमम् ॥

द्युतिकनकसुगौर-स्निग्धमाहेन्द्रनीलौ
छविभिरखिलवृन्दारण्यमुद्भासयन्तौ ।
घनपुरटसुवस्त्रौ मोहयन्तौ त्रिलोकान्
स्मर निभृतनिकुञ्जे राधिका-कृष्णचन्द्रौ ॥

संगीतदर्पणे (१।१—२)

प्रणम्य शिरसा देवौ पितामह-महेश्वरौ ।
सङ्गीत-शास्त्रसकल-सारभागो मयोच्यते ॥

भरतादिमतं सर्वमालोच्यातिप्रयत्नतः ।
श्रीमता हरिभट्टेन* सज्जनानन्द-हेतुना ॥
प्रभुराह्लाद†-संगीत-सारोद्धारो विधीयते ॥

नारदसंहितायां (१।७)—

श्रीभगवानुवाच

नाहं वसामि वैकुण्ठे योगिनां हृदये न च ।
मद्भक्ता यत्र गायन्ति तत्र तिष्ठामि नारद ! ॥

अथ नादोत्पत्तिः

संगीतदर्पणे (१।२८—३१)—

अथ नादस्य चोत्पत्तिं वक्ष्ये शास्त्र-विवेकतः ॥
धर्म्मार्थकाममोक्षाणामिदमेवैकसाधनम् ॥

नादविद्यां परां लब्ध्वा सरस्वत्याः प्रसादतः ।
कम्बलाश्वतरौ नागौ शम्भोः कुण्डलतां गतौ ॥

पशुः शिशुर्मृगो वापि नादेन परितुष्यति ।
अतो नादस्य माहात्म्यं व्याख्यातुं केन शक्यते ॥

संगीतसंहितायां (१।३६—३८)—

पूजा-कोटिगुणं ध्यानं ध्यानात् कोटिगुणं जपः ।
जपात् कोटिगुणं गानं गानात् परतरं नहि ॥

---

* राग-कल्पद्रुमो ग्रन्थः क्रियते रागसागरैः । इति पाठः ।

† हनुमन्तं । इति पाठान्तरं ।

‡ सङ्गीतं प्रविचार्य्य भरत-हनुमत्प्रोक्तं यदागमस्थितं । इति वा पाठः ।

§ सद्युक्तं प्रकरोमि । इति पाठः ।

* श्रीमदाह्लादपालेन । इति संगीतदर्पण-धृत-पाठः ।

† 'प्रभुरद्भुतसंगीत' इति मुद्रित-संगीतदर्पणम् ।

गीतज्ञो यदि गीतेन* चाप्नोति परमं पदम् ।
रुद्रस्यानुचरो भूत्वा तेनैव सह मोदते ॥
पूर्वं चतुर्णां वेदानां सारमाकृष्य पद्मभूः ।
इदन्तु पञ्चमं वेदं सङ्गीताख्यमकल्पयत् ॥

संगीतभाष्ये -

सुखिनि सुखनिधानं दुःखितानां विनोदः
श्रवण-हृदयहारी मन्मथस्याग्रदूतः ।
अतिचतुर-सुगम्यो वल्लभः कामिनीनां
जयति जयति नादः पञ्चमश्चोपवेदः ॥

संगीतरत्नाकरे—

श्रुतिस्मृत्यादि-साहित्य-नानाशास्त्रविदोऽपि च ।
संगीतं ये न जानन्ति ते द्विपादाः मृगाः स्मृताः ॥

संगीतमहोदधौ (१।४)—

संगीतसाहित्य-रसानभिज्ञः
ख्यातः पशुः पुच्छविषाणहीनः ।
चरत्यसौ किं तृणमत्ति नो वा
परं पशूनामुपवासहेतुः ॥

प्रयोजनमाह गान्धर्ववेदे—

त्रिवर्ग-फलदाः सर्वे दानाध्यय-जपादयः ।‡
एकं सङ्गीत-विज्ञानं चतुर्वर्ग-फलप्रदम् ॥
हर्षादि-सुखदो धर्मो धनकामौ नृपादितः ।
निष्कामं तदनुष्ठानं मोक्षः§स्तस्मात्तदभ्यसेत् ॥

तथा च विश्वामित्रः—

वीणावादन-तत्त्वज्ञो रागविद्या-विशारदः ।
मूर्च्छना-श्रुतिसम्पन्नो मोक्षमार्गञ्च गच्छति ॥**
गीतवाद्यञ्च नृत्यञ्च त्रयः संगीतमुच्यते ।
गीतवाद्योभयं यत्र संगीतमिति केचन ॥

विष्णुपुराणे (१।२२।८३)—

काव्यालापाश्च ये केचित् गीतकान्यखिलानि च ।
शब्दमूर्त्तिधरस्यैतद्वपुर्विष्णोर्महात्मनः ॥
सर्वेषामेव पुण्यानामस्ति संख्या यशस्विनि ।
क्रमाच्च गीयते येन तस्य संख्या न विद्यते ॥

शिवसंगीते—

न तथा तादृशी प्रीतिर्न चौरे न च गुग्गुले ।
यादृशी चैव गान्धर्वे मम प्रीतिर्वरानने ॥

संगीतदर्पणे (१।३--६) -

मार्गदेशी विभागेन संगीतं द्विविधं मतम् ।
स्वर्गे मार्गाश्रितं देश्याश्रितं भूतल-रञ्जकम् ॥
नारायणेन यत्सृष्टं प्रयुक्तं द्रुहिणेन च ।*
महादेवस्य पुरतस्तन्मार्गाख्यं विमुक्तिदम् ॥
तत्तद्देशस्थया रीत्या यत् स्याल्लोकानुरञ्जनम् ।
गीतवादित्रनृत्यानां रक्तिः साधारणो गुणः ॥

संगीतभाष्ये—

द्रुहिणेन यदन्विष्टं प्रयुक्तं नारदेन च ।
कल्लिनाथस्य पुरतस्तन्मार्गाख्यं विमुक्तिदम् ॥

नारदसंहितायां† (१।१०) -

यदुक्तं द्रुहिणेनैव स मार्ग इति प्रोच्यते ।
देशे देशे तु संगीतं तद्देशीयं विधीयते ॥

नारदसंगीते —

न नादेन विना गीतं न नादेन विना स्वरः ।
न नादेन विना रागस्तस्मान्नादात्मकं जगत् ॥
आत्मा विवक्षमाणोऽयं मनः प्रेरयते यतः ।
देहस्थवह्निमाहन्ति स प्रेरयति मारुतम् ॥
न-कारः प्राणवायुः स्याद्द-कारो हव्यवाहनः ।
तत् समुत्पद्यते यस्मात्तस्मान्नादोऽयमुच्यते ॥
मन्द्रो हृदि स्थितः कण्ठे मध्यस्तारश्च मूर्द्धनि ।
द्विगुणः किं समानेन पूर्वस्मादुत्तरोत्तरः ॥

* 'योगेन' इति (३।११६) याज्ञवल्क्यस्मृतिधृत-पाठः ।

† मूल-संगीतरत्नाकरे इदम् श्लोकाभावः ।

‡ सर्वे दानाध्ययनसुरादयः । इति पाठान्तरम् ।

§ निष्कामं तदनुष्ठानान्मोक्ष । इति वा पाठः ।

** "वीणावादनतत्त्वज्ञः श्रुतिजातिविशारदः ।
तालज्ञश्चाप्रयासेन मोक्षमार्गं नियच्छति ॥"
इति याज्ञवल्क्यस्मृतिधृतपाठः ३।११५ ।

* द्रुहिणेन यदन्विष्टं प्रयुक्तं भरतेन च । इति मुद्रितसंगीतदर्पणपाठः ।

† नारदसंहितायां । इति पाठान्तरम् ।

ध्वन्यात्मको वर्णात्मक: स नादो द्विविधस्तथा ।
आहतोऽनाहतश्चेति स नादो द्विविधो मत: ।
यत्रोभयश्च संयोग आहत: स प्रकीर्त्तित: ॥

न्यायशास्त्रे शब्दगुणं आकाशं। तथा च नारदसंहितायां (१।१५—१७)—

आकाशसम्भवो नादस्तथानाहत उच्यते ।
आहतो नादमात्रश्च तथानाहत-संज्ञकात् ॥
एको ध्वन्यात्मको ज्ञेय: परो वर्णात्मकस्तथा ।
स नादो द्विविध: प्रोक्तो नादशास्त्र-विशारदै: ॥
आहतो रञ्जक: प्रोक्तोऽनाहतो मुक्तिदायक: ।
सोऽयं प्रकाशते पिण्डे तस्मात् पिण्डोऽभिधीयते ॥

नादसंहितायां [संगीतदर्पणे १।१४—१७]

आहतोऽनाहतश्चेति द्विधा नादो निगद्यते ।
नाद: प्रकाशते पिण्डे तस्मात् पिण्डोऽभिधीयते ॥
तत्रानाहतनादन्तु मुनय: समुपासते ।
गुरूपदिष्टमार्गेण मुक्तिदं न तु रञ्जकम् ॥
स नादस्त्वाहतो लोके रञ्जको भव-भञ्जक: ।
नादो ब्रह्म-समाख्यातं चतुर्वर्गफलप्रदम् ॥
आकाशाग्नि-मरुज्जीवो नाभेरूर्ध्वं समुच्चरन् ।
मुखेऽभिव्यक्तिमायाति य: स नाद: प्रकीर्त्तित: ॥

तत्र [संगीतदर्पणे १।३२] चाञ्जनेय: --

नादाब्धेस्तु परं पारं न जानाति सरस्वती ।
अद्यापि मज्जन-भयात्तुम्बं वहति वक्षसि ॥
नादेन व्यज्यते वर्ण: पदं वर्णात् पदाद्वच: ।
वचसो व्यवहारोऽयं नादाधीनमतो जगत् ॥

संगीतदर्पणे (१।७—१२) रागोत्पादनकारणं—

शारीरं नादसंभूति: स्थानानि श्रुतयस्तथा ।
तत: शुद्धा: स्वरा: सप्त विकृता द्वादशाप्यमी ॥
वाद्यादिभेदाश्चत्वारो रागोत्पादनहेतव: ॥
कुलानि जातयो वर्णा द्वीपान्यार्षश्च* दैवतम् ।
छन्दांसि विनियोगाश्च स्वराणां श्रुतिजातय: ॥
ग्रामाश्च मूर्च्छनास्ताना: शुद्धा: कूटाश्च संख्यया ॥

* वर्णाद्विपाद्यार्षश्च। इति पाठान्तरम्।

प्रस्तार: खण्डमेरुश्च नष्टोद्दिष्टप्रबोधक: ॥
स्वरसाधारणं जाति-साधारणमत: परम् ।
काकल्यन्तरयो: सम्यक् प्रयोगो वर्णलक्षणम् ॥
त्रिषष्टिरप्यलङ्कारास्त्रयोदशविधास्तत: ॥ इति
ग्रहांशन्यासभेदादिं वक्ष्यामहे यथाक्रमात् ।*
गीतं नादात्मकं वाद्यं नादव्यक्त्या प्रशस्यते ।
तद्द्वयानुगतं नृत्यं नादाधीनमतस्त्रयम् ॥

तत्र (१।१८— २७) शारीरविवेक प्रसङ्गे—

गुदलिङ्गान्तरे चक्रमाधाराख्यं चतुर्दलम् ।
स्वाधिष्ठानं लिङ्गमूले षड् दलं चक्रसंज्ञकम् ॥
नाभौ दशदलं चक्रं मणिपूरकसंज्ञकम् ।
हृदयेऽनाहतं चक्रं शिवस्य प्रणवाकृते: ॥
पूजास्थानं तदिच्छन्ति युतं द्वादशभिर्दलै: ।
कण्ठे तु भारती-स्थानं विशुद्धि: षोड़शच्छदम् ॥
तत्र षड् जादय: सप्त स्वरा: सम्यक्प्रभेदत: ।
ललनाख्यं घण्टिकायां चक्रं द्वादश-पत्रकम् ॥
भ्रूमध्ये द्विदलं चक्रमाज्ञासंज्ञं मनोरमम् ।
ततोऽप्यस्ति मनश्चक्रं षड् दलं सर्वसौख्यदम् ॥
ततोऽपि षोड़शदलं सोमचक्रं प्रकीर्त्तितम् ।
चक्रं सहस्रपत्रन्तु ब्रह्मरन्ध्रे सुधाधरम् ॥
तत्सुधासारधाराभिरभिवर्द्धयते तनुम् ।
सुषुम्नया ब्रह्मरन्ध्रमारोहत्यवरोहति ॥
जीव: प्राणसमारूढ़ो रज्ज्वा कोलाटिको† यथा ।
ताश्च भूरितरास्तासु मुख्या प्रोक्ताश्चतुर्दश ॥
सुषुम्नेड़ा पिङ्गला च कुहूरथ पयस्विनी ।
गान्धारी हस्तिजिह्वा च वारणाथ यशस्विनी ॥
विश्वोदरा शङ्खिनी च तत: पूषा सरस्वती ।
अलंवुषेति‡ तत्राद्यास्तिस्रो मुख्यतमा मता: ॥

* "जातिलक्षणग्रहांशादिभेदान् वक्ष्यामहे क्रमात् ।" इति मुद्रित-संगीत-दर्पण-पाठ: ।

† रज्ज्वाकी-ह्राटको। इति पाठान्तरम्।

‡ अलंम्बुषेति। इति पाठान्तरम्।

एवंविधे तु देहेऽस्मिन्मल-सञ्चय-सम्वृते+ ।
प्रसाधयन्ति धीमन्तो भुक्तिं मुक्तिमुपासत: ॥

तत्रैव (१।३४—३९)—

आत्मना प्रेरितं चित्तं वह्निमाहन्ति देहजम् ।
ब्रह्मग्रन्थिस्थितं प्राणं स प्रेरयति पावक: ॥
पावक-प्रेरित: सोऽथ क्रमादूर्ध्वपथे चरन् ।
अतिसूक्ष्मध्वनिर्नाभौ हृदि सूक्ष्मं गले पुन: ॥
पुष्टं शीर्षेऽत्वपुष्टश्च कृत्रिमं वदने तथा ।
आविर्भावयतीत्येवं पञ्चधा कीर्त्त्यते बुधै: ॥
कण्ठं कण्ठ: स्थित: पुष्ट: स्यादपुष्ट: शिर:स्थित: ।
उच्यते तत्र शिरसि सञ्चार्य्यारोह-वर्णयो: ॥
संभूतिर्न भवेद्यस्मादपुष्ट: शिरसि स्थित: ।
न-कारं प्राणनामानं द-कारमनलं विदु: ।
जात: प्राणाग्निसंयोगात्तेन नादोऽभिधीयते ॥

अथ ब्रह्मग्रन्थेर्लक्षणं

संगीतरत्नाकरं (१।२।१४५—१४७)—

आधाराद्द्व्यङ्गुलादूर्ध्वं मेहनाद्द्व्यङ्गुलादध: ।
एकाङ्गुलं देहमध्यं तप्त-जाम्बूनद-प्रभम् ।
तत्रास्तेऽग्निशिखा तन्वी चक्रात्तस्मान्नवाङ्गुलै: ॥
देहस्य कन्दो ह्युत्सेधो यत्राभ्यां चतुरङ्गुल: ।
ब्रह्मग्रन्थिरिति प्रोक्तमस्य नाम पुरातनै: ।

अथ श्रुति:

संगीतदर्पणे (१।५३—५६) [तथा च संगीतरत्नाकरे १।३।३७-३९]—

तीव्रा कुमुद्वती मन्दा छन्दोवत्यस्तु षड्जगा: ।
दयावती रञ्जनी च रतिका चर्षभे स्थिता ॥
रौद्री क्रोधा च गान्धारे वज्रिकाथ प्रसारिणी ।
प्रीतिश्च मार्ज्जनीत्येता: श्रुतयो मध्यमाश्रिता: ॥
क्षिती रक्ता च सन्दीपन्यालापी चैव पञ्चमे ।
मदन्ती रोहिणी रम्येत्येता धैवतसंश्रया: ॥
उग्रा च क्षोभिणीति द्वे निषादे वसत: श्रुती ।

+ मलसञ्चयसम्भृते । इति वा पाठ: ।

* नादसंहितायां । इति पाठान्तरम् ।

संगीतभाष्ये (श्रुतीनां नामान्तराण्याह)—

सिद्धि: प्रभावती कान्ता सुभद्रा च मनोहरा ।
* साधयन्ति स्वर-षड्जं प्रजापतिमुखोद्गतम् ॥
शिवा दीप्तिमती चैव उग्रा चापि समुद्भवा: ।
श्रुतय: साधयन्त्येवं ऋषभं नामत: स्वरम् ॥
ह्लादिनी च श्रुतिश्चेति श्रुतिश्चामृतसम्भवे ।
गान्धारे साधयेते द्वे यथाहं गुणसंयुतं ॥
वीरा सर्वसहं ख्यातिर्विभूतिस्तु दनन्तरम् ।
मध्यमे साधयन्त्येता: श्रुतय: पृथिवीभवा: ॥
मालिनी चपला लोला सर्वरत्ना प्रभावती ।
श्रुतय: सामपुत्रन्तु साधयिष्यन्ति पञ्चमे ॥
शान्ता विकल्पिनी चैव हृदयोन्मीलनी तथा ।
धैवतं साधयन्त्येता यक्षराजविनिर्म्मितम् ॥
विस्तारिणी प्रपन्ना च निषादस्वरमुत्तमम् ।
साधयेते श्रुती वीर-यमराज-मुखोद्गता ॥

इति श्रुतिनामानि ।

अथ मूर्च्छना

संगीतरत्नाकरं (१।४।९)—

क्रमात् स्वराणां सप्तानामारोहश्चावरोहणम् ।
मूर्च्छनेत्युच्यते ग्रामत्रये ता: सप्त सप्त च ॥

संगीतदर्पणे (१।९२—९८)—

स्थानत्रयसमायोगान्मूर्च्छनारम्भसम्भवम् ।
तत्र मध्यस्थ: षड्जेन षड्जग्रामस्य मूर्च्छना ॥
मध्य-मध्यममारभ्य मध्यमग्राममूर्च्छना ।
आद्यान्यास्तदधोऽधस्थ: स्वरमारभ्यषट्क्रमात् ॥
प्रथम: षड्जग्राम: स्यात् द्वितीयो मध्यमस्तथा ।
गान्धारस्तृतीय: प्रोक्त: स्वर्गलोके च गीयते ॥
षड्जे तूत्तरमन्द्रादौ रजनी चोत्तरायता ।
शुद्धषड्जा मत्सरीकृदश्वक्रान्ताभिरुद्गता ॥
मध्यमे स्यात्तु सौवीरी हारिणाश्वा तत: परम् ।
स्यात्कलोपनता शुद्धमध्या मार्गी च पौरवी ॥
हृष्यका सप्तमी प्रोक्ता मूर्च्छनेत्यभिधा इमा:

नन्दा विशाला सुमुखी विचित्रा रोहिणी सुखा।
आलापी चेति गान्धारग्रामे स्युः सप्त मूर्च्छना: ॥

गीतभाष्ये—

ललिता मध्यमा चित्रा रोहिणी च मतङ्गजा।
सौवीरी मध्यमध्या च षड्जमध्या च पञ्चमी ॥
मत्सरी मृदुमध्या च शुद्धान्ता च कलावती।
तीव्रा रौद्री तथा ब्राह्मी वैष्णवी खेचरा चरा ॥
मदावती* विशाला च त्रिषु ग्रामेषु मूर्च्छना।
एकविंशतिरित्युक्ता मूर्च्छनाश्चन्द्रमौलिना ॥

नादपुराणे—

गोपी विस्तारिणी चैव जमाली रामिणी तथा।
आलापिनी वयस्का च प्रमोदिनी सङ्कोचिका ॥
विहारिणी निर्मली च कामिनी च प्रलापिका।
विनोदिनी शिखरा च लज्जा आधारिणी तथा ॥
विश्रामिणी कोमली च आनन्दी दीर्घिका तथा।
आमोदिन्या च सहिता मूर्च्छनास्त्वेकविंशति: ॥
स्वराणां निवहो ग्रामो मूर्च्छना च तदाश्रया।
नादश्रुति-स्वरग्रामा मूर्च्छनास्तत्प्रवर्त्तका: ।
स्वरा ग्रहांशन्यासाद्या ग्रामजातिक्रमादिह ॥

एतत्प्रयोजनमाह—

शिवाग्रे मूर्च्छनां कृत्वा ब्रह्मापि च विमुच्यते।
मूर्च्छना एव ताना: स्युः शुद्धा आरोहणाश्च ता: ॥

संगीतदामोदरे (१।३५—३७)—

विस्तार्यन्ते प्रयोगाय मूर्च्छना: शेषसंश्रया:।
तानास्तेषूनपञ्चाशत् सप्तस्वरसमुद्भवा: ॥
तेभ्य एव भवन्त्यन्ये कूटताना: पृथक् पृथक्।
भेदा बहुतरास्तेषां कस्तान् कस्मै न वच्म्यति ॥
ग्रामाणां मूर्च्छनानाञ्च बह्वीपि तथाभिधा।
प्रकृतानुपयोगित्वादत्र यत्नाद्यनेतरा ॥

तदुक्तं तानाधिकारे—

ताना: पञ्चसहस्राणि त्रयस्त्रिंशच्छतान्यमी।
अग्निष्टोमिकताने तु शिवंस्तुत्वा शिवो भवेत् ॥

* मदावती। इति वा पाठ:।

षड्जश्चलः पञ्चमश्च ऋषभश्चलति स्वरः।
गान्धारः पञ्चमश्चाथ निषादो धैवतश्चलः ॥
स-रि-ग-म-प-ध-नीति षड्जग्रामस्य मूर्च्छना।
म-प-ध-नि-स-रि-गेति मध्यमग्राममूर्च्छना ॥
प-ध-नि-स-रि-गमेति गान्धार-ग्राममूर्च्छना।

तथा च संगीतदर्पणे (१।५७—७०)—

श्रुत्यनन्तरभावित्वं यस्यानुरणनात्मक:।
स्निग्धश्च रञ्जकश्चासौ स्वर इत्यभिधीयते ॥
स्वयं यो राजते नादः स स्वरः परिकीर्त्तित: ॥
शुद्धाः सप्तस्वरास्ते च मन्द्रादिस्थानतस्त्रिधा।
शुद्धा: श्रुतादिभेदेन विकृता द्वादशोदिता: ॥*
चतु:श्रुतिर्यदा षड्जो द्विश्रुतिर्विकृतस्तदा।
साधारणे च्युतः स स्यात् काकलित्वेऽच्युतः स्मृत: ॥
त्रिश्रुतिर्ऋषभः साधारणे षाड्जीं श्रुतिं श्रित: ॥
चतु:श्रुतित्वमापन्नस्तदैको विकृतो भवेत् ॥
साधारणे मध्यमस्य गान्धारस्त्रिश्रुतिर्भवेत्।
स्वस्यान्तरत्वे भवति चतुःश्रुतिरिति द्विधा ॥
च्युताच्युतादिभेदेन मध्यमा षड्जवद्भवेत्।
साधारणेऽन्तरत्वे च द्विश्रुतिर्विकृतस्तदा ॥
पञ्चमो मध्यमग्रामे त्रिश्रुतिर्जायते स्वर:।
मध्यमस्य श्रुतिं प्राप्य कैशिके तु चतु:श्रुति: ॥
धैवतो मध्यमग्रामे विकृत: स्याच्चतु:श्रुति: ॥
कैशिके काकलीत्वे च निषादस्त्रिश्चतु:श्रुति:।
एतैश्च सप्तभि: शुद्धैर्भवन्त्येकोनविंशति: ॥
वाद्यादिभेद-भिन्नाश्चतुर्विधास्ते स्वरा: कथिता:।
रागोत्पादनशक्तेर्वदनं तद्योगतो वादी ॥
(बहुलस्वर: प्रयोगे भवति राजा च सर्वेषाम्।)
श्रुतयोऽष्टौ द्वादश वा भवन्ति मध्ये ययो: स्वरयो: ॥
संवादिनौ तु कथितौ परस्परं तौ निषादगान्धारौ।
रिधयोर्विवादिनौ स्तस्तयोरिधौ वा विवादिनौ स्याताम् ॥

* "च्युताच्युतादिभेदेन विकृता द्वादशोदिता: ॥" इति संगीतदर्पणधृत पाठ:।

तत्रैव (१।७३-७४)—

प्रेषाणामनुवादित्वं स्वराणामुपजायते।
वादी राजा स्वरस्तस्य संवादी स्यादमात्यवत्।
शत्रुर्विवादी तस्य स्यादनुवादी तु भृत्यवत्॥

तथा चान्यत्र:—

स्वराश्चतुर्विधा प्रोक्तास्तत्र वादी स कथ्यते।
प्रचुरोऽयं प्रयोगेषु व्यक्ति रागादिनिश्चये॥
स श्रुतिः स्यात्तु संवादी पञ्चमस्य समः क्वचित्।
प्रतिविवादिनौ स्यातां रिधयो र्वा तु तौ ययोः॥
अनुवादी भवेद्देष य प्रयोगेषु दुर्लभः।
सेनारागादिप्रचुरो बहुल-पद्मनिश्चयः॥
कथ्यते बहुधायुक्तो रागादिकोप्यनिर्णयः।
स्वरैर्विवादोकुरुते पञ्चमस्य समश्रुतिः॥

य स्वरेषु संवादी क्वचित्रयोऽर्षभेदः निषाद गान्धारौ रिधयौ वादिनौ इत्नुमन्यते।

संगीतमकरन्दधी (१।५६—५८) [संगीतदर्पण १।७४—७८]-

वादी नृपस्वरस्तस्य संवादी स्यादमात्यवत्।
(शत्रुर्विवादी तस्य स्यादनुवादी तु भृत्यवत्॥)
ग्रामः स्वरसमूहः स्यान्मूर्च्छनादेः समाश्रयः।
तौ द्वौ धरातले तत्र स्यात् षड्जग्राम आदिमः॥
द्वितीयो मध्यमग्रामस्तयोर्लक्षणमुच्यते।
षड्जग्रामः पञ्चमस्य चतुर्थश्रुतिसंस्थिते॥
स्वोपान्त्यश्रुतिसंस्थेऽस्मिन्मध्यमग्राम इष्यते।
यद्वा धस्त्रिश्रुतिः षड्जे मध्यमे तु चतुःश्रुतिः॥

संगीतरत्नाकरे—

चतस्रः पञ्चमं षड्जे मध्यमे श्रुतयो मताः।
ऋषभे धैवते तिस्रः द्वे गान्धारे निषादके॥

तत्रैव (१।२।५८—६१)—

प्राणापानौ तथा व्यान-समानोदानसंज्ञकाः।
नागः कूर्मश्च कृकरो देवदत्तो धनञ्जयः॥
(दर्शेनि वायुविज्ञातिस्तथा गच्छाति, लाघवम्।)
तेषां मुख्यतमः प्राणो नाभिकन्दादधःस्थितः।
चरत्यास्ये नासिकयोर्नाभौ हृदयपङ्कजे॥
शब्दोच्चारणनिःश्वासोच्छ्वासकासादिकारणम्।
अपानस्तु गुदे मेढ्रे कटिजङ्घोदरेषु च।
(नाभिकन्दे वङ्क्षणयोरूरुजानुषु तिष्ठति॥
अस्य मूत्रपुरीषादिविसर्गः कर्म कीर्तितम्।)
व्यानोऽक्षिश्रोत्रगुल्फेषु कट्यां घ्राणे च तिष्ठति।
समानो व्याप्य निखिलं शरीरं वह्निना सह॥
(द्विसप्ततिसहस्रेषु नाडीरन्ध्रेषु संचरन्।
भुक्तपीतरसान् सम्यगानयन् देहपुष्टिकृत्॥)
उदानपादयोरास्ते हस्तयोरङ्गसन्धिषु।
त्वगादिधातुनाश्रित्य पञ्च नागादयः स्थिताः॥

तत्रैव (१।२।७८)—

त्वगसृग्मांसमेदोस्थिमज्जाशुक्राणि धातवः॥

तथा च संगीतदर्पणे (१।४८—५२)—

हृदि प्राणो गुदेऽपानः समानो नाभिसंस्थितः।
उदानः कण्ठदेशे स्याद्व्यानः सर्वशरीरगः॥
इति वस्तुस्थितिस्तावद्गात्रे त्रेधा भवेदसौ।
हृदि मन्द्रो गले मध्यो मूर्ध्नि तार इति क्रमात्
द्विगुणः पूर्वपूर्वस्मादयं स्यादुत्तरोत्तरः।
एवं शारीरवीणायां दारव्यान्तु विपर्ययः॥
स्वरूपमात्रश्रवणान्नादोऽनुरणनं विना।
श्रुतिरित्युच्यते भेदास्तस्या द्वाविंशतिर्मताः॥
तदभिव्यक्तये नाड़ी स्थितिर्देहे निरूप्यते।
इड़ा वामे स्थिता नाड़ी दक्षिणे पिङ्गला तथा।
हृदि नाड़ी सुषुम्ना च ब्रह्मरन्ध्रावधि स्थिता॥

नारदसंहितायां (२।४८—६१)—

आकाशसम्भवो नादस्तथानाहत उच्यते॥
आहतनादमाकृष्य तथानाहतसंज्ञकात्।
तन्नादं सप्तधाकार्षीत् तस्य तु जातिभिः स्वरैः॥
आद्यः कायभवो वाणी सम्भवस्तु द्वितीयकः।
तृतीयश्चापि वंशादिसम्भवः स त्रिधा मतः॥
एवं बहुभिराचार्यैर्नादस्तु बहुधोदितः।
षड्जर्षभौ च गान्धारो मध्यमः पञ्चमस्तथा॥

धैवतश्च निषादश्च स्वरा: सप्त प्रकीर्त्तिता: ।
श्राणा च स-स्वर: प्रोक्तो शिरो रि-स्वर उच्यते ॥
हस्तौ गान्धारसंप्रोक्तौ वक्ष:स्थान्मध्यमस्वर: ।
कण्ठस्तु पञ्चम: प्रोक्त: कटिर्धैवत-संज्ञक: ।
पादौ निषाद एव स्यात् सप्ताङ्गा मूर्च्छना भवेत् ॥
मयूर: षड्जमाख्याति ऋषभं व्यक्ति चातक: ।
छागो गान्धारमाचष्टे क्रौञ्चो वदति मध्यमम् ॥
कोकिल: पञ्चमं ब्रुते मेषो वदति धैवतम् ।
निषादं भाषते हस्ती त्वेरतद्ब्रह्मादिसम्मतम् ॥
मयूर-वृषभ-मेष-काक-कोकिल-वाजिन: ।
मातङ्गाश्च क्रमेणाहु: स्वरानेतान् सुदुर्गमान् ॥
आरोही वृषभो व्यक्तिश्चावरोही च केशरी ।
व्याहारस्त्रिषु लोकेषु स्वारोही भगवान् स्वयम् ॥
औड़व: पञ्चभि: प्रोक्ता स्वरै: षड्भिस्तु षाड़व: ।
संपूर्णा: सप्तभि: प्रोक्ता रागजातिस्त्रिधा मता ॥
संप्रोक्त: प्रथमो नाद: पश्चाद्वेदा: समुद्भवा: ।
ऋग्वेदोऽथ यजुर्वेद: सामवेदोह्यथर्वण: ॥
संप्रदायानुसारेण भिन्नभिन्नं प्रगीयते ॥

अथालङ्कारा:

सारेग रेगम गमप मपध पधनि धनिसा—
सानिध निधप धपम पमग मगरे गरेसा ॥
अथारोह्यवरोही च स्वरालाप: प्रस्तारक: ।
ऊनपञ्चाशत्कोटितानत्रयभेदाश्च कथ्यते ॥

अथ स्वरालाप-पलटाप्रस्तार:

सारेगमपधनि १ सानिधपमगरेसा
सारेसारेग १ रेगरेगम २ गमगमप ३ मपमपध ४
पधपधनि५ धनिधनिसा६ सानिसानिध७ निधनिधप८
धपधपम९ पमपमग१० मगमगरे११ गरेगरेसा१२
सारेगसारेगम १३ रेगमरेगमप १४ गमपगमपध१५
मपधमपधनि १६ पधनिपधनिसा १७
सानिधसानिधप १८ निधपनिधपम १९
धपमधपमग २० पमगपमगरे २१
मगरेमगरेसा २२ सारेगसारेगसारेगम २३
रेगमरेगमरेगमप २४ गमपगमपगमपध २५
मपधमपधमपधनि २६ पधनिपधनिपधनिसा २७
सानिधसानिधसानिधप २८ निधपनिधपनिधपम २९
धपमधपमधपमग ३० पमगपमगपमगरे ३१
मगरेमगरेमगरेसा३२ सासारेसारे३३ रेरेगरेग३४
गगमगम ३५ ममपमप ३६ पपधपध ३७
धधनिधनि ३८ निनिसानिसा ३९ सासानिसानि ४०
निनिधनिध ४१ धधपधप ४२ पपमपम ४३
ममगमग ४४ गगरेगरे ४५ रेरेसारेसा ४६ ॥

प्रथम: सप्तक:

सारेगमपधनिसारेगम ४७ निधपमगरेसा ४८ ॥

द्वितीय: सप्तक:

सारेगमपधनिसारेग ४९ निधपमगरेसा ५० ॥

तृतीय: सप्तक:

सारेगमपधनिसारे ५१ निधपमगरेसा ५२ ॥

अथ स्वरप्रस्तार:

धनिसारेगमपधनिसा ५३ निसारेगमपधप ५४
सारेगमपधनिसारे ५५ रेगमपधनिसारेग ५६
गमपधनिसारेगम ५७ मपधनिसारेगमप ५८
पधनिसारेगमपध ५९ पधनिसारेगम ६०
सासापपरेरेनिनिगग ६१ निगपरेसाधम ६२
धगमनिरेपसा६३ पनिगधरेसा ६४ निपरेमगधसा६५
रेपगमधसानि ६६ गनिधगसारेम ६७
परेगधसानिमगसा ६८ सारेसा ६९ सारेगरेसा ७०
सारेगमगरेसा ७१ सारेगमपमगरेसा ७२
सारेगमपधपमगरेसा७३ सारेगमपधनिधपमगरेसा७४
सारेगमपधनिसासानिधपमगरेसा ७५ सानिसा ७६
सानिधनिसा ७७ सानिधपधनिसा ७८
सानिधपमपधनिसा ७९ सानिधपमगमपधनिसा ८०
सानिधपमगरेगमपधनिसा ८१
सानिधपमगरेसारेगमपधनिसा ८२ ॥

अथ तानप्रस्तार:

सा १ ॥ सारि १ रेसा २ ॥—

सारिग१ रेसाग२ गसारि३ गरिसा४ सागरि५ रिगसा६ ॥

सारिगम १ रेसागम २ मसारिग ३ सामरिग ४

गमसारि ५ मगसारि ६ गमरिसा ७ गरिमसा ८

मसारिग ९ सागरिम १० रिमसाग ११ मरिसाग १२

सागमरि १३ साभरिग १४ मरिगसा १५ रिमगसा १६

रिगसाम १७ गरिसाम १८ सारिमग १९ रिसामग २०

मसागरि२१ सामगरि२२ मरिगसा२३ मगरिसा२४ ॥—

सारिगमप १ रिसागमप २ मसारिगप ३ सामरिगप ४

गमसारिप ५ मगसारिप ६ गमरिसाप ७ गरिमसाप ८

मसारिगप ९ सागरिमप १० रिगसामप ११

मरिसागप १२ सागमरिप १३ सामरिगप १४

मगरिसाप १५ रिमगसाप १६ रिगसामप १७

गरिसामप १८ सारिमपग १९ रिसामगप २०

मसागरिप २१ सामगरिप २२ मरिगसाप २३

मगरिसाप २४ सारिगपम २५ रिसागपम २६

मसारिपग २७ सामरिपग २८ गमसापरि २९

मगसापरि ३० गमरिपसा ३१ गरिमपसा ३२

मसारिपग ३३ सागरिपम ३४ मरिगसाप ३५

मरिसापग ३६ सागमपरि ३७ सामरिगप ३८

मरिगपसा ३९ रिमगपसा ४० रिगसापम ४१

गरिसापम ४२ सारिमपग ४३ रिसामपग ४४

मसागपरि ४५ सामगपरि ४६ मरिगपसा ४७

मगरिपसा ४८ सारिपगम ४९ रिसापगम ५०

मसापरिग ५१ सामपरिग ५२ गमपसारि ५३

मगपसारि ५४ रिगमपसा ५५ गरिपमसा ५६

गमापरिम ५७ सागपरिम ५८ रिगपसाग ५९

मरिपसाग ६० सागपमरि ६१ सामपरिग ६२

मरिपगसा ६३ रिमपगसा ६४ रिगपसाम ६५

गरिपसाम ६६ सारिपमग ६७ रिसापमग ६८

मसापगरि ६९ सामपगरि ७० मरिगपसा ७१

मगपरिसा ७२ सापरिगम ७३ रिपसागम ७४

मपसारिग ७५ सापमरिग ७६ गपमसारि ७७

मपगसारि ७८ रिपमगसा ७९ गपरिमसा ८०

मपसारिम ८१ सापगरिम ८२ रिपमसाग ८३

गपरिसाग ८४ सापगमरि ८५ मपरिगसा ८६

रिपमगसा ८७ रिपगसाम ८८ गमरिसाम ८९

सापरिमग ९० रिपसामग ९१ मपसागरि ९२

सपमगरि ९३ मरिपगसा ९४ मपगरिसा ९५

पसारिगम ९६ परिसागम ९७ रिपमगसा ९८

पगमरिसा ९९ पमसारिग १०० पसागरिम १०१

परिमसाग १०२ पमरिसाग १०३ पसागमरि १०४

पमरिगसा १०५ परिमगसा १०६ परिगसाम १०७

पगरिसाम १०८ पसारिमग १०९ परिसामग ११०

पमसागरि १११ पसमगारि ११२ पमरिगसा ११३

पमगरिसा ११४ सारिगमपध ११५

रिसागमपध ११६ मसारिगपध ११७

सामरिगपध ११८ गमसारिपध ११९

मगसारिपध १२० गमरिसापध १२१

गरिमसापध १२२ मसारिगपध १२३

सागरिमपध १२४ रिमसागपध १२५

मरिसागपध १२६ सागमरिपध १२७

सामरिगपध १२८ मरिगसापध १२९

रिमगसापध १३० रिगसामपध १३१

गरिसामपध १३२ सारिमगपध १३३

रिसामगपध १३४ मसागरिपध १३५

सामगरिपध १३६ मरिगसापध १३७

मगरिसापध १३८ सारिगमधप १३९

रिसागमधप १४० मसारिगधप १४१

सामरिगधप १४२ मसारिगधप १४३

मगसारिधप १४४ गमरिसाधप १४५

गरिमसाधप १४६ मसारिगधप १४७

सामरिमधप १४८ रिगसामधप १४९

मरिसागधप १५० सागमरिधप १५१

सामरिगधप १५२ मगरिमाधप १५३
रिमगमाधप १५४ रिगमामधप १५५
गरिसामधप १५६ सारिमगधप १५७
रिसामगधप १५८ मसागरिधप १५९
सामगरिधप १६० मरिगमाधप १६१
मगरिसाधप १६२ सारिगमधप १६३
सारिगधमप १६४ रिमागधसप १६५
ममारिधगप १६६ धामरिधगप १६७
गमसाधरिप १६८ मगमाधरिप १६९
गमरिधमाप १७० गरिमधमाप १७१
ममारिधगप १७२ मागरिधमप १७३
रिगसाधमप १७४ मरिसाधसप १७५
मारिमधगप १७६ गरिमाधमप १७७
सामगधरिप १७८ मगरिधसाप १७९
सारिगधपम १८० रिमागधपम १८१
सारिगधपम १८२ रिमागधपम १८३
ममारिधपग १८४ सामरिधपग १८५
गमसारिधप १८६ मगमाधपरि १८७
गमरिधपमा १८८ गरिमधपमा १८९
मसारिधपग १९० सागरिधपम १९१
रिगमाधपम १९२ मरिमाधपग १९३
मागमधपरि १९४ सामरिधपग १९५
मरिगधपमा १९६ मगरिधपमा १९७
मगरिपधमा १९८ सारिगमपधनि १९९
रिसागमपधनि २०० ममारिगपधनि २०१
सामरिगपधनि २०२ गमसारिपधनि २०३
मगसारिपधनि २०४ गमरिमापधनि २०५
गरिमसापधनि २०६ ममारिगपधनि २०७
सागरिमपधनि २०८ रिमसागपधनि २०९
मरिसागपधनि २१० सागमरिपधनि २११
सामरिगपधनि २१२ मरिगसापधनि २१३
रिमगसापधनि २१४ रिगसामपधनि २१५
गरिसामपधनि २१६ सारिमगपधनि २१७

३

रिसामगपधनि २१८ ममागरिपधनि २१९
सामगरिपधनि २२० मरिगमापधनि २२१
मगरिमापधनि २२२ सारिगमधपनि २२३
रिसागमधपनि २२४ ममारिगधपनि २२५
सामरिगधपनि २२६ गमसारिधपनि २२७
मगमारिधपनि २२८ गमरिसाधपनि २२९
गरिमसाधपनि २३० ममारिगधपनि २३१
सागरिमधपनि २३२ रिमसागधपनि २३३
मरिसागधपनि २३४ सागमरिधपनि २३५
सामरिगधपनि २३६ मरिगमाधपनि २३७
रिमगसाधपनि २३८ रिगसामधपनि २३९
गरिमामधपनि २४० सारिमगधपनि २४१
रिसामगधपनि २४२ ममागरिधपनि २४२
सामगरिधपनि २४४ मरिगमाधपनि २४५
मगरिसाधपनि २४६ सारिगधमपनि २४७
रिसागधमपनि २४८ धमसारिगधपनि २४९
सामरिगधपनि २५० मागधमरिपनि २५१
साधमरिपनि २५२ रिगधमपनि २५३
धमारिगमपनि २५४ धरिसागमपनि २५५
धगममारिपनि २५६ धमगमारिपनि २५७
धगमरिमापनि २५८ धगरिममापनि २५९
धमसारिगपनि २६० धमामरिगपनि २६१
धगममारिपनि २६२ धमगरिमापनि २६३
धगमरिसापनि २६४ धगरिमसापनि २६५
धम[illegible]पनि २६६ धसागरिमपनि २६७
धरिमसागपनि २६८ धमरिसागपनि २६९
धसागरिमपनि २७० धरिममागपनि २७१
धगरिसागपनि २७२ धसागमरिपनि २७३
धरिमसागपनि २७४ धसामरिगपनि २७५
धमरिगसापनि २७६ धरिमगसापनि २७७
धरिगसामपनि २७८ धगरिसामपनि २७९
धसारिमगपनि २८० धरिसामगपनि २८१
धमसागरिपनि २८२ धसारिमगपनि २८३

धरेंसामगपनि २८४ धमसागरेंपनि २८५
धसामगरेंपनि २८६ धमरेंगसापनि २८७
धमगरेंसापनि २८८ धसारेंमपनि २८९
धरेंसाममपनि २९० धमसागरेंपनि २९१
धसामगरेंपनि २९२ धमरेंगमापनि २९३
धमगरेंसापनि २९४ सारेंगपनिधम २९५
रेंसागपनिधम २९६ मसारेंगपनिधम २९७
गसारेंपनिधम २९८ रेंगमापनिधम २९९
मागरेंपनिधम ३०० गमरेंपनिधम ३०१
रेंममापनिधम ३०२ गमापनिरेंधम ३०३
मगसापनिरेंम ३०४ गसापनिरेंधम ३०५
सारेंगमपधनिमा ३०६ रेंमागमपधनिसा ३०७
मसारेंगपधनिसा ३०८ मामरेंगपधनिसा ३०९
गमसारेंपधनिसा ३१० गरेंमसापधनिसा ३११
मसागरेंपधनिमा ३१२ ॥

अथ औडव

सागमाधसागमधनिधमगसा ३१३
निधमगनिधमगसा ३१४
सासागनिधधगमसा ३१५ ॥

अथ षाडव:

सागपगसानिधपगमनिमा ३१६
गसापनिधमगसा ३१७
धधपमपनिसाधगसा ३१८
निधमगपगसासाधगमपनिसा ३१९
निनिधधपपममगसा ३२० ॥

अथ सम्पूर्ण-तान:

सामरेंगमधपनिरेंसाधगसा ३२१
धरेंनिधपगमामगरेंधगपरेंनिसा ३२२
मगरेंसानिपधरेंसामधरेंमा ३२३
सामारेंरेंगगममपपधधनिनिसासा ३२४
सामानिनिधधपपममगगरेंरेंमा ३२५ ॥

इति श्रीकृष्णानन्द-व्यासदेव रागसागरोद्धृत-रागकल्पद्रुमे तानविवेक-
गतिमच्छनास्वरप्रस्ताराध्याय: सम्पूर्ण: ।

अथ रागविवेकाध्याय:

प्रणम्य परमात्मानं शिवब्रह्मादिकं तत: ।
रागकल्पद्रुमो ग्रन्थो रागरागिण्यप्रदाहृत: ॥

संगीतशास्त्रे अमराख्यनन्द-
व्यासात्मजो श्रीरकानन्दव्यास: ।
श्रीकृष्ण-आनन्द यदात्मजोऽयं
स एव सर्वं वितनोतु रागान् ॥
संगीतशास्त्रज्ञ-परात्मवादी
वीणादियावत् सुसमिच्य सर्वम् ।
कल्पद्रुमो राग-सुसङ्गीताख्यो
तेनैव धृत्वा विततस्म मूर्खान् ॥

अथ हनमन्मतानुसारेण रागरागिण्य: ।

बृहत्सङ्गीतरत्नाकरे *---

नारद उवाच ।

के रागा: काश्च रागिण्य: का वेला ऋतवश्च कं ।
किं रूपं कथमुच्चारो वद देव ! प्रसादत: ॥

श्रीभगवानुवाच ।

भैरवो मालकोशश्च हिन्दोलो दीपकस्तथा ।
श्रीरागो मेघरागश्च षडेते पुरुषा: स्मृता: ॥

मतान्तरे च

वसन्तो वृहन्नाटश्च मल्लारो मालवस्तथा ।
प्रदीप: कौशिकश्चैव षडेते पुरुषाह्वया: ॥

अथ भैरवरागस्त्रिय:

भैरवी गुर्ज्जरी चैव टोड़ी रामकली तथा ।
वराटी चैव संयुक्ता भैरवस्य वराङ्गना: ॥
देशी रामगिरी चैव देशकारी विभाषिका ।
आशावरी पुनर्ज्ञेया भैरवस्य प्रिया इमा: ॥

अथ मालकोशस्त्रिय:

वागीश्वरी च ककुभा पर्य्यङ्का शोभनी तथा ।
खम्भावती पुनर्ज्ञेया मालकोशस्य वल्लभा: ॥

* संगीतदर्पणे रागाध्याये पार्वतीश्वरसंवादे दर्शयति

तथा सङ्गीतमहोदधौ (२।१५) -

कौशिको देवगिरी च वखारी मोहनी तथा ।
लीलाम्वरी पुनर्ज्ञेया कौशकस्य वराङ्गना: ॥

अथ हिन्दोलरागस्त्रिय:

वेलावली च भूपाली मालश्री: पटमञ्जरी ।
ललिता सहिता एता हिन्दोलस्य वराङ्गना: ॥

सङ्गीतार्णवे (२।३६

हिन्दोली गुणक्री चैव अन्नेया श्यामगिरिका ।
वैदिका चैव संयुक्ता हिन्दोलस्य प्रिया इमा: ॥

अथ दीपकरागस्त्रिय:

प्रदीपिका धनाश्री च जयतश्री: पलाशिका
विहागातु पुनर्ज्ञेया दीपकस्य वराङ्गना: ॥

सङ्गीतसीमन्ताय २।३५ ३६

केदारी कान्हड़ी चैव पुरीयाभोरिका तथा ।
मूलतानी पुनर्ज्ञेया दीपकस्य प्रिया इमा: ॥

अथ श्रीरागस्त्रिय:

मालवी त्रिवर्णी गौरी गोरा पूर्वी तथव च ।
रागिण्यो रागराजस्य श्रीरागस्य वराङ्गना: ॥

सङ्गीतसारे (२।५)--

धमनी टक्को संयुक्ता माली गोरा तथैव च ।
नागध्वनी चैतिका च श्रीरागस्य प्रिया इमा: ॥

अथ मेघस्त्रिय:

मल्लारी सौरठी चैव मारङ्गा वड़हंसिका ।
मध्यमादि पुनर्ज्ञेया मेघरागस्य योषित: ॥

सङ्गीतचन्द्रिकायां (२।३८)----

कामोदी लङ्कदोहिनी मावन्ती च वङ्गालिका ।
तथा जयजयन्ती च मेघरागस्य वल्लभा: ॥

इति श्रीइन्द्रप्रस्थीय-राधाप्रिय-श्रीकृष्णमतानुयायि-ब्रह्मन्-संगीतरत्नाकरे एतत्सम्मतानुसारेण रागरागिण्य: ॥

अथ मतान्तरे संगीतदर्पणे --

मध्यमादि भैरवी च वङ्गाली च वराटिका ।
सैन्धवी च पुनर्ज्ञेया भैरवस्य वराङ्गना: ॥
टोड़ी खम्बावती गौरी गुणक्री ककुभा तथा ।
रागिण्यो रागराजस्य कौशकस्य वराङ्गना: ॥
वेलावली रामकली देशाख्या पटमञ्जरी ।
ललिता सहिता एता हिन्दोलस्य वराङ्गना: ॥
कान्हड़ी देशकारी च कामोदी नाटिका पुन: ।
केदारी दीपका चैव प्रिया: पञ्च इमा: स्मृता: ॥
वसन्ती मालवी चैव माधवी श्रीधनाश्रिका: ।
आशावरी तु विज्ञेया श्रीरागस्य वराङ्गना: ॥
मल्लारी सोरठी चैव भूपाली गुर्ज्जरी तथा ।
टक्का च पञ्चमी भार्य्या मेघरागस्य योषित: ॥*

अथ वसन्तरागस्त्रिय:

वसन्ती पञ्चमी टोली वहारी रूपमञ्जरी ।
रागिण्यो ऋतुराजस्य वसन्तस्य प्रिया: इमा: ॥
सरस्वती प्रभावती सुखावती तथैव च ।
मानमञ्जरी विजया च वसन्तस्य वराङ्गना: ॥

अथ नटनारायणस्त्रिय:

गुणकर्य्यो नाटिका गारा सैन्धवी माधवी तथा ।
कुकुभाटप्रिया: प्रोक्ता: सङ्गीत-परिभाषिता: ॥

---

* "मालश्री त्रिवर्णी गौरी केदारी मधमाधवी ।
तत: पाहाडिका ज्ञेया श्रीरागस्य वराङ्गना: ॥
देशी देवगिरी चैव वराटी तोड़िका तथा ।
ललिता चाथ हिन्दोली वसन्तस्य वराङ्गना: ॥
भैरवी गुर्ज्जरी रामकिरी गुणकिरी तथा ।
वाङ्गाली सैन्धवी चैव भैरवस्य वराङ्गना: ॥
विभाषा चाथ भूपाली कर्णाटी वड़हंसिका
मालश्री पटमञ्जर्यां सहैता: पञ्चमाङ्गना: ॥
मल्लारी सोरटी चैव सावेरी कौशिकी तथा ।
गान्धारी हरशृङ्गारा मेघरागस्य योषित: ॥
कामोदा चैव कल्याणी आभीरी नाटिका तथा ।
सारङ्गी नट्टहम्बीरा नट्टनारायणाङ्गना: ॥"

इति मुद्रित-संगीतदर्पणधृत-पाठ: (२।१४—१८) ।

कोलाहलो गौण्डगिरि गुञ्जारी सिन्दरी तथा ।
नटमल्लारो संयुक्ता नटनारायणप्रियाः ॥

अथ भरतमतानुसारेण [संगीतदर्पणे २।८३]—

श्रीरागोऽथ वसन्तश्च भैरवः पञ्चमस्तथा ।
मेघरागो बृहन्नाटः षडेते पुरुषाह्वयाः ॥

इत्यादि अनेकमतरागगणनाः ।

इन्द्रादयोऽपि यस्यान्तं नययूरागवारिधेः ।

तत [संगीतदर्पणे १।३२] चाप्युक्तम्—

नादाब्धेस्तु परं पारं न जानाति सरस्वती ।
अद्यापि मज्जनभयात् तुम्बं वहति वक्षसि ॥

यद्यपि बहवो भेदाः सन्ति तदपि वलि-युधिष्ठिर श्रीकृष्णोक्त मतभेदमाश्रयाम ॥

अथ रागपुत्राः

अथ भैरवपुत्राः

नारदमते—

षड्रागो रामरागश्च मधु-गान्धार-रूपकाः ।
तथा वङ्गालदेशाख्यौ विभासो भैरवात्मजाः ॥

सङ्गीतनिर्णये—

देव-गान्धार-आशाश्च भैरवस्य सुता इमे ।

अथ मालकोशपुत्राः

माधवः शोभनः सिन्धु-मारु-मेवाड़-कुन्तलाः ।
कलिङ्गः सोमः संयुक्ताः कौशकस्य सुता इमे ॥

सङ्गीतरत्नमालायां—

विहार लीलरङ्गश्च कौशकस्य सुता इमे ।

अथ हिन्दोलपुत्राः

आभीरः शुभ्र-धवलौ चन्द्रकाशविमोहकाः ।
चन्द्रकान्तः स्नेहो वेदः हिन्दोलात्मजकीर्त्तिताः ॥

सङ्गीत-पारिजाते—

गुणसागर-गम्भीरा हिन्दोलात्मजकीर्त्तिताः ॥*

अथ दीपकपुत्राः

सूहा च नायका जना शङ्करा कान्हड़ा तथा ।
विहागड़ा नाटः केदारा दीपकस्य सुता इमे ॥

शिवसंगीते—

प्रदीप-शङ्कराभरण-दीपकात्मजकीर्त्तिताः ॥

अथ श्रीरागपुत्राः

मारवाः पूरवाः श्यामो हंस तेम कम्बिरिकाः ।
भूपालो जैतसश्चैव श्रीरागस्य सुता इमे ॥

सङ्गीतमालिकायां—

कल्याणा ध्यानकल्याणाः श्रीरागस्य सुता इमे ।

अथ मल्लारपुत्राः

मल्लार-गौड़-कर्णाट-जलधर-मल्लाहकाः ।
तैलङ्ग-कमल कुसुमा मेघपुत्रा इमे स्मृताः ॥

सङ्गीतभार्यां—

मेघनाटश्च सेवन्त-सावन्त तूम-लगनकाः ।
वङ्गाल-नाट-भूपश्च मेघराग-सुता इमे ॥

अथ वसन्तरागपुत्राः

वासन्तः पञ्चम-चम्पक-हिण्डोरो भ्रमरस्तथा ।
पञ्चाला अङ्ग-वङ्गश्च वसन्तस्य सुता इमे ॥

अथ नटनारायणपुत्राः

छायानाट-देशनाट-नाटकेदार-मारवाः ।
राजहंस-वन्नारंस-रेव-कुम्भाः नटात्मजाः ॥

अथ प्रदीपपुत्राः

कोलाहल-विजयश्च आनन्द कोहन-निवारिकाः ।
वैराट-वर्द्धन-भीमः प्रदीपस्य सुता इमे ॥

अथ देवगान्धारपुत्राः

गान्धारः किन्नरः कान्तमङ्गलः बहुलः वरः ।
गुणः हीरः गम्भीरश्च गान्धारस्य सुता इमे ॥

अथ कल्याणपुत्राः

हिमालः वल्लभो वीरः जङ्गलश्च कलिन्दरः ।
पुलिन्दः गुरु-सागरश्च कल्याणतनुजाः स्मृताः ॥

इति रागपुत्राः ।

* मुद्रित संगीतपारिजाते इदम् श्लोकाभावः ।

चन्द्रराग-सूर्य्यराग-अग्निरागस्तथैव च ।
गणेश: क्षेत्रपालश्च: विष्णुवल्लभ-हनुमत: ।
शक्ति: लक्ष्मी: सरस्वती देवलोके च गीयते ॥
षोड़श-सहस्र-भिन्नभिन्नरागरागिणी ईरित: ।
वृन्दावने रासक्रीड़ायां एकैकश्रीकृष्णसन्निधौ ॥

रागरागिणी श्रुतिरूपा गोपाङ्गना, ऋषिरूपा देवरूपा नित्यसिद्धा भिन्न-भिन्न-रागरागिणी। पृथक् पृथक् ताल:—एकताल्ली१ आदितालीर२ धमारताल ३ यतिताल ४ रूपकताल ५ यं वड़ा ६ जलदतितारा ७ धीमातितारा ८ मल्लफाक्ता ९ झपतारा १० आड़चौतारा ११ हड्डचौतारा १२ पठताल १३ ब्रह्मताल १४ रुद्रताल १५ विष्णुताल१६ लक्ष्मीताल १७ अष्टाताल १८। इत्यादिरासमण्डली नृत्यसमय-प्रकाशितं सवारीफरोदस्त दवहर्कंद पञ्चम-सवारी पस्तो इत्यादि लोके प्रसिद्धमाह ।*

अथ रागस्त्रिय:

अथ षड्रागस्त्रिय:

श्यामा शैवी च भौमी च नागध्वनी तथैव च ।
आनन्दा च पुनर्ज्ञेया: षड्रागस्य वराङ्गना: ॥

अथ रामरागस्त्रिय:

रामा रमणी रङ्गिका केली कौमारिका तथा ।
भैरवात्मजरामस्य इमा भार्य्या प्रकीर्त्तिता: ॥

अथ मधुररागस्त्रिय:

माधुरी मोहिनी चैव रेवती मिष्टिका तथा ।
लीलाम्बरी पुनर्ज्ञेया मधुरागस्य वल्लभा: ॥

अथ गान्धाररागस्त्रिय:

गान्धारी गान्धर्वी चैव कोकिला कामवर्द्धिनी ।
योगीया तु पुनर्ज्ञेया गान्धारस्य प्रिया इमा: ॥

अथ हर्षरागस्त्रिय:

हार्षिकी च मनोहारी वैदी च मेघरञ्जिका ।
कामकेशी तथा ज्ञेया हर्षरागस्य योषित: ॥

* "संगीतभाष्ये" इत्यारभ्य "प्रसिद्धमाह" इत्यन्तं नागराक्षरमुद्रिते पुस्तके नास्ति।

अथ बङ्गालरागस्त्रिय:

भृङ्गिणी-मनोरञ्जिन्यौ प्रतापी हंसिका वरी ।
बङ्गालो भैरवपुत्रस्तस्य भार्य्या: प्रकीर्त्तिता: ॥

अथ देशाख्यस्त्रिय:

देवनाटी देवकी च वर्द्धनी च विनोदिका ।
विलासी तु पुनर्ज्ञेया देशाख्यस्य वराङ्गना: ॥

अथ विभासस्त्रिय: **

विभासी श्रीहटी प्राची आन्ध्री च वल्लिका तथा* ।
विभासस्य प्रिया: पञ्च ख्याता रागविशारदै: ॥

अथ मालकोश-पुत्रस्त्रिय:—

अथ माधवस्त्रिय:

माधुरी मौनिका शुद्धा विचित्रा मनोहारिणी ।
माधवस्य प्रिया: पञ्च सङ्गीते परिभाविता: ॥†

अथ शोभनरागस्त्रिय:

शोभनी चन्द्रकाशी च प्रेमानन्दी तथैव च ।
आह्लादी मोदिनी एता: शोभनस्य वराङ्गना: ॥

अथ सिन्धुरागस्त्रिय:

सिन्धुरी सागरी चैव शास्तिका सुखकारिणी ।
श्यामगिरि पुनर्ज्ञेया पञ्चैता: सिन्धुवल्लभा: ॥‡

अथ माररागस्त्रिय:

मारणी पुष्पकी पद्मा लावण्या मन्मथा तथा ।
पञ्चैता वल्लभास्तस्य माररागस्य कीर्त्तिता: ॥

अथ कुन्तलरागस्त्रिय:

कुन्तली कोहली चैव कैलाशी कामिनी तथा ।
कटाक्षाख्या च संयुक्ता कुन्तलस्त्री प्रकीर्त्तिता: ॥

अथ कलिङ्गस्त्रिय: $

कलिङ्गी कुसुमी तारा जयन्ती कज्जली तथा$ ।
कलिङ्गस्य प्रिया: पञ्च सङ्गीते परिकीर्त्तिता: ॥

** सुभास: । इति पाठान्तरम् ।

* चल्लेयका । इति पाठान्तरम् ।

† कौशिकात्मजप्रथमस्य माधवस्य वराङ्गना: ॥ इति वा पाठ:

सामेरी तु पुनर्ज्ञेया पञ्चैता: सिन्धुवल्लभा: ॥ इति वा पाठ: ।

$ मानमञ्जरी । इति पाठान्तरम् ।

अथ सोमरागस्त्रियः

सोमी श्यामा स्वरूपा च शैलिका ईश्वरी पुनः ।
सोमरागप्रियाः पञ्च ख्याता रागविशारदैः ॥

अथ हिन्दोलपुत्रस्त्रियः

आभीररागस्त्रियः

आभीरी वोषिका घण्टा गम्भीरी च सुमेरिका ।
आभीरस्त्री समाख्याता मुनिना भरतेन वै ॥

अथ शुभ्ररागस्त्रियः

शुभ्री च गन्धिका आरा गुण्डी गर्भा तथैव च ।
शुभ्रस्य वल्लभाः प्रोक्ताः हिन्दोलतनुजस्य वै ॥*

अथ धवलरागस्त्रियः

धवली कारुणी धावी धार्म्मिका जगदीश्वरी ।†
धवलस्य प्रिया एता ख्याता रागविशारदैः ॥

अथ चन्द्रकाशरागस्त्रियः

चन्द्रकाशी प्रकाशी च धारिणी‡ करुणा तथा ।
कीर्त्तिस्तथा सुविज्ञेया चन्द्रकाशप्रिया इमाः ॥

अथ विमोहनकरागस्त्रियः

मोहनी मुरली मेघा मानसी मानवर्द्धिनी ।
विमोहनप्रियाः पञ्च मुनिना परिकीर्त्तिताः ॥

अथ मारव

मञ्जुषा मालिनी पाली तथामञ्जि च चैतका ।**
मारवयोषितः पञ्च ख्याता रागविशारदैः ॥

अथ पुरवास्त्रियः

परेवी पार्व्वती प्रीतिर्म्माधुरी मनरञ्जिका ।
पञ्चैताः पुरवा-वामा भरतर्षिकथिता इमाः ॥

अथ श्यामरागस्त्रियः

सलिता सङ्कुली श्यामा सुष्टुरङ्गा च सौरभी ।
एताः पञ्च समाख्याताः श्यामरागप्रिया इमाः ॥

अथ हेमरागस्त्रियः

हेमी हंसी हुलासी च ज्वाला च जगवन्दनी ।*
हेमरागप्रियाः पञ्च भरतकथिता इमाः ॥

अथ क्षेमरागस्त्रियः

मङ्गली कुशली क्षेमी मातङ्गी मोदवर्द्धनी ।
क्षेमस्त्रियः प्रगीयन्ते पूर्वयामे विशारदैः ॥

अथ हमीर-रागस्त्रियः

हमीरी कामदा हंसी हरिणी कामकेलिका ।
हमीरस्य इमाः प्रोक्ता पञ्चैताः सुखदाः प्रियाः † ॥

अथ भूपालरागस्त्रियः

भूरली एमनी भीमा भोली आराभिका तथा ।
भूपालस्य पूर्वरात्रौ प्रगीयन्ते विशारदैः ॥

जैतरागस्त्रियः

जैती जम्बी च जाम्बती जगदीशी कल्याणिका ‡ ।
पञ्चैताः प्रथमे यामे जैतरागस्य वल्लभाः ॥

अथ दीपकरागपुत्रस्त्रियः—

अथ सुहास्त्रियः

सुही कार्फी सिन्धुली च धूमी च धारिणी तथा ।
सुहास्त्रिय इमाः प्रोक्ता भरतकथिता मुनिः ॥ §

अथ नायकस्त्रियः

नायकी सुस्तनी नम्रा रम्भा च रूपमञ्जरी ।
नायकस्य प्रियाः पञ्च ख्याता रागविशारदैः ॥

अथ अड़ानास्त्रियः

अड़ानी शुभाङ्गी गोपिका लीलाङ्गी सुधावती ।
पञ्चैताः सुष्टुनयना अड़ानावल्लभा इमाः ॥

* शुभ्री च गन्धिका गारा गुन्ती गर्भा सुभाखिका ।
शुभ्ररागवधूप्रोक्ता हिन्दोलतनुजस्य वै ॥ इति पाठान्तरम् ।

† धवली धारणी धावी धार्म्मिका धवलश्रीका । इति वा पाठः ।

‡ कारिणी । इति पाठान्तरम् ।

** मञ्जुषा मालवी माली तथामपि च चैविका । इति पाठान्तरम् ।

* हेमी हंसी हल्लासी च जयन्ती यशोवर्धिनी । इति पाठान्तरम् ।

† पञ्चैते सुखदायकाः । इति वा पाठः ।

‡ जैती यन्त्री च यामन्ती जगदीशी जयतश्रीका । इति पाठान्तरम् ।

§ सुही सुघ्री भूषाखी च लक्ष्मी परवी तथैव च ।
सुहास्त्रियः समाख्याताः स्वयं रागविशारदैः ॥ इति पाठान्तरम्

अथ शङ्करास्त्रियः

शङ्करी शङ्खभरणी शङ्खवेलावली तथा ।
केरली कोकली चैव शङ्करावल्लभाः स्मृताः * ॥

अथ कान्हड़ाप्रियाः

हन्दा आराधा क्षणा च क्षणकेली कामोदिनी ।
कान्हड़ावल्लभाः पञ्च ख्याता रागविशारदैः ॥

अथ विहागड़ाप्रियाः

विङ्गी विहारिणी वारो वैराग्री योगिनी तथा । †
विहागड़ास्त्रियः प्रोक्ताः पञ्चैता मुनिना इमाः ॥

अथ नाटप्रियाः

नाटी च नर्त्तनी ‡ नित्या नारायणी नरोत्तमी ।
नटरागप्रिया एता मुनिना परिकीर्त्तिताः ॥ §

अथ केदाररागस्त्रियः

केदारी कामपाली च कारवी योगध्यानिका ।
कल्लोलिनी पुनर्ज्ञेया केदारस्य वराङ्गनाः ॥

अथ श्रीरागपत्नप्रियाः—

अथ मालवरागस्त्रियः

मतिङ्गा मालती सौमा मालीगोरा तथैव च ।
त्रिवणी तु पुनर्ज्ञेया मालवस्य च वल्लभा ॥

अथ मारुरागस्त्रियः

मस्तनी मालिनी सुधा गोकर्णी गोषिका पुनः ।
मारुरागप्रियाः पञ्च ख्याता रागविशारदैः ॥

अथ मेवाड़रागस्त्रियः

मेवाली मल्लकी चिन्ता सायङ्का मूर्च्छिका तथा ।
सङ्गीते च समाख्याता मेवाड़स्य तु वल्लभा ॥

अथ मरुधररागस्त्रियः

मरुधरी क्षणचन्द्री मारवी मुक्ता वल्लभी ।
मरुधरप्रियाः पञ्च सङ्गीते परिभाषिताः ॥

मालीगौड़ारागस्त्रियः

मालीगोड़ी गुर्ज्जारी च मयानी मृदु मिष्टिका ।
मालीगोड़प्रियाः पञ्च सङ्गीते परिभाषिताः ॥

अथ मारुतरागस्त्रियः

मारुती मञ्जरी मुञ्जी मालिनी सुभ्रूका पुनः ।
मारुतस्य प्रियाः पञ्च ख्याता रागविशारदैः ॥

अथ मेघरागपत्नस्त्रियः

अथ मल्लारस्त्रियः

मल्लिका वर्षणी गर्जी गुञ्जिका घनवर्द्धनी ।
मल्लारस्य पञ्च योषित् वर्षाकाले सुखप्रदाः ॥

अथ गौड़रागप्रियाः

गुण्डी गुण्डगिरि गोभी गिरिजा जलधारिणी ।
गौड़स्त्रियः प्रगीयन्ते वर्षाकालविशारदैः ॥

अथ खं हरागप्रियाः

खेही प्रीति माधुरी च कोमली कोहली तथा ।
खं हराग पञ्च भार्याः सङ्गीते परिभाषिताः ॥

अथ कर्णाटरागप्रियाः

कर्णाटी रङ्गनाथी च मल्लवारी च मल्लिका ।
श्रीरङ्गी सहिता एताः कर्णाटस्य वराङ्गनाः ॥

अथ जलधरप्रियाः

जलधरी वर्षिका घुमड़ी घनश्यामा च घण्टारवी ।
जलधरस्य प्रगीयन्ते वर्षाकाले च सूरिभिः ॥

अथ आभीरप्रियाः

आभीरी भङ्गिका चैव साविङ्गा कोहली तथा ।
घनङ्गी सहिता एता आभीरस्य प्रिया इमाः ।

अथ तैलङ्गप्रियाः

तैलङ्गी तारिका तन्वी आन्ध्री कावेरिका तथा ।
कुण्डली सहिता एता तैलङ्गस्य प्रिया इमाः ॥

अथ नटनारायणप्रियाः

ब्रह्माण्डी ब्रह्मभेदी च नटनारायणी तथा ।
निरङ्कारी मुक्तिका च नटनारायणप्रियाः ॥

* शङ्करावधू कीर्त्तिताः । इति वा पाठः ।

† विहङ्गी विहारी विहाम मेघवी च वियोगिका । इति वा पाठः ।

‡ नृत्यनी । इति पाठान्तरम् ।

§ नटनारायणस्त्रीताः पञ्च भार्य्याः प्रकीर्त्तिताः ॥ इति वा ।

अथ घनश्यामप्रिया:

मालती मलुही मोचा वैकुण्ठी विष्णुवल्लभा ।
वर्षर्त्तौ ताः प्रगीयन्ते घनश्यामप्रिया इमाः ॥

अथ कमलरागप्रिया:

कमली कर्षणी चैव मनोहारिणी मनमोदिका ।
अप्सरी सहिता एता कमलस्य प्रिया इमाः ॥*

अथ कुसुमरागप्रिया:

कुसुमो सुमनी पुष्पी सुगन्धि गन्धिका तथा ।
कुसुमस्य प्रियाः पञ्च ख्याता रागविशारदैः ॥†

इति षट्रागपुंवस्त्रियः ।

अथ रागरागिणीसमयः

अथ दिवस-रागरागिणी

भैरवो भैरवी चैव रामकली षट्राम च ।
विभासो देशकारोऽयं प्रातःकाले प्रगीयते ॥
हिन्दोलः पञ्चमः सिन्धुर्ललितश्च वसन्तकः ।
भखारो भटीयारो च आद्ययामे प्रगीयते ॥
अलैया देवगिरिया लक्षशाखः पुनस्तथा ।
देवशाखो भूशाखश्च रामशाखः पुनस्तथा ॥
रामगिरि देवकृति च दिने प्रथमयामकं ।
द्वितीय-प्रहरार्द्धे च सूहा वेलावली तथा ॥
सुघराइ माधवो माधो गान्धारो गुणकी पुनः ।
टोड़ीका शावरी देशी वराटी टोड़िका तथा ॥
तुरुष्का योनिका चारिभैरवी ढौड़िका तथा ।
गुर्ज्जरी श्यामगुर्ज्जरी च वैष्णवी वल्लरी तथा ।
द्वितीयप्रहरार्द्धे च वासरे गीयते बुधैः ॥
मध्यमादि च सारङ्गा वृन्दावनी वड़हंसिका ।
सावन्तलङ्कदहनी मध्याह्ने गीयते सदा ॥
मेघमल्लारिका गौड़ो नटमल्लारिका पुनः ।
वर्षाकाले सदा ज्ञेया * मध्याह्नोत्तरतो बुधैः ॥
धनाश्रीर्धवलश्रीश्च जयत्श्रीर्मालवश्रीका: ।
मूलतानी पूर्व्वी पूर्व्वा तृतीयप्रहरात् परा: ॥
प्रदीपदीपकाभीरटङ्कमालवसंज्ञका: ।
गौरामालवगौरा च पूरीया शुद्धधनाश्रीका: ॥
श्रीरागगौरी चैती च लवणी मालवी तथा ॥
सन्ध्याकाले सदा ज्ञेया दिवसे गीयते बुधैः ॥

इति दिवस रागरागिणी ।

अथ रात्रिरागरागिणी

कल्याणीमनभूपाली-हमीर-जैत-खेमका: ।
हिमाध्यानश्यामशुद्धा निशा प्रथमयामकं ॥
कामोदो नाटछाया च कर्णाटकानड़ा तथा ।
नायका डायका टाना शोभनी मोहनस्तथा ॥
वागीश्वरी च केदारो मलोहा जलधरस्तथा ।
निशा द्वितीययामे च गीयते सुबुधैर्जनैः ॥
सोरठी देशसिन्धुरा शङ्कराभरणस्तथा ।
विहागमानमञ्जर्य्यौ रहेगरी प्रगीयते ॥
खम्भावती च पर्य्यङ्का कलिङ्गो मालकोशिकः ।
जयजयन्ती सोहनी च तृतीयप्रहरात् परः ॥

इति रागरागिणीसमयः ।

अथोपरागः

झिंझोटी जङ्गला पीलू वरवा धानी तिलङ्गिका ।
आसा घाटा लूहरश्च लूम लहरी तथैव च ॥
सिन्धु सोहरसोहन्यौ गर्भा धवलध्वनी तथा ॥
गारा गोधुनी भटीयारी च विरहा कव्वालिका पुनः ॥
साजगिरि सरपड़दा च जौनपुरी उशाखिका ।
सनम् गनम् नारिजश्च वाकरेजो यवनिका ॥
लावणी जोगीया जङ्गी अड़ङ्कसुहाना कोलिका † ॥

* पुष्पिका कमला कान्ति परमानन्दी प्रफुल्लिका ।
कमलस्य प्रियाः पञ्च सङ्कीर्त परिकीर्त्तिताः ॥ इति पाठान्तरम् ।

† कुसुमी कामिका ककुभा करतारी पुष्पगन्धिनी ।
वर्षर्त्तौ ताः प्रगीयन्ते कुसुमस्य प्रिया इमा ॥ इति वा पाठः ।

* च गीयते । इति वा पाठः ।

† मुहासाखाथा । इति पाठान्तरम् ।

उपराग इति प्रोक्तो देशे देशे तु विस्तरात् ।
गानभेदोप्यनेकस्तु नाख्यन्तो गानवारिधि: ॥
गीत-प्रबन्ध-छन्दश्च तुरङ्गलेवटस्तथा ।
माठा च परमाठा च घोरा धारु तथैव च ॥
योगी कठरतिल्लाना ओष्टा निरोष्टा तथा ।
युगलबन्ध-सरिगमपधनि-प्रेमलु-शब्दिका: स्मृता:
ध्रुवपद-तुकमखोष्टख्यालटप्पा पुनस्तथा ।
दादरा-ठुमरी-जातिपचरङ्गा-धवलगर्भिका: ॥
देशे देशे भिन्ननाम तद्देशीगानमुच्यते ॥

इत्युपरागगानभेद: ।

अथ रागरागिणी-ध्यानोदाहरणम्

अथ भैरवराग:

संगीतरत्नाकरे (संगीतदर्पणे २।४६) —

गङ्गाधर: शशिकला-तिलकस्त्रिनेत्र:
सर्पैर्विभूषिततनुर्गजकृत्तिवासा: ।
भास्वत्त्रिशूलकर एष नृमुण्डधारी
शुभ्राम्बरो जयति भैरव आदिराग: ॥

इति ध्यानम्

पुनरस्य उदाहरणं । सङ्गीत-सङ्गीदर्पणे —

स चन्द्रहास: फलकं दधानो
निबद्धकण्ठ: शशिबद्धचूड: ।
व्याघ्राम्बरावेष्टित-गौरगात्र:
शिवस्वरूप: किल भैरवोऽयं ॥—
गान्धारांश-ग्रहन्यासो गान्धारादिकमूर्च्छन: ।
गीयते भैरव: प्रातर्ऋतुमन्मतकोविदै: ॥

अथ बाङ्गालाभाषा-सङ्गीत-तरङ्गिण्या

भैरों आदिराग शिवेर वेश ।
शिव अवयव गुणे विशेष ॥
भुजङ्गनिन्दित शिरेते जटा ।
जटाय वेड़िया भुजङ्गघटा ॥
हिल्लोल कल्लोल तरङ्ग वाय ।
भर भर गङ्गा वहिछे ताय ॥
ताल शोभा हरिताल तिलके ।
सुधांशुकला कपाल फलके ॥
आसन वसन वाघेर छाला ।
दलमल दोले मुण्डेर माला ॥
कोटी शशधर जिनिया काय ।
ताहाते विभूति कलङ्क पाय ॥
वृषभ-वाहन करे त्रिशूल ।
अस्थिर भाव ढुलु ढुलु ढुल ॥
संपूरणभावे वेड़ान फिरि ।
धैवत गान्धार दुरेते गिरि ॥
ऋषभ संवादी गान्धार वादी ।
खरज ताहाते हवे सम्वादी ॥
छय दण्ड निशि थाकिते गावे ।
अरुण उदये समाधा पावे ॥

अथ भैरवस्योत्पत्ति:

रामक्री गौरी टोड़ी च भैरवोत्पत्ति: कथ्यते ।*
क्वचिद्धैवत-संमुख्य ध नि स रे ग-मस्तथा ॥
गगमगरेसाधमगामापनिधपमपमगमगरेगरेसा ।

इत्यस्थायी ।

मपधसारेसानिनिमानिनिधसासानिध
निनिधपधधपमपपमगममगरेसा । इत्यन्तरा ।

अथ भैरवी (संगीतदर्पणे २।४८)-

स्फटिकरचितपीठे रम्यकैलासशृङ्गे
विकचकमलपत्रैरर्चयन्ती महेशम् ।
करतलधृतवीणा* पीतवर्णायताक्षी
सुकविभिरियमुक्ता भैरवी भैरवस्त्री ॥ इति ध्यानम् ।

तथा च नादसङ्गीदर्पणे

सरोवरस्थे स्फटिकस्य मण्डपे
सरोरुहै: शङ्करमर्चयन्ती ।

* रामक्रन्नी गौरी टोड़ी च भैरवोत्पत्तिरुच्यते । इति पाठान्तरम् ।
करधृतघनवाद्य । इति मुद्रित संगीतदर्पणपाठ: ।

५

तालप्रयोगैः प्रतिबद्धवाद्य-
वीणाधरा नारद भैरवीयम्

तथा च नादपुराणे—

विमलकमलकान्ति-स्वर्णताडङ्कवर्णा
मुखजनितविकाशा पद्मवक्त्रा मृगाक्षी ।
पीतवसनचारुभूषणा रत्नहेम्नी
सुरगणरमणीया भैरवी भैरवस्त्री ॥ इति ध्यानम् ।

धैवतांश-ग्रहन्यासं धैवतादिकमूर्च्छना ।
सम्पूर्णा भैरवी ज्ञेया प्रातःकाले प्रगीयते ॥
धपमगमगरेगरेसाधनिसासानिसारेगमग-
रेसासारेगमध गमधधनिसासानिधपमप-
धपमगमनिधनिधपमगसारेगम ॥

इति हनुमन्मते ।

अथ भैरवसते—

मध्यमांश-ग्रहन्यासं मध्यमादिकमूर्च्छना ।
सम्पूर्णा भैरवी ज्ञेया मपधनिसरेगस्वरा ॥
मपधनिसासारेगमपमधनिसागरेमा
निधपमगरेसारेगधनिसानिसागमनिधगमगरेसा-
गगरेमानिमाधधनिसारेगमपमगरेसामगरेसा ॥
ममगधधनिसानिसाधनिसारेगमपमगरेसामगरेसा ॥

अथ गुर्ज्जरी (संगीतदर्पणे २।८०)—

श्यामा सुकेशी मलयद्रुमाणां
मृदुल्लसत्पल्लवतल्पमध्ये ।
श्रुतिस्वराणां दधती विभागं
तन्त्रिमुखा दक्षिणगुर्ज्जरीयम् ॥ इति ध्यानम् ।

धैवतांश-ग्रहन्यासं सम्पूर्णा गुर्ज्जरी मता ।
सप्तमी मूर्च्छना तस्या बहुल्या सह मिश्रिता ॥
रेगमपधनिसारे रेगमधसारे सानिधपमगरे ।
रामक्री-टोड़ी-संयुक्ता वराटी मिश्रिता पुनः ।
गुर्ज्जरी जायते विद्वन् ! आद्ययामे प्रगीयते ॥
धनिनिधनिनिधरेधगनिधमगगरेसानिरेरेधनि-
रेगमधममगसारेगनिध ।

अथ टोड़ी * (संगीतदर्पणे २।५२)—

तुषारकुन्दोज्ज्वलदेहयष्टिः
काश्मीरकर्पूरविलिप्तदेहा ।
विनोदयन्ती हरिणं वनान्ते
वीणाधरा राजति टोड़िकेयं ॥ इति ध्यानम् ।

गान्धारांश-ग्रहन्यासः क्वचित् मध्यम ईरितः ।
सम्पूर्णा टोड़िका ज्ञेया आद्ययामे प्रगीयते ॥
ग-म-प-ध-नि-सा । अथवा

धैवतांश-ग्रहन्यासा सम्पूर्णा टोड़िका मता ।
दिवस-प्रथमयामे गीयते विबुधैर्जनैः ॥
धनिसारेगमपपधनिसानिधपमगरेसा ।
धसामपधसारेगममगरेसानिधपमगरेसा ॥

अथ रामकली † (संगीतदर्पणे २।६०)—

हेमप्रभा भासुरभूषणा च
नीलं निचोलं वपुषा वहन्ती ।
कान्ते समीपे कमनीयकण्ठा
मानोन्नता रामकली † मतेयम् ॥ इति ध्यानम् ।

धैवतांश-ग्रहन्यासा पूर्णा रामकली मता ।
प्रथमा मूर्च्छना ज्ञेया रसे कारुण्यमुच्यते ॥
भैरवी गुर्ज्जरी टोड़ीतुग्रत्पन्ना टोड़िका मता ।
प्रातःकाले प्रगीयते भैरवस्य च वल्लभा ॥
धगसारेमगधपमगमगरेसाधसाममा-
पपमसासारेरेसासा पपसासानिरेसा-
धनिधपमपधपगमगरेसा ।

अथ वराटी (संगीतदर्पणे २।५०)—

विनोदयन्ती दयितं सुकेशी
सुकङ्कणा चामरचालनेन ।
कर्णे दधाना सुरवृक्षपुष्पं
वराङ्गनेयं कथिता वराटी ॥ इति ध्यानम् ।

* टौड़ि इति पाठान्तरम् ।

† रामकिरी इति पाठान्तरम् ।

मध्यमांश-ग्रहन्यासं क्वचिदृषभ ईरितः ॥
प-वर्ज्या षाड़वप्रोक्ता दिनशेषे हि गीयते ।
मधनिसारेगमधमगरेसानिधसागधनिसाधमगरेसा ॥

इति पञ्चभार्य्यासहितभैरवरागः ।

अथ मालवकौशिकम् * (संगीतदर्पणे २।५२)—

आरक्तवर्णो धृतरक्तयष्टिः
वीरः सुवीरेषु कृतप्रवीरः ।
वीरैर्वृतो वैरिकपालमाला-
माली मतो मालवकौशिकोऽयम् ॥ इति ध्यानम्

मध्यमांशग्रहन्यासं पञ्चमवर्ज्जितस्वरम् ।
षाड़वाजातिविज्ञेया मालवकौशिकसंज्ञकः ॥
मालवाकाङ्कड़ायुक्ता वागीश्वरी-सुमिश्रिता ।
कौशिको जायते यत्र मध्यममुख्य ईरितः ॥
ममगेमानिधगगरेनिधगमासनिधनिसागगधनि-
धममधनिसागगधनिधसगधनिसामारेनिधनि
मगगरेगम गमामागगामारेनिधनिधनिमगगरे
गमगगमागमामारेनिधनिधनिमगमगमधधध
ममगमधनिधधमगरेगमधममसा ॥ इत्यस्थायी ।
धनिमासारेरेधधधमगमधमधनि गगगरेरेमा
गधमनिधगगसानिधनिसागमधनिधधमधमम
गधनिमानिनिनिधधममगमधनिधमा
रेगमधगमगनिधनिसा ॥ इत्यन्तरा ।

अथ वागीश्वरी

वीणा-विनोदी कमलायताक्षी
सौन्दर्य्यलावण्यसुगौरगात्रा ।
कान्ते समीपे कमणीयकण्ठा
वागीश्वरी कौशिकरागिणीयम् ॥ इति ध्यानम् ।

गान्धारांश-ग्रहन्यासा पूर्णा वागीश्वरी मता ।
गमपधनिसारेगसा सम्पूर्णा हनुमन्मते ॥
गमपधनिसारेगरेसानिधपधनिसारेग ।
गरेगरेममसारेसानिधपमगरेसारेग ॥

अथ ककुभा (संगीतदर्पणे २।५७)—

सुपोषिताङ्गी रतिमण्डिताङ्गी
चन्द्रानना चम्पकदामयुक्ता ।
कटाक्षिणी स्यात् परमा विचित्रा
दानेन युक्ता ककुभा मनोज्ञा ॥ इति ध्यानम् ।

षड्जांश-ग्रहन्यासा पूर्णा तु ककुभा मता ।
प्रातःकाले प्रगीयते करुणारससम्भवे ॥
मासारेमामारेगमगरेसापमगरेसामगरेसा ।
मपधसारेमानिरेगरेगसानिनिधपपममगगरेसा ॥

अथ पथ्यका

स्वर्णप्रभा सुन्दरगौरगात्रा
कटाक्षिणी स्यात् परमा विचित्रा ।
सौन्दर्य्यलावण्य-कमलायताक्षी
सा पथ्यका रागिणी कौशिकेयम् ॥ इति ध्यानम् ।

पञ्चमांश-ग्रहन्यासा सम्पूर्णा पथ्यका मता ।
शेषरात्रौ प्रगीयन्ते कारुण्ये शान्तिके स्मृताः ॥
पमगरेमाधनिसागरेमामपधमारेगरेसारेगमप ।
मपधमानिधमगमागमधनिसानिधपमगरेसा ॥

अथ शोभनी

कर्णे दधाना सुरपुष्पगन्धी
वीणा-विनोदी कमलायताक्षी ।
प्रांशुकुमारी कमनीयमूर्त्तिः
सा शोभनी कौशिकरागिणीयम् ॥ इति ध्यानम् ।

गान्धारांशग्रहन्यासं रिपौ वर्ज्जितमौड़वम् ।
निशीथे तृतीययामे शोभनी गीयते तदा ॥
गमधनिसानिधमगसाधनिधनिसागरेसा-
मगरेसानिधमगसा ।

अथ खम्बावती * (संगीतदर्पणे २।५४)—

खम्बावती स्यात् सुखदा रसज्ञा
सौन्दर्य्य-लावण्य-विभूषिताङ्गी ।

* अथ मालवकौशिकः । इति मुद्रित-संगीतदर्पणधृत पाठः ।
† वीरव्रती । इति पाठान्तरम् ।

* खाम्बावती इति वा पाठः ।

मानप्रिया कोकिलनादतुल्या
प्रियंवदा कौशिकरागिणीयम् ॥ इति ध्यानम्।
धैवतांश-ग्रहन्यासा खम्बावती सुसंवृता।
धनिसारिगमपञ्च-रात्र्यां यामद्वितीयके ॥
पर्यौ वसन्तपञ्चमस्य खम्बावती जन्मभूः।
कोकिलानादकण्ठाच मालकोशस्य वल्लभा ॥
धनिसारिगमगपधनिधपमगरेसा।
धधनिधनिसारिसानिधपमगसारिग-
मपधनिनिमासानिधपमगरेसा ॥

इति पञ्चभार्य्यासहित मालकोशः।

अथ हिन्दोलः (संगीतदर्पणे २।५८)—

नितम्बिनी-मन्दतरङ्गितासु
दोलासु खेलासुखमादधानः।
खर्व्वः कपोत*-द्युतिकामयुक्तो
हिन्दोल रागः कथितो मुनीन्द्रैः ॥ इति ध्यानम्।
वसन्तकौशिकयुक्तः पञ्चममिश्रितः पुनः।
हिन्दोलो जायते विद्वन् रिपौ वर्ज्जित औड़वः।
षड़जांश-ग्रहन्यासं सगमधनीति स्वराः।
वसन्तर्त्तौ प्रगीयन्ते आद्ययामे च कीर्त्तिता ॥
सासागगसामाधधनिनिधधगगममगगमम-
सासागगमामा। मागमाधसागमधनिध-
गमधसानिधमगनिधगमग।
सागसामधसागसाममानिधमगमा। धगसानि-
मगसारिगमगमामधगमनिसानिधमगमानिध ॥

अथ वसन्ती (संगीतदर्पणे २।७१)—

शिखण्डिबर्हौच्चयबद्धचूड़ा
कर्णावतंसीकृतशोभनाम्नी।
इन्दीवरश्यामतनुर्विलासी*
वसन्तिका स्यादलिमण्डलश्रीः† ॥ इति ध्यानम्।
वसन्ती स्यात्तु संपूर्णा षड़्जांश-न्याससंयुता
वसन्तकाले विदुषा प्रयोगः कथ्यतेऽधुना।
सारिगमपधसानिधपमगरेसा। सासागरि-
सानिनिधपमगरेसा। रेसानिधनिसा ॥

अथ पञ्चमी

मयूरवर्हैर्दृढ़वेणीबद्ध-
पिक-शुकाच्युतलताङ्कुरेण।
सौन्दर्य्यलावण्यमनङ्गमूर्त्तिः
सा पञ्चमी प्रातःसमे वदन्ति ॥ इति ध्यानम्।
ललितश्च वसन्तश्च हिन्दोलः पर्य्यसंयुता।
पञ्चमीभूतसर्वः स्यात् ऋतौ वसन्ते गीयते ॥
पञ्चमग्रहसंयुक्ताः सम्पूर्णाः पञ्चमस्वराः।
पधनिसारिगमश्च हिन्दोलवल्लभा स्मृता ॥
पपधधनिमारिगमपरेसा।
मपधसागरेसानिधपमगरेसा ॥

अथ हिन्दोलिका।

नितम्बिनी सुन्दरगौरगात्रा
वीणा दधाना सुरपुष्पगन्धी।
स्वर्णप्रभा श्रीकमलायताक्षी
हिन्दोलिकेयं कथिता मुनीन्द्रैः ॥ इति ध्यानम्।
वसन्तः पञ्चमश्चाथ ललितस्वरसंयुता।
हिन्दोली जायते प्राज्ञ वसन्ते गीयते बुधैः ॥

अथ ललिता (संगीतदर्पणे २।६३)—

प्रफुल्ल*-सप्तच्छदमाल्यधारी
युवा च गौरोल्लसलोचनश्रीः†।
विनिश्वसन् दैववशात् प्रभाते
विलासवेशा ललिता प्रदिष्टा‡ ॥ इति ध्यानम्।
निषादांशग्रहन्यासं क्वचित् मध्यम ईरितः ॥
सम्पूर्णा ललिता प्रोक्ता हेमन्तर्त्तौ प्रगीयते ॥

'कपोल' इति पाठान्तरं।
सुचिता। † मञ्जुलश्रीः इति वा पाठः।

* प्रोत्फुल्ल इति वा पाठः।
† गौरोऽब्जदलायताक्षः। इति मुद्रित-संगीतदर्पणधृतपाठः।
‡ यस्याः पतिः सा ललिता प्रदिष्टा ॥ इति वा।

निरेमगमगगपपमगगमपगरेसा ।
गमपनिसारेगरेसानिपमगरेसा ॥
हिन्दोलपञ्चममिश्र-वसन्तस्वरसंयुता ।
ललिता जायते विद्दन् प्रात:काले प्रगीयते ॥

अथ मालवश्री (संगीतदर्पण २।७३)—

रक्तोत्पलं हस्ततले दधाना
विभावयन्ती तनुदेहवल्ली ।
रसालवृक्षस्य तले निषण्णा
स्तोकस्मिता सा किल मालवश्री: ॥ इति ध्यानम् ।
षड्जांशस्य ग्रहन्यासं रि-वर्ज्यात हि षाड़वा: ।
तृतीयदिवसे यामे गीयते विबुधैर्जनै: ॥
धनाश्री जयच्छ्रीयुक्ता धवलश्री मिश्रिता पुन: ।
मालश्री जायते विद्दन् रागकल्पद्रुमे इमा: ॥
सागपगसानिनिधधममगमा ।
मधनिमागमापमगसाधमग
मानिधमगसानिधगगसा ॥

अथ धनाश्री (संगीतदर्पण २।७४)—

दूर्वादलश्यामतनुर्मनोज्ञा
कान्तं लिखन्ती विरहेण दूना ।
स्वेदे कपोले दधति दृगम्बु-
निष्यन्दनिर्धौतकुचा धनाश्री: ॥ इति ध्यानम् ।
मालश्री गौरीसंयुक्ता टोड़िका पुन: मिश्रिता ।
धनाश्री जायते विद्दन् कथिता हनूमन्मते ॥
पूर्णा धनाश्री संप्रोक्ता पञ्चमस्वरसंस्थिता ।
शेषयामे दिने गानं क्रियते सुखसंप्रदम् ॥
पमगरेसानिसागमपगमधपमगरेसा
रेसानिधपमगरेगपमगरेसा ॥
गमपसानिसागरेसानिधप
मगपमसारेसानिधपमगरेसा ॥

अथ दीपक: (संगीतदर्पण २।६४)—

बाला रतार्थं प्रविलीनदीपे
गृहेऽन्धकारे सुभगो प्रहृष्ट: ।

तस्या: शिरोभूषण-रत्नदीपै-
र्लज्जां दधौ दीपकरागराज: ॥ †
षड्जांशग्रहन्यासं रिपौ वर्ज्जित औड़व: ।
तृतीययामे दिवसे गीयते विबुधैर्जनै: ॥
पलासी जयच्छ्रीयुक्ता धवलश्री धनाश्रीका ।
दीपको जायते विद्दन् ग्रीष्मर्तौ च प्रगीयते ॥
सागमधसानिधमगसागगमधसामगसानिधमगसा ॥

अथ प्रदीपिका

रक्ताम्बरा रक्तसुलोचना च
सूर्यप्रभा सूर्यमुखी मनोज्ञा ।
कान्ते समीपे कमनीयकण्ठा
प्रदीपिका दीपकरागिणीयम् ॥ इति ध्यानम् ।
धैवतांशग्रहन्यासा ऋषभस्वरवर्ज्जिता ।
तृतीययामे दिवसे प्रदीपा सा प्रगीयते ॥
धनिसागमपमासापमगसाधनिधसागसाध ॥
पलासी धानिसंयुक्ता जयतश्री च मिश्रिता ।
प्रदीपा जायते विद्दन् तृतीय-प्रहरात् परा ॥

अथ जयतश्री (जयच्छ्री)

स्वर्णप्रभा वीणधरा कराग्रे
सौन्दर्य्यलावण्य-कलायताक्षी ।
पीनोन्नता रागिणी जयतश्री
कामिनी चेयं कथिता मुनीन्द्रै: ॥ इति ध्यानम् ।
धनाश्री धानिसंयुक्ता मालश्री तासु मिश्रिता ।
जयच्छ्री जायते विद्दन् तृतीयप्रहरात् परा ॥
मध्यमांशग्रहन्यासा ऋषभस्वरवर्ज्जिता ।
षाड़वा तु हि विज्ञेया जयच्छ्री जायते ध्रुवम् ॥
मगसापमगसासागपमगमानिधममगसा ।
ममसधसागगसापमगमधगसानिधपमगसा ॥

अथ भीमपलश्री

वीणा दधाना कमलायताक्षी
गम्भीरनादा सुरपुष्पगन्धी ।

† लज्जा: प्रकुर्व्वन् कृतवान् प्रदीप: । इति वा पाठ:

कलामयी सा कमनीयमूर्त्तिः
भीम पलासी कथिता मुनीन्द्रैः ॥ इति ध्यानम्।
धनाश्री धानिसंयुक्ता जयत्-श्री मिश्रिता पुनः।
भीम-पलासी जायेत करुणा-रौद्रसंयुता ॥
पञ्चमांशग्रहन्यासं ऋषभो वर्ज्जितस्वरः।
षाड़वास्तु सुविज्ञेया सुष्टु भीमपलासिका ॥
पनिसागपमगसामगसानिगरेसा निपनि-
सागपमगसा। निसानिसागरेसागरेसानि-
पमपनिसानिपमगरेसानिपनिसा।

अथ नटः (संगीतदर्पणे २।६९)—

तुरङ्गमस्कन्धनिषिक्तबाहुः
स्वर्णप्रभः शोणितशोभगात्रः।
संग्रामभूमौ विचरन् प्रतापी
नटोऽयमुक्तः किल रागमूर्त्तिः * ॥ इति ध्यानम्।
धैवतांशग्रहन्यासं संपूर्णो नटसंज्ञकः।
द्वितीय-प्रहरादूर्द्ध्वा नटिका गीयते बुधैः ॥
धनिसागरेसानिधपमगरेसाधपमगरेसानिध ॥
मपधसारेसागरेसानिधपमगरेसा ॥

अथ श्रीरागः (संगीतदर्पणे २।७०)—

अष्टादशाब्दः स्मरचारुमूर्त्तिः
धीरो लसत्पल्लवकर्णपुरः।
षड्जादिसेव्योऽरुणवस्त्रधारी
श्रीराग एषः क्षितिपालमूर्त्तिः ॥ इति ध्यानम्।
षड्जांशग्रहन्यासं क्वचिद्धैवत ईरितः।
सन्ध्याकाले प्रगीयन्ते श्रीरागनृपरूपिणः ॥
सारेगरेसारेगमपमा
सासासानिनिधपममपपगगरे
रेसारेरेगरेसानिधनिसारेसारेसा ॥
रेगगमधपधपपममधनिनि
निधगरेसासारेगमपमगरेसा ॥
गपधनिसारेसागरेसा
मगरेसानिधपमपमधमगरेसा ॥

अथ मालवी

पीनस्तनी शुभ्रविलासनेत्रा
नितम्बबिम्बप्रतिबद्धकाञ्ची।
मुखारविन्दस्मुरगीतरम्या
नृत्यानुगा मालविका प्रवीणा ॥ इति ध्यानम्।
धैवतांशग्रहन्यासा क्वचित्पञ्चमवर्ज्जिता।
सन्ध्याकाले सुष्ठुतरा गीयते मालविकेमा ॥
धनिसारेगमनिधगमसारेनिध धमगरेगमग-
रेरेसानिधधमगपसानिरेधपग ॥

अथ मालवः

नितम्बिनीचुम्बितवक्त्रपद्मः
शुकद्युतिकुण्डलवान् प्रमत्तः।
सङ्केतशालां प्रविशन् प्रदोषे
मालाधरो मालवराग एषः ॥ * इति ध्यानम्।
धैवतस्तीव्रसंप्रोक्तो मध्यमः कोमलस्तथा।
गान्धारः कोमलकान्तिर्मालवः पूर्णो मतः ॥
धमगरेगमगरेगसानिध धपमगमगरेगरेसा।

तथा च संगीतमकरन्दे—

गम्भीरनादो मधुरं सुरज्ञो
पाणिग्रहणान् नारदसंप्रयोगात्।
श्यामो युवा विप्रकुलप्रसूतः
वीणाधरो मालवराग एषः ॥

अथ मालवगौड़ः

वीणाविनोदप्रतिपन्नपाणिः
ग्रहणाण् कथा नारदसंप्रयोगात्।
श्यामो युवा विप्रकुलप्रसूतः
स मालवो गौड़मुनिप्रणीतः ॥ इति ध्यानम्।
मध्यमांशग्रहन्यासं मध्यमग्राममूर्च्छना।
तृतीयप्रहरादूर्ध्वा गीयते गौड़मालवा ॥
मपधनिसारेगमधममरेसानिधपमगरेसा ॥

---

* संगीतदर्पणे २।७२ मालवीध्याने श्लोकौ दृष्टः यथा—
'स्वकान्तमंचुम्बितवक्त्रपद्मा शुकद्युतिः कुण्डलिनी प्रमत्ता।
सङ्केतशालां विशती प्रदोषे मालाधरा मालविकेयमुक्ता ॥'

* रागमूर्त्तिः। इति वा पाठः।

अथ त्रिवणा (त्रवणा)

रम्भायास्तु तरोर्मूलनिषण्णा पीतवर्णभाक् ।
त्रिवणा सा च विज्ञेया पूर्णाश्री च वराङ्गना ॥
श्रीगौरीमारवा युक्ता ऋषभग्रह अंशभाक् ।
त्रिवण्युत्पत्तिराख्याता सन्ध्याकाले प्रगीयते ॥
रेमपनिसारेगमपमगसा ।
पनिरेनिरेसागमपरेसानिधपमगरेसा ॥

अथवा

त्रिवणा सा च विज्ञेया ग्रहांशन्यासधैवता ।
पूर्णास्तु हनुमत्प्रोक्ता सन्ध्याकाले प्रगीयते ॥

अथ गौरी

गौरद्युति: काञ्चनचारुदेहा
सौन्दर्य्यलावण्यकलायताक्षी ।
वीणा दधाना सुरपुष्पगन्धी
गौरी च उक्तास्तु श्रीकोह्लेन ॥ †‡ इति ध्यानम् ।
मालवा गौरीसंयुक्ता श्रीरागे मिश्रितं पुन: ।
गौराद्युत्पद्यते यत्र दिनान्ते गानमिश्रिता ॥
धैवतांशग्रहन्यासं संपूर्णो जायते स्वर: ।
सन्ध्याकाले प्रगीयन्ते श्रीरागस्य वराङ्गना: ॥
धनिसागरेमपधसानिधप ।
ममपसागरेसाधनिनिधप ॥

अथ पूरवी

निद्रालसा गात्रकपटेन युक्ता
कान्तं स्मरन्ति विरहप्रपूर्णा ।
सौन्दर्य्यलावण्यकमलायताक्षी
सा पुरवी शेषदिने तुरीये ॥ इति ध्यानम् ।

पुरीया जैतासंयुक्ता मालवा गौरीसम्भवा ।
पुरवीगान: कर्त्तव्यो दिवसे चतुर्थयामे ॥
पमगरेसामगरेसा निरेगममममधमगममरेगरेसा ॥
मधसानिसारेसागमगरेसानिधपमगरेसा ॥

अथ मेघराग: (संगीतदर्पणे २।७६)—

नीलोत्पलाभवपुरिन्दुसमानचैल: §
पीताम्बरस्तृषितचातकयाचमान: ॥
पीयूषमन्दहसितो घनमध्यवर्त्ती
वीरेषु राजति युवा किल मेघराग: ॥ इति ध्यानम् ।
गान्धारांशग्रहन्यासं क्वचित् धैवतवर्जित: ।
वर्षाकाले सदा ज्ञेया मेघरागे घनद्युति: ॥

तथा च सङ्गीतचन्द्रिकायां (२।८२)—

पर्य्यङ्के प्रियया सार्द्धमासीन उपलालयन् ।
पीताम्बर: सुभूषाढ्यो मेघरागो घनद्युति: ॥
नीलो महाहसितसन्निविष्ट:
घनद्युतिर्वीररसे निविष्ट: ।
वर्षासु मेघविद्युच्छटासु चोक्त:
प्रचण्डवीर: किल मेघराग: ॥
पञ्चमांशग्रहन्यासश्चात: गान्धार ईरित: ।
विष्णुरूपो मेघरागो वीररसे प्रयुज्यते ॥
पपगरेसारेसागमपपगमनिपमगरेसा ॥

अथ मल्लारिका (संगीतदर्पणे २।७७)—

गौरी कृशा कोकिलकण्ठनादा
गीतच्छलेनात्मपतिं स्मरन्ती ।
आदाय वीणां मलिना रुदन्ती
मल्लारिका यौवनदूनचित्ता ॥ इति ध्यानम् ।

सङ्गीतदर्पणे (२।५८)—

मेघागमे रम्यवपुर्दधाना
प्रस्थापनीया सततं मुरारे ।
सा नर्त्तयन्ती शिखिनां कुलानि
मल्लारिकेयं कथिता नृपेण ॥

† ''चारुरम्भातरोर्मूले निषण्णा कनकप्रभा ।
लताङ्गी प्राणलिता कान्तं न त्रिवणा मता ॥''

इति संगीतदर्पणधृत-पाठ: २।८६।

‡ 'निर्दशयन्ती श्रवणावतंसमाम्राङ्कुरं कोकिलनादरम्यम् ।
श्यामा मधुस्यन्दिममृतनादा, गौरीयमुक्ता किल कोह्लेन ॥'

इति संगीतदर्पणधृत-पाठ: २।५५।

सङ्गीतदामोदरे—

सख्खावदातं प्रणीतं दधातु
प्रलम्बकर्णः कुमुदेन्दुवर्णः ।
वीणां दधानस्तातकायाय्थमानः
मल्लाररागो घनश्याममूर्त्तिः ॥
मेघगौड़श्च सारङ्गस्त्रये जाता मल्लारिका ।
वर्षाकाले सदा ज्ञेया ज्ञाता रागविशारदैः ॥
गान्धारांशग्रहन्यासं पूर्णा मल्लारिका मता ॥
गमपधनिसारेरेमानिधपमगम ।
पपगगरेसारेसागमपपगमनिधमसारेसा ॥

अथ सोरठी (संगीतदर्पणे २।८५)—

पीनोन्नतस्तनसुशोभनहारवल्ली
कर्णोत्पन्नोभ्रमरनादविलग्नचित्ता ।
याति प्रियान्तिकमतिश्लथबाहुवल्ली
सौराष्ट्रिका मदनमूर्त्तिः सुचारुगौरा * ॥
षड्जे च ग्रहविन्यासमर्द्धरात्रौ प्रगीयते ।
सोरठी सुन्दरी नारी मेघरागस्य योषितः ॥
मल्लारसिन्धुगौड़श्च मिश्रितः सोरठी भवेत् ।
देशसंज्ञा क्वचित् ज्ञेया अर्द्धरात्रां प्रगीयते ॥
सारेगमपधनिसानिधपमगरेसा ।
मपधसारेसागरेसामगरेसा रेसानिधपमगरेसा ॥

अथ सारङ्गनट्टा (सङ्गीतदर्पणे २।८३)—

वीणां दधानो दृढ़बद्धवेणी
संन्यासगं गञ्जुलहचमूले ।
जाम्बुनदाभा च निषण्णदेहा
सारङ्गनट्टा कथिता मुनीन्द्रैः ॥

सङ्गीतरत्नाकरे—

करधृतवीणा सख्या सहोपविष्टा कल्पतरुमूले ।
दृढ़तरनिबद्धकवरी सा सारङ्गा तु रागिणी प्रोक्ता ॥

निषादांशग्रहन्यासं धगौ वर्ज्जित औड़वः ।
मध्याह्ने गानः कर्त्तव्यः सारङ्गा मेघवल्लभा ॥
चौतारा । निसारेसामपमपरेसा निसारेसानिधपम ।
रेसानिस्वरप्रोक्ता षड़जादिक-मूर्च्छना ॥

अथ वड़हंसी

अतिचतुरसुगौरा पीतवर्णायताक्षी
दृढ़तरकृतवेणी सेविता कल्पवृक्षैः ।
अतिचतुरसुगम्या वाड़हंसीति प्रोक्ता
मुनिमतमवलोक्य कीर्त्तिता रागिणीयं ॥
सारङ्गस्वरमेघश्च कामोदो मिश्रितं पुनः ।
वड़हंसी हंसयुक्ता मध्याह्ने गीयते बुधैः ॥
निषादांशग्रहन्यासं सम्पूर्णा वड़हंसिका ।
मध्याह्ने गीयते विद्वन् संगीते परिभाषिता ॥
निनिसासारेरेरेममपपनिनि सागरेसामानिमपरेसा ॥

अथ मध्यमादिः (संगीतदर्पणे २।४७)—

पत्या सह संपरिरभ्य कामं
संचुम्बितास्या कमलायताक्षी ।
स्वर्णद्युतिः † कुङ्कुमलिप्तदेहा
सा मध्यमादिः कथिता मुनीन्द्रैः ॥
सावन्तवड़हंसस्य वृन्दावनस्ततः परा ।
मध्यमादि च संप्रोक्ता मध्याह्ने गीयते बुधैः ॥
ऋषभग्रहसंयुक्ता रधौ वर्ज्जयन्त्या औड़वम् ।
रेमपनिसा प्रोक्ता सारङ्गा मध्यमादिका ॥

अथ ब्रह्मताल—।०।००।०००

रेसासानिमपरेरेमपमरे-
रेसारेमपनिसानिमपरेसा । मपनिसानिसारेम-
पमरेसारेसानिपमरेसा ॥

अथ लङ्कादहना

भस्मोज्ज्वलोखपत्रशूलधारणी वह्निस्वरूपा गम्भीर-नादा मध्याह्नसमये हनुमत्सुप्रोक्ता सा लङ्कादहना मेघस्य भार्य्या ।

* स्वरमुखे मिलिताङ्गयष्टिः । इति मुद्रितसंगीतदर्पणपाठः ।

† 'स्वर्णच्छविः' । इति पाठान्तरम् ।

गान्धारग्रहमाचष्टे वीरे रौद्रे प्रयुज्यते ।
धगौ वर्जितमौड़वा च मध्याङ्गे प्रगीयते ॥
रेसानिरेसापमपसनिरेसामरेमानिपमरेसा-
निनिरेसानिपमरेसा ॥

अथ गुणकली (गुणकिरी । संगीतदर्पण २१५६)—

शोकाभिभूतनयनारुणदीनदृष्टि-
र्म्लानानना धरणीधूसरगात्रयष्टि: ।
जीमूतचारुकबरी प्रियदूरवर्त्ती *
संकीर्त्तिता गुणकिरी करुणे कृशाङ्गी† ॥ इति ध्यानम्
धैवतांशग्रहन्यासं क्वचित् पञ्चमस्वर: ।
मारवादेशकारश्च गौरायां जायते बुधै: ॥
धगसारेनिरेमगमा ॥ निसाधसामगरेसा ॥

अथवा

पञ्चमांशग्रहन्यासं गुणकी च इति स्मृता ।
सौवीरी मूर्च्छना ज्ञेया कौशिकस्य वराङ्गना ॥
सम्पूर्णा भरतमते ।

अथ सुखावती । (संगीतनारायणे)

वासं वसाना शरदभ्रशुभ्रं
विरिञ्चिदेवोपरिकल्पदत्ता ।
कुन्दावदाता चतुराननस्य
सुखावती लब्धसमृद्धसेवा ॥ इति ध्यानम् ।
गान्धारांशग्रहन्यासं खम्भाती-पर्य्यमिश्रिता
नीलाम्बरीसुसंयुक्ता सुखावती भवेत्तदा ॥
गमपधनिसारेगगमधसापसानिरेगसासारेग

अथ श्यामराग:

वीणानिनादे प्रतिपन्नमूर्त्ति:
सौन्दर्य्यलावण्यसुवर्णकान्ति: ।
श्यामघनमेघद्युतिस्वरूप:
स श्यामराग: कथितो मुनीन्द्रै: ॥ इति ध्यानम् ।
कल्याणीजैतसंयुक्त: केदारो मिश्रित: पुन: ।
तस्योत्पत्ति: भवेद्विद्वन् सन्ध्याकालेषु गीयते ॥

षड्जांशग्रहन्यासं तीव्र-गान्धार ईरित: ।
शेषे कोमलविज्ञेय: श्यामराग: प्रकीर्त्तित: ॥
सागमगरेमानिधनिसारेगमपमगरेसा ॥
निधनिमागरेसानिधपसागरेमानिगरेसा ॥

अथ आशा

योगीयाशावरी गौरी गान्धारस्वरमिश्रिता ।
आशारागो भवेद्यत्र पूर्वपुत्र: प्रकीर्त्तित: ॥
गान्धारग्रहमाचष्टे द्वे प्रहरार्द्धे दिने तथा ।
गगरेसासासानिधपमगसा ॥

अथ सोमराग: (संगीतनारायणे)

निशाङ्गनां वक्षसि स्थापयित्वा
कलङ्ककुम्भात् सुरतं श्रयन्तीम् ।
रसज्ञो गुणज्ञ: सुगौरगात्रो
वीणा दधान: स हि सोमराग: ॥ इति ध्यानम् ।
ऋषभांशग्रहन्यासं सप्तस्वरसुसंयुत' ।
निशायां गीयते विद्वन् सोमराग: प्रकीर्त्तित: ॥
कल्याणकान्हाड़ायुक्त: शङ्करामिश्रित: पुन: ।
सोमराग: प्रगीयते भरतकथितो मुने ॥
रेगमपधनिसासानिधपमगरे ।
मपधसागरेसानिपमरेसारे ॥

अथ नटनारायण: (संगीतनारायणे)

स्त्रीवेशधारी पुरुषो नवीन:
सङ्गीतशास्त्रे भ्रमिमादधान: ।
गायन् सतालं सलयं मनोज्ञ:
स्यान्नटनारायणराग एष: ॥ इति ध्यानम् ।
काह्नाड़ानटसंयुक्त: कल्याणमिश्रित: पुन: ।
नटनारायणो जात: सन्ध्याकाले प्रगीयते ॥
गान्धारांशग्रहन्यासं सम्पूर्णं हनुमन्मते ।
क्वचिदृषभवर्ज्जितं नटनारायणस्य च ॥
गमपधनिसारेरेसानिधपमगरेसा ॥
मपधसागरेसानिधपमगरेसा ॥

---

* चारुकृष्णकबरी प्रियदूरगत्वा । इति पाठान्तरम् ।
† करुणेनकृशाङ्गी । इति वा पाठ: । ‡ सुखावती इति संगीतनारायण: ।

अथ हम्मीररागः

श्रुतौ दधानो नवकर्णिकारं
सङ्केतशालामनङ्गमूर्त्तिः ।*
वीणां दधानः सुकरैः करस्थः
हम्मीररागः कथितो मुनीन्द्रैः ॥ इति ध्यानम् ।

कल्याणजैतसंयुक्तो तथा कामोदमिश्रितः ।
केदारस्वरसंयुक्तो हम्मीरनामको भवेत् ॥
षड्जांशग्रहन्यासं पूर्णाख्या च हम्मीरिका ।
निशायाः प्रथमे यामे सङ्गीते परिकीर्त्तिता ॥
सारिगमपधनिसानिधपमगरेसामधगसापमगसासा-
निरेगसामगरेसानिधपमगरेसा ।

आभीरी

विलोकयन्ती अधिकं गभीरे
विश्लेषयन्ती शुभगात्रगौरा ।
पीनस्तनी कुन्तलघृष्टगण्डा
त्वाभीरिकांता हृदये शुभं स्यात् ॥ इति ध्यानम् ।

भीमा-पलाशी सिन्दुरा पूरवास्वरसंयुता ।
आभीरी जायते विद्वन् धैवतग्रहसंस्थिता ॥
षड्जांशग्रहन्यासं ऋषभो राजितो स्वरः ।
यामे तृतीये संयुक्ता आभीरो गीयते बुधैः ॥
सागमगसापगसानिधमगसानिध ।
मपधसामधसानिधपमगसा ॥

अथ कर्णाटः (संगीतदर्पणे २।६६)—

कृपाणपाणिर्गजदन्तपत्र- †
मेकं वहन्ती दक्षिणहस्तकेन ‡ ।
संस्तूयमानः सुरचारणौघैः
कर्णाटरागः क्षितिपालमूर्त्तिः ॥ § इति ध्यानम् ।

धैवतांशग्रहन्यासो धैवतादिकमूर्च्छना ।
प्रथमे प्रहरे गानं रसे वीरे प्रयुज्यते ॥

* अन्यापयन्ति शुकस्य सारिका । इत्यधिकपाठः ।

† 'खण्ड' इति वा पाठः ।

‡ 'निजहस्तकेन' इति वा ।

§ सा कानडेयं किल दिव्यमूर्त्तिः । इति मुद्रितसंगीतदर्पणपाठः ।

शुक्लदेवगिरियुक्ता वेलावली च मिश्रिता ।
कर्णाटोऽयं रसे वीरे प्रयुक्तो भरतेन च ॥
धनिसागरेसानिपमगरेसा ॥
मगपसाधसानिगसारेपसा ॥

अथ भखारः

भैरवो मालकौशश्च ललिता मिश्रिता पुनः ।
भखारे जायते यत्र प्रातःकाले प्रगीयते ॥
निषादांशग्रहन्यासं पञ्चमस्वरवर्जितः ।
निशागमे गायत्यत्र भखाररागसंज्ञकः ॥
निसारेगमगरेमाधनिसागरेसामगरेसा ॥
गमधनिसारेसामगरेसानिधपमगरेसा ॥

अथ योगिनी

काली कराली सुभयङ्करी च
कङ्काली खनित्रत्रिशूलधारिणी ।
संग्रामभूमौ सुपिवन्ती रक्तं
रक्ताम्बरधारिणी योगिनीयम् ॥ इति ध्यानम् ।

धैवतांशग्रहन्यासं मात्रदेशीजन्मभूः ।
आद्याह्निके यामे गानं क्रियते योगिनी इदम् ॥
धनिसारेगमपध ॥ गमपधसागरेसानिधपमगरेसा

अथ नागध्वनिः

श्रीखण्डशैलशिखरे गजमौक्तिकाद्यैः
सौन्दर्यशोभनवती सुमृगायताक्षी ।
वीणाविनोदी समयसुयन्त्रधात्री
नागध्वनिः चन्दनेन लेपगात्री ॥ इति ध्यानम् ।

गान्धारी मापणी देशी भूपालीमिश्रितः पुनः ।
नागध्वनिर्जायते स्म मध्याह्ने सा च गीयते ॥
गगपपममधधरेरेनिनिसासा ॥
मपधनिसागरेसानिधगसा ॥

अथ सैन्धवी । सङ्गीतरत्नाकरे—

प्रलम्बकर्णा वपुषा च गौरी
वीणां दधाना सुरपुष्पगन्धी ।
वक्षानुरक्ताचरभूषणीयं
गीतेषु दक्षा किल सैन्धवीति ॥

संगीतदर्पणे (२।५१)—

त्रिशूलपाणि: शिवभक्तिरक्ता
रक्ताम्बरा धारितबन्धुजीवा ।
प्रचण्डकोपा रसवीरयुक्ता
सा सैन्धवी भैरवरागिणीयम् ॥ इति ध्यानम् ।

धैवतांशग्रहन्यासं सम्पूर्णा सैन्धवी मता ।
तृतीयप्रहरे गेया भैरवस्य च वल्लभा ॥
धनिसारेगमपधपमगरेसानिध ॥
मपधमारेसासगरेसानिध ॥
शक्तिहस्ता महाकाया पुष्पमाला वितन्वती ।
चन्दनपुष्पार्च्चितागात्रैर्भटो-मिन्धुगौरक: ॥

अथ माधवी

नीलं निचोलं वपुषा दधाना
प्रिये च सा लच्चितमञ्जुभक्ती ।
तमालतालं शिखरं चरन्ती
प्रियानुरागादिव माधवीयम् ॥ इति ध्यानम् ।

मध्यमांशग्रहन्यासं रिपा वर्ज्जितषाड़वा ।
लङ्कदहनमिश्रा मारङ्गा माधवी-स्वरा ॥
ममधनिसागमधमगमधसानिपमनिध ॥

अथ मनोज्ञा

धैवतांशग्रहन्यासं पञ्चमं परिवर्ज्जयेत् ।
औड़व: स तु विज्ञेयो मनोज्ञा निशि गीयते ॥
केदारो जलधरेयुक्तो मल्लारस्वरसंयुत: ।
गीयते रागपुत्र: स्यात् धनिसागमप-स्वरा: ॥
धनिसागमधमगसानिधगमधनिसारेगमध ॥

अथ गौड़गिरि: (संगीतनारायणे)

रतोत्सुका कान्तपथप्रतीचा-
मापादयन्ती मृदुपुष्पतल्पे ।
इतस्तत: प्रेषितदृष्टिवार्त्ता
श्यामाङ्गिका गौड़गिरि: प्रसिद्धा ॥ इति ध्यानम् ।

गान्धारांशग्रहश्चैव वर्षाकाले प्रगीयते ।
पूर्णा गौड़वधू: प्रोक्ता तृतीयप्रहरात् परा ॥
गमपधनिसागपपगमगरेसा ॥
गमपसासानिरेसामगरेसा ॥

अथ वङ्गाल: । रत्नाकरे (संगीतनारायणे)—

मनोज्ञकाञ्ची गुणगुम्फिताङ्ग:
स्रजं दधानो धरणीधरस्थ: ।
चण्ड: कुमारो रमणीयमूर्त्ति-
र्वङ्गालराग: शुचिमामनन्ति ॥

संगीतदर्पणे (२।५४)—

कच्चानिवेशितकरण्डधरायताचो
भास्वत्त्रिशूलपरिमण्डितवामहस्ता ।
भस्मोज्ज्वला निविड़बद्धजटाकलापा
वङ्गालिकेत्यभिहिता तरुणार्कवर्णा ॥ इति ध्यानम् ।

कण्ठे धृत्वाचमाला यज्ञोपवीतधारक: ।
वेदे अत्यन्तविद्वान् स शुक्लवस्त्रसमुज्ज्वल: ॥
पाणिपात्रं कराग्रे च शिवार्च्चाध्यानसंयुत: ।
वङ्गालराग: सर्व्वेषां गीयते पुत्रभैरव: ।
प्रात:काले नमस्यस्त्वं कथित: स्वरसिद्धये ॥
वङ्गाली औड़वा ज्ञेया ग्रहांशन्यासषड़्जभाक् ।
रिषहीना च विज्ञेया मूर्च्छना प्रथमा मता ॥
पूर्णा वामवयोपेता कल्लिनाथेन भाषिता ॥
ढोड़ी वराड़ी जयतश्रीर्जयन्तश्च त्रयमिश्रिता वङ्गालिका ।
सागमपनिसामानिपमगसामपसामानिगसागमपसा ॥

अथ पटमञ्जरी (संगीतदर्पणे २।६३)—

वियोगिनी कान्तविशीर्णगात्रा
स्रजं वहन्ती वपुषातिमुग्धा * ।
आश्वास्यमाना प्रियया च सख्या
सा धूसराङ्गी पटमञ्जरीयम् ॥ इति ध्यानम् ।

देशीमालवमञ्जर्य्या मालश्रीमिश्रित: पुन: ।
पञ्चमांशग्रहन्यासं जायते पटमञ्जरी ॥

---

* 'रुक्षा' इति वा पाठ: ।

पञ्चमस्वरमुख्या च संपूर्णा पठमञ्जरी ।
पधनिसारिगम स्यात् तृतीयप्रहरात् परम् ॥
पमगरेसानिधपमगरेसारिगमप ॥
गमपधसागरेसानिधपमगरेसाप ॥

अथ टक्का (संगीतदर्पणे २८१)—

शय्यासु सुभ्रू नलिनीदलानां
वियोगिनी वीक्ष्य विषण्णचित्ता ।
सुवर्णवर्णा गृहमागता सा
सुभाषयन्ती * किल टक्कसंज्ञा ॥ इति ध्यानम्
ऋषभांशग्रहन्यासं संपूर्णा हनुमन्मते ।
सन्ध्याकाले प्रगीयन्ते श्रीरागस्य सुयोषितः ॥

अथ माधवः

नृत्ये गीतावसक्तो करधृतसुरसंवादयन्ती सुवीणां
कस्तूर्यामोदयन्ती पिकमृदुवचना चर्चिता चन्दनाद्यैः ।
देवान् साध्यादिसर्व्वानतिपुरुषमतिः स्वे च वर्णाम्बरे च
गीयन्ते स्मात्र मरुमधुना माधवो राग एषः ॥
चन्दनचर्च्चितगात्रं शीर्षमुकुटपीतवस्त्रम् ।
प्रभाते गायन्ति स्वर्गलोके माधवराग एषः ॥
सारङ्गकान्हड़ायुक्तो मधुमाधवमिश्रितः ।
निषादांशग्रहन्यासं माधवः स प्रकीर्त्तितः ॥
निसारिगमपधनिमानिधपमगरेसा ॥

अथ मधुरराग:

मधुरस्वरसंयुक्ता सर्व्वार्थगुणसंयुतः ।
गौरगात्रकाममूर्त्तिर्मधुररागः कथ्यते ॥
विहागीमनकल्याणं केदारीमिश्रिता यदा ।
गान्धारग्रहमाचष्टे मधुररागः जायते ॥
गमपधनिसानिधपमगरेसा ॥

अथ देशी (संगीतदर्पणे २१६७)—

निद्रालसं सा कपटेन कान्तं
विबोधयन्ती सुरतोत्सुकेव ।

गौरी मनोज्ञा शुकपिच्छवस्त्रा
ख्याता च देशी रसपूर्णचित्ता ॥ इति ध्यानम् ।
मध्यमांशग्रहन्यासं देशी संपूर्णिका मता ।
गुर्ज्जरी टोड़ीकायुक्ता मिश्रिताशावरी पुनः ॥
मपधनिसारिगमगरेसा ॥ मपधसागरेसानिधपम ॥

अथ पूर्व्वाराग:

विमलकमलकान्ती सुन्दरी गात्रगौरा
युवतीप्रियसुखदं कामदेवस्य मूर्त्तिः ।
* * † ।
तृतीयप्रहरे दिवसे पुरवा स प्रसिद्धः ॥
पञ्चमांशग्रहन्यासजातो मालवगौड़ च ।
त्रिभिर्मिश्रो भवेद्रागः पूरवा नामसंज्ञकः ॥
पमगरेसारिगमपधनिसानिध ॥
मपनिसारिसागरेसानिधपमगरेसा ॥

अथ सिन्धुड़ा (संगीतनारायणे)

समुद्रनीलद्युतिरम्बुजाक्षी
प्रवादयन्ती सकला सयन्त्रम् ।
रत्नैर्विचित्राभरणा सुकेशी
सा सिन्धुड़ा कान्तसमीपसंस्था ॥ इति ध्यानम् ।
मध्यमांशग्रहन्यासं सिन्धुरा पूरवा तथा ।
वसन्तर्त्तौ सदा गेया तृतीयप्रहरात् परम् ॥
मपधनिसारिगम ॥

अथ देशाख्यः (संगीतदर्पणे २१६१)—

वीरे रसे व्यञ्जितरोमहर्षः
गिरोधराबद्ध*विशालबाहुः ।
प्रांशुः प्रचण्डः किल इन्दुरागो
देशाख्यरागः कथितो मुनीन्द्रैः ॥ इति ध्यानम् ।
गान्धारांशग्रहन्यासः क्वचित् ऋषभ ईरितः ।
सम्पूर्णा सा च विज्ञेया शार्ङ्गदेवेन भाषिता ॥
कान्हड़ासुहासंयुक्तः सारङ्गसुरमिश्रितः ॥
देशाख्यो जायते दिने द्वितीयप्रहरार्द्धके ॥
गमपधनिसारिगमपधगरेसानिधसा ॥

* कान्तं भजन्ती । इति मुद्रितसंगीतदर्पणपाठः ।

† अत्र तृतीयचरणाभावः । * 'गिरिवन-सन्नद्ध' इति पाठान्तरम् ।

अथ गौरसारङ्गः

वीणाविनोदी दृढबद्धवेणी
कल्पतरुसंस्थितगौरगात्रः ।
तृतीययामे पिकनादतुल्यः
सारङ्गगौरः कथितो मुनीन्द्रैः ॥ इति ध्यानम् ।

ऋषभांशग्रहन्यासं गौरसारङ्ग एव च ।
गौड़ा सारङ्गसंयुक्ता पूरीया सा संमिश्रिता ॥
दिवसान्ते सदा ज्ञेयो गौड़सारङ्ग ईरितः ।
रेगमपधनिसारेगमपधनिसा ॥

अथ गौड़करी

अवचित्य कुसुमराशीन् वितरन्ती पुष्पदामकामिभ्यः
नन्दनवनोपकण्ठे गौड़करी सा प्रसिद्धा स्यात् ॥

संगीतरत्नाकरे—

शैलाग्रशिखरे गौरी दंशशब्देन चारुणा ।
नर्त्तयन्ती प्रियतममेषा गौड़करी स्मृता ॥
गान्धारे श्रीनिवासस्य मल्लारे गौड़मिश्रिता ।
रामक्रीरूपसंयुक्ता गौड़करी इति स्मृता ॥
गमपधनिसारेसानिधपमगगमपनिसाधरेगम
निसारेगमसा ॥

अथ विभासरागः

शुभ्राम्बरो गौरवर्णः सुकान्तिः
धीरोल्लसत् कुन्तलघृष्टगण्डः ।
सूर्य्योदये कुक्कुटपक्षिशब्दे
विभासरागः स्मरचारुमूर्त्तिः ॥ इति ध्यानम् ।

भूपाली देशकारश्च मालवो जन्मभूः स्मृता ।
धैवतादिस्वरः सप्त विभासे गीयते बुधैः ॥
धनिसागरेसामधपमगरेमानिध ॥
गमधनिसागरेसानिधपमगरेसानिध ॥

अथ देशकारी (संगीतदर्पणे ३।५८)—

भर्त्त्रा समं केलिकलारसज्ञा
सर्व्वाङ्गपूर्णा कमलायताक्षी ।
पीनस्तनी रुक्मतनुः सुकेशी
संपूर्णचन्द्रानना देशकारी ॥ इति ध्यानम् ।

मालीगौरा विभासेषु देशकारस्य जन्मभूः ।
ऋषभस्वरे निवासः प्रातःकाले प्रगीयते ॥
रेगमपधनिसा
तीव्रगान्धार ऋषभ-संवादिमध्यमस्तथा ।
अनुवादिपञ्चमैर्युक्ता संपूर्णा देशकारिका ।
धगरेसानिसपधसागरेसानिध ॥
गमधनिपसारेसागमनिध ॥

अथ वेलावली (संगीतदर्पणे ३।५४)—

सङ्केतदीक्षां दयिते च दत्ता
वितन्वती भूषणमङ्गकेषु ।
मुहुः स्मरन्ती स्मरमिष्टदेवं
वेलावली नीलसरोजकान्तिः ॥ इति ध्यानम्

पञ्चमांशग्रहन्यासं तीव्रगान्धारमध्यमम् ।
शेषानुदात्ता विज्ञेया पूर्णा वेलावली मता ॥

मतान्तरे—

नेत्रे कज्जलरञ्जितेऽतिललिते नासाग्रमुक्ताफलम्
भाले भाति सुकुङ्कुमस्य तिलकं गौराङ्गचित्राम्बरा ।
वेणी चम्पककेतकीसुकुसुमैः सार्द्धं कर्णेविटिका-
नानासौरभचर्च्चिताखिलवपुर्वेलावलीयोषितः ॥
गान्धारांशग्रहन्यासं पूर्णा प्रथमयामका ।
दिव गीयते विद्वन् वेलावलीतिसंज्ञका ॥
कल्याणा देवगिरिका अन्येयामिश्रिता मता ॥
गमपधनिसारेगमपपधनिसानिध ॥
गमधनिसानिधमगरेसामपधनिसागरेसानिधपमगरेसा॥

अथ षट्रागः

जटाजूटधारी शिवशिखरकैलासवसति-
स्थिता-भस्माल्लिप्तो मधुरमृदुहासी मुनिवरः ।
सदा षड्रागोऽयं सततनितरां ध्येयः सुपदां
प्रभाते गायन्ति मधुरसुरगीतार्थनिलयम् ॥ इति ध्यानम् ।

यदा रागस्याम्भे मुनिगणपरात्माऽविभवौ ।
नमोद्भौरुर्नाम्ना गतिकतरगो भैरवतनुः ॥
भैरवी गुर्ज्जरी टोड़ी देशी गान्धार एव च ।
रामक्री स्वरसंयुक्तः षट्रागस्य भवेत्सदा ॥

धैवतांशग्रहन्यासं धैवतादिकमूर्च्छना ।
सम्पूर्णा सुप्रभाते च गीयते षट् सुसंज्ञकः ॥

धधनिनिसासारिरिगगममपप ।
अपताप । धसासासानिनिधधपपममगगरिसा ।
मपधनिसागरिसामगरिमानिधपममगरिसा ॥

अथ देवगिरी (संगीतदर्पणे २८८) ।

कादम्बिनीश्यामतनुः सुवृत्ता
तुङ्गस्तनी सुन्दरहारवल्ली ।
चित्राम्बरा मत्तचकोरनेत्रा
मदालसा देवगिरी प्रदिष्टा ॥ इति ध्या
अलैयास्वरसंयुक्ता विहागेन सुमिश्रिता ।
देवगिरीत्युत्पत्तिस्तु कथिता हनुमन्मते ॥

संगीतार्णवे (संगीतनारायणे)—

भ्रमन्ती नर्त्तने श्यामा पुष्पहारसमन्विता ।
ख्याता देवकिरी ह्येषा करार्पितसखीकरा ॥
षड्जांशग्रहन्यासं पूर्णा देवकिरिर्मता ।
दिवसे प्रथमयामे गीयते विबुधैर्जनैः ॥
सारिगमपधनिसानिधपमगरिसा ॥
गमपधसानिसागरिसानिधपधपमगरिसा ॥

अथ आशावरी (संगीतदर्पणे २७५)—

श्रीखण्डशैलशिखरे शिखिपुच्छवस्त्रा
मातङ्गमौक्तिकमनोहरहारवल्ली ।
आकृष्य चन्दनतरोरुरगं वहन्ती
साशावरी वलयमुज्ज्वलनीलकान्तिः ॥ इति ध्यानम
निषादांशग्रहन्यासं क्वचित् गान्धार ईरितः ।
यामे द्वितीये गीयते आशावरी सुखैनरैः ॥
देशीगान्धारटोड़ी च मिश्रिता त्रयसंयुता ।
आशावरी भवेन्नारी गायनै रतिकामदा ॥
निसारिगमपधस्य च ॥
निसागरिनिधपमगरिसाधपमगरिसाममपध-
पमपधसानिसागरिसानिधपमगरिसा ॥

अथ योगीया

जटाकलापांशुविभूतिधारी
त्रिशूलसर्पञ्च वीणा दधाना ।
प्रचण्डकोपा रसवीरयुक्ता
सा योगिनी योगशास्त्रैः प्रवीणा ॥ इति ध्यानम् ।
गान्धारांशग्रहन्यासं योगीयाशावरी तदा ।
वैराग्यज्ञानसंयुक्ता ब्रह्मध्यानसुमिश्रिता ॥
देशीगान्धाराशावरी मिश्रिता योगीया भवेत् ।
दिवसे द्विप्रहरार्द्धे च गीयते विबुधैर्जनैः ॥
आशावरी च देशीया गान्धारेण सुमिश्रिता ।
त्रये कृते योगिनी स्याद्विप्रहरार्द्धेषु गीयते ॥
गगरिसानिनिधधपपममगगरिसागमपनिसारिमाम
गरिगरिसा मानिधपमगरिसा ।

अथ मोहनरागः

मदनमोहनरूपी वंशीधारी कराग्रे
खगमृगपशुपक्षिमोहिताखिलविश्वम् ।
जगतीतलसुवीर्यः शैवरूपार्थकेतः
विहरतु वनकुञ्जे मोहनो राग एषः ॥ इति ध्यानम् ।
धैवतांशग्रहन्यासं क्वचित् मध्यम ईरितः ।
निशान्ते गीयते विद्वन् सङ्गीतैः परिभाषितः ॥

अथ गान्धारः । संगीतरत्नाकरे—

आदाय वीणा धृतयोगपीठे
गङ्गाधरध्याननिमग्नचित्तः ।
योगासनै मौञ्जिजटा दधानो
गान्धाररागः कथितो मुनीन्द्रैः ॥ इति ध्यानम् ।

मतान्तरे (संगीतनारायणे)—

जटां दधानः कृतभूरिभूषः
काषायवासस्तनुदेहयष्टिः ।
सयोगपट्टकृतनेत्रमुद्रो
गान्धाररागः कथितो मुनीन्द्रैः ॥
सम्पूर्णश्च भवेद्रागो प्रभाते गानमिष्यते ॥

धैवतांशग्रहन्यासं तीव्र-मध्यम एव ।
टोड़ी आसावरी देशी गान्धारोत्पत्ति: कथ्यते ॥
धपपगगरेमपपधमानिनिधधपपमगगरेसामम-
पपपधसासामानिनिमा गरेसासामपनिधप ॥

अथ गान्धारी

हारोर:स्थलधारिणी सितपटे: कमलायताक्षी भृशं
दिव्याभूषणभूषितातितरुणी ताम्बूलहस्ताम्बुजा ।
श्यामा मञ्जुलकञ्चुकी मलयजैर्गादिलिप्ता सुन्दरी
नृत्यन्ती भृतनूपुरा मृदुरतिर्गान्धारिणी रागिणी ॥
इति ध्यानम् ।

धैवतांशग्रहन्यासं क्वचित् मध्यम ईरित: ।
सम्पूर्णा सा सुवस्त्रा च गान्धारी रागिणी ध्रुवम् ॥
धपमगरेमारेगमपधमगसारेमानिधपममगरेसा ॥

अथ नागध्वनि: ।

नागध्वनिसमारूढ़ो जेता हिङ्गुलसन्निभ: ।
सितवासा कुञ्जवर ऐरावतकुलोद्भव: ॥
ढक्कान्वय: शब्दध्वनि: रिपो वर्ज्जितषाड़व: ।
षड्जन्यासग्रहांशो यो गेयो वीरवरैर्दिवा ॥
सागमधमागसागमधनिसागमसानि ॥

अथ भूपाली ।

गौरद्युति: कुङ्कुमरक्तदेहा
तुङ्गस्तनी चन्द्रमुखी मनोज्ञा ।
भर्त्तु: स्मरन्ती विरहेण दूना
भूपालिकेयं रसशान्तियुक्ता ॥ इति ध्यानम् ।
रात्रौ प्रथमयामे च धैवतग्रहसंस्थिता ।
स्यात्तु भूपालिका ज्ञेया सङ्गीते परिभाषिता ॥
धनिसारेगमपगमपधनि सानिगरेसामगरेसा ॥

अथ कल्याण: (संगीतदर्पणे २।८२)—

कृपाणपाणिर्तिलकं ललाटे
सुवर्णवेश: समरे प्रविष्ट: * ।

* प्रचण्ड: ।

प्रचण्डमूर्त्ति: † किल रक्तवर्ण:
कल्याणराग: ‡ कथितो मुनीन्द्रै: ॥ इति ध्यानम्
गान्धारांशग्रहन्यासं पूर्ण: कल्याण ईरित: ।
सन्ध्याकाले प्रगीयते कल्याणो नवधा भवेत् ॥

अथ अड़ानाराग:

रणे प्रविष्ट: स्मरचारुमूर्त्ति:
वीरे रसे व्यञ्जितरोमहर्ष: ।
पाणौ कृपाण: किल रक्तवर्ण:
अड़ानाराग: कथितो मुनीन्द्रै: ॥ इति ध्यानम्
पूर्णाड़ाना सुसंप्रोक्ता मध्यमग्रह ईरित: ।
रात्रौ प्रथमे यामे गीयते विबुधैर्जनै: ॥
मल्लारकान्हड़ामिश्रनायकी स्वरसंयुता ।
अड़ानोत्पत्तिर्विज्ञेया रात्रौ द्वितीययामके ॥
मपधनिमारेगमगरेमानिमाधनिसा ॥
गमपधनिमागरेमानिधमगरेसा ॥

अथ केदार: (संगीतदर्पणे २।६५)—

जटां दधाना सितचन्द्रमौलि:
नागोत्तरीया धृतयोगपट्टा ।
गङ्गाधरध्याननिमग्नचित्ता
केदारिका दीपकरागिणीयम् ॥ इति ध्यानम् ।
मध्यमांशग्रहन्यासं धैवतो वर्ज्जित: क्वचित् ।
अर्द्धरात्रान्तरे गानं केदारो गीयते बुधै: ॥
विहागशङ्कराश्यामहम्मीरो मिश्रित: पुन: ।
केदारो जायते विद्वन् योगध्यानतपस्विना ॥
सामपरेसामागमपरेमानिपमगरेसागरेमानिमपरेसा ॥

अथ मोहनी ।

वीणां दधाना दृढ़बद्धवेणी
सौन्दर्य्यलावण्यकलायताक्षी ।

† स्मरम् प्रविष्ट इति आदर्शपुस्तकधृतपाठ: ।
‡ 'कल्याणनाट' इति मुद्रित-संगीतदर्पणपाठ: ।
§ केदारराग: कथितो तपस्वी । इति आदर्शपुस्तकधृत-समपाठ: ।

सुवर्णकान्तिर्मधुरश्च गानम्
सा मोहनी मोहितविश्वा एषा ॥ इति ध्यानम् ।

गान्धारांशग्रहन्यासं ऋषभो वर्जितः स्वरः ॥
षाडवो शेषरात्रौ च मोहनी मोहनी तथा ।
मालकोशी कान्हड़ा च पर्जकास्वरमिश्रिता ।
मोहनी स्यात्तदुत्पत्तिः निशान्ते गीयते बुधैः ॥
गगममधधनिनिमागगसामधगसानि ॥

अथ पञ्चमः ।

उन्मत्तकोकिलनिनादयुक्तो
वीणां दधानो सुरवेशधारी ।
मदाङ्गमूर्त्तिः सुरपुष्पकर्णः
सुवर्णकान्तिः किल शोभनस्य ॥ * इति ध्यानम् ।

श्यामं ताम्बूलकरधृतकुमुदं वेणुवाद्यं मताल्लं
चन्द्रार्कौ यस्य भाले पिकमृदुवचनं यस्य आस्ये प्रक्षिप्तम् ।
देवेन्द्रादियुक्तं शिरसि सुमुकुटं पीतवस्त्रं प्रभाते
गायन्ति स्वर्गलोके दनुजसुरगणाः पञ्चमश्चात्र सन्तः ॥

ऋषभांशग्रहन्यासं पञ्चमस्वरवर्जितः ।
शेषरात्रौ प्रगीयन्ते पञ्चमो राग उच्यते ॥
रेमपधनिमागमधरेमागरेमानिपमग ॥

अथ मालिगौरा सामन्तगौड़ः संगीतनारायणे ।

वीणाविनोदप्रतिपन्नप्राणिः
गृह्णन् कथा नारदसंप्रयोगात् ।
श्यामो युवा विप्रकुलप्रसूतः
स मालिगौड़ो गौरमुनिप्रणीतः ॥ इति ध्यानम्

धैवतांशग्रहन्यासं मालवो श्री च संयुतम् ।
धनाश्रीमिश्रिता एषा मालिगौरा च कथ्यते ।
धनिसारेगमपधमगरेगमरेसा ॥
निनिधधनिसागरेमानिधपमगरेसा ॥

अथ आभीरराग: ।

हेमप्रभा चारुमनोज्ञमूर्त्तिः
कान्ते समीपे कमनीयकण्ठा ।
धीरोल्लसत्पल्लवकर्णपूरे
षड्जादिसव्योर्पितवस्त्रधारी ॥ इति ध्यानम् ।

गान्धारांशग्रहन्यासं पूर्णा साभीरिका तथा ।
तृतीये सुदिने प्रोक्ता रसे वीरे प्रयुज्यते ॥

अथ जयजयन्ती ।

पीनोन्नता सुन्दरी सा मृगाक्षी
स्वर्णप्रभा कोकिलनादतुल्या ।
वीणाविनोदी सुरपुष्पगन्धी
सा जयजयन्ती सुरमेघस्य भार्या ॥ इति ध्यानम्

सोरठी गौड़संयुक्ता वेलावल्या सुमिश्रिता ।
जयजयन्ती तदोत्पन्ना निशान्ते गीयते बुधैः ॥
षड्जांशग्रहन्यासं क्वचित् धैवत ईरितः ।
सुसम्पूर्णा जयजयन्ती मेघरागस्य वल्लभा ॥
सामारेसामगरेसारेमानिधपमगमधमानिधपमगरे-
रेसामपधसारेसापमरेमागरेमानिधपमगरेमा ॥

अथ भैरवः । संगीतरत्नाकरे वा संगीतरत्नमालायाम्—

शुभ्राङ्गः शुभ्रवासः शिरसि शशिधरः शृङ्गवाद्यश्च हारे
शम्भोर्वक्त्राब्जजातो धृतगरलगलो भैरवो रक्तनेत्रः ।
हस्ते शूलं कपालं जलजमणिमयं कुण्डलं कर्णयुग्मे
तारं जूटे जटानां शरदि सुरगणैर्गीयते प्रातरेषः ॥
इति ध्यानम्

अथ भैरवी

स्वर्णाभसोमवक्त्रा हिमकरधवलं वस्त्रमुपावहन्ती
कण्ठे रत्नस्य हारं द्विरदवरशिरोजातमुक्ताफलानि ।
सिन्दूरं भालमध्ये प्रहसितवदना हस्तयोः कङ्कणे द्वे
नृत्याङ्गीयमाना चरणकमलयोर्नूपुरौ द्वारवोध्याम् ॥
इति ध्यानम् ।

अथ पुण्यकी

स्तनतटकृतरागा कुङ्कुमैः पीतवस्त्रा
विविधकुसुमस्रजां कञ्चुकीमादधाति ।

---

* रक्ताम्बरः रक्तविशालनेत्रः शृङ्गारयुक्तमकरणी मनस्वी ।
प्रभातकाले विजयी च नित्यं सदा प्रियः कोकिलमञ्जुभाषी ॥
इति मुद्रित-संगीतदर्पणधृतपाठः ।

भयचकितमृगाक्षी कान्तकण्ठे विलग्ना
जितमृगपतिमध्या पुष्पकी पुष्पदाली ॥ इति ध्यानम् ।

अथ वङ्गाली

वङ्गाली भाति यस्या अलकपटलके गीतरश्मिनितान्ता
भर्त्तुः सम्मतिहन्ता मलयजरचिता सर्व्वदेहप्रलया ।
गौराङ्गी शुक्लवासा रविसमकिरणा हास्ययुक्ता सुमध्या
युष्माकं संमुदे सा युवजनहृदयानन्दकर्व्वीकटाक्षैः ॥

तथा च

अन्तर्व्वासा जयति विमलामक्षमालाममोघां
धत्ते सूत्रं पठति नितरां वेदमत्यन्तविद्वान् ।
शुक्लं वस्त्रं कनकसदृशं पाणिपात्रं कराग्रे
वङ्गालोऽयं वदति वचनं नृत्यगीतावमत्ताम् ॥

इति ध्यानम् ।

अथ मधुर-रागः

अत्यन्तरूपी मधुरस्वराङ्गी
गुणान्वितः सम्भृतसर्व्वविद्यः ।
वीणावरैर्वेष्टितगौरदेहः
ख्यातो मधुरो लोकहिते मङ्गिः इति ध्यानम् ।

इति राग रागिणी ध्यानोदाहरणम्

अथ तालाध्यायः

तकारे शङ्करः प्रोक्तो लकारे पार्व्वती स्मृता ।
शिवशक्तिसमायोगात्ताल इत्यभिधीयते ॥
शिवशक्त्यात्मकं पुण्यं यशस्यं भुक्तिमुक्तिदम् ।
ततः प्राणात्मकं तालं योगिनामभिलिप्सितम् ॥

(संगीतरत्नाकरं पृ।२)

गीतं वाद्यं तथा नृत्यं यतस्ताले प्रतिष्ठितम् ॥

अथ तालं

अथ तालं प्रवक्ष्यामि तालरूपं जगद्गुरुम् ।
जनयन्तं सुखं गीते वाद्य-नृत्यविशेषवित् ॥

८

उत्पत्त्यादित्रयं लोके यतस्तालेन जायते ।
कीटकादिपशूनाञ्च तालेनैव गतिर्भवेत् ॥
यानि कानि च कर्म्माणि लोके तालाश्रितानि च ।
आदित्यादिग्रहाणाञ्च तालेनैव गतिर्भवेत् ॥
ब्रह्मकल्पोऽपि कालेन यतः कालवशं गतः ।
कालक्रियावशाच्छिन्नस्तालशब्दे न मन्यते ॥
हस्तद्वयस्य संयोगे वियोगे चापि वर्त्तते ।
व्याप्तिमानो दशप्राणैः करतालकसंज्ञकः ॥
आद्यैकतालो धमालो यतिः चाचपुटस्तथा ।
द्वितालो रूपकश्चैव त्रितालश्च द्विधा भवेत् ॥
त्रेवटो झम्पतालश्च अठतालस्ततः परम् ।
सूरफाको चर्च्चरी च ब्रह्मश्चातुर्थतालिका ॥
चतुस्तालः पञ्चतालो मुखः पञ्च बहुलिका ।
षट्तालः सप्ततालश्च अष्टमुखी ततःपरम् ॥
गणेशतालो नागश्च ब्रह्मतालस्तथैव च ।
रुद्रतालो विष्णुतालः सविता च ततः परम् ॥
करुणा त्रयोदश प्रोक्तश्चतुर्द्दशस्तथैव च ।
देशी पञ्च षोड़शी च लक्ष्मीतालश्च मल्लिका ॥
सरस्वती पार्व्वती च सावित्री-गायत्री तथा ।
सावित्रीतालविख्यातः कौशिकेन प्रदर्शितः ॥
हनुमद्वीरतालश्च भैरवस्ताल एव च ।
राधिकातालः कृष्णश्च मोहनी चक्रतालिका ॥
गायन्ती गोपिका चेयं गोपिकाध्यानतत्परा ।
एकैकं कृष्णसन्निधौ वृन्दावने प्रगीयते ॥
गोपिका श्रुतिरूपा च प्रत्येकं तालमिश्रिते ।
इन्द्रादयोऽपि यस्यान्तं न ययुस्तालवारिधेः ॥
रागतानस्वरालापः वाद्यभेदश्च तालिका ।
न शक्नोतीह केनापि न ययुर्नादवारिधेः ॥
लघ्वादितालो लोकेऽस्मिन् प्रसिद्ध एकतालिका ।

इति एकतालो ।

द्वाणर्द्धौ यद्रुतस्यैव धमालताल उच्यते ।

((० ० इति धमालतालः ।

लघुविरामो यतितालः ।

इति यतितालौ ।

द्रुतो लघुश्चैव लघुश्चम्पकस्तथा ।

० । इति चम्पकतालः ।

दौलो रूपकतालेऽस्मिन् कथने गायने मतिः ॥

० ० । इति रूपकतालौ ।

दौविरामे लघुद्रुतचातुरौतालः उच्यते ।

। ० । । इति चातुरौतालः ।

० ० । इति वं वटतालः ।

द्रुताद्रुतौ विरामान्तो तृतीये तालः कथ्यते ।

० ० ० इति जलदतितारा ।

लघौ गुरौ च संयुक्ते लहत्रितालसंज्ञकः ।

। । ऽ इति धामातिताल ।

द्रुता लघुर्गुरुः प्रोक्तो झम्पतालश्च जायते ।

० । ऽ । । इति झम्पतालः ।

लघुद्रुतो लघुश्चैव सूर्यफाकसुसंज्ञकः ।

। ० । इति सूरफाकतालः ।

गुरुद्वौ च लघुसंज्ञो चतुर्थतालसंज्ञकः ॥

ऽ ० ० । इति चौताल ।

प्लुतलौ च गुरुयुक्तौ ब्रह्मचातुर्थतालकः ।

ऽ । । ऽ इति बड़ाचौताल ।

त्रयो द्रुता लघुरन्त्यश्चतुरतालसंज्ञकः ।

० ० ० । इति सिधाचौताल ।

लघुर्लघुद्रुतश्चैके लघ्वाद्यठ्तालसंज्ञकः ।

। ० । इति आड़चौताल ।

लौ द्रौ लघु पुनर्योज्यं पञ्चतालो विधीयते ।

। । ० ० । इति पञ्चमुखीतालः ।

लघुर्द्रुतो लघुश्चैव द्रुतो लघुः पुनस्तथा ।

पञ्चमेषा तालो प्रोक्ता नादशास्त्रविशारदैः ।

। ० । ० । इति पञ्चमतालः ।

लघुद्रुत त्रयो युक्ता यः पुनर्लघुषु युज्यते ।

फरोताल इमि प्रोक्ता गीतशास्त्रविशारदैः ।

। ० ० ० । इति फरोदस्ततालः ।

लघुद्रुतलघुद्रौ च लघुद्रुश्च प्रदीयते ।

षट्मुखितालसंज्ञा च सङ्गीते परिभाषिता ।

। ० । ० ० । इति षट्मुखी ।

लघुचन्द्रो लघुश्चैव द्रुतद्वन्द्वो लघुस्तथा ।

सप्त सुरः तालसंज्ञायां सङ्गीते परिभाषिताः ।

। ((० ० इति सप्ततालः ।

लघुद्रुतो द्रुतश्चैव त्रयद्रुतलघुस्तथा ।

मुख्याष्टतालः विज्ञेयः ख्यातो रागविशारदैः ॥

० । ० । ० । इति अष्टमुखी तालः ।

द्रुतद्वंद्वलौ चैव चतुराणलघुस्तथा ।

गणेशतालसंजातः सङ्गीते परिभाषितः ॥

० ० । । ((((। इति गणेशतालः ।

लदौ लोदौ लघुश्चैव ब्रह्मतालः प्रगीयते ।

। ० । ० ० । ० ० ० । इति ब्रह्मतालः ।

गुरुत्रयो लघुद्रुश्च पुनर्लघुः प्रयुज्यते ।

चतुर्द्रुतलघुश्चैव रुद्रतालः प्रगीयते ॥

ऽ ऽ ऽ । ० । ० ० ० ० । इति रुद्रतालः ।

लघुत्रयद्रुतश्चैव चत्वारो द्रुलघुस्तथा ।

विष्णुतालोऽतिविख्यातो सङ्गीते परिभाषितः ॥

। । । ० । । ० ० ० ० ० । इति विष्णुतालः ।

लघुद्रुतलघु श्चव द्रुतद्वन्द्वलघुस्तथा ।

व्यापकौ द्वौ द्रुतौ गुरुसूर्यतालो निगद्यते ॥

। ० । ० ० । ० ० ऽ इति सूर्यतालः ।

गुरू द्वौ वै लघुश्चैव त्रयाणश्च लघुस्तथा ।

द्रुतत्रयलघुश्चैकपञ्चाणलविरामकः ॥

लक्ष्मीताल इति प्रोक्तः सङ्गीते परिभाषितः ॥

ऽ ० ० । (((। ० ० ० । (((((। इति लक्ष्मीतालः ।

चत्वार्य्यणुद्रुतश्चैक लघुरेव हि धारयेत् ।
गुरुद्वन्द्वप्लुतश्चैव भ्रमणो तालसंज्ञक: ॥

((((० । ऽ ऽ ऽ इति भ्रमणताल: ।

इति तालाध्याय: ।

अथ नृत्याध्याय:

श्रीविष्णुसुखसंदोहं गुरुं दीपकरूपकम् ।
सुवृत्तमक्षरं नत्वा वच्ये नृत्यस्य लक्षणम् ॥

नृत्यभेदमाह—

वाद्यं नृत्यं ताण्डवं च नृत्यल्लास्यमिमाभिधा: ।
लावो हंसो मयूरश्च हय: कुञ्जर एव च ।
तित्तिर: कुक्कुटो मीनो त्वष्टधा गतयो मता: ॥

अथ ताण्डव:

वीरे रसे महोत्साहो पुरुषो यत्र नृत्यति ।
रौद्रभावरसोत्पत्तिस्तत्ताण्डवमिति स्मृतम् ॥

अथ लास्यम

यौवनस्त्रीविलासिन्य: कामभावविचक्षणा: ।
यदङ्गहारवैदग्धात् कुर्य्युर्लास्यमुदीरितम् ॥

तथाच संगीतरत्नाकरे (७।३२)

लास्यं तु सुकुमाराङ्गं मकरध्वजवर्द्धनम् ॥

(तथा संगीतमहोदधौ ५।६-१५)—

ईषद्धास्य: प्रसन्नास्यो मुखरागो भवेद्द्विधा ॥
सहजोऽसहजश्चेति प्रसन्न: कान्तिभूषित: ।
स्वाभाविक: प्रसन्नश्च रक्त: स च चतुर्विध: ॥
स्वाभाविक: स्यात् स्वभावा स्वभावेनैव या भवेत् ।
प्रसन्नो मधुर: स स्याच्छृङ्गाराद्भुतहास्ययो: ॥
रक्त: स्याल्लोहितो वीर: करुणाद्भुतरौद्रयो: ।
गीयमाने ध्रुवपदे गीते हावमनोहरे ॥
नर्त्तनं तनुयात् पात्रं कान्ताहास्यादिदृष्टिजम् ।
नानागतिं लसद्भावो मुखरागादिसंयुत: ॥

सुकुमाराङ्गविन्यासं दन्तद्योतितहावकम् ।
खण्डमानेन रचितं मध्ये मध्ये च कम्पनम् ॥
यत्र नृत्यं भवेद्देवं ध्रुवपादं तदा भवेत् ।
प्रायशो मध्यदेशीयो भाषया यत्र धातव: ॥
उद्ग्राहध्रुवकाभोगाख्यो भवन्ति हेतव: ।
उद्ग्राहरहितं क्वचित् परं त्वाभोगवर्ज्जितम् ॥
उद्ग्राहाभोगरहितमन्वर्थमपरं जगु: ।
स्वरपार्श्वास्तु विकारा: शृङ्गाराकृतिसूचकम् ।
भस्मादिस्वेदलिप्ताङ्गो बिभ्रत्मुण्डशिर:शिखा ॥
भ्राजद्घर्घरिकाजालजङ्घाशरीरपेशलम् ।
पश्चाङ्गकुशलस्तालकलालयविचक्षण: ॥
पञ्चगामिवोच्चरन्नाद्यान् यो नृत्यति स धोरणि: ।
वाद्य: प्रबन्धै: कठिनै त्यक्तसेल्लादिभिस्तथा ॥
गीतैस्तालगतुण्डस्थै: प्रबन्धैश्च ध्रुवादिभि: ।
लास्याङ्गैरन्वितं यत्र नृत्यञ्च द्रुतमानस: ॥
स्वयं गायन्ति वाद्यञ्च त्रिवलीं वादयेत् स्वयम् ।
तत्पात्रं गौड़लोके चेद्वाद्यं तालस्य मन्यते ॥
त्रिवलीं धारणं स्कन्धे ग्राम्यत्वं कुरुते स्त्रिय: ।
अगायत त्वत्कारीरा सैव स्यान्मुखगौण्डली ॥
गौण्डलरा मण्डनं प्रोक्तं तद्धि कर्णाटदेशजम् ।
दक्षिणा गायका: सर्व्वं कुशला: गीततत्परा: ॥
मार्गदेशीविभागेन नर्त्तनं द्विविधं स्मृतम् ।
ताण्डव: पुरुषो ज्ञेय: लास्यञ्च स्त्रीरिवेरिता ॥

अथ रागनामानि । संगीतरत्नाकरे (२।१।१६-१८)—

श्रीरागनट्टौ बङ्गालो भाससमध्यमषाड़वौ ।
रक्तहंस: कोल्हहास: प्रसवो भैरवध्वनि: ॥
मेघराग: सोमरागकामोदौ चाम्रपञ्चम: ।
स्यातां कन्दर्पदेशाख्यौ ककुभान्तश्च कैशिक: ॥
नट्टनारायणश्चेति रागा विंशतिरीरिता: ।

(तत्र व २।१।३५-३६)

छेवाटी पिञ्जरीत्येका बोट्ठ भाषा तु माङ्गली ।
वाङ्गाली माङ्गली हर्षपुरी मालववेसरी ॥
खञ्जनी गुर्ज्जरी गौड़ी पौराली चार्धवेसरी ।

शुद्धा मालवरूपा च सैन्धव्याभीरिकेत्यमूः ॥
भाषास्त्रयोदश ज्ञेया विज्ञैर्मालवकैशिके ।
विभाषे द्वे तु काम्बोजी तद्वद्देवारवर्धनी ॥
गान्धारपञ्चमे भाषा गान्धारी भिन्नषड्जका ।
देवगान्धारः*कच्छेल्ली स्वरवल्ली निषादिनी ॥
त्रिवणा† मध्यमा शुद्धा दाक्षिणात्या पुलिन्दका
तुम्बरा षड्जभाषा च कालिन्दी ललिता ततः ॥

तथा च संगीतदर्पणे रागविवेकाध्याये (२।१-५)—

योऽयं ध्वनिविशेषस्तु स्वरवर्णविभूषितः ।
रञ्जको जनचित्तानां स रागः कथितो बुधैः ॥

अथ रागाङ्गम्

रागच्छायानुकारित्वाद्रागाङ्गमिति कथ्यते ।

इति रागाङ्गम्

अथ क्रियाङ्गम्

करुणोत्साहसंयुक्तं क्रियाङ्गं तेन हेतुना ।

इति क्रियाङ्गम् ।

अथ भाषाङ्गम्

भाषाच्छायाश्रिता येन भाषाङ्गं तेन हेतुना ॥

इति भाषाङ्गम्

अथोपाङ्गम्

किञ्चित् छायानुकारित्वादुपाङ्गमिति कथ्यते ।

इत्युपाङ्गम् ।

अथ कारुकारणा

कारुकारणा तु कथिता तारस्थानेषु शीघ्रता ।
गमकैर्विविधैर्युक्ता कौशलेन विभूषिता ॥

इति कारुकारणा ।

अथ मतङ्गमतेन रागाणां त्रैविध्यं दर्शयति—

शुद्धाश्छायालगाः प्रोक्ताः संकीर्णाश्च तथैव च ॥
तत्र शुद्धरागत्वं नाम शास्त्रोक्तनियमाद्रञ्जकत्वं भवति। छायालगरागत्वं नामान्यच्छायालगत्वेन रक्तिहेतुत्वं भवति। सङ्कीर्णरागत्वं नाम शुद्धच्छायालगमुख्यत्वेन रक्तिहेतुत्वं भवति।

इति कल्लिनाथोक्तं लिखितं ।

(तथा च संगीतदर्पणे २।८-११)—

शिवशक्तिसमायोगाद्रागाणां सम्भवो भवेत् ।
पञ्चास्यात् पञ्च रागाः स्युः षष्ठस्तु गिरिजामुखात् ॥
सद्योवक्त्रात्तु श्रीरागो वामदेवात् वसन्तकः ।
अघोराद्भैरवोऽभूत् तत्पुरुषात् पञ्चमोऽभवत् ॥
ईशानाख्यान्मेघरागो नाट्यारम्भे शिवादभूत् ।
गिरिजाया मुखाल्लास्ये नट्टनारायणोऽभवत् ॥

इति संगीतदर्पणोक्तम् ।

(तथा च संगीतरत्नाकरे २।१।३८-४५)—

श्रीकण्ठिका च बङ्गाली गान्धारी सैन्धवीत्यमूः ।
भाषाः सप्तदश ज्ञेयाश्चतस्रस्तु विभाषिकाः ॥
पौराली मालवा कालिन्द्यपि देवारवर्धनी ।
वेसरे षाड्वे भाषे द्वे वाह्या वाह्यषाडवा ॥
विभाषे पार्वती श्रीकण्ठ्यथ मालवपञ्चमे ।
भाषास्तिस्रो वेदवती भाविनी च विभाविनी ॥
तानि तानोद्भवा भाषा भाषा पञ्चमषाड्वे ।
पोता भाषांशकामेकं रेवगुप्ते विदुर्विदुः ॥
विभाषा पल्लवी भासवलिता किरणावली ।
शकाद्यावलितेत्येतास्तिस्रस्त्वन्तरभाषिकाः ॥
चतस्रोऽनुक्तजनका ह्रद्देश्यामिमाः स्मृताः ।
एवं षण्णवतिभाषा विभाषा विंशतिः स्मृताः ॥
चतस्रोऽन्तरभाषाः सुरः शार्ङ्गदेवस्य सम्मताः ।
भाषा मुख्या स्वराख्या च देशाख्या चोपरागजा ।
चतुर्विधा मतङ्गोक्ता मुख्यानन्योपजीविनी ।
स्वरदेशाख्यया ख्याता स्वराख्या देशजा क्रमात् ।
अन्योपरागजाताख्यो याष्टिकेनोदिता: पुनः ।
संकीर्णदेशजामूलाच्छायामात्रेतिनामभिः

* 'गान्धारवल्ली' इति मुद्रितसंगीतरत्नाकरपाठः ।

† 'त्रवणा' इति मुद्रितरत्नाकरपाठः ।

‡ पञ्चम षाड्वी मता । इति आदर्शपुस्तकपाठः ।

शुद्धाभीरी रगन्ती च विधा मालववेसरी ।
मुख्याः षड़िति शेषास्तु सुज्ञाताः स्फुटलक्षणाः
नामसाम्यं तु कासाञ्चित्तिद्वानामपि लक्ष्यतः ॥

इति ग्रामरागोपरागभाषाविभाषान्तरभाषाविवेकः ।

अथ रागभाषाविभाषा-लक्षणं

(संगीतरत्नाकरे २।२।१—८)

अथ रागाङ्गभाषाङ्गक्रियाङ्गोपाङ्गनिर्णयम् ।
केषाञ्चिन्मतमाश्रित्य कुरुते सोढ़लात्मजः ॥
रञ्जनाद्रागता भाषा रागाङ्गादेरपीष्यते ।
देशीरागतया प्रोक्तं रागाङ्गादिचतुष्टयम् ॥
प्रसिद्धा ग्रामरागाद्याः केचिद्देशीत्यपीरिताः ।
तत्र पूर्वप्रसिद्धानामुद्देशः क्रियतेऽधुना ॥
शङ्कराभरणो घण्टारव आकंसदीपकौ ।
रीतिः पूर्णाटिका लाटी पल्लवीति बभाषिरे ॥
रागाङ्गान्यष्टगाम्भीरो वोहाटी श्वशिकोत्पली ।
गोल्ली नाटान्तरी नीलोत्पली छायातरङ्गिणी ॥
गान्धारगतिका रञ्जावित्येकादश मेनिरे ।
भाषाङ्गान्यथ भावक्रीस्वभावक्रीशिवक्रियः ॥
मरुकक्रीविनिवक्रीकुमुदक्रीदनुक्रियः ।
ओजक्रीन्द्रक्रियो नागकृतिधन्यकृतिस्तथा ॥
विपायक्री क्रियाङ्गानि द्वादशेति जगुर्बुधाः ।
त्रिणुपाङ्गानि पूर्णाटो देवालस्य गुरुञ्जिका ॥
चतुस्त्रिंशदिमे रागाः प्राक्प्रसिद्धाः प्रकीर्त्तिताः

संगीतभाष्ये सदङ्गाध्याये —

गीतवादनतत्त्वज्ञश्छिद्राच्छादनपण्डितः ।
अक्षमोक्षप्रदोषज्ञो गीतनृत्यप्रमाणवित् ॥
न वाद्येन विना यस्माद्गीतं तालं च शोभते ।
तस्मात्साङ्ग्यमस्माभिर्वाद्यमत्र निगद्यते ॥
गीतं निरूपितं तच्च वाद्याधीनं मतं मया ।
वाद्यं निरूप्यते गीतं नृत्ययोरनुरञ्जकम् ॥
चतुर्विधं तत् कथितं ततं सुषिरमेव च ।
अवनद्धं घनं चेति ततस्तच्चिगतं भवेत् ॥

१०

सङ्गीतरत्नाकरे (संगीतनारायणे)—

ततानद्धं सुषिरञ्च घनानीति चतुर्व्विधः ।
ततं वीणादिकं वाद्यमानद्धमुरजादिकम् ।
वंशादिकन्तु सुषिरं कांस्यतालादिकं घनम् ॥

सङ्गीतदर्पणे—

वीणादिसुषिरं वंशं कोहलादिप्रकीर्त्तितः ।
चर्म्मणानद्धवदनं वाद्यते पटहादिकम् ॥
अवनद्धं घनं प्रोक्तं कांस्यतालादिकं घनम् ।
आलावनी ब्रह्मवीणा किन्नरीति निगद्यते ॥
विपञ्ची वल्लकी ज्येष्ठा चित्रा घोषवती जया ।
हस्तिका कुब्जिका कूर्म्मी मारङ्गी परिवादिनी ॥
त्रिशरी शततन्त्री च नकुलोष्ठी च वंसरी ।
औड़ंवरी पिणाकी च निबन्धपुष्कलस्तथा ।

संगीतरत्नाकरे—

वीणा घोषवती चित्रा विपञ्ची परिवादिनी ।
वल्लकी कुब्जिका ज्येष्ठा नकुलोष्ठी च किन्नरी ॥
जया कूर्म्मी पिनाकी च हस्तिका शततन्त्रिका ।
औदम्बरी च षट्कर्णा पीनो रावणहस्तकः ॥
सारङ्ग्यालापिनीत्याद्यैः कुतपास्ततवादकाः ।
महाराष्ट्रान्ध्रकर्म्वाटचौलैर्मलयमालवैः ॥
अङ्गवङ्गकलिङ्गाद्यैर्नानाभिनयकोविदैः ।
अङ्गहारप्रयोगज्ञैर्लास्यताण्डवकोविदैः ॥
विचित्रस्थानिकप्रौढ़ैर्विषमेषु सुशिक्षितैः ।
नादस्य कुतपं पात्रैरुत्तमाधममध्यमैः ॥
कुतपानाममीषान्तु समूहो वृन्दमुच्यते ।
ततानद्धं सुषिरञ्च घनानीति चतुर्विधम् ॥
ततं वीणादिकं वाद्यमानद्धं मुरजादिकम् ।
वंशादिकन्तु सुषिरं कांस्यतालादिकं घनम् ॥

अथ वाद्याध्यायः

अथ मृदङ्गवाद्याक्षराणि

ताधीथुङ्गा तथा धीधी टेंकिटिगिदिगन्धा ।
तक्ताधीधीथुं थुं नानाधिररधिररधिलाङ्गधा ॥

कवर्ग क ख ग घ ङा चवर्ग ज झ ञ पुनः ।
टवर्गे ट ठ ड ढ णा तवर्गे त थ द ध च ॥
पवर्गे मस्य संप्रोक्ता अन्तस्था य-र-ल-स्तथा ।
एवं वाद्याक्षरा ग्राह्या मृदङ्गाध्याय ईरिताः ॥

अथ पर्णसागरमृदङ्गाध्यायः । संगीतरत्नाकरे—

ताधिथुन्नाटेङ्किदिधा ता तत्तिथुन्ना तत्तधिधिथुन्थुन्न थुन्नन्नाटेताकिटतकघेदिगनधातकिटधाथुंकिटितातकिट किटतकाधिकिटिकिटितक्काथु किटिकिटितक्कानंकिटि किटितकातकिटिकिटिधुमकिटितकघेदिगिनधा ॥ १ ॥

तकिटिकिटिथुन्थुन्किटितकथुन्थुन्किटतकदि-किटिकिटिथुन्थुन्किटिथुन्थकिटतकथुन्किटिकिटि थुन्थुन्किटथुन्थुन्किटतकनकिटिकिटिथुन्थुन्किट थुन्थन्किटतक्काकिर्टकिटधुमकिटतकगेदिगन्धा ॥ २ ।

तकिटिकिटिधुमकिटिधुमकिटितकदिकिटिकिट धुमकिटिधुमकिटितकथुन्किटिकिटधुमकिटिधुम किटितकमंकिट्किटधुमकिटिधुमकिटितकातकिट किटधमकिटतकगेदिगन्धा ॥ ३ ॥

तकिट्तकिट्थुन्थुन्किटधुम्किटतकदिकिटदि किटथुन्थुन्किटधुम्किटतक्नकिटिकिटिथुन्थुन्किट धुमकिटतकातकिटकिटधुमकातकगेदिगनधा ॥ ४ ॥

तकिटकिटतकतकिटथन्किटतक्दिकिटदिकिट तकातकिटथुन्नाकटतकाथुन्किटथु न्किटतकताकट थुन्किटतकनकिटकिटतकतकिटथुन्किटततकिट तकाधुमकिटतघेदिघनधा ॥ ५ ॥

तकिटतकिटतकतकिटधिकिटतकादिकिटदिकिट तकातकिटधिकिटतकथुन्किटकिटतकत्किटधिकिट तकनकिटकिटतकतकिटधिकिटतकतकिटकिटधुम किटतकघेदिगन्धा ॥ ६ ॥

तकिटतकिटधुम्किटतकिटतकाकिटतकदिकिटि किटधुमकिटितकिटतकाकिटतकथुन्किटिकिटिधुम किटततकाकिटतकनंकिटिकिटधुमकिटत२किटत किटतकातकिट२धुमकिटतकाघेदिगन्धा ॥ ७ ॥

तकिटितकिटितक्तकाधुमकिटितकादिकिटिकिटि तकातकाधुमकिटितकथुन्किटकिटतक्तकाधुमकिटि तका । नंकिटिनंकिटितकातकाधुमकिटतकातकिटि किटधुमकिटतकघेदिगन्धा ॥ ८ ॥

तकिटितकिटिधाकिटतधाकिटतकाकिटतकदिकिट दिकिटधाकिटतकधाकिटतकाकिटतकथुन्किटिकिटि धाकिटतकिटतकाकिटतकाधाकिटनंकिटधाकिटतधाकिट तकाकिटतकतकिटकिटधुमकिटतकघेदिगन्धा ॥ ९ ॥

तकिटतकिटतकिटतकाकिटतकदिकिटदिकिट तकिटतकाकिटतकथुन्किटकिटतकिटतकाकिटतक् नेंकिटनेंकिटकिटतकाकिटतकतकिटकिटधुमकिटि तकगिदिगन्धा ॥ १० ॥

ताकिटताकिटतकिटतकाकिटततकाकिटतकाकिट तकाकिटतकादिकिटकादिकिटतकिटतकाकिटतकिट तकाकिटतकाकिटतकाकिटिनकथुन्किटकिटतकिट तकाकिटतकनंकिटनंकिटतकिटतकिटतकिटतकतकिट तकतकिटधुमकिटतकगिदिगन्धा ॥ ११ ॥

ताधिन्नकधिधिधिन्नकगिदिगिनक तत्तत्तोततताततत धिधिथुन्थुन्नन्नाकिटतकघेदिगधनकिटतकघेदिघ्न दिदितोदिदितानत्धिधिथुन्थुन्ननाकिटतकघेदिगन किटतकघेदिघनदिदितोदिदितातत्धिधिथुन्थुन्नन्ना किटतकघेदिगनकिटतकघेदिघनथन्थ नताथ न्थ नता ततधिधिथ न्थ नंनाकिटतकघेदिघनाकटितकघेदि घननंनंतानंन्नाततधिधिथ न्थ नंनाकिटतकगिदिघन किटतकगिदिघन्धा ॥ १२ ॥

त्रिकटतकताधागेतिटिधागेदिगन्नागेकिटिकिडन कत्रकडतानधोधागिदिगन्नगदित्कडांनधात्रिकडक्कि धकडानधातिकडधाताधाधितानधाधाधिनगदितकडां नधातकगिदिगन्धा ॥ १३ ॥

तांत्रकिटभ्रकिटथ न्गिताथारिकुतकिटतकाकिटभ्र गड्धागेदिगिनंकिटत्रकटतागेदिगिन्नतात्रिकटतागेदिता भ्रगड्धागेदितानंकिटथ न्किटधाधाकिटधुमकिटधा ताड्धाधाधोधाताड्धाधाधोधाताड्धाधाधोधा ॥ १४ ॥

कड़ांनकिटतक्धागेदिगिवागेतिटिकिडनक्त्रिकट
तागेदिगितावड़ांनधिड़नक्प्रकटतक्तागेतिटिकिटि
नांकिटिथु नकिटिधगड़धागेदिटिकिटिकड़ांनधड़ानधुम
किटतकिटतकाकिटध्रगड़तागेदिगिताधाताड़धाधाधी
धाधीधाधुमकिटतकटतकतागिदिगनधा ॥ १५ ॥

धातागथुनगाधागेदिगिताधाताकिटतकधुमकिट
नंकिटधड़ांनकड़ांक्रिड़नकधुमकिटतरकिटिकिटतक्
ध्रगड़तक्त्रगड़धागेदिगिवतानध्रांप्रकटवकटनंकिट
नंकिटतकतकाकिटधुमकिटधाताड़धाधाधीधाधीता
किटतकथु नकिटथु नकिटतकधुमकिटवकड़तकतातक
धुमकिटितकगिदिगवगदिधातकधड़ांनधेदिगवनगदि
धात्तकधुमकिटगेदिगनधा ॥ १६ ॥

(तथाच संगीतरत्नाकरे ५।२३७)

द्रुतादिरचनाभेदात्तालभेदोऽप्यनेकधा ।
तालानामधुना तेषामुद्देशं संगिरामहे ॥
अणुद्रुतो द्रुतश्चेति विरामद्रुतलस्तथा ।
द्रुविरामौ गुरुश्चेति प्लुतश्चेति यथाक्रमम् ॥
अर्द्धचन्द्राकारस्यादनु इत्यभिधीयते ।
चन्द्रद्रूतं तथा ज्ञेयं दुतं चैव द्विविन्दुका ।

। । ऽऽ

सप्ताङ्गानि सुतालेऽस्मिन् ज्ञातव्यानि सदा बुधैः ॥
अणुद्रुतो वातजातो द्रुतश्च जलसम्भव: ।
समीर-जलसम्भूतो द्रेविरामोह कथ्यते ॥
लघुरग्निभव: प्रोक्त: सविरामजलाग्निना ।
गुरुराकाशसम्भूत: प्लुतो धरणीसम्भव: ॥
अणुद्रुते चन्द्रदेवो द्रुते शम्भुर्विधीयते ।
द्रेविरामे कुमार: स्याल्लघौ देवो स्मृता बुधैः ॥
लविरामे स्मृतो जोवो गुरौ गौरीयुत: शिव: ।
दीप्ते वयो विरिञ्चाद्या देवता मुनिभि: स्मृता: ॥
तित्तिरश्चटकश्चैव वकश्चापस्र कोकिल: ।
वायस: कुक्कुटश्चैव क्रमादुच्चारयत्यमी ॥

अथ तालनामानि

चटपटपुटचाचपट्पितापुत्रसंज्ञका: ।
सम्पक्वेष्टा पुनर्ज्ञेया उद्घटो मार्गतालिका: ॥

(संगीतरत्नाकरे ५।२३८—२५२)

आदितालो द्वितीयश्च तृतीयोऽथ चतुर्थक: ।
पञ्चमो नि:शङ्कलीलो दर्पण: सिंहविक्रम: ॥
रतिलील: सिंहलील: कन्दर्पो वीरविक्रम: ।
रङ्ग: श्रीरङ्गचच्चर्यौ प्रत्यङ्गो यतिलग्नक: ॥
गजलीलो हंसलीलो वर्णभिन्नस्त्रिभिन्नक: ।
(राजचूड़ामणी रङ्गो द्योतो रङ्गप्रदीपक: ॥)
राजतालो वर्णताल: सिंहविक्रीड़ितो जय: ॥
वनमाली हंसनाद: सिंहनादश्च कुक्कुट: ।
तुरङ्गलील: शरभलील: स्यात् सिंहनन्दन: ।
त्रिभङ्गिरङ्गाभरणो मण्ठक: कोकिलाप्रिय: ॥
नि:सारुको राजविद्याधरश्च जयमङ्गल: ।
मल्लिकामोदविजयानन्दौ क्रीड़ाजयश्रियौ ॥
मकरन्द: कीर्त्तिताल: श्रीकीर्त्ति: प्रतिपालक: ।
विजयो विन्दुमाली च समनन्दनमण्ठिका: ॥
(दीपको दक्षिणो ढेङ्की विषमो वर्णमण्ठिका ।
अभिनन्दोऽनङ्गनान्दी मल्लकङ्कालकन्दुका: ॥)
एकतालो च कुमुदश्चतुस्तालो च डोम्बली ।
अभङ्गो रायवङ्कोलो वसन्तो लघुशेखर: ॥
प्रतापशेखरो झम्पा गजझम्पश्चतुर्मुख: ।
मदन: प्रतिमण्ठश्च पार्व्वतीलोचनो रति: ॥
लीलाकरणयत्याख्यौ ललितो गारुड़िस्तथा ।
राजनारायणाख्यश्च लक्ष्मीशो ललितप्रिय: ॥
श्रीनन्दनश्च जनको वर्द्धनो रागवर्द्धन: ॥
षट्तालश्चान्तरक्रीड़ा हंसोत्सवविलोकिता: ॥
गजो वर्णयति सिंह: करण: सारसस्तथा ॥
चण्डतालश्चन्द्रकलालयस्कन्दाद्दुतालिका: ॥
धत्ता द्वन्द्वमुकुन्दौ च कुविन्दश्च कलध्वनि: ॥
गौरी सरस्वती कण्ठाभरणो भग्नसंज्ञक: ।
तालो राजमृगाङ्कश्च राजमार्त्तण्डसंज्ञक: ॥

निःशङ्कः शार्ङ्गदेवश्चेत्येते सोढ़लसूनुना ।
देशीतालाः समादिष्टाः विंशत्यभ्यधिकं शतम् ॥

अथ मतान्तरे—

अतोऽपि कथिताः सन्ति देशीतालविशेषतः ।
प्रसिद्धा लक्ष्यमार्गेषु कथ्यन्ते शृणु विस्तरात् ॥
चैत्रतालः कण्टुकश्च द्वड़ावान् सन्निपातकः ।
ब्रह्मतालश्चतुस्तालः कुम्भतालस्तथैव च ॥
लक्ष्मीतालश्चार्ज्जुनश्च कुण्डनाभिरतः परम् ।
सन्निघोऽपि महासन्धिः यतिशेखरसंज्ञकः ॥
कल्याणपञ्चघाती च चन्द्रताली द्रुतालिका: ।
जगणो मण्ठकश्चैवेकताली परिकीर्त्तिता ॥
यतितालः चाचतालस्तथा ज्ञेयाष्टतालिकाः ।
पृथ्वी कुण्डलिका ज्ञेया पातालकुण्डलिस्तथा ॥
कुण्डली इन्द्रलोकाख्या विष्णुतालस्तथैव च ।
विलम्बे नाष्टताली स्यात् झोम्बड़ा सोवड़ा तथा ॥
नीलझोम्बड़कश्चैव तिउटेमस्ततः परः ।
स्वर्णमेरुश्चक्रतालश्चक्रमण्ठस्ततः परः ॥
कुञ्जरश्च शङ्खतालः संयोगश्चतुरस्रकः ।
विद्याधरो मण्डकश्च श्रीविष्णुर्गद्यतालकः ॥
नारायणो नर्त्तकश्च मन्मथो हंससंज्ञकः ।
शरभलील: निःशङ्को यूपो विष्णुमतान्तरे ॥
कङ्कालरतिताली च महाचित्रः परः स्मृतः ।
त्रिवर्त्तस्तुलतालश्च परिवर्त्तविवर्त्तितौ ॥
अभङ्गः शेखरो हंसो मृगाङ्कः कुमुदस्तथा ।
कलकण्ठाश्चित्रपुटः देववत् स ततः परम् ॥
उत्सवो विजयश्चैव पश्चाच्चकसुदर्शनौ ।
द्विसप्ततिरिमे तालाः कथिता लक्ष्यदृष्टितः ॥
अतः परं प्रवक्ष्यामि द्वाविंशमण्ठिकास्तथा ।
विजयं मालवश्चैव प्रथमः सरसस्तथा ॥
कीलकः परिमण्ठश्च गविचक्रस्तथादितौ ।
विराजो मन्दकश्चैव धनञ्जयजयप्रियौ ॥
श्रीरङ्गो रङ्गमण्ठश्च षण्मुखश्च इतीरितः ।
गीर्व्वाणमण्ठकश्चैव विचारः प्रतिमण्ठकः ॥
मल्लो विमलकश्चैव विशालो वल्लभस्तथा ।
पुनर्भू च कलापश्च चित्रमण्ठस्तथा परः ॥
तालाख्यप्रतिमण्ठश्च मुद्रितश्च करालकः ।
वर्णो भङ्गीरमण्ठश्च श्रीरङ्गो भिन्नमण्ठकः ॥
कल्याणमण्ठकश्चैव सङ्कीर्णो मण्ठकः परः ।
शतद्वयमिति प्रोक्तं चतुर्व्विंशतिसंयुतम् ।
तालानां लक्षणं वक्ष्ये तेषां भूरि मताश्रियम् ॥

इति श्रीअमरानन्दव्यासदेवात्मजश्रीहीरानन्दव्यासदेव-तस्यात्मज-
श्रीकृष्णानन्दव्यासदेवरागसागरोद्भवसंगीतरागकल्पद्रुमे
स्वराध्यायतालाध्यायनृत्याध्यायवाद्याध्याय
रागरागिणीविवेकाध्यायः सम्पूर्णः ।

गानाध्याय:

अथ मङ्गलाचरणम्

देवीं वाक्पतिमीश्वरं गणपतिं नत्वा हनुमद्धरिम्
सङ्गीतं प्रविचार्य्य भारतहनुमत् सैव वाग्गुम्फितम् ।
इन्द्रप्रस्थसमुद्भवैर्विरचितं यत्तानसेनादिभि-
स्तद्युक्तं प्रकरोमि नादनिलयं श्रीरागकल्पद्रुमम् ॥ १
परब्रह्म नमस्कृत्य ब्रह्मविष्णुमहेश्वरम् ।
रागकल्पद्रुमो ग्रन्थ: क्रियते रागसागरै: ॥ २
देवीं सरस्वतीं नत्वा गणेशं हरिमीश्वरम् ।
रागकल्पद्रुमो ग्रन्थ: क्रियते रागसागरै: ॥ ३

श्रीदामोदरश्रीगिरिधरौ नामकगोस्वामीस्था श्रीराग-
सागरसुप्रेरित्वाख्य सङ्गीतरागकल्पद्रुमो नाम ग्रन्थसङ्गीत-
सकलालोड्य नादवेदसुपञ्चमश्चोपवेद: ॥*
इन्द्रप्रस्थमतयुधिष्ठिराद्यैर्निलये पृथ्वादिभियं समीच्य तेषां*
सारार्थगर्भं चतुरङ्गयुक्तं गीयेति धातोर्यदि वर्णरूपं ।*
तत्सर्व्वमेकं कृतरागकल्पद्रुमो रागाङ्गनाभेदसुरागिणीनां*
सप्त स्वरास्तालमृदङ्गवाद्यै: स्पष्टीकृतो एष सङ्गीतशास्त्रम्॥*
अमरानन्दो महात्मा श्रुतिस्मृतिनिपुण-
स्तस्यात्मज: श्रीहीरानन्दो
यस्यात्मज: श्रीकृष्णानन्दव्यासदेवनिपुणो वेदवेदाङ्गविज्ञ: ॥
वेदार्थे शङ्करोऽपि प्रगाटवपुधरो गानोद्धार: क्रियते
रागसागरैर्विष्णुप्रत्यर्थमिमम् ।*
श्रीनारदतुम्बरुब्रह्मणाश्च शिवश्च देवीं सरस्वतीं च ।
विश्वादि गायन्ति सुवेदगीतगान्धर्व्ववेदार्थसुखावबोधम् ॥*

अथ स्वरा:

षड्जर्षभौ च विज्ञेयौ गान्धारो मध्यमस्तत: ।
पञ्चमो धैवतश्चाथ निषादश्चेत्यनुक्रमात् ॥
तेषां संज्ञा सरगमपधनीत्यपरा मता ।
सप्त स्वरास्त्रयो ग्रामा रागरागिण्योऽदाहृता: ॥
सङ्गीतं ये न जानन्ति ते द्विपादा मृगा: स्मृता: ॥

सङ्गीतसाहित्य-रसानभिज्ञ:
ख्यात: पशु: पुच्छविषाणहीन: ।
चरत्यसौ किं तृणमत्ति नो वा
परं पशूनामुपवामहेतु: ॥

न घृते तादृशी प्रीतिर्न धूपे न च भोजने ।
यादृशी चैव गान्धर्व्वैर्वीणावाद्यविशारदै: ॥
सुखिनि सुखनिधानं दु:खितानां विनोद:
श्रवणहृदयहारी मन्मथस्याग्रदूत: ।
अतिचतुरसुरम्यो वल्लभ: कामिनीनां
जयति जयति नाद: पञ्चमश्चोपवेद: ॥
वीणावादनतत्त्वज्ञो रागविद्याविशारद: ।
मूर्च्छना श्रुतिसम्पन्नो मोक्षमार्गञ्च गच्छति ॥

भगवानुवाच

नाहं वसामि वैकुण्ठे योगिनां हृदये न च ।
मद्भक्ता यत्र गायन्ति तत्र तिष्ठामि नारद ॥

नारद उवाच

के रागा: काश्च रागिण्य: का वेला ऋतवश्च के ।
किं रूपं कथमुच्चारो वद देवप्रसादत: ॥

भगवानुवाच

भैरवो मालकौशश्च हिन्दोलो दीपकस्तथा ।
श्रीरागो मेघरागश्च षडेते पुरुषा: स्मृता: ॥

इति षट्राग: ।

अथ त्रिंशद्रागिण्य:

भैरवी गुर्ज्जरी चैव टोड़ी रामकेली तथा ।
देशिकारास्तु विज्ञेया भैरवस्य वराङ्गना: ॥

१-३ श्लोकत्रयस्य पाठ: न समीचीन: पाठान्तरं १म पृष्ठे द्रष्टव्यम् ।

* आदर्शपुस्तके एतावानेव पाठो दृश्यते। सर्वथाविशुद्धोऽर्थविरहितश्चायं ।

११

वागोश्वरो च ककुभा पर्य्यङ्का शोभनी तथा ।
खम्भावती पुनर्ज्ञेया मालकौशस्य वल्लभाः ॥
वेलावल्ली वसन्तो च हिन्दोली ललिता तथा ।
मालश्री-सहिता एता हिन्दोलस्य प्रिया इमाः ॥
प्रदीपिका धनाश्री च जयश्री च पलाशिका ।
नाटिका-सहिता एता दीपकस्य वराङ्गनाः ॥
मालवी त्रिवणी गौरा पूर्व्वी आशावरी तथा ।
श्रीरागस्योत्तमाः पञ्च प्रिया एता विनिश्चिताः ॥
मल्लारी मारुठो चैव सारङ्गा वड़हंसिका ।
मध्यमादिस्तथा ज्ञेया मेघरागस्य वल्लभाः ॥

इति इन्द्रप्रस्थीयश्रीकृष्णयुधिष्ठिरमतानुयायि-ब्रहत्संगीतरत्नाकरानुसारेण रागरागिणी-वर्णनम् ।

--- ० ---

अथ रागभैरवः

गङ्गाधरः शशिकलातिलकस्त्रिनेत्रः
सर्पैर्विभूषिततनुर्गजकृत्तिवासाः ।
भास्वत्त्रिशूलकर एष नृमुण्डधारी
शुभ्राम्बरो जयति भैरव आदिरागः ॥
धैवतांशग्रहन्यासं क्वचित् गान्धारकस्तथा ।
संपूर्णो भैरवः प्रोक्तः क्वचिदौड़वकीर्त्तितः ॥

अथ षड़्जांश स-रे-ग-म ।

राग भैरव—ताल चौताला

धनिसारेगमपधनिसानिधपमगरेगरेसा । इति अस्थायी ।
मपधनिसारेसागरेसानिधपमगरेसा । इति अन्तरा ।

अथ आभोगः

सारेसा सारेगरेसा सारेगमगरेसा सारेगमपमगरेसा
सारेगमपधपमगरेसा सारेगमपधनिधपमगरेसा
सारेग रेगम गमप मपध पधनि धनिसा सानिध
निधप धपम पमग मगरेगरेसा । इति षड़्जांशसंपूर्णभैरवः ।

अथ गान्धारांशसंपूर्णभैरवः

सागमगरेसासामगापनिधपमपमगमगरेगरेसाग-
मपधसारेसानिनिसानिनिधसासानिधनिनिधपधधप-
मपपमगममगरेगगरेसारेसा ॥

सप्तसुरसम्पूर्णगेयौं सरगमविचारो ॥
सासारेसारेरेरेगरेगमगमगममममपमपपपधपधध
धनिधनिनिनिसानिसासासानिसासानिनिधनिध-
धधपधपपपमपममगमगगरेगरेरेरेसारेसा ॥

सोई गुरु नम नमान ध्यानधरे ॥

अथ कलावन्ती स-रे-ग-म ।

अथ भैरव चौताल

सारेरेगमपधनि सप्तस्वर मो मनमें ऐसे आए ।
आरोही अवरोही सरेगम कि ऐसे होत निधपमगरेसा
पुन दुगन कीजे तो ऐसे लीजे सुरनकों तव आ
सवनकेमतमें कण्ठकों सुधार ॥
धनिसानिसारेसारेगरेगमगमपमपधपधनिधनिमा
सानिधनिधपधपमपमगमगरेगरेसा ॥

अथ दूसरा आभोग

दुगुन सरगम कियो विचार ।
गुरुनपे सिखके स्वरनको उचार ॥
सासारेसासासारेगरेसासासारेगरेसासासारेगमगरेसा ॥
सासारेगमपमगरेसासासारेगमपधपमगरेसासासारेग-
मपधनिधपमगरेसा ॥ सारेगमपधनिसानिधपमगरेसा
निधपमगरेसाधपमगरेसापमगरेसा ।
मगरेसागरेसारेसासासानिनिधनिनिधपधधप मपपमग
ममगरेगगरेसारेरेसा ॥

अथ तीसरा आभोग

और दुगनकीजे तो ऐसे होत है
सवनके श्रवणमें नीके सुहावे ॥
सासारेसारेरेरेगरेगगगमगममममपमपपपधपध-
धधनिधनिनिनिमानिसासासानिसानिनिनिधनि-
धधधपधपपपमपममगमगगगरेगरेरेरेसारेसा ॥

धुरपद अथ सदारङ्ग बनाई ॥

अथ षाड़व भैरव चौताल

गगगमगसासागमधमगसासामगधनिसानिधमगसा ॥
गमधनिसामगसानिधमगसा ॥

धनिसागसासागमसानिधमगसा ॥
पञ्चमुख पञ्चस्वर मागमधनिसा उचार
शिवमत औडवभैरवप्रकार ॥ इति औडव भैरव ।

भैरव चौताल

निरेमागमपधमानि भैरव पूरन गुणियन गायो ।
सप्तसुर तीनग्राम कोमल मत लेहो
निनिनिधधधपपपममममगगगगरेरेसासाध्यायो ॥

अथ तानसेनादिकृत ध्रुवपदादिगानप्रारम्भः —

अथ सरस्वती-वन्दना

भैरव चौताल

जै सारदा भवानी भारती विद्यादानी
महावाक्‌वाणी तोहि ध्यावै ।
सुरनरमुनिमानी तोहिकु त्रिभुवनजानी
जो जाको मनइच्छा सोई सो पूजावै ।
मङ्गला बुधदानी ज्ञानको निधानी
वीणापुस्तकधारणी प्रथम तोहि गावै ।
तानसेन तेरो अमृत कहांलो बखाने
सप्तस्वर तीनग्राम रागरङ्गलयअच्छर आवै ॥

२

महावाग्‌वादिनी सनमुखह्वजे अबह्वजे हो ।
याहीतें त्रिभुवनमानी यातितु भवानी
जो जाके मनइच्छा सोई सो पूजै हो ॥
ऋद्ध सिद्ध तुवही पाई ये मात जब तुव
चरणकुजैहो ।
तानसेन यह प्रसाद सांगत जहां तहां फुरत फुरत
तहां तहां रङ्ग रङ्ग को करतू जैहो ॥

३

सरस्वती सुप्रसन्न होय सोकु वाक्‌वाणी ।
खरज ऋषभ गान्धार मध्यम पञ्चम
धैवत निषाद गुरुमुख आवत तानसानी ॥
रूपको निधानी दयानी विद्यादानी
जगतजननी सारदा सज्जनमनमानी ।
तानसेन मांगै तालस्वर अच्छर रागरङ्ग
संगत मो गावै इच्छाफलदानी ॥

४

जय सरस्वती गङ्गागणेश ब्रह्माविष्णुमहेश शक्ति-
सूरज सर्वदेव ध्यावै ।
सप्तस्वर तीनग्राम इकइस मूरछना
उनचास कोटतान देहो आवै ॥
उगपतिरपलागड़ाटरागरागनी
पुत्रवधू सहित कण्ठसमावै ।
कहे बैजूबावरे महादेव दया करो
राग रङ्ग ताल लय अच्छर गावै ॥

तु अम्बे आदिभवानी जगमानी सर्वानी
सर्वकलादे विद्यावरदानी ।
शिवमङ्गे जगदम्बे असुरसंहारण तरणतारण
तान-तालशुद्ध-राग-रङ्ग-अच्छर-देवानी ॥
सप्तस्वर तीनग्राम इकइस मूरछना
उनचास कोटतान तिनके योग जोयसेआनी ।
बैजूबावरो रावरो सेवक यह मांगे
नादविद्या सुरतवान राग मेरे गरेसिसानी ॥

६

जै काली कल्याणी खप्रधारणी गिरिजा
घनश्यामा चण्डी चामुण्डा छत्रधारिणी ।
जगजननी ज्वालामुखी आदिज्योत अनन्ता देवी
अन्नपूर्णा आनन्दी तरण-तारिणी ॥
जोगिनी जय रच्छाकरणी विन्दुवासनी
ललिता बहुचरा भवानी असुरदलनी महिषासुरमारणी ।
हिमगिरि हिङ्गलाजरानी काश्मीरी सारदा
कामरूकामाख्या तुलजा बैजूभक्त-सुखकारिणी ॥

सर्वाणी सर्वकलाशक्ति सारदा सरस्वती
श्यामा सुन्दरी सुखकरनी दुखहरनी ॥
कामरूकामाख्याकामदायनी काली
कल्याणी दुष्टदरनी ।
कमलवदनी करणकारणी काश्मीररानी
कैलासी कालहरनी ।
परमेश्वरी पार्वती परमपुण्यपावनी
गुनराजदास श्यामवरणी महाकाली तारणतरनी ॥

अथ गणेश-वन्दना

भैरव चौताल

लम्बोदर गजआनन गिरिजासुत गणेश
एकरदन प्रसन्नवदन अरुणभेश ॥
नरनारीगुणी गन्धर्वकिन्नरयक्षतुम्बर
मिलि ब्रह्मा विष्णु आवत पूजावत महेश ॥
अष्टसिद्ध नवनिद्ध मूषकवाहन
विद्यापति तोहि सुमिरत तिनको नितशेष ॥
तानसेनके प्रभु तुमहीकु ध्यावे अविघनरूप
विनायकरूपस्वरूप आदेश ॥

२

पूजरे गणेशको गुणी ।
ऋद्धिसिद्धिके दाता विघनहरणदूनी ॥
जिनधायो तिन पायो मन इच्छाभनी ।
वकसुके प्रभुको ध्यावत सुरनरमुनि ॥

३

तुमही गणपतदेव बुधदाता शीशधरे गजशुण्ड ।
जेई जेई ध्यावे तेई तेई फल पावे
चन्दनलेप किए भुजदण्ड ॥
सिद्धेश्वरी नाम तुमारो कहियत जे विद्याधर
तीन लोक महंसप्तदीप नवखण्ड ।
तानसेन तुमको नित सुमिरत
सुरनरमुनिगुणी गन्धर्व पण्डित ॥

साधो विद्याधर गुणनिधान गुणदाता
सरस्वती-माताको कर आदेश ।
नमो नमो ऋद्धिसिद्धिके स्वामी सकलविद्याप्रवेश ॥
जो इनको ध्यावै मनइच्छाफल पावै
दूर होत तनतें कलेश ।
तानसेनप्रभु तुमहिको ध्यावैं ब्रह्माविष्णुमहेश ॥

५

एगण राजा महाराजा गजानन जै विद्याजगदीश ।
सप्तस्वरसों गाऊं बताऊं सबरागरागनी
पुत्रवधूनसहितछतीश ॥
बाईस सुरत इकाईस मूरछना उनचास
कोटतान आवे जगदीश ॥
तानसेनको दीजै छ राग छतीश रागनी
ताललय सङ्गीतमत सोहोय कण्ठप्रवेश ॥

अथ गङ्गाजी-वन्दना

भैरव चौताल

१

जै गङ्गा जगतारनी जगजननी पापहरनी
वेदवरणी वैकुण्ठनिशानी ।
भागीरथी विष्णुपदा पवित्रा त्रिपथगा
जाह्नवी जगपावनी जगजानी ॥

२

इससीस मधविराजत वईलोकपावन
किए जीवजन्तु खगमृगसुरनरमुनिमानी ।
तानसेनप्रभु तेरोप्रसुतकरता
दाता भक्तजननको मुक्तको वरदानी ॥

अथ महादेववन्दना

भैरव चौताल

१

महादेव आदिदेव देवादिदेव महेश्वर ईश्वर हर ।
नीलकण्ठ गिरिजापति कैलासवासी
शिव शङ्कर भोलानाथ गङ्गाधर ॥

रूप बहुरूप भयानक वाघाम्बर
अम्बर खपरत्रिशूलकर ।
तानसेनके प्रभु दीजे नादविद्या
सङ्गतसो गाऊं बजाऊं वीनाकरधर ॥

अथ सूरजवन्दना

भैरव चौताल

जै सूरज जगचच्छु जगवन्दन
जगत्राता जगत्करता जगन्नाथ ।
आदित्य सविता अरकखगपुषा
गभस्तीमान् भानु दिवाकर जग कारज होय तेरे हाथ ।
स्नान ध्यान जप तप तीरथ व्रत
संयम नेम धर्म्म कर्म्म सब उदै होय सनाथ ।
तानसेनपै प्रभु कृपा कीजिए रागरङ्ग-
स्वरनमें निशिदिन गाऊं तेरी गाथ ॥

अथ परब्रह्मवन्दना

राग भैरव -ताल चौताल

निरञ्जन निराकार परब्रह्म परमेश्वर
एकही अनेक होय व्याप्यो विश्वम्भर ।
अलखजोत अविनाशी जोतीरूप जगतारण
जगन्नाथ जगतपति जगजीवन जगधर ॥
वाहिमें सब जीव जंतु सुर नर मुनि गुणी ज्ञानी
नालकमलते ब्रह्मा प्रगटायो औ सतरूपामन्वन्तर ॥
कहे बैजू वही ब्रह्म वही विराटरूप वही
आप अवतार भए चौबीस वपुधर ॥

अथ अनन्तदेवताके वर्णन

भैरव चौताल

१

अनन्त ब्रह्माण्डके नायकवर ब्रह्मश्री श्रीधरमहाराज ।
कृपासिन्धु भक्तपाल सुखकरन कृपाल गरीबनिवाज ॥
यह विनती सुन लीजे तेरो भक्त नहीं तू
अनन्त पूजूं तोहिं बांधु भुजकर जाए दुखभाज ॥

१२

बैजूप्रभु आदि अलख अगोचर निरञ्जन निराकार
भक्तकाज कोटिकोटिरूपधरे सज्जन शिरताज ॥

२

माधो मधुसूदन मुकुन्द मुरली धरे मुख मोहत मृदुहास ।
कमलनयन वासुदेव परब्रह्म परमेश्वर विष्णुपूरन आश ॥
नारायण निराकार वनवारी वामन
विठल शङ्ख चक्र गदा पद्म सोहतहैं पास ।
पतित-पावन विरदजाको कृपाल दयाल
भक्तवत्सल मदनरायके नित जिय आस ॥

३

विष्णुचरणजल ब्रह्माके कमण्डल
शिवजटा राजत देवी गङ्गे ।
भागीरथीजु सकल जगतारनी भूमभार-उतारनी
अपघनवेली कटाच्छनके तारनतरङ्गे ॥
हरिद्वार प्रयाग सागरवेनी त्रिवेणी
सरस्वती विद्या देनी करत दुखभङ्गे ।
धीरजके प्रभु तुम रोग दोष दूरकरो
पापहरो निरमल करो यह अङ्गे ॥

४

प्रभाकर भास्कर दिनकर दिवाकर भानु प्रगटे विहान ।
तेरे उदैते पाप ताप छुटे कर्म्म धर्म्म
प्रेम नेम होय गुरुज्ञान औ ध्यान ॥
जगमगात जगतपर जगचक्षु
ज्योतिरूप कश्यपसुत जगतके प्रान ।
तानसेनके प्रभु उदै जगतकपाट खुलत
दीजिए विद्या कृपानिधान ॥

५

चन्द्रवदनी मृगनयनी तामधतारका गङ्ग पुतरी
कालिन्दी इह विधि डोरे बनायकीजै तिरवेनी ।
कुटी पोत कण्ठदीपकमुक्तको जोत होत तामें
गुप्तप्रगट सरस्वती मिलिए न नैनी ॥
सुन्दररूप अनुपमशोभा त्रिभुवन पाप-ताप-हरनी
करत सुखचैनी ॥

तानसेनको करो निरमल तू दाता
भक्तजननको वैकुण्ठ कीने सैनो ।

६

प्यारे तुही ब्रह्म तुही विष्णु तुही रुद्र तुही शिवशक्ति
तुही सूर्य तुही गणेश ।
जल स्थल पवन पानि तुही तेज तुही अकाश तुहि
अग्नि तुहि ज्योति तुही सुरेश ॥
तुही ऊंच तुही नीच तुही है सब हीनके बीच
तुही चन्द्र तुही दिनेश ।
तुही एक तुही अनेक गुरु चेला तुही अलेख
बैजू बावरो तोहि सुमिरत तोहिते कटत कलेश ॥

अथ श्रीभगवानके दर्शन

भैरव चौताल

१

प्रथम उठ भोरही गर्भिक्षणा कहो
मन जागों होवें सब सिद्ध काज ।
इहलोक परलोकके स्वामी ध्यानधरो व्रजराज ॥
पतित उद्धारण जनप्रतिपालन
दीनदयाल नाम लेत जाय दुखभाज ।
तानसेन प्रभुको सुमरो प्रातहि जगमें रहे तेरो लाज ॥

ए वंसीनाद सुरसाधके बजाई प्रवीण कान्ह
सप्तस्वरतान मधुरे धुनि ।
श्रवण सुनत कछु सुध न रही आली
भनके परोमेरे कान सुनि सुनि ॥
तन मन रोम रोम व्याकुल भईरी जीत लिए
गन्धर्व नारदमुनि गुनी ।
बैजूके प्रभु नरनारी पशुपच्छी मोहैं
और मोहे सुरनर मुनि ॥

३

मोहनसृष्टिके आधार तनको अब राख लीजिये गोपाल ।
नैन प्रान सुखदीजै तनते दुःख दूर कीजै
इतनो विनती मेरो सुनलीजिए हाल ॥

पतित-पावन करुणासिन्धु दीनदुख-भञ्जन
अनेक-रूप लीलाधारी भक्तवत्सल युगयुग भए कृपाल।
मदनमोहन मधुसूदन मुरारी गज-सुदामा-
द्रौपदी-सहायकारी तानसेन प्रभु भक्तप्रतिपाल ॥

४

ए आज वांसरी बजाई वनमध कौन
ढंग कौन रङ्ग झुकि फुकि ।
सुनत श्रवणसुधिरही नही तनकी भईहौं
बावरी वृन्दावन दिशि हेरि झुकि झुकि ॥
ब्रह्मा वेद पढ़त भूले शिवसमाध माँह डोले
सुर नर मुनि मोहे देवाङ्गना देखे लुकि लुकि ॥
सप्तस्वर तीनग्राम इकईस मूरछनाले तानसेन प्रभु
मुरली बजावत बोलत मोर कोकला कुहुकि कुहुकि ॥

५

जा दिन तें मोहनमुरली बजाई
ता दिनतेंही तन मन गई है बिकाय ॥
सप्त स्वरनको आरोही अवरोही
रस भरी तान सुनाय ।
भूलो सुधखान पान सेजहू को सोयबो
चौंक चौंक उठरही मुरझाय ।
मेरोतो जीवन धनहै बलिहारि राखोंगी गरवा लगाय।

मुरली बजाय रिझायलई मुखमोहनते
गोपी रीझिरही रसताननसों
सुध बुध सब बिसराई
धुनसुन मनमोहे मगन भई देखत हरि आनन ॥
जीव जन्तु पशु पच्छी सुर नर मुनिमोहे
हरे सबके प्रानन ।
बैजू बनवारी वंसी अधरधरि वृन्दावनचन्द
बसकिए सुनतही कानन ॥

७

जै माधव मुकुन्द मुरारी मधुसूदन
मदनमोहन मनरञ्जन मनभावन ।

जगतपति जगन्नाथ जगजीवन
जगवन्दन जगपावन जगप्रगटावन ॥
कृष्ण केशव करुणानाथ कंसारि कंसकाल
कालीनागनाशन कामजलावन ।
बैकुण्ठनाथ बिहारी बद्री बामन विष्णुवल्लभ
बाराह विठल बैजू बावरे प्राणजियावन ॥

८

प्रथम उठ प्रातही हरि हरि हरि हरि
ररेमनमेरे याते होवे सुफल अष्टयाम ।
इहलोक परलोकके स्वामी बैकुण्ठहोवे विश्राम ॥
दीनदयाल कृपाल भक्तवत्सल भक्तजनन-अभिराम ।
बैजूबावरो रावरो कहायके अबकाहेको
भटकत चौरासी लक्षधामधाम ॥

९

मोहन जागो मनोहर मधुसूदन
मदनमोहन मुरारो माधो मुकुन्द मनभावन ॥
जागो जागो जानराय जगतपति जगजीवन
जादोनाथ यशोदानन्द जगतसुख प्रेमबढ़ावन ॥
जागो एजु कान्ह कुंवर केवल कल्याणराय
जागो ए श्रीकृष्णचन्द्र प्रेमानन्दपावन ॥
जगतके जगैया तुम प्रभु बैजूके स्वामी ।
बलिरामकृष्णजूके भैया पाप नसावन ॥

१०

भोरही भैरवराग आलापिहो प्यारे वंसोधा ६ न ।
खरज ऋषभ गान्धार मध्यम पञ्चम धैवत निषादता ६ न ॥
आरोही अवरोही अस्थाई
सञ्चाई तालकाल भोर मा ६ न ।
उरपति रपलाग डांटदेगो मारग तानसेनके सुनो
साहअकबर यह विधि मुरलीमे कोने गा ६ न ॥

११

ए मेरे भागजागी प्रियभोरहो सुघलई ।
मैंइतनो भलो मनावतहूं बलमाहो तुमपर बलगई ॥
अधरन अञ्जन महावर भाल मतिगति औरभई ।
तानसेनके प्रभु ठाढ़े रहो बलैया लेहो काह गई तियन ई ॥

१२

भोरही कुञ्जमहलके आङ्गनमध
ललितावीण बजावत गावत ।
पिय प्यारो सोवत कछु जागत रसभरी तान
सुन सुन सुन्दर मूँदि नैन मुसक्यावत ॥
गौरश्याम अभिराम परस्पर अति
आनन्दकछु कहत न आवत ।
रसिकगोविन्द युगल छवि ऊपर
वनतोरत बारबार बलिजावत ॥

१३

अनत रितमान आएहोजु मेरे ग्रह
अरसोले नैन बैन तोतरात ॥
अञ्जन अधरधरे मोहे पोक लोकतोहे
काहे कौनजात झूठो सौहैं खात ॥
पेचहु संवारत पेचहुन आवत
एतेपर तिरछो भोंहैं चितवत गात ॥
नन्ददासप्रभु प्यारीहियमें वसत
यातें भूल नामवाहोको निकसजात ॥

१४

भोर भए आए लाल धरत पग डगमगात ।
पाग लटपटो सोसविराजत नैनउतौंदे गति झंपिजात॥
अधरन अञ्जन पोककपोलन
नखके चिह्न देखियत गात ।
चतुर्भुजदासप्रभु गिरिधर न भले
तुम आएहो मोहि देखावत प्रात ॥

१५

रैन गंवाय आएहो मेरे कहाचक ईमो छिकोनो ।
कवन नवल वनितासङ्गजागी सोखसन्देसो ई दोनो ।
निसजागो सङ्केतसन्देसो नेक पल नहो लोनो ।
प्रेमरङ्गके मनको न जानो मुख बकवेको कोनो ॥

१६

ते निशा लाल सङ्ग जतमानो
मैं जातूं पग डगमग परतन सूधे ।

शिथिलवसन कटिकेश राजत
आननसुदेश बोलत कछु अटपटात बानी।
यह छवि मो मनभाई मिटिहै
चञ्चलताई पीकलीक पलक लगानी।
सूरदास प्रभु रीझिरहे धन्य धन्य नवकुञ्जरानी॥

१७

मैं जानि जहां रितमानि आएहो
लालन जब चोरिया मुहचानी।
ऐसे पर अखियां रसमसानी
और पाग लटपटानी भाल जावकरङ्ग चिह्नानि।
अधर अञ्जनप्रगटानी विनगुन मालवनानी
सब अङ्गअङ्ग उलटे निशानी॥
सूरदास गुननिधानी धन तियजोतुमको
सुखदानी सङ्गजागत रैनविहानी॥

१८

ए लाला जीओ जेलों गंग यमुनजल तरुनी
धरनी ध्रुवतारो।
बेगवढ़ो वढ़ छोटु विरधलट यसुमति पूत तिहारो॥
भक्तहेत अवतार लियोहै मेटनको भूवभारो।
धोंधीके प्रभु तुम चिरजीवो ब्रज जन-प्राणअधारो॥

१९

प्रथम नाम लीजिये प्रातही
हरि हरि हरि हरि हरि हरि
निशिदिन धरि धरि पलपल अष्टयाम।
यशोदानन्द आनन्दकन्द मधुसूदन
बालमुकुन्द भक्तवत्सल जनविश्राम॥
दामोदर दयासिन्धु भक्तवत्सल
भगवान वैकुण्ठपति वृन्दावनधाम॥
बनवारी बैजूप्रभु बद्रीनाथ बिठल
विष्णु वामनाग्रज विश्राम॥

२०

बानी चारोकेव्योरे सुनलीजेहो
गुनीजन तब पावे यह विद्यासार।
राजागुवरहारफौजदारखण्डार
दिवान डागुर वकासी नोहार॥
अचल सुरपञ्चमऔरचलस्वरवादक
रत ऋषभ मध्यम धैवत निषाद गान्धार।
सप्ततीन इकइस बाइसो
उनपञ्चासकोट तानसेन आधार॥

२१

ऐसे कैसेबनेगी प्रीतरीतको मिलत नाही मनलाय।
कबहुक देखत वंसीवटपैग्वाल बालमिडराय।
बिनदेखेकल पल न परत पल सुन्दरश्यामलोभाय।
प्रेम रङ्ग तन मन धन वारोंविन देखे रहा न जाय॥

२२

मुरारे त्रिभुवनपते इन्द्रसुरपते शेषनागहैफनपते।
क्षीर उदधि सलिलपते कौस्तुभमणि
रतननपते दिनकरदिननपते कमलापते।
शशिउडुगनपते हनुमानबलनपते॥
नारदभक्तिनपते साजनमृदङ्गवीनपते॥
चिर चिरजीवो साह अकबर
नरनपते तानसेनताननपते॥

२३

मोसो ज्योंअवध बद गए सांझको यह आए भोरभए।
ऐसो को चतुरसुघर नारजिन
तुम बिरमाए ऐसे सुखदए।
अधरन अञ्जन कहुँ पीक पलक लीक
और न सोचित हित बहु भांतिन लए।
तानसेनके प्रभु वहाहीं पाँवधारो
ए जहां कि ए नेह नए॥

२४

सूरजवंश नमो गुरु इष्ट
हमारे दशरथसुत राजाराम
जानकीनाथ नाथ त्रिभुवनके
मोहन सुन्दर श्याम॥

लक्ष्मण भरत शत्रुघन हनुमान
जनकसुताके पूरणकाम ॥
धीरज के प्रभु भक्तको चतुरको
प्रगटे अयोध्याधाम ॥

२५

सेव्य महाराज रामपदसरोज अति उदार ।
अङ्कुश यव ध्वजा रेख मीन कमल कुलिश
जगत शेषवन्दित सुर अज महेश
सेवत सनकादि चार ॥
कौशिक मुनि सङ्ग चारि
पाहन मुनि नारि तारि
भूरि भार भक्त हेत गावत गुनिगुण अपार ॥
जै जै जै श्रीधनुषधारी
पवनपुत्र आज्ञाकारी
सीतापति छविनिहारि वलिहारि बारबार ॥

२६

असा नाल कुड़ो कुड़ो गलाङ्कार
दारहंदाप्यारिय औरदेनाल
हंसदा बोलदास देखेजा दानो वे घोलघोल ।
रतदेहाडे ध्यान रहंदातु
साड़ा सोरुया आवदा नाहीं साडडे कोल ।
मायल करसानुधायल कोना
सावलो सुरत निरखहु न लोना चितचोर अमोल ।
भौंह कमान तिरछो चलावदा
नैनादे बानतु सोच लावदा तोल तोल ॥

२७

लोचन घूम रहे हरि सङ्ग रजनी जागत ।
कमल प्रफुल्ल छोनभए डग मगतगात
ढहै दूर दूर देखत लाज साजन ॥
रतिरस वस कलो चसकचाखे
हँस हँस कानन कोने लागत ।
जीवन गिरिधरके प्रभु समुद्र-
तरङ्ग भकोरन छाजत ॥

१२

तोकों प्यारे पठई किधों
तू आपते आई मनावन ॥
प्रानै सुरके सुखकी बतियां
एन होवेरी हो नीके जानतजैसो
तू मोसोंरी लागी बनावन ॥
या मुखको अब कान नकरहों
अनमिल पिय में कहो न
परत तेरो मो हेत नावन ॥
कहाकहों राजाराम सों
तोसोंरी पठावे हमारे ग्रह बनावन ॥
तानसेन कहे आवत आपनो औरनको
चितलावत मुहको वात कहलावन ॥

२८

असानुतु छड़ वेसीया औरोनाल हंसदा खेल दारहंदा
गाहेगा हे आंवदा क्या साडे कोल ।
रतदेहा मणुध्यानतु साड़ारहंदा
कवोतो मडेनाल मिठे बोल ॥

२९

छत्र छवि निरत नई भई रौन जैसो
सभा आभा वा सुरपतको ॥
सगण सदन मनमुक्तान रतन छत्र
वरन वरन मन रञ्जन रङ्गनछवि
विसात निरख नर नरेश ताते सुरेश हते अधको ॥
और मखमल जरवाकतास तिनके समयाने
असपक काञ्चन खंभ लगे औरन
गजगमगेत खत कैसो कहो न
जात उपमा या वखतको ॥
माहनसाह किरानसानो साहजहां
जूकोनी रोजदोनो अरवखरब
छोनो गरवीनके गरव तिह्र
लोकमें चरचा कीरतको ॥

२१

प्रथम खरज साधो औ रिषभ गांधार
मध्यम पञ्चम धैवत निषाद सुरसम
तीनग्राम शुद्ध अक्षर प्रमाण यह सब
अपने मनमें जब समझ आवैं
तब गुणीजनसों नादको चरचा कीजिए ।
अकाइस मूरछना उनचाश कोटतान
बाइस सुरतंतें सब अङ्गनसों गाइये
ठीकतान सुरताल सांचो स्वरनसो सरिगमपधनि
उलट पुलट फेर फेर जांचबूझ समझ कर
धुरपदको धरनविचार कर लीजिए ॥
नादसमुद्र अपरम्पार काहुन पायो
याहको भेद वार न पार काहेको
अतिरिस नाहक धमण्ड करतहो
सबगुणी जन यह विद्या अटपट महाघोर
अति विकट होतनाद ईश्वररूपी
अमृत रसजितना जाको मिले तितनोई पीजिए ॥
चलदेवी सरस्वती तू वा चार कमरधरि
नाद समुद्रमें पैठि डूबनलगी तबतू ।
वीकाहिर देधरिकैरतन लगी औरनको-
कहा गिनती कीजिए ।
महानादसेन कहे सुनो बड़े बड़े गायन
सबशीखो औ मगरूरी तनमन न करिए
ज्ञान चितधरि गरब तज दीजिए ॥

३२

प्रथम गाइये सद्योजाते सुख
सुखसम्पूरण अंश न्यासग्रहस्वर सुधङ्ग ।
शेष ग्रीव शशि ललाट भस्म अङ्ग जटा
मुकुट मुण्डमाला सीसगङ्ग ॥
मधुमाधवी भैरवी बङ्गाली वरारी
सैन्धवी पञ्चलिय प्रचण्ड शोभा लिए सङ्ग ।
साधपमगमपमगमपधनि
सारीरीसागमपागमपपप धप धप मगरे साधङ्ग ।
दीपक है स्वर यह विधि कहियत भैरव रागप्रसङ्ग ॥

३३

सघन वनछायो द्रुमवेली माधोभुवन
अतिप्रकाश वरनवरन पुष्परङ्गलायो ॥
कोकला खञ्जन कीर कपोत अति आनन्द-
कारी चहुं ओर झर वरसायो ॥
सप्तसुर तीनग्राम इकैइस मूर्च्छना
उभयुक्त लागडाट कर देखायो ।
तानसेन कहे सुनो साहअकवर प्रथम राग भैरव गायो ॥

३४

धनबुध पारब्रह्म कीनो जिन अखेवट
ठानो समधर्मतें कछुवोजबोन्यो ।
सजल धवल पुनगपैठ नवखण्ड
विस्तार जाको शाखा अष्टमेर
मानों दिगपाल जटाठानों
जलछायो पुहम पवनसानों ॥
तैसोबुन्द तिलसोछाय अमीय बुन्दवरषत यातें ।
तरङ्गन सस उडगण जैतें फल
पशुपंछी जीवजन्तु कमलासन
अगम दीरघ पुरो वासुदेव नाम जे
हरषियत करतार याविधिजानो ॥

३५

एरी प्रात उठेहैं लालन ललनाले
दरपन मुख निरखत आपआपमें हंसवोले ।
प्यारीके दृगनदेख प्यारो रीझ थकितभयो
जैसे अलि पङ्कज लेत सुगंध अघ्रान
अघाय एकौ न इत उतडोले ॥

३६

आगतभैरौं ज्योतिस्वरूप किरणतें
प्रगट्यो तिमिर घट्यो शशि भयो मन्द ।
दिनकर दिनलायो सबके प्रफुलनको
बढ़बढ़ कियो आनन्द ॥

जगचक्षु ज्योति प्रकाश प्रतच्छ देव जगवन्द ॥
बैजू बावरे गावरे कहावत काटो जनम मरनके फन्द ॥

३७

प्रथम मज्जन अञ्जनकर करपहर चौर चार ।
आलीमे टिल लेने कमल वहुतेहु
आभूषण रूपसुधा कण्ठमाल रतन मुक्तनके हार ॥
आहो अतिभायो दादरूद कटाक्ष
सलामुन अलकेकन नाहतसे पिय प्यार ॥
तानसेन गर तनजटितसोरह
सिङ्गारकिए नरलोक इन्द्रलोकहु नहो नार ॥

३८

गौरीशङ्कर राधाकृष्णको नाम
लीने सकल सिद्धकाम ।
निशिदिनसुमरणसोवत
जागत उठ प्रात कहो सीताराम ।
मीन कच्छप वराह नरसिंह वामनरूप परशुराम ।
हरि हलधर बुध कलङ्की यशोदाधाम ॥
एतं प्रभु रक्षपाल खरगसेन शिवकृपाल
हजीये सहाय अष्टयाम ॥

३९

समुष्टिकसेवा चरण रघुनाथको
नित वहतो है जगतारण ।
दीन उधारन करुणासागर
गावत प्यारो श्रुतआदि अनाहद कारण ।
सीतारवन विहरत तन कृसान
तजको होके वाजन साधहितधारण ॥
ज्ञानदास आचरण कमलको ध्यान सदा चितसारण ॥

४०

भोरहो भैरवराग अलाप्यो
कहो प्यारे वंशीमे तान ।
खरज गान्धार रिषभ पञ्चम
मध्यम निषाद धैवत तान ॥
आरोही अवरोही अस्थायी
सञ्चाई ताल काल और मान ॥
उरपति रप लाग डांट देशी
मारग तानसेन सुनो साह अकवर प्रमान ॥

प्रथम अलाप ठीक तानशुद्ध
अक्षरसो कीजिये प्रमान ।
सुरताल श्रुतिग्राम मूर्च्छनाको
बानीसो करो गुनी जन गान ।
औरको कह्यो न माने हिय जिय
हठधरे याहीहै अतिमूढ़ज्ञान
नादहीको करविनान ।
महानादसेन कहे गुणके जानकार
एक आदहोतहै तुम बुझो जान सुजान ॥

४२

एमेरे भाग जागे पिय भोरहो सुध लई ।
मैं इतनो भलो मनावत हूं वलमाहो तु मपर वलगई ॥
अधरन अञ्जन महावर भाल मत गत और भई ।
तानसेन नेक ठाढ़े रहो वलैया लैहों नित नई ॥

४३

एरीहो रीझ देख भोरही उठके प्यारीकजरा
हगदोउ करसों लागे मलन ।
पुन या छविसों ऐंडात जँभात नीरवहो
मानो कमलम धते अलकसुत छुटलागे चलन
चन्द्रवदनी मृगनैनी विनदेखे घरी पल कल न ।
तानसेन देख रीझ मगन भए सुन्दर नार अवलन ॥

४४

शुभ नखत तखत वैठो राजत
छाजतहै सबमूलक खलकजें विधना किए
सबछलधरे ते सब लागे सबसेवाकरन ॥

धन धन चक्रवर्ती नरेश अकबर
दुखहरण तानसेन ऐसो सुरपुरी नर नरेन्द्र नर न

४५

सुनजरभई अपनेप्यारेको
काहेकु चिह्नदुरावत मोर्त तबही जानीचतुराई।
रात जागि पगि पीतम सङ्ग मोमों छिपावत गात
नैन उनीदे तेरेलेत जंभाई।
सुन्दर मृगनैनी बोलत पिकबैनो
प्यारी रंगभरी मूरत मनसमाई।
तानसेन पिय बसकरलीनो
धन धन महारानी सुखदाई॥

४६

अकबर प्राणनाथ अनाथनको
यहनाथ ए जापै अष्टसिद्ध नव निध पाइये।
परमदाता ज्ञाता सबहीको मनरञ्जन
यहदुःखभञ्जन कल्पवृक्ष प्रतक्ष धाइये॥
अन्तरयामी स्वामीजग काज करबेको
ए रस नाल बनाइये।
जलालदी महम्मद ऐसे दाता किए
तिहुँ लोकमें यश गाइये॥

४७

सकरगंज गंजबकस सेष फरीद आलमपीर
नींद ऐसेके लीजे निवाज रहे जेगमे लाज जाए तनतेरञ्ज।
जेइ जेइ माँगीए तेइ तेइ फल पाइये
तनको करत दारिद्रभञ्ज॥
तानसेन कहे एतहो माँगिते
तुमपै जोहो मद तन पुञ्ज॥

४८

अगज गंज अडंडन डंडतेग वली
अलि मरदान महामरद।
जे सुभट और काहूसो ना मोरे
जोरे सन्मुखसाहनके आगी खेटकूट किए गरद
एकअन्त दक्षिनले मिले एक भाजगए
गिरिकन्द लतिनह्न नींदन परे त्रास दरद॥
धन धन तज प्रतापतुव जग्गगाढ़ो
गढ़पति बमो चहुँ सरद॥

४९

जो ताल वहै नवी अलिहसन
हुसेनके मनमे लाय देखे।
इमाम जैन लाब दीन इमाम महम्मद।
वाकर इमाम जाफरमादक परसो
दखलाय देखे॥
इमाम मुसिकाजम इमाम आली मुसीरजा
इमाम महमदतकीके कदम धायदेखे॥
इमाम अलीनकी इमाम हसनअसकरी
इमाम महदीकें जहूरको जाय देखे॥

५०

प्रथम मञ्जनकर अञ्जन कर करपहरचोरचार।
अलहल्लू लिल्लाको लव लाएहूं आभुषण ककुसु
जूद कण्ठमाल रजत और मुक्तनके हार।
अतहो अतिभयोहादरुदकटाक्ष
सलामनले कामरहत अलापिय प्यार॥
रवना आतनाफिरदुनीयां हसन तन
तानसेन कहे गीतसागर भयो अपरंपार॥

५१

वादर अनहआए मो पिय विनलागे डराए।
ऐसी अंधियारी कारी डरपावनी लागत
जियकोंभारी तेममें अवध वचन गए हरि न पाए॥
दादुर पिक मोर सोर करनलागी
विरही तन लागी दुराए॥
तानसेनके प्रभु तुम नीके जानो
भली लीनो सुधसो अजहू न आए॥

५२

वादर झूमि झूमि आए वरन वरन वरसन प्राणप्यारे।
सुनि सुनि घनघोर चातक चकोर मोर
बोलत सुहाए नन्ददुलारे ॥
तैसेई वन कुञ्ज केलि विहरत भुज कण्ठमेलि
अनुरागी जागि दोउ रूप उजारे ॥
सखिजन वलि हारलेत रूपनैनविहारी
मोहे सुहे वसन रमन मैनवारे ॥

५३

जहां जहां युग युग अब आग
अपने जनको सहाय ।
नानाविध वपुधारे भीर परे भक्तनपर
जगपत सीतापति रामराय ।
सेवरी गजगीध व्याध अजामिलसे अगाध
तनक भनक सुनतनाम लीने जमतें छुड़ाय ॥
दीनवन्धु वलिहारी रघुनाथ
अशरनशरण कोशलपति क्यों न गाय ॥

५४

रैन गंमाय आएहो लालन
कहां जागे सगरी रात बात कहो प्यारे ।
नवकिशोर नवलतियासङ्ग जागे
पागे अङ्गअङ्गके चिन्हन्यारेन्यारे ॥
सवनिशा मोहि तलफत वीती
भोरभए आए ललारे ॥
तान तरङ्ग रंग रस भीने कीने
नख चिन्ह भाग जागे आज हमारे ॥

५५

सोहत कामन उत्तमरूप पहरत सवार
चीरओपवदाय कुन्दनअङ्ग ॥
टिकैको कियो अदोत तातें
तिमिर फटो शरण परे पाछे सोम-
फूलयुत असमान श्रवण कुण्डल कवरी
चञ्चककटाक्ष आपजोत वन रहोदोज अनङ्ग ॥

द्रग अञ्जनदिए खञ्जन अमकरलिए
करदर्पण हारसुखदेत सुखपयेभन
निरखे उड़जात य वदनन गुणीगावें
मानिकहीरा कपोल मुक्तलर मुक्तमाल
भुजविनाल कर कमल बाजूबन्द
फुंदन लटक लटक अलियुगसङ्ग ॥
रामकिरण उपज्यो नवल विचित्र
कञ्चुकी मधुअतङ्ग अधरसुन्दर लवली
तेंगवा टरनन झनन ठनन अमृतनाभ
औरनलोप पीलारस लेत अतजात
तानसेनके प्रभु साह अकवरसों बन रहे
जैसे पारवती महादेव अरधङ्ग ॥

५६

जिन करो मोसों झूठिझूठिवातें तिहारी
प्रतीत मोहि नेक नहीं आवत ॥
वे तो लंगरकान्ह नाहिन छाड़े अपनी
बान वरबस मनुहार करत मोहि मनावत ॥
नित उठ मोतनके ग्रह जावत मेरे
प्रतक्ष आय लाखनमोहें खावत ॥
परस परस निजचूक चमाकरावत
वारवारको रोसावन या नाहि सोहावत ॥

५७

गावोरे गावो गुणी प्रथमभैरव खरज सुर राग ।
दूजे सुरकण्ठ कोमल अति शोच समझ लेहो
निषाद धैवत पञ्चम मध्यम गान्धार रिषभ साधलाग ॥
सामगमसागमगसासाधपमगमासानिधमगसा
सानिधनिनिधपधधपमपपमगममगसासानि
धनिधपधपमपमगमगरेसगरेसा ॥
संगीत-रत्नाकर-मतसों लेहो सुधार वाक्वानीसों
रागरङ्गलेहो माग ॥

५८

वरषा रित वनिता बन आई ।
नैननमें निरखत लगे सुहाई ॥

काचन कीधि लता चलवेलोसी तरन भई ।
तैसो यह कीय श्याम वरन घटाछाई ।
रहसबोले गरजन दशन चमकको धाई ।
वदन ऐसो लागत मानों वदरोके
शशि उदैकोनों सोलह कला सम्पूरन भाई ॥

५९

आवतही रङ्गरङ्गा यसो पिय भोर ।
दिम्यम्धिरकिटतकदिदिगनधिरकटतकधिरकिटतक
दिदिगमकिरनिकिरणकटतकधिरकटनकदिदिगनधा ॥

६०

नेक ब्रह्मनायक परब्रह्म सोसाहन महाराज ।
कृपासिन्धु भक्तवत्सल पहले सुखकर रचक मेरो लाज ॥
या वनितो कबूल कोजिये तुम जग शिरताज ।
श्रीलक्ष्मीनारायण ऐसे राजाबहादुरके
पूरणकार मधे अच्छे काम ॥

६१

सुरत शुभट चिन्ह जगी रैन यातें
नैन उनींदे भोरभए आये श्याम मेरे सदन
नख रद छद छाय लागी पागी रसवीर
विहद यांते लखिपरत अरुनवरन वदन ॥
सो भांत गात अरसात बातनमें
अरबरात शयनकरो तुम सेवा पगन ॥
तन मन धन जुगराजदास परवारों
आएजीत समर समरकदन ॥

६२

लालन आजु लखि एक नवल वाल नाचत
सकल तियन मध गतिसुधंग ।
झलकत तन जोवनजिम शशिमध सुरङ्ग ॥
देहवदन हसन दशन दामिनी
द्युतिसम भ्रुकुटि धनुष चितवन
शर मारत मन कुरङ्ग ॥
घेरदारघुघटनलों घाघरो
घुमेरदार चुनरीचटक लसत
भूषण सकल अङ्ग ॥
जुगराजदास प्यारे ऐसीतो
मैंन देखी बोलनि चलनि चितकी हरनि
अधरसुधर अमृतवचनि करपदनीरज
सुने वचन सरबस करि रसके तरङ्ग ॥

पहिले झुकके अब चली रिसाय लोगनलाग
मानो वसकीने साहि ए मेलत तुमार ॥
जोरमसे रस उपजत तुम इनभांतन रससां
रस उपजावत जे नित नैन-निहार ॥

६४

तरैया नादमहानदको मूरछना गमक
नीर सुरत अगाध तान तरङ्ग ताल तरल वहां
अलापन ओड़ा खाड़ा पूरण धार ।
आरोही अवरोही टांडकुल पुर
अंशन्यासग्राह ग्रह तान भँवर
सरोजवादी विवादी सिवार ॥
नौका अवाज पर राग रागिनी
पथिक चढत उतारत गुनीजन वारपार ॥
हरिदासठाकुर उत्तमनायक धक धुरपदछन्द
गुन वन्नी पत पतार सङ्गीत गीत अधार ॥

६५

कंते रतन जगतमे उते प्रगटकिए
प्रथमे कामधेन सुर विधने बनाए ।
पुन कीने विष वारुणी अमी औ सुधाकर
चारोखान चिराबानी परवाजो रथि रथते पाए ॥
धनुष धन्वन्तर ढरन सुरन गजश्रीमणि रम्भा
छन्दधारक ध्रुपद गायनले बसाए ॥
तानसेन कहे कम्बु कण्ठते हुमाउको नन्दन
कल्पद्रुम अकबर पारख पाए ।

६६

अधरनकी लाली कहुं कहुं बनरहीमानो जरीलाल चनि ॥
पियाके मिलवेको आवत कर दरपनले
देखत हस मुसकानी छविभरिहै दूनि ॥

अति रसाल लाललाल लालडोरे
यह छवि मोसों वरनो न जाय सरस सलूनो ॥
साहसिकन्दर जुलकिरथनसो
धन रितमानों होत जात लाजनतवनो ॥

अहोहो जाय देख पुहप बिछ रहे
यों लागत मानो तारका मांदसे ।
दम्पत सुरतकर दरपनले देखतहो
भूलरहो भोर दोउ मुखलागि चावचांदसे ॥
जिनके आभूखनको देख जोत छांई
जोउ न नैन छोड़ै आंधसे ॥
मो मनचकोरके कारन दूर जशार रहे फांदसे ॥

६८

प्यारनकी बिछुवा महजनहीं हौं
भई तुमारे दरश दिन मानो विन मीन नीर ।
हिए धरत न धीर आंसु कारत भोर
रोंके नाहो जाय एतो गहर गम्भीर ॥
चार दिनमें जाय चक्र देशमे तेग विजय
वेगमिलोगी आयवीर जवदाम
आलमगीर होसो चार द्रुगकोरज
जितो निहारे काजपर आवे वधसीस
तेरो ताजरावतो तुमारे मानो वजीर ॥

६९

अनवनसुवनहूतें नीके आलम
करे सिङ्गार तु अतनमाई ।
कुटीलटे टेढ़ीभौंहपलकन
पोक और लटोचछियाकी कहा कहीय न जाई ।

७०

भोरही भैरवराग अलाप शुनायो
नीकी नीकी नीकी तान ॥
षरज ऋखभ गान्धार मध्यम पञ्चम
धैवत निषाद सतसुर गान ॥
उरप तिरप लाग डाटदेशीमारग
देखाय अंसन्यास श्रुतिमूर्च्छना ॥
तानसेन कहै सुनो साह अकवर
प्रथमही मुरलीधर प्रमान ॥

७१

नयनको नहिं परत कल कमलनयन
बिन देखे आठोनाथ व्रजराज ॥
कालिन्दीके तीरभारो भई भीर वल वीर
वासुदेव वनवारीके कारण तजदई लोकलाज ॥
व्याकुल मलिन वदन सदनको न सुधिरही
बुधिहर हरिलोनी कीनो वावरोसो सरो न एको काज ॥
काहेको देरकरो हरि मोरी वेर
वेजूको वेग मिलो प्रभु मनमोहन
माधो सुखनिधान निधानसिरताज ॥

७२

प्यारे तुही ब्रह्मा तुही विष्णु तुही
रुद्र तुही शक्ति तुही गणेश तुही सौरा ।
तूही जल तूही थल तूही पवन तूही अकाश
तूही अधुरा तूही पूरा ॥
तूही छैल तूही अलवेला
तूही रोवत तूही हंसत तूही
उठत वैठत चलत तूही दूरा ॥
तानसेनके प्रभु एकहि अनेकहोय
जगमे व्याप रहो हजूरा ॥

७३

सेवो चरण रघुनाथ कुंवरके सकल जगततारण ।
दीनदयाल करुणासागर गावत चारो
श्रुति आदि अनाहद कारण ॥
सीतानाथ दशरथनन्दन दाशरथी
भक्तहित स्वरूपधारन ॥
ज्ञानदास अनाथनके कृपासिन्धु
तूही जगत अधारन ॥

७४

कि वार आंखों हाल तेंड़ेनाल नेह
विछेजेहा दुखपांदा।
रतदेहा एहा चन्द जेहा
मुख वेखनथो सानुहो निभांदा॥

७५

वादर उन्ह आए सो पिय विन लागे डरपाए
एकतो अंधियारीकारी लागत डरावन
तैसेहि अवध वीतन लागे अजहुं न आए॥
दादुर पिक मोर सोर करन
लागे विरहीतन लागे डराए॥
तानसेनके प्रभु तुम नीके जानो
भली सुध लीनी भोरे धाए॥

७६

भैरौं भयहरता सुखकरता
सवनके अभय वरदाता;
भैरवी अरधंग अरुण अङ्ग कोटि
इन्दुसम छवि दामिनि दुतिगाता॥
वामकर खपर त्रशूलधर
गले मुण्डमाल नैना ज्वाल फिरत माता;
वाणीवरविलास श्यामरामको दीजै
चारो फल अर्थ धर्म्म काम मोक्ष प्रातज्ञान जगत्राता॥

७७

मुरली वजाय रिझाय मुखमोहनतं
गोपी रीझ रहीरस ताननसों सुध
बुध सब विसराई
धुनसुन मनमोहि मगनभई
देखत हरिआनन॥
जीवजन्तु पशुपच्छो सुरनर
मुनिमोहलिए सव प्राणन॥
कौन्न वनवारी मुरली अधरधारी
वृन्दावनचन्द वसकिए सुनतही कानन॥

नैनमको नहो परतहै कल कमलनयन
विनदेखे जादोनाथ व्रजराज।
कालिन्दीके तीर भारी भई भीर वलवीर
वासुदेव वनवारीके कारण तजदई लोकलाज॥
व्याकुल मलिन वदन सदनको न सुध रहो
वुधिहर हरिलीनो कीनो वावरीसो
मरो न एको काज॥
काहेको देर करो हरि मेरो वेर
वैजूको वेगिमिलो प्रभु मनमोहन
माधो सुखनिधान शिरताज॥

७९

मोसों जो अवध वद गए सांझके भोरहि आए।
ऐसी कौन चतुर नार उहां
तुम रसवस किए ऐसे नेहनए॥
अधरन अञ्जन भाल महावर तिनतिलकठए॥
तानसेन प्रभु जावोजो जावो नई नार रङ्गए॥

८०

एसे कैसे वनेगी प्रीत रीतको मिलत नाहो मनलाय;
कवहुं देखत वंशीवटमें ग्वालवाल
सङ्ग गैयन वनवन चराय॥
कबहुंक तुम कुञ्जनते आवत रहतहो छैल छिपाय॥
प्रेम रङ्गके प्रभु घरी पल छिन विनदेखे रह्यो न जाय॥

८१

रैन गंमाय आएहो लालन
कहां जागे सारी रात वात कहो प्यारे॥
नवकिशोर नवलनिया मङ्गो जागे
पागे अङ्गअङ्गके चिह्न न्यारेन्यारे॥
सगरी निशा मोहि तलफत वीतो
भोर भए आए ललारे।
तान तरङ्ग रङ्गरस भीने कीने
नखचिह्न भाग जागे आज हमारे॥

८२

चन्द्रवदनी मृगनयनी हंसगमनी
चलीहै पूजन महादेव ।
करलिए थपथार पुहपनके गुधेहार
मुख दीयरा जराए देवनमें देव महादेव ॥
सोलह शिङ्गार वतीसो आभरण
सज नखशिख सुन्दरताई छवि
वरनी न जाय है निरमल मज्जनकर सेव ॥
तानसेनकाहै धूप दीप पुष्प पत्र
नैवेद्यले ध्यान लगाय हर हर हर आदिदेव ॥

८३

जिन करो मोसें झूठि झूठि वतियां
तिहारी प्रतित मोहि नेक नहिं आवत ।
वे तो लँगर कान्ह नहि छाड़े
अपनी वान वह सौतिनके गृह जावत ॥
भैरे प्रतक्ष पायलाखन सोहैं खवावत
पग परस परस निज चूकछमा करावत ॥
वारवारकी रिसावन तानसेन एनाहीं सोहावत ॥

८४

सोवत चन्द्रवदनी मृगनयनी
पिकवैनी मनहरनी चम्पकवरनी
गजगमनी वनठन वैठि रङ्गमहलमें ।
अधर विम्बधरो दशनन नासिका कीर
भृकुटि धनु तन झलकात प्यारीके
सोना सम मुसक्यात सहलमें ॥

८५

प्रथमनाद सुर सुनो गणपति बुधदाता ।
जाकी कृपाते धनधन लक्ष्मी पालनकरै सवजगमाता
ओर ओर आवत मनफल पावत
सब गुणीयन को देत विधाता ॥
तानसेन प्रभु युग युग जीवो
चरणकमल रङ्गराता ॥

८६

शिव शङ्कर सब पिनाकी वामदेव
विरुपाक्ष त्रयलोचन त्रिशूलधारी ।
महादेव महेश्वर ईश्वर वृषभवाहन
मुण्डमाला फु फु फु कारत शेष विषहारी ॥

८७

कौनसों रितमानी सांचो कहो मनभावन ।
निशिके जागे अनुरागे आएहो झुकनलागी
तव झूम झूम आएहो मोहि रिझावन ॥
वचन बनावत वन नहीं आवत
कहेदेत नैनवैन दरसावन ॥
तानसेनके प्रभु वाहीं सिधारो
जहां सारी रैन रहे रति रन जगावन ॥

८८

वेदुआ सरीक अल्ला अमो कुदरत
रट दुसरो कौनो रसूल जगत सुहाग
आप करतार करसुत हैदर दीयो नवीको ॥
तुम कार वसो सुधारो उमदको
दीन भजव तुम सदीन इलम आली
वहां हसन हुसेन दोउ करत सेवा वन्दगी ॥
हक आखदीन आंख दसा मुंदवाकर
आफर काजमरजातको हकीतको न
कौतक वादी न अशकरी आश पूरसमें
हदी महम्मद हादी रदमुमा ॥

८९

है कालिन्दीपति प्रतापवरे
ओघातरो सरस्वती मिलभई त्रवेणी ॥
पीछेतें आवत यमुना श्यामरूप
भरण घोररूप वरषत पाषाण
तोरगो मारतें चलि अमके वेनी ॥
अकत वकत सरस्वती गुप्तप्रगट होत
चन्द्रकिरण ज्योति अकाश पर छुवत भुज तेनी ॥

१५

तैसे बनवन तेहु मिलन चली लाल अतिरङ्ग भीनी ॥
भागिरथी तूरी भगत तारण सगर उधारण सारायी ॥
सब भुष पावनपे धार तीरथ प्रयाग
बेतारी जलौधापति धरनी तरनी ॥
तीलों उतपति नरनारी ब्रह्मा विष्णु सकार
न्हावत करत अस्तुत गावत भरनाद तानसेन गुनी ॥

९०

बरखा ऋतु वनितावन आई ।
नैननिमें निरखत लगी सुहाई ॥
काञ्चनसी तलाचरु अलवेलीसी तरन
नई तैसी यहकेश श्यामवरण छटा छाई ॥
रहस बोल गरजन दशन चमकके धाई ॥
वदन ऐसो लागत मानो वदरी कैसो ॥
चहुं कीनो सोलह कला सम्पूरण भाई ॥

९१

भोरही आए हो लाल देहमझावर
तिलक भाल अरुणनयन अलसाए गात ॥
धन युवती जिन विरमाए
तुमहिको कुञ्ज अगेहो जहां सारीरात ॥
पलनपीकरस अधर अञ्जनकी
वनरही विनगुण माल लाल चिनात ॥
कङ्कन गड्यो पीठ ऊपर
मुकरले देखो आप मुखराग
झूठ काहे बनावत सौसौ बात ॥

९२

आस पास सहचरी नूपुर झनकारकातर
चम्पाकी कली मानो फूलवे समानकी ।
सोंधेकी लपटजैसे दपटके अभिरनकी
इन्द्रादिक वदन देखि उठत कुलगानकी ॥
झांकत झरोखनके परदा उतार देत
चरण आयलागो शोभा सतभानकी ॥
मिट गयो अमङ्गल भयो मङ्गल किशोरद्वार
जगमगाय उठां महल आगी अब जानकी ॥

९३

दोउ अनुरागभरे आए रङ्गभवन
आगधन विज्जुलीसी लखि लागत सहलई ।
बैठे एक आसनपै एकसङ्ग एकरङ्ग
उञ्चोनए रतिरङ्ग कोमल कहलहे ॥
एकनले अतर लगाय दीने दोउनपै छिरकात
गुलाब किए पंखे जो वह हलके लई ॥
और लीने बीन सखीने अलाप कीनो
राग रङ्ग सुरपुर पुञ्जन ते गुञ्जत महलहै ॥

९४

नींदन आवत पिय बिन देखे
मोरी आली कैसे परे अबचैन ।
घरी घरी पलछिन योंहि बीत जात
रहत मारगजोहत नैन ॥

९५

चैन न आवेरी मोको
आली बिन देखे अपन पियको ।
एक पल अन्तर सूझत नाहीं दिन
एकहु कैसे समझाऊं अपने जियको ॥

९६

प्रात उठ चली प्यारीपै आयह
मनावनको नव सत शिङ्गार
किए वारि आभूषण पहिरे बनाए ।
प्रथम मञ्जन असनान कर
अञ्जन चखन बीरी अधर पाग
सिन्दुर भरी मांग केशर कर कराए ॥
यावक पायन हाथ मेंहदी साह
अकवर सुगन्ध अङ्ग अङ्गलाए ॥
श्वेतसारी पुहुपमाल चोली स्तन
चूड़ीवांह गरे मुक्तमाल सुहाए ॥
सीस फुल श्रवणताटंक भुज बाजूबन्द फन्दसुहाए ॥
नथ बेसर सुधार कनककिङ्किनी क्षुद्रघंटिका
नूपुर बिछवानको धुनि जे हरि सुनाए ॥

जगजीवन लछीरामके प्रभुको
रस वश कर नैनन सों लोभाए ॥

९७

तखत बैठो जलालदीनो साहस कवन्ध
पण्डित घरो विचार अचल राज पायो ।
कनकदण्ड चवर छत्र रतन जड़ित
जगमगात सुर नर मुनि गुनी गन्धर्व्व गायो ॥
मृदङ्ग बजाय इन्द्रलोक देखन आयो ॥
ए समै जो वकस गजमुक्ता तरङ्ग देत
अरव खरव जैसे मेघभर लायो ॥
चिर चिरजीवो जलालदीन अकवर
चहुं चकसीस निवायो ॥

९८

माधो मधुसूदन मुकुन्द मुरलीधर मृदुहास ।
कमलनैन वासुदेव प्रवल वे पुरुषोत्तम
परमेश्वर विष्णु पूरण आस ॥
नारायण निराकार वामन विठल लछन
शङ्ख चक्र गदा पद्म सोहतहै पास ॥
पतितपावन विरदजाको दयाप्रतीत
जीयमें रचौ मदनरायके नित आस ॥

९९

यशोदानन्द आनन्द कन्द गोविन्द
गिरिधर मुकुन्द मधुसूदन वनवारी ।
वद्रीनाथ वामन विठल वासुदेव
मथुरापति माधो मुरारि ॥
कमलाकान्त केशो कृष्ण कमलनयन
कृपासिन्धु करतार कूरम कल्याण कंसारि ॥
राधावर रणछोड़ रसिकराय रङ्गनाथ
रमापति रागसागर प्रभु रासविहारी ॥

१००

प्रथम अल्लाहो अकवर कहोरे ।
तू मेरे मन दूजे रसूल चितधर रे ॥
वेचुन वेचगुन वेसुवे वेचसुन परद
पोश दाना विना पाकजातवाहीको याद कर रे ।
ऐसो आलिम करीम करमको करनहार
जो सुध नित लेत तेरी निश वासर रे ॥
हिदायत अजीजको दीजै सन्तत संपत दीन
दुनी कुशल क्षेम तिहारे नामको आधार रे ॥

१०१

मेरे मन अल्ला अल्लाहु रटरे रसनाज्यो करि आय ।
निशि दिन ध्यान ध्यान और जप
मुरसदको यह सीख सीखले समझाय ॥

१०२

हजरत महम्मद रसूल अली वली
मखदुल ख़ाजे हसन वसरी ।
हजरत अवदुल वाहद वेनजेद
फजलवेनय आलम सुलतान
इवराहीम अधम करमकाम कीजै
मोपर साहजी फतुल मरारीहै वेरतुलवसरी ॥

१०३

वेचुन वेचगुन वेसुवे वेन मुन दुसरो
रच्यो महम्मद अचल आखर इकीक ।
पुनकीनो चारो यार वासि पात
वाक रार प्रथम सीदक सावत हजरत
अबूबकार सीदक उमर अमरन
अकहर शूलको पूरदीन पूर
दीनपूर मजव जैसे दरिया अगम अथाह अमीक ॥
कहत सुजान हजरत इमाम
पाक इमान नवी जूको प्राण चाहत
दितेन जीके अली वली साहव करम सेद
हाली करतहै सुलफकार मारफुक
रजीर किए महमदी वलमा कहायो
सबने मनायो वह दुहला शरीक ॥

जल थल वन घन घोर व्रजवीथन
आय रोकत आङ्गन वेंड़ो ॥
नक्राङ्कको कान करत ना डरत
ऐसोहि उचगरो उमेंड़ो ।
प्रभु सुरतको कहा खोरदीजै
आलोरी पै गोकुल गांवको न्यारोही पेंड़ो ॥

२

एहो ज्ञान रङ्ग ध्यान रङ्गे मन
रङ्गे सब अङ्गन रङ्गे ।
प्रथम रामकथा रङ्गे रहीम
करीम रङ्गे घट घट ब्रह्मरङ्गे ॥
रोम रोम मनरङ्गे हरिसङ्गरङ्गरङ्गे
जपरङ्गे तपरङ्गे तीरथ-व्रत-नेमरङ्गे
सर्व्वमई अङ्ग अङ्गरङ्गे ।
जीव जन्तु पन्नग पशु एक ईश्वर रङ्गरङ्गे
सुर नर मुनि मङ्गरङ्गे वैजू प्रभु कृपारङ्गरङ्गे ॥

माई काहंको कही अवही जो मोहि
जिन बरजो लाल तनकोरी चितवो ।
मनमोहन प्राणेश्वरको छवि रीझत
अति मति गति सुध वुध विसारी
सब अजहूं भूल जैहैरी तोहि सिख देवो ॥
लगनसों फल ताको कहा कहिएरी
अब लोगन सुन्दर सखि भायो प्रेमबीजको वोहिवो ॥
परम रुचि रही साहजहां तिनको पञ्चमरहती सरम
अपवस करके मति गति मनहर लेवो ॥

५

बार बार बरजो मैं तो यह कौन चतुराई ।
ज्यों ज्यों साहको मया त्यांत्यों मवही
मिल चलिए याहिमें बड़ाई ॥

६

इत भांन उत्साह अकवर दो दरस
जो देखे सोई होत पवित्र
दृन्दै रजनि मन्द सुरनके वरपावै गुपत आनन्द ।
वे तिमिरहरण ए दुखभञ्जन
ताकि सौंहे करियत साहदिनों मकरन्द ॥
वह सहस किरणप्रकाश कीनो
अतिवुध श्रेष्ठ मया धर जगवन्द ।
तानसेन कहै कहांलों अस्तुतकरे
काटनहार विकार दुखदन्द ॥

७

करम कर करीमतू सत्तार गफार अधार वन्दको
रहनुमा तूही पाक परवर दिगार मौला ।
जोड़ जोड़ मांगतहूं तुमपैसोइसोइ सब हुकम होए
रिद्ध सिद्ध नवनिद्ध वही दुनियां
दीन ईमान सहत और जीवन मैं
सुख सम्पत पाऊं अभगाऊं नाम तुम
गुन रहीम मौला ॥

८

लाय देखावोरी माई प्यारेको चरण ।
श्याम विरह मोहि व्यापतहै वाहीको शरण ॥

९

कौनमें रितमानी सांची कहो मनभावन ।
निशि को जागी अनुरागी आंखे
झुकन लागी तब तुम आए मेरे वचन बनावन ॥

१०

महम्मद नवी हवीव अल्लहके साहमर्दान
अली वली मरद कुफर दारिद्रहरण
हजरत हसन वुजरक इमाम ।
संसारके साहव हुसेन सैयद साहजादे
जैनलावदीन दीन पर्णा महम्मद वाकर
करतार कीनि मनचिंत करन काम ॥
हजरत जाफर सादक सांचो मोदक
इमाम सुमिकाजम हजरत अली
जिन मुसो रजा जाको दरस देखे जाय दारिद्रदाम ॥
हजरत तकी अलीनको हजरत हसन असगरी

इमाम महम्मद मैंदी साहब जमान
दे सुख सम्पत सन्तत राखो त्रिहुलोकमाम ॥
पीर निजामदीन औलिया तू
सत्तार परवर दिगार करीम रहीम
दरीयाई पीर रोसन गाजीधाम ॥
हैदर रसूल गोम कुतवदीन अल्ला फकीर
तानसेनको दीजै रागरङ्ग तीनग्राम ॥

११

माई काहेको कान्ह अबही जो मोहे
जिन वरजो लाल तन काहे चतुर ।
मदनमोहनेश्वर पारकी प्रीति मनगति सुधविसारे
भूल जाएरी तोहि सुखदाई अतुर ॥

१२

मान काहेको कीजै औराधे रसकी कुंवर रसभीजे ।
नवल कुञ्जनमें नागर वनमागर
तेरोही ध्यान लाडलो लाडलडाए लीजे ॥

१३

मुरली बाजे राजेहो मुखमोहनके
गोपी रीझ भीजरही रसतानन ।
दूरहित धुनसुन के आई भई मगन मनदे कानन ॥

जनम जनमको मैं मान ठानोंगी
अलिजो छुटाय जानो गिरिधाली
ताहि अवगिनहूंरी चातुर अत ।
अपनो सों रूसनो तुम मेरोहु जानत
समझ न सकत गाढ़ो मान होत कौन जुगत ॥

१५

राम हम योंही भले अब योहि भलेहोरा० ।
जो गत गई सो गत आई तुमारी
सेवासों अबमोहि तो रैन दिन यह कामरा० ॥

१६

प्रथम आदेश गुरुको गुरुके परमगुरुको ।
रैन करन प्रभु एक सहस सखी महिमा
गावै अब यह विधि दूनों दुन अतपति सुरको ॥

१७

अञ्जन रेखता टक लाईरी
लोल मिला वर केलकोए ।
युगल कमल मध ऐसे लागत
मानो सोभा देत मोसलो लोक दिए ॥

१८

लोचन भूम रहेरी हरि सङ्ग
जगत कमलछीन भए मृगज्यों लजायगए
सफरि दुरि देखत खञ्जन भाजत ।
तिय सब केलिचमके
चाखे हंसहंस कानकोने लागत ॥
जीवन गिरिधर प्रभु प्रेमसमुद्र-
तरङ्ग झकोरन साजत ॥

१९

अपनी कहि और पियाकी कहो
एरी तोपै बात कहीन आवै ।
पिय जिय को न पावै एत परमोहिं
खिजावें दुतीहोके आवे पै सोहाग न जनावें ।

२०

रैन गवाय आए मेरे प्यारे सब निशि जागत गई
नैनमें नींद भरे आलस जंभात गात
काहु त्रिया रस बस कारलई ॥

२१

लालनके सङ्ग ललना रैन जागी और लाललोचन
लागोहि आलीरी मानों वधु पसीठे ।
ता मधपुरी ऐसी शोभा मानों
भवर लपटात उन मध उड़ परे रङ्गस भीठे ॥

ध्यान भौंह पलक मध बरनी
ऐंच खेंच लेगो अतिचतुरायो बान ॥

३९

प्यारी तेरो प्यारो आयो प्यारी
प्यारी बातें कर प्यारेको मनाइये ।
अनेक भांतन कर प्यारेको रिझाइए
आली ऐसो प्यारो कहां घर बैठे पाइये ॥
लाइए समुझाइए कौन भांतन
कर सुखदे बुलाइये ।
साह बहादुर तेरे रसबस भए
अनरस कर कर सौतन हंसाइये ॥

४०

अधरन लालीसों कहूं कहूं रही मानों
धरी लालचूनी ।
पीतम मिलके चीन दरपन ले देखत
याते सुसक्यात छवि भई दूनी ॥

४१

प्रथम नाम लेने मन मेरे अल्लाहो अकबर ।
और जे जे बातें विकार तन मनतें दूरकरो ध्यान
येहे ओकर कीजे हरदम एक तकवर ॥
जिन तोको ऐसो कीनों टीनो पीड़प्राण
रच्यो तें कौन वकवर ।
रहीम करीम सत्तार जब्बार सांचो जाके
टोउसमै निज लगो गिन खपर ॥

४२

लोचन लाललाल सबनिश जागे हो कौन सङ्ग ।
झपकत प्यारे तुम्हारे और शीतल
देखियतहै अङ्गअङ्ग ॥

४३

या हैदर करारसाहब जुलफकार मोहे निस्तार लीजे
स्मरण जपतहूं तिहारे नामको ।
इतनो अरज सुन लीजे जगमें रख लीजे
लाज काहु कोक कोजे मोहताज अल्लके समें दीजे
आसरखतहु तुमते कौशरके जामको ॥

४४

दम्पत क्रीड़ा करत अनेक
कौतुक निशा बीती रैनसारी ।
युगलकिशोरी मानों सुखहुन
बोले जबही पिरात तबही कसकत प्यारी ॥
कबहूं लेत हसाय हसाय खिजाय
रिसाय रीझ रीझ हंसत दोउ भागे ॥
यह प्रकार विक्रमसाह रीझ देखो सखीए हारी ॥

४५

तार पखावज बाजे आवज धावज मिलत
पटावज नीकी नीकी घातसों ।
बीण रब्बाव सुरबीण सुरमन्दर और
तकीतान बीनत कीमतसों ॥

४६

निशि दिन हसत बोलत डोलत तेरोही गुण गाव ।
तें कहाकीनों मजनीरी डर पूजिए गोरी तेरे पाव ॥

मोसों जो अवध बदगए सांझको
भोरही आए ।
ऐसी काह्न चतुर नार जहां तुम
रस बस किए ऐसे नेह नए ॥

४८

आजकों जग आए पाए मैंतबही
बात करतही नो तराए ॥
ऐसो कौन त्रिया सङ्ग तुम विरमाए
अबभलो मनावन आए ॥

४९

प्यारे तुही ब्रह्मा तुही विष्णु तुही रुद्र
तुही गुरु तुही चेला ।
तुही जल तुही थल तुही प्रबल
तुही अबल तुही शैल तुही अलबेला ॥

तूही ऊंच तूही नीच पापपुण्य
तूही बीच तूहीमो मेला।
तानसेन कहे प्रभु कहांलों बखानूं
तूही बहुत तूही अकेला॥

५०

हजरत पीर मूरतजा अलीजी हों
सेवक तुमारो नितको।
हों मांगत तुमपै इतनो इच्छा देय मेरो हितको॥

५१

ए डरपावै मोहि यह जान पिय दिदेश गवनकीनों।
एकतो अधारीकारी विजुरी चमके
दूजे दमक दमक विरह जगावैं॥

५२

कान्हातें अब घर भगरो पसारो
कैसे होय निरवारो।
यह सब घेरो करत है तेरो रस
अनरस कौन मन्त्र पढ़ डारे॥
मुरली बजाय कीनो सब बोरि
लाज दई तज अपने अपनेमें बिसारो।
तानसेनके प्रभु कहत तुमहि सों तुम जितो हम हारो॥

कान्ह ओलर आयोहो वन जिम बरसन
लागो रिमि भिमि रस बुन्दन।
मुरलीको धुन सोई गरजन तर
फन तड़ित मुसक्यान दशन
ओप वकपंख ग्रीव रह्यो पुहुप गुम्पन॥

७

हलकिन हलकिन रोवतहै
हरिकहां खिजाई।
हौंजो अकेलीसी करपाई
बहुतही अधकाई जाके असु
अनंत हात धोवतहै माई॥

उमड़ जोवन घन आयोहो ता संग
दामनी कान्त सोई दशन झलक
कोकिला ग्रीव किलक मानों वैस बयार लेआई॥
कविभकोर बरसन चहुं ओर कुच धुरवासे
लागत तन इह विध वरपा रित आई॥

८

निमागमपधधपमगरेमानिधपपधनिसारेसा
निधपमधनिमाधनिसा।
मगरेमानिधमानिनिधधपमपपमगमगरेसा॥

भैरव—सुरफाकता

१

एक ॐकार निराकार जाको सब जगमें विस्तार।
यह प्रतच्छ देख भयो प्रतीत ताको सुमरो वारम्बार

२

प्रथम उदीपन कैसे होत कौन राग
कौन सुरते आज स्वर जगाइए।
मारेगमपधनिसा सबसुरनके
भेद भिन्न भिन्न करके समझाइए॥

रङ्ग जुगतसों गाय सुनावै ताल सूल सुर संगत लाव
दुगन तिगन चौगन सो भेद बजावै
जब लागडाट परमान देखावै॥
अपने मुखते न गुणी कहावै
तालमूलको ब्योरो न पावै।
तानसेन कहे होवें गुनीजन
छत्रपति अकबरको रिभावै॥

हो ॐकार महादेव शङ्कर तुम
सकल कला पूरण करत आस।

निशदिन ही धरत ध्यान सुमरन रमन
माज देखत दर्शन गई त्रास ॥
हरे दुख दन्द मोहत जटा गङ्ग
कण्ड माल गले सोहे वाघाम्बरवास ।
हर हर करत हरे पाप मिटे सकल
दुख सन्ताप लहे मन हुलास ॥
तानसेन सेवा ध्यान कर मन
इच्छा फल पावे होत कैलाश निवास ॥

भैरव—चौताल, ४

१

प्रथम नादमूरत उचरे ताल
बन्धानमों गावेजो आवेसो सम परे ।
सप्त स्वर तीन ग्राम इकइस मूर्च्छना
बाइस सुरत उनचास कोट तान भरे ॥
उतपति रस लाग डाट अंशन्यास
ग्रह आनक खानक खरगाल उडव खाड़व उचरे
कहे बैजू बावरे सुनो हो गोपाल यह
विद्या अपरम्पार गुण चरचामों लरे ॥

२

एक बल निरङ्कार दूजे बल चन्द
सूरज तीजे बल लोक चौथे वेदप्रकाश ।
पञ्चबल भूत आतम छटए बलो
नारायन सतए बल सागर अठए बल
अष्टभुजी नवए बलो नवकुली
नाग दशए बल अवतार प्रकाश ॥
अग्यारह बल रुद्र एकादश बराह बल
बामन तेरहे बल तईलोक चौदह बल
कहे विद्याप्रकाश ॥
पनरे बल तिथि सोरह बलो सिङ्गार
सत्तरह बल सत्यावती अठारह बल वनस्पति
उनवीस बल पिनाकधर विसए लच्छमी
इकइश बल तानसेन प्रकाश ॥

शिव महादेव त्रिशूल पिनाकधर जाके
जटा मध सुरसरी आजाके विविधभूषण
गिरिजाके सन भाईया कहीया अड अड अडया ॥
ए जगदीशया ब्रह्म लिए वृषभवाहन
अतदीयत हदीय अतदीवतरे आईया
मदन दोरुडिया आईया चतुरङ्ग अङ्गमो
शम्भु नाचइया डेरा निरमल ईया
तीए एएएएया तोओदेया ३ शिव ॥

अश्वपति गजपति नरपति भुवपति
चकतावलो स्वतारण ।
दारिद्रहारन चिन्तामणि सूरज शशि उरगन
भुजबलभीम इन तेरो त्याग दान समान कलीकरन ॥
राज माजाके तुव समान इन्द्र
भण्डारी कुबेर आयो तुव शरण ॥
अपबल बलो अचल भयो जलालदीन
अकबर साह जोलो ता नाम मधु अधरण ॥

५

विविध नामनो त्रिलोक उधारणी
तईतापवारणी तनछिन गङ्गे ।
तई देवमणि त्रिस्रोता तारणी पापहरणी
ताहि ताहि तईलोचन तई तवेणी सङ्गे ॥
सुरनदी सुरेश्वरी जाह्नवी गङ्गा
मन्दाकिनी त्रिपथगा अङ्गे ।
भागीरथी पवित्रा हरशेखरा
विष्णुपदा सुरदीर्घिका भीष्मसुविहङ्गे ॥

६

प्रथम नाद मूल ते उचरे ताल बन्धानसों गावे ।
सप्तसुर तीनग्राम इकइस मूर्च्छना बाइस
सुरत उनचास कोट तान लावे ॥
अंश ग्रहन्यास विकृत द्वादशभेद
सो भरत सङ्गीत हनुमत् जतावे ॥

काहे बैजू बावरे सुनोहो गोपालनायक
ऐसी विद्यासो को लरे पाहन पिग लावै ॥

भैरव—ब्रह्मताल

नील-नीरज-वरन तन श्यामसुन्दर वर
त्रिभङ्ग कटितट पीताम्बर राजत मनि नूपुर
नाचत सुरङ्ग ब्रह्मताल प्रवन्ध थुंनुनु
नुनु नुंनुंनु दिग दिग दिग दिग थेइ थेइ
तथेइ थेइ झुनु नुनु झंता झोंता झां झां आनन्द-
नयनानद सम सानिधपसानिनिनि
धपमपमपमपमगरेसारेगगमरे
गरेगमपमपधपिगमगममप
तान् तकट झकाट् नुक्री थं कीत् कीट झें त झां
डिगीडगी खररथररखभ्जेटींको
थेइ थेइ तत् तत् थेइ थेइ ताधी लाङ्गधा ॥

भैरव - रुद्रताल

शिव स्वरूप पञ्चानन त्रिपुरारि त्रयलोचन।
वृषभवाहन जटाजूट चन्द्रभाल सिरगङ्ग अघमोचन ॥
एक कर त्रिशूल एक कर डमरू
अङ्गभ भूतसङ्ग विरोचन
कामदहन कैलासेश्वर राग-रङ्ग-गुण
गावो करो ध्यानलोचन ॥

ब्रह्मताल

१

श्याम प्यारी तेरे नयना अतिही सलोने।
मनमोहन को रस बस कीनों डारो टोने ॥
केहरि कटि कदली जङ्घा नासिका कीर छोने।
श्रीफल उरोजन कमलनयनी तेरी छवि कोने ॥

२

जय जय ब्रह्मा आनन चारो वेद प्रगटकीने।
श्रीभगवान नाभ-कमलते हुए रङ्ग भीने ॥
चार प्रकार जीव अण्डज उद्भिज्ज स्वेदज अङ्गज लीने।
कर कमण्डल हंसवाहन सावित्रीसङ्ग लीने ॥

१८

लक्ष्मीताल

जानीमैं जानी जहां रितमानी
श्रीपत श्रीधर प्रणतपाल गोपाल।
भवधवदकी मोसे अनत विरम रहे
निय जियभाए कवन वचन प्रतिपाल ॥

रुद्रताल

शिव शिव शिव शिव शङ्कर शम्भो
पशुपति गङ्गाधर उमापति रुद्र नारायणदेव।
नीलकण्ठ त्र्यईश्वर कैलासी काशी निवासी
रूप बहुरूप त्रिशूलधारी भेष ॥

विष्णुताल

चतुर्भुज शङ्ख चक्र गदा पद्म कीट मुकुट सीस
कण्ठ कौस्तुभ मणि साजे।
लक्ष्मीसङ्ग सोहै पीतवसन गरुड़वाहन
जय जय विश्वरूप स्वरूप शोभा राजे ॥
उर भृगुलाञ्छन कमलनयन करुणासागर
जय जयकार सुर नर मुनि करत नमत
अज शिव इन्द्रसमाजे।
श्रीधर श्रीकर श्रीवर लक्ष्मीपति नारायण
नरोत्तम विष्णु त्रयलोकपति तूही जगभ्राजे ॥

भैरव—धमार ताल

दीननाथ मुकुटधरे माथे
माधो झुकरहे कदमको डार।
तक तक गेंद मारत नारिनको
कर गहे झकझोर डारत गरेमार ॥
दामोदर गिरिधर जिन करो ठठोरी
जिन मोरो मुख दूर करो रार ॥

२

तापर तू करन लागीरी यह बात एक
तू वाको कन्त लियो परचाय।
गिनत न काहू अपने आगे ऐसो तेरेही घर न्याय ॥

निस दिन हंसत बोलत डोलत
रहतेहैं तेरोही गुण गाय।
ऐसोते कहा दीनो सजनी अर पूजी एरी तेरे पाय॥

३

लाल बरसाने भोरही आए।
कौन बाम हित चितसों चाहे सगरी रयन जगाए॥
ढिग ढिग काजर फैल रहोहै
जावक अधिक सोहाए।
तानसेनके प्रभु वहांहो सिधारो
नवल तिया मन भाए॥

४

ऐसे देखियत लालन जागे भाग
हमारे आज रस भीने।
एक वसन्त जान सबको उते देखत
छपाते कर सुगन्ध नवीने॥
उदे भए गर्भदोउ औरोते आए
अञ्जन अधर लगाय लीने।
सदा रङ्ग महम्मद साह छल नायक
यातें मन बस कीने॥

५

एरी मोपै वा हरि बिन रहो न जाय
बिन देखे कछु न सुहाय।
घरी पल छिन युगसे बीततहै
वाको सुरत मन लाय॥

भैरव—सुरफाकता

१

प्रथम कौन राग कौन सुरत कौन मूर्च्छना
कौन ग्राम कौन सुरनते आदि खरज गाइए।
सारेगमपधनिसा सत सुरनके भेद
बयान कर समझाइए॥

२

गन्धर्व किन्नर गुणी अकारथ जनम
जात एरी सुर नर मुनि जिन।
सुनि सुनि घटत बादि जात ऐसे
भूल रहे अर साधनको वहि रैन दिन॥

—०—

ख्याल

भैरव—तिताला

अब तुम जागो क्यों न मीत पिय रङ्गा
हमरो प्रीत तुम सन लागो।
नींदके माते साहआलम सूर जनु
बाग वनवा सगरी रैन रङ्ग रस पागो॥

भैरव—चतुरङ्ग तिताला

चतुरङ्ग रस लिए गावो बजावो मृदङ्ग
तक्धि लाङ्ग धुमकट तक्धा।
दारा दीम दारा दीम् दीम्तन
ननन तुम् तननन तुम् तननन
सारेगमपधनिसानिधपमगरेसा॥

भैरव—धीमा तिताला

१

जागे नगरके लोग कैसे आज
तोरे ढिगवा अब भई भोर।
मीत पियरवा अपनी उमगमों
सौतन को भयो जोर॥

२

झूठे है बिश्वास कर मान पाया फेर
हरिभजनसों प्रीत कर।
कहावत खेलरी ए अनारी चलेहू न जाने
हारतहै बाजी तुम आन बूझे रीत कर॥

भैरव—जलद तिताला

आए तुम भोर हमारे।
सांचो कहो प्यारे कौनके रैन जागे
डगमग पग धरत धरनीपै
आलस अङ्ग अङ्ग झपकात दृगवारे॥

भैरव—तिताला

१

नित सुमरन करतहै ए सखि ए तिहारे प्रबल
मों मन नयनको सुखदीजे।

महम्मदसाह पिया इतनो मिनती मोरी
सदा रङ्गकी सुन लीजे ॥

२

तुम्हारे मिलनको मैं धाई दौर प्यारे
तोरे औरसे लागी दरशनकी ।
सुन्दर सूरत जबते देखी
तबते तपत गई बरसनकी ॥

३

मैं तुमसे न बोलोंगी प्रीतम प्यारे
तुम औरसों लगाई प्रीत ।
हमसे अवध कर अनत रहत हो
तेरी भंवरको सो रीत ॥

४

निश जागी रस पागी बतियां नयना घूमघुमारे ।
कौन बालको अधरसुघर मध भए पिया मतवारे ॥
आवन लटक मटक भावनसों लटपटात अङ्गसारे ।
सखि गिङ्गारलो भई बावरी तुम जीते हम हारे ॥

५

महम्मद रसूल अरु बीसों नबीयनको शिरताज ।
दीनों अलहवलो अलीसो मार कर कीनो
जगतको राज ॥
जिनको नाम दोउ जहांनमें रोशन
रङ्ग रङ्ग आदिलों आज ।
रफीय सफी-कुल आलमको संवारत दीनके काज ॥

६

मौला करम कर करीम तूही सत्तार जबार ।
आधार बन्देको देहु न्यामत तूही पाक परवरदिगार ॥
जोड़ जोड़ मांगत सोड़ सोड़ हुकुम होत
और दीन इमान सहत और जोवनमुकत सुख सम्पत
पाजं गाजं तुम गुण रहीमहीं गुन्हेंगार ॥

७

तिन मध खेलत लाल भंवर मानों
फली फुलवारी अधरनकी लाली
बन ठन वनिता आईसो पिय मनभाई ।
एकसों नैन सैन एकसों मीठे बैन
एकनको पाछेसे अंकन भरत छवि भई
दूनो दूजे राग हिंडोल मिल गाई ॥

भैरव—चौताल

१

आज सखी लखो मनमोहनो मूरत माधुरी
सुन्दर चतुर सुजन काज ।
सीस मुकुट श्रवण कुंडल घुंघवारो अलक झलक
चलत चाल ठुनक ठुनक अधरन मुरली बजाई तान ॥
भूली सुध बुध सब गृह काज डार दियो बिसरि गयो
खान पान लखि मनमोहन चतुर सुजान ।
बैजू बावरो रावरी करडारो मोहि
न सुहात आन त्याग दई कुलकान ॥

२

आज सपनेमें सांवरो सलोनो सूरत देखी
सैनन करो मोंसों बात ।
तबतें मैं बहुत सुख पायो जागत भई परभात ॥
मधुर बचन बोल मदन मन्त्र पढ़ डारो
उन बिन छिन पल कछु न सोहात ।
बैजूके व्रजको नारी जन्त्र तन्त्र लिखि सारी
कल न परत गात सब दिन रात ॥

३

आलीरी भोर हो आए गिरिधारी
सङ्ग प्यारी कुञ्ज भवन बसे रात ।
श्रीकृष्णराधिका सकल गुनसाधिका
मुदित मन मुसिक्यात ॥
बीरा परस्पर देत सुखनमें
डारत पीक लीक रङ्गभूमिन रङ्गात ।
धोंधीके प्रभु श्यामाश्याम आवत
ललितादिक कहे बात ॥

४

भोरही आएहो मनभावन
कवन नवल तीय सङ्ग जागी ।

अधरन पोक लीक तोतरात बैनन
नैनन सैनन लागे ॥
सांझ अवध बद गए रहे अनतही
सबनिश कहांतुम पागे ।
बलिहारी वारों गिरधारी सुन्दर मुखपै
प्रातही आए मेरे आगे ॥

५

ए मन भोरही केशव कृष्ण कहिए
लइए श्रीहरिनाम ।
गोविन्द गिरिधारी मधुसूदन वनवारी
जगन्नाथ जगकेधाम ॥
मुकुन्द माधो मुरारि बिहारी वामन बैकुण्ठ ठाम ।
श्रीबिठल वासुदेव द्वारकानाथ बद्रीनाथ
राम नाम भक्तवत्सल पूरण काम ॥

भैरव—सुरफाकताल ।

अब याद करारे बन्दे अल्लाहको
जो कुछ तेरा होगा भला ।
निशि दिन ध्यान करो वाहोको याही तू भान मला ॥

रुद्रताल ।

रुद्रदेव त्रिनयन अरुण जटा पिनाकधर नङ्के ।
शिवहर गिरिजाधर वर नन्दी वाहन गौर अङ्गे ॥

भैरवी—ताल फरोदस्त

सागमधपमगरेसागरेसानिधपमधनिमारेगरेसा ।
रेगरेसाधपधनिधनिधपमगमपधनिमा ॥
रेगरेसारेनिपमगरेगरेगसानिधप
मगमपधनिधपमगरेरेगमगरेसा ॥

भैरव—तिताला ।

१

कहियो प्यारेसों इतनी बिनती मोरी ।
मो जीयते जिनबिसारिए
मैं हौं जनम जनम की चेरी ॥
मोहिं कामसो आय बनोहै जैसे नारन छेरी ।
साहः विक्रमके चरण परसत होत वटरजे हेरी ॥

२

कटि पीत पट गहे कंटका अङ्गअङ्गनमें
जाय निशिही खड़े वनमें ।
पटि किधौं कहुं ग्वारनसों भई खाई दधि छिड़ाई
ताके शिखरन करण लागेहो तनमें ॥

३

मोहिं तुमारे दरबारको आसरा
मेरी शरम अब तुम रखलीजे ।
इतनी विनती तुमसों करतहों
मोहिं सुख आनन्द दीजै ॥

४

मौन दीन अमलहक चिस्ती सांचे महरबान
ख्वाज कुतबउद्दीन सेखफरीद सफरगंज ।
महबूब इलाही नाजामदीन तैसेही मुसकल
आमान सेख नसीरउद्दीन दुख भंज ॥

भैरव—अम्द तिताला ।

हजरत रसूल मखबूल अपनीकृपाते
मो मन चिन्ता दूर कीजे ।
दीजे बहु भांतिनका आनन्द सदका
अपने मुरसद ऐनका सुखरीजे ॥
तुरत सुधालीजे आय आशाहै दुखदारिद्र
जनमलों जाय पाऊं इमान औ लाजगुण ज्ञान
धन सेवकहु तुहारि हसनैनका सुखभोजे ॥

भैरव—तं वडा ताल

१

गरुड़धर गिरिधर गजाधर सुदरशन चक्रधरणं ।
जय जय माधव मधुसूदनं परमपुरुष पातकहरणं ॥
दैत्यदमन दामोदरं द्युति अपरंपार दारिद्रहरणं ।
कमलनयन कृपाल केशव कंसअरि करुणाकरणं ॥
विश्वनाथ महीधरन खलदहन कृपाकरणं ।
अहिमायन औ खलवन्धन कालीमर्दन गिरिधरणं ॥

आदोनाथ जगपति जगउद्धारण जगज्जीवन
यमुलार्ज्जुनतरणं ।
अपरंपार अलख निरञ्जन आनन्दघन निस्तरणं ॥
दीननाथ दयालसिन्धु सन्तसिद्ध सेवत सुर
भुवके भार उतारणं ।
भक्तवत्सल धर्मरक्षक करतार कुरम करुणाकरणं ॥
गिरिपतिके प्रभु अगम अगोचर निरञ्जन
निराकार सोई साकार सृष्टकरणं ।

२

तिय प्रवीण परम चतुर मोहन सूरत नागर
रोमरोम सुन्दर ।
नेत्रकमल सुआ नासिका श्रीफल उरोज
कटि केहरि गर्भ गञ्जन पुरन्दर ॥

३

देवमणि दिनमणि भान दिन कहाँसे तिमिर हरत
रैनि तपनि त्रिगुण द्वादश आत्म नेत्र मार्त्तण्ड ।
ईश्वरअपुषा जगतारण जनचक्षु जगवन्दन
पापहरण प्रचण्ड ॥
सूरज सुर सहस्र ग्रह तू वैजानपति
अगति तू अगति सप्तद्वीप नवखण्ड ।
रसनिधान सेवकको दीजे सुदृष्ट कीजे
दीजिए सुर ताल अखण्ड ॥

भैरव —सुरफाकता

प्रजापति द्विजपति आदिदेवपते जगत्पति ब्रह्मा ।
सावित्रीपति चारु निगमपति हंसवाहनपति ब्रह्मा ॥
षड्दर्शन सृगुपति कहियत चतुराननपति
चतुर करमा ।
कर उन्नत युक्त याचक जन बैजू नित उठकरे
परकरमा ॥

रूद्रताल

त्रिपुरारि त्रिशूलपाणि शिव शङ्कर स्वामी ।
डमरु डिम डिम कर नीलकण्ठ फुङ्कत फनेश
चन्द्रभाल कटाक्ष जटा-गङ्गापानी ॥

तिएअवै तिएअवै तियाएेया तिएँएेया तिएँएेया
आआआआआआआआनो ॥

भैरव —सुरफाकता

त्रिपुरारि गरीबनिवाज निवाजन समरथ
पूरि रह्या सब थाय थाय ।
जे तुम्हें ध्यावें मन इच्छाफल पावें
तिहारोही गुण गाय गाय ॥
सुर नर मुनि ध्यान धरतुहैं तिनहुंके मन पाय पाय ।
तानसेनके प्रभु तिहारी अस्तुतिकरं
तिहारो ही मन भाय भाय ॥

भैरव—लक्ष्मीताल

जय लक्ष्मी रमा कमला करुणामयी पद्मजा दधितनया ।
जय महाराणो विष्णुपदसेवनो जगज्जननी
जगनिस्तारिणी जगमोहिनी रूपया ए तियाई ॥

भैरव —चौताल

जय लक्ष्मीरमणा कमलाकान्त श्रीधरभूधर
गिरिधर नरहरिरे ।
नारायण नारसिंह नरोत्तम निराकार निरञ्जन
निरधार भक्तवररे ॥

भैरव—झपताल

साधपमगमनिनिधपगमपमगरेसा ।
सारेगमपमगरेसा बाजत रसबीण सारेगमगरेसा ॥
अतिही आनन्द भरे नृत्यकारी नृत्यकरत
उरपति रप लाग ठाट गतिते सुरबीण सारेगमगरेसा ॥
रतन-जड़ित सिंहासन तापर बिराजित
आदिजोत निरङ्कार जगत नाम छायो
मन वच क्रम ध्यावै
रहत सदा चरण शरण युगराज दास गतिले प्रवीण
सारेगमसा ॥

भैरव—टप्पा ताल मध्यमान तिताला

मैंडे वैंडे सुआमीवे तेंड़े घोलघतिवे
नित उठ जिंद तपदी रहंदिवे ।

१८

तैंडे खातर अपनेंपराए लोक देसाई
तैंडे नु चश्म दिवे ॥

भैरव—एकताला

१

सोना तैंडो वांकी अदासो जोयडर दावे
मैडा पलक तैरो तिरछो' तरवार ।
वांकी तैंडी भौंह कटीली मनरङ्गवर चश्म खुमार ॥

२

जगतनुपालदा वो रामराम जगतके बिसराम ।
तेरी महिमा कहालों बरनूं पतित पावनहै नाम ॥

३

गरीबनुपालदा वो यार रब गरीबनिवाज ।
तैंडी महरदोमें कि गल आखांमहर मसवदे
दिवो यार रबगरो ॥

भैरव—तिताला

१

वांके नैना वाली आवे मैंको करा ।
घायल कर सानु घायल कीता बुरहाबुरहा
कार पालोआवे ॥

२

पिय मेरे आवत हो रङ्गरङ्गाए ।
धित्ता धिर किट तक् तक् धिर किट तक
धिधि किन् किट् तक् तक् धिलांग
धिधिकनधर मृदङ्ग बजाए ॥

३

पिय तुम वहांही जावो जहां सारी रैन जगाए ।
रातके उनींदे जागे आंख खुमारी हैजू
तुम भलेजु भले सङ्गरङ्ग आए ॥

४

पीत मनकी तुम जानो' मोरे हरे
नारायन कृष्ण मनहरण ।
मनरङ्ग सुधबुध जानत हो सब तनको
जगत पोषण भरण ॥

५

कान्हरे आज मोरो बहियां मरोरो ।
पानियां भरन कैसे जाऊं मोरी सजनी
लाज काज जिय मांझ अरोरो ॥

६

हैं सब घरके जागे प्यारे भोर भई
जिन बांह गहो पाय परु'में ।
धीर धरो वलबीर बबाकी सौंह करतहौं तुमसों
फेर ऐसो लला जिन आन करो ॥

७

निधनिधपधपमगपमगमगरेगरेसा ।
सारेगमपधनिसासानिधपमगरेसा ॥
धधनिसारेसानिधधनिसारेगम ।
गरेसानिधनिधपधपमगमगरेनि-
सारेगरेसानिधपमग ॥

८

करीम रहीम वन्दए निवाज पाक परवर दिगार ।
जित देखो तित तुही भरम रहो तेरी कुदरतको
कोउ न पावे एराज नियाज ॥

९

हरि मेरे आएरी व्रजराज मांपर मया कीनी आज ।
धन घरी पल सायत सजनी जित देखूं तित
मोहन प्यारो गए दुख दारिद भाज ॥

१०

हजरत महबूब इलाही निजाम दीन औलिया
जर जरी बक्स ।
ख्वाज कुतबउद्दीन सेख फरीद सकारङ्ग अमीर
खुसरो गंजबक्स ॥

११

घरी घरीमें रही निहार मोंपे मयाकर आए आज।
निश दिन तेरो याद तोहिंसों लागी
चित जित तित नित नयो लाग्यो ध्यान तेरो
तुम्हारे आवनतें गए विरह भाज ॥

१२

मौनदीन मीन लाक चिस्ती सांचो मेहरबान।
ख्वाज कुतबउद्दीन सेख फरीद सकरगंज महबूब
इलाही निजामदीन तेंमे हो मुसकल आसान
सेख नसीरदीन सोश्राव ॥

१३

साहनसाह दीनदुनीके बिन अबतालब
अल्लाय वली आल्ला।
फजल करम कीजे मोसों आज जप रया वसीया
रसूलिल्ला ॥

१४

रैन गंवाय आए हो मेरे प्यारे सब निश
जागत अलसाई।
नयनमें नींद भरे आलसमें जंभात जात
रस बस भए लोभाई ॥

भैरव—ताल सवारी

१

बाजोरे बाजो मन्दिलरा शुभ दिन शुभघरी
लालन घर आज।
सब सखि बनआई करन मङ्गल चार
आज उनके भइला काज ॥

२

दिलकी बियामें कासे कहूं जो गुजरे
सो मेरा रब जाने।
मरादरदस्त अन्दर दिल अगर जो गुजरी
सारे हाल पर ॥

भैरव—झूमरा

कोयल कुहुके माई मोंढिग लालनको बास बसाई।
यासों ते मोसे बोले ढोलन कहूं ना टुक टरे
ढोलन नाई ॥

ब्रह्मताल

थुं नुं नुं नुं नुं नुं नुं नुं दिग् दिग् दिग् दिग्
थेइ थेइ तथेइ तथेइ झनु नुनु झंता झांता
झां झां आनन्द नयनानद सम सानि धपमानि।
निनिधपमपमपमपमगरेसारेरेगरेगमपमपध
निगमगमप ॥

भैरव—ताल पटताल (ध्रुवपद)

बकस लीजिए मोंको रब रहमान दाता
विधाता तेरो नाम।
सदा रज्जदाता पुर गुन्हेगार तू सत्तार परवर
दिगार धरते दुख दूरकरो देवो आराम ॥

भैरव—पटताल

तू अल्ला साहब तेरी चाहमें होंहो आयो।
जब तेरो नाम लियो सब दुख दारिद्र गमायो ॥
तुही तारण तरन तेरे नाम तें जग दरियाव पैरायो।
लाल प्रभु कहे मोहिं देवो सन्तत सम्पत अनधन
दूधपूत होय मन भायो ॥

ख्याल

भैरव—धीमा तिताला

बिनु अबताल अली य वली अल्ला।
फजल करम कीजे मों सों आजज पर
या वली या रसूलिल्ला ॥

भैरव तिताला टप्पा

हां वे सोना तैने मास्तौजा वक्सकोनी
और अपनी पनाह दीनी तू सानु अपनारब दोवे ॥
सदारज्ञ सानु यही दवाईदे दान बाब साहेब तू
लाख बरस जिन्दा रखसि तेंडे पुत तेंडे खेड़े
तेंडे उबरदी करीम लाज सरस सरब दीवे ॥

भैरव—चौताल

१

पिय प्रवीण परम चतुर मोहन-मूरति नागर।
रोम रोम चाहे बरन न जाए मोसों ऐसे
सगुण आगर॥

२

बाजत बीण रबाव किन्नर गावत इन्दर वारी।
तामें कहियत थाटधुन सुघराई
उघटधि लांग तामें मृदङ्ग धुनकारी॥

३

करता तुमको कीनो सब लायक
मेरी मुसकल करो आसान।
जो जो तोहे तकआवे मनइच्छाफल पावे
सब गुणीजनको सुखदाई राजबहादुर
गुननिधान राखत सबको मान॥

४

भोरहि आएहो लाल दे महावर तिलक
भाल अरुण नयन अलसाए गात।
धन युवती जिन विरमाए तुमहिको
जगेहो जहां सारो रात॥
पलकन पीक रेख अधर अञ्जनकी बन रही
बिनगुण माल लाल लजात।
कङ्कन गड़ो पीठ पै प्रीत नूतन कौनसो अतिही
सो जान पाई चतुराई तिहारी जादोनाथ॥
मुकरले देखियत अपनो आप मुख
रामकृष्ण कहे बनावत मोसों बात॥

५

आस पास सहचरी नूपुर झनन करंत
चम्पाकी कली मानों फूलवेश मानकी।
सोंधाकी लपट जैसे दपट देह भौरनकी
विन्दादिक वदन देख उठत कुलगानकी॥
झांकत झरोखन के परदे उधार देखत
आप लागी शोभा सत भानकी॥
मिट गयो अमङ्गल भयो मङ्गल किशोर
सूरज गाय उठो महल जागोजो जानकी॥

६

भोर भए भैरव गावत भर मुरलीमें
श्रीवृन्दावन मध वनवारी।
सप्तस्वर तीनग्राम अकइस मूरछना
लाग ठाट उरपति रपधारी॥
मधु माधवो भैरवी बङ्गाली बरारी सैन्धवी
यह भैरवकी सङ्गनारी।
तानसेनके प्रभु तानन मानन मोह लीनो व्रजनारी॥

७

धन धन मेरे भाग भोर भए आए
लालन सबनिश कहां जागे प्यारे।
आलसवन्त जंभात जात मलीन गात
सांचो कहो बात नन्ददुलारे॥
लट पटि पाग खुल रही पेचनसों
अधरन पीक लीक धारे।
तानसेनके प्रभु तुम बहुनायक सांचे
बोल सांझके तिहारे॥

८

तेंड़े नाल लगे दिल सांवल गवरु छदड़े।
छदडे घोलीयां आमिजां दीयां तेंड़डे॥
रतदेहा मेंनु कल नहीं पड़दीरे दडोपातें
तें दडीया मेंनु यादे सावल मेडड़े॥
वेग्र नजर मैनु घायलको तोड़ुग लीता मनसेनड़े।
मनमस्त बा फकीरा कहे मस्ताने नन्द महरदे
सुत वेखननुत रसे साडे नैंनडे॥

रागसागर

प्रथम भैरव नीके बग्र प्यारे भए
रविके उदे आए राम किरिया खात॥

विभस भए देखियत गात उदे श्रृंगार कौन
तिय ललित बचन बोलतहो तुतरात ॥
बेला बेर बीतगई भली आश पूजगई
देव गरीब निवाज काको भो सङ्गम खटपट भईरात॥
देशाख सुघर तीय सुभा बस्त पहर खड़ो
सुघराई जानि परात ॥
हम आसवारी मारी रैन तुम देव गन्धारी
गावत गुजरी सुन बीती परभात ।
तोरी हमसो प्रीत जौन पुर बसत है
नवल तीय सो देख उन्हे जाय नाचारहो
बहादुर हैरान ॥
जङ्गल जङ्गल ढूंढत हारी झिझवट जिन करो
मेरे प्यारे आशा जीवत बिहात ॥
सारङ्गनयनी पास जावो मधुमाधवो वरहंसनो
सारन्त प्यारे वृन्दावनमध इहा लङ्कदहात
धन धन श्रीमूलतन मन्त्र पढ़ डारो अबहीं
पलकिन निरखत तुमको पूरो या बड़भाग गात ॥
जयतश्री वाको पूरब पूरे पुण्यफल जाको
पूरवा लखात ॥
मारवाने टईहै कामकी श्रीमहाराज
गोरी गोरा टकरात ॥
ए मन होत कल्याणको चाहत भूपाल बड़े हमोर
पुरो रातको मोदीयत कर छाया पग डगमगात ।
ऐंड़ात जँभात बहुनायकहोजु कान्हरवागे
केशर कण्ठमाल कौस्तुभ मणि गहना बोल्न सुहात ॥
वाके दरबार में गए बहार करन हिंडोरे
पांचमें बसत हो भंवर नाम कहात ।
बिहागत भई मेरी खंभा पकर ठाढ़ि रहत
बरज्यो दुख बीती मेरी कासे कहूं बात ॥
सो रटना लागी श्याम मेरी जो जो बतियां
करार कर गए सोहनी मोहनी कर घात ॥
मोहि अहीरी जान गोकुल ग्वालिनकी
चाल चलत चलक छांद कहि जात ॥

२०

कपोल कहां पीक लागी जानो हैजु जानो
दीपक चन्द्रप्रकाश भए लोलाम्बर
भोर आए काल गए अवध दे रात ॥
ए घनश्याम मौला नटवर नरहै वाहीके
गोड़े पग धरात ॥
वांके श्रीविहारी लहर लोम पहाड़पे
काङ्गन गड़ात खण्डिता नायकाको बात ॥
बैजू बावरी रावरी तू तिहारे रागसागर गावत
तिन तिलक सिर मांझ देखात ॥

अथ आलापाक्षर

सर्व्वरागानामालापज्ञातव्यं

ननरीइनाआननउननउआनामअदतनरी
तरिरानाउननना आनराननरनुतानाम ॥
अदनतुं आननतूंतननरीननाआनतानतनुम
ननुतरीन तानुरीरनानता आननान आनता
नरान तनुमूननना आननतानुंतन नरीन
तानाननतान तनुंतननुं तनानाआनन
नतून् नननारना आन ताननरीतानिअनन
ननतानरीन नारीन नानान तुमतुम्
नितना आननरीतननरीता आनरीने
नानतानतुं नननाननाआनरीतननआन
निननरीतानपनननानततानतदरतन
नतानतारण दीलतानुम् नानुनरीआनारि
नरननितनुंनितारण रीततान्‌तनानु आनुम्
अदनतुनूरि अदतननरीरनन आनामतुनतुम् ॥
अरीततनानरीरनानतीननीन उदत तीन आनन
तानरीनन नरानरीननन्दउदतनआदतनरी
ररनरानतुमूनननतुमूतरणनतनरितनन
आदनउदननतनरीतनननतीननीनरीरनानताम् ॥

इति सर्व्वरागालापः ।

अथ ख्याल

भैरव—अलद तिताला

हरि हरि लहो मन मेरे अष्ट प्रहर आनन्द होय तेरे ।
यहलोक परलोक स्वामी जपो निशि दिन सांझ सवेरे ॥

२

रामकृष्ण पूरण परब्रह्म सोई साकार वही निरङ्कार ।
जित तित इत उत वही भरपूर रहो
त्रैलोक्य चराचर घट घट व्याप रहो करतार ॥

रामकृष्ण पूर्ण अवतार सब घट व्याप रहो संसार ।
अखिल ब्रह्माण्डके नायक करता हरता
मोहन-मदन मुरार ॥

४

करीम रहीम बन्दे निवाज पाक परवर दिगार ।
जित देखूं तित तूही भरम रहो तेरो कुदरतकी
कोउ न पावे एराजनियाज ॥

५

एक पलछिन कबहूं न बिसरे माई
लालन नित नयनन आगे ठाढ़े रहें ॥
श्रवनन सुन तुरत रस उपज्यो मोमन आगे
सदा रङ्गीले महम्मदसाह कहे मो बन्दीकरे ॥

६

भई आलोरी बहार वन घन कोयलिया
बोलि डारो डार ।
सुगन्ध पवन चली पी ओरते सुखसम्पद मिलिहो यार ।

७

कौनको डर मोहिं अबतो निडर भई
भईरो भोर ए पिया सोवनदे ।
रात जहां निकसो तो लोग कहेंगे चोर तिहारोसों
नजर लिखा पिया जो होनो सो होवन दे ॥

जागे नगरके लोग अब भई भोर
करत ननदीया सोर ।
कैसे आऊं तोरे ढिग सोता पियवरा
अपनो उमगसों सौतिन को भयो जोर ॥

९

भोरको चिरिया बोलन लागी कागा बोले
चौंक परी पियआए नहीं औरको ।
निशा नींद न आवे कल न परत है
वेग दरसवा दीजै पियवा य पूछूं मैं
तोहिं गुसैंया सुनो कर-जोरको ॥

भैरव—चौताला

चतुरङ्ग हरिगुण गावो गावो नीके तान ।
मान और महाजन गुण कीजिए सुर सङ्गत
सो लीजिए तान मान ॥
द्रद्रद्रद्रतुं द्रद्रतुं तननर्नारेनारेतारेतदारतददानी ।
धाकड़तक् ताकिट तक धुमकिट तक् ड़ताधाधा
किटधुमकिटगिदिगनधा द्र० ।
पपधधपपधधधनिससानिधपमगरेसा
सारेगमपधनिसासानिधपमगरेसा द्रु० ॥

भैरव—तिताला

पलक दरियाव मेरा सांई राईको पर्वत
पर्वत को राई करे और करताहै गुसांई ।
जो चाहे सोइ इच्छासो होय
युगराज वही करे सब कुदरत उसिताई ॥

भैरव—धीमा तिताला

आवो कहा मानों जावो जानि वहां जहांके
जाएते धन जाय मन जाय प्रतीत बचन जाय कुलमा ।
नेक न डरे आवागमनपै ऐसे भरे भरे
निरखत खरे सब वरे परे हसन तुमतो
वड़े मनगेरया गुणनते करतहो
तन मन जराय उलमा ॥

२

जाम पिओो जम जम जुलावको लाभ

तनको होवै सेहत जानको ।

मुखकिल मेंहिल निकलो चौको लो

दस्तो जो निकले खिलत

वगल मसफरा सौदा दस्त वदस्तहो

आनन्द करो हसन युग युग जीवो ॥

३

दरया दरया दरतनदरया ताधिल्नां गदानो ।

तननाद्रुद्रतुंद्रद्रतुंद्रतनातननननननातुंद्रद्रद्रद्रद्रद्रद्रानि

वेतो नबूवत वहार गुलशान् एव कुलसून गारगुलशन ॥

भैरव— तिताला

तानदेर तदेआय लोयलोयाल्लालि

ओननतुंतानदेदाम्र देवादेवा

तानदेरनाधितिलिल्लानारितुम्तदारेदिमतननदिरनुं

तननदेरनुं तानदेरतदेतदानी ॥

आर्हदिम्दिम्धितिलितिल्लाना

तानदेरनादेरनारितदेतदानी ॥

जब तलक सोनेमें दमथा दाग दिल जलतारहा ।

व चिराक जब घरहुवा मालिकथा

जो चलता रहा ता० ॥

२

तोम्ननतानतनदिरनातननननताम्ननना

तारेदानोदोमदोमतनननातननातारेदानी

दोमदोमतनननननातारेदानोदोमदोमतनन

नातुंद्रद्रा गेतुम द्रद्रदानोतुंद्रद्रतदारेदानो ॥

तारेदानोतदेदानोतदरेदानो दोम दोम तननतनना

तननननातारेतारेतारेतदरेदानोतदारेतदतदानो ॥

३

प्रीतम प्रीतहिते परखको जियत

कैसे कहूं रे निपट अटपटी बात ।

सदा रङ्गको यह सुख दीजि ले चलो अपने साथ ॥

भैरव —धीमा तिताला

बालमवा तुम बिन अकेलो रह न सकतहूं ।

आओ घर सूर जन जावो प्यारे सदा रङ्गीले

मन्द हसन मुख मुसकतहूं ॥

भैरव · तिताला

तोरी वारी फूल रहोरी वरन वरनके

फूल वहां वलिगाऊं तोरे रङ्गनको ।

जेतो कलियां दूजे यौवनको मातो और

सबहोको सोहातो वाको तो रखवारो ॥

भैरव तिताला चतुरङ्ग

चतुरङ्ग कथागुण गावो रिझावो नन्दलालको

स्वर तान ताल और राग रङ्गमों घरो घरो

पल पल छिन छिन निश दिन हरि सुमरन चित लावो ॥

पपममममपपपधनिसासासानिनिसानिधानि

धपमगरेसा स्वरसों तान सुनावो ॥

द्रितिलितिल्लानाद्रद्रतुंतननारेतारेतारेदोनतुमतदेनारे

तनादेरेमनदेरेनितनितदेरेतुंतनननतान रिझावो ॥

धमकिटद्रिमिकिटिजनकझनकतकड़झिझझनन

इयातियाइयाऐयाऐयाऐएयाथुंकड़तकतकधिंकड़

भकथकतकधिलांगतिधाधगड़धिन्नातगड़धिन्नाधिंधि

धागेतिटिधागेदिगिन्नागेकिटिकिड़नकतकड़तान्

तिधातालधातिवाड़धाताधाधितानधाधाधाताड़धिधा

धिधिधिताड़धाधिधिधामृदु मृदुङ्ग बजावो ॥

भैरव—एकताला

आज बांशरी बजावे कान्हा कौन

धुन कौन मन्त्र पढ़ फूंक फूंक ।

प्रेम भरी तेरे मुख धरी और नरनारी
मिले धुनसुनले सीयरे सांसरी आ०

रब गरीब निवाज महबूब नपालदावे यार।
तेड़े मेहर दीकी गल आंखों महरम सवदे
दिलहाल दावे

वक्स लीजिए मोंको मीनउद्दीन ख्वाजा
सब जगके तुम राजा।
आो शरन तेरी लागी रहतहै दुखदारिद्र सबभाजा॥

करमकी नजर कीजे ख्वाजा मौनदीन चिस्ती
दीन दुनीको पुस्ती।
इतनी विनती सुन लीजे सदा रङ्गको दीजे
दया धर्म लाज शरम सुख सम्पत सकल स्रष्टन
करे शीश धिस्ती॥

आज रङ्ग है योगी रङ्गहै सो तुम रङ्ग भीने माथ।
अङ्ग अङ्ग बहुभेष तिहारो अलख जगाए नाद॥

भैरव—तिताला

मीयां राझाओ में तैंड सदके कीती घोल घती।
सदा रङ्ग झुक मुखड़ावे खेलाजा जानी तेंवा
जु मैनु और सुझदा
मिलणा करणा असांझललीता मनदा जोवनदालांझा॥

मैं हा वेगुमानी यार मैं तेरी सो दिलवर गुमनी यार।
अङ्गुरीयां दे पीर पीर छलड़ेवांहो
ललमुखड़े पोशल मामले वायाद्या
मोणानु गुजरि सारी रात नीकाजेदा॥

भैरव—चौताल

वेखन कारण यारनु दिल वगाकी
इयां नदी डूंगी विच्च तुलहाल पुराना।
सदा रङ्ग इस्क सच्चा सारातां पेरनाम
नभी गमो पारलङ्घ राझणगरलगां॥

२

जागो क्योंन प्यारे तुम मन मनवा लाग रहिलवा।
भोर भए चिरिया चुहचानी बोले कगवा कारे
तुम जागी मोरे पियारे अब तो भोर भइलवा॥

भैरव—तिताला

भए भिनसारु भइलु जागिल पिया मोराए।
पोह्रो पखेर बाजीरे गजरवा
जगत तरैया छुपाने लागी॥

२

अब तुम जागो क्योंन मोरे मोत
पियरवा हमारी प्रोत तुम सन लागी।
नींदके मातं साहआलम सुरजनुमा भव
नुमा सगरो रैन रङ्ग रस पागी॥

भैरव—चौताल

भए रबि प्रकाश कौन कौनके भवन बसे आए मोरे प्रात।
डगमगात अरसात जंभात हो बलमा
काहे को छिपात हो गात॥

२

तुही मेरे दाता मैं तेरे कने जाचूं।
याचनके याचन कौन जाचों तेरे रङ्ग रूपमे राचूं॥

३

दरबार धाऊं पाऊं दूध पूत और धनधन
बहु विधि रचके गाऊं।
मौनदीन प्रवीण जगतारण कारण
मुकता चरण चित लाऊं॥
आजज जान मान रख लीजे विने सुनाऊं॥

भैरव—तिताला

अल्लाह करीम रहीम रब रहमान करम
चाहत हौं तेरो।
दुख जञ्जाल तेरे सरन ते दूर होय मब मेरो॥

तिन स्वर का ख्याल— सारेग

भैरव

लागि रह्यो नेहरा तुमि सन ए मोरे सइयाँ।
जौलों घट में प्राण तौलों नहिं छाड़िहौं पइया॥

२

भोरही मेरे आए सो बलमा सो काहे
वहीको जावो जहां रैन रहे सारी।
जिन करो मोसन रङ्गरम की बतियां
भूलहु जहँा तहां तिहारो प्यारी॥

३

सौत तुममन वो सोतो लगाय छतियाँ
मोको करेजवा धरक गई लर लई विदेस जाय।
वाको चिन्ता चितमें जो तुमि करो
मितवा हो बलम मोरा जो जब जाय॥

४

बेलरियां सब झुकरही है हरे हरे
बागमें लोने लोने पतवा।
एको चम्पा गुलाब फूली और फूली चमेलरियां॥

भैरव—त्रिवुताल

एमा भोर भई मोरी अँखियन में
मोरे पिया को छवि नित नई।
साह आज मेरे बदल गए जो कहें सो सब सहिए॥

२

बीरा बटोहिया मोरे पिया सन इतना
संदेसवा कहियो मोरा जाय।
बटियां हेरत नैना मोरे अधीन भइलवा
तुमतो डारी बिसराय॥

३

तदारेदानीताणु दीमतनाउदततननतनारेमादानी।
नाद्रद्रतुं द्रद्रतिलिव्वानानातदानी॥

२१

जगत में तनदुरुस्त रखियो यही जिस्मका मजा है।
अपनी ओरसों अरज करतहूं आगे तिहारो रजा है॥

भैरव—सुरफाकताल (ध्रुवपद)

पञ्च सप्त साधे गुणी जो न चतुरदिश आदरीया।
द्वादश मन धन द्वादश नक्षत्र उनके थ्योरे कौन तरिया॥

भैरव—तिताला

मोहि जान देरे घर कैसे जाऊं निरखतहैं
सब नगर को लोगवा।
सब रैन अधिक सुख लीनो मोसों थोरो रहोरी निस
काँपत जीय सबन के डर॥

भैरव—धीमा तिताला

तोरी नगरिया चल बासिहौंमैं सुन सुन
मोरे नाहा बाबुल के देश ना रहिहौं।
एगुसैयां अबको बेर तुम्हरे कारण
सास ननदको सब कुछ सहिहौं॥
कान्हको को गत जाने सो मोरी बात नहो बूझिए।
वाको मुरली बजतही सुधबुध बिसरि जात प्राणते॥

२

आईरी हौं बावरी प्यारेको छवि निरख
सुन्दर चतुर नाचत।
रोम रोम बिरम भयो अतीत सङ्गत सुध
सोच समाचत॥

भैरव—तिताला

बहुत दिन पाछे पाए दरसन प्यारे को आज।
निसङ्क हो गरे लगाय लीनो खड़ेही
तजिभट्ट दोनो लोगन को लाज॥

२

काल अब कैसे परे ए पिया कालते नहि आए मेरे।
हौं समझाय हारो आली पै यह निलज्ज
जीया फिरत न फेरे॥

३

पत्तणा वाली यावे वारी वेड़ो हाल देवन्हे लाँबी ।
चिण मजुरी वारी नाकरझेड़ावे मीयां
सिख दीमु पार लङ्गामी वेहाल
वेवेडी हाल देवन्हे लाम्बी ॥

४

डागों देना लवे छेडवे महिदे नाल डांगा ।
कुजहोर नीमेहि कुजहोर मीम हर मनाही सिरदा ॥

५

अल्लसिहाँ वेरा आवारी वेकड़ो मागे ।
रातदिन मींदी माती खुमारीसी हो रही
भर भर प्याला न्हांणि पावेहा गड़ोमाणि ॥

६

मेधुमाइयाणीहक्कारि दावेलीयां ।
दामण तेड़ा मासुंगल मांड़ा रोजके आततादया ॥

७

मेरा अल्लाभी जानें मोल्ला भौजानें सांइया
अङ्गुलिया दे पोर पोर कलड़े चूड़ीतें भरीहै कलाइया ॥

८

चतुर सुघर सुन्दर प्यारे बिनदेखे
कल न परे घरी घरी पल पल छिन छिन
मेंकूं चाटक तुमरी लाग रही ॥

९

ज्ञान ध्यान साहब सुजान तेरो वेग मिलो
मोर मनके भवनवा अवध बदी मोसे जाम ॥

भैरव—तिताला

जागोरे मनमोहन लाल तुमसो बतियाँ भलीबनी ।
तेरे दरस बिन तरसे जीयरा श्रीब्रजपत
गोकुलके धनी ॥

२

ओ प्यारा मैतेंड़ी गलड़ियां सुनजियां ।
घोल घुमाई सदकेमे आवा वार वार पाणी भी पीवां ।
तनरी ईना तान रोड आदाम ॥

२

मेरे तो तुही तूही है दाता विधाता रब
रहमान रहीम ।
तोपै इतनो मागत हूं मो मनकी
इच्छा सब पूजिये लाज साज रख लीजिए
करम कीजिए करीम ॥

४

हमनू की परवाह मेरे मस्थ कलंदर पिरहे ।
पानीपत करणाल तेरो तखत चबूतरा मन्दिरहे ॥

५

दरबार दुख दूर करो तन अन्दर ते यादरवा ।
या अली या नबी इतनी अरज सुन लीज्यो
यो जाय कही ज्यो बोलि कलन्दर सो ॥

६

सुकर कीता अल्ला दरगाह तू
साढ़ा साहब मैड़ा सुमरत उत्तम नाम
जीव दीता शुकर किता ॥
धन धन परवर दिगार वो जिन अपने
बन्देको मानस जनमे दीता मौला अल्लोजो
करमदी नजर वेखो मेरे रब साँई ।
आसफदौला तू आमरा तेरा औगुन टौल जनो भाई

७

या नबी तुम किरपा कीजे मैं गरीब तुम्हारा ।
बहियां पकर पार उतारो मेरा करो निस्तारा ॥

८

अव हस्त साकी या कद है पुरसर वाकुनू ।
दौरे पल वदिरङ्ग नदारद सिताब कुन ॥
जाँ पेशतर के फेआलमे फानी शवद
खराब भांरा जेजांम् वादए गुल गुवरा वकुन् ॥

९

प्याला ल्यावो ल्यावो यही लव लाई ।
मदके मतवारे सदा रङ्ग तेरे बलजाई ।
प्रेमका मधवा पीला वो सइयाँ सुखदाई ॥

भैरव—तिताला

माईरी जबतें भनक सुनी पियाके आवनकी।
तबतें माई पलकन ते मग झारूंगी रिझावनकी॥

भैरव—धीमा तिताला

प्रभु दाता सबनके रटरे घरी पल छिन।
जो तू चाहे दूध पूत अनधन लछमी इमान
वाको नाम ले वाको रबको नाम ले रङ्गदाता॥

भैरव – तिताला

औमर लाग रहीरी पिया आवन कही बलमा
पिया आवें के बुलाव मोरा पिय सुखदाई।
सगरी रयन मोहि जागत भईहै
भोर भए तुम आए मैं योंही भलो वो
तिहारे मनभाई॥

२

आई डार भवर नदी मैं हीरासोना।
फूल रही फुलवारी सदा रंगीली कलीयां
रस लेही चाहीरा॥

भैरव--इकताला

तोरे रंगीले रस भरे देखत कहा जागी सारी रैना।
सब गुनीयनमें तू चतुर चतुराई करत हो
मोसों अब काहे वहकानोरी बैनना॥

२

साजन लागो गरे दुख दूर करो परे।
जो घरी सुख सन बीतें सोई क्यांन कीजिए
अच्छे अरगजा ले प्यारे तू मोहे क्योंन भरे॥

३

मैं तो कबहूं न छोडूं तुम्हरे पांय।
जबतें तुम गमन कीनो सुरत न लीनो मोरी
बिरम रहेहो जाय॥

४

प्यारे मोरे आ मंदिरवा झपसानु।
जिंदलगी रहदी निश दिन मेंडी सदा रङ्गसांन॥

५

जबतें नन्दनन्दन दृष्ट पड़े आलीरी
सुधरे सघटा भ्रमत तीनरेखा।
नटवर प्रभु वेश धरे अगरूप विशेखा॥

६

कही न जात वाको मोसों तोसों निकाई
कहा कहीं बलजाई।
मुख निरखत थकत हूं तिहारी बात मोपै
कछू न कहि आई॥
बीर बटोहिया मोरे पिया सनवा
इतना संदेसवा कहियो मोरा जाई॥
बतियां रतियां मोरा मन वस कर लीनी
अबहीं डारी विसराई॥

७

भरदे मोहु छबड़े हम चाखें तू भर भरदे।
डूंगर माते डूंगर डूंगर तपड़े मोहूं छनड़े
अचण मचण थी एमाड़े नित उदासी नैनड़े॥

८

मैं तो थाने जाने न देश्यां जाने नदेश्यांराज।
घोड़ लारो थारो वाग पकड़ेस्यां अजब रंग करिश्यां मैं॥

९

सखे आंखो मेरे प्यारेनु रातकीथे
वेगुजारी याबेमिया घिन मंजुरीवारी।
नाकर भेड़ा वेमीयां फंदडातके दोनो मैं हारी॥

१०

तें उठ चलणी राझण तेनू जोर चांदानी।
एक वदीमे ठाड़ी वारो बुझत नाहीं एही
सदा रङ्ग नाल तेनु परे खानो आव दांनी॥

११

मेरे मिया सारी रयन अनत जागी
लोग जरवा बाजत आए।
चन्द उदोत गवन न कीज्ये महम्मदसाह आए॥

११

आए चलसाने राते माते पियरवा

प्यारे कौन कौन सो श्रुतमानो।

कौन कौनके रङ्ग राते जुलम करो मद सन

बलमा जे तुम लुकावत नेह हम जानो॥

१३

बसूरते इलाही किम तरफकी वस्तियां।

जिनके जिगर देखे आखें तरस्तियां॥

क्या लाएथे अदम से क्या लेचले जहांसे

यह मौत जिस दोनो आपसमे हस्तियां।

१४

दोम् दारा दिरदिर तिल लनाग्उदम

तुम तम तुं तुं तना तुम तना तदरेतना

दिर दिर नादेर देर तननननद्रद्रद्रद्रद्रानो।

तुम तना नित तुम तनारेदोमृदोम्

द्रत तिला नाद्रत तदोमतननननननद्रद्रद्रद्रदानो॥

तननन तिगधाति गगनागिड़गिड़

धागि धिन धुन किट किट कि॥

तिड़ि किड़ तक् तागिदि गनेधे तिड़ किगिड़

धिर तक तगन धा गेति ड़िकिड़ तक तांग धाधा ऊधा॥

१५

मोरी चालो जबतें भनक परो पियके आवनको

पलकनतें मग झारूंगो।

मानमिले सुरजन मैंणो तन मन धन सब वारूंगो॥

१६

गरोबानुपालदावो यार रब गरीब निवाज

तेड़रे महरदि मैं किगल आंखां महर

मसाड़ड़े हाल दावो यार॥

१७

सोभावे मेरी गलीयां पुन पुन कलीयां।

मानूंगी रलीयां दोन दयाल कृपा करी मोपे

यही बात भलियां॥

भैरव—जलद

पिय तुम् वहांही जावो जहां सारी रैन जागे।

रातके उनींदे जागे आंख खुमारोहैज्

तुम भलेजु वाहोके रस पागे

भैरव—इकताला

तननाद्रद्रतंद्दनातनदिरनातदानो।

तनउदतननननाद्रद्रदोनतनननननानतनुमतनुम।

तदोनयरेतदोयनारेतुमतननननातनननननदोम्

तदृदमोतदतदानो॥

भैरव—होरी

मछरीया मेंहदी लागी मेरे लाल हाथनकी

हांरे कैसो बनीरे लोगवा।

सदा रङ्ग मिलिया रङ्ग धुलिया माई

इछरीया पूजों मेरे मनकी॥

भैरव—तिताला

जिद माड़ी यारांदेनाल लगोवे।

अदारङ्गन् जदमे पावा गर लगावो

बिन दिठियां मैं ठगी॥

२

सचो आंखि मेरे प्यारेनु रातकोथे वेगारियां

आप छड़ जांदे वारी नालमहो यांदे पेड़डा

तकदोमि हारियां।

दाद सुणो रब सांई यारव मांड़ो

इस नगरो बीच वे आलम वसदे

महर कोसो विच नाहीं यारवा॥

भैरव—चौताल

कीतावे करेजा मारदा यारदा गम खाखा।

कि पुछदेवारी आजज दोल वेकरारदा

होतो जारी यादे माल गुजरदा॥

भैरव—तिताला

मेरे वसन्तको मुवारकदी ज्यों प्यारे

महबूब निजामदीन औलिया।

वेला फूले दरवाजे सदा रङ्ग रसिया अम्बवा मौरीला॥

भैरव—धीमा तिताला

असकर मधुवा भरभर प्याला मोको पिवावे।
तोरा वलमुवा अवतो मोको भईरी खुमार।
आप छकोला और चमकोली कोरी सुरैया
सिरवा भर भर ल्यावे॥

भैरव—तिताला

श्यामसुन्दरको ध्यान रहत निश बासर एरटना।
यह बिचार कर देख जगतमे हर बिनको अपना॥

२

कां तेरोइ तेरो सगरो सुमरण करले मन राम।
इन सुरन कामा आठ पहर चौसट घरी ध्याइऐ नाम॥

३

तोरी नगरीयामे न रहूंगी तूंतो अनत करत रसभोग।
सदा रंग रस रंग करत हमको दोनों है जोग॥

४

आजतो रैन जागे आए पियरवा घर मेरे।
अङ्ग सङ्ग रङ्ग लागी प्रगट दुरावत गात छिन लखे
पल झपकत आए डेरे॥

५

पलक दरियाव मेरा सांई।
जो चाहे जुगराज करे छोड़ कर सब कुदरत उसी ताई॥

६

भइलो हां बावरो बिन देखे नेक न सुहाय।
जबते गवन कीनो विदेशवा
भवन न भावत कुछ नहो चाय॥

७

भइरी बड़ी भोर प्यारे अब जिन बोलो
जानदे घरवा मोय।
दोपक ज्योति भई पिय राई निरखो नैन उघार
श्याम तुम अब जिनटोके मेरो सौहे तोय॥
रस चोरी चोरे निभहतहै जानि बूझि हटना
करिए हरि गुरुजन सध॥

२२

ब्रजके सब लोगवा सास ननदीया कांहै।
उघर जायगो रस चरचेंगे ज्ञानदास यहनहीं
कछु बातें प्रगट भए तें दिन दिन अधिक लजोहै॥

भैरव—धीमा तिताला

अबहूं न आई तुमरो सुन जर लीनी
क्या पिया जो होनी होय सोहोय।
सदा रङ्ग सुन जर देखिए जोय॥

२

लङ्गर ककरिया जिन मारो मोरे अङ्गवा लग जाय।
सुन पावें मोरी सास ननदीया जिन
दौर दौर घर आय॥

३

साहनसाह दीन दुनीके बिन् अब तालव
अलीयवलो अला।
अपनी करमको जोस आजज पर या वमी या
रसूलिल्ला साहनसाह दीन दुनीके भला॥

४

कमलो वाले अनोवे मैंड़े कमलीवाले पर कुरवान।
हांटो मैंड़ो जिदड़ोतु सोर वसाडड़ेबन्दे पें मेहरवान॥

भैरव—झपताल (ख्याल

सोयरी वहे पुरवैया बिनहीं गरवालाय पियवा मोरे।
करहूं मनुहार दोउ करसों करलेहों
बलयां परहूं पइयां तोरे॥

भैरव—ताल झमरा

लाल मेरे आएरोहों अपने करसों वारो।
तन मन धन सब उन कों दोनों और जीवन धन प्यारो॥

भैरव—एकताला

होंसुर जनवा हमारो और प्यारे प्रीत कोनो नवेला।
अति दुर्ज्जन बिच छोड़ चलोहै मिलिए तोएक बेला॥

२

बिजरोया चमके पियाके देश हमको दोजे बिदा।
इनके मनतें मेरी मनहै या तन रैन मिल जाय सदा॥

भैरव—एकताला

आएजु आए भोर भलेही सब
निश जागे दृग अनुरागे पागे रङ्गत वोर।
भलेही आवो बैठो बिजन ट्राज चक्रत
भए नव कुसुम किशोर।
आनन्दघन रस बसको छवि रहे वात
औरतें भले आए जोर॥

भैरव—जलद

प्यारा मेरा माईरी मोसां करत अनरस।
है कोई हितमो उनहो समुझावें
वे ज्योंज्यों मनावत त्यों त्यों होत सरस॥

२

बार बार बरजो मैंतो यह कौन चतुराई।
जामे साहको प्रकृतहो मिल चलिए
अब याहीमें बड़ाई॥

भैरव—ताल धमार अक्षर

मगमध मेरे मगरे धनीसामरेमानी।
पगमें धरे धरे पगधमधामरे साम रसानी।
सारे गाममें सगरे मगमें धाम धामपे पधनी।
साध साध पग धरे सदापे मीगे एक नमानी॥

भैरव—एकताला

भवानी विद्या दीजे मोकों।
सुर सङ्ग तैसे गाऊं बजाऊं याते पूजूं मैं तोकों॥

भैरव—ताल धमार

पगमधरिसानोपरेसपगधरेरे।
रीससमाध होरोगानीमाधमाधमानीधपमगरे॥

२

नैना तेरे रङ्गीलेरे रस भरे देखत कहां जागे मारोरैन।
सब त्रिनयनमे चतुर चतुरायो करत
अब ऐसेहि पहिचानें॥

भैरव—एकताला

आली मोहि लागरी औसरवा प्यारेकी
मगरी रतियां जाग जाग कीनों भोर।
कोउ करतार सांवरो प्यारा मिलावे
उमगसो वे ज्यों भए चितचोर॥

भैरव—तिताला

सोवत नगरमें बोल्यो कोहे बगरमें।
एक हरदे मोहि साम ननदके अलियां
गलियां डगरमें॥
प्रात समे उठे नन्दनन्दन विरहा भोजत भारमें।
आनन्दघन ब्रज उहिहो सबेरे सास ननदके डरमें॥

४

तुम गुण गाओ मुरलीधर कैसो
शिव विरञ्च सनकादि भेद न पायो।
ज्ञान ध्यान जप तप अठारा पुराणने नेत नेत गायो॥
लिखत भवानी दिनरात जाके गुणको पार न पायो।
चञ्चल सम प्रभु दृग रसाल सूरतजो हिरदे
बसे तुम गुण गायो॥

२

भोर भइलवा तरसत रस दरशन पाइला लाल तिहारे।
नेह लगिल प्रीतरसको बतियां करत मोसे
मीठी मीठी प्यारे॥

भैरव—एकताला

मैंतो कबहुं न छाड़े तुमरे पाय।
जबतें तुम गवन कीनो सुरत न लीनी
मोरी बिरम रहिले जाय।

होरी ताल

बालसुवा मोरे तुम बिन अकेलो रह न सकत।
सुनो घर डर लगत सदा रङ्ग रत॥

भैरव—जलद तिताला

भोर हुवन लागे बल जाऊं प्यारे नींदके मांते दुलरवा।
उठ क्योंन बेग बलालु दीजे दरस अखियां
निहाल मुख सुन मोर॥

२

यलो वली यलो अवि अपने अवितालव।
दीन दुनीमे रोशनी निहारो छविदेत वफपर गालव॥

भैरव---तिताला

माजन लागो गरे दुख दूर करो परे ।
सगरी निशा सुख सन बीत गई क्यौंन कीजिए
अछे रङ्गीले प्यारो क्यौंनहीं प्यागे तुम मोहें
क्यौंन बाह भरे ॥

२

पयारे मोरे अब न जगावो ।
सगरी रैन मोहि तलफत बोतोमियरो सेज जिन लावो ॥

३

धाय धाय टोरम टोरम बाजे मन्दिलरा ।
धाकिट तकथुम् किटतकध धोगनध धोगनधा
धाधा अच्छे बिधन मों परत मान ॥

भैरव--आम हवहर

पञ्चमको सुरताको विस्तारकरे तब गुनी जाने ।
मधमानीसागधानीमागाने ॥

तिताला

दोम तदोम तननन उदानो दानो तदानो ।
निलिलानातुंद्रद्रदानो अबतो तेरे टावमें आके फसे
बतादे याद क्या कीजिए दोम ॥

भैरव—धीमा तिताला

तादिरना तनुम दिरना धितिलाना द्रदानो तादिरना
तुझे शजो वमे मजो मारा करदा मीर
दामोरदा हमरङ्ग जामीबुत् गिरिफ्तार मोदोम् ॥

भैरव --एकताला

मो मन तेरे दुख दूर कीजे हजरत फरीद शक्करगञ्ज।
यह सेवक बिनती करतहै अपनी दयाकर
पार लगावो खेवा जाय रञ्ज ॥

२

मौला अली मुशकिल करो आसान ।
तिहारी मदतको अल्ला रसूल हजरत हुसेन
इमाममौला ॥

भैरव—तिताला

तिलाना मायनेके आगे मन्दर दोस्त तू मोरे तदानो ।
तू दर दर फिरे मत तन अन्दर दरद मानतूं मेरेभा
दरद जान मन मानो ॥

२

तनन तनन तान लेत मनन मनन गान करत
तेरे तो तनमें दरद होन् है दोस्त ।
तादिन तुमने तन मन रङ्ग रङ्गे तुम न माने
मनहीं मन ध्यान तुं तमतु मननुं धनतुं तोस्त ॥

३

तान दिरत देना यली यला यलाले उदानो ।
तुम तान्दिरत देना देना देना
तान देरना धितिलितानातिनुँ तदारे दानी
तनन दिरनुनानदेर तदेदानो ॥
आहे दोम दोम धितिलितिलानो
तानदिरनादिरनारेतादानो ।
यललीयलाम ४ यला २ यललललललललले
दरद हगकेआसदोखोदवलकोपसाद ॥

जद बादशाह सुफन लाए वु
दरख्वादकेकुनम् शोरद रवाहो
अजब कारतुं मुश्किल माजराए ॥

५

द्रद्रदोम द्रद्रदोम हैयाहे जा नंमकन बेवफाइ नितरङ्गशो।
या इलाहो दोन मौला हमोमन यापोरो या
निवाजेना द्रद्रतुं द्रद्रतानरे द्रद्रदानो ॥

भैरव—जलद तिताला

प्रीत मनकी तुम सन मोरो हरनारायण ।
अनेकनाम नरहर तुमरो तो रस बतियां
कौन सो कहो मन ॥

२

माइरो मोरो सुन सेज डर लागत पिय बिन मोको
अँखियन नोंद न आवे ।

कौन सौत बिरमाए सजनो अजहुं न आए
मखरबान पोअब मोहब्बत मै उनके पड़ना छोले गई।

३

आनन्द भइल मोरे मनचित आए मोरे पास।
पग परसन नोछावर करहुं सदा
रंगीले बलमा मोरे पूजो मोरे मन की सबहीआस॥

भैरव -एकताला

नयना तेरे सबही निश रहम लिए
कायमजंग लालनके सङ्ग जागे।
उनींदे अरसाने कजरारे मद छके
और अति कामरस पागे॥

२

मो पै सुदृष्टि कीजे मनमोहन माधो।
तुमही सकल देवनके ईश मेरी इच्छा कामना साधो॥

भैरव--जलद तिताला

कोलो दिन बौराउ माई उन बिनकों समझत नाहीं।
एहि रात दिन ध्यान करत है मोहिको
कठिन मन तनक समझत नाहीं॥

२

प्यारे मोसों भोरोसी बतियां
करन लागे रसिक रसीले सुरजनवा सोघतीयां।
आजज तुम बिन कल न परत है
कैसे कटे दिन रतीयां॥

३

जानदे छाड़दे मोगरे अचरवा ढीठ लङ्गरवा।
अब निरखे मोगे सास ननदीया करचवाव
कबहुं बहीयां मरोर लेत कबहुं गरवा
लगाय चरचा करे सब घरके लोगवा॥

४

अब मैंमों कहतहूं प्यारे नेकन मोरो मान।
आछ और कतन जातहो बलमा सदा रङ्गीले
मत रस पागी जान॥

भैरव--जलद तिताला

लङ्गरवा ढीठ हो मोसों कहतहै अनोखी बात।
छाड़ और मग मेरोहो आवत और सखा ले साथ॥

२

प्यारी सुनले मोरी बात अबतो सों
रङ्गरस करिहों साध।
धरी एक कुञ्जमहल पगधारों हाहा छिन अपराध॥

३

पियरवा घर मोरे अङ्ग सङ्ग रङ्ग लागे
आज तो जागे आए।
प्रगट दुरावत जात चिह्न लखे पल झपकत आए।
ज्ञानदास अब एसेकोन्हो जोतोए ठग पाए॥

भैरव -ताल सवारी

बनवारी आलीरीभोरही बन जातरह्यो
गउअन सङ्ग औचक भेंट भई रोसंग।
रूप सरूप सुभग नटनागर आगर सब गुणसागर
नखशिख रूप सुभग अङ्ग॥

२

रैन जागी बनी सुघर बनाके सङ्ग।
रसभरे देखोरी शुभदिन केसरीया
बागे नीके लागे ललित काङ्गन मोहे हाथ उमङ्ग॥

भैरव--एकताला

दीमतदीमतननतउदानीदानीतदानी
दितीलानानतदरदानी।
जहां कोईदादनहो देवेतहांको यादक्या
कीजे अनिफ आनफ्से सहीहे॥

भैरव--तिताला

आनन्द भइलि मोरे मन चितमे छुपो
आए मोरे पास।
पग परसन नोछावर करहुं सदारङ्गीले
बालमुवा मोरे पूजो मनकी सबही आस॥

भईरी बड़ी भोर प्यारे अब जिन बोलो
जानदे घरवा मोंहे।
दीपक जोत भई पियराई निरखो नैन उघार
श्याम तुम अब जिन रोको मोंहे तेरी सोंहें॥
रस चोरी चोरी करत हो मोहन गुरुजन
और सब ब्रजके लोगवा सास ननदीया जोहें।
उघर जायगो रस चरचेंगे आनदास यह नहीं
कछु बातें प्रगट भएतें दिन दिन अधिक लजोहें॥

३

ऐसो मोरी बतियन पर मन
उरझिए नरहे एरी बस कहो कैसी करू।
कहा कहों अंखियनकी गैत बसभई श्याम
छबि निरखि मङ्क नहीं छबि फिरत न हांफरू॥
नैन मूंद रही मनमुख धनी मानत नाहीं काहुकी हेरी॥
दास हरि मन बचन कायि दाहूं पिय प्यारी
चितवन को दरसन भई प्रीतम मैं चेरी॥

४

पिय बिन रहो न जाय सजनी घरी घरी
पल छिन निशदिन रट लागि रहे।
औरनके बस भए बलमुवा मोहिमन कछहूं नहिं पूछत
बतियां रतियां रहत उन कैसी करू सहेली टरे॥

५

बहोत दिना तुम छिप छिप बैठे अब तो हमने पाएहो।
मोमको चादर मुहु पर लेकर अहमद बन बनआएहो।
अहद अमद सलकुतम होंके सब कुछ तुम्हों कहाएहो।
कहा कहों मैं कमाल तुमारा यहां
महम्मद नाम धराएहो॥

६

दोमें धाऊं पाऊं हजरत ख्वाजदीन शकरगञ्ज
सुलतान मसायक महबूब इलाही।
निजामदीन औलिया अमीर खुसरो केवल बलजाही॥

भैरव—धीमा तिताला

दानी धिति धीतीलाना तिलिलाना तार तदानी
उदनतुं तनि तनि तनि तनि तत दरदानी।
द्रद्रतुं द्रद्रतुं द्रद्रतुं तननननन उदनतुं तननन
तनं तनं तननारे नारे नारे नारे तुं तदरदानी॥

भैरव—अध्द तिताला

छैलवा गागर मोरी उतारो कौन प्यारेरे॥
गगरी उतारत पानी नाहीं छलके मैं बलजाऊं तिहारेरे॥

२

हजरत महबूब इलाही निजाम दीन औलिया
जरजरी जरबक्श।
तहालों बड़ाई करहों तिहारी पोर मेरे सरसरी
सरको सकस्॥

एरी मैंतो रही हौं बदन निहार वापर गई बलिहार।
जहां देखतहों प्यारा भरपूर रहो
वाको सूरत मूरतको काऊं न पावै पारावार॥

२

आज भोरही आए पिय मेरे घर कोन तिया बिरमाए॥
सब निश बीती गिनत तारे कौन तीया बिरमाए प्यारे॥

६

हो पिया अनत रैन जाग आए।
हमसों अवध बद अनत बिरम रहे जावक भाल लगाए॥

४

लाल तुम आए भोर भइलवा बहुता रस आवै
दरसन पायारे।
नेह लगोना प्रीत लगरहो रसकी बतियां करत
मोंसे मीठी मीठो प्यारे॥

५

भइलारी भोर गजरवा बाजन लागो
आवो बलमा हिल मिल गरवा लागो तोर।
पार परोसन लोगवा जागे सास ननदीया करे सोर॥

२२

माईरो मोरो सूनीसेज डर लागत पिय
बिन मोंकों अँखियन नींद न आए।
कौन सौत बिरमाए सजनो अजहूं न आए घर
मह्रवान पिय बेमह्रोब्बत मैं उन दिन लाए॥

भैरव—आड़ा चौताल

प्यारीरी मुख खोल देख बोल रैनतो योंहीं बिहानी
अरी बाला कहा जो कहूं तोरे मुखकी बानी।
दूजो बात कहत तोतरानी भोर भए आए
लाल जब चिरियां चुहचुहानी॥

२

अबतो जाने दे मोहे थोरी रैन रही पीउ।
फीको भयो तंबोल बोलन लागे मोरहोवन लागी भोर
सास ननदकी डरतें कांपत है मेरो जीउ॥

३

महादेव शिवशङ्कर पिनाकपानि।
आड़म्बर बाघम्बर जटाजूट गङ्गासङ्ग अर्द्धाङ्ग भवानी॥

भैरव—होरी

आएहो भोरही लला मेरे रैन के जागे
नींदके माते कहूं होरी मनाय मनाय।
उर उलटी माल नैन लाग' पीक लाल अधरनपे
काजरको टीको काहे देत यह लच्छन अब
कहा होत बात बनाय॥
तुमहो रसिया ठौर ठौरके रस लेवेको
चसको कैसे जोयत जाय।
याहि सोचमें जोय जातहैं मेरो हाहा
तेरे हां कामको नाहीं
रसखेल उनहीं सङ्ग खेलिए जासों नयो हित लाय॥

२

आएहो मेरे जामनो जागे और
तियाके बैन कारत अनोखे।
रसकारो आय अपनी प्यारी सों कामजङ्ग बनआए अबचोखे॥
काम नेह रङ्ग उन सङ्ग उपज्यो जोहै
हितू तिहारे लेखे।
मुकर तकों बलजांउ वे कहे देतहै
अनुराग जागे नैन देखे॥

३

मुरली बजावे पुन गावे नैन न्यारे ही नचावे यहि बिधि
तियनके मनही रिझावे।
दौर दौर कान्ह पनघट होपे आवे घटही दुरावे
रसनामें प्रेम जमावे॥

भैरव—धमार

दिर दिर दिरना तनदिरतदीयनरे दानी तनदिर नादानी
बहार आमद मरा जंजीरद गुलसन ने दवा गंवाइ
न माल ततबो वतोरे मन कुनद॥

भैरव—वसन्त तिताला

कोयल बोले माई मोरे ढिग लालकी बास पाई।
अम्बुवा मोरानै टेसुवा फुलाने
मधमातो वसन्त ऋतु आई॥

भैरव—तिताला

कैसे जाउं भईलो भोर निरखत हैं सब बगर की
लुगाई फरोदस्त मोहि जानों घर॥
सब रैन अधिक सुख लीनों मोसों निहारो
रहिलो निश कांपत है सबनके डर॥

२

मोसों नेहरा लागिला रखो मद्रमन पियरवा
अब जिन तोड़ो।
हांतो बनो रहो चेरो तेरो कैसे जीवन होवे मोकों
तुम जो छोड़ो॥

३

कारन रहत हो प्यारे तुम झूठे बैन।
सदा रङ्गीले सुख सम्पत चैन॥

भैरव—झपताल

सागम मध पमगरे सागरे सानीधपम धनी सारिगरेसा।
रेगरे साध पधनी धध पमगम पधनी सारे गरेसारेनीगम
गरेगरे गसानी धपमग मपधनी धपमगरेरे गमगरेसा॥

भैरव—सवारी

अनी उठो सुतियां यांणो वो रांझणा देमना वणनु
चन्ने जोदाड़ो घुमाय घुमाय गलपाय पाय पन्नेखाक
पेरीले सिरानु मन्नि समझाय रिझाय भिन्नि॥

२

अनत जाय बिलम रहिला पीउ ना जानूं
कौन तियाके सङ्ग।
हमसों अवध बदि औरनमों रङ्ग रस करत फिरत
सखियन से नएनए ढङ्ग॥

३

टामतना तनदिरना तनदिर दिरना तनदिरना तादानो
यारे मनय लाललेदो०।
न दिन कीं चैन न रातको ख्वाव आंखां में जबसे वो
खान अवाद आंखां में टो०॥

४

तोरो बागे फूल रही हांरे कलियां
महक रहीली सुगन्ध।
फूल रहोहैं नई नवेलरियांरो सब बरन बरनके अङ्ग॥

५

द्रमद्रम बाजुरे बाजु बाजुरे मन्दिलरा
साजन के घर काज।
सब सखियन मिल देहो मुबारको
नवल बना पाया राज॥

६

एरी माई हों पहरूंगी चोलरा हरियाला
चोलरा चोलासो।
पचरङ्ग पाग में पियाको अधाउं सब सोतन घर सालरा

भैरव—ताल खमसा

करत रहत हो प्यारे मोसों तुम नित हित चितके
झूठे झूठे बैन।
औरनहो तें जीयकी बात नित उठ गिरह जात
दुरायर करत हो नैन सैन॥

भैरव—सवारी

राधे तेरेरो आंगन अमृत फलियो डालरीयां।
असुंअन सींच सींच बोजूंगी अंबुवा बोतो
सोइ बैठि छावरीयां॥

२

पिउ भोरही आए अति मामन भाए लागत रङ्ग सवाए
जावक तिलक लगाए अधरन अञ्जन लाए
बोलत मधुर सुहाए॥

३

प्यारे मोंग जिन तोड़ो मोसों नेहरा।
तुम बिन मोहे कल न परत है भावत नाहीं गेहरा॥

४

करत रहो प्यारे नित गार।
अवध बदि निशाके सिधारे आएहो भिनसार॥

भैरव—धीमा तिताला

साजन लागो गरे दुख दूर करो परे।
जों घरो सुख सन बीति मोर्ई क्योंन करे अतर सुगन्ध धरे॥

भैरव - तिताला

बनेके लागारे लागावो टोना।
जब मेरा नगर बना आवे अकेला पटिया
गुंथावे सुगन्ध सना॥

भैरव - सवारी

हजरत निजामदीन चिस्तो जर जरो जर बकसपोर।
जोइ जोइ ध्यावे तेइ तेइ फल पावे
मेरे मनको मुराद भर दीजे अमीर॥

२

अनत जाय बिलम रहिला पिउ न जानो
कौन तियाके सङ्ग।

हमसों अवध बदि कहि औरन सों रसरङ्ग

करत सखियन सों नएनए ढङ्ग ॥

२

तोरी वारी फूल रही कलियां महक रहीली सुगन्ध।

फूल रहो हैं नई नवेलरीयां अब बरन बरनके रङ्ग ॥

भैरव · तिताला

भए भोर प्यारी चिरियां बोलन लागी

गावत गुनी भैरव राग।

बन्दीजन बिरदत और गुरुजन पुरजन जागे

बाजत मृदङ्ग धुम किट तक् धिलांग ॥

२

भोर भइल आवत सरमानें टरम आधतें लालन आए।

नेह लागिला प्रीतम मेरे बतियां करत मोंसों

मीठी चाह ॥

३

मन बैरागी मेरा करतार मन बैरागी।

निश दिन सुमरन ध्यान हरिका चरणन में अनुरागी॥

४

जोगीया रावला भोरही आए मेरे।

भिक्षाटे देलें टाबी नाहीं चितावन करत चितेरे ॥

५

या अल्ली या नवी मुशकिल करो आसान देहो

मुराद मनकी।

तुम बिन मीत नहीं और न आसरा ऐसे समय मेरी

बाँह गहो सुध न रही मनकी ॥

६

सगरी रयन के जागे पागे सुघर सुरजनुवा तू बलमा

भोरही भोर मेरेही आए।

हसन और बसन कर लीनो चिरियां बोलत

तन मन धन नोछावर कराए ॥

७

मेरी जिय गौर करले दाता रब सांई।

दे दिलादे हुकम करदे धन धन ए राम गुसांई ॥

राति माती अपनें पियाके सङ्ग एसा कोउ होवै

हमरा दुरजनसो तन डरे।

अनन्द भोगवा करहु मोरे मन रहस रहस कर

अपने पीतमसों काहूसों मोरा जो न डरे ॥

९

जाइए सुलतान के वारने।

दिलवर दिलारा आकवत खैर चाहे इमान जके वारने ॥

१०

दोउ अनुराग भरे आए रङ्ग भवन भाग

मघवासेभी लखि लागत सहल है।

बैठे एक आसनपै एक मङ्ग एक रङ्ग

उठ्यो न परत अङ्ग कोमल कहल है ॥

एकन ले अतर लगायो देव दोउनपै छिरकके

गुलाब कियो बीजलो बहल है।

ले बीन परवीन परवीनो सखि अलाप

समझे सुरपुञ्जनतें गुञ्जत महल है ॥

११

श्रीकृष्ण नाम रसना रट सोई धन्य कलि में।

जाके पद पङ्कजकी रेणुकी बलिमैं ॥

सोई सुकृत सोई पुनीत सोई कुलवंता।

जाकूं निश दिना रहे कृष्णनाम चिन्ता ॥

योग यज्ञ तीरथ व्रत कृष्ण नाम माहीं।

बिना कृष्ण नाम कलि उद्धार और नाहीं ॥

सब सुखनको सार कृष्ण कबहू न बिसरिए।

कृष्ण नाम लेलें भवसागरकों तरिए ॥

श्रीगोवर्द्धन धरन प्रभु परम मङ्गलकारी।

उधरे जन सूरदास ताको बलिहारी ॥

भैरव · एकताला

कृष्ण नाम भावै मोहि कृष्ण नाम भावै।

बलिहारी ताको जो कृष्ण नाम गावै ॥

बसुधाको सार कृष्ण मेरे मनको आधार।

कृष्ण श्रवण मङ्गल रूप कृष्ण सब बिचार ॥

मन्त्रन को मूल कृष्ण हरन सकल खल कृष्ण
ब्रज समुद्र कों सार कृष्ण शिवको आधार ॥
मेरे रसनाको भाग्य कृष्ण मनको सुहाग
कृष्ण सब तन्त्रनको तन्त्र कृष्ण सब मन्त्रन सुधार।
यह रामराय कहत कृष्ण कोंही जपत भगवान
कृष्ण वारंवार ॥

२

हरे हरे हरे कृष्ण कृष्ण राम राम राम।
नारायण नारायण वासुदेव वासुदेव गिरिवरधर
गिरिवरधर श्याम श्याम श्याम ॥
दीनबन्धु दीनबन्धु बैकुण्ठधाम।
होत प्रात बड़ पुनीत लेत हरिको नाम ॥
दामोदर दामोदर चक्रपाणि चक्रपाणि।
नरहर हरिनर हरहरि मुररिपु मुरारी,
मधुसूदन मधुसूदन सांवरे बनवारी,
यमुनाके नीरे तीरे वृन्दावन धाम।
सूरश्याम रटत रहत राधावर नाम।
भोर उठ सुमरन करो होय सबही काम ॥

३

बाँसरी बजाई आज रङ्गसों मुरारी।
शिव समाधि भूलि गई मुनि मन तारी ॥
वेद भणत ब्रह्म भूले भूले ब्रह्मचारी।
सुनतही आनन्द भयो लागीहै करारी ॥
रम्भा सब ताल चूकी भूली नित्यकारी।
जमुना जल उलट बह्यो सुधि न सम्भारी ॥
श्रीवृन्दावन बंसी बाजी तीन लोक प्यारी।
ग्वालबाल मगन भए ब्रजको सब नारी ॥
सुन्दरश्याम मोंहनी मूरति नटवर बपुधारी।
सूर किशोर मदनमोहन चरणों बलिहारी ॥

भैरव—तिताला

दध की मतवारे कान्ह खोलो प्यारे पलकें।
सीस मुकुट लटा छूटी चौर छूटी चलकें ॥

सुर नर मुनि द्वार ठाड़े दरस कारन किलकें।
नासिका के मोती सोहैं बीच लाल ललकें ॥
कटि पिताम्बर मुरली कर श्रवण कुण्डल झलकें।
सूरदास मदनमोहन दरस देहों मलकें ॥

२

भोर केही मेरे भाग जागे सांवरे सजन आया।
सोहनी सूरत भवी अंखिया चढ़ियां रङ्ग सवाया ॥
सोंधे भीने बाल सजनदे सखियां गर लाया।
मनदी मुराद पूजिया सब पिय खुशाल पाया ॥
तन मन धन सदके कीती ओवड़ा घोल घुमाया।
सांवली सूरत माधुरी मूरत देख छवि सुख पाया ॥

३

चिरहीनके पुनुहात प्रात जागी दुलही
गुरुजनकी शंक मान भोरही उठ जागी।
रमक झमक आयके यशोदाके पाय लागी।
देत असीस नन्दरानी अवचल सुहागी ॥
चिरञ्जी रहो सुन्दर जोरी निरख निरख हिय सिराई।
श्यामा श्याम छवि देख बलि बलि बलि जाई ॥

४

देखोरी एक बाला योगी मेरे द्वारे आयो है।
दिगम्बर ओढ़े बाघम्बर सीस नाग लिपटायो है ॥
माथे उनके तिलक चन्द्रमा योगी जटा बढ़ायो है।
भीतरतें निकसी नन्दरानी मोतिन थार भरायो है ॥
भिक्षा लेओ जावो आसनकूं बालक मेरो डरायो है।
ना चाहों तेरी दुनियां दौलत ना चाहों तेरी माया है ॥
जाओ ले आवो अपने बालक कों में दरशनकूं धाया है।
पांचबेर परकरमा करके सिंहनाद बजाया है ॥
देवकीनन्दन कंसनिकन्दन नन्दको लाल कहाया है।
श्रवण लाग कुछ मन्त्र सुनाया हंसि बालक किलकाया है।
सूरदास प्रभु दरशन करके शङ्कर नाम बताया है ॥

५

दशरथ सुत देख देख जनकसुता मोही।
धनुष बान कोई चढ़ावे मेरो पति सोही।

२४

सीताजू कहे पिताजी सों धनुष प्रनत होजो।
ऐसो वर राम साज तिलक को सजो॥
सीताजू के बचन सुनत सबही सुख मोख्यो।
तबही तत्काल राम कठिन धनुष तोख्यो॥
घर घर आनन्द होत अचरज यह कियो बाल।
तबहीं सीय पाय लाग डारी है गरे जयमाल॥
जय जय जयकार होत बाजै बहुबाजा।
अग्रके स्वामी जीत आए अयोध्या के राजा॥

६

कानो मानो आवे कान्हों पाछलीरे राते।
बासलिया में भैरव गावै उठीने परभाते॥
सम खाई सूती हती नहीं बोलू इह साथे।
द्वार उघाड़िके पांय लागी वा मुरली ने साथे॥
श्या तप कीधा अहोड़े अहीरडानी जाते।
नरसिया नीं स्वामी रीझो अबला ने गाते॥

७

चीरा फेंटा तुर्रा धरके नाक बुलाकी अधर मटकी।
मन्द मन्द मुसक्यात कन्है या कुण्डल चपला सी चटकी॥
सब तन आछे सजे अभूषण कटि ऊपर जुल्फें लटकी।
चरनदास सुखदेव कहत हैं चित चोहटमें
मटकी पटकी॥

८

मोहन मेरी मटकी फोरी सुनो यशोदा माई हो।
एसो लड़को दधिकों फड़चो मागत दूध मलाई हो॥
मटकी झटक पटक फिर सटको अब नहीं देत धराई हो
लेकर लठिया यशोदा उठी कत तेंने धूम मचाईहो।
भोरही मोकों देत उलहना सब ग्वालन घर आई हो।
सुनरी माई बाबा दुहाई बाको दधि नहीं खाई हो।
सब ग्वालिनी नटखटहो हमकों घर पकर ले आई हो।
तनक मुरलीया टेर दईरे सबकी मत बौराई हो।
ज्ञानदास बलिहारी छविकी मोहन की चतुराई हो॥

९

आज सखी मोरे अनन्द भयोहै घरमें मोहन लाधोरी।
बन जोइ वृन्दावन जोइ जोइ बिरज सब बाधोरी॥
सतवे मलीए अजब झरोखे वाहो तें हरिजी लाधोरी।
म्हारा तो घरमें मह्यो घनेरो हरि चोर चोर दधि खाधोरी॥
अपनें द्वारमें कबकी ठाड़ो बांह पकर हरि साधोरी।
मीरां के प्रभु गिरिधर मिलियो बिरह बाजने बांधोरी॥

१०

हलवे हलवे हलवे हरजी माहे मंदिरीए तुमहो लोजो।
माहिरे पलका सूं वाल्हा थारो डगर बहारु जो॥
घड़ी घड़ी पल पल छिन छिन निश दिन
थारो रूप निहारू जो।
भाव प्रोत नेना तर निरखूं म्हाने वाल्हो लागोजो॥
नारायण नेतु निरञ्जन नटवरबाहु बखानाजो।
नरसीनो स्वामी सांवलियो घटघट अन्तर छायाजो॥

११

बास नहीं त्यां वैष्णव केरो तहां न बसीए बासड़िया।
जीभ दुली जपमाला नाकरें ते जीभड़लो खासड़िया॥
सांस उसारे सुमरण ना कर्यो धमण तणां ते सासड़ीयां।
नरसैया माए भारे मारी मावड़लो दश मासड़ीयां॥

१२

नवल लाल लाड़ले दोऊ रङ्ग महल जागे।
घुमत रतनारे नैन मैन के रस पागे॥
तनकी जोत जगमगात मुखमयंक मानों।
चिरियन के चुचुहात भोर भयो जानों॥
आसपास रूपरास सहचरी चहुं ओरे।
उमग आयो आनन्द उर जुगल बांह जोरे॥
अति उदार छवि अपार कौन पै कहि आवे।
शम्भु शेष शारदा नहीं निगम पार पावे॥
बोलत अति मधुरे बैन अति सुहावन लागे।
राम सखि रामसीया आलस सब त्यागे॥

१३

रामचरण चिह्न चिन्त सब बिध सुख साजे।
रघुवरके चरण कमल अङ्कन युत निरख अमल
धारे पदचिह्न राम सन्तन हित काजे॥

रामचरण दाहने सोई सीतापद वामचिह्न
बिंशतीन खास्त काष्ठ कौन श्रीविराजे ॥
हल मूसल सर्पवान अंबराष्ट पद्म जान
वज्र वज्र जर्द्धरेख कल्पवृक्ष छाजे ॥
अङ्कुश ध्वज मुकुट चक्र सिंघासन चमरछत्र
पुरुष रेख माला जब दच्छण पदभ्राजे ॥
गोपद घट छित पताक जंबूफल अर्द्धइन्दु
शेष षष्ठकौन नयगदा सुबिंदु राजे ॥
सर्ज शङ्ख सुधाकुन्द बित्रल मीन पूरणचन्द
बीण बेणु धनुष तूण हंस चन्द्रकाजे ॥
सीताराम चरणों शुभ चिह्न षष्ठ चालीस नित
चिन्तत शिव नारद सनकादिक अहिराजे ।
रामचरण ध्यान करत गोपदी इव युक्त तरत
बिरति ज्ञान भक्त भरत सजत सत समाजे ॥

१४

राघव भोरही जागे नींद भरी अँखियन मनभावन ।
उठ बैठे फूलन सेज ऊपर कोटिक काम लजावन ॥
मृदु मुसक्यात जम्भात सीता तन झुक झुक पलन मोहावन
रामसखे छवि देख बिभ्रम भए कोटि काम सरमावन ॥

भैरव—झपताल

चला चलीका मींदा जगमें भला भलो कर लीजीए ।
सुमिर सुमिर श्रीराधावरकों नाहक बात न कीजीए ॥
परमारथ स्वारथ लगके काहू दगा न दीजिए ।
समझ बूझ बलिहारी प्यारे मीत मनोहर कीजिए ॥

भैरव—तिताला

फूलन कों गूथ गूथ पहिरे हैं तन में ।
देखरी अनूपरूप बिहरत है बनमें ॥
शोभित गिरधात अङ्ग लजित लखि ऋतु वसन्त सरस
सन्त निरख निरख ग्वालनके गनमें ।
सुन्दर कपोल लोल तापर कुण्डल अमोल
डोलन अति सुहाई माई दामिनी जो घनमें ।
महा आनन्दित गोपनार भूली सुध छवि निहार
बोलने चलनी अङ्गको झुकनी पदरस गई मनमें ॥

काहे कूं तजिए संसार तजिए अपने कुमत बिकार ।
बासुदेव बद्री वामन बपु बुधवरहि बिहारो ॥
वामदेव वैकुण्ठबिहारी सुमरण करले वारंवार ॥
जिन पायो तिन याही में पायो करले गुरुज्ञान बिचार ।
वेद पुराण साधकी सङ्गत में जुगराज दास प्रभु नमस्कार ॥

३

नित नित नैना बरजो रहीरे ।
फेर फेर उतही वारबार लरजत प्रभु मों परबस भईरे ॥
रूपलाल रचि सीख न मानत श्यामऔर
एक टक मग निरखत निमिष न लागत नहीं पलरे ।
लागत तोरत जोरत अति दुख उरझ रही कहा सुरझेरे ।
ज्ञानदास मोहनकी बतियां चितवन में कछु कर गयोरे ॥

४

पिय प्यारो भोरही भोर निहारे ।
आवत गलबहीयां अलसानें नैना सरमानें
शोभा सदन अपारे ॥
सङ्ग सखी नवरङ्ग रङ्गीली नख सिख रूप सवारे ।
रसिक खुशाल करत निशि बासर कुञ्जनि कुञ्ज बिहारे ॥

भैरव—धीमा तिताला

यलल्ली यललुं यल यललल्लेतनना द्रद्रतुं द्रद्रद्रद्र
तदरत दरउत तन तदरत दरदानी ।
महबूब इश्क खुब मारा बहाने
साखुत उस्ताद का न्याज औ रङ्गे बहाना साखुत त० ॥

२

ओट किमार को झांकत इ रो तापर मेरो चवाव करेंगी ।
बैरन हैगी मेरी सौतिलो ता ऊपरसों ओट धरेगी ॥

३

चले हरि धेनु चरावन कूं लकुट ले
कामरीया कारो कांधे पर धरे ।
पीत बसन कसे कटिपे सीस मुकुट कुण्डल दोउ
श्रुतिकपोल मञ्जु मुरली अधरे ॥

सुघर अतही अलसानें जात उर सोहे
मन मोहे या छबि निरखत माल सुमनकी गरे।
ग्वालबाल गोपी जुगराज दास रस चौपीरस
के पिवारन से सकल जगतके पीउ नंदके घरे॥

भैरव—सिंधु तिताला

जय जगदीश विश्वके स्वामी अखिल लोक आधारा रे।
ध्यान धरे निशि वासर जिनकों चतुरानन त्रिपुरारा रे॥
निगम नित्य निरगुणही गावें बदत ब्रह्म निरङ्कारा रे।
सोई हरि भुवभार उतारण कारण अलख भए साकारा रे॥
दीनबन्धु धर्म्मके स्थापक सबको करें सम्भारा रे॥
इन्द्रदमनपें किरपा कीनी करन पतित उधारा रे।
उत्कलदेश नीलपर्व्वतहै महोदधिवारि किनारा रे॥
तहां बिराजें बाल पुरुषोत्तम श्रीमहाप्रभुजी प्यारा रे।
श्रीजगन्नाथ वलभद्र सुभद्रा चरणकमल चित धारा रे॥
पास सुदर्शन अरु सत्यभामा पास समुद्र कुमारा रे।
मन्दिर मध्य रत्नसिंहासन तहा प्रभु धरो सिङ्गारा रे।
होय आरती भोग अरोगें रुचिरुचि वारंवारा रे।
श्रीलक्ष्मीजी करें रसोई षटरस बिबिध प्रकारा रे॥
करमाबाई खिचड़ी अरोगावें करि करि के मनुहारा रे।
यह प्रसाद भच्छण जिन कीनों ते नजाय जमद्वारा रे॥
महाप्रसाद देवनकों दुर्लभ सोजे करें अहारा रे।
तिनके भाग्य कहालों कहिए ते उतरें भवसों पारा रे॥
कोटि जनम विप्रहो होवे सुख निरखे नरनारा रे।
पतितपावन चरणामृत लिए कटिहै पाप अपारा रे॥
कामी क्रोधी लोभ मोह में मन मति गड़े गवांरा रे।
श्रीवल्लभप्रभुपादकृपा सों सहज तरें संसारा रे॥
आनन्दघन सब सुख के सागर ले हरि कृष्ण निहारा रे।
त्रिभुवन नायक सब सुखदायक गिरिधर प्रभु निहारा रे।

२

जगन्नाथ-बलभद्र-सुभद्रा चरणकमल चित लावो रे।
श्रीसुदर्शन लक्ष्मी सतभामा रत्नसिंहासन शिर नावो रे॥
गरुड़स्तम्भको अद्भुतलीला छत्रभोगकों ध्यावो रे।
पतितपावन-चरणामृत लेके परिक्रमा दे आवो रे॥
पुरुषोत्तमपुरी को यहि बसबो बड़भागन जिन पायो रे।
श्रीवल्लभप्रभु-चरण-कृपातें गिरिधर यह यश गायो रे॥

मूलतान—तिताला

ए मन मेरो लागोरे श्याम सुन्दरवा सों।
गोकुलचन्द मनोहर मूरत चित अटक्यो वाही
लङ्गरवा सों॥

सिंधु काफी—तिताला

रङ्ग रङ्गीलो प्यारो श्रीजगन्नाथ।
वलभद्र भैया पास बिराजे बीच सहोद्रा साथ।
सुदर्शन और रत्नसिंहासन कर्म्माबाई खिचड़ी हाथ॥
श्रीलक्ष्मीजी करत रसोई साजे कञ्चन थार।
पतितपावन-चरणामृत लेके परिक्रमा दे उतरें पार॥
महाप्रशादको अद्भुत महिमा हृदय-अमृतकी धार।
उत्तर दरवाजे श्रीमहाप्रभुजी बिराजे सेवाको सुखसार।
बल्लभ रसिया मोमन बसिया गिरिधर प्राण आधार॥

२

श्रीजगन्नाथ-वलभद्र-सुभद्रा इनके चरण चितलावो रे।
लक्ष्मी-सत्यभामा-श्री सुदर्शन बाल पुरुषोत्तम ध्यावो रे॥
दरसन तें दुख दूर होत हैं रत्नसिंहासन शिर नावो रे।
परिक्रमा में सब देव बिराजे दरस परस सुख पावो रे॥
पतितपावन-चरणामृत लेके कोटिन पाप मिटावो रे।
याही पुरीको याही महिमा एकै ब्रह्म बतावो रे॥
श्रीमहाप्रशाद भक्त सों लीजे हर कोई जन लावो रे।
गरुड़स्तम्भ प्रेमसों मिलके कर्म्माबाईको खिचड़ी पावोरे।
मार्कण्डेय समुद्र महोदधि इन्द्रदमन न्हाय आवो रे॥
उत्तरपौर महाप्रभुजी को बैठक वैष्णव जन भावो रे।
श्रीवल्लभ गिरिधर-चरण-कृपातें परमपदार्थ पावो रे॥

आड़ा—होरी

मुरली बजाई वो मेरा प्यारा।
तुझबिन नैना नींद न आवे सुध बिसराई वो मेरा प्यारा।
एकतो बैरन ननद ललागी नित उठ तेरो नाम लगाई
पोर न पाई वो मेरा प्यारा॥

सुन धुन वंसी कानन परे मोहि सुध बुध सब बिसराई।
तेरे हित बलिहार बिहारी गुरुजन लाज गंवाई
घर अङ्गना न सोहाई होमि० ॥

भैरव—ताल तिवड़ा

गिरिधर नागर हो गति चलत पायन बाजत
नूपुर रुणित रुनझुन किंकिन झनकार।
अङ्ग अङ्ग सुदेश नटवर, बाजत बेणु रसाल व्रजचन्द मुकुटधर,
दिगि दिगि दिगि द्राँ द्रिमिकिटिना
कुकुकुकुत कुकुकु थेइ थेइता गत लेत
सुरत सँवार नन्दकुमार ॥
ततताकिट तालत्रेवट उघटि तत्ताथीथीथुंथुं
नाना बजतत मृदङ्ग हाव भाव मिलिननता
किटिकिटि निधा धुमकिटि धोलांग तकधा प्रकार।
निरत गोपी मण्डलमें सुरपुरनार भई बलिहारी
वृन्दाविपिन करत विहार ॥

भैरव—तिताला

नन्दके ढिटोनाने टोना कियारे
टोना किया कुछ जादू कियारे।
टुक मुख दिखाय चित चोराय लीनों
तन मन मेरा बस जो कियारे ॥
मन्द मन्द मुसक्याय माधुरी बैनन
मृदु बचन बोल लिया
राग रङ्गसों बंसी बजायके चेटक मा कछु
पढ़ जो दियारे ॥

२

जागो रघुनाथ कुंवर पञ्छी बन बोले।
शशिकिरण शीतल भई चकई पियको मिलन गई
अति सुगन्ध पवन बहे पल्लव द्रुम डोले ॥
प्रात भानु प्रगट भयो जिय जन्तन सुखपायो
मधुप करत गुञ्जार कमलन दल खोले।
तुलसीदास अति अनन्द निरखके मुखारविन्द
दीननको देत दान भूषण बहु मोले ॥

२५

जागिए कृपानिधान जानराय रामचन्द्र
जननी कहे बारबार भोर भए प्यारे।
राजीवलोचन बिशाल पीत वापिका मराल
ललित बदन ऊपर मदन कोटि कोटि वारे।
अरुण उदित बिदित सरवरी तुसंक किरणहीन
दीपजोति अतिमलीन दुत समूह तारे।
मनहुं ज्ञान घन प्रकाश बीते सभोग बिलास
आस त्रास तिमरताप तरुण तेज जारे ॥
बोलत खग निकर मुकर मधुरी करि प्रतीत
सुनो धन्य प्राणजीवनधन मेरे तूं वारे।
मनहुं बेद बन्दि मन बदत सुत मागधादि
बिरद बन्धु ताकें जय जयति कोट भारे ॥
सुनत बचन प्रिय रसाल जागे अति शिवदयाल
भागे जञ्जाल बिपुल दुख कदम्बतारे।
तुलसीदास अतिअनन्द निरखके मुखारविन्द
छूटे भ्रमफन्द परम इन्द दुख टारे ॥

भैरव—एकताला

बीते सुख होत प्राण राम नाम जपतें।
मङ्गल मुदित उदित होत कलिमल छल छंपतें ॥
किमि चाहत फल रसाल बबुर बीज बुवतें।
एसोई या जनम जात गाल गुल गपतें ॥
काल कर्मगुण सुभाव सबके सीस तपतें।
रामनाम महिमा की चरचा छल छबितें ॥
साधन बिन सिद्धि बिकल सकल लोक बकतें।
पावन होय नाम लेत तुलसी सो अपतें ॥

भैरव—तिताला

देखो री एक बाला जोगी मेरे द्वारे आया है।
दिगम्बर ओढ़े बाघाम्बर सीस नाग लिपटाया है।
माथे उनके तिलक चन्द्रमा जोगी जटा बढ़ाया है ॥
भीतरतें निकसी नंदरानी मोतिन थार भराया है।
भिक्षा लेयो जावो आसनको बालक मेरा डराया है ॥

नाचाहों तेरी दुनियां दौलत नाचाहूं तेरी माया है।
जाओ ले आओ अपने बालकको मैं दरसनको आया है॥
ले बालक निकसी नन्दरानी शम्भू दरसन पाया है।
पांचबेर परकरमा करके सिंघी नाद बजाया है॥
देवकीनन्दन कंसनिकन्दन नन्दके लाल कहाया है।
सूरदास प्रभु तुमरे दरशकों जसुमत पलने झुलाया है।

चलहु प्राग बुधवर दरसन त्रिवेणी पातकहरनी।
सुर नर मुनि सब प्रागही आए, मानुष तन तिन दरसन पाए;
मातपिताको बुरको देखे समझ चले आपन करनी॥
प्रागराज परकरमा करके भारद्वाजजी कोंदे साखी
करूं अज्ञान दान कुछ देके माधोजी शङ्करशरनी।
गङ्गा यमुना सुरसुती ए तीनों सङ्गम भई,
सूरज पुराण भागवत गीता इतनो महिमा शिव बरनी॥
गङ्गा यमुना घाटबन्धेहैं पातकको दलमल-करनी।
तुलसीदास प्रभु तुमरे मिलनको कोटि जनमको
भवहरनी॥

३

शोभा सदन बदन दोउ देखे
नयन मोहनी सैन टगोरी गुण प्रवीण राग नट भेषे।
आलस अङ्ग अङ्ग निशि जागी भरे विनोद अपार विशेषे॥
भूषण बसन मणिन हारावली ललित
नयन काजर छबि रेषे।
रसिक खुशाल बिलोकत यह सुख
राधावर सुख सार विशेषे॥

४

आवत कुञ्जनतें पिय प्यारी।
अति रस भरे उनींदे नयना रूपरशि सुकुमारी॥
भूषण बसन अङ्ग अङ्ग राजत छबि बनमाल अपारी
रसिक खुशाल करत रस बरषत राधे कुञ्जबिहारी॥

५

जागिए दशरथकुमार सन्तन सुख दाई।
सुधि लीजिए कृपा कीजे अपना जान रस रीझे
राजा महाराजा गुणगाहक गुणदाई॥

भयो प्रात भानु उगो जीव जन्तु सभी जागे
कमलन मुख खोलो मधुप गुञ्ज अति मचाई
तिमिर गयो रजनी को छायो जगमें प्रकाश
चारों दिश सुनियत धुन मङ्गल प्रगटाई॥
उठ बैठे प्रेमजान रामलला गुणनिधान
जन खुशाल लागो ध्यान चरणन चितलाई॥

६

जगत में आयके ऐसे भुलाए तुम ऐसे भुलाए।
अपना रूप आप नहिँ चीन्हा अपनी मायामें
तुम आपो नचाए॥
खान पानमें मनचित राखे सुरत त्रिया रसमें अटकाए।
सङ्गत छोड़ असङ्गत बैठे हरिसे भजन करार कर आए॥
भटक फिरो लोक तीनोंमें हरिसों कबहुं नेह न लाए।
रसिक खुशाल मिलेंग जबहीं निशदिन
रहो ध्यान हिय लाए॥

७

भोर भए जागिए नन्दकिशोर।
गोपीग्वाल कहत मुख खोले लखो हमारी ओर॥
पहिरो भूषण बसन पियारे पीताम्बर पटछोर।
निरखो सांकरी खोर वृन्दावन कुञ्जनिकुञ्जन ठौर॥
उठ बैठे अलसाने नैना मुसकावत चितचोर।
रसिक खुलाल प्रेम राधावर मांगतहै करजोर॥

८

उमा अङ्ग उबटनतें प्रगटे श्रीगणराज बिराजे।
जया सखा सङ्ग सजी सुन्दरी द्वार रखनको पाजे॥
स्नान करनमें जात महलमें घरमें कोई मत आवे।
द्वारे रोक जतैयो मोंको कहिके कोउ आवन पावे॥
नारदमुनि आए तिन रोके शिव समीप द्रुत धाए।
कुशल पूंछ सुन मुनि हंस बोले किन बालक उपजाए॥
उमा द्वार रोकनको बैठो घरमें जान न पायो।
तब पूंछनको आयो शिवजी अचरज तुम्हे सुनायो॥
तज समाधि शिवमन्दिर आए अन्तर जान न पाए।
पकड़ जटा वाहनको खींचो बाहुयुद्ध मचाए॥

पितापुत्र दोउ बारि बूढ़े बल नहिँ कोउ अधकाए।
सगुण निरगुण दोउ ब्रह्म समरसें निरगुण अधिक उकताए॥
त्रिगुणात्मक त्रिशूल चलायो सगुण ब्रह्म शिर छेदाए।
जाय पड़ा शशिके मण्डलमें कन्या भागी जो बचाए॥
उमा नाथ निहार लाजके केशन अङ्ग छिपाए।
मैं राखे दोउ बाल रोकनको कैसे आवन पाए॥
काहे शङ्कर हम नाम उड़ाया रोकत खड़न जो बाला।
कन्या भाग गई सन्मुखतें अचला जाग न बाला॥
उमा कहत कहा तुम वानीं में दर्शन उपजाया।
बाल जिए बिन प्राण तरंगो रोवत आंसु ढरकाया॥
गणको शिर ल्यावनको पठए भुवनमण्डल नहिँ पाया।
पुनि कहि और सोम कोउ ल्यावो दिग्गजसुत शिरलाया॥
परसत हाथ गजानन बोले क्षमा प्रभु सोहि कीजे।
अनजाने अपराध तजि बिन कछु वर दीजे॥
हसि बरदान दिए गणपतिको आप पूरव पुजवाए।
प्रेमरङ्ग प्रभु गणनायकके सुर नर मुनि यश गाए॥

हरि हरि हरि हरि जपनारे।
जब लग प्राण रहत घट भीतर तबलग मत्र जग अपनारे॥
मात पिता दारा सुख सम्पद वृथा जगतकी कल्पनारे।
चन्दसखी भज बालकृष्ण छवि आखिर जगको सपनारे॥

१०

चीरा फेंटा तुर्रा सजके नाक बुलाकी अधरन मुरली छटकी।
मन्दमन्द मुसक्यात कन्हैया कुण्डल झलक चपलासी चटकी॥
सबतन आछे सजे आभूषण कटि ऊपर जुल्फें लटकी।
चरणदास सुखदेव कहतहैं चितचोहट मटकी पटकी॥

भैरव—एकताला

लगी मोहे आन पियारी तीखी सखीरी बोलन चलन चितवन मुसक्यान।
सीस मुकट भ्रुकनी कनक कुण्डल करनन झलकान
लकुट धर धरनकार कञ्चन डगर डगर डगमग पग लरबरान॥
रुन झुन पग नूपर बजन घुंघराई अलकान
पलकन पर फैल रही ललकन मनमोदमान।
छल कैसो सुचरित करत बलके जुगराज
निरखि पलकन परन टेरी बलकेन बिचार चारपानजान॥

भैरव—तिताला

भूपके भागनकी अधिकाई।
टूट्यो धनुष मनोरथ पूरया बिधि सब बात बनाई॥
पहरायो जयमाल जानकी युवतिन मङ्गल गाई।
तुलसी सुमन बरषत हरषत सुर सुयश तिहुं पुर छाई॥

गाँधसुख लाग सुन्दर अति अनेक कञ्ज मृदु अरुण प्रफुलित गात।
बैठे उठे अलसात नैनन छाई छवि कहत सब नारद शारद महेश॥
भुकरहीं अलकें कपोलन पर झलकें सुन्दर सुवेश।
रामचरणके हिरदे बसो जुग मूरत मधुर प्रवेश॥

३

मोको प्यार कोनों सुरजन गल बहियां डार।
रंग रङ्गीले सुरजन मोरे आए गले फूलबनों को हार॥
तरैयां छिपान लागी कगवा बोले चौंकपरी पिया भोरकी।
निश नींद न आवै कल न परतु है बिगर दरसवा दीजे
कहीं चलत है मोरे गुसैयां तुमपर जोरोकी॥

४

गजर फजर नारायण गावै आलस अङ्ग उड़ावेरे।
जासों रैन जरखरो साहबकी साहब पढ़ै पढ़ावेरे॥
सब तरह हाजर रहे सदाही दबत राजोना जतावेरे।
दवतर चड़सो तबतर तनमें कमतर फैन कुड़ावेरे॥
परमारथकी बात पूंछतों बड़वा कारे बढ़ावेरे।
जिनकी सङ्गतें दोष उपजे उनसे कुढ़े कुढ़ावेरे॥

लगन सारतें बिघन बिलाए तारे तारे जोड़ावैरे।
दीन कहे मन मगन भजनमें गगन निशान गड़ावैरे॥

५

सोई सन्त कुलवन्त कहावत गावै गोविन्द गीतारे।
नरगावै नारायण सुमरे जे जन जगमें जीतारे॥ टेक
सुरत नुरत कर सब साधना बरतें सकल बिदितारे।
अर्थ गर्थ एक हरि माहीं सहज सुभाव सुनितारे॥
सबही कामतें भरोखा माने अन्तर नाहीं अनितारे।
जन्तर मन्तर कछुन जाने समझन प्रेम समीतारे॥
ज्यां जैसा त्यां तैसा सबमें परखसु पार पुनीतारे।
परनिन्दा पैसा नहीं चाहै वाञ्छे नाहीं वनितारे॥
सर्व्वे इष्टसों पेखे साहब भरमें सोच न चिन्तारे।
भरमा भगाया जलके तांई झलके आधा गीतारे॥
गावै बेदकों जो शास्तर गावैं गान गुणीतारे।
दीन कहे सोई तीन लोक पर निरभय अमन अतितारे॥

६

प्रात समय स्नान करनको गङ्गाजीकी धाराहै।
निरमल बचन सुनोहो प्राणी पाप कटनको आरा है॥
अमृतजलको पान करो और ध्यानधरो गङ्गाधरको,
नित्त उन चरणतसों लगाय रहो चित याहीमें निस्ताराहै।
शीश नवाय करो हों विनती पत राखो तुम शरणागतको
अधम उधारन जगनिस्तारन महिमा अपरंपाराहै॥
शिव समान नहिंकोउ दाता तीनलोकको तुमहो माता
कीट पतङ्गादिक नर पापी सबको तुमने ताराहै॥

७

पतित जन तारो मात गङ्गे पापविनाशनी
ताप उदारनी करुणा कर निस्तारो।
मोह तरी बही भवसागरमें पवन चलत मझ धारो॥
तारण तरण तूही वरदाता नइया पार उतारो॥

८

नीलकण्ठ गिरिजापति शङ्कर शशिशेखर
हर तुव शरणा।
रुण्डमाल समशाननिवासी भक्तजननके अघहरणा॥
व्याघ्राम्बर वृषभवाहन शशीधर भूषण शिरगङ्गाधरना।
कैलाशाचल अचलनिवासी भस्मअङ्ग करुणा करना॥ टेक
चन्द्रहास शशिचन्द्र पिनाकी शूलपाणि डमरु वरणा।
गजमुख-षणमुख-क्रतमुख-दुरमुख नन्दीभृङ्गीसंग
आचरणा॥
भाङ्ग अफीम और आक् धतूरा अमल खाय
आनन्द भरना।
काशीनाथ पशुपति प्रभु मेरे प्रेमरङ्ग प्रभु तुव चरणा॥

९

परब्रह्म ॐकार नारायण पद्मनाभ मधुसूदन राम।
मीन कूर्म्म श्रीयज्ञपुरुष प्रभु नरहरि वामन भार्गवराम॥
श्रीरामचन्द्र-श्रीकृष्णचन्द्र श्रीजगन्नाथ-कल्की परनाम।
अज नारद मुनि सनक शेष शिव ध्रुव प्रह्लाद जपत
हरिनाम।
हनुमान शुक शौनक वल्लभ पौण्डरीक सुर सरनाम॥
तुलसी कबीर नृसिंह तरे अबप्रेम रङ्ग तारक परणाम॥

१०

भोर भए नीको सुख हंसत देखाइए।
रातके दरशके बिकुरे दोउ पलक मेरे
वारि फेरि डारोंनिकु नैन निदराइए।
कोमल उन्नत बाहु ऊपर अमित भाव मेरो
तेरी छाति छवि अधिक वढ़ाइए।
चितस्वामी गिरधर सकलगुणनिधान कहा कहूं
सुख करि प्राणहीतें पाइए॥

११

जइए वहदेश जहां नन्दनन्दन भेंटिए।
निरखिए मुखकमल कान्हबिरहताप मेटिए॥
सुन्दर मुखरूप सुधा लोचनपुट पीजिए।
लम्पट लव निमिष रहित अचय अचय जीजिए॥
नखशिख मृदु अङ्ग अङ्ग कोमल करपर सोजिए।
चरु अनन्यभाव भाव सों भजि मन क्रम वस रसिए॥
रास हास भाव विलास लीला सुख पाइए।

भक्तनके यूथ सहित रस निधि अवगाहिए।
इह अभिलाष अन्तर्गत प्राणनाथ पूरिए।
सागर करुणा उदोत त्रिविध ताप चूरिए॥
छिन छिन पल कोटि कल्प बीतत अतिभारी।
परमानन्द कल्प दीनन दुखहारी॥

१२

बिलुलित करपल्लव मृदु बैन। हरषित बहुत आवत धेन॥
कोटिमदन द्युतिश्याम शरीर। बिपिन कल्पतरु यमुनातीर।
दक्षिणचरण चरण परधरें। बामअंग भ्रूकुण्डल चले॥
बरुह चन्दन धातु प्रवाल। मणिमुक्ता गुञ्जा फलमाल॥
देखन चलहु श्याम नन्दलाल।
ललित त्रिभङ्ग मदनगोपाल॥

१३

तोहि ध्यानलाग्यो सजनीरी।
वारिक दृष्ट परे मनमोहन
देखियत चित्रलिखो सो,
ठाढ़ो मदनसिन्धु जलवृन्दन सो,
रूपनिधान कमललोचन तोहि मिले आजुको रजनी।
कृष्णदास प्रभु गोवर्द्धनधर रसिक-युवती-दुखहरनी॥

१४

आखनमें दुराय प्यारो काहे देखन न दीजिए।
हिए लगाई सुख पाई सगुणनिधि पूरण जोई
जोड़ जोड़ मन इच्छा होय सोड़ सोड़ क्योंन कीजिए॥
मधुर मधुर बचन कहत श्रवणनि सुर वदीजिए
निर्मल प्रभु नन्दनन्दन निरखि निरखि जीजिए॥
एसोही धर्यो है दधि बिना मथन किए
देहु यशुमत नेकु अपनो रई॥

१५

जननी जगावत उठो कन्हाई।
प्रगट्यो तरनि करनि गन छाई॥
आवहु चन्दबदन दिखराई।
बार बार जननी बलि जाई॥

सखा द्वार सब तुमही बुलावत।
तुम कारण हम धाए आवत॥
सूर श्याम उठि दरसन दीनो।
मात देखि मुदित मन कीनो॥

भैरव—तिताला

सोहत घूंघरवारे बार।
उरझरहे मुक्ताहल निरवारत बार॥
रतिमानि सङ्ग नन्दनन्दके छूटे बँध कञ्चुकी टूटे हार।
निशिके जागे दोउ नैना उरझि रहे
चलत जोवन मदभार॥
सूर श्याम सङ्ग यह सुख देत रीझि वारंवार॥

—०—

श्रीभागवतसार

भैरव—चौताल

भक्तके धामरमें उलहोहै चन्द कहै
जाके द्वादस गोद कहूँ ॐकारको जरहै।
तीनसेबतीस जाको शाखा दश्यो
दिगानसें ज्ञान वैराग दुह्न खगनको घरहै॥
पतनो अठारह हजार जाको छत
छायरहो ताको छांहबैठ जम तेजको न डरहै
ब्रह्मजल सींचके बढ़ायो मालो वनमाली
सो भागवत रूपो ए कल्पतरवरहै॥ १॥
प्रथमें मङ्गलाचरण व्यासकियो चन्दसुतसों
सौनकादि सम्वाद रससों भर्योहै।
उत्तरमें अवतार वेदव्यासको सन्ताप
नारद मिलाप निज अलाप उचर्योहै॥
भागवत शुकदेवको पढ़ाय विनय
भीसमसे सुत परोक्षत जनम धर्योहै।
कलियुग दण्ड यामें मुनिश्राप गृहत्याग
गङ्गातट जाय शुकजीते प्रश्न कर्योहै॥ २॥
प्रथमें अन्तराजा पूंछी जन करे कहा
द्वतीय लोक सुहु जूने सेव्य हर गायोहै।

२६

अस्थूल रूपमें सबलोकचन्द देवादिक
सह्यो मुक्त क्रममुक्तमिघ सरसायोहै ।
पुनि सप्तऋषि नारद ब्रह्मा सम्वाद कह्या
अनन्त परमभेद करनी समझायोहै ॥
स्वायम्भुवके तपसों सबलोक दिखायो नाथ
चतुश्लोको भागवततें तत्वरसायोहै ॥ ३ ॥
तृतीयमें बिदुरजू गृह छोड़ बनगए
उद्धव मिलेहैं तिन प्रभु लोला गाईहै ।
सुनि मैत्रमिले प्रश्नोत्तर रस झिले
ब्रह्माजूसों नानास्तुति सुरचना सुहाईहै ।
बाराह अवतार धार हरणाकुश मार
पृथो लाय चन्द करी कर्दम सगाईहै ।
कपिल देव प्रगट ह्वै ज्ञान वैराग भक्ति
योग कहि माताको उर मन दृढ़ाईहै ॥ ४ ॥
चतुर्थमें स्वायम्भू मनुके सुताको वंश
पुन दक्षके यज्ञको विध्वंस विस्तार्योहै ।
ध्रुव कोर्त्तिमान आन सुन्यो ना सुजान वान
काल सोसचढ़ि विमान प्रनेगु भारयोहै ॥
पृथुको चरित्र सोतो परम पवित्र चन्द
वसुधाको तुह्यो सब जग प्रति प्यार्योहै ।
पुराचीन बिरहसो पुरञ्जनको कथाकहि
नारदजी क्षर गह भक्त मग डार्योहैं ॥ ५ ॥
पञ्चममें प्रियव्रतजोको सब बातें नीके
श्रीऋषभ देवजीके चरित्र बखानै हैं ।
आगे शशि भानु और नक्षत्रको गति कहि
बिभूषणको नर्क बहु बिधि दरसानेहैं ॥
भक्तजन जाने जो अवानि चन्द काहू भांति
सरस प्रताप यश रहत लुभाने हैं ।
* * * *
* * * * ॥ ६ ॥
षष्टममें अजामिलहुसे नाम तारे दक्ष
सुत समुदाय गृह तज वन गयो है ।
इन्द्र अभिमान सुर गुरुको कियोहै शुक्र
असुरन मिल ताको लोक छोन लयोहै ॥
तब विश्वरूप नारायण कवच दय दधि
छ्रत बज्र निरभय ताहि करि दियोहै ।
बित्रासुर मारो चित्रकेतको उबारोसो
काहरको प्रताप चन्दलोक लों छयोहै ॥ ७ ॥
सप्तममें युधिष्ठिर नारद सम्वाद कह्यो
हिरण्यकशिपु श्रीनृसिंहजीने मारोहै ।
प्रह्लादको चरित्र अहलाद करि गायो मय
रच्यो जो त्रिपुर शिवजीने भेद डारोहै ॥
नृपवर आश्रमके धर्म्म पूंछे मुनि कहै
राजाने प्रह्लाद उत्तर सरस बिचारोहै ।
कृष्णचन्द सदा गृह रहे सब काज करें
आपको भागमें न औरको तिहारोहैं ॥ ८ ॥
अष्टममें चउदेमनु तामें गज ग्राह मोक्ष
सिन्ध मथ सार काढ कृष्ण मोहनो भए ।
सुरनको सुधा प्याई बात भई मन भाई
विष पियो शिव नीलकण्ठ कबिसों कए ॥
शुक्रजीको सेवा करि स्वर्ग राज कियो बलि
वामन ह्वै छले तब इन्द्र स्वर्गमें गए ।
सत्यव्रतजोको मत रूप है दिखाई माया
चन्द हित हरिके चरित्र हैं नए नए ॥ ९ ॥
नवममें पहले सूर्य्यवंशको बरननहै
तामें अम्बरीश महाभागवत भयोहै ॥
औरहु पुन्यमान अनेक राजापें तिनके
दशरथको श्रीराम जनम लयोहै ॥
जिनके चरित्र बहुकाहा कहां अल्पबुध
अबचन्द्र वंश ओर चितनिरो गयोहै ॥
तहां यदुकुल माहं प्रगट होय नीके नेक
कृष्ण भक्ति वारे ताहि आप दर्श दयोहै ॥ १०
दशममें नृपति परिक्षतने चन्द्रसूर्य्य
वंशके नीको भेद पूंछो समझायके ॥
तहां कैसे यदुकुल मांह अंश युत प्रगटे
कृष्णको कथामें मन रह्यो ललचायके ॥

तब सुक्राचारज ख्याल सुन्दरको
ध्यान धर्‍यो परम कबीलो गयो रोम रोम छायके ॥
फिर रूप सागरतें निकस आरम्भ कियो
सकल समाज दियां छिनमें छकायके ॥ ११ ॥

असुरन भार भूमि गऊरूपधार गई
ब्रह्मा जूमों कह्यो चले देव गण सङ्गलै ।
छीरके समुद्र जाय ध्यान हरिको लगाय
भवानी भईहूं मैं सब करि हित मङ्गलैं ॥
सोई बानी कहि देव चले चन्द आप
वसुदेव पुरे काम कृष्ण अवतरङ्गलैं ।
तहांतें पधारि नन्दभवन आनन्दरूप
सब गोप गोपिन खिलाएहैं उछङ्गलै ॥ १२ ॥
नन्दजो श्रीकृष्ण जनम उत्सव कियोहै
महा गोपी गोप अति आनन्द वढ़ायोहैं ।
सात तिलपर्व्वत सुवरन बसन युत गऊदोए
गज अश्व रथ पार नहीं पायोहै ॥
वेदके बिधान तान गान पकवान ठान
बढ़त बधाई ब्रज महामोद छायोहै ।
बिधि शिव इन्द्र सनकादिकओ नारदये
आए ब्रज चन्द पद सोसपै धरायोहै ॥ १३ ॥
पूतनाको मार सकटासुर उधारकर
त्रनावरत गयो घोट छिनहोमें मारोहै ॥
गर्गाचार्य्य छिपहोके नामकरण नोको कियो
दामोदर रूपतें यमुलार्ज्जुन डारोहै ।
वृन्दावन आय वछरानको चराय
बत्सासुर पांयगह डार बकासुर तारोहै ।
बालकन सङ्ग ख्याल करत बिचित्र लाल
अघासुर मोचके बिरद प्रातपारोहै ॥ १४ ॥
रातहोमें बास खास वल करी प्रात
वन माह छाक छोकनमें लेचले ।
भोर सब वाहो भांति बछनके आगे
घर वनको पुलिन मध्य भोजन करै भले ॥
बछरा जे चरतहे तिन्हें ब्रह्मा लेगयो
तातें वनढूंढ आए पाए नहि वा थलें ।
तब बच्छ बाल सबहालही प्रगट भए
गोपी गाए केतो मिल्यो सुन्दर यह फलें ॥ १५ ॥
यह लीला देख ब्रह्मा चरणमें आनपरो
अस्तुति छमा कराय गयो सत्यलोकको ।
पयोगरुडवहो मांझ गाय वन चराय लाई
बाल लीलाके अनेक ख्याल खेल आवें ओकको ॥
कालीको निकार दावानल करपान
प्रलम्वा सुरमार ब्रजजन हरो शोकको ।
वेनुको बजाय गाय बच्छनको मोह चन्द
ब्रजमांह आय सुख देत निज थोकको ॥ १६ ॥
गोपी कृष्णहेत देवी पूजो तहां आय
आप चार हरि वरदे पधारे चावसों ।
छुधा लागी सखनको मथुरा पठाय दए
जोवे विप्र तहां पतनी भांति लाई भावसों ॥
इन्द्र यज्ञ मेटो तातें कोप कर वरषा करी
गोवर्द्धनधार रछा करो निज दावसों ।
गोप अवलाख जान ब्रह्म कुण्ड असनान
ठान लोकहु देखायो पैं न भायो ब्रजभावसों ॥ १७ ॥
सरदको रैन भलो फूली सुकदेन देख
बेनु को बजाय वृषभानुको वुलाईहै ।
सुनतही घुन धाम काम सब छाड़ि दिए
पुन छिनक में आय मिलो प्रीति सरसाईहै ॥
तिनसों जोकरी बातें तेतो नाहि लिखिजाय
रास मिल गात गर्भ लखि छटकाईहै ।
बिरह बिललाई रूप देख सुखपाई
तिन कर मनभाई प्रात घरको पठाईहै ॥ १८ ॥
अब काके वन मांह नन्द पांयलग्यो आप
सर्पको छुड़ाय पुन संखचूड़ मारोहै ।
वंशीको बजाय थिरचर मोद उपजाय
वृषासुर सिङ्ग उखारि कर डारोहै।

जो गोप भेष धार व्योमासुर सब सखाको
कन्दरामें रोके तहाँ मार जस धारोहै ।

* ॥ १८ ॥

कृष्ण बलदेव लेन आए जो अक्रूर भक्त
नन्दजीसों कह्यो राजा कंसने बुलाएहैं ॥
छोढ़ौके निकट गोपी ठाढ़े दुखरस बूड़े
भोर गाड़ा जोर सबगोप मिलधाएहैं ॥
रजकके पीठ वस्त्र धार कुबजा सभार
कुवलीयापीड़ यमलोकको पठाएहैं ॥

* * * *

* * * * ॥ २० ॥

उग्रसेन राजदीनो नन्दजी कोबिदा कीनो
यज्ञोपवीत लीनो अवन्तीगुरुके गए ।
चौंषटहो दिननमें विद्या कला सब सीख
गुरु दछनामें मृतक पुत्र लायकेदए ॥
ऊधवको रुखो जान गोपिनके समाधान
ब्रजमें पठाए तहाँ प्रेमरङ्गमें छए ॥
अक्रुर घर जाय हस्तिनापुरकों भेज
पाण्डव कहाँहै यह निश्चे सोध केलए ॥ २१ ॥
कंस पतनो गई जरासिन्ध को चढाय भेजो
ताहि सत्रेवार जीत बहो धन लाएहैं ।
अठारहीबेर कालयमन सों भाज
मुचकन्द भक्त साज द्वारिकाको रचाएहैं ॥
रुक्मणि आदि आठ ब्याही पटरानी
भौमासुर मार राज कन्या सब भाएहै ।
न्यारे न्यारे महलमें चहल पहलमची
रहे पुत्र प्रपुत्र भए तेतो जानतहो गाएहैं ॥ २२
मिथ्या बसुदेव बन दूत प्रभुन पास भेजो
ताहि मार गत दई भक्त बहु भाएहैं ।
नारदके मन्दिर वो आदि असुर सँहारे
भक्त पुनि प्रतिपाल कारज कराएहैं ॥
सुदामाके चरण धुवाय चामर चवाय
भोजन कराय दुख दारिद्र बहाएहैं ।

* * * *

* * * * ॥ २३ ॥

यशोदाको गोद बैठ रामकृष्ण सुखदियो
गोपिनकों समाधान कियो उरलायके ॥
भक्त सुत बोले सबके घरजाय दई
मुनिन सहित भक्ति बहु भायके ॥
सुतनको अमृत कह्यो भृगुजीको लातसह्यो
ऐसो और कौन जाकी शरण लीजे जायके ॥

* * * *

* * * * ॥ २४ ॥

भैरव—तिताला

उठो नन्दकुमार भयो भोर जगावति नन्दरानी ।
झारीके जल बदन पखारो सुत कहि सारङ्गपानी ॥
माखन रोटी अरु मधु मेवा भावे सो लीजेहो थानी ।
सूर श्याम मुख निरखि यशोदा मनहि मन जुसीयानी ॥

२

उठे नन्दलाल सुनत जननी मुखबानी ।
आलसभरे नैन उठे शोभाको खानी ॥
गोपी जन थकित हिए चितवति सबठाढ़ी ।
नैन करि चकोर चन्द्बदन प्रीत बाढ़ी ॥
मातु जल झारी लिए कमलमुख पर वारो ।
नीरझीके परम करत आलस बिसारो ॥
सखा द्वारे ठाड़े सब टेरतहैं तुमको ।
यमुना तट चलो श्याम चारण गोधनको ॥
सखा सहित जेवहु बलि भोजन कुछ कीनो ।
सूरश्याम हलधर सङ्ग सखा बोलि लीनों ॥

३

खेलिए अङ्गन छगन मगन कीजिए कलेवा ।
केतेसार दधि जपरते काढ़धरो
पहिर लेहु झुगली फेटा बांध लेहु मेवा ॥
ग्वालनके सङ्ग खेलन जाहु,
खेलनके मिश भूखन लाहु,

कौन परि प्यारे लाल निशदिना कोटेवा।
सूरदास मदनमोहन वरज्यो
खेलो प्यारे ललन भंवरा चकोर
डोर देहु हंस चकोर परेवा॥

४

मदनमोहन पियकीजे कलेऊ।
दूधमें रोटी छानी माखन मिश्री आनो,
जोइ जोइ भावे मोइ मोइ लेउ॥
खांड़ चीर और घृत मिठाई मेवा आप खाहु
और ग्वालनको देउ।
व्रजपति पिय फेर खेलको जाउ वन
सुवल श्रीदामको संगकरि लेउ॥

५

जागिए व्रजराज कुंवर कमल कोस फूले।
कुमदिनी मुख सकुच रही भृङ्ग लता भूले॥
तमचुर खग रोर सुनहु बोलत वनराई।
रांभत गो मधुर नाद बछरा हित धाई॥
विधुमलीन रविप्रकाश गावत व्रजनारी।
सूरश्याम प्रात उठे अम्बुज करधारी॥

६

प्राणनाथ प्रात भयो जागो बलिजाऊं।
सोनाकेरी गोफनसों वेनु में गुथाऊं॥
उगत सूर मजीत भई कुलहरि बनाऊं।
पांय बांधूं घुंघरू और नाचवो सिखाऊं॥
सूरदास मदनमोहन गुण तिहारो गाऊं।
हरष निरख छवि ऊपर बलि बलि जाऊं॥

७

जागिए गोपाल लाल जननी बलिजाई।
उठो तात भयो प्रात रजनीको तिमिर गयो
प्रगटे सब ग्वाल बाल मोहना कन्हाई॥
उठो मेरे आनन्द कन्द गगन चन्द मन्द मन्द
प्रगट्यो असमान भानु कमलनी सुखदाई।
सिङ्गी सबपूरे वैन तुम बिना न छूटे धेन
उठो लाल तजो सेज सुन्दर वरराई॥
मुखतें पटदूर कियो यशोदा को दरसदियो
और दधि सब मांगलियो विधिरस मिठाई।
जेंवत दोउ रामश्याम सकल मङ्गल गुणनिधान
थारमें कछु झूंट रही सो मानदास पाई॥

८

श्रीकृष्णजीके ध्यान मेरे निश दिनारी माई।
मनके महल प्रीत कुञ्ज तामें जादोराई॥
सांवरे बदन कोमल चरन नख देखे
चखचौंधि होत पांय नूपुर पैंजनीसो विधिने बनाई।
दाहने पदपद्म तातें टेढ धरत आलीरी
ऐसे चरण दुखके हरण है सदा सुखदाई॥
लाल हजार ताके विच कञ्चनके तार लगी
काछनी पचरङ्ग तापर किङ्किनी छवि छाई।
वनमाल मुक्तमाल कण्ठन कौस्तुभमणि
पिताम्बर चटक तामें दामिनी दुति पाई॥
बाजुबन्द अङ्गुरी मुंदरीगनको अति चमत्कार
अरुण अधर मधुर सुर मुरली बजाई।
कमल नैन बिमल कान्ति कुण्डल प्रतिविम्ब
होत आनन्दमो सुख मानो रह्योरी मुसकाई॥
घुंघरवारी अलक झलक किए चन्दन खोर
और मोर मुकुट सीस धरे बनी सुन्दरताई।
कहे भगवान हित रामराय प्रभुको निहार
आस श्रीगोपाल श्रीगोपाल रसना रटलाई॥

९

श्रीनाथजीको ध्यान मेरे निशि दिनारी माई।
माधुरी मूरत सोहनी सूरत चितलियो चुराई॥
लाल पाग लटकी भाल चिबुक हेमर कण्ठमाल
कर्णफूल मन्द हास लोचन सुखदाई॥
मोरपङ्क सीस धरे मोतिन को हार गरे
बाजूबन्द पहुंचीन कर मुद्रिका सोहाई।
क्षुद्र घंटिका जेहर नूपुर बिछुवा सुदेश
अङ्ग अङ्ग देखत उर आनन्द न समाई॥

२७

मुरली अधर धरि श्याम ठाढ़े ब्रजयुवती मांह
सप्त सुरन तान गान गोवर्द्धनराई।
निरख रूप अति अनूप छाके सुर नर विमान
वल्लभ पद किङ्कर दामोदर बलिजाई॥

इति श्रीअमरानन्दव्यासदेव तस्यात्मज श्रीहीरानन्दव्यासदेव तस्यात्मज
श्रीकृष्णानन्दव्यासदेव रागसागरोद्भव सङ्गीतरागकल्पद्रुमे
रागभैरव ध्यानादि प्रथमराग सम्पूर्णम्।

रागिणी टोडीध्यानम्

तुषारकुन्दोज्ज्वलदेहयष्टिः काश्मीरकर्पूरविलिप्त देहा।
विनोदयन्ती हरिणम्वनान्ते वीणाधरा राजति टोड़िकेयं॥
गान्धारांशग्रहन्यासं क्वचित् धैवत रीरितः।
सम्पूर्णा टौड़िका ज्ञेया आद्ययामे प्रगीयते॥

रागिणी—टोड़ी धीताल

धनीसागरे सासगरे सानीधप धनीसारे गमगरेसा।
मम पप धसारे सागरे सा मगरेसा सानीधनीधप
धप मप मग मगरे गरेसा नीधनीसा॥

२

गरे सानीध साग सासगरे सानी धरेसाग
गम धनी सारेगम गरेसानी धपमग
गग मम पप धसानी सागरेसा मगरेसा नीधप मग॥
गग मम गगरे सापमग सागरेसानी धध नीनीधप
पधनी धप धगनी धपमपगरे सानीधग॥

३

टोड़ी रागिनी अलापत गावत।
बीण बजावत उपवन मृगन रिझावत॥
गान्धार स्वरग्रह प्रथम मूर्च्छना सम्पूर्ण तान सुनावत।
सप्ततान बाइसो इकईस उनचाशको
तान ताको व्योरो जनावत॥
उज्ज्वल वसन पहर केसर कर्पूरचर्च्चित रतनन
आभूषण तानसेन तान साजत॥

मेरे मनमांह हरिनाम जिन रच्यो
अखिलधाम काम क्रोध तज लोभ बढ्यो जात संसार।
जिन रच्यो स्वर्ग मर्त्य और पाताल
निरञ्जन सोई साकार निशदिन जपले श्रीमुरार॥
दीनबन्धु दीनानाथ काटत दुखद्वन्द फन्द
ताहि घरी पल छिन न बिसार।
तानसेन कहे निरमल रहिए भजिए
भगवान मनुष जनम नहीं वारम्वार॥

५

मेरे तो कृष्णनाम आधार जिन रच्यो
जग पसार लोभ तृष्णा काम क्रोध तजो जञ्जार।
जिन रच्यो आदि अनन्त भुव आकाश ब्रह्मलोक
निरञ्जन साकार निश्चय कर जपो श्रीहरि मुरार॥
युग युग भक्त हेत अवतार लेत हैं भक्तन प्राण आधार।
बैजू बावरे प्रभुको चरण शरण गहिए
मनुष जनम नहीं वारम्वार॥

६

सारेगम पपधनीनी सप्तसुर कुछ साधेरे बनाए।
आरोही अवरोही ऐसे सुन लेहीं नीधपम गरेरे साए॥
दुगन सरिगम को हों पाई
दोउ सरिगमके प्रसादतें नृरङ्ग ने गाए।
सारेगगरेरेसासारेगमपमगगरेरेसा
सारेगमपधपममगरेरेसासारेगमपधनीनीधधपप
ममगगगरेरेसानीधपधप
नीधपमगमपधनीधपमगरेगमपध
नीधपमगरेगमपधनीधपमगरेसा
तब यह भेद पावे जबही गुरुनतें सांचो पाए॥

७

निसगमपपपधगपपधनीनीसा
नीनीधधपपनीधमपपपगगसस।
नीनीनीधनीसानीनीसानीनीनीसासगागसाधसा
नीधासानीनीधापेसागगसारेधाधानीधा

सनीनीधासानीधापपपगगसस ॥

गमपधनीसांरंसागरंसामगरंसानींनींनीनीधधधपपप

ममममगगगरेरेरेंसासासारेगमपधनी

सानीधपमगरंसाधसापसामसागसारेसा ॥

८

मपधरंसानीधपमपधपमगरंरंसा ।

सासानीनीधधसारंगरंगरंसानीधसा ॥

नीधपमपनीधपमगरंरंसा

मधसागमधसारेगधमगरेसांनी

धनीधपधपमगमगरंगरंरंसानीधपपमरेसा ॥

९

तेरे तो सरस्वती घटघट पूर रही नाम धरायो वाक्वानी।

जल थल मध पात जाल पा भवानी

यातें कहियत ताकी सर्व्वानी ॥

कोटकटानी गृणानी सप्तद्वीप प्रमानी ऐसी नग्रकोटरानी

तानसेनको प्रसाद दोजें भवानी

दयानी कण्ठ पाठ ताल स्वरदे महारानी ॥

१०

धीरे धीरे धीरे मन धीरेही सब कुछ होय ।

धीरे राज धीरे काज धीरे योग धीरे ध्यान

धीरे सुख समाज जोय ॥

धीरे तीरथ धीरे व्रत संयम धीरेही करे

सत्सङ्ग साधके बैठ मनको धीरे राखोय ॥

तानसेन कहे सुनो साह्न अकबर एतो बड़ो राज

एती बड़ो बादशाही धीरेहीते पाई सोय ॥

११

देखि इन्द्रलीला इन्द्रसभा इन्द्रहुके दरवार

चकृत भए अचलमुनि ।

दीपकमें अष्टदीप नवदीप सिन्धलदीप ऐसे

दीपे जैसे चन्द्र हीरामणि ॥

एकनको देत दान एकोनको बुलाय लेत

एकनको बकसत जरकसी चीरासुनि ॥

गुणको प्रसाद गाइक राजाराम छत्रपति

जाके घरगुनी करे क्रीड़ाधुनि ॥

१२

आरे मन्दरतुम दरतादानी दरदतिलेतो

नदानी तदानी तरसे ।

तरनरे तारनरेदरतुंदररेतुंदर तुमरेतुमृतनमृदरसे ॥

कैसो ए भांति चपला सुधरन बोले ऐसे सुन्दरसो सरसे ।

दरदर और दरवार मता आमीरे मन्दर

सुन्दर तरे रतरेर राखूं सुधरसे ॥

१३

भरेतो हरिनामको आधार जिन रचो संसार

काम क्रोध लोभ महाजञ्जार ।

जिन रच्यो अरस कुरस जिमी आसमान

निरञ्जन निरङ्कार सांचो क्योंन सेवो परवरदिगार ॥

काहेको हूजे गुन्हेगार काहेको लीजे एतोभार

मोई सवाद क्यों न तजिए जाको नाम राजगार ।

प्रभु बिलास कहे पाक साफ रहोए

तयार जनम जोव नहीं बारबार ॥

१४

ज्ञानभूम पर आनन्द घटा गरज गरज बरस

बरस ताते भए बहु बीज अनगिनती ।

चांप कांप निकस तार डांड़ी भई तान अचर पात

यह खेती तबही उपजे जोहो एक रमरती ॥

यह याको मरम जाने जोहोय शेष महायक

के जाने वलि यह कहे सिद्ध जङ्गम योगी जती ।

मदनराय सोहो पै जांच लिए

जामें नादसों गुणए बातें बनतो ॥

१५

रूप·यौवन·गुण·विद्यावर रिझाय लीनो

प्यारे सबही तियनमें बिचित्र धन ।

सब अङ्ग अङ्गनमें प्रचण्डरहो

सम्पूरण यातें तू भावत मन ॥

तोसो तुही तूही बिचित्र और कोउ

नाहन जामें नानाप्रकार पइयत भनतन ।

प्रभु सुजान प्यारेको कर राखो

आन रङ्ग लान न दीनो भनतन ॥

१६

गावो गुणी सुराग सुतान समुद्रासों
सङ्गत रङ्गत लिए सुखबानो ।
बादो समवादो अनबादो बिबादो
तिनकों व्योरो सोच समझ कर तोजे
हंसहँस प्रगटो गुरुते सुख मयानो ॥
सा-रे-ग-म-पध नो गायन साधे चतुरबिनानो ।
मत्र अङ्ग परखन हार गुरुन गुरु साह जलाल
सकल कला गुरुन गुरु ज्ञानो ॥

१७

गढ़पत दलपत देशपत अतसात
जे गरल अङ्गधोरिही लिए ।
जे सरह बैठे और कुलगन तिनको
वले सिवार मारजोत लए ॥
चतुरङ्ग दलत तबलया चाल कर धात बलकर
जल पछाड़ प्रबलके देख रुद दल खल सों खल
परिखल बलतब बेपग पङ्ग पसार बाजन उड़नको धाए ।
तिन पर बरछी कोउ बनाय कुलस्थान
उतराय दस्तगो भाले पहरायते गगन धाए ॥
बं कोको जाय सुलगो धाय धायके मारे
भुत गिराय शेर भारो औजाय तिनके प्रमाण
चाख चखाय दए ।
साह मौजदीन महावली किएहैं
शिकार देख कांपेहैं थिर थिर नर
मर सफरेस लंकेश दृगपाल सब देख तेज भजगए ॥

१८

अनद्रुत द्रुत बिराम लघु लघुबिराम
गुरु पुलित तार लय अतीत अनाघात प्रमाण ।
खरज ऋषभ गान्धार मध्यम पञ्चम धैवत निषाद तान ॥
निषाद धैवत पञ्चम मध्यम गान्धार ऋषभ खरज गान ॥

१९

तें कहुं देखोरी नन्दकोनन्दन कान्ह
मटको झटकके पटक गयो ।
माँखन चोर चोर मन लीनो कीन्हो नेकु
न डर नट ज्यों उलटके सटक गयो ॥
सारंग रंक रहत खोरनमें सांवरो
सूरत माधुरी मूरत नैनदै अटका गयो ।
तानसेनके प्रभु तुम सबहोके नायक
रस गोरसलै गटक गयो ॥

२०

रंभो तोरो सूरत रचपच रचो विधाना
धन धन तुव सुरतें सुन्दर अति सुखकारो ।
स्वर्ग लोक मृत्युलोक पताललोक
नागलोक और नाहिन तुम सम नारो ॥

२१

सङ्गत समुद्रा सुभेद उत्तायुता सुध बानो तिनहोंसें पाइयत ।
सप्तस्वर तोनग्राम इकइश सुरछना
सारङ्ग म-प-प-ध-ध नो कण्ठ गाइयत ॥

२२

आनन्दन आनन्द भयो मेरे रोम रोम
नैनन भर निरखेहैं श्यामा श्याम ।
धन घरो धन पल महूरत धन धन ब्रजवृन्दावन धाम ॥
धन धन मेरो भाग सुहाग धनगुरु
चरण शरण दियो मोहि ठाम ।
सागर आगर गुण रागरङ्ग नागर
दरश परश भए जीवनमुक्त आराम ॥

२३

धर्मसों नीच पाप पापसों नीच क्रोध क्रोधसो नीच लोभ
लोभसों नीच मोहमद मदसो नीच मत्सर कहाइया ।
स्वर्गसों नीच मृत्युलोक मृत्युलोकमें नीच दुष्ट जिनतें
नीच पाव राजमों नीच प्रजा पाइया ॥
ब्राह्मणसों नीच क्षत्री क्षत्रीसों नीच वइश वैश्यसों नीच
शूद्र धनीसों नीच निर्धन वेदसों नीच शास्त्र भाइया ।
देवसों नीच राक्षस समुद्रसों नीच नदीनद कहत
कवि तानसेन सगुनीसों नीच निरगुनो पाइया ॥

२४

गाऊं राग सभा साहनसाहको जाको अकबरनाऊं ।

जे नरनरेन्द्र इन्द्रसमान चक्रो वक्रोसो होत
कबहुँ नाहि निरखत अष्टसिद्ध नवनिद्ध पाऊं ॥
एक एक सङ्गीत प्रति लच्छ लच्छन करे
और एक निरत कालो जच्छारो ताण्डव
समान कावकर और छोहुँ गाऊं बजाऊं ।
बिनवे व्यास कोउ जानत नाही जलालदी
महम्मदको देन आशिर्व्वाद नित आऊं ॥

२५

नादनगर बसायो सुरपति सहल छायो
उनचास कोटी तान अच्छर विश्राम पायो ।
गीत छन्द तत बीतन घन शिखर कञ्चन ताल
कालक किवाड़ अलाप ताली छोराये
पाट नग लगे खरज जञ्जीर लेवट
कुञ्जो तामें ध्रुवपटसों नग छिपायो ॥
आरोही अवरोही अस्थाई मस्थाई जवार
अरज खरज और करोर मन मिलाय कण्ठलायो ।
जौहरी मीयां तानसेन गाहक जलालदीन
जिन याको मोल कीनो अकबर पारखीं पायो ॥

२६

छत छवि छाजि बिराजि हुमाऊं तखत
बैठो चारोँ चक जोत आयो दिल्लीवर ।
ऐसो हठीलो नर नरेन्द्र नरेश धावत
शत कोस काहु पें न रोको जाय तक्कवर ॥
राख लई इमर तिमिर लिङ्ग बाबरको
छत्र किरात साहन मन बादसाह ताहि दयो अलहवर
नायक पूरण करत बखान तेरो बाबरसुत
ताको सुत हुमाऊं अकबर सबल नर ॥
अकबरसुत जहांगीर ताको साहजहां
ताको औरङ्गजेब भयो है भुवपर ॥

२७

ज्ञानपति महेश विद्यापति गणेश
प्रथवीपति नरेश बलपति हनुमान ।
सरितापति सागर गिरिवरपति सुमेर
राजनपति इन्द्र धर्म्मनपति दान ॥

२८

बाजनपति मृदङ्ग पवनपति पान
पछिनपति गरुड़ भक्तनपति कान्ह ।
साहनपति साह दिल्लीपति पातसाह
तानसेनपति अकबर अर्जुनपति बान ॥

२८

हरि बिन और न दूजा समझ मन और न दूजा ।
माटी भीतर माटी बाहर माटीको बन रहो कूँजा ॥
यह माटीकी मूरत बाहर भीतर और नहीं सूजा ।
जिन जाना तिन कछून जानो अबजाना बूझा ॥

२९

तेरोगे चन्द्रबदन शोभासदन
मदनमोहन मनरस बसकरन ।
दरश परश परस्पर उपजत आनन्द अपार
सकल सुखद सब बिध दुख हरण ॥
लालन रीझ भीझ रहे तापर
करत रहत तेरोई गुणवरन ।
जानकीदास करत आस सब बिध सुख
व्रजविलास रसिक रासमण्डल रसकरन ॥

३०

पिय प्यारो नाचेरो रास मण्डल मध ललिता
उघटत सङ्गीत तत्ताथुङ्गकट थ्रगड़नांधित्था
थोंधिधिगनधा ।
उरपति रपगति भेद बतावत मृदङ्ग बजावत
सखि धाकिटकिट धुमकिट किटधोत्ता ततधिधिगनधा ॥
मधुर मधुर नूपुर धुन बाजत कुणत
किङ्किनी भुन तनना अदभुत तान केदारेकी ।
गावत प्यारीकों रिझावत बलि बलि
आवत रसिक गोविन्द अभिराम ॥

३१

दियो तुमको विरञ्च अटलराज छत्रपति विक्रम नरेश ।
राज समाजसों जसन करो जोलों ध्रुव गङ्गतरण शेष ॥
तोसों तुही और नाहीं भुव मण्डल मध
सकल विद्यागुणनिधान दाता बिधसों काटत जग कलेश ।

गन्धर्व्वसेन प्रभु ऐसो परदुखभञ्जन
शाकबन्ध रच्यो करतार ज्यों सुरेश ॥

३२

तुही ऋषभ गुणनिधान ग्रन्थ प्रमाण तेरे रस
बसकर लीनो साह जलाल रसाल परम महाजान ।
मेनका रम्भा उरबसी और तुमसी
और तीयनकों न गिनें पद्मा तुल्ले न समान ॥

३३

हे कृष्णनाम जबते मैं श्रवण सुन्योरी
तबते भूली भवन होंतो बावरी भई ।
भरि भरि आवें नैन चित न रहिक
चैन मुखहु न आवें बेन तनकी दशा कछु और भई ॥
जेतेक नेम धर्म कीनेरी बहु बिधि
अङ्ग अङ्ग भई श्रवणमईरी ।
नन्ददास जाके श्रवण सुने यह गत
माधुरी मूरतिहै धौं कैसी दईरी ॥

३४

रीझियो रसिक गोपाल विनोदी
तेज अलापी प्यारी अदभुत टोड़ी ।
बदन देखि उडुपति नभ थकित
धरखित मनगति भई निगोड़ी ॥
दम्पति सुघर राय चूड़ामणि
केलि कला कौतुक रसकोड़ी
कृष्णदास गिरिधरन बिलोकित
लज्जित मदन लहत नहीं ओड़ी ॥

३५

बहुत प्रसन्न भए पिय प्यारी टोड़ी राग वेणुधरि गायो।
सुर सङ्गीत बन्धान समसुर
ऐसो कछु अदभुत भेद जमायो ।
नाना तरङ्ग उपत अनेक बिध
प्रतिछिन औरसों और मिलायो ॥

तैं कहुं देखोरी नन्दनन्दन कान्ह
मटुकी झटकिके पटकि गयो ।
माखन चोरो चोरो मन लीन्हों कीनो नेकु न डर
नटज्यों उलटिके सटकि गयो ॥
मारग रोक रहत खोरनमें न जानों
नैन सैनदे अटक गयो ।
तानसेनके प्रभु तुम बहुनायक
रस गोरस लै गटकि गयो ॥

३७

बङ्क चितवनि चितै रसिक तन
गुपत प्रीतिकी भेद जनायो ।
मुखकी रुखाई कैसे घटतहै
हियको प्रेम नहिं दुरत दुरायो ॥
सगबगे अलक बदन पर बिथुरे
यहि बिध लाल रहचटे लायो ।
कृष्णदास प्रभु गिरिधर नागर
नवनिकुञ्ज अपनो करिपायो ॥

३८

आज कौनधौं बन चरावत गइयाँ कहाधौं भई बड़ी बेर ।
बैठे कान्ह सुधि लेहीं क्यों न कौन
बिघ ग्वालन करत अब सेर ॥
वृन्दावन आदि सकल वन ढूंढ़ो जहां गाइनकी टेर ।
सूरदास प्रभु रसिक शिरोमणि कैसे दुराए
दुरत कहां धौं डंगरिन की ओट सुमेर ॥

३९

गोकुलके गुण्डे एक सांवरोसो ढोटा माई
आंखिनके पेंडे पैठि जीके पैंजे पर्योहै ।
कान न परत छिन ग्रह भयो समवन
तन मन धन प्राण सकल सुख हर्योहै ॥
भवन न भावे माई अङ्ग न रह्यो जाई
करी सहाई माई देखो जैसे हाल कर्योहै ।

सूरदास प्रभु नीके गावत मधुर सुर
मानों मुरलीमें पीयूष रस भर्योहै ॥

४०

अरी यह ढोट कान्हर बोलि न जाने बरबस झगरो ठाने।
जोइ भावत सोइ कहि डारत ऐसो निधरक
नहीं कहुं देख्यो रूप योवन अनुमाने ॥
अङ्ग अङ्गके दान लेत नहीं प्रगके को पहिचाने।
हम दधि बेचन जातहै मथुरा मारग रोकि
रहत गहि अञ्चल कंसकी आन न माने ॥
ऐसो बात सम्भारि कहो हरि हम तुमको पहिचाने।
सूरश्याम जो हमसों मांगत सो पैहो
कहुं और तियनपै ए बातें गढ़िबाने ॥

४१

माखनकी चोरीतें सीखि करन लागे अब चितकी चोरी।
जाके दृष्टि परे नन्दनन्दन सो व फिरति गाहन डोरी डोरी॥
लोक लाज कुलकानि मेटि करि
वन वन डोलति नवलि किशोरी।
सूरदास प्रभु रसिक शिरोमणि
जबतें देखे निगम बानो भई भोरी ॥

४२

आधो मुख नीलाम्बरसों ढांकि बिथुरी अलकें सोहै।
एकदिशा मानों मकर चांदनी
एकदिशा घन बिजुरी ऐसे हरि मनमोहै ॥
कबहुं करपल्लव निजसों केश निरवारत तिय पाछे लै
डारति निकसति चारठेढ़ी मोहन मुख जब जोहै।
सूरदास प्रभुको यह छवि निरखत
त्रिभुवनमें उपमा यह सम कोहै ॥

४३

एक कर दर्पण एक कर अचरा कजरा संवारत लालना।
ललना मुखकालिम दूरि करतिहै
उलटि भँवर फिरि कमलन परत ॥
सीसफूल अतिराजत नगनि लग्यो
ताकी उपमा कहो शेष सीसमणि मानों बरत।
करणफूल करननिहो संवारति
अलकें निवारि बन्दन बिन्दु लिलार करत।
सूरश्याम दुरि देखत दर्पणको
मुख एक टकतें पलकहू न टरत ॥

४४

कहुं उमड़े घुमड़े गाजत हो पिय
कहुँ बरसत कहुं उघरि जात।
कहुं चमकि चमकि चपला ज्यों चमकत
एकठौर त्यों नहिं ठहरात ॥
श्यामघन केशव लच्छन तुमपै श्याम हो नीके
जानति मेह नेह आडम्बर वृथा प्रात।
मुरारिदास प्रभु तिहारो वामचरण पूजिए
को पतियात कहू किनकी कहिबात॥

४५

लाल तुम जासों रहे लपटाय
दुरे कैसे ताको हो सुबास।
चिन्ह सबेजु छिपाई आए रङ्गभरे
पाए बदन और विलास ॥
तुम अपनोसों दुराव करत पिय
नैननमें पाइयत जियको हुलास।
चतुरबिहारी हो कौन जाने ए बातें
तिहारो मैंहू सेवक रावरो पास ॥

४६

लाल सङ्ग रति मानो मैं जानी कहे देत नैना रङ्ग भोए।
चञ्चल अञ्चलमें न समात इतरात
रूप उदधि मानों मीन महावर धोए ॥
पलक पीक जगमगात दृगमानिक
मानों जराय लोने प्रेम पोए।
नन्ददास प्रभु पियके मुख सुखके लोभ
लालच जानतिहों निशा नेक न सोए ॥

४७

तेजु दई ग्वालिन सवांरी नैनन सोहै कजरा
और माथे बेंदो।

तैसोए अलककी झलक दसनकी ओप
अधरनकी अरुणताई चलत चाल गज गेंदी ॥
छोटी छोटी तरकुली श्रवण बिराजत
पायन महावर हाथन मेंदी।
चतुरबिहारी गिरिधारी बसकरवेको छाँड़िदई लट फंदो॥

४८

ऐसे कैसे कहियतु है हो कुलवधू
वन इतहि आउधों होड़ो।
बरबस रोकत टोकत मोकह
करिहों कहा रिसाँई कोहै बबाकी लोंड़ो॥
दिन दिन को पैंडोरो माई न जानिए
श्रोथरो और श्रोड़ो।
राजाराम प्रभुतें न होय तिय जे हैं तुमही कनोड़ो॥

४९

अबहो डारि देरे इन्डुरीया कन्हाई यामेरे पचरङ्ग पाटकी।
हाहा खाति तेरे पइयाँ परति हौं
यह लालच मोहो मथुरानगर हाटकी॥
मेरे सङ्गको दूर निकस गईहों कोनो इह घाटकी।
तान तरङ्ग प्रभु झगरो ठान्यो हंसत लुगाई बाटकी॥

५०

मारगके वागे रातिके जागे छूटे बन्दन अरसात।
जम्भात बहियाँ गहन आगे आवत सकुचन लागत॥
छियो छांड़ो अंचरा मोरी भुकिए मैं आनि भुकावत।
लाखजो जतन करो तऊ न बोलिहों
लाल ए तुम बातें कबके लावत।
तानसेन प्रभु रव निरवन तुम महि
खिजाए कहा पावत॥

५१

गुलाल बरन नैन भएरी ललना ते
सब निशिरङ्ग लियो लालरङ्ग।
मेरे जान नई नैन पिय मूरति पाई सुभाई तें
झुकिझुकि परतरी मानों पवन तें डोलत
नीरज ऐसी शोभा पाई मोमन सङ्ग॥

पुनि पलसों पल लगि लगि जगि जगिनैन अरुण भए
जेतुव देखत तिन तिन कोरो आनन्द मापत है
अङ्ग अङ्ग।
कल्याणके प्रभु गिरिधर तोमों रतिमानी
ज्योंज्यों राखि करि अरधङ्ग॥

५२

एमन तूजो अपनो सुख चाहत है
घरी घरी पल पल छिन छिन सुमरले श्रीरामनाम।
जो जग जप तप नेम धर्म्म व्रत सञ्जम
ज्ञान ध्यान गहि दृढ़ हरिचरणन विश्राम॥
और उपाव नाहीं कलियुग में
कृष्णकृष्ण कहत होय आराम।
तानसेन प्रभुको चरण शरण गहले
जासों पावे वैकुण्ठधाम॥

५३

वा दिन कंवल वलि जैएरी जादिन
पीतम तें होय मिलन।
तन मन धन नोछावर करहूं चरण कमल
पांवड़े बिछाऊंगी नैयन पलन॥
अनेक दिननमें प्यारे मोहि मिलिहै
लेऊंगो वलिया दोउ करन।
तानसेनके प्रभु सुधाकी दृष्टि करि मोर मुटकी हलन॥

टोडी—दरबारी

एरी जशोदा द्वारे पुकारे आएहैं
एक योगी मांगत हात पसारो।
मुखदेखूं तेरे बालकेको मैं यही गुरु ज्ञान बिचारो॥
जटाजूट वाघम्बर गङ्गशिख वहुरूप
शिव डिम डिम डमरु बजावत सिङ्गीनाद हुङ्कारो।
काशीवासी कैलासनिवासी दरशन कारण
आएहो गोकुलारो॥
ल्याई यशोदा पुत्र अंचरा ढाक देख मगन
भए धन धन आज दिन सुखकारी॥

टोड़ी—चौताल

एमन जब लग नैन प्राण तब लग जोयत
सब काहूको दिदार।
जब लग जीजिए तब लग कीजिए
राग रङ्ग घरी घरी पल पल छिन छिन
जात न लागे बार॥
सांचहो बोलत सांचहो तोलत
सांचही कीजे बनज बिहार।
तानसेनके प्रभु सांचहीमें रम रहे यातें
समझ बूझ देखिए जग सपनो संसार॥

२

परम धरम गोविन्द नाम सुमरण मन बीच निज करम।
योग यज्ञ जप तप तीरथ व्रत भक्ति बिना वृथा जनम॥
मारग आन भ्रम तौलों जौलों न पाए निगम मरम।
हरि नारायण श्यामदास प्रभुको भजीए
एतजीए भरम॥

३

नीके नीके सुर गाय राग देखाय
प्रथम कपट तज रङ्ग जुगत लाय।
बुधि सरसाय काव्य बनाय खुली मुटो मुद्रा तान सुनाय॥
उरपति रप लाग डाट देखाय।
सप्तस्वर इकईस मुरछना ताको ब्योरो जनाय॥
और सङ्गीत रत्नाकर के सप्तध्याय समुझाय।
तानसेनके प्रभुकों रिझाय सङ्गीत विद्या दरसाय।
गुणीनसों गुण चरचा कर परमेश्वरके धरिए पाय॥

४

तैं कहुं देखोरी वनमाली आली वंशी बजाय मन लेगयो।
धुनि सुन कल न परत निशदिन उन बिन नैन
तरसत बिन देखे टोनासों यन्त्र मन्त्र कर गयो॥
जब नहिं देखत छिन न सुहावत भावत नहिं गेह
मेरे नैननमें अटक गयो॥
तानसेन नैननकी सूरत कोटी बार डारों सांवरी
सूरत जिय बसगयो॥

बागे बनाए आएहो पिय लटक
पागकी चटक अटकन मन।
लटक लटक चलत चाल मटक मटक मुसक्यात
अलसाने सरसाने नैनारी नैना नींद न आवै
निपट सौत नैक छवि छवतन॥
तानसेनके प्रभु तुम बहुनायक
रस बस कर लीनो तन मन धन।

६

सौंहें खात तोतरात बात कहत
अरसात आए भए प्रात डगमगात गात।
ऐंड़ात जँभात धकधकात मुरछात
थरथरात भरभरात॥
वहांजी जावो जहां नवल तिया सङ्गजागे रात।
याहीतें मुसकात मेरो मन मनात बात कहत हंसात
मोहें न सोहात तहांही सिधारिए जाको मन ललचात॥
तानसेनके प्रभु मीठे बचनन बतरात झूठी झूठी
सौंहें खात तेरोसों तेरोसौं मैं अब नहीं जात॥

७

रङ्ग गुलाल वरण भईरी नैनसों तेरेरी
ललनासों सब निश रङ्ग दीने लाल।
जादिन नैन पिय सूरत देखाई बाहरतें
झुक झुक परतहै मानो पठननें डोरत
नीरज ऐसो शोभा आई मो मन सङ्ग रसाल॥

८

बामकर सोहै धनुष दाहने कर सोहै
शिर छत्र उजरे मुखारविन्द सोई रामचन्द्रहै।
नायनको नाथ अनाथनको सहाय
जोड़ जोड़तो बिसारे सोई मतिमन्दहै॥

९

तृष्णाको तज देहु क्षमा कौन जन करहु
नित दया हियमें धारो।
पापसों राख दूरचित सत्य बचन
मुख बोलो साधु पदवी जीय बिचारो॥

२८

सत्यपुरुषन की सेवा नम्रता अति विस्तारो।
सब गुणसों आप गुप्त कर तीरथ पग धारो
दुखित पै दया करो॥
मदको जीतो विद्वान संगत करो अपनी कीर्त्तिकों
प्रति पारो॥

१०

तूही ब्रह्म तूही विष्णु तूही महादेव
तूही गुरु तूही चेला।
तूही सोना तूही सोनार तूही कसोटी कसनहार
तूही दीपक तूही मन्दिर तूही मेला तूही अकेला॥
तूही रैन तूही दिन तूही पर्व्वत तूही पाखान
तूही जल तूही थल तूहीमां मेला।
तानसेन के प्रभु तूही सबनमें तूही केला तूही
अलवेला॥

११

काहेको भटकात फिरत रे मन जपो
हरिनाम जामें काम।
तीरथ व्रत नेम धर्म्म षटकर्म तज भए एक नाम॥
कलिकाल और नाहीं एक रह्यो हरि व्योहार
वही जप वही तप वही है धाम।
कहे बैजूबावरे सुनोहो गुणीजन साँचो संसार सब
एकही है राम॥

१२

नाम में रूप नाम में विद्या नाम में जप तप
संयम रञ्जन।
नाम में ज्ञान ध्यान नाम में सुमरन नाम
तिहारो दुख भञ्जन॥
नामहीतें जल पाखान तारे नामही प्रह्लाद
दुख गए दन्दन।
नामही अजामिल वैकुण्ठ सिधारे बैजु नाम
पवित्र भञ्जन॥

१३

भेरी बला आवे जो घरी घरी मोहे खिजावे मनावे।
एसो लङ्गर ढीट कोउ अन देखो सबन छाड़ मोही
सों नेह जनावे॥
दुरजन में ठाढ़ी तिनमें मोहि लजावे सगरी
तियन में मोहे रोस चढ़ावे चञ्चल सब प्रभुतुम
बहुनायक काहू भावे काहू नभावे॥

१४

रिझावत पियको अनुराग रङ्गकर
अनेक तरङ्गी जेइ जेइ अङ्ग तिन तिन।
हाव भाव कटाच्छ गुणरूप यह विध सन
मनावत लालको लाल तोहे दीनो सोहाग मन॥
निपट आतुर चातुर खूब पढ़ावत गावत सुरसुनी
प्रसन्न भई कण्ठ पाटन सुख रङ्गम न भावन।
चञ्चल ससि प्रभुके अङ्ग सङ्ग अरधङ्ग
रही तोसी सुघर तुँही धन धन॥

१५

ए गोही गोही राखोरी तें ललनाकों
आली अपने रस बसकर।
रैन दिना तुही तुही जपो करे पिय सोतनके
लोने प्राणहर॥
तोहीसों हँसत खेलत मिलत प्राण पियारो
पल पल सकुचन सकुच न रहे गुमान भर।
अहो धनमान मतिभाग सुहाग तेरो
वे देखे रीझे सुजान सुन जर भर भर॥

१६

प्रेम नगरको डगर कठिन है जिन जावो कोउ।
पहले तो मीठे मीठे बैनन बस कर लेत पाछे
अलगपासी देत एसे बट पार नैना बसत ठगी दोउ॥

१७

मोहत तान नारो राग सुरत देखत सुनत
सबही को मन मोहत।
मुद्रा घटत उपकटाच्छ अच्छर भरन तोही पै
सो ओहत॥

जोबन उमगन कुच पै तालक लुभए
ब्रह्म अच्छर शब्द प्रतच्छ सम देखियत उदोहत।
आरोही अवरोही कर रिझायो तै मदनरायकों प्रभु
रस वश कर लीनो लागि मानो कामधेन दोहन॥

१८

बषत यार बषत बली चली तेरे नाम की कर
सुर नर मुनि गुण गन्धर्व कहैं नर जहांगीर।
जे अज्ञान ते भए सज्ञान ये दिन दिन धन कल्याण
करत हैं अहो सागर आगर तोको है चलगए तीर॥

१९

तेरे विद्याको याहा अचम्भो जोई
देखियत सोई अदलो।
गुणतो तोमें उपजत है ज्यों कपूर कदलो॥

२०

दशहरा मुबारक होय तुमकों
मल्लत सँपत और सहित समझाऊं।
गीत गाय गाय आनन्द बधाए राजाराम
रहस रहस करगाऊं॥
लङ्काजीत राम घर आए सीता मङ्गल
मिल सखि सोहेला सुनाऊं।
बैजू प्रभु घर आज बधावा भक्ति दान वर पाऊं॥

२१

हिन्दमें आनन्द भयो कोटि दुरजन गए
बैठे तखत वली आलमगीर मानो।
बाजे निशान फहरान सुने गढ़पति
फरर नई गई धाक डर हुकम मानो॥
चले चहुं ओरको ते मिलत कों जोर जोर
आगे चहुं डोला दार सुघर रानी।
अदल अदलो उनसपत अदारङ्ग
कहां लग कहुं जाके कादर करीमकी महरवानी॥

२२

सब साहन साहको साह शिरताज कीनो
विधना जब धरो अकबर नाम।
भुव लोक मध लोक उजारो कर थप्यो
तखत बखत तोहि दीनों अचल करके निहचे
अब जहां सोहत साँचो राज॥

२१

होतहै मध्यम पञ्चम पञ्चम रिषभ धैवत गान्धार।
अदारङ्ग याको व्योरो काहूसों न कहिए
जो जानतहै तिन पायो बड़ो सार॥

२४

राम नाम लेरे नर चेत जगत जान सब सपना
सोवत निश दिन हितकर हरिसों निभावन हार।
जिन नेंक धाय पाय प्रेम नेम प्रकार
प्रह्लाद अह्लाद ज्योति जगजीवन आधार॥

२५

प्रथम ॐकार नाद ब्रह्मतें फिर शिव डमरूतें,
उपजे भेद ताहे बरतन लागे नारदादि गुणो।
पहिले खरज दूजे रिषभ तीजे गान्धार चौथे मध्यम
पाँचे पञ्चम छटे धैवत साते निषाध ताह धुन सन
भूले सुनो॥
पांचो सुर मिले ताह औड़वे कहन लागे छहो मिले
खाड़व साते सम्पूरण खरज रिषभ गान्धार मिल
तीनों ग्राम इकईस मुरछना बाईस सुरन लाग
डाट सुनो।
नेम विरक्त कर कार उनचास कोटि तान आरोही
अवरोही अस्थायी सञ्चाई तीवर कोमल अतिकोमल
लैले प्राण प्यारो प्यारीकों रिझावत सखि भान
प्राण निरख चकत धुन सुनो॥

२६

गोविन्द गोपाल गरुड़गामी
गोपीनाथ गोवर्द्धनधारी गोपमनरञ्जन।
गरव प्रहारी गाढ़ेगुण रूपधारी
गोपति गोकुलनाथ गजके दुखदन्दन॥
गोलोकपति गुसाँई गोचारण गुनी मुनिरञ्जन।

गोकुल गवन करन गोमति प्रिय जुगराज दास
ध्यान धरे राधापति भक्तबन्दन ॥

२७

योगीरे बसो तो बसो चित्रकूट
नगर बसो तो अयोध्याधाम ।
सरिता बसोतो बसो सरयूतट नाम जपोतो राजाराम ॥
दशरथनन्दन पतिहै हमारे मरजादा
मारग लह्यो ठाम ।
तुलसीदास रघुनाथ आस एक
चरण कमल गह्यो विश्राम ॥

२८

योगीरे बसो तो बसो गोवर्द्धन
नगर बसो तो मथुराधाम ।
सरिता बसो तो बसो यमुनातट रसना
रटोतो जपो कृष्णनाम ॥
नन्दकेनन्दनपति है हमारे पुष्टलोला
मारगहै हैघनश्याम ।
नन्ददास यदुनाथ आस एक चरणकमल लह्यो विश्राम ॥

२९

कृष्ण मात कृष्णतात है कृष्णबन्धु सखाकृष्ण ।
विद्या कृष्ण द्रव्य कृष्णहै कृष्णहै प्रश्न ॥

३०

दीनदयाल पतितउधारन राम रघुवर
मोंसो अधम पतितको सुनिए विनतो
कोटि कोटि अपराध भरे मेरे रोम रोममें
कहांलो गनाऊं कहत लाज मन महामन्द कौन गिनतो ॥
जनम जनम लौं पाप कमायो बाज न आयो
कुमति कुटिल खल निलज शिरोमणि तापर सनमुख
भाषत भनतो ।
लक्ष्मण दास भरोसो नएको निज करनीको
सुजश रावरो वेदन गायो गणिका गोध व्याध
गज पाँवर सुनि सबन की विनती ॥

३१

जोरी रामलक्ष्मणको अहेरो जात चले
सङ्गलिए मधि प्राणजानको ।
जटाको मुकुट मुकट सीस सरको
दण्डकर काँधे मोहत जात सबको
मन निविड़ प्रवेश मानों कानन कहुँ
निलिनो ससि भानको ॥
जुगल कला पूरण रमत प्रकाश करत बिपत
काल सङ्ग लिए निधन करनके हेतु वृन्द जात धानको ।
लक्ष्मण दास धनि धनि भाग सबनके रूप उदधि
वाढ्यो वन आनन्द रतन खानि मुक्ति लिए कर
धर्म्म दानको ॥

३२

जादिन साधुचरण चल आवत ।
तादिन भाग उदै जुगजुगके सुख देखत प्रगटावत ॥
जाके पदपङ्कजके आगे चार पदारथ ध्यावत ।
अष्टसिद्ध नवनिद्धि सम्पदा सुख समृद्ध ग्रह छावत ॥
भुक्ति मुक्ति आङ्गनमें डोलत पुलक प्रभाव बढ़ावत ।
दरश सुफलको अवध जगतमें वेद पुरानन गावत ॥
गङ्गादिक तीरथ अवगाहन अवलोकत फल पावत ।
अगनित कलुष कलेस धरे उरविन श्रम सद्य नसावत ॥
तीन लोक दश चारो भवनमें के सुकृत सलिल नवावत ।
दुख दरिद्र दीनता मलिनता दरि दुख दोष बहावत ॥
इहफल सरस आन नहिँ त्रिभुवन कोटि जग सकुचावत ।
सुरतरु कामधेन चिन्तामणि यह अनुचर सङ्ग ल्यावत ॥
जाके पदको रेनु सुअञ्जन हितकर नैन लगावत ।
दूर करत भ्रम तिमिर लोगको अनुभव
अलख लखावत ॥
कहाँलौं करुं सन्तको महिमा कविकुल बुध लजावत ।
लक्ष्मणदास दयाकर जगमें हरिजन हरिहो मिलावत ॥

३३

आज दोउ मेरे नैन विबस भए
छवि देख परत नहीं पलकरो ।

कटि पट बसनि लसनि मुक्तावलि
बनमाला झलकनि सुर मुसक्यानि झुकिझुकि
चित चुभरह्यो दोउ अलकरी ॥

३४

वादिन केवल जद्दपरो जादिन पीतमसों होय मिलन।
तन मन धन सब वारूंगी इन चरणकमल ऊपर
पाँवड़े बिछाऊंगी नैन पलन ॥
कारण मोहन अपनोही गरे डार लेहैं
सरस रस ललित अधारण।
कहे मियां तानसेन कबधौं मिले आय
दरस परस इन संयोगन ॥

३५

तुही अम्बे आदि भवानी असुरसंघारनी
आनन्दी दुर्गे भक्तउधारनी महारानी।
उमा शिवा करालबदनी त्रिशूल-शूल-परधरनी
ज्वालामुखी योगमाया जगत-जननी ॥
गौरी गिरिजा सिद्ध-सिद्धदानी करहु कृपा
काली धीरज पर शारदा सरसुती वाकवानी।

३६

कहा जाने सार हमारी गउअनके चरैया।
ब्रजवनिता सब बन बन आई भई हैं कुबरी
प्यारी दैया ॥

३७

जबतें राम नाम निस्तार्यो।
चार पहरमें एक घड़ी भजु तोह्र हरि जग तार्यो ॥
काशीपुरीमधि गौरीपति शङ्कर ध्यान जो धार्यो।
कीट पतङ्ग तरे सुमरनतें राधोजी यश बिस्तार्यो ॥
अजामिल गणिका गृहवासी पुत्रहित नाम पुकार्यो।
गज और गीध तरे सुमरनतें ब्रह्मावेद उचार्यो ॥
परम पुनीत नाम गिरिधरकों हरिजन होय सो धार्यो।
नामदेव कहे सोई सन्त शिरोमणि
चिततें मेक न टार्यो ॥

बिठोयो दियो न जाई बेठियो म्हारो ठाकुर
पार परोसन पूछे रैना माछान कीयोने छाई।
बिन डांडा बिन बांक बकोडां कुण बन्धान बन्धाई।
हरिसों जोर जगतसो तोरि तो बैठियो सहजाई पाई ॥
देवल फेरो दरसन दीधा मृतक धेनु जीवाई।
नामदेव कहे सुनो भाई साधो बैठियाके बलजाई ॥
उमावाई बैठियो दियो न जाई ॥
बैठिया ना गुण गाऊं रेउ ॥

३८

बिपिन मध बिहरतहै पियप्यारी।
नन्दकुमार वृषभानुनन्दिनी
झिलमिल गलबहियां डारी ॥
भूषण बसन ललित अङ्ग सोहनी
दीपत कान्त सबबिध प्रगटारी।
श्रीमुसकावत कदम तरे ठाढ़े
शोभा-सदन अपार मुरारि।
कबहुँ कुञ्ज निकुञ्जन नाहीं
निरख छवि अतुलित पिय प्यारी।
झुक रह्यो ललित लता द्रुमननकी
हरियाली चहुँ दिश वनचारी।
बोलत पंछी लगत सुहाए ख्याल बिलोक अपारी ॥

४०

बिहरत प्यारो प्यारी वृन्दावन छविछाई।
रास बिलास करत जमुनातट शरद रैन उजियारी ॥
नटवर रूप किए नन्दनन्दन राजत ब्रज-वनवारी।
गावत राग रागिनी झिलमिल ख्याल खुशाल अपारी ॥

४१

प्रभु लाल हमको सौंह दिलाके आप सौंह खायके
अब मन चाहत औरनसों करवेको रङ्ग रलियां।
हमतो झूठेसे तुम कछु साँचेसे नजर आवत
अब समुझो बात नहीं भलियां ॥

४२

ॐङ्कार ब्रह्मा उचारो चारहु आनन
तार करन सप्त प्रमाण ।
सप्तस्वर तीन ग्राम इकाइस मूर्च्छना
बाइस सुरत उनचास कोट तान ॥
आरोही अवरोही अस्थायी सञ्चायी
अंश न्यास ग्रह जान ।
औड़व खाड़व सुर सम्पूरन
तानसेन गुरु ज्ञान उर आन ॥

४३

प्रथम ॐङ्कार टेरो ब्रह्म चतुरानन ।
जाको अच्छर सब रङ्ग भरपूर रह्यो बाणी तारण तरन ॥
अलख अपार अगम निगम रहत
करत राग रङ्ग उरधार धरन ॥
गुण गुणरहित सगुण निरगुण सब जग आधारन ।
बैजू प्रभु आदि योति निरञ्जन निराकार
सूक्ष्म विराटरूप घट घट व्याप रह्यो नारी नरन ॥

४४

जे जे तुरङ्ग अनेक अमोल मोलए रापत
जिनके झूल लागी जरकसी झीनो ।
अनेक रतन नगन बहु भांतिन तिनमेँ
गज एकन एक नवीनो ॥
षट्ऋतु षट् दरसनके प्रसाद दीनो
हिन्दूपति पातसाह प्रवीनो ।
तोसोँ तुही और नाहीं मेरेजान राजनके राजा
राजा रामचन्द्र अनगनती दानदीनो ॥

४५

जो जो बचन कहतहौंरी तोसों
तेइ तेइ बचन तू मानले सयान ।
मेरे कहे तू उठ चलरी ललना
धरेही रहेंगे तेरे जियको गुमान ॥
काल न लागी औरतेँ तेरी तेरो है जीवन प्राण ।
तानसेन तेरी कहालोँ अस्तुति करे
क्योँ तू जान होरही अजान ॥

४६

तेरे विद्याको कहोँ अचम्भो जोइ जोइ
देखियत सोई अदली ।
गुणतो तोमें उपजत है ज्यों कपूर कदली ॥

४७

शुभ दिन शुभ घरी शुभ महूरत
बैठे तखत मुबारक नौरोज ।
देशपति और गज्जपतिते जो गए
पराशन खलवली परी रूम शाम कहुं अनपायो खोज ॥
चार दिशा और तीनो लोकमें
तोसों तुही और दूजो नहीं कोज ।
अदण्ड दण्डन अखण्ड खण्डन हाथ जोर
विनती करे साहनसाह पीर गुनी जनको
देत करोरन दान तकत तुमारी मोज ॥

४८

तू साहब मेरा करीम रहीम कहाँलों शुकर करूं तेरा ।
सत्तार जव्वार अजीब कुदरत तेरी
जापै सुदृष्ट चाहे नेरा ॥
तू परद पोश दाना वीणा पाक जात तेरी रचना
सब घट घट तेरा बसेरा ।
हिदायत आजजको दीजे सन्तत संपत
अपने जान सनुधेरा ॥

४९

वागरके पातसाह हादी सकार वारही
आए तक् दरवार ।
मोरी नेवरिया मांझ धारमें तुमही उतारो पार ॥

५०

जो चाहे सो करं तूही तू ऐसो पाक परवर दिगार ।
वेचुन वेचगुन वेशुवे वेनमुन कुनफे कुनके कहे कौन
रचना अपनो अपनो मिकार ॥
जीव जन्तु पवन पानी आसमान सब तोहें रटत
तेरेही नाम को लिए आधार ।
जबतें सुन तबतें एक महम्मद नामके कारण
कीने नूर महर ऐसी रसना कहो

जो तेरो अस्तुत करे हिदायत आजजको दोजे
सल्तत सम्पत दीन दुनों कुशल छेम और चाहत दिदार ॥

५१

सोच कहा रहेहो लाल मनही मन
अब कौन चितवन आनिचढ़ो ।
नेक हौंहूं सुन पाऊं तो करों उपज चतुर
कोउ नईके पुरानो चढ़ो ॥
वाहि वेग लाय मिलाउ परचे उत मोह रखिए
गांठ बांध ऐसो क्यौंन होय चतुर कढ़ो ।
सदारङ्ग बलमा मोसोंहो छिपावो जिन
बात जातहै बढ़ो ॥

५२

जब आए आपही मनावन तब समझ
जियमें कैसे धौं घर बैठ रहूं ।
हाहा करत पाँए परत बोलाय लेत
पोर वासों कहा कहूं ॥

५३

कहावे गुनी जो सावे नाद शवद जाल कर थोक गावे ।
मारग देशी कर मूर्च्छना गुण उपजे मति
सिद्धगुरु साध चावें सो पञ्चन मध दरपावे ॥
उक्ति युक्ति भक्ति मुक्ति गुप्त होवें ध्यान लगावें ।
तब गोपाल नायक अष्टसिद्ध नवनिद्ध जगत मध पावे ॥

५४

आलीरी देखेहो रहिए मोहन प्रीतम पै
कहा चढ़रही रिसौंहै ।
एतो हट काहेको कीजियत बावरी
जो मिले चाहत तेरी मग ठाढ़ो जोहै ॥
तेरो उनको नेह जैसे सोना सोहागा
एकरङ्ग एक सङ्ग सोहै ।
मदनके प्रभुको मगन मन ए न मानेरी
ऐसो कहाँधौं धरि मन गोहै ॥

५५

महादेवदेव देवनपति सुर-ईश्वर
शङ्कर पारवतीपति दुखहरन ।
वामदेव आदिदेव जटाजूट धुरजटो
डमरु बाजत डिम डिम सब सुख करन ॥
रूप बहुरूप भूतनाथ भुवनेश्वर भोलानाथ गौरवरन ।
तानसेनके प्रभु रीझत तुरतही
देत मन इच्छा करे काज अशरण-शरण ॥

५६

पचत गुनी सब धुरपदको कोउ न पावै
बाज बहादुरके अङ्ग ।
छन्द कवित्त धारु त्रेवट तोड़ोपै जो बन आवत
जोड़ पावत दरस परस वाके सङ्ग ॥
सङ्गीत-रत्नाकरके लक्ष लछन भेद हनुमत
कामनाथ भरत जानत मत मतङ्ग ।
ऐसो दाता सुर पूरो राजा रामचन्द
देत करोरन रीझत रागरङ्ग ॥

५७

ब्रज गोकुल मथुरा ब्रन्दावन कुरुछेत्र
हस्तिनापुर हरिद्वार बद्रीनाथ योगध्यानी ।
नैमिसार अयोध्या प्रयाग काशी गया
हरिहर जनकपुर आदिवराह सुखदानी ॥
गङ्गासागर साक्षीगोपाल जगन्नाथ पन्ना·
नृसिंह श्रीरङ्ग रामनाथ पद्मनाभ सारङ्गपाणि ।
बिठलनाथ पुण्डरीक डाकोरनाथ द्वारकाधीश
धरणीधर श्रीनाथजी रूप चतुर्भुज
सागर गुन आगर प्रभु देत इच्छा मनमानी ॥

५८

एकदन्तवक्र लम्बोदर कीरत जाहि बिराजे ।
गणेश गौरीसुत महामुनि महिमासागर
गुरु गणनाथ अविघन राजे ॥
हेरम्ब गणदीपक तुही महातुर उग्रतप
वट चन्द्रमाशीश विनायक जगतके शिरताजे ।

तानसेनको प्रसाद दीजे सकल बुध नवनिधके

सदा दायक नायक जगतके सरे काजे ॥

५९

एकदन्त गजवदन विनायक विघ्नविनाशन है सुखदाई।

लम्बोदर गजानन जगवन्दन शिवसुत

ढुण्ढीराज सब वरदाई ॥

गौरीसुत गणेश मूषिकवाहन फरसाधर

शङ्करसुवन रिद्धसिद्ध नवनिद्ध दाई।

तानसेन तेरी अस्तुत करत काटे कलेश

प्रथम बन्दन करत द्वन्द मिट जाई ॥

६०

आदि पूजो देवगणेश विघन-हरण सुख-कारण

गिरिजापुत्र विनायक।

लम्बोदर हैमाव्र एकदन्त गजवदन

सिन्दूरवरण सब विधिनायक ॥

मूषिकवाहन हेरम्ब गणपति जाकहँ सुरनर

मुनिगण गन्धर्व्व किन्नर नमो नमो तद्देव

गायक आधीननके वरदायक ॥

६१

प्रथमही आनन्द रच्यो नीको घरी

मङ्गरत पञ्चो शब्द बजाए।

देश देशके याचक जेते आवत तेते पावत

गज तुरङ्ग नग दान मुक्ता वरसाए ॥

अष्टोवरन मध्यनाम ज्योति

अरिनके मारवेको तिथिले लगाए।

तानसेन कहै युग युग चिरञ्जीव रहो

गजाराम तेरो यश तिहूं लोक छाए ॥

६२

नादसमुद्र अपरम्पार काह्न न पायो पार अपार भेद।

केते गुणी गन्धर्व्वं यक्ष किन्नर रचिपचि हार रहे

सुर नर मुनि गुनि चारों वेद ॥

सप्त सुर शब्द ब्रह्म निरञ्जन निरङ्कार

निरभय भेष रचिपचि कर थाके खेद ॥

तानसेन जन आरत विनय करत

धन धन नाद अलख अभेद ॥

६३

तूही एक आदि निरञ्जन निराकार

नादरूप तेरोही पसारो पूरो सब संसार।

अलख अव्यक्त जग-निस्तारन-कार तूही

एक पाकपरवर अपरम्पार ॥

जल थल धरणी धवल तूही पूरण

सकल महीमण्डल तेरोही अधार।

तानसेनको दुख दारिद्र दूर करो

कर्त्ता हरता तू करतार ॥

६४

नादगढ़ मन राजा राज सजत छहों राग

उमराव बैठे दुरजन पर नीके रच्छा करत।

नाना राग रागिणी छतीस तुपक

भर भर धर सोई इकाइस मूर्च्छना गीत

नाल धारु धोवा माटा परमाटा चतुरङ्ग

जङ्गू राग जलवै पारसी छन्द रच्यो

शत जञ्जाल लेवट रामचङ्गो सङ्गीत

दारु तानन गजबांस ढांस झुमरा गोला भरत ॥

सप्त सुर सप्त पौर औड़व खाड़व किवाड़

आरोही अवरोही खाई बनाई

कौल तिलाना कोतवाल ध्रुवपद वजीर

प्रवन्धको निशानी आय लरवेको

धाय विद्याकी लराई लरत।

तानसेन कहै ऐसो अगम अथाह जाको पार न पायो

रचपच हारे काह्न न लाग लमीकान पकर पकर धरत ॥

६५

नगरनाद मध चक्र मत चौपर हाट बसायो।

सुरहाटो अक्षर जिनस लेत सुघरन हाथ बिचायो ॥

सुर कोतवाल सुरतले प्यादा गमक गस्त फिरायो।

सुनत भाव सब गुनियन मिलके

तानसेन निरख मँगायो ॥

६६

जो गुणीजन गुरु पावे गावे नीको तान गुणसों रिझावे ।
जब बजावे बीन अच्छो नीको परमाण सोच समझ
तान लेत ध्यान धरत जियामें जब सुर सङ्गत पावे
ढुरन मुरनसों वाको समझ आवे ॥
सप्त तीन इकईस बाइसौ लागडाट
खुलो मुदो दरसावे ।
समध्याय सङ्गीत मत करके तब तानसेन
प्रभुको रिझावे ॥

६७

अब बन आई कर सोलह सिङ्गार
नख सिखलों रम्भासी ए नवल नार ।
आतुर चातुर तुम पिय नीके जानत
लछ लछन चार भाँति कोक कला प्रवीण सार ॥

६८

प्यारी तेरे नैनन मीन कर लोने हैं नवीने ।
भौंहै कमान नीके तान कमल मृग लज्जित भए
मोहै कटाछन कीने ॥

६९

चढ़ो चिरञ्जीव साह अकबर साहनसाह
बादसाह तखत बैठो छत्र फिरे निशान ।
दिल्लीपति तुम नबीजीको नायब अति सुन्दर सुलतान ॥
चारो देश लिए कर जोर कमान
राजा राव उमराव सब मानत तोरी आन ।
कहे मिया तानसेन सुनियो महाजान तुमसे तुमही
और नाहीं दूजो गुणी जननके राखत मान ॥

७०

आपसमें दम्पति दोउ मिल करत सिङ्गार
एक अङ्गोछे पोंछत मुख एक सुधार पाग ।
सब निश जागे प्रेम मधु छाके ताते झुकझुक गरे लगत
यह बनावे हितुअनके आगे भाग ॥

७१

पियके मनमें न नैनन भावे भावे तेरो जोवन नियको।
तेरे रूप रस बश भयो प्राणपति तो जिय
चाहे आन न काहु तियको ॥
रूप जोवन तोहे दीनो करतार
बनाए भालो कोप ना रहो गर्भ हियको ।
प्रभु विलास नवल लाल रिसाल प्रीत भई
आलीरी आनन्द बढ़ो जियको ॥

७२

तेरो नाम चहुं चक भरपूर रह्यो तुही
दुरत फिरत तुही सबनमें करत किलोल ।
तुही तान तुही मान तुही रोम रोम
रम रह्यो तुही सुन तुही बोले बोल ॥
शेष सहस रसना तेहु स्तुति न कर सकत
तेरो रूप तुही जाने तुही अमोल ।
गुप्त प्रगट तेरी गति तुही जाने
तुही सागर गुण आगर तुही मूंदत तुही खोल ॥

७३

मेरो तो तोहिलों दौर जानत न और ठौर
तेरो रीझ बूझ मोंको और न शरण है ।
तुही तन तुही मन धन तुही परिवार
तुही मूल वरण है ॥

७४

गोकुल गोचारण गोपाल गरुड़पति
गरुड़गामी गोविन्द गिरिधारी ।
जनार्दन हृषीकेश रङ्गनाथ रणछोड़ वामन वनवारी ॥
जानराय जगतपति जगजीवन जगन्नाथ
माधो मधुसूदन मुकुन्द मुरारि ।
धीरज प्रभु विहारी गोपीनाथ नृत्यकारी ॥
उरपति रपलेत भारी रिझावन गोपनारी
तारण व्रतधारी ॥

७५

श्रीजगन्नाथ रामेश्वर रणछोड़ तीकम
बद्रीनाथ योगध्यानी ।

२१

अयोध्या मथुरा माया काशी काञ्ची अवन्तिका
पुरी द्वारावती श्रेया सप्तैता मोक्षदानी ॥
पुष्कर प्रयाग अलकानन्दा भागीरथी
गण्डकी सरयू यमुना वेद न बखानी ।
इन हूंको नाम लेत धरत ध्यान
कटत पाप जानकीदास सर्व्व सुखखानी ॥

७६

अति अलसानी रोआली झपक चलन गति मन्द चलन ।
मोहनसों मिल आई तबही मैं जानपाई
चतुराई करन लागी चतुर तरन ॥
प्रेमकी चोरी करतरी सजनी कैसे दुरत
तेरी सोंधेकी हरण ।
धीरजके प्रभुसों रतिमान आई
कोटि काम लागें चमर ढरण ॥

७७

दिनकरतनया तीर परीई रहत
जो जिनकी मोहन गोहन लीने ।
जिन सङ्ग हंसन खेलन तिन सङ्ग विहार
तिनहीको अपनो कीने ॥
जिन सङ्ग रास विलास शरद निशि
जिन सङ्ग गावत सुर भीनें ।
जीवन गिरिधर अरस परस भए लेत तान रङ्ग भीने ॥

७८

सप्तसुर तिनग्राम इकईस मूरछना
उनचास कोटि तान मण्डल सधिगावै ।
चारु करन हस्त शिर नैन भेद भांति भांति
उपजत गत निरत करत भ्रकुटी नचावै ॥

७९

बरखन को कर सकत हरिके गुणानुवाद
शेष सहस्र मुख पावत नाहीं पार ।
सनक सनन्दन सनातन सनतकुमार
ब्रह्मा शिव व्यास नारद नारद हाहाहुहु गान्धर्व्व
गावत नित नित नाम सार ॥

सुर नर मुनि सब रच गए पच गए
वाको मरम भेद कोउ न जानत अपरम्पार ।
बैजू बावरे प्रभु भक्तवत्सलहै सब जगके करतार ॥

८०

सोंहै सौंहै कत खात बात कहत तोतरात
प्रात आएहो जहांते अब तहांही क्यों न जात ।
चिन्ह देखियतहै गात यातें अरसात जम्भात
याहीतें उपजावत मेरो मन मनावत ॥
अबहु ए न ए कहत न सोहात एक लङ्गर
सो ढीट मन मन मुसक्यात ।
विलासके प्रभु परघर गमन छांड़ो हमसों
अवध बद अनत विरम रहे आएहो मेरे परभात ॥

८१

सीस फूल मांग टीको वेसर मोती डोले करणफूल
श्रवणन नवरोज मानो जुग रवि करत किलोल ।
गरें कण्ठसरी भाल बेंदी नख शिख
भूषण नग अमोल ॥
कटि किङ्किनी भुज बाजूबन्द रखरी
नैनन अञ्जन मन्द हसन नख छोल ।
वीरवलके प्रभु रीझ थकित भए रम
बस करलीने मोहन नागर रसबोल ॥

८२

परस्पर दम्पत मिल करत सिङ्गार एक
अँगोछाले पोंछत मुख एक सुधारत पेच पाग ।
सब निशि जागें प्रेम रूप रस मधु छके तातें
झुक झुक गरे लाग लाग ॥
ले दर्पण आपसमें निरखत प्यारी प्यारो
ले वीणा बजावत गावत राग ।
तानसेन प्रभु दोनो चिरञ्जीव रहो
देत दरस भक्तनको धन धन धन धन भाग ॥

८३

सङ्गत पङ्गत लिए राग गावत अब गुणी जन
करम परेख ।

समभेदसों अलाप सुनावै तब गुणीयन मन मनावै
साध साधके लेख ॥

८४

अचानक हौं बैठी आय गए पियामैं नकी
कैतो छल एतो उठि कहा बैठो आप अनकाड़े ।
तुम सब मेरो हितको जानत नाहीं
कोउ भई आए आड़े ॥
जोइ जोइ मन भाए सोइ सोइ कीनो
कबको टेर दीनो ठाड़े ठाड़े ।
साहब असलेम पिया मिल ऐसो कौतुक कीनो
मेरे आभूषणके मोतिन में पढ़ि गाड़े ॥

८५

दिन दिन चिरञ्जीवि रहो राजन
मन राजन जोलों ध्रुव धरण तार ।
मच्छ काच्छ वाराह नरसिंह वामन परशराम
रामकृष्ण बुध कल्कंको मिल रच्छा करत करतार ॥
जौलों गङ्गा यमुना जल तौलों राजकरो
गुणीजन आशीष देत पावत मनवाञ्छित फल चार ।
धन धन औरणबहादुर साहजू तेरो प्रताप
सुयश फैल रह्यो जगमें अधिक यश विस्तार ॥

८६

शर्कको विक्रम देबेको कुल करण वेद सम नहीं ज्ञान ।
बलको भीम पैजको परशराम वाचाको
युधिष्ठिर तेज प्रतापको भान ॥
इन्द्रसेन राज सूरतको कामदेव मेरु समान ।
तानसेन कहै सुनो साह अकबर
राजनसें राजाराम नन्दन विरह भान ॥

८७

अनुक्रमसों पावै तीवर तरतीवर कोमल
सकारी वय भेद सङ्ग लिए सुरताल ।
सप्तसुर तीन ग्राम इकईस मूर्च्छना
उनचास कोट तान अचर सुर साचें चाल ॥
औड़व खाड़व सम्पूरन याको
ब्योरो बूझवो सङ्गीत बड़ो जाल ।
तान तरङ्ग कहै तुम नीके जानत
समझ कार लीजिए अपने मनमें भूपपाल ॥

८८

धीरे धीरे धीरे कान्ह सीखो परगट्ट आवन ।
हौंतो अबही जाय कहूंगी नन्दराय सों
विधितें इमको चलावन ॥
कैसे बल छल बोलके कर भेषधरो जब वामन ।
तान तरङ्ग प्रभु ऐसो हौं न गँवार तुम
मोहि लागे बौरावन ॥

८९

करमको नजर कीजे मोपर
मेहरबान हजरत मरदान ।
कोउ बन आवत नाहीं मुंह आय परिहै निदान ॥
जेह दुख धरत तुम नामको टेरत
छिनमें होत असान ।
बड़ी बात कहा तुमरे आगे दीजै धन मोहै दान ॥

९०

ऐसे बहुत चले नए नए हुनार ।
ततछिन सीखत रहत विद्याधर वे जो
कहावत जे नहीं समझत जो धन धन मत पार ॥

९१

अनेकप्रकार करम नाटसमुद्र अपरम्पार सङ्गीत गुर ।
सप्तसुर तीनग्राम बिचार जानिए सुर
रिषभ गान्धार मध्यम पञ्चम धैवत निषाद सुर ॥

९२

तनकूप जीवनाद ग्राम लेजो बोले
डोले बारबार अचोसिए ।
नक मान ऐसो विचित्र सब कासिए आरध उरध
दोउ सुरकिए महिमा वृषभान जोत जोरिए ॥
धरत अलाप अचर खरज वरण
वर तान फूलसे लागत सींचत निए ।

चारो तुकन उगत जुगत अछोतान दीरघ एही
लागी मानों तिनको सिखा ओड़व खाड़व
भई मूरछना लिए ॥
अमसुर सरिता भई सांचीरभ सन नैन कमल सवाद
धरोए करिए घरी घरो पल पल रसना रचनिए ॥

९३

गागर ढ़ार देतहै गारी एतै
पर कहूंगी नन्द यशोदा सों ए।
तुम चतुर हम नीके जानत सबन छांड़ लागी
मोसों अहो बातें बन आई करो तोसों ए ॥

९४

जैसे पूरे पूरे कहो तेरेरो अलाप पावत
प्रथम सब गुणी मिल देखो राग सरस।
अस्थायी सञ्चायीको विलोक करत
देखावत जबहीं वाक्‌वाणी परस ॥
मेरे भाग जागेरी अब मैं पायो पीतमको दरस।
होतौं तिहारो भिखारो सबविध जानतहो तुम सरस ॥

९५

नैनन मग जोवत मध भूष पलक न लागेरी ढगए।
जादिनते बिछुरे प्राणपति तबतें
निश बासर मोको जात सब एक टगए ॥
हों इन्के समीपते कबहुं
न्यारी ना भई न जानों एतो दुख
आलीरी हो विरह सताबेरी अङ्ग अनङ्गए।
अकबरसाह बिचित्र भेटोंगी
अङ्गी भरत बजैहैं मीं तन मनमथ दगए ॥

९६

रङ्गा रङ्ग है रङ्ग अलहको सकेतो मन रंगले अपनो।
भूषकाश रवि शशी एजो
देखियतहै योंज्यो रैनको सपनो ॥
माया मोह लोभ क्रोध तज जियमें
अष्ट याम रख रबको जपनो।
ऐसो सुख न जगतमें दूजो जिन
बूझें सोइ बिध लपनो ॥

९७

रसमसे आयेहो वाके चिह्न भरे
नैन सैन मधुरे बैनन और तोतरात।
अति अरसात जभात ऐंड़ात हौजू तुम
शिथिल गात पग डगमगात ॥

९८

जैसे बन आई पिय पीतको रीत
तासों क्योंन जाय रित मानिए।
एतो दुराव कित करतहो प्यारी
बातें सबही अब नीकें जानिए ॥

९९

यह युग युग होय तुमको मुवारक ईदको त्योहार।
ऐसेंहो करवो करो लाख बरस लौं
सरोपाव भूषण मह्वोरन और दे दे आसीस भर भर थार ॥

१००

गुणी गन्धर्व्व अस्तुत करत है जान सरोमन।
अङ्ग अङ्गको परछको गुणी जन
सोधतहै तोमें तूहै रार गमन ॥

१०१

शिवशक्ति आनन्दी आदि भवानी
दयानी दयाकीजे दरसन नैनन।
तिहूं लोकमानी शिवानी मृड़ानी एसो प्रताप दीजे
अब दुख कलेश नारहे रहे शरीर सुख चैन ॥

देशी टोड़ी

चक्रवर्ती छत्रपति साह अकबर नर आयोरे नर आयो।
जाके चढ़ेतै सेस कलम स्योधरन हलोरी
गरद गगन छायो ॥

२

पिय मनहरनी पै मृगनयनी
मान छांड़ोहो चम्पकवरनी तू विचित्रतरणी।
वे तो नवल लाल हेतसो बुलाय लेत तू चन्द्रमुखी
मेरे आन तरफ तरफ जियंहोत तेरी मरणी ॥

कीनो निहाल लाल सब सौतनमें
रखिहौं हो कर उरमाल ।
तिहारो बानक देख रीझ थकित भई
तन मन प्राण रिसाल ॥

४

अनहद शब्द उपजो मो घटमें ताको
ध्यान धरूं अष्टयाम ।
खरज रिषभ गान्धार मध्यम पञ्चम धैवत
निषाद पावै ज्यों अति अभिराम ॥
अर्थ धर्म्म काम मोक्ष चारो पदारथ पाए
जब प्रगटो नाद ब्रह्म महसरूप अनन्द धाम ।
धन धन ज्योतिस्वरूप अचरज कर
और परसे तानसेन कण्ठठाम ॥

५

बङ्कासुर चोप प्रगटि छवि प्रकाश और सुर कटाच्छ दशन
मनो मध गजगवनी पियूषअधर वदन इन्द्र धरन ।
मन्द अमन्द परमल वास तेरो लछमी और जितो रम्भा
प्राणपति पीरहरण ॥
उदद मादत ततु अरतन कारण
भस्मनाम सुखसङ्ग भई ऐसो चञ्चलता धरन ।
यह लीन प्रकारन लीनो अकबरसाह
कामधेनु लागो अति सेवा करन ॥

६

पिय दरसनकं लोभी मेरे नैना बैरागी भए ।
लोकलाज कुलकान तजि डार दई सब सोभा पाए ॥

७

बांकेसुर चोप नित नई भांत न मानो
दयानी गजगन कौन गिने ताराणी ।
रूम शाम खुराशान प्रथोतो
जगाए कमठ पीठ खलबलानी ॥

८

आनन्दित आनन्दी पारवती सरस्वती
दुर्गादेवी गङ्गा गुरु अरधंगी ।
चहुं चक जानी मानि सयानी भागीरथी
विद्याधर यमुना त्रवेणी एमातरङ्गी ॥

९

मक्षाको तजि देहु क्षमाको भजन करहु मदको जीत
लेहु नित दया हियमें धारि पाप सों राखो दूर चित
सत्य वचन मुखबोल साधु पदवी जीयधारो ।
सतपुरुषनको सेवन कारो नम्रता अति विस्तारो
सब गुणसों आप गुप्त विद्वज्जननकी सेवा करो
यामें ह्वोवे निस्तारो ॥
मान अपमान त्यागो काम क्रोध दुरजनतें
भागो ज्ञान ध्यान अनुरागो हरिनामको उचारो ।
कोमल बचन मुख भाखो एक ब्रह्म सब जग
राखो बैजू प्रभुको घरो पल छिन निश दिन
रटना रटो तातें होय जग उधारो ॥

१०

कालिन्दीके कूल कदमको छैयां
देखो बनवारी वंसी मृदु बजीयतहै ।
सुनत श्रवण वीर धरत न मन धीर
नेक न परत कल वही भजीयतहै ॥

११

बोल बोल मधुर धुन मुरली बनमें
रचपच कर रङ्ग राग कर रस बस ।
सप्त तीन इकईस बाइसो उनञ्चास सप्तध्याय गान सरस ॥

१२

ए तुम सज सज दल चढ़त जब भूप पर भार होत ।
थर थरात देश देशके गढ़पति सुन धाक धर हरात ॥
जाके चढ़ेते खुर रेन उड़त गगन छिप जात खल बल
परत सिंह छूपे बाजन निशान जब शब्द घहरात ।
देव दानो और रावरतें भाज गए
सब पाताल लोक मढ पीठ कलमलात ॥
सहस सहस कुनफाट कटि चूर चूर भयो थरहरात ।
महाराजाधिराज राजा रामचन्द्रको असवारी होत ।

अश्वदल गजदल पयदल सुन सुन
धकधकात धक धकात ॥
एसो सुरोपूरो तप तेज वोसो वोही दूजो नाहीं
मेरे जान तानसेन गुनीजनको अजाच कीनों
बाको सूरत मूरत पर खल बल जात ॥

१३

राग रङ्ग सुध मुद्रा सुध अचर
सुध छन्द पदयतहैं साँचे गुरुन सो पावे लेख ।
सुर भेद ताल भेद बिचारके साधे ध्याय ताल ध्याय
वाद्य नृत्य प्रकीरण सङ्गीत शास्त्रको देख ॥
धारू धुरपद प्रवन्ध छन्द गीत गुमो माटा चतुरङ्ग
त्रेवट तिल्लानो देश विदेश भाषा संस्कृत विशेख ।
कहे बेजूबावरे सुनो हो मेरे गोपाल नायक छिरन बोलावें
पाहन पिघलावें तेरो लाख मेरो एक ॥

बहादरी—टोड़ी

कान्ह गाय काहे न लेजें हो
बन तट भएहै प्रेम वैराग ।
एसे वीर हो ग्वाल कविके कहियत
उभकत थिर न रहत अब घरघर नैन सैन कहुँ लाग ॥

१

दोनो करतार तुमें राज साजको
सकल सोभो एसोनाह और कोउ जानो ।
साहब सुजान समझ तानको राखत हो तुम
गुनो आय गावत ए नीको सुध वानो ॥
जानत है मोके भाग आपन बैजू रहत है
रीझ जगत में तुमारो अमीर रावरानो ।
देतहो दान सनमान दुख दारिद्र विड़यन हमरे कारण
कियो तुमहूं को अब साहब किरान सानो ॥

लाचारी—टोड़ी

रूप निरञ्जन अञ्जन रहत ताहि वरनवे कों
उदित भए छहो शास्त्र अठारहो पुराण ।
ताको भेद नहीं पावत शिव सनकादिक
ब्रह्मा नारद शेष रटत कोउ ब्रह्मा शिव घट व्यापक
कोट कोट ब्रह्माण्ड रचत देखले हो बुधवान ॥
आदि अन्त मध्य वोही ब्रह्मलोक चराचर वाहीकी
इच्छाते करत बिनान ।
तानसेनके प्रभु सब जग व्याप रहो
पूरण ब्रह्म अविनाशी निरङ्कार अविनाशी भगवान ॥

दरबारी—टोड़ी

तू असमान को दूजो रचो नाह न
गुण समर्थ आयोहै धर्मराज गरीबनिवाज ।
तुम सम और कौन महागान गुण निधान
दाता विधाता रचपच विरञ्च ज्ञान समाज ॥
भरण पोषण दुख दारिद्र हरण षट्दरशन
निवास सकल साज ।
तानसेन कहे प्रभु हिंदू सुलतान भक्त
उधारन भगवान तानें प्रगट कियो सकल गुनसाज ॥

२

गावो गणेश महेश सुर हर महादेव ।
जो शिव शङ्कर गिरिजापति पिनाकपाणि कैलासेश्वर ॥

टोड़ी—चौताल

एरी हूं तो लेन आई लालन मया कर बुलाई ।
हों जो मनावत तू नहीं मानत कौन बदी एसी निठुराई ॥
मेरी कहो तू मान कररी तोहे लालनकी दुहाई ॥
उठ चल हिल मिल साहजहांपे वही तोहि सुखदाई ।
तू अब लागि पियाने पठाई छूटे हार
टूटे हार सखीरी मुख पर आई पिराई ॥

२

वचन निभाइए प्यारे ज्यो मुखतें ए कहे ।
और मेरे करम कर धरसोंह करि और करसों कर गहे ॥

लाचारी—टोड़ी

बाबुलरे हो मोहे दीनो विदेश ।
बीरन मागी अपना देश मोहे मिलनको सन्देश ॥

कब हम आवेंगे काज करनको पियासङ्ग
चलि लिखने जोग सन्देश ।
गुण औगुण मोमें कछु समझ न परतहै
दूर लागत है कैसे निभहैगो वालो वेश ॥
गुड़ीया खिलोना ताकमें धरि रहे
नहीं खेलनको लवलेश ।
हाथी घोड़ा पालकी दीनो वहुविध धन दोनो
पालन पोषण कीनो नरेश ॥
टेहरी पर्बत हो गयो अङ्गना भयो विदेश ।
चली सइयांके सङ्गमें अबतो भयोहै विदेश ।
भई पियके शरण मोरे बाबुल गाढ़ो चरण गह्यो परेश ॥

टोड़ी—चौताल

हमारो सुरत बिसारी बनवारी हो
मरजस दे दे हारो तोड़ न भए सपने अपने मुरारि ।
वे मोहन मधुकर समान अनगन वेलि चित लायत धावत
मो विरहिन विरह व्यापत फनपत धीर धरे न धारी ॥
एसे निठुर निरदईके बस भई जोई कहो सोई
सही विरह बावरी ।
विलासके प्रभुको हों न पत्याउ जनम छाड़ु
नरहु न्यारी ॥

२

मनही मनमें तू रार रही धर आप अपजस करके
सबनते दुराय विराय कर रहीसो अरघट परघट
नैन बताय देत ।
प्राणिसुरको प्रीत अति गुपत कियो चाहतरी
तेरे दृगपालते अबजान जानलेत ॥
जोलो मैं न सीखाई तोलों आई नेह
नजर जनम जनम हित समेत ।
तानसेन प्रभुके रङ्ग रङ्गे जे अरुण वरण सेत असेत ॥

३

दिन दिन दिन आनन्द करत रहत री
ललना लालनके अङ्गसङ्ग ।
तोही सों हिलन मिलन तोही सों प्यार
तोही सों मनके तरंग ॥
एती काहेरी तू लजाय दुरत तरुण तेरे
जोवन एसो भायो मम कुन्दन अङ्ग ।
राजाराम रिझाय रखे ते बहु भांतन कर राग रङ्ग ॥

४

जे दिन हो दिन बखअत राजकुंवर
जे कहियत है रवि रथके ।
मै धर राखो खुंधारो बलको सुन ताजो
तुरकी अरबो जिनके अब मोल महंगे कोरतके ॥
दूधके दांत न एको पक्ष लगे चाखे तोखे
कूदे समरथके ।
वीरभद्र नारायणके लागि रहे धाम षटदर्शन
स्वारथके ॥

टोडी—तिताला

तान तरवार तारको सिपर लिए फिरत गुनी जहाँ तहाँ
जीतें सुभट अपने अनुमान जहाँ तहाँ जीतत सुरत ।
सुर कमान बोल बान छूटत जेहि लागत
रीझत जेही सभा जाने विद्याधर सब जुरत ॥
सप्तकके तरकस उचरत सुरत नेजा
असमान् वकतर बाजू लय उपज नई पङ्क बाजू फुरत
तहां सभाके बीच लरत हरदास डागर ज्यों ज्यों कहे
त्यों त्यों सुनो सुघर सुज्ञान अज्ञान आगे फोजे मुरत ॥

२

नित लीजिये नाम बनवारी श्याम हरिभक्त
पूरण काम कृष्ण विष्णु जगतारण ।
जगनिस्तारण जनप्रतिपालन कंसासुरमारण
सन्तउधारण भुवके भारउतारण ॥
मछ कछ वराह नरहर वामन परसराम
राम हलधर नारायण वुध कल्को नानाविध वपुधारण ।
बैजूके प्रभु एकतें अनेक होय बहुरूप बहु भेष धरे
अपने सेवकके जनम-मरण-निवारण ॥

३

मीन-दीन ख्वाजा साह अकबरके दुरजन दूरकरन को
एकछत्र राजा ।
अचल करके तोहि दीनो अष्टसिद्ध नवनिद्ध करो काजा ॥

४

भर भर धर धर आवत गागर नागर
नारिरी कोनके रस मिस केरे ।
औरहि दिननमें एकहो बेर जावत पनिया भरन
आज केऊ बेर आय गई एसे कहा भये नन्दके हेरे ॥
जोतू अब सास ननदकी कान करेतो पावे हैकुब डरे ।
हरिदास डागुर प्रभुके कहेते मेरे नैन प्राण सब गए डरे ॥

५

गागर ढार देत है गारो एते पर कहोंगी
नन्द जशोदासों ।
तुम चतुर हम नीके जानत सबत छाड़ लगी
मोसों यहो बातें बनाई कर तोसों ॥

६

धीरे धीरे कान्ह सीखो परग्रह आवन ।
होतो अबही जाय कहोंगी नन्दसों यह
बिधसे हमको चलावन ॥
कैसे बल छल बालक कर भेष धरो जब वामन ।
तान तरङ्ग प्रभु एसी हों गवार तुम सोहि
लागि बौरावन ॥

७

एक कर दर्पण एक कर कजरा अचरा गहे सुधारत ।
ललना एक काजलमें दूर करन उठत भोर
मुखकमल परत सीस फूल अति विराजत ॥
नगन जड़त की उपमा जोय भईपे
मेरे जान वेऊ दूर रहे सकुचन लाजत ।
जे कहियत है मानो फुन दुरत हो
तानसेन देखत दुख भाजत ॥

८

अति छबि छाजत है ललना लोचन तिहारे ।
रङ्गरङ्गीले रसाल छबीले सोहत लजीले सोहै खात जात
झुकोहै कछू उझकोहै एसे सोहन होत हमारे ॥

अदभुत रूप गोप बरनो न जाय कोटिक
काम द्युति सुध बुध बिसारे ।
साह जहाँगीर जान बूझ कर सकुचावत
इन नैननमें रैन बिहारे ॥

९

अति अलसाने मे जाने पिय अनत रङ्गे
जूरङ्गे हो रङ्ग रागके ।
रिझहित काहू पै रीझकसे बाद जानत रसके
बरखाई आज भंवर काहू बागके ॥
दोष तिहारो नाहीं दोष काहू तियाको
तुमें सिखाई सीख अनुरागके ।
तानसेन प्रभु तुम बहुनायक बात
कहा बनावो सुधारो पेच पागके ॥

१०

भान्ति कहो नवनेहो लाल सूरत की
जो बाके भले निश जाग किए नैन लुलाल ।
अधर अञ्जन नख छत बनो माला उपटी अङ्ग भरे है
प्यारी बोल तोहै सुखदे आएहो मेरे हाल ॥

११

तान तरङ्ग भर धरिए अत्तर पटरी
क्यों रीझे गुरुनको गुरु साहनसाह अकबर ।
धात मात सोई राखेरी ताको मनआगर
और बुधसागर जाय बाणोवकबर ॥

१२

प्यारेको प्रकृत जो तुम् समझत तेरो
उनको एक गांठी ।
तोहो सो नेह बनआयो दिनही दिनरात
सोते रद भई ज्यो करत ज्यो कपट ढांठी ॥

१३

हे गोविन्द नारायण कृष्ण मुरारि भगवन्त जगदीश
माधो मुकुन्द गोपाल हरि परमेश्वर गोवर्द्धनधारी
मधुसूदन श्याम ।

भक्तवत्सल जगदीश गुसाँई दीनदयाल दामोदर
निरञ्जन रघुनाथ निराकार नरसिंह पतितपावन
धनधन जगतपति जपत जग अष्टयाम ॥

१४

कौन भ्रम भूल्योरे मन अज्ञानी सीखत
न राग रङ्ग तान अच्छर सुधवानी।
और स्वारथ सों जनम गंवायो
विद्या बात अधिक सयानो ॥
जे साधु गुणी भए तिन कौन गुणको मत ठानो।
विलासके प्रभुको जो भलो चाहत
तो मिलाओ तानसेन गुरु ज्ञानी ॥

१५

करालवदनी कालो त्रिशूल खपर सोहै
चरडी असुरसिंघारन कारण।
महिषासुरमर्दनी इन्द्राणी महेश्वरी
मैनकात्मजा उमा कात्यायनी गौरी तरण तारण ॥
नारायणी निरग्रन्या काश्मीर अस्थानी
शिवा रुद्राणी अपरम्पारण।
नग्र कोटरानी महिमा तुम जगजानी
तानसेन निश दिन सुमरत सङ्कट निवारण ॥

१६

वीण क्रम आदिनाथ बजायो सोतें
साधो आरानो जगतगुरु सुर नानाविध
विस्तारणको सकल गुणीयनके करन मोहनको।
और जे बातें तन बीतत घन शिखर गान करे
सङ्ग सोहनको ॥

१७

मेरे नेन न माने हो लालके बैन सुन श्रवण भर।
एसी कोज केतो बार बार आय गई एसे दयाल
कबहुँ न भए जैसे अबके आए ढर ॥

१८

रसमसे आए वाके चिन्ह लिए मोहे
अरुण नैनन मधुरे वैनन और तुतरात।
अरसात जम्हात एड़ात होजू तुम शिथिल गात
पग डगमगात ॥

१९

धरत धरणी तरुणी मन्द मन्द गौन चेन रैन
करन आई पिय अङ्ग सङ्ग।
और नख शिख चिन्ह प्रगट देखियत है
बार बार हार मुक्तनसों उरझ रहे अधरन
रङ्ग फीको लागो बलछल घतिहो उमङ्ग ॥

२०

वने आभरण और सोहत कण्ठमाल विराजत गरे।
सीसफूल टेढ़ी और दुकूल नाकबेसर
या शोभा तियगुण कर आगे सरे ॥
तैसो अरुणसारो और अङ्गिया फुलेल भींजी
तामें राजत माथे टीको मुक्ता मांग लरे।
यह छवि देख रीझ साहजहाँ पिय रीझके अङ्गो भरे ॥
निरत करत रीझ रङ्गभूमिते गहि बहियां
रङ्गमहल ले सिधारे।
सखी सब रीझ मुसक्याय मुंह फेर रही आपही
हंसत गए रसनिध भरे ॥

२१

साह आलम लुत्फ कियो तोपर सदा।
बेग उठ चल हिल मिलरी बानक जिन होय नजदा ॥
सबही अङ्गन तूनी भाई बेज हैं गुणरूप सदा।
साहनसाह महम्मद दिगर गदा ॥

२२

एहों वारोरी हिरदे वार पर।
झुक झुक मिलई निश श्यामही गई
ताहि काट बाट डारों उनके पाय तर ॥

२३

अनुक्रम विध देख चलरी आली नादसमुद्र
अपरंपार कर सङ्गीत गुरुर।
सप्तसुर को कर विचार जानियो कहाँधो कौन
खरज रिषभ गान्धार मध्यम पञ्चम धैवत निषाध सुर ॥

२१

क्रोध मलकार समध्याय सोखरो खराध्याय
रागाध्याय प्रकीर्णाध्याय प्रबन्धाध्याय तालाध्याय
नृत्याध्याय मृदङ्गाध्याय वाद्याध्याय हियधर।
धतक खातक चिरान्तक नेम ब्रह्म दुगन ठाह
ताननले शरीर बीण लय ताल भर॥

२४

महम्मदो गोस नसकलीन मेरो तुम मुशकल
करो आसान।
दुनो पीशाह सुरतगा मेरो कर पकरो उरभावन॥
महम्मद अली हसन हुसेनके लइयद मदत
करो जहांन।
समूहको देह अष्टसिद्ध नवनिद्ध राखो मान॥

२५

आयो हसन कायम मीर मयानो।
आए दल बादल सब घहराने माजे ढाल धुजा
फहरानो॥
जब कुतब रिमानो गेहकार वर विरधानो।
निशान वाले बन घन घहराने देश देश पर बन्धानो॥

२६

गगगरे गगरे निसगपपधधपपधनि निधनिनि
धमगमपगपपमगरेसा निगरेसानि धनि
धपमपधधनिमा रेगमधमगरेसा।
निनिधनिनिधगमधनिसाधनिसारे गगरेसानिध
गगगमधधसानिनिरेनिसारेगमपधनिसानिधपमगरेसा॥

२७

नित नबीय नाम निस्तारण तारण जगतउभारण
जगजहाज भुवसागर हते पारकरन।
गोस कुतबदोन ओलीया अम्बिया शेख मसायक
सब पलक माभ तारण तरण॥

दूसरा अन्तरा।

उत्तम सुखते कमल कहत और अलह रसूल
लै लै अलेवर कोनो।
औलीया अम्बिया सेख मसायक पलका मौज
तारण तरनो॥

२८

एसे बहुत चले नए नए हुनर तिन छिन सोखत
रहत हो विद्याधर।
बैजू कहे बात जिय नाहों समभत को धनवन्त
भयो धरन पर॥

२९

मोई सोई प्यारे पैं जो तुम गुणकर रिभावत।
और तियन सब बैठोहे देव काहुको काव करत
साँचो यहे गावत॥

टोड़ी—धोमा तिताला

देखोरी एक योगो यह भेष किए जपनेको
अष्ठफण मुण्डमाला हिए।
जटाजूट गङ्गा जाके बरद वाहन और अम्बर
वाघम्बर त्रिशूल खपर डमरु लिए॥
बोण पिणाक गवरी अरधङ्ग गावत तान बजावत
टोड़ो अलाप किए।
तान तरङ्ग सेवक सेवा शङ्कर चन्द्रमा ललाट आड़ दिए।

देशी टोड़ी

श्रीगङ्गा पातकहरणी करणी मुक्त जननको।
नारदयानी वैकुण्ठको निशानी इच्छा पुजवनहार
मननको॥
अन्यन वरणी उत्तमजल तेरो भुव परसत गत
होत तननको।
चन्द अस्तुति तेरो कहाँलो बखान करों दाता
याचक गुणीजनको॥

२

कहोजो तु कोनहो कहाँते आए कहाँ कित हो
जावोगे सबेरे।
हम तुमको पहचानत नाहीं न मेरे घर
आवत टेरे॥
लाल पाग पीताम्बर सोहत और वनमाल गरेरे।
तानसेनके प्रभु नेक जो ठाड़े रहे सब सखियन
मिल हेरे॥

देसी टोड़ी—ताल सवारी

शिव महादेव त्रिशूल पिणाक धरे
जाके भभूत गिरिजा ताके मन भाई—
आश्रा आश्रा।
त्रिशूल अर्द्धङ्गीनार गङ्ग सीस देवरैया॥
खपूपर लिए वृषभवाहन किये डमडम डमरु बाजे
बाजे तान रैया।
तार प्रमाण शम्भू नाचे ताण्डव निरत करैया॥

२

अहोजू अनबोले रहिए कौनहु बोलके साँचे।
कौन कौन भाँतन मन मनावत हो याको एक
पांव हूँ नाचे॥
एसी तो बात उन्हीसों जाय करो जहाँ रैन
रहे रङ्ग राचे।
केतोउ करो तो कोउ न पतियाय साहजहां पिय
नेहचे के जाचे॥

३

महम्मद मेरा यसधारे काम संवारे काज
संवारे जगतके।
औलिया अम्बिया और कुतब सब पायन लागे
तखतके॥

देसी—धीमा तिताला

आँखो मेरी जोग रूप किए जपनकी आंसु माला लिए।
बरुणीजटा किए अञ्जनकी सेली लिए निश दिन
रहत मारे हिए॥

२

एरी हूं तो लेन आई लाल मया कर बुलाई।
हो जो मनावत तू नहीं मानत कौन बदी एती
निठुराई॥
मेरो कह्यो तू मानन करी तोहि लालनकी दुहाई।
उठ चल हिलमिल साहजहांपै वही तोहि सुखदाई।
तू अब लागि पियाने पठाई छूटे बार टूटे हार
सखीरी मुख पर आई पियराई॥

३

आज नयना रसही भरे मतवारे चलत दिगनि
धों कटाच्छ न भारे एसे अलस्त पिया प्यारे।
रूप चतुर मानो मुक्ता संवारे जौवन थिरमें
फिरत ढुरारे नेक छन ठहरारे जतन कर हारे॥
पानप सेत रङ्ग करारे अनुबेधे मन बेधत न्यारे।
यह छबि देख साहबहादुर रोझत थकित भए
जों ससि चकवारे॥

४

अति दुख पायो मेरी अखियन हो प्यारे
जो तुमारे दरस बिन।
और सब अङ्गनते बहुत पिरानो पोर
न सिरानो एक छिन॥
केते उपाय कर हारी उन विरह भई पिय तन।
साहजहाँ पिय रस रहे अनत पीत और सब सुख
पूजे धन आजको दिन॥

५

दिन दिन मन मेरो अकुलावत है माई।
सूनो भवन मोहे दूनो लागतहै विरहन
अति दुखदाई॥

६

भावत सोई जलालके मनमानी तिय।
और रसबस कर राखो ते साह अकबर पिय॥

७

कटतनरी ननदरी एदिन विकट नन्दनन्दन
मधुपुरीमें विरम रहे।
हँसन दसन सब नैना नींद गई मेरी अञ्जन मञ्जन
बिन चोहर गए चिकट॥

८

जावो पियके देखन को तू सखोरी गई निजधाम।
खेल रचायो अनत जायके बतियाँ करत है वाम॥

टोड़ी चौताल

देवनमें प्रथम ब्रह्म मासनमें प्रथम वैशाख

कार्त्तिक रितुनमें प्रथम वसन्त दिवसमें प्रथम
आदित सो कीजीए।
वेदमें प्रथम श्यामवेद पुराण प्रथम श्रीभागवत
शास्त्र प्रथम व्याकरण रागमें प्रथम भैरव
सो लिख लीजीए॥
सुर प्रथम खरज द्वीप प्रथम जम्बू द्वीप नक्षत्र
प्रथम अश्विनी रास प्रथम मेष कहि दीजीए।
फल प्रथम अरथ गुण प्रथम रजोगुण तत्व प्रथम
आकाश कहत कवि तानवरस सुधा प्रथम पीजीए॥

२

शब्द प्रथम ओङ्कार वर्ण प्रथम आकार
जाति प्रथम ब्राह्मण प्रणाम कर लीजीए।
देव प्रथम नारायण ज्ञानी प्रथम महादेव
क्षमा प्रथम धरणी तेज प्रथम भानु लिख लीजीए॥
नदी प्रथम गङ्गा पर्व्वत प्रथम सुमेर
साज प्रथम वीण भक्तन प्रथम नारद कहि दीजीए।
गीत प्रथम सङ्गीत नरमें प्रथम स्वायम्भुव मनु
राजन प्रथम राजाराम तानन प्रथम तानसेन
उनश्वास कोटि रस पीजीए॥

३

विद्यामें नाद विकट शास्त्रनमें न्याय विकट गढ़में
लंक विकट लोकमें विकट सुरलोक देव विकट
हर जान।
पशुनमें विकट सिंह मुनिनमे विकट दुरवासा
मणिनमें विकट कौस्तुभमणि पञ्चभूतमें
विकट अग्निमान॥
पक्षिनमें विकट गरुड़ उदधि विकट क्षारोदिक
अवतार विकट नरसिंह मीन विकट मकर गीत
विकट सङ्गीत प्रमाण।
कहत कवि तानवरस सुर विकट नाभि
गायन तान विकट तानसेन जाको सुयश बखान॥

४

वर्णमें पवित्र ब्राह्मण पशुन पवित्र गज
भोजन पवित्र घृतसार।
जलमें पवित्र गङ्गाजल देवनमें पवित्र विष्णु महेश
तृणमें पवित्र कुशतार॥
धातुमें पवित्र सोनो पत्रमें पवित्र तुलसीपत्र
पोहुप में पवित्र पारिजात पक्षिनमें पवित्र हंसप्यार।
कहे कवि तानवर ताननमें पवित्र तानसेन
नाममें पवित्र हरिनाम उरधार॥

टोडी—झपताल

पार नहीं पाइए गुणसमुद्र अथाह कौन विध तरीए
कहा करिए कवन भांति जानिए।
मन ज्ञान नैनन असुज लागे सुर तान ताल
किस तरह घटमें आनिए॥
जब उठतहै ध्यान अति प्राण डरो जाय चरण धरो
धाय धाय कैसे गर ठानिए।
कहे गुरुज्ञान तानसेन सुरसुती ध्यान धर
अगस्तनी अचपानिए॥

२

धरणीधरण अधरणदाता विधाता विश्वभरण पोषण।
भागवन्त सोभाग तरण तारण भक्तजनको
सकल सुख करण मोखन॥
आदि अन्त तूही रोम रोम रम रह्यो सबमें
तूही चर अचर थावर जङ्गम तोखन।
तानसेन तेरो अस्तुत कैसे करो अलख निरञ्जन
निराकार ध्यान रहो तेरो दुरनङ्ग बोलन॥

३

ज्ञानवन्तको रस अगम बुधदेनी तू
सबही अङ्गन मानो हंसवाहनी गिरा महावाक्यवाणी।
जोई तोहे ध्यावे मनइच्छा फल पावे साधत
कण्ठ प्राणी करत बखानी॥
तोसी तुही और नाहीं विद्यादानी जे साधे आराधे
तिहूंलोक जगजानी।
तानसेनको दीजे रागरङ्ग वरवाणी जोली
गङ्गा धरन ध्रुव पवन पानी॥

यह कवाई लरोरे गुणी ज्ञानी सूर समशेर
मजलिस मैदान।
अलाप चारी तुरङ्ग चढ़के धुरपद नंगी तरवार
तारसी परिकार रसना कटारी काढ़त जब मुख म्यान॥
कहो राग उमराव नाद गढ़को परीक्षक छत्तीस
भार्य्या तुपक भर धरान।
धाउ वाण धोवा माढा जम्बुसुर दारु तानसेन
यह प्रमाण॥

५

ज्ञान मदमाते जे नर निश दिना तिनको
कबहुं न होत खुमारी।
सतके प्याला भर भर पीवत रसना सवाद लेत
ध्यान धरत जाको लागी रहत जिय तारी॥
मनकर सायन तन करो भाटो पाँचो आत्मा
अग्नि जारी।
हरिदास डागुरके प्रभु ध्यान धरतही मानो खात
वृन्दयु डारी॥

६

करत तू मदत मरदान औलिया जो कोज कैसे
रहे सनमुख अरत।
एसो धूम न दल मलन मारके विदुराय पवन परताप
कर करके तू मदत॥

टोडी—सुरफाक्ता

तेरे मनमें केतो गुणरे जेतो होय तेतो प्रकाश कररे।
कहूं तोसे बार बार मूरख मनरे जोई सुर आवे
सोई ररे॥
गन्धारको धैवत पञ्चमको ऋषभ खरजको भररे।
कहे बैजूबावरे सुनोहो गोपालनायक नादविद्या
अथाह काहूसों न भररे॥

२

दुखनिवारण संसारतारण राखले अपने जनको
ए सुख कारण ए नारायण।
कंसासुरमारण दैत्यविनाशन भुवभारउतारण
तिहूंलोक मध राज भरण॥
अवगत गत तेरी कोउ न पावे पार गर्व्वहरण
अचलस्वामि पतिततारण।
एतो बार नजर डारत निवाजत लागे वार
भगवान जनको अपने कारन सम्वारण॥

३

शुभदिन शुभ महूरत महाराजा रामचन्द्रकी
कर बांधिए राखी।
अनेक गुणी गावे पाट पटंबर लाखी॥
एसो गरीबनिवाज राखत भूप छिनक में कीरत
तिहूंलोकमें जाकी।
षट्दरशन निवास किए सिंहनन्दन चिर चिर जियो
महाराज विष्णुसिंह देत एरापत एराकी॥

शम्भूहररे गङ्गाधररे कामितजन मन चिन्तामणि
कल्पवृक्ष कामधेनु काम सम्पूरण कररे।
कर त्रिशूल त्रिलोचनरे भाल मतिभङ्ग व्याल
बाघंबर अम्बररे॥
नीलकण्ठ भस्मभूषण फणि गुणी गले मुण्डमाल
मण्डित खट्वाङ्ग खप्पररे॥
चन्द्रकिरण भुव कुण्डल मण्डित श्रवण अलक
उर पन्नगरे।
ताण्डव शिवराजत सुखमण्डन भण्डभण्ड भण्डासुर
तान तरङ्गन रे॥

टोडी—झपताल

प्रबलदल भञ्जन विकटग्रहगञ्जन कौन जोधा
संसार सोई।
अमार मार किए अडंड डंडनजे निपट गढ़
ढहन धाक सोई॥
धरन धरकात धकात धरका गई छाती भुवपाल
द्रुगपाल तिनको चढ़ी रहत नित ओई।

२४

साह अकबर डरन तुव दरन थरथर कांपत
रहत अमर हत तुव सम न धीर कोई ॥

२

चरण धर धर मेरे ग्रह लालन भय खाए आए मेरे ।
तनकी दुख सब दूर गए सुख आए मेरे मेरे ॥
मृदङ्ग बजावहु मङ्गल गावहु भागनहो पाए
कर रहो प्रथमही जतन बहुतेरे ।
साह औरङ्गजेव प्रीतम अबमें धन जनम कर मानत
जब आँखन भर हेरे ॥

३

माई आज बनो कहा हजला ।
देख सूरत मदन लोभाया जोर सुहाया कजला ॥
जदी सारी तन सोहै मुख देखे ससि लजला ।
केहरी रङ्क कुरङ्ग कोमल भई सबननें बन तजला ॥

४

मनही मन प्रेम बढ़ावे आंखनमें लिपटावे काहूको
न जतावे मन्द मन्द मुसुक्यावे एसी हों लखि आई ।
भाँति भाँतिके भाव बनावे हितूबन रिझावे हिय में
आनन्द बरसावे अधिक वाको सोभा सोहाई ॥
गुप्त चाहको चोपसो रोम रोम अति काम
जगावे अति ललचावे यह देख पीतको अधिकाई ।
एते गुणनपे लालके प्रभु कैसे धीरज धरो
साँचो कहत हों तेरी दुहाई ॥

बड़े साहबकृत

टोड़ी—चौताल

अरे मन याद अल्लाको करतू इत बिन
काहे को भटकत है ।
अव्वल आखिर आहर बात न होई है दुबिधामें
काहेको अटकतहै ॥
आपको देखतू आपको प्यारि थोथे धानतू
काहे को भटकतहै ।
आसक प्रभु सब सांसको सांसो कोई दिनमें
यहभी खटकतहै ॥

टोड़ी—तिताला

ले ले नाम लेलो काम जनु लेले डुबा था ।
तालव मतलूब तालव होय तो प्रेम का जूधा ॥
ममपपधधनिसानिसागरेसानिनिधधपपमम
गगरेसासारेगमपधनिसानिधपमगरेसा ॥

२

परब्रह्म परमेश्वरको सुरतियां जिय राखरे मन ।
पतितपावन दीनबन्धु गुसाँई साँई आपस बनमें
रहो समाई तनमन ॥

३

तननदिरनादीम् तानुम् जानु मनजानान
मनतोम कुन् बेबफाई ।
यल्लालुम् यललुँ यल्ललललुम् यल्लान्नो याले यल्लल्न
लुम् तदेवा दिम् तान् दिरनादिम् तनादिर नुम् ॥

टोड़ी—झपताला

सर्व्वमणि ब्रह्म ताको रचो संसार
पुरुषमणि पुरुषोत्तम अवतार ।
वर्णमणि ब्राह्मण नाममणि रामनाम
पुराण मणि भागवत ज्ञान मणि कर विचार ॥
भक्तमणि प्रह्लाद पंछिनमणि गरुड़
बनन मणि वृन्दावन रसिकमणि मुरारि ।
तानन मणि प्रभु तानसेन ज्ञानमणि महादेव
प्रेममणि नारद बालकमणि सनतकुमार ॥

टोड़ी गुर्जरी—चौताल

आजकी बानक मोहन तेरो प्यारो
बिहारी मोपै बरणो न जाय ।
इनको श्यामता उनको गौरता जैसे
सेत बन रहो मानो जो भुयङ्ग धाय ॥
तिहारो पीताम्बर उनको नील दुकूल
ज्यों शशिकुञ्जन घन बीजलि चमकाय ।
हरिदासके स्वामी श्यामा कुञ्जबिहारी को शोभा
निरखत जो मन जोरि कोटि कवि पार न पाय ॥

गिरिधर गदाधर चक्रधर गोपाल माधव गरुड़पति
गरुड़गामी मुकुन्द राखनहारो तोया।
ऐऐ याते ऐऐ यातोया तोय तोय तोया तोया इया॥
जगउद्धारण जानकोरमण क्रमकेशीमथन
कालोनाथन विश्वपाय भक्तन सुखकारी जोया।
पममगममगसामपधमाए नाम गीतको गाइए
सोई तो तारहै संसार सागर भनत गोपाल नाम
कृपा मोख तोया॥

देश टोड़ी

आई नाररी तू कौनके रस बस मिसकर।
और दिननमें एकही बारतू आवत जातही
पनिया भरनको आज कई बेर आई गई एसे
कहा भएहै नन्दके घर॥
जो तू सास ननदकी कान न करत आप न कलहकर।
हरिदास डागर ताहि बरजत तू अब भई
है अति निडर॥

२

घरी घरी तू काहे मेरे आवत माई।
इत उतकी बातें आन आन मोसों कहत बनाई॥
तेरे हित चितकी हों नीके जानत पै मानत नाहीं
न कछु लाग लगाई।
साह बहादुरको होंहो करूं टहल जे उन चाही
सोई लगी मैं लगाई॥

देश टौड़ी—सुरफाकता

आज बनत देखो लालो भी ललना
कुचकी कसन पर झूम रही रूम रेख।
जदी पाटकी अङ्गिया तन कसी फब रही
चन्द्रवदन अनेक प्रफुलित अम्बुज सुख लेख॥

२

एरी तुम भरे खेल ख्याल काहूसों निठुराई
काहूसों होत कृपाल।
काहू आय देखाय देत मोतनको भए लाल
मन्दिर इतनेही आनन्द रस भयो प्रातकाल॥
अब मिल गुण मन मानतहीं पाई
धरहु आउ पहुँचाइ चलो तुम गोपाल।
मनमोहन प्यारे मोपै आवत दोन पर
कहावत हो प्रतिपाल॥

देश टोड़ी—धीमा तिताला

मोसें बैर कीनो मेरो अँखिया नहीं एक
छिन धीरजहू न लोनी।
बहुत दिननके बिछुरे मिलो पल लाग छतीयाँ
उमग आई असुवन न देखन दीनी॥

आचारी गौताङ्ग भाषा—तिताला

होलो लोचन ढुबे बले चोलो बाघम्बर भए है थोली।
भखे भाङ्ग गोलो भूतिसुरपै डोलो॥
नागहार सिठोलो सिंहासन मुण्डमालगले रोलो
रहे जोत सचोलो।
झकवे विलकन सिंघा रोलो नचव
शिव भोलो चहुँ चक्र बंबंबंबंबोलो॥

टोड़ी—ठोली

जिना नाल लगन लगी वे सोणा
उसनाल इक्कदा वेडा भरणा।
यार गएनु राझण कहे देवार गएनु हीरा सदारङ्ग
बिच दोनो नाहो केणो भक्त धाए बीचको रेणा॥

टोड़ी —सुरफाकता

पंछिनमणि गरुड़ गजनमणि एरावत
दिननमणि दिवाकर।
गीतनमणि सङ्गीत बनन मणि वृन्दावन
तरुनमणि कल्पतरु॥
नरनमणि नारायण तारनमणि ध्रुव
तीरथमणि गङ्गा देवनमणि शंकर।
नारिनमणि उरवसी पुष्पनमणि कमल
दास बैजू मणि मुख मुरलीधर॥

तेरे मनमें केतो गुबरे जेतो होय ते तो
प्रकाश कररे।
हम जाने तुम सुरे पूरे सोई सुर पावे
सोई भररे॥
पायन पाहन पिघलावे हिरण बुलावे जों बरसे
मेह सरसुतो वररे।
कहे बैजूबावरे सुनोहो गोपालनायक
मनन कररे धाय गुणो जनके पायन पररे॥

३

नार सुरके भेद गुणो जनको सङ्गति
रहै तो कछु पावे।
सीखत सुनत रहे सदाहो ढरनि मुरनि मुद्रा
प्रमाण सो आवे॥
आपही गावे आपही बजावे
तान गीतनकी ब्योरे समभावे।
बैजूके प्रभु रस बस करलीनें तबही
रीझ रिझावे॥

बहादुरी टोड़ी

कान्हा गाय काहे न लेहो घेर बन तट
भई विरह वैराग।
ऐसो विरहीज्वाल कबके कहियत उझकत
थिर न रहत घर घर नैन सैन कहुँ लाग॥

टोड़ी—तिताला

हमारे ललाके सुरङ्ग खिलोना खेलत क्रष्ण कन्हैया।
अगर चन्दनको पलनो बनो है हीरा लाल जवाहर जरैया॥
भ्रमरी भोंरा चङ्गा बङ्गा हंस चकोर मोर चिरैया।
तानसेन प्रभु यशुमत झुलावे दोउ कर लेत बलैया॥

हमारे बबाके दामोदर छैया ताको हों लेहों बलैया।
जीवो जागो कोटि वरष लों ओलों ध्रुव
धरण तरण रवि ससि तरैया॥

टोड़ी—झपताल

देवी दया कर दयानी जो तुम ध्यावे
तिन्हे देत सरसमत तो होय परम ज्ञानी।
नग्र कोटरानो ज्वाला भवानी जेतुम
सम सर कोकर सके भवानी॥

२

अति गर्जत नित ते कबहुं न बरसत बल्कि न भाज
जात मखतें यहे सखा मुनिनको कोटि पखन गुनो।
जेंजे जान तेते क्या जान जिन जिन नैनन देखो
दिन दिनको जान भलावे काहू ने काहूके
हेटे गुण मन गणो॥

३

बाघम्बर अम्बर त्रिशूल देवो दयानिधि
आनन्दकरनी।
शेष महेश तेरा नाम जपतहै सन्तनको
दयाल भोजल तरणी॥

टोडी—ताल रूपक

इन मालनियोंने झिलमिलके
डोर लायोरी मेरो बारो ढिटोना।
हार छबरोया और फूललाई चुन चुन बेला
चमेली और मरवादोना॥

२

कलावत बढ़ियां और सोहतरी
नागर बनिक बनो पिय ढिग तें।
बाट चलत आलो अचरा उघर जात
मनो शशि निकस्योरी घन तें॥

३

लाड़ले बनरा बनरारे चोंक मेहदी
मुझे लावन देरे।
आजकी रैन सोहावनी लागत तरुणी
अङ्गरीयनके रस लेरे॥

टोड़ी—तिताला

बाजे नीको घंघरीयां ठुमकत चाल सहेली।

अनुपम चाल चलत मतङ्ग गत मानों पग
परत पवेली ॥
ज्यों जलमें प्रतिबिम्ब देखियत चन्दकिरण
तैसी जेहर बेली ।
ते रस बस कियो तानसेन प्रभु खानखाना
पिय पाक अकेली ॥

२

अब कैसे जइएरी माई पनीया भरन
बिच बाट ठाड़ो ग्वाल लिए गैयाँ ।
कन्हैया ना काहूको कान करत न डरत
दौरिहो आवत उतारत मथनीयाँ ॥

३

जैसो जीत दच्छन सुभट पच्छिम जीत
उत्तर पूरव सब लच्छन बखतवर ।
अगन ईशान वायव नैरत बाजे बजाए निशान
फिरी दुहाई शाहनशाह अकबर वर ॥

टोंडी—ताल रूपक

फली फूलन अङ्गन माहीं मिलन बने
जो लाल सों माई ।
सगुन होत आली अचरा फहरात
और फरकत आंख बांई ॥

२

मारगके वारी रातके जागे छूटे बन्धन
अरसात जम्भात बहीयां गहे आगे आवत ।
सकुचन आवत न कुच्यो अचरा मोहे झकहो
सें आन झकावत ॥

टोंडी—आडा चौताला

एसे आज तुमहो कहा अनमने भए हो ।
एसी मोसों कहा चूक परी लालन तुम नए ठए हो ॥

२

मेरी बिथा सुन सखीरी मोसों अवध कहि भेजी
आयवेकी अजहूं न आए लाल दरद यह कासे कहों ।
दिनते रैन भई रैन ते दिनभयो देखत पेंड़ो अति सूनो
अब उन बिन दई अब अदारङ्ग बिन कैसे रहों ॥

२५

तू जगनिस्तारण आज तो जैसे कृपाकरि
तुम आए अब योंही करिए याही रीत ।
अन्तरजामी अदारङ्गसो सदा राखियो अपनी प्रीत ॥

४

चुलीया में मेरा गात भिरे ए पीतम करन फेरा ।
हों नित नवलासी रहो जोरकसी रहै चीरा मेरा ॥

टोंडी—झपताल

लड़े हसन हुसेन इमाम सैयद
सुभट धूम मची भई जङ्ग ताती ।
खेत बिरछाइयो सिंहके छावड़े भले चले
खड़ग व गिरे हाथी ॥
करबला भूमि पर महाभारत भयो
हुए सैयद जब नबी नाती ।
आई जब हूर नूरको तखत ले साहपर
भोस्त कुरबान जाती ।
करे मातम चोदातबक मंजलूमके नालत
कुजीद सदा चलि जाती ॥

२

हों सांचो कहत हों अरे मन यह वो खलक
जिन महम्मदको जो गहो डगर ।
दिनके वास इन निमाज करि हँस नैनके सङ्ग धनके
कारण को फारके हो रहे आधीन एसे निडर ॥

टोंडी—तिताला

नसागगरेमपधपपपममममपनि
धधपधमगगरेरेमपधधमगरे
सानिधपमपधनिसारेगसाधनिरेसा ।
मपपधधनिनिधपधममपधसारे
सानिधपमगरेमपधनिधपपमगरेसा ॥

टोंडी—रूपक

परब्रह्म परमेश्वर की सुरतीयां जिय राखरे मनमेरे ।
पतितपावन दीनबन्धु गुसांई आपस वनमें
रम रहो रसना रटो नित रोम रोम में रमरहो तेरे ॥

टौड़ी—तिताला

देखे दरबार यह मौन-दीन ख्वाजा
इच्छा पाइए लाइए लोजै नाम मदार मदार।
मेरे तो यह सुमरण नित तुमही हो
आधार करो निस्तार ॥

२

शाह अकबरके दुरजन दूर करो मौन-दीन ख्वाजा।
सप्तद्वीप और अष्टदिशा पर हुकम होय
सब मुलक खलक पर और जाय तन मन ते
दुख दारिद्र भाजा ॥

३

जासो बनआई पिय पीतको रीत तासो
कैसे मान ठानिए।
एतो दुराव क्यों करत प्यारी एबातें
तो सब नीके जानिए ॥

टौड़ी—चौताल

जोई पिता रब रहीम करम करो अपनी खलक पर।
एका कीनो औलिया अम्बिया एक कीनो
उमराय तिनको सुख दीनो घरघर ॥

२

सुर मुनिगण अस्तुति करतहै तेरो महिमा को जाने।
अङ्ग अङ्गकी परछांई को गुनी
सोधत है तामें तू वैराग माने ॥

टौड़ी—रूपक

मिलन बनोरे लालन सो फूलो फुलन अङ्गन माई।
सगुन होत और अचरा फहरात
और फरकत आंख बांई ॥

२

इन माललनोयोंने हिलमिल कर डोर
लायोरी मेरे वारो ढिटोना।
हाथ छबरीया फूलन लाई चुन चुन
बेला चमेली और मरुवादोना ॥

टौड़ी—झपताल

वाक्वाणी वाराही वैष्णवी ब्राह्मी भैरवी दयाली
दयाकर दीजै।
महेश्वरी मैनात्मजा सुरेश्वरी पापनाशिनी
महामाया मृड़ानी तानसेन सेवक पर सुदृष्ट कीजै ॥

२

हलहली धरणी कमठ पीठ काल मल गई
गरद उड़ गगन रविते अलोप्यो।
आयोरे शाह गर्भगञ्जन अकबर मेरे जान
शाह जलालदीन शाहनशाह दिलीनरेश कोप्यो ॥

टौड़ी—रूपक

मदार नूरी नूर बरसावे खलक पर।
अपने जनके तन मन नैनन आनन सुर रागरङ्ग
रस सरस कर ॥
जोई गति आवै मन इच्छा फल पावै धरम धीर
सेति करम रति माथे पर ॥

२

मारगके वागे रातके जागे छूटे बंदन
अरसात जम्भात वहो आँखन आगे आवत।
सकुकाच न आवत न कुओ छाड़ो अचरा मोपै
झकहो में आन झकावत ॥

टौड़ी—तिताला

ईद मुबारक होवै जुग जुग नित नित
तुमको महरबान।
सकल विद्या-गुण-निधान अतिहो आनन्दकारो देत
गुणीनको आदर मान ॥
युग युग जीवो कोटि वरष लों देवो करो नित दान।
तानसेन कहे सुनो शाह अकबर चहुँ चक राज
करो मरदन महा मरदान ॥

टौड़ी—रूपक

रवि तू जगमगात ज्योतीस्वरूप ब्रह्माण्ड मई।
निरञ्जन निराकार सहस्त्रकिरण ब्रह्म तुई ॥

टोड़ी—तिताला

नीके नीके तान सुनाय दरसन देखत मन ललचाय।
प्रथम कपट मिटाय बुधसागर काव्य रचाय
अनेक भाँति गाय बजाय॥

टोड़ी—पटताल

कहा कहो कंधौं रहे अब कौन महल सुख कीने
जलाल महम्मद लाल प्यारे मृगनैन।
दृगन जलभरे सूरत जगी पगी तुम बोलत मलीन बैन॥

२

तूही कहत अब जाय कहां तोसो भूलोकमें
तूही जाने।
राग रङ्ग भले बूझत शुभ अच्चर तान तार सकल
कलागुण-निधाने॥

टोड़ी—ताल धमार

मोहन मैवारी वार डारी नार जिन करो
कपटकी बातें।
रहत ज्ञान ध्यान तिहारे नामको सुमरण है
दिनराते॥
घड़ी पल छिन रह्यो न जात मोपै करत रहत
तेरी बातें।
तानसेन प्रभु कृपा करो मोपै नेक चितवो चहाते॥

२

लङ्गर बटपार ढीट बनवारी वाकी लङ्गराई
नहीं जाय निलज अधिकाई भयोहै घनेरो।
हों लाजन कछू कहि न सकतहूं वे जो आय देत
गार नार मग रोकत रहत सङ्ग ग्वालवाल लिए
आय गहत पट मेरो॥

३

सलोनी सूरत श्याम लुभान।
आवोरी सखी मिल होरी खेलन को या
छवको सुखध्यान॥
कोउ नाचत सांची गत ले कोउ गावत
कोउ डफ मृदङ्ग उघटान।
कोउ तान तरङ्ग रङ्ग लिए बरषत
करत परस्पर गान॥

४

गावे दे दे तारी एसो बौरानी का नारी।
होरीके मिस टोड़ी गावत उपज करत न्यारी न्यारी॥

५

लाल मदमाते बन बन खेलत फाग।
छिप छिप लुक लुक देतहो तारी गावत टोड़ी राग॥
बाजत मृदङ्ग चङ्ग सङ्गतसों ठाय भेदको लाग।
सदारङ्ग रिझवार सुनतही होरी लग्यो वारन पाग॥

६

अबके होरीमें प्यारो लखवे को यह समान तैंने कीने।
डफ ढाल नोलासी खड़्ग गहे सौतिनके गुमान
सुभट मारदीने॥
मृदङ्ग तोप गेंदा गुलाल धूम ताको अवाज
ते गरूड़ गढ़ छीने।
महम्मद साहके सुहाग बढ़ो याते अनहितुअनके
झुण्ड मुख मोर फेर दीने॥

७

देखोरी यह आवतहै यह नगरमें
होरी खेलन श्याम सलोना।
छिनमें मन वस करिहै सबनको वाकी
मुरली मेंहै कछु टोना॥
मोर मुकुट कुण्डलकी छवि अरुणनयन
अञ्जन धरे कोना।
रूप देख मन होत वैरागी एसो दरसे
यह नन्दको ढिटोना॥

८

अब कोकिल धूम मचाई अब गोकुल धूम मचाई री।
पिय विदेश मोहे पाई अकेली विरहन जान सताईरी॥
अबके कही न जात जैसी उन कीनी बौरी
करत चढ़ाईरी।
कुहुक कुहुक डरपावत अतही हिय में हूक बढ़ाईरी॥

यह सौत मोरे पाछे परी है कहा करूं हों माईरी।
बोल बोल वाने जब लागत तन मन बेधत आईरी॥
बीते वसन्त आयोहै फागुन देत काम अधिकाईरी।
यह वैरन मोरे पाछे लगोहै सदारङ्ग होहु सहाईरी॥

टोड़ी—धीमा तिताला

अधर धरे बन बांसुरी बजावै
कान्हमुकुट सीस कटि पीताम्बर सोहै।
सॉवरे अङ्ग ढोटा नीकी तान
सुनाय सबहीके मन मोहे॥

टोड़ी—तिताला

कान्हन कर मोसे रारे अबही जायकरों
पुकार लङ्गर झगर दोनी गगरी मोरी डार।
अचरा गहत जात यशोदाजी से
कहोंगो अपने ढीट चपलको सभार॥

२

यह वैरागी रूप धरे भभूत रमाए समाए मेरे मन।
सोवत उठत नैन मनमें ज्ञान ध्यान धर सोई कार सुमरण॥

३

चिकनीया मोरा सङ्ग न छाड़ई
अरे वलम कहा करूं कित जाऊं।
वाट घाट मोहि रोके टोके बरजो नमाने ढीट लङ्गरवा
सुनले वाको सदारङ्गीले महम्मदसा नाऊं॥

४

उततें कोउ नहीं आतरी जासे पूछू बातरी।
उन बिन कछु न सोहावै न भावै सदारङ्ग पिय
कोउ आन मिलावै तलफ तलफ जिय जातरी॥

५

किरपा करोरे मोपर गुसैंया मनवाञ्छित फल पाऊं।
होंतो सेवक तिहारे दरवारको
याचक मन विच क्रम कार तुमहीको गाऊं॥

६

प्यारे तुमारी तो रसना पानसी पलटत नित।
पऌलेतो सदारङ्ग दिखाय रिझाय लेतहो
पाछे वदलत कित॥

ताण्डव नाच नचाइरे लैलै उरपति रप लाग डाट।
ताल भेद परगन बजावत श्रवण सुहावत
देशी देखावत सदारङ्ग को रिझावत
इन प्रकार निरत गत सांचे यह जानत महेश॥

८

मोहन सो मन लागीरो।
वंशी धुन सुन भई दिवानी सुध न रही तनकी,
घरी घरी पल पल छिन छिन सजनी कल न परत
निशदिन हरि बिन मोहे, सावल सो चित पागीरी॥

९

रुनझुन रुनझुन पैजनीया बाजत लालनकी
रीझत पशुमत गोद उठावत।
कैलत कटकत मुख देखत हँस दतुली देखावत
झुक चुम्वत मुख कार तें पकरत निरखत नैना
इत उत मटकत॥
छोड़त धावत और मोहे टेरत जो न गई ढिग
द्रग भरि आवत निकट न लेत चरण कार पटकत।
प्रेमरङ्ग माता सुत विचरत सुर नर मुनि
देख समाज ब्रह्म शिशु अगम निगम जिन
कारण भटकत॥

१०

मोरे भयोहै परमानन्दरी नन्दनन्दन
पिय आए मोरे घरवा।
तन मन धन नोछावर करहुं परहुं पइयाँ लेहो
वलैया सुर तन सइयाँ आए सजनी मोरे
भइल अति आनन्दरी॥

११

सुनहु सखी मोहनकी रीत निशदिन और न के
डोलत फिरत घर आव करत मोसो हठ पीत।
छल वल चपल चञ्चल अति आय गई करत
फिरत आली जो मन भाई आई ब्रजकी
गली अब नाहींजाऊं में नैन की सैन चलावत चित॥

१२

गोविन्द क्योनहीं गावेरे समझ मन मेरे ।
सगी न कोऊ संवारत हितू सब जग आन मिले बहुतेरे॥
माते आन मिले जित तित ते पंछी बसत वसेरे ।
होत प्रात उड़जात जहाँ तहाँ कोउ काहून सङ्ग हेरे॥
भूलो मत व्योहार जगतके आन मोह मद घेरे ।
राधावर बलिहार सुमिर पद तू चित चेत सवेरे ॥

१३

मन मोहन आवन सुनके मेरे भयोहै परमानन्दरी ।
पूजी मन इच्छा मेरे जियकी आए गोकुल-चन्दरी ॥
धन धन प्रभुकी मात यशोदा धन धन वसुदेव
देवकी जिन जायो गोकुल-चन्दरी ।
दास जान कर किरपा कीनी दूर किए दुख द्वन्दरी ॥
अपने जनको परन जो राख्यो ऐसे हरि गोविन्दरी ।
करुणाकर करुणामय स्वामी काट दिए सब फन्दरी ।
विष्णुदास प्रभु पतितउद्धारण नाम पायो
किरपासिन्धरी ॥

१४

मन्दिलरा मोरा बाजन लागोनो ।
आज मोरे घर आनन्द वधाई जिय उमग मन
मन हुलसाईलो ॥
श्यामसुन्दर रङ्गमूरत भाईलो सगरो सखो मिल
मङ्गल गाइलो ।
धिक धिलाङ्ग २ धुम किट बाजत
मृदङ्ग निरत कतो२ तररररररतार बजावे थेइया३ ॥

१५

तनदिर तनदिर तदीयनरे नागड़धीना धागड़धोना
धाकड़ तकताकड़ तकधिटतिट तिटकिट तकड़
तकताधा ।
तकट धकट थारीतकोण तकोणता
ताणा ताण प्राण प्रकट धकटधा ॥

१६

जीवेजी म्हारा लाड़ला जुग जुग
नित नित तुम जीवो करो ।
रवि ससिलो चतुर मङ्गल सुघर सङ्गत सो
सदा रङ्ग करो ॥

१७

तिलिलानातकदोमदोमतकदोमदोमद्रूद्रदोम
दोमतुमतननननननननविगनगनगनगनगन
गनगनगतननतननतिगधेतिगधे
तिलेलाणातकदोमदोमदोमदोम
नाद्रूद्रतिलाणाधितिलाणाआंतिलेलें
लेंलाणातिलेंलेंलेंलेंलेलाणानाद्रूद्रतुंद्रूद्र
तुमतननननननारेनारेनारे ॥

१८

माई मोहे लाज आवे कछू न भावेरी
आली कह न सकत हों मनकी विथा ।
निश दिन कोलौं मन समझाऊं बहलाऊं
आपन समझन को यो कहूं अब जोथा सोथा ॥

१९

झपक बुढ़ाया आइला जोवनवा चलला हस ।
दौरीयो नगरके लोगवा यहतो चोर चला घर मूस ॥

२०

मलीयारे तोरो बारो फुल रहो महकाय ।
अबतो मो मनहो लालनें यों ठहरो कब
मिलेंगे सदारङ्गीले महम्मद शाय ॥

२१

वीण बजावे माईरी गावे नीकी तान नएरी
माई यह बाबू का छोहरा ।
मद पी भए मद माते लागत है हांसी
औरको करसे ले छीन बजावे ॥

२२

राज करो या नगरी में जासे बातनङ्ग के
चवाव चलतहै ।
और जो धन्धा छाड़ लोगन को हमरे औगुण
कोहो खोज रहतहै ॥

२६

२३

जोबनारे ललैया को अति धूमक धाम ।
वरज्यो न माने कान्हको ए चपल वाम जैसे घाम ॥

२४

एमाई जबतें मनमोहन देखिला
प्यारा तबतें कछून सुहाय ।
उनके देखे अनदेखे जियामें जोजो आवतहै
सो एकहु कही न जाय ॥

२५

थेतो म्हारे डेरे आइयोजी भीणामारू रसोया
राजकुमार थेतो म्हाणे घणो प्यारो लागो राज ।
हाथ जोर अरज करांसां अपनी करपा कीज्ये
सायबां सेजड़ोया छत माणि मैंतो वारने जावाँ ॥

२६

कोणीने विरमायो म्हारो राज,
कोणाने विरमायो हैजो को० ।
हैजो म्हारो सगो ननदलरो वीर म्हारो राज ॥

२७

जोगीवे रावला मंनू भाँवदा ।
इस योगी दीमेँ वन्दिनो थीवो आवे बास फुलादा ॥

२८

मैंतो जाण्यो देनाल करार की तोहो कुंडनी
ओलंभे मैंनू देदा वे खलक ।
सुणीयो वेलोका वारी सुणायो वेदे शास्त्रपदी
सिकदीनु हो यानी कल कहो यानी मलक ॥

२९

मेंडो आज जोदी वेमीयाँ कोई नहो सुणदा
जिथ वलजाय पुकारा मियां ।
महम्मद शाह सदा रङ्ग दीतु साथाँई कहाणो ए
पे दादनो देदानी हूं कारा मियां ॥

३०

कमली होई ढोला तैंडे नाल मीयाँ वो ।
हाल दिलांदा किसनु आखा महरम नहीं
साड़ा कोई ॥

३१

राजा तेरी मालनीया हार सुधार गन्ध लाई ।
बनरा बनरी कायम दायम नर नारिन मङ्गल गाई ॥

३२

लोक लाज मोहि आवे मोरा जीय चाहे तोरे
ढिगवा बैठ रहौं ।
घरी घरी पल पल छिन छिन मोको विरह सतावे
कहा करूं किधर जाऊं वे दुख अतिही सतावे ॥

३३

आजरे महम्मद सा घर अनन्द वधावा
ए मा पूजवल मनके काज ।
कर मन भर पाइला सजनो वनरा बन आइला
भइला सदा रङ्गीलरा मोरा राज ॥

३४

सोणा तुसी नाल असी दिल चावदा हाँवे सोहणा
साँवला मोहणा वंशीवाले मैंडे यार एहाके हाजा
टुड़ाको तावे मैड़ड़ा प्यारो याहुणको तकसीर
कीतो तिम दे कारण साड़ेया क्यांनहो आँवदा ।
कलडा भलडा वाकड़ा तिखड़ा असी तैंड़े कदड़े
जाँदीया घोलीयाँ घोलीयांरे दड़ोयां मंनू यादड़ीयां
बिन वेखे जीन्द नित तरस दड़ीया बत्तड़ीयाँ
कित्तड़ीया बिनदीठे कल न पड़े दड़ोया नीको
तान गाँवदा वजाँवदा भावदा मन पर चोवदा
गवक छैल क्यौं तरसाँवदा ॥ सो०तं ॥

३५

अला जाने अला जाने नवो अलोको नूर भर
रहो जगतमें हसन हुसेन चैन जोए ।
जेहराके फरजन्द नवीके जिगर गोसे अलो
कासिम हो अकोसर के दोउ जाम हम पीए ॥

३६

दीम उद तनन तदरे दिर नादीम उदतनन
धिधीधाधाकिट तक्धुम कीटतक् धिलाङ्ग
किड़नक तिरकिड किड़नक् धगधेड़नक ।

तधिड़ान् तधिड़ान् घड़ां न धिड़नकतिड़किड़्

नग्दिग् धिड़नक्तिधड़ांनतक्धादीं ॥

३७

तिलीलाणा तक्दीम दीमतकदीम

दीम्तक्दीम दीमदीम तननन ।

थिगदिग दिगदिग तननन तननन

तिगधेग धेग तिलीलाणा तकदीम दोमदीमदीम् ॥

नाद्रद्रतिलाणा तिल्लाणा आआले लेलेलातं

लेले लाणातन १४ धिलां ३ धाति ॥

३८

मोर पियाको बोलाय लावोरी माय जो कोउ मिलो सो

मिलो आप मह्रो वहोर आवननो आवेंगो

मोंसो हो रिसन आइलो लोगवा ले चलई

डोलोया फदाय ।

तुम सन मोरी लागलो पीत

मीत सुरजनवा कैसेक दुरत दुराय ॥

३९

अरे बाबू मया कीजिए फकीर की दरसन

दीजे भिक्नारे ।

चित लायके करम धरम को दान मान

सुन एमाटी के पूतरारे ॥

४०

गरजके सबजीव न गरजी काहू देखन पायो भालो ।

जोलों गरज तोलों ताहि हित चित नित गरज

निकासो जियत डालो ॥

४१

दिननकी थोरी भोरी आईरे अपने

अचरवनि संभार लेत ।

एसो अलवेली अकेली काहूको न माने

उत्तर काहू न देत ॥

४२

बरजाइए लोगवा मा ए मिलन न देई पियरवा

कहू कौन भांत पिवाउ मधवा भर भर सरवा ।

सदारङ्ग विन जीव डरे छतीयाँ भरे

कुमलावन लागे हरवा ॥

४३

यललो यला यला ललले यलायलायललले ।

जल्वन मुदी वामा वुन्दो गोयान वुन्दो कुजाई

जाफर योर सोई मन टेरे रे विदेशोया

वहोरो फिर मिलले ॥

४४

जासन प्रीत लगी मईको ए मा वहोके

बिछुरत मोर मन दुखवा होय ।

ढिग सन वाट रेन टारे पल पल छिन छिन होत

न्यारे एसो रे मन भवनवा देखा न कोय ॥

४५

मैनो तैंड़ा पैंड़ा तक दीवे आमोमा डोगलोयाँ ।

दिल विच लगी तैंड़ो यादवे सोणा मुखड़ा

वेखामो तोमें जोवा मीयाँ ॥

४६

अतवाजे मन्दर वाजे रोम रोम धुम किट धाय धाय ।

कती धीना धुम किट किट धेत् धुम किट

धुम किट धाय धाय ॥

४७

रावरे मन मेरो लीनो रे कान ।

अचानक जाय निकसी हों सकुच झिझको अजान ॥

४८

मन्दिलरा मोरा बाजन लागिला आज मोरे

घर अनन्द वधावो मन उमङ्ग उमङ्ग हुलसैला ।

श्यामसुन्दर रङ्गमूरत ऐलो सगरी सखो मिल

मङ्गल गैलो ॥

तकधिलांग तकधिलाङ्ग धुम किट मृदङ्ग बजत

नृतकारी नृतकारी लो ॥

ततथेई ततथेई थेइया गगरे गगरे सरगमपधनिको

नाद्र तुंम्द्रदानी तुं द्रदानी यललोयलोयललल

लेललेय ललललल अलङ्कार सुनावो तोयाईया

तीयाइयातीया गावो मन्दिलो ॥

४९

काजरवा झमके वाम्हरे हाँरे आजरे।
अंखिया भरन आई पलकन लागलोजोमें
एसो जानती करती न्यारोरे॥

५०

तानुं तन दिर नादीमतननिननिननारे
तदारितददानी यललो यलो यललुं
यलललेतनदिरनाताटानो ता।

५१

किठांसो लायो दारू छे वाकडलो छेजो म्हारो राज।
कौन देशां म्हासो रूस रहोजी सायवाँ
थारे आवणा म्हाणि काज॥

५२

सो आनन्द भई प्यारे सब निशी जागी तोरे मङ्ग।
जैसो सोई तैसो रैनको उनीदो माती
मेरा कहा मानले कौन तिहारो ढङ्ग॥

५३

आजके दिन मिलन बनोलवा पीतम
आयो घरवाहो बार बार डारि फेरी केरी।
वादिन मोको कहतंथे बिसर गइला
जोउ अबका आइला मेरे मन॥

५४

दिन की विथा मैनु मोरे कासे कहो सहो न जाय।
बहोत समाजं जीया अकुलाय विन देखे रहो न जाय॥

५५

गोकुल गाम को अब जिन जावो माइरो।
वा नगर को पेड़ोइ न्यारो सबसे करत वरजोरी माइरो॥

५६

मीत वासङ्ग लागी लोरे जाको मन मेरो
विन देखे रहो नजाय।
घरी घरी पल पल कल न परत एमा उन
विन कछू न सुहाय॥

५७

तिलानादृतंद्रतुंतुं तनन ननना द्र-
ना तिलाना देनाना।
निरफतो तरतो विरफतो ख्याले तदन-
जरम् जस्त तावेगुजस्तो चुम्रावँअरेमन्॥

५८

तनदिर दिर नारो ललले तदानो
यललोयाललो यलोय ले।
गरचे उरोयानुम् जेदस्ते मुफलसाहै
अनवे मकुन वखतें जादन ईस्तकस राखल
तें दरवर नबंद॥

५९

दानो दोम देनत नरे तन उदन
दोम दोम तदोम् तदानो।
नाद्रद्रधेतलाद्रद्रतदटदोम्दोम्
तननन दोम् तदोल तना दां॥

६०

केलके मनसुर तकसे मदमानी।
यरङ्ग अदाकर दयमगुलसन् तखलसन् तोंवरवादानो॥

६१

अनुआईरे कौन गांव कोकैल चिकनीयाँ
कुवत गगरी जात मोरी।
हाँ यमुना जल भरन जात रहो हम सो करत झगरी॥

६२

धुमकिट खिलाङ्ग वाजई मन्दिलरा गावत टोड़ी राग
सप्त सुरनके सङ्गत सो सुन सबहो आनन्द कराई।
युग युग जीवो जोलो तोलो गङ्ग यमुनजल
चन्द्र धर ध्रुव भान सलेमा जो पातशाह सुखदाई॥

टोड़ी—धीमा तिताला

पातुकवा मोरे हमरे सुखकी
इतनी जाय कहियो विसर गए सब बतीयाँ।
और सन्देसो इतनो जाय कहियो काहूं
न पठई पतीयाँ॥

जीवे जी तुमरा लाड़ला जुग जुग नित नित
राज करो कोटि वरसलों महम्मदसा पातसाह।
चकता तोहे नूर सलामत यह अशीस
हम तुमको दोनों सब गुणीयन को
दियो करोर चतुर सहित सम्पत सदारङ्ग चाह॥

टौडी—तिताला

सोचोए नितहों समसुरनको
सांरेगमपधनिनिधपपमगरेसा।
आरोहो अवरोहों अलटपलट उनचास कोटि तान लोजिए
सुर सङ्गतसा निधनिधपधपधपमपमपमगमगमगरेगरेसा॥

टौडी—आड़ा चौताला

मोरी विथा सुन सखीरो मोसों अवध वदि कहि
आयेहेंकी अजहूं न आए लला टरट
यह कासे कहों।
दिन तें रेंन भई है निसतें दिन भयो देखत पेंड़े
अतिसूनो गेह उनबिन दइया कासे कहो अदारङ्ग सो॥

टौडी—जलद तिताला

ख्वाजिजी तुमतो बड़े पीर अजमरी दाता
सकल सृष्टि सब ध्यावे तोरे दरवाजवा।
झलमल झलमल झालर झमके
चन्दन किवरीया पांकत दिवाल पीरवा॥

२

प्रभुदाता तू सबन को रब रटरें मन
घरी पल छिन।
रंग राचे हरिके नाम लीजे
जो देत है दूध पूत लछमी अन धन॥

टौडी इकताला

भलहों सखित भला हुवा सांची जतावन आए।
कोरन अञ्जन फल रहो है वसन मिलन को
हैं उमंग सो काहे को लज्जित हम पाए॥

टौडी—धीमा तिताला

उदतननननन नदिरतदोमतननादोमृतानदिरतदानी
तदोमदोमतनननननननारेदोमदोम।

कड़नकतिरकिटकड़नकतिरकिट
तकधिलाङ्गतकधेधाधेधा॥
धातिकिड़नकतिरकिटथाँकनिधाधिरकिट
धुमकिटधिनधाकतिधाधाधिधाकिड़नकतिरकिट
धाकिड़नकतिकिटोधाधेकिड़नकतिरकिटतकधुम
किटधिलाङ्गतकधातिधाधाकिड़नकतिरकिटतक
धुमकिटधिलांगतकधेधाधेधाधाकिटतकधेकिटतक्
तिरकिट्धुमकिटधुमकिटधिलांङ्गकिड़नक
तिकिटतकधा॥ ३॥

टौडी—धीमी ताल

रङ्ग सदा नैनया कबूल रवा वोमें तैनु
जान जुदासा इस्कदा।
याह बलल करो आपे आप खुदाया लहुक
कुल सुन सदा रङ्ग गदा॥

टौडी—जलद तिताला

भइलो हॉरे तुरका के सङ्ग रहोरे।
होंतो जातको बामनो रे अरे भला
उनको प्रीतने मोहि मोहो लागमें॥

टौडी—तिताला

सुघर बना सिर सेहरा मोतीयन का
और सोहै गलसुआ चोलरा।
सब सखियन मिल मङ्गल गाइला सदा
रङ्गीलरा राज दुलारा॥

२

राजा की हम चेरीयां बिन दामो की
जनम जनम को हुकम करे हम सोई करे काजा।
हमतो दरस परस के हैं वेरागी मेहर नजरके
जो चाहे तों घरमें आजा॥

धेधेधेदानीकिटतकतकधोवा
धिरकिटतकधोनाधुमकिटकिटधिलाङ्गत् कधे।
सम औसङ्ग गतन भेदन धिलाङ्गधिलाङ्गधेधेदानि
धाधाकिटकिटधितकिटधेतलाङ्गधातिधा॥

४

फुलवा बीननहीं गईहो बाग में भँवरा रे
बहियां लिपटानि मोरी गैलन छाड़ लई।
रसका माता सर सवार न बावरोरे
ढिगते मोरे से जीयको बात लई॥

५

लागी रे नैना दीवर छीवे।
चालतु साड़ी ऐड़ी बंड़ी भुवे तूसाड़ी तिरछीवे॥

६

क्यों कर रहीहै मोसो रूसन ननदरी ए।
एकतो वीरन तेरो कैसे रहतहै नापर
रहै तोह्र ननदरीए॥

७

रहस नचाव करोगी मो वलमा प्यारेकी सुनो
आवन की भनक।
मो मनकी इच्छा सब पूजे पियकी सुदिष्ट होय तनक॥

८

आपना घर भला और आप भली न किसीके
जाइए न इतना दुख पाइये।
गरज नकदा नेवुना उफताद खुसरो गर कशुद
खूवशुद मरते चरावा लाए चाहे तो बुग जरद॥

९

वाजी निगाह यार गर यार सबोना खुन सरावे नाव।
सर सारस मारस वोचस्ते तरफे रावच
पय कर दाम्दगर वसनो वरोके गुल दार सवो॥

१०

ध्यान से उठजावै सब बुराइयां उठ जावै।
जी तू कर्म करे भावै तू जान न जानरङ्ग
रस तेरा कहावै॥

११

उदतनदिरनातनुतानदिरतदरेदानि
तनुतननतननननद्रतदरेदानि।

नाद्रद्रतानाद्रद्रादीमतनदीनातनातानदिरनातो
तननननतनदिरनादीमतननद्रतदरेदानि॥

१२

जइहौं पियाके देश करिहौं सोले सिङ्गरवा।
ए मोरी मा वहोत दिनन पाछे मोको मिले भुज भरवा॥

१३

छनन छनन बाजेरे पायलिया सुन घुङ्घरवा
बोले छनक मनक रुन भुन भुन भुन रे।
छोटे देवरा देवर गोदी के खेले मामी
ननदोया जग गई हँसदरे॥

१४

मलीया रे तेरी वारी भंवर गुञ्ज रहे।
सरम गुञ्ज भई उलट पुल्ट कर में
अदा रङ्ग सुसरन के भावे जिय वसे॥

१५

अब लों लगई लगन मोरा जियरवा
तुरका के सङ्ग रति मानी ना मानी रति मानी।
शिर पर दुरजन लोग वहे समझ मोरी आली हमरी
वतीया मानलो पियवा तुम तुरका हम तुरकानी॥

१६

रव मेके नू आणा जुदाहसदा शाह
को विछुरे मानस को आन मिलावे।
कासे पूछूं कब मिलेंगे अदारङ्ग कौन मिलावे॥

१७

मजनू जांदा दीठा वेमी मीयां लेले
नाम दिलभर यारदा।
दरजाके नोमंके दर का लेले नाम पुकारदा॥

१८

कोउन जाने फकीरवा की बात
दोऊ जगत में आवा गमन रचाई ठाकुर।
एक आवत एक जात जहाँन में राजा रङ्क
अमीर फकीरा भेद न पावे वाको आकर॥

१९

कलाली माणे दारुड़ो पिलावे छीतोरा मद छकीवे।
सुनरी भगतण प्रेमका मधवा भर भर भर मोहे प्यावे॥

२०

मेरा जिय चान्दा रेंदा मीणामेंड़े यारढोला निरमोला।
मैं तो तैनू ढूंढ़दी फिरदी सुन मीयाँ
राँझड़ा सदारङ्ग कहि बोला॥

२१

पनघटवा रोकि ठाड़िला ढीठ लंगरवा कैसे कर
जांऊ पनीया भरन।
बाट घाट मोंसों करत ठठोली सास ननद
मोरो लागो लड़न॥

२२

छिकनिया मोरा संगहू न छांड़े अरे बलमा
कहा करूं कित जांऊ।
बाट घाटपे रोके बरजा न मानें लंगर तुरकवा
सदा रंग मुहमदमा वाको नाऊं।

२३

साजन गलबाँहा डार ड़ोलैरो।
हमरो चुनरीया मोरी पियको पतरोया
उफ़ रहे कैसे खोलैरो॥

२४

तेरा सो मेरा मेरा सोहि है।
सोच कहत हूं सदा रङ्ग को कोई पूंछे
क्यों मैं दांत तेरे कैहैं॥

२५

रहस नचाव करोंगी आज मोरे आइला पीयरवा।
मङ्गल गावो चोक पुरावो मोतीयन थार भरावो ००००॥

२६

दुनीयाँ दे कोल डरिए भरिए झोते डोर जासो निभदे।
सदा साहबको पहचान वन्दे मत होजा
अयान रखदा सदा रङ्ग दीपदा॥

२७

खानम रजा सानू गरे लगादा दिल नु
दुखादी कानोदी वालीयाँ।
दुती वेड़ा साड़े वे दुसमन मा पंवे गुजोया सेन चलाँवदा॥

२८

नैनवा मोरा पकावें यार अपनोरे।
नंन तेरे गरम भइला याही पर तोरे॥

२९

मन निस बरजोरी कर फिरत नित बोलो
ठोलो प्यारे अपनो गोव।
मेरे तो जियमें जोई आवे मोई करू
प्यारे दूर तबही हमारो नाव॥

३०

राज मेंतो तेरो तोवे राज मेंतो तेरो
वातड़ोया पहचानो गुमानो।
मेंतो थारी दासी मायवा जनम जनमरो
थांसो लाग्यो छै म्हारो प्राणरो॥

ठौड़ी—धीमा तिताला

सुनो छैलवा मोरा चीर मोंसों नित नित काहे छीनत
निश दिन रोकत टोकत मग मध कासों
कहों यह दुख पोर।
बरबस बहियाँ मरोरी झक झोरो
लंगर झगर मोंसे रार करतहो मानत हो
हलधर केवोर॥

ठौड़ी—तिताला

सुनो ननदोया तोरा वीर मदसन नित नित अवध
अदि औरन के जाय कामन कहूं दुख बतीयां ए
दिन रतीया।
सरवस दे दे हारी जानत सकल नारी कोउ अपने
सपने भए वनवारी व्रज सरस जात छतीयाँ मोरी ना
जानो कहूं व्रज नारी कोऊ लंगर हिलो घतीयो॥

२

करत रहत नित चोरीयाँ श्यामसुन्दरवा
नन्दके दुलरवा।

घरी घरी पल छिन माखन चोरावे
आयके मोरे मन्दिरवा ॥
लटक लटक पग धरत धरन पर उझक उझक
मुख निरखत निशदिन माधुरी मूरत साँवरी सूरत
रस वस कर लेत दुलरवा ।
मोर मुकुट श्रवणन कुण्डल है झलकात
अङ्ग अङ्ग नग भूषण मणि छूम छनन पग नूपुर बाजे
ठुमक चलत गति लेत चरनवा ॥

३

लोक लाज मोहि आवे मोरा जिय तो को
चाहे तोरे ढिगवा बैठ रहूं ।
घरी पल छिन मोको विरहा सतावे
कहां करूं मैं किधर जाऊं ॥

४

वनवारी मइकु बंसी सुनावे सुतानन रस छकोयारे ।
सुनिरी सखी प्रेम सो मधुरी रङ्गीली मुरली बजावेरे ॥

टप्पो—एकताला

नैया मोरी भई है पुरानी केवट सदा मतवार ।
औघट वाट सूझत नाही तोको आन पड़ी मझधार ॥

दूसरी टोंडो—तिताला

योगी भेपलेरे रङ्गको सम्भाल गुणको विस्तार ।
तीवर तर तीवर तमतीवर कोमल
सकारी नीके सुहावत सोच विचार ॥

२

हे दुखभञ्जन श्रीराजा रामचन्द्र रघुनन्दन ।
केतें कीने रङ्ग राव दशासुर दन्द दीनो
रावणके गर्व्व गञ्जन ॥

टोंडी—तिताला

माड़े प्यारीया वेदरदी गवरुणो
वेगइया विदेश सुदता गुजर गइया ।
कीकराँ केहणं आखाँ साड़ा हाल विरह
दावा न मैनु मारीया ॥

सुन मैंड़ा प्यारो यावे बांह गहेकी लाज ।
अपने किएकी सरमतू सानू शरण रहे
की करो राज नियाज ॥

३

सो आनन्द भयो है प्यारे सब निश जागी तोरे सङ्ग ।
जैसी सोई तैसी रैनकी उनीदो मातो
मेरा कहा मानलो कौन तिहारो ढङ्ग ॥

४

आज आइला पिया मिलन बनिलवा हो
तन मन बार बार वार डारो विहारीजो ।
आनन्द भइल मन चीते कारज दुख गइला
सुख पाइलाजो ॥

वेदिन की बिथा वासो कहां कहोन जाय ।
बहुत दिवस भए आए नाहीं जिया अकुलाय
विन देखे रहो न जाय ॥

६

बाबुल मेंतुरकन भई हां तो तुरका के सङ्गवा ।
बारा बरस मेंगङ्गा न्हाई काल्हा सोखो सुनोरे
बांगवा ॥

७

मेरे यार नैण लगा साँवरे संग ।
नैन रङ्ग उनके संगमें भइलो बावरो
याही पर तोरे ताना तरङ्ग ॥

८

साँवलड़ा मानु गरे लगादो मुरली सुना
दानो गावे तान ।
बिन वेखे मानु कल नहीं पड़दो मोहन चतुर सुजान॥

९

साँवल तेरी चेरीयांवे साड़ी वात सुन सइयो
वो गुमानी राज ढोलारे ।
मैतो थांरी दासी जनम जनम की
थासो लागोछे म्हारो काज साथड़ीयारे ॥

छूम छननन छूम छननन बिछुश्रा बाजे
मोरी मइया तेहों जानो पियको आगम भइल।
दिन चार में सगुन होतहै मोरे तो जो को
सब दुख गइल॥

११

कलालो मोंको टाकड़ो पिलावे हों तोरा
मद छकोयारे।
सुनरी भगतण प्रेमका मधुवा भर भर मोहे
छकावेरे॥ क॥

१२

मेरा जिय चाहँदा रेंदा मोणा मैंडे यार
ढोला निरमोला।
मैंनो तेंनु ढूढ़दी फिरदी सण मोयाँ
राँझा सदारङ्ग कहि बोला लोला॥

१३

समझ मन गोरख धन्धा।
जिमि आकाश को टोऊ कढ़ोया
पाँच पचोस प्रवन्धा।
जादिन तें उरझो सुरझो नहीं याझगरे सनमन्धा॥

१४

कोऊ न जाने फकीरवा को बात
टोऊ जगतमें आवा गमन बनाई ठाकुर।
बहु रङ्ग बहु भेष बनाए एक एक रङ्ग
सूरत सूरत न्यारे न्यारे चिन्हवा आकुर॥

देशी--तिताला

माण्डे नाल बोलन छ्यावे ढोलन के हो ढ़ाडो
तकसीर कीवा घुंडी खोल।
कोही गला मैंड़ी तेंडरे आगे बीती सदके गइया
तेंड़े गबरू साड़े नाल की तानी कोल॥

टोड़ी--तिताला

अब मोरो बिछुवन मोत पियरवा काह
सों न काह्यो जाय।
झणक झुनक पग नेवर बाजे कैसेक आऊं में
मितवा तोरे पास सुन पावे ननदोया रिसाय॥

२

पिय बिछुरे नहीं चैन मोकों वेरो बिरहा
करत बावरो।
नैना नींद न आवे सजनो कैसे कटे दिन औ रजनो
सुन्दरश्याम मनोहर मूरत मिलहै कबवे साँवरो॥

३

लागो सुरत सखो मोरो पिया नाहीं आए एरो।
कैसेके प्रियसों जाय मिलोरो अबही दिननको थोरो॥

४

घरो घरो पल छिन कल न परत है मोहे
कैसे रहों पिय बिन में अकेलो।
सदारङ्ग तुम मनके भवन हो तन मन
वस भइलो नवेलो॥

५

वारो में वारो एवनवारो तिहारो ऐसो
अनोखो हसन पर।
निरख नैन रस वस भई सकुचन वाको मोहे कसन पर॥

६

तूजे मिलणदो चाह रवा वस नहीं चलदा वे।
सोणा साड़े दिल दाह बाल बुझ दावे
इस्क लगा साड़े हाल दावे॥

७

वन्दे देनाल सोणा करम करोवे।
रङ्ग वरसननु इस्क वगा कमाल घरोवे॥

टोड़ी-- आड़ा तिताला

कब घर आवे मोरा सइयाँ ए बमनारे।
पोथो बांचो सगुन विचारो हाहा करत परू पइयांरे॥

टोड़ी--एकताला

अधिक जियसो सुहावा गातो रामही भावे।
या छवि देख हों बावरो भइहों बिन देखे
कछु न सुहावे

३८

न आनू कौन भाँति मिलोगी तिहारो
भंवर कौसो रीत।
आनन्दघन ब्रजमोहन प्यारे
ठौर ठौर कहाँ रहे हो ए दई परतीत॥

टोड़ी—आड़ा चौताला

आ जारे पातंगवा मोरे कंथहु सानु देहे पतीया।
पहेल मुख सन कहियो बतीयां
तुमरा खुदा और जरी जात छतीया॥

टोड़ी—धीमा तिताला

माइरी धन धन धन व्योहार तेरो हित जानत
सब गुणीजन।
एसे हेतु चतुर छबीली करत न काहू को कान॥

टोड़ी—जलद तिताला

महम्मदसा के आनन्द बधावरा ए माई
पूजलो मनके काज।
तन मन वारू वापेरी सजनी सदा रङ्गीले ए राज॥

टोड़ी—तिताला

मेरी विथा सुन सखीरी कासो कहूं में हाल।
मोंसो अवध बदि कहि भेजी आयवे की
अजहूं न आए लाल॥

टोड़ी—आड़ा चौताला

मेरे मन याही करे जो अपनो भलो चाहव।
दीन दुनीकी मन इच्छा मागो
करोम रहीम सतार दे गोरव॥

टोड़ी—तिताला

तुरका रङ्गीला छबीला देखत हो मेरो
मन लुवध रहीलवा।
छवि निरखत में एक घरो अति सनपतवा
अमद छपा सुरजनवामिल कर ढोल धरीलवा॥

टोड़ी—आड़ा चौताला

एरी आली कबकी मनावन गईरी हों पिय
कोपी मोमन में पायो।
निरख निरख परस परस समझ समझ
जबलों देखिला मनहो मनमें ममायो॥

२

तेरे आगे पनीया भरोगी रे साजनू
तूतो मत गमन करे।
हाथन जोर करूंगी हाहा पांय परूंगी रे
सुरजनुवारे॥ तूतो म०॥

३

घर जान दे विहानरा होसी है।
पायल मोरी रुनक झुनक बाजे
दुरजन लोक परोसो है॥

४

आनन्द बधावरा सोहलरारे मो हम घर गावो
सब मिल सखो सहेलो रहस रहस फूलो न समात।
एतू महम्मदसा सदारङ्गीले दरस देख कर जात॥

५

अबतुम मानो मेरी बात प्यारीरी।
महम्मदसा पिया गरे हो लगावो
अदारङ्ग सो तेरे हाथरो॥

६

आज सो दिन कृपा करि हो हम जानिएरो।
तू जगनिस्तारन अन्तरयामी अदा रङ्गको
सदारङ्ग कीजिए अपनी पीतरो॥

७

सुघर वनरा बन आयो गावो सखियन
मिल आनन्द बधाव रामा।
शुभ घरो शुभ दिन मोरे घर आइला
चतुर वना रामा॥

८

जा जारे पतङ्गवा मोरे पियासे कहि देहु बतियांरे।
पहले मुखते कहियो तुमरा खुदा हा फिज
तुम बिन सदारङ्गीली जरोजात छतियांरे॥

९

प्यारे मैमोंकी मोसे जियकी पीत लागी सरस।
तुमरी बात नैकन मानों लाख बरस॥

१०

जासे तोंह बदनामीया ओछी पीत न
कीजिए प्यारे।
लाखन भटिको झुठालो हारे विहारे
लाजन कारे॥

११

छिक् बावुल कित जनमीरे अरे वल
कित जन्मी जन्मीरे।
दान दहेज मन घर वार दीनो ए सुरजन बहियाँ
पकर अपनो ले चले नगरवा रे॥

१२

अब तोरे पाय लागू बलमा जोया मोरी सीख मानरे।
हाहा करू पइयाँ परूं साजनतू
तो मत कहुँ गमन कर॥

१३

मोरो बिथा सुन सखीरी मोसों अवध कहि
गंजा आयवे अजहुं न आए लाल दरद कासे कहुं।
दिन ते रैन भई रैनते दिन भयो देखत पेंड़ो अत
सूना भयो उन बिन ए दई अदारङ्ग कासे कहुं॥

१४

मलियारे तोरी वारी भँवरवा करत गुञ्जार
भँवर गुञ्जार।
यह सुगन्ध वाके फूलसे उतरे अदा रङ्ग खुसबो
पवन चले शीतल वहार॥

१५

आजसो जसे कृपा करो तो मया कीज्यो
अबही करिए वाही रीत।
तू जगनिस्तारन अन्तरयामी अदारङ्ग
राखिए अपनो पीत॥

टोड़ी—एकताला

सुनवे अलवेला गिरधारी खुला तेनु लहरीया चीरा।
अलकन कुण्डलकी झलक छवि निरखत मन
मोह लीनो और सोहै मुख बीरा॥
श्वेत झगा झीनो अति राजत छाजत अरुण
मुरली उर सोहै जोत हीरा।
कृष्णदास नु आस वेशनदी विन देखे
मन न रहत है धीरा॥

२

न जानू कौन भांति मिलोगे तिहारो
भँवर कोसी रीत।
जित सुगन्ध पावत तित धावत हो
तुम गरज परेके मीत॥
आनन्दघन व्रजमोहन प्यारे ठौर ठौरके रस
चाखतहो कैसे करे परतीत॥

३

करो शिव मक्करकी नजर निश दिन
घरी घरी पल छिनन।
काशीनाथ विश्वेश्वर दाता, तुम सब जगके विधाता,
तुमही देवो दूध पूत लच्छमी अनन्दघन॥

४

घरी घरी जातरे अवध वृथा तोरी
क्यो नहीं सुमरत राम।
तनते प्रान पयान करत जब कोऊ न आवत काम॥
जे हरि रांचे तेइ नर सांचे कहां लगि
वरनों तिनके नाम।
विष्णुदास प्रभुके सुमरणते पायो परम निजधाम॥

५

बांके वनवारी २ मोहि सानु करत हो हँस हंस
रस भरी बतियां श्रवण सुनत मोहि लगत पियारी।
तेरी वतरावन सुख उपजावन लख लख सौं गन्ध
खात थारी गिरिधारी॥

वेखन तेड़ड़ा जीवन मेड़ड़ा जिन्द बस
कोनो हमारो मुरारो।
विष्णुदास पर किरपा कोजो दीजिए
दरशन हों वलिहारो॥

टोंड़ी—ब्रह्मताल

कौन टेव परो तिहारो ते पियसो रति मानो।
चतुर सुघर तूही प्यारो एतो हट न आनो॥

टोंड़ी—परताल

मीठे बोलन ढोलन आएरो सब मन भाए
घर घर मङ्गल गाए।
नैन सराहै देखत भाजे हिल मिल करोंगो बधाए॥

टोंड़ी—तिताला

तौं तननननतौतननननतारंदानिउदानिदानि
तदानितारेदानिदीम्।
धीतीलोतीलानालोतीधितीलाना नारेनारे
तारेतारेतदारेदानोदीम्॥

टोंड़ी—इकताला

धाय मिलूं जब आवे मोरे घर महम्मद सा
प्यारा गर धाय।
गाय बजाय नीको तानसे मेरा मन बस कर
रङ्गिलवा धाय मृदङ्गसें भेद परे धाकिट् धुमकिट
तकधितिलानागिड़धाएरेधाय॥

टोंड़ी—तिताला

मेरे मन राम राम रटरे जोतू अपनो
भलो चाहे अब।
दीन दुनो की मन इच्छा माङ्गो करीम
रहोम दें गौरब॥

२

करम कीजिए तुम हजरत खाजा तुम
राजनके राजा।
दीन दुनो में नाम तिहारो जपत रहत नित
चरणन तुमरे लागे आजा॥

सोवन देरे प्यारे मोरे सब निश जागो तोरे सङ्ग।
अबही सोईहै रातकोउ नोदो माती हा हा
मोरा कहा मानले प्यारे कौन तिहारो ढङ्ग॥

४

बरजोरी ए लोगवा माई मिलन न देई पियरवा
सानु कौन भाँति पोवाऊं मधवा भर भर सरवा।
एकतो सदारङ्ग बीन वजावे भर आवे
छतोया कुमलावे हरवा॥

५

आछे प्यारे लल पर बल बल जइए।
जोई जोई कहे सोई सोई करिए सजनो बनी
वनावत बड़े जो चढ़ए॥
हजरत मोराजी तिहारे नामको अधरवा।
हमरे तो यह आस रबतेंनु
पाऊं कर राखूं गरेको हरवा॥

टोंड़ी तिताला

झोना झारो रसयो राजकुंवार झाने
घनो प्यारो लागे राज।
हाथ जोर अरज करासां अबतो साहिब कृपा
कोज्यो सोझड़ोया रङ्ग मानो मैं वारणे जावा थे
झारा मिरताज॥

२

तदेदानी तोमतोमतननन तदीयन
रेनरादगतदेदानितरलेतरलेतरले
उदानिउदानिउदानितदानितदानिदरादरा।
इस्क खुदाने वहो दिखलाई वहार जिसका
पार निवार हरगिज इस्क काम नहो ज्यो वाग वहार॥

३

तोरे कारण जग मदकु निश दिन
हित चित सो भरीलवा।
लोक बौरे जानत नाहो विन देखे
नहो चैन कैसे रहे सुन्दर मूरत मुख करीलवा॥

प्यारो मोहिसो नितके झगरो करे नितही बढ़ा।
अबवे समझ ने लगीतो लगाही लगा न लगीतो
लगा खुशी वखुशी सोदा बढ़ा॥

५

म्हारे डेरे आजोजी राजेन्द्र आजोजी
राजेन्द्र जभी जभी जोवा थारो वाटड़ी।
उन विन मोंको कल न परत है
को उनके हित मोसो वातड़ी॥

६

चंगे नैना वालीयानी कुड़ीए सदा रङ्गनु तेंड़ी सैन।
काँधिवे गुदरीया जलवे खाल और चुभ जादे वैन॥

७

आजरे महम्मदसा घर आनन्द वधावरा
में पूजीरे मन के काज।
तन मन धन आड़ला सजनी वनरा आइलो
सदा रङ्गीली मोरे आज॥

टौंडी—एकताला

टैया वट दुवर भइलो मड़कु लङ्गरवा
भरन न देत गगरीया।
विहान तोरे सङ्ग कैसे जाऊं सजनी
बीच माझ ठाड़ो सदा रङ्ग उचकैया॥

(शेष० ग्रं०)

२

नारी देखहु वैद मोरी कौन काजरे।
विथा पीर कैसे कहूं नातर आवे मोय लाजरे॥

३

माई मैतो कवन काज आवेला जो जिय डरावें।
विन देखे साहजहां पिउ कलन परत
निश दिन मोंको कछून भावे॥

४

कर चश्म तुरासेदन बाज दाम कुनम्।
आंक दर गिरदे तो गरदम के तुरा राम कुनम्॥

३८

सुरजन तोरे कारन सबहो को बोलो ढोलो सहो।
एते पै नसुने न कान धरे यह बात नई भई॥

(निरमोल ग्रं०)

६

दारादाराअततददानितन७ दारादारातददानि।
तरलेतरलेतदादानिउदानिउदानितदानितदानिदा॥
वरम आरे मा गरीवों न चरागे न गुले।
न परेवरवाना वा सदना सदाए बुल बुले॥

(महम्मदशाही ग्रं०)

७

कोयलिया बोले अंबुवा की डार विरह भरी।
सपने अपने दामनी दमके
लाल बिन निश चोंक परी डरी॥

८

अनमनी पिया सो रहत है काहे सलोनी नारी।
तोरी मनुहार करत नित मनरङ्ग अपनो रूप निहारि॥

९

सुध साधक बजाई है बीन तंतो सदा रङ्गीले लाल
ऐसी अकलमें सवाद दियो एसो निरमोल।
जबतें प्राणेश्वर महादेव कों दीनी तबते कंतक
रच पच हारे उनचास कोटितान वसुधा करके याको
आदि अन्त तुमही पायो देखायो मन रङ्ग कर
रस डांड़ो को तोल॥

१०

एती वेपरवाही किन वदीवे मोया
दिल लगा तेंड़े नाल तेकदर मेड़ी न जानी।
नित रङ्ग करदा और पहचाने औरों नाल
हँस हँस ढोलन यार गुमानी॥

११

साँचे सुरन गाय बजाय लेहों सब विध अपने
गुरनको गुणीयन की सङ्गत सों राग परन सप्त सुर
निधपमगरेसा।

गरसासारगरसासारगमगरसा
सारेगमपधनिसानिधपमगरेसासारेसा।
धाकिटतकधुमकिटतकधिरकिटतक्
तिरकिटतक्धागड़ानदिगनड़धासा॥

१२

मनुवा मोरा ना रहे कल न परत इतनो
कहत अरज गरज।
कैसे कर राखो प्राण पिया विन हाँरि
दूजे उमड़ उमड़ घुमड़ गावै गरज गरज॥

१३

हम योगी परदेशी हमारा गुण औगुण न चित धरिए
जो कछु चूक परी प्यारे तुमही देहो वताय।
भिच्छा माँगू तोगी नगरीया औरं डगरिया जानन
याजं सदा रङ्गीले महम्मदसा पिया तुमही वाहिको
देहु मिलाय॥

१४

दीमदाराद्रिद्रितिल्लिलानातानानेतानाताना
द्रिनोमतनमतदरदानिनादिरदिरदानितुमतद्रद्रदानि।
तुमद्रतदरदानिहैयाजानमदीमदीमदीमनिगर गड़या
तैनुए न चाहिए मान निए हमानो अनो अनो ननन
साता डाड़ोया कोल साड़े सोहरे जावाँ टुकसु यह
गामनो अनोर माननि॥

१५

बना व्याहन आया भाया मन सुहाया।
नूर को शिर छत्र तनायो शिर महबूबी याते
सेहरा बधायो सोयह बड़ भागन पाया॥

१६

छत्र देश महिम रात वसंतो वना आयो
माला डोला घर व्याहन आयो।
करन दीन असलाम करतार आप पठायो
महम्मद नाम धरायो॥

१७

कुतवदीन कुतव आलम महबूब इलाही
अपनो करम कीजे खाजेजो।

—००००००००

१८

मान मनावन आए आपही चल उठके हँसके
क्यों नबोलो लालन सों।
सुन्दरश्याम सलोनो मूरत कैसे तजो यह डरनन सों॥

१९

मैंड़े नाल बोलन छूया पूछन भूल्या कहा
कादर को वगहा मेल।
इतनी अरज मैंडो मनवे तुहि मावे दोस्ता दर दिल॥

२०

आह एस्ते चस्तेतु माहम तुरा कं दरदाम कुनम्।
आँक दर हरागजतो गर दम राम कुनम्॥

२१

ननदीया हमी सन झगराई सुनहुरे लोगवा।
निश दिन मइकुं दुवर भईले पिया विन
मन भईले जोगवा॥

टोड़ी—तिताला

जिस नाल लगन लगी सुनवे राझा सोणा
जिस नाल इश्क दावे डातरना।
पार गएनु राझन कहेंदे वार गए नु
हीर कहेंदे दोनों मझ धार विच तरना॥

२

मोको लाज वैरन भई अब कैसे
निकसो पियरवा तोरि ढिंगते अगनवा।
व्याकुल भई जिय कल न परत है
सदा रङ्ग महम्मदसा सुरजनुवा॥

टोड़ी—तिताला

जीतनको चढ़ो एक डंका दे चढ़ो चहुँ चक में
जोर कर ढिंग ढेरो।
जान पड़े बड़े वीर दूर गयो सबन छोड़ गयो निवेरो॥
सिकार जो कर विकारे धका धक खेंच
कमान हाथ घनेरो।
छटाछट कटाकट झपक जैसे तैसे चांप
चूरो कर हेरो॥

देखोरी एक बालक सुन्दरश्याम सलोनो छोना।
मोर मुकट कोस्तुभमणि कण्ठमें मुरली बजावत
नन्द महरजीके भौंना॥
साँवरी सूरत माधुरी मूरत निरखत ही
डार गयो टोना।
गुणसागर आगर नटनागर करत रागरङ्ग रंग रौना॥

३

सुनतही बुलावन की बातें आँखन कें
जोर धाई हों आगे जो रजा।
मनकी फूलन सो अङ्ग अङ्ग अंगको सुलन मलायही
आगे जो वजा॥
सूरत देखाई मन लाई चाही आभरण मजा।
मन वश कर लीनो तानसेन प्रभु रस वश करलें लजा॥

देशी—धीमा तिताला

तोरैरे पायन परहुँरे प्यारे अनत गवन नहीं कीजिए।
जङ्गल पखेरू घरवा वनाय लीनो
वाहर पाय न दीजिए॥

देशी—जलद तिताला

फरकोले भुजवा माई अनुआइरो।
मिलने कारण पोने तरसाई जियरवा उन बिन जबर्त
सदा रङ्गीले महम्मद सा को बात पाईरो॥

टोडी देशी—तिताला

जब लग हित मोरो गाँठ मुठी तव लग सोदा विकाय।
हाट भई सुनि बासन भरोए तें अरे भला
अब कोई आवे जानि अनजाय॥

टोडी—तिताला

भटकत काहे बावरे करम लिखा सोई पाइए।
जोराँची सो साँचो सुमर कहा पछताइए॥

२

गुरु साँचो जिन पायो तिन देशोते
मारग सुधार कण्ठ मानो।
तान प्रस्तार कोऊ नेक बूझि सद रस पंगत भेद जानो॥

टोडी देशी—तिताला

रङ्गरो वेलरो छिनरो बेलरी नवेलरो
प्यारा आलो जानि कह ज्यों समझाय।
छवि तिरछे अबछे सुन सजनो अब वाँसे लिपटाय॥

टोडी—तिताला

कुतवदीन ख्वाजा तुम हिन्दके शिरताजा
दीन दुनोमें मेरी रखो लाजा।
करमको नजर कीजे ख्वाजेजो दुख दारिद्र
मो तनतें जाय भाजा॥

२

तुम अपनी नजर करो हम पर ख्वाजा
जो राजो हिन्दके निवाजो सब जगको एक पलमें।
पोर अजमेरी मोन दीन चिस्ती
चिराक नित नित जाउं वल वलमें॥

देशी—खमसा

परसत हो पायनको कुछ बात नई
जिय ठानो एही ठानी प्यारे।
जोई जोई कहिहो सोई सोई करिहों में
पायन लागूं तिहारे॥

देशी टोडी—जलद तिताला

दुरजन लोगवारे सब मिल करे चवैया।
सदारङ्ग हमो तुमो करे रस भोगवा वही देश चलैया॥
तुमजो मोसो साँचो साँचो कहो लाल
सिगरी रयन जगैया।
हमको छोड़ तुम गए सोतन के घर मोसो करत चवैया॥

२

मेरी विनती उनसे जाय कहो पतंगवा।
लिख पतियो महम्मद सा को भेजो सदा रङ्गीले
जबतें न आवो सन्देशवा॥

देशी टोडी—एकताला

ए सखी श्यामसुन्दरको विन देखे मोको न आवे चैन।
निश दिन मोकों कल न परत है
कैसे कटे दिन रैन॥

तनरी इना तानरी इनन उथानाम ।
आननतोतननानितानित नानताननआनन
ताननतनरीइनतरनरीनतनन तोंननोंन ॥

अथ अन्तरा

अदनतुम नदरतनन तदननान आनरी
तदनरी तानानतदरना ।
तदना आनरोतानरनन तुम तननन तदेना
ताननरीनरनानरनतनुमतौम् ॥

टोंड़ी—देशी एकताला

गून्ध गून्ध लावोरी मलनिया फूलोंदे हरवा ।
आज मोरे घर मोहन आए करहूं
फूलो के सिङ्गरवा ॥

देशी टोड़ी—झपताला

एरी मन्दिलरा गह गहो गाजे बाजे ।
रानी यशोदा के पुत्र भयो है श्याम सलोना
आज वधाई नन्द घर बाजे ॥
अतिहो मुदित नर नारी नाचत वीण मृदङ्ग
विविध साज साजे ।
कहालों वरनों भागन की महिमा पूरण ब्रह्म प्रगटे
नाचत नन्द उपनन्द प्रगट भए हरि भक्त न काजे ॥

टोंडी—एकताला

मोसो तो प्यारे आवन कह गए एते
पर आनके गए ।
बसो तहां जहाँ कीनो नेह नए पहले से हित भए ॥

टोंड़ी—देशी तिताला

हमक्षं छाड़ गए मोतन के घर एरी सुनो ननदीया ।
सदारङ्ग विन कल न परत है पोसो
मोकों मिलाव ननदीया ॥

२

मघन समय हेतु दूर मेरा प्यारा ।
ज्वलति वपु निदानं जीवना क्या हमारा ॥
रुचिर वसन धारी सुन्दरी यह जो नारी ।
काहे तजे वनवारी मदन पीड़ा यह भारी ॥

देशी टोड़ी—ताल धमार

जिन छुवो मोरा अचरवा अतिहो ढोढ लङ्गरवा ।
यह डर निकसन पाऊं पैड वावरी जोर
गहे मोरा हरवा ॥

टोंड़ी—तिताला

विछुरे मानस कौन लाय मिलावे अल्लाही मिलावे ।
उनके मिलवे को कासे पूंछू अदारङ्ग यह कौन वतावे ॥

देशी टोंडी—ताल धमार

वाके रूप रङ्गे मेरे नैन ।
अब हिल मिल होरी खेलोगी गिन होंन दुरजन वैन ॥
लोक लाज कुलकान तजूंगी धरूं मान मनमैन ।
गुरुजन दूर करो जियत जब तब कोऊ कहन सकैन ॥

टोंडी—जलद तिताला

खाजेजी की नौवत बाजे बाजेंर याही दरवाजवा ।
हाजती आवे पावे मुरादवा पुजावे मन के काजवा ॥

(जौनपुरी)

२

याही दरवाजबा ठाढ़ो ले दरवानु
तनक शरण होंरे सहवसन भेटवा ।
नवीय चलो महम्मदके सङ्ग वाले चलो
मोरी बहिया पकर अच्छेरे सहवासन भेटवा ॥

३

वेतो आई वसन्तकी मुवारकी देन
सेवकको गाय बजाय रिझाय वीन ।
महम्मदसा तेरे दरवार सदा रङ्गीले
छाजे निजामदीन ॥

४

प्यारे मोरे लग गरे सोय प्यारे ।
अववे चितमन रूप रिझमन न तन मनाए मदभारे ॥

५

जो संवारो सो अवसंतोरे रङ्ग रातो मातो होरे ।
ख्वाजे मौनदीन ख्वाजे कुतवदीन निजामदीन
चौलीया सङ्ग रातो होरे ॥

पियके मिलन न जाइए गाइए बजाइए रिझाइए
धाधाकिट धुमकिट तक धिलाङ्ग ।
तकधिलाङ्गधुमकाटताधिलाङ्गतकधातकधा
मृदुमृदङ्ग बजाइए ॥
पपधधपधधधनिसानिधपमगरेरेसासासारेसा लाग
डाट और उरपति रपमों खरसो नोको मनाइए ।
झनक झनक वकड़ झंझं झनन धागे
तिटितागे तिटि त्रेवट मजाइए ॥

७

सखीरी विछुवा मोरा बाजे माई कहां करूं कित जाऊं
सास बुरी मोरी ननद हठीली और कुटंवके
लोगवा जागे सदारङ्गको कैसे रिझाऊं ॥

८

लावोरी मलनीया आछे फुलवनके पोके गरे डारूं हार।
चोवा चन्दन अतर अरगजा और सुगन्धके
वसनवा डार ॥

९

तेरी अटरीया कैसेके आऊं सुमत पियरवा ।
जागे मोरी ननद सास डर लागतहै
और कांपे जियरवा ॥

१०

सास ननदीया जागे मोरी कैसेके आऊं
मितवा नैनन सैनन मोको बुलावे ।
अगर वगर पड़ोसन और कुटंवके
लोगवा मोको खिजावे ॥

टौड़ी—धीमा तिताला

तोरे कारण मैं ढूंढ़ा वृन्दावन तमाम कुञ्जगलीयां सारी।
एक वन ढूंढ़ सकल बन ढूंढ़े कहूं न पायो वनवारी ॥
डगर डगर और वगर बगर में घर घर वनिता
बूझत हारी ।
लगी चटपटी निपट अटपटी विष्णुदास
प्रभु सौंह तिहारी ॥

मोहन तेरे मेरे मिलन की चरचा हो रही ।
डगर डगर और वगर वगर में घर घर
सब वनिता पोरही ॥
पड़ी झकमारन देन ग्वालननारी अनारन
चुपक चुपक तोरही ।
विष्णुदास कोउ कहन सकत है रार करनकों
सब मुख धोरही ॥

टोड़ी—होरी

(शेष)

हमरी सुरङ्ग चुनरीया गहरो वाको रङ्ग ।
हमरे पियकी लाल पगरीया उरझ रहे वाके सङ्ग ।
नयो हुलास नई प्रीत रीत बूढ़ी वाके अङ्ग ॥

२

सबहीतें बरजोरी करत फिरत
बोली ठोली प्यारे अपनो गांम
मोरे तो जीयमें जोई आवे सोई
कर हौं तोही हमारो नाम ॥

टौड़ी—तिताला

हमारे याही आसरवारी हजरत मीराजी
तुमरे नामको अधरवा ।
मन डोरा तामे गुलाऊं कर राखूं जैसे हरवा ॥

टोड़ी—होरी

ननदरीए एतो कहा मोंसों रूसनो ।
एकतो तोरा वीर मोंसों रूसा रहतहै
तापर एतो हूंसनों ॥

२

सबहीतें बरजोरी करत फिरत नित
बोली ठोली प्यारे अपनो गाम ।
मेरे तो जीयमें जोई आवे सोई करहों
तबही हमारो नाम ॥

३

दानी तानुमृतनन दिरना धिरावे (दानी ।)
कोनके रोअन गरेवाने मुसाइवे मतो पोरे
मनो अवाने मने एस मनरङ्गदानी ॥

आजरे ग्रह आनन्द को दिन प्यारे मेरे
ग्रह आए कैसो नीको छविसों ।
सुघर मालनीया गुन्ध गुन्ध लाई फुलो
समात अङ्गन में ढवसों ॥

५

हरवा लेतो रहीरे लागो लो रतन पचासरे लङ्गर ।
हाथ जिन लावहुरे रहसन गुन्धीलो हरवा
जोआवहु मोरे पासुरे ए लङ्गर ॥

टोड़ी—ताल सवारी

अबमै कैसो करहूं पिया विन छतीयाँ
मोरी धकधकन लागी ।
जागत जागत सब निश बीतो भोर भईलवा
चिरिया चक चकन बोलन लागी ॥

२

कवन देश विलम रहे पी नहीं आए
हमरी सुध विसराई ।
हों जानी काह्न रस वस भये पतियाँ
लिखन पठाई ॥

टोड़ी सुर्ईयर- ताल सवारी

गावोरी सोहलरा सब मिल गायन गुणी
निरत करो निरत कारी ।
पिय प्यारा वोह्नो मिलिया सब दुख भुलिया
सब इच्छा पूजी विधना हमारी ॥

दीमदारा तिन्ना द्रद्रद्र तिन्नरे अहै आता तिन्नरे,
द्रद्रतुंनेतिन्निन्नानादीम् दीम् तददीअरेतदानी ।
वरव हृदतें वुजुदतों कसरत निसान एस्त ।
आलम वराए जाते जेतोहि देखान एस्त ॥ दीम० ॥

बरवा टोड़ी—धाडा

मुखड़ा वेखामी वो यारना चिर लावी ।
वोराझाना लमेही देवेले विद्याया देवे होया साँझवे
वेयार नाचि पई हुयता घर आवी ॥

टोड़ी—सावनी

अब मोरे कन्या आ मिलो एक पल
छिन मोरे सङ्गवा ।
नेह लगीला तुम सन मोरा सुघर महम्मदसा
नेकहु न लागीलो अङ्गवा ॥

टोड़ी—बहादुरी

कौन गत भईलो मोरी वरजोरी ले गयो
मन चित चोरी ।
मन फेरनको वरजत हों वरजौ नहीं मानत
कैसो यह चोरो और सिरजोरी ॥

२

बावुलरे मोरे हम दोनो विदेशवा वीरन
भागे तुम अपनो देश ।
जब हमरे काज परं के लिख पठहै सन्देश ॥

बरवा –तिताला

कोमलवैन कमलनैन पियकों वदन राजत श्याम ।
भ्रुकुटि कटाछन लोयन कोयन मोहत सोहत
आवत गावत भावत मन छबिधाम ॥
हेरनि फेरनि टेरनि घेरनि गायन चायन
भायन अभिराम ॥
लछनदास मन्दहास मुखको विलास
भास लखि लजात कोटिन काम ॥

टोड़ी—गांधारी

भोरकेई मिलन बनोलबा मोरो मा प्रीत सङ्ग
बार हस मदीलरा बाजे मन्दिलरा ।
आवो गावो नाचो सब सखी सहेली
सदा रङ्ग गर लाग रहीलबा ॥

२

हजरत खाज कुतवदीन के दरबार बरसे नूर ।
इनहीपै क्यों न भागे सदारङ्ग सकल कष्ट
करे सब दूर ॥

जौनपुरी—धीमा तिताला

बाजीलो झाँझ मन्दरबा हमारे गुसैयाँके
दरवाजबा बिछुवन की झनकार।
बाजत मृदङ्ग चङ्ग रबाब सङ्ग साथ
डफवाको धुनकार ॥

जौनपुरी टोड़ी—तिताला

वैरन ननदीया मोरीरे पाछेहो परी रहत।
कहा करूं कित जाऊं सखीरी भली बुरी
सासु से कहत ॥

२

आवो बलमा हमो तुमो तहाँ जईए
जहाँ दुरजन होय न कोय।
घन अमरैया बनी छाड़ाव पिछोरे
सुरजनुवा मोरे रहिला सोय ॥

३

मलियारे तोरी वारी भँमर गुञ्ज रहे सुगन्ध महकाय।
अलसावत अदारङ्ग मन अब बीन कैसे बजाय ॥

४

प्यारे छबि तोरी बसत है जियामें दिन रैन।
वेग दिखाउ माको अपनी दरशबा तो जिय होवे चैन ॥

लाचारी टोड़ी—धीमा तिताला

पतंगवारे पिया कने जा पतिया बचा तोरे परिहूँ पाय।
इतनी बिनती मोरी सुन लीजोरी
जो बने तो वाको ले आय ॥
भँवरारे मोरा पिय सनवा ईतना
सन्देशवा कहियो जाय ॥

लाचारी टोड़ी—फरोदास्त ताल

दरजन खदा नेबुता उफताद खुसरो,
गर कशद खुबशद मस्ते चोरा वालाए बुक जरद ॥

टोड़ी—एकताला

बोयार जिनानु तेनामु सोकतन केहा
अलबेली की करकते।
घायल मायल फिरो दिवानो नैनसांई
देनालरते बन्दा इश्क चुको मसलत
बिसरोया पद्म सते ॥

टोड़ी—आड़ा एकताला

साजन आवोरे घर अरे बल तुमरे
कारन मोरा जिया तरसईरे।
तुझ पर सरबस वारों जब परसा वईरे ॥

२

प्यारे घर आवरे अरे भला तुमरे
कारन अच्छी नीको सेजरीया बनाईरे।
चितचाह सों हियरे लगाय लेहु रहस रहस
चरण धराईरे ॥

जौनपुरी—अद्धा तिताला

फरकाई भुजबा बाई मिलने कारण पिया
सङ्ग गईलो।
तरसे तरसे जियरबा उन बिन अबलें
सदा रङ्गीले महमदसा की बात पाईलो ॥

२

बरजईए लोगवा माई मिलन देई पियरबा
कौन भाति पिवाउं मधबा भर भर सरबा।
सदारङ्ग बिन जीउ डरे जान छतियाँ भरे
कुमलावन लागे हरबा ॥

३

रब्बा ० वा ० ॥ सुरस्सना

यललीय लायलाय ललल्लेय लायलायललले।
जलबन मुदो बामा वुदो कुजाइ जाफर पोर
सोई मन टेरे बिदेशीया बहोरी फिर मिलसे ॥

४

जासन पीत लगी मईको एमा बहो के बिछुरत
मोर मन दुखवा होय।
ढिग सनबा टरे नटारे पलपल छिनछिन होतन
प्यारे एसोरे मनभावना देखा न कोय

५

नादिर्दतनुमतननननुम् तननननना आहे
आलाल वेरा बखुन तझ वेयारे मनस्त
वजपए दीदन चौदादन जाँकारे मनस्त ॥

६

(कहरवा)

सोवाहु दरवाजवा ठाड़ो लेके दरबान वातिन
डराए जात ना कोऊ ।
नबी महम्मद कोनो सङ्गवाले चलउ मोरी बहियाँ
पकरत बबा होरे साहब सन भयो भेटवा ॥

७

अब मोरी ननदल जागी हाथवा ठाड़ो रे
कङ्करी मार मौत मोको बुलावै ।
बारबार कङ्करी जिन मारो जागई सब घरके
लोगवा पायलिया मोरी बाजे ॥

८

जब सुध आवे मोको तुमारी तोरे लग रह्यो पड्याँ ।
जनम जनम सुखवा भईले मौतन अदारङ्ग
सुरजन सईयाँ ॥

९

ख्वाजेजी की नोबत बाजे बाजहुरे यह दरवाजवा ।
हाजती आवे धावे पावे मुराद सब पूजे मोरे
मनके काजवा ॥

१०

सोया मूरति भावनी लागी बदरिया बरसे
पियरवा ढिग होजाय ।
देख बदरिया चोकन उमग जियामें हमरे
सदारङ्ग सों मिलाय ॥

११

काह्नजीको ढिठोनवा हँस हस दीनी
कस कस गारीरे ।
जान सुजान मोरे मनको भवनुवा कहा
हम तोरी चेरीरे ॥

१२

मारी रे मारी इन पिचकारी भरभर मारी ।
होंतो लाजनमें भींज गईरी ए
गुइयां एसो ढीठ वनवारी ॥

१३

टानरे मागी मइसन अबही ढीठ लङ्गरवा
तोरतार डारी सेहरवा ।
नेक नमाने कहनो वरवस झगरो ठाने
मानत नाही मिठुरवा ॥

१४

अच्छा गुणवन्ता सइयाँ राजेन्द्र माने
आलो जाई जेहो होरजा ।
रङ्गरसरी तान रिझास्या जासो नोके गाय बजाय ॥

१५

उदतनदिरनादिरनादोमताना ।
एवन्दगी वाय पैङ्गवर जोन्द गोम
जुर नेस्त वुजुरगो अकल नव माल
ताम ग्रीव वदल सनव माल दोदोमतननताना ॥

१६

कान्हा बातो कहूंके दिन बड़े कहूंके रातो ।
गह मिशन कुप लुकमो तामानु
कोनकानो इच्छा चातो ॥

१७

याह्र डग मग डग मग ड़ारे याह्र न आवो ।
पार खड़ा पीउ वार पुकारे नही आवो ॥

१८

माहिटी में महि होइ वेझलो वजाय जिन्द
खसले तोहो ।
कधी हसी कधी रोई जित वलमाडे
रित वलमुड़ सो महि मोही मोही मोही ॥

१९

राँझणा नैना दाता रा ।
अनो काम नाही है कामण सइयाँ
अखो अखो वखो आदा सारा ॥

भोग विन तारे कुंतन जरन पादा तारण
वेखदातारा प्यारा वेखणाहो रवेखि लावन कारण
छड़ आयो तखत इभारातो ॥

२०

वेको माता देवा कोठे गइला रेवेका
भाजा शङ्करा कोठे गइला।
वम् वम् वम् शङ्क वाजे सो मुद्र चामेंड़ो
शम्भूजीके शम्भुनन्दन लटपट मैणावे ॥

२१

प्याला मुझ भरंदे टोवे मियां।
दोस्त त्यारे मारे दोस्त प्यारे दोस्त
चतुर सुदोस्त छारे प्या० ॥

२२

आयाहो मारुड़ा माहन्न आया।
वांकोड़ जोड़ा थांरो वांकोड़ घोड़ा सेजड़ीयो रङ्गलाया

२३

वहादुरो खानडो रङ्गमाणि।
एहों खान तेरा चिरजुग जीवे साहनिवाज रङ्गमाणि॥

२४

हजरत निजामदीन औलिया माई।
निशदिन चिराक देहली खुसरो अमीर बलि बलि जाई

२५

अबतो कहूंन जारे पिउ नगर पराए।
ए बतियों तुम मोसो करो जिन तुम काहेको
देत डराए ॥

२६

अधकवा जियरा लुभानो सुआवा गानीके लागा।
याछबि देख बावरो भई है वनरा वनीके सङ्ग जागा॥

२७

एक दमड़ो देहो बुलायके नियत नाम रजाय खुदा।
याजसवा तोरा अरस कुरसमें भइला
नियत नाम रजाय खुदा ॥

२८

आज रङ्ग मोरी माए रङ्गहै सजन मिलावरा
आनन्द वधावरा मेरे घरु।

निजामदीन औलिया जग उजियारो
जो मागो वर पर सनेह आज वरु ॥

२९

राज मैतो तेरीयां राज मैतो तेरी वातड़ीया
पहिचानो वो गुमानीडा।
छूं तो थांरी दासी मायवा जनम जनम
रो थांसो लागोंछे छारो प्राणड़ा ॥

३०

याइ दरवाजवा माई ठाड़िलो दरवानु
वातन के चरण वाला जान देमाइ बा।
नवीय महम्मद के सङ्गवाले चलोरी
मोरी वहियां पकर बाहरे माहवसा भेटवा ॥

३१

अति वैरन ननदीया मोरीरे अरे मारे पाछे परो रहत।
मुड़ मुड़ पियाकी बातें सुनतहै वात सुनत सास् सोहत॥

३२

लेतो छारो खबर न लेवी आमोहि वालियां।
करकन कपाल कोई वासो हर कालेनो वेशवा
सुरभाई तेरीया ॥

३३

महम्मदसा पातसा आज हम सन तुम सन
भेट भइ काजवा असवा चौंक पूजोले।
जीवउ जागउ कोटि वरसनो भेटवा तुमरे
कायम दायम रहो सदारङ्गके मनके चित पूजोले॥

जौनपुरी टोडी—होरी ताल खू०वा०।

मूलन लेदा मेड़ीया सारा।
सेज फुलादो रतवाजूंदो टुक मेनु होइ तुपक तुपक
कुका भारा ॥
लोग वेले सुहले विच्चो रङ्ग रलीया करदा नित उठना
लमेहो देले दाव हारा चटपट
चटापट नैना मेंडेहो डेरो देरत दे फुहारां ॥

२ ॥ अभो० ॥

सु अब रङ्ग घुलोया माए सजन मिलावरा भइला।

निजामदीन औलिया सुख आनन्दसो हैला
माए जनम जनम दुख भुलिया ॥

३

यारे मनवे याविया यारे मन गरलो
आई न जरे कुन्वर मन जाने मन ।
देखे चैन अन देखे चटा पटी कौन्से
कह यह दुख जाय यारे मन ॥
नेहरे रूमस रस्ता अमटर इश्क तोराजो यम्बर
जायतो अए साहवे मन जाने मवाग बहारे मन् ॥

४

यूसफि दरकारग्रवा दारम् ।
या पग्रमि वरम् आश्रा अए जलेषा हिम्मतें
गोया यादरीवाजा वाजानेस्त ॥

५

एरी पिया मोरा कचनसे सोहागा मै सोहागा ।
वोमि में में उनमे रमरही जों कर मैंटी रङ्ग लागा ॥

६

भेटनो सब आइलो सुन उरस पीरका
ख्वाजे कुतव देहरो ।
शेष मशायक औलीया वन आए
नवीहै रसूल सन रङ्ग वनोला हाकर
रहीस एसाहव हुलसन नजर वर्मिलिया
एस दरवाजे दरव मेलोया मे ॥

७

मगवा कटोले और कोसकोस नदीया हों
कैसे वार जाऊं या नगरवा ।
गौड़वा पिरानो और अत आयो
भानु दुवर भइला डगरवा ॥

८

सो अरी माई झुमक खेलै राजदुलारो ।
सुघर माललीया गुन्ध गुन्ध लाई बेला
चेमेलीके हरवारो ॥

९

झनन झनन बाजे पायलिया
राजदुलारी डोले आङ्गन वाइ ।
मन मत वारो मतवारो हिंडोरे नैनन छवि
अति छाजइ ॥

१०

(कहरवा)

एरी डफवा बाजन लागे निकस आइरे ।
सब ग्वालवाल मुरलोको धुन सुन मोहेरी
व्रजमें सब हार हार निकस आइरे ॥

११

सजनीरो कहा जाने जाने तोरे लोग घरकई ।
खोल किवरीयां लेहो ललन कह्वी वर
मे हात पकर पायन२ परके गई ॥

१२

प्यारे मोरे सुनो नगरोया कोनो
अब भली मोरी सुध लोनो ।
तब लगे सुखदिन अब लागी दुख दैन
प्यारे मोरे गौर मथरोया कोनो ॥

१३

ख्वाजेजो एसो बड़ो पीर अजमरो
टाता सकल सृष्टिमो वधावा ।
झिल मिल मिल झालर झलके चन्दन किवरीया
पीर कोरे जग मग जग मग जोत सवाई
मगर होल बाजे गजवा ॥

१४

रातके अलमानेरी नैना से जरीयां नहो मानेरी गुइयां ।
मोरा पिया एसो मद ठरकावे गलीयन
धूम मचावैरो गुइयां ॥

जौनपुरी—एकताला

छव तेज महोम रात वसेती वना आयारे ।
लाड्लो वनोका वनरा सुघर वन वना व्याहन आयारे ॥

२

माय कहै मोरा लाडला बना मेरो
इच्छरीया भर पायारे बना मुरादो पायारे ॥
हाथोकी गज मोर केरे भाइयाकी जोरीयाँ
जोरके रे ब० सु० ला० व० छव० ॥

लाडोका बनरा आयारे सुघर बना जगाई ।
एलाडोमें नींद गवाइरे सो मैंने मातो पाइ
आज सोहाग की रैन जगाई ॥
लाडो मेरी तन केसरीयाए सुचन्दन
भगीया पाय परो गर लाग रहुँगा आई ॥

४

ख्या० त्रा० ।

आवो आवो आवो आवो आवो हो
रनझीटा मुस्क लपेटा गारवो तेड़ो
लटका पग जिंदकुरबाई जिंदकुरवाई
होर दिमानो देमानो गुमानो दिलवर-
जानो दिल जानो ॥

५

(हाफिज)

आसिए जरद किसो राणीए आलमवा ओस्त ।
चश्ममे गुलवे खंटा रुये खुर रंवा ओस्त ॥
गरचे मोरी दहना वादसाहा नन्द वले
अमले माने जमानस्तके ग्वातंवा ओस्त ॥

६

दीम दारातानदद्रनातंद्रद्रनानादानो आहे
आनाद्रद्रना७दानोशाहम् जे रङ्गे
रुयतो निमवत् कुनम् बगुल गुलगुल सवद
जेगरमे रूवत् चूं चराक गल ॥

कबीर०

बागीको कहूंके सोभिको छवको कहीय न जाय ।
तखत बैठे माह औरङ्गजेव मौरे नैनन रहिए समाय ॥

८

अए आ दोस्त तनदिर तनदिर तनदिर
तादीआतन दिरतादीआतनदिर
तादिआतादानो उदनतुं द्रद्रद्रनांन तननाआदानो ।
होस मनमु साहवा खेसाँबुरदंद
ईकजकल हानु नूपरे शाबुरदन्द ।
गोयद चरातु दिल वखूबां दादी
वल्लाहके मनदादं एसा बुरदन्द ॥

अस्थाई सुल० निजा० अन्तरा अमी० ।

वधावा आवो गावो मोहल्लरा खुसरो लोग बुलावो ।
कोटवा कोटवा टीयरे बाक निजामदीन पीर मिलावो ॥

१०

कबीर ०

डग मग डग मग जेउलो उनाउ ।
पार ख्वरापी उमदरे बुलावे बाव वहे पुरवाउ ॥

११

वेलोत् आव जब जोवे साइयाँ आवड़े ।
वायार नेड़े वेखगदे कारण लगी उभे साहड़े ॥

१२

चाटड़ोयाँ अँखिया मैंडड़ी चुक लग गईयाँ
सुतीयाँ पुनु देसायड़े ।
लड़ सधाने ताउ घड़ गइयाँ किकुव दिहड़े विहावड़े ॥

१३

गंझणा सोनाल चूक झुमर पाई ।
हावो मैडा दिकत साड़ड़े हय असाड़ डोंगली टेवाई ॥
भावा प्यारीयाने नाथे नैना मिलाई ॥

टोडी जौनपुरी—तिताला (कबीर०)

धाय धाय धुम वाजोलो मन्दिला वाजोलो
मोरारे साजनघरका जुमाए ।
धिधिना धिधि किट धुमकिट धिधिगन धिधिगन
धोंधोंधा धावन परमानसो गत लेत परण
अत सुहाए ॥

टोडी जौनपुरी—ताल एकताला

हों नहीं जइहों तोरे देश सुन्दर तूतो
तुरफा हों वामनीरे ।
एक निठुराई छाड़दे मोतन अब हों तो परहूं
तोरे पायन लङ्गररे ॥

२

कगवा बोल ले माई अरी वोतो याइ अगनवा में डोले ।
पियके आवनकी भनक सुनिहै केसे केसे घुंघट खोले ॥

मयाके पाँव धरिए माए बलमा मोरे
गुण औगुणकी चिन्ता सबही विसारी।
होंतो तिहारी जनम जनमको इतनो विनती सुन
लिज्यो मोरी सेवा करो में तुमारी॥

४

याहु चितुभ चिन्ता माए न करिएरे
होनी होय सो होय।
करम लिखा सोई पाइएरे मेट सके न कोय॥

५

दानो इ दानो काहे बाह्र जनमी हम तुरका सङ्ग
काहे भइलो।
हम तुमरा मुराद पूजाई ए भला सुन्दर सूरत
निरखत कवना रहिलो॥

६

दमीके वेतु रवद जिन्दगी नमे समार।
वियाकी खुन जिगर मैंरवमृजि चस्म तरवार॥

७

पइयाँ तोरे लागी रहों जब सुध आवे मोंको तुमारी।
जनम जनम सुख पाइला मोतन अदारङ्ग
सुरजन सइयाँरी॥

८

चन्दोछ्या इस्क मनी मेंडे गलपया।
हसन कुटदा तखेड़ण कुटारी टियागे
दिया जुसागल गया॥

(भोग)

जो जानदो मेनु पोषण मामलो जासे मेडी हया।
अनो भनो मनो मूलन रखदो चके तेनु जेहे
मेड़ा दिल मुलया॥

९

ख्वाजेजीकी नोवत बाजे बाजइरेए दरवारवा।
हाजती पावे मुराद पावे हारे पूजलो मनसा काजवा॥

भवानी दयानी दयाकर अपने सेवक पर
तोय ध्यावे संसार।
अष्टसिद्ध नवनिद्ध देत सवनकों गुणनको अपरंपार॥

११

आज रङ्ग लागिला लागिला रे।
साजन मिलाव राव मिलवा सोवड़ भागन
पाइला गाइला बजाइला।
सब सखो जन मिल सदारङ्ग वर पाइला॥

१२

रातके अरसानि लङ्गरवा सेजरीया नहो आयो।
काह कलवरोया मधसेककायां मन्दर काह विरमायो॥

१३

मोरे पिया मोंसे ना बोले कहांलो करो कित जाऊं।
है कोई मोरा पियाको मिलावे विनती करूं
परहूं पाऊं॥

१४

अबमें कैसे मिलहों अपने पियांसन ज्यों ज्यों
मनाऊं त्यां रूसोइ जाय।
सुनियोरी मोरी सखी सहेली पिया बिन
कछू न सुहाय॥

१५

सुरजन मोरे कैसे आऊं तोरे पास पायलिया
मोरी बाजे झनक मनक।
देखहो ठाडो पार परोसन करहो चवाबए प्यारे
रतीयाँ होवन देरे तनक॥

१६

नवरोज तखत मुवारख होवे तुमकों महमदसा
जुग जुग नित नित जशन नयो।
विकामें तो वरदाहमाकार उस खुदविन्द वेतो
निगेदार तो नयो॥

१७

हिन्दनी कबहूं जनन कहोरे तुरका सङ्ग
तुरकानी भइलो।

हमतो मुराद मुराज पूजवनहों अरिबल सुन्दर
सूरत निरखत सुध न रहिलो ॥

टोडी जौनपुरी—ताल सवारी

अबमें तोरे सङ्ग माती हूंरे ।
चुन चुन कलीया सेज बनाउं निजामदीन
औलिया सङ्ग राती हूंरे ॥

२

जाही देश मोरा पीउ बसे मा हों वलगई
वाही देश के मा ।
नैकहु नमिले मिलाय हारे मै अब नहीं रहि हों देश
पिया विना घड़ो घड़ी पल पल रैन दिना ॥

३

मलया भूम रह्यो मोरे शोके वैरीयां ।
हरे हरे पतुवा लूने लूने लागतही वाही के
तोडले धनही धनवा ॥

४

अरे अरे वीनो आओरे ।
वनरो सो रङ्ग लगाओरे ॥

५

अधर चन्दन घसीले पुरो सखियां आज मोरे आइए ।
रसलावन गुणवन्त जुरमिल सखियां इन सेजरीयां
बनाए साहजहां पिय अङ्ग अङ्ग सुख पाइए ॥

६

चुनरीयां अब देहो रङ्गरेजवा ।
सो बांधनु एसो बांध सौंस सोहै निरखि पियको
पचरङ्ग पाग ककरेजवा ॥

७

बनो ले घर आया बना जोलो गुञ्जन वहो साजन
वनरा व्याहन ।
चोक पुरावो मृदङ्ग बजावो दुलहे दुलहन अब
साजन बनरा व्याहन ॥

८

आज वाजी मन्दिलरा ख्वाजे मौनदीन घर काज
सब सखियन मिल चवर करे पलकनसों मगभारो ।

४२

हजरत ख्वाजेको विनती करो अपनो जी वारो ॥

फरो॰—खमसा

पातक पतीयां लेजावो पिया सने मोरोरे ।
हाहा करूं पइयां परूं विनती करूं में तोरोरे ॥

अमी॰—मुरमा

मुहैयर सलोनो कुड़ोए एहां ए सलोनो कुड़ोए
यला यला यला लले ।
अखड़ोयां रतनालीयां वाल वाँकड़े जुड़े वालीयां ॥

मुहै॰ औ॰ फरो॰

बना नींदका माता सो प्रेमरस पागा सेज हमारी
हो आवै ए हमारोही आवै ।
लाडो से मान करेदा अनोहावना से मानकरेदा
अबे लटकेदा मोहे भावै ॥

२

(खमसा)

बने लाग गरे बनो के लाग गरे बने लाग गरे ।
आज मिलावा कान्यसों सखो ए सब जग दीजे
वार याहन वले रातरी सरफा आपन तन वार डाररे ॥

३

पन घटकों सुख लाग रहेगो भूल गयो हो नन्दलाल ।
सदारङ्गीली कुंजनको शोभा कहांलो करोगी
यह व्रजवाल ॥

४

दोल तोरा जवांही फजल करम बादसाही ।
कादर करीम रहीम रहम तोवर इलाही ताज
शिर देता जमूल कवर सहर माहीं ॥

टोडी जौनपुरी—झपताला

माई आज आवो गावोरी वधावा जम जम इसघर काज ।
अपवर तपवर हासी तकतकर दीवान वुदरदीन
पीर प्रथीपतको बस करो राज मोपे सदा आज ॥

जौनपुरी—तिताला गाथा

सो अबमोरे कान्या अबनको पल छिन मोरे
सङ्गह लागे ।

नेह लगोलो तुमसे मोरा सुघर महम्मद सा लगन
लागिलो अङ्गवा पागे ॥

जौनपुरी—झलद तिताला

रे बटोइया जात मेरो मन हर लोनो ।
घरकी और विसर गई गोहन न जानू किन्हि कोनो ॥

जौनपुरी—तिताला

अबतो कहूं न जारे पिउ वगर पगए ।
ए बतीयां तुम मोसों करो जिन तुम काहे को
देत डराए ॥

२

एरो बादर गरज रहे अरे मोरा कन्था घर नहीं आए।
निश अन्धियारो कारो बीजरो चमके मुझ विरहन
को अतिही सताए ।
मोरवा करन लागे शोर बरसन लागे घनघोर
विरह सजाए ॥

३

वेदानावे किकर आँवदे दिनराती ।
इस जवानि दोवे गल सुन जामी भावदा नहो
और सङ्गाती ॥

४

नौरोज अबहोलवा शुभ घरी शुभ दिन बैठे तखत
मुबारक हजरत औलिया वलि सादीन पना
भइलो जगत आनन्द दरबार ।
साहसाहनके शिरताज दोन दुनीके सरस काज
नरनारी गावो वजावो ।
तो ऐयाऽ ऐयातन उदन तुं तनुम् तकात कात
कदि गदि गदिग भननन बाजोरे मन्दिलरा बाज ॥

जौनपुरी—तिताला

मै कैसेके आजं अपनें घरवा दुरजन लोगवा
कहत है ऊंचे नोको इहाँ कैसे जाऊं ।
ए मोरा जियातें वस कर लोनो पार परोसन अतिही
चवावे राज करिहों ननद को ढिठोनवा रे
राजा एसो ढोट लङ्गर गरे लागने दे में आऊं ॥

२

मेरे वैरागी भए हो नैना तेरे दरसके लोभी ।
लोक लाज कुल कान तजी है तेरे चरण चित शोभी ॥

जौनपुरी—ताल सवारी

कैसे के आऊं पिया तोरे पास दुरजन
लोग करे हास ।
एक डर है मोहे सास ननद को री दूजे सौतन के वास ॥

लाचारी टोड़ी—तिताला

आनन्द वधावरा रे चलो आय हिल मिल गाओ बजाओ।
एकतें एक सरस भातन तें रङ्ग भाव करे
नन्दरायको रिझाओ ॥

२

पातकवा रे पतीया लेजा तोरे परोहों पांय ।
इतनो विनती सुन लोजे रहसन जोवनवा पोको बुलाय ॥

३

मदवा भर ल्याउंरे कलरीया जो मोरे पिय घर आवे।
मोको भर ल्यावोरे कलरीया रहस रहस गर ल्यावे ॥

टोड़ी—आडा धीमा तिताला

वचन निभाइए प्यारे ए सुरजन चित धरिए
करिए निहाल ।
एरी प्रकृत हो नोके जानत तेरेही आलवाल ॥

टोड़ी—धीमा तिताला

धिति लोति लानाद्रद्रतुम् ततुम् यल्लोय
लल्लोयल लललललले ।
नाद्रद्रनाद्रद्र दानोतुम् तननननन ॥
धगड़तक धगड़ तक्धुम् किटकिटतक् तकड़ धाधा
तान धातिधाधा गतिटि धागे ॥
दिगोना गकिट् किड्नक तानधातिकड़भाता
धाधोतानधाधा ॥

टोड़ी—तिताला

तदोम्तनन तनदिरनातनदिरतदानो धाधा किटतक्
धुमकिट्तक् धुमकिट तक्धि ताकाटतक्दिधेना
कड़ान् धुमकिट तक्नगदिनधा ।
नाद्रतनुमृतननउदतननननननारे तारेतनद्रद्रतननारे
तननारे नितनुम् धाकिटतक् धुमकिटतक् धिताकिट
तक् घड़ानृत घड़ान् धिन्ना धा किड्तक् ॥

टौड़ी—चाचारी

रे मन लाज न आवत तोहि वृथा दिन रामभजन
विनु वीतत ।
मोह उदधि मह मगन भयो तहाँ चिन्तालहरी
न लीतत ॥
श्रवणमें उपदेश कियो गुरुनहो सो वचन प्रीतत ।
ताहि विसारी कामके फंदन पर्यो लोभ तोहि जीतत ॥
स्वामीसमरथ अतिदयाल प्रभु तेंही चित
टे नहो चीतत ।
जाको शरण अभय पद पावत यम किङ्कर नही भीतत ॥
जासु चरण सुमिरे सुखसागर भरत न कबहूं रीतत ।
लछनदास वेद यश गावत युग युग सुयश विनीतत ॥

टौड़ी—तिताला

तरणतारण तंही अग जगमय तुंही अगम निगम
तुंही व्यापक तुंही अनन्त ।
चर अचरमय तुंही पवन पानी तुंही गुप्त प्रगट तुंही
तुंही निरगुण सगुण अविचल चल आदि अन्त ॥
अवल सवल तुंही स्थूल सूक्ष्म तुंही रजनी दिवस
तुंही सूरज चन्द तुंही तुंही अब अतङ्क ।
लछनदास नाद तुंही वेद गावत अनुभव भव तुंही
आवत जात तुंही धरणी आकाश तुंही
ध्यावत जेही सन्त ॥

टौड़ी—बहादुरी

तो समरथ साहिवको दिन दिन शरण परेको
अब लाज मेरी ।
विधिह न लिखी भाल तनक भलाई मोरे तापर
छिन छिन कुमति रहत नित घेरी ॥
मोहपाश बान्ध्यो अङ्ग अङ्ग रचि रचि अपर
पगन परी कठिन माया बेरी ।
लछनदास मन्दमति गति नहीं जानत याते
भुलान्यो मन एतें दुख महाराज राम सखे निबेरी ॥

टौड़ी—तिताला

कौन कौन कौनवनि गलिए गए रावरे नामके ।
अधम कोटि कोटि लों तारे कहांलों गनाऊं
कहु बड़े केहि कामके ॥
जुग जुग वेदनमें महिमा यह पहु चावत हरिधामके ।
लछनदास छूटे जनम मरणतें अन्त कहे यह रामके ॥

चाचारी टौड़ी—तिताला

एरी कौन वानी परी मेरो आली विनु देखे नहीं चैन ।
वासर असन वसन नहीं भावत नोंद न आवत नैन ॥
औचक देखो जात वृन्दावन दीरघ पङ्कजनैन ।
लछनदास देख नटवर वर सुन्दर सूरत मैन ॥

टौड़ी—तिताला

मति मन्द मूढ़ मनारे क्योंन रसना राम रट ।
जगत्कारण मुक्तिदायन जनम कोटिन पाप कट ॥
ईस अज सनकादि नारद जपत चारो
निगम जप अरु शास्त्रपट ।
दास लछन ज्ञानदृष्टि विचारि देखो
रमि रह्यो है सकल घट ॥

२

दिल लगा तेंड़े नाल नन्दकुमार ।
तेंड़ो सूरत वेख वेखे दिल विच नहि रहदा करार ॥
लाज निगोड़ी गुरुजन विच घेरे को गल
आंखा सिरदा भार ।
लछनदास सुभनू चैन न आवें नैन माहो
आंसुले जारजार ॥

३

कन्हैया प्राण मोरे घेरि लै आवो गैयाँ ।
वेगि जाहु वन देरन लावो सखन सहित दोउ भैया ॥
साँझ होत घर तुरत पधारो अवहि बहुत लरिकैया ।
लछनदास यह श्याम मूरति पर वलि वलिहारी मैया ॥

टौड़ी—ताल बहादुरी

कुञ्ज कुञ्जमें आली उठत उदोर मोर चातक पिक करत
शोर चहुंओर भँवरनको भोर मनभावनो ।
लपटी लपटी रहि ललित लताई तैसी
तरुण तरुण मानो रसरीति उपजावनो ॥

कबकी निहोरत लछनदास आसपास तेरी
तो अनोखो जवान अनखानो।
मिलिकर रहिए विलास हास जिय दुखत आई
वसन्त रितु सुखद सुहावनो॥

देशी—तिताला

मन्द महामूढ़ अज्ञान कूर कुटिल अबतो
शरण राम रावरे निवाहे बने।
अधम निलज्ज खल कुमति कमायो अघ आपने॥
के जानत अन्तरजामी घट घट कहालो गनावो जु
पाप आपने॥
गनिका गोध गज अधम अजामिल कोल किरात
पशु आपही सुगति दीनी आगम निगम भने।
लछनदासकी वेर हेरीए कृपाकी कोर सुन्यो
कबहूं मेने॥

टोंड़ी—तिताला

विहारीलाल की विहसन हंसन बोलन
मेरो मन कर बावरो।
ठमक ठमक धरत चरण थरर धड़ कंपे
छकित भई रोम रोम थकित भई बावरो॥
लछनदास तरफ तरफ खञ्जनदृगन सो
लागी उरझावरो॥

२

जोवन मदमाती ग्रहमें डोले सुख
संपत सा छतीया खोले।
यह लगवा लाल गिरिधर छविरूप रसिक तन तोले॥
नेनन सुनसो देत वानी हंस हँस कर घूंघट खोले।
वरनो न जात ब्रजनिध छव तेरी गांठ घुली गठ खोले॥

३

निरतत है पिय प्यारी।
रासमण्डल सङ्गीत गत लेत सुन्दर वनवारी॥
तत थेई थेई थेई तत तत तादिगिनग४ झिगिनगर
थोलाङ्ग थोलाङ्ग देदे तारो।
बजत मृदङ्ग तता धिधि थुं थुं ताना किटतक
तकट तक् भ्रिकट तकधा परण परत सुखकारी।
राग रङ्गसो मुरली मधुर धुन तुंही राधे
तुंही राधे राधे सहस्रन गोपी निरतकारी॥

४

कान्ह कांधे कामरी हाथ लकुटि लिए गैयन घेरे हो।
वृन्दावनमें धेनु चरावे धोरी धूमर टेरे हो॥
वंशी बजाय रिझाय लियो मन जहाँ तहाँ
बन बन फेरे हो।
सूरश्याम त्रिभुवनपति मोहन पीताम्बर फेर हेरे हो॥

५

आवतही यमुना भरे पानी श्यामवरण कान्हको
ढोठा निरखि वदन घर गैल भुलानो।
उन मोतन में उनतन चितई तबही तें
उन हाथ बिकानो॥
उर धक धकि लागि तन व्याकुल मुखसो
फुरति न वानो।
तब कह्यो मोहन मोहनी तू कोहै या
ब्रजमें होमें पहिचानो।
सूरदास प्रभु मोहन देखत जनु वारिध
जलबूंद हिरानो॥

६

भक्त हेत अवतार धरो।
करम धरमके वसमें नाहीं योग यज्ञ मनमें न करो॥
दीन गोहारी सुनी श्रवणनि भरि गरब
वचन सुनि छूटे जरो।
भाव अधीन रहो सबही अवरण कान्ह ते नेक डरो॥
ब्रह्मकोट आदिलों व्यापक सबको
सुखदे दुखही हरो।
सूरश्याम तब कहि प्रगटही जहाँ भावत हाँ ते न टरो॥

७

बड़ी है कमलापतिकी ओट।
शरण गए ते पकरो न भाये कियो कृपा को कोट॥

जाको सभा एक रस बैठत कौन बड़ो को छोट।
सुमिर नाम अघ भवभञ्जन कहा पंडित कहा बोट॥
जदपि कालवलो अति समरथ नाहि न ताको चोट।
परमानन्द प्रभु पारस परसते कनक लोह नही खोट॥

८

जापर कमलाकान्त ढरे।
लकरी घासको बेचन हारी ता शिर छत्र धरे॥
विद्यानाथ अविद्या समरथ जो कुछ चाहै सो करे।
रीते भरे भरे फिर ढोरे जो चाहै तो फेरि भरे॥
सिद्दपुरुष अविनाशी समरथ काहू तें न डरे।
परमानन्द दृढ़ मन संपति यातें कछू न टरे॥

९

ए मेरे मन नैनन रोम रोम मधं कृष्णही रम्यो है।
काहूं बेचत काहूं लेत गोपाल गोरस सो घर घर
फिरत बिकात जात काहूं नीको नेह जम्यो है॥
गोकुल प्रेमकी पैंठ सुहाई जहां जगजीवन
एसो भम्यो है।
आनन्दघन अचरज रस शिव शनकादिक शेष
शङ्कर गिरिजा सोस नम्यो है॥

१०

रे मन जब लग पिण्डप्राण तब लग जग नातो
सबहीन सो व्यवहार।
जब लग जिए तब लग हरिनाम लीजिए राग रङ्ग
कीजिए यह तन मन नैन प्राण जात न लागे वार॥
वालापन तरुणापन और वृद्धअवस्था
पुनि पुनि जनम मरण होत संसार।
तानसेन करले ध्यान विश्वंभरको
यही पूंजी यही जमा यही है सार॥

११

जांसो बनआई प्रीत की रीत तासो
क्योन जाई रितमानी।
एतो दुराव कत करत प्यारी एबातें तो
सब नीके जानी॥

एतें पर आवत उत्तर बनावत खिजावत हो यातें
चतुर सुजानी और न जानतहीं निपट अजानी।
साह अकवर पिया तोय परसत मागत यातें
विनती करूं चानन तनकसी भौंहें तानी॥

टौडी—चौताल

री जाको योगी जपत जगत जपत ऋद्धि जपत सिद्ध
जपत ऋषि मुनि गन्धर्व्व जपत आवत नहीं ज्ञान
ध्यान मत गत अपार।
चन्द्र सूरज इन्द्र जपत, अग्नि पवन पानी जपत
पण्डित गुणी ज्ञानी जपत भूपत नरनार॥
सती सुर सन्त जपत, पंच्छी जिय जंत जपत
सबही उर अन्त जपत कर कर मनुहार।
रूप रङ्ग चरण शरण, सङ्कट दुख घोर हरण
आनन्दकन्द दीनवन्धु दशरथसुत रामचन्द
पतितनके तारवेको धारो अवतार॥

टौडी—तिताला

रे मन कृष्ण सुमरण कररे।
अघहरण दीन भरन कीरत विस्तरण
निस्तारण जगतको नाम प्रगट कररे॥
भरे जिन कंस केशी शंखासुर
तारे हरि भेद तन खउर उदररे।
चतुरभुज शङ्ख-चक्र-पद्म-गदाधरका रायन
गज ग्राहन छुड़ाए भक्तन काज
साज नरसिंह-वपुधर-प्रह्लाद उधररे॥

टौडी—श्याम तिताला

सुरजनु तुम जावो पइयाँ परूंगीरे।
तन मन धन तुम पर वारो हाहा करूं चरण धरूंगीरे॥

२

सोए जान तेरे कारण सबनकी बोली ठोली जो सहीरी।
बातें ए सुनाई कौन कौन तरे एसी कोन बात कहीरी॥

टौडी—सवारी

सो व्याहन आया रङ्गभीनो वागा गल सोहेरे।
राता माता रातका सेहरा सीस बंधायोरे
रहस रहस बना बनरी ने हल गायारे॥

२

गोविन्द गोपाल गरुड़गामी
गोपीनाथ गोवरधनधारी गोपमनरञ्जन।
वंशीधारी गिरिधारी कुञ्जविहारी बहुरूपधारी
कंसारि मुरारि गर्व्वप्रहारी दुष्टगञ्जन॥
मधुसूदन माधव मथुरापति मुक्तेश्वर
मनभावन दुखभञ्जन।
वासुदेव विट्ठल वनवारी वद्रीनाथ
बौधरूप विष्णु तानसेन भक्त मनमञ्जन॥

३

निति आवै नन्दको छोहरवा मुरली बजावै
मोको रिझावै टोड़ो गावै मनहो मिलावै।
श्यामदास मोहे वाहीको आस लगी रहत घरी
पल छिन निश दिन विन देखे नहीं चैन सखो मोहे
वार वार वलि जावै॥

टोड़ी—तिताला

एरी तेरो भाग बड़ो तू सबनमें पिय मन भाई।
देख तेरे रूपको रोझ रहे निश दिन छूटे लगाई॥

२

मेरे बबा के हो दामोदर भैया तेरो में लेहो वलैया।
इतनो मागतहो अलह महमद पे कहन
चतुर ललैया॥

टोड़ी—धमार भ,वपद

पिय के मन नैन न भावै भावै तेरो वदन नोको।
तेरे रूप रस एसे वस भगो प्राणपति
जो न चाहे आनन काहु तियको॥
रूप जौवन तोहि दीनो करतार
बनाए आलो आनन्द सब जियको।
प्रभु विलास नवललाल रिसान लेत
पठई आनन्द सकल तियको॥

टोड़ी—तिताला

मो विथा सुन सखोरो मोसो बात कहि गए
आवनको अजहूं न आए लाल दरद जाय कासे कहों।
दिनते रैन भई रयन ते दिन भयो देखत पैड़ो
एसे सुनो ग्रह उन विन अदारङ्ग सन कासे कहों॥

२

दमदम मदार लाड़िले ख्वाज पीर मेरे
तिनको विथा दूर करो निहोर।
ख्वाज मौतदीन कुतवदीन तुरक मान
राखले तुम अपनी ओर॥

३

दोमवोंदनतननतनदेरनादोमवोंदतननतनदोदोता
धिरिकिटतकधुमकिट तक् घड़ान् किडनग तिरकिट
नगदोत धुम्किटितक् घड़ानकघड़ानघड़ाकिन
कतिरकिट नगदित धुमकिटितक घड़ांधोधा॥
ओदनउदतनतननदिरनदोमतदारधितोलेतिलाना
केदोमतक्कनगतिरकटतकधुमकिटकिटतक्
दोदोगननगदोधा॥

इति श्रीअमरानन्द व्यासदेव तस्यात्मज श्रीहीरानन्द व्यासदेव तस्यात्मज श्रीकृष्णानन्द-व्यासदेव-रागसागरोद्भव सङ्गीत-रागकल्पद्रुमे टोड़ी देशी-जौनपुरी लाचारी आदि सम्पूर्णम॥

अथ गुर्जरी

श्यामा सुकेशी मलयद्रुमाणां
मृदुल्लसत् पल्लवतल्पमध्ये।
श्रुतिस्वराणां दधती विभागं
तन्त्रिमुखा दक्षिणगुर्ज्जरीयं॥
धनिसागरेसानिधपसगरेमा।
मधनिसामधगसासानिधमगरेसा॥
सगरे गुणोन साधा राग पारन पारा।
धन धन सोनर राग मनधारा॥

गुर्जरी—तिताला

सुमर सुमर मेरे मन रामनाम।
राम राम सुमर सुमर मन धर धर
मन सगरे नर सुरधाम॥

गुर्जरी—चौताल

ए आज भोरही आएहै कान्हरे गुर्जरी के धाम।
सप्तसुरसो गावत तानन मुरली में गुर्जरी नाम॥
उरप तिरप लाग डाट आतक खातक खरान्तक
ओड़व खाड़व सो रिझावत वाम।
तानसेन प्रभु नित प्रति आनन्द देत
घरघर गोकुल गाम॥

२

आदि परब्रह्म देवन देव नारायण
निरञ्जन निरङ्कार सोई साकार।
वाहीते तइलोक रचना रज सत तम पञ्चभूत
वाहीते अट्ठाइस तत्व जगत पसार॥
वही आदि वही अन्त वही चराचर मध
भरपूर रही संसार।
बैजू प्रभु करे सो होय करता अकरता सकल
कोटि कोटि ब्रह्माण्ड एक एक रोम प्रति ताहि
भजो वारंवार॥

३

अदभुत अनूप रच पच कर विचार नादमन्दिर बनायो
अनेक भांति वहुप्रकार तइदेव मिल्ल ता मध
उनञ्चास कोटि तान अक्षर अस्थान पायो॥
सप्तसुर मोढी तीन ग्राम खण्ड कीने सुरझना झरोखे
राखे ढुरन सुरन् ताक बंदो सुरत सायवान
आगे ज्ञान खंभ अचल अस्थल कर जमायो।
ओड़ो खाड़ो पूर्ण पुस्ति वान रङ्गत अस्तरकारी
तान गरदश झाना सुर ताल शुभ दरवाजे लगायो॥
उगत जुगत कुफल कुंजी शब्दको जंजीर लागो
लाग डाट चौकीदार कण्ठ राग राजा राज करायो।
रागिणी पटरानी उपराग खवास आसपास
मुरछल पंखा हिलावते रागरूपरङ्गको समाज
सान सुघर धुरपद सुध मुख गायो॥

४

मकरको सङ्करान्त कुम्भ मीन मेष वृष मिथुन
करक सिंह कन्या तुला वृश्चिक और धन।
माघ फाल्गुन चैत वैशाख जेठ आषाढ़
श्रावण भादो आश्विन कातिक मृगशिर पोषगन॥
प्रतिपदा द्वितीया तृतीया चतुर्थी पञ्चमी
षष्ठी सप्तमी अष्टमी नवमी दशमी एकादशी
द्वादशी त्रयोदशी चतुर्दशी पूरणिमा भन।
रवि सोम मङ्गल बुध वृहस्पति शुक्र शनि नामलेत
कटत पाश होत नीके सकल काज तन मन धन॥

५

महादेव आदिदेव महेश्वर ईश्वर हर।
शम्भु शतकण्ठ कपरदी ईश विरूप डिमरू कर
त्रिपुरारि त्रिलोचन गङ्गाधर॥
नीलकण्ठ भस्मभूषण वृषभवाहन पारवतीवर।
जटाजूट बहुरूप शिव जोगाख्डवरधर
तानसेनको दीजे सुख सम्पतवर॥

६

जमल विमल विलोल लोन दीरघ तेरेरी
आली ईषदके रङ्ग।
जे मीन मृग खञ्जरीट ते सब वारो तेरी छवि पर
जब जब चित चंदन अधर उपङ्ग॥
वदनको सम कौन देहीं वन आवे अङ्ग।
रीझि अमलेम साह कीनी मया कर अरधङ्ग॥

७

भान उदोतकरण तिमिरहरण प्रकाशपति
ज्योतीसरूप अपनी दया जनावे।
सप्तद्वीप नवखण्ड परजोरी किरण तनी तनावे॥
दृष्टि न जुरत महाप्रताप तेज एसो करतार
दियो जनावे।
साह अकवर प्रभुको प्रसाद व्यापत भयो याते
जग रसाल लेखावे॥

८

अस्तुत कही न परे जो मोपे जो मोमे एती कहां मत।
जानो इतनो जो आजकी विधाता ले ले
रूप चतुराई निकाई कोसत॥

याहीते लैलैं बहु भाँतिन रचपच बनायो आपत ।
शेष सहजादी मोह अति भए एजाते अधिक प्रद्योपत ॥

९

आदि सुरतार दुतिया त्रतीया वाद चातुर
निरत साधे गुनी गान ।
द्रुत मध विलम्पत तामें अस्थायी सञ्चारी करमध
चौदल तन सरगमको भेद उनञ्चाम कोटि तान
प्रमाण सब भेद वन्धान ठान ॥

१०

या अल्ला मोमन तू आपसो एसे कार लगा ।
ज्यौंही नमत तू प्रवीन सुतदे कुमत भगा ॥
जिन तेरो नाम लियो तिनको दुख गयो तू
अध्यान पगा ।
तानसेन माँगे सुख सम्पत सन्तति तानन रङ्गरङ्गा ॥

११

हजरत अलीको सुदिष्ट भली मोपर
जो दुख जाय सबतन तेभाज ।
हों सेवक तिहारो तुम जात पाक करीम
करम कीजे राख लीजे यह जगत में मेरी लाज ॥
वेचुन वेच गुन वे सुभेवे नमुन पाक
जात रियाज न्याज ।
तानसेन रव रहमान करीम रहीम विनती
सुनिए आवाज ॥

१२

सीखी सुनी बातें कोलों रोको जोलों न
आवे गरे की तान ।
जो कुछ जानी तो साधो रङ्गरङ्गके प्रमाण ॥
विनही पढ़े विनही समझे विनही सीखे
काहावत ज्ञान ।
गुनगुरु साह जलालदी साह अकवर सब विध जान ॥

१३

याते खरज रिखम गान्धार पञ्चम धैवत निषाद
औ सप्तसुर तुम नीके भजेरी गूजरी ।
तीनो ग्राम नायकी इकईस सुरछना बाईस
सुरत ताके भेद बूझरी ॥
औड़व खाड़व सम्पूरण कर दिखावे वादो विवादी
अनवादी संवादी तिनके न्योरे न्यारे करत आगे
कण्ठ मतको वानी कैसी सूझरी ।
उनञ्चाम कोटि तान दिखावे देशी मार्ग सोतो
धाय वाके चरण पूजरी ॥

१४

कटा छवाड़ देत करपल्लव वस्तर लिए
अञ्जन सुधारत तिय चाहत अवासरे ।
एक कर दरपण लिए वदन निहारत एसी लागी
मानो नायक दृष्टि परत तब रहे न सुध सम्भारे ॥

१५

तू हठ छोड़ देगी लाल कहे सोई कीजे ।
तेरे रूसे सोते सब फूलन वादरी को कात कीजे ॥
अधर कोप किए भृकुटी भोहन तन
असुअन अचरा भीजे ।
साह बहादुर मों क्योन बनआई जिनकी
मया से जीजे ॥

१६

बातें तेरी चङ्गी अनेक विध तरङ्गीव
अङ्गी सबनको तुही शिरताज ।
चार कवर चार वेश वर आयदन आद सरत गजका
खेलन लागी अवताफ महतानेहन नहोवे सब काज ॥

१७

एरी गंवार ग्वार तू कहा जानेरी गोपिनको मरम ।
काम्धे कामरी और हात लकुट लिए ताको
जिय कहा होत नरम ॥
कटि सोहै पीतवसन डारो फिरत
याहीते जानी जात तेरे धरम ।
तानसेन कहे शवरीको झूंठो खायो
ताके जिय कहा होत सरम ॥

१८

रोमोको चारो जाम जागत बोते तो
एरो हठ छाड़ मान मति मान निवार ।
सुरज उपङ्ग दल चकवा चकवी मिले तू मिलिरो
आली देख कन्द वन्दवार ॥

१९

आज वन वन मुरली बजावत मृधी मृधी
सध तानके लिवैया ।
कान्धे कमरीया हाथ लकुटीया टेढ़ेही टेढ़े
आवत नन्दको कुवर कन्हैया ॥
सांवरी सूरत माधरी मूरत वृन्दावनके वसैया ।
तानसेन प्रभु वनवारी गिरिधारी व्रजविहारी
बलजू के भैया ॥

२०

नींद न आवत पिय विन देखे मोरी
आली कैसे परे अब चैन ।
घरी घरी पल छिन योंही बीत जात रहत
मारग जोहत नैन ॥
विन देखे कल न परतहै मानो मनमोहन है मैन ।
अब कबधों मिल है प्राण प्यारो यह प्रभु तानसेन ॥

२१

चैनन आवैगो मोकू आली विन देखे अपने पियकों ।
एक पल अन्तर सूझत ना दिन होए कछु
कैसे समझाउं अपने जियकों ॥

२२

प्राक्रत लाए चलिए पियके जियकी अब तोही
पै सुहाग लइए ।
जे विध लाल को मन मानेगे तेंही तो करिए ॥

२३

वादी विवादी संवादी प्रतिवादी तोसे कहत हों आज ।
वादी राजा विवादी प्रधान अनवादी मुनसी
कार अरि संवादी रार साज ॥

२४

आदिदेव महेश्वर गवरोईश विरूप
आछे गङ्गा जटाजूट ।
यह अनुचर वन्दन कर मांगत तेरे पादप्रसादते
पाऊं राग विस्तार तान उनञ्चास कोट ॥
तो समान और नाही अविगत अविनाशी है
रहे या भुवलोक मध अटूट ।
भोलानाथ भस्मभूषण गङ्गशिखर डिमडिम डमरू बाजे
तानसेन सेवकको दीजे अन धन दूध पूत अखूट ॥

२५

कानन मुद्रा मुण्डमाला गरे भस्म विराजे अङ्ग ।
कर त्रिशूल चन्द्रमा लिलाट पारवती अरधङ्ग ॥
वृषभवाहन शेश जटा सोहत जटाजूट गङ्ग तरङ्ग ।
बड़लोचन त्रिशूल खपर डमरू लिए
तानसेन तान गावत रङ्ग ॥

२६

तिरछे पिय तन चितवे प्यारी चञ्चल
नैन पेखेहै आछे ।
जाकी उपमा सोमन आई मानो मीन
चली जलमीनके पाछे ॥

२७

एरी आली आज शुभदिन गावहु मङ्गलचार ।
चौक पुरावो मृदङ्ग बजावो रिझावो
बन्धावो बान्धो वन्दनबार ॥
गुणी गन्धर्व अपसरा किन्नर वीण रवाव
बजे करतार ।
धन घरी धन पल महूरत तानसेन प्रभु पर वलिहार ॥

२८

शिवशक्ति आनन्दी आदिभवानी दयानी दया
करो दीजे दरस दुन नैनन दारिद्रदरन ।
तीनो लोकमें जानो मृड़ानी एसो प्रसाद दीजे
दुख द्वन्द दूर होय सुख शरीर आनन्दकरन ॥
महामाया भद्रकाली कल्याणी शिवानी
मैनात्मजा दुखहरण ।
चण्डमुण्ड महिषासुरमर्दिनी तानसेन सेवक
सुखकरन तूही जगतपोषणभरण ॥

महादेव देव देवनपति ईश सुरेश नीलकंठ शिव
पंचानन पारवतीपति दुखहरण ।
वामदेव महादेव जटाजूट गंग शिखर डिम डिम
डमरू बाजत पुनि रीझन सुखकरण ॥
वृषभवाहन जटाजूट गंगशिख बहुरूप द्रुम द्रुम
डमरू बाजे त्रिशूलधरण ।
तानसेन शिव शङ्कर दया कीजे भोलानाथ
जगतपोषणभरण ॥

३०

वादो संवादी प्रतिवादी तोसों कोहै आज ।
सप्तसुर तीनग्राम उनचास कोटि को जहाज ॥
उरप तिरप डाट लाग नेम वृच्छ आतक खातक
स्वरात्मक साज ।
रूपमति प्रभु गुणसागर चौदे विद्या गुणनिधान
महाराज ॥

३१

कटाच्छ वाट देत करपल्लव वस्तर लाए अञ्जन सुधार ।
अञ्जन किए चाहत एक कर दरपण लिए
वदन निहार ॥
कटिके छवि कदलीजंघ शुकनासा पै वार ।
तानसेन के प्रभु एसो प्यारो सुन्दर निरख बलिहार ॥

३२

तब जानो बड़ो वाको जो कण्ठतें कर
दिखलावें विस्तार ।
मध्यम पञ्चम पञ्चम धैवत धैवत निषाद
होत है गान्धार ॥
गान्धारको मध्यम मध्यमको धैवत धैवतको निषाद
निषादहि रिषभ मधार ॥

३३

ताल मूल खरज आदि भरत सङ्गीत कहियत तुम
सब विध गुण पारखो जान ।
सुधि विकृत अलङ्कार इकईश मुरछना
रागाङ्ग भाषाङ्ग क्रियाङ्ग उनचास कोटि तान ॥
देश देश पर पूरण गुणी उचार करत है
जैसी जाको विद्याके परमान ।
औड़व खाड़व सम्पूरण तुम सब विध निपुण
साहजहाँ साह तुम गुणनिधान ॥

गुर्जरी—सुरफाकता

धन धन प्यारि जाको सङ्गतमें तू निपुण भइरो ।
तू लागिरी तीख चोख बूझन एसे गत लहरो ॥
गीत छन्द धारू धुरपद बीन बीन ताल लेत नइरो ।
चिर चिर जीयो साह बहादुर जाके सदाराग महरो ॥

२

पाँवड़े पलकनके करो धारो जब
राजबहादुर मोतन धरे चरण ।
वार वार डारो सकल आभूषण मोको तो
पियको सुदिष्ट आभरण ॥
वन वन मानि सो न मानि सुधारे पिया अपने करन ।
रूपमतिके विछुरनको दुख भूल जाय
सब सुख लेहो आसरन ॥

३

मोसो अवध बदि गए गुमाँई रहे कवन भांति ।
रैन दिना मग जोवत जात एमो कौन
तोय जिन्हि रिझाय कीनो मात ॥
अञ्जनधर भाल महावर नवल तिया ललचात ।
तानसेन प्रभु वहीं सिधारो जहाँ जागे सारी रात ॥

४

तेरे नैन गुलाल बरणजो पियसों रितमानी ।
छूटे वार टूटी उरमाला कञ्चुकी दरकानी ॥

५

पाप गए तन मनके मेरे परसतही रमूलके चरण ।
दुख गए सब सुख आए तेरे शरण ॥

६

साह तुरक मान इतनो विनती सुनियो महरबान ।
हमनहो गुनेगार तुम बकसन हार
करो निहाल पाऊं दीन ईमान दान ॥

कान्धे कमरी गो अलापकै नाचे जमुना तीर नाचे पोछरे
पाँवरे तिन्हे लोई चिना मांगवा।
वो आली मृदङ्ग बांसरी बजावैं
गोपाल बैन वतरले अनले मुराद मनवा॥

८

तेरो मो निरत नोहि बन आवै सोची मोहनराय।
उरप तिरप लाग डाट महत सुध अङ्ग देशी दिखाय॥
जैते गुणीयन धन धन अपा अपा कर
पूज तेरे कमलपाय।
साह बाहादुरके रिझाय अपवग कर
अब करो माई पुरोदाय॥

गुर्जरी —तिताला

मेरे मन अति हुलास तुव दरबार देखवे
को सौन दीन ख्वाजा।
अपनो रहम करम कर दीजे दरस मोहि
शरण आइवे की तोहि लाजा॥
जोई जोई धावत ते फल पावत दीन दुनी
आलम निवाजा।
चिस्ती चिराग लीजे खबरमो आधिनकी
सङ्गत बढ़े ज्यो रहे दम ताजा॥

९

लगगुरु समझ धररे ज्यो कहे ग्रन्थन गरुन प्रमाण।
जेहि लग तेही गुरु लग गुरु विवेक अँकर लख
सोई उलट धररे ज्यो कहे ग्रन्थन गुरुण प्रमाण॥
मगन नगन जगन तगन भगन सगन यगन नजान।
छन्द वन्ध प्रवन्ध सङ्गीत मत गोपाल नायक
करत विनान॥

गुर्जरी —सरफाकता

नमो रट शङ्कर देवा मनरे व्रषभवाहन
तपसी प्रवल ईश्वर महायोग ईशान।
गङ्गाधर जटाजूट ललाट शशि सोहे हरिध्यान॥
नोलकण्ठ उरशेष कपालमाला विभूतिभूषण
गरलपान॥
गवरी अरध्ग डमरू करपिनाक पान।
धन धन धन महादेव गुणसागर आगर गावत
तानसेन विनान॥

२

शेष सलेम करम कोजे तुमही सिद्ध सिद्धिदाता।
मनको मनसा पुजवनहार तुमही विधाता॥

३

हरि माहव मोचोही नमत मोरीरे।
कौन भाँति सेवा करहौं अबरे गसैंयां तोरीरे॥

देखत सपनह अपन पायको जतं
धन धन धन माई।
मेरो तो वैरन नीट गई तादिनतें जादिन
तें विछुरे सुखदाई॥
झूंठहूं न आई महाई रस लेत सो मेरे
जानवे को यह कोन सों पाई।
सो प्रथम प्यारे साहजहा सङ्ग जागतमें
कबहूं वाको बात न चलाई॥

५

यह विध सो गायो गुणो रिझायो साह विलातको।
तकिट तक् धुमकिट तक धीधो कट तकधो रोकिट
तक धिधिगनधा मृदङ्ग बजायो॥

गुर्जरी —झपताल

हादी रहनुमात सतार करम कुनन्दा पाकव
ऐव भुजभर गफूर रहीम करीम गफार।
यार जा याफता वाल तोफ आई तया कादरनु
सरत या हक्का यार बमार वीर वकुसीर अलाह
समद दिदार॥
जम्बुल अर्जोल तेर तुफुर कान चावे
किताव दीन अबाव कर उमर उसमान
असर अलीवर।

इक चारो यार सुजानको दोजि ईमान मह्मद
विन अबदुल अबदुल्लह विमुतलव मुतलव विनहास
हास वाधन मुनाचारो कुरमी चारो मजवचारो
ईमाम जग ऐर हम रहमल मालिका इमाम शाफ
इससमाई मामनमि वुजरक इमाम आजमए
पैदा कीने विस्तार ॥

२

तू सपनको गत ले चलो तो तेरे वस भयो
तें मनभावन।
तेरो सुहाग भाग अनुराग दिन दिन
वढ़त ज्यों शशिकला लावन ॥
मोते धन लागे जों चन्दजोत उड़गण दुति नमावन।
साहव सुमान पिया वहोनायक वे तुम
अनूप भली जनावन ॥

३

नारायण हर तुही करतार जगत पालनहार।
तुही आदि अन्त तुही करतार तेरोही विस्तार ॥

गुर्जरी—तिताला

तिमिरहरण प्रभातकर दिनकर तें यशकर
जन मन द्रगमणि विभाकर।
हसम रसम भसम करण पतङ्ग गुपत मे को
मिनिरवान महामार्त्तण्ड महर ॥
तोही ते चन्द तोही ते अग्नि पानी नाग तोही ते
अनेक वज्र तोहीते चोख तोही तोही ते
भोग गत तोही ते छूटत डर।
तेरे उगे तें सब जगे चन्द्र भान विवभान सहवी
सविता कविता तानसेन यह विनती करत
जोलो तू नितही नितरहे जो तू सुरतीलो रहे
छत्रधरे साह अकवर ॥

२

सुरभेट जाने वहुमाने सकल गुणीके गुणी
निपुण पुन कर करि दिखावत।
उनञ्चास कोटि ताननके अनमाने निरखत
ललना मेरो सोरो निपट कपट मेरो प्राण
उनको एकहैं सुनो या जीयत हियरा फटत ॥

३

तोको लाल पीत रङ्ग दीनो रङ्ग गहरो
जामे नेह कर रैनो।
अनेक रङ्गन तन चूनर कीनो श्याम द्रगभई वैनी ॥

४

पल पल रस राखतहों रंभा पातुर।
चलत चाल गत देशी सुधङ्ग नवकमल ग्रीव भुजभर॥

५

जबही इश्क शरोट अवाज भई कलाम
रूप तेज तब जाय भेट भयो।
ॐकार निरञ्जन अपार जाको विस्तार ब्रह्म पठायो ॥

६

वहुमाने शङ्क गुणीगण भेद जाने।
निपुन पुन पुन कर दिखावें उनञ्चास कोटि ताने ॥

७

पल पल रस राखत रम्भा पातुर।
चलत चाल गत देशी सुधङ्ग नवकमल ग्रीव भुजभर॥

८

तोको गल पीत रङ्ग दीनो रङ्ग रंग
हरो तामे नेह कर रैनो।
अनेक रङ्ग नगन तन चूनर कीनो श्याम द्रगन भई वैनो॥

गुर्जरी—झपताल

चढ़ो दल साज अवनिदल मलनको
धरण प्रताप करण सो यश जगतमें।
जाके बाजे सुन इन्द्र डरप गयो निरास भयो
जो सकल भूपतमें ॥
लंका परो धाक जमहिर हिरानों कलवलानो
शेष भूमि हलतमें।
साह अकवर छत्रपति नरेश लीनो
सब देश पल झपकतमें ॥

एरी सखी मोहे बतावो पिय मिलवे की जुगत ।
जा प्रकार रीझे न मोहन वलमा कौन भाँति उगत ॥

२

ततकार धुङ्कार धुनि मधुर धुं धुं कात तकिट
तकाथों तकिट तकधुम किट तक् गदि गतक्
तकधिलाङ्ग धिलाङ्ग धिलाङ्ग धा ।
वीण सुर गावत उपजावत रङ्गनाद प्रकारके
शास्त्र प्रमाण समसुर साधो सारिगमपधपमगरेसा
सारेगमपधनिधपमगरेसा ॥

गुर्जरी—तिताला

बाजत मृदङ्ग अंग तरङ्गके जामे उठत
अनेक रङ्ग तार तरङ्ग मत गुरुज्ञानके ।
डग डग डिग डिग ढुंकि ढांकी दिगथो दिगथो दिगि
डगी डगी डुंगी डग डग डां डां वीणा बजो मानके ॥

गुर्जरी—धीमा तिताला

एरी माई आज वधावरा साजनुवा घर
अति आनन्द सन बाजीला मोरे मन्दिलवा ।
सुघर मालनीया बोन लाई चतुर मालनीया
गुन्ध गुन्ध लाई वेला चमेलीके हरवा ॥

गुर्जरी—तिताला

तुरका रङ्गीलवा छबीलवा देखतही
वाकी चितबन मोरा मन लोभाय रहिलवा ।
जे घरी मिलही हम ते हितसन मितवा
चन्दन छिपा सुरजनवा मिलकर ढोल धरीलवा ॥

(ख्वा० बा०)

२

रांझण आवण छड़दि तोही इश्क मचायानी
घुमा अनीमा ।
कोउ समझावोनु मोड़ले आवोजी मेड़ाकु
कदाले दानी वहुमा अनीमा ॥

३

चार देहाड़े राझण मैंडी चारके मैड़ी जिन्द खसलई ।
डुग ता मैनु रुठ दाजा दानी सइयो
मैड़ो गिरके हो आण पई ॥

गुर्जरी—जल्द तिताला

दीमदारादीमदारातानदिरनदनतुंतननतदानी ।
द्रतुम्२तुंतुंतननननाताआ७दानी ॥
इश्क रावा हुणा उल्फत बूंद अज रोजए
अलल तो हमर्त वेछदा वाले लोओ मजनू वस्तायन् ॥

गुर्जरी—तिताला

एसी तुमी सन् लागी लौ रहे
जीउ पीउ घरी घरी पल पल छिन छिन ।
वेग आवहु चतुर वलमुवा कटिहों रङ्गरस दिन ॥

२

पीउ न पूछे ना करे कछु बात मइसन ।
पाँचो कुनव मुलक मइयांके परसन पायन ॥

३

(मिरजा अबदल्ला कृत)

रङ्गभीनी दुलहन के मुदरी कर सोहे वरण
वरण अनेक अनूप ।
उमग चाँप सन आई सखीयन मिल बनेरी कई
रीझत थकित भई देख रूप ॥

४

दीमदारा तिलेलाना तुम्दिर दिरतदानी ।
नादिर दिरतुमतान दिरनातननतदरे तदतदानी ॥

गुर्जरी—धीमा तिताला

आजरे आनन्द को यह दिन है जो लालन
आए घर मेरे ।
याते तन मन नैनन अति सुख पायो गए कष्ट सबेरे ॥

२

नाहिन जइहों पनीयाँ भरन ढीट लङ्गरवा
मगवा हो में ठाड़ो रहतहै ।
मेरी तो एकऊ न मानत ना सुनत है और कहा
कहूं आलीरी कछु कहिबे की ना कहत है ॥

(मी० ज्ञा०)

डरत ना काहूसे एसो निठुर ढीट लङ्गर मग
चलत लीनो अङ्ग भर।
सारी मसकी चोलिया चसकी टीको खसको
आलीरी अब कैसे जाँउ घर॥

गुर्जरी—तिताला

आली एरी तोरे देखन को सुरजन
उठ क्यों न नींदवा के माते।
भोर भए उठ मन रङ्गीले छबीले जोवन राते॥

२

पियरवा मोरा जियरवा तुमरे मिलन को
अति हुलसायो।
जबते नेह लायो तबते सुधना लीनी मोरी
पीत कियो के बैर बसायो॥

दीमदारा तिल्लेलाना तिल्लेलाना यललीयलली
यलला लाले।
धिति लितिलानालाना दरादीम्‌दीम्
तनायलालुं यललुं यलल ललेदीं॥

गुर्जरी—ढोरी ताल (जीवन)

डोरे डोरे फिरत मोहे लागो ढीट लङ्गर बरजो
न माने।
भँवर समान श्याम भयो मोपर सजनीरी भली
बुरी ना पहिचाने॥

गुर्जरी—तिताला

चतुरङ्ग ख्याल अङ्गपरण मिरदंग गति ऐया तराणा
समक सुधा आर धरो।
निरेगमधमगरेगमधनिधसानि रेगगरेसानिनिधनिनिध
निनि धमगरे गमधरे धपरे गमधगधधमगरेसा॥चतु०
दिरनदिरन दीमतुँतन दिरनादीम् उदनितनि
तानतनदिरना दीम्‌तुम् तदारदानि तुमतननननननदीम
तनननननतदरे दानी। चतु०

दुमकट दुमकट झनक झनक विकड़ झंझं
झननन तो ऐयातीऐया अमोअमो आमोइया थुं
किटितकतकथुं किटितकतकधिलाङ्ग धिलाङ्ग
तिकधा नगड़धिन्ना नगड़धीन्ना धींधींधाग
तिकटधागदिगनगतिटकंडन नतिर किटतकतान
धिता गिदिगननगदित् कड़ानध त्रकड़तकताँनधीधा
तानधा तिकड़धाता धाधीतानधाधी॥ चतु०॥

गुर्जरी—जौनपुरी

चिरञ्जीव रहे तेरा बालका नित नित आनन्द करो
निश वासर सुनो हो यशोदा सुख सम्पतसों कोटिन
बरसलों राज करो।
श्यामसुन्दर मनमोहन सोहन नन्दनन्दन जगवन्दन
सजनी जोलों ध्रुव धरन शशि भान दिन रजनी
राग रङ्गसो समाज करो॥

२

प्यारी बनरी तेरा प्यारा बनरा अब बन आया। (माई)
मोतीयन चोक पुरावो शीश सेहरा बंधावो
सदा रङ्गीला महम्मद सा वर पाया॥

गुर्जरी—तिताला

एरीहों तो चकित भई लालन को रङ्ग रूप देख।
निशाके जागे भोर भए मेरे आए
और कहा कहूं भेख॥

२

तुम कौन नगरके बसैया क्योंरे तुम
आएहो मेरे बगरवा।
चोर मूसे कोतवाल हंसे दुवर भइलो दुरवा॥

३

सबही में बरजोरी करत रहत नित
बोली ठोली प्यारे अपने गाम।
मेरे तो जिया जोई आवे सोई करहों
तबही हमारो नाम॥

४

सुनहुरे लोगवा ननदोया हम सन झगराई।

जीवन दुवर भइलो एमा पिय विन दुवर
भइलो जो गँवाई ॥

गुर्जरी—होरी

बाजे घुङ्गरवा मोरे कैसेके मिलो पिय सन माए।
सूरत मूरत देखन कारण जिय हटके भटके
मोरा सदा रङ्गीला मो मनवा जनाए ॥

गुर्जरी—जल्द तिताला

रङ्गभीनो दुलहिन कर मुदरी
सोहै वरण वरण अनेक रङ्ग।
सुआ चोला बहोत अनमोला बनरी
अरगजा लिए अङ्ग ॥

गुर्जरी—तिताला

द्रुमतनन दिरना उदन तिलाना नादरेना तदरेदानी।
नाद्रद्र२तुंद्रद्रद्रतननननननतारेतारेदानी ॥

२

तुमो सो लौ लागी रहे पिया घरी घरी
पल पल छिन छिन।
वेगि पाय धरो चतुर वल्लभा निश दिन दिन ॥

३

नजरन आवदा वेसोणा वेखणदा मैनु चाव घनेरा।
मैतो तेनु ढूंढ़दी फिरदी सोणा
मिया राझण कित वल तेड़ा डेरा ॥

४

कैसेके जाऊं माइरी पनघटवा छैलवा रोके डगर।
अनघट चाल प्रकाशी लङ्गरवा फिरत
रहत वगर वगर ॥

५

प्यारा वनरा आइला छैलवा केसे बनरा अमोल।
कर मन वर पाइलो वनरा बनो वन
आइलो गायो वजायो ढोल ॥

गुर्जरी—एकताला

तोरी छवि मो मन ही भाए अधिक सोहाए।
नरनारी मिल देहो मुबारकी बधाई सुन्दर पिउ
मोहे मिलो गाय बजाय रिझाय सुहागन मिल गाए॥

गुर्जरी—तिताला

अरगजे वागे करम मो ढिंग तो किधों उठ चल सुन्दर।
होंहू तुमरे सङ्ग जाय देखो कौन मोमों
अति सुघर अति चतुर ॥

गुर्जरी—एकताला

वानीम निगाहे यार गदर यार शवी।
ना खुरद शरावे नाव सरसा सवी चश्मे
तर फेरास्तव च पय करद टीगर
बस नोवरोके दिल दामवां ॥

२

तनानाद्रद्रतुमदिरद्नादारेतदरेतदानिदोमत
नानितनातनातनननननाद्रतंतनाद्रतंतना
द्रतुतानदरनादरनातरानतनुदरदरना।
तदानी उदानी दानी तुम तननन तुं
निगनिगधुमकिटततिरकोड़ानधोधगनधा ॥

३

अदारङ्ग भलो बात पहिचाने और सुरनके
विस्तार कर जाने अवण गहे शोश नवाय हर बार।
तवहै तोन खाई सुर को मधम मधम सुर को सुर
सुर को पञ्चम पञ्चम को रिषभ रिषभ को धैवत
तबही होत धैवत सुरके गान्धार ए देखोरस्त भार ॥

४

अललेदोम्तननतुमतनननाद्रद्रतुम
तननतुमतनतदरेदानीतदानी।
होरे धितीलेधितिलेतननननननननधिरकटतक
तकधिरकिटतककड़ानधाधीतोलेधोत्ता ॥

गुर्जरी—तिताला

किरपा करोरे मोमन सइयां तन मन धन
नोछावर करहूं परहूं पइयां।
महम्मदसा सुजान अब कहि भाग हमारे जागे
लेहु वलैया सुरजन सइयां ॥

२

रङ्गभीनो दुलहन को मुदरी कर सोहै
वरण वरण अनेक रूप।

उमग चौपसे सुनरी सखी बनआई बनरे
कहो देखत थकित भई रङ्ग सरूप ॥

३

पीउ न पूछे बात मइसन कैसे करूंरी माय ।
गुण नहीं मोपै औगुण बहुतेरो धरहै चरण न धाय ॥

४

बन आयारी वनरा बाहन शिर सोहै
फूलनको सेहरा ।
हाथ सोहै कंगना गल सोहै सुआ वागा वनरो सो
लागोलो नेहरा ॥

५

मोमं तोहे पूंछूंगी बामनुवा कब घर
आवे पियरवा मोरा ।
झगवा देहों पगवा देहों और देहों गर हरवा
एसे सगुण विचारो नीको सांचे लगन है तोरा ॥

गुर्ज्जरी—झपताल

नादटल कटकआलाप तरवार लिए
ताल छुरी दार और वावन गारो ।
तानकमान और सप्तसुर तरकस मुरछना गोली
पार मारो ॥

गुर्ज्जरी—तिताला

अनुआइरे जोगनीया भइरे पीउ तोरे कारणवा ।
कानन मुद्रा हाथ खप्पर अङ्ग भभूत लाई
मन मालोके नामको रे अरे भला ज्ञान ध्यान
सुमरणवा ॥

गुर्ज्जरी—ख्याल तिताला

पचरङ्गी गुदरी सोहै मानो लागी प्यारी
वरण वरणके वस्तर गोविन्द जरत गरी ।
नमस्कार मोहि करना तिसनु साह जमाल कर
करम उड़ाई हम कांधे धरी ॥

गुर्ज्जरी—तिताला

सुनाओ मोहि ध्यान बाह्र कोरे श्याम प्यारे की बात ।
निश दिन तड़फत नोंद न आवत थकित
भयो मेरो गात ॥

इति श्रीअमरानन्द व्यासदेव तस्यात्मज श्रीहीरानन्द-व्यासदेव तस्यात्मज
श्रीकृष्णानन्द-व्यासदेव-रागसागरोद्भव सङ्गीत-रागकल्पद्रुमे
गुर्ज्जरी रागिणी सम्पूर्णम् ॥

गान्धार-राग प्रारम्भः

आदाय वीणा धृत योगपीठो
गङ्गाधरो ध्याननिमग्नचित्तः ।
योगासने मौलिजटा दधानो
गान्धारराग: कथितो मुनीन्द्रैः ॥

गान्धार—चौताल

धपपगगरेमपपधमानिनिधधपपमपपनिनि
धधपपममगगरेरेसा
ममपपपधधसासासानिनिसागरेसासानिनि
धपमपनिधपधपमपधसासाधधसाधधपम ॥
निनिनिसारेसागरेसामगरेसामपधमानि
साधनिसानिसारेगमपममपधपधनिधनिसा ।
सानिसानिधधपमगमगरेसाधपमगरेमाम
गरसामगरसागरसा ।
जब सङ्गीत विद्या सीखे गुरुनसो तब यह भेद जाने ॥

२

निधपमगरेमधपमगरेसासासारेसानिनिधपधनिसा
सारेगनिधधधपपधपमगरेसासासारेसानिनिधधसा ।
सासानिनिधपपधधपपधनिसासारेगगग
मपधमगमगरेसानिधनिनिधपधनिसा
निनिधपपगरेनिनिधपेनिधरमगरे ॥
एक सुरके कोटिहैं कोटिन कोटिन के आदि सुरके
विस्तारके बड़ो रूप बड़ो भेद गैधपे धगगरे
रेसासासारेसा ॥

३

धधधपपममगरेममपधसानिधनिधपधपमपम
गरेगरेसानिसा ।

मपधसारेंसारेंसनिसानिधपरेंधपमपनिधपध
पमगरेमपधसारेंमंनिधनिधपधपमगरेंगरेंसा ॥

४

मपधरेंसानिधपमपधपमगरेंरेंरेंसा ।
सानिधधधसारेंगरेंगरेंसानिधसानिधपमपनिध
पमगरेंरेंसा ॥

५

सुन्दर तेरे नेत्र वेणी तीरथ मध अञ्जन भोंहे
वङ्क वर निवार ।
इनही में सकल सलोखा इनही में पद्दयत
परम पुरुष परमेश्वर इनहींमें लीजो निहार ॥

६

कहियो ऊधो तुम जो नेह बीज बो गवन
कीनो माधो विरवा लागो राधा के मन ।
द्रग तारे कूप कीने असुअन जल भार भरे पलकन
सींच सींच याते और विरवा भयो मघनवन ॥
भूमि हरी भरो रोम रूख बन रहे पाँच बेल
कामको चढ़ी त्रिया तन ।
कुच काछो रखवारे फूल फल होन लागे आयके
जो देखिए जोवनधन ॥

७

आज की छविको रस मोहि दीजे प्यारे पाछे
जइए जाको मन ललचात ।
अनत को गोइन नेक बकसीए रहिए जी सब रात॥

८

प्रगट चतुर वरने नारी तेरे किधों खञ्जन कमल
फसे कहे कटाच्छ मात पिता मुख सुखसागर जे
पङ्कज कछाय सरोवर में मीन करत कलोल ।
किधों चन्द हे सुतन गोदन बैठो कजरी भोंहे
डाढ़ी कार पुतरी न होय दोउ पल कीनो आलीरी
तामेरो विध अनूप रूप जोवनन छवि तोल ॥

मुख सुख सलिता बिच दोना व फिरत भाव भरी
वरनी चोप सोहत किधों जुग कुरङ्ग
फन्दे हो अञ्जन फांफ खुलत न खोल ।
किधों जुगल मञ्जीर पलक पाट मूंदत खोलन
काम भण्डारो साह आजम के हुकमते तोल
देत जात बिंब कटाच्छ हीरा मुक्ता हलसों
तोल तोल मोल अमोल ॥

९

सेत असेत तारे जा तारकों निरमल अमल नवल
पुतरी मानो कमलन मासी ।
पूरण चन्दकी छाय परी इन नैन की तपन पै
मञ्ज कहे खञ्जनने दगा देने कासी ॥
कमलनमें मञ्जन छिप करि बोधे रोधे अकवर साह
कों छाजत एक मरम मद चलो जुग सार समाती
सो आप आपकों अफर उमड़ चल दियो
पठान वरणो धरक भयो नीरज तिन में हठ
कियो दाना की बुध नाटो यह अँखिया जलाल
महम्मद की आरसी ।
तिनमें आपनमें आप नहीं देखो चाहे
मानो हों अञ्जन कों मञ्जन से लोभ मम लई
मनमथ तपन कों ए चाई मानो अग्नि वासी ॥

१०

तुमारी असवारी बड़ो दल भारी के सुनत सोच
भयो अति भुव गिर नाव सुर सिन्ध पावत यह
हम कौन गत चतुर दल चलेंगे जब ।
भुव कहे चलो दल तब हालो दलवर शेषकमठ
व्रषभ दे दे और राखे न सम्भार देहै डार गिरके
जो गड गड़ गफ सेवे चार खोरतार और दव ॥
नभ कहे चल मोहे दूत बराबर पठेहै कंकर
नाहन वाय उड़ाय दए सूर कहे प्रताप तेज जीत लेहै
सुतीर काजे सोतो पान चलो रहो न जाय हैहै सब ।
सुभ नखत चलो वखत बैठो पातसाह साह आलम
जग जीतवेकों आएहै अब ॥

४६

११

ध्यायन गायन गाव बाजन बजावत।
आनन्द भयो नरनारी इच्छा भर पावत ॥
मुनि कही न परत शोभा सभा तू केहि विध
कमल न दुरावत।
साह औरंगजेव जियो कोटि वरसलों वरस गाठन
को शादी फरमावत ॥

१२

ऊँसो है साधन कोई ना बचाई तैसी एराय
उमराय भूपन की भीर लागत सुहाई।
ऊँसोई राग रङ्ग सुगन्ध सरसाई दुंदु विकुरत बहो
विध चलत सभा बनआई ॥
शुभ घरी तोलों साह आय वैठे रतन जड़ित तखत
साह आनन्दन आनन्द आशीश बढ़ाई।
साह औरङ्गजेव तुम कोटि वरसलों एसेही
करो वरसगाँठ वधाई ॥

१३

मलक पुर मलयाबाद मारू मरहठ मुगेर मालवा
महावन मकनपुर मेवात मुलतान मेवाड़ मिसर।
बगदाद वङ्ग बरार बन्दर वदाऊं बुखार बुन्देलखण्ड
बून्दी वृन्दावन विजेपुर और विधनोरपुर ॥
समरकन्द सोलापुर सारङ्गपुर सारसन सूरत
समशावाद सीरोज सुन्दरपुर सुरङ्ग सिङ्गलदीप
सेलाज शेखपुर सकरपुर सम्भरसब घर घर।
काशी कमाऊं काबुल कच्छ वा कनोज काश्मोर
करोली केदार करवला कंगर कोकन शाह आजम
जग जीत अप वस कर लिए मानत दोहाई नर
नरेन्द्र सकल भुव पर ॥

१४

वालापन गयोरी अब आयोरी जोवन रोम
रोम को वतीयाँ।
पीतम सों हम खेलें बावरी काहेको
करत धो कपटीयाँ।
वे चतुरनायक रिझाय रहे रहस रहस
सकुच ठटीयाँ ॥
वेग मिलो साह बहादुर सो वेजो परे रस हठीयाँ।

१५

सुन्दर अति प्रवीण महाचतुर अचलराज करो
रवि शशि जोलों भूमि पर।
चिर चिरंजो रहो जोलों ध्रुव धरन तरन पवन
पानी राजन मणि राजा रामचन्द्र रघुवर॥
तोसो तुही और दूजो नाहो मेरे जान सब जग
को विश्वम्भर।
तानसेन तेरो अस्तुत कहांलो वखाने भक्तवत्सल
तोहे ध्यावत सुर नर मुनिवर ॥

१६

अवध इलाहाबाद अजमेर अकबरपुर।
वहराइच बनारस बागर औ बरेलो बीजापुर ॥
जौनपुर जलानपुर जगदोशपुर जावलो जालुपुर।
दोल्ली और दागानगर द्रावड़ दानापुर चार अच्छरसे
अहोवो अजवर्क दस्तूर ॥

गान्धार—होरी ताल

आजुरे माए गलो गलोयाँ सदारङ्ग
पायो बात भलीयाँ।
सखो सब मिलकर देहो मुवारकवादो ला ला
लागर अलह मिलाई दोउ कर रङ्ग रलीया
सो नकसो ते जलीयाँ ॥

गान्धार—चौताल

विकुरे भेंटत भेट किशोर किशोरी।
जों जों होत उजीयारो त्यों त्यों गुरु जन लाजत
लजात पुनि लट पटात निहोर निहोर निहोर ॥

गान्धार—ताल धमार

कान्हा छाँड़ देहु अट पटी यह बातें।
निशदिन होरी के मिस मोसे करत रहत हो घातें ॥
ले अबीर मुख मोड़ो चाहो आप फिरत छिपातें ॥
चतुराई यह कौन बदी हो दृष्टि न आवत तातें ॥

मोहन होरी खेलत डोरे व्रज में
पिचकारी कर लिए।
वगर वगर वो ढूंढ़त तोको उठ चलरी हर लिए॥

३

कर पकर कर खेंच खेंच ले ले जात कुंजन की
ओर सबमें मोहे देखोरी मोहन मधमाती।
एसो निलज्ज वरजो नहीं माने सब सखीयन
में यह हठ ठाने काम करे अपनो मन भाती॥

४

रङ्ग मधं प्रेम पगो गगरी सिर धरे सुनार।
सुरङ्ग सारी सोंधे सो रङ्गे सगरे गाम मध गगरी
सिर धरे सुधार॥

गान्धार—चाताल

सुन्दर अति नवीन प्रवीण महा चतुर नार
मृगनैनी मनहरनी चम्पकवरनी वार।
केहरिकटि कदलीजंघ नाभिसरोज श्रीफल उरोज
चन्द्रवदनी शुकनासिका भौंहधनुष काम ढार॥
अङ्ग अङ्ग सुधङ्ग पद्मिनी भंवर गुञ्जत सुवास आवत
क्रोध नाहीं शांति सरूप लघु क्रश नाहिन
दवी जात बारन के भार।
धन धन जाको भाग तोसी तिया ता घर
बैजू प्रभु रस वस कर लीने काम जाल डार॥

२

मुखकमोद वदन मध नैना एसे लागत
मानो जैसे अरुण अरविन्द में पुतरी तोरे।
चितवनमें यो भ्राजे जैसे भंवर भार कमल डोरे॥
और दोजो खञ्जरीट उपमा न पावे एसे
दीरघ लोचन तेरे तातें सुन्दर निरमोरे॥

गान्धार—धमार

आज गईहीं नन्दमहरके अदभुत देखो पलना।
रतनजड़ित मुक्ता झूमत सखी पड़े नवरङ्ग ललना॥
पीत झगुलीया अतिही बनीया भूषणकी छवि
निरखो व्रज वलिना॥
केशव दास प्रभु नन्दसुवन जबतें देखे कन्नन
परत मोहि पलना॥

गान्धार—चौताल

नैन जुगल जुगल मध तारे श्याम अपान
लेत हैं माई।
मानो मकर सुगन्ध धवल विशाल डोरे
लालपे रूप छको चित चञ्चल अञ्जन दीने आई॥
खञ्जन रस लेत उड़उड़ अपने आपनही
विराजत आई।
कुंकू चंपा पियारे भएहैं पूजत न परछाई॥
दामिनी सकुच लगाय आकाश गई है छवि
निरखत दरशन जोत दारम हियो दरक दरजाई।
मारग मृगजे मीन वन गह्यो यातें सनमुख होत लजाई
एसो उजारो प्यारो सुख दाई साह बहादुर पियकी
सवन सरसाई॥

२

तूं जो अबतो मुख देखन कहत एतो गुमान
गुस्सो करे रीझे ललना भावे।
आदही बकवो करत पूछत तें उत्तर न देत कंचनको
सम काचक्यों भावे॥
माही कसोटीके साह मेरे जान ताही की महिमा
जिसे मनमें रहे आवे।
रूपमति कहे ताहीको लहनो बाज बहादुरको
रिझावे॥

३

प्रथम चतुर तूं सयानी री तेरो मान कछु अयानो हो
जो कहत तो सों बतीयां तू ऐसो न बूझो।
घर घर चाह भयो सब सों तनको तूं हठ
छाड़ देरी अनोखी नई कहा सूझी॥
मेरो कह्यो अन्त मेरो गुण मानियत छाड़ो
गुमान सों सूझो।
उठ चल हिलमिल मेहरवानके प्रभुसों प्रीत कर
परस्पर सकल तियनमें सरस कर राखोगी गुझो॥

नैनन झपके झुमी घुम उघेर मून्दे सरसात।
जबतें दरशन पायो श्यामसुन्दरको घरी घरी
कछू न सुहात॥

५

आइए जी आइए मेरे महल।
तन मन धन नोछावर करों जोई वारों सोई सहल॥

६

नैनारी जेमे तोहे दोनें करतार एसो ना
दौसत काहू नीको।
श्याम कौन केवल खञ्जन नैन मीन मृग तिनकी
सजाए नाहिन कौन दिन को॥

७

कहाँ जाने बालक दधिको चोरी।
दौरो आवत हाथ नचावत जीभ न करहो थोरी॥

८

तूंजो अपनो मुख दिखावत गहरो
गुमान करती जो लालन भावें।
बादही वकवो करत पूंछत न उत्तर देत
काञ्चनकी चौकी छबि पावें॥
साहकी कसोटी कमाई मेरे जात ताहीको मैं
मारग सोतन के जिय आवें।
सोंहे किए कहत तोही को लेन साह
बहादुर को रिझावें॥

९

ए आएरी बादर सन्यासी सावन गुरुसे सीख साख।
एक गजरत एक वरषत ऐक मुनिवर
खिन खिनाख करे मिलन तिनको कहा डर जिनकी
बीर नए पाँचो वेलाख॥

१०

वरागी भएरी नैना तरसा मानो भरम लगाय लए।
श्याम पूतरी मानो सिङ्गीनाद अरुण डोर तप तेंज ठए॥

११

जोगी भएरी नैन भस्म मुद्रा धाए।
भोरही से तात श्याम सिङ्गीपुर नगरे
मेखली डोरी अरक वरण तापन ताप ताए॥
कोरे वैराग वरणी अलके जटा जोर ठायो
चञ्चल शशिप्रभु तुव रूप नगरी भिक्षा लेन आए॥

१२

आज नौरोज नयो रोज कर दिखायो
इन्द्र नरलोक बनायो।
अकाशदल वारिदल वीजलता कनक खम्भ
वादर साखोसे छायो॥
पोहोपावली धरन सुरन वरन बिछोना
घन बरसत समान जलधर तनाव तनायो।
बाजन गाजन निशान इन वनिता वन इन्द्र वधू
हाहाहूहू करे गुणीयन यश गायो॥
साहब किरान शाहजहाँ पातसाह झरलायो
जगजे पायो मुक्ताहल ज्यों मेह बरसायो॥

१३

एरीहाँ तो रहसन फूली अङ्ग न समात
मया कर मेरे आए साहजलाल लाल।
धन धरम धन जर करम मोहि कीनोरी है निहाल॥
तनमनधन नोछावर कीजे वलैया लेहों
कटे जञ्जाल।
चञ्चल शशिप्रभुकी वलवल जैए सुदिष्ट
पर प्रफुलित भई सब वाल॥

१४

विनती मेरी सुन लेहो गोपाल
सब ब्रज तुम विन वेहाल।
तुम प्रतिपाल जगततारण हो सुध लीजे नन्दलाल॥
अधम उधारण निस्तारण कीजे अपने भक्त प्रतिपाल।
चञ्चल शशिप्रभु वेग दरस दीजे कीजे जी मोहि निहाल॥

१५

वश कीने सुन्दर एक विचित्र वाल एरी
विश्वासन तो तन रस मातें।
मदन सरूप नेकही निरखत पियके
कामको रूप लग जाते॥

ज्यों ज्यों वे भेदन ते सरस अति त्यों त्यों तेरो
रूप उजारी चन्द्रकला तें।
दिन दिन दूनो प्रीत बढ़े अति देख एहो
साहजहां पियकी निज छपातें॥

१६

आज नौरोज नयो रोज कर दिखायो
भुवलोक नरलोक इन्द्रलोक बनायो।
सटल बादल वोजल कनकखम्भ वटामान
बेटल छायो वादर समान नवदल तें तनायो॥

१७

गावत सुघर गुणी गन्धर्व सुध मुद्रा सङ्गतसों नाद।
सुश्रुति कला ध्वनी मुरछना पूरण लगी
तब रागको सवाद॥
रङ्ग लिप्त रस रूप लय ताल काल लव समान
वर रहे ईट काद महानाद।
सेन कहे ग्राम तान अलङ्कार सब समझके कीजे
गुनीयन सों संवाद॥

१८

तूजो अपनो मुख दिखावत
काहे एतो मान करेगो आली जोलों लाल मन भावे।
वादही वकवो करत पूछेते उत्तर न देत
कञ्चन सारदा छन्दजो क्यों छावे॥

१९

आइए आइए मेरे महल।
तन मन धन नोछावर करहूं जोई वारों सोई सहल॥

२०

अतीत भएरी नैना मोरे दर्पण मुद्रा धाए।
भस्म भुरंगो दरशन भिच्छा मागनको चाए॥

नैनारी सो तोहें दीने करतार
गुण और दीने पिय मनको।
सोमें कौन कमल खञ्जन मीन मृगशावक
एसो जोत नाहिन कुन्दनको॥

२२

सुन्दररूप अति नेक न न्यारे कीजे।
ता ममें सखी कौन बन आवे जहां देखे तें जीजे॥

२३

बिछुरत भेंटत दम्पत दोऊ किशोरी किशोर।
ज्यों ज्यों होत उजियारो त्योंत्यों गुरुजन
लाजन लजात पुनि लटपटात निहोर निहोर निहोर॥

२४

रवको कुदरत चलो हजरत नबी अलिया
पाई सिपत करन करीम की बातें।
पहले अल्ला दूजे पञ्चतत्व पाकहाज दे
दमाम चाहर देमा शुभको बनायो अपनी
जात सफा फयातें॥

२५

जगतपति भरणपोषन शुभ दिन दिन
अविचलधर्म्म राजाधिराज कुलकाज।
चारो जग घेर कीने चकता वनवण्ड
देश देश भक्तवत्सल देत गुणीयनको सकल साज॥

२६

आगर ओड़ोमा अजमेर और अजीमाबाद
आरकट रायन और अरब खण्डमें।
उत्तर आसाम और इलहाबाद और बलिया आजमगढ़
अवध उज्जैन आप आखण्डमें॥
अकबरनगर आमेर अमदाबाद इन्द्रप्रस्थ
एही प्रचण्डमें।
अमरनगर अमरावती अलकानन्दा एते पुरमें
प्रताप तेरो राजाराम अखण्ड खण्डमें॥

गान्धार—तिताला जल्द ध्रुपद

गोवर्द्धनधारी कृष्णमुरारि सोहत मोहन
मुरली मुख भारी।
जब जब बजावत तब तब रिझावत
मोहत सुर नर नारी॥
वे अति थकित झुकत झुकत ह्वै रही धुन सुन
मनमोहत मङ्गोन गत नाचत हँस हँस देत तारी।

धींधींकी प्रभुकी लीला कही न जात मोर मुकट
विराजत धस पताल ले काढ़ लियो नाथ शेषकारो ॥

गान्धार—तिताला

अरी देखत देख रही देख रही मनही मनमें हों माई ।
सुध बुधहू बिसराई कौन अमृतवैन सुनाई
मोपै कछू जात न कहाई ॥

२

मैं निहार देखो शाह अकबर जग पर
रोशन जम्बीर दीदार ।
तुंही धरणीधर तुंही महीप कर राखो साँचो हो
कल्पतर ॥

३

भलेही पै आए हो भले आए मेरे गृह
अङ्गना भलो मान पलकों के करहों पांवड़े ।
पहली सकुच कछू मनमें आनहों मन बिज करम
किए विनती करतहों अब तुम वरुणीनतें
छूहो गुलाल के नावड़े ॥
वेगी चरणकमल नवल धरिए करिए हो मन चीते
कारज पतरीनके जिय अलसा जावड़े ।
अतिसुख पायो नैन प्राण शाह अकबर जो पियके
जिय की हों सब जानत यह गृह तज पग मग
डगन धरे आवड़े जांवड़े ॥

गान्धार—ताल रूपक

सुबल शाह अडंड डंडन आयो आयो हो आयो
जीत वलक ।
कर समान लोहरनगर तें लपक झपक लीनो
लगत पलक ॥

२

कठिन माई पियकी री नेहरा गेहरा नहीं भावै
रहों नित उदास ।
सबन समान मेरे जान आलो अरध उरध दोऊ साँस ॥
मोहि जगत रैन चैन नहीं नैनन तातें सुपनें हू में
कहा सो भई सुपने नहो आस ।
तानसेन प्रभु समझ समझ कियो भोग विलास ॥

अडंवर डंवर भूल गयो हो भूल गयो योग ध्यान ।
तब पशुपति निरगुण ललाई सगुणरूप अति
गिरिजा पाई यह सन्त गाई तब रीझ झीझ कर
अरधङ्गो धर वस ज्ञान ॥

४

कहा जानत बालक दधिकी चोरी ।
दौरि आवत हाथ नचावत जीव करो थोरो थोरो ॥

५

तैसी कहत न बाने पिय सों जैसी पिय
सूरत नैनन पीत ।
अति कोट कटाच्छ सब वस करबेकों बहोत कियो
अतिही अकेले हो लियो सब जीत ॥

गान्धार—तिताला

कहत न आवत जियके हुलास मेरो अँखिया
दारुण भई सुखदाई बहुत रस ।
जैसे ग्रीषके तपत ताप लाल इतगत माईरो रोम
रोम तन ते आनन्द बरसे यातें होत रमन रस ॥

२

तैसी कहत न बने पिय मोपै जैसो पिय सूरत
जिय बसो चित ।
कोट कटाछन सबही को मनरञ्जन अकेलेही
कर लियो सब जीत ॥

गान्धार—आडा चौताला

मेरो योंही जनम जात बिहानो ।
जासों बात कामको पूंछो सोई कहत दिवानो ॥

२

मोनदीन अजमरो ख्वाजा तुम तन मनतें कष्ट
दूर कीजे ।
तू मनसा पूजवनहार सबकों अष्ठसिद्ध नवनिद्ध दीजे ॥

गान्धार—तिताला

आज हरि लिए और अन हिली गइयां एकही
लकुटहो हांकी ।

क्यों क्यों रोकी मोहन तुम सोई त्यों अनुराग
हम पर देखत मुखांकी ॥
हम जो मनावत कहूं तुम मानत बतीयां गड़वांकी
तृण नहीं चरत वछरा नहीं चोंखत हम कहां जाने
कोहि कहांकी ।
तानसेन प्रभु वेग दरस दीजे सब मन्तर पढ़ आंकी ॥

२

प्यारो प्यारोरी प्यारो प्यारो साहजहां प्यारो निपट ।
हंसत खेलत प्यारो सोवत जागत प्यारो अङ्गो
भर प्यारो झिपट ॥

३

शाह अकबर निपट बड़ो ढीठ कर मान तेरो
वेहदह और महम्मद महबूब प्रगट रहम करम
हो मनायो ।
बारगाह विशात ऊंचीहां सुन्दर वरवर वरको
इह मानि विध अध आसमान बनायो ॥

४

सुनोहो पिय ध्यान धर विथा मोरी कौन सों कहां
और कौन सुनै तुमहो अन्तर जामी सुखदायो ।
तिहारो सुदिष्ट तें जनम जीतवे कोफल पायो ॥
सब विध उमेदवार जीलो जियघट कौन
भांतिको नाहींनहीं कामो जनायो ।
जिन चाह उनको सम कोउ कर सकै कैसे
कत राखत लेई जीत निहचे जानत हो तुम मेरे हो
स्वामी करो मनभायो ॥

५

मेरा मन लागि तुमसो तुमसों चितलावो ।
यह दिन अङ्ग सङ्ग सङ्गके रङ्गके उमङ्गके हिलन
मिलन रस सकुच छुड़ावो ॥

६

मोहि जागत भरे चेन न रहो नेनन तामेंतें सुपने में
क्या समाइए ।
तानसेन प्रभु समझ कैसे कीजे भोगविलास कठिन
सुध बुध सबहो लेरो पुनि अमृत भेट सोना दे रतन
जड़ाइए ॥

शुभदिन माई चाहतरो साह तेरो यह चतुराई ।
कबकी मनावतहां आली उन कहूं न अतराई ॥

८

हांतो ढूंढ़ फिरिआई माई सगरो
वृन्दावन तोउम पाए नन्दनन्दन ।
चलत पग थकै थकै दोउ नैना और बोल रसना थकी
ना जानो कौन देश गए यशोदानन्दन ॥

कहु न आवै जियको हुलास मेरो इच्छा
पूरण भई सुख दई दरस ।
जैसो ग्रीषमको तपत जात सिरात माई
दिल मन्लोलो तिन अंक वास वस रहो वर वरस ॥

१०

नन्द-नन्दना जगवन्दना सुरासुरन मिल
सागर मिल मंथना गिरवरधारना हिरण्यकश्यप
हिरण्याक्ष-कंगो कंस-विदारना ।
मच्छ-कच्छ-वराह-वसुधा-स्थापना-देव-वामना
परसुराम धर-रहराम-रूप रावण-कुम्भकरण मारना ॥
हलधर-मूसल-धारणा बुध कलंकी नाथ काला
विदारना ।
शनकादि शेष महेश ध्यानहो धारना गोपी ग्वालबाल
व्रजरक्षक गिरिवरधारणा तियाइयातानोया इया
इयाइया राम-रमणा जगकारणा ॥

गान्धार—आड़ा चौताल

मेरोही यों जनम जात विहानों जनम जात विहानों ।
जातें बात कामको पूंछो सोई कहत दिवानों ॥

२

मोनदीन अजमरी ख्वाजा तुम तन मनतें
कष्ट दूर कीजे ।
तुम मनसा पुजवन हार सबको अष्टसिद्ध
नवनिद्ध दीजे ॥

गान्धार—धीमा तिताला

आएहो जू तुम रसमाते चिन्ह भरे प्रतक्ष
देखियत झपकोहि गालन लागो पोक ।

यातें मैं जानी अनत रितमानी साह बहादुर
पिय तिहारे दुकूलन सोहै कजरा लीक ॥

गान्धार—तिताला

मोरी खबरियां लाय देरे मतवारे हमरी
सुध बुध गइली भइली खुमारीयां।
नींद मोरी उचट तब गइली कोउ मधुवा
आन पिवावे जान रङ्गसो कहे हमारीया ॥

२

अबतो नेहा लागीला मोरा हामा लागिला रा
महम्मदसा सुन्दरसन।
अपनें में सो पे नोछावर करहूं तन-मन-धन ॥

गान्धार—धीमा तिताला

भोर कें मिलन बनिल्लवा मोरी मा पीतमसनवा
रहम मन्दर वाजि मन्दिलरा।
आवो गावो नाचो सब सखी सहेली
सदारङ्ग गरे लाग भेटलवा ॥

गान्धार—जलद तिताला

वरसे नूर हजरत ख्वाज कुतवदीनके दरवार।
उनही पे क्यो न मागें सदारङ्ग करत कष्ट सब छार ॥

गान्धार—तिताला

सङ्गवा नहीं छांड़ो तोरा तुमही ओर निभावो
मोरे मितवा।
वाल संगाती हमरे तुम सइयाँ तुमहूं
जाय तबतें कितवा ॥

२

तेरेही रित वावरो गईरे बुन्दरीया बरसे पियरवा
झरवा डारे अमराइया।
देख बदरीया चोंक परी मनमें हमरे
सदारङ्ग सो मिलाइया ॥

३

तान पहले गुरुनके अङ्गसों कीजिए तबही पाछे
मन रङ्गसों बढ़ाइए ज्ञान-ध्यान-मन।
जितनो सकत होय लैलै उपजो उकत जुकत
जो रागरीत और सुरसङ्गतसो दीजीए मन ॥

गान्धार—जलद तिताला

पटभूषण न समात जबते भनक सुनी पियके
आवन कहि प्यारी।
कबहूं आङ्गन कबहूं द्वारे कबहूं अङ्गनवा फिरत
न्यारी न्यारी ॥

गान्धार—तिताला

दानी तनुंतांनतननितनमतनमतननना
तदानि तदरेत दरेदानि नानानाना तारदानो।
दीमदीमदीमदीमतननातदानिदीकदीकतक्दीकट
तक्धीतलांथुंनाद्रकटतकथुंगाद्रकटतकधानी ॥

२

रैनके जागे आए पियरवा मोरे घर रातें मातें।
पेच पागके लटपटे सारे नैना अलमाने
बात करत मोसे लजातें ॥

३

तनुमका अन्तरा

दीमदीमदीमदीमतननननातदानितिकिट
धिकिटधिरलाङ्गथुंनाधिरकिटतकथुंनाधिरकिट
तिकदिगनदिगनतानथुंनाधिरकिट
तकतकतदिकटतकयुंथुंनितनुंना० ॥

४

बरजोरीए लोगवा माई मिलन नदे पियरवा सों
कौन भांति पिवाऊं मधवा भरभर सरवा।
सदा रङ्ग विन जीउ उरावे लाज आवें छतीयाँ
कुमलाना हरवा ॥

५

करो दूर दुख दारिद्र साहनके साह
शाह नजफ मुरतजा अली मेरी पीर तुम हरो।
तुमही सबके मनकी इच्छा पूरण करन हार
करतारके प्यारे नवी के दुलारे इतनी विनती
वेग सुनो लाज सरम पर नजर धरो ॥

६

सुनो ननदीया तोरा वीर मईसन नित नित अवध बदो
सौतिनके जाय कौन सुने कासे कहों यह दुख बतियां
एदिन रतीयां।

सर्वम दैदै हागो जागत सकल नारी तोज अपने
सपने भए न बनवारी या ब्रज मरम जार छतियाँ
मोरी न जानो कौन ब्रज नारीकी लाग रही घतीयां॥

गान्धार—झौंपताल तिताला

महमद मा पातमा आज हम मन तुम मन
भेंट भइलो कोटि बरस सुरजमुखा कजवा मब पुजोला
जीवो जागो कोटि वरस लों टोटवा तुमार
कायम दायम इहै सदा रङ्गीलि कर मन चोर्ने हुजोला॥

गान्धार—तिताला

अंखियां लागी रहत निस दिन प्यारे तिहारे
देखन कों।
घरी पल छिन मोहि जुगसे बीतत है
निस दिन कट परो लगी रहत मोकों॥

२

कैसे मिलन कहां आय जिय तरसाई मोरा
नैना रोक्त लालसुवा मोरा मन तुसो मन अटके।
एकतो नेवर सोरो पायल बाजें या मसे बैरी भए
अगर बगरके लोगवा सुन पायल खटके॥

३

धाय धाय हम हम मागवा सन्दिलवा बाजे
माई मोरार सजन घर काज।
आज बधाई नोको सुहाई गावहु मङ्गल माज॥

४

तानुंदीरगाताटानोटोमृतननननननं रततदरदानो।
यललमयल्लमयलायलायललले॥
तनुस्तानतनानितनुमृनितनुमतनना
नदानितदरतदरत दारदानिनातारदानो।
दीमदीमदीमननननितदारदानितकिटधिकिट
धिलाङ्ग धुनिदिरकटतक्थुंनादिरकिटतक्
दिगदिगतानथुंनाधिरकटतक्तकिटधिकिट
तक्तक्थुंथुंधा॥

५

तुम विन मोरी यह गत भईरी कलन परत घरी पल
छिन मोकों तलफत जीय बहुत दुख सहोरी।

सदारङ्ग जिन जावो विदेशवा घरवा
बैठ रहो सुख अनिहो पाईरो॥

६

वीर मोना वगाहो सुधार जो मोरो छावै
इन लोगन में नेक न घटाई;
जो तुम एसी यत्नो रे फूंक नीके सुहाग बढ़े
सदारङ्ग सङ्ग सुहागन चाई॥

७

आवो बलमा हमो तुमो जहां जइए जहां
दुरजन होवै न कोय;
घनो अमरैया टनो गलबहियां डार पो सों
वहीं सो रहिए होनो होय मो होय॥

८

मेरा देतो रङ्गाय दावुन चोला।
जैसो रङ्गीलो पियको पगरो तैसेही
मोनो लाग सदारङ्ग अनमोला॥

गान्धार—झांप तिताला

साहजहां लंगर पिउ सुन्दरवा
आज कोन रङ्ग रस राते।
मद पीए मस्त भए डोलत फिरत इत उत मदमाते॥

[illegible]

अबतो मोरे कान भनकवा परत लो मोरो मा
लालन आए मोर मन्दिरवा।
जब पग धरिहै जाऊं दरवाजवा तन मन धन
नोछावर करहूं सदारङ्गलि सुनत भनकवा॥

अथ आशावरी

श्रीखण्डशैलशिखरे शिखिपुच्छवस्त्रा
मातङ्गमौक्तिकमनोहरहारवल्ली;
आकृष्य चन्दनतरोरुरगं वहन्ती
माशावरी वलयमुज्ज्वलनीलकान्तिः॥

आशावरी—चौताल

मलयागिरि के बनमें वनिता हरिवल्लभ आनन्द भरी;
हार सुढार गरे गजमोतिन मोर पखौवन सारी करी॥

४८

चन्दनके द्रुमतें गहि नागिनी कं करमें गरवानी खरी।
निज देहकी दीपतिहीसों आसावरी
दीपति श्याम घटाकी गरी ॥

२

ओज पहरि चीर छविसों विराजो अति वनी
अङ्ग अङ्ग श्याम नीलवरण सुहावनी।
नागिन लपटी रहो तन परचण्ड सब शीतल
शिखर जल अति मन भावनी ॥
चन्दन को खोर किए बैठो द्रुम तरि वाम
निसधरेगप सुरमें आनन्द बढ़ावनी।
पूर्ण जाति निषाद भवन रति हेम दिन डेढ़ प्रहर
आसावरी कों गावनी ॥

३

मलयागिरि नीरि झरे झरना वनकी छवि
देखत आनन्द भारी।
करमें लिपटाय विहार करे तरुचन्दनते
गहि नागिनी कारी ॥
गजमोतिनको उर हार बन्यो शिखिपंखन को
शिर शोभित सारी।
निज देहकी दीपतिहीसों आसावरी छिपति
ज्यों श्याम घटारी ॥

४

निसारेमनिधनिसारेमनिधपधसानिधपम-
धनिसानिधपमगमधनिसानिधपमगरेसा।
गपधरेसानिसानिधनिसागरेसामगरेसा-
निधपमधपमगरेसामगरेसानिध ॥

५

धधममरेरेसारेरेरेनिनिसारेमपधपमगरेरे-
सासानिधधमपधसारेरेमानिनिधनिरेसारेसा।
धधसाधपधधधसासासासाधधनिरेसारेसानिधधममरे
रेमपधनिसारेमगमगरेसानिधपमपनिनिधरे-
रेसानिनिधनिरेसामगरेसागरेसा ॥

६

आयोरी जीत राजा रामचन्द्र लङ्कानगर।
जित तित सुनियत चहूं देश बाजे बाजत राजत
आनन्द भयो घर घर ॥
जब कोप कियो चढ़े हनूमान अगवानो कर जो धाए
लङ्केश कांप्यो थर थर।
रावण मार धाय लियो देश दियो विभीषणको
अब सीता लायो रघुवर ॥

७

नवल लाल रिसाल बैठे रङ्गमहल
तूंवर समय वैरन सौत लगाई रिसाल।
प्रति प्राणेश्वर इच्छा करहां पठाई उठ चल
हिल मिलरी हित चित नित करहो निहाल ॥

८

कर उदयाचल अस्ताचल लीनो खड्ग बांध
जलालदीन शिर छत्र धरकर।
तोसो और न दूजो तूंही नरेश भुव पर
तुअ सनमुख जोवत जोरे भुव पर ॥
एसो प्रताप तेज सुरो पुरो सप्तद्वीप नवखण्ड सवल वर।
साहनशाह हुमायूंको नन्दन जगवन्दन जाके नाम
महा निडर ॥

९

देखियत आनन्द होत निहारे दरस जबहीं।
अष्टसिद्ध नवनिद्ध सुख सँपत सन्तोष पइए तबहीं ॥
सुर नर मुनिजन ध्यान धरे वाको पंडित सो कबहीं।
धन राम कृष्ण आधीनन को देत मन इच्छा-
फल सबही ॥

१०

गौरी ईश्वरी शिवा भवानी आनन्द देजै।
रुद्राणी सर्वाणी सर्वमङ्गला मृड़ानी मैनका
दारिद्र भंजै ॥
दक्षणी उमा कात्यानी सुवर्णा पार्वती दुर्गारानी
तिहूं लोकमानो मन विचक्रम तजै।
चण्डिका अम्बिका आरजा गिरिजा मेनकात्मजा
निरमोल सेवकको अनेक विद्या कर सजै।

जो रीझैं शाह आजम सुजान नरेन्द्र और होय
सदा सभा में जय ॥

११

तोहिसों शारदा प्रसन्न भई लई मन वीतए।
अपनेंही वस करहों रस रङ्गत सो मैंहो जंगतए॥
तूंहो अति रागको तीख चोख खरी कर जानत
माननए।
और तेरोहो अलाप ध्याय तान तेरोही
अच्चर मन लागतए॥

१२

आज माईहों आनन्दी आनन्दन मेरे ग्रह
धरे पिय चरण।
अब सांचो पायो पूर्वलो फल मोहे मिलोरो
कामहरण॥
लट लटके मुख देख दुख गयो अनगन सुख भयो
अमृतवचन।
सुन श्रवण जनम घरो मोकों मिले शाह अकबर
मानो जानोरी पीत परन॥

१३

तू नौरङ्गी लाल रङ्गीलो जलाल रङ्गीलो वानक
वनके छवीलो।
जाके रसाल रसकों भईरी जे रोम रोम
रसिक रसीलो॥
तो उन विन निश दिन कबहूं न रहों माई परम
कठोर तिह नेक नेम निरखत अजहूं न लगीलो।
शाह अकबर प्यारो न्यारो न कीजिए और है
मेरो सोग्न सुन धुन काम हठीलो॥

१४

जल थल में और जहां तहां इत उत जित तित
नित नित तुंही भर रहो शाहनशाह सतार रव।
तोसों और नाहीं दूजो तोसो तुंही नरेश तुंही
दीन तुंही दुनी तुंही धनी तेरो सरव॥
ना मोमें जप तप न संयम ना तीरथ व्रत लुवधो दरव।
तानसेनको साहब दुखियनको दुख दूर करन हार
भंजन गरविन को गरव॥

१५

आलीरी मान जिन कर वड़ी घड़ी निश घटत
मिलवेको वेग उठ चल गरे लाग।
याही बातमें तू अति सुख पइए और रहै तेरोरी
सबनमें आदर महत सोहाग॥

१६

सोई सुन्दर नारि सकल तियनको रिझावै।
और जो कवि पंडितन के गुण नाम प्रकाशि रस उपजावै॥

१७

प्रकारन कर रिझाय लीनो प्राणेश्वर विचित्र
अङ्ग अङ्ग अनङ्ग।
मेरे जान यही अच्चर होतहै अपरागन तातें
सकल त्रियनमें तोहिसों रङ्ग अनङ्ग॥

१८

उत्तम लगन शोभा सगुन गिन गिन ब्रह्मा विष्णु
महेश व्यास कीनो शाह औरङ्गजेब जसन तखत
बैठो आनन्दन।
नग खंच दाम विशाल वर गायन मोहनप्रत
ब्रह्मा रचे तिन मध गायन गुनी जन गावत तिनके
हरत दुखदन्दन॥
एक नितंत नितत लाम ताण्डव रङ्ग भावन एक वन-
वावत वन्दिक पण्डित कर कवि सरस पूरण चन्दन।
शाह औरङ्गजेव जगत-पीर-हरण लोक तारे
निस्तारे फन्देही रहत दुख दारिद्रके गञ्जन॥

१९

दूलह आयो अकवर नारि दिल्ली दुलहिन वरपायो।
चित्रकला विराजत अलमंत घनश्यान फानूस
ममार वखत प्रताप जगमगायो॥
लव धिंगाने ठेल पेल लीनहै दुरजन देश देश
दहेज मगायो।
राखो निशान बजाय घर घर मङ्गल गाय चिर चिर
जीवो हुमायूंको जायो॥

२०

माईरी महा कठिन भई मिल विछुरेकी पीर।

घड़ी घड़ी पल छिन जुगसे बीतन लागे नैनन
भर भर आवत नीर ॥
जबसे प्यारी भयो न्यारो कलना परत मेरी वीर ।
तानसेनके प्रभु बेग आवन कीनो जियरा
धरत नहीं धीर ॥

२१

मोहि उत्तम गढ़ औ रङ्गमहल बनाए तिनहूं में
सुन्दर नारन ।
अतिहि रही और पवनकी छवि ऐसी लागतहै
मानो पहिर रही सारी फुलवारी आनन पर बन
रही धरन ॥
और जे छूटतहै फुहारे मानो अलम बनाए नीछावर
करत तन मन धन ।
डारु भाग जागे दिल्लीके यवननकों सुख दिए शाहपति
पातसा चिरंजीव रहो करोर बरस नगन ॥

२२

मोहि शाहंशो साहब सुलतान औरङ्गजेब जाहीकों
जे परम बली महाबावर महाजान ।
माहजहां-नन्दनके दरबार भई भोर नृपनकी
अति धावत खिलत गुनीजन देत असीसप्राण ॥
जुग जुग जीवो अकबर-बंश कल्पवृक्ष जगत शिरत्राण ॥

२३

सगुन होन पिय मिलनेकों आलीरी ताके लागे
अँखियन ।
प्राणेश्वर आज आवेंगे छोड़ परी सब सखियन ॥
भली भई तुम आवन कीनो तन मन रोम रोम
फूली छतियन ।
शाह बहादुर तुम अनुनायक जागी मेरे करम
भाग रतियन ॥

२४

नैनी उलट रहो छूटे बार टूटे हार फैल रहो
कजरा धुर दरशननके ।
कानकी पटिया दरकी दरकी डगमगात चलत
चाल धरन पर धकधकनके ॥

धायोरे सजदल रामचन्द्र कर लङ्कानगर ।
शब्दउठत गर्जत शेष कमठ दलमलानो सहि
डगमग उठत धूर गगन थकित छिपत दिनकर ॥
अरिन दर दरेर चढ़ो महावली एसो शूरो पुरो
अडंड डंडल अखण्ड खण्डन नरवर ।
ऐसे प्रभु चले जीत कनकपुरी घर घर निशान
नौबत बाजत आयोहै रघुवंशभूषणवर ॥

२६

प्रथम सुर साधे आरोहे ते पावे नाटकों मर्म ।
और इकईस मुरछना बाईस सुरत विक्रम तान
उनचास कोटि तानको धर्म ॥

२७

प्रात उठ चलगो पियपै तें मुक्तमाल बिसार ।
उलट मारग मध यो चितइगी मानो गजराज
रहत आर ॥
ऐसे मानो दसन नाके कसल जाके सगल्भ मराल ।
राधानि बहारजो देख राजा रामचन्द उलटे मो
छबिसो राखिए जियधार ॥

२८

अनेक प्रकारन कर उपाय बस कीने प्राणप्यार
विचित्र अङ्ग अङ्ग ।
मेरे जिय यह अचरज होतहै उपजान याते सकल
तियन में तोहीसो रङ्ग ॥

२९

गौरी ईश्वरी सरस्वती भवानी आनंदी और भवानी
शर्वाणी सती मंगला मृड़ानी मैनात्मजा दुख-
दारिद्रहरे जाल ।
अंबिका काली कल्याणी महिषासुरमर्दिनी पारवती
उमा शक्ति करदे वांछित काज करो निहाल ॥

३०

पुन बीबीका दुरतहो तुम अपनों सो करहो
दुराव कितोहू ललन डरत ।
और काहू बूझत देख धों पीतम एजो अन कहि
देत जो गाजेहो सबै सूरत ॥

अरसाने नीदन अघाने वाके पीतमसों नैन पाए
यातें थोरे ढरत सूरत ।
असलेम साह येह जान पार मोसो सुधहि बिन
जानो तुरत ॥

३१

लालन तुमसों जो बातें पाई कुमत पैए हाथ एहो
धर सकत माथे ।
लाख करोगे तोहू नाहीं मानोगी तें ताही पै
सिधारिए पिय जहाँ तुम रैन रहे पीत गाथे ॥
अब आए आतुरहै मोहि मनावन भोराबन
साँझको गए भोरे आवत भोरके गएहै आथे ॥

३२

अहो तुम झूंठो झूंठो बातें कथत ज्ञानकी रसना
नाहिन बनत मानत नाहिनरी आली कहूं तूंधों
कहा भयो लाभ ।
दादर निशदिन नाल मूलहै चाहहुन पड़यत है
कैसे पड़यत पद्मनाभ ॥
काहू योगी जपी तपी सन्यासी काहे शेष मगायक
जो इच्छा पूजवे एसो कौन को भयो ज्ञानलाभ ।
शाह अकबरको मन मनाइ जो कहो तुम ताही के
शीश धरो वमदाभ ॥

३३

तेरेरी सुर भरन अलाप करत धरत पुनि जानत
मन गान गुणनिधान औरङ्गजेब नर ।
सुगायन गावत बजावत गीत छन्द धक धुरपद पिय मन
रिझावनको अब तोसी तुंहो अङ्ग अङ्ग सुन्दर ॥
पुनि सङ्ग वर विद्या पड़यत लोनोरी भाग विद्यावर ॥

३४

प्यारे तू मन मेरे तनमें बसत रजनी दिन तोहीसों
जीवन बनत मेरो ।
सोवत सपने अन्तर अनत फिरत तोज मङ्ग
लागी रहतहों पिय छाड़त नाहीं औसेरो ॥
नैननकी पुतरीनमें मोहनीमूरत देखवोई
करत तोज व्यापत न मोमें काम अनेरो ।

विरहनी नारन तारन अकबरशाह सुजानहो आई
देवा कारण काह्ू सोतनके कहेते अब तुम जिन
मोपर तेजो फेरो ॥

३५

ताल सुर ताल राग निरत अङ्गभाल प्रबन्ध प्रकीरण
अपने रस ।
सुध विकृत नेम विरम औड़व खाड़व सम्पूरण देशी
मारग तत वीतत घन शिखर बाजत गावत गुनीजन
पानके परस ॥
पूरे यों तेरेरी अलापत यातें सबसों तिन मिल
देख राग रस ।
आरोही अवरोही अस्थाई सञ्चाईके व्योरो न्यारे
करजो भई भई वाकबानी वस ॥

३६

मुबारक जशन नौरोज नयो जातें भयो जनम अग्रण
कों जो पुनि देखो उठे दिल्ली तखतको ।
कोटि कहत धन हमज्यों इच्छा भई सबनको विधना
राखे राज कायम साह आलम वादशाह प्रथ्वीपतिको ॥
आनन्द हुलासन गुणीजन गावत बजावत पावत जरो
सरोपाव तुरङ्ग पावें हम तुमतें समरथ रविरथकों ।
अशीम देत सुरभावन अटल रहे तुमारे अब्बा
कीनों तुमकों सजाई सदा रहो हिम्मतकों ॥

३७

अतिबुध कारीगर रच पचके सुनखत वखत
बनो करन तखत अनुपम बनाए ।
जहाँ लगी रतन जड़ित गुण सबगुणके पुनि चिन्तामणि
कामधेनको एसे नगनकों कांपे जाय मोल मनाए ॥
सो गावत बजावत निरत करन लगे जहाँ तहाँ होर
चौर आरायश और नगन जड़ित खंभन नोल
जर वाफ तारी तनावन बनाय बनाए ।
शुभघरी साध बन बैठो सध नायक दिल्लीपतकों
नीवटा औरङ्गजेब पातसाही सबन आशीस दई सब
गुणीनको दुख दारिद्र हनाए ॥

४८

नीलवरण पहरे दुकूल रहो घटासों कामन दामन
लगत माधी रैन।
जाको पचरङ्ग किनारो सोई मेरे ज्ञान धनक भई
बून्द श्रमजलको और बोलत कोककला वैन॥
पोहपनके हार छूट रम रहे सोई वग पंथ एसो
लागो मेरे नैन मैन।
यह छवि देख रीझे तानसेनके प्रभु एसो लागत
मानो सूरत सैन॥

३९

धन धन तूं चक्रवर्ती नरेश जलालदीन सब देश लिए
किए जेर द्रुवन अपने खरग किवार।
सब विध प्रथीपर तुम समान परमान उदयाचल
भरतो नेहचे जहां तहां सकल भूपन पर॥
तोसों तुंहो एक अपबली महा सुभट और
समकौन देहों पटतर।
जलालदीन महम्मद गाजो चिरञ्जीवो तोलों चन्द्र
मेरु गङ्ग जमना छत्रपति शाहनशाह दारिद्रहर॥

४०

आलस भरे खड़े हो रङ्गीले रग मगे बानक बनत।
तूं जो रित मान आई पिय पैंते प्रगट लच्छण
देखियत सुख कौनेरो रस परस मनतें॥

४१

रोजा निमाज कर बन्दगी ईबादत याद
साहबदीनको मवाद जानो जगतमें तुम सब।
आयत हदीस सिवाय अब कछु नहीं तुसारे
मुख बोच दोनो हिदायत तुमको रब॥
पांचो वखत मङ्ग सुनि न्हात मुसफाति लावत कीनो
जिकर फिकर और सब।
मदत अल्लाह पञ्जतन पाकदाज दे इमाम ईद
मुबारक होय महम्मदसा पातसा तुमकों अब॥

४२

धन धनरी प्यारी सिगरी नारीन में पिय मानी
रूपनिधान सारङ्गगमनी सारङ्गनैनो सारङ्गरङ्गसमान॥
परननसों प्रेम नमाने आसक प्रभु प्यारो प्राण सगरे
गुणी गन्धर्व सगरे नाद समुंदरन पान॥

४३

गगरेसाममपपधधपपममगगरेरेसाधधसासागगरेरे
सानिनिधधपपममममपपधधपपधधपपममगगरेरेसा।
ममपपपधधसारेरेसासानिनिधधपपममधधमामम
पपधधसासासारेरेममगगरे सासानिनिधधपपमम
गगरेरेसा॥

४४

या हजरत अली मुरतजा अली पोर दुख दारिद्र
दूर करो मो तनतें।
जो तुमे ध्यावत सोई फल पावत सदका हसन
हुसेन औलिया अम्बिया शेष मशायक जिनपे
महर करो अपने करमको मोरनको पोर हरो
सुख सम्पत देहो अब शेर खुदावली रसूलतें॥

४५

आयो आयोरे बलवन्त छत्रपति द्रुवन मिलिवो
माई दलमें।
ज्यों वरषा ऋत उमगत नारे सूख जात एक पलमें॥

आसावरी तथा सहाना—चौताला।

४६

प्रथम मञ्जन कीनोरी आली उदियाको दोउ
पदरस लीनों।
हसन बोलन डोलन मानो सरस्वती लिए बीण
हुमायुंको नन्दन अकबर वस कीनों॥

४७

नारेहे नबीके असुत हजरत अलीको सकबूल
दोऊ जगके प्यारे चिस्त भोरके।
दुख दारिद्र दूर करो निश्चय मनमें धरो दरगाहके
चकोरा मुल्लाधिक भोरके॥
गुरुहे साधनके दाताहे सन्तनके दयालहे दीनके
एसे पूत नासरपोरके।
तुमको जानामें आग चरण गह विश्वा बीस पावन
में राखो अपने सीस ख्वाजे मोरके॥

आशावरी—झपताला

कोऊ तो मोहि बतावोरी पियसों मानकरवे कोढव।
ए एसे कीजे जामें वे नेक मलीन न होय और
अपनीहूं बात रहे सब॥
उनको कहा कहां वेतो निपट प्रवीण सकल लाल
अनेक आंखनको फरकत देख रहे तिनसों
छिप सके कब।
यह मूल मन आय गई सो तुमसों कहो तातें
सदारङ्ग रीसहु में मरूं एसो कबहूं अब जब तब॥

आशावरी—आडा चौताला

महागणेश कहत सुख चैन।
भेटत हूं नकाड़े भावें साह किरान लागे त्रिचकैन॥
नाम लेत कटत पाप अन धन लच्छमी दैन।
तानसेन सेवक पें क्रपा करो ज्यों कल्पव्रुच्छ कामधेन॥

२

ढोलन मान न करिए गुमान न करिए।
जिन लाल महाव्वत लइए तासों हित चहिए
प्रीत रीत जिय धरिए॥

३

कीनो एसो सर तुव कर वर वर त्रर डर काटे
अपार और दीनो बिड़ार।
सैन भर कमठमानो अरु शेष डगे गोलो मडार॥
खल कमव्यो इन्द्र गहन मया कीजिए जिय डर
जब सुने बाजे इन्द्र बजावत कोढार।
अनपे बरषा डर बरषायो अधिकार एसो मचो मार॥
एक गेरन चाहि जाय कनको बाद भजो जातरो लार।
मिटि डार उड़ प्रबल उड़गए जित तित जुरें न
लगत वय पड़त चरण कीरत चल महाबली माह
मौजदीन लीजिए पग पर वार जो जगमें प्रतच्छ
राम अवतार॥

टोड़ी—तारमाला

गज घण्टा विभार अरुण सिङ्गार त्रिविधि दुखतें
उधार सकल रैयामान मरदन त्रैलोकताप
निवार आए।
समझ अजम झुझार गहे करवर भुजन फिर फिर
दलन विस्तारण दूलह शरण सुस्तार धाए॥

आशावरी—ताल रूपक

गगरीया लेदे मोरी पनवट भरन न पाओं
कान्हा हेरी।
उतकल लाज तुं हो जानतहै इतए रहनन देरी
छाड़ा तेरी चेरो एरी॥

आशावरी—तिताला

रामजू विष्णु दामोदर नारायण क्रष्ण
हम गऊ तुम ग्वार गुसांई जनम जनम रखवारे।
कबहूं तो पार उतारो घरादि कैसे प्रभु हमारे॥

२

चौंक डर ढुर लागो पियके उर देख वेणीको परछांई।
याही बातको आनन्द भयो परे ख्याल मन भावन
तातें गहे किए नाहो नाहो॥

३

बह जाय एसो चलन जो नेकन होत नरम।
यो तोको चाहत पोकों न चाहत फिर पछतायगो
यांही जायमोरो तेरो भरम॥

४

मेरे नैननहो लागो रहत पियको मूरत
सोतो एक पल क्योहूं नटरे।
हों नहीं जानू कछू मोहनोसो पट डारो यह मन
धीरज न धरे॥

५

हजरत एसो होय तुमतें सुभको मिलावो प्यारा।
तुम कारनमें सब जग वाला विरह सुहाग में गाला
आला आप कुन्दन है हम नग झाला नेक न करो न्यारा॥

६

तेंजो कर नचाय नचाय बातें करत हो अङ्गुरी धर
अधर भूठी भईरी मोसों करत चातुरी।
तेंजो अपनो दुराव छांड़ नाहिन आलोरी
अब घट ढूंढ़ पइए सच आतुरी॥

अब नग भंट करत है आली सो मोह खोज लागत तेरे
तो जोमें डोरे एकहो तुरो।
उजार दौलतखाँ सो मिले कपट कर एसी
भांति क्यो जो पतयातुरी॥

७

तेरा चितिवन हसन वस किए लाल को
नैन मनरो आली रीझ रहे मनमोहन।
कोटि भांति रिझाय बुझाय समझाएरी पैं कहूं न
अटकेरी रीझ तेरेहो अब किए जतन कौन कौन॥

आशावरी—ताल सुरफाकता

निमारेमनिधपमगरेगरेसानिधपमगरेगरेसा।
मपधरेमानिधपमगरेमपधसाधसारेमगनिधनि
धपमगरेसा॥

आशावरी—तिताला

हजरत शेष सलेम पीर रोशन जमीर
जानत तुमहूं विथा मेरी नोके कर।
या जग बीच सब जानत है हम चेरे
कहावत तुम्र दर॥
कृपा करो तुम हमहूं पर जैसी करी तुम भावते पर।
समृद्ध को देहो अष्टसिद्ध नवनिद्ध राखो
अपनो मान आदर॥

२

मेरे मन बौराव राखो इन गोविन्द वैनन।
हों पाछे पाछे पछताय रहो वेतो अन्तरजामी
स्वामी कहियत है मन वस कोनो मैनन॥
सूरत ठगोरी मोहे ठग जो चले मो पीर हरण
चितए मोतन सूधे इन नैनन।
तानसेन को प्रभु सुखसागर सुनो वे
देखेहो निहचे चैनन॥

आशावरी—चौताल

आज माई आनन्दो आनन्दन मेरे ग्रह
धरेरी पिय चरण।
अबमें पायो साँचो पूरवलो फल मोहि
मिलेरी कामहरण॥

नवन लाल रिसाल रङ्ग महल में बैठे तुम्र दरस
बेरना लगाई वाल।
पति प्राणेश्वर अरथ कर हों पठाई उठ चल हिल
मिलरो हित चित कर हेरो निहाल॥
एसो गाढ़ो मान कबहुं कोजिए किन मोतनको
चितवतरो तन तब आपस मन काम सुख रहे
धन धन धन ततकाल।
रस तें अनरस रसाल सो कबहुं मन धरि वेभए
दयाल तोहो सों बोलत साह जलाल॥

३

जहां सभा पण्डितन निरत कारो मनरञ्जन
श्रवण दुखभञ्जन कलावन्त कलानिधान।
सुन राजा राणा बादशा राजारामको
जानत चक्रवर्ती जहां रिद्ध सिद्ध नवोनिधान॥

आशावरी—तिताल

सब जगत सरफराज कोनि सरफ को
शाहजहाँ पातसाह बैठे तखत।
राजा राव वस किए किए द्रगपाल उमराव
भुवलोक मध नर नारियनके जागे वखत॥

आशावरी—झपताल

ढोलन आवरे आवरे तुझ वेखन दामें तूचावरे।
तुझ विन मुझे कछु सुहावरे और सूरत
उठि है भावर रैन दिना मुझे दरस दिखावरे॥

आशावरी—पटताल

मिठ बोलन ढोलन आएरो मोरे मन भाए।
घर घर मङ्गल गाए नैना सिराए हिल मिल
करोंगे वधाए॥

२

एमोहे रटत गई रैन परो पछिन चापन चलीरी
आप आप मिलोरी।
औरहूं सखी हिलि मिलि रसाल भुंवर दरशन
देखे तो आनन्द भयो रसीलो॥

आशावरी—ताल रूपक

आनन्दन रसदानो तू जालपा भवानो
बुध दानो नग्र कोटरानो ।
अतिबुध द्दढ़ दे सयानो भुव सध प्रगटे जो जानो
मनसा तन मन जियमें जानो ॥

२

ढोलन गुमान न करिए वेमानो न करिए ।
जिन्हा नाल मह्मोव्वत लाई तासों डरिए ॥

आशावरी—तिताला

सो पलहूं न भूलेरो माई मोकों अपने
ललनको बतियां ।
छविनायक उन जबतें गवन कोनो तलफत कटे
दिन रतियां ॥

आशावरी—ताल धमार

कान्ह किन सङ्ग जागे हो रङ्गोले छवीले नन्दलाल ।
लट पटो पाग पेच अटपटे चलत डगमगो चाल ॥
अञ्जन अधर पोक द्दग सोहे जावक लागे भाल ।
विन गुण माल लसत छविनायक तापर मुकरत लाल ॥

२

आज तोहे ना छांड़ोंगी मीड़ोंगी मुख में गुलाल ।
औचक आन फंट गहे मेरे दे गारो गए काल ॥
अपनो ओर जोर युवतिन मां हंस रस चाखत लाल ।
छविनायक अब बस परे मेरे छोनोगो मुरलो माल ॥

आशावरी—तिताला

हार गुन्ध लाई मालनिया गरे डार प्यारो पियके ।
भर भर थार नार सब वारे छविनायक मोतीय के ॥

१

मङ्गलरा गावो सब गुणी कुंवर प्रगट व्रज लोनो ।
जैसो भाग उदै यशुमत को एसो भयो न होनो ॥
द्वार द्वार भोर याचक ठाड़ो बचो कहूं न कोनो ।
छविनायक नर नारि परस्पर मणिगण वारत सोनो ॥

३

श्रीमाता भवानो मोपर दयाकर जगज्जननो दयानो ।
तुमसो महीं कोई सृष्टिमें सुखदानो
महावाक्वाणो कृपानिधानो ॥

४

बढ़ैया लावरे आज सुघर घढ़ पलना ।
रतन जतन सो जड़ित हिंडोलना झूलत है
यशुमत ललना ॥
जो छवि निरखि सकुच श्रुति शारद लघु
लागे सुर आलना ।
छविनायक नोछावर करिहै अरब खरब ल्वालना ॥

५

मन्दिलरा बाजेरो आज मोरे
घर आनन्द भइलरा माई ।
वर पायो सबके मन भायो छविनायक
मिल गावत मङ्गलवा गुणी गावत सुख पाई ॥

६

कहा करों आलो मो रट मोहे लागोरो पिय पिय ।
छविनायक अब विन पिय देखे अकुलाय
आवे मोरा जिय ॥

७

सांवरारे तें मन मेरा वश कोनो ।
तू जोवन को शोभा कहा कहों
जैसे अञ्जन कजरोटो में भर दोनो ॥

८

बहुत दिनन तें भटकत हम तेरो दरगाह
देखन आएहो ।
धन जन्म हमारो जो अब तेरो शरण धाएहो ॥
अल्लह करम कर पदाए तुमको तन मन
इच्छा फल सब विध के सुख पाएहो ।
चिस्तगांव के सेवक कहावत जनमहूतें तुम जानत
हजरत मोनदोन अब कोनके ढिंग जायेहो ॥
एसो कोजे कृपा जामों सुख होय समूह को
सब मिल रहे एक ठौर चाहेहो ।
ज्ञान ध्यान बदे या कारन ए पायन पर ने आएहो ॥

आशावरी—धीमा तिताला

देखिए दरबार मोंनदीन की दीनन नियामत
हो भरो।
जे तोहो ध्यावत ते फल पावत एसो रहम करम
तुमको करीम हो करो॥

आशावरी—तिताला

मोसों करत चतुराई तू जो चायन चायन
करत चातुरी।
बातें करत ओर अङ्गुरी धरे अधरन
झूठी भईरी दूजे अपनो दुरावत घातरी॥
छांड़त ना अब घूंघट छोड़ पाई याहो
मो खिज लागत तेरी बातरी।
तेरे औ उनके दुलार कहां जात आली उजारे
दौलतखां सों मिल क्या कपट करो एसी
भांतिन कौन पतियातुरी॥

२

होंतो ढूंढ़ फिरी माई सिगरो वृन्दावन
कहूं न पाए नन्दनन्दन।
हेरत हेरत मेरे पांव थक गए ब्रजनाथ कवन
देश गयोरी कामकंदन॥

३

गोविन्द गोकुल ते जो चले बन हमसों
अवध बदी गुसांई।
एसेहो निठुर खरेही भए एकतो दुखित वाम
धामते अकेलो दूजे काम बिन प्राण टलमले माई॥

४

कहांधो लगाई एती बेर हमारे माई गोविन्द न आए
कौनधो अङ्ग लाए कौन दूती बिरमाए
पलक के बिछुरे ते भएहैं पराए॥

आशावरी—झपताला

मुबारक बादी इशादी होय तुमको
बरष गाँठ गाँठन को।
चिर चिर जीवो कोटि बरषलों गावो
बजावो ब्रह्मा आरबलको॥

आशावरी—तिताला

मुबारकबाद होय तुमको ब्रह्मा अरबल कीना
ए सोती बरस गाँठ गाँठनकी बरको।
शुभदिन शुभ महूरत तुला चन्द्रमा नीको बखत
छभको घरको।
चिरञ्जी रहो खानखाना सुजान आशीर्वाद
देत नरनारी तिहूं पुरको॥

आशावरी—झपताला

सबलवीर अति सुभट अरि दलनको
चढ़ो दल साज दलबल भारा।
औरन खलबल परो आवत प्रचण्डन भीम भुजन
ज्यों नाहर मुक्कारा॥
खेंच खेंच तोरन कमान बीच मचलो भयो
एसो सुरो पुरो टरत नाहि अबजो टारो।
एक घायल भयो एक रनमें घूमत फिरत एसो
कौन जोधा तोसे जङ्ग झारो॥

२

धवल प्रचण्ड बलवण्ड नवधा को नवखण्ड जिह लई
भूमि अडंड दंड जाको धाकको पारन।
औरसे सुभट नरत झटपट पग पटकत सब गए
डरकर वार झटकत बहुत भटकत गरदके गए
खुर तारन॥

आशावरी—तिताला

मेरे नैनहो लागी रहे पियकी मूरत
आली एक पल क्योहूं न टरेरी।
हों न जानत कछु मो पर गोहनी डारी जाली जोलों
नैन देखूं यह मन धीरज न धरेरी॥
वे बहुनायक उनहींके कारन मो चित यों चाहे
पै औगुण गुण खरे समझेंगी तो मान न करेरी।
यह को नाह देखो समाई आली रूसे
हमी रसना राजाराम रटेरी॥

२

काहू देखन न देहों एसे पीतम को हों
आली नित नित केहो।

होंही राखोंगी तनमें दुराय जाजा भांतिन
अनुरज जाय मो विध कैहो ॥

३

तुंही मुराद करो मन भावन।
दिन दिन सुहाग बढ़े लाड़ले दुलहा कोंते
अब वसकर पायोहै लाड़ लड़ावन ॥
विनती सुन लीजो कान धर हमारी
अहमदसा बादशाह प्यारे मनभावन।
होंजो धरतीपे मेघ वरषत तैसे वरसे वरषका चाहिए
मोपरज्यों सावन हरो भगे डह डहो देखो करो
लागो रहों तिहारोहै दावन।
कहत सुरभावन नाम धरो नोको तिहारे
नामतें निहाल होत मोमो करोरन वामन ॥

आशावरी—आड़ा चौताल

ए जित तित सुनीयत वावर वंश जीतो।
अरिनन मार हदमद कोनोरी दरोया पार खांड़ो
पखारो कियो अपनो चीतो ॥
देश देशनके नरेश कांपत डरपत कहत
जरव जोरके कहा कियो एसो पीतो।
चिर चिर जियो शाह अकवर सबन तोड़
कियो अजीतो ॥

२

एरीए वह हमसों रहन लागी है हमको
माने पहचान नाहीं।
उनको पीतको कछु अन्तर परे ताको
विलग न मानो याहो ॥
भूलेहूं न कह्यो जाय कहो जब तब दरस परस में
कहूंते हम तुम एसो निवाहो।
जैसो कछु निभइ तैसो तुम देखहुं अपने
प्यारे औरङ्गजेब सो तुही कोन दृष्ट जोहो ॥

आशावरी—तिताला

आलोरी सकुचन बोल न सको बोलो।
इन लाजन मुसक्याय नाशको यह विध जियते अकेलो ॥

आशावरी—तान रुपक

आज बजाई मुरली मनोहरने सुध न रही
कछू मो तन मनमें।
हों यमुनाजल भरन जातही कान्हा ठाढ़ोरी
वृन्दावनमें।
सुध न रही कछु ठगनको अगनमें भूली काम काज
सब घरनमें।
तानसेनके प्रभु तुम बहुनायक मेरो मन मोह्यो
आलो मदनमोहनमें ॥

२

चटक चित मिवड़ मिल तज मन नवल चित चढ़त
रुप रङ्ग भरत जगत मनहरत।
प्रथमही आभा मादरत पुनि अरतन कुक करत
बड़ो बड़ो वार परत ॥
रम ढरत लटपटात थरथरात वे कुम भट ह्वै लगत।
एक मारत भरत एको दरत वसरत हरत गेर
दारिद्र इनको दरत ॥
वही ज्ञान जो में धरत परमत संमार नित तार
मनमें यातें फूलन परत।
तानसेन कहत अकवर अस्मा भरके नाम गाए
एव दरस नहीं सुरत निरत ॥

आशावरी—तिताला

तोंहि अति भावेरी शाह औरङ्गजेब उजारो।
दरस देखेतें रोमरोम सुख होनहै डर होत हरो
दुख अधियारो ॥
एक रसना अस्तुति कैसे करों कहो जाय
प्राणहूं ते प्यारो।
राखोंगी हियमें दुराय कार नैक न करहों न्यारो ॥

२

मङ्गल गावत मृदङ्ग बजावत निरत करत हैरो कठतर।
साहिवशाह शाहजहांको अल्ला देहो
लाख वरस गांठ गांठन पर ॥

३

ए साह अकवर तुमसों न बोलो मनमाने हो
नहीं माने।

जे तुमारे औगुन मोहि कैसे भूल गए सोतनको
बांही गए गेह आन डोलत सो तो मेरे हियमें
जो भले जाने ॥
अब आवो मोपे मान छिपावन न जाने जोजाने ।
साहजलाल अब कैसे आए हो पीत कर
परछाने पिछाने ॥

४

मोतो नन्दनन्दनसो अनबोलही रहे ।
जेतीहूं बात पूंछनहे भुराई एसो काहु वार सोतनको
खिजाए प्राण राखेरो अनरूपक सर
बात मोसे नेक रहे ॥

आशावरी—सरफाकता

निसारेमनिधपमगरगरेमानिधधपमगरेगरेसा ।
मपधरेसानिधपमगरेमपधसाधमारेमगनिधनिधप-
मगरेगरेसा ॥
पपनिधधधनिरेरेमानिसारेरेसानिनिनिधधमपधधनि-
धधनिसागगरेसा ।
धधनिसानिसारेरेसानिनिनिधधमपमपधनिसानिनिधनि-
धपधपधपमपममपमगमगमगरेगरेरेसाम ॥

२

तोरे कारण मोरी सुध बिसरनी मोहन
तेरे रूप लोभानी ।
पिया पूंछेगे तो कहूंगो कहानी जिस घर कँथहे जो
ठकुरानी यार जानी यार जानी ॥

आशावरी—आड़ा चौताल

माईरी जाहरपीर मीरा जाहरपीर मीरा
साह आलम होय सुफल ।
दीदार देखेती सकल पाप हरत और दीनको बल ॥

२

एरी आली इन लाजन सकुचन बोल न सकों ।
मुसिक्याय तन सबको यह विध जियते
अकेली बको ॥

आशावरी—ताल रूपक

केलको छकावे छवीली उमगीली मदकी
भरलाई कांई ।
तूं लाल करजाने लाल रसाल पियारे लालको
लपक लातरो जोहे प्रेम सुरा लीक ताई ॥

२

बुरो जिन मानो हो नन्ददुलारे यशुमतके
प्राणनके प्यारे जान बुरी बुरी हूं जेहैं ।
एसो टेव न लगाइए तुम आप बड़े बड़ो लाग
बड़ो प्रताप नीके बोलो चाहे सूतो मोसों
जानीनकों को कहै ॥

आशावरी—तिताला

मयाको इष्ट नटरे जातनके हिय लागी ।
वे वहोनायक जहां जात तहां रङ्ग उपजावतहो
अवध वचन मन्न निश जागी ॥

२

आपन भोरीहैं भोरीमी बतीयान कर कर मोहन
तोहितें भोगयो ।
हों जो जानत तूं अब निपट जान भोरी तेरो
मरम अबहीं पिय पायो ॥

३

प्याला पिलावे महबूब कलाली जो जावे
तन मन तें खुमारो न्यारो ।
जो बस अङ्गही रिझाय पुनि अधररस धरले
कौन चखाय साव पावे प्राणेश्वर यारो ॥

आशावरी—ताल रूपक

अल्ला माली जग लासवास फुलवारी भांति भांति
बहु वरन वरन ।
एक जोगेश्वर एक भस्म किए एक सिद्ध साध
एक उत्तम वरन ॥

आशावरी—तिताला

ए दारू पिलाव कलाली तानसेनकों खुमारी
भई अन्न विहाली ।
दुहाई साहजलालको प्याला भरभर
पीवाउहो लाल दुलाली ॥

आशावरी—तिताला ध्रुवपद

मेरो मन ना रहे मेरा यार वे तुझ विन
फिरों गल्लो गल्ली वेकरारवे ।
तुझ देखत तन मनतें भई जिय मन हालवे
अब मुझको नेक न विसारवे ॥

आशावरी—तिताला

अह जाय एसो चलन जो नेक न होय नरम ।
पिय चाहत तुम न चाहत तुम न चाहेरो
नहीं तो फिर एसेहो जायगो जनम ॥

२

हरि विन पापी प्राण गए न गए ।
अब न गए पाछे पछितइहे अब कौन भए ॥

३

पिय बिछुरत न गए सङ्ग प्राणए नैन कहत
मानो लागे दुख पावन ।
तोउन समझत निलज्ज कठोर जोन फिर
चितए भोरेसे मनभावन ॥

४

निपट मन मैलो कीनो ललना कहांलों धीरज धरीए ।
औरमों हँसत खेलत सुनीयत है वलमाए
न अनखनरो अनखन ना जान न मरीए ॥

घर घर धुन मथन होतहै सुनीयत दुनीया तेरो
गुण मेरी पोत और पियके जैसे कहे ग्रन्थन ।
जैसो कैसो आन एसो कहत हों तेई तेई आलीरो
जहां तहांलों सुहाग चरचा लागो कटाछन ॥

६

डार देरी इंडुरीया मेरी पचरङ्ग पाटकी ।
पायन परत निहोर करतहूं यह लालच आवै
जो गोकुलनगरके हाटको ॥

७

झुलावत लालकों वनवारी वारलेत कोर ।
अगर चन्दनको पलनो घड़ाऊं और पचरङ्ग
पाटकी डोर ॥

८

छैलको छकावे छवीलो रङ्गीलोरी
उमगो लाल मधको भर लाल सुरैया ।
भर भर पिलावो मललीया विनविन लावो
मरूवा दोना फुलैया ॥

(अभो:)

९

एरी माई भागु करम मोरा पीउ पूंछे ना कोउ बात ।
उन विन यह गत भइलो दिन दिन
पीरो भइलो कछू न सुहात ॥

(खु:)

१०

तपदीयां भिकदीयां नैन पके जिना जाई
राझण फेरे पाए वोसो जाई मेंडे मुके ।
यारां दीया अखियां कमन आवण विन दीठे
याग दे मुके ।
कोकुर जीवा में जालम लोगां विछोड़ें दे लगदे मुके ॥

११

जबतें तुम निठुर गए मोतें तबतें तो
मोरो सुध बुध तनतें गई ।
मैं निरगुणीके आए मया कर तम
पूरण भाग मेरे आज भई ॥

१२

तेरो गोरे मुख पर कटाच्छ भरे नैनकको काजर सोहै ।
और कहा कहूं तोरो तो एक नजर मनमोहन
को मन मोहै ॥

आशावरी—अद्ध तिताला

पच्छी न टाणीया वो दिलवर मै डावें ।
प्यारे नूंमे खड़ी डड़ी कांवखतन जाणांवे रावै
आस जग मेड़े सामणे तेरो तुमै डावै ॥

आशावरी—तिताला

सइयोनी मैं कीकरा माए
जालम आंखि मेड़ी लगीवे ।
हाल दिलादो वारी किसन् सणावा
वावन लगी तेनु तेनु रातो ततीवे ॥

५१

परी है प्रेमकी गाँठ सजनी घुरगई घुरगई ।
मारग में ठाड़ोरे मोहन दृष्टि अचानक जुरगई ॥

३

नैना लाग चले सङ्ग पियाके आवे रोको घेरोरी ।
कहोत मूरख कहां चलेहो नैननकी
गत मानो विधोजे दूतो फेरोरी ॥

४

मैं नहीं जागदी पें डड़ा सुणवे सोणां
मेड़ड़े कोल तेड़ा खेड़ा ।
किसनु आंख देखावों एहा नैणांदा उलझेड़ा ।
ढूंढ़दी ढूंढ़दी कमली हुई खजाने दिलदा मैड़ा ॥

५

मिल विछुरेन कोंरे दुख सह्यो ह
न जायरी विरहन फिरत वावरी ।
तुम विन नीर बहे आंखन तें तेवारी
विरहन फिरत वावरी ॥

६

आवो वनमा हमी तुमी तहां जइए
जहां दुरजन होय न कोय ।
घनो अमरैया बनी छांह कर डार पिछोग
सुरजनवा मोरा रहीए आन सोय ॥

७

छजई तुव मन्दिलरा तुअ दरवार नौजामदीन ।
ऋत आई वसंतको सुघारघी दिन सदारङ्गपी
गाय बजाय वीन ॥

८

राम तेरा भला करेगा दिलकी घुंडो खोल ।
साड़ा मन तुमसो लागा जो भामी त्यों बोल ॥

९

मथुराके वासी लोरी लोएरी मेरा अति
लोरोलो सुखरैया ।
चन्दनका घड़ पालना बनाओ रेशम की डोरीया ॥

हांजो म्हारे अङ्गना में चंपा बोई म्हारो राज ।
मै तो थारी दासी जनम जनम को थे म्हारो शिरताज ॥

११

माई आज मेरा ग्वालोया रूस रह्योरी ।
अन्न नहीं खांदा दूध नहीं पीदा वार डार
कान्हादी कमरीया डार दियोरी ॥

१२

भंवरारे पिया सङ्ग जाय इतना सन्देसा मोरा
कहियो जाय ।
तेरे विना मोंको कल न परतहै अब कैसे सुख पाय ॥

१३

जब तें तुम निठुर होगए मोपे तबतें मोरी
सुध बुध तनतें गई ।
मुझ निरगुणीके आए मया कर तुम पूरण
भागमें आज भई ॥

१४

गोरी तेरो जोवन एसो जैसे भोरकी तरैया ।
आवत न देख्यो जानत जान्यो जैसे धरनी परछैयां ॥

१५

एसे सुखकी वलैया लेहों मैया सुन्दरश्याम
कन्हैयारे ।
जो मेरे ललाको देखन सकतहै वहकी आखन
लुनरयार ॥

१६

तेरेरो दुलरवा जीवेरे हँसत खेलत दूध पीवै ।
एतना मांगतहों देहो गुसैयां झूलत पलना चिरंजीवै ॥

१७

ढोलन हुण आवणा तेंड़ड़े नाल
ढोलण तेड़े मिलण दामे नुचाव ।
रात देहा एहा दिल मेड़ा चाहदा तुसो वेखणनु
हाल वेख मुखकरी सानु निहाल वेहुण आव ॥

आशावरी—एकताला

बंशीमें श्याम मगता बोल बोल सुनावे ।
सुनरो वीर धीर न धरों जो विन देखे न भावे ॥

आशावरी—तिताला

अरे मन लागी याहूतें जो अपना हित चित होय।
दरद बिथा कथा सब कह दीनो तोहे
जोई दुख बाढ़े चल आगे जोय॥

२

जोगी काके मीत भए जो कोऊ उनसे
हित करे सो बड़ोहो नादान।
विना नाथकी प्रीत और काहू सों न जानत
अदारङ्गको बात सांचो मान॥

३

मलीयारे तोरो वारी फूल रहोलो सुगन्ध लाय।
अबतो मो मन लालसा एसो बलमि कब मिलेंगे
सदा रंगिले महम्मद साय॥

४

मलीयारे तोरो वारो भंवरू गुंज रहे नैत रम
सुगन्ध लियसे।
खुसबो महक रहो उनके अदारङ्ग लागे मन जियसे॥

५

अरे जिन कभो नकिया सो करत अब।
अदारङ्गजो विधना लिख दीनो सोई भुकतत सब॥
तें सुनो नाहीं किस्सा जैसो देश तैसो भेश
करिए देश काल चलन वेश॥

(नुरखां कृत ख्याल)

आशावरी—आड़ा चौताल

प्यारे मुखको मोसों जियको वासों
जासों लागी प्रोत सरम।
कंतोहि सांच बनाव तिहारी बात
एक न मानो लाख रस॥

आशावरी—तिताला

सावल मेंड़ो वात न बूझदा कसनु आंखे माहाल।
नूर रसुकेहो गलो कह दे इश्क लगाउ नादे नाल॥

२

वेरुख होनो खूब नाहीं प्यारे हमसे
तुमसे परेगा काम।
जबक्या करोगे जानो याद आवेंगा
सदारङ्गोलि आराम॥

३

जातन लगी सोई तन जान और लोग देत मोहे ताने।
इशक्को वेदन छूटे अजीज दानलखां
ललालाखां स्याने॥

आशावरी—झंपो ताल

इथां कोई जग विच नजर न आदा किसनु हाल सुनावा।
मनदी मुराद वारी पुनि यानी सइयां
चलो सई जुलमन पीर मनावा॥

२

अरे अरे सांइ जीवन तुझ ताईनु औरन सो रङ्गराता।
तिहारो प्रीत पतियारो नाहीं तुमारे औरन सो नाता॥

३

अबतो सेलो गल सेलो हो तो भई पियाको भिखारो॥
नैन खप्पर दोऊ भए हमारे दरशन भीख निहारो॥

४

मांझरी आन पड़ो मझ धार नइयां।
वाव वहे पुरवैया पियको मिलन अब कैसे बनेगो
हमारो पार उतारेगें दैया॥

५

द्रतुमद्रतुमतनदोयनरेना आआआआआआ
नारेतदरेदानो।
तरललललेलेदिरतुमतांनदीयनरेनायललालेय-
लालसयललले॥

६

मोहन मेवारो वारडारो नारो जिन करो
कपटको बात।
रहत ज्ञान ध्यान तुम्र नामको नित
सुमरनहै दिन रात॥

७

पहरवा जागरे चोरवा लगोलो तोरी घात।
जागत जागत सब निश बोती चेत पिछलो रात॥

धनरा ढ़ोलीयारे डावर नैनों जोरा भंवर
सुजान तागा होयतो तोड़ीए कहीं पीत न तोड़ो जाय।
बालक होतो वरजिए कहीं कैलन बरजो जाय
कुवं होयतो फन्दीए काइ मगर फाटो न जाय ॥

९

इहां कोई जग बीच नजर न आदा किसनु हाल सुनावां।
मनटो मुगदा वारी पुनीयानी सइयो चलो
सइया गुलशन पीर मनावा ॥

१०

हजरत शेख सलेम चिस्ति पीरको भालरो नूर
ते भरीया।
अल्लाके महबूब खुब जहर होग मोती
लाल जवाहर जरीया ॥

११

मोरे कथा आन मिलावो पल छिन मोरे सङ्गवा।
नेह लगीलो तुमरे सुघर महम्मदसा
नेकन लागीलो अङ्गवा ॥

आशावरी—तिताला

धाय धाय द्रुम बाजेहो मन्दिलरा बाजे
माई मोरागे साजन घर काज।
बाग वहारको देख सखी आवत है
पिया मोरे घर आज ॥

आशावरी—चौताल

देखत देखत सब दिन वीतो तेरे
आवनको मग पियारे।
निश दिन मोको नींद न आवें न भावें सेज तलफ
तलफ बीतत घरी घरी पल विरह देत तन जारें ॥

आशावरी—होरी ताल

हरवाले तोरे रे लागीलो रतन पद्म सुरङ्गए लगरू।
हाथ जिन लावहु रहस सन गुधेलो हरवा जिन
आवहु मेरे पासरे धगरू ॥

२

होरे डफवा बाजन लागे खेलन आईहे सब ग्वारवार।

तनकही धुन सुन मोह लिए ब्रजमें
नेक रस कर लागे धमार ॥

आशावरी—तिताला

सुनहु सखी मोहनको प्रीति निश दिन औरन डोलत
फिरत घर आय करत हठ मोसों प्रीत।
छल वल चञ्चल चपल अति आय गई करत रहत
आली जोमन आई भाई ब्रजकी गलीयन
अबनहीं जाऊं मैं नैनको सेन चलावत चित ॥

आशावरी—ताल सवारी

गजदुल्लारीके गोरे गोरे पायन गुजरीया मोहै।
तापर महावरङ्की लाली न जात मोपे सम्भलो
और घुंघरू की भनक मनक मोहै ॥

आशावरी—तिताला

गुजरीको मान याहो ते अति बढ़ो
जे सुघर गुणीके लागो गरे।
औरस रे जुरंते झिझकी डरो सकुचि ठाढ़ी
कोई जाय परे ए जोय परे ॥

आशावरी—झपताल (मौ०)

कौन सिखाई तोहे लाल एसो नीको ढिटाईकी वानो।
वाट चलत मई अचांनक अङ्ग भरज
लोनो न जानो कहा जिय ठानो ॥

२

आयारे अलबेल रा मोरे घर आज।
देखतहो प्यारो वाको सूरत जियते गई आज सब लाज ॥

आशावरी—ताल साचारी

मग जात हतो हग लाग गए
प्यारेको ओर निहारतहो।
दृष्टचार कब होंगेरो सखी मेरे तन
तपत उठो वाको राह हेरतहो ॥

२

होरी खेलन आईहै बनठन चतुर
सुघर हिलमिल के नार।
हमतो चाहत रससों खेलीए वेतो
सबनकों रिसावतहै वारवार ॥

बाजत वीणा रबाब मृदङ्ग डफ और बाजत कठतार ।
अबीर गुलाल सों मुख मीड़त है बरजोरी देत है गार ॥

आशावरी—ताल सवारी

चरखा मुझतें तनदा लब्बो कहाँ हरणा
वाला होया मेंडडा हत्ते ।
कत्तण तमासा अवे हामें थोन
छुटदा भाल बङ्गो मेंडडे मत्थे ॥

आशावरी—तिताला

मेरो अँखियनके भूषण गिरिधारी ।
बलि बलि जाऊं छबीली छबि पर
अति-आनन्द-सुखकारी ॥
परम उदार चतुर-चिन्तामणि दरस-परस-दुखहारी ।
अतुल सुभाव तनक तुलसीदल मानत सेवा भारी ॥
छितस्वामी गिरिधरन विशद यश गावत कुलनारी ।
कहा बरणा गुण गाथ नाथके श्रीविट्ठल हृदयविहारी ॥

२

मेरो अँखियन देखो गिरिधर भावें ।
कहा कहों तोसों सुनि सजनी उनहाको उठि धावें ॥
मोर मुकुट कानन कुण्डल ललितन गति सब विसरावे
बाजूबन्ध कण्ठमणिभूषण निरखि निरखि सचुपावें ॥
छितस्वामी कटि क्षुद्र घण्टिका नूपुर पदहो सुनावें ।
इह छबि बसत सदा विट्ठल उर सो मन मोद बढ़ावें ।

३

मेरे नैन निरखो बान परी ।
गिरिधरलाल मुखारविन्द छबि छिन छिन
पीवति खरी ॥
पाग सुदेश लाल अति सोहत मोतिनकी दुलरी ।
हरि नख उरहो विराजत मणिगणजड़ित कण्ठसरी ॥
छितस्वामी गोवर्द्धनधर पर वारों तन मनरी ।
विट्ठलनाथ निरखिके फूलत तन सुधि सब विसरी ॥

४

नैनन निरखो हरिको रूप ।
निकसि सकत नहीं लावणनिधि तें मानो
पर्यो कोउ कूप ॥
छितस्वामी गिरिधरन विराजत नखसिख रूप अनूप ।
बिन देखे मोहि कलन परत छिन सुभग
बदन छिनु जप ॥

आशावरी—चौताल

हों पनिया न जैहोंगी मेरो मटुको पटक के झटको ।
अचानक आय गह्यो मेरे प्यारे मो मङ्गको सब भूलो
भटको सब सटको ॥
कानि टुपेरी गईहों कुञ्ज में को जाने मेरे या घटको ।
प्रभु कल्याण गिरिधरको माधुरी सों मेरे मन अटको ॥

२

निपट मन मैलो कीनो लङ्गना कहाँलो धीरज धरोए ।
आँगनसों हंसत खेलत होगी ललना
इन अनखरी अनखन सरोए ॥

३

भारी भार भरो मन पारन पावत पार ।
चिड़िया चोंच बुड़ावन बोझि अब आई मझधार ॥
जरी जरजरी करन धारत न फिरन हार ।
प्रेमरङ्ग हमबार छूटेको कर पकरो करतार ॥

४

कंसके जानो तुमरे गुण अगणित राम ।
चार बदनसों ब्रह्मा हारे पांच सीससों ईश
गणत राम ॥
सहस शीश सों शेष रूकत नहीं बदन बदन
रसना दो बनत राम ।
प्रेमरङ्ग दृढ़भक्ति भाव बल एक जीभ
गुण यशहे अनत राम ॥

आशावरी—तिताला

तुम ग्वालवाल सब याहीं छाड़के उठ चलो बरसाने ।
गोरस चाह्यो अघाय खिबाऊंजो विनती प्रभु मन माने ॥
जो कहोगे सोई में करोंगी मत मेरी कोउ सखी जाने ।
प्रेमरङ्ग पूरण पुरुषोत्तम ग्वालन आई घर लाने ॥

२

हरि हरि भज मन बावरे ।
निशदिन घरी घरी पल पल छिन छिन भरम भरम
लख चौरासी मनुस जनम पायो दावरे ॥

५२

विविध भाँतिके भोजन तोहै दिए एसे
प्रभु दयालकों गावरे।
जानकीदास इस भरतखण्ड सुर वाञ्छित
सो तोहै मिले दावरे॥

३

उनमें हममें भेद नाहीं वेतो कहनेको दूजे कहाए।
कृष्ण समाधि राधिका लीनो राधेकृष्ण समाए॥
उन रङ्गो हम और हम रङ्गो उन वे दोऊ
एकही रङ्गरङ्गाए।
केसर चूनर हम रङ्गो तो वे प्यारो पाग रङ्गाए आए।
उन रोझो भोझो रङ्गरङ्गोहो हसन
हमअपने रङ्ग में भिजाए॥

४

प्रभुमें बड़ो अधम संसारो मन जानत ए
भोग रह्योहूं अपने मतकों नारो।
सत्यधरम पितु माता मेरे सोई परम हितकारो॥
शोल सन्तोष सखा दोऊ मेरे तिने विगोवत भारो।
काम क्रोध याके दोउ भैया ते घरके अधिकारो॥
तृष्णा बहु भटकत घर घर निश दिन
मिथ्या जनम ज्यों हारो।
आन परो जब कठिन गुंसाई तब यह बात विचारो॥
करि कहा लाज अब मरोए अपनो जांघ उघारो।
मूरदासकों हसत कहाहो राखो लाज हमारो॥

५

प्रभु तेरा बचन भरोसा सांचा।
पोषण भरण विश्वम्भर साहब जो कलपे सो काचा॥

६

जब गजराज भटक्यो अजगर सों बलो
बहोत दुख पायो।
नाम लेत ताहो छिन हरिजी गरुड़ छांड़ छुड़ायो॥
दुशासन जब गह्यो द्रोपदो अबला अतिदुख पायो।
सूरदास प्रभु भक्तवत्सलहैं चरण शरणहों आयो॥

प्रभु तुम बलिसों कहा छल कोनो।
बांधन गए हरि आप बंधाए कौन सयानप कोनो॥
तोन पेंड़ वसुधाके कारण आप सरवस सुख दोनो।
लै लकुटो कर द्वारे ठाड़ो निशदिन रहत अधोनो॥
जो जैसो करे सो पावे तैसो वेद पुराण कहोनो।
मूरदास स्वामिता तजके सेवक नाम सहोनो॥

८

हरि विन कौन दरिद्र हरे।
कहत सुदामा सुनो सुन्दरो जाओ
मिलन मन न विसरे॥
और मोत एसो को जगमें जाको सम को करे।
विपत परे कुशलात न पूंछे बातन हूं विचरे॥
उठि मोसे हंसि तंदुल लोनो मोहन बचन फुरे।
मूरदास स्वामोको महिमा टारो विध न टरे॥

९

जिनके प्रभुको परतोत नाहीं अनरोत
सदा उनके वरते।
शुभबात नहीं निकसे मुखतें मगरो
दिन जात सदा लरतें॥
विषया विष मारग भूल रहे नहीं दान दियो
कबहूं करतें।
भ्रगजोवनहै तुलसो तिनको जर क्यों न
गयो मगरों धरतें॥

१०

मथनीयां दधि समेत छिटकाई।
भूलोरो रह गई चित उत छिनु न विलावन पाई॥
आगे ह्वै निकसे नन्दनन्दन नेननको सैन जनाई।
छाड़ि नेति करतें उठि पाछेहो वन धाई॥
लोकलाज अरु वेदमरयादा सब तनतें विसराई।
चतुर्भुज प्रभु गिरिधरन मन्द हँसि कठिन ठगोरी माई॥

११

मेरो माई हरि नागरसों नेह।
एकवेर कैसे छूटतहै पूरव बढ्यो सनेह॥

अङ्ग अङ्ग निपुण वन्यो नन्दनन्दन श्यामवरण तन देह।
जबतें दृष्टि परे यदुनन्दन तबतें बिसर्‍यो गेह॥
कोउ नींदो कोउ बन्दो मनको गयो सन्देह।
सरिता सिन्धु मिले परमानन्द भयो एक रस नेह॥

१२

एरी गोपालसों मेरा मन मान्यो कहा करेगो कोउरी।
अबतो चरणकमल लपटानी जो भावे सो होउरी॥
माय रिसाय बाप घर मारे हँसे बटाऊ लोगरी।
अब जीय ऐसो बनआई विधना रच्यो संजोगरी॥
वह इहलोक जाओ किन मेरो अरु परलोक नसाइरी।
नन्दनन्दन हों तज न छांड़ो मिलहों निशान बजाइरी॥
बहुरि यहै तनु धरि कहा पैहों वल्लभ भेष मुरारिरी।
परमानन्द स्वामी के ऊपर सर्वस देहों वारिरी॥

१३

चले हरि वच्छ चरावन भाई।
टेर तोपें तें तोक श्रीदामा लीने सङ्ग लगाई॥
कहत गोपाल सुनोरे गोपो वृन्दावन अनुसरीए।
मधु मेवा पकवान मिठाई भूख लागे तब खईए॥
खेलत हसत करत कौतूहल आए यमुनातीर।
परमानन्ददास को ठाकुर रामकृष्ण दोउ वीर॥

१४

ध्यावत कान्ह विमल यश तेरो।
गावत शिव शारद मुनि नारद प्राण जीवन धन मेरो॥
गावत वेद वन्दीजन अहनिशि अरु मुनि जूथ घनेरो।
गावत शेष महेश रसना रस रसिक सुखकेरो॥
गिरिधर पिय गावत व्रजवासी मिले प्रेमके घेरो।
कृष्णदास हारे दुलरावत श्रीवल्लभ को चेरो॥

१५

मैया कब बाढ़ेगी चोटी।
बहुत दिन मोहि दूध पीवत भए हैं अजहूं अति छोटी॥
तूंजो कहत बल कैसो वेनी ह्वै है लम्बो मोटो।
काढ़त गुहत नाग नागनी ज्यों फिरिहै भूमें लोटी॥
धुप धुप काचो दूध पिवावत देत न माखन रोटी।
सूर बालरस त्रिभुवन मोहे हरि हलधर को जोटी॥

१६

चुटिया तेरी बड़ी कौधों मेरी।
अहो सुबल तुम बैठि भैया हो हम तुम मापे एकै वेरी॥
ले तिनुका मापत उनको कछु अपनो करत बड़ेरी।
लेकर कामल दिखावत ग्वालन ऐसो काहू न केरी॥
मोको मैया दूध पिवावत तातें होत घनेरी।
चतुर्भुज प्रभु गिरिधर इहि आनन्द नाँचत दैदै फेरी॥

१७

सुनि मेरो वचन छबीली राधा।
तें पायो रस सिन्धु अगाधा॥
तू वृषभान गोपकी बेटी।
मोहन लाल रसिक हँसि भेटी॥
जिहि विरंचि रमापति नाए।
तापें तें वनफूल बिनाए॥
जो रस नेति नेति श्रुति भाख्यो।
ताको तें अधर सुधारस चाख्यो॥
तेरो रूप कहत नहीं आवे।
हित हरिवंश कछू यश गावे॥

१८

हरिके नामको आलस कत करत हैरे काल फिरत सर साँधे।
बेर कुबेर न जानत चढ्यो रहतहै काँधे॥
हीरा बहुत जवाहर सांचे कहा भयो हस्ती दर बांधे।
कहे हरिदास महलमें वनिता बनि ठाढ़ी भई कछून चलत जब आवत अन्त की आँधे॥

१९

देखो इन लोगन की लावनि।
बूझत नाहीं हरिचरणकमल कों मिथ्या जनम गवावनि॥

जब यमदूत आइ घेरत हैं करत आप निभावनि।
कहै हरिदास तबहीं चिरजीवहु
कुञ्जविहारी चितावनि॥

आशावरी—चौताल

हों वार डरोंरी जगत व्रजईश शीश
आधे टेढ़ी पगीया ऊपर।
लूण तोरतवा लजात युवतीजन
जहां सुनीयत चटकत कर॥
तब चन्दन पर रैत पिछोरा अरगजा
भीनि रह्यो सुन्दर वर।
कल्याणके प्रभु गिरिधरनलाल कवि
निरख मदन मन मन्द हर॥

आशावरी—तिताला

धरें शीश जटा गङ्ग भस्म भारी अङ्ग कर त्रिशूल
डमरु पिनाक त्रइनैन सोहै मुण्डमाल गरे।
फननननन फन फुङ्कत शेषनाग गौरी अर्द्धङ्ग अङ्ग रङ्ग
करत सप्त सुर तिन ग्राम सिंहीनाद ॐकार करे॥
भूत पिशाच साथ लिए योगी के भेष किए चन्द्रमा
ललाट दिए लेत मन हरे।
अष्टसिद्ध नवनिद्ध को धरत ध्यान सकल सुर नर
मुनि गुणी गन्धर्ब्ब यच्छ तुवर करत वखान रूप
रङ्ग शिव शङ्कर शरण परे॥

२

नयो नेह नई पीत गहेरी लायन मेहदी
नवल दुलइया चलीरी लटक सों।
नयो हार नयो चीर नयोही जावक दीनो
नए आभूषण सोहत चटकसों॥

३

नाद समुद्र अथाह सुनीयत है
ताके सहल करन को लागि गुणीयनके मन।
अकारको जहाज कीनो तीन ग्राम सप्त सुर ले लै
ताल मूल ते बैठो सौदागर बन॥
इकईस मुरछना बाईस सुर तेतेह
मिलाय भए बन ठन॥
ओड़व खाड़व सम्पूरणको ध्यान विवादी
अङ्गरेजी सन।
अलाप को भमकमों उनचास कोटि तान तुपक
छूटन लागी तानसेन बजन॥

४

शिव शिव शङ्कर हर हर महादेव भोलानाथ
पशुपति पार्वती अर्द्धङ्गे।
अविनाशी कैलाशी वनवासी सन्यासी नाथ शम्भु
स्वामी दिगम्बर योगेश्वर योगेश्वर सुर सिद्धेश्वर
महेश्वर सुरनसुर देवनदेव आदिदेव अनादिपुरुष
निरञ्जन भवभयभञ्जन दुख दन्द यम फन्द
काटन गौराङ्गे॥
नीलो कण्ठ खप्पर डमरु पिनाक कर त्रिशूल ध्वजा सेत
फहरात सिंहीनाद फूंकत अलख जगाए भस्मभूषण
वृषभवाहन बाघाम्बर बसन आसन पद्म राजत
नीलकण्ठ त्रइलोचन मुण्डमाल ग्रीव सोहै
चन्द्रभाल शेष शीश जटाजूट गङ्गे।
रूप रङ्गको प्रसन्न दीजे दरस सरस सुख सम्पति
आनन्द रिद्ध सिद्ध ज्ञान ध्यान भुक्त मुक्त ताल अच्छर
नाद विद्याधर अवर गुणीन परसङ्गे॥

इति आशावरी रागिणी सम्पूर्णम्॥

मूलतानी धनाश्री

दूर्वादलश्यामतनुर्मनोज्ञा कान्तं लिखन्ती विरहेण दूना।
खेदं कपोले दधति दृगम्बु निःष्यन्दनिर्धौतकुचा धनाश्री॥

धनाश्री—चौताल

रतिमन्दिर में ढिग बाग तहाँ जल शीतलता
सरसाय रहे।

तनकी तन पीर मिटावनकों तिय बैठि
कछू दुख नाहीं कहै ॥
मनभावन को सुध आय गई विरहानल
अङ्ग अनङ्ग दहै ।
कवि हीन धनासिरी हीन भई दृगखञ्जन तें
जल धार बहै ॥

मनतोला धनाश्री चौताल

खरज ग्रह सरेगमपधनि पूरण सब सुर लीन ।
तीजे पहर धनाश्री समिर दिवस वर पीन ॥

१

सागमपगमधपमगरेम।रेसानिधपमगरेगमपमगरेमा ।
गमपधानिसागं सानिधपमगरूपम।रेमानिधपमगरेमा॥

२

सामपधपमगरेमानिनिमागमपधपममपनिसानिधप
मगरेमा ।
मपनिमागरेमामगरेसानिधपधनिनिधपमगमगरेमा ॥

४

नाद भेद को न्यारो कर दिखलावे जो कोउ गुनी
ताहि हों जानो सोमानो ।
नाद साहित्य अष्टादशक किए विहद नाद ईसंद
तीजे अनाहत नाद चतुरङ्ग नाद यहो बाईस सुरत
युगल बाद पहचानो ॥
तत अच्छर वीतत ताल छन्द घन उरप तिरप लाग
डाट आतक खानक खराल्क नेम बुझ खुलो मुंदो
ततरी इना तानरी उनन आ आ नाम जानो ।
निसागमधपमगमगरेगरेमानिरेसानिधपमगरेमागम
मगमाधरेसानिगधमानिधपममगरेमा मानो ॥

५

सोहत भौंहें वार चन्द्रवदन धनकसी वनी ठनी
श्रवण कुण्डल शोभा फूल कपोल लोचनरतनारे ।
नैनकमल नासिका सुन्दर अधर विद्रुमदशन
दाकमचिबुक सुन्दर सुघर कण्ठकोकला के
शब्द सों प्यारे ॥

भुज भाय एसे उतारे कुच कञ्चन के बनाए
साँचे में ढारे ।
उदर अल्प लङ्क छीन कटिकेहरि कदलीजंघ
तानसेन एसो प्यारो पर सर्वस वार डारे ॥

६

प्यारो तेरे रूप सुघर गुण पूरण समुद्र भयो तामध
शोभा एसो वुध जहाज ।
योवन तरङ्ग लिए कमलाको मुख मानो माना हद
हिलो कुण्डल स्वरग चम्बर जानो मान हंस लाज ॥
क्रोध को घूंघट किए तामध मत स्वंद नहीं है
कलङ्क तामें सेरो जान बुध समाज ।
तान तरङ्ग प्रभु निरख अस्तुति कीनी महाजान
बड़ो रानो महाराज ॥

७

ए ईश्वर संसारको जानत गत जो बीतत
बिना देखे तुम दरस ।
एक निरिशा पे नाहन निरखत में लाभ अकुलात
कछु न सोहात मन नैन दोऊ जात तरस ॥
भवभञ्जन मनरञ्जन काटन दुख द्वन्द फन्द एसो
जगमें व्याप रह्यो सरस ।
तुंही आदि तुंही अन्त तारण तरण तानसेन
तुंही अरस परस ॥

८

जे गुण विवेक कर साधे ते चतुर अति प्रवीण
हूँ रहत नीको ।
तिनमें सुध मङ्गल अति बहोत पढ़यत है तार
तानको गहनहोको ॥
मन्द्र सुर तीन ग्राम मुरछना श्रुति कोटि तान
औड़व खाड़व संपूरणहोको ।
वादी समवादी अनवादी विवादी अंश न्याम
तानसेन समझ जी को ॥

९

सोवत उठि रैन रस लेन अति सुन्दर सोहत
वदन प्यारीको ।

५३

ले दर्पण मुख देखत अपने मनमें सोच सकुच वही
नैन हांत लजोहै नारीको ॥
सुकमलवदनी मनहरनी मोहनी मूरत पिय रस
रस कर कामआतुर चितहारीकों ।
तानसेन प्रभु सङ्ग रङ्ग रात जागी पायो आलस
जंभात गात निरखै नैन निहारी कों ॥

१०

ए आयो आयो मेरे ग्रह छत्रपति अकबर
मन भायो करम जगायो ।
पाछलो पुण्य मेरो प्रगट भयो यातें अर्थ धर्म काम
मोक्ष मन भायो चारों फल पायो ॥
काहूको न इच्छा रही तेरे दरस देखे पाय तज
धर्मराज अचल कर पठायो ।
तानसेन कहे यह सुनो छत्रपति अकबर
जीवन जनम सुफल कर पायो ॥

११

प्रथम नाम करतार को ले तामों
पाप कटत दुख हरत सब होवें नीके काम ।
और जो साह अपरंपार परवर दिगार
उनसो जो नाहीं दूजो जो सकल जगतको ले थाम ॥
उनको करम समुन्दर ज्यों धरे धीरज
तब होवें आनन्द दिन दिन दूनो देत आराम ।
इतनो कहतहीं तनसों रब रहमान इमान
दान पाऊं कहाऊं उनको निशदिन अष्ट याम ॥

१२

जाको पीतम पर बियन छिनकर बनाय आवे
ता विरहनको नींद कैसे आवैरी ।
बरषाऋत दादुर मोर चातक चपल घनघोर शरदचांद
चांदनी नाहीं न भावैरी ॥
हेमंत ते अतुल अमन वसन शिशिर शीत अरगजा
अबीर ऋतु वसन्त न ग्रीषम न सुहावैरी ।
जाछिन मिले मोहि गुलाबको प्रभु प्यारो तेहि
छिन निरख नैन प्राण जिय सुख पावैरी ॥

तनकी तपत तबही मिटेगी मेरी जब
प्यारे को दृष्टि भर देखोंगो ।
जब दरस पाऊं प्राण पीतमका जनम जीवन
सुफल अपनो लेखोंगो ॥
अष्टयाम मोहिकों ध्यान रहत वाको
आली कोलों भेटोंगो ।
तानसेन प्रभु कोऊ आन मिलावे ताके
पावन शीश टेकोंगो ॥

१४

दीजिएजो हमें ब्रज बसबो बांसरी न बसे
बांसरी बसाय कान्ह हमें विदा दीजिए ।
बांसरी की टेर सुनत रहो न परत मांपे
कान सुन मन बन भमेरा कीजिए ॥
जैसे उन सुर गाए तैसे हम भेद लाने
जहां राग तहां दाग रोमरोम कीजिए ।
तानसेनके प्रभु मया कीनो मोपर अङ्ग अङ्ग
चीर चार सिन्दूर माङ्ग दीजिए ॥

१५

आजमें कीनो पिय प्रसाद रहम माई
सो जहां देखे कुंवर कन्हाई ।
तन मन की तपत तबही गई आली जब मोहि
मिले सुखदाई ॥

१६

दरश देखेते पियको रोम रोम सुख भयो
सोंका दुख गयो जियको ।
अखियनको तारो नेकु न कीजे न्यारो अति सुन्दर
महास्वरूप विधना सवांरे धन आजकी घड़ी
मेरे लेखे हियको ॥

१७

जहां लग लगन लालन सों तहां लग चित
ललचाऊं ।
कौन मन्त्र मोहन पढ़ डारो अपने
हरि वस करपाऊं ॥

हाहा करों भोरको कैसे देखों सांवरो
स्मरत हृदय ल्याऊं।
बैजू बावरे रावरो ध्यानें तन मन धन
वार वलिवलि जाऊं॥

१८

आनन्द भयो आज आयो विजय कर घर घर मङ्गलचार।
अनेक गज तुरङ्ग साजे नावत नगारे
बाजे गज तुरङ्ग साजे सवार॥
तत बीतत घन शिखर नानाविध बाजत
सुरपतिके द्वार॥
ब्रह्मा वेद पढ़ें नारदमुनि गावें राजा रामचन्द्रजी कुंवार
तानसेन कहे सुना शाह अकबर
दशहरा सुफल भई तिथि वार॥

१९

पश्चिम पहाड़ जोत जागी जोत ज्वालामुखी
हेमगिरि हिङ्गलाज गाजे पापनाशिनी।
दक्षिण दिशामें देवी तुलजा त्रिशूल लिए
काश्मीर शारदा बुधकी प्रकाशिनी॥
कामरु कमच्छा देवी रोग शोक रक्षा करे
काली कलकत्ते वारो जगतापनाशिनी।
नगरकोट महाराणी सन्तनपे दया होय
विन्ध्के पहाड़में विराजे विन्ध्यवासिनी॥

२०

पाक महम्मद अल्ला रसूल तेराही नूर जहूर।
धन धन परवर्दिगार गुन्हेगार तुबकसन
तूंही जग रसरह्या भरपूर॥
वेचुन वेच गुन वे शुबे वे नमुन अव्वल
आखर तूंही निकट तूंही दूर।
जित देखूं तित तूंही तूंही व्याप रह्यो जल थल
धरणी अकाश तानसेन तूंही हजूर॥

२१

शिवसुत गणपति तें ज्ञान पावे अनेक प्रकार
जाते अतिही बुध आवे।
गायन विद्या सब निगम मूल चार वाजे
सरस्वतीमो गावें॥
गिरिजाको नन्दन आनन्दकन्द
जगवन्दन सब देवनमें सोहावें।
लक्ष्मणदास पे अपनी मया कीजो
दीजो मन इच्छा फल पावें॥

२२

एऊधो जोगी जग तजे हम जग जोग दोऊ तजे
जोगीयाकी जगतसों कहा करिए प्रतक्ष दरतहैं।
जोगी छेदे कान हम छेदे होया तन प्राण
योगी साधे पवन हम पवन हारें हरिध्यान धरतहैं॥

२३

मोहन बनो बाल भाल चन्द्र भ्रूवधनुष नैनकमल
श्रवण कुण्डल सुन्दर कपोल विलोकत रंभारे।
नासिका कीर विद्रुम अधर दाड़िम दशन चमक सुन्दर
बीजरीसी चांधत स्वरन लागो कण्ठकोकिलारे॥
ग्रीव कपोत कुच श्रीफल नाभ कटिकेहरि कदली खम्भ
जांघ रचके धरेरी।
तानसेन निरखि निरखि नैन लज्जित भई आवत
गजमन्दवाल मनको हरेरी॥

२४

प्रथम नाद ॐकार तीन ग्राम सप्तसुर
गायन गुणीजन कर विचार।
आरोहो अवरोहो अस्थाई सञ्चारी वाणी भेदनें
सहित उचार॥
उनचास कोटितान इकईस मुर्छना
बाईस सुर गावत आकार।
भनत गोपालनायक अतिरिसाल निरत रस
लेत अठारह भार॥

२५

दीनबन्धु दीनानाथ याहीतें कहाएहो।
जैसे तुम द्वारकामें द्रोपदीकी टेर सुनी
ऐसे तुम गज काज नागे पायन धाएहो॥

जैसे तुम गणिकाके औगुण न गिने नाथ ऐसे तुम
भीलनीके झूंठे फल खाएहो ॥
जैसे तुम भारतमें भीषमको प्रण राख्यो और तुम
राजनको बंधते छुटाएहो ।
मेरी बेर ऐसो देर कान कहाँ मून्द रहे अशरण
शरणनाथ सूरदास मन भाएहो ॥

८६

ए आयो आयो मेरे गृह नन्दको नन्दन
मन इच्छा फल पायो ।
कहा कहों मेरे भागको महिमा अर्थ धर्म काम
मोक्ष चारों पदारथ पायो ॥
अनेक पतित उधारे गिरिधर भक्तनके मनभायो ।
बैजू बावरे कहावत चरणकमल चित लायो ॥

८७

जाके बैजयन्ती माल, ताके मृगछाला जाके
मुरली अधर डमरू ताके करे ।
जाके जटाजूट गङ्ग त्रिशूल ताके शङ्ख चक्र गदा पद्म
कंडमुण्डमाला जाके पीताम्बर पटरे ॥
वृषभवाहन ताके गौरी अरधङ्ग गरुड़गामी
गोपीनाथ हरिहर रटरे ।
बैजू प्रभु हरिहर निशदिन ध्यान धर
काहूदे जगको सब खटपटरे ॥

८८

आज देखो करतार नन्दको नन्दन नन्दकुमार
गण पाप ताप दुख जंजार ।
जगके तिमिरहरण आनन्दमई सुखके करन
श्यामसुन्दर मनके भवन मदनमोहन हरि मुरारि ॥
पतितपावन दीनबन्धु काटत कलेश फन्द
सब जगके करतार ।
गुणके सागर आगर नन्दनन्दन गुणी गन्धर्व
नारद तुंबर सुर नर मुनि भजत बारम्बार ॥

८९

लागो हरे निरमोहियो तोहीसों जियकी लाग ।
बनमें बैठो कहालों साधो ए विरहा बैराग ॥
अबतो सब डर डार सदा सङ्ग विहरोंगो वन बाग ।
प्राण पपीहानके आनन्दघन उचत कोहूं न त्याग ॥

९०

विद्या सोई ध्यान गाईए जामें मिलहैंगे नन्दलाल ।
वृन्दावन सघन कुञ्ज रमित नाचत रास बजे मृदङ्ग
ताकट तक ताकट तक धुम [illegible] तका गावत
विविधि देदे ताल ॥
ससुर तीन ग्राम इकईस मूर्छना प्रमाण बंसी सब
टेरत तान थकित सुर मुनि कवि [illegible] रचत
है कुसुममाल ।
बैजू प्रभुके साथ तीन लोक [illegible] लियो ब्रह्मा महादेव
ध्यान छोड़त चन्द सूर्य पवन पानी शेष पताल ॥

९१

विद्या सोई भली जामें पइयत हरी लाल ।
कुञ्जभवन आय बैठे रीझ दई मृगछाल ॥
गुह [illegible] प्रगट छत्तीस डांडी बांध आयो नायक
गोपाल ।
बैजूके गाए तें ससुर भूल गए पिघले पाखान
बूड़े ताल ॥

९२

जो जो कर पूजो धो लागि दरको महारानीनि ।
पान सोपारी ध्वजा नारियल पहले भेंट भवानीनि ॥
तेल फुलेल अरगजा अम्बरले चढ़ावो बाकबानीनि ।
तानसेन प्रभु तुमहीको ध्यावे दीजे बुध और बानीनि ॥

९३

कहा कहूं उन बिन मन जरो जात है अङ्गन बरतें
कर मन कियोहै त्रिसार ।
वह मूरत सूरत बिन देखे भावे न मोहे घर द्वार ॥
इत उत देखत कछू न सोहावन वृथा लगत संसार ।
बैर करतहैं दुरजन सब बैजू न भावे मन पियके
अचरज भयोहै व्योहार ॥

९४

छिन करे तासों ना कर गार गरब न कीज्ये रे गुणी ।
गर्भ किए कछू हाथ न आवैं भरम गमावत क्यों
आपनी ॥

गीत छन्द धारू धोवा माठा प्रवन्ध चर्चा घनी ।
कहै बैजूनायक सुनिए गोपाललाल रचपच गए
मुरारि मुनी ॥

३५

योवनगर्भ सखी जिन कोऊ रह्यो न काहू
पै और न रहेगो ।
रावण कुम्भकरण हिरणाकुश बड़े बड़े
छत्रपति सूर ढएगो ॥
मधुर रसना से पिय सङ्ग बोलले आगे
पाछे कोईन कहेगो ।
बैजूके साधे ममसुर बाजे पिघले
पत्थर मांझ तान ढएगो ॥

३६

वृन्दावन ब्रह्म मधुरि मुरली बजाय
गोपी ग्वाल सब मिलि करत प्रशंस ।
उदत उदन मृदङ्ग धुम कट धिधि काटरे
सङ्गीत गीत उचारि कर अवतंस ॥
आरोही अवरोही दर्शनि मुरनि प्रमाणसों
आज्ञान न चाढ़े श्रोध्यानांस ॥

३७

नादसमुद्रको पार न पायो सुनियत गुणी कहायो
प्रबन्ध छन्द धारू धुरपद मार्ग देशी हैविधि गायो ।
ब्रह्मा बेद उचारायो सारङ्ग वीरायो भरथ मत
कल्लिनाथ हनुमत मत सप्ताध्याय गायो ॥
अनेक सृष्टि रचि गए पच गए ब्रह्मा विष्णु
रूद्र महामुनि प्रश्न भए सारङ्ग वीरायो ।
सम प्रगट सम गुपत नायक गोपाल ध्यायो
तानसेन ताको बैजू पाषाण पिघलायो ॥

३८

दृगन झपक अतिही नींद घेरी
रजनी जगी कवनके सङ्ग ।
अधरन पीक लीक अञ्जन फवि रह्यो
डग मगात धरत चरण शीतल अङ्ग ॥
जावक भाल विशाल विराजत लाजत
जम्भात आलस रङ्ग ।
जानकीदास करत हांस चतुरतिया पिया सङ्ग
अजब ढंग देखो रङ्ग ॥

३९

सोवतही सपने चौंक परी तबही
नैनन उघर गई अब क्या करूंरी ।
पलक मूंन्द अंबर ढाँक ध्यान लाए
वाहूसे वाको सूरत मिलो अङ्ग भरूंरी ॥
सपने सजन मिलन वस भए
यह नैन वैरी मेरे इनसे लरूंरी ।
साहब सुन्दर मौज बखान अबके जो पिया पावें
आवेंगे मेरे दौर पायन परूंरी ॥

४०

बावरेके सङ्ग साथ बावरी भोभई मैं बापहू
विवाह दीनो बावरोसो जानके ।
जानोहू न जात कौन गुरू कौन नाथ
लीनो धारी लीलो भेष सर्पविष लपटानके ॥
त्रिशूल खप्पर हाथ नैना जो अघात जात
आड़म्बर वाघाम्बर सिङ्गीपुरी आनके ।
बैजू बावरे पै काकोजे रोष अपने करम दोष जीवे
मेरा भोलानाथ भाला मैं जो लीनो मानके ॥

४१

मन्दिर मुसकात गोरी भारी तिरिया सुनो आली
परम सुन्दर चातुरो ठुमकत चलत चाल गजगतकी ।
रङ्गीली छबीली नार पिय चित वस कीनो
काहूको कहे न सुने अपने मतकी ॥

४२

तान गजराज ज्ञान कीनो महावत
लेवट घण्टा बाँध ताल अङ्कुस भर ।
खरज पाखर डार तीन ग्राम सकल आधार धुरन
मुरन रणसों जीत मारत सब एक एक पर ॥

५४

गीतनादकी असवारी ध्रुपद प्रबन्ध
तुपक तेवट तिलाना चतुरंग प्यारो सोहत भूपर ।
कहे बैजू नायक उक्त जुक्तकी बुध वजीर
मनराजा राज करत हरिको ध्यान धर ॥

४३

री जाको योगी मुनि जन जपत रिद्ध सिद्ध ऋषि
जपत गुणी गन्धर्व्व नारद शारद जपत अष्टजामरी ।
चन्द्र सूर्य्य जपत इन्द्र पवन पानी अग्नि बरुण
सुर नर मुनि पशु पतङ्ग जपत कर प्रणामरी ॥
सती जती सुर वीर जपत असुर अखिलविश्व
विश्वम्भर जाको नाम सबको विश्रामरी ।
ब्रह्मादिक सनकादिक जपत शिव पार्वतादि
तंही तंही बैजू जपत ब्रह्मको सुखधामरी ॥

४४

आज रच्यो करतार दोऊ बन्ध होय
अवतर्यो उत कश्यप सुत इत हुमायूं को नन्द ।
वे तिमिर हरण तू दुखदारिद्र दूर करण
वाको तेज तेरो तप छिति छायो एकही सङ्ग ॥

४५

महाराजाधिराजनके राजा छत्रपति राजाराम
अचलराज करो कोटि वरषलों यह भूमि पर ।
चिर चिरंजी रहो जोलों ध्रुव धरन
तरन पवन मेरु पानी शशि दिनकर ॥
गुणीजन पण्डित आवें मन इच्छा फल पावें
जावें दुख दारिद्र दूर ।
अटल अखण्ड प्रताप रहै यही अशीस देत रागसागर
ख्वाज खिद्र कीसी उमर होय नरनरेन्द्रनर ॥

४६

एगाजुदीन हैदर पातसाह शाह जमन
पिय कब आवेंगे मेरे घर सजनी ।
चिर चिर जीयो ध्रुव धरन तरन जोलों
मेरु पवन पानी राज करो दिनरजनी ॥
गुणी पण्डित नायक गावे मन इच्छाफल पावे
दुख दारिद्र दूर तजनी ।
अचल राज करो महिमण्डल में देत अशीश
यही रागसागर अविचल रहो मन रजनी ॥

४७

शाहनशाह महाबली सलामत जुग जुग जीवो
गङ्ग यमुन जोलों धार ।
देश देशके गुणी नाम सुन आवत पावत इच्छाको
फल गावत यश जित तित तिहार ॥
एकनकों देत गज तुरङ्ग पट भूषण भूमि भूमि
अतिसोहत उरहार ।
राम रङ्ग इतनोही मागत निशदिन
सरफराज जहांपना वारम्वार ॥

४८

सगरी रतियां मा सगरी रतियां जागली ।
रैन दिना मोहे कल न हरि बिन पलकन
मों पलक लागली ॥

४९

पिया मोसे काहे न बोलोरी आज मोसों
क्यों मोए दे पीठ ।
किन सखियन पिय तुम बिरमाए कौन
धों लगाई दीठ ॥

५०

अबमें आगम पायोरी माईरी पियके आवन कीसो
कुच भुज फरकोनी और आंख बांही कगवा
सगुनवा सुनाई ।
नीके सगुन सबही होतहैं मन इच्छा पूजूं में मनकी
तानसेन मिले मोहे सुखदाई ॥

५१

इन्दुसे वदन नैनखञ्जन से कण्ठकोकिल वचन सुहाई ।
नाशा कीर अधर विद्रुम दाड़िम दशन दमकाई ॥
श्रीफल उरोज ग्रीव कपोत बेनी नागनसी झुकी
सुखदाई ।
कटकेहरि कदलीजंघ पदसरोज पद्मासी
तानसेन एसी तें वल वल जाई ॥

५२

ए आज आयो आयो सूरजवंश छत्रपति
राजाराम लङ्कानगर जीत मन इच्छा फल पायो।
आनन्द भयो मेरे आलो जीवन जनम सुफल हुवो
चित चायो॥
कीजे सुकृत मेरो उदय प्रगट्यो प्राप्त चारफल धर्मार्थ
काम मोक्ष निजचरण शरण दासनदास कहवायो।
अनेक पतित उधारे रघुवर गीध व्याध गजगणिका
गौतमनारि खेचर भूचर निशीचर अजामिल
वैकुण्ठ पठायो॥
जाको रटत शिव ब्रह्मादिक सनक सनन्दन
सनातन सनतकुमार बैजूबावरके प्रभुको
नारद तुंबर गुणी गन्धर्व हाहा हूहू गायो॥

५३

मनकी भटक सबही गईरी मेरी आली तबही
दरस पायो वनमाली नटनागरको।
रोम रोम आनन्द भयो तनको दुख दूर गयो
छण छण रटना लागी रागसागरको॥

५४

ए सखी नन्दकुमार बालापनमें मेरो मन हर लीनो।
जिय अकुलात और नैननमों नीर जात मेरे
हियको दुख दीनो॥
साँवरो सलोनो श्याम वाट रोक ठाड़ो भयो
मोको बुलाय पास अधरनको रस लीनो।
नैनसों नैन मिलाय हृदयसों हृदय लगाय
तानसेन बंशी बजाय जादूसो कीनो॥

५५

आजु रच्यो करतार दोऊ जग होय प्रगट्यो उत
श्रीकमलापति इत श्रीनन्दजीके नन्दन।
उत सुरन सुखकरन इत भक्तन दुखहरण निरगुण
सरगुण दोऊ स्वरूप एकही बन्दन॥
उत विष्णु वैकुण्ठनाथ इत कृष्ण ब्रजकेनाथ उत
मोहनी मोहे ईश इत मोहनीगोपी ईश
गज द्रौपदी काटे कष्ट फन्दन।
उत गदा पद्म धर इत मुरली मुकटधर
बैजू प्रभुको ध्यान धरो जनम मरण जाय सब दंदन॥

५६

आज कान्ह वृन्दावन मुरली बजाई सुखदाईहै।
स्वर्गलोक नरलोक पतालल्लोक सब सुन धुन सुध
बिसराईहै॥
सप्तसुर तीनग्राम इकईस मुरछना बाईस सुरत
उनचास कोटितान रंध्रन में छाईहै।
तानसेनके प्रभु रस बस कर लीने ब्रजवध घर छोड़
श्यामजपें आईहै॥

५७

कुञ्जन मध रच्यो रास अदभुत गत लिए गोपाल
कुण्डलको झलक देख कोटि मदन ठठक्यो।
अधरतो सुरङ्ग रंग बाँसरी सुहाय सङ्ग टेढ़ो छवि
देख देख मेरो मन अटक्यो॥
एरी अब देखो जाय एसिसों कहा बसाय
अलकन की गत निरख शेष नाग सटक्यो।
निरतत सङ्गीतरी तततततथेई तततततथेई त्रिभङ्गी
अङ्गी रङ्गी चाल देख इन्द्रधनुष पटक्यो॥
रुनक झुनक नूपुर ठनक रुन झुन रुन झननननननन
सननननन बंशी बाजे मन्द मुख सों मटक्यो॥
रामविलास मुखको रास भनत बैज सुन गोपाल
गरु स्वरूप दरस परस वृन्दावनको सटक्यो॥

५८

काहेको गरव करत गुणी कहायोरे।
गीत छन्द ढोवा माठा नीके गाय सुनायोरे॥
गीत सङ्गीत जुगल बन्ध एते राग काहेको गायोरे।
कहे बैजूबावरे सुनहो गोपालनायक झगरत
झगरत जनम गंवायोरे॥

५९

नादसमुद्र पार नहीं पायो सीखत पण्डित कहायो
धारु धुरपद धोवा माठा जुगन गायो।
प्रथम नाद वेद भयो ब्रह्मा वेद उचरायो
शारद नारद तुंबर गन्धर्व हाहाहूहू गायो॥

ब्रह्मा विष्णु रुद्र चायो हनुमतमत भरत भायो
सुर नर मुनि रचपचायो शिव सनकादिक गायो।
कहे बैजू बावरे सुनोहो गोपाललाल सारङ्ग वीरायो
पत्थर मध डूबे ताल पाहन पिघलायो॥

६०

जाके मृगछाला ताके मोतियनकी माला
जाके नाद डमरु जाके सिङ्गी अधरे।
डिम डिम डिम डमरु बाजे जटाजूट गङ्ग छाई
रुण्डमुण्डमाला जाके वाघाम्बर पटरे॥

६१

एजो नाद दरीयाव तापे तन जहाज कीने
उमड़ फिर लागेरी चौंप ढरन।
सुरके वरद वान कीने अचराके वैन तापे
गुणी लागि तान तरन॥
गीत सङ्गीत जुगल बन्ध खेवट ताके लागि भार भरन।
कहत आधीन प्रवीण सागर समुद्र उतरे पार
बैजू लागि चरन॥

६२

भक्ताधान भक्तनकी सेवा करे जब तेरो
भक्ताई सुमरण कर हरिको।
कौन भरम भूलो भटकत फिरत अष्टयाम
याद रख राम कृष्णको पारब्रह्म परमेश्वरको॥
निरञ्जन औ निराकार अलखजोत जगतपति
भक्तवत्सल गिरिवरधरको।
तानसेनके प्रभुको ध्यान धर निश दिन घड़ी घड़ी
छिन छिन वा विश्वम्भरको॥

६३

तनकी तपत बुझावन आए मनभावन कह गए।
यह आवनकी पल पलमें देखत मग
जाते अष्ट याम भए॥

६४

लागी हेरे निरमोहिया तोहिसों जिया की लाग।
घरमें बैठ कहांलो साधों यह विरह वैराग॥

६५

सुनोजो जोगी जती सती जपी तपी सन्यासी सुलतान
यह एक ठौर नहीं रहत इन सबको आवनो जीवनो
भलो ए सब जापर।
औरजो एक ठौर रहे तो कछू न कछू औगुण
होय पै होय यह साँची कहत ए सुघर॥

६६

नादसमुद्र परखन पायो सीखत पण्डित कहायो
धारु धुरपद मार जुगन ठगायो।
सप्त गुपत सप्त प्रगट नायक गोपाल लायो
ब्रह्म वेद उचरायो सारङ्ग वीरायो गायन भाव
तेरो मार जुगन ठगायो॥
जित नित सृष्टि गुणी ब्रह्म भेद रुद्र मुनितों
उपजके गायो पाषाण पिघलायो।
कहे प्रभु तानसेन जिनहों रच पच गायो
तिनहो रिझायो॥

भीमपलासी—चौताल

वा दिन कैसो बने गोरे कियो न हरिसों प्रेम।
निशदिन ध्यान करले हरिको घड़ी घड़ी पल पल
छिन छिन नित नित कृष्णभजन कर नेम॥

२

बोलीयो न डोलीयो ले आऊंहू प्यारीको
सुनोहो सुघरवर अबही मैं जाऊंहूं।
नाननी मनायके तिहारे पास ल्यायके
मधुर बुलायके तो चरण गहाऊंहूं॥
सुनरी सुन्दर नारि काहे करत एतो रा
मदन डारत मार चलत पत बुझाऊंहूं॥
मेरो सीख मानकर मान न करो तुम एसे
बैजू प्रभु प्यारे सों बहियाँ गहाऊंहूं॥

मुलतानी धनाश्री—चौताल

जो है करतार देत सब विधसों ध्यान अर्थ प्रमाण
तान ताल राग भरनको।
सत युग त्रेता द्वापर हनु भरत मत गत गावत
समझावत नई उपज किए सप्तसुरनको॥

आरोही अवरोही ओड़व खाड़व सम्पूरण
ज्ञान ध्यान अनेक भेद गुरुनको।
प्रभु गुलाव तब ताहि मानत गुणीजन सुध मुद्रा
सुध वाणी ओप देत गुरुनके चरणको॥

२

सुन धुन मुरलीकी मगन भईहैं सखा सहेली
सब श्यामसुन्दरकी।
एकनतें एक पूछत है कहा भयोरी सुध न रही
गेह की रहोना मन्दिरकी॥
ब्रह्मा वेद बांच भूले भूले ध्यान त्रिपुरारि उलट बहे
नीर थकित रहे उडगन औ जोत चन्द्रकी।
सुर नर मुनि गुणी गन्धर्व उरवसी औ सुरगणा
रसमति गति कछु भई नारद किन्नरकी॥

३

टए जो तुरङ्ग मोल अमोल तिनकी जाहिर
जग सगात भया ले आयोरी जरकसी जीन।
अनेक नगन कौन गिनावें एकन की टोनें
एरापत के सम कैसी तिनमें एक एक बीन बीन॥

भामपन्नासी—चौताल

संसारतारण तुंही विधाता तिहूंलोक प्रथ्वी
नमो नमो संसार तारण।
असुर सिन्धारण रावण मारि लङ्का गढ़ जारन
तुंही विधाता तिहूंलोक प्रथ्वी नमो नमो संसार तारण॥
कुम्भकरण इन्द्रजीत हिरण्य हिरण्याच्छ रक्तवीज
महिषासुर भस्मागर मारण।
दन्तवक्र शिशुपाल कंस केशी अघा बघा
बैजू प्रभु किए उधारण॥

२

ए चित चैन न परे मोकों चंचल चपल चतुर
चक्रधारी विन न आधो चैन।
तजो सब खान पान निश दिन मोहन ध्यान
घरी घरी पल पल छिन छिन थको मैं गिन दिन।

३

एही सप्त सुर तीन ग्राम इकईस मुरछना गीत
छन्द धोवा माठा प्रवन्ध तिवट तान।
आरोही अवरोही अस्थाई सञ्चाई वादी विवादी
संवादी अनवादी जान॥
षड्ज ऋषभ गान्धार मध्यम पञ्चम धैवत
निषाद तान आन।
सारिगमपधनिसानिधपमगरि तानसेन कह्यो
ग्रन्थ प्रमाण॥

४

तेरे नैनन निरखत प्यारी कामबानन मोह मारी।
कञ्ज खञ्ज मृग मीन तें सब वार वार वार डारी॥
मम सर को नाहिन दूजो तिय तो सम मो जिय
भावत भारी।
ऋषि सेन प्रभु मन मांह लीनो कोटि खरब ग्रंथि
जोति धारी॥

५

प्रथम आदि ओंकार तीन ग्राम चवदे सुर जब
जब पावत गुणीजन कर कर विचार।
आरोही अवरोही अस्थाई सञ्चाई चारों वानी
गुवर हारी खण्डारी डागरी नोहार॥
उनञ्चास कोटि तान इकईस मुरछना उरप-
तिरप बाईस सुरत गावत आकार।
भनत गोपाल जानत सङ्गीत पण्डित अति रिसाल
नेम ब्रत लेत ढरन मुरन यह विद्या अपरम्पार॥

६

नाद ब्रह्म अपरम्पार किनहूं न पायो पार सीखत
पण्डित कहायो गीत सङ्गीत गुणी जनम
रजोया ह्वै नग लायो।
सात सप्तक गुपत प्रगट तीन सप्तक गोपाल
गायो ब्रह्मा वेद उचरायो सारङ्ग वीरायो मोतिन
माल परायो॥

गरव धर पार चलो वार उलट ठहरायो
देश देशके गुणी सकल सृष्टि महामुनि तेज
रच पच गए भेद नहीं पायो ।
तबही बैजू आयो पाहन पिघलायो जिनते पायो
तिनही लुकायो रग बोलायो गर को हार
गोपालही दिवायो ॥

७

प्रथम नाद रूप गावत सुर ब्रह्मा श्रवण सुनत
उठ धाए गवरी अरधङ्ग ।
महादेव विलास सङ्ग लिए बजावत ·
मृदङ्ग ततथेई तताथेई थेई तत ता धिलाङ्ग ॥

मुलतानी धनाश्री—चौताल

मन्दिर मध भाज दौरो निरख पति प्राणेश्वर सों
तिय पिय के डरप गई तप तेज ।
प्रसेद छूट छूट जात जिय बूढ़ बूढ़ जात चांक
चौंक परत यातें वदन जोत पियरो भई सौतन मुख
देख देख अलक पलक भई सेज ॥
प्रथम छूट्यो ओकास जिय बूड़ बूड़ जात उमग
चौंक परी तामें अपने पायन सम्भाल अकल
विकल परी सेज ॥

२

जा दिनतें बिछुरे नन्दनन्दन तादिन तें सुख नींद
भर ना सोईरी ।
निश दिन घरी घरी पल पल छिन कल न परत
मोहि एक टक मधुवन मग ओर जोईरी ॥

३

बकशीस देत तुरङ्ग सुखपाल वसन पट रीझ रीझ ।
चिरञ्जीव वरष करोर महाराज चतुर सुजान
आनन्द रसमें भीझ ॥

४

तुव तनमें सुगन्ध मलयागिर सुवास बसे
तन मनसा पवन लहरे लेत
हे सुजान सुन्दर सुलच्छण नारि दरशन आनन्द
कारण निकेत ॥

गङ्गाकी तरङ्ग देखि सब जग तरो जात सुर नर
मुनिनको लागत हित चिते ।
केतेक छल लम्पट कायर कपूत पापी तिनहूं के
पाप भाजत किते ॥
ब्रह्मलोक विष्णुलोक रुद्रलोक कथा जाको
जैसी भावना ताके काज सुफल निते ।
गङ्गभक्त आगे पाप रोवै पाप आगे यमदूत
रोवै चित्र औ गुप्त रोवें कादग चित चिते ॥

६

घर घर तें व्रजवनिता जो बन निकसी आज कञ्चन
थार भर भर नग नोछावर करन लालकी ।
सप्त सुर ले गावत कण्ठ कोकिला लाजत उपजत
अति रसाल गमक तान तालकी ॥
मदन-महोत्सव साज समाज गोपालवृन्द मिल
चलत चाल मरालकी ।
तानसेन प्रभु रस वस कर लीनी तिरछी चितवन
मदन गोपालकी ॥

७

उत्तरा मंद्रा रजनी उत्तराय तामत मरी
अति क्रान्ता उदयात ।
सोवीरी हरना कपोलनता संडा मध्य माङ्गी
पौरवी ऋपि कान्तात ॥
नन्दा विशाला समुखी विचित्रा रोहिणी अलापनी ख्यात।
धंधी रसाली निशानी गगमानिनिधा इकईस सुरछना
चेत विख्यात ॥

८

सीखिए विद्या उत्तम साधे गुणी गुनगावो आनन्द
प्रेमको का काल्हकी कौन ।
जो इच्छा कर ध्यावें तें फल पावें गुपत
प्रगट निहचे कर पावें ऋषि मौन ॥

९

तेरोरी वदन देखत प्यारेके दृग खञ्जन अति राजत ।
कोटि कला नीके कटाच्छण मन मोह तीनो कपट
रत धीर न धरात ॥

राग ऋषभ—ताल चौताल

चरण धर आएरी मो पर मया कर आली धन
धन मेरे भाग।
धन आजकी घरी धन यह पल महूरत मोंहि लोनो
अपने शरण धन सुहाग॥

मुलतानी बरवा—तिताला

तन नगर हिरदे तखत मन बादशाह मत वजीर
दोऊ सेवक शाहके।
ज्ञान नैन अँहेरी श्रवणन जासूस ए द्रग दोऊहैं
अमीर चाहके॥

मुलतानी भीमपलासी—तिताला

माइरी होत कहाहैं समझाए।
नैन प्राण छवि निरख होत को मन भयो हाथ पराए॥

बरवा भीमपलासी—तिताला

बोल बोल मुरलीरी मधु वचनी बात कहत
पिय भावनके आवनकी।
अवध बदी मनमोहन बलमा मोंसों आवनकी॥

मुलतानी धनाश्री—तिताला

कौन दिशाहै अजहूं न आए सखीरी हरि न आए।
औरजो जान जिय ध्यान मेरे वसना नाम लियोरी
मानो उनहीं सों मिलाए॥
मृगमद घन सार कुंक चन्दन नहीं ले लाए।
एसी को कृपा करी करन के प्रभु तुम हमहूं मङ्गल गाए
वल या चन्दन क्षुद्र वाटिकी इन्होंले बतलाए।
तानसेन प्रभु वेग दरस दीजे हमहीं मङ्गल गाए॥

मुलतानी धनाश्री बरवा—तिताला

खञ्जरीट मृग मीठा सांवल ढीठा मन मोहावें।
नैन सलोनी काजर दैनो इन अँखियन हालवें॥

मुलतानी धनाश्री—तिताला

ब्रह्मगत अपरम्पार न पाऊं।
पृथ्वी पार पताल ढरा और गगन लों धाऊं॥
जोलों नहोय सुदिष्ट तुम्हारी मन इच्छा फलही पाऊं॥
तीरथ प्रयाग सरस्वती त्रवेणी सब तीरथ
होकर गुरुद्वार जाऊं
भागीरथी गौतमी और गङ्गा तानसेन गावे
हरिद्वार चाऊं॥

२

कैसे धीरज धरों ऊधो जोग सिखावन आए।
जिन कानन पिया अपने करनन करनफूल पहिराये॥
तिन कानन माटीके मुन्द्रा मधुकर हाथ पठाये।
वेणी सुभग गही कर अपने चरणन जावक लाए॥
अब छिन लाग रहे कुबजामे निपटही कठिन
मन चाए।
सुन सुन पाती जागकी ऊधो चित स्थिर नहीं पाए।
सूर श्याम विन छिन छिन पल पल घरी
ए नाह सुहाए॥

२

कहा कहूं उन विन मन जरो जातहै अगन बरतें
करमन कियो है बिगार।
बैर करतहै दुरजन सब बैजू न भावें मन पियके
अचरज भयोहै व्योहार॥

मुलतानी भीम पलासी—तिताला

मागतहों तुमपें विधना देउ बकशाम।
सकल कष्ट दूर होवे मुक्त होवे शरीर जग विच ईश॥

२

जें जें कर पूजो धौलागढ़की रानीने।
पान सोपारी ध्वजा नारियल पहले भेंट भवानीने॥
तेल फुलेल अरगजा अम्बरले चढ़ावत वाक्‌वाणीने।
तानसेन यह प्रसाद मागत दीजे बुध और वाणीने॥
ब्रह्मा वेद पढ़े तेरे हारे शङ्कर ध्यान समानीने।
वीरबल वंश ब्राह्मणकुलतारण तानसेन वरदानीने॥

मुलतानी धनाश्री—तिताला

धन धन आज सलोनो आली सब मिल बांधो राखो।
मगन करो बिप्रन दे दच्छिणा चिरञ्जीवनकी माखो॥

२

कमलनयन कान्हकी शोभा नैनन ते टरेरे।
ऊधोजी आए जोग सिखावनको जञ्जाल करेरे॥

सुन्दर श्याम सलोनी अँखिया कमलवदन कर धरे
गिरवरेरे।
सूरदास प्रभु अमृत छाड़के को धूर धरेरे॥

भीमपलासी— ताल रूपक

पिया प्रेमरस छके छके अजहूंन आए मेरे गेह।
विरह खिलोना टोना भई आलीरी प्राणपतिको
यातें व्याकुल कोनी नेह॥

मुलतानी—ताल रूपक

आज कान्ह मुरली बजाई है ए बजाईहै।
दादुर मोर पपीहा बुलाई श्याम बदरीया छाईहै॥

२

उरज उतङ्ग अभिलाषी श्वेत मैन कञ्चुकी होय
राखी ना कछू चित चोप रङ्ग रेजेमें।
मोतिनकी माल मलमलवारी सारी झलमल
जोति होत चाँदनो अमेजेमें॥
विहंसि वदन विमलासी सो अटापै गई देखन
प्रवीण पिय बैनी सुख सेजेमें।
गर्द भई है यह दरद बतावै कौन शरद मयंक मारो
करद करेजेमें॥

३

कङ्कण कलित वेंदी नगन जड़ित भाल मोतिनकी
माल गरे सोहै भलो भांतिहै।
चन्दन चढ़ा चारु चाँदनीसो चन्द्रमुखो प्रातही
अन्हायके पधारो घर पांतिहै॥
चुनरी पिचित्र श्याम सिजक मुवारक जी ढांप नख-
शिखतें निपट सकुचातहै।
चन्द्रमा लपटको समेटके नखत मानो दोवेश्वरको
प्रणाम किए रैन चली जात है॥

धनाश्री—तिताला

हरि नाचत गतिले थेई थेई।
तक थुंगा तक थुंग धिधि किट तक धिलाङ्ग तक
धिलाङ्ग तकथो तोदो माग तोदिगा गधिधि कन
तकधिलाङ्ग तक थेई थेई॥

पञ्चानन पञ्चराग कह्यो श्रीराग सद्योजात वसन्त
वामदेव तें भैरों अघोरतें पञ्चम ततपुरुष तें मेघ
कह्यो ईशानतें तापर तान लेत नई नई।
नारद वोणा बजावै सासा निनिधपगमपधनिसासा
ससानिधपमगरेरेसा जुगराज सकल गुण ताल देत
डमरु धुन ठगन गनिनि गनिनि गनिता
काट तक थेई थेई॥

भीमपलासी—तिताला

अति गत मंद्र गंम् मम गंम् मगं मम गम मग
ममग अति गत मन्त्र गाइया।
त्रैलोक भूमि कमलरे हरिकोलरे मन्तोलरे मकरन्द
अइया उदध चन्द्रधरो मनमें अति गत मन्त्र गाइया॥
तडतक भुमरारे जुगलरे ततकाल निरत अपाररे
अधाररे धरु गावत नायक गोपालरे राजा राम
चतुर भए अइयारे रे अति गत मन्त्र गाइया॥

२

रच ब्रह्मा विद्या अमरे अगम निगम कोटि पचहार।
नाद आदि जोति सुर समुद्र ग्राम त्रैलोक
गुण दृगपाल पवन कोटि तान अंग चतुर दिशि
धिमि किटि तथा।
सङ्गीत गादो यश संपूरण रस नवखंड तारनि मेला
रागन दीन दुम्रन हद बाजत ततोया तिथैयैया।
कवि कोविद वेद देवा भेवा नितरे अगम निगम साधे
अनुराधो साधक वसुधा धाये गान गन्धर्व गाये तिन
अन्त न पाये कछु न मनुपाए बड़ गोत राग नरन
कर काहूंसों वाद विवाद लघु गुरु प्रसाद कनक
गगर हैया॥

३

जग मगत जग पर जन भवहर सह कर सब रछा
करत अचर चर।
कनक वसन तन असन अचल अछ अनलन दहन
सम जल थल कर अजर अमर॥
भज वरद चरणधर परम धरम मन चरण शरण
धर नर हर परम करम यह मरम कर कररररररर।

अमल कमल कर वदन मदन नम यगकरन मदन
हरण मदन-कदन डर डर।
धर-धरन नगधर जलधर गरभहरण परम परम
करत धरम भवभयडरन मन धर धर॥

मलतानी— तिताला

सजना मेड़ा मन तड़ो श्रोर जो तुमाँ
मिल टांमा डेनाल जोर।
सोचा कहत तोसे मरम इसकरि पीत काजे
एक ठोर जैसे कूकत बनके मोर॥

अरिटल सलोर जोधा नरदल भाम कर्ण समान।
तड़तक भूमत युग लरे तत्काल निरत अपारे
धाक गावत नायकगोपालरे ते ऐया ऐया आइया
आइया आमान॥

मोमपलामी—तेताला

ओ तुम गत मन्तरी उमंगे।
मेरे आइया समंगे उसंगे उमंगे॥
वरचार पड़ंग तुम अङ्गरे। अलो गोल मङ्ग अमोलरे।
मस्तक कुण्डल डुलरे। धाक गावत नायक गोपालरे॥
राजागाम चतुर सुजानरे। तुम चञ्चल अलसुआनरे॥
तिया इया इया तिया गावे तानरे।
आइए आइए इया इया तिया इया तुम मानरे।

मुलतानी धनाश्री ब्रह्मताल

चन्दे भाल शीश गङ्ग गौरी अरधङ्ग लिलाट भस्म
मुण्डमाला कर पिनाक रैया।
महादेव महाजतो अमरा मन रैया त्रिलोचन
नीलकण्ठ अन्धकरिपुरैया॥
शङ्कर शम्भु त्रिपुरारि डमरु डिम डिम बजैया।
नांचत ताण्डव कैलाशपति रीझत विष्णु रिझैया॥
बैजूनायक सङ्गीत निरतत देवपति रैया।
तिऐ ऐया याया आमो आमो आमो अैया॥

२

शङ्कर विषधर वृषभवाहन धरे वाघाम्बर धरे मुण्डमाल
गरे कर त्रिशूल धरे त्रिलोचन डमरु पिनाक धरहर।
भूत प्रेत पिशाच सङ्ग सखा धरे फणाधर गङ्गधर
नीलकण्ठ धरे अष्टसिद्ध नवनिद्ध सुख सम्पत
आनन्द धरे हर।

३

कौन देव परो तिहारो तूं पियासों रिसमानो।
चतुर सुघर मानो तियरो पिय मन मानो॥
एसो रमन ना करो प्यारो एतो हठ ना ठानो।
रङ्गसमुद्रमें रङ्ग करो तुम सुन्दर श्याम लुभानो॥

मुलतानी—झपताल

चलत चितवत जैसो मदन ओ ठोर तज पिचकसों
उड़न चहो सहजही उरदलके
योवनको जेव पर लहर लहर कर ठहर
ठहरके छविमां छवि कलके।
उमग उमग अंग अंग न समात दोऊ श्याम
मारो विचमानो बदलासो झलके
अधर सुघर लालो सींचत सुमन मालो तेहि अवलाके
अलि मवल मालि ललके।

२

दिल्लीपति नरेन्द्र अकबर शाह जाको डर डरे
धरणी पुहुपमाल हलायो।
दलसाज चतुरङ्ग सेना अगाध जहां गुण ठनो चहे
विद्याधर आय आय नाद भेद गायो।
गुणीजन जगतके ताको दियो अघाय तुम प्रताप
सुन धायो।
कहत नायक गोपाल तुम चिरञ्जीव रहो शाह दिन
करोरन आवत धाय धाय मृगमाला पहरायो।

मुलतानी—सरफाकता

अति सुघरलाल मेरेही आए अति सुख पाए भाए
अङ्ग अङ्ग ब्रसाए।
प्राणचरण चेरे प्राणपतिके और नोछावर करो
तिहारे दरस पाए॥

२

शम्भू हरे गङ्गाधरे कामितजन मन चिन्तामणि
कल्पवृक्ष कामधेनु कामासुद पूरण करे।

कर त्रिशूल तिहूंलोक अनाथनरे मात पिता गततान
पट अम्बररे फणि मणि मुण्डमाल घटकण्ठनरे ॥

२

चन्द्र कुण्ड कुण्ड कुण्डालो अटक जलनाथ नरे ।
डंडडंडडंडडंड नवकुल डंडनरे नीलकण्ठ
भस्मभूषणरे सुर-नर-मुनि आनन्द मौनो
प्रतिपालन कररे ॥

भीमपलासी—ताल झपताल

पैनिसागपममसामगसानिगरेसानिपनिसागपमगसा ।
निसानिसागरेसानिपममपनिसानिपमगरेसानिप ॥

मलतानी भीमपलासी—सुरफाकता

निनिसागगमपमपधधपपममगमपमगरेसा ॥
पैनिनिनिनिनिसारेसारेसानिसानिपसानिधपमगरेसा ॥

भीमपलासी —ताल रूपक

निगमपमगनिसागमनिनिनिधधपपपममममगगरेसा ।
मपनिमपनिसागरेसानिधपमगरेसा ॥
गमपमगनिसागमनिधपधपमगनिसानि-
पमगगनिनिसा ॥

भीमपलासी—चौताल

निसागरसामगरेसानिनिधपमधपमगरेसा ।
मपनिसानिसागनिसामगनिसानिधपमधपमगरेसा ॥

मुलतानी—आड़ा चौताला

कहे कोऊ वाको समझाय माई जे विन मोरा
जिय अकुलाय ।
निश दिन तलफत बीतत रहो न जाय ॥

मुलतानी - चौताल

ए बालमरे मोरा बालम अनत न जाओगे ।
अङ्ग अङ्ग भर गरवा लगाय मोहे जीवाओगे ॥

मुलतानी —ताल रूपक

यहै वन अचल चलन चलाई कन्हाईरो सो कौन
ठौर मागे दान ।
जो न भई सो अब भईरी सो कौन सयान ॥

मुलतानी—सुरफाकता

मदनमोहन मधुसूदन मुरारि मुरलीधर मनोहर
मुकट शीश राजे ।
उपेन्द्र पीताम्बर गरुड़ध्वज इन्द्र व्रज गोविन्द
मुखवंशी धुन बाजे ॥

२

वनिता बन रही सङ्ग लाल ललना सोवत
पलङ्ग पर उजरे वसन ।
औढ़े रङ्गको अङ्गिया सोहत नैन काजल रेख खुल
रही दाड़िम दशन ॥

मुलतानी—चौताला

भादों निश अँधियारो क्वार महादुख भारो
कार्त्तिक दिवारो देख मैन तन तायोहै ।
अगहन दहत शरीर पोष पीसां कहो महाके
महीना चन्दराङ्ग सतायोहै ॥
फाल्गुण पतझार भए चैत अति चिन्ता भई कहत
विहारी वैशाख कहूं छायो है ।
जारवेको जेठ आयो खड़ग ले आषाढ़ धायो
सावनतो आयो पै मनभावन न आयो है ॥

१

मोसों नन्दको सुवन उरझ कैसें हों पनघटवा जाऊं
अब मोरा जिय लरजे ।
और सखीको मनहो न भावे हमहा सों हठ गर
मचावे व्रजमें भयो यह निपट निडरको नायक बरजे ॥

मुलतानी—तिताला

तुम उन सन हँसि बोले अब जागी छेल जिन सङ्गरात ।
कवि नायक अलसात बात गात तापर कर मोहैं
मकर जात हम जान लई पिय तुमरो घात ॥

२

सखीरी सुरजन नहीं आए मग जोहत बीती सारी
रैन अब किन सोतन विरमाए ।
उमड़ घुमड़ घन ज्यों ज्यों गरजे त्यों त्यों
सखी मेरा जियरा लरजे कविनायक पिय मिलवे
कारण इन नैनन झर लाए ॥

३

वैरन वरषा ऋत आई बोलन लागी वन विहङ्ग
पपीहा माहे पिय विन कछु न सुहाई ।

रिम झिम रिम झिम मेहा बरसे मोरे जिय
देखनको तरसे छबिनायक जो आन मिलावें
दोउ कर लेहुं बलाई ॥

मुलतानी धनाश्री—तिताला

सखीरी पीतमकी बतियाँ धरक उठत जियरा
बारबार मोहे नहीं भूले दिन रतियाँ।
जबतें गए मोरी सुधहून लीनो छबिनायक
जिय अकुलाई आवे धड़कत है मोरी छतियाँ ॥

२

सगुन भइलवा पिया मोरे आइना आज मन्दिरवा
आजुरे।
हीरा मोतीयन सों चोक पुरावं गरे लाय हियरा
हुलसाऊं छबिनायक तन मन सुख उपजो
सुफल भयो सब काजुरे ॥

३

बन बांसुरीया बाजे कलन देत पल लगी न छिनज्यों
निशि बासर घन गाजे।
लागी रहत अधर लालनके बैंध हिय सब व्रजबालनके
छबिनायक अब बस कर निशदिन तुमहो
भई शिरताजे ॥

४

नादटल कटकअलाप कर बार लिए ताल
कुरी टार और बावन गारो।
तान कमान और समसुर तरकस सुरत सरकला
गोलो पार मारो ॥

५

जागनिया भईरे पीउ तोरे कारणवा कानन मुद्रा
हाथ खप्पर अङ्ग भभूत लाई।
मनमालीके नाम कोरे अरे भला ज्ञान ध्यान
सुमरन जाई ॥

६

पचरङ्गी गुदरी सोई मानो लागे प्यारो बरण बरण
बस्तर गोविन्द जरत जरो।
नमस्कार मोहि करना तिसनु सुन शाह जमाल
कर करम उड़ाई हम कांधे धरो ॥

७

सुनावो मोहि ध्यान वाहूं कोरे श्याम प्यारे को बात।
निश दिन तलफत नींद न आवत थाकित भयो
मेरो गात ॥

मुलतानी—सूरफाकता

लज्जा नींद तजगो बदनतें चितई मन समझात।
लछनदास तुम सांची कहत कहूं ओसन प्यास बुझात॥

मुलतानी—एकताला

अब डर लागेरो या यमुना जल जात भरन सुन
मोरी आलीरी यह बनमालो भल।
रोकत चाहत मोरी बँहिया धरत निपट चवाई नहीं
ऐसो देख्यो नैनन में बड़ो फन्द करन
लछनदास नित करत कपट छल ॥

२

हम बैरागी विदेशीयारे सखो गुण औगुण न धरत
मनमें जो कछु ध्यान धरो जियमें वाहीमें रहो समाय।
नगर नगर डगर डगर जङ्गल जङ्गल फिरत रहत
सदारङ्ग ज्ञान ध्यान की बतियां सांईमें रहे रमाय ॥

मुलतानी तिताला

मन लागो जाको लालसों जाकोई मन को चैन।
इत उत काहे भटकत सजनी ध्यान लगावो
निरखो नैन ॥

मुलतानी—ताल झमार

प्यारे बिन भर आए दोऊ नैन।
जबतें श्याम गवन कीनो गोकुलतें नाहीं
परतरी चैन ॥
लगे न भूख प्यास न निद्रा मुख आवत नहीं बैन।
बैजू प्रभु कोई आन मिलावे वाको बलिहार
चरन रैन ॥

२

बरज्यो जो अरोए मा वो ढीट लङ्गर चतुर
नेकन माने लागोही आवे मोसों।

तेरो क छन जावेगो मोहि खिजावेगो सब नगरके
लोगदा कैसे देखाउंगो मुह सबकों ॥

मलतानी – तिताला

दुवर भइलो एमा पियाके कारण एमा जाके विन
देखे कलन परई ।
जबतें सुवन गवन कीनो प्यारे नेत बतें विरह
धीरज न धरई ॥

मलतानी—ताल धमार

देखियत राधे तेरे नैन वेन मधसों भरे ।
घूंघट ओट वदन राजत मानो बादर चन्द ढरे ॥
जेहर बनी जड़ाव कोरे बिछुवा सुघर घरे ।
कर शृङ्गार पियपै चलो मानो गजगति चरण धरे ॥

लाचारी—धमार

ठाड़ोरी पिकवारे तेरे वीती बोल सुनावेरो ।
बोल बोल मधुरे सुर बोले याके बोल सुहावेरो ॥

८

लाल कहां रस पागे कहो क्यों न मांचे बैना ।
वदन भाल अधर अञ्जन छवि रञ्जन चुम्बत
एसे नैना ॥
जाके भवन कियो सङ्ग सुख जागत बीती है रैना ।
विन गुण माल दई जिन तुमकों दीनवन्धु सो मैना ॥

६

राखले पाहुना आज मोहि राखले आज गवन
जिन देहु मैया ।
मिलना होय सो मिल लोरी सजनी काल मिल
नहीं हैया ॥
बांह पकर पिया ले जावेंगे जब सङ्ग सहाय न कैया ।
उमर डूंगर हो गयोरे अङ्गना भयोरे विदेश ।
हिल मिललो मेरी भैन भानजो मैं चलो पियाके देश ॥
नैहर में हम खेल गमायो औगुण कमायो अनेक ।
गुण औगुण ले चलह्न सइयांपै मोहि नाहीं विवेक ॥
रूप सोना घोड़ा हाथी बहोत दिया सइयों लार ।
कहत कबीर सुनो भाई साधो अपने सांईके बलिहार ॥

एरी बन बाजो बांसरीया कैसे रहूं घर दैया ।
कलमलात जियरा मिलवेकों है कोई धीर धरैया ॥
गाज लगो यह लाज निगाड़ो करिहै कहा चवैया ।
आनन्दघन पिया उघर मिलोंगी अब डर
करत बलैया ॥

मलतानी—तिताला

पियाके कारण एमा जाके विन देखे कलन परे
एमा दुवरो भई ।
जबतें गवन कीनो प्यारे ने तबतें विरह एक कल
न परई ॥

[illegible]—ताल धमार

अहो मेरा अचरा गह पकर कहां जावो ।
हाथ न लावो मेरो अङ्गिया कुच पर राजा
कंसको गावो ॥

मोरे रासरे कवन घरो गवन कीनो पिऊ ।
एक पल वा दिनतें कल न परत है मोरे जीऊ ॥

भीमपलास:—ताल धमार

मैं जोति प्रकाश वारले दियरारे सारङ्ग ।
अनाहत आदि नाद वेदाङ्गगुणकार सङ्गीत साधंग ॥
आदि नाभ कुमार रे मत सङ्गत सो नारद
तुंबर सरस्वती साधङ्ग ।
भनत वैजू बावरे नायक गोपाललाल सब गुणी
यन में असाधङ्ग ॥

भीमपलासी—तिताला

पावत कोऊ नहीं पार सुर नर देव मुनिजन अपार ।
गुणी गन्धर्व्व किन्नर नाग सेवत सोई सनतकुमार
पायो दाव अबको वार ॥

भीमपलासी—झपताल

सोहलरा जो जाने सो जाने राजा रामके घर ।
इच्छा पूजो भयो आनन्द घर घर वनिता वन आवे
गावे बजावे सुघर सुन्दर वरके घर ॥

२

मुवारक वादो इसादी होवे तुमको बन्ना और वरको ।
चिर चिरंजो रहो वरस हजारां वरस गांठ गांठनको ॥

झींझपलासी—ताल धमार

रसम से लाल भींजे भाजे घर आए मेरे।
आँखन भर अबीर जिन डारो हाहा परूंगोमें
पइयां तोरे॥

मुलतानी—तिताला

समझत सो चले मूरख निदानरे।
जगमें दोय दिनके हैं तेरे अभिमानरे॥
आदि अन्त वोही सबको प्राण रे।
कर ध्यान रे हरि उर अन्तर घट घटमें समानरे॥
जल थल भूमि अकाशरे। सब ठौर जाको प्रकाशरे॥
जाको धरो नित आसरे। सोईहै वैकुण्ठ निवासरे॥
और विकार दुविधा तजरे। बैजू हरिचरण भजरे॥
प्रभु होत रजरे। गोपाल भजत जलजरे॥

२

एनायक बनजारे तू सङ्ग लादे फिरत है इतनो
टांडो भारी मै पूंछत हों तोसों।
कहूंसे भरत कहूंसे बेचत लेत नफा डौढ़ा दूना
हर भरती में धड़ा धड़ी करत मन तापै सेरन होत
यह कोन पनसे रीत बांट तेरे आई तू पासङ्ग
याको जो भयो है बड़ो चतुराई और पूरी तुल
रहोहै यह कहदे सब भाव मोसों॥
कहूं मार महमूल हाकिमको दवे होत नहि आवे
आप वाको बदियां करत फिरे काहू दिन कोऊ
चौकीदार वाको घेर खेप और तेरो पला आन
पकरेगो तब कैसे गौन छुड़ावेगो बिन जगात
या मंडो के थानो गठीयावे आगेहूं निकासे तोहे
अनाज वाको तो तलासी फैल रहोहै कोसों।
जा साहूकारको पूंजोसे तू या जगत में वनज करतहै
कहावतहै वेपारी वाको भी कछूमें सुध या भूलीहै
निरमूल समझ सो चले टूंक जियमें जब काढ़ेगो
वहो तेरे हिसाबको देखले वो कोठो में बुलाके लेखो
सिगरो तब तेरो एक न चलेगो वाके आगे अबतो
करतमौज मोहे तो कटेहै दिन रेन दूनो अवसोसों॥

बनजरवा मोरे कवन देश कवन नगर
कवन ग्राम फिरिला।
समझ सोच के भला वनज कर जो साहबसों
साँचा होवै दूना माल भरिला॥

मुलतानी—होरी ताल

गोकुल गामको छोहरारे वरसाने की नार।
यह दोउन मन मोह लियोहै रहे सदारङ्ग निहार॥

मुलतानी—तिताला

एरी हारे लोगवा मनमें रहोली पिय मिलवेको बात।
यह दुखवा मैं कासे कहूंरे विन सदारङ्ग
जिया निकस जात॥

२

ढोलन मेंडे घर आमिवे सोणा सौया तो
मैंवी नाडे सदके जावां।
मुख वेखां तोमें जीवां सदारङ्गोले दरस ताडा पावां॥

३

डावर नैणो मृगानैणीदा चूड़ा रंग लायारे।
सुधारंग चुनरी साड़ो देखण को सदा रंगदे
मन भायारे॥

४

वे ऊधो वा दिनको मैं वारो वारो वारो जासे
मोहन कब घर आसो।
तन मन धन नोछावर करहूं परहूं पइयां लेहौं वलैयां
जादिन मांको मुख वेख लासो॥

५

मार हमन गावहुरे मङ्गल चार याहू वनरा आया।
इच्छुरीया सब पूजी मनकी सदारङ्गोले
महम्मदशा वर पाया॥

६

कहा जानोरे अरे कोऊ लोगवा जो कुछ हमरे
मन पर बीती पीर।
पिय परदेशवा सन्देशवा न पठाई सदा रङ्ग
उनके गुण गावत धीर॥

सुरजनवा तोसेरे प्रीत कैसे दुराऊं तुम
मन लागल छितवा मितवारे मोरे बालमुवा ।
सदा रङ्गीला छबीला रङ्ग रस सों करले बतीयां
कहां करेंगे दुरजनवा मनके भवनवा ॥

८

एरी ए माई मैं दुबर भइल पिय कहो
आवनको ए माईलेम ।
घरी पल छिन मोहि कलन परत है विरहा
अतिहो सताइलेम ॥

९

सगवा जात हती एरी एसा मोरा मनहर लीनो ।
कोउ कहे वाको ढीठ लङ्गरवा मैं तेरो कहा कीनो ॥

१०

नैणां माडे घड़ियावे करन लगे जालम जारी यांवे ।
आमिल सजनारे लगना टुक करले गलड़ीयां
साड़ंडे नाल हां प्यारी याहावे ॥

११

छन्दुवा बन्दुवा कर गइला कर गइला मोसों कलवा ।
जोमें एसा जानती तो काहेको लगावती
उन सङ्ग अपना मनुवा ॥

१२

तेतो कौन नगर का बासी रे जोवनवा
आवत देखो जात न जानो कौन गांव को गेलरे ।
तूं जिसमें समावे अच पल होवे चञ्चल होवे
गात बिछुरेते तोहे तरस न आवे का तेरो यह पीतरे।

१३

मेरो सुध लीजिए कृष्ण मुरारि मेरे बनवारी ।
जनम धरम सब तुमको दियो तुम कहा कियो
सहस्र गोपिन में तुमहो अच पल मोहितो
आस तिहारी ॥
जितनी सुनी न कही न काहूमे सही जीयाने सदारी।
विनती करूं और चरण गहत हों और मोर
मुकट पर वारी ॥

१४

वार वार डारी और वार वार डारीरे तुरकवा
तुमने तो हमको चित से विसारो रे ।
मेरे कहेसे कहा होत है अच पल या बात को सब
जाने नरनारी रे ।

१५

नाम सांई का भजरे अच पल नाम सांई का भजरे ।
अरे भजरे अरे भजरे अरे० ॥
इसमें तुझको बहुत नफा है ध्यान लगा और
माला जप मायाहो सब तजरे ।
गङ्गा जाय जमुना जाय जाय न्हाय त्रिवेणी
सांच को नदी में जो पैठे उनको एई हां धजरे ॥
जङ्गम हो या जोगो हो या कनफटा या सेवरा
इन बातन से कहा होतहै लाख बना तू तजरे ।
दोहरे जाया सगीत जाया पढ़ पढ़ देखा पोथी
झूठ बोले ते पाप बढ़तहै सांच बोल कर रजरे ॥
नीमाज पढ़्या रोजे रखया उठ उठ पढ़ वजीफा तू
जो सांचे जिन के हैं रवसां उनको यहीं हजरे ।
रामकृष्ण निशदिन सुमरण कर यासों भवपार परे ॥

मलतानी धनाश्री—तिताला

मिठ बोलना कहो तकसीर कीती बावला
झटपट मैंडे नाल बोलना ।
अटमट नहीं जाणदी नटखट अच पल दिल
दांदी घुंडो खोलना ॥

मलतानी—तिताला

महबूब पायारे हजरत सुलतान निजामदीन औलिया।
सब सखियन मिल देहो मुबारको रबने
सानु मिलाया ॥

२

एरे मन हरि सुमरण करले निशदिन घरी घरी
पल पल छिन छिन हरिचरण चित धरले ।
इत उत जित तित काहे भटकत है सदारङ्ग
रस भरले ॥

मागले महबूब नाल भिक्षा होंतो तोरे
दरशनको भिखारी ।
वेखणदे मुश्ताक सदारङ्ग लाग रही माई
आस तिहारी ॥

४

कोऊ जामन मोरी पीत लागी बाकी देश जाउरे ।
यह दुखवा मैं कासें कहूं इन ठगोयाने एसी
ठगी चाउरे ॥

५

लोग चवाव करो कितनो सखी प्यारे की प्रीत
करूं नहीं न्यारी ।
काहेको करत इतनी बतीयाँ मोसें तूं माई
कौन सुनो कहे तेरो तू चल अब जारी ॥

६

ए सांवरा अच्छी नीको तान बजाई रे ।
सससुरन और तान ग्राम मां मधुर मधुर सखदाईरे ॥

७

बांके नैना वालो याने मेरा मनडा लोभाया मेरो जान
उठ देखि रैन मार सलोनी रस दे भोनंड आए जैसे
तेरे नैन सलोने तैसेई कजरा पाया मेरो जान ॥

८

सुरजन सोतन सों उरझो कौन भांति समझाऊं ।
अरी एरी मैं कौन भांति समझाऊं ॥
तुम डार डार के भवरा तुमसो रङ्ग रस कैसे करिए
इत चितवत उत बात करतहो कैसेके विरमाऊं ।
सदारङ्ग पिया मनके भवनवा वेग दरसवा पाऊं ॥

९

मानु ताने देदीया वेसंदल परीया पञ्जाव
टोयावे लोकां ।
मैंवो अयाणी वारो वे नेहा को जाणी मैंडा माणीया
इश्क तू साड़े नीका झोकां ॥

१०

दिलवर मेरा वे वेगी वाग तमासे क्यों नहीं आया ।
जल विच कमल कमल विच कलीयाँ तापर
भँवर लोभाया ॥

११

अरे हाँरे वीग वामणारे हाँरे मोरे पीका मिलना
कहो तो मोसे कब होसी
कोइ कहे आज कोइ कहे काल पंडत जोशी ॥

१२

भगवा देहों पगवा देहों और देहों लाल पाग ।
मोतियन थार भर भिक्षा देहों जो पिया
मिले बड़ भाग ॥

१३

कोनो अल्ला वाकी टामी वेगोरा ।
टामा टामा तुह्मारा सनु काउ भिक्षाको वेगोरा ॥

१४

वालम नव गई यार निरकी करम टानी पला ।
कोई किसीदा वारोवे ठोलन साडा मुझ वेनी
मानोदा मानोदा अला ॥

१५

मोरी ननदी रिसाय कुवो केडो नाहीं ।
हांजो निकसो अपने आगनमें दोर मिले गरबाहीं ॥

१६

ननदोया तोरा वीरन मोंको काड़ गइला परघरवा ।
यह दुखवा कासे कहूं ननदो निकस जात सइयां
विन जियरवा ॥

१७

मुड़ आसो मैंवदे प्यारे इस दुनिया दा
वेखोवि तमासा ।
इन वे लोगानु देख सदा रङ्गोले टाला
झामर नेदा सासा ॥

१८

गुम चढ़ कड़ो एव तेड़ो कतण वालो जोवे
इसो चरखे चों च पेसो इसो चरखे खासा ।
साह हुसेन फकीर वाणा दमदाको भर वासा ॥

१९

नोहैन पहरन दऊं मैं सिङ्गार ओर सभी
पहरूं हरवा ।
वारा वरस पीके सइयां मोरे आइला बीच
पढ़ोरे दै मोरे हरवा ॥

जचाँ वचाँ घोखो छड़ी भेजी बाबुल तोहे हस्ती लदा
लदा बाजे गाजेसो पाँचन घोमैले ।
पहना बनीयॉन नजर बफत जरी की जरी जरी कर बूढ़े
वाले कों हसली कड़वे चटे वटे झुन झुने हिन्डोला
तासतमामी टोपी कुंडलें ढेर लगावही कहावत
भईहै लालन अब कहाँ गया घी खिचड़ी मैले ॥

२१

कनक मुन्दरीया मोरी घड़ देरे अच्छे वीर सोनरवा ।
एमी घड़ ज्यो लोक सरावे दुनो लागे नीको
कुन्दन की जरीया ॥

२२

जानिया जियका जञ्जाल ।
विन देखे जिय घनो दुख पावे देखे होवें निहाल ॥

२३

मै किसनु जाय सुनावां अनमैणा सॉवल क्यों
नहीं आया ।
जिसदी सूरत साड़े दिल विच बसदी कितहूं
खोजन पाया ॥

२४

होजो ह्यारो राज गुमानो घर हालोरा ।
मैतो थारो दासी थें ह्यारा सायवा वाटडो
जोवेछे भालोरा ॥

२५

ओरामा लो कटतारी रामालो ।
प्राणका जीवन पूरण कामा सुध बुध हारी मे विश्राम।
आत्मा यागी परमा राणा जपले रामालो ॥

२६

सुन मोरी दैयारी हमरो पिया पियाने
विसार डारी माय ।
एही स्वामी आज की रैन अकेली डर पाऊं मोरे
पिया रहोलो विदेश बिलमाय ॥

२७

लाल दरवाजे बरा जाय बसो भौर नगरो ।
जोतुम आवो स्वामी हमरो बखरी चन्दन
छिड़कों में तोरो पगरी ॥

२८

मीराजी की नौबत बाजे बाजइरे मो याह्ल दरवाजवा।
हाजती आवे पावें मुराद सब और
पूजिल मनकाजवा ॥

२९

पियाके में वारो वारी जाऊं खेलूं फागरे ।
पियाने छिरक केसर चोलीमें मैंने कुसमी पागरे ॥

३०

मइयां मोरे सुरजनवा मधवा पिवावो ।
भइलो खुमार मई रहिलो न जाय छकछो
छकछो छकावो गरे हे लगावो ॥

३१

दारातिलागेतदानिएतदानि आहे आतन दोमृदारा ।
गरतरीके इश्को गर कजमेखम् वाज मन्मन्
चिकारे कारे माने उर जरे मम्न मेन दानम्
वतारे आहेआहे त० ॥

३२

दरख वेखन देख मुस्ताक रहे देहो तेडड़े ।
अब मटट होवो असरप पीर पीर अतायहो
गला मानु सुखते दवा देड़डे ॥

३३

मेरा वनी अच्छो तेरी वर आवेगा ।
सिर मोहे गुजराती चीरा वनरो के मन भावेगा ॥

३४

सूतोहै बहुं जनमको अजहूं आखें खोल ।
जनम सिरानो जातहै तू क्यों भटकात डोल ॥

३५

नेणा साड़े आड़ी यावो करन लगी जालम जारी यावे।
आमिल सजना गले लगना टुक करले गलडोया
साडडे नालहाँ प्यारो यावे ॥

३६

जनोया जिया जिया का जञ्जाल ।
बिन देखे जिय घनो दुख पावें देखें होवें निहाल ॥

३७

कनक मुन्दरीया मोरी घड़ देरे सोनरवा ।
एसी घड़ जो लोगवा सराहे दूनो लागे नीकी
कुन्दनकी जड़ीया ॥

३८

सदा फकीरा दा मान लेते राम न माने सोकहेरे दोवाने
अल्ला रहो वाकी कुल बिन फानी तेंथो माने ॥

३९

गुसैयांके रङ्ग मिले चाहे एसा रङ्ग सके ।
उनके रङ्ग बिन और कोउन आवे नासेती
देखिए यह रङ्ग छके ॥

४०

हमरो मदत कीज्यो दरबार ।
हम तक आए शरण तुमार ॥
तुमहो दुख दारिद्र बिडार ।
जमाल देशा नाल वलोका कीजो हमरा बेड़ा पार ॥

४१

आड़ीयां वे तहड़े नाल दोस्तो कर दाजो दर दावें ।
बिपर याहो नालदि लगा रहंदा वे परदावें ॥

४२

हार सुधारलो शाह मैं तो तेरो मालनो गुन्धलाई ।
बनरा बनरी कायम दायम नरनारी मिल मङ्गल गाई ॥

४३

बलैया लूंगी रे मितवा बिदेशवा जिन जाय ।
बिन देखे पलन तिहाय विरहा सतावें मन डराय ॥

४४

मोरे सइयां सुन मोरे सन्देशवा बेग ले आवो
पतङ्गवा पतियाँ ।
घरो पल छिन मोहे जुग से बीतत हैं
आमिलो बेग सीयरी होय छतीयाँ ॥

४५

मा हमरा बालमुवा लोना सलोना मनभावना
पियवा पाइला ।
शाह आजमको मोहनी मूरत चितवन में लुभाइला ॥

४६

शुभ दिन ए दिन आजहै जे लालन आए मेरे स्थान ।
मोतन को उर दरको पुनि यातेंजो बाढो मेरो मान ॥

४७

एरी मोहे सैनन दे गयो लाल सुनरी सखी मोरी ओर ।
मोतन ले कहे हो गए अबतो महरवान चित चोर ॥

४८

सहस्र गोपी एक कन्हैया जामें देखूं ताहीमें ।
कठिन करत असान जगत जो तन मन धन बलिहारी
बापे धन धन एसे गुण देखे वाहीमें ॥

४९

प्यारे सुरजन सों मिलादे मोको तोरे पांय लागूं
लेहों ए बलैया राम प्यारे ।
उन बिन रहो न जाय महरवान चित चढ़ी सूरत
काम प्यारे ॥

५०

अंग रस माल्लो केर पचरङ्ग महन्दी लावरे ।
नवीय महम्मद व्याहन चढ़िया मोतियन चोक
पुरावरे ॥

५१

मोरी गत रामहो जानेरे ।
मेरे मनको हरहो जाने घरी घरी पल पल
छिन छिन ध्यानेरे ॥

५२

मेरो गत तेरे हाथ है नाथ ।
सुन्दर श्याम पतितपावन धरिहो माथे हाथ ॥

५३

हम देखिलो लखोलो चोरा जासोरे ।
एकतो अँधेरी रात दूजे दिया न बाती तीजे ना
कोउ सङ्ग न साथोरे ॥

५८

५४

बार बंने तेरे घूंघर बारे ।
इस बनरेके शीश सेहरा मोहे दो मोती एक
लाल बनारे ॥

५५

गईरे बालम तोरी सेजरे मेरी लाल मुन्दरीया
नगीनेकी ।
हाथनकी मुन्दरी गई मेरी गईरे कील कङ्गनवाकी ॥

५६

कुवे पर भोर भई मोरी गईरे नथुनीयाकी गुंज ।
नयो कुअटा और नई पनिहारी नयो जोवन नयो रूप ॥

५७

बुढ़िया सोच सोच मनमें पछतावत अपने अब क्या
कीजे चरखा हुवा पुराना चलता नाहीं
फेर फेरही हारी ।
डगमगात पटरी दोऊ हिलन लगी सब
गुरीयों मूल लाठ लरजत तकला झुको हतो धरनी
खात तकले वल परी चमर खस कटम सुकड़ी
भई पखड़ीया न्यारी न्यारी ॥
जब था नया अति रङ्गीला और चटकीला नवन
बांधो मनकी तार कातो पुनि होन कुकड़ी
चित दे अटो अटेर नएकी गाले कई जोतो माल
मभी न सभाल चुटकी पोत दोया दो डाल
अब रीती पड़ीहै पिटारी ।
डरतहूं जब आन बोले उघाही वाली मांग जो जमा
दाम तब क्या करूंगी मोपे सूत न कपास नहीं गुदड़ी
की आस रही सखियनके साथ मौज करत नित
योंही उमर गई मैंने मैने करते अपनी सारो ॥

५८

मत सोच करे मन मेरे वो आप धनी देखत है जैसे
जाको देत तैसोही रख वापे नजर एरे ।
कीड़ी कीकन और हाथीको मन जैसी जाको
भाव होय ताही कों तैसे देरे ।
बनादा आखुनारो जो रस नादकी दाना अदराहै
राव मानद मौज से वाहीको नाम लेरे ॥

मुलतानी—भेरी ताल

चिस्ति चिराग की ढोटारे सब चिस्तीयनको नूर ।
राज दुलारो जग उजियारो अल्ला नवी को हसन जहूर ॥

मूलतानी—तिताला

कहा करूं मोरी माय नानन मानन वस कर लोनो ।
वंशी बजाय रिझाय सदारङ्ग मेरो चित हरि लीनो ॥

२

परदेशी तुम सन कौन करे एसी प्रीत ।
आज इहां रहे काल वहां बसे जोगो काको मीत ॥

३

सुध विसराई मोरीरे ना आए आली मानो कौन
औगुणवा ।
हर दरशनकी लालसा मनमें निशदिन गनत सगुणवा ॥
कहा करूं वस नहीं मेरो अब दुख दे गयो दुनवा ।
ज्ञानदास वोमा श्याम बिलम रहे इत व्रज कर गयो
सुनवा ॥

४

काहे कों फिरत भ्रम भूलोरे मन ।
या घटमें है हरिको बासा आनन्द मङ्गल मूलरे मन ॥

५

लागोहो आवें ढीट लङ्गर चतुर न माने वरजो अपनोरे ।
नैरो तो कछू न जायगी खिजावेंगी नगरके लोगवा
कैसे देखाऊं मुंह सबसेरे ॥

६

मोरे मन्दिरवा गावोरी बधावरा सुरजन आइला ।
इच्छरीया सब भई जिन मनकी मनभावता सुरजन
पाइला ॥

७

राझण आयानी बैठा साडड़े कोल ।
रे रांझण आया मैंडे मन भाया छदड़े कीती हुण बोल ॥

८

तेरा मन माने वैसो कहेरे दिवाने सदा फकीरांदी
मानले ।

अतन वतन कतन कुडेर वनु तेंडे नाल मानले ॥

९

लङ्गरवा ढीट सलोनारे जिन रोके बाट मेरी ।
पनीया भरन हम जात इतौरी मास ननद की चोरी ।

१०

अगर चन्दन कामें पलना बनाऊं झूल झुलाऊं लाललनीयां ।
नगन जड़ित हीरा मोती देहां पालनोयां ॥

११

दान मोयां है जो वदो कसम में झ्यारो अन्ना दे हवाले
चाकां तामें तेनु बेखो को कि दुख भरणाये दाना मखियां ।
रबदे महरवानो वेरखवे घगे पल्ल किन किन पहचान वे याहो आन जानीया ॥

१२

वृन्दावनके वासीरे कौन आस कौन जास कौन करीलो हासुरे ।
जब लग ध्यान तुमारारे वन्द मनुवा रहिलो उदासु ॥

१३

माई तेरा लाल अयाना रे ।
माड़ा कहा मईं मानदा नाहो लङ्गराई पङ्गरदा सयामारे ॥

१४

रहस घर समधिन आई । सब साधन सन भाई ॥
समधिन आई सब मन भाई अच्छा कियो है सिङ्गार
ले समधी समधन के डारे गज मोतीयन को हार ॥
समधिन को साकरो अस खिरको समधी आवन जोग
आधा बाहर आधा भीतर सब समधीके लोग ॥
समधिनको हाथो का भावे अच्छा नोका पूरा ।
रङ्ग रङ्गीला और चड़कीला हाथो दांतका चूरा ॥
समधिन ठाड़ी मरावन लागो समधीके खातर बकरा ।
पिछली रात करावन लागो मूंग भात घोउ सखरा ॥

१५

वनक बन समधिन आई समधिन के घर काज ।
ठाड़ी निश दिन आप करावत अपने घर को साज ॥

१६

अरे माधो तेल ले तेलले फूल ले बेलले चमेलोले ।
अतर अरगजा कुमकुमा ले केसर कस्तूरी रङ्ग रेलले ॥

१७

मेंचूड़े ठड़ीयां साई साहब दो सरकारा ।
पैरां नंगो मी रोझड़ लालो सबे जो उतरो पारा ॥
तड़ फड़ात उन मिलवन कछू नहीं वणदाते किण लेना संसारा ।
एक राझोली हीर बढ़ावो सरम रहे दरवारा ॥

१८

घर घर मसलत गिर गिर ममलत मन मसलत दा थानो ।
कहे हुसेन फकोर रब्बाणा विन मसलत उठ जानो ॥

१९

वल वल गई सुरजन मोरे कबहूं नहो तू मोसें एक पल न्यारे ।
घर घर नगर नगर डगर डगर में तुमहो देखतहों वार वार जाऊं वारे ॥

२०

सइयाए मोरे सुरजनुवा भइला खुमार मधुवा पावावो ।
मई रहोलो न जाय छकोहो छकोहो छकावो गरेहे लगावो ॥

२१

बाजोरे आज मन्दिलरा साजन भयो घर काज ।
रङ्ग रङ्गनके विस्तर पहर पहर हितू सब करे आनन्द मन साज ॥

२२

सोए मेरो मन लागा मारत न हिंडोलना ।
गोकुलचन्द उमगसों झूले पहर पीत पीत चोलना ॥

२३

अबतो सुनले बनके टेसुवां तें केहि कारण जरवो कोनो ।
मैंतो कहतहूं वोर वटाजकेल अधिक दुख दीनो हम तर बैठके ना सुध मोरा लानो ॥

२४

अरे मोरे बमनारे सगुण विचार मेरे सइयां को मिलना कहदे कब होवेगा ।

घरी घरी पूंछे सदारङ्गीले महम्मदसा दिन
चाव बढ़ावेगा ॥

२५

राजराजेन्द्र म्हारे डेरे चलो राज
खड़ी वाटड़ी जोवंछे म्हारो राजा रानी ।
कबको मै ठाड़ो ठाड़ो अरज करेगा वे योंहीं
रैन विहानी ॥

२६

वेखो सइयो जगमें जोवन असो दरशन पाया ।
अवधपुरी मध रामजी दीठा गोकुल कृष्ण जादुराया ॥

२७

रमन यह्ी गनीमत जाजो तुमनें पहचाना ।
तुमही हमारे वारी हमही तुमारे जो दीपक परवाना ॥

२८

एरी गुण मानले वारी चंपे दासां वर ।
पीतम के सङ्ग वावरी भई बाजूबन्द वे मूंण
रैन दिनारें न दिन गइलो भँवर ॥

मलतानी धनाश्री—तिताला

एरी वीर कहा कहिए तोसों लग गई लगन मत
पूंछे मोसों ।
रूप दिखाय वावरी कर डारी लग गए नैन
अब का कोसों ॥

२

मोकों बतलायदे भला यह्ां कोहै तेरा ।
तात मात भैया सुत नारी झूंठ जगत वखेरा ॥

३

हरि बहोत ढूंढ़ा नहीं पायारे ।
गोकुल ढूंढ़ा ब्रन्दावन ढूंढ़ा ढूंढ़ी कदमकी छायारे ॥

४

म्हानें बतलावो क्योन राज कांई जियमें ठानी ।
योंके कारण मैंतो सेजड़ा बनाई शोक रङ्ग अब
आवो क्योन कांई मन में जानी ॥

५

चकलाई कुड़ेनी धांगर रोटा वहँदा नाहीं ।
इस जग बीच कोई नहीं अपना तैड़ा है रब सांईंहीं

सोने दानी में महल बनावाँ रूपं दानी छज्जा सदका
शाह हुसेनदा मैंड़ानी गड़ खेलन लगा कुड़ेनी ॥

६

मोसं नोके दारवें दिया राम दइलो न जाय ।
जबरे दई वाकी साम रिसानी मधवा ऐड़ो ऐड़ो जाय ॥

७

मीया तुसी वेखले दुनियादा अजब तमासा देखा ।
समझ समझ कर मन में रसीया जादिन पी
पूंछेंगे लेखा ॥

८

कोई मोहि आन मिलावा पीया ।
जो कोई पियाकी खबर ले आवें तन मन वारूं जीया ॥
जैसे खाल लुहार कोरे सांस लेत विन जीया ॥

९

जिन मोरा बालम मोहा वो कैसे सुख पावेगो ।
जो कोऊ काह्र कलपावेगो सो अपने आगे आवेगो ॥

१०

बगीयां जान न देहों सइयां दारो जार ।
रङ्ग रङ्गीले फलवा बहार तो गुन्धलातो नीका हार ॥

११

देई पछतई दिल तुमको लालन नहीं बूझत हो मेरे
तनको ।
बात कहीं जब तोसो प्यारे खोल बतावें अपने
मनको ॥

१२

मितवा मोकों छैलवा मिले अरी ए मा
कैसे कर जाऊं पनघटवा पनीयां भरनकों ।
अगर वगर के लोगवा देखे महरवान नहीं
मानत पइयां परनकों ॥

१३

प्यारे सुरजन सों मिलायदें मोकों तोरे परिहों
पइयां लेहों वलैयां रामरे ।
विन देखे रहिलो न जाय महरवान चित चढ़ो
सूरत श्यामरे ॥

१४

अब जिन जाय छाय विदेशवा बालमवा
तुम सन लागोला मोरा मन ।
तिहारोही ज्ञान ध्यान तिहारोही सुमरण रटना
रटत घरी पल छिन ॥

१५

अनि देखो सइयां अजब तमाशा दीठा ।
दिल्लीदा पीर निजामदीन औलिया जम्बुदार मामीठा ॥

१६

जानी तोरी चितवन मोहि बिसरत नाहीं ।
तीखे नैन कजरा रे चुभत मन में दो देखे
ऐसे काहूं नाहीं ॥

१७

उन बिन देखे कल न परत मन मोरी आली घरी घरी
घरी घरी छिन छिन पल पल मेरो मन पिय
माहीं रहत ।
सोवत सपन जागत फिरत निश दिन सुरत रहत
मोरी आली श्यामसुन्दरकी पीत मोरे मनते
नहीं बिसरत ॥

१८

घर हाली जी चलो म्हारो राज गुमानो ।
थेंतो थारी बाटड़ली जोंवा अरज करेछे महारानो ॥

१९

बावरो नारसो मेरो मन लेगई ।
सोलह शृङ्गार बत्तीसो आभरण पहरके सुन्दर नैन ।
सैन देके गई ॥

२०

देखो देखो रे मगज अलबेलीका ।
गलियन गलियन में फिर आई रस्ता न पाया
हवेलीका ॥

२१

सोतनीया सोतन संग उरझी कैसे सुरझाऊं ।
एरी वेतो माने न में कौन भांति समझाऊं ॥
एरी एरा मैं कैसेके समझाऊं ।

कह कह हारी बहो भांतिनमां अनेक जतन कर
सदारङ्गीले बरबस ठानत निश दिन भङ्झटसा
वर पाऊं ॥

२२

मेरो मन ले नीमोरे ऐ दैया यो बटपार ।
चोरा चोरो जात ठग ठग चितवत चारो
जो बस कीनो कन्हैया यों बटपार ॥

२३

अबतो सुनले बनके टेसूवा तोरे कारण ते
जरवो कौन ।
का पंछत हो बार बटोइया छल बहात दुख दीन
अन्तर बैठके मन हर लीनो सुध बुध लीनो छीन ॥

२४

वे मैं चली वे मेरे बाबुलसे अपने मैं साहुरे झ झ झ ।
पाय डोली मैं लै चल कुंजा बांगु कर लानीया
कू कू कू ॥

२५

गमपनिमानिधपमगरेसा । सगमपनिपसपसगरेसा ॥

२६

मैं मिलिवे सोना तेंड नाल तुझ बिन मैनु न भावंदा ।
आवंदा जांवदा मुरली बजांवदा तुझ बिन मैनु
न मोहांवदा ॥

२७

बनरा अजब तरेसों आया ।
सिर सोहे पचरङ्गी चीरा बनरा के मन भाया ॥

२८

अबतूं जोगी भेषले जग जीवन थोड़ा यारारे ।
सीख मानले सदारङ्गकी बहोत कियाहे वखेरारे ॥

२९

हां हां हा हो बावरी कैसे डालेगी साज ।
म्हारे आंगन नीबड़ोरे ता चढ़ बोले काग उड
उड काग सुलच्छणा पिय घर आवे आज ॥

३०

मैं वारीयांवी मैनु तेंडी याद ।
ढूंढदी फिरदी मिलदा भी नाहीं किसनु करां
फिरियाद ॥

५८

घूंघट में मजा मारणी मारणी सालू बालणी ।
सालु वाली बुकड़े वाली अनवठ विछुवा वालणी ॥

३२

जिन्दुड़ो दा साहब बेलुरे ।
प्रेम दिवाणी कोई नहीं संग माथो जब जिंद
चले अकेलोरे ॥

३३

छनक झुनक मेरो पायल बाजे विछुवा छुम
छननन साजे ।
सेज चढ़त मोरो झांझन झाले सास ननदकी लाजे ॥

३४

तेरे माथे दुशाला लालरे अहोत दिनन पर मोरे
पिया आइलो गरवा हो फुलवनको माल ।
हाथीयां चढ़ कर पिया मोरा आइलो गरवा हो
मोतियन को माल ॥

३५

भंवर कहूं वेलड़ीयाँ वस कोनोरे काहू बागको ।
उन वेलड़ीया फूलो कलियाँ अतहो सुहागको ॥

३६

गोरो तोरे अँगियामें फूला फुलावांमरे ।
मैंने बुलाया तू क्यो न आया अरे मोरा मानले
घुंघटके पासरे ॥

३७

सुन सुनरे मइयाँ मोरे मैं परहो पइयां तोरे
परदेशवा जिन गवन करो ।
इतनो विनती महम्मदसा पिय सदारङ्गाने रमको
बतीयां छतीयां विरह दरो विदेशवा पग डग
जिन धरो ॥

३८

सुघर सुन्दरवा वालमुवारे मोको देहो
पायलिया घड़ाय ।
झनक मनक नेवरियाँ बोले विछुवनको झनकार
सदारङ्गोले महम्मदसा पिय रहस रहस गर लाय ॥

३९

अबतो सुनले वनके पपीहा तू पिउ पिउ
पिउ पिउ जिन बोलो ।
सदारङ्ग पिया पातो न पठाई छाय रहे अज होलो ॥

४०

अबतो सुनले वनके कागवारे मगवा ।
अगवा आवे पियरवा उठ उड़ जावो अटरवा ॥

४१

आज श्यामसुन्दरवा चितके हरवा सुघर चतुरवा
मनके भवनवा आवे ।
उन विन कछुन माहावे न भावे घरी पल छिन
मोको विरह सतावे ॥
काग उड़ावत वहीयां थक गई निश दिन जुग सम
सेज न चहावे ।
सदारङ्ग भरे कान भनकवा वेग दरसवा दिखावे ॥

४२

अरे मोरे मनके भीतरे मोरे मीत पियरवारे कामन
कहिए दुखवा जाय ।
सदारङ्गोने महम्मदसा पिय जब आवें तब मिलोंगी
धाय ॥

मुलतानी—धीमा तिताला

उन विन मोको कलन परत है सुनरी मोरी
माय घरी पल छिन जुग सम वीतत हैं धरहों
उनके पाय ।
सदारङ्ग विन कछुन सुहावे नाहिन भावे मोको
सजनी कैसे रजनी विहाय ॥

मुलतानी—तिताला

नारे दानि तुम ननन दिरना तदीयनरे तदीयनरे
नारदानी ।
यललीयललल्लुमलुमलुमयलायलायललललेनाद्रद्र
तुंद्रद्रतंद्रतननदिरना ॥

२

इरवा गरवा डारूंगी मा जब पिया अइहैं मोर
मन्दिरवा करिहों सोलह सिङ्गरवा ।

जब पडहों मैं पोतम प्यारे सदारङ्गीले छबीले
सुन्दरवा घर पाइन महल अन्दरवा ॥

३

को करे गुमानी जांदावे मीया कुकन सकदो
डरदो लोको तलफ तलफ जिय जान्दा ।
हाल हकीकत माल विर वनु इश्कदो रहो
पोहो चान्दा ॥

४

राझण मैड़ा मिलिया मीया हो को करो रव करे
एसो पावदो गलां ।
सदारङ्ग दो गलां अति सर वर कोतो आगक नु
मिल देनो भला ॥

५

रे मन काहेकों फिरत भ्रम भूल ।
या घटमें है हरिका वासा आनन्द सूरत मूल ॥

६

तुम सङ्ग लाग्यो नेह मितवा जोवना में कैसेके दुराऊं
तुमही हमारे वारो हमही तुमारे सदारङ्ग मन
भाऊं ॥

७

सजन मन मोरे प्रीत लागिलो वाहोके देश जाऊंगी
यह दुखवा में कासे कहूं पियके चरण हों पाऊंगी ॥

८

सुघर सोनार वाको छोहरा रे मोकों देहो
गहनवा घढ़ ।
पहरतहो दिन दिन बढ़े सुहाग भाग कौन
सब पढ़ ॥

९

लङ्गरीया तोरे सइयां अन बोलना तूक्यों नैना लगावे
हां मोरे ललना जाके पिया परदेश रहतहैं सो
कैसे दिन जावे ॥

१०

एरी मेरो प्यारो आयो नाहीं मोरे घरवा ।
पायन परहूं दूजि डारहों गले हरवा ॥

तेरे नैना आलोरी पियाको मन बोराश्री ।
काहू सोतन सों बात करत नहीं वह आनन नाहे
भायो ॥

१२

सखीरी पोको पोत अनोखो देखो ।
औरनसों पिय हंसत बोलत हैं हमसों करत है
बतीयां तीखो ॥

१३

सइयां वो मोरा बहीयां मरोरोरे लड़ तोड़ीरे ।
कौन गांवको ढीट लङ्गरवा कौन गावको रोत प्रोत
करो वरजोरोरे ॥

१४

मैंतो तेंड नामदो वारो वारो जादिया भलावे
सजन साइयां ।
जोवन तेड़ा चाहोदा विगाणा जोते रहो जग माहोयां ॥

१५

जानो तोरो चितवन मोहीं विसरत नाहीं ।
तीखे नैन कजरारे कारे चुभत मनमें ए टाऊ
देखे एसे ना काहीं ॥

१६

अणो कोई देशो वरावल देशो ।
दासो दासो वारो रावल दासो कौन करे गला दासो ॥

१७

सइयां मोरे माधुरो सूरत मन बसोरो ।
सांवलो सूरत रस भरो अँखिया कुण्डल कान लसोरो ॥

१८

तेंडरे घोल घतो तानु राहत कादो ठाड़ो आन ।
दोगलां अदारङ्ग तूसो मान ले तेनू खादो असमान ॥

१९

सजना दे नालवे माड़ो जिन्द लगो वेमोया ।
याद लगो असमानु सहीं दवाई दे दे तुसानू
हावेख मिलावे को कर वेखा वेमोया ॥

दानव चतुरङ्ग दल भाजे ए चण्डिके जबहीं
कोपि खड़ग लै सिन्ध चढ़ी चलत धाय।
ससससगमपधधपमगगरेसानिधनिधपमगगरेसासारे
रेगमममपधधनिनिधधपपमगगगरेरेसा॥
नादर दिरतादी तदारे ततदानिद्रियानारेद्रियानारे
तदारे नदारे नादर दरतोम् दरदरनियाइयातक
धिलाङ्गतक्धा।
धाकिटतक् धुमकिटतक् धित्ताकटतक्दिगदिधाधा
कड़ां कड़ांतक्तरिकिटतकतकुकुभंकतकुकुभङ्गकिण
किणथों गथों गतकतकोटधातकिटनगदिधा।
नवलकिशोर नहो आनन्द सुख मन वाञ्छित
तुव सुयश गाय॥

२१

मेरा बनवारीजो से मेरा मन लागारे।
सोवत जागत विहरत निश दिन तन मन धन रस
पागारे।
आठ पहर और चौसट घड़ियां हरि हरि लौ लागारे।
कृष्णानन्द आनन्दमें रङ्ग रहे चरणकमल अनुरागारे॥

२२

कान्हर काहे करनहो ढिटाई।
आय रोकत पनघट वरवस मोहे देहो नन्द दुहाई॥

२३

ऐसे कान्हर कहुं नाहीं देखे।
जहां तहां जित तित इत उत चितवत रोकत
नाहीं विवेके॥

२४

मो मन भाएरीमा कान्ह कन्हैया प्यारा।
रैन दिना मन चाहे उनको कबहूं न कीजे न्यारा॥

२५

मृगनैनी राम मड़ा वस कर डारारे।
निरखी भौहे बांकी चितवन नैन कटाछन सों मारारे॥

२६

ढोलण ऐंड़े घर आमोंदे सोणा तोभी मैंतेड़े
सदके सदके सदके जावां।
रत देहा मैनु औरन भादा साडड़े और असीम न
चान्दा घोल घुमाइयां जिन्द कदड़कीतो रांझण नु
मो किस विध पावां॥

२७

सुनरे अब मोरे पातकवा इतनो विनतो तोसे
करतहूं मइयांको खवरियां लादेरे।
कहत रजामों विनतो लिख दूजो तू वाको जादेरे॥
मनमोहनको आन मिलादे जो चाहेसो पाता देरे॥
भगवा देहो पगवा देहो और गंगको हरवारे।
जो मेरे पियको वेग मिलादे जोमन इच्छा तू पावेरे॥

२८

गरवा हरवा डा गी मा जी पिय आवें मोरे आङ्गनवा।
चतुर सुघर बालमुवा मोरा कवन ढंग रहिलवा॥
मटारङ्ग कोई जाय सुनावें उनके कान भनकवा॥

२९

सोतनके मनमें एसो विधना चढ़ आवे मन अब जानो।
तुम हमको विसरायके बैठे किस विध मिलना होय
अजीज दिन उमग जातहे जोवना और बह्यो जात
हे पानी॥

३०

दाग तिलि दाग तिलि तुंद्रतनादारातिलेधितिलि
नितिलिल्लिलिंद्रद्रतिलेतारदानि।
द्रद्रद्रद्रतंद्रतनानारेतारेतदेतनातुम्रांधंतलांधुमकिटि
तकधिला धादा०॥

३१

दोम दाग तिल्लि तानादिल्लि दाना दारादोम्दोम्
नाद्रतुंद्रदरादरादोमतनातदानि।
नारेतारेतदंदानिधितिलितिल्लानिनारेतंद्रतनातदरेतारे
तारेतारेदानि॥

३२

यललोयललतुमयल्लायलालेयललोयलललयोयललल
ललतुमलललतुमरललतुँयालमालल्ले।

तिललतिलल्लतिलतिललललललेतललरललरलरलरलर
ललेरालरालउललरललंरलारलायलललललललल्ले ॥

३३

तनदेरे२ मनदेरे तन तारणनाथ मन देरे ।
धन धन तेरे तन मन नैन नैवनाथ मन देरे ॥
नादरदर नादरदरदरदरतरतरतरतर तन मन मन देरे ।
राम राम ररररररररररतन मन दे मन तन देरे ॥

३४

श्राईश्राईवाद्रद्रतिन्ना दारादोमृतनंतननतिन्नातारंदानि ।
तिन्नातुंद्रदिन्नादारादारादोमतिन्नानायललल्लो
यल्लोयलयालललेनारंदानि ॥

३५

तूं तन मन सों राम लेले ररर नररे मन मेरो
कह्यो तू मान ।
दर दर भटकत काहे फिरतहै ररररहरि हर नाम
तनदे मनदे धनदे नारायण तूं मान ॥

मुलतानी—एकताला

तोरे परिहों पइयां बछियां मोरो छांड़दे कन्हैया ।
सुन पावें मोरी सास ननदीया करिहैं शोर चवैया ॥

२

याह्न दिन गनत गई घड़ी आवत किधौं भई
आधीराती ।
मगरे जोवत सांभ भईहै कर राखूं दियरा न बाती ॥

३

गई गईरी मुरली राधे आज तेरे सङ्ग या मगमें ।
काहे बजाऊं श्यामा काहे गाऊं बंशी विन कल न
पल न द्रगमे ॥

४

कैसो तोवा ना कर यार कैसो तोवा पढ़ले अस्तफार ।
कके पछे करे सवाएरे बड़ीया देले खिलाए जोवन
मीयाँ फकीर रवाणा यही कहे करतार ॥

मूलतानी धनाश्री—एकताला

मन्दिलरा तू बाजरे बाजु मन्दिलरा सब सहेली
मिल वरण वरण वसन साज ।
सात सखी मिल देहो मुबारकी महम्मदसा घर काज॥

मुलतानी—एकताला

वे मीयाँ जब मैंनु दरस वेखाँ अमो तेड़े वेखणदे
मुखाक ।
अदारङ्ग दे नाल मिलले मीयाँ करदार बाद जवाव ॥

२

हरगिज नहीं छूटे वागे दिल फसा हुवा मीया
मुर्भ नसीहत न कर वेफायदा ।
दिलकी मेरे मौलाही जाने इस बन्दगी का यही
कामदा ॥

३

नैनन में आन बान अब कौनसी परीरे ।
निश दिन सोवत पलकन खोलत जब देखूं मूरत
श्याम को खरीरे ।

४

सुन्दरीया नगीने की गई गईरे बालम तेरी सेज ।
सुन्दरी की सुन्दरी गईरे अरे वोतो गईरे कागनवा
की कोल ॥

५

मेरा मीयां बड़ा गरीबनिवाज ।
करम रहम सों जगमें राखले पैदा किए की लाज ॥

६

एरी हौंतो प्रीत न करिहों काहू सङ्ग दुख दिवैया
मिलेरी ।
रस बतियां कर मन मोह लीनो बीच ही छाड़ चलेरी ।

७

सुन मैंड़ा मीया वे पैदा किए की लाज ।
पैदा किया की लाज तू सानू बांह गहेकी लाज ॥

८

नित कहूं तो भलो बुरो लागे आली मेरी बात को
हिए ही न लावै ।
मूरख याकी बातमें कछू न सवाद योंही अकारण
मान बढ़ावै ॥

मुलतानी—तिताला

आज अचानक सखीने जगाईरी आन कैसो कही
काननरे बोलाईरी ।

सुन्दर बचन सुन्यो तिहारे मुखनकों सुन कर
आनन्द उरन समाईरी ॥
सासु को सकोच लगे ननदी को डर मोहे कानो
अंधेरीमें छिप कर आईरी ।
श्यामसुन्दर मनमोहन निरखत शरण चरणकमलन
सुख पाईरी ॥

२

धन धन राग धनाश्री धन धन गोकुल गाम ।
धन धन नन्द यशोमति जहां प्रगटे सुन्दरश्याम ॥

३

श्याम मिले तो वृन्दावन जाऊंरे ।
तनको तपत मेरो तबही बुझेगो नाथ निरखिके मैं
अति सुख पाऊंगे ॥

४

जाजारे बटोइया मैं बहोत दुख पायो तेरी वाटरे ।
जबतें गए मोरी सुधहू न लीनी सोतन कीनी घातरे ॥

५

मोरी गईरे नथुनिया को गुंज कंवे पर भोर भई ।
नयोरे दुलहैया नई पनिहारिन नए यार कौन हठई ॥
नयोरे कुवटा नई पनिहारिन नयो जोवन नयो रूप नई ॥

६

जाको मन अल्ला सङ्ग रहे जैसे पाछे पाछे फिरत नरद ।
वो कौन है चलो देखियो हजरत ख्वाजे मोर दरद ॥
जिन भूख प्यास मार राखा वो कहावत जगमें मरद ।
कबहूं होत है सुए वरण हो कबहूं होतहे जरद ॥

मूलतानी— ताल सवारी

बेसर केरे मोतीया तेंना मसानप कीनो ।
सुवरणके सङ्ग लायके अधरन को रस लीनो ॥

२

अरे बोरा खेवटोया रे तू मोहि पार उतार ।
बीरा दूंगी पानको और गरे को हार ॥

३

सो अरे अरे मैं सुरजन पाइला रावरे ।
शेख फरीद दीन जाके निजामदीन धन धन भावतें
मोहे चावरे

मोरे पियकी खबर सुनाव अरे बमना ।
सगुन विचारो पोथो बांचो मोती थार भरदूं दछिना ॥

४

द्रद्र तिल्ला दारा तिल्ला दारा तिल्ला दोमतानुम् ।
तकड़तकधिकिटधीटोकतानधोधोधाधोधाध्रकटतक
तकोटतकदिगनगधिटोतोटोत्रिगड़ाकोटतकदिग
तगकताधाताणधाधोधाधानाड़धागिदिगनधा ॥

मूलतानी—तिताला

फूलदरे मोरी बारो कोन्नो करू रखवारो मात ।
फूलबन बांस बसीलो तोरी बारी प्यारे और अतिही
रसीलो चेत पिछलो रात मोपें सवारो न जात ॥

मलतानी—ताल सवारी

कमे के हु स्त कवि दोस्त दरू नजर दारद ।
मोह हकीकस्त श्री हामिल्ले वमर दारद ॥

२

बाट बटोइयारे मोरे पिया मन कहियो इतना
सन्देशवा बाल्ह देश रहे मन लाय ।
तुम बिन दुबर भइलो मोरे नाहा कैसे कटे
रतियां कैसे करू बनियां बाह्नकी ले आवो राखों
मन समझाय ॥

३

हारे मोरो लाल बुलावे ।
तूं काहे अनमना भईरो उनते मान किए कछु
हाथन आवे ॥
जोतूं उनमें मान करत है मान किए पछिताव ।
जब इशक रिझावेंगे उनरां तब काहुको कछु न
सुहावे ॥

४

आहे दोम् दारा तिलेतानुमतनदिरतनदिरनातदिरना
तुम तारेदानि ।
खलककें गोयद के खुसरो वुत परस्ती मे कुनद
आरे आरे मे कुनवा खलके आलम नेस्त कार ॥

मुलतानी—ताल धरवा फरोदस्त

तुम बिन चैन परे नहीं मोकों कैसे रहे वल जाई ।
सूनो भवन अकेलो पल पल जोया घटतहै मेरो
वल्लभ जिन गवन कराई ॥

मुलतानी—ताल मलार

बांस केरो वंसोया तेतो कौन व्रत कोनां ।
मोहनमुख लागके अधरनको रस लानो ॥
तिननोनातोन्नोनाकतकि धींधींनाधींधींनाधातकड़
धाधोनागदिन्नागतुन्ना ॥

२

मोहन सुन्दरश्याम पिया मो घर आइलो ।
गावो बजावो रिझावो नचावो गुणीजन मङ्गल
गाइलो ॥

मुलतानी धनाश्री— तिताला

अजी म्हारा माधोजी हो थांरो गत जाय न जानो ।
मारण कारण चलो पूतना आंचर जहर लगानो ॥
ताकों गत माताको दोनो निज वैकुण्ठ पठानो ।
सतयुगमें एक हरिचन्द राजा बोले सत्यको वानो ॥
ताको एसो निधन कीनो भरे नीच घर पानो ।
कोटिन गऊ नित दान जो देतो नृगराजा सो दानो ॥
सोतो किरड कूप में डारयो थांरो अदभुत वानो ।
बड़े बड़े राजनको बेटो जिनकी जोग दृढ़ानो ॥
एक कुवज्या दूजो कंसको दासो ताहे करो पटरानो ।
पांचो पांडव अधिक सनेही गले हिमालय पानो ॥
दुरयोधन वैकुण्ठ जान को सो राजा अभिमानो ।
बल राजा वैकुण्ठ जान को तापर रचना उठानो ।
ताको तो पताल पठाए आप भए दरवानो ।
जो जाके मन उपजो कामना सो मन माहीं दृढ़ानो ॥
करत राईको पर्वत पर्वत राई करे करता
अकरता दानो ।
जो जाके मन उपजो कामना सो ताहे दिर ठानो ॥
विजय छरा जयपुरे मन आनन्द सो तलपूरे रुच मानो ।
परमानन्द सोई भागवत इच्छा सों रची विधाता आनो ॥

जो नर राम राम रट लावे ।
अंतहू मरन सुध होय ताकों बहुरि जनम नहीं आवे ॥
करे सेवा गुरु सिद्ध साधको सुर दुर्लभ पद पावे ।
छविनायक ता जनको महिमा वेद पुराणहू गावे ॥

३

जेवत मोय रघुवर एक सङ्ग ।
गावत गारो आनन्द भारो उघटत तान तरङ्ग ॥
वारो पहर रच्यो मुख वीड़ा आभूषण अङ्ग अङ्ग ।
छविनायक पर कृपा कीजे दीजे भक्ति अभङ्ग ॥

४

जा दिन साधुचरण चले आवत ।
तादिन भाग उदै युग युगके मुख देखत प्रगटावत ॥
जाके पद पङ्कजके आगे चार पदारथ ध्यावत ।
अष्टसिद्ध नवनिद्ध सम्पदा सुखसमूह ग्रह छावत ॥
भक्ति मुक्ति आंगनमें डोलत पुलकि प्रभाव बढ़ावत ।
दरस सुफलको अवध जगतमें वेद पुराणन गावत ॥
गङ्गादिक तीरथ अवगाहन अवलोकत फल पावत ।
अगणित कलुष कलेश धरे उर बिन श्रमसद्य नसावत ॥
तीनलोक दराचारभुवनके सुकृत सलिल अन्हावत ।
दुख दरिद्र दीनता मलिनता दूरि दुखदो बहावत ॥
इह फल सरिस आन नहीं त्रिभुवन कोटि युग
सकुचावत ।
सुरतरु कामधेनु चिन्तामणि यह अनुचर सङ्ग ल्यावत ॥
जाके पदकी रैन सुअञ्जन हितकर नैन लगावत ।
दूर करत भ्रम तिमिर लोकको अनुभव अलख
लखावत ॥
कहांलो करूं सन्तको महिमा कविकुलबुध लजावत ।
लछमणदास दयाकर जगमें हरिजन हरिहि मिलावत ॥

मुलतानी—तिताला

क्यों छैला म्हारो आनके रुकाई बाट जमुनाघाट ।
करेंगो चवाव मोरी पाड़ पड़ोसन सास ननदको नाट ॥

मिडर हठीलो नन्दमहरको लोक लाज दई छोड़ गाँठ।
सरस रङ्ग रस दृग उरझानी प्रेम प्रीतको डाट॥

२

मुरलीया बाजे मोह भरी अति धुन सुन कान्न परे।
अधर सुधा वरषत आली मो तन अति अनुराग भरे॥
ठौर ठौर कुञ्जन कों जोए देखत नैन ढरे।
नेक चित मनहरन छबीलो सरस रङ्ग रसकरे॥

मूलतानी—धनाश्री तिताला।

ऊधो गिरिधारीजी सों जाय कहोरे।
विन देखे कल परत न छिन घरी ब्रजहो प्रान रहोरे॥
यह वृन्दावन यह कुञ्जलता रास केल मन मान गहोरे।
सूरश्याम कछू नाहिन भावै विरहिनी डूबत बांह गहोरे॥

मूलतानी—चौताल

मेरे गिरिधारीजी सों काहू कों लरो।
चलरी मैया में तोहे बताऊं जो मोसे झगरो॥
मेरे गिरिधरके चरणकमल पर वार डारों सगरो।
गोरेसे गात लीलाम्बर पहरे चितवत चपल खरो॥
तूं तरुणी गिरिधर मेरे बालक कैसेके भुज पकरो।
गिरिधर रोवत असुअन भर भर तू मुसक्यात खरो॥
गोरीसी भोरी थोरे दिननको चितवन वम जो करो।
सूरदास प्रभुको लीला ब्रजमें नित नईरो॥

मूलतानी—तिताला।

आछे मेरे ललनाहो एसो अड़न कीजे।
मधुरमेवा पकवान मिठाई जोई भावे सो लीजे॥
दधि माखन सादो दहो वलि मीठा पय पीजे।
कमलनयन जक जिनि करो सो खीजत तन छोजे॥
सूरश्याम इनके कहे मोपे मांगि सो चन्द कहा दीजे

महावल कीनो हो ब्रजनाथ।
इत मुरली उत गोपीनसों इत उत श्रीगोवर्द्धन हाथ॥
इत बालक पय पान करतहै उत सुरभी तृण खात।
उत सब बच्छ चरत अपने रङ्ग ग्वाल बजावत पात॥
कोप्यो इन्द्र महाप्रलयको झरलायो दिन सात।
परमानन्द राख लीनो गोकुल मेटो इन्द्रको घात॥

३

केते दिन है जू गए विन देखे।
तरुणकिशोर रसिक नन्दनन्दन कछुक उठत मुख रेखे।
वह चितवन वह हास मनोहर वह वानिक नट भेषे॥

४

भावै तोहि तोड को घनो।
काटे घने गोखरू डूबे फाटो जात टनो॥
सिंघ कहा लोखरी को डर एसो बानक बनो।
कुम्भनदास लाल गिरिधर विन कौन रांडको जनो॥

मूलतानी धनाश्री - तिताला।

मेरी सुध लीजो हो ब्रजराज।
और नहीं जगमें कोउ मेरो तुमहो सुधारन काज॥
गणिका गीध अजामिल तारे औ शिवरी गजराज।
सूर पतित तुम पतित पावन हो वांह गहेकी लाज॥

५

नरसिंह महाप्रभु आरोग।
छप्पन भोग छत्तीसो व्यंजन नाना विधके भोग॥
लक्ष्मी भोजन आप सुधारे मनमें बहोत आनन्द।
पनवारो नारद मुनि ल्याए जल भर ल्याई गङ्ग॥
भाव प्रीति कर भोजन कीजे तुम मेरे प्राण आधार।
अन्तर घटके अन्तरजामी सब विध जानन हार॥
आरती साज इन्द्र ले आयो खोल दिए पट चीर।
सनक सनन्दन चंवर ढुरावै प्रह्लाद भक्त है तीर॥
गावत सूरदास यह लीला निजजन हरि भय भीर॥

६

दूर खेलन जिनि जाओ लालन मेरे हाज आयो है।
हाज मोहे बताय मैया मोरी हाज कैसोहै॥
तब हंसि बोली कान्हकी माता इनको किने पढ़ायोहै।
जमुनाके तट धेनु चरावत जहां सघन बन जाऊं॥
पैठि पताल कालो नाग नाथ्यो तहां न देखे हाज।
सब डरपत सुनि सुनि यह बातें कहत हंसत बलदाऊ॥

सप्त रसातल शेषासन रहे तबकी सुरत भुलाऊं ।
चार वेद ले गयो शंखासुर जलमें रह्यो लुकाऊ ॥
मीन रूप धरिकै जब मार्यो तब रह्यो कहां हाऊ ।
मथि समुद्र सुर असुरनकें हित मन्दिर जल
विष माऊ ॥
कमठ रूप धरि धरणी पीठ पर सुख पायो सुरराऊ ।
मान समुद्र कियो मटुकिया मेरु कियो प्रवाह ॥
वासुकी नागको नेतो कियो है तोउन देखे हाऊ ।
जब हिरण्याक्ष युद्ध अभिलाषी मनमें अति गरभाऊ ।
धरि वाराह रूप रिपु मार्यो ले छिति दन्त अग्राऊ ।
विकट रूप अवतार धर्यो जब सो प्रह्लाद बचाऊ ॥
धरि नृसिंह जब असुर विदार्यो तहां न देख्यो हाऊ ।
बामन रूप धरो बलि छल कर तीन पैड़ वसुधाऊं ॥
श्रमजल ब्रह्म कमंडल राख्यो दरस चरण परमाऊं ।
मार्यो मुनि बिनहीं अपराध कामधेनु लैआऊ ॥
इक्कइस बार करी निक्षत्रि छिति तहां न देखो हाऊं ।
राम रूप है रावण मारो दशशिर बीस भुजाऊ ॥
लंका जराय छार जब कीनो तहां न हाऊ ।
माटीके मिस वदनन विकार्यो जब जननी डर पाऊं ॥
मुख भीतर त्रइलोक दिखायी तोऊ प्रतीत न आऊ ।
नृपति भीमसों युद्ध परस्पर तब यह भाव बनाऊ ॥
तुरत चीर युग टूक जो कियो धरो ऐसे त्रिभुवनराऊ ।
भक्त हेत अवतार धर्यो अब असुरन मार बहाऊं ॥
सूरदास प्रभु की यह लीला निगम नेत कहि गाऊं ।
कैसो है दूरि खेलन जिनि जाऊ लालन मेरे हाऊ ॥

मलतानी ताल धमार

गोपाल माई खेलतहैं चौगान ।
लड़का सङ्ग गोकुलके लीनें वृन्दावनमें दान ॥
चञ्चल पात नचावत आवत होड़ लगावत पान ।
सबहीं तन हस्तन चलावत कहत बबाको आन ॥
करत आनन्द निशंक महावल हरत नृपन को मान ।
परमानन्द दास को ठाकुर गुण अगरो निधान ॥

६१

मुलतानी धनाश्री तिताला

मेरा चित चोर नयनको कोर ।
लाज गई घूंघट पट विसर्यो तज चितए हरि ओर ।
वे सखी सिंघद्वारे नित ठाढ़ो नौखरिक उठो चलो भोर ॥
देके सेन मैन रस भारो नागर नन्दकिशोर ।
कमल मीन मृग खञ्जन दे न उपमा को जोर ॥
चतुर्भुज प्रभु गिरिधर मुख विधु मेरी अंखिया
भई हैं चकोर ।

२

गोपाल माई खेलत हैं चक डोर ।
लड़का सात पचास सङ्ग लीने निपट सांकरी खोर ॥
चढ़ि धौ राह झरोखा झांकत कुँवर हंसत
मुख मोर ।
सुहाई रहे बलैया लीनो कर अञ्चरको छोर ॥
चार नैन भए जब सनमुख सखी लिए चितचोर ।
परमानन्द स्वामी सुखसागर चिते लई रति जोर ॥

मलतानी—तिताला

मोहन लाल के रङ्ग राची ।
मेरे ख्याल परो जिन कोऊ बात दशों दिश माची ॥
कंत अनन्त करो जो कोऊ बात कहीं सुन साची ।
यह जिय जाऊं भले शिर ऊपर मणि कञ्चन
जो पाची ।
श्रीहित-हरिवंश डरों काके डर हौं नाहिन मत
काची ॥

२

रोम रोम रसना जो होती तऊ तोरे गुणन बखाने
न जात
कहा कहों एक जीभ सखीरी शतको त्रात ॥
भान अमित और शशिह्र अमित भए औ
युवतिनको जात ।
हरिदासके स्वामी श्याम कुञ्जविहारी कहत प्यारी
तू राखतो प्राणजात ॥

तेरो मन गिरिधर विना न रहैगो।
बोलेंगे मुरलीको धुन सुनि तुव तन मदन दहैगो॥
जानोगो तव मानोगो आलो प्रेम प्रवाह बहैगो।
कुंभनदास गोवर्द्धनधर नित उठ कान कहैगो॥

४

ताते नवधा भक्ति भलो।
जिन जिन माधो तिन तिनको मति नेकु न
अनत चलो॥
श्रवण परोक्षत तरे राजऋषि कोर्तन करो शुकदेव।
सुमरण करि प्रह्लाद निर्भय भयो कमला हरिपद सेव॥
अर्चन पृथु बन्दन सुफलत सूतदास भाव हनुमान।
सखा भाव अर्जुन वस कोन श्रोपति श्रोभगवान॥
बलि आतमा समर्पण कोनो हरि राखे अपने पास।
अति मति प्रेम बढ्यो गोपाल सों वलि परमानन्द दास॥

५

गोपाल माई नोके फिरावत बंगो।
भीतर भवन भरे बहु वालक नानाविध बहुरङ्गो॥
सेह सुभाव डोर खेंचत है लेत उठाय कर सङ्गो।
कबहूंक डार देत भुव ऊपर कबहूं बजावत जङ्गो॥
कबहूं करले श्रवण सुनावत उपजावत शब्द तरङ्गो।
परमानन्द स्वामो मनमोहन खेल चलो मन रङ्गो॥

६

पनघटवा जान नाहीं पाऊंमें।
गोपनको नाच नचावत मोहन पासे जल भर ल्याऊंमें॥
जो कहिये काहु सों यह गत तो कुल लाज लजाऊंमें।
नित जुगराज यही मग जैवो कोलों रार बचाऊंमें।

७

प्रभुजी दोन वचन प्रतिपालो।
भक्त हेत खंभते प्रगटे नृसिंहरूप जो धारो॥
जै जै कार भयो त्रिभुवनमें हिरणाकुश नख उदर
विदारो
हरिदास प्रभु तुम चिरजोयो सब भक्तनको ताप-
निवारो॥

आलो माहि छल गयो छलवा नन्दको कुमार।
पीत पिछौरी काछनी काछि गल गुञ्जनकोहार॥
प्रीत लगाय करकीने वस नेकन लागी अवार।
या व्रजनिधको प्रीत कपटको भई मारे अङ्गपार॥

मूलतानी धनाश्री तिताला

मा मेरा मन लेगया।
डार ठगोरी अंगामें कछु मदनमन्त्र पढ़के गया॥
प्रीत अटपटी लागी चटपटी चेटक सी चित है गयो।
वा व्रजनिधको प्रीत कपटको लपट झपट दुख
दे गयो॥

पतितपावन प्रभु करुणासिन्धु ऐसा तुम पर वारोवा
विहारोज।
गणिका गीध अजामिल हस्ती गौतमनारी शिला
तारोजू॥
तारे पतित अनेक एक तुम अधमउधारण को
व्रतधारोज।
जानकोदास पतितशरण आयो अबकी वार
हमारोज॥

बाजी बाजोरे सोहन तेरी बांसरी।
सप्त सुरन और तान ग्राम सों गावत राग धनाश्री॥
श्रवण सुनत सुध रहत न तनकी उठत हूक जैसे पासरी।
जानकोदास मिल सों फिर प्रिय सों कोउ करो ध्यान
हांसरी॥

४

एरी मेरा कौन जाति पनिहारी।
इत गोकुल उत मथुरा नगरी बोच मिले गिरिधारी॥
सुन्दरवदन नयनमृग मानो विधाना आप सम्बारो।
मीरा के प्रभु गिरिधर नागर तुम जाते हम हारी॥

सैनो नेड़े वेखन दो रहंदो मुस्ताक ऐनु तो तेंडा
तलाका।

सुन मोहन जेड़ा पंथ निहारत अँखियां भई हैं हलाक ॥
रैन दिन मेनु आल न परत है सहन्दो विरहदो आंच ।
विशुदास तेंहा वरदा कहांदो घरो घरा कहांदा भाख ॥

६

हमरो तुमकों लाज हरि ।
जानत हो हरि अन्तरयामी जो जिय माझ परी ॥
कहि और कछ और कमायो प्रभुजी सों ठगनो करी
अनिप्रपञ्च को मगट बांधके अपने सीस धरी ॥
अपनो आगुण आहोलो बखानो पल पल घरी घरी ।
सुत वनिता सङ्ग लग लिया है सुध बुध सब बिसरी ॥
लीजे पार उतार दोनबन्धु अब मेरी नाव भरी ।
कहे नानक अति विरद तिहारो हरि बांह अब पकरी ॥

८

एसा जिनि बोलहु नन्दके लाल ।
बार बार में तुम्हें कहत परोहों फिरि जञ्जाल ॥
छोड़ि देहु अचरा मेरो नोके जानत वैसी बाल ।
योवन रूप देखि ललचाने अबहीते यह ख्याल ॥
तरुणाई तन आवन दोजे कत जिय होत बिहाल ।
सूरश्याम उरते कर टारहु टूटहिंगे मोतिन माल ॥

९

गिरिवर धर्यो आपने घरकों ।
ताहो केवल दान लेत हो राखि रहत हमकों ॥
अपनेही मुख बड़े कहावत हमहं जानत तुमकों ।
एह जानत पुनि गाय चरावन नित प्रति जात रहे हो वनकों ॥
मोर मुकट मुरलो पीताम्बर देखीयत नतिहो भूषणकों ।
सूर कन्ध कमरो हो जानत हाथ लकुटिया वरकों ॥

१०

कहो शुक श्रीभागवत विचार ।
हरिकी भक्ति युग युग वरते आन धरम दिन चार ॥
चिन्ता तजो परीक्षित राजा सुनि सिख सांची हमार ।
कमलनयनको लोला गावत मिट गए अनेक विकार ॥
खट्वाङ्ग दिलीप महरत में तरे तुमरे दिन सात आधार ।
एक पलक में काज सुधारे एसे नन्दकुमार ॥
सप्त दिवस रहे हैं अवधिके सुनि राजा मति भार ।
सतयुग त्रेता तप कीनो द्वापर पूजा मार ॥
भजन करो विश्राम गहो दृढ़ छोड़ो संशय जार ।
एकहो ब्रह्म सकल घट व्यापक पूरण कृष्ण अवतार ॥
कहां कहां शिवरोको महिमा ध्रुव प्रह्लादहो तार ।
अजामिल गज गणिका तारी और अहल्यानार ॥
अष्टादश पट चार चार मिल नेति नेति फुकार ।
सूर भजन कलि केवल काजे लज्जा कान निवार ॥

११

जो रस-रसिक कीर मुनि गायो ।
सो रस रटन रहत निशि वासर शेष सहस्र मुख पार न पायो ॥
गावत शिव शारद मुनि नारद कमलनयनको रस यश जो चखायो ।
यद्यपि रमा रहत चरणनि तर निगमनि अगम अगाध बतायो ॥
अरुणतनया तर वंशीवट निकट वृन्दावन विचरनि वहायो ।
सो रसरसिक परमानन्द वृषभानुसुता कुच बीच समायो ॥

१२

पोवो श्रीभागवत सुधारस ।
सावधान श्रवण पुट भरि भरि श्रीगोपाल विमल यश ॥
निगमकल्पतरुको फल परम मृदुल आनन्द रस ।
कठिन ज्ञान गुठली नाहीं जामें करम जाल को निपट नस ॥
अर्थ धर्म अरु काम मोक्ष पद प्रेम भक्तिको कनक कस ।
काम क्रोध मद लोभ गलित भये सन्त शिरोमणि सर्वस ॥
परमहंस कुल भूषण श्रीशुकवदन-कमल ते परयो खस।

खान पान तजि रसिक परोचित पीवत कियो नहीं
आलस ॥
सोई अब प्रगट विराजत भू पर कियो अमृत को
उपहस ।
कहै हरिदास परम यह सुन्दर जो न पीवै सो
महा पस ॥

८

धन्य शुक मुनि भागवत वखान्यों ।
गुरुको कृपा भई जब पूरण तब रसना कहि गान्यो ॥
धन्य श्याम वृन्दावनको सुख सन्त मया तें जान्यो ।
ज्यों रस रास मङ्ग हरि कीनो वेद नहीं ठहरान्यो ॥
सुर नर मुनि मोहत सब कीनो शिवहि समाधि
भुलान्यो ।
सूरदास तहां नैन बसाए और न कहूं पतिआन्यो ॥

९

व्यास श्रवणको करो प्रणाम ।
जाको नेह सब पुराणनके जीवन प्रगट कियो
भागवत पीवत रस श्रवणन भर भर होत भक्तिनके
पूरण काम ।
मोचन दुख दारिद्र हरत है सुर नर मुनि गावै
गुण गान ॥

१०

नमो नमो श्रीभागवत पुराण ।
महा तिमिर अज्ञान बढ़यो जब प्रगट भयो जग
अदभुत भान ॥
जग जीव निशि सोई अविद्या भयो प्रकाश
विमल विज्ञान ।
फूले अम्बुज श्रोता वक्ता मति गे मन्द मदन
अभिमान ॥
छूटे कठिन करम बन्धनतें मिथ्यो मोह सूझे
सब ध्यान ।
दामोदर सुर नर मुनि गावत जै जै जै
श्री कृपानिधान ॥

हमारे धन सरवस भगवतगीता ।
गाय गाय रसना को लड़ाउं हरिजन हरिरस पीता ॥
श्रीमुखवचन सुनत कुन्ती सुन मन आई परतीता ।
या गीता के पराक्रम सों दुर्योधनदल जीता ॥
जो नर गीता पाठ करत है जगमें रहे न चिन्ता ।
जिनकों कहा मुक्ति को संसार तारे कुटम सहिता ॥
तीन लोक और भवन चतुर दश वेद पुराण मथलीता ।
हृषीकेश प्रभु अघमोचन सतगुरु दए पलीता ॥

१२

कौन वन बाजीहै बांसरीया कैसे रहों घर दैया ।
कलमलाय जियरा मिलवेकों कोहै धाय धरैया ॥
गाज पड़ो यह लाज पै निगोड़ी करहै कहा चवैया ।
अब आनन्दघन सों उघर मिलोंगी अब डर
करैगो बलैया ॥

१३

प्यारे विन भर आए दोऊ नैन ।
जबतें श्याम गवन कीनो गोकुल नाहीं परतरो चैन ॥
एकतो धाम अकेली डरतहों दूजे सतावन मोहि मैन ।
कहा करों कित जाऊं सखीरी चलन सकत
मग पैन ॥

१४

एरी मेरो नाहारो अति चतुर सुघरमें निपट
वेसको वार ।
हौं वाके गुण जानत नाहीं अतिहीं ढीट गवांर ॥
ऊंचा गढ़ ग्वालियर कारे बीच कटोरा ताल ।
रानी खेले हैलु वारे राजा डारे जाल ॥
आठ कुवा नव बावरी रे सोलेहसो पनिहार ।
गोरी तिनिमें कौनसो वाला पनकी यार ॥

१५

हरिप्रेमरस छके छके अजहूं न मन अघाए ।
विरह बावरी रहत निशदिन आनन्द उर न समाए ॥

सोवत जागत विहरत हरि हरि याको पछि कृत
चित लाए।
बैजू बावरे प्रभुको ध्यावत और नहीं मन भाए ॥

मुलतानी - तिताला

पिया प्रेम रस छके छकी अजहुं न आए मेरे गेह।
विरह खेलो तारो ना भई आलोगे प्राणपतिके
याते व्याकुल कीनो नेह ॥

५

सुहागन सुन्दरी नेक विलम बलि जाऊं।
नेक ठाढ़ी रह आयी सुहागन सुन्दरी० ॥
कौन गांवके तुम वाट बटोई कौन तिहारो गाम।
कौन बंड भूप कहावत कहा कहियत है नाम ॥
कौन देश तेरो वाम सखी री कौन तिहारो ठाम।
कौन कारण नंगे पांव फिरत हो काहे तज्यो है धाम ॥
कौन कारण बन बन फिरत हो उज़र गहर गम्भीर।
उत्तर दिशा एक नगर अयोध्या बसि जो सरजू तीर ॥
बड़ेईं भूप बड़े बड़ राजा ए दोऊ सखी बीर।
कटि कसे धनुष कर दोऊ लिए सुन्दर दोऊ तीर ॥
मैं तोहि पूछूं बात सखी री दोउ मृदु मूरत कौन।
कौन तिहारो नाथ मनोहर कौन अनुज मुख दोन ॥
पीताम्बर कटि पर मोहन हैं हाथ धनुप दोउ तीर।
गोरेसे वदन सखी मोर देवरवा पिय मोर श्याम शरीर।
एरी एरी नार सुहाग ए सुन्दरी सब मिल पूछें धाए।
किस कारण तुम बन बन डोलत चलिके पियादे पाय॥
सासुकी सौत पियाको सुहागन सकति दियको पियार।
अपने सुतको राज तिलक दियो हमको देशनिकार ॥
इतना बचन जब सुनाहै सखी री नैन न डारो नीर।
आजकी रैन बसो यह मेरे तुम सहित रघुबीर ॥
फिरतो बैर तुमरे अहिलों सखी चउदहवरस बिताय।
बन बन फिरत रहत निशिवासर तज बन धाम न जाय॥
तीन जने त्रैलोकके ठाकुर काहे चले सुख धाम।
तुलसीदास प्रभु रूप ठगी रही देख पथिक विश्राम ॥

सजनी हैं कोऊ राजकुमार।
पन्थ चलत मृदु पदकमलन पर रूप शील आगार ॥
आगे राजीवनैन श्यामतन शोभित अमित अपार।
डारूं वार अङ्ग अङ्गन प्रति कोटि कोटि शत मार ॥
युगल बीच सुकुमारनारि एक राजत विनहि शिङ्गार
इन्द्र नील हाट के मुक्तामणि जनु पहरे मधि भार ॥
पाछे गौर किशोर मनोहर लोचन वदन उदार।
कटि तुनीर तीर वर कर धनु चले चरण छिति भार॥
अवलोकहु भर नैन विकल जिन होहु करहु
सोच विचार।
पुनि कहं यह शोभा कहां लोचन देह गेह संसार ॥
सुनि प्रिय वचन चितए हितके रघुनाथ कृपा
सुख सार।
तुलसीदास प्रभु हरे सबनके मन तन रही नाही
सम्हार ॥

मुलतानी — धनाश्री तिताला

आली कहांके पथिक कहां कीनो है गवन।
कौन गांव कौन ठांव के वासी किमि कारण तुम
तजेरे भवन ॥
उत्तर दिशा एक नगर अयोध्या नृप दशरथ बसे
देशरे तवन।
पिताके वचन सुनि वन को सिधारे इमि कारण
हम तजेरे भवन ॥
सीता के वचन सुनि सखी पूछे पुनि पुनि दोयरे
पथिक पाव तेरो है कवन।
सीय मुसकाय बोली मधुरी अस गोरे हैं देवर
पिय सांवरे अखन ॥
पइयां लागूं बलिजाऊं सूरति पर कबहूंक एहो
मग करेंगी अवन।
तुलसी प्रभु बिन गेह न भावे मेरो मन हर लीनो
जानकीरमन ॥

करम मति टारोह्न न टरे ।
कहाँ वे राहु कहाँ वे रवि शशि आन संयोग परे ॥
गुरु वशिष्ठ मुनि अति ज्ञानी रच पच लगन धरे ।
दशरथ मरण हरण सीताको वन विपतमें विपत परे ॥
रावण जीत कोटि तैंतीसो त्रिभुवन राज करे ।
द्रुपदसुताको राजसभामें दुशासन चीर हरे ॥
पाण्डवके हरि हूते सारथी तेऊजो बन निकरे ।
हरिचन्दसो को जगदाता सो घर नीच भरे ॥
दुरवासा सों श्राप दिवायो यदुकुल प्रलय करे ।
मित बांध कूप में राखे भावई के वस मरे ॥
कई लच करोड़ गऊ दान जो दीनो नृग किरकिट
योनी परे ।
जोगी छांड़ देश बहु धावें नाह्र सङ्ग फिरे ॥
भावी के वस तीनलोक हैं सुर नर देह धरें ।
सूरदास प्रभु लिखी सो ह्वै है काहेकों सोच करे ॥

इति श्रीमूलतानी धनाश्री भीमपलासी
रागिणी सम्पूर्णम् ।

धनाश्री- चौताल

सुमरण हरिको करोरे जासों होवे भव पार ।
यह सीख जान मान कह्योहे पुराण में भगवान
आप करतार ॥
दीनबन्धु दयासिन्धु पतितपावन आनन्दकन्द
तोसे कहतहों पुकार ।
तानसेन कहे निरमल सदा रहिए नर देही नहीं
वार वार ॥

२

धन धन भाग सुहाग तेरो तूं पियके मन भाई ।
धन जोवन तेरोरी चतुर सुघरनारि जो पिय तेरी
करे मुख सों बड़ाई ॥
धन जनम जीतव धन तरुणताई ते रस वस कर लिए
पिय सुखदाई ।
धन धन तानसेन प्रभुकों रिझाय लीनो तुंही
सबनमें देत दिखाई ॥

३

लाल मयाके बोलाई सौतन दुख पायो ।
जे मेरो हितू तिनके आनन्द भयो मृदङ्ग बजायो
मन भाए मङ्गल गायो ॥
पियाको मया मोपै कहिन परत है सब तियन
छांड़ मेरे गृह आयो ।
तानसेन के प्रभु पलकन सों मग झारों जीवन
जनम सुफल करायो ॥

४

धन भाग मेरो धन आवन धन धन पात प्रेम भयो
मन दरस देखत इन अँखियन सौतन इन अङ्ग
सङ्गत विरह गयो टर ।
इन आनन्दन आनन्दो बांटो भईहों इन चरणन
रहन कहत गर वगर अगसर अगसर ॥
जनम जीतव सुफल सखी मदनमोहन मया कीनी
लीनो रस वस कर ।
तानसेन प्रभु सुखकेऐन नैनन सैन न हाव भाव
कटाचन सों मोह लीनो जब मिट्यो दुख डर ॥

५

नवरङ्गी अकबर शाह जलाल करिए हो निहाल
आएहो मेरे मया कर कर ।
तन मन धन नोछावर करौं आवन पर तपत
बुझावन और रङ्ग उपजावन पर बलमा हों इन
भांतिन जनम जनम के सब दुख गए सुख पायलीनो
अङ्कम भुज विसाल भर भर ॥

६

सुमरन ताको करो क्यों न जोहै सतार ।
यह सुनले कान और निहचे जान मान एक
पाकपरवरदिगार ॥

जोई जोई ध्यावे सोई मुराद पावे एसोहै गव्वार।
तानसेन कों दीजे अन धन लछमी यह माँगत
बार बार॥

७

मखदूम शेख अमर कागारोर और न्यामत भरपूर।
अष्ट सिद्ध नवसिद्ध देत सबन कों हैं तुम गई है
बहोर॥
तेरी दरगाह तक आवें माँग सोई पावें तेरा हो
रह्यो शोर।
इतनी अरज सुन लीजे तनतें दुख दूर कीजे यह
अरज करे नायक मोर॥

८

अरि कुरङ्गन जिमि भाजत फिरत वन बामके हरि
जब आवत जानन।
अत कार छल कर कारे जिम चिकारे जो दूर
जाए गिरिन में वाको आन मानत॥
फुनसारनो मोख देत तूं जित लालचो तन
भूमि तन मिलहै प्रवल शाहजहाँ को मानत।
जो मिलत रचा कर तन तनफत अहद शिकारगाह
कर राखो यह ठानत॥

९

हसन हुसेन प्यारे नबी के दुलारे जगत उजारे
शाह मर्दान अली बली।
वेअप वली ना सुन मलकूत जवरूत लाईत
इन मकानन में तिनको कीरति चली॥

१०

योंही जात जनम अकारथ अचेत चिन्ता कर ताको
जोहै निरञ्जन निराकार सबमें व्यापत ताकों
ध्यान धरत नाहीं अज्ञान मत अजहूं समझ करहै
कछू वाको॥
जेमन विच कर लौ लाई श्रीधर पद्मनाभ परमेश्वर
की सूरत कों तुम चाहै दाता विधाता और रखि
वन्ध वाको॥

११

अरुण वरण सेत इक्षन तिक्षनरो उनोदे वोधे कुरङ्ग।
जागे पागे अनुरागे एरी आलोरी मानो नीरजनैन
दीरघ दिवानो कसत वो चाहत उमाहै उपङ्ग॥
खञ्जन अञ्जन निरञ्जन दोनैरो जमल विमल
विलोल लोयन ढरा ढरारे उतङ्ग।
ग्वालदास पिय लौं लगोहै लजोहै हाय भाय
कटाक्ष तुरङ्ग॥

१२

तुमसों जो बोलत हो लाल ज्यों तुमसां
होय साँचो।
वहां ही जाओ जहां होय तिहारो काम अहो मिथारो
प्रीत नीके के बांचो॥
उनको प्रकृति रीतहीसे अधीन के जेई भला
तेई सोई नाचो।
शाह बहादुर तुम नीके जानत अब तुम बोलवेको
खाँचो॥

१३

बानक है तेरो नीद कोरी रैन गात और मिटो टीको।
यातेतं मरस भई टरत नाहिन कबहूं शाह जलाल
भाँयोहै जियकों॥

१४

आज बदन बदले अधर सधर लागो नैनन पोक।
पीत अदल बदले कीनो ताके बल छल प्रगट
देखिए सो रस भीने कहूं पीक वरण कहूं अरुण
कहुं रही काजर लीक॥

१५

तारण तरण सुमरत पीर जो हौं रिझाऊं शाह
बार बार।
यातें जो कहियत तुमसों जो तुम मनसा पुजावन
हार जेतू अगुण अपार समार॥
जाको सुन जड़ तें होत निहाल एसे रस पारस
जान दूर करन दुख सुधा विस्तार टरे जञ्जार
कलेश मेटन को आधार।

सूरतप्रशादी माँगि यातेँ जो न्यामत भर पाऊं
सुख सम्पत अमोघ अपरम्पार ॥

१६

या अल्ला हादी रहिमान या रहीमा।
धन धन परवरदिगार बकसन हार सतार जोवार
कादर करीमा ॥
एसी सुमत दे हमकोँ जो तेरी जिकर में रहे
निश दिन करम करीमा।
आनन्द बरस रस बरसे साहब कुमत दूर होय
एसो ही कर या करीमा ॥

१७

सुनजर कीजे मोपर विधना हौं बन्दा गुह्नेगार
तुम बकशन हार साहब सतार।
तुम करीम रहीम रब रहिमान साहब दुख
दारिद्र सब दूर कीजे जब्बार ॥

१८

मेरी तो तक्सीर माफ कर यह हजरत शाह मरद
मुरतजा अली पीर कहत हौं कर जोर तुम्र हार।
अलीजी के प्यारे दुलारे नबी के तुम साहब हो
हसन हुसैन परत न मन वार वार ॥

१९

तिय पिय बिनहो यो मशकन।
लाल के बिछुरे ते बहोत दुख पायो जों दिया मध
बाती जरसी सकत ॥
चात्रिक पिक मोर शोर खड़ेहो सनावत सोत
दामनी करत शोश पर लसकत।
जेन खाँन मिले तो भलेहो जोवन बने लेहोँ अँको
भर गसकत ॥

२०

कान्ह की कर आंखिरी मत सूरत नामहो में देखे।
ज्ञान लेखक ध्यान निशा चित्र चितें श्यामकोँ
हिरदे उरेखे ॥

२१

जाको कहे सरस्वती सो कीज देरी बताय।
जो गुण सुन उन धुन अति मानी गुण केसेके समाय॥
कबहूं न आवे सो गावतहै मया चाय एक रसना
असतुति क्यों कर जाय।
जानन मन जान शाह साहब वेगम सुजान धन धन
वाणी रस लराय ॥

२२

नैनन शोश हाथ देखबेकोँ और श्रवण वचन
सुनवेको।
कर कुवन और अङ्को भर भेंटत सुख पायो यह
घरी जनम लेखबेकी ॥
पाछले विरह कोँ दुख दन्द गयो सोतन अनख
मुख पेखबेको।
अकाबर शाह पिय सुजान मिले मोकोँ परम
विचित्र यातेँ निघरी सुख विलसवेको ॥

२३

नारन सुमरन मीत जों रिझाऊं साहब वार वार।
यातेँ कहियत तुमसोँ जोतृ मनसा पूजावनहार ॥
जेगुण अपार तुम सुनजरतेँ होत निहाल एसे
रस परस अज्ञान दूर करन बुध विधाता भरे जब्बार।
तिनके पैरनको किए जगत आधार सूरतप्रसाद
मागि याहीतेँ न्यामत अमोघ अपरम्पार ॥

२४

वना वनी नोद भरे होरे बोल खोल में मद मकना।
अरगजे बाग में मरगजे शीतलरज फूल मालकेतकी
कर आभरण जोहे कगना ॥

२५

चतुर पिकार किए कण्ठ भुजवे कोँ पे कोज
कोज जानत है भजाय।
नाममोँ सब लेत नेम वरस करके सुनावे गाय ॥

२६

चन्दन खोर अङ्ग अङ्ग चढ़ाय अबीर लिए ऐड़ो
ऐड़ो डोलत पनघटहोँ आपन मन भाय।
वरवस परधन कण्ठ लगाए तोहि सुख भए कहा
होत है उनके दुख पाए और न मानत तेरे भाए ॥

कबहूं तिलक मुद्रा देत कबहूं बागे बनाए नैनन
नेह जनावत वनमें गाय चराए।
हरिदास डागुरके प्रभु इन तिय नेह जनावन
बेणु बजाए॥

२७

तेरो प्यारो ज्ञानगम्भीर बुध प्रकाश एसे भए
जोहैं सब विधको।
मन सों मन मिलायो तैं अनेक सुख लेगो जो है
प्रत्यक्ष खांन नवनिध को॥

२८

मन अटल बदलो पान जाय बदलो जायतो बदलो
लाल प्राणपियारेसों पै बदलो नाहीं जात।
वाको चञ्चलताई निठुरताई सब मो जिय आई
मेरो मन वाके गात॥

२९

तप तेज बल बल बल जाऊं उन पर प्यारे भरे
उजीयारे राजा नरेन्द्र नर।
छितुवन छितूदे मांह अन छितुवन तन मन दन्द
दइए अब्रह मिलाए तो इन्द्र बन डर॥

३०

संसारतारण सुमरत पिय जो रीझउ शाह बार बार।
याहोतें कहिये तुमसों तू मनसा पूजावन हार
जे कहे गुण अपार॥

३१

सुमरण वाको करो काहिन जोहै साहब सतार।
यह सुनलेहो श्रवणन और नेहचे मान आन एक
पाक परवरदिगार॥

३२

मेरे मन याहो हरि नाम लेलं जासे होवे तेरे
नीके काम।
निशिवासर वाही के सुमरणमें रहोरे और मग पग
जिन धरो सूधे क्यौन धों धाम्रो धाम॥
जोतू एक बार याद करे तोहै याद राखे अष्टयाम।

मदनके साहबको यों पहचानो अलख अखिल नाम
सिद्ध सिद्ध निधिदाता वैकुण्ठधाम॥

३३

तोहे विराजत साजत शीशफूल जद बेसर गुणो
मिल अङ्गोया मोतियन को गजरा।
जदै जदै वस्तर सोहै कुचन पर कञ्चन खर सर सोहै
सारो जरकसो धजरा॥

पूरीया धनाश्री—चौताल

इन सैनन लाल के मोठे बैनन एहीं बिकानो।
तिहारे लालनको प्रकृति मनमानो यातें मैं
जान बूझ होत अजानो॥
प्रेम पियाके जियको तुम सब जानत तोसे
कौन सयानो।
तोही सों रङ्गस सरस शाह जलाल प्यारे को तैं
कौन ठांव रह्यो ठयानो॥

२

तुव गुण रवि उदै कोनो याहो तैं कहत तुमको
आई उदैपुरो।
अनगिन गुण गायन के अलाप विस्तार सुर जोत
दीपक जो तोलों मों विद्या है दुरो॥
जब जब गावत तब तब रससमुद्र लहरें उपजावत
एसो सरस्वतो कौन को फुरो।
जानन मन जान शाह औरङ्गजेब रीझ रहे याहो तैं
कहत तुमको विद्यारूप चातुरो॥

३

नीको जुनीको तिहारो प्रीत बालम काहा कहो
जाय जैसो याको बड़ाई है।
जित देखूं तित लागोई डोरे पीत कीधों परकाई
बनाई है॥

४

तुम अवध दे आए लन सों वापे अबहों इहां
आए होजू सो धन धीर न धरेगी।
बैठ रहेहो और तियनमें बलमा सों यह रीत कैसे
निभहेगी॥

६२

तुम बिन रह्यो न परत नेकहू मोपै प्यारे ललनारे।
नेक जो नैनन ओझल होत है तातें रहत जल भारे ॥

६

मोकों तो सब निश गई प्यारे उड़गन गिनत।
अवध के वचन झूंठे भए पिय आप रहे कहूं अनत ॥

७

पुरी पै गायन तूंही चातुर रङ्ग रह्यो याह।
और लाग डाट पेंग लाल लागे तिनके भेद लेत ठाह ॥

८

शीश पर चीरा बांधे जवहीं कर धराय।
मत गत होत अरन के अरन पेच सिर काय ॥

९

परमगुणनिधान सब आस पूजी।
ए नवाव सलामत जंग दिन दुलह गाजी ॥

१०

ए मेरी पत राख लीजे हजरत शेख सलेम पीर।
अल्लह महम्मद के कारण हो गुलाम आधीन
तिहारो कहावत तुमही जगत निस्तारण वीर ॥

११

पाती आई प्यारे पैं पढ़ी न जात आलीरी यह
गत जब बांचत बोल सब श्रवण सुरत।
आवत मनमोहन सुख को यातें जिय हो पिय
और इत आंख निरखवे कों कहत मन ॥
जोलों मूरत रहत आँखियन में तोलों चेन नेना
जल भर आवत तातें देखवे कों कठिन अत।
कोउ जाय लालसों कहो निशिवासर विरह विथा
बीतत मोहि प्रभु सुजान प्राणपत ॥

१२

रिसानीसी हो कछुक रिसानी तिहारे रूप
वाल ममोमें समाए है।
जकी थकी क्यों रहत जात तुमारे उनीदे आए
लख मेरे अङ्ग अलसाएहो ॥
दृगन में लाली और असुआ काहे ते प्यारी तुम
कहो रङ्ग रचे देख ए चरण सकुचाए हो।
और कछु जिन बूझो शाह आजम तुमजो जख्यात
यातें मेरो मन भरमाए हो ॥

१३

शाह आजम आनन्दपत तुम मेरो तो यह गत भई।
सुध बुध भजी नीद भूख तज गई सब सुखन मोते
आन लई ॥
भूल गए हो सब विसरो विलास रोम मरमको
कहा कहो जैसो विथा छई।
शाह जलाल चाहत हो पै सबल तें निवल हौं
रही यातें नाह गई ॥

१४

हौं तिहारो विध कर तू विधना मेरे सोई विध
कीजिए जा विध हों सब पूरण मेरो।
एसो जगत को ईशता करुणानिध करन मो पर
हों वन्दन करन द्वार तेरो ॥
एसो महा अपराधो शरण तेरे को नीके टएसो
मोकों मग न सूझत नैनन तें पाप काटत माकल
तिमिर वेरो।
काहे छदका कर महम्मद रसूल रूप कुन्दन आधीन
को जीत घनेरो ॥

१५

एरी तेरे रूप को निकाई मोपै वरणो न जाई।
रच पच विधना तोहि बनाई उरवसी रम्भा तोरी
सम नाई ॥

१६

श्रवण तराजू कीनो रच पच विधना तोहि राग
ओखत आय गई घटो बढ़ो कहि लीनो परल
परी तान।
सम खरनको जोती विच एक मन मेरो पूरो
तोल कर ध्यान ॥
अचर जिनस जवाहर धुरपद कों जल गाहक
जलालदीन अकबर मोल लेत गुणीयन पहचान ॥

पूरीया धनाश्री—तिताला

एरी तेरी सेजको मुसक्यान मोहन मोह लीनो।
जाको यश रटत सुनि सजनी सो तेरे आधीनो॥
चौरको संवार के घर किए रहत है आपुन पो
तज दीनो।
नन्ददास वाकी चितवन मेटोना मो कुछ कीनो॥

२

तू तो नेक कानदे सुन्दर बांसरी में बजावे तुव नाम।
पुनि पुनि राधे राधे प्राणेश्वरी वह गावै घनश्याम॥
तुव तन पर मोजो पन जान ताको उठ परि रसन
सुख को धाम।
नन्ददास एसे पिय मों को रूठिएरी वल पूरीए
मधुरिपु काम॥

३

कानकी मुरलिया रङ्गन वरसे रङ्गन वरसे।
नाद अमृत को नवल घटा घुमड़ी अनुराग हो सरसे।
सङ्कीरण तान तेरे चपलाकी चमकन धुन व्यापन
धुरवा घमरसे।
मोहन मधुप मधुर मकरंद मे आनन्द घर पिय के
अधरन पै परसो याही सुन सुन के मेरे जियरा तरसे।

धनाश्री होरी—ताल धमार

भलोरी तेरो जोवन ग्वालनीया व्रज में कैसो ऐड़ो
ऐड़ो डोले।
वाट चलत हंस देत निशङ्क ह्वै सूधे मुख हूं न बोले॥
ग्वालन नारी गंवार बड़ी तू घट घट बतियाँ छोले।
मस्त भई माने न काहूको कृष्ण मों करले कलोले॥

२

गहे पकरो काहे वाथ कान्हजू नन्दके वारे।
वरज रहो वरज्यो नहीं मानत सुन्दर ढोट ललारे॥

३

मानत नाहिन रसिया गहे पकरो मेरो हाथ।
शिर तें सारो छीन लई मोरी उघर गए सद गाथ॥

४

एरी तेरी अङ्गीया पर किन मारी है मूंठी।
दुरक गई कुच खोल दिखावत एसो बनो ज्यों अङ्गूठी॥
एरी सुहाग भरी लालन सङ्ग मुख मोजत क्यों रूठी।
मन में रीझ खीज मुख तें गारी यह विध की
तूं झूठी॥

५

लाल वस कीनोरी मन मेरो मुरली बजाय बजाय।
सुध न रही कछू तन की मनकी जवे सुन्दर
दरशन पाय॥

६

अवतो महम्मदसा पिया घर आए।
चहल पहल फागकी देखो जित चित
सदारङ्ग वरसाए॥
चैनन गाओ रहस रहस कर लाखन लाखन पाए।
एक होरी दूजे मिलो पियासों यह छवि
कहियन जाए॥

७

जोबनधन भाग जगत विच खेलो सखो सब फाग।
कर मञ्जन तन रूप सवारो चलहु पिया सङ्ग लाग॥

८

मेरो मन मोह लियो सुन्दर नैन रैन चैन परत
नाहीं यहो वनवारो।
मेरे तो एक आधार तिहारे नामको गत मत
तुं हो गिरिधारी॥
जप तप नेम व्रत कछू अन जानो नाम तेरोहो एक
अधारी।
कृष्णानन्द रङ्ग रस छाके दीजे भक्त रस सुख राग
रङ्ग कर शरण तिहारी॥

९

कवन गुण कौन मन्त्र पढ डारो सावरे अहो तेरो
मरम न जाने नन्दके रावरे।
एक व्याकुल एक भई जो बावरो सब व्रज गोकुल
हरखि गावरे॥
सुन धुन मुरली वाट घाट छल छकोसो रहो अपने
अपने ठावरे।

प्रेम जान प्रभु डार आए पूँजु तिहारे नन्दके नन्दन
दीज पांव रावरे ॥

राग धनाश्री—एकताला।

मेरा मन वौराय वौराय लीनो लङ्गर तुरकवा
अनार नचाय।
थकित भई न रही कछु कहिवेको नई पीत रिझाय ॥

२

मन भावन लाड़ लड़ावन रङ्ग उपजावन जगत
जीवावन।
भाग बड़े मबहीके मिल देहों अशीश जो पायो
महम्मद सा अपरम्पार गुण आमोघ पावन ॥

३

देखे दरवार ख्वाजे कुतवदीन को पूजे मो मन की
मुराद।
मदत कीनें सब औलीया अंबिया और शेख फरीद
दीन अराद ॥

४

आया वना लाड़ली वनी व्याहनकों सुघर चतुर
सुन्दर वना।
मोतीयनके शीश सेहरा सोहै गल सुआवागा
अति ठना ॥

५

नाद्रद्रतंद्रद्रतनातुम् तनतनितनारेत दारेतुम्
तनाद्रनातुमतनानितदोम् दोमदोमतारेतारदानोदोम्।
नितनुमतानदिर तदीयन रतदानो तकिटधकिट
धुमकिटतकतिड़कड़ानथुं निगनिगतगिनधिगिन
धाधाधातिड़किड़धा ॥

६

ऋतु आई सांवनकी रिमक झिमक झिम झिम
बुंदरीया वरसे।
या समय मेरो सुहाग भाग पिया सन देखतहो
आलीरो सोतें अति तरसे ॥

वल वल जाऊं मीता मोरे तोरे रे कारण
लोगवा बुरेरे।
ले चल अपनें देश सदारङ्ग पाछे परे निगोड़ेरे ॥

८

एरी मेरी लाल सुन्दरीया नगीने की जा आरे
वालमुवा की सेझरो।
उंगरी की मुन्दरी गई मोरे हाथ कंगनवा की कोलरी
न भावे चुन्दरी ॥

९

महाराजा सुणे नाहक छेड़ोजी नाहक नाहक कांई
करोंछो महाराज।
ओघड़ ह्यासों रम क्योंन करो मायवा हम यह
बात तजि ॥

१०

तूं जिन तोरहु मोरा करवा प्यारे हौं तो रिसाय
रहोंगी तुम सन जनम जनम तें न बोलूंगी।
अतहो सतावे सास ननदीया मोरी देवे गालियां
करहों शोर डोलोंगी ॥

धनाश्री—तिताला।

तूं तो बोल सांचे मनकी मेरे आगे कबहूंन झूठ
बोलो प्यारी।
वे आप महम्मद चतुर सुघर सदारङ्गीले उनकी है
बात मेरे आगे से फेर फेर वार डारी ॥

धनाश्री - एकताला।

जिंदड़ी दामा लकवे मैंड़े अल्ला माई असो तैंडे
नाल जीद व्याकुल रहँदी।
तुझ विन मैंनू होर न भांदा वेसो जो चांदी सोई
कहँदी ॥

धनाश्री—तिताला।

सुरत विसार दई मेरो काहे तें करुणानिध।
हौं अतिदीन आधीन तिहारो निश दिन तलफत
कहो जीवों किहि विध ॥

देत नाहीं दरशन अपनो इतने में कहां बढ़त रिधि।
रसिक प्रीतम अब जीव जीवावनको नाहीं उपाय
दीजे अधरामृति सिधि॥

२

पठावत नाहीन प्रीतम पतियां प्रीतम पतियाँ।
मेरे कौन अपराध श्याम न एवे निठुर भए भूल
गए वे बतियाँ॥
जो सुमरो तो दुख दूनो विन सुमरेहू दुख बहु
भतियाँ।
रह्यो न परे विन देखे छिनहू विन देखे विरह दहत
अति छतियाँ॥
परी पुकारू हाय हाय दई करी धीरज परी
हरिदि रतियाँ।
तुमहि न बूझै एसो रसिकपिय मानत नाहीं
विन बतियाँ॥

३

हो मैंड़ा हाल सदारङ्गीले महम्मदसा प्यारे।
तिखियाँ निगाह भोंहों जटियाँ पलकाँ नाला मीयाँ
सबे जिन्द बकस लेवे कों टारे॥

४

मान तूं करवो ना जानेरी।
देखने कों उठ चल वेग काहेकों करत एतो गुमानरी॥

५

सबल वेख लेवे अपनो अपनो बाको जूड़ेवाली
वालो चवालो।
फिरे लटकेंदी काना सोहै बुंदे वालो॥

६

मैंड़े वेषणदा दिवाणा हो रहो मैंड़ा हाल
सदारङ्गीले महम्मदसा प्यारे।
तिखीयाँ निगाह भोंहो जटोयां पलका नाला मीयाँ
सबे जिन्द बकस लेवे कों टारे॥

धनाश्री—एकताला

अरी मन धीरा रहोरे करिए नाहीं उतावली अबहीं।
जैसी बनी तैसो सहिए बावरे समझिए अबकी तबहीं॥

पियारे तुमारे लाल होठन के लाग रही है
काजर रेख।
कुच मुख पोंछ वेने आयो कियोही खिजायवेको
एक कीनों यह भेष महम्मदसा सदारङ्गीले
पाछे मोसों बात कीजे पहले तो करमें करले
काहू देख॥

३

ज्योंई जाको भावर सोतो चाहिए जैसे चन्द विन
चोर चकोर को एक छिन न सराइए।
दीपक पतङ्ग मीन नीर विन सदारङ्ग कैसे कर
जराइए॥

४

टोनवा मोंकों कर देरे जो वस होवे पिया मोरा।
गलेको हार दूंगो कर को कङ्गणवा गुण मानोंगी
तोरा॥

५

माई कुहुक कोयलीया बोलेरे विरहा की तान।
अम्बुवाकी डारन महुआ टप टप टपके रोवन
अम्बुवा गदरान॥

६

सुरजन जिन छाड़िए महम्मदसा पीर हरनकी देहली।
देखत कों सब दुखवा गइला सदारङ्ग तन सुखवा
भइला एसो निभाय लईरो पीत पहली॥

७

तुमी सन मनुवा लागोला मोरा मितवा सुरजन राज।
मनकी इच्छा पूरण भई मनभावन मिलिया मई
आज भए काज॥

८

मेरो मन घटत जात घटही में घटके एसी पीतसों।
कोऊ काहू का मरम न जाने महरवान होय
एसी रीतसों॥

९

एसो हमें कहा परी जो कहीं रङ्ग रस भरे आयो
हमारे घरे।

६४

जावोजी जावो उनी सङ्ग बोलो जिनके लागी गरे ॥

१०

एनी कुड़ीए बांके नैनां वाली ।
अलवेली नवेली नवेली फिरे लट्केदी कानासो
सोहै बुंदे वाली ॥

११

सदारङ्ग नित उठ कर लाए दवाई तेनु निरोग
रखसी रब साँई ।
आज दुनीयाँदे पुरेथों गुमान न करवे दुनियाँ
विच वे कदम दरवे शारद बलाई ॥

१२

रङ्गदेरे मोरो सुरख चुनरीया रङ्गरेजवा लाल ।
आज सुहाग की रैनि चढ़ो है मन वांधे वेश
मिशीदीरे खशीका कजरा नैनादा जाल ॥

धनाश्री—ताल सवारी

निरमल वे गावै जो सुध सालङ्ग सङ्कीरण के
भेद जानै ।
और तिवर कोमल सुध वानो बादी विवादी तें
बचाय ओड़व खाड़व सम्पूरण कां पहचानैं ॥

२

ए एसो नेहरा कोज जिन करो जामें जिया
दुख होवे ।
देखे चैन विन देखे चटा पटी विरह वेदन जानै
न कोय खोवै ॥

३

हरवा हरवा रे ए माइरी गुंध गुंध लाई ।
अब शुभघरी शुभदिन शुभमङ्गरत धन धन धन
भाग तिहारे पाई ॥

धनाश्री—एकताला

नैनादा देख मिशीदी रेख सोहै कजरा ।
मृगनैनी सुन्दर अतिप्यारी चन्द्रवदनी हाथ गजरा ॥

२

मृगानैनी थारे मुख पर चन्द वारो
डावर नैनी चन्द वारो ।
कुच पर श्रीफल कण्ठ पर कोकिल चालपै हंस
वार डारो ॥

धनाश्री—तिताला

चले तुम जावो लङ्गरु अपने मगवा सास ननदोया
रिसाय ।
सदारङ्ग रङ्ग रसको बतियाँ करत हो मीठी बात
सुनाय ॥

पुरीया धनाश्री—एकताला

ख्वाजे कुतवदीन के देखे दरवार ।
पूजो मोरे मनको मुराद देवो मुराद सब औलीया
अम्बिया शेख फरीद दीदार ॥

२

एरी होंतो न जाऊं न जाऊं याहीसों नगरु
वेतो ढाड़े आगे लङ्गरु ।
अब वाह देख भई डर लागत वरवस बइयाँ
मरोरत करत झगरु ॥

पुरीया धनाश्री—तिताला

बाहों आँख भरके सो अब फरके मा देखा
कवधों मिले साँई ।
हमरे मनमें एसो आवत है उमगत रङ्ग अवहीं
डाल मिलो गल वाँहो ॥

२

जबसों पीत लागली मन अपना बस कर लीनों
सबसों ।
रैन दिना नहीं चैनन नैनन कों विन देखे जीया
दुखसों ॥

३

रङ्ग लावे मारु हां वे राजीद लाल पियरवा सजन
माडा आया ।
ऊंची थांडी माड़ी ख्वावा अलग झरोखे झोंकीलो
मुजरा न पाया ॥

४

छे कांई म्हाने हो तकसीर हो सायवां वा कांई
वांको वांको बोल ।

प्राणपति सो थ्यांरा मनडो लाग्यो काहो प्रेम की
घुंडी थे खोल ॥

५

जिन्दडी मैडी रांझणवा जुगेंदो नजर मिलावे।
वन्दो होमें विसदो सइयो जो कोई आन के लावें ॥

६

वालमजी मुनें सालुडा रङ्गा रङ्गादे।
सोनेदा हाँस घड़ादे वालमजी थ्याने नथुनीदा
मोती मगादे ॥

७

चूड़ा मैड़ा रङ्ग लावे में नाहींयाँ देशावे मायाँ।
दरीयापो चोलो अनो तनो में कोकर खोलावे मोयाँ॥

८

आमिल जावे सामी देशोडा विगारणवे।
बङ्गला छवायदे गायवां खिडकी लगाय दे मनदो
मुराद पुजायणावे ॥

९

चाहो आंखे जरसाँ छल वल कर छैल सो आई।
छैल छबीला चातुर चित चढ़ सुन्दर पिय काँ मोहाई।

१०

दीमतनदिरनातदारे तददानो।
नादृद्रदानोतुंद्रद्रदानोतारेदानो ॥
न्याए आशके माशूक रमझ कि राम न कातवो
हम खबर नेस्त ॥

११

मैड़ा राँझिनु आन मिलावोनी सइए मोया
ताँडी कुड़ी गला सालु भावदी नाहीं।
जो कोई खवर मिवांदो बोलावो वन्दी हुइयां
विन दामोदी मौला साहीं ॥

१२

वालम आयोरी हम चीनोरी।
आइ आजम पियकी मोहनी मूरत चितवन में
कछु कीनोरी ॥

१३

रब में जीवे मैडा प्यारा जीवे रब तैड़ो दरगाह
विच याहो मुरादे मगदी।
उसदा खेडा सुब सब सावो जान सलामत रख
असाड़ो नित उठ यहो वन्दगी करदी ॥

१४

तननादृद्रदीमृनादृदीमृतदीमृतनननन्नातनतननननोत
ना२तदरेदानोदानो उदानोदानो तदारेतदारत।
वियारे वाद गेके मोना योमला वरे जार मरोज
राद में याखरचे जाए पहरेज ॥

१५

आड़े नादृदीम् दिरना दिरना दिरना दिरना
दिरना तदानो।
खलकमें गोयद के खुसरो वुत परस्तो मै कुनद यारे
दयारे मैकुनद वां खलके आलम् कारनेस्त ॥

१६

अबतो नेह नजर ही राखे बनी प्यारे।
तुमगो मया तें जग जीवत नित महम्मदसा
सदारङ्ग कों देत सुख न्यारे ॥

१७

सवल वेखले अपनो अपनो बाकी जूडे वालो।
वालो चवालो फिरे लटकेंदो काना सोहे बुन्दे वालो ॥

१८

पियाके खन को इनकार खानेकामृन अवद जिजोहदे
इमचो।
तेएया वफिस्के हमचो मने ॥

१९

आजारे अपने मन्दिरवा सुन पावेगी सास ननदीया।
सुनहो सदारङ्ग तुम कों चाहत है क्या तुम हमकों
छोड़ दीया ॥

२०

मोरे पिय की खबर लावो सगुन विचार धरे बमना
पोथो बांचो मोती वारों आवो पङ्गना ॥

२१

कारे श्यामी नैना नाचत कुंवर कृष्ण वनवारी।
औकड़काकड़कड़कड़तकधिलाङ्ग२तकथुंना॥

२२

शू: करिला म्हारा जोवनीया विलम्बोरे।
ए सायवाजी म्हाने नित राजी राखो विरह दे रहो
विश्राम म्हारा प्राणीरे॥

२३

वे कुमाजा शङ्करा कुढे गइलोरे।
बं बंबं शङ्ख बाजे सामुद्रचा मेहा शम्भ के शम्भु
नन्दन लट पट मैनारे॥

२४

अकेला हेर वन्दी आइयो।
सुलतान सलेम सुरजनवा आइयो घघाड़ मैंको
घघड़ेल बंदी पाइयो॥

२५

कुड़ी गल्ला कर दासे थाँरो भा मैंण छड़ मेंहो
नाल वेले विच रहंदा।
तपदी सिकदी साड़ा हाल न सुनावो वे परवाहन
वेखोनी सइयो को करदा॥

मालश्री—एकताला

नेस्त तुम गुलची बटोयम् दरव वन्द जवा गवा।
विन सीने गोसे अवाजे बुलबुला वेश नवद॥

२

अततनदीमतदीमतनुमतनुमतननतनन दिरनदिरन
तदरत दरेदानो आनुआआतदरेतदरेदानो।
मकाशो टेन सवाए नमुरग नाम वरक संजे वकसीए
मानमें वरद खवर॥

३

द्रतुं दिरनातुमतननननदीमतदीमतननतारेदानोदानो
दानोदानोउदानोतदानोदरादरातुमदीरनादोमदोम
तुमतरतददानो।
नाद्रद्रदानो तुंद्रद्रदानो तददानी दोमदोमतुम
तर्नादिरना धगिड़धाधोत्ता गिदिगननगतिटकतकधिट
तकतकधिटितक तकधिटित तड़ानधा॥

४

करहों सकल शृङ्गार सजनी सुधार आज पिया
घर मोरे आवेंगे।
दरशन भए श्यामसुन्दरके रोम रोम सुख पावेंगे॥

५

अततन दिरतदानो उदानोदानोतुमतननतुमद्रेत
दरेदानो।
तुमद्रेतनातुमद्रेतननतदरेतन देरेदेरेतुमद्रेतदरेदानो
उदानोदानोतुमतननतुमद्रेद्रद्रदानो॥

६

एसे कोहै सुरज्ञानो जो मोहे देह बताय मुरछना
ओडवको केतो।
सासागगसानोनोपनोनोनमगपमगसागगमपनो
गसासामा॥

पूर्वीया धनाश्री—तिताला

भला वे मोयाँ मानु मांड कोसो नाल्न करदा गलां।
इश्क महोब्बतरी एमी रीत ताड़ो सदारङ्ग ढङ्ग
वेखण नु भलां॥

२

विरहा विथा कासे कहोंरी आली मोरे मनकी।
तनको तपत अति रहत होए बढ़ क्योंहूं न जात
याद श्यामघनको॥

पूर्वीया धनाश्री—एकताला

आहेदोस्त यारयललोश्रो आहे दोस्त तानुंतनं
तनदिरना तदानो दोस्त।
अच्छे महबूब वादो यहो गल्ल आखाँ नाहो छड़दे दोस्त॥

पूर्वीया धनाश्री—तिताला

पायलिया झनकार मोरीरे झनन मनन बाजे
झनकारो।
पिय समझाऊं समझत नाहीं सास ननद
देंगी गारो॥

होरी ख्याल ताल—तिताला

हरि सुमरणको माला मन पहर कर जिय विचार।
हरे हरे मुडोया हरे हरे भगता तुलसी गुरीया
लेहों सम्भार॥

२

घड़ियाले आज मिलोंगी मैं पिया सन अरे तूं
घड़ी न बजारे।
पोथी बांचो मोती वारो घड़ी घड़ी रैन बढ़ारे॥

३

भले आएहो बालमा मेरें सुरत जोवाय काहू
तिया सङ्ग।
तिहारो यह ढङ्ग देखतही पीत को सवाद गयो
अब वाहीतें जाय करो रस रङ्ग॥

४

तैनु रवदी अमानवे चाहिदड़ा जग दावें तुसी
जोवो जम जम।
तुसी तखत मुलक अल्लाने दियो मुवारकी होवो
महम्मदसा मक्के मदीनें के थम थम॥

५

गोहन लागो रहूं तोरं पायन ज्यों तारन को छइयां।
अरद उरद दोज दहरीयारे बाट चलत नहीं पइयां॥

६

सुरजन वेला अल्ला दोउंड मुख थीवा दिल राजी
वो काजी।
तुज्जेहा मानु और न दिसदा को कोकरे
मुल्ला काजी॥
रुठड़े मकाम थीवी दिल राजी मेरो तेरी दोस्ती नु
आलम जानें कीकरे मुल्ला काजी दिल राजी॥

७

ए अब मोरे जियको बात अबरे भुजा को ए।
जरद वरण भई पिय विन मोरी मा जाय वीतो
जानें सोए॥

पुरीया धनाश्री—ताल सवारी

होए जामि वारो वारो जांबा म्हारो राजरे थासों
म्हारो मन लाग्यो महाराजरे।
प्रभु लाल सेज पर सुखवा करो थासों लाग्यो
छे म्हारो काजरे॥

पुरीया धनाश्री—ताल पांच फरोदस्त

पिउ आइला मोरे मन्दिर सखीरो करिहों आनन्द
वधावरु।
सब सखीयन मिल मङ्गल गावो बजावो आनन्द
वधावो मोरे घरु॥

२

एरी नेहरा जिन लावोरी जासों जिया दुख होवे।
देखे चैन विन देखे चट पटो यह विध या विधना
अब मोरो सेज न सोवे॥

पुरीया धनाश्री—आड़ा चौताल

एतू जम जम जम बाजुरे बाज मन्दिलरा साजन
मिलावरा भइला।
इच्छरीया सब पूजो विधना मेरो यातें भाग बढ़ीला
कष्ट गइला॥

जयतश्री—ताल चौताल

एरी अब आनन्द भयोरी ब्रजमें श्रीकृष्ण जनम
लियो आज।
शुभघरो शुभदिन शुभही महुरत प्रगट भए ब्रजराज॥
ब्रह्मा वेद पढ़त महादेव दर्शन आए नाचत गोपी
ग्वाल नारद वीणा बजाए स्वर साज।
बैजू नन्द महोत्सव देख मगन भए पूजे मन इच्छा
सुर नर मुनि काज॥

२

सुफल जनम भयोरी आनन्द गोकुलचन्द वखत
वलि वंश उजियारो।
नोके दिन नोको घरो महुरत शुभयोग प्रगटे बड़े
भाग नन्ददुलारो॥
एक नाचत एक मङ्गल गावत एक मृदङ्ग वीण एक
धन शिखर उचारो।
एक हरद दूव दधि अचत रोरी ले छिरकत बैजू
करत कोलाहल भारो॥

३

आगन भीर भई ब्रजपति के आज नन्द महोत्सव
आनन्द भयो।

६५

हरद दूब दधि अचत रोरीले छिरकत परस्पर
गावत मङ्गल चार नयो ॥
ब्रह्मा ईश नारद सुर नर मुनि हरषित विमानन
पुष्प बरस रङ्ग ठयो ।
धन धन हैज़ सत्तन हित प्रगट नन्द जशोदऐ सुख
जो दयो ॥

४

भोर भई आगन व्रजराजके मङ्गल चार ठयो ।
वलिहारी आज यशोदा की हो पुत्र जनम भयो ॥

५

सब व्रज सुखसमुद्र ह्वै बाढ़ो जो उपजो
गोकुलचन्द सुछन्द ।
धुन गरज्यो अमोघ मङ्गल यह सुन दूर होत दुख दन्द ॥
हरषि द्रुम वैसो नर नारो प्रेमपियूष मयूष आनन्द ।
आनन्दघन बरसो सरसो नित सुखधन यशोदा
को नन्द ॥

६

कान्हार जनम भयो हो श्रीतावर ।
जागत पहरुआ सोय गए टट गए तारे भार ॥
डार छबरीमें ले चले वासुदेव सिंह राह आगे धर ।
चरण छुवन को कालिन्द्री ह्न आई हुंकारत तरुवा तर ॥

७

हेरो लीला भई और जब भयो सो लीला भई ।
धन धन धन त्रिहुलोकके ठाकुर उपजे नन्द घर
कान्हर दई ॥

८

प्रसाद दीजे मोकों अपनी दयाकर गुणको वाक्वाणी
तिहारो नाम ले गाऊं ।
सप्त सुर तीन ग्राम इकईस मुर्च्छना बाइस सुरतके
व्योरे पाऊं ॥

९

दए जो तुरङ्ग अनेक अनमोल राजाधिराज
मोतिन के माल जग मग आछे धरे जात सकल
आभूषण जोने ।
अनेक गज कौन गिने बहोतन पाए हैं एरापत
से एसे पाए समके सो दए कुंजर नवीन नवीन दीने ॥
चहूं रच पच दरशन तुमको प्रसाद दीजे हिन्दूपत
पातसाह अष्ट सिद्ध नव निद्ध लछमी लीने ।
जहां जहां जात तहां तहां भूपन डरने हमको
किए अयाचक जान राजा राम छत्रपति मौज
दरीयाव दारिद्रभञ्जन वेद विद्या नवीने ॥

१०

जेते गुणी रच पच हारे पै काउन पावै तेरे भेद
बरन न जाहीं ।
और जो निरत भाव कहियन है ते सब लेत अत
गत मत सरस नाहीं ॥
तेरो निरत इन नैनन देखो सेवा गरे जात तोको
जोड़ चरण माहीं ।
दरीयाखान पैदे चन्द फिरावनको जो तेड़ मेरे
जान सोखन को सरस्वतो प्यारो तुम्र कण्ठ वरणन
चाहीं ॥

११

हे बाज बाजरे मन्दिलरा तू बाज आज व्रजराजके
घर काज ।
नन्दराय घर नोको काज मोतियन चौक पुराय
गावै मधुर धुन साज ॥

१२

व्रजराज सांवरे मुरलो में गावत नोको तान ।
धुन सुनि थकित भए सुर नर मुनि देव गुणि गन्धर्व
चकित हैजू विमान ॥
उरपति रप लाग डाट द्रून मुरन सुर प्रमाण ।
तानसेन नैन सैन वैन दैन गायन करत
राग रङ्ग बन्धान ॥

१३

मेरो मन मोह लीनों सुन्दरनैन रैन परत नाहीं
बनवारी ।
मेरे तो एक ध्यान तुमारो तुमरी गति तुमको
जानो अवमत गत गिरिधारी ॥

जप तप नेम कछू न जानू नागर नन्दकिशोर
अबतो कोटिन कोटि जतन कर हारो ।
प्राण प्यारे दरश दीजे सुख सम्पत आनन्द कीने
तानसेन शरण तेरे रहो कुञ्जविहारो ॥

१४

मेरे नहीं आएहो नन्दलला जाओ क्योंन तिनके
गृह जिनके रस बस भए रहे सुख वारि रैन जागे ।
धन धन भाग सुहागनि सरस सुन्दर तिया रङ्ग
अंग आभूषण रङ्ग देखि व्रजभूप प्रेम पागे ॥
तुमहो गोपालजू बाल जाति अहीर वैपोर
परनारिन सों छिन चितरो तुमरे नैना लागे ।
ठैजू प्रभु निडर ढीट लङ्कर डगर डगर घर घर
फिरत छैल लागी जावक चिह्न रस चाखि सदन तें
सुखसदन देखो बदन ढोलि वागे ॥

१५

यह छिन जिन परसे पाई माङ केरो भई तीनको
सम विध को मुक्त उन मन अतहो आनन्द बाढ़े ।
जिन तन देख्यो भर सुदिष्ट को नजर ना हरत
उनके दुख दन्द दाढ़े ॥
ए सो अवल बली जाके वामतें त्रिहू पूरन अरि काढ़े।
धन अँखियन जो देखी यह महम्मदशाह कों
दरस धन रसना गुणहु बाढ़े ॥

१६

एसो निडर है जात सबन तें आगे एसो चसको
परो तोहे काहे होरीतें ।
वरजत जेतो नाहीं मानत क्यों हूं डरत नाहीं
श्याम देखत कामदृष्टि चोरीतें ॥
उघर रही अँगिया उर परतें सरक्यो जात
टरछोयो डोरीतें ॥

(ख्यामतखा कृत)

१७

अब कित लागी जू खिन खिन टप टप ।
अबतें सीख हमारो मानो तुम नाहीं न भरत
परिहै सटपट ॥
हितु बात कों सब समझत है दूर कीजो
यह घट पट ।
कठिन समय काम आवत है कुबोल बोल
गुरुजनके सट पट ॥

१८

भालहो में शीशफूल मांगन ही को टीको दियो
भगवान अनेक रङ्गन जवाहर जड़े जाको
जगमगाहट जोत जगत में छाय रहो ।
माया मुक्त कर मोहो किलारो में गुथ्याय सजल
तामों जीवन मांग पै चढ़ाय अति विराजत सुन्दर
सुहाग सेज लालको गत भाय रहो ॥
जासों चन्द्रमुखी के मुखचन्द्र सबसों आनन्द
कुशल सुख मोहे लगे अदोत किरण सितारको
बसन भूषण फहराय रहो।
वन ताल तरुणीवर जोरतो सङ्गत वखतके तखत
बैठ सुन छव छव धरन धर शीतल सङ्ग सब शोभा
की सुगन्ध सो महक रहो ॥

जयतश्री—ताल रुपक

तू घड़ देरे वीर बढ़ैया पालनो राजदुलारो झूले ।
लाखन देहों घढ़ावनी और दुख दारिद्र सब भूले ॥

२

हालरो हुलराऊं झूलराऊं कंचन के पालना ।
नगन जड़ित को पलनो पञ्चरङ्ग जोती बनी तामें
बत्तीस लछना ॥
रङ्ग भयो नन्दवारो झूलत सब तियन गावे लालना ॥

३

लाला जियो कोटि बरस जग उजारो नन्दके वारो ।
रतन जतन कर पायो बड़े भागन सब जगके
उजीयारो ॥

४

दूलह मदनगोपाल राधेजू दुलही ।
मनहु श्याम गौर मिल घन उमड़े उत्तम कनक
उलही ॥

जयतश्री—आड़ा चौताला

नन्दमहरके घर आज माई सोहलरा ।
यशुमत तपत कूंख सिरानी जायो कृष्ण छविलरा ॥
धाधा किट धुम किटि किटि मृदङ्ग बजतहै द्वार
मन्दिलरा ।
आज बधाई ब्रजमें छाई कृष्णानन्द भइलरा ॥

२

अचानक आएरी लाल मेरे घर धावतें ।
हों अपनें भवन में ध्यान करतथी मोमनके भावतें ॥

(जीवन खां)

जयतश्री—ताल तिताला

नमो नमो गुरु इष्ट हमारे तुंही विद्याधर
तिहूंलोक के पति ।
असुरसन्घारन भक्तउद्धारन सीतापति राखले
हनुमत जति ॥

२

एरी मेरो वार सुहायारी एरी मेरो लाल खेले द्वार ।
सुन्दरवदन मदनमनमोहन प्यारो नन्दकुमार ॥
चकई भोंरा चटा वटा लिए बल्ली फिरावत बार बार ।
सप्तलोक और चउदेभवन मध बड़ो कृष्णानन्द
खिलार ॥

३

सगुण विचारहु पियके आवनकों आली वेग
मिलहैके नाहीं ।
मग जोहत युग सब बीतें सदा आंखन आगे
फिरत परछांहीं ॥

४

एरी मेरा वगर सुहायारी एरी मेरा लाल खिलवार ।
चार पीर चउदेखांनवा दे करम कियो करतार ॥
एक आवत एक जात कार कारन कों एक दौरत
चरण गहे धार ।
चिस्ति मया कर जगमगाहटन सों सुख जोते
दुख हार ॥

हजरत सैयद सलार वाला कहियत है मौज
समुन्दर डार ।
श्रवण सुनो मै अपनों गरीवनिवाज दूर करत है
दरिद्र विड़ार ॥

५

आनन्द वधावरा हो मेरे मनभावना हो ख्वाजा
मौन दीन दरवार ।
जोई जोई ध्यावें तेई फल पावें विनान कर दूध
पानो न्यारो न्यार ॥

६

दीजीए मोहे मगाय नन्दजी अपने कुंवरको
आनन्द बधाई ।
गावो बजावो चौक पुरावो आंगन ढोल बजतहै
सुर नर मुनि ध्यान धरत है मन इच्छा फल पाई ॥

७

नैलो म्हारो पायल बाजेरो ठुमक ठन ।
बहोत दिन पाछे आवन भइलवा अब कैसे जाऊं
सवेरे बिछुवा बाजे छन ॥

८

जिन छुओ अचरा मोरारे ढीट लङ्गरवा
श्यामसुन्दरवा वरजोरी करत हो मोसे आन ।
बाट घाट मई रोकत वरवस बहियां मरोरत लङ्गरवा
एसे ढीट नादान ॥

९

एरी आज आनन्द भइलवारी इस घर जनम लियो
लालन ।
ख्वाज खिदर कोमी उमर बक्स दीनी अल्ला
चिरंजीवो जगपालन ॥

१०

एरी अब आनन्द भयोरी लालन आएरी मेरे महल ।
तत बीतत घन शिखर मृदङ्ग बजावो ताल तानको
करोगों सहल ॥

११

सो एरी आज पिया को मिलावोरी सुनों सखी
ब्रजबधू सब साथ ।

उन सोतन के जाय रति मानो हमसों करत
झूंठी बात ॥

१२

हमकों देखत रैन बीत गई सगरी अजहूं न आए
पियरवा ।
निशदिन सुमरण तिहारो करत छिन छिन टै
जियरवा ॥

अम्बुजनैनी म्हारो मन भँवर थारो मम्पट ।
रूप फूल सुगन्ध चतुराई नूतन कटाच्छ मुखरे
डोलो भाले अब लाडन मकन रस लम्पट ॥

इति पूरीया धनाश्री मियाकी धनाश्री जयतश्री
रागिणी सम्पूर्णम् ।

रागिणी मालश्री

अथ ध्यान

रक्तोत्पलं हस्ततले दधाना विभावयन्ती तनुदेहवल्ली ।
रसालवृक्षस्य तले निषण्णा स्तोकस्मिता सा किल
मालवश्री: ॥

सवैया

तन कुन्दनकी दुति दूरि करें मुख चन्द महाछवि
छाजत है ।
पट लाल प्रवालकी ज्योतिहरें कर कुञ्ज को
फूल विराजत है ॥
विन नेह की बात सुनै मुसकात लजात सखी
सुख छाजत है ।
तैसो यह विशाल विशाल तिरै यह मालसिरो
अति राजत है ॥

दोहा

खरजगीह स-ग-म-प-ध-नि खाड़व अतही लसन्त ।
बसन्त ऋत तृतीय पहर मालसिरी सरसन्त ॥

६६

मालश्री—चौताल

सागपगसानिनिधधममगसापसानिधसासासानिध
सासागमगसापमपमगसागमपसानिधसामग
सामागपगमा ।
मपधसासानिधसानिधपपमगमपधनिसापधपम
गधासगपगमागसपसानिधमगगसा ॥

२

सुवर्णवरणस्वरूप मो नार रति एकन में अनेक
भाँतिन की बतियां घढ़त ।
पहलेही बात तो पढ़ाय लेत पुनि बतराय लेत
जंत्रि लेरो तब्बो कढ़त ॥

३

खरज साधि गाऊं मैं श्रवणन सुनहु सुनाऊं ।
वेद पढ़ाऊं जोई जोई कहे सोई सोई उचराऊं ॥
भैरव मालकोश हिण्डोल दीपक योरागसिध
सुरही लेआऊं ।
तानसेन कहे सुनोहो सुघरनर यह विद्या पार
नहीं पाऊं ॥

४

कुच महेश नख क्षत दुतीया को चन्द मुक्तमाल गङ्ग।
अलकमारो लुवध रहो सोई और सोहत अरजन
के सङ्ग ॥
पोहपन के हार पहराई एसो मानो कारो पूजा कर
धरत सपत सोखत रस परस करत अनङ्ग ।
एसे विध के पीउ रति रस कीनों शाहजहां राखो
अरधङ्ग ॥

५

ऐ तिहारो रूप देखो मरम न पायो जियाको ।
सुन्दर लोचन कुचकठोर मुखचन्द भौंह धनुष
रंभासी तियाको ॥

६

प्यारी तुष नैनन जोत को समुद्र तामध डोरे एसे
लागत मानो कहीं वर तकत मनोज जाल परोयोहै।

पियचितमीनके पकरवे कों कटाच्छ अञ्जन चारो
लगाय धरोयोहै ।

७

मिश्रा कार अनुकार रंचक भावक गायन तान प्रमाण।
धात मात योग ध्यान इन भेदन भेद ध्यान शरीर
की सुरत मन्त्र बखान ॥
जे अलङ्कार सुर ताल प्रस्तार विस्तार जानत सब
बहु विध अङ्ग अंग सुजान ।
शाह अकबर गुरु न गुरु सङ्गीतकलानिपुणन
किए भए न गान ॥

८

पूरे पूरे कहो गुणीयन मिलके जाय रङ्गभूमिमें
प्रथमही लागरे चरण धरन शरण ।
इन्द्रहूके जा नी रत कारी मो मैंने जान आन वरण
सूधे सुमरण ॥
चन्द्र विलास को विधना रचो प्राण हरण ।
याहीतें रस वस भयो रामचन्द कीनो राजाधिराज
छत्रपति धरणी धर तरण ॥

९

वालापन गयो तरुणपन आयो अब थोरे थोरे
भयो गज में मंत ।
ज्ञानमहावत गजवाग लाज किए घूंघट अम्ध्यारी
डारे कुलटाके काम खुमी दंत ।
पचकला पोच की कुह अरिहका पायल नै पग
घुँघरू मन घोर हमंत ।
चलहो सखी मिल जइए जहाँ तहाँ बैठे राजा
वीरमशाह मन कन्त ॥

१०

जेते गुणीजन रच पच हारे पैकोउन पावें तेरे
भेद वरण नहीं ।
जे कछु सम ववट विकार कहियत है ते सब
लेत घात गत चरण नहीं ॥

११

जाने तार सुर के भेदन को गत सात्रे थसुध को सङ्गत ।
और जे जे सम ववट पिकार कहियतु है तिनके
ब्योरे उगत जुगत सो एसो भरत के मत पंगत ॥
जानत गीतछन्द धरु धुरपद गावे गुणी बजावे तिनहूं
को बिलौच कर मानत नाही साज रङ्गत ।
शाह अकवर गुरु न गुरु सकलकलासम्पूरण विव
विवेक चित न अङ्गत ॥

१२

जे छिन छिन लगन के समीप रही एसो घरो लेखे
में गिन लइए ।
सोई तो विचित्र चातुर अधिक सुनिरो जो उनको
प्रेम प्रकृति लिए रहिए ॥
भाग सोहाग ताही को गिनारो जामों पिय हँस बोले
जियकी बात कहिए ।
शाह अकवर प्यारेके मन रञ्जन घड़ो घड़ो घड़ो
घड़ो पल पल चहिए ॥

१३

आदि महेश कंचन को छत्र हितीया को चन्द
मुक्तमाल गङ्ग ।
अलकें सारो लुवध रही सोई और मोह तजो उरझो
जन कार्के सङ्ग ॥
पोहपनके हार पहराई अरस परस करत अनङ्ग ।
एसो विधके प्रीत रस कीनों शाहजहाँ राखो अरधङ्ग ॥

१४

हो लालन जानियत जासों प्रीत को तुमरी साँची ।
काहेकों झूठेही बहरावत पीतम बतियां मुखको
दे काँची ॥

१५

तेरोरी वदन जोत चन्द्रहू तें अधिक निर्मल
सो समीप लगेहो रहत है मुक्ता ढिंग जैसे पोत ।
प्राणपियारे को प्राण में बसे झूठेही अवण कारण दोत ॥
शाह अकवर छत्रपति रहसन भरी तुव पलक के
ओट होत ॥

१६

सागमगमागमगपमधपममगरेपगसानिमगसानि ।
गगमपसारेमागमामगससापमगसागगसागगमपनि-
धपमगनिनिधधपपममगगसगगमगमानि ।

१७

जब करता करम करे तो सब कछु पावें
नाद विद्या सुध सङ्गत आवै ।
जान बूझ भूलो फिरे क्योन वाही नाम जा
समरतही सुर तान गावै ॥
जे नर मुनि गुणि पच पच हारे विना कादर कोउ
ना बतावै । ।
तानसेन प्रभु निशिवासर अब तेरो नाम ध्यावै ॥

माल —ताल सरफाकता

सुर सोच लेत मोहो गायन बजायन निरतकारी
निरत करे इत उत जित तित दृष्टि परे ।
प्रथम अति दृढ़ होय तो पावें मांझ विद्या नाना
प्रकारन को अब गुरुन मान मन अत भरे ॥
वितत बजाय वेद रङ्ग उपजाय लेत तान करम
सुधङ्ग गिरहे गोत धारी ववविध तान दृढ़ लाग
डाट विवट निशङ्क लेत तान समरे ॥

२

आज को दिन नोकोरी माई मोहि मिले मनभावन।
तन मन धन नैन करोंगी बधाई पायो मैं अब
रङ्ग उपजावन ॥

३

दान कर्ण समान भुजपति ज्ञान विक्रम जोत
दोप मधम वुध विनान ।
गोपीचन्द को दीनो ए राजा राम रावण मार
सीता गहे लायो चतुर सुजान ॥

४

जबतें विछुरे मनमोहन बलमा तबतें यह अखियाँ
पलहु न लागी ।
सब दिन मग जोय जोय निश उडुगन गिन यह
विष जागी ॥

५

अब घरो आवत हैरी लाल माईरी अवधको दिन आज ।
वेग प्रफुलित भयो सुगन्ध मज्जन कर कर आभूषण
वसन बनाय पहरे प्यारी तबही अरगजा भेटत
लगाए तब होवै मन भावतो काज ॥
यह देखो वे गए मनमोहन वलमा अन्तरयामी
स्वामी कवन वरण कारण विरहन कारण तेरे
अनगन मानो पतितन को दीनो सुखसमाज ।
शाह औरङ्गजेब लीनो गलेहो लगाय कीनो निहाल
तोहे वाल दीनो ढिग विव सुहाग भाग आनन्द राज ॥

६

गावत बजावत गुणीयन आप आपन बन्धन राग
धुन गायन सूझै ।
जे कछु करम ते कहाँ गए सङ्कीरण सुर नर मुनि
तिनकी तोख चाक बूझै ॥

७

छांड़ो लोचन हुवे वले चोलो वाघम्बर भरे धैली
भखे भांग गोलो भूतेश्वर ।
वपु डोलो भभूत गङ्ग मोलो मुक्तामणिहि डोलो
नागहार सङ्ग डोलो सिन्धासन हर ॥
रुंडमाल गल रोलो रहत सचोलो जगवे विन
गुण भंटोलो जन वैशो भोलो चकवे होलो जटा धर ॥

८

सागपगसानिनिधधममगसा ।
पसागरेगगरेसासापपनिनिधपगसा ॥

९

आदिमणि ब्रह्म अवतारमणि कृष्ण युगमणि
सतयुग दिशामणि पूरव सब घट रमण मणि रमैया।
दिवसमणि भास्कर निशामणि चन्द्रमा उडगन
मणि ध्रुव द्वोपनमणि जम्बूद्वीप खण्डनमणि
भरतखण्ड चतुरत हैया ॥

स्वर्गमणि उैकुण्ठ राजनमणि इन्द्र गुरुनमणि
वृहस्पति वेदमणि ब्रह्मा सब जग रचैया।
हस्तिनमणि ऐरावत विहङ्गमणि वैनतेय पुराणमणि
श्रीभागवत परमहंसमणि शुकदेव कहैया॥
ज्ञानमणि महादेव ध्यानमणि रोम ऋषि आर्वलमणि
मार्कण्ड गिरिनमणि सुमेर थिरैया।
तरुनमणि कल्पवृक्ष वीरनमणि महावीर सागरमणि
पयसमुद्र सरितामणि विष्णुपदा तीरथमणि
व्रजस्थान हरि प्रगटैया।
भक्तनमणि प्रह्लाद जतीनमणि लक्ष्मण नारिनमणि
उरवशी तुरङ्गमणि उच्चैश्रवा इन्द्र धाम रहैया।
रागनमणि भैरव ऋतुनमणि वसन्तऋतु शास्त्रनमणि
वेदान्त रञ्जनमणि सङ्गीत पार न लइया॥
ताननमणि तानसेन गायनमणि नारद गन्धर्व्वनमणि
हाहा हूहू वीणनमणि सरस्वती प्रातही नाम लहैया।
स्वरनमणि खरजसुर मुरत मणि तीव्रा मूर्च्छना मणि
आनन्दी तिथीनमणि एकादशी उत्तममणि गोविन्द
नामले कृष्णानन्द भवसागर पार परैया॥

१०

निगसगमागसपपमधपमसगगमपनिधममरंगम
सगमागमा।

११

इतराय न चलिए इतराय न चलिए थोड़ेही
में थोड़ेही में गर्भा आँ आँ आँ आँ नो।
सोतन में रहबो कठिन है अयानो शाह अकबर
कों जो रिझावै सो होवै वारे वाणी।

१२

नाद ब्रह्मको अगाध व्योरो जानत गुणीजन
बखानत याको कोउन पार पाइया।
सप्त सुर तीन ग्राम इक्कईस मुरछना उरपति रप
लाग डाट राग छत्तीसो तिया इया आई आईया॥
आरोही अवरोही बाईस सुरत उनञ्चास कोटि तान
के विध गाइया।
कहै नायक बैजू मृदङ्ग भेद ताल ध्याय सङ्गी मत
कहै तिया इया ऐ ऐया॥

१३

ओदन नाल और विद्या विरद विरमनरे सुमेर
मारण यश तरैया।
एक गज नाल एक बूंदन घुमरीरे प्रति छवि छाज
तान रूप सुज्ञन तिऐ ऐ ऐ ऐया॥

१४

विद्या श्रवण सुवर सुन सो दिन दिन हो बढ़े
चांपस उपज लेत।
जे सुर सोच कर गावत जो लय सो ताल देत॥

१५

सिपतमणि अल्ला नवीयमणि महम्मद दोउ जगमणि
चर्वादिश मारुफ पीरनमणि मुरतजा अली कोन।
वासरमणि दिनकर रजनीमणि चन्द्र तारनमणि ध्रुव
मलकनमणि जबरइल यह राग जगत में लीनो बीन॥
पातालमणि शेष शेषज्ञाण अदनो अवनिमणि नाभ
नाभमणि अरस अरसमणि कुरस लौहमणि कलमा
तुरङ्गमणि बुराक गजनमणि एरापत राजनमणि
इन्द्र गिरनमणि सुमेर चञ्चलमणि मीन।
कितावमणि कुरान दीनमणि कलमा अवदनमणि
आदम कामनहवा रागनमणि भैरों भाषामणि
व्रजको जोतमणि दीपक दीपकमणि नार दीजक
शीतल मली भिहिस्त एसी भात सुजान अस्तुति कीनो॥

१६

यह कमल कुदरत कादर तेरी रचतही काहा
थकली यला।
सबही में छायो याही ते पायो है काल षला॥
दो दो ते सबही को दोउ आप बनाय राखो लेलेके
महा मरद विल्ला।
सेन सेन प्रभ पै विल्ला विल्ला तिल्ला सम विल्ला॥

१७

मै तोहि पूंछूं गायन बजायन कौन गुरु ज्ञान सङ्गी
कौन मूर्च्छना कौन सुर कौन ग्राम विस्तार।

कौन मूल ताल कौन प्रथम उचार कौन गुरु को
प्रकार ॥
कहाँ राग बसत कहाँ रङ्गत सङ्गत कौन नाड़ी में
पवन धार।
कहाँ तीख चोख नेम वरस उरपति रप लाग डाट
आतक खातक औड़व खाड़व सम्पूर्ण तानसेन तत
वितत घन शिखर तार ॥

१८

सर्वमणि अल्ला बडेनमणि खुदाई जोतिमणि नूर
थिरतामणि आकाश कारणमणि करता भोगन
मणि भुगतो सृष्टि करन।
वेदमणि सामवेद मारण उचाटन मणि अथरवण
नादनमणि अनाहत पञ्चम वेद कलमणि कल्मन
पुराणमणि भागवत भाषामणि अखि बननमणि
वृन्दावन ॥
आमानमणि अरस कुरस नरनमणि नारायण वृत्तन
मणि कल्पवृच्छ रसिकनमणि रासविहारी भूषणमणि
कौस्तुभ मणि।
सुखमणि सन्तोष लाभनमणि हरिनाम जातमणि
ब्राह्मण धर्ममणि ईमान तालनमणि तानसेन
अखिलमणि भगवान ॥

१९

चिरञ्जीव अवचल मम पर शाहनमणि शाह जलाल।
नर नारी पशु पंच्छी जीव जन्त आशीर्वाद देत
लेत प्रसाद अप अपने होत निहाल ॥
कल्पवृच्छ प्रतच्छ विमोहन धरे तिहुंलोक जानत
क्रम क्रम कर ए हाल जो होवे दयाल।
कहत गोसो सुनियत शाह सवाल सो कीजे जाको
लगत सोई प्यारो गोपाल ॥

२०

अब गुरु गोरख जागे पागे राग रङ्ग नाँच नाद
सप्त कार नाँचे।
नारद तुम्बर और शिव भाख्यो गानांग जो पेग भेद
मारग देशी जो सुधङ्ग सङ्गीत गत साँचे ॥

२१

नाद अगाध सम्पूर्ण सोध साध समझ सोच ताल
विस्तार ओंकार।
सुर संवार सप्त सलिल सुर सुर सों संगत नाद विस्तार ॥
स्वराध्याय रागाध्याय तालाध्याय नृत्याध्याय
प्रकीर्ण प्रबन्धमृदङ्गाध्याय सप्ताध्याय विचार।
गुणी गन्धर्व सुर नर मुनि पच हारे के उन
पायो तानसेन अपरम्पार ॥

२२

कुतकुततकोतकुझुकोझकोलुकोलकोढकोढुंकोगतं।
टेको टको ढुको ढको डिगो डुगो गतले नट
नटोत थुंके थगतँ ॥
झँत झँत झिड़ झिड़द गत लेत ततत्त ताथेई थेई
तानाधिल्लांग थों गतं।
जनक जनक बगड़थुं थेई तत् धागिना धागे
तिटितत्ता धिधोथुआ ठग नगखिरर थिरर लेत
उघटत मृदङ्ग तिकड़तकतं ॥

२३

नाद मूल जानत ताल प्रवीण।
सङ्गीत को व्योरो सो जाने जो धरे कर वीण ॥

मालश्री—ताल तिताला

उन सङ्ग जो समझ अपने गुण को अन समझके
सङ्ग पीत करवो कौन सवाद पीत करिए।
जानत नाहीं उनको जाने बलाय जान बूझ काहेको
दुख में पड़िए ॥

मालश्री—धीमा तिताला

नारायण माधो विष्णु परमेश्वर भगवन्त अविनाशी।
कोटि भांतिन को जोत मुकट विराजत पीताम्बर
डारे काशी ॥

मालश्री—तिताला

प्रभुजी अबकी बार उबारो।
दीननाथ दीनदुखभञ्जन है यह विरद तिहारो ॥
अजामेल पे कृपा कीनो नाम लेतही तारो।
ग्राह मार गज फन्द छुड़ायो वाको कियो निस्तारो ॥

खम्भ फोड़ हिरणाकुश मारो टूंक टूंक कर डारो।
गरभ परीक्षित रक्षा कीनी चक्र सुदर्शन चारो ॥
दुखदारिद्र तुम हरो सुदामा मनमें कहा विचारो।
ठाकुरदास दास चरणन कौं याकौं काहे विसारो ॥

२

करत हौं सकल शृङ्गार सजनी सुधार आज पियारे घर मेरे आवेंगें।
दरशन भए श्यामसुन्दर के रोम रोम सुख पावेंगे ॥

३

तुरकीम सितार होई जब तोरी कमान चढ़ाई तान ताल सुर सङ्गत सो सुनरे दिल सङ्ग।
जबहीं चिल्ला खेंचो उनको नाम लेतो रसना तोरकी सो लागी पाग गुणीयनके मैदान नैनाके रंग सुनरे दिल संग ॥

४

औगुण बगस मेरे तू कृपा कर करतार।
सुनले इतनो विनति करत हौं तोसों दिन दिन बढ़े मेरो सरस राग सुर तान अक्षर मोहे तार ॥

५

मया के बोलाई लाल सोतिन दुख पायो।
जे तेरी हितू तिनके आनन्द भयो मन भायो सङ्ग ले गायो ॥

६

दरद न जान दाबे मीयाँ क्यों नहीं सुणदा मांडड़ो गलां।
विन वेखे सानु कल नाहीं पांदी खकरे तेंडा भलां ॥

७

अबतो आए प्रेमके फन्दे कहां गई जो हठ बढोई।
नारि निभाय सूधे ह्वै चलिए मिलिए रङ्ग में जों पानी की नाई ॥

८

चलत रित मान आएरी पिया तिहारी बात में जानी
काहे कों दुराव करत हो मङ्ग्अदया चिन्ह प्रगट देखियत एसी मन आनी ॥

९

मैड़ी जिद तू सांडे नाल लगो वे मीयाँ मैड़ो वल वेखन जर भर।
हुण बन्दो तू साड़ा सांई मैड़ो सदा रङ्ग करे मैड़े नाल तू सुघर ॥

१०

आया जोवन धुए दासरो कनाकर अत वाव लगे उड़ जांदे।
इश्क दी भाय सों तत्तो बुझदी नाहीं सदारङ्ग असुआँ नाल एती अगन कोट मरजांदे ॥

११

सुन्दर वदन पर लोयन वार वार परत करत घर जितमें आलो तेरहो रूप की निकाई।
अनेक भांतिनके तू कटाछन करत निशदिन मन वस करवे कों एरी चतुर तिय एसी वान किन सिखाई ॥

१२

एतू अपने मनमें कहा समझो है प्यारो जे तू पिया के प्यार इतरानी।
इतनी बात तू सुनरी सखीरी हम सुन्दर वे ज्ञानी ॥

१३

चरण तक आए हो पीर अता तुमारे द्वार।
करतार तुम सब विध कीनो निस्तार वेको राग ताल तानसेन मो आज ॥

१४

सरस रस रङ्ग रचाइए राजा नन्दकिशोर।
अशीश देत तुमको सब गुणी मिल जियो वरस करोर

१५

एरी सहचरी तेरो मनसा सब गई।
पिया विन वदनद्युति मलिन परी जो मुख पवन मुकर में मन लई ॥

१६

अब मोसों बोलो क्योंरी ए ढोट लङ्गर बर जोरी।
सोतन तें रङ्ग रलीयां करत है मेरो चोरो ॥

मालश्री—चौताल

सुधाकर सो मुख याको उजेरो कैसे कहूं उपमा
याको मोहत हसत वाणी सुधासो।
सकल कलामें प्रवीण चल लालद्रग सुफल करो
जोवन गुण कीजो रूप जोवन मधकी तामें वही
है सरितासो॥

२

मन कों मार रहिए जोई चाहै सोई करन न दीजे।
औरको मन बांधये कारण दरद आपनां मन आप
बांध कर लीजे॥

मालश्री—धीमा तिताला

मीयां तेनु भांदा वे एहो गल्लां कसणदो मानु भांदा
गर भगणदो हांवे।
हों टा वे करार कैदा जार जार वे एक घरी पल
छिन विन आज बन नहीं सकदोया हांवे॥

मालश्री—तिताला

वलिहारी महबूब पीरके डग मगे आवन पर।
पग धरत मन हरत इठिलावन ललचावत
मुलकावत रिझावन पर॥

२

दिल दीवे कलोयां मेंड़ी नु दिल वर नाल
अँखिदा किसनु सुनावा जाय।
वेले वीच मेंडी नालो हसदा खेड़े दान पदोनु कधोना
पुछदा उस वे परवाहनु तुसो समझावण माय॥

३

लम्वी लम्वी जुलफे वालीया मेंड़ा मन लीता।
ना जाना मेंड़ी भुलदी मा एफे हाजा दुकीता॥

४

अब तेरे मनमें यह कैसी बात समाई जेतू बात
बात पे झगरावत।
तूं तो सकल विनयन में सयानी है समझ देख
यह मेरी सीख मान प्रेम रस कोज एसो न धरावत॥

अबतो मोंकों जानदेरे तुरकवा मोरे मन्दिरमें।
बाट घाट गलीयन में रोके टोके चतुर ब्रज सुन्दर
मोरे मन्दिरमें॥

६

एसो सुघर चतुर पिय प्यारे के घर काज आवतरे।
हो रङ्गीले कहत सदारङ्ग रङ्ग रसरो बातरे॥

७

मुंदरीया मोरोरे पियरवा कौन के अङ्गुरीया में
नहां दीनो।
प्रेम रीत परतीत न जानूं तें मोरो पायल गरको
हरवा छीनो॥

८

अब मेरे प्यारे बनरे रे बनरो सों हित चित लारे।
काट मन लाड़लो कों मन मनाय लीजे सुख
दीजे एक बारे॥

९

अवधि के दिन बीतन लागईला अजहूं न आइला
पिया मो गेह।
ना जान कौन काज रहे किधों लाए काहूसां नेह॥

मालश्री—ताल खमसा

धन धन धन भाग तेरो जो तूं सकल त्रियनमें
पिया के मन भाई।
तोसो रूप जोवन को जोत गुण ज्ञान कों आप
तोहो तें उपजत देखियत सुघराई चतुराई॥

मालश्री—हीरो ताल

मेंड़े नाल करतू सदारङ्ग दो गलो मान गुमाना।
जो चाहे तेन उसनु तूं चाहे दुशमन ताक दास्त
पहचानो॥

मालश्री—जलद तिताला

वलिहारो महबूब पीर को डगमगे आवन पर।
पग धरत मन हरत इठिलावत मुसकावत
रिझावन पर॥

२

प्यारे सुरजनु भूल आए घर मेरे ।
जासों नई लगन लगी तिहारी ताहो के जावो सवेरे॥

मालश्री—तिताला

दिमतन दिरना तारे तददानी यल लो यलीयलालले।
नाद्रद्रतुंद्रद्रतदी अरे तदेतदा आआआआआआनी ॥

२

गोरी गुजरिया दही बिलोवे अपने जीवन के जोरे ।
प्रेम मुदित बालगोपाल यश गावै मन्द मन्द
घन घोरे ॥
नूपुर कङ्कण क्षुद्र घण्टिका रज्जु आकर्षत बाजे ।
मिश्रित धुनि उपजत तिहि औसर देखत शचीपति
लाजे ॥
मङ्गलघोष सदा कौतूहल व्रजन जनम हरि लीनों ।
नन्द यशोमती को मुक्तत फल बपु दिखाय मुख दीनो॥
शिव विरञ्चि जाके पद वन्दित सो गोकुल के बासी ।
परमानन्द दासकों ठाकुर पलना झूले सुखरासी ॥

३

कांधे लकुटि धरि नन्द चले वन दोऊ बालक
दीने आगे ।
रामकृष्ण सों प्रीति निरन्तर सखा पायो विभागे ॥
पूरव सञ्चित सुकृत रास फल अपनी आँखिन देख्यो।
मो समान अब कोऊ नाहीं जनम सुफल करि लेख्यो॥
खेलन हंसत पंथमें धावत लड़काई की बानी ।
परमानन्द भक्त वस माधो चार पदारथ दानी ॥

४

ऐसे माई लड़िकनि सों आदेश कीजे ।
दूरहिते भए दरस देखिए पांय लागि मागि कछु लीजे॥
अबही हरि ढंढोरि मार सब माखन खाय मौन
ह्वै बैठे ।
हौं पचिहारी मेरो कह्यो न मानत विनति करत
जात है ऐंठे ॥
सुनहु यशोदा करतव सुत के चोरी करि करि साधु
कहावै।
यद्यपि एगुण कमलनयनके परमानन्द दास
जिय भावे ॥

५

नाहिन गोकुल बास हमारो ।
वैरो कंस बसे सिर ऊपर नित उठि करे खगारो ॥
गांव गांव प्रति देश देश प्रति लोक लोक प्रति जानो।
इह गोपाल कहाँ ले राखों कहति नन्द की राणी ॥
शकट पूतना तृणावर्त्त तें इहै विधाता राख्यो ।
कैसे मिटै कह्यो हो संतन गरग वचन तब भाख्यो ॥
यद्यपि परब्रह्म अविनाशी महतारो डरु मानें ।
परमानन्द प्रीति है ऐसी पुनि पुनि व्यास बखानें ॥

६

देखत व्रजनाथवदन चन्द कोटि वारों ।
जलज निकट नैन मीन उपमा विचारों ॥
कुंडल शशि सुर उदित अघटनको घटना ।
कुन्तल अलि माल तामें मुरली कल रटना ॥
जलदकण्ठ सुन्दरतन पीतवसनदामिनी ।
वनमाल शक्र चाप मोहो सब भामिनी ॥
मुक्तामणि हार मण्डित तारागणि पाँति ।
परमानन्द स्वामी गोपाल सब विचित्र भांति ॥

७

गाय चराएवे को व्यसनु ।
राधामुख लाय राख्यी नैननिकों रसनु ॥
कबहुंक घर कबहुंक वन खेलन को जसनु ।
परमानन्द प्रभुहि भावे तेरे ए मुख हसनु ॥

८

माई लेन देहु जो मेरे लाले भावें ।
दधि माखन चौगुनों देउगी या सुतकें लेखे जाको
जितनो आवै ॥
पलना झूलत कुलदेव आराध्यो जतन जतन बारि
घुटरुपन धावे ।

सर्ब्बस ताहि देउंगी जो मेरे नान्हरे गोविन्दे पाँ पाँ चलन सिखावै ॥
यह अभिलाष लेत दिन प्रति कब मेरो मोहन धेनु चरावै ।
चतुर्भुज प्रभु गिरिधरन लालकोँ निरखि निरखि उर नैन सिरावै ॥

९

यशोमती ढूंढति है गोपाले ।
काहू देख्यो मेरो अलक लड़ैतो खेलत हो मङ्ग वाले ॥
इत उत भ्रमे रहो नहीं पावत सुन्दरश्याम तमाले ।
चकित नैन अतिशय अकुलानी भई भई बेहाले ॥
सांवरे बरण पीत सेझगुलो काच लर लटकत भाले ।
पग पैंजना कुणित कहुं देख्यो चाल सुराल मराले ॥
घर घर टेरि कहति कहुं देख्यो बक बूझति गोपी ग्वाले ।
जो मेरे कृगन मगन हो दिखावै ताहि देउं उर माले ॥
काहू ब्रजसुन्दरी लेराखो निजग्रह नेह विशाले ।
नन्दरायजूकों आनि दिखावो सुन्दर रूप रसाले ॥
गए प्राण मानो फिरि आए लियो उछंग उताले ।
चूमति नैन शीश मुख ढोड़ी अरु चूमति दोउ गाले ॥
निज ग्रह आनि करो न्योछावरि तन मन धन तिहि काले ।
चतुर्भुज प्रभु को खेलत जानि जिंवावति गिरिधर लाले ॥

१०

नैन कुरङ्गी रतिरस माते फिरत तरल अनियारे ।
नवलकिशोर श्यामतन धन बन पाएहै नवनिध वारे ॥
नाना वरण भए सुख पोपे श्याम श्वेत रतनारे ।
चतुर्भुज प्रभु गिरिधरन कृपा रङ्ग रङ्ग रङ्ग रुचिर संवारे ॥

११

एकहि ओकजए गोपाल ।
अब यह तन जाने नहीं सखो और दूसरी चाल ॥
मात पिता पति बंधु वेद विधि तजे सबे जञ्जाल ।
श्याम स्वरूप चितमें चुभ्यो परिवोतें जो बहु काल ॥
गहने मोतिन तोरि जबै हसि चितए नैन विशाल ।
चतुर्भुजदास अटल भए उर घट परसे गिरिधर लाल ॥

१२

तेरे माई लागत ढोरी पैयां ।
एक टक बात कहो मोहनको आलीरी लेहूं बलैयां ॥
या गोकुल विधि सें दिन कोने आप चरावत गैयां ।
निघटा निघटत नहीं सजनो घड़ो घड़ो जुग भैयां ॥
छिनु व्रजतें बाहर ह्वै बूझत जाय लुगैया ।
गोरज कुरित अलकहु देखो आवत कुँवर कन्हैया ॥
कछून सुहाय ताहि बिनु देखे सुत पति पिता न मैया ।
चतुर्भुज प्रभु देखेही जीजे श्रीगोवरद्धन रैया ॥

१३

युगलवर आवत है गठ जोरे ।
सङ्ग शोभित वृषभानुनन्दिनो ललितादिक तृण तोरे ॥
शीष सेहार बन्यो लालके निरखि हंसत मुख मोरे ।
निरखि हरषि बलिजाई गदाधर छबि न बढ़ो कछु थोरे ॥

१४

हरिको मुख मोहि माई अनु दिन अति भावै ।
चितवनि चित नैननिको सबे ज्ञान विसरावै ॥
लाल कों लेले उछंग अधिक लोभ लागै ।
निरखनि न देति निमिष करति ओट आगै ॥
शोभित सुकपोल अधर अलप अलप दशना ।
किलकत इनि किरणनि में ह्वं मोहत मनु रसना ॥
नासिका लोचन विशाल सन्तत सुखकारी ।
सूरदास धन्य भाग देखति नन्दनारो ॥

१५

ललना हो या मुख ऊपर वारि डारो ।
बालकृष्ण लागो मेरो अंखियां रोग बलाय तुमारो ॥
लोचन ललित कपोलनि देखत सच उपजतहै भारो ।
रुचि आनन्द बढ़ाबत है अति हसत दै दै किलकारी ॥
लट लटकत भौंहन मसि विन्दु काल सत ललाट छवि न्यारो ।

६८

भौंह नासिका वरणिन आवें मनहीं मन अति प्यारो॥
अलप दशन अलकाल वल बोलन वुझन परत विचारो।
अलकनि बीच त्रसरेणु उड़त मानो विध में बीज
उज्यारो॥
सुन्दरताको पार न पावति निरखि नैन मतिहारो।
सुरसमुद्र की बूंद भई सब मिलि मन दृष्टि हमारो॥

१६

कहां लगु वरनो सुन्दरताई।
खेलत कुंवर कनक आगन में नैन निरखि सुख पाई॥
कुल्लह लसति श्यामसुन्दरके बहु विधि रङ्ग बनाई।
मानहुं नवघन ऊपर राजत मघवा धनुष चढाई॥
श्वेत पीत अरु असत लाल मणि लटकन भाल झराई।
मानहुं असुर देव गुरु भूमि जसनि रविसों समुदाई॥
अति मदेश मृदु चिहुर हरत मनमोहन मुख
वगराई।
मानहुं मञ्जुल कञ्ज ऊपर वर अलि पावलि फिरि
आई॥
दुधदन्त छवि कहो न जात कछु अलप तलप झलकाई।
किलकत हंसत दूरत प्रकटित मानो विधुमें विघ
लताई॥
खड़ो वचन देत पूरण सुख अदभुत इह उपमाई।
घुटुरुन चलत उठत प्रमुदित मन सूरदास वलिजाई॥

इति मालश्री रागिणी सम्पूर्णम्।

—०—

रागिणी पूरवा—चौताल

मोरमुकट पीतवसन सोहत मोहत नवल छैल
नन्दलाल।
यमुना के तट तट नट ज्यों नाचत गावत तान
रसाल॥
तन मन धन नोछावर करहूं वारूं मोतिन थाल।
तानसेन प्रभु तुमारे दरशकों सुन्दर रूप गोपाल॥

तुम्हारे होत असवार सह नाना राग विस्तार मिल
सुरसलनकार धुंकार वनो रङ्ग उपाय तिन
प्रतिधुन उन सुरपत डर विचार समझ सवारो गुणो
गावत पठाए।
करनाल रवन लगो नवदर्पण उड़न मानो असुरन
डर घरन छाड़न लगे अस्तुति करण दुंदवान
दमकन लाग्यो वे मड़ हलन मानो घन गरजन इन
तरफन झांझ झनकत मानों दांत तन गहे इन्द्रमें
घर साल लाए॥
तुरई बाजत यों लागत मानो ऐरावत बोलत आवत
बाजत मानों नरसिंहा नकिरा मानों उच्चैश्रवा
आदिदे सुर सब लगी हैं नए।
शाह मौजदीन को यह असवारी सुनत दिगा
दृगपाल लङ्केश फनेश छिपो पताल भवन पर
विकराल अरि काउन ठहराए॥

३

सुथा वागा नोका लागा लागा जागा मारो रंग बनो
के मङ्ग बना।
चौसर गले हार बांध वेले चमेलो के विचित्र मालन
गुन्ध गुन्ध लाई और होरा लाल नग मोति पना॥

४

कहा सोखे हर कान्हार रङ्ग ढङ्ग भरे।
मुरली बजाय रिझाय लई सब ग्वालिन घर घर को
पर्मक माण हरे॥
लटपटो चाल अट पटे पेच डग धरत पग परसत हरे।
जगन्नाथ कवि मोह लियो मन छल वल कपट करे॥

५

देखिए जगमगाहट जित तित जरो सरोपाव
सबहो कों पहराए।
वसन भूषण भनगन धन बहु विधि के दान बरसाए॥

६

रहत न अटके नैन अपनों सो दुराव कियो चाहत
हो वो देत जनाय।

जाके रङ्ग रस रीझि भीजि समझाऊं नाहीं समझत
हिल मिल देत वाही तानसेन बनाय ॥

७

नेकही नैन सैनन टङ ठौलेरो लगाय हर जग ठग।
मन और नैन दोऊ पियके पियके सुखदायक
तज ग्रह कौन को कोउ परत पग डग ॥

८

मीठे मीठे हो मीठे मीठे लागत फरिदो गञ्ज शकर।
सब कोऊ कहतहैं मीठेई मीठे ज्ञान ध्यान कर देखो
शाह अकबर नाम लेत रसना कानों पवित्रकर ॥

९

लाडलो लटक चलत पिय मनमुख अलबेलो।
लटकन में मन अटक्यो मालकी गजगत पायन पेलो।
कमल फिरावत नैना दरावत रीझ रिझावत दासु
अहेलो।
आलो गिरिधर पीय वेणी गुंधनमें साच फूल गुलाब
चमेलो ॥

१०

धरे टेढ़ो पाग टेढ़ो चन्द्रिका टेढ़े त्रिभङ्गी लाल।
कुण्डल किरण मानों कोटि रवि उदय होत
उर राजत वनमाल ॥
सांवरे वरण पीताम्बर ओढ़ें चलत डगमगो चाल।
वल्लभ वनतें बन ठन आवत सङ्ग लिए ब्रजबाल ॥

११

एहोंको हटकि हटकि गाई ठठको ठठको रहो
गोकुल को गली सब सांकरो।
जारी आटारी झरोखनि मोखनि उझकत दौरि
दौरि ठौर ठौर तें परत काजरो ॥
चम्पकलि कुन्दकलि वरषत रसभरो तामें पुनि
देखियत लिखे से आंकुरो।
नन्ददास प्रभु जाके द्वारे जाय ठाड़े होत
तें इते बचन मांगत लटकि लटकि जात काहू से
हां करी काहू ना करी ॥

आगे गाय पाछे गाय इत गाय उत गाय गोविन्दाको
गायन में बसवोई भावेरो।
गायनके सङ्ग धावे गायनमें सुच पावे गायनको
खुररज अङ्गहो लगावेरो ॥
गायनसों ब्रज छायो वैकुण्ठ विसरायो गायन के
हेत गिरि करले उठावेरो।
योच्छितस्वामी गिरिधारी विठ्ठलेश वपुधारी
ग्वालीया को भेष किए गायनमें आवेरो ॥

१३

मेरे तू जियमें वसति हो नवलप्रिया प्राण प्यारो।
तेरोही दरस परस राग रङ्ग उपजत मान जिनि करे
हाहा हारो ॥
तुंही जीवन तुंही प्राण तुंही सकल गुणनिधान
तो मम कोऊ और नाहीं तोसो छिनकारो।
व्यासको स्वामिनी तेरो मयातें ए पायो है नाम
कुञ्जविहारो ॥

१४

सोंधे सों न्हाय बैठो पहिरि पट सुन्दर जहां फुलवारो
तहां सुखवति अलकें।
शोभा कल नख कर केश संवारति मानो उड़ुगणमें
उड़पति झलकें ॥
विविध शृङ्गार लिए आगे ठाढ़ो प्रियसखा भरि
आयो आनन्द रतिपति दलकें।
हरिदासके स्वामी श्यामा कुञ्जविहारो छवि निरखत
मलके ॥

१५

केलो कला कमनीय किशोर उभै रस पुंजनि
कुञ्जके नेरे।
हास विलास विनोद करो वलि आलो केतो सुख
है हेरे ॥
वेलो के फूल प्रिया गहि पिय पै डारेको उपमा
यो मन मेरे।
नन्ददास मानो सांझ समय बगमाल तमाल को
जात बसेरे ॥

१६

तुव घन कामवेलि अङ्कुर कटाक्ष अधर पल्लव पुहुप
तेरो हसनो।
श्याम तमाल रसाल सों लिपट और गसीहै प्रेमगसनो।
प्रेमदृष्टि चकोरनि अङ्ग अङ्गछविको लसनो।
यह शोभा मोपैं कहतन बनि आवै मुरारिदास
प्रभु स्वामिनो गुणको तो मै वसनो॥

१७

गायनके पाछे पाछे नटवर वपु काछे मुरली बजावत
आवत हेरो मोहन।
अतिही छबीले पग धरणो धरत डगमग उपजत
मग लागी जिय सोहन॥
खरक निकट जान आगे पाय धरत श्याम ठठको
गाय लागो सब गोहन।
छितस्वामी गिरिधारी विठ्ठलेश वपुधारी आवत
निरखि निरखि गोपी लागी हेरो जोहन॥

१८

छबीले लालको यह बानक वरणत वरनो न जाय।
देखत तन मन करो नोछावर आनन्द उर न समाय।
कन्द मूल फल आगे धरके रहत सचल शिर नाय।
गोविन्द प्रभु पियसों रति मानो पठई रसिक रिझाय॥

१९

आगे कृष्ण पाछे कृष्ण इत कृष्ण उत कृष्ण जित
देखूं तित कृष्ण है मईरी।
मोरमुकट कुण्डल किरण भरे मुरली मधुर तान
लेत नई नईरी॥
काछनो काछे लाल उपरना पीतपट तिहि काल
देखनहो शोभा थकित भईरी।
छितस्वामी गिरिधारी विठ्ठलेश वपुधारी निरखत
छवि अङ्ग अङ्ग ठईरी॥

२०

धरे बांको पाग बांको चन्द्रिका बांके बिहारीलाल।
बांको चाल चलत बांको गत बांको मत बांके वचन
रसाल॥
बांको तिलक बांको भौंह रेखा बांको पहिरे
गुञ्जमाल।
बांके कर गोवर्द्धन धर्‍यो बांके भए गोपाल बांको
है चाल॥

२१

तेरे मनायवे को नोकोरो लागत मान जोलों
रह्यो प्यारो तोलों लाल ले आउरो।
और को हस्यो मुख तेरोतो रुखाई आलो सोरह
कलाको पून्यो चन्द विलखाउरो॥
आङ्गले भरत डग पाछले परत पग एसो छव छड़ि
किधों पांउं के न पाउंरो।
नन्ददास प्रभु प्यारो दोऊतो कठिन भई लाडलो
मनाऊं कीधों लालने रिझाऊंरो॥

२२

बाजोरे आज मंदिलरा साजनघर भयो काज।
रंग रंगनके बस्तर पहर पहरहो तू सब करे आनंद
मन आज बाज॥

२३

एरो मै मान कर पछताय रहो बहोरी किधों
मिलेगो मनभावन।
वेजो मनावत पै हों नहीं मानत जोवन गरभ
अब कहा कोजे लग्यो विरह तन तांवन॥

२४

मन मतङ्ग मदनमद मातो फिरत तिय तरेल के सङ्ग।
शुण्डन पोलनाल सोणत आंकुश दै दै छारि सेचन
छाड़त तरङ्ग॥

२५

ढोला लागो गले मुझहो गले तुझ लागवे
जैसे होय सोतन नजर जदा
बछियां लटकेटो टकेदो चाल जोवन मदा॥

२६

शुभदिन भई सांचक भई साचक।
चिर चिर जियो दुलह दुलहिन आशीष देत
सब याचक॥

२७

आलीरी आए मनभावन
मेरे ग्टह प्राणजीवावन रङ्ग उपजावन।
शुभघरी शुभदिन शुभहै सायत मनमोहन।
सोहन सुन्दर नन्दनन्दन कीनो आवन॥

२८

करत सब जग काम शुभ होत तबहो जब पहले
कह लेत विसमिल्ला।
जाते बदत दीन अहंत यावत एलम अत बिध कों
तत छिन पढ़त कल्ला मुल्ला॥
अरम कुरम के लोह कलम के बिध जानत
पहचानों रमनाते ररत फिरत ल्ले ल्ले अल्ला।
अरज सनत सो लगावो ध्यान सेवहु हजरत
महम्मद रसूल अल्ला॥

२९

मेरे मन याह याद हरदम याद कर जो होय
तेरे नीके काम।
निशिवासर वाहो के ध्यान में रहोगे ररे अज्ञान
औरमें पग जिन धरे सुध कोन लावे दीन धाम॥
ज्योते एक वार याद करे तो तोय याद राखे अष्टयाम।
सदनराय के साहब को यों पहिचानोए जो जग
में देत अष्टसिद्ध और साम॥

३०

आशिक आशिक महबूब अल्लाह कबहूं
निजामी महबूब।
कबहुं वे तुमारे रङ्ग रस हो रहत हैं कबहूं तुम
उनके रङ्ग भीने कोने भुवलोक मध इसामी महबूब॥
तुम तन उन मन एसे हो रहे साहब जिन जानो
नजाय मोहित यह बिध कोने सब घट अंतरयामी
महबूब।
रवि शशि कहत है ज्ञान ध्यान धर तुम दर्पण वे
दीदार आपस में निशि दिन करत रहत हैं
शूकरजामी महबूब॥

३१

मै सुनीरी कान भनक लालन के सुध आवनकी।
गयो दुख भयो सुख छतीयाँ आनन्द भई सुध पाई
मनभावनकी॥

३२

पानप भारे भारे भारे बिन काजर कजरारे
ए द्रग तेरे।
मानो रूपसागरमें नीलकमल युगल फुल
भ्रुकुटी भृङ्ग गुञ्जत एसेरो मन हेरे॥
मीन हीन मृग छीन किएते खञ्जन बांधि
किए पग चेरे।
अनियारे उजियारे प्यारी प्यारे तेरे जिन बस कीने
धीरज प्रभु लाल मेरे॥

३३

सब समूह करिहै तू नर नारी रहमन ले चले
करन लाड़लेकी मङ्गनकी।
सहनाईए कारनिए और टकोरन बीण रवाव गारनकी
झांझ झनकारन की॥
बाजत ए धूम धाम धावत याके अनेक दल
गजदल पयदल अश्वदल सङ्गनकी।
तानसेन सब नगर नर नारी प्रफुलित भए गुणीजन
गावत छिरकत अतर गुलाव सुबास आसत
सुगन्धनकी॥

३४

अजहुं न आए सो घर एरी कौनकें विरमरहे लाल।
साँझते अधरात लों मग जोवत जोवत भई विहाल॥

३५

तुमही औलिया निजामी तुम जानो नीके
अल्लह जाने तुम नीके नीको विध नीके रङ्ग वाके
अबूढ़े हो याते जिकर फिकर।
जिकर जाहर सावत करना सुत मलकूत जबरुत
लाहूत मजकूर सुनो कहूं गुपत प्रगट समझत
ताकर राखो याते तिहूं लोक मानत जानत
घर घर हो जीय वर॥

६८

कबहूं अल्ला आशिक होत तुमहूं माशूक कबहूं आशिक
करत रहत अल्लह अल्लह आशिक किए एक पर।
निजामी तुम वे तुम पर रीझ रहे दोज रीझ रीझ
रीझत है रीझको वल जात आनन्द गुन्हेंगार
सर्व सर॥

३६

शोम सीखत तुम को होय नीके कर निजामदीन
औलिया पवित्र तुमारो मरातब सब मलायक जानत
और खलक खलक के जन अमरत।
निरधनो धनो होत अंधा आंख पावत पूत सपूत दें
तुमारे चरण सुलतान मशायक मोहे दीजे जमैयत
और दीन दुनी को यह आनन्द करत रहत मेहत
पोहत कसहत॥

३७

एसो लियो नाद गढ़ महा तगड़ आरोहो अवरोहो
अस्ताई सञ्चाई महाविकट निपट अति आगत।
छहो राग बुर्ज भए तीसो भार्य्याके कोट इकईस
मूर्च्छना रंग बाईस सुरतके कंगूरे नीके नीके लागत॥
सप्तस्वर सप्तपौर औड़व खाड़व के किवाड़ तामें
करताल चलत गोला ओला भयो धुरपद को चारो
तुक चतुर दिशामें चुनौती टोनो एसेई वाको
कीनो लियो रङ्ग जन्त्र भरि राखे कण्ठ गुणी के
रिसाल लालके गुण पागत।
हरिदास डागर गुरुन गुरु ज्ञान कहे एसे जैसे
लरे झगरे रच पचे अटूट टूटमें रीझ देत हीरा
मोती रतन फल लागत॥

३८

एरे बलवन्त प्रचण्ड अडंड डंड जाके डर कांपत
नवखण्ड थर थर।
सुनत धाक धक धक होत छाती द्रुगन पालन को
धीर न रहत सकल अरिन जबर्त गहत कर॥
तुम अपबली भुजबली दलबली जाके चढ़े धरन
धसकत धर धर।
चिर चिर जीवो शाहनशाह अकबर हुमायूंनन्दन
बीरन बीरबर॥

३९

री या तनको मत कर मान मनमें नहीं चाहे
मन मन करत हो मान।
मानो मेरी मति मोहनो माननो मो मति मन में
मानो मत करो मोहन मों मान॥
सुर मुर चितवत मनही मनभावन को माधो
मुकुन्द वेई मथुरापति मुरारि नंद दान।
मानरी मान मैनकासो माधुर्यता तानसेन प्रभु
मनमोहन को मान॥

४०

हाकिम हादी हकीम करीम मौला करमको
एहन आवै।
गफूर गब्बार रहिमान रहीम पाक परवरदिगार
तेरो नाम सब गावै॥

४१

रङ्ग भरे दरस देखत मन इच्छा उपजत रसके
रङ्गीले लाल।
तुम अतिसुखदायक सबलायक लागे प्यारे
जाके निरखत हो दुख दूर होत जञ्जाल॥
रङ्गीले लालकी रङ्गीली मूरति एसे विराजत ज्यों
कण्ठमाल।
गुलाबके प्रभुके रस बस कर लीनों मोहनलाल
कृपाल दयाल॥

४२

पमगरेमामगसानि सागरे सपमगरेसा।
मधनिसारे सागरे साममगरे सानिनिधधपपममगरेसा॥

४३

निरेगममममधमगगरेसा।
मधमारेसागरेसाममगरेसानिरेममगगमध-
सानिधपमगरेसा॥

४४

रङ्ग रङ्ग के अनेक रङ्ग रङ्गे विधना ताको
वार न पार।

पशु पच्छी सुर नर मुनि परमहंस भांति भांति के
भाड़े बनाए श्वेत पीत श्याम रक्त है करतार ॥
तुँही आदि अन्त तुँही तुँही सब में रम रह्यो
तोहितें सब जग विस्तार।
एकही अनेक होय व्याप रहो घट घट बैजू प्रभु
निरञ्जन वही साकार ॥

४५

मन राजा चित हस्ती असवार बुध मन्त्री सङ्गले
सोच सैना सवार विद्या देश वस करवे कों चढो अब
पुनि आरम्भ आगे निशान धर रसना तोप बजाय
कुमत मैन दल मार विड़ार दए सब ॥

४६

तानंतदीयनरंना आतननदानीतननदिरना आतदानी।
उदतनदिरननदीयनरंनानादानी तनदिरदानी
उदननदनता आदानी ॥

४७

मुरलिया कैसे बाजे रस मानो गरजि धों करे
अमृतवाणी।
अनिहो नाद प्रवाह ताल सुर जिय धारे एसो रस
कहां ते उपजत एसो स्यानी ॥
सप्तस्वर तिनग्राम इकईस मूर्च्छना ग्रह गावत
सब गानो।
तानसेन के प्रभु मुरली अधर धरे जाको तईलोक
राजधानी ॥

४८

लालकी बास आवत हैरो तेरे अङ्ग।
मानो मिल आवत है महम्मदशा सों पूछत कहत
हित तङ्ग ॥

पूरवी—तिताला

अकबर सर वर देहो उनके नर वर।
हों न करों अंत प्यारो प्राणपियारे की मेरे
काम दन्द सहेज को अपोरी पहर हर ॥
कन्हैया काञ्चन देख न देहों।
पूर्वपुण्य भागन तें पायो निश दिन हिया बिच
थिर कर लेहों ॥

३

तेरे आलो रूप पियके तनकों खिलोनों निशदिन
लिए रहत सङ्ग।
कबहुँ वागो बनाय कबहुँ बोरो खवाय कबहुं
निरख रीझ दिन दिन बढ़त तरङ्ग ॥
तुँही तन तुँही मन तुँही कर रही पीय मन
अरधङ्ग।
तानसेन प्रभु प्रवीणके चित चढ़ी एसे जैसे ईश
शीष बसत गङ्ग ॥

४

टोडार पुर नर एसो जाके दरशको परसत नैना मेरे
लुबध रहे एसे जैसे चन्द्रकिरण पर चकोर।
एक पल अन्तर रहत न सको रहों तुव पायन
समीप तन मन धन जोवन वन दों कोर ॥
जाको अमृतवचन श्रवण सुख होत मेरे प्राण
लेत झकोर।
एसो जाहि तानसेन प्रभु सो दिन दिन सातन
सो वकोर ॥

५

आयो आयोरे वलवन्त शाह छत्रपति अकबर।
सप्तद्वीप नवखण्ड देश देशान नर नरेन्द्र कांपे
थर थर डर ॥
अश्वदल गजदल पयदल भारी एकसों एक
योधा अजगर।
एक एक सो सुभट सेधा से वे कमान गुरुजन जात
सवर ॥
हुमायूं-को-नन्दन जगवन्दन दुशमन अरिगञ्जन
सुनियत जहां तहां जीतत आवत शाह मौजदीन
को लशकार ॥

पूरवी—ताल रूपक

गुजरीया कञ्चनके गात कञ्चनको जेहर कञ्चनको
चोली सब कञ्चन भूषण पहरे।
श्याम वरण पोरी कोरन को लहंगो और ता पर
क्षुद्र घंटिका लाल चुनी रङ्ग गहरे॥

२

दीदार पायो मैं शाह अकबरको भई निहाल वन्दो।
रोशन जम्बीर पूर नूर भरो देखियत आंखन पूतरीन
हिल मिल करन मानो स्नान किए अमृत नन्दो॥

३

सलोना बड़ो बड़ी आंखन सांवरो सो ढिटोना।
नित उठ आवत जियकी ना जनावत पनघटही मेरे
सङ्गही रहत है नैन सैन चातुर सुख मोहना॥

४

तू एकन मानीवे ठोलन अकवर मैं तुझ कारण
क्या क्या न कियो।
और जो कोऊ बातन सुख देत मैं जोवन धन तन
मन ताहि दियो॥

५

तूतो निपट हो कपट कियो हो लाल बलैया बोलै।
मोसों हिय गाढ़ि अलिंगन को यों कञ्चुकी के बंध
खोलै॥

६

तोही जानो मन विच करम कर जो एक नाम
वरहकका।
जे चव दिश मारग तार गत तेतोही परमत जो
मानीए हरिनामका॥

७

ताहि क्यों आवे हो चेन कहांते जावो पिऊ परदेश
गवन कियो।
मन नाहीं न कल निशदिन तपन तन नेक न
अवनन कियो॥

८

गरभीलो अति ऐसो भरो कहीं चाल चलत मद
गजको।
अन खिलो बहु पुष्प स्रोण पर कहि कहीं छव धजको॥
गायन सङ्ग आवन मन भावन खेद खेद सुख लपट
नजरको।
मुरली बजाई रिझाई सङ्गके कहा कहीं ब्रजनिधके
सजको॥

९

मेरे आए लाल मयाकर अतिहो मेरो परम सुहाग।
मनहूके मानो प्राण पियारे यह नैननहो मे पइयत
अनुराग॥

१०

आधी रात बाजे मुरलीरी मुरलीरी मुरलीरी
सुरधुन पवन झकोरन।
बाहीके रङ्ग राते माते मन बिचरे वंश तेरे सुनि एरी
कांन दे दान करोरन॥

११

बजावै मुरली नन्दलाल मन सुख पाए श्रवण सवाद
दरस लिए जो जो प्राण तरसेहो।
सास ननद को बहानो करके सुनन आई हेरो
धेनु चरावन के मिसहो॥

१२

जाको लाल परदेश बसे ताहि आवे हा नींद कहांते।
मनहो मथत मैन तनको तपत तन अन तन अन
चैन बिछुरे जहांते॥

१३

सब निश जागो हों हो तिहारे सङ्ग अबहो नेक
सोई ए हा हा आवन देहो।
अबहो नेक फेर जगायो चाहत है सां कह्यो नींद
जिन जगाय लेहो॥

१४

तेतो तेतो निपट हो कपट कियो मोसों
लाल वलैया बोले।
गाढ़ि आलिङ्गन को सहे सो कञ्चुकीके वन्ध खोले॥

पूरवी—चौताल

सोहत माही मरातव मानो पातुर शोभा रव निशान
जा मन माते निरत छवि सङ्ग गुरु विद विराजे।

गायन सहनाइन अलापन सुनाय अस्तुति गाय भल्यो
सुरसली मिरदङ्गी नैन सङ्ग रङ्ग पर्यो कर नायन
सब दिन उघटन करयो ताल धारी झाझी झर
बिस्तार मिल तुरङ्गी औ पङ्गी नै सुर छाजे ॥

पूरवी—आड़ा चौताल

अब हरि काहे ब्रजवासी एहैं ब्रजवासी।
गुपत प्रगट जो मरजादा कौल वचन की हासी ॥

पूरवी तिताला

शाह अकबर को यश कीरत गाऊं रिझाऊं सकल
सृष्टि के मन श्रवणन।
चन्द्रभान कहे गुरु के प्रसाद तें सभा में नित
पाऊं अनन्द मनन ॥

२

तू सची कलन्दर शाह अमरफ रीझि तन मन सुख
कराह रस करले।
ज्ञान ध्यान मों पाऊं बजाऊं तेरी अस्तुत रहम रहम
होय समाजेले ॥

पूरवी—धीमा तिताला

पीर निजामी औलिया मन मेरो इच्छा जो भर पूर।
दीन दुनीमें दीन ईमान पाऊंमें आनन्द महत
धनमों कीजे हो मामूर ॥

पूरवी—ख्याल तिताला

पियरवा की बाम तोसें आवे तू मोहे भावे लग गले
मोरे पिया प्यारो।
तू जिन लौ लाई तासो तुही बड़ भागन गहे
सुलच्छण न्यारो ॥

पूरवी—धीमा तिताला

पिया मोरो नथ गई चोरी तुमही लीनी छीनी।
पूछेंगी सब घरके लोगवा तुमही अचानक लीनो ॥

२

मोजा माणी मेथी माणो गर रसीया रैण समे राणी।
भांगडली पोवो सुख करो मन रङ्गमें सालुडारे
अखल छाणी ॥

पूरवी—तिताला

चरण परसत आनन्द सुख भइला मोरे तन मन।
एसो पीर जरा जरी जर बकसन निजामदीन
औलिया ए धन धन ॥

तनदिरतनदिरनाहैयादोस्ततनदिरतदानि दोस्त
यारे मन मकुन वेवफाई।
हमचे मरगीनो वोशमोल मदा एदरदामे तोया वकुशया
दानाहैया अजक पसआ जात कुन् ॥

२

नाजो तेरा चूड़ानो झमकंदा।
चूड़ा तेंडा रङ्ग बिरङ्गी वो रङ्ग मुख मोहे पान रङ्गेंदा ॥

३

थारो जोवणरो अमभाव माने नहीं बिसर राजोन्द्रजी।
चटक भरो थारी सुन्दर सूरत यह जब कब आवे
नैननमो सरजी ॥

४

कान बजाई मुरली तबते तनकी भई आन गत।
श्रवण वेधे प्राण मन वेध्यो काममल्ल भई बिवस
भई सुन मेरो मत ॥

५

दिल वहु वुवादो कल फेर देवो साइयां तुसी ज्यो
आशिकानु जाने सदा रस माने।
सुकल वल कुलवे तुसो दान थोणा एहो।
कहा दरद वंदादा हाल पहचाने ॥

६

ए माई आज सो दिन नीको मोहे मिले प्रेमपिया
की सङ्ग।
गयो दुख द्वन्द होत है आनन्द और वारों नगन
जड़ित गहना रङ्ग ॥

७

जपदे तेंडा नाम बंदे डरदे जोई ताड़ो महर
नजर नाल पार उतरदे डरदे हजार बार।
वेशोयंद छाजे मुश्क गुलाब फनो जना मैंतो
गुफ नन कमाल वे अदलो ॥

मत कर बात वे मोया तु साडडो नाल वे ।
मिल करवे असो तरसादा तू सानु ना चहिए
मोया पालवे ॥

९

अततदोयनरेतादरेदानिदोमनादानितुंदरनातदारेदानि।
पेश सैयद जमने वारे खुदाजा मनृश वद एक परोदन
दासरे दिवारे सेखा हद दिलं ॥

१०

मैंड़ाअल्ला जानेदा मैंड़े दिलदो जानवे ।
अदारङ्ग यह गला सच कहदे दुख दारिद्र बोच
और कोई नहीं बोसदो जानवे ॥

११

आंदावे नहीं चैन मैंनु विन दोठे महबूवादे आड़ नावे
मै कोकरा दिल भर आंख देवे लोक दिवाणो मांगोल
सुनजर प्यारा जो नहीं रहम कदा सैनु साडावे ॥

१२

सुनरो मालिन मेरे पिया कारण करदे फूलन के मोल
पात पात में आप छिपे हैं रूपन के सङ्ग तोल ॥

१३

कगवा बोले मोरो अटरीया सगुन भयो कक्र नाको
कुच भुज फरकन लागो आवन करो तुमहो पियरवा
गले डारे फूलनको हरवा सुहाग तिहारे कारण
करो सील्ह मिङ्गरवा ॥

१४

अब मैं कासे करूं प्रोत प्रोत कोऊ नहीं
जगमें मोत ।
इश्ककी कदर कोऊ चातुर जाने मूरख को यही
परतीत ॥

१५

मैनाल बोलदा क्यों नहीं माए इश्कदो वान पइवे ।
रुठड़े तुको छोटा जान रङ्ग विरहे दोजा भाल लवे ॥

१६

मै तैड़े वारोयां जावां ढोलन साड़े नाल गलां करोवे ।
सदके कोतो उथे फन्दो जोथे तू आवणा चल फिरवे ॥

१७

तनदिरनातुमनातदोयनरेदोम दोस्त जाने मन दरया ।
नाद्रद्रदानितद्रद्रदानिदोमतानु दोस्त जाने मन ॥

१८

देखत फुलवारो वार डारो तुम कौनसे आंख मारो ।
जानो तेतो कदर न जानो हमारो राज करो एसो
झूठो प्रोत तुमारो ॥

१९

देख दरवार गाजो मलार को कष्ट जावे धोवे ।
दरिद्रहरण पोर सुखदाई सबन के मेरो तो
मुराद तुमो तन होवे ॥

२०

मकदूम साहब विलायत सब विध लायक अल्लाह
रसूल ।
साहब जलाल साहब कमाल घड़ो पल छिन में
केतोई कोनो औलिया चहूं चक्रमें तिहारो धूम ॥

२१

मोरो नइया पार करो रे अब निजामो ।
तुमहो पोर गंभोर ज्ञान अन्तरयामो ॥

२२

कनगुरोया को सुन्दर मोरो देहो मोत पियरवा
मोरे ए पियरवा मोता मोरे ।
जेमी पैदनोया दिरानोया जेठानिया सब मोरो
उन तन मोरा जो डारे वारोरे जाऊं मै तोरे ॥

२३

अबतो तासों लगन लगो नोंद क्यों तरसामो ।
पहले तो हंस बस कर लोनो अब जिनि करो
अनोति स्वामो ॥

२४

मैडा ढोलना है नादान हो सांवरे नूर वदो अमान ।
अंखिया तेड़ो वारो वे दिल बीच खूबो कभी तो
कर पहचांन ॥

२५

मैडा नेह तुमोसन लागोला मोत पियरवा

सुरजनुवा वलमाँ ।

सदारङ्ग सन हँस बतीयाँ करले रङ्ग रम बलमा ॥

२६

पीर चिस्ती हजरत सुलतान निजामदीन

औलिया ए महबूब ।

करतार आप बनायो नूर तें मासूर सूरत खूब ॥

२७

तेरी वलैया लेहूँर मनके भवनवा सुरजनवार ।

निजामदीन औलिया ओपें कहा पढ़ डारा जन्तर

मन्तर टोनवार ॥

२८

पियरवा मैं तोरेर मजनवा मोर वालमुवा

मीत पियरवा ।

जा कारण हमोमन रूम रही बलमा जाओ

ताही के तुम बसो जियरवा ॥

२९

मेरो मन तुमोसन अटको लालन चरण धरत गत

ठुमक ठुमक नाकी चालन ।

ताना थेई थेई निरत करत हो छम छननननन

घुंघरु बाजे मोह लई ब्रजबालन ॥

३०

एरी मोको सब सुख दीनोरी दूध पूत और अन धन

लच्छमी पिय पायो गोविन्द रङ्ग भीनो ।

अधमउधारण यशविस्तारण कृपाकरण दुखहरण

सुखकरण आजज कों सब लायक कीनों ॥

३१

आज बाज बाजरे मन्दिलरा पियके आवनके काज ।

सात सखी मिल देहों वधाई वादो नन्दराय घर

मन चित भइले काज ॥

३२

सवाजो माने साँगानेरी सालुड़ा मङ्गाय दे ।

घट मालवारा चुड़ला मगायदे अंगिया मैं

अतर दिवायदे ॥

३३

यारी मैं क्या जोरी पियारे हां हां हां हां हां पियारे ।

मुरली बजाय रिझाय लियो मन गहे बहिया

झक झोरी पियारे ॥

३४

लङरे मोरी श्याम इंडुरीया कैसेक भरू जलकी

गगरीया ।

बाट घाट मोहे रोकत टोकत अब न रहों तेरी

मथुरा नगरीया ॥

३५

घाली अलावे रुढ़ड मकाम थींवी दिल राजी ।

[illegible]

दिल राजी ॥

३६

मेहरा मोरे लाडले दावो गुँधलावो मोरी

मालनीया ।

बेला चमेली दौनामरुवा जोहा जुही हार पहरायो

लालनीया ॥

३७

सब सोता मोरे मोती लर गईली तुमही लीन ।

सुन पावें मो घर के लोगवा कोंन उत्तर हम

देवहों तोरी हार लीने कौन ॥

३८

मत कर बात वे मोयाँ ।

तूं साडड़े नाल मिलकर असोत सादे तू सानु

नाच हो के मोया ॥

३९

मैडी अम्मा जानदा मैंड़ो दिलदी बातवे ।

अदारङ्ग यह गलाँ सच कहदे दुख दरिद्र बीच

और कोई नहीं विग्रदी जानवे ॥

४०

जब निरखूं सुन्दर दरशन तोरा तब व्याकुल हो

चित नित लागी रहेत मूरत नैननमें ।

निशिवासर कलन परत विन देखे सइयाँ घरी पल

एक एक छिनमें ॥

४१

जे कारण इमीसे रूंस रहे बलमा ताही के वस
आए निश बसी एहो।
एती निठुराई काहसे न कीजे हो पीतम
निपट कपट कर ना हँसोएहो॥

४२

सोहलरा गावो सब मिल सखी सहेलरी साजन
घर काज।
तत्ता धीधी थं थुं ननना तकट तका धिधि किट
तक्धुम तक्धिधिग नधा बाज॥

४३

तोरेरे रङ्ग माती वनरे ए वर्नरे ए मेरे मेंहदी लावन दे।
चंदुवा तनाइला मण्डवा छवाइला सुवासन सब आईलो
बधावा गावन दे॥

४४

जो जो बतीयां कही हतीं तब कछू नथा पाया मनवा।
एह न जाने वेह न जाने उन कर भेद बतावा॥

४५

सुलतान निजामदीन औलिया मकदूम चिस्ती
चिराग रङ्ग रङ्गीले पीर घर आनन्द बधाई।
राग जमावें गुणी गायक आवें देश देश तें
मात सुहागन पूरबी गाई॥

४६

तूं जो करले घर अपनो परमेश्वर पास।
और नहीं कोई तेरो छोडदे सबनको आस॥

४७

मैं कुरवान कीती यावे माइडे मीया जोथे तू वे
पैर धरे नीवे।
जिन्द कुरबान दीती तैडे नाल विन दीठी या सानु
कलन परे नीवे॥

४८

तोरीरे रङ्ग माती वनरीरे वर्नरे मेंहदी लावनदे।
चन्दवा तनाइला मडवा छवाइला सुवासन सब
आइला रङ्ग बधावा गावनदे॥

४९

की तकसीर पाइवी मैंडी भला यार मुख ह न बोलेरी।
विनती मान लेहो जरा विहारी बलिहारी यादे
जियदी गांठन खोलेरी॥

५०

गुजरीया गरवन करोरी दै दै दधि को दान।
कबके गोपाल माँगत तोसीं इती निठुराई ना कर
मानले अबहीं अजान॥

५१

प्यारे मोरे आवो घरूं मैं करूंगी आनन्द वधाई।
शुभ घरी शुभ दिन शुभही महूरत आनन्द मङ्गल गाई॥

५२

हर दम याद करेरे मौला नाम को जोय धर नित।
अदारङ्ग सांची कहे बात अब तुम सुनहो उनहीं
को जरूर जित उत तित॥

५३

मगवा जोहत याइ बीतत निशदिन आलो
कहा कहीं उन विन रहन सकत मोरा जीज।
हमसों अबध वद अनत विरम रहेलें पीऊ॥

५४

कगवा बोलइरी तू आगम आवन कीं पिय कहो
बात आय।
कुछ भुज फरके और आंखि बांही वेग मिलहो
सों धाय धाय॥

५५

मुंह को तू अति मीठो लागत ए मीसरीरी पीके।
अमृतबचन गोवर्क लडुआ खात गुप चुपही रहीलो
कोऊ तियान लागत तेरे नीके॥

५६

एनगर विगानो तुम जो कहो सो घर आपनोरे
ए नगर गए।
अदारङ्ग दी गल मानोगी मैं उठवे दानाए॥

५७

वे क्यों नहीं साडडी गलियां यार वे हो भला वे
यार वे आवदा।
ए बातें नहीं भलियां दिलदा भेद ना बदावदा॥

पूरबी—आड़ा चौताल

पियसनवा मोरी मा जो जो बतीयां कही हती
तब वहां कोऊ नथा।
एक न जाने वेक न जाने माइरी उन कर भेद
बताव मता॥

पूरबी—तिताल

करत कोऊ कैसे जान मिताई।
रच पच चितवत तीख पीक सी भ्रू कमान दुखदाई॥
प्रीत करी कामर वारे सों मैं कछू जान भलाई।
वे अँखिया देखन कों तरसत अदारङ्ग एसी कीनी
खोट कमाई॥

२

यौंही रे पीया बिन एक टक लागी।
निशदिन निरख निरख देख दुख दूनो भइयो
नैन सइयां अनुरागी॥

पूरबी—एकताला

वाको नगर वेतो दीट लङ्गर जिय ना रहै एरी
हौंतो न जाऊंरी।
जबही देखों दूरतें आवत दौर धाय परोहौं पाऊंरी॥

२

दिलीया नगरमें यश गाऊं जै जै हरफ दछिणा
के सोई मैं पाऊं।
सुलतान निजामदीन तुमहो प्रवीण हो आधीन
कैसेके रिझाऊं॥

पूरबी—तिताल

मेरी नथ चोरी गइली तुमही लीनी।
जब पूंछैगी नगरके लोगवा तब मैं कैसे करिहौं
आचर में छीनी॥

२

आयो भँवर रस ले गयो माली।
आवैगो माली सींचेगो क्यारी तोड़ेगो कलियां
संवारेगो डाली॥

३

अणो भणो अणो मेड़ा दिल विच चाक चाक चाक
वाझो चाक।
पुनि यानु लगन अंगो दोनें निया चरखे दीसोर खाक॥
चकिया दीन जरोण निकलवे नोया एहो डाढा
चालाक भणो भणो भणो।
कंजुवा नालो चिकड़ होदा आख नैना नु लगी ताक॥

४

अहेंकी हाज टेढ़ा सइयो नोजे जाणदा लख्न आदाई।
नाहक नजर बिचो गोलिया करले बड़े बड़े
महका दीया भाँई॥
इसदी गल्लां गुझा तु सानू बूझी मैदो में दीया
कोलिही लाई।
जिन देले दोमि वल छातो पाई खेड़ेदो मैंडो सिन्द
चाइ माई॥

पूरबी—एकताला

दैरन लाज मेरे पाछे परी हैरी अब मैं कैसे करूं
मन बौराए।
घरवा न उन बिन लगत मेरो मन माधो मूरत
हियमें बसाए॥

२

द्रतुमुद्रद्रनातनमृदिरनाआतारेदानिहैयायारम्
यललोयलोयललललललेद्र।
गरचे पुर आंहकी मम केचे आवुरदी निजाम सोज
खुसरो राव दरगाहत ते याज आंबुरदअम्॥

३

जब निरखों सुन्दर दरशन तोरा तब व्याकुल होवे
चित नित लागो रहे मूरत नैनमें।
निशिवासर कल न परत बिन देखे सइयां घरो पल
एक छिनमें॥

४

तिहारो कौन कौन बातन को परेखवा करिहौं
बलमा तुमतो हो ठौर ठौर के मनभावन।
तेरो नेह जग उर छाय रहो जैसे बरखाऋत सावन॥

५

दूरसों मारना वे नजारा।
खलक सांईदा मूल करामदा क्याहै वो किसोका
इजारा॥

मन्दिलरा बाजइरे मोरी माई ।
धाक धिला धिला धोधो कुकुकुकुकुकुकुझांझां ।
माई चंगीतरे लगाई बाजत भेर मृदङ्ग धिकोटिन
किटित कोटित किड़ किड़किड़किड़झांझां ॥

७

मोयाँ मैनू तेरो सूरतदा हेर नहीं दोसदा जोदार
है जग ताई ।
मुजवेनो मोणोदा वोही मेरा साँई राखो मोहे
अपने नेड़े गरे लग जाँई ॥

८

एरी माई होंतो जाऊं वाही देश जहां मोरा पोय
वालम रहीलो ।
पिय विन मोकों भावे न सुहावे घर आंगन दुवर
भइलो ॥

९

मे नाल बोलदा क्यों नहीं माए इश्क दीवान पइवे ।
कठड़े तुको होदा जान रङ्ग झाल लड़वे ॥

१०

घर मेरे महबूब निजामदीन आयो माई घर मेरे
आयोरी ।
आज सुहाग को रातरी सदारङ्ग न्यामत नायोरी ॥

११

नथड़ो मङ्गाय दे साजना मोंको मोती डालवा
लगायदे ।
गोरे वदन अति छवि छाने म्हाको मनडा रीझायदे ॥

१२

नथ मुरकानीजी राजीन्द्र ढोला मारु ।
मोती मगायदे सायवा अनमोला बेसर मगायदे
म्हाने अच्छो नीको सारु ॥

१३

मुबारक बांदीया शादीया तोहे दीनी अल्ला रसूल ।
चोक पुरावोनी मङ्गल गावो आनन्द भएहैं पुहुल ॥

१४

मे तेड़े वारीयां जावां ढोलन साड़े नाल गला करवे ।
सदके कीती इथे फन्दो वदो जिथे आणा चल फिरवे ॥

पूरवी—तिताला

विन मद पिये मतवारो अँखिया अँखियां वे कांई
अंखिया ।
काहेको अञ्जन डारो सखीरो तेड़े नैन कटारीयां
लखियां ॥

२

आयो भँवर रस लेगयो मालो ।
आवेगो मालो मींचेगो क्यारो तोड़ेगो कलीयों
सँवारेगो डालो ॥

३

माई अतत दनुतारे दानो अतनतदनु ।
तातिलेरतनदीयनरेतुमतननतुमतानन ॥
पंज जादे इश्क लेवा सेपरसाई परमोदत ताने
मालहु मता राजे पियाके नोहझार सो यश ॥

४

खवी वे मोया यार मोयां मेवारी तेरो वाको अदा मेरे
दिल विच ।
सोहनी मूरत मद भरो अँखियां जादुड़ा कीता वो
यार एक पल विच ॥

५

पिया महबूब पोर के घर आ मोहे बन्धावो धोर ।
सुलतान निजामदीन औलिया महबूब पोर ॥

६

मेरा दुख दूर कीजिए सुख दीजिए तुम एसे
गरीबनिवाज हजरत सुलतान औलिया ।
तिहारे दरवाजे गुलाम ठाड़े अरज करे या हजरत
महबूब अपने गरीब पर फजल कीजिए दान दिया ॥

७

तदानीतानदीरतुदीमतदीम ।
तदीम सारेगमपधनिसासानिधपमगरेसा ॥
चतुरङ्ग गाइए बजाइए रिझाइए महम्मदसा कों
धाकिटतकधुमकिटतक्धेतलाङ्गधुमकिटतकधा ॥

है यारे मन यल्लायलयाल्ललललेतनदिरना उदानो
दानोतदानो।
नाद्रदीम्तुमद्रदीम्तनदिरनाओदानोदानोतदानो
तदानो॥

९

मारू रङ्ग लावे मारू ह्वावे मारूरा राजीन्द्र पै
पोयारा सजन मेरे आया।
ऊंचो थारो मांड़ो मायवा लाख झरोखे झोखोला
मुजरा न पाया॥

१०

कहत थे यों नेह लगी कबहूंन छूटे।
जावो जू वार हो तुम उनोंकी भला सदारङ्ग झूंठे॥

११

ह्रियारेमनयला२लेटोम्तनद्र६दानो।
तननाद्रद्रतंननननननननननननटोमतननननननन
द्रद्रद्रद्रदानो॥

१२

अतता द्रनुम तारेदानो नादानो तादानो अहं याहां।
नातिले२तानाद्रियनरे तुमतनन२ननपंजदये इश्क
तलेवाशिपार साहिपारे सुद ताते मतसाल अम्ता
राजेय कन जरा सुद॥

१३

मीत सुरजन मोरे तुमरे बिना कल न परेई।
निशिदिन मोकों ध्यान तिहारो सूरत न मोरी
बिसारी रहत ध्यान तेरेई॥

१४

नईरे लगन मोरी लागो।
तेरे रङ्गमें मै निशिदिन रहत हों रंग पागो॥

१५

दानोदीमतनदिरनातदीमतननतननतदारदानो।
उदननउदननधितिललाअतिलिल्लानातननननन
द्रद्रद्रदानो॥
वुल वुल नयम् किनार जनम् दर दसर दयम परवान
अम् केसो जमोदम वरन यावरम॥

१६

पूरवी मुरीद होवै कुठाड़ो हजरत सुलतान
निजामदीन औलीया पीर महबूब के आगे आयके।
दारन वे खल फुलवन सन भरके सबही बाजन
बाजन लागी कठताल वे हाथ बनायके॥

१७

धन धन रातरीयां सुहाग की प्यारा मोरा
मिलिया मा।
सुलतान निजामदीन मेरे घर आया सो अब रंग
घुलीया मा॥

१८

एरो सखी आनन्द मङ्गल गाऊं अपने लालन
कों गाय बजाय निरत के नीको भाँत रिझाऊं।
उघटत मङ्गीत तायेया तायैया थैया लामन्न तांव तत्ता
धीधीथुंथुंनानाधाकिटतकधुमकिटतकघड़ान मृदमृदङ्ग
धाधीगनधा बजाऊं॥

१९

धुमकिटि२बाजेमन्दिलरा तताधाधाथुंथुंनाकिट
तकधुंकिटविकिटतकधा यशुमत जायो कवीलरा।
आवो गावो गुणीजन रंग जमावो नन्दमहर घर
आज बधावो मृदुधुन मृदङ्ग बजावो रसीलरा॥

२०

काजर कारे अतिसुकवारे नैन तिहारे प्यारे।
निरखत लगत करत मन वसमें चपल चाँप
अनीयारे॥
माते मदन प्रेमरस बिलसे रित जीते रण झारे।
निधड़क ख्याल खुशाल करत हैं भरे नेह रस सारे॥

पूरवी—चौताल

एसो बनमाली ब्रजचन्द है नवल आलो नागर
फुलवारी बन ब्रन्दाबन लगाई है।
कोई द्रुम ठाड़े कोई झुके कोई चलत फिरत
कोई कोई योधन ऊपर उमग उमगाई है॥
कहूं कहूं उरन में राजत विराजत मेवा कहूं कहूं
फूले फल वेली हरियाई है।

छाय रही अतिहुलास जहां तहां रस विलास
नित प्रत खुशाल औवर दिखलाई है ॥

पूरवी—एकताला।

माई मेरे नैनन वान परीरी।
जादिन नैना श्याम न देखो बिसरत नाही घरीरी॥
चित बस गई साँवरो सूरत उरतें नाहीं टरीरी।
मीरां हरि के हाथ विकानी सरबस दे निवरीरी॥

२

वंशी गोपाल की आज बाजे।
अद्भुत तान तरङ्ग मधुर धुन सप्त सुरन सों साजे॥
लाज धीर कुल कान मान डर सुध बुध श्रवण सुनत
सब भाजे।
रसिक गोविन्द अभिराम श्याम सौं मिल सब
ऊपर गाजे॥

३

रहे दोऊ वदन निहार निहार।
फूलन बीनत श्याम सखी उत इत राधा सुकुमार॥
लता करणमें रह गई इतवितसों कौन सके निरवार।
नागरी मिल नैन दोऊजन के बड़े ठगन ठगवार॥

पूरवी—तिताला

डमरू डफ बाजे और बाजे ताल घुंघरू मुरछङ्ग
वीण रवाब किन्नरी झाँझ मृदङ्ग।
डिम डिम डमरू दारा तवले सारङ्गी सितार तमूरा
तुरही नफीरी मुरली सुरनाय करनाल जोलवन्ध
बकाजुन खटताल टीलक जलतरङ्ग सुरमण्डल
मोन ख्याल रङ्ग॥
राग जहाज पुङ्गी अलगोजा सारङ्ग बंशी वीण बजाय
निरत करत तांडव लास्य गाय कवही एतेरे आगे
अलख रङ्ग।
एकतारा उपङ्ग पैना पोट वेला अरगन तुरही
नृसिंहा मञ्जीरा नादवीण सुरवीण सरस्वतीवीण
तम्बूरवीण इसराज सरोद स्वरसागर हरि आगे
करत है रागरङ्ग॥

पूरवी—चौताल

समुझिन परत गति मति राम तिहारो अकथ
कथाको बात।
जग प्रपञ्च रचि कियो तामें अनेक जीव भिन्न
भिन्न प्रकृतिरूप मायारत मोहवस जन्मत मरत
केते आवत केते जात॥
योगी यती तपसी तप करत त्यागी ज्ञान कथत
अरू पढ़त विवेक सहित भ्रमण सकत टारी फिरि
फिरि जात अकुलात
लछमणदास जबलोन रावरी कृपा होत तवलो न
बूझि परत काम क्रोध मोह मदतरु सेवत
आठोयाम कुमति छुधा सोई फल खात॥

रूपक।

शरणकी लाज करिए महाराज।
कृपासिन्धु प्रभु अन्तरयामी राम गरीबनिवाज॥
कोटिन अधमतारे छिन माही भये सकल शिरताज।
लछमणदास ठौर निज हेरिये कलिमें नाम जहाज॥

२

मन मूढ़ न मानत कितो समझावत फिरि फिरि
वाही गैल भ्रमत।
मोह निशामें माती सोवत जागत काम क्रोध मद
मत्सरताही में मति रुचि उपजावत सांच मानि
जग जानो अमत॥
ज्यों मतङ्ग मधुरस वस डोलत अङ्ग सांकरो बेड़ी
पायन ज्ञानन अङ्कुस शीश रमत।
लछमणदास न सुरति करत बलराम रावरे पदपङ्कज
में जाको सुर मुनि ईश नमत॥

पूरवी—एकताला।

तिहारो वान निपट निठुर दया हीं नाहीं करी पहचांन।
हीं भोरो तूनिपट सनेही कौन रची विधना विध आन॥
अब आनन्दघन घुमड़ बरोसे प्राण पपीहा नदान॥

२

लहरी मोरी श्याम दइ रोया केसेकै भरु मैं जलको
गगरीया।

बाट घाट मोहि रोकत टोकत अब न रहूं तेरो
मथुरा नगरीया ॥

पूरवी—चौताल

काजर कारे अतिसुकमारे नैन तिहारे प्यारे।
निरखत लगत करत मन वसमें चपल चोंप अनियारे ॥
मातें मदन प्रेम रसविलसे रित जीत रणभारे।
निधड़क ख्याल खुशाल करत हैं भरे नेह रस सारे ॥

२

एसो वनमाली व्रजचन्द है नवल आली नगर
फुलवारी वन वृन्दावन लगाई है।
कोई द्रुम ठाड़े कोई झुके कोई चलत फिरत कोई
योधन ऊपर उमग उमगाई है ॥
कहूं कहूं उरनमें राजत विराजत मेवा कहूं कहूं
फूले फूल वेलो हरियाई है।
छाय रहे अतिहुलास जहां तहां रसविलास नित प्रति
खुशाल ओवर दिखलाई है ॥

पूरवी—एकताला

माई मेरे नैनन बांन परोरो।
जादिन देखा श्याम न देखों बिसरत नाहीं घरोरो ॥
चित बस गई सांवरो सूरत उरतें नाहीं टरीरो।
मीरा हरिके हाथ विकानी सरवस दे निवड़ोरो ॥

२

बंशी गोपाल की आज बाजे।
अदभुत तान तरङ्ग मधुर धुन सप्तसुरन सों साजे ॥
लाज धीर कुलकान मान डर सुध बुध श्रवण सुनत
सब भाजे।
रसिकगोविन्द अभिराम श्यामसों मिल सब ऊपर
गाजे ॥

३

रहे दोऊ वदन निहार निहार।
फूलन वीनत श्याम सखी उत इत राधा सुकुमार ॥
लता कारणमें रहगई इत वित सों कौन सके निरवार।
नागरी मिले नैन दोउनके बड़े ठगन ठगवार ॥

पूरवी—तिताला

डमरु डफ बाजे और बाजे ताल घुंघरु मुरछङ्ग
वीण रवाब किन्नरो झांझ मृदङ्ग।
डिम डिम डमरु दारा तवले सारङ्गी सितार
तम्बूरा तुरहो नफोरी मुरलो सुरनाय करनाल
जोलवन्ध ब'बकानुन कटताल ढोलक जलतरङ्ग
सुरमण्डल मोन ख्याल रङ्ग ॥
राग जहाज पुंगी अलगोजा सारङ्गी वंशी वीण
बजाय निरत कर तांडव ख्याखा गाय कबहो
एतेरे आगे अलख रङ्ग।
रुकतारा उपंग पैना पोट वेला अरगन तुरहो नृसिंहा
मजीरा नादवोण सुरवोण सरस्वतीवोण तम्बूरवोण
इसराज सरोदय स्वरसागर हरि आगे करत है
राग रङ्ग ॥

पूरवी—एकताला

जानकी कनकभवन में राजत सङ्ग सहेली।
रूपउजागर सब गुणआगर नागर गरव गहेलो ॥
सागन ढिंग बैठ जाय पायन परत धाय बोलत
मधुर सुरवानी बोलो।
लक्ष्मणरामदास का नर भज नित नित प्रीति नवेलो ॥

पूरवी—तिताला

योगी डारे सेलो कर जप माला फिरत श्याम गर राजे।
भस्मअङ्ग अहिमाल विराजे डम डम डमरु बाजे ॥
वाहन वृषभ बसत सब माही जोई करो सोई छाजे।
याछबि की उपमा को कर सके कोटि काम लख लाजे ॥

२

तान तरङ्ग है सप्तसुर रङ्ग जिन लगाम सुध अलापन।
मुरछना गज गाह ताल तरल अदभुत गत हय काल
लेकी धुरापन ॥
धारु धुरपद काव्य सजजो ताल सवार गज गमक
निड़ेयन।
हरिदास डागुर उत्तम नायक जो गुण लहे
गहवावे मन ॥

७२

पूरवी—चौताल

कमलदललोचन गुणनिधान सुजान जानराय
रामचन्द्र सुखसागर अतिदया दुखहरण।
दुर्वादल श्याम लाग कोट मुकुट विराजत धनुषवाण
सोहत मोहत सबको मन सरजूके तीर तीर डोलत
सखा सङ्ग कोमलचरण॥
नख शिख भूषण शृङ्गार मनिगण गर मुक्ताहार
केसरिको तिलक भाए कटिपटवर पीतवरण।
लक्ष्मणदास शीतल नैन अवलोकत नारि नर थकित
होत अङ्ग अङ्ग रघुवर मूरति जगतारणतरण॥

२

गरुड़ चढ़ि धाए आए गजहि उबाखो वाखो छण
माहिं प्रणपालन गोपाल।
दीनवन्धु करुणामय केशव आरतहरण शरण राखन
निज एसे दीनदयाल॥
भक्तन लाज काज वपुधारन दुष्टसिन्धारन कारण
युग युग जब कीनों प्रनिपाल।
लक्ष्मणदास विरद सम्भारण कृष्णकमलदललोचन
स्वामी कीरति विशद विशाल॥

३

जानकीरमण सुखभवन दुखदवन प्रभु जान शिरोमणि
सूरजकुलमणि राजाधिराज।
दशरथनन्दन असुरनिकन्दन जगवन्दन प्रण तारन
भंजन युग युग जन राखत लाज॥
जनक प्रतिपालन कठोरधनुष खण्डन भूपन
मानगञ्जन राज समाज।
लक्ष्मणदास यश प्रताप तीन लोक चौदहभुवन
गावत यश सुर नर मुनि धन धन राम महाराज॥

पूरवी—एकताल

सुनो सखी बांसरिया की तान।
श्रवण सुनत सुध रही न तनकी मोहन मोहे प्राण॥
घर अङ्गना न सोहावे न भावे विन देखे श्याम सुजान।
जानकीदास कोई आन मिलावे हरि सब गुणकी खान॥

छबीली नागरी हरिजो सों मान न कीजे।
जागी रङ्ग रङ्गी व्रज सगरो ताको मया मो जीजे॥
काहेकों बड़ो बड़ो सांस लेतहै असुअन अचरा भींजे।
शङ्कर्षण प्रभु नीलकमलदल मधुकर होय रस पीजे॥

३

रङ्गीली रामको अँखिया।
सुर नर मुनि जन जीवनखञ्जन मनरञ्जन पखीयाँ॥
कृपाकटाच्छ लच्छण छवि आछे मृग छौना छकीया।
सुन्दरवदन सुधा सरोवर मध मानहुं युगल गुरो
भँखीया॥
प्रेमरङ्ग कारे विन कजरा नैन मिलाय लखीयाँ॥

४

भली भई आए हरि मेरे।
हौंरङ्ग रलीयां आनन्द मानहु काज भए मन केरे॥

५

मोकों माई निशिदिन सुरत लागी रहो नित
पियकी।
कहा कहों कित जाऊं सखीरी कासो कहूं
जियकी॥

६

लगी है सांवरे की सैन।
अति तीखी चुभ रहीरी मनमें परतन क्योंहू चैन॥

७

व्रजके निवासी अरे हरि कान्हा।
हौंरङ्ग रलीय अपनो उमगसों वंशी बजाय मेरो
मन वौराना॥

८

भाग सुहाग वाहीको बड़ोहै जोई सखी पियके
मन भाई।
जाको छवि प्यारी लगी पीयकों राखे सदा हियरे
लगाई॥
वोगुण कौन है कोई बतावे जौन गुणन मन
पियकों रिझाई॥

जब तक जागत तो पिय रहे सनमुख सोवत
कण्ठ लगाय सुवाई ।
पिय सङ्ग तेरी बन रहे काजम अरा पिय कैसे
बन आई ॥

४

छैलरे मोरी कान डगरीया जानिदे घर कहूं
फूटे न गगरीया ।
तूं छेड़त लोगनके आगे लाज आवत जिय मोरे
मगरीया ॥
जाय छेडो कोउ औरको मोहन मोहीसे कहा
तोरी अटकी पगरीया ।
देर लगत मोरी सास लड़तहै यही कारण कान
मोसे भगरीया ॥
यह विध जो नित छेड़े तो काजम कैसे रहे वह
मथुरा नगरीया ॥

पूरबी—तिताला

यशोदा अन्त हमारा कर राखोरी राम राम
करलेरी ।
माथे खवरू कर लिए माला नाम साँई का लेरी ॥

२

निंगगममपमगममगगरेसा ।
गगमधमारेसानिधपमधनिरेधनिमधगगममगगरेसा ॥

३

लाल तिहारो बतीयन मेरो मन वस कर लीनो ।
जो कछू कहीं सो नेक न मानत एतो दुख काहे दीनो ॥

४

पियको खवर मोहे आन सुनावे ।
जारे कगवा तोरी लूंगी वलैया सुख आवे दुख जावे ॥

५

नैनन लागो एरी मेरे तिहारो श्याम सलोना ।
जानकीदास मिले हरि प्रीतम एक सुगन्ध
दूजे सोना ॥

पूरबी—झमार

गोरी तू गर्भ गुमान भरी जोवन मद छकी
डोले आज ।
मदनमोहन सों सैन करतहै छोड़ दई सब लाज ॥

पूरबी—तिताला

मा पइयाँ लागोलो मइयाँ विन रहोलो न जाय ।
जबतें देश विदेश गइलवा तबतें कछू न सुहाय ॥

२

सुन मोरे नाहा हममों जिन बोलोरे तुमरे पाय लागूं ।
घरी पल छिन मोहे कलन परतहै रैन दिना मा जागूं ॥

३

एरी हौंतो जाऊं वाही देश पिया जहां मोरा
लोभाइला ।
जबहीं देखो नजर सदारङ्ग चरणनमें जाय
समाइला ॥

४

कनगुरीया को मुन्दरीया मोहे देहां मङ्गाय मात
पियरवा वलमा मोरे अनुयाईरे ।
एकतो वैरन मेरी सास ननदीया दिरानीया जिठानिया
सब मिल हम सन मोरा जियरा डराईरे ॥

५

जो पोज दरवजवा लागी ठाड़ी रहूं मैं ठाड़ी
जोऊं वाटड़ी ।
रुणक भुणक बजत बजन वान बसत साज शृङ्गार
पियरवा पिय आवनको वेर भई थाटड़ी ॥

६

भली भई हरि मेरे आए पूजी इच्छा मनकी ।
हौं रङ्ग रली मन मनावो साल भए सोतनको ॥
पूरव पुण्य प्रताप तें श्यामसुन्दर देख तपत
गई तनकी ।
रागरङ्ग प्रभु पायो मै अपनो रतन जतन कर
राखों ध्यान उर उनको ॥

पूरबी—धीमा तिताला

आज चलो माई औलोया पीरके दरवार देखो
पूरबी दुलहिन बन आई कार जोरे गावत राग रङ्ग ।
सुलतान मशायक मानों ब्याहन चढ़िया सब प्रथमों
बराती मन रङ्ग वाको धन धन रात रङ्ग सङ्ग ॥

पूरवी—तिताला

मौज दरीया का लेखारे।
दिलदरियाव सांई नाम खेवटियारे उतरे वो
नाम परेखारे॥

२

देश देशनको पातुरन तेरो बहुत यश करो।
तोरे रङ्ग राय तोसोंको पै सरवर बाँध को धरो॥

३

करीम रहीम अब चल पातसाही तुम कोनें
करतारकें।
धन करम जान आए खिदमतमें तुमारी सब मरम
भट आवत संसारकें॥
जैसो नीमरुद भूलो आपन तन सम मकरन लागा
सकत आगे साहबको भारकें।
अहमदशाह राज करो कोटि वरसलों आलम
हुसेनन कें सिपाई सरकारकें॥

पूरवी—जलद तिताला

मेरे आए लाल मया कर अतिही मेरे परम सुख आज।
मनहूकी जानी प्राण प्यारे नेननहो में पइयत लाज॥

पूरवी—तिताला

पीर निजामदीन औलिया सब मेरी इच्छा दो भरपूर।
दोउ जहान कें दीन ईमान पाऊं आनन्द सहित
धन ज्यों कीजे मामूर॥

पूरवी—होरी ताल

लाडले वनरे वनरोसे रङ्ग लागा।
अतिही जोवन मद मातो सब निश जागे वनरो
सों तू पागा॥

२

बांका सुरजन नेन मिला सांई रब विन दिठडे नाहीं
राजो।
मेरो तेरो लगन लगी काकरेगा मुल्ला कहा करेगा
काजी॥

पूरवी—एकताला

मस्त फकीरो हुडी लागीरे वैरागी रामारे।
अङ्ग भभूत गले मृगछाला राम नाम पागोरे॥

२

नजर भर दूरसे देखनावे अजव तरे जग वेखनावे।
खलक रामदा मुलक मोहन क्या कोसोदा वेखणा
नजारा दूरसे मारणावे॥

पूरवी—ताल धमार

लङ्गरीया गरभ गुमान मत कर पियासों तेरा
जोवनाहै दिन चार।
तन जोवन अङ्गरोके जल ज्यों जातन लागे वार॥

२

अहो कैसे मानिगो मन तुम अनत जाय रित मानो।
मुखको मोह से जियको औरनसे कहा मनमें ठानो॥

३

अहो कैसे जान पाओगे भर होरीमें कल जो गए
तुम भाग।
गारो दूंगो दिलाऊं मजनपे मुख मोड़ोगो आज॥

पूरवी—चौताल

करपे गुलफ धरे तिय दुचित अनमानो करकें
शृङ्गार विरहन ह्वैकें बैठिरी।
पिय पिय रट लागी मग जोहत मोहत रङ्ग
उमंग भरी आलस अङ्ग अङ्ग मरोरत ह्वैं कर ऐंठिरी॥
नखशिखलों आभूषण भूषण जग मग रह्यो पिय
आवनको उमाह नाहन पल नेक लेटिरी।
बैजू प्रभु मन मानो आय गए वाही छिन धन धन
भाग सुहाग नार अङ्ग सङ्ग भेंटिरी॥

२

मुरली बजावो रिझावो मनमोहन मधुर मधुर
स्वर तान।
सप्ततोन इकईस बाईसो लाग डाट और मान॥
ठाह भेद विलम्पत आतक खातक स्वरान्तक औड़व
खाड़व पूर्ण आन।
तानसेन प्रभु सङ्गीत गतले नृतत करहो सुगान॥

३

बहुरि बजावो वंशी कान्हर रचक हांहां।
तेरी मुरली मन मोह लियोहै मधुर बजत यमुना
तट छांहां॥

माइरी कठिन कठिन कर बिहानो आजकी रैन
मोहे लागोहै काम लूक।
सुनरी सखी जैसी मोपर बीती गिरद उरद आन दई
चातिक कूक ॥

५

हैरागी आवत मेरे जान।
जाको मिलन वैराग ढूंढ़ फिरी काहू भेद न पायो
करेहै नित ध्यान ॥

६

काजर कारे अनियारे रतनारे नैन बनो अञ्जन
कजरारे।
तीख चोंक चटक लागो रहे भौंह कमान तिरछी
चितवन रहत मतवारे ॥

पूरबी—सुरफाकता

तुम रसूल गुणीयनको महिमा मान।
अनेक गज तुरङ्गगण और हीरा नग देत करोरन दान॥
इच्छा पूजवो तुम मेरी मनसाके दानी दान।
अल्लाह के नजीको नबीके दुलारे प्यारे पीर मन पीरन
मो आजजकी विनती मन आन ॥

२

सोगत क्यों न लेजो साधे गुरुको।
औड़व खाड़व सुर सम्पूरण तान पूरण परत
सांचे सुरको ॥

३

मे पलन जानन देहों प्यारे कों बहोत दिनन बीते
मेरे आए।
मेरे जान काम सूरतसों अब शाह विक्रम पाए ॥

४

अकबर गुणसागर गुणविद्याआगर गुणी पावे राग
रङ्ग पाग।
जर कामर और पट पटपर अनेक लाल हीरा दए
एसे सेत मन्दिरमें रागी मन वैराग ॥

पूरबी—तिताला

हरिनाम बोलले सुगना तेरो जनम सुफल सब होय।
एक दिन प्राण पिञ्जरातें जब उड़ जायगो तब
काहून बस चलिहै हरिके चरण चित पोय ॥
वृथा जनम जात है तेरो तनके पातक ले धोय।
बैजू प्रभु परम कृपाल दयाल है पतितपावन है सोय॥

२

है यह माननो मनायवे कों अतिही हुलास जिय
मनहू न माने पिय कैसेक मनाइए।
बहोतही सौंह दई उठ चल फिर प्यारी वाके पाय पर
धरो सीस नवाइए ॥
माने न मनायो नेक रच पच हारी कैसे कर वाको
समझाइए।
तानसेन प्रभु प्यारे आप नेक चलिए वल पायन में
शिर नाय विनती कराइए ॥

इति श्रीपूरबी राग सम्पूर्णम।

अथ मालवः

नितम्बिनीचुम्बितवक्त्रपद्मः
शुकद्युतिकुन्तलवान् प्रमत्तः।
सङ्केतशालां प्रविशन् प्रदोषे
मालाधरो मालवराग एषः ॥

मालव—चौताल

हारि हमेल सों नीकी लागत और गोरे हाथन
चुरी हरी।
कण्ठ पोति वदनजोति कानन वीरी और वेसरके
सरको खोर तापर लट पटात लटकत लट सुथरी ॥
भुजमृणाल श्रीफल से कुच कटि केहरीजङ्घ कजरी।
चन्द्रवदनी शावकनयनी बोलत अमृतवैन धजरी ॥
तानसेन प्रभु रिझाय लायो सोलहु शृङ्गार बत्तीस
आभरण सजरी ॥

भांति भांतिके भरे घड़े एसो वेधना कुंभार।
एकन उत मगवावत एकन मध मनावत एकन
नेक सुनावत एकन राखो खालो कर मिकदार॥
ऐकन देत रीझत एकन लेत रीझत एकनको करोरन
दए एकनको हाथ पर दए मागतं भीख द्वार द्वार।
एकन को नरक एकनको सरग देत तानसेन प्रभु
रचो संसार॥

मालव—तिताला

जीया अकुलाई आवे आवे मोरी माइरी पीया
गवनको गइलवा।
उन विन मोकों विरह दुखवा निशदिन नित भइलवा॥

मालव—एकताला

माई मोहे काह्लकी कहा परो अपने पीयको राखोंगी
गरे लगाय।
कोज लाख कहोतो एकन गिनोरी एरी होंतो देख
रीझ थकि रहो उनको सुभाय॥

मालव गौरी—ताल तिताल

यह माटीको मूरत यह कुम्भरवाकी जान।
जिन जानो तिन कछू अन जानो अन जानो पहिचान॥

मालव गौरी—एकताला

राजा श्रीराम रामचन्द्र।
पतितपावन करुणासिन्धु सेवकको दीज्ये आनन्द॥

राग बांडी—चौताल

विरहिन बावरी देग सुध लेहो प्यारे।
जियते काछ कहत वैनन नैनन झरलाय मग जोहत
पाती न आई रावरो॥
उत्तर बनावत बनहो न आवत यह झक लागो
मोहि पीय पीय बतावरो।
चञ्चल शशि प्रभु विन तन तलफत रहत और निशा
लागत भयावरी॥

२

तुम भएहो पीयचन्द वारको आरसो।
देखत देखत दुराय राखे पीय चतुर तिय तुम मन्हारसो
प्रगट कहे देत तिहारो यह चित रहो चारसो।
जगन्नाथ कवि रायके प्रभु जोवन जोर बहारसो॥

३

प्यारे मेरे आवेंगे ए मनभावन।
समझ बूझ यह बात सदारङ्ग महम्मदसा के घर आवन॥

राग बांड़ी—ताल सवारी

आधी रात मोरवा बोलाई प्रीत मगवन कोनो विदेश।
कहा कहों कौन तीया विरमाए ये ज्यो चित लाय
रहे वाहो देश॥

२

ए सरस्वती कहन आई कहा भयो ज्यो कहूं
पाछे तें बड़ाई लड़ाई लड़ाई।
पूरण गुण नायक ने सिखाई पै तेरोसी तानन गाई
न गाई॥

३

सरस्वती देवी दयानी देवी दया वाकवाणी।
ऋद्ध सिद्ध दानी तुमहो मनमानी दे इच्छाहों
विद्याधर राग रङ्ग रस सानी॥

मालव श्रीटंक—झपताल

अतिप्रचण्ड प्रभुप्रेम रचायन तूज्यों चढ़ो राजा
रामचन्द्ररे।
निडर निडर तें सबही ते गञ्जन राजनमणि राजेन्द्र
रघुवंशवररे॥

मालव—ताल सुरफाकता

धमगरेगमगरेरेसानिधमसासारेगमनिधमगरेगम
निधनिससागमनिधमनिमगधमगरेगमगरेरेसानिध।
सासानिनिधमगरेनिधनिधमगरेनिधमधममगिरि
धमगरेनिधमगरेगमगरेरेसानिध॥
सासानिनिधमगरेनिधनिधमगरेनिधमधममगिरि
धमगरेनिधमगरेगकगरेरेसानिध।
सुधवाणी लिए अलापत गीत के प्रमाण नाद को
सुच्छम करे ताको कहीयत है गायक सब विध
लायक जाको वादी विवादी अनुवादी के बरौरे
न्यारे न्यारे कर दिखलाये तब सगरो जगत रहस
कहत सब गुणीयनके नायक॥

निरेगमगरेनिधनिरेनिधरेनिधमगमधनिधमनिरे
गनिरेगमनिधरेनिरेनिधरेनि ॥

धवलश्री—चौताल

तेरो छवि मोपे वरणो न जात ताहे देख रीझे नर
वो नारि ।
उरवसी रंभा लगन हो लागत और काहे गिन हों
सम तिहारी ॥

ऋषभ राग—चौताल

चरण धर आएरी मोपर मया कर आली धन धन
मेरे भागरी ।
धन आज की घरी धन यह पल महूरत मोह
लीनो अपनो शरणरी ॥

राग गौरी—ताल तिताल

ननदीया चवावन मोरीरे ।
सब घर घर करत फिरत कहत झूठो साचो काहूके
लगाए बुझाए कहा होतहै आली सांच कों
कहो आंचरे ॥

२

बाबूकी मन्दिर आजि नाथ गोरख जागे ।
निज ढिग बैठ तो मै सेवा करोंरे बाबू मटारङ्ग
घर काज ॥

मालव—एकताला

यह जग मेला ठेला कहूं गुरु कहूं चेला ।
बाट घाट तीरथ मूरत अतिथ हो विरम रहो
गांव गांव ठांव ठांव रव नाम सो सकेला ॥

गौड सारंग—चौताल

माधो मुकुन्द मधुसूदन मुरारि राधापति मनरञ्जन ।
पतितपावन दीनवन्धु काटत दुख द्वन्द फन्द
सुदामाके दारिद्रभञ्जन ॥

गौड सारंग—तिताला

एरी अञ्जन विन कजरारे प्यारी तेरे नैन वैन देखेहो
मद भरे पीय के प्यारे ।
चञ्चल चावक जों चमकत खञ्जन मीन मृग
वार वार डारे ॥

१

जिन कारो लरकइयां सइयां रे छाड़दे मोरी बहीयां ।
सास ननदको डरहे महरवान छाड़दे बातें नइया
सइयांरे ॥

२

इन सैनन लाल के मीठे वैनन एहों बिकानो ।
तिहारे लालनकी प्रकृति मन मानो यातें जिन बूझ
होत अयानो ॥

गौड सारंग—तिताला

मै मिलोंगी अपने पीयसों मोरी माय करोंगी
अनन्द बधावरा ।
मैबंदा तेड़ा नाम सॉइदा तुझ वेखनदा चावड़ा ॥

मालव—एकताला

समधिन अलख लाडली गहलो डोरे भोरे सदारङ्गीले
रङ्गमें ।
समधीकी बतीयां सुन सुन फूली अङ्ग नाहीं समाये ॥

२

यह जोवना मोहे भरे मोको दगा दीए जातरी ।
कारे बार गए घर अपने पल पल सेत समातरो ॥

मालव—तिताला

झझाय झुमकत झमक गहे कर वार अडन अटङ्गरे ।
भुज पर चंड भी वलवंगड़ डगड़ अडंड डंडन खगड़
अखगड़ खगडन अटङ्गरे ॥
धारु गावत नायक गोपाल छत्रपति संग्राम झूझरोरे
तें अदय याउअं७ अया अया अया तानतीया
इया इया आअललरे ॥

श्रीराग—चौताल

प्रथम खरज सुर साधे सोई गुणी जों सुध मुद्रा
वाणी गावै ।
द्रुत मध विलम्बत लघु गुरु पुलित कर दिखावै ॥
सप्तसुर तीन ग्राम एकईस मुरछना बाईस सुरत
उन चास कोटितान ताको भेद पावै ।
सरस्वती होय प्रसन्न हो सोई शाहजहांके श्रवणन
कों रिझावै ॥

२

मिलावो पियरी पियरी पियरी हौंतो पियरी पियरी
कहत भई पीयरी।
निशदिन सोचत जात कछून सोहात उमग उमग
छतीयां वरषत असुआन तासों अब निशनींद न
आवे नीयरी॥

श्रीटंक—चौताल

शशीधर पिणाकधर गिरिवरधर गङ्गाधर चन्द्रमा
ललाटधर होहो हरिहर।
सुधाधर विषधर धरणीधर शेषधर चक्रधर त्रिशूलधर
नरहरि शिव शङ्कर॥
रमाधर उमाधर मुकटधर जटाधर भस्मधर
कुङ्कुमधर पीताम्बरधर व्याघ्राम्बरधर।
नन्दीधर गरुड़धर कैलाशधर वैकुण्ठधर कहे
बैजू बावरे सुनहु गुणीजन निशदिन हरि हर
ध्यान उर धर॥

श्रीटंक—तिताल

एरी मैतो आसन गइली पासन गइली लोगवा
धरे मई को नाम।
अबतो पीऊ परदेश गवन कीनो देहरी न दीनो पाव॥

२

बाज बाजरे गजरवा बाज बाजन लागि आइरे।
आठ प्रहर चोषट घड़ी एमें कहारे करों दईरे॥

श्रीराग—तिताल

बाबुलरे सुन मोरी बतीयां हौंतो जइहों पिया के देश।
रैन दिना मोहे नींद न आवे सदारङ्ग बिनु बूढ़े
भइले केश॥

२

हरि गुण गाय नहीं पारायण गाय नहीं पारायण।
वेद पुराण सुर सङ्गत को सतसङ्गही तारायण॥
अड़सठ तीरथ नेम धर्म कर रामचन्द्र ध्यान धरायण।
केवल राम हन्दावन जीवन भज नारायण नारायण॥

२

माईरी ग्वालीया आएरी मेरे ग्रेह।
तन मन धन सब उन पर वारों उनसों लागो नेह॥

श्रीराग—आड़ा चौताल

तू देखरी हरिको मग जोहत खरी।
तुम बिन मोकों कठिन बीतत है मिलहै कौन घरी॥

श्रीटंक—तिताला

घूंघट में मोजो मारणी मारणी सालुवा लड़ीए।
उड़दैय देनमा रसल नीरस दे भोनडे लायो॥
जैसे तेरे नैन सलोने तैसेई कजरा पाया मेरी जान॥

जयतिश्री—तिताल

एरी आज आनन्द नन्द महर घर गावहु सखी
मोहलरा।
यशुमत रानी सखीनीको जायो कृष्ण छबीलरी रारा॥

२

एरी आज आनन्द भइलवारो सोई सव्वर जनम
लीयो लालन।
ख्वाजा खिदर कीसी उमर बकस दीनो रब करे पालन॥

मेनपुरी—तिताल

सो एरी आज पिय को मिलावोरी सुनो सखी व्रजवधू
सब साथ।
उन सौतन के जाय रित मानी मोसों करत झूंठी बात॥

राग दीपक—चौताल

नाद पार किनहू न पायो रच पच नर जनम गवांयो।
नगन वृन्द पवन मन्द सप्त सुरन छायो पटदे दीपक
गायो॥
काहे को दीवरो काहे को बाती रूपे को दीवरो
सोने को बाती इकईस मुरछना जोत दिखायो।
आरोही अवरोही बाईस सुरत प्रकाश नायक बैजू
दीपक गायो॥

प्रदीपकी—रूपक ताल

वल वलरे एसो मङ्गला मेरी घत लड बावरी के
परवार चढ़ चलीयारे।

कुञ्जभवन सुकैया चतुर गायन दीपक राग जमैयारे।
बैजू नायक प्रदीप गाय चिराक जलइयारे॥

मालश्री—धमार

जोवन मदमाती नारि आवत कुञ्जभवनमें सङ्ग लिए
ब्रजराज।
हो हो कर धावत गले लिपटत नेकन आवत लाज॥

गौगौरी—चौताल

परमत हरि पांय पांय परम प्रेम जाकों महेश शेष
गणेश दिनेश नित नित ध्यावे।
जाकों सनकादि आदि नारद शुक मुनि व्यास अर्थ
धर्म्म काम मोक्ष पावे॥
शंख चक्र गदा पद्म धनुष वज्र जम्बूकफल ऊर्ध्वरेख
त्रिकोण षटकोण अष्टकोण धेनुक जव मीन चन्द्र
कल्पवृक्ष चिन्तामणि सोहावें।
विट्ठिज्जन कुल्लो जे चरण रज शीश रुचिर रुचिर
गुण गावे॥

२

धौरी धूसर पीयरी काजर कहि कहि टेरे।
मोर मुकट शीश श्रवण कुण्डल कटितट पीताम्बर
पहिरे॥
ग्वाल बाल सखा मण्डलमें आवत ब्रज नेरे।
तानसेन प्रभुसुन्दरज लपटानो यशुमति निरख
सुख हेरे॥

३

कोलीं सहूं एतो पीर सूरत सनमें लागी रही माई।
दरसन विन नैन वैरागी अवधके दिन गिनत रसना
गुण जपत माई॥

४

धरे टेढ़ो पाग टेढ़ो चन्द्रका टेढ़े त्रिभङ्गी लाल।
टेढ़ो लकुट लिए गायन हटकत सुन्दर नैन विशाल॥

५

लसत पगीया टेढ़ीरी आली टेढ़ो अलक लर
लटकत अत।
टेढ़ी चाल चलत चितवन टेढ़ी भृकुटी भङ्ग
मटकत अत॥
टेढ़ी तान मुरली में बजावत टेढ़ी लकुट लिए
गायन हटकत।
जोवन गिरिधर टेढ़ी युवती देख लेत वलैयां दोउ
कर मटकत अत॥

६

अहो विधना तोपे अचरा पसार मांगों जनम जनम
दीजे याही ब्रज वसवो।
अहीर की जात समीप नन्द गृह घरी घरी घनश्याम
हेर हेर हंसवो॥
दधि के दान मिस ब्रजकी वियन में झक झोरत
और अङ्ग को परसवो।
छितिस्वामी गिरिधरन श्रीविट्ठल शरद रैण रस रास
को विलसवो॥

गौरी—तिताल

मुरली वारे सांवरे नेक मारग देहो बतावहो।
भूल परी सङ्केत मधुवन में हौं अवला कित जावहो॥
मङ्गन महेली फिरत अकेली कितहूं न दीखे गांवहो।
मृगनैनी के वचन सुनत ही हरि आए तिही ठांवहो॥
आय मिलि अङ्क भर भेंटयो भए हैं भाव तो दावहो।
कहे भगवान हित राम राय प्रभु राधारमण वाको
नावहो॥

[illegible]—तिताल

डरोए राम सन आईरे. अस का हममन भइलो ग्वोर।
गुमान भरो तुमरा बनोयां सदारङ्ग कहो चोर॥

२

आज मो आवेंग मेरेरो अगना।
उडरे कागा सगुन भइलवा विन पियमोहि कलना॥

३

एरो आलो अछेनु पग धरत चलनु तोह्र धरे मोहि
नाम।
अबही में नइहर तें आई यह अब जानो ठांम॥

यह गोकुल गांवको पैंड़ोई न्यारो निपट चवाई गाम।
मारग मिले नन्द को ढोटा मोहन वाको नाम
कपटी पीत वलिहो श्याम के मोह लेत ब्रजवाल ॥

गौरी—तिताला

आवे माई ब्रज ललना डर विमोचन।
गोधन सङ्ग कुणित कर मुरली शरद कमलदललोचन ॥
दुख आगी आगी धेनु पाछे नन्दनन्दन कर गहे
कमल फिरावे।
मोर मुकट वैजंती माला कुण्डल झलकत आवे ॥
कटितट लाल काछनी काछे ओढे पीत पिछोरी।
आपुन हसत हंसावत ग्वालन राग अलापत गौरी ॥
तुलसी पत्र पुष्प की माला गुंथ गोपनको पहरावे।
बालगोपाल नन्दजूके ढोटा मधुरीसो वेणु बजावे ॥
वरषत कुसुम देव मुनि हरषित मोहेहैं ब्रज की नारी।
कृष्णदास प्रभु रसिक मुकटमणि लाल गोवर्द्धनधारी ॥

२

बनतें आवत गावत गौरी।
हाथ लकुट मउअनके पाछे ढोटा यशुमत कोरी ॥
अटन चढ़ी ब्रजवधू निहारत देख रूप भई बौरी।
नन्ददाम जिन हरि मुख निरख्यो भाग बड़ो उन कोरी ॥

३

मोहन नेक सुनावो गौरी।
बनतें आवत कुवर कन्हैया पुहपमाल ले दौरी ॥
ग्वाल बाल के मध्य विराजत टेरत धूमर धौरी।
परमानन्द प्रभुणी छवि निरखत पर गई प्रेम ठगोरी ॥

४

जय शिव ओंकारा भज शिव ओंकारा।
ब्रह्मा विष्णु सदाशिव अरधङ्गी धारा ॥
हर हर हर महादेव ॥ १ ॥
एकानन चतुरानन पञ्चानन राजे शिव पञ्चानन राजे।
हंसासन गरुड़ासन वृषभवाहन छाजे ॥
हर हर हर० ॥ २ ॥
दोय भुज चार भुज दश भुज ते सोहे शिव
दशभज तेसो है।
तीनो रूपनिरन्तर त्रिभुवन जग मोहे ॥
हर हर हर० ॥ ३ ॥
अक्षमाला वनमाला रुण्डमाला धारी शिव
रुंडमालाधारी।
चन्दन मृगमद चन्दन भाले शुभ कारो ॥
हर हर हर० ॥ ५ ॥
करमें कमंडल सोहै चक्र त्रिशूल धारी शिव चक्र
त्रिशूलधारी।
त्रिपुरारि मुरारि ब्रह्मा कर कमंडलधारी ॥
हर हर हर० ॥
लक्ष्मी औ सावित्री पार्वती शिव सङ्गे शिव पार्व्वती
शिव संग।
गायत्री सावित्री हरि गौरी सङ्गे ॥
हर हर हर० ॥ ६ ॥
सितावर पीताम्वर वाघाम्वर अङ्गे शिव वाघाम्वर अङ्गे।
सनकादिक विभूतादिक भूतादिक सङ्गे ॥
हर हर हर० ॥ ७ ॥
इतिश्री त्रिभुवननाथजी को आरती अन्तर कर गावे
शिव अन्तर कर गावे।
भणत शिवानन्द स्वामी इच्छा फल पावे ॥
हर हर हर० ॥ ८ ॥

श्रीरागध्यान

अष्टादशाब्दः स्मरचारुमूर्त्तिः धीरो लसत्पल्लवकर्णपुरः।
षड्जादिसेव्योऽरुणवस्त्रधारी श्रीराग एषः क्षितिपाल-
मूर्त्तिः ॥

श्रीराग—चौताला

सासानिसामगरे सारेसारेपमममममगसाधानिनिध
सामगरेसागरेसा।
गमधनिपिसानिधसासागरेसानिगरेसारेसानिधप
मगरेसा ॥

श्रीराग—तिताला

निसारेपगममगगरेरेगरेसारेमपनिधधपगममगरे
रेगरेसा।

सारेगमपधनि हेम दिन चोथे पहिर वखान
खरज ग्रह ॥

२

जाति सम्पूरण वसन जु लाल अठारो वरष कामदेव
मूरत भूप समान।
अमृतवचन कर कमलफूल श्रीराग यह प्रमाण ॥

३

ससरेगमपगमपधानिनिधानिनिधपमगरे ।
मममधधनिसानिसाधानिधपमगरेसारसा ॥

श्रीराग—चौताला

प्रथम नाद सुर साधे आराधे सोई गुणीयन में गावे।
सप्तसुर तीनग्राम इकईस मूर्च्छना तिनके ध्याँगे
तब कछू पावे ॥
आरोही अवरोही उलट पुलट के होत द्रुत मध
विलम्वत आवे।
तानसेन के प्रभु महा वाक्बादिनी प्रसाद तें गान
कण्ठ करावे ॥

२

आज अधिक अलमाने देखीयत लाल लोचन और
रंग काजर अधरन मोहत पान।
आलस अङ्ग नयो सुख आनन्दन हो कहि देत तूतो
चाहे देख आरत सोहत आरश्रान ॥

३

पाइये जेह लाल सोई विध करीये काहे को गुमना
भरीये।
ता पर मान मया विच पोय को काहको कहो
कित जिय धरीये ॥
जहाँ नेक रीझि तहाँही करत हित ऐसे पीतम
से डरीये।
बहुनायक प्यारो शाहजहाँ जान सोतन तें बावरी
घरी घरी पल पल छिन छिन अङ्ग सरीये ॥

४

सुनीयत छत्रपति शाहजहाँ किरान सानी को
चढ़वे को आवाज।
चढ़त पीठ कलमली दखिण देश दलमली भुवपति
राजा कर जोरे अरज करत हैरी मिलवे को आवाज॥
कायम रहो जोलों चन्द सूरज गगन तार कोऊ सुनो
आपन फौउज चलवे को कियो हुकुम आवेंगे आज।
दिल्लीपति चिरञ्जीव रहो शाह अकबर महाप्रतापो
जो लों धरन ध्रुव धीरज धरवे को आवाज ॥

५

नरहर नरोत्तम नारायण परब्रह्म पुरुषोत्तम परमेश्वर
अखिलनिरञ्जन अवगति अविनाशी।
अलख पुरुष आत्माराम आनन्दरूप अगोचर अङ्ग
अंग सकल घट प्रकाशो ॥
जगन्नाथ जोतीस्वरूप जगतपति जगवन्दन जगचक्षु
धीरज प्रभु नन्दनन्दन व्रजके निवासी।
माधो मधुसूदन मथुरापति मुरारि मनमोहन
मुकुन्द में वासो ॥

६

जैसे गुणी तोधा गावे ढोलन क्योंहो लागा मेरो मन
तुझ नाल लगी रहै परछाई।
रोम रोम मेंत धरहो जैसे कमल अलिके गुण एकन
जानो ॥

७

रैन गई मोहे जागत ललना तिहारोहो मग जोवत।
नेकहू जो मोरी अखीयां लागी ता छन छन
तुव मूरत के जान में रहत मोवत ॥

८

बतीयां दिन गिनत हारी कठिन भई कर पल्लवरी
कहूं कासेरी यह दुखरे।
आजहू धीरज अपराधन प्रीत लगाव नहीं जायरे ॥

९

एरी घन निठुर घन मेरी छतियां विन प्रीतम बोभत
विरह घतीया।
जोलों दरशन देखों प्राणपति को तोलों आनन्द
सखियां लेहो सखियां ॥

आलीरी एसी प्यास कैसी होत कहा जो भयो पीय
पठाई पतीयाँ।
शाहआलमशा के निठुर मिल काहा ठाकुर होत है
अब दूसरे अब आवतरी वैरन रतीयाँ॥

१०

सोई दिन सोई घरी जो प्यारे सों मिलो मोरी अखीया।
सोहत तिलक मो सजन में डाह मारत सोतें देखिया॥

११

लालन दे गए मोकां एक घरी अवध कैसेक मन
बहलाऊं।
ठौर ठौर के रस वेलिवे सबके भूषण रङ्ग रङ्ग धराऊं।

१२

भस्म भूषण अङ्ग चर्चित गङ्ग शिखर बहुर रूप शिवजी
गाण्डवर में डमरु बाजत फुंकत फणिश भारी।
योग युगत ज्ञाता शिव मन स्वरूप शङ्कर शतकण्ठ
कण्ठा गर बिषनागन वरण राजत पद्मआसन
ध्यान धरत भक्तरूप अवतारी॥
यती शती जङ्गम योगी नवी सन्यासी दुग्धधारी
अघोरी उर्द्धबाहु अत्राकार और दूतन गण कर
पिणाक कर आदेश वारत है आचारी।
धन धन धन महादेव सिद्धदेव देवन रिद्धसिद्ध दाता
शाहन शाह शाह आजम को होय सुखकारी॥

१२

निपट कर जो दुराव करत मोसों हौं नहीं जानत
पीय अधिक चतुर तुमहो और हौंहो अयानो।
कोटि यतन करत हैं तिन गुण कर प्यारे तुम्हारे
देखीयत जे करत फिरत घर घर मनमथके वस
जगे तिया अङ्ग सङ्ग रङ्ग करत बहु ज्ञानो॥
अटपटी पाग पेंच लट पटे कोके बोलत मन्द वचन
चक कहत कहानो।
शाहआजम विचित्र छत्रपति की बातें तेऊ मेरे
जान पाई तब त्योंहीं मुवारकना आवत तुमारो
गत हम मन विच क्रम कर पहचानो॥

१४

अवध पीता सङ्ग गुईयां विरह आनन्द खेलत मो
सङ्ग चोपर।
विशात तन मन योवन मबन पर मारे छिन लगन
तापर मोहे अङ्ग धरे सुध बुध गुणपार से बनाय कर॥
ध्यानन चलाय सारे पकाय लाई पीत अवध सब घर
अवध सब घर।
तिनके बांध पंजे छक्के कर ध्यान तक जक जीत
लई पकाय बाजी लाई शाह मोजदीन रूप सुन्दर॥

१५

रस विनोदी गुण गहरत विवेक चिन्तामणि ध्यान
शाहजहाँ जान।
जेजे तारध्याय सुरध्याय रागध्याय तिनके करे
लक्ष लक्षण विद्या प्रमाण॥
वल वल करना उनह से देत एसे कोटिन दान।
चिर चिर जीयो छत्रपति प्यारो जोलों भुव ध्रुव रहैं
शशि भान॥

१६

बङ्गीत भावत है वह तुम कोई नीके कर जानत।
इतनो तोऊ कान करो तुम एसो न बूझिये
जो मेरेहो आगे वाह को नाम ठानत॥
देया करो अपनी टेक के निवाह लाज जीयमें नहीं
आनत।
शाह औरङ्गजेब बगीत भलेहो हौं गोरी जे ये बातें
बखानत॥

१७

देवसभामें गुणी कहिये तेऊ प्रतच्छ देख मे विवेक
करन माहवदी महम्मदी सुलतानके।
भरत मत सङ्गीत दृढ़ काव करन को मत गत
अप अप अङ्ग सर सम छाजांनके॥

१८

मिल मिल मिल बातें करतहै लाल ललना प्यारी
सों एसे जैसे सब सोतन में कोउ न जानत।

कबहूं हंस मुसक्याय कटाच्छन मिलाय कबहूं
दृष्टि डराय करन सौं कर पल्लवरी सकल तीयन
के मन कों सकुचन मुख पर नाहन आनत ॥

१९

तू अब विद्याधर भुवलोक में सुनीयत रंचक
और और सभामें ये देखे पर दच्छिनन तुव शोभा
जग नैनन ।
सप्तस्वर तीनग्राम चारो अङ्ग सम सम्पूरण अलाप
कर रिझावत गावत कोकला कण्ठ बोलत मधुरे बैनन ॥

२०

सवा मेवा करत हैं वे तैंतीसों कोटि महादेव तुव
नाम जप तप पार्व्वतीपति पतितपावन पातक हर
तेतु मन कैसे सुमरत ।
त्रईलोकनाथ शम्भु शङ्कर त्रिशूल धर तपोभूत
त्रिपुरारि मानो महेश देश देश के नरेश को धावत
जोई जोई मागत सोई सोई पावत है हरिदास
डागर होत सुरन ॥

२१

भस्म अङ्ग गले रुण्डमाला आशा नद टुभावेरी ।
देव देव करत सेवक त्रिशूल वाघाम्बर माथे गंगा
बहावेरी ॥

२२

एतो वेर भई मोकों मनावत तोय आली अजहूं
न उनें समझो बतीया पीय के रमको ।
वेग उठ चल मिल प्यारो पतिप्राणेश्वर पास मलिन
जोति होत है शशिको ॥

श्रीराग—ताल धमार तिताला

मुरली की धुन सुन चकित भई सब व्रजकी नारी
सुध न रही कछू आपन तन मन धरकी ।
छक छक कर रीझ रीझ कर लेत बलाई कान्हर
हरि की ।
एसे सुरतें बजावत जामें नोकें सात सप्तक तान
विरह भरी सुरकी ।
जिनहो सुन्यो तिनहू सुख पायो तानसेन प्रभु तान
राधावरकी ॥

७५

ए राजा जहां जहां जाइये तहां तहां सुनीयत
तिहारो नाम ।
जेते नर नरेन्द्रपति तुव प्रताप तें उतरे तेरे दर्शनकी
लालसा और तुव अस्तुति सुनके श्रवणन पावे
विसराम ॥

श्रीराग—तिताला

चलो जाय सुनें मुरली धुन कान्ह बजावतरी
ए बजावतरी ।
या वनमें अब रीझ रहे सुर नर मुनि मोरमुकट शीश
कर लकुट लिए टेढ़ो टेढ़ो आवतरी ॥

२

चन्द की जोति मलिन होत तेरे आननआदित्य
आगे आलीरी देख दृग मृग खञ्जन वन वास लीने ।
आंखनकी अरुणाई अरविन्दहू नाहि पाई सफरी
तो सरता में पाई तैसी है नासिका को निकाई
कापे जात वरनाई विनती सुरचाईनें सबके मन
दास कीने ॥

३

जाको ऊधो एसो सखा कान्ह कैसे समीप भाव
भक्त काहून कहीये ।
योग योगन शुष्कज्ञान रुखोई रहत प्रेम भक्त
सुध नाहिन पइये ॥

४

ए आया आयो रे बलवंत शाह आयो छत्रपति
अकवर ।
सप्तद्वीप और अष्टदिशा नर नरेन्द्र घर घर
थर थर डर ॥
निशदिन कर एक छिन पावे वरण न पावे
लङ्का नगर ।
जहां तहां जीतत फिरत सुनीयत है जलालदीन
महम्मद को लश्कर ॥
शाह हुमायूंको नन्दन चन्दन एक तेग जोधा तकवर ।
तानसैन को निहाल कीजे दीजो कोटिन जरजरी
नजर कमर ॥

चारोग रट एकही बार ते विसरायो हो वहराम खांन
खांनन खांन।
प्रथम निजामो शाह कीरत दूजे वेदलशाह सवाई
तीजे राम राजा चौथे वदरो वदर कोसो इलखांनके
देखत चले हार॥

६

एसो इन्द्रह कैं नाहीं जैसे देखो सुढङ्गन फुन गायन।
गीत सङ्गीत धारु धुरपद गाए सुधवाणी सुकण्ठ
भरण रसना रस रसायन॥

सांझ भई आवोरे तुम आवो हरि गुण नोंकें
गाय सुनावो।
नैन प्राण में तुमहो वसतहो श्यामसुन्दर दरस
वेग दिखावो॥

सुध लीजो हो कृष्णकारे तुम विन गोकुल सूनो।
नैन चट पटी लागी तुव मूरत विन देखे दुख दूनो॥

आज बहोत दिनन पाछे सुरत भइरी।
कौन दिशा धौं अजहूं न आए दइरी॥

१०

रीत पीतकी जानत नाहीं जानत नाहींन जेतो
संसार रीत पीतको
को प्रगट पावे को सुध लावे मोनर धनती॥

मालव—चौताल

शम्भू श्याम जगदीश शिव शिव हर हर पुरुषोत्तम
महेश्वर
शर्व ईशान सर्वव्यापक शूलीश चक्रधर शिखरचन्द
पीतवसन वाघाम्वरधर॥
मुरारि त्रिपुरारि परम राम परमानन्द पिनाकी
मुरलीधर।
पशुपति गरुड़ापति विश्वम्भर विश्वपोषण
गुणसागर नागर वर ध्याया करो गोविन्द गिरिजधर॥

श्रीराग—चौताल

तूतोरी भाग सुहागी तेरे पाँयन को सोंहे दिखाइये।
तोसो तुंही और दूजो नाहीं जगमें कहो यहो बताइये॥
तेसो येसज्ञान जित कित तेरेही गुण गाइये।
बहु मदारङ्ग महाजान सुखदायक तेतो हित चित
मनके जात तिनसों हठ करवो ना चाहिये॥

मालव—चौताल

भुजंगी लाल तैंदी कीनी दुरङ्गी गातही गात पीत
उमङ्गी।
कहूंक बोर बोर दरकी दरको एसो लागत
मेरे जान आली मान काम ओप प्रगटी तन यंगी॥
और प्रसेद प्रेम अब जगमग रह्यो जोवन तोय
भर उमङ्गी।
याकविसों ओप भईरी अकबरशाह और तुम
अङ्ग सङ्गी॥

२

कर विद्या तूंरी जहाँ पढ़ पूरण काम करत अज्ञान
उगत जुगत विधना भलो।
प्रगट कर शाह अकबर जगत गुरु जलालदीन
अष्टयाम विनान करत राग रङ्ग महावलो॥

३

प्रथम अस्तुति सुनत सुनत मोकों श्रवण सन्तोष भयो
तब तोडन अवलाखन लख सेवा चरण गुरु पोरते
योगायोग ते कर ध्यान।
ता शब्द भयो शङ्कर ते तइलोको पारवती इह विध
विवस राखो विचार याही में पइयत अष्टसिद्ध
नवनिद्ध राखो सुरत करो ज्ञान॥

४

योग उपज पायो नाम तार विस्तार गुणी।
प्रथम अङ्गजा तक लौंजाँच किये अङ्ग अङ्ग इह विध
पहिचान कीये सुर नर मुनि॥

५

ओनम विन सुरचो विद्या ताहो गायवो बजायो
प्रसाद हित आई सुरत।
खरज याद नहि राखियेत षट् सुर जग मोहे सुषादत॥

पूरे पूरे हो सकल गुणीन गहै कान।
नारद तुं वरते गाये हाहा हहू करत अपा अपा
एजव लेत तान॥

७

पाइये जिहि लाल सोई विध करीये काहेको
मान करीये।
तो पर माया मन विच पीयको काहुको कहो किन
जोय धरीये॥

८

अनूप विराजत विकवा चोंचहात भोर भए चिरीयां इन
बकन अपराध सुन हृढ़।
रूप रैनको झनकार धूम परी शावक जेहर तेहर
जैसे सोमो छिला झल्लमिल्लात गज तुरङ्ग कठोर
आनन्द हृढ़॥

९

रागसमुन्द्र तामें थके नर रच पच तेह न पायो
अन्त पारको।
ज्ञानमाझी कर बुधको नाव पर चढ़ाय मन विचित्र
और साज साजे पतवार को॥

१०

प्रथम मज्जन कर अस्नान अञ्जन दीए लागत
नैनन नीको।
नाक की नथ आनन में विरोअलके फुलेल सिन्दूर
माग माथे केसर टीको॥

११

प्रथम अस्तुति सुन सुन मोको श्रवण सन्तोष भयो।
तब तो इन अवलोखन लखवो करत रावरे सुन्दर
चित दरस दियो॥

१२

करत है कवि धुरपद कठिन जोवन तो करिये
सुमेलो तानन सो सङ्गत।
चतुर तुक विचार अघरोटी सों मेरे जान रिसाल रङ्गत॥

१३

ज्ञान बढ़ाइये गुणीयन सों हिल मिल गुण चरचा
कर कर।
फुन भुगत मुकात दयाके गुणी अनगुण गाहक तेई
अब समझ समझ जिय धरिये यह सयान पर
मान तन ते जाय दुख अज्ञान टर टर

१४

नैन तेरे घुमर भए आज विन देखे एमनभावन।
कल्लन परत मोहेरी एको पल कब होई यो पिया
आवन॥
सुने कुहुक कोयल को कवधौं होय गर लगावन।
शाह बहादुर तुम वहुनायक कैसे करूँ दिन सावन॥

१५

नवरङ्गी तेई अङ्ग कोनो गुणी काव माधे आराधे
जो जाने अकवर।
कौन विद्या अतपूरो नर एसो कोन को पूरो सरस्वती
हृढ़ अब अङ्गो वृषभवाहन शीश जटा कर डमरू
त्रिशूल खप्पर चन्द ललाट वाघाम्बर॥
गङ्ग अरधङ्गवरो हिये मुण्डमाला सोहे त्रइलोचन
तुही है हर हर॥
और सुर नर मुनि गुणी गन्धर्व तें तोहि जपत है
दूसरतन सेत वल्लवाय भंवर विसतर तापर हित
निवाजनो बात तानसेनको देहु इच्छाभर॥

१६

वालम कहा करो जो जो सुन्दर वार जोयते उतार
राखो ज्यो वरषाको कमान।
मन पढ़ चित चिल्लातो चढ़ायो रङ्ग मैदान रस परम
देखदे रस गोसा देखो सूधे दृगन वान॥
धुनते गूढ़ राखत तुम हित कर इहो सुर वर वेचन
खेंचो आवत गयन इक वाल पटज्ञान।
अपनो कृपा तक बाध सोतनके गुमान निशानो
टीक मार लेहो अचानक आन॥

१७

सब मिल विचार लेहु या बातको सुध ताई सुध
अच्छर तान रागको सङ्गत धरन सुरन में सुन्दर तब
कहिये वाको गायक।

और उगत जुगत काम में धरन धरे अनुप्रायस वेसों
तब ध्रुपद बिनाय गावै एसो जो होवे सृष्टि श्रवण
सुखदायक ॥

मालव—तिताल

पार्वतीपति नाथ अनाथ विश्वनाथ कर
त्रिशूल विराजत ।
वसन भूषण गज चर्म कपाल मालो पशुपति तांडव
डमरु धुनि गाजत ॥

२

पीय बिन नाहीं बनैरो मोकों एक छिनन पल ।
उठ चल वेग मिल सङ्गले मोकों पल पल भए
बरष समान अब रोय रोय भरे जल थल मोपर
मया करकै मिल ॥
वे पीय जीय जीय में नाहीं प्रेम गलोंमें चल गई
बिरहकै छल आनन्द प्रभु बिन तन तलफत और हिय
उड लेत चल दल ।

३

गर्व गरवानीरी आयानी मै होत सयानी कहैते
कब कियो कहा टेक टेक हो टेका ।
हाती और तोय सबही मथन रीझी पीय चित
बनही तिन तन याते निपट अधिकानी ॥
पीयकों प्रहत लीये जो चलहैं धन तो पावैहैं सुख
अनगन सुखनगी पोत मनमानी रूसिमें कौन सवाद
कौन विवाद उठ चल मिल शाह अकबर प्रतपानी ॥

४

न्हात जिन वारखसों सोवत बड़ी बेर नहाय तुम कों
दोष साद दुसमन पे माल ।
इतनो मागत हों येही विधना तुम पेजो जाय कष्ट
जञ्जाल ॥

५

साधन गई मोरे मनकी वालापन तरुणपन
बिरधपन आयो ।
भूलो फिरत जोय नाहीं समझत एसो कुमत
आयोही अकारण जनम गवांयो ॥

चतुरङ्गर सेना चलत गज रथ तुरङ्ग पैदलको हँसो
तेह आवरण दर दर भुवलोक इन्द्र भाव सम कलेन्द्र
कोप सरस इए न गाजन सन नाद गन गंभीर रमन
अबै मेर राजत अपवलो तपवल शाह मर्दान भूमवलो
वलकरन प्रताप अपवलो कीरत प्रगट छतुम
जमराजन अटलन अटालआ ।
तिअंअंअंअंदेतोतो आइयेरे तीया तीया पापापा
आकरो करवर कण्ठ लेत और टल भुअवल
अदल डुले ॥

१

आआ आइये लालन अङ्ग सङ्ग रङ्गकै तरङ्ग उपजैरो
जब सब निश जगाई ।
सबहीको मनमथ सों तोय ज्ञानत नीको के रस बस
आनन्द गातन गाजनो गाई ॥

राग तिलक—चौताल

माता जालपा भवानी जाकै नगरलोक नरलोक
भुवलोक इन्द्रलोक त्रिभुवनमानी मर्दानी सकल
जगत जानी और दारिद्र भयहरणी महारानी ।
जे मन वच करम कर तुमको ध्यावै तिनको
बुधदानी एसो प्रसिद्ध महावाक्वाणी ॥
असुरनदलमलन अंब आदिशक्ति सुरनर रटत
रहत गुणी ज्ञानी ।
तानसेन सों मन मानी करम कर तू दया कर दयानी
तान ताल अक्षर दे शारदा भवानी ॥

२

गुणी अकबरकी जो गोष्टकै जो जगमें जगमगाय रहो
प्रगट प्रसाधमङ्ग ।
जिनको गुण हमपै वरनो न जाय एसे विद्या अनेक
सम्पूरण तिनकी अस्तुत न आवत कहूं ॥

गौराग—चौताल

जेही जेही अग बूझिये तेई तेई सरस नेमखान
गुणनिधान ।

तालध्याय सुरध्याय रागध्यायके भेद जानि सरस्वती
सनमुख सो दीयो हिरदे ज्ञान ॥
लाग डाट उरप तिरप नेम वृत्त आतक खातक
खरान्तक के व्योरे पहिचाने ।
सप्तसुर तिनग्राम इकईस मुरछना बाईस सुरत तीवर
तरतीवर कोमल अति कोमल ग्रह अंश न्यास जे
सङ्गीत प्रमाण ॥

अडाना—ताल सवारी

काहू की प्रतीत सब डगमगी हो काहू न आए
राजत हैरी ।
प्रताप में जादू रवण कहा चलि है कों नन्दनन्दन को
गवैरो ॥

अडाना—ताल रूपक

जोगी तेरो सूना मढ़ैया क्योंरे ।
उठ गई हाट जोगी नहीं आया धूनी ज्योंकी त्योंरे ॥

अडाना—तिताला

अरविन्दलगञ्जन कामिनीमनरञ्जन हैं तुम दरस ।
ऐसो चतुर सुजान चोट विद्यानिधान तुम सबन
में सरस ॥

बागेश्री—तिताला

मालन ल्याई चुनचुन कलियां भर भर डलीयां ।
सहस रस सिकन्दर रहस पुरन्दर एक उड़ावत
बन सरवलियां ॥

बाड़ा—चौताल

सुमरण करोरे जाय रब का लि लि नाम ।
मेरो कह्यो तू मानलेरे छांड़ दे सब लोभ काम ॥

बाड़ा—तिताल

निनिरेगगरेसानिनिनिरेरेमपधमपमगरेपम मानि
पपपममममगगरेगगरेसा ।
गगममसानिरेससरेगसानिधपधधमपमगरेगगरेसा
रेसारेरेपगरेपमधसारेसागरेसानिधमगधधमपमग
गरेगगरेसा ॥

गौरी—ताल रूपक

रेमपनिसारेसानिधपममगरेसानिपनिरेनिसा ।
पनिरेनिरेसामगरेनिरेसारेसानिनिनिधपप
मममतगरेरेसा ॥

सप्तसुर तिनग्राम इकईस मुरछना बाईस सुरत
उनचास कोटि तालके यह प्रमाण अकम प्रभु यह
अथाह विद्यारेनो रे मारे मानि निनि धधपप सम
गगरेरेसा ॥

गौरी—चौताल

हौंहो वैरागी कीनो लागीरी लाल अकबर अनुरागो।
इन सम्बोधन पतियन पतियन पीय वेग मिलन कर
आप तेरी हौंहो गँवार भईन अवध बदो बहुत दुख
दोनो मोहे सुखध त्यागो ॥
उमगपतिको मूरतको ध्यान धरेरी मेरो अखियां
रेन एक टक जागो ।
रेन दिन सुमरण करन रहत हैरी ललना तेरैँया
गिनत जात रसना रट लागो ॥

२

दिन गिनत हारी कठिन भई करपल्लवरी अब कौन
सों कहोंरी मैं यह दुख बतीयां ।
कोलों धीरज धरों अपराधन पति आगम न आइव
हारी धन धन मेरी निठुर छतीयां ॥
जौलों दरशन देखें प्राणपति की तौलों आनन्द लहों
आलीरी वस सुप्यास कैसो जात कहा भयो जो पीय
पठाई पतियां ।
गाह आनस शाहके बिन मिले कहा ठाकुर होतहै
और दूसरे अब आवतरो रैन रतीयां ॥

३

अपनो सो बहुत दुराव कीयो चाहत हो पीय
सो क्योंहु नाहिन दुरत ए प्रगट कहे देत अरुणनयन
तुह्मारे हेतु मेरे ।
तीय और हार रह्यो बिन गुण आली गणको पीठ
पाछे वलया और चिह्नको गिनि घनेरे ॥
अब बोले से कहा ठीके रहे बोलत नाहीं पीतम
दुचित्त से देखायत अजहु मेरे आन तुम वाहीके ओसेरे।
हों जब बखाण सुन्दर वाको सहज अह्नो भरण कैसे
देहो तोहुन देखन देहा प्यारे जो सोते कर कर
जाए सो फेरे ॥

आएहैं रितमान अलसाने अपनी प्यारीके सङ्ग ।
हमही कहा दुरावत आन बूझ लेहो नैना भोजे
रस रङ्ग ॥

५

एक कार जानो ते अल्लह दूजे नवी रसूल वरहक ।
पुनि पैदा कोनो चारों इयार पञ्च तन पाकहाज
दे इमाम एक कीनो औलीया अम्बोया बुजरक ॥

६

देखत मोहन नैन लालके धीरज क्यो हूं न रहेरी ।
जेतो घरी मोहे दरस भयोरी पीतम को तें सुख
कहेन जात मोपैरी पल पल केरी ॥

७

रैन गई मोहे जागत ललना तिहारोही मग जोवत ।
नेकहू जो मेरी अखियां लागत तो छिन छिन तुव
सूरतको ध्यान मेरे चितमें रहत सोवत ॥

८

ए तुव मोहनही लागीरी आली प्रेम पीया केरी
चलत भूल रही हेरही जों बावरी ।
अबके पाछे पछतानिरी मेरे कहा जो होत है
आली या समय मोहे तो अब एकन भावेरी ॥
अब नैनन जल भर आए ग्रीव लागी लागी रहत
बिकुरत सुध बुध भूली कोऊ करो उपावरी ।
मोहे अबके मिलें राजा राम तो कबहूं न बिसरों
जान करों नोछावरी ॥

९

हो सुभानअल्ला जल जलाल जाहर बात न कुदरत
कमाल ।
धरती अम्बरले यह बनायो नूर समदीपक
जगमगात जगमें धन धन सुरत जमाल ॥

१०

साध रही जिय की जियमें तुम तरल पीया परदेश
सिधारे ।
बिधना तोहे वेग बुलाय लियो सङ्ग जाय न सक्योंहू
रह्यो मन मारे ॥
चूक कछू जो परी हमते तुम माफ करो वलि जाउ
तिहारे ।
अनुहार निहारण प्रतच्छ कहीं ये सुपने मत आवो
समीप हमारे ॥

११

प्रथम रस जानले हो सुरहो दूजे अन्नाउ को ज्ञान कर ।
तीजो सुध सङ्गत उचार चाहत उपजको वहस्तावधर ॥

१२

शेख फरीदो गञ्ज शक्कर जाकर पइयतहै न्यामत
मौज मनकी मुराद भर तुअर ।
दोऊ जहांन कबूल मकबूल अब सेवक सेवा कर
पावत एक पावत तन छिन नाम लेत तरङ्ग एसो
पाटाम्बर वस्तर ॥
मो मनको मुराद तुअवर एक जाहर बातन सों
हिलमिल रहे एते पर सुमरण करे सब नारी नर ।
आत यह जान तानसेन विनती कर दीपक चेम
कुशल आनन्द गुणवर ॥

१३

मेरे नैना लाग रहेरी पीय मूरत सों निशदिन
आली नैना तारे रहत लाल ।
कहूं ध्यान धर राखे आनन सब माने ललनारी
को जाने को पीर मेरी हीं जी कहत इन मधु पुतरीन
आगे लाल ॥

१४

अहो प्यारे कों कौल बचन देहीं पीत कीलां जो
एसोही और निभाइयें ।
जाते या बढ़े नित घटहू और कहा चाहियें ॥

१५

नव सत शृङ्गार बनाय कर दिखावो मेरे प्यारेको
मेरोहूतो होड़ा होड़ा ।
कहु न तन लालन कोरहू न देखतहू फिरदे मध यों
रहे कमल मध डोड़ा ॥

गौरजो मेरो सरवरको कोयो चाहत मोह देखो कैसो
खिसानो अखोड़ा ।
शाह विक्रम वे जीय कीले चलेहो तीर वन विन
गुण गत नहीं अकोड़ा ॥

राग गौरी— पट ताल

पटताल नीको ताल अक्षर धाय चौसट ताल गत
प्रस्तार हो अधार हो मेरे जियको ।
शाह अकबरकों रिझावन पटताल रस लावन और
अनेक भेद उपजावन ॥
ताकिटनकताक्टतक्रधकट्तक्रधिधेना धाधिन्नाङ्ग
धाधिन्नाङ्गधिकिट धिधिकन धिधिकनधेधिनाकिट
दिगथो ॥

२

जेहो तेहो केह भांत मान मन मनाइये सोहाग
लाड़लीको ।
शाह अकबर परसतहो वाको प्राणपतीहै जो घरी
घरी पल पल नित नित चाड़लीको ॥

३

कैतीक बात यह तेरे आगे जोत मोपर करे कृपा ।
जे अज्ञानी ते ज्ञानी होय निरगुणी गुणीत गुणी पूरे
करे अपाअपा ॥
जो जामिनके तारो वारो व्रज सलो विष्णु गोवर्द्धन
धराना कर करम कुटिल तेजे दिनकर छिपाया
विलासको मनविलास ॥

४

यह तेरो कौन टेव परोरी मोहे हसत खेलतरो
बिलगो ना मान मनावे ।
ऐसो न बझिये प्राणपियारे जो तनक तनक आनन
को दुख पावे ॥

५

झुकन हेरे फेरे करतरो हौं डरतरो तू जिन रहेरो
बिन आई ।
हँसत खेलत कोऊ बिलगोन मानूगोरी आलो ताहि
शाह जलाल रसाल दुहाई ॥

गौरी—ताल रूपक

द्रगनको हौं मारो मरो एकतो और कहा कहां तोसे
अनोखे जोयको लगनको ।
परवसह्वै रहोना सुरत कछू तनको मनको गाढ़े
परीहै खड़ो आय फासो ज्यों प्रेम फन्दनको ॥

२

लङ्का लई राम जो रावण मार उड़ाय दियो ।
जीत चले घरको बाजे तत वितत शिखर धन राज
विभीषणकों दियो ॥

३

राणा रावरे अरिदलगञ्जन भञ्जन इन सुभावरो ।
और जो सनसुखन होत जासों करत सनेह
तन घावरो ॥

४

लेरो अपनो नगर ग्वालन अपनो नगर नित उठ
करत हैरी रार ।
जिन पर तू अभिमान कहोसो वेह गएरो रतहै
गौरका डगर ॥

गौरी—झपताल

एजेते दिन अनमिल गए निय पिय तिन मोकों तेते
दिन मेरे आन लेखे ।
औरजो तपत वाके तनके तिनके सुखको अँके भुज
भर चाहत नैन कहे कब देखे ॥
न पीय पाती पठाई न आवन कीनो मेरो एक न भई
छोरहो है रखे भेख ।
असलेमशाह पिय जीको ना समझत जोवन
जान परेखे ॥

२

कान्ह बजावतरो ये बजावतरी चलो जाय सुनें
मुरली धुन ।
मोर मुकट शीश कर लकुट लिए टेढ़ो टेढ़ो आवतहै
वन में रीझ रहै सुर नर मुनि ॥

गौरी—तिताल

दुर दुर मुर मुर जुर जुर नैनन चितवत और
कटाछन चाचर चितवन जहां बैठे हरि मनमोहन
सङ्ग सोहत सखी सुन्दर सोई ।

अपनो कहे और को न सुने बातें सब लेत चुराई
और यह दृष्टि करत दुरन दुराई ॥

मालव—तिताल

अपने करको मुदरीया मोकों देहु मोर करको तूले।
मोकों नोको लागे तोको जिन भावे मांचो कहले
मोर शोश छूले ॥

२

ठगोरी डार गयो मोपर माई ऐसो ढीट लङ्गर
बटपार।
जबते कछू न मोहाय तबतें सदारङ्ग चतुर खिलार॥

३

सोतन गई जल देख अधिक मोपे रैन एश
वरको प्यार।
आनन्द मङ्गल भयो मोहि सखोरी और राधावर
बलिहार ॥

मालव—एकताल

कासे कहों हौं अपनो दुखवा ज्यों ज्यों निश आवे
त्यों त्यों बढ्यो मनमें अन्देशवा।
जबतें पीतम परदेश गवन कीनो तबतें न आवे
सन्देशवा ॥

मालव—फारना तिताला

झुम झननननन बाजे घुंघुरु और बाजे पायलीया
झननननननन कैसे मिलों गुरुजनवा।
लागे सदारङ्ग आज आयत मोरे मन कैसे चमी
ठननननननन ॥

२

ददरा तिम्रे दिरनंउदनतुं तदर दानो आहे आहा।
आशकाने खाज गाने चिस्तरो अजक दमना शर
निशाने दाग रसत ॥

३

तिहारी अब मोंके दिए फल नित अहीयो
सुने पीर चेरो।
शाह असरफ बुझली कलन्दर दोज सुख सम्पत
सुन लीजे पीर औलीया अजमेरी ॥

४

एरी हौंतो जाऊं पग परसनको निजामदीन पीर
औलीयाके आगे आज।
बाट घाटमें तिहारोई नामहै मोकों फल दीजे आज ॥

५

नाहा ऐनो हँस हँस करोगी वधाई धूम गजरसों
आया।
बनाके शोश सेहरा सोहो लाघन महदी सुघर बनो
मों लोभाया ॥

गौरी—तिताल

अब कैसे कहोंरे लोगवा पीयके ढङ्ग रही।
सदारङ्ग लालन बिन देखे निशदिन रहत जगी ॥

२

हौं नित नित मितवासों दिलहूं निशदिन ना गहे
पियके बिन घरी पल छिन आली मेरो मन कलन
परतहैं छिन नित मितवा।
सासके त्रास उसास भरत हौं ननद निगोड़ी दिन
रतीयां हतीयां दहे छिन नित मितवा अबसत
चित लेत इत उत चित नितवा ॥

३

आनन्द जशन दिन दिन मुबारक होय तुमको
नित नित महम्मदशा बादशाह।
जीवो जागो अशोस फकीरवा सदारङ्ग कीनो दोने
इलाही मन चाह ॥

राग परज—ताल तिताल

मृत मण्डल नहीं जइहों गङ्गा शिव सों कहे।
शम्भु मृतमण्डलके लोग महा अति अधम विकारी।
गङ्ग जगतकी माता ताहि वह देहैं गारो ॥
सोच विचार न आवही मूढ़ अधम वे जीव।
महा अधरमी एसे तिनको दरशन होयगो शीव ॥गंग०॥
गङ्गा उत्तम जीव सोई तेरे दरशन पैहैं।
पापी पूरण पतित निकट कबहूं नहीं जैहैं ॥

सुमरण भजन करेंगे तेरो लहेंगे लहर तरङ्ग ।
आवा गवन ते रहित होय गए वसत तिहारे सङ्ग ॥गंग०
प्रभु सत्य कोई नहीं कहिहै असत्य सभी नर भखिहै ।
कुलकी वधू निकाल वनमें दासी रखिहै ॥
पिताभक्त कोउ विरला होइहै हरि गुरु सेवा नाहीं ।
सुरापान सभी करेंगे कोई विरले तीरथ जाहीं ॥गंग०॥
प्रभु करिहै करम कुकरम सभी उठ मोपे धोहिहै ।
हुइहै बहोत अपराध आन मोरे सलिलमें वहहिहैं
तिने देख में काँपिहों जैसे सिन्धमों गाय ।
उनके हृदय कल्पेगो होइहैं दुख अधिकाय ॥ गंग० ॥
गङ्गा मुनि माधो अस्थान तहाँ तुमको ले जैहैं ।
कोटि यज्ञके किए तुरन्त नर सो फल पैहैं ।
सातखण्ड नवदीप में तुम समान नहीं कोय ।
जो नर तेरे आश्रित होयगे शिवपुर वासी होय ॥गं०॥
सत्यशरण होय रोह निकट तोहे ध्यान लगावे ।
विमुख जाने न देहों काहूके दरशन पावे ॥
भागीरथ तपस्या कीनो चोबीस गई विताय ।
तिनके पित्र वैकुण्ठ तरेंगे परिहैं तिहारे पांय ॥गं०॥
शम्भुवचन कर जोरि गङ्गा आगेहू आई ।
भलो करो भोलानाथ निकटते दूर बहाई ॥
पिछली प्रीत न छाड़िओ यही बड़ोंकी रीत ।
एसी प्रीत करो हर हमसों ज्यों बालूकी भीत ॥गंग॥
महाबैष्णव जपी तपी सिद्ध मुनी जो तोमें नहिहैं ।
पातकी जनके पातक तेरे तें दूर सब होजैहैं ॥
अघहरणी वैकुंठनिसैनी किते पतित उधरिहैं ।
जीव जन्तु खग पन्नग पशु नर जो परसे सोइ तरिहैं ॥गं०
प्रभु कुमत कहो नहीं जाइ सुमत हर भलो विचारो
तुमरो कछु न दोष करमको रेख हमारो ॥
आज्ञा मांगके चलीहै कलिमें वेग लीजो बोलाय ।
गङ्गादास तिहारे दरसको वार वार बलिजाय ॥गं०॥

गूजरी टोड़ी—तिताल

एरी माई आज वधावरा साजसुवा वर अति आनन्दन
मन बाजोलो मोर मन्दिरवा ।

सुघर मालनिया गुन्ध गुन्ध लाई चतुर मालनीया
बीन बीन लाई वेला चमेलीके हरवा ॥

मुलतानी—तिताल

गोकुल गांव को छोहरारे वरसांने को नारि ।
इन दोउन मन मोह लईरी रहो सदारङ्ग विहार ॥

ईमन—तिताल

सुमरण तोरा करोम रहोम रब रहमान ।
हों बन्दा गुन्हेगारतूं वकसनहार और दाता विधाता
सबही कों देत सदारङ्ग को दीजे ईमान ॥

२

आईरी में तोरी नगरीया तुमसों लागोलो मेरो नेहरे ।
वाट घाट मग रोकत टोकत वरजोरी गरवा लगावेरे ॥

छायानट—ताल तिताल

तारी दोऊ कर बाजे पीतम अतिही नेह बढे दोउ
ओरतें ।
तोरा जीय संकुच मोरा जीय लाजे सदा रसकी
बतीयां श्रवण सुनत दोऊ ओरतें ॥

२

जब मिलेगो माई पिय प्यारो तब उनपर वार
वारोंगी रे तन मन धन ।
उन विन मोकों घर अगना दुवर भइलो अब कहो
कौन कीजिये जतन ॥

बागेश्वरी—तिताल

प्रीति लागलो मोरीरे ए सुरजन साँईरी ।
निश चहुं ओर ते विजली चमके सगरो रैन में जागरो ॥

मालकौंश—तिताल

पीरन जानीरे पीऊ देखो तिहारो अनोखो रीत ।
एसे निरमोही भइलवा बलमा अजहूं न आए यह
कहांको रीत ॥

२

आज मोरे आइला सुमत प्यारे करोंगो अदारङ्ग
से रङ्ग रलीयां ।
अतर अरगजा सुगन्ध वसन पहर फुलवन सेज
बिछाऊं चुन चुन कलियाँ ॥

७७

सोहनी—तिताल

आमिल गलबांही मेंनु वेराभा ।
तेंड़े कारण वे घोलंभे रैहदे घसी तु साड़दे सुख साभां ॥

२

राजण मांड़ीं खबर न लीनी किसनु जाय सुनावां ।
जो बीती सो दिल बिच बीती नूर रङ्ग ढरड़ी सांसां
लेले रह जावां ॥

१

फरीयदसा नूरबा तैंनुकर दावे सुन दावी नाहीं
मेडा ढोलन यार ।
दिलदी रदवारी किसनु आंखे मौला जाने नाहीं
देदा दाद ॥

केदारा—तिताल

निश्च नीद न आवे न भावे मोंको पिया बिन सेज ।
जैसो सदारङ्गीलो चादनो तैसेही अभूषण ते वनिता
बन आई या समय महम्मदसा सुन्दर को कोज
देहो भेज ॥

२

केती सीखेहो छलबल नटनागर हे नट नागर ।
मन भावन मन मोह लियो है निरखत अनेक
कला कर ॥

श्याम कल्याण—एकताला

मोर बुलाई सावनकी ऋतु वन घन डार डार ।
साजन आए मोरेरी अङ्गना लेहों वलैया हौं वार वार ॥

हमीर—एकताला

मेरा अलबेला मीत पियरवा ।
लाड गहेला अतही नवेला सदारंग सब खेल खेला
सोमें कर राखूंगी हार हमेला ॥

काफ़रा—तिताल

आवन आगम जानो हौंतो पिय को अङ्गवा भुजवा
फरके और फरके आंख बांई ।
पायल बाजे बार बार यही सगुण भइलवा
रिम झिम वेग मिलिहै सुरजन सांई ॥

हौंतो जनम न छाड़ूं तुमको प्रेम पियरवा को सङ्ग ।
विधना तोपे इतनो मागत हौंरे प्यारे को
कीजिये एक रंग ॥

छायानट—तिताल

एरी अब गुंध लावोरी मालनीयाँ इस वनरेके शीश
सेहरा ।
लागो लगन सुलतान सालम सों वनरे वनरी सों
लागो नेहरा ॥

२

मोरी आंखन आगे ठाड़े रहो ।
मोहनी मूरत हिरदे बसीलो मन अबतो
कोऊ लाख कहो ॥

बिहाग—तिताल

मेरो मन अटको आली वा मूरत के ध्यान ।
निशिवासर मोहे पलक न लगत निकसो जात प्राण ॥

२

परोहों पांय प्यारे मोरे आजको रैन जिन जगावोरे ।
निशदिन जागलो तोरे उमाहे लेहों वलैया हौं
वार वाररे ॥

बिहाग—एकताला

श्याम मोरी आंखन बीच समाय रह्यो लोक जाने
कजरारे ।
घूंघट ओट छिपाए न छिपत महरवान प्रेम प्रीतको
झगरारे ॥

बिहाग—जल्द तिताला

आनन्द वारो निशदिन गोरे राजा ।
बहु भांतिन रङ्ग तुमोसा उपज्या बहातबनेगो साजा ॥

पुरीया—तिताल

सुघर बना माई सुघरवना अब बन आयो माई
सुघर वना सब मिल गावो दार बकस पीय प्यारो ।
चिर युग जीवो करोर वर सलों शाह आजम को
नन्दन ओलों धरन ध्रुव तारो ॥

राग परज—तिताल

योरेरे दिनकी नवल दुलहैया नयो योवन नयो रङ्ग ।
नई प्रीत रीत नए आभूषण शाह आजमके सङ्ग ॥

विहाग—अद्ध तिताल

नन्ददा नागर नैन सलोना पाँच वरस दानो मनमोहन
अजहूं बड़ डाहोना।
रसिक प्रीतम विनए जमुन भावे खाना पीना सोना॥

विहाग—तिताल

जबते देखे नैन भर भर कुंवर श्याम मोहो वा रूप पेंरे।
सदारङ्ग बनी वनिता सब निकस ठाड़ो पे ऐ वाको ना
कोऊ सोहोरे॥

२

एतू मोरारे सुरजनुवा घर आव तोरे कारण मोरा
जीउ तरसाई।
वटवा छडवाके भेटवा हीं बंदोहूं सदारङ्गोले
महम्मद सा जाने ना देहीं फेंट गह राखों कर मोहो॥

३

दरवा देहीं मोरे कंथ पिया मोरा नाहीं पास।
बिछुरे मिले आज सदारङ्गोलरा पूजिले कहो मेरे
मनको आस॥

४

सुन मोरी सजनीरो करूँगा अनन्द निशदिन वा पिय
आइला मोर भवनवा रहस रहस कर गावहु
मङ्गलचार।
हुलसोला चित मगन भइलवा गइलवा दुख दूर
पराय रसिक सजनवा आवन कहिला लावारो
मलनीया हार॥

विहाग—पटताल

सुन मोरी सजनीरो रहसन गावोरो बधावरा
आइला पिय मोरे मन्दिरवा।
जनम जनम के सब दुख गइले मोर सजनवा
पियरवा तत वितत घन शिखर बाजोलो बजारवा॥

विहाग—तिताल

विनरी वालमुवा ए वालमुवा मोरीपे वाहूते विछुरे
दुवर भइलो अधिक दुख पाए दिन दिन निशदिन
पीरी भईरी जैसे हरदो।
कुसुमसी भई अधिक दुख पाए दिन दिन निशदिन
पीरी भइली जैसे हरदो॥

२

कबहूं न आवत मोरे मन्दिर छैल छबीला चञ्चल
खेलंद्रा निडर सुन्दर परघरवा हरवासे कबहूं
मनके मन्दिरवा।
इतनी विनती मोरी उन सङ्ग कहियो जाय पातगवारे
औरन सङ्ग तुम हँसत बोलत हो मझोते
करत यह ढङ्गवा॥

३

सुन सुन रे भोरे नाहा तहाँही जा।
जिन मोतनके रस वस भइला ताहीके रीझा॥

४

नाहा में दुवर भईलो अबहीं कैसे वाके करूं सिङ्गरवा।
उन बिन मोरी यह गत भइली मोरे नाहा
कनगुरीया की मुन्दरिया सुर आलीवा॥

५

यह लाडल बनरा बनरी तू लेहो जुलवा तोरे वावुल
लियो मोल।
शुभघरी शुभदिन पल महूरत रससों घूंघट देत खोल॥

६

ए मा हौंतो पइयाँ परहो लेहों बलैयां रहस रहस
कर गरवा लगाओ।
जोलौं देखूं आवत तोलों पलकन सग झार पायल
सन्दलवा लाओ॥

७

रैन अँधेरो डरपावे पीया नहीं मोरे पास।
जबते पीतम परदेश गवन कीनो तबते आलो टूटो
जात मनको आस॥

८

मोरी चोलीया सौ सौ वार फरकाई एहोरे एमोरे
सुरजनवा वलमा तुमरे मिलन कारण छतीयाँ
धरकाई।

तन मन धन मोछावर करहूं जोय भर नैन सदारङ्ग
निरखो उनकाँई ॥

९

जग जीवन थोरा थोरा समझ समझ कर देखले।
सीख मानले सदारङ्ग बहोत गई अबतो जोगी भेषले॥

१०

डगर डगर डगर चले साइँ तब नीभे धुर ओरको।
जब एसे चले सदारङ्ग तब साह कहावे नातर
मार खाए चार चोरको ॥

११

छाँजी मैको जाणा तेड़ो गला सोई जानदा दिल
विच रखोवे।
हम दम में तांड़े वारी जावां इगकदे गलां नाल कोई
बुरा मानदा ॥

१२

दिल दो गला किसनु आखं मेड़ार जान दावे मोयाँ।
घट में रोम रोम सोंई रव दाढामि बीतनु आखां
वेमोयांदो ॥

१३

अणो वेखोणी माएनी अणोको होयार भेंट डावे दरद।
भूल गया साड़े दल दोगलां सुखनो दड़ो कोत
सो सोया ॥

१४

माइरी पोया मोरा गुणवंता हेरो गुणवंता।
सबहो सखो मिल वाहो के मना लोजेर मबहो
पको मन भावता ॥

विहाग—एकताल

बोलरे रङ्गीले वनरे मोसे बोल होवे तूं मोसे बोल।
एक पग ठाड़ो दोऊ कर जोरे हँस हँस घूंघट खोल॥
आज वनो से बोल बोल रे रङ्गीले वनरे मो० ॥

विहाग—तिताल

दानी उदतनदोरना दामतदोयन रेना यादानी।
नादरदानी तुम्द्रदानी तनातुम्द्रदोम तनन दिरदानी ॥

२

मेरी बतीयाँ मानले प्रीतमवा सुरजन साईं।
सदारङ्गीले लालन विछुर मत करहो अबमै हाहा
करहुं परहुं पाईं ॥

३

जिन छुवो छतीयाँ मोरो ढोट लङ्गरवा मनहरवा।
बार बार में तोहि समझाऊं चपल छैल चतुर
सुरजनुवा जिन तोरो हरवा ॥

४

सुन मोरी सजनीरी रहसन करींगोव धावरा
आइलो पीय मोर मन्दिरवा।
जनम जनम के सब दुख गइले मोर सुरजनुवा तत
वितत घन शिखर वजवो मन्दिलरा ॥

५

सजनोरे अब वीत गइलो रजनी।
जागत जागत सब निश बोतो भोरहो आए लजनी॥

६

एगोहों चोक परो पिय आय गएमें मद सों
छको मोरामा।
और कछू नहीं वन आयो हों घरहीं जाय लुकीमा॥

७

मन चीते कारज भइले हमंग सखी सहेली गावोरी
आनन्द वधावरा।
आपहो आयो लालन मोरे मन्दिरवा होंतो करहूं
सुखना रहस रहस कर मन रङ्ग सों अब जनम
जनमके अबतो दुखवा गइलवा ॥

विहाग—जलद तिताल

कगवा बोले मोरो अटरीया अरे उड़रे कागा पिय
कब आवे।
कहयो बार तेरो सगुन साचो भयो याहीतें हीं
पियपे उडाऊं ॥

विहाग—धीमा तिताल

वालम रे मेरे मनके चीते होवन देहो वन दे काहो
मीत पीयरवा॥

सदारङ्ग जिन जावो विदेशवा सुखदो गलोया
सोवनदे ॥

विहाग—तिताल

अतगत कामनीरी तेरो सुन्दर जोवन मदमातीरी।
खञ्जननैना मृगलोचन मुखते चटक चादनीरी ॥

२

घरी पल छिन बिन लालन मोकों बीतत निशदिन
एमा जोवन तन मन धन सब करिह्व लेखा उन
बिन धरोहौं कैसे।
ना डरिहौं नाटरिहौं अपनो बान तें आलो नरहौं हौं
बिन मिले पीया मन अब बने जैसे ॥

३

कौन ढङ्ग तोरा सजनीरी कित इतगत उत रात
बीती जात।
काड़ मान उठ चलरी बलालु उन मोतें लगाय रही
घात ॥

४

दरून दरोया तादानी नादानी मकुनवा मनु अए दोस्त।
माए मपुर गुणा वोहतो दर यायें रहमतो जाएके
फजले तुस्त सिताराद गुने हैमा ॥

५

सइयोनी गर्भटा मेंडे हाथना आया। कुक ४ कूकां।
रबाले मेंडो घमा भूलना जां देशकां॥
राति देहा नैणां नीदन आवे दम दम उठदां हुका।
सूहो चोली हो रसवे सिङ्गारनु लायानी माए लूका॥

६

अणी अमो मेदड़ो मेदड़ो सुहोवे सो कामितो
अब लजाय लगोनो शैनु अणी अणी अणी।
घुंड विच्चा कुजमें आंख नासिका देवे सुवारको
मैनी जणी जणी जणी ॥
खुअड़े धन्धाली पाय खसालो खोल मिल लगदीया
गलीया धणी।
नोवता बजाय रङ्ग रचाय साहुर डेनु चलो जो आवे नो
शोवे खण वणी ॥

कैसे सुख सोवूं नीदड़ीया काम मूरत चित चढ़ी।
सोच सोच सदारङ्ग उकलाया हिय वेदन अति बढ़ी ॥

८

आईं आजा नन्दरतिले देंनुम।
जिनहार शीश ए दिल मनवर जमी मुजनु पस माने
कुएतो अजार नेकम ॥

९

आज सजन सङ्ग मिलन बनोलवा लावोरी मलनिया
हरवा।
अच्छो नीको लड़ मालनिया लावो मध पान अञ्जन
मञ्जन कर पिय सङ्ग मिलहूं आज मिलन बनोलवा॥

१०

जान देरी जान दे तू जोगी काहे के मीत।
गर कथा झोलो अंग भभूत रमाए काहू छोरी
सों करत नवप्रीत ॥

११

तदीमतननानितनादिरनातदानितदटानिदोस्त
धिकटतगनधगनगधिताधितगनकड़धानथुंनचुँधिगन
नानधाधाधा।
तुँ तुमतुमतननतनदिरनादीमतदटानिदोमधीन धीन
धीनाकड़धाननकटधिकिटधिकिटधितिकटनकधात
धातकटधिगनधितिकटनकधाधिगनानधिगतान
धगड़तकधगदिगन२नगनगकड़धाकड़धाधा
ड़धाड़धाधाधा ॥

१२

प्यारे सुरजनवारे सइसे सजनी रहस रहस रस
बतियां कोनी सोतन तें लुकाय लुकाय छिपाय।
दृगनसों दृगन जबही मिलाय हित चित दियो
बढ़ाय आली तबते लागो उन तन मोरा मनुवा ॥

१३

तुमसे मनुवा लागिला सजनीरी मिलिहु भुज भर
गरव श्यामसुन्दर नन्दके दुलरवा।
चितवन में मोरा मन बस कर हर लीनो चतुर
सुघर सदारङ्ग पियरवा ॥

७८

१४

मैंतो तोहे जानन देहां साचो कहो तुम कोन
नगर के वासी।
एसी न कीजे श्याम सांवरे जामें होवे जग हांसो।
तुम तो नये भये ब्रजके ठाकुर हौंतो तिहारी दासो॥

१५

आँखड़िया तदड़िया उदनाड़ोया दिसे दड़ोया
सेनड़िया नालाजो दड़ोया से दड़ोया हालवे।
नाले दड़ोया नादे दड़ोया ना बोले दड़ोया ना सुने
दड़ोया राते दड़िया मुवे खवे हसे दड़ियां॥
विन सुरमें कजले दड़िया चमकननु विजले दड़ोया
मोड़े दड़ोया तोड़े दड़ियां।
चोरे दड़िया छिपे दड़ियां कंदे दड़िया कहे दड़िया
मारे दड़िया तारे दड़ियां तड़के दड़ियां दोने ना
विच वसे दड़ियां॥

बिहाग—धीमा तिताला

कानरवा हम या कामको नाहींरे।
तुम चौनत हो तो हम तन चाहो देखत शंकासों
डर नाहींरे॥

बिहाग--तिताला

सुनरी बछरी या मोरा मन तुमोसों अटक्यो
अब घर जिन जावो एरी बछरी।
सांची बात गोपाले भावे जाको सदारङ्ग चाहे ता
सोई बड़ भागके बड़ भागरी॥

२

अब घर जिन जावो मोरे प्यारे तुझ देखन कों
जिय तरसई।
तुम विन मोकों कल न परत है छतियां धर धरकई॥

३

ऊधो मेरे दुख हरवेको पातो पठावत हो।
हौंतो भिखारी नन्दलाल दरस के सुखो सलों
कांसे कहों ऐसे अघात हो॥

आइला पी मोरे मन्दिरवा सुन मोरी सजनी रङ्गमन
गावहु बधावरा।
जनम जनम को सब दुख गइले मो सजनी तत
वितत घन शिखर बाजे बजाय मारा॥

५

मेरो मन अटके आलो वा मूरतके ध्यान।
निशवासर मोहे पलकन लागत निकसो जात पिरान॥

६

एरी तू आजावे मेरे पास।
माई उमगत आवे जियरा मोरा निकसत नाहीं सास॥

७

कित लुबधे माई पिय मोरा सुधबुध न लोनो ननकवा।
सोच समझ जिय कछु हुलसानो आवनको अबतो
भनकवा॥

८

कैसे रहिहों सजनी पिया विना सांपे रहा न जाय
घरी घरी पल पल छिन छिन अबतो उन विन देखे
मो मन दुखवा होय।
पइयां लागूं तोरे सजनी चतुर सुघर सुरजन मों
वेग मिलावो मोकों तबहीं गुण मानो तेरो जनम लों
कहे हेतु करहु मोय॥

९

आज जागी सारी रैनकी बनो ह्वै है नैन उनीदो
मोहे मोहे।
बसनमें चन्द्र शरीर झुमकत तापर आभूषण
जगमगात यह सबको मन मोहे॥

१०

गोरी तेरो राज सुहाग कायम दायम रहैगो।
नाकदी नथ दतिदी मसाहरी हर्गे चुरीयां मेंहदी
रङ्गीली और चटकीली जोड़ेपे नमें भूलांगी॥

११

सुरत विसारीरे मेरे पी अनत रहे जाय।
विरहके सिन्धु परी हौं कहा करों उपाय॥

१२

नदीया मझधार नाचे बड़ो अप रूप गोरि ।
अलक अलक मुख सोहे वंशी रस डूब डूब करि रङ्ग
दुति अँखियांरे ॥

१३

फरकन लागी आंख बांही याँ मोरीरे वेग मिलो सइयाँ।
पियको सगुन आवन जो विचारो वमना विनती
करहुं परहुं पइयाँ ॥

१४

माथे धर धर बैरागी नैना मूंद बठ रहीये जोगी
काके मीत ।
डार गुदड़ीया गले डारी सङ्ग अङ्ग चलो परदेश
काहू से प्रीत न रीत नैना मूंद बैठो रहीये जोगी
काके मीत ॥

१५

मेंहदीदा रङ्ग लाल अनो सइयाँ तेड़े हाथां रे
चङ्गंडे देहा ।
महदी किणवे बणाइयाँ असी तुसाडडे चङ्ग डंवे ॥

१६

एरी तेरी लाल पगीया केसी नीको लागे लागेर ।
चतुर बलमा एसी माथे ओढ़नो देहा रङ्गाय नातर
पिया जा रीझि सब मिलके एहो व्रजवालेर ॥

१७

माल्लनिया गंध लावोरी सेहरा अरी सेहरा ।
मोतिया मदनवान आर गुलाव केतकी वेला चमेली
केवरा ॥

१८

दरद मदारू परवाह किसदीवे दरद दीदारू रांझा।
मरण जीवन तू एक रजानदा दिठे सदारङ्गीना
ख्याल उनोदा एहो गल बीच बसेंदी ॥

१९

उमगीरो दोऊ बदरा श्याम विना ।
सुनरी सखी पिया सपने में देखे भर आए नीर ढरक
गयो काजरा ॥

रूपमती पी बाज बहादुर तज गए गोकुल
मिट गए झगरा ॥
श्याम विना० ॥

विहाग—झूमरा ताल

करीम रहीम रव रहमान पाक परदिगार करतार ।
दुख दारिद्र सब दूर करो पाप हरा मा आजज पर
रहम करम की नजर करो सुख देहो सबन को दाता
विधाता वकसन हार ॥

विहाग —तिताल

तनदिरना दोमतदनुतुमतनाद्रदरतारदानो ।
दिरनुमरतानदिर नुम तादारदानो ॥

२

नाद्रि दोम दोम तनन दिरना अतदानी दोम ।
तनमुदिरना दोमतान दिरनादारे तददानो ना
तददानो ॥

३

तनना द्रद्रतंद्रद्रतानदीरनातन दिरना ना दानो
उदानो दानोतंमतननत कडधककुमकिटतकतड
काड़ान् धुमकटतकधा ।
टतिले तिल्लाना तुं तान दिरनुम नितनत दोम दोम
तनुमतानं नातानतुँ तन उदन तानतुं तनन न दिरना
किटतक धुमकिटतकतड़कड़ानधा ॥

४

हांर बन्दो हो ताहोके उसोह जहां मोरा पीया
देओ बतायरे ।
परघर को सो लेहो नाम माए बात कहांर ॥

५

कैसे रहिहौं सजनी पिया बिन मोपे रहांई न जाय
घरी अरी पल पल छिन छिन अबनो उन विन
देखे मो मनवा दुखवा होय ।
पँइया लागूं तोरे सजनी चतुर सुघर सुन्दर सुरजन
मों वेग मिलावो मोको तबहौं गुण मानो तेरा
जनम लौं जो कहे हेतु करहुं न सोय ॥

दैया भलो बात भईरे सुरजन मई आप मनाय
लईरे दैया ।
अति सुख पाईला मोमन सजनो जबतें आइला
सजनो गोकुल गांव को बसैया ॥

७

जबतें बिछुरे लाल अति दुख पायो मोरे तन मनवा ।
अवध वदो हतो उनके आवन को सजनोरो सेत
भए मोरे नैननवा ॥

८

अब मन चीतारे काज भइला मोरे ।
अनर अरगजामों नाहाम्हया मानोगो रातरो हीं अब
मोहे अल्ला मिलावो ॥

९

विलापनमें कैसो अनवनो सुनियेरो सजनो ।
राम राम को नाम लेत मोहि रैन वहिनो ॥
अवध वदो अजहूं नहीं आए ना जानू अचलपको
जियमें कैसो वनो ॥

१०

जिन छुवो छतियां मोरो सुन लङ्गरवा ।
इतनो विनतो मोरो मानले महरवान तान वरस सों
कहो परम चतुर पीयरवा ॥

रङ्गोले वनरे मांस वालर अर मांस वाल ।
हीरा मोतियन मुकता जो लगाऊं मोतियन खरो
अनमोल ।
नोजामदीन के आजम दुलहा वनरो लोनो अनमोल ॥

१२

मनचीता कारज भईले आज गावहु सखो सहेलरो
बाजत तुरही मन्दिलरवा ।
द्रुम धाधा किट किट द्रुम किट किट विल गाया ॥

१३

वैरो भए मेरे सब नगरके लोग ।
पिय सों कहा कहों वैधो सखोयां जो गये सखो तोसों
यह कहों कैसेक मन आवे वियोग ॥

१४

किन राखोरो विलमाय धन धनरो मेरो लाल
लडवंता लडवंता ।
बरोंगा इन दूतोयन को जिन नाहीं जान गुणवंता ॥

१५

सुनरो सजनो यह बात आज मोरे नाहा कहीं देख ।
आतन देखो जातन जाग्यो जोवन जात परेख ॥

१६

उर बसो मोरो देहो पियरवा ।
जोई जोई कहियो सोई सोई करहों जियरवा ।

१७

हौंतो चङ्गेरा माणु बोलगो ना जाणो लगो नाह जाणो ।
मेड़े दिलदो लगो नाहक जाणा माणु बोलतो नजानो ॥
होजाणू अपणा हमजातो बुझ के गल उन हादो माणो ।
चोल झपेटे बाग तेनु बललै गए मसोनु बूझ विगांणो ॥

१८

ए सनम कार इशक वाजो नेस्त ।
इशक बाजो मकुनके वाजो नेस्त ॥

१९

सोयरो बयार बहे पिया विन मोरा अङ्गवा जड़ाय एमा ।
अवध वदो हतो मोरे नाहा विरहा हाथ दईमा ।

२०

हरचन्दके वादे रुज सवजा वाशद ।
मस्तो सह माई मशवो फरदा वाशद ॥
खवर लवे औ नेह मए तागो जंज जा हुशियार
मुदन नबोव आदा वाशद ॥

२१

तदरे दाना तनदिरतनद्रनातदार तद दानो तदोम
दोम तुम तननन दिरना तद तदानो ।
नाद्रद्र तंद्रद्रतनाद तानदिरना तानदिर दिरना
तदरदानो तुम तनन काड़ानधा ॥

२२

प्यारी तेरे नैनन लाल लड़ेते हो लजाय लजाय
कहत हैंरे ।
काह्न मग रैन जागो अधरन अञ्जन नैन पीक लागी
आत देखिए यह लच्छन सब देखे तापे एतो मान
जनावत है गरे लागेरे ॥

२३

मैं तोहे जान न देहों साची कहो तुम कौन नगरके
वासी ।
एसो न कीजे श्याम रावरे जामें होवे जग हांसी ॥
तुमतो भये नये ब्रजके ठाकुर हौंतो तिहारी दासी ॥

२४

अरे एहो माईया आजको दिन मोहे नीको
लागतहै अरे ।
कानन वोर पहर नकवेसर माथे तिलक दिए
कनेर कोरे ॥

२५

मोयारे असो तेदड़ वारी जावां माड़ा अखड़ीयां
आगे तू मिरावे ।
वाल घुमाई छदके कीती गले लग लग सुखवा मोवे
माड़ो ॥

२६

भाभी सों सनेह लगा जबते तबते तूने दिया
सब विसराय ।
वदन विलोकत मोह लियो मनजीवन जनम
सुख पाय ॥

२७

सो अब सुगन्ध लावोरी भरी एमा ।
हाथों से पहरां लगाय और रङ्गीलो साथ भरो एमा ॥

२८

तेरे वारने अल्ला जाऊं ।
तुही देवे तुही दिलाये तेरा दिया में पाऊं ॥

७८

२९

दोऊ सौतें हो आज लड़ीहैं लड़ी ।
चूक चूक चतुराई सीखी पिया प्यारी दोऊ
उरझ पड़ी ।
धीर धर नाक अगुरीया बोलतरेरे लात जड़ी ॥

३०

मेहदी अति गहो भोनो लावो चोरो वनरेके हाथ ।
सारी रैनमें वनरा वनाई भोर भए दोनो साथ ॥

३१

आलीरी अपना सपना में कासे कहूं जो पिया
देखे हम आज ।
उमगोहो आवे मन मिलवेको सुनो महरवान भूल
गए सब काज ॥

३२

पिया विछुरण मोरा तोरा एरी गुण मानू गुसैयां
एक पलरे ।
एसो लगन पर उन पर महरवान जैसो चन्द चकोररे ॥

३३

ठकुराणीया अचरा मोरा छोर लई आजान भई
आगम कहा कर नेम धरम सों वात कहो ।
एरी तू कैसे कहत है पनघट में गगरीया मोरी
छय लीनी कैसे कुवे तोरा फकीर होदनीया छतको ॥

३४

हौं निरगुणी भईली माईरी पीया मोरा गुणवंता ।
शाहजहां पिया मोकों बुलावे कैसे जाऊं अरे भला
सबहो के मनवंता ॥

३५

कवन गांवको वाट वटोइयारे पूछूं तोसों वाट यह
पूछूं तोहे वाट वटोइयारे ।
हौं ब्रजनारी ढूंढ़न निकसी पूछत लीनी डाटरे ॥

३६

जोवन हमरो जो कोऊ राखेरो माई उसके गरवां
लागूं रहस रहस कर ।
सदा न फूले तोरई सदा न सांवन होय ।
सदा न जोवन थिर रहे सदा न जीवे कोय ॥

३७

साइवा चलवेलेनो शाम पुन पुन लावो कलियां।
सोताहै उठ जाग प्यारे किस वेलेदो मेखड़िया॥

३८

मोरी मा कैसे मिलहों उन तन जाय यह वालम
अपनी अटके।
रैन दिना उन विन तलफत हों निश नींदरीया न
आवे कहा करहं जीयरा भटके॥

३९

वीतो सारी रैन साजन आए।
चेरी होंगो तेरी सजनी मोहे आन मिलावे॥

४०

टकवा देहों माए मोरे मीत पियरवा मोरे पास।
विछुरे मिले सदारङ्गीलरा मोरे पुजई मनकी आस॥

विहाग—जलद तिताल

बाबूरे मोमन जिन चित लाव ताहो के देखत हिया
हुलास।
एक ठगनी ठगत फिरत है हमो मन रहस विलास॥

२

सपनेमें आए जजते तबते मोरी मा सुख चैन कोरो
काल बिगर गइलो।
हौंजी चाहों सदारङ्ग गहवे कों पकरन इनकोरो
पल उघर जइलो॥

३

अरे निरदई लङ्गर मोह लई।
जबते सुनो मुरली धुन श्रवणन सुध बुध विसर गई॥

४

सुर ग्रान ले तिरवट अच्छरसों गावत चतुरङ्ग।
निसा गम नि पामामगमग सासानिनिसानि
पमपसासागामापानिनि सानिपामामगासाममगसा॥
नादृद्रतुंद्रद्रद्रतुंतुंतननतननिततददानिकड़धान
कोतोकड़नकतकधुमकिटतक्गिदिगनधागेनग
तिरकटतकधुमकिटतकधेतड़ाङ्गकाड़धाधोताधा॥

विहाग—ताल झुमरा

लगन लगेको पीररी वीर कासे कहिये।
धरत न धीर अधीर रहत जिय विन देखे वलवीररी
दहिये॥

२

जिन छुवो छतियां मोरी ढीट लङ्गरवा मनहरवा।
वार वार में तोहो समझाऊं निरत तम लगे रहत
निडरवा॥

ईमन विहाग—झुमरा ताल

आज सोहाग को रात नवलवर पाया बनरे वलैया
लूंगी।
वदन जोत पायन पर झिलमिलात मुखतेंवोल
बोरो गिन गिन दूंगी॥

विहाग—तिताला

हमरा बाबू उमद मनि जन बतलावहु ताहीके
देखत जिय हुलास।
हौंतो ठगनी ठगत फिरत रहत ना काहू के
निशि पास॥

२

धन धनरी एरी लाल लाड़लो लाड़ लडवँता।
वारोंरी इन दुतीयन कों जिन नाहन समझो गुणवँता॥

३

मोहो वा रूपपे जबते देखो नैनन भर भर कुंवर श्याम।
जब सदारङ्ग विनवत वाम॥

४

विन बुलाए आई झुक आगी पांय परी।
मेरो वला अब तोसों वोले अदारङ्ग उनसे जाके
प्रीत करी॥

५

लालके ब्रज वानके लोएन अतरल सों अत धाय आरे।
रूप देख जित तित सतल उन विन कछू न सुहाएरे॥

६

लैहो सोतन तुम अपनो पियरवा हम सन करती
राररे।
सेवा करत मो जनम गइलवा तुम जीते हम हारीरे॥

भलो सो वाटड़ीया मेरा सो आवेगो।
आड़ा वेज सुलतान रसके रसोलेॢसेजरोयां रङ्ग
लावेगो॥

८

आज सोहाग की रात पिया अपनो में पाऊंगो।
बहोत दिनन के बिछुरे अबमैं पायो पइयां लाग
मनाऊंगो॥

९

वो राझ मेंडो गलोयाँ जिन याँते पर धरे टाज
छाजाई योरी वालोया।
खिड़ोहे सनेह सुन सुन खोल घुंघट अंग लसे
मुख बोलोयां।
नाऽं तु माड़ो ना तुमी अस माड़े वेमे वन्दड़ो
रांझरणी अनमोलोयां॥

१०

मेड़ा ढोलारो आज आया सो मेड़ा ढोला आया।
चन्दमुख चांद अङ्ग लिपटाया मो सुरजन मेरे
मन भाया।
छोंतन मन धन वार वार सखो निरख निरख गरे लाया।

११

लाड लडंता लडवंता बनरा व्याहन आया।
बाज मन्दिलरारे तूवाज सुन्दर साहब जैन अलावदोन
वर पाया॥

१२

आयोहे राज दुलारा ओरोए वनरा।
सातसखो मिल देहो अशीम एरी नवल एरोए वनरा॥

१३

बाजत तुरई मन्दिलरा शिर छत्र धरे व्याहन
आयोरो वना।
जग उजियारे अलह सवारो निजामदोन औलोया
शिर सेहरा सोहे कर सोहे कगना॥

१४

बनी मुख खोल देख बोल तिहारो वनरो सुहाग भरोरे।
गर सोहे सुआचोलो कर सोहे चुरोया हरोरे॥

१५

मोघर आवरे नाहा मैं मन वलिहार कियो।
कौन मन्त्र पढ़ डारो मोपे वाट चलत मनमोह लियो॥

१६

भंवरारे तू मखलात मखलात मोरे पोय कहां बसेरे।
तुमरो बास तुमहो में आवे तुमरो सुरत मोय भावेरे॥

१७

सुन्दर रसरूप सुघर वनरोरे घूंघट खोलन दे।
घर पोयाऽवन आए हँस हँस बोलन डोलन दे॥

१८

आज कौवारे पुकारोना जो साहब ठाड़ो रहो
जमुना के तोर।
पानो एमो पतला और फूल एसो वासरे रानोयो
जो बैठो जमुना तोर॥

विहाग—आड़ा तिताल

वलहु सुवासरो या मा मेरा मो आवेगा।
सुलतान दूलहे रसके रसोले सेजरोया रंग लावेगा॥

२

मोरे घर कंत बसे एरो सुखियारो।
मोरा कहा पोया मानत नाहीं अतनू बड़ो
बड़ो कहावेरो॥

३

आसारे वसना सगुन विचार कब घर आवे पोया मोरारे।
परहों पइयां लेहों वलैया विनतो करों आवे
अगनाहों वखरे जागरे॥

विहाग—तिताल

पइयां सुगहोहीं कोलों प्याले पइयू वेपरवाही।
कियो पूर्ण पातसाह सुतहोनु छड़गई यूं वेपरवाही॥
कोतो तुल विहाणी सेनु लगण पाण से फूलगदो।
अङ्गे यार दोसो हुण यार वलोच दाजो न्हाएहो
जुलेया खाक उन्हाए युन होदो॥

विहाग—जलद तिताला

रमता जोगी आयारे बाबू कहं गुरु कहं चेला कहाए।
बामठ में योगी आयहो अकेला चेला बहोत कहाए॥
आप गुरू और आपहो चेला अपमेंही अलख जगाए।
बहो दिन तुम छिप छिप बैठे अबतो हमने पाए॥
जमीन आसमान तेरी ताव न लाए मनमें कैसे समाए।
कहा करूं तारीफ तुम्हारी सब कुछ तुमहो कहाए॥
घर आए साहब कदर न जाने होत कहा पछताए।
होगने ढूंढी तख्त हजारा राँझा बगले पाए॥
वालहो जोबन नैन रसीले प्यारी सूरत मन भाए।
करनअली वलिहारी तेरे तेरेही वल वल जाए॥

विहाग—तिताला

अब सुध लीजे कृष्ण प्यारे तुम बिन गोकुल सूनो।
नैन चटपटी लाग रही है कृष्ण कृष्ण यह धुनि॥

२

वनरे जागरे रैन रङ्गीली नीकी वनरीके गरवा लाग।
खोल घूंघट मुख देख वनोका बनरीके नीके भाग॥

विहाग—जलद तिताला

श्याम विना उमगेरी दोऊ बदरा।
रूपमती के बाज बहादुर तज दियो गोकुल
मिट गयो झगरा॥

विहाग—तिताला

अरे मन हर सो करले प्रीत करले प्रीत।
माता पिता सो दारा भाई उनकी है यह रीत।
जीवन छेहैं सब पीतम अन्त नहीं कोऊ मीत॥

विहाग होरी—ताल तिताला

आ डोरीया पीतम माथे बांधो मो डोरीया कां छूट।
जित डोरूं तित एड़ो डोरू खेचे खेचे टूट॥
रहो न डोरन भरे लोयन बरको गुड़ीया काकाटे लूट।
यह कहावत सब कोउ जानत बछीया कूदत भल कूट॥

विहाग—तिताला

धनो मेड़ो सइयानी गारत कीतो विछाहै
सुखादे महले लट लीते सुखीयां ढाले।
दुखोदे जालां पायके कंकटा चुकाय के भाहे
नेणादे ममोले॥
भोग अग लगातण नु दाम दीला मण नु सोनेदे
विश्चो पए फफले।
वेसरम काड़ि विकुवे विश्चो कीते माले वन आए
सपोले॥

२

आज कोयलिया बोलइरे फिरवा देखो बोलन लागो।
पीऊ परदेश अब कौन गयो सदारङ्ग या समय मोपर
विरहन को मन तोरन लागो॥

३

तिखीयां निगाह यार दीजो राजोरो भेज़ाक मानाथा
पलक कीतो चन्नों दीया।
घायल मायल कर अपना नैनन खुमारीयां वेरतलो
डोर नाल दिलदे घाव मिला टीखे॥

विहाग—जलद तिताला

या शुभरात लाड़ोका बनरा आयारे हांरे आयारे।
रतन जड़ाव का सेहरा गंध सुवासन हीरा मोती
नखत बना शिर क्षत्र धरायारे॥

२

जा जा तन बुरदो वदरजानो हनोज दरद ही दादा
वदर मानो हनोज।
मुलके दिल कर दिखराव अस्ते गनाज कन्दरीवे
रोना सुलतानो हनोज॥

३

नेहाके रङ्गमें डूब रहो है तन मन सोच विचार।
दिलहो गुल देख है आपसमें गुलशनकी वहार॥

विहाग—ताल सवारी

बनो जाग सोहाग को माती श्रीके रङ्गराती झूलवे
की बारी।
जगभांवता वर तोहे व्याहन आया जागो तोरे भागरी॥

जग जीवन वनरा आया ऐसो जिय आज सुहायारे।
कर कंगना विराजि सोहा वागा गरे सोहे मोतियन
को सिर सेहरा बंधाया निरखत हो सब नर नारी के
मन भायारे॥

विहाग—ताल फरोदस्त

मालोरे तेरे केवरे चङ्गो बास केवरे चङ्गो बास।
यह बागी अलो संवारी महक रहो बास अकास॥

२

आयारी साथी मुझ घर अबमें कैसे कैसे न्यश वारूं।
कैसे के पलकन तें मग झारूं आलो कैसेके
गलबहियां डारूं॥

३

बाला बलभद्र अस बगरे सरवे नाज मन कोताह
करद सए उमरदराज मन।
महमूदरादमें चुव आसरसो उमर मेदा जावत लखो
ओमो गुल्फ आया जमन्॥

४

आयारी दोदन्न जोर व्याहन सुघर वनोको चतुर वना
मुमकना सिर सेहरा विराजे सीरो सुगन्ध सना
सोहे जड़ाऊ कर कगना॥

विहाग—तिताला

तुम हम मिल मध पीवे प्यारे सगरी रैन।
मो ढिग बैठ बैठ और तोय सङ्ग देखत हो अब
तुम सेन॥

२

को समझावोनी उसनु रुठडा जांदा दिलदार मांडा।
विन दिठ सानु कलन पड़ेखा दिल लगा नहीं छूटदा

३

आड़ा वेमिको जांणा ताड़ड़ो गला सांई जाने दिल
विच रखोवे।
हमदम तेंड़े वारी जावां तुसी इश्कदे गलां मानले
दिलदी गलां किमनु आखां मांड़ा रव जाने वे मोयावे।
हालदा महरम साँई रख दाढ़ा इश्क दी गल्ला
पहचांनें॥

५

साड़ा दिल लगाये यार तांड़रे वेखनमु मांड़ो जानवे।
मेवो अयांनो मेका जांणा इश्कदो गला जेनु ठगा॥

६

एणो चङ्गड़ो बोलले जिन्द आन्दोया फन्दोया
तांडड़े मालवे।
इश्क लगाके निभाणा तुं करदा साडे नाल ठठोलोया
नेणावा वोयां॥

७

नाजो रमके झमके आजा नाजो रमत डरो सूरत
देख लाजा।
तेंडरो सूरत माड़े दिल विच चुभ गई माडड़ो
आस पुजा जाजा॥

८

दलगानो ढोलन पायाहो रव किताके साडरे दिलदा
भायावो।
आनन्दघन व्रजमोहन जानो मोरे पिक गृह
आयाहो॥

विहाग—चौताल

गणपत विघन हरण गजानन विराजत चन्द्रमा भाल।
एकदन्त चतुरभुजो आनन्द कारण और गले
सोहत मुक्तमाल॥
अष्टसिद्ध नवनिद्ध मूसक वाहन विद्यावंत ध्यान
विशाल।
चञ्चल शशि प्रभु अस्तुति करत है शुभदायक बुधि
कृपाल॥

२

अजहूं समझ अजान सुमरले हरिनाम जनम
बीतो जात नेक रहत यह जग सों काम।
वादिन को सुधि नाहिन तोकों जब घट यह तजेगो
प्राण॥

लख चौरासी भटक भरमके मनुस शरीर पायो
सज्ञान।
रागी प्रभुको मन वच क्रम कर ररे भवसागर पार
परे नदान॥

३

जनम हमारो अकारथ भयो यह विध जो कबहूं
ना कियो हरसों हेत।
चार दिना के सवादके कारण बिसार दियो अन्त
अन्देश अबहूं नाहन चेतत एसो अचेत॥
निशदिन आधीन रख वाहीको आधार जो तोहि
गुन्हैगार एक पलमें हजारन बकस देत।
ओगुण छाड़ उनहो को ध्यान धरो तोवि तोहि
अपनो कर लेत॥

४

दुख दूनो दूनो होत सरस देख देख सूनो भवन
मोको माए।
निशदिन सुमरण जपत रहत हां नामके ओसेर लाए॥

५

असुअन जल भरे नैन तेरेरी आली देख आवत में
देख अबतें प्रगट भयो तेरो विरह तूरी क्या दुराए।
नहीं जानत तिय अबला पिय बिछुरे की विथा बड़े
मन तीखयो काम दहाए॥

६

उत्तम गायबो गाय गाय सुनाय सब गुणीयन में
सांचे सुरनको उपज सों परत मान।
सुध वानो सुध सबके थ्योरे न्यारे न्यारे कर दिखलावें
सब पँचनमें वादो बिवादो अनवादो संवादो
करके करत विनान॥

७

परवस कीनोरी मेरो मन इन नैननको कहो
में कहा विगारोहै।
जब जब दरसन पिय को इन चाह्यो तब तब हौं
हेरी अन बिकायो एवज याको यह पायो
अकाजहो मोह मोज मारे है॥

तीन भिखारी भानुजा को धूप भिखारन चन्द्रमा
भीचेरो जाको चाँदनी भीचेरी।
रुकमण भी चेरो जाको राधिका भी चेरो
जनकसुता आधीन भई तेरो॥
इन्द्रपरी पग धो धो पीवे विजरी से उजरी कनोड़ी
भई रहेरी।
कहै बैजू बावरे सुनो हो गोपाललाल ऐसो
तिया कौनसो जो विधना सवारो॥

९

आज कहा तज बैठो है भूषण एसे अङ्ग कछू
अरसोले।
बोलत बोल रुखाई लिये तुम काहे कुठङ्ग जिए
अटमोले॥
कोन कहों दुख प्राण पिया सों असुअन रहे भर
नैन लजोले।
तानसेन सुख होवे जिनके तिनके मनभावन छैल
छबोले॥

१०

तूचल सेरो मान राख आवन को आलोरो।
वैनो तिहारो मग जोवत है अतहो चतुर सुजान॥
काहूको कहो सुनो श्रवणन धरिये करिये जनमन
इतनो वाख्यान।
उठ चल हिल मिल काहत हिदायत नेक कर
कुलको कान॥

११

पल छिन बीतें मोकों निशदिन जबतें गवन कीनो
मोरे पिय।
घड़ियो वरस जात जो जिन एतें विरहा महादुख
दिय॥

१२

बाज आज मन्दिल बाज या घर काज मित राज।
होरे मोतियन को शोभ सेहरा बिराजे मनको
इच्छा सब पूरण भई औ सुफल सब काज॥

अलह करम रहम कियो दोऊ जगरा पल हस्ताज।
नित निशदिन बाजे साज तन मन और दोऊ
कर और कण्टक सगरे दुख दारिद्र गए भाज॥

१३

रस पागो आई प्यारी पिंते मोह भाई।
ठौर ठौरके भूषण सोमन बन रहो याते सुहाई॥

१४

मन नहीं चैन परेरो धीरज कैसे धरूमैं।
द्रग जलद को प्रवाह बढ़ो याते द्रवए सखी
विरह अगन तपन जरूमैं

१५

मेरे मन समझ समझ कर चेत।
जब लग सेवा निहचेके करो तब लग हरियारो खेत॥
यहतो जनम अकारथ खोया पुहर श्याम भये सेत।
बीर सुजान भरम जिन भूलो कर विधना सों हेत॥

१६

वदन ढांप पोढ़ो नीलपट पहरे रूम रहो है प्यारो।
जबहो घूंघट पट न्यारो करत पिय मानो होय जात
उजियारो॥
ऐसें एक खेल परे हैं पीतम विचित्र महारो।
साह बहादुर निहारो करत मेरो सोख सुन उठ
चल क्यों हारो॥

१७

एन नातोरे बरजों तू नहीं मानत मेरो सोख।
बरज रहो बरजो नहीं मानत घर घर मागत
रूप भीख॥
चित चाहत है प्यारेके सरूप को अब कैसे मिल ना
होय देख।
आनन्दघन प्रभु मोहन प्यारे टारे न टरत नहो
करम रेख॥

१८

केते बरजोरी लालन को कहो गवन करो तुम जिन।
समूह उनहो को चित है चढ़ेगो जब कैसे कटेगो
निशदिन॥

डर लागत भालो मोहि उनहीं ते बैरस काम ते त्रिन।
जोंकोज उनके आवनको कहो मोको देहो नग मुक्ता
हल वाको वह छिन॥

१९

नीलकंज गात सुभग लोचन अनियारोरो।
देखत छवि भूल जात गनत गुण तिहारे सुनरो
सखो कामो कहीं शोभा अति भारोरो॥
जाको छवि देख देख सुर नर मुनि धरत ध्यान
वाहो छवि काशी माझ शङ्कर उधारो वाहो छविरो।
जनक नगर देख मुनिन ध्यान छूटे वाहो छवि धीरज
प्रभु काम कोट वारोरो॥

२०

अब रस राखिये हो कुमत न चलिये चाल।
करहो जो चाहिये जो रङ्ग रहे जामें रच पच के
कल्याण कियो नवल लाल॥

२१

संयोग बिन बिलपंत निशदिन बोहरो कहे सब लोग।
मन गयो मनोहर के सङ्ग छिनसे न रखियो
सो लीनो योग॥

२२

चढ़ो रहत चित पे वह सूरत विसर गयो सब भोग।
औषधि न याको नहीं जगतमें विरह एसो रोग॥

२३

कैसे सुख सोवे नीदरोया श्याम सूरत चित
चढ़ी रहत नित।
अवध बटो अजहूं नहीं आए मोहन मीत॥

२४

मान जिनके सुन्दररूप एतो हठ नहो कीजे हो।
काहूके लगाये बुझाए अवश्य न धरिये हो रस पीजिहो॥

२५

एक ओढ़नो ओढ़ पोढो तिया पिया प्रेम परजङ्क।
सुरत न सङ्कत रीझ भीजे आपने आपने करत है
निशंक॥

२६

गत गई मत गई बोलवेकी जत गई कुलहूको
पत गई परी प्रेम भोरसो ।
कुल लोक लाज गई नीद भूख घट गई लुटगई
झटदे निपट अधोरसो ॥
यमुना के कूल कालसी बजाई बांसी झांसो की
जग गीर मुखतें होगई नगोरसो ।
आंहनके घावन से घायल भयो तन आखिनतें आंसु
जात ठाडे को वहोरसो ॥

२७

मोतियनके मानकनके और लालन के जरो जरो
जोन बनाएतं ।
अरबी एराकी ताजी तुरकी कोऊ कोऊ का जनाय
सके एसे सुभ पग नखनके बसविमें आएतं ॥
जा सकुचन उन लागो श्याम डावरोसो जांर
बाजे बाजे आप बाजोंके चलाएतें ।
बरं तह व्यार खुलेतें हजार पाव लाख पाव होत
एक पाव के लगाएतं ॥

२८

तूं उठ चल मुह बात तज आना कानी ।
बहुतसे घर बसे हैं वह देखो गजा मानो मां ईरानी ॥

२९

सोयरो सोयरो पवन चलतहै माई फैल रहो चाँदनो
निथरो निथरो ।
निशदिन पलहूं न लागत कपोलन लागी अलकें
बिथुरो विथुरो ॥

३०

वालापन तरुणापन गयो आयो है विरध पन
अजहूं समझ मन मेरे ।
निशदिन सुमरण वाको करिे जियररे जाको
नाम करीम खरे ॥

३१

आलोहों पूंछत हों तोसों नकरे वैन कहो कैसे
परे चैन वाके मनको ।
दुरजन लोग मेरे पाछे परेहैं कोउ विध नाह बन
आवे मोकों तज देहों वास वृन्दावनको ॥

३२

रुम झुम भर आएरी ने ना तिहारे ।
विथुरीसो अलकें श्यामघनसो लागत झपक झपक
उघरत भेरे आन तारे ॥
अरुण वरुण नैना तेरे तामें लाल डोरे तापर अंबुज
वार वार डारे ।
कहै मीया तानसेन सुनो शाह अकवर उपमा
कहालों दीजे विन अञ्जन कजरारे ॥

३३

एरी अब लुक भजजावो मनमुख होवे पियारे
मों सुरङ्ग भरो कीजिये बतीयां ।
मान सोख मेरो काहूको कुमत न लोजिये छाड़
यह हठ चल लिपट लाग पर गुलाल की छतीयां ॥
देख तू एसो फुलवारीमो होरहो कर अपवस
सुन्दरमें मनाय रहो बतीयां ।
कबके जोवत वाट प्राणेश्वर प्यारो जानवूझके
काहेकों करत है तानसेन प्रभु सों घतीयां ॥

३४

सो अब मेरो पीर नहीं जाने न माने धरे एकन मनकान ।
सोच सकुच काहू को नकरे एसे निपट गदान ॥

३५

तरसत रहत मेरो जिय माई पिय विन कछू न सोहाई ।
तैसो दामन कुंध चोध घन बोल करत तें मोई
पपोहा बोलत दुख दाई ॥

३६

वनरा उनोंदा नाहिन आलो वनरो के नेह में अखीयाँ
छकरहो ।
सोंधे सिरो झुको सुवास ते आलो तरुणी वारी
सब महक रहो ॥
जै सखो पोत पहलेतं वनरे आगे टोन कर झूंठ
साच बहुत कर रहो ।
उन मानो नक्योछं तब नवलवधू को पोत देखत
सब जक रहो ॥

३७

अत कछू नाहरे मन अजान अजहूं समझ सपने
लोभ मध क्यों खोवत जनम अपनो ।
जादिन पिय ठिंग जायगो तो कहा मुख दिखलायगो
अन्तके समय यही काम आवेगो हरि नाम जपनो ॥

३८

झलक झलक आयो लाल आखनमें नीर सुरत
करे अंसुअन ढलक ढलक बह गयो कजरारो ।
सुख की देह पलक एक में दुबरी भई खलक खलक
करत भूषण और मुकतनके गजरारो ॥

३९

भूलो मन भूलो फिरत है अपने घट परघट को
लोभ लगेगो ।
इत परंट मेरे पर जैसे पतङ्ग जोति देखे जलेगो ॥
हाथ पाँव आँखे कान जीभ नरुवारे बसहे कोकल
बोलेगो ।
लाखनमें तुँही अकेलो तेरोही नाम लेले जपेगो ॥

मेरो ध्यान राखिये ऊधा गुण मानोगो मैं तेरो ।
नेक श्याम को समझावत रहियो तब जानोगो
वेग करो जो फेरो ॥

४१

बादर आएरी लाल पिया विन लागे डरपावन ।
एकतों अंधेरी कारी विजुरी चमकत उमर घुमड
वरसावन ॥
जबतें पिया परदेश गवन कीनो तबतें विरहा भयो
मोतन तावन ।
सावन आया अति झर लावत तानसेन न आए
मनभावन ॥

४२

छत्रपति मान राजा तुम चिरञ्जीव रहो जोलों
ध्रुव मेरु तारो ।
चहूं देशते गुणीजन आवत तुमपे धावत पावत
मन इच्छा सबही को जग उजियारो ॥
तुमसे जो नहीं और कासे जाय कहूं दौर वही
आजज कीरत करें मोपे रक्षा करन हारो ।
देत करोरन गुणीजननको अजाचक किए तानसेन
प्रतिपारो ॥

४३

तनदिरना उदानो तनुमतन दिरना तनदिरना
तनन दिरना दिरना तदानि तनि उदानि दोम ।
नाद्रद्रदोमतननदिरनादिरनातननतनदिरनादिरना
दिरनातननाद्रद्रदोम ॥

४४

भूलोसी फिरत बौरात कुञ्जनमें एतो कहो मान
प्यारी देख रहोरो घरमें ।
तबतो न मानो आन जाती सुनवे को तान
मानत नाहीं आन तरुणाई कैते अब हमे ॥
तोड़सो विरह भुवङ्ग हाथ रघुनाथजूके रोम रोम
रम रह्यो विष मारो देहमें ।
सासरो भरन लागो आसरो ढुरण लागो आसरो
निकस आई बांसरी के नेहमें ॥

४५

चक्रित हो रहे नैन तेरे आलीरो निरखत प्यारेको
यह छबीली छबि ।
चन्द्र समान बदन तामध सोहे अञ्जन अधर और
जावक भाल याको निकाई बरन सके कौन कवि ॥
वले पीऊ तर भुजन भौरको चकोरन को छाप दई सब ।
रङ्गा रङ्ग के प्रभुके हितनि जामें मनभावत जितहो
विकानो अब ॥

४६

जिनसों पावे गुण तिनको मानत नहीं ।
हो कहांको सयानप एक रख सुजान गुरुनको
ध्यान छाड़ कर अज्ञान

४७

सुमरण कररे यह जिय धररे रबको ले ले नाम ।
मेरो कहो तू मानलेरे छाड़दे क्रोध और लोभ काम ॥

४८

अरज मो गुन्हैगारकी कबूल कोजिये वास्ते
रसूल के मेरे तन मन ते।
मुश्किल मोपे आय परी सुन कोजिये सोधिये
आसान या करोम या रहोम दुख पाप हरनते॥

४९

मेरो मन नाहो बहलियेरी ऊधो श्याम मधुपुरी जात।
कैसेके धीर धरों इन सोचन वह जात हम जानत
हमरो जिय वहगात॥

५०

काहा तुम गावत हो गायन नादविद्या अति
अपरम्पार।
गीत प्रवन्ध चारु धुरपद को कहो कौन प्रमाण
कंत गुणो रच पच हार॥
सप्तसुर तिनग्राम इकईस मुरछना बाईस सुरत
उनञ्चास कोटि तान को सञ्चार।
कहत बैजू बावरे ताको ढ़ुरन मुरन आरोहो अवरोहो
अलाप अस्थाई सञ्चाई प्रथम वोंकार॥

५१

काशी काश्मीर कामरू करनाटक बूंदो बुँदेलखंड।
मालवा मुलतान मेवाड़ खुरासान वल्खबुखार
गोकुल मण्ड॥
बीजापुर वङ्ग दवदकसान रूम श्याम भरत सम डण्ड।
कहत तानसेन सुनो हुमायंके नन्दन जलालदीन
अकबर जाके डर डरात ब्रह्माण्ड॥

५२

इन अखोयन विरह का बेल भई सींच सींच जल
असुअन पानी निशदिन होन नई।
उलहो लता पोहोपन ते अल पताल गई
जुगल चिरण को कृपाते सब तन ठाठ ठई॥
मड़ डड़ याडड़ रडा डस्। ड०तड डाजाड़ाभड़ानि॥

अथ गनागन भेद

५३

मगन नगन अरु भगन गिन यगन चार शुभ दान।
जगन रगन सगन यहि तगन अशुभ पहचांन॥
मगन तीन गुरु जानिये नगन तीन लघु होय।
भगन आदि गुरु होतहैं यगन आदि लघु जोय॥
जगन मधि गुरु होत हैं रङ्गन मधि गुरु पेख।
सगन अन्त गुरु ढूंढ़ले तगन अन्त लघु लेख॥
भूमि देवता मगन को नगन सुर गहो होय।
जल जानो तुम नगनको चन्द भगन को जोय॥
सूरज जानो जगनको अगिन रगन को जान।
सगन देवता पवन है तगन अकाश पयान॥

बिहाग—तिताल

लोग निठुर माईया मधुवन के लोग।
वेग पठयदे श्यामसुन्दर को सब ब्रज विरह वियोग॥
हमना जानत तुम एसो करोगे प्रीत करो किधौं योग।
सूरदास स्वामी तुमारे मिलन को कब बनहेगो संयोग॥

२

कैसेके सहोंगो माई पिय विन निशदिन दहत
अङ्ग अनङ्ग आग भभूके।
सेज समय सुवास शीतल हँस प्रवल होतहै
या समोरके झुके॥
वन उपवन ज्यों दामिन कोक चहुं देशत
देतहै फूके।
शाह कीरत मेरे मनमें यों बसतहै यह डर
डरपत हों जिन लागेरो आंच तन बाहुके॥

३

इन अँखियन मनमे विरहको बेल भई।
सींच सींच जल असुअन पानीरो दिन दिन होत
चाह नई॥
उलहत पातन नए सो बून्द पताल गई।
तानसेन प्रभु तुमरे दरस विन सब तन छोण भई॥

४

कठिन जियरारे पिया विन कैसे रहे ते अब न रहों।
गयो न निकस तबहो जब ललना चलन चलन कहो॥
कलल परत एक पल छिन एतो दुख मोपे
न जात सहो।

अपनी भरत जीवत दौलतखान विन निशदिन
विरह मनमें रहो ॥

विहाग—आड़ा चौताल

आज आजरे गढ़पति शाह जहाँगीर शाह रिझानो।
चहुँ चक जाको आन कबूल खुरासान लपक
झपक लीनो पग लागो राजा रानो ॥

विहाग—तिताला

सोहेरी यह शोभ सेहरो वनरेके यह।
मुक्तालरी मुख पर विराजतहै वरणन जात काहूरे ॥

२

हे अवला कछू भेद न जानै सेज चढ़ी तब पिया
सों डरो।
सोवत कंथ जो जाग परे तब कंथन धायके बाँह धरो॥
दोउअनके झकझोरन में अम्बर चूनर करतें कूट परो।
कर कामिन दीपक झपक दियो तेहि कारण सुन्दरि
हाथ जरो ॥

३

लोचन चुवत है चेत अचेत देखेमें।
जो कवल पतर तें तैसेही मेत धन धन मुक्ता विंव
यह तो देखेमें ॥

४

अङ्गोया लहंगा शोभित वनी मो भले बना।
चोएकी तोहे तिलक सोहे गरे एसोरी मानो तना
है तनो ॥
रूप रङ्ग कोतो कहा कहिये अतर अरगजा सों धमनो।
यह छवि देख रीझे शाह बहादुर धनी ॥

५

देख सखी पिय विन नागन कारो रात।
कबहूं कबहूं जोहोत जुन्हैया मानो उहट लटसो जात॥

६

तूषव छाड़ दे गलवाँही छाँड़ आनाकानी।
बहोत हसे घर वसे हम देखे राजा मानो सोई रानी॥

विहाग—चौताल

एतू देख देखरी प्यारे को उलट रूस रहन।
मैंजो गई कहाँहै सोतें मेरी आई कहन ॥

२

बैनो रात समय उर परचोनी बहोत लागारो कारो
सोठोरी।
कहुँ कहुँ पीके भोर भोर लागी मनोहो सुहाग
कारनी ॥

विहाग—तिताल

अल्लाका नाम जप मन मेरे जो तू चाहे तब हो
तनको आनन्द।
औगुण जेते करत सो सब छांड़दे आज़ सों चित
लावतो जाय तेरो दुख दूंद ॥

२

इन अँखियन को कहो मत जिन भूल करो कोउ
देखो यह परवम करेंगो।
वैहो अयानो जिनन पहचानो एक पलमें उठाय
यह मन टेगो ॥

३

माईरी तेज भलो जे मो सुख अपने सपनेमें पीया
मिलत।
जादिन ते मेरो नीद हर ले गए वारां इन इन
अँखियन भोरह्न लागत ॥

४

जीवन क्यों करहो अंग जानिये।
तें जीवन जग करुवा लागत मुझे न भावे को ॥

विहाग—चौताल

चलरी चल चलरी चल लेचलो तो पीयपे मेरो कहा
जो करिये।
हौंजो हेतु पठाई कित तोसों प्यारे सों कबहूं
न लरिये ॥

विहाग—झपताल

प्यारे देख देख तिहारे आवनकी सब निशि वाट
अबहो सोई है।

बहोत भावत हों अधिक जीयते वाको पीतम तुम
तबहो इतरात उत रात रहे जात उनहो उनहो
भाँतन तिय मोहो है ॥

२

अब सुध लीजै मेरी करीम रहीम हों पतित तुम
पतित उधारनहार करतार।
और काहूका नहीं आस तुमहो करो सहाय दुख
चिन्ता सब जाय सब तनंत यही रटतहों वार वार ॥

विहाग—अड्डाना

जीवन अब सब जगमें मेरो पिय कोनो जामें वास।
विलपत छांड़ गए अब हमको अबलो न बुलाए
अपने पास ॥
सांवरे एतो विसार दियो मोहि नाहीं हतो यह
उनसे आस।
किधौं एसे फन्द फन्दे जो मिलत सपनेहुन
आवनको लगो प्यास॥

विहाग—भरफाकता

आज पियके मिलवे को बात काहू सेतिय सुन आई है।
मनही मन मुसक्यात अधरनमें आनन पर पीत
जनाई है॥

२

अति मन चाहे देखन कों श्यामसुन्दर पिय विन
कल न परत है आली छिन उमगत नित हियमें आय।
जो कृपा करे हर मिलाय तो जिय सुख पाय दुख
द्वन्द दूर होवे तनंत तब जब अङ्ग भर वो मिले धाय॥

विहाग—चौताल

गई नींद उचट सखी मोवो हरो नेकन आई।
एक टग रही पाटी लग मग निरखत तैसी चलत
पवन पुरवाई॥
बेकल रहत रोम रोम तलफत परी विरह जो
नमाने मोरी माई।
मीन जल जोई शाहजहांके दरसन विन अङ्ग अङ्ग
सताई॥

विहाग—रूपक

नैन सलोनेरी तेरे नैननहो हरि वस कियो हरि
वस कियो।
दीरघ जमाल विमल विलोल कटाच्छन भर रहे
तापर कजरा दियो॥
भौंहे धनुष और चन्द सो वदन और कंचन सोतन
तेरो कमलकलिसो उठो हियो।
तानसेन प्रभु जान बूझ कर बोलवे को नेम लियो॥

विहाग—तिताला

कान्ह कहूं पाए नहीं हो हरि।
एक वन ढूंढ़ो सकल वन ढूंढ़ो सो कहूं अन दृष्टन
आएहो हरि॥

२

कौन उपाय कीजिए सजनीरी छिन छिन हियो
अकुलाय।
दरसन विन दृग तपत रहत तापे अतिहो अन्त न
तन ताय॥

विहाग—रूपक

ऊधो मोरीरे दुख हरवेको पाती पठाई देखातरे।
हौंतो भिखारी हो नन्दलाल के दरसन की सखी जल
प्यासे कहूं ओसरो अघातनरे॥

२

ललन परदेश घुमड़ आई श्याम बदरीया सहावटको।
साजन विन मोहे विरह सतावे बुँदरीया न रहे हटको॥

विहाग—तिताला

अधरपनको भेद जो ज्ञानी सोई जाने।
सप्तसुर तिनग्राम इकईस मुरछना की सुरत पहचाने॥

२

अल्लहके प्यारे नवी के दुलारे हसन हुसेन जगत
उजियारे।
तू करीम रहीम समीप बसो रहम गुन्हेगारके
बकसन हारे॥

३

सदा न काहू को रहो प्रीतमके गलबांह।
ढरती फिरतो यों गई जों तरुवरको छांह॥

मेहदी लावन दे बनरे अबही गारी दूंगीरे न डरुंगीरे।
कबकी में ठाड़ी ठाड़ी रङ्ग लिए रङ्गमें महारङ्ग
आली रैन बड़ीरे मेरी निंद गई है तुज तनरे ॥

बिहाग—आड़ा तिताला

वदन ढांप पोढ़ी लीला पट पहेरे मीस रहोहे प्यारो।
जबही घूंघट पट न्यारो करत पिय मानो जीन लजारो
आरस प्यारी पहरे पीतम परम विचित्र महारो।
शाह अकवर निहोर करत तिय है उठ चल हंस
बोल हो वारो ॥

२

भांदो कैसे दिनन माई श्याम काहेकों आवेंगे।
कोकलाकी कुहुक सुन छाती माती राती भई विरही
आगि ऊंधा फूंक फूंक जरावेंगे ॥
शाहजहाँ पिया तुम वहुनायक विरहिन के अंसुअन
को तपत बुझावेंगे ॥

बिहाग—ताल ध्रुपद

एतू देख देख प्यारेका उलट हम रहन।
जा कहुंसे आएहो पूछो कहाहे सौतें मेरो यह कहन॥

बिहाग तिताला

कोटि वरषलों कायम दायम होय अटल दरवार
जामें सरमाईको उनहो वार सकत काहु सङ्ग।
और जो जाको अरजताको ध्यान धरे करत निहाल
सब अङ्ग अङ्ग ॥
वेतो निपट प्रवीण अधिक चातुर तिनसों कैसें
छिप सकें अचार तान राग रस रङ्ग।
धन धन विधना जे एसो नर एक बनायो प्रताप वली
एक नवाव सालारजङ्ग ॥

बिहाग—आड़ा तिताला

है आजरे लोयन रस माते।
तोही सों पीत तोही सों हिलन मिलन तेरेही रङ्ग राते॥

२

वदन ढांप पोढी लीलो पट पहेरे रस रहो है प्यारो।
जबही घूंघट पट न्यारो कियो चाहत पिय मानो
है जात उजारो ॥

ललनारे परदेश घुमड़ आई श्याम वदरीया महावटकी।
एकतो विरह मोहे सतावतरी दूजे बदरिया
मारहे झटकी ॥

क्यों छैला छल कर दावे देवों मेनु छैला छेल तेनु।
हवे गोरीतुं की जाने इश्क दी गला भलावे ॥

५

आज इस्थे रहणारे मीयाँ हाँगे पंछी दिल
मिलाणा जानवे।
गोरी फकीरों दामान लेम दाना रहजांदे ईश्कदी
गला पछानवे ॥

बिहाग—तिताला

तेरी यानी वे माही ड़ाड यार तेंरोया गुमानी डाहाँ
वेयार।
ले चल मेनु लख थीं उनादे जिदड़ा माड़ो फेरी यांवे॥

२

मिलजा जानवे जिन्द तोलावो हुण साड़रे नालवे।
दोद निजांन्दा मेला ठेला गोरी फकीरी दाखले
मान ॥

३

माथों राजी रहणावे मीयाँ भूलदो की नाहो मेडा
सोणा मिलना।
तेरे मिलननु मेडा जीय चाहे ईश्क दोगला
चहणावे माहे मन विश नीके हमसब ॥

४

गड़ीयां निमाणी वेसुख देवो वे सुख तेनु हावे।
एही राजी रहे नित तेनु मेमे मड़ी तांड़े दरवाजे
देवो मुराद रवाणावे ॥

५

साड़े नाल खुशी रहणावे हाँवे मांड़ा सोणा।
महबूबांदी मान ले गला गोरी भली बूरी
गर चहणा वे ॥

काहेरे कोज वा कपटी की बातें।
श्रवण सुनत सुखहीं मिलन में पूंछत हो तातें ॥
सजनी तपत मिटाई समरको वाको मिल न करोरो कहांतें।
व्रजनिध विन मन धोर धरहो कैसे भटकत हो उन साथे ॥

७

मिल बिछुरन की पीर धीर लगावे सोई जानेरो वीर।
होसा दुहेलीहिरो श्रालो झेलो सबही शरीर ॥
या वेदन छेदन है तनको ज्यों मछली विन नीर।
अबके फेर मिलावो व्रजनिध धरहुंगो मन धीर ॥

८

में तेरो गुण मानोंगो हिता चितचोर मिलायदे।
वा रसीयाके अधर सुधारस हाहा मोय पिवाय दे ॥
मे यह तेरो यश कबहूं न भूलहों प्रेम झलका हूक मिटायदे।
व्रजनिध अङ्ग सङ्ग रङ्ग करहों अनङ्गहि जग मिटायदे ॥

९

ऊधो ककुअन श्याम करो जिन प्रतिपाल करत अद श्राचक काटत डरोय डरो।
ठग बटपार करत अत्रणनमें यातें वालगरो हम न नित प्रीत उन हरि सन अबहूं श्रान परो ॥
बहु चतुर कुव कुवन्याको लेगो रतन हरो।
भयो व्रजहीन अजहूंन श्याम विन डार परो तगरो।
जाको चीरता नन्दनन्दन को चहू लता वगरो प्रभु आसमान जब फाड़के देहोहे थिगरो ॥

१०

ऊधो काहे कों श्रावत जात।
वेनिरदई पीर नहीं जानत फिर बूझत बात ॥
जोगत भई मीन जल निकसत तलफत निशदिन जात
तज तन देह प्राण यह कैसे दरस लोग ललचात ॥
जबतें बिछुरि गये नंदनंदन पल पल युग सम जात।
विनति करत मान माधो सुखजे बसैयो नन्दतात ॥

११

मत आरे जानी अपनो दरस देखाजा।
चुन चुन लकड़ी चिता चुनाऊं अपने हाथ लगायजा ॥
जल बल भई भस्मकी ढेरी बदला होतो बूझाय जा।
शाह हुसेन फकीर साँईदा दिल दाग मिटायजा ॥

१२

मोकों पिया विना ऐसा रैन अंधेरो डरपावे।
घरी घरी पल छिन मोहे कल न परत मो विरहिन श्रान सतावे।
मदनमोहन विन मदन जगावे तातें कछून मोहावे ॥
जानकीदास मीन जैसे जल विन तलफ तलफ मुरझावे ॥

१३

जन मन हेरवा खेल भुलानो जननी।
गर्भ जनक जायो सम पायल प्राण तन कौन मयानो ॥
घरी पल छिन सुख धूम ललचायो सखोन सङ्ग जाय न यानो।
निशदिन खेल करत गुड़ीयन को सुध न रहो कछू देह अपानो ॥
जहाँ जहाँ वर व्याहन कों खोजत समझ समझ मन होत गिलानो।
एको गुण ढङ्ग भयो न मोको देखो मोह पिया पहचानो ॥
लगन मोधा व्याहन आए सज दुलह बनो रूपको खानो।
देख नगर नारो नर मोहि सादर लेन चले अगवानो ॥
चले लिवाय मदन अपनेको द्वार चार आदर बहु कीने भावर परत विप्रवर वाणो।
गांठ जोर सिन्दूर लगावत पानो ग्रहण कीयो निज जानो ॥
चले लिवाय मदन अपनेको विछुरत मात बहोत अकुलानो।
सुनो खास दारुण पत मेरो ननदो कठिन करो किलकानो ॥

कोन उपाय जनम भर निभवत हंसही लोग
ससुर अभिमानो ।
सब तें कठिन कलेश रैनदिन मेरी सौत बड़ी
दुखदानो ॥
एक उपाय समझ मन अपनो छिन छिन भरव
पीया घर पानो ।
लछणदास निभाव करे वे जनम जनम
जिन हाथ विकानो ॥

१४

मृदु धुन वंशी कान्ह बजावे ।
दिसा दुहेली एरी हेली सुन सुन मनल लचावे ॥
कलन परत एक पल दरसन विन घर अगना
न सुहावे ।
जानकीदास श्याम सों मिल हो कोउ कलङ्क लगावे ॥

१५

वंशी में राग विहाग सुनावें ।
सप्तसुरन और तीन ग्राम मिल मधुर मधुर स्वर गावें ॥
लाग डाट और उरप तिरपसों सुनतहीं मनल लचावे ।
कृपा सखी रस वस करलीनें वार वार बल जावें ॥

१६

रब्बका तादिल अहो दिल जानो ढोलन पाया ।
टाभोया आनन्दघन व्रजमोहन प्यारा धर बैठें वर आया ॥

१७

प्यारो पग होरे होरे धररो ।
जो गज चलत सुघररो ॥
असवट विछुवे पायल बाजे लाग जागे घर घररो ।
लुक छिप चल मिल श्यामसुन्दर सो मेरो कह्यो
अब कररो ॥
विष्णुदास कोई टोक उठेगो मोहे लागत है डररो ॥

१८

मेरो कह्यो मान लेरो मद माती कहा फिरत इतराती
श्यामसुन्दर सोरसीया पायो ताहि मिलन नहीं जातो ॥
हों जो मनावत तू नहीं मानत झूंठो सोगन खातो ।
विष्णुदास प्रभु सो मिलवेको सुव धरि हात नआतो ॥

१९

छोहरा छाड़ देरे कर मोरारे ।
बाट घाटनोही रोकत टोकत पनघटवा पनोया
भर जान देरे ॥
एसो लङ्गर ढीट बरजो न माने कहाकीता मेतोरारे ।
पीर पराई जानत नाही सास ननदको होरे ।
विष्णुदास तोरे पइयों परहूं हाहा खात निहोरारे ॥

२०

मेड़ा दिल ले गयावो प्यारा किन वल जाय पुकारा ।
सुनरी इगो असीवे दलकीता दुख दीता इन यारा ॥
सब निश जगदी पलक नलगदो बैठ रही लाचारा ।
अभिराम कृष्णदेव उपर तन मन धन सब वारा ॥

२१

धुनारा जोगो एक वेरोया मुख बोलेरे ।
कानन कुण्डल गल विच सेली अवतेरो मन खोलोरे ।
रास रच्यो वंशीवट जमुना तादिन कोनो कोलोरे ।
पूरव जनमको मेंहूं गोपी का अधविच पड़गयो
झोलोरे ॥
जगत वन्दी तें तुम करो मोहन अबक्यो बजाज ढोलोरे ।
तेरे कारण सब जग त्यागो अब मोहे कर सों लोरे ॥
मीराके प्रभु गिरिधर नागर चेरी भई विन मोलोरे ॥

२२

रासमें खेलत है पिय प्यारो ।
सुभग विलास वृन्दावन कुंजन रास करत वनवारो ॥
बाजत तान मृदङ्ग झांझरो श्रीमण्डल सुवल सुखकारी ।
जय जय कार होत वसुधामें गावत है सुर भारा ॥
नृत्यत प्रभु मेरो कालिन्दीतट मण्डली व्रजनारो ।
चतुर-शिरोमणि युगल जोरी पर सूरदास वलिहारी ॥

२३

हमारे आखन को टोउ तारे ।
राधामोहन मोहन राधा ए दोउ रूप उजारे ॥
गौर श्याम अभिराम मनोहर व्रज वरसाने वारे ।
शुक सारद नारद वलिहार उपमा वरनत हारे ॥

२४

श्याम तुम मुरली कहांते पाई।
करत नहीं अधर नते न्यारो कहां ठगोरो लाई॥
ऐसो दीठ मिलतही हो गई उनहीके मन भाई।
हम देखत वह पीवत सुधारस देखोगे अधिकाई॥
कहा भयो मुंह लागो हरिके वचन लियो रिझाई।
सूरश्याम को विवस करावत देखत मन ललचाई॥

२५

मोहन प्रीत करी में जानी।
दे विश्वास गयो तज मथुरा रति कुब्जा सों मानो॥
कपट भरो यो कारो तन तेरो कपट भरो सब वाणी।
आनन्दघन हित चितकी बात जानतहो बिरानी॥

२६

कबीरा बिगडार मोरे भाई तूम त बिगरे राम दोहाई
पारसके सङ्ग लोहा विगड़ा सों लोहा पारस होजाई॥

२७

सिन्धुके संग सरिता बिगरी सो सरिता सिन्धुहुं जाई।
कोयलके संग कौवा विगड़ा सो कौवा कोयल हो जाई
साधुजनके सङ्ग कवीरा विगरा सो कवीरा साधु हो जाई॥

२८

बैठे सुखपाल लाल आवत महलमें।
आगे आगे भोर भारी पीछे असवारी मारी बीचमें
रघुवर चलत चहलमें॥
चुन चुन कलीया ऊं सेज बिछाऊं चोवा चन्दन
चाचो चहलमें।
पोढ़ीय श्रीदशरथराज-कुंवरवर अग्रदास जन
दासी टहलमें॥

२९

पीवाढ़े सुख सेज सीताराम।
प्रभुजीके कनकमन्दिर पुहुप सेज्यों कोटि उदय
भए भान॥
देवता सब चोकी आए सनमुख हे हनुमान।
सरयुके तोर अयोध्यानगरी तहां विराजे सीताराम॥
कौशिकानन्दन जगत-वन्दन सूरत सुन्दरश्याम।
चोवा चन्दन और अगरजा कनक-डब्बा भर पान॥
दास तुलसी लाल ठाड़े खाना जाद गुलाम॥

३०

पढ़े पढ़े सारङ्गपानी। अखीयां में नोंद रमाणी॥
प्रभुजीके मुखहु जम्भाई। आई है लो देत कोशल्या माई॥
प्रभु धनुष वाण धर दीजे। आवन राहलामें कीजे॥
लछमनजो आज्ञा दीजे। तुम रङ्गमहल सुख कीजे॥
गावे मलूक दिवाणा। मेरी अरज मान भगवाना॥

३१

उनींदे नैन रतनारे राम सोनार चले शीतलजल
कञ्चनको भारी दीपक जोय होवार।
वलि वलि जात कोशल्या माई तन मन वारोंगी वार॥
खावो खाड़ खुरमा अरु मेवा मधु पकवान काथा
चूना लोंग सोपारी।
अरु चावत पानार कटि पर लाल काछनी काछे
ओढ़े पीत पिछोरी।
सकल भवन को शोभा वारों रघुवर जानकी जोरी॥
हास विलास विनोद परस्पर सुधीर रघुवीर।
तुलसीदास आस चरणों की हरहु विषम भवभीर॥

३२

लालनके नैनन निंद घुलानी।
मृदु मुसकाय कहत पिकवैनी यामिनी बहोत विहानी॥
ललित सेवे ललिता रच राखी रङ्गमहल रजधानी।
रतन परजक मनोहर जोरी सहज गात अरसानी॥
पाय पलोटत रुचिर कर सहचरी अङ्ग अङ्ग पुलकानी।
दासन दास सेन पिय प्यारी रसिक-जनन सुखदानी॥

३३

वंशीवट सखी पुलिन यमुनतट नीको मोहे
नीको लागे चन्द।
शरद सोहाई जामिन भामिन रास रच्यो नन्दनन्द॥
मण्डल निरत करत सब युवती प्रमुदित सकल आनन्द।
जानकीदास विलास रास रस सुख रतिपति भयो मन्द॥

३४

प्यारी आगे चली आगे गहवर वन भीतर जहां बोले
कोयलरी।

अतिहो विचित्र पुष्प पत्रनकी शय्या रुचि रुचिर
सर्वांगी तहां तुव सोईलरी ॥
घरी घरी पल पल तेरीही कहाँनी तुव सग जोइ लइरी।
श्रीहरिदासके स्वामी श्यामा कुञ्जविहारी कामरस-
मोह लइरी ॥

३५

रङ्ग भरे लाल रङ्ग भरी राधा रङ्गीलो प्यारी राधा।
एकतन एकमन एकही समान दोऊ नेकहु न न्यारे
होत सकत पल अगाधा ॥
रुचिसों रुचिलो भांति नैननिसों मैं मुसिक्यान
समकन में मन बढ़ाइ रङ्ग अगाधा।
तैसेई नवल सखा तैसेई कुञ्जविहारी तैसो मेरो प्राण
प्यारी परजोमन साधा ॥

३६

अङ्ग दुराय चलिए सङ्ग मेरे।
कहि मुख मौन अधर बांट दै दसन दामिनी
चमकत तेरे ॥
तजि नूपुर कटि क्षुद्र घण्टिका
नाद सुनत खग मृग सब घेरे।
कुम्भनदास स्वामिन वेग चली
गिरिधर गिरिधर के नेरे ॥

३७

मधुर मधुर चलत आज को रतिनन्दिनी।
लोचन अनी ललित पलक सन्द मन्द हंसत अलक
सुन्दर मुखकान्ति कमल चन्द नन्दिनी ॥
सौरभ भरि भरि दसन वसत चारा गजन वेश
रूप ईश अमरनारी चरण वन्दनी।
मानो तन जलद वसन वरसत रसमय सरसन
वल्लभ प्रताप विनय करत गिरि कन्दनी ॥

३८

तिहारोही दास अनन्य कहाऊं।
प्रेम भक्ति कर चरण कमल तव उमगि उमगि दुलराऊं ॥
तुमरो दरस परस कर बहु विध तुमको शीश नवाऊं।
तुमरे जस अजोगान दहरूं ललन तव प्रसादी पाऊं ॥
रसिक गोविन्द अभिराम श्याम प्रभु
तुम तजि अनत न जाऊं ॥

३९

अद्भुत रास रच्यारी एहो व्रज युवतिन मध रङ्ग मच्योरी।
गहन अन्त गान तानहो मच्योरी
मुरली मधुर धुनसों जच्योरी ॥
नवरङ्ग अङ्गन सप्त सुर सङ्ग मोहन नवल वर मिल
राधिका दोउ करत निरत सुमोहन जच्योरी।
झलकें अलकें हलत वेसर डुरत ग्रीवन मध रच्या झमक
आवन जमक पावन रमक गिरिधर तन जच्योरी ॥

४०

ये दोऊ आनन्द भरे हैं उमङ्गे दृगन कटाक्ष होत
एक सङ्गे।
नवदामिन घन मोहत अङ्गे बढ्योहै चौगुनो
रस सुख रङ्गे ॥
रङ्गरस वस दिवस दम्पति सरस सम्पति रस लहे।
अलिन भाल विशाल श्रमकण विविध विविध तहो
मारुत बहे ॥
अम्बर नल सो पीतपट दोऊ भूषणादिक जग मगे।
अरगजा और अगर अम्बर अतरसों अङ्ग रङ्ग पगे ॥
हेरिग सधर समाज हो रह्यो यो छवि निरख नैनन
रहन रह्यो।
यह रासमण्डल मोद छायो हेरी अति आनन्द ग्रोप
उजास भयो ॥

४१

भए नाद सङ्गीत प्रीत सों ललितादिक सुन्दर उठे।
तैसेई तन तैसेई शिर शिरक सघटे ॥
बजन मृदङ्ग सहंग धिधिकट भिधिपक्रकहलान विलाङ्ग
धाकुकुकुकु धिनन धिनन धिड़धांधमंकधा।
बजत वीणा मृदङ्ग सहांचङ्ग सुनत अतन मोतन तयो॥
रमा रंभा शची तरसत जात नहीं कातिक कह्यो।
हे व्रजभूमि धूम शोभित भई वरषत सुमन देवधरन
शुभ कई एहो दुंदुभी घोर सुहाई कोकल सुर
नवछवि छाई ॥

विहाग — तिताल

मैं बलिहारी रामको जाको पतित उधारन नाम।
किरीटमुकुट शिरभाल तिलक कटि पीताम्बर
तनश्याम॥
कर सरोज धनु वान विराजत भुज विशाल अभिराम।
कमलनयन मूरति साँवरो लख लाजत कोटिन काम॥
शरणागत आरत-जन-पालन अति कृपाल सुख-धाम।
मृदु मुसकानि वाणी करुणामय भक्तजनन-विश्राम॥
मत्तगयंद लजात चलनि पर अङ्ग अङ्ग वर दाम।
लछनदास विसारो न अस प्रभु निशिदिन घरी पल याम॥

२

निदरोया गई आली हरि विन मेरे नैननमों।
निश दिन सुरत लगी उनसों मन क्रम बैनन सों॥
कोटि करो विसरे नहीं घरी पल
भूल गयो चित चैननमों।
लछनदास सुरति सर वेधत पैननमों॥

३

कुञ्ज कुञ्ज दोउ व्रजराज लाड़लो रमत रजनी विमल
अरस परस करत केलो।
रसयुत नखशिख स्वरूप नन्दलाल रसिक भुव वन
विहार सङ्गसङ्ग अमित भए प्रेम खेलो॥
लछनदास सुख विलास छिन छिन अधिकात जात
रजनी बढ़त न ढिगई रसिक ढरनि सुरति वेलो॥

४

रसना बौरी रसमें अनुरागो राम नाम काहे न रटत
आगम निगम सारहो आपन आदि अन्तको बौर
निभावन हेतु जगतको ताहि विसारत यामें तेरो
कहा घटत॥
जाको जपत शम्भु ब्रह्मादिक रमत सकल घटमों
न विचारत पर अपवाद लागत भूल काम क्रोध मंट
हरत बढत लछनदास भलो जामें सब क्यो न सभारत।
मानो जानो जिय पाप विमोचन कामधेनु सुरतरु
फलदायक सुखद सदा दुखमूल कटत॥

नैन हमारे लागेरो वाही ठौर।
नटवर रूप वन्यो नखशिखला जात लख्यो आज भोर॥
अङ्ग अङ्ग छवि कहत न आवे शीश मुकट पर मोर।
लछनदास कमलदललोचन सुन्दर नन्दकिशोर॥

६

चाल बांकी प्यारो लागोरो मोहनको।
आज अधिक छवि देखा आलो गोपन गोहनको॥
लाजत कोटिकाम भूषण लखि अङ्ग अङ्ग सोहनको।
लछनदास मनमोहत चितवनि वांको टेढ़ी मोहनको॥

७

शरदसरोवर सुभगअङ्कमें वदनकमल चारु
फूल्योरो माई।
ता ऊपर बैठे जुगल खञ्जन मत्त भए मानो
करत लराई॥
कुञ्चित केश सुदेश सखोरी मधुपनको माला जुरि आई।
कुंभनदास प्रभु गिरिवरधरन लालन
है युवतिन सुखदाई॥

८

तेरे शिर कुसम विथुरे रह्या भामिनी शोभा देत
मानो नभनिश तारे।
श्यामअलक छूटो रहारी वदन पर चन्द्र छिप्यो
मानो बादर कारे॥
मुक्त माल मानो मानसरोवर
कुच चकवा दोऊ न्यारे न्यारे।
कुंभन दास प्रभु गोवर्द्धनधर वस कोने
नन्दलाल प्यारे॥

९

वह देखो बरत झरोखन दोपक
हरि पौढ़े ऊंची चित्र सारो।
सुन्दर वदन निहारन कारण
राख्यो है बहुत जतन कर प्यारो॥
कण्ठ लगाय भुजदे सिरहाने
अधर अमृत पोवत सुकुमारो।

तन मन मिल्यो प्राण प्यारे सों
नूतन छवि बाढ़ी अति भारी ॥
कुँभन दास दम्पती सौभाग सीवाँ
जोड़ी भली बनी एक सारी ।
नव नागरी मनोहर राधे नवलल्लाल श्रीगोवर्द्धनधारी ॥

१०

आज मेरे धाम आएरी नागर नन्दकिशोर ।
धन दिवस धन रातरी सजनी धन भाग सखी मोर ॥
मङ्गल गावो चौक पुरावो वन्दनवार धावो पौर ।
नन्ददास प्रभु संग रसबस कर जागत करहूं भोर ॥

११

देखो देखोरी नागर नट निरतत कालिन्दी तट
गोपिनके मध राजे मुकुट लटक ।
काछनी किङ्कनी कटि पीताम्बरकी चटक
कुण्डल किरण रवि रथकी अटक ॥
तत थेई ततथेई शब्द सकल उघट
उरप तिरप पर पगकी पटक ।
रासमें राधे राधे रटत रहे एक टक
नन्ददास गावे तहां निपट निटक ॥

१२

मोसों क्यों रूसत है प्यारी मेरे तो तुमही तन मन धन।
मोहन लाल कहत राधा सों मेरे तो तुमही सो नितपन ॥
अब कबहूं जिन मान करेगी यह कहि कहि लागत
उर सोहन ।
छीतस्वामी गिरिधरन अन्तर रति मोई हरे नागरके
गोहन ॥

१३

मोहन मुखारविन्द पर मनमथ कोटिक वारोंगी माई ।
जोई जोई अङ्गनि दृष्टि परत है तेई तेई रहत लुभाई ॥
अलक तिलक कुण्डल कपोल छवि
एक रसना मोपे वरणी न जाई ।
गोविन्द प्रभु की वाणिक पर
वलि वलि रसिकचूड़ामणि जाई ॥

१४

माई मोको चन्द लाग्यो दुख देन ।
कहांवे श्याम कहांवे बतियां कहांवे सुखकी रैन ॥
तारे गिनत गिनत हौं हारी टपकन लागे नैन ।
सूरदास प्रभु तिहारे दरस बिन बिरहन को नहीं चैन ॥

१५

दोऊ मिल करत हैं भावती बतियां ।
गिरिधरलाल कंवरी राधाके नखमणि अङ्क
लिखित उर छतियाँ ॥
नैंसे यों छिटक रह्यो उजियारो
पूरणचन्द शरद की रतियाँ ।
केलि कल्पनिधि यमुना श्रीभट वृन्दावन
फूल्यो वहु भतियाँ ॥

१६

सखीरी होत कहा समझाए ।
नैन वैन थकि रहेरी निरखि छवि
मन परो हाथ पराए ॥
गहे कोर उर बङ्क विलोकन कटतन क्योंहूं कटाए ।
नन्ददास नवहु भले जोवन मोहन वदन दिखाए ॥

१७

वणे सुन्दर श्याम गहो ।
मोहन सुभग शोभ श्यामा के चम्पा श्रीव जड़ो ॥
अङ्ग अङ्ग पहराय आभूषण देखोरी मुखको ।
श्री विठ्ठल गिरिधरन कहत यो रसको राम तुही ॥

१८

राधे तेरे नैनन किधौं वट पारे ।
नैनवान लागे उर अन्तर घूमत ज्यों मतवारे ॥
अञ्जन देके पिय मन मोह्यो खंजन नैन सवांरे ।
सूरदास प्रभु तुमरे मिलन को नाचत ज्यों नटवारे ॥

१९

मेरी आंखन सों डगर बहारो ।
जो एहो हरी मेरो पोउ पाऊं धारे तन मन प्राण
नैननही वारो ॥

सेज सवारूं चमर ढुराऊं मधुर मधुर सुर गाऊं।
रसिक प्रीतम पिय अबके मिले जो
तो नैननि सों समझाऊं॥

२०

माई हौं हरिकी अरु हरि मेरो जिन कोऊ बीच परो।
रस अनरस को होंहो समझों न टूटे प्रीति मेरो
कोऊ कछू करो॥
क्योंहुं न छाड़ों हरिको सङ्गम गुण औगुण या चित धरो।
रसिक प्रीतम सों प्रीत हमारी दुरजन देखि जरो॥

२१

बिन गोपाल नहीं कोऊ अपना।
कौन पिता माता सुत घरनी
यह सब जग रैनका सपना।
धन कारण निशदिन भटकतहै
वृथा जनम गयो सबहो खपना
अन्त सहाय करे नहीं कोऊ निश्चय काल अगन
सुख झपना॥
सब तज हरिपद-कमल युगल भज मोह निगुड़ तजि
हरिचरण जपना।
कहत दास वल्लभ गोवर्द्धन नाथ वल सदा सर्वदा जपना॥

२२

तर हरि श्रीगोवर्द्धन को रहिये।
नित प्रति मदनगोपाललालके चरणकमल
चित दइये॥
मन वच करम ध्यान धरिये नित गोविन्दकुण्ड
में न्हिए।
रसिक प्रीतम सुख दुखकी बातें श्रीगिरिधारीजी
से कहिये॥

२३

मोहि बलहै दोऊ ठौरको।
एक बलहै मोहि हरिभक्तनको दूजे नन्दकिशोर को॥
मन क्रम वचन यह व्रत मेरे नाहिन भरोसो औरको।
छितस्वामी गिरिधरन श्रीविट्ठल श्रीवल्लभ कुल
शिरमोरको॥

विहाग—चौताल

जेते गुण तेरे नाथ तेते औ गुण मेरे गने नहीं
जात गरुड़ध्वजगामी।
हौं अपराधी कछु नहीं जानत
कपटी कुटिल कुटिचरकामी॥
और पतित तुम बहोत उधारे तुम सब जानत
अन्तरजामी।
कृपाकटाक्ष तरे भवसागर
सूर पतित पतितन में नामी॥

विहाग—तिताला

हमारे आखनके तारे।
राधामोहन मोहन राधाए दोऊ रूप उजारे॥
गौर श्याम अभिराम मनोहर व्रज वरसाने वारे।
शुक शारद नारद बलिहारी उपमा वरणत हारे।
सूरदास प्रभु तिहारे दरस कों वार वार बलिहारे॥

मत जारे जानो अपनो दरस दिखाजा।
चुन चुन लकड़ो में चिता चुनायधी अपने हाथ
लगाजा॥
बल जल भई भस्मकी ढेर: अदनाहं तो बुझायजा।
शाह हुसैन फकीर सांइदा कुलदा खोज मिटाजा॥

विहाग—चौताल

चितवन पर मेरा मन वस कीना सांवरे सलोने
तेरे रङ्ग भीनो।
दीरघ दृगन विलोक कटाक्षन जिन सब कजरा दीनो॥
यन्त्र मन्त्र टोनासो कर कर सुन्दरश्याम सरस प्रवीणो।
सूरश्याम मनोहर हरत दिन देखे तलफत जों मीनो॥

विहाग—तिताला

अबतो यही बात मन मानी।
छाड़ो नहीं श्याम श्यामाको वृन्दावन राजधानी॥
भम्यो बहुत लघु धाम विलोकत क्षणभङ्गर
दुखदानी।
सर्वो परी आनन्द अखंडित सूरदास मरम लपटानी॥

सो केते दिन हैजु गए बिन देखे तरुण किशोर
रसिक नन्दनन्दन कछुक उठत मुख रेखे।
वह चितवन वह हास मनोहर वह वाणिक नट भेखे॥
वह शोभा वह क्रान्ति वदनकी कोटिक चंद विशेखे।
श्यामसुन्दर सङ्ग मिल खेलन को आवत
जोयउ परेखे॥
कुंभनदास लाल गिरिधर बिन जीवन जनम अलेखे॥

विहाग– ताल जयतिश्री

नींद नहीं आवेरी सजनी बिन पीतम मोरे नैन।
नेक पलक नहीं लागल मेरो जागिल मोरी रैन॥
एकतो विरहा आन दहै मोहे दूजे सतावे मैन।
रूपरङ्ग जिनके पिउ घरे सोवत हैं सुख चैन॥

विहाग—एकताला

चल बसीये वह गाँव जहाँ न बाजे बाँसरी।
वनन डोलं कटाऊं बांस सब उपजें न बांस और
बाजै न बाँसरी॥
काहेको विरह विथा तन उपजै काहेको नीर
बहात आंसुरी।
रूपरङ्ग देरन दमरी कैसे कैसे दाग मिटाऊं गासुरी॥

२

सइयाँ मोरे बारोके भंवरा कलीय कलीय रस लेरो।
छाड़त नाहीं सुभाव आपनो कोटि जतन कहि हारो॥
कर जोरे पांय परी बहु भातिन और करो मनुहारो।
रूप रङ्ग करमकी रेखा अरे टारी टरत नाहि टारो॥

३

ज्ञान विज्ञान वेदान्तको कथन जात मथन करि देख
रस नाहीं जीको।
तीर्थ व्रत योग ध्यान श्रमवादहै लोन विन असन
जिम लागे फीको॥
विषय सुख स्वाद दिन चार का पेखना भक्ति निरवेर
नोर पाद ठेको।
होय ब्रह्म प्रति पाद नो प्रेम न गान जिमि हैरु
मन कृष्ण नहीं और नीको॥

मोहनी—झपताल

कहो कौन सुखराज परिवार सुख छणिकहै छणिक
धन धाम स्थिर नाहीं।
छण करत भोग संयोग जिहि स्वादको छणिक
संसार जैहो काल खाहो॥
छणिक यह देह छण बन्ध धन जीय सों रहै पुनि
जाय छणिक छणिक माहो।
छणिक सुख लाग दुख सहेतो क्या कृष्ण जन भजहु
सुखसिन्धु सुख अचल ताहो॥

विहाग—तिताल

चरखा जरि बरि जाई ताग नहीं टूटइरे नाहक
सब मरो जाय आग नहीं बुतइरे।
चरखा देहो बनाय बढ़इया मोरा मितहुरे॥
जब लग तेल दीयामें बाती सूझ परे सब लोग।
जर गयो तेल भस्म भई बाती लेचल लेचल होय॥

राग खमटा— ताल धामा

बाजी बाजी मोहन तोरी बाँसरीया बाहो
वृन्दावन ओर।
पहरे उलट पुलट मिङ्गरवा तन मन सुध नहीं रहो
अब मोर॥

बरवा—एकताला

जहान में देखो ज्ञान बुझाय
अपना कोऊ नाहीं सङ्ग हरि बिन साथीरे।
दुनियां दौलत जिनम खजाना मुलक घोड़ा
और हाथीरे॥
जिनोके महल मोतीका जवाहर खंभ सों जड़ोया
झुमैहै हारपै हाथीरे।
तिनके नाहीं सङ्ग कोऊ साथीरे॥
जवाहर दांत में जड़िया। कुन्दन से अङ्ग रङ्ग भरोया॥
जिनोके चमकता होरा। तिनोको खाय गयो कीरा॥
जिनोके पहरने मलमल। सुगंध फुलेल अङ्ग मलमल॥
परीरु निरख करते सहल। तेई सब मर गए जल बल॥

मुलतानी—तिताला

प्रभुजी मेरे एकहो तुम अधार।
अब नहीं कोई मेरो वन्धु तुमहो हो संसार॥
तन मन धन सब तुमको अरप्यो
ब्रह्म सम्वन्ध लीनो धार।
कृष्णानन्द मो रङ्गरंगेहैं वार वार वलिहार॥

२

हरि विन और नहीं कोई दूजा।
वही निरञ्जन वही निराकार वही अलख
अगोचर सूझा॥
वही करता वही हरता जगतके
वही घटघट व्यापक बूझा।
ब्रह्म सम्वन्ध वही जगत उद्धारण
तन मन धन कृष्णानन्द मों बूझा॥

विहाग—तिताला

नटवर नाचत है सङ्गीत विवध भाँति गत लई नई।
बजत मृदङ्ग सरस भेदनसों तकिट धुमकिट तक
धिलाङ्ग तक धुमकिट धिधिकट थेई थेई॥
तापर पग नूपुर धुन बाजत थरर थरर थोभा
गिन गिन गिन गिन ठा गिन गिन गिन फिरत
चितवत आनन्द मई।
अवलोकन मुसक्यान परस्पर थो दिग दिग धदा
धदा थो दिग थादिग धिधि कट थेई॥

२

वन वन नाचत है पिय प्यारी सखी शरद रैन
उजियारी।
कुण्डल चमक भुंव मटक चटक मुख कुण्डल अलक
कपोलन पर झलकात ललकत निरख निरख
मुनिमन जुग मैन रूप मनहारी॥
ठुम ठुम चरण धरत धरणीतल छल वल करत हलत
कुण्डल श्रुति राजत मृगमद तिलक भाल पर
वे हंस देत कर तारी।
थेई थेई करत सकल गोपीजन उघटत सङ्गीत
थागरी थारो कुकु झन छिन छिन छिन अनुपम
छिन छवि छक कृष्णरङ्ग वलिहारी॥

३

कौनके गए धाम कहाँधो कोनो विश्राम कासों
बचन बोल आए मेरे।
कासों करोहै प्रीति कासों धों तारो है रीति कासों
छलवल कोनो को भई भावती कौन युवती के
जाय परे फेरे॥
कौनि यो पढ़ाय दई वशीकरण मन्त्र मानो सांचो
कहो लाल बाल कैसे घेरे।
लछनदास धन धन भाग हमारे जाके जाके विकाने
हाथ ताके भए चेरे॥

४

पिया प्यारो छांड़दे गलवाहीयां।
रास विलास सकल रस विलसे मृदु मुसकावत
कदमको छाइयां॥
वरसत नैनन रसमाते नोर करत वस मृदु मुसकाइयां॥
ललित निशारो कपूरन छवि छाई व्रजकी सब ठाइयां।
कबहूं छवि निरखत गहकरके कबहुं ठुमक चलत
गत पांइयां।
रसरञ्जित श्रीराधामाधो ख्याल खुशाल करत मन
भाइयां॥

५

मृदु मुसकात नैन अलसाने।
नन्दनन्दन वृषभानुनन्दिनी भरे नेहरस उर लपटाने॥
छवि लखि सकुचत रति मनोज गुण निकुंज कुञ्ज
सुख विलस लुभाने।
वरसत चकरस घुमड़ि घुमड़ विंव शोभित छवि
दामिनि सुहाने॥
शोभा निरखत ललित निशाको रास विलास केल
उरझाने।
ख्याल खुशाल करत त्रिभुवनपति वृन्दावन मध
सब सुखखाने॥

चितवन चितसे उरझोरी श्रीराधे कुञ्जविहारी ।
रास विलास करत नागरनट गह्वर वंशीवट
यमुना तट जित तित देखत शरदरैन उजियारी ॥
वृन्दावन शोभा बन आई हरियाली द्रुम द्रुम पर छाई
वेली नवेलिन फूल रही फुलवारी ।
वेणु बजावत मृदु मुसकावत रितु लख मदनरूप
लाज खावत ख्याल खुशाल विलोक पिया प्यारी ॥

७

श्याम कहां जान पावोगे लेहों अंग लगाय ।
दाव बनो है रसिक खेल में करूंगी सकल मन भाय ॥
उमगी मनमथ चाप मिलो क्योंन नैनन नैन मिलाय ।
याद बाढ़ी खुशी घरी पल पल में मोहन गोकुलराय ॥

८

कहांगो किन रैन जगाए रङ्गीले छैल मेरे आए ।
हमसे अवध बदो अनत विलम रहे किन मोहन
विलमाए ॥
सांचो कहो तुम कौन पियारी होरीके खेले पलाए ।
ख्याल खुशाल भरे नैनन में अबीर गुलाल लगाए ॥

(गोस्वामी श्रीवल्लभजी कृत तान)

१

कहोरी कोऊ वा प्यारीको बात ।
जब सुध आवत वा रूपको मन न रहत मो हाथ ॥
चन्दमुखी अनियारे लोचन सुन्दर बने सब गात ।
वल्लभ रसिक मग जोवत तेरो उठ चल मेरे साथ ॥

मोहनी—तिताला

लागीरी मेरी श्यामसुन्दर सों प्रीत ।
वेणु बजाय रिझाइरी मोकों नाचत गत सङ्गीत ॥
लोकलाज छाड़ि गुरुजन डर मिलिहों होय नचीत ।
एसो दाव करोंरी आली वल्लभ की योंहीं जीत ॥

१

सखीरी छवि गोकुलचन्द निहार ।
मोर मुकुट मकराकृत कुण्डल उरवर गुञ्जन हार ॥
वेणु बजावत मधुरे गावत मोह लई व्रजनारि ।
श्रीवल्लभ पियकी छवि ऊपर कोटिक मनमथ वार ॥

झिंझोटी—तिताला

कमली वाला यार मेडावो में तेड़े वारी वारी
जांदी यांहो ।
गंवक माहे आजा नन्द दे मेनु रहदा ध्यान तेंडाहो ॥
वल्लभ रसिक सानु दरस वेखाजो प्राण जीवाये मेडारे ॥

२

रे मन भजिये श्रीगोकुलचन्द ।
इनके सुमरेते सब दुख मिटिहै हुइहै सुख
आनन्द कन्द ॥
काहेकों रे तू भटकत डोलत अजहूं समझ मतिमन्द ।
श्रीवल्लभ प्रभुके चरण शरण गहे छाड़ि सकल
छल छन्द ॥

३

छैल छबीलो प्यारो श्रीरणछोड़ ।
भूपति जीत लाए रुक्मिणी शिशुपाल भागि गयो भोड़ ॥
उग्रसेन को राज करावत यादव छप्पन कराड़ ।
वसुदेव देवकी के तुम जीवन वल्लभ कहे कर जोड़ ॥

सोरठ—तिताला

दरसन दीज्यें श्रीगोकुल-चन्द ।
ललित त्रिभङ्ग सांवरे सलोने निरखत मिटे दुख द्वन्द ॥
शेष महेश पार नहीं पावत ग्राह ते उबारे गयन्द ।
श्रीवल्लभ पै किरपा कीज्ये जपत श्रीनन्दनन्द ॥

सोरठ—आडा तिताला

देखो सखी प्यारे मीत सुजान ।
जबतें दृष्टि पड़ी मो ऊपर बिसर गए सुध ज्ञान ॥
यह शोभा कछु कहत न आवे हैं सब गुणकी खान ।
है वल्लभ रसोया मो मन बसोया वारों तन मन प्राण ॥

विहाग—जङ्गला

कठिन लागी सोई जाने दृग उरझनकी पीर ।
को समझे कासों कहै सजनी लगीहै कामको तीर ॥

सुधि आवत छतीयाँ दहै भर भर आवत नीर।
वल्लभ पिय बिन कल न परत है हिये धरत नहीं धीर॥

झिंझीटी—तिताल

जय जय श्री गोकुलेश काटो कलेश मोई।
सात समुद्र सात दिवस प्रलयवृष्टि छोई॥
बूड़त व्रज राखि लियो मघवापति खोई।
गोपीग्वाल बच्छ गाय इक टक मुख जोई॥
ऐसे प्रभु अधम उधार दूसरा न कोई।
अधर गिरि लियो उठाय आनन्द सब सोई॥
सुरपति चलि शरण आयो चरणरेणु धोई।
सुरभी अभिषेक कियो गोविन्द यह नाम दियो
कुसुमनको वृष्टि करी प्रेमरस जो बोई॥
गर्ग मुनि बांची पत्री नारायण सम होई।
सुनत नन्द हरष भयो वल्लभ पति सोई॥

२

कुञ्ज भवनके द्वार रङ्ग रस माच रह्यो।
रास विलास करत प्यारी प्यारो मुरली मधुर सुर
गाय रह्यो॥
उरप तिरप और लाग डाट सों थेई थेई तता
थेई नाच रह्यो।
वल्लभ युगल नृत्य करत हैं ता धिलाङ्ग गत ताण्डव
लाग रह्यो॥

राग सोरठ—तिताल

प्यारी राज मानो जो बात हमारी हूं तो टारी कहाऊं
थारी।
अब जिन अन्तर राखो मोसों तेरी छवि पर जाऊं
बलिहारी॥
सुघर सलोनी चतुर कहादों चलिये बेग सवारी।
वल्लभ पिय पें किरपा कीजे तुही है बड़ा हितकारी॥

२

तूं तरुणी सुन्दर मन मोहन मुखहू न बोलेरी।
काहे मान कियो तें प्यारी क्यों अब छतियां छोलेरी॥
विरह विथा काहे तन तावे मांचे क्यों नहीं खोलेरी।
पायँ परो मिलो पिय वल्लभ सों प्रेम रङ्ग क्यों न
घोलेरी॥

सोरठ—जलद तिताला

अरे प्यारी जाने देखो जब कोरे।
सुध न रही मो तन कोरे। प्यारी जा०॥
नैन बान लागे उर माहीं माधुरी मूरत चित अटकोरे
प्यारी जा०॥
रति रम्भा सब देख लुभानो शोभा यह जगकोरे।
प्यारी०।
जियको प्यारो वल्लभ साथ न जनम जनम कोरे॥
प्यारी जा०॥

२

सुनहो छबीलो प्यारो रूप भरे छे थांरो गात।
धन जोवन को गरब न कीजे चालो करो नै पीय
सों बात॥
समझाई समुझत नाहीं न सुनो थोड़ी रही अब रात।
वल्लभ पियका जोवन हुंदा वैतो जोड़े छे थासूं हाथ॥

सोरठ—तिताल

म्हारो मन मोहे छे श्रीगोकुलचन्द।
कृपाकर म्हाने अपना आपा काटे सबही फन्द॥
मोहनी सूरत माधुरी मूरत पर वारों कोटिक इन्द।
श्रीवल्लभ प्रभुकी छवि निरखत बाढ्यो मन आनन्द॥

काफी—तिताला

कृष्ण नाम है साररे मूरख नहीं जानो।
विषय वासना भूल रहो है बांध्यो मोह के जालरे॥
वेद पुराण श्रीभागवत भाषत हरि भजि उतरे पाररे।
जप तप तीरथ नेम धरम व्रत श्रीवल्लभराज कुमाररे॥

मुलतानी—तिताला

प्यारी बतियां मानले रङ्ग भीनो रतियां जाय।
जो दिन जाय आनन्दमें आली सो दिन आवत
हथोयां धाय॥
इतनो अरज मेरी मानले प्यारी प्यारेकों रस
रतीयाँ बताय।

श्रीवल्लभ पियको जीवन प्यारो प्यारे को काहे न
छतीयां लगाय ॥

राग भूपाली—तिताला

प्यारे को समझायेरे सौ सौ बार।
इतनी अरज मेरी मानले प्यारे रति जाय बीतिन
हार ॥
मोतन सनको तुं हो मालक राखुं होय को हार।
लागी लगन छूटे नहीं वल्लभ मैं तो प्यारे तेरे नाम ॥

कजरी

प्यारो मेरा लुभाना मन तोरे अगना।
आधीरातके पिछले पहरे प्यारा मैं देखा तोरा सपना ॥
रतन जड़ावके हार बनाऊं कर पहरूं होरी कगना।
वल्लभ पीय को जीवन तूंही निशदिन नाम तोरा
जपना ॥

राग बरवा—ताल धमार

कुआ पानी न जइहौं मेरी पतली कमर लचकाय।
घर बाहर जब निकसुंरी आली
प्यारो देखि देखि ललचाय ॥
हाथ जोड़ कर विनती करत हैं प्यारो हाहाकरे
परे पांय।
मकुच रहो मैं बासुरी आली प्यारा देखि देखि
ममिकाय ॥

राग खमाज—ताल धीमा ति

प्यारो लागे हो प्यारोजी तोरी छोटी छतीयां
छोटी छतीयां चाहे चोन मतीयां।
दरस दिखायके मोह लियो मन तेरे फूल झरत
सुन्दर बतीयां ॥
तो बिन छिनन सुहावे न मोको कैसे कटे प्यारे,
दिन रतीयां।
वल्लभ पीयाको वल्लभ तुंही चाहे भई प्यारी
उनमतियां ॥

देश—तिताला

छबीली प्यारी मन मेरो मोह लियो।
एकतो सुन्दर वेणी दूजे मीठे बैना वल्लभ चित हर लियो।

बिहाग—तिताला

प्यारी तेरे नैना जादू भरे मनसुख रहन अरे।
समझाए समझे नहीं याते दिन दिन होत
खरे हा खरे ॥
दरसन बिन अकुलात पल छिन घरी घरी कल न परे।
श्रीवल्लभ पियको प्राण प्यारो दुख मेटे सुख करे ॥

पिया मुख जोवत मतवारी भई मैंतो देखनको
सुध भूल गई।
मैं जानू पिया मोहे मिलेंगे पीयाके मिलन को
हों गई हों जो गई पीया हम जो नई ॥
तन परसो दुख बिसरेंगो प्यारे जबते कंठ
लगाय लई उधन ताप दई।
श्रीवल्लभ पीयाको प्राणप्यारी जो तन मनमें
प्रेम भई पीया प्रीत नई ॥

सिंधी खमाच—ताल तिताला

प्यारे पीया परदेश गमन कियो तबते मदन सतावेरे ;
जैसो अधराती तैसो जेठ दुपहरो मितवा क्यों
नहीं आवेरे ॥
सास ननद मेरो घरमें नाहीं या समय बन आवेरे ;
तब आनन्द होय मन मांही जब वल्लभ आन
मिलावेरे ॥

२

सजि सिङ्गार प्यारी बन बैठी प्रीतमको चित चाहेरी ;
सखि शिख रूप निहार दर्पण में चकित भई
उठि धावेरी ॥
तारे गिनत गिनत मैं हारी तन के मदन सतावेरी ;
सग जोवत बीती निश सगरी श्रीवल्लभ पिय
कब आवेरी ॥

[illegible]

और सिङ्गार सबै पहरूं बीच पहारे दई मोरे हरवा,
बारा बरस पाहें सइयां मोरे आइलो बीच परो दई
मोरे हरवा ॥

विहाग ख्याल—तिताला

नन्दको निगर अतिहो ढिटोना श्याम सलोना
रोझ रिझोना वाको चितवन में है टोना ।
रूप उजागर रसके सागर गुणआगर नटनागर
रसिक प्रीतम मन मोह लियो है मोहे ना भावे
खाना पीना सोना रहना भौना ॥

झिंझोटी—तिताला

तुमसो लागिला झाँड़ा मन मनड़ा कलन परत
घरी पल छिन साँवल वालो गोरी हो ।
विरह विथा को में मारी मरत हूँ विन देखे जोय
धीर न धरत एगो गोरीहो ॥

टप्पी ठुमरी—ताल तिताला

सांवलीया प्यारा सइयाँ मोरा जावे परदेश ।
गोड़वा में परी परी सइयाँकों मनाऊं तुम मत
जावो पो विदेश ॥

२

गढ़ पर किन बधाई नवरङ्गीया ।
राजाभो आए वारो बाबूभी आए आए अमान सिंह
रङ्गीया ॥

जयजयन्ती—तिताला

प्यारे सुगनारे वारी लिले जाय ।
दाना खाते पानी पोते बोलत मधुर सुहाय ॥
चन्दापुर हम खेती कहलूं सूरजपुर खलीयान ।
एटोज जोवना के बैल बनावूं सइयो कों
करिहों किसान ॥

२

प्यारे मों उमरीयारे योंहीं वीती जाय ।
आप तो राजा नगर कों सिधारे हम लख जोग पठाय ॥

झिंझोटी—तिताला

नैन कटरोया ने मारारो मेरो जान
नामें मारूं छुरीय कटारीया न बरछो नरवरीया ने मा० ॥

२

धराय देती दोय भूलनी तुम काहे कों रूसो जाय ।
बाबुल विदा करो मोरी काहे कों बलमा रिसाय ।
घरमें भौजी डोलीया सँवारे बाहर चार कहारवा ॥

अब तोह तोहैन पहरूरे करके कगना सइयाँ के
अङ्ग चुभ चुभ जाय ।
लोने सुलोने पो श्याँम सुन्दरवा पोठ नरम पर
चुभ जाय ॥

विहाग—जयजयन्ती

ढुरक गईरे मोरे सिरको मटको नन्दनन्दन
धर बहीयाँ झटको ।
जात हती वृन्दावन सजनी लपट झपट गहे
गान खटको ॥

विहाग—जङ्गला

बाजोरे वृन्दावन वंशीहो ।
झनक सुनत सुध बुध सब विसरी लागी प्रेम रङ्गसो हो

२

मुरक गईरे मोरे कानोंटी मुरकोरे ।
जावो नन्दलाल पीया हमसे न बोलो गुइया मुरक
गई चुड़ीयाँ करकोरे ॥

मुलतानी—कंसटा

मन मोरी सजनी बंशी मधुर सुर वसको ।
श्रवण सुनत सुध रही नहीं तनको हंस वस कर
अपवसको ॥
ज्ञान कहत सुनो नन्ददुलारे यह गउअन व्रज
को घेरा ।
एसो समय बहुर नहीं पइयो कदम तरे धर मटको
बतीयाँ करो रस वसको ॥

३

मन मोहन मेरो अङ्गीया केसर रङ्ग डारो ।
फागु खेलन आए नन्ददुलारे ग्वाल बाल सब घेरा ॥
भर पिचकारो मारे मुख पर सारो भीज गई तन
सारो मोरो ॥

राग कालिंगडा—तिताला

हमसें नजरीया काहे फेरो हो बालम् ।
हाहा करत हं पइयाँ परत हूं वारे वारे जाऊं
सौसौ फेरोहो ॥

मूलतानी—तिताला

सइयाँ मोकों सालुडा रङ्गायदे अनमोलनो।
चुनरो रङ्गायदे रङ्गीलो घटकीलो मोवनाकी लागो
लगायदे॥

२

टोडी टांडीरे लागो बिछुवा काटारे काटारे काटारे।
आधो रात के असलेमें बिछुवा बैठा डंकमें आय हाय
उयहुय काटारे॥
वैद बुलावो मोरा नाड़ो दिखलावो कड़ कड़ कड़
चुड़ोया बोले हाय हाय उय उय काटारे॥

३

पचरङ्ग महदो ल्यावरे अरे रसमालो के कोछरा।
मनमोहन पोया ल्यालन चढ़ाया अरे तोरा बना
के घर चावरा॥

राग प्रदीप—ताल चर्चरिका

चिलम भरत मोरी जरली चुटकोया सइयाँ
निरमोहीयाके माथहो।
आब अहूँ पुरवेयारो ननदो गोहटा न सुलझत आगहो॥
नाकेसे मोरे सइयाँ चिलम गढ़ली जरगई हो
नरम करेजहा।
आगी लगाऊं कायरो तेरे कायरनुवा जहवाँ
सुरनीयां न हाय हो॥
अगरा सुलगावत हाथ थकोले पलवा भभकत
कर टोयहा।
बाबा जो दिहले नोमन सोनवा माई ल्या दिहल
पटोरहो॥
भाई जो दिहले चढ़ने कों घोड़वा भाजो
महुरवाके गोठहो।
नोमन सोनवा में नाटिन खहहाँ फट जैहे लहर
पटोर हो॥
भैयाके घोड़वामें नगरको टेहों भाजोके अपयश
हो रहो।
पाकल पनोवा तूं खाले ननदुईया पोयउ
सुरगइयाका सुधहो॥

हालो वे डोलीया फन्दायदे ननदुइया कोथ चले
बड़ो दूरहो।
बाबा के गोवले गङ्गा बहतहै माई गारन जल धारहो।
भाईके गोवल भौंजल पटकवा भाजो कठिन कटार हो॥
भादों नदोया अगम भई सजनो सूझत न आरन
पार हो।
केवट दईजर बादर दोया न बूझे कौन विध
उतरव पारहो॥
निरगुण सिन्दुरा मगायो रे बाबुल सबों में भरा
तो मागहो।
मांगो भव फिरायोरे बाबुल गांठ टई निरङ्गारहो॥
अबके गवनवा फेर नहीं अवनवा भेटों सखवा
एक बारहो।
कहे कबीर मोरे नैहर छूटे अपने सइयाके बलिहार हो॥

२

बार बार वृन्दावन जाइबोरे सजनो मोहन
मचावत रारहो।
दधिया के मिस मारी जोवन के टानया केह विध
दिहवों मुरारिहो॥
नित प्रति यह मग अबोरे संबो कमे निभई
करतारहो॥

३

दधिया के भंवल मुरख कन्हैया गहल अचरवा मारहो।
लेकर चोर कदम पर बैठा हम जल मांह उघारो हो॥
नवकचार मेरे दे डालो मोहन हाय जाऊं जनमे
ल्यारो हो॥

प्रदीप—झप्ताल

हाथ धनुइया गरे मोहन माला बहुत कंवर दोनों
साथहो।
मज्जन करत नीर सरजूके सङ्ग मांहि लछमन
भ्रात हो॥
छोटे छोटे हाथन छोटो धनुया मारोहै ताड़िका
नाथहो।

काट जान मत भूलो जनकजा सब वीरनके वीरहो।
तीनलोक वाके उदर वसतहैं भवभञ्जन रघुवीर हो॥
सावल वरण वर है हमारा हम वाको अरधङ्ग हो।
भूमि भार उतारण कारण मैं हूं वाको नित सङ्ग हो॥
हर हरें वांस मगावो जनकजी ऊंचा मण्डवा मांड़ हो।
तिरवेणी का नीर मगावो लगन धरवावो पांड हो॥
हाथी आवे घोड़ा आवे आवे सब परिवारहो।
क्षिनवा चलवाके भात करावो विवध मिठाई अपारहो॥
तुलसी दासी मङ्गल गावे व्याह रच्यो जनक द्वारहो।
हीरा रतन जवाहर मोतिन दीनो दान अपारहो॥

देसी ठुमरी—तिताला

सांवलो सुरतीया मोठी तोरी बोलीयारे जानी जानीरे।
गङ्गवा नाइले टीए मज्ञावरीया कांध तेरे धोतीयारे
जानो भला जानीरे॥
खिरकी पै बैठल जनुवा मारल नजारवा गुंडवा
तड़फेरे जानी भला मन जानारे।
सानिके कटोरवा जनुवा तेलवा फुलेलवा सोनिके
कङ्गीयारे जानो भला जानीरे॥
मिसीया लगावल जनुवा जीय तड़फवले रे जियरा
मारमरे जानी जानीरे।
तोरेरे कारण जानीया लाटो पाटो चलिहै
बिकुवा बाजारेरे जानीरे॥
आधी आधी रतीया जनुवा पिछली पहरवा मोरवा
कहुके रे जानी जानीरे।
तोरेरे कारण जनुवा माय बाप तजलूं तुमको न
तजलो ना जानो जालो रे मन॥

मारीया ककारे सुरतीया पीया मार भूलन लागे।
सिथयाके चोरी चोरी पङ्गला छवावत खिरकी
रखतोरे गोरी॥
मोरनाकी थरीयामें जेवना परोसती धाउ ना
खाइतोरे गोरी।
जेवकी सिरोया सइयां मोरे हंसलेवे गोरी गोरी॥
सुन सुन कलीया भजीया विछावत रे
सुतवैथा वैरीया सइयां डसेरा गोरी गोरी।
पइया पर परके मनावत रे गोरी॥
मोरे छांड़दे पचरवा पावा भोरवा भइलोरे।
सगरो रयन पीया मिलनो वटोरला हो
सौदागर पोउरो॥

२

कोरीरे मटकीयामें जमाय रख दीना।
जात हैरे कान्हा दधियाके भूखल जमाय रखूं दीना
कान्हा॥
कोरी कोरी मटीया में दहीया रे जमाइरे की
गड़ुविया हमरो ना कान्हा।
दही मेरी खाए कान्हा मटकोया मोरी फोरलेरे
गिड़ुवा हमरोना कान्हा जमुना नहावलरे
गड़ुविया हमरो ना कान्हा॥
इहि पारे जमुना कान्हा ओहि पार गङ्गारेके नाही
बिचवाना कान्हा जाइले सैया नाहि बिचवाना
कान्हा।
सोलिमे गोपी कान्हा पार उतरले रे संगी गुजरीयारे
कान्हा रखले लोभाय रे कहना गुजरीया कान्हा॥

४

अरे माधो बोलनो उमगोया अब कहां करिएरे माधो।
पीपी पानीके माधो करिला सयनवा रुखवा
टिहलरे माधो अरे माधो॥
जो रे होतो माधो बनकी कोइलो शबद
सुनातीरे माधो।
पीया भैरे आते बगीचवा नाके गावतो गोरी
अरे माधो॥

राग कालिङ्गड़ा—ताल अधतला

श्याम बजावत वीणा आली श्याम बजावत वीणा
कवन विधि देखन जइ हरि सजनी श्या०।

करके सिङ्गार पलङ्ग पर बैठी रोम रोम रस भीना ॥
अङ्गियाके बन्ध तरकन लागे जोतन छूटे पसीना।
आलीरी श्या० ।
आठ मास ना कातिक न्हात शिवका बरत भलाकीना
ए विधना तोरा कहा बिगारा छोटे कंथ मोहे दीना।
आली० ॥
अन्न बिना जैसे प्राण दुखित भए जल बिन
तलफत मीना।
छोटे कँथ की नारि दुखित भई फागुन
मस्तीका महीना ॥
सजनी श्या० ॥

परज तिताला

वेसोरी लागावि राज पानी।
होंतो थारो दासी वारो तू माड़ा सायदा अरज
करंछ महारानी ॥

खेमटा--तिताला

मैला दिल मत रखो मूरख उजला दिल चाँदनी चौक
दिलकी सफाउकी आई जाम बहेतर दसके हसदम ॥

२

कौन देश देश वे बालमराज बिलम रहेजो।
इश्क दी वेड़ी वारी ना पहरूं थर थर कांपे माडाजो॥

परज--धीमा तिताला

मेरा माहीढ़ा झोखे वाली मीया केड़ा माही झोखे
वाली मीया भूल क्यो गयानी वे मेरा।
तांड़ो मिलनदी वारी चाव धनने रीसोरी तूनो
जोरन जान समझा वाला मेरा ॥

धनाश्री--ताल जयतिश्री

आज गोकुल में गोपीनाथ कहूं देखे तोको
मोको बतावोरे लोग।
जोमें जानतो हरि मधुवन जात रखती चरण
धरावोरे लोग ॥
वह शोभा वह रूप मनोहर नटवर वेश
बनावोरे लोग।
नहि विधना पंख मोहे दीनी उड़के वहां हम
जावेरे लोग ॥

कारे करूं कछु वस नहीं मेरो लोक लाज भई
दुरावोरे लोग।
कृष्णानन्द में रीझ रह्यो कोऊ बाको
मिलावोरे लोग ॥

राग परज—धीमा तिताला

चञ्चल नैन मतवारे तिहारे क्यों वड़मारे ए दई
मारे कजरारे।
मीया शोरी तेनु घायलकी तारण अरी
विच डारी मोरे प्यारे ॥

२

मेवारी आज रह जावे मेंवारी आज गुड़ी रातवे
वीणां कुण नहीं रहदा भला वेमीयां।
सासड़ोया तानु पुत्र भले राम वन भूलन वेखे
जाव खांतो फेरीया पांदे जीवन को थे न लेखे ॥
सासड़ोए समझाय पुरन नहीं उठ जासो पाखे ॥

३

लाल बनोजी जीव महाराज।
साज कंभरोया वागा आया थे म्हारा शिरताज ॥

सोरठ—तिताला

वारी जाऊंरे सांमलिया तुझपे वारना हो।
मात पिता की बंध छुड़ाई, नन्दराय की धेनु चराई,
यशोदा भरम भुलानो झूले पालना हो ॥
केशी कंस हतन व्रज रक्षक, अघा वघा तृणावर्त्त भक्षक,
यमलार्जुन और पूतना तारना हो ॥
व्रजमें प्रगट भए हैं जबते, सबके दुःख गए हैं तबते,
कूद परे काली दह विषधर टारना हो।
इन्द्र रिसाय गयो व्रज ऊपर, कोई न राखन हारो भूपर,
कृपा करो कान्हार कर गिरवर धारणा हो ॥

पहाड़ी--तिताला

दे बताय नन्दलाल प्यारे दंशी कहां विसारी हो।
मुरली को टेर जगाय बोलावत हमको अति प्यारीहो॥
हंसी के हिय बलिहारी मोहन सों अधरन
वंशीधारी हो ॥

आज ह्रन्दावन कान्ह वंशी बजाई।
लोक लाज कुल कान तजी सभी व्रजयुवतिन
उठ धाई॥
रवि शशि थक्यो थक्या जल मारुत भूमण्डल
धुनि छाई।
चकित भए देव ब्रह्मादिक शिवको ध्यान टराई॥
पशु पच्ची अमरा नर मोहि कालिन्दी न बहाई।
कौन मन्त्र पढ़ डार कान्हरते तेरी गति कही
न जाई॥

पहाड़ी—ताल पश्तो

राम कहो राम तेरे मुखमें जबाँ हैं के नाहीं।
जिसको तू कहता है अपना सोभी सुपन है के नाहीं॥
जिसको तू देखे है नजरसे सोभी फजर है के नाहीं।
कुछ नहीं करता है उसको कुछ भी मिलता है के
नाहीं॥
जानाहैं रहनाहै नाहीं कालबनी कयामत के नाहीं।
उलफतो महोब्बत इश्क उससे करनाहै के नाहीं॥
हाहा कर कहता हजार दिल तू मानि है के नाहीं।
तिफलगी खोके जईफ हाके समझते के नाहीं॥
वे अकल कहता है दम पल तुझे कल है को नाहीं।
नेक नामी की फिकर अबभी करना है के नाहीं॥
लाखोंही इस तखतेमे आए हसरते की है का नाहीं।
खाक भी पाते नाहीं गवांके हुवेहैं के नाहीं॥
गुलजार चार रोज सिर पर जोहे के नाहीं।
बोलते से बोलो बोल प्रेमरङ्ग है के नाहीं॥

२

मदनमोहन बिन देखेरी सजनी घर अगना
न सोहावे।
जब देखत तब होत चैन जीय बिन देखे अकुलावे॥
चित चढ़ रही है सांवरी सूरत उर ध्यान नहीं आवे।
जानकीदास विलास सकल सुख जो पिय
दरस दिखावे॥

जयजयन्ती—तिताला

मन बसमें नाम जपाय करत रघुबरको अनुराग
अनोखो।
गरभ बासते अपनो कीनो अपनो प्राण तन
मेरो पोखो॥
भोर परे भव टारत तुरतही सुख सम्पत
पहुंचावत चोखो।
प्रेमरङ्ग कियो भगत जगतमें निजपद पावन
को गयो धोखो॥

२

जगमें दोखत कोई नहीं देख सब जग देखा
राम तुमही।
लख चौरासी भेष बनाए जो जैसो तुम तैसे वही॥
जहां जिय जात तहां तुम संग हो जान देत चले
जाहु कहीं।
प्रेम रंग भक्तन मों परते करमनके बस वहत नहीं॥

३

माई आजतो वन वंशी बाजी नन्दकिशोरको।
एक फिरे दौरो दौरा एक ठाड़ो बाही ठौरो
एक चले होनी होनी जैसे गन चारको॥
एक सखी आवे जावे एक सखा तान गावे एक वस्तर
पहरे आवे माथो मान चन्द्र चकोरको।
रास रच्यो ब्रज माहीं ह्रन्दावन तहो ठाहीं
सूरदास निरखि छवि नित वाही ओरको॥

४

गेंद चु गई माई काहूको न आयके।
करको मुरली लीनी काहू समय पायके॥
कानन की कुण्डल लीनी मुकट जरायके।
चोरनके भाग जागे येही सुख चोरायके॥
सूरदास मदनमोहन हरिगुण गायके।
ह्रन्दावन कुञ्जन मध श्यामा श्याम रिझाय के॥

५

वंशी बाजी सांवरे को कालिन्दी के तीरहै माई।
हौं निकसी सिर धर मटकी भरन जमुना नीर माई॥

चल न सकों भूलो मैं मगकों व्याकुल भया है शरीर।
प्रेम के वस भई मोरो मजनो तासुन भींजि चीर॥

९

मान न कीजे अपने पीया सों मान लीजिये
गाथा गानो।
तुमतो महाप्रवीण सकल गुण यह विनती मेरो
मान मयानो॥
विपिनविहारी कुञ्ज बुलावत चित सनेह रितु
तुम उठानो।
करिए ख्याल खुशाल रात दिन राम विनाम
सकल मन मानो॥

७

राजत कुञ्ज निकुञ्ज भवन में सुख विलसत मिलके
पीया प्यारी।
मोहनी रूप धरे मनमोहन गोपिन लोभान लाल
निहारी॥
लजत फिरत सैन मैन लखि मृदु मुसुकान विंब
सम छवि भारी।
निशदिन रसिक खुशाल करत नित भाउन ललो
नन्दनन्द अपारी॥

८

नैन लगे व्रजराज राज से छटत ना सखो छुटाएरी।
करत चपल रस केलि रात दिन भरे नेह उमगायेरी॥
लख लख ख्याल खुशाल लोभाने अटके टरे न
टराएरी॥

९

बसत हैं साधनके मन राम।
कामिनके मन काम बसत हैं सूमन के घर दाम॥

१०

पर गए किधों काहुके पाले सखो गुरू लोगन के
दुरसों दुरगए।
दिया बारतही किवार लगे हरि आए नहीं न
विथा हर गए॥
अधरात भई मग आए नहीं हमउमर को सइया
कर गए।
कहो ठाकुर अवध दिन बीततही हरि आवन कीजो
किधर गए॥

११

बहोत दिन बीतेरी आली अजहूं न आएरी लाल।
जबते भवन ते गवन कीनो भयो है मन विहाल॥
नेकन सुरत लई पिय मोरी पातो हु न पठाई हाल।
श्रवण सुनत जुगराज दास प्रभु मोहन बचन रसाल॥

१२

मन सखी आस करत प्रीतमकी हमतो निराल
भई वृन्दावन बसके।
जङ्गलमें कुटी डारों वसन उतार डारों अङ्ग में
भभूत डारों दोय कर घसके॥
आली ऊंचे ऊंचे धाम देख विरह सतावे मोको
सखी समझाके राखें चार जांगे कसके॥

१३

अपने हाथन हांकत रथ को रथ बैठ रणछाड़जी
आये।
लच्छी रथ पर आप सारथी तुरी कलंगी छवि
झलकाये॥
चोगा पटका आर अङ्गरखो कलमन कान पटा
केसिही आये।
कांखमें बही भक्त के कारण प्रभु बनिया को भेष
बनाये॥
झांकत झांकत द्वार लग आवे नहीं नरसी जी
नाचत गाये॥

१४

कौन कहां ते तुम आए कहा तुमारो नाम है।
कौन कोसि के चाकर कहियो कहा तुमारो गांवहै॥
पुरी द्वारिकासों हम आए नरसी हमें बुलावहै।
चाकर तो नरसीके कहिये सांवलिया साह नामहै॥

१५

सब विध काज सवाँर विदा भए गोविन्द पियारे ।
पुरके लोग निकट सब ठाड़ो कर जोरे विनती
उन मारे ॥
कहै सुने को बुरो न मानो हम नरसीजी दास तुमारे
सतयुग त्रेता द्वापर कलियुग भक्तनके आधीन
हैं प्यारे ॥

१६

जगन्नाथ वलभद्र सहोदरा चक्र सुदरसन रटरे ।
ब्रह्मा शेश महेश शारदा पारन पावे भटरे ॥
मच्छ कच्छ वाराह अवतार रूप धारो जों नटरे ।
नरहरि वामन परसराम मुनि रामकृष्ण भए भटरे ॥
मा हिंसा परमोधरम इति वाक्य पर गटरे ।
वृन्दावन के वासो महाप्रभु कलको होय परगटरे ॥

इति श्रीविहागरागः ।

अथ मङ्गलाचरण

श्रीकृष्णाय नमस्तस्मै सच्चिदानन्दमूर्त्तये ।
रूपनामविभेदेन जगत् क्रीड़ति ब्रह्मणि ॥१

या पूर्णचन्द्राधिकसुन्दरास्या
या शुद्धचामीकर-देहकान्ती ।
या कृष्णवक्त्रोत्सवपानमत्ता
श्रीराधिका मङ्गलमातनोतु ॥२

तथा च गीतगोविन्दे (१।१)—

मेघैर्मेदुरमम्बरं वनभुवः श्यामास्तमालद्रुमै-
र्नक्तं भीरुरयं त्वमेव तदिमं राधे गृहं प्रापय ।
इत्थं नन्दनिदेशतश्चलितयोः प्रत्यध्व-कुञ्जद्रुमं
राधामाधवयोर्जयन्ति यमुनाकूले रहःकेलयः ॥
अंशैः स्वैर्महदादिभिर्महदिदं निर्माय विश्वं पुनः
स्तस्मिन्नेव चराचरेऽनुभजतां निश्रेयसप्राप्तये ।
ये ये तु प्रतिभूर्भुवः स्वयमहो नानावतारैः कृता-
स्ते ते हन्त जयन्ति शश्वदजयोः श्रीकृष्णयोः केलयः ॥

अथ भैरवी

संगीतरत्नाकरे—

सरोवरस्थे स्फटिकस्य मण्डपे
सरोरुहैः शङ्करमर्च्चयन्ती ।
वीणाविनोदी कमलायताक्षी
पीताम्बरधारिणी भैरवीयं ॥

तथाच सङ्गीतमहोदधौ तथा सङ्गीतदर्पणे—

स्फटिकरचितपीठे रम्य कैलासशृङ्गे
विकच-कमलपत्रैरर्चयन्ती महेशं ।
करतलधृतवीणा पीतवर्णा मृगाक्षी
सुकविभिरियमुक्ता भैरवी भैरवस्त्री ॥

रागिणी भैरवी—ताल चौताल

धनिसासारेगमपधपमगरेसा ।
मपधनिसानिसागरेसासगरेसानिधपमगरेसा ॥

रागिणी भैरवी—ताल धीमा तिताला

सारेगमधपमगमगरेसाधनिसासानिसारेगमगरेसा ।
गमधधनिसासानिधपमपधपमगमनिधनिधपमग ॥

रागिणी भैरवी—ताल तिताला

सारेगमधपमगधधपधमपगमनिधपमग ।
मपधनिसाधसागरेसारेसानिधपमगरेसानिसा ॥

२

निसगमनिधगमगरेसागगरेसानिसाधधनिसारेगम
पमगरेसासमगरेसा ।
ममममधधनिसानिसाधनिसारेगमपम
गरेसामगरेसानिसा ॥

३

निसारेगमपमनिधपमगरेसा ।
मधनिसारेसागरेसामगरेसानिधपमगरेसा ॥

४

सारेगमपमधनिनिसागरेसामगरेसा ।
निधमपधनिसानिनिधपपममगगरेरेसा ॥

५

धसामपनिपमनिमरेसा ।
मधनिरेगमपरेनिपमसामधरेसागरेसा ॥

६

परिम पगी रङ्ग मेरे धाम मम मुरारि मेरे राम श्याम।
मुर मुर सरस रङ्ग रङ्ग सगरे नगर में सगरे गाममें
मेरे रङ्ग रङ्ग राम श्याम ॥
निसा सगरो रमे मेरे सङ्ग नाना रस सरस मधुर मधुर
राग रङ्ग सगी मगी सामर नाम।
धन धन मेरे गेह पधारे प्रेम सामरे धन धन
दिन दिन मेरे गराम ॥

(तथा गीतगोविन्दे ८।३)

रागिणी भैरवी—धीमा तिताला

अस्थायी

हरि हरि याहि माधव याहि केशव मा वद कैतववादम्।
तामनुसर सरसीरुहलोचन या तव हरति विषादम् ॥

अन्तरा

रजनिजनित-गुरु-जागर-रागकषायितमलस-निमेषं।
वहति नयनमनुरागमिव स्फुटमुदित-रसाभिनिवेशम्॥
कज्जल-मलिन-विलोचन-चुम्बन-विरचित-नीलिम-रूपं।
दशन-वसन-मरुणं तव कृष्ण तनोति तनोरनुरूपं ॥
वपुरनुहरति तव स्मर-सङ्गर-खरनखरक्षतरेखं।
मरकत-शकल-कलित-कलधौतलिपेरिव रतिजयलेखं॥
चरणकमल-गलदलक्तक-सिक्तमिदं तव हृदयमुदारं।
दर्शयतीवबहिर्मदनद्रुम-नवकिशलय-परिवारं ॥
दशनपदं भवदधरगतं मम जनयति चेतसि खेदं।
कथयति कथमधुनापि मया सह तव वपुरेतदभेदं ॥
वहिरिव मलिनतरं तव कृष्ण मनोऽपि भविष्यति नूनम्।
कथमथ वञ्चयसे जनमनुगतमसमशरज्वरदूनं॥
भ्रमति भवानवला-कवलाय वनेषु किमत्र विचित्रं।
प्रथयति पूतनिकैव बधू-वध-निर्दय-बालचरित्रं ॥
श्रीजयदेव-भणित-रति-वञ्चित-खण्डित-युवति-विलापं।
शृणुत सुधामधुरं विबुधा विबुधालयतोऽपि दुरापं ॥

रागिणी भैरवी—ताल तिताला

(गीतगोविन्दे ९म सर्गे)

माधवे मा कुरु मानिनि मानमये ॥ (ध्रु)

हरिरभिसरति वहति मृदु-पवने।
किमपरमधिकसुखं सखि भवने ॥१
तालफलादपि गुरुमतिसरसम्।
किमु विफली-कुरुषे कुचकलसम् ॥२
कति न कथितमिदमनुपदमचिरम्।
मा परिहर हरिमतिशय-रुचिरम् ॥३
किमिति विषीदसि रोदिषि विकला।
विहसति युवति-सभा तव सकला ॥४
सजल-नलिनी-दल-शीलित-शयने।
हरिमवलोकय सफलय नयने ॥५
जनयसि मनसि किमिति गुरुखेदम्।
शृणु मम वचनमनीहित-भेदम् ॥६
हरिरुपयातु वदतु बहु-मधुरम्।
किमिति करोषि हृदयमति-विधुरम् ॥७
श्रीजयदेव-भणितमतिललितम्।
सुखयतु रसिक-जनं हरिचरितम् ॥८

२

(तत्रैव ५म सर्गे)—

रतिसुख-सारे गतमभिसारे मदन-मनोहर-वेशं।
न कुरु नितम्बिनि गमन-विलम्बनमनुसर तं हृदयेशं ॥
धीर-समीरे यमुना-तीरे वसति वने वनमाली।
गोपी-पीन-पयोधर मर्दन-चञ्चल-कर-युगशाली ॥ (ध्रु)
नाम-समेतं कृतसङ्केतं वादयते मृदु वेणुं।
बहुमनुतं ननु ते तनु-सङ्गत-पवन-चलितमपि रेणुं ॥१
पतति पतत्रे विचलति पत्रे शङ्कित-भवदुपयानं।
रचयति शयनं सचकितनयनं पश्यति तव पन्थानं ॥२
मुखरमधीरं त्यज मञ्जीरं रिपुमिव केलिषु लोलं।
चल सखि कुञ्जं सतिमिरपुञ्जं शीलय नीलनिचोलं॥३
उरसि मुरारेरुपहित-हारे घन इव तरल-वलाके।
तड़िदिव पीते रति-विपरीते राजसि सुकृत-विपाके॥४
विगलित वसनं परिहृत-रसनं घटय जघनमपिधानं।
किशलय-शयने पङ्कज-नयने निधिमिव हर्षनिधानम्॥५
हरिरभिमानी रजनिरिदानीमियमपि याति विरामं।
कुरु मम वचनं सत्वर-रचनं पूरय मधुरिपु-कामं ॥६

श्रीजयदेवे कृत-हरि-सेवे भणति परम-रमणीयं।
प्रमुदित-हृदयं हरिमति-सदयं नमत सुकृत-कमनीयं॥८

३

पदकल्पद्रुमे—

दामोदर-रति-वर्द्धन-वेशे।
हरि-निस्कुट-वृन्दा-विपिनेशे॥
राधे जय जय माधव-दयिते।
गोकुल-तरुणी-मण्डल-महिते॥
वृषभानूदधि-नवशशिलेखे।
ललिता-सखीगण-रमित-विशाखे॥
करुणां कुरु मयि करुणा-भविते।
सनक-सनातन-वर्णित-चरिते॥

४

अरे मन किन बातनमें अटको तजत सुभावन सटको।
साध सङ्गत और कथा भजन कों नाम सुनत हो सटको॥
निश वासर मतवारोही डोले रूप देख कर मटको।
रङ्ग रूप यह थिर न रहसी अन्त जायको भटको॥
तातें तोरे पाय परतहों अब घर घर जिन भटको।
जोतू चाहे मुक्त आपनी मेंट मदनको खटको॥
दारा सुत सम्पतिके साथी बिपत पड़े नहीं छटको।
अन्तसमय कोई काम ना आवे जब यम देगो झटको॥
काम क्रोध मद लोभ मोहमें आठ प्रहर रहे लटको।
बारम्बार तोहे समझावों अपनो पूरो हटको॥
काल बलो तेरे शिर पर खेले तिन सगरो जग गटको
मानुष जनम बहोरि नहीं पावे लाख तरे शिर पटको।
चलिये वेग बिलम्ब न करिये सुख लख वंशीबटको।
श्यामसुन्दरको सुमरण करले धरले ध्यान मुकुटको॥
परम पुनीत वृन्दावन बसवो कालिन्दीके तटको।
बिष्णुदास निश्चय कर पावे दरशन नागर नटको॥

भैरवी—ताल धीमा तिताला

एरी एक सपना मैंने देखा पोढ़त पोढ़त परभात। आज०।
सुन सजनी मैं तोसों कहत हूं ध्यान लगामेरी बात॥
झूठ कहूं तो राम दुहाही साँची सोंहों तातकी खात।
लाल लाडलो बैठे परस्पर हँस हंस कर बतरात॥
रवि शशि कोटि वदन को शोभा युगल मूरत लखि मदन लजात।
जब रजु श्याम शोभा सुखसागर जों घन से दामनि दरसात॥
अङ्ग अङ्ग भूषण सोहत सुन्दर वेखो निरख नागिन सरमात।
अलकन देख नाग सुरझायो लोचन पे मिरग लोभात॥
कटिकेहरि नाशिका शुक श्रवणन के पल जात।
नख ऐसे दमकत नागन से चमकत अधरन लाल से लगात॥
पीताम्बर सारी पचरङ्ग पगोया सुरङ्ग परी या रङ्गमें चबात।
कारसों कर जोरें अङ्गूरो मरोरें अङ्गवाड़ तोरेले जंभात॥
अङ्कन भर भर लेत लालजू कुसुमसेजके रहे कुमलात।
कर विनोद विहार विहारी मन्द मन्द मुसिक्यात॥
यह सुख देत नींद उचट गई जागत भई तब नजर न आत।
विष्णुदास प्रभु प्रिया विन देखे निशदिन कछू न सोहात॥

रागिणी भैरवी—ताल जयतश्री

बार बार समझाय रही मैं मान लेरे मन मेरो कहीकों।
सुख दुख सों बीतो सों बीतो याद न कर बरबाद वहीकों॥
एक ब्रह्म देखो सब जगमें छोड़ कपटकी गांठ गहीकों।
जानकी दास सुमर श्रीरघुवर गई सों गई अब राख रहीकों॥

राम गुमानो साड़ो पीरन बूझ दावो ।
तेंड़े दरस विन व्याकुल रहदे जानकीदास फकीर
न बूझ दावो ॥

भैरवी—तिताला

मन हरिसुमरण सों लागरे अरे और बातन सों
भागरे ।
मानुष जनम वृथा क्यों खोवे जन्म जात जैसे फागरे ॥
या संसार रयनका सपना सोवे कहा अब जागरे ।
विषय वासना स्वाद जगतके सब जियत तू त्यागरे ॥
विष्णुदास सुख जो चाहे हरिचरणन चित पागरे ॥

भैरवी—धीमा तिताला

काई गुना में थारो कियो जो क्यों हमसे दिल
ऐंच लियोजो ।
कौन लगा रिपु कान तिहारे जिन तुम कों बहकाय
दियोजो ॥
सांच कहो तुमरा मन मोहन को तकसीर लखो
है पियाजो ।
विष्णुदास तेरो वरदी कहांदी ऐसा न कीजे
कठोर हियाजो ॥

२

बात कहो सांचो मोरे प्यारे आजकी रयन कहां
जो सिधारे ।
अञ्जन अधर भाल महावर पीत वसन तज
नीलाम्बर धारे ॥
हार चुभे मोतियन उर ऊपर कङ्कण पीठ प्रगट
उभारे ।
सूरश्याम प्रभु वहांही जावो जाके तन मन अङ्ग
लमारे ॥

३

भली रतियां सखियां आज सुन्दर अङ्गसो अङ्ग
जुरे यदुराई ।
मनमोहन बड़ भागन पाए आज रङ्गोली रात सोहाई ॥
सब विध आस पूजो मोरे मनकी अखिललोकपति
पीतम पाई ।
कृष्णदास की इच्छा पूजी छतियां हरिके हाथ छुवाई ॥

भैरवी—तिताला

कृष्ण नाम सुमरो मन मेरे कटे कलेश दुख पाप
जरे तेरे ।
ब्रह्मके ब्रह्म ईश ईशनके तन मन जपले सांझ सबेरे ॥
यह संसार सार एक नामहै तासों होय भवसागर
पार मेरे ।
सूरदास सुमरण कर निशदिन आनन्द होय गरब
हरि लेरे ॥

भैरवी—ताल जयतश्री

आज सोहाग की रयनरी प्यारी,
क्या सोवे गोरी मिलने की वारो ।
आए ढोल बजावत बाजन, बनरो ढाप रहो मुख
लाजन ।
खोल घूंघट मुख देखेगा साजन ॥
सिर सोहे सेहरा हाथ सोहे कगना ।
झूमत आवे गोरा मोरे अगना ॥
कहत कबीर हाथ दर्पण लीज्ये,
दरसनमें झुलवा दीज्ये ।
अब मन माने सोई सोई कीज्ये ॥

सइयां बुलावे मैं जइहों ससुरे जलदीसे महरा
डोलिया कसरे ।
नैहर के सब लोग छूटत हैं कहा करूं अब कछू
नहीं बसरे ॥
वीरन आवे गरे तेरे लागूं फिर मिलन हो न जानूं
कसरे ।
चलन हार भईमैं अचानक रहे बाबुल तोरी
नगरी सों बसरे ॥

सात सहेली तापे अकेली सङ्ग नहीं कोउ एकन दूसरे।
गवना चाना तुराव लगोहै जो कोउ रोवे वाकों न हंसरे ॥
कहै कबीर सुनो भाई साधो सइयाँ के महल में वसहुं सुजारे ॥

भैरवी—तिताला

जाग पियारी अब क्या सोवे।
रैन गई दिन काहे कों खोवे ॥
जिन जागा तिन माणिक पाया।
हम विरहिन सब खोय गमाया ॥
पीया चातुर हम मूरख अनारी।
कंबहूं न पीया को सेज सवाँरी ॥
मैं बौरी बौरापन कीन्हो
कहैं कबीर सुनो मान मनैया।
तज अभिमान मिलेंगे रमैया ॥

२

समझ देख मन मीत पीयरवा आशक होय कर सोना क्या।
रूखा सूखा गमका टुकड़ा फीका और सलोना क्या॥
पाया होतो देले प्यारे पाय फेर खोना क्या।
गुल वांहा जो गुल को जाने तकीया और बिछोना क्या।
कहै कबीर सुनो भाई साधो सीस दीया तब रोना क्या ॥

३

समझ बूझके देखो गुइयाँ भीतर यह को बोलता है।
वलवल जाऊं अपने गुरुको तिन यह भेद को खोलताहै ॥
आदम मेंभी वो आप समाया जो सब रङ्गमें घोलताहै।
कहत कबीर जग का सपना कहेन सके वा बोलताहै॥

भैरवी—धीमा तिताला

जो कोई हरि रस गावेगा। सोई परम पद पावेगा॥
ध्रुवजी नाम सुन्यो नारद सों बैठ तपस्या कीन्ही।
प्रभु दयाल भए जब वापे पदवी अटलकी दीन्ही ॥
गज को पाँव ग्राहने पकरो अर्ध नाम हरि लाई।
छाड़ो धाम तजि गरुड़ साँवरे वेगही लियो छुड़ाई॥
अजामिल ने भ्रम्म से सुत धोके नाम ज्यो लीनो।
अघफँदन काटे वाही छिन वैकुण्ठ वास दीनों ॥
लाज द्रोपदी उतरन लागी सुमरे कृष्ण मुरारि।
राख लीजि विरद अपने को बढ़ गयो चीर अपारी ॥
गणिका गई सुधाम नामते औगुण गयो प्रभुताई।
सुआ पढ़ावत नाम लियो जब वैकुण्ठ पठाई ॥
कुबजा काशी करवट लीनी देहहे मारे गारी।
चौरासी तें छूटगई जब नाम धरायो प्यारी ॥
कुन्दनपुरकों आप पधारे रुक्मिणी करत सहाई।
भूप जीत कर रुक्मिणी लाए एसे हरि सुखदाई ॥
भीलनीके बेर जो खाए घिन हिए नहीं आई।
साँचो प्रीत गोपाल प्यारी सों वैकुण्ठ भुलाई ॥
चरणामृत में जहर घोलके राणा पठयो जाई।
विलपट कर अमृत कीनो मीरा पियो अघाई ॥
जन प्रह्लाद खंभ से बांध्यो ध्यान कह्यो वनवारी।
नरसिंह होय प्रगटे नारायण वेगहि लियो उबारी ॥
दोदल भंठो महाभारतमें जहाँ ठठोरी ब्याही।
घण्टा टूट पड़ो तिन ऊपर रच्छा करी यदुराई ॥
धना वीज बोए माधनकों कांकर मट्ठी बाई।
तिल धरने को जागी नाहीं इतने गेहूं होई ॥
साध आय उतरे सेनाके टहल करी मन भाई।
जन अपने की इच्छा कारण आप भए हरि नाई ॥
दास कबीरा लुकोई डीलो विप्रन करी चढ़ाई।
वनजारा को भेष धर हरि बलद ले पहुंचाई ॥
वामदेव के भोजन कीनो नाम देव प्रतिज्ञा राखी।
मन्दिर फेरो गज जिवाई भक्तवत्सल हरि साखी ॥
विप्रानें मिल मसलत कीनी जन रैदास सतायो।
सुमरण करके अङ्ग चीरिके कनक जनोउ दिखायो ॥
परजापति की पतिनी लेके आवे पावक लाई।
भूल गए सुत राख लिए हरि प्यावे दूध बिलाई ॥

सङ्कट में एक सङ्कट उपज्यो अरज करे मृगनारी।
नाँचत कूदत चलो मिरगणी उबरो शरण विहारी॥
दुरयोधन के मेवा त्यागे मनकी प्रीत न जानी।
साग विदुर घर भोजन पायो सुखसों रैन विहानी॥
नरसी को हुंडी सिकारी भात हार गर लाए।
झाँझताल बजावन लागे रथ बैठे हरि आए॥
गौतम ऋषि ने शाप दियो अपपतिनी शिला बनाई।
रामचन्द्र चरणन रज लागी सो वैकुण्ठ पठाई॥
पीपा कूद परो सागर में दरसन दिए कन्हाई।
छाप लगाय पठायो बाहर निरखत लोग लुगाई॥
कोप्यो इन्द्र व्रजके ऊपर वरषा कीनो भारी।
गोवर्द्धन करमें प्रभु धारे राखे गिरिवरधारी॥
गेंदखेल मचायो मोहन ले जमुनाजी में डारो।
कालीदह कूदे नन्दनन्दन जाय जगायो कालो॥
जिन जिन शरण गह्यो तिनारे नाम कहानों वरणों।
विष्णुदास सुखजो तूं चाहे राम नाम ले शरणों॥

रागिणी भैरवी - ताल रूपकातीन

सब घट व्यापक एसा रामभक्ति मोहे दीजिये।
अज महेश वेद चार, नाम अनन्त को करे उचार,
नारद शारद शेष नाग सुमरण निशदिन कीजिये॥
वालमीक और वेदव्यास ध्रुव प्रहलाद विभीषण दास
शिवरी केवट खगमें वायस अपनो जन मोहे कीजिये॥
पाराशर पुण्डरीक अम्बरीषा,
शुक शौनकादि ब्रह्मादिक ऋषा,
पाण्डवादि भीषमशक्तिदेवा,
जनक वशिष्ठ शतानन्द सेवा,
एसे ध्यान रस पीजिए।
गणिका गीध अजामिल, सुपच कुवजा के असल
दोनो रूपक सदन कसाई और बटासो पाहन
होय पय पीजिए॥
नामदेव और दास कबीरा, रैंका बँका बाई मीरा,
द्रौपदी गज और विदुर सुदामा एसो सुयश लीजिए।
गोविन्द परमानन्द छितस्वामी,
कुंभनदास नन्ददास हरिस्वामी,
कृष्णदास चतुर्भुज दास एसे रसमें भीजिए॥
सूरश्याम सूरज प्रभु दासा, नरसी माधो वामदेवासा,
चरणदास सन्तनको सेवक सेवा में चित दीजिए।
भक्तनाभा मनहै भरपूर, गावे गुदर चरण रज धूर,
दास गरीबो तुलसी सूर गिनतो कहाँ लग कीजिए॥

रागिणी भैरवी—ताल तिताला

गङ्गाजीका स्तव

मगरज-तारिणि विश्वविलासिनि भाविनि देव-
सुरेन्द्रनुते।
जलभवजन्म सुरारि-हरार्चित-पाद-सरोरुह-हंसगते॥
कलिकृत-कल्मषनाशिनि तारिणि भक्तजनेष्ट-
भावरते।
जय जय हे हरमौलिविलासिनि पाद-सुधामय-
हंसगते॥
हिमगिरिनन्दिनि नेत्र-कटाक्षदभङ्ग-सुलक्षित-रोषभरे।
जलामृतरूप-विलासिनि नीरज-विचित्राकार-
वल्गु परे॥
चिन्तितलभूषण-सागरवंशज-भगीरथ-पवित्रकरे।
भवभयभञ्जिनि दुष्टनिसूदिनि करुणाभव-स्वभावगुणे॥
मर्दरिपुशेखरि सुन्दरचारिणि भव्यकपर्दिनि भावगुणे।
शशिधरखण्डविदारित-केवल-भालशिरोधर-पाशचरे॥
त्रिभुवनपालिनि मत्त-मतङ्ग-कुम्भघटाकुल-भृङ्गवरे।
सुरवधू-गात्र-विलेपित-कुङ्कुम-कर्दम-शोभित-
पिङ्गकरे॥
हेमगिरिकान्त-दुकूल-विभूषित-शोभित-तारक-
हारयुते।
मितमकर-स्थित-पादसरोरुह-सौरभ-षट्पद-मत्त-वृते॥
करिवरकुम्भकुचाग्र-विराजित-कञ्चुक-विद्रुम वज्रयुते।
भवजल-दुस्तर-मग्नजनार्चित-पापसमूलकदूरीकृते॥
पतितमहातुर-दुष्करसञ्चर-तूल-महानल-भावगते।

अतिकरुणामयि विश्वविलासिनि शारदचन्द्रकला-
भगते ।
विधिहरिरुद्र-सुरवर-किन्नर-भालसकुङ्कुम-पादगते ।
तव जल-विचिदुरत्ययनाशिनि पातकतारिणि केलिरते ॥
सुरवरलोकपवित्रविधायिनि हैमनख-प्रभु-भेद-नुते ।
जगदुत्पत्यर्स्थितिसंहृतिकारिणि कलिकलाभव-
तापहरे ॥
सुरहर-विष्णुपदोद्भव-पातकजाल-विनाशिनि मूर्त्तिवरे
भवजनताप-सदागतिपातकजालनिवारिणि शीलकरे ॥
तवतटवासिविलासित-वामनयोगिजनार्पिततोरवरे ।
सुरवरकामिनी कुङ्कुम-चन्दन-पुष्पफलार्चित-नीर धरे ॥
कलिभयनाशिनि-सेवकपोषिणि दुष्टजनैऽर्पित-
भक्तिकरे ॥
भवे महावर्त्ते विषमविषये पन्नगगणैः प्रकीर्णे
तापानां वितयजलधौ मोहनिलये महामोहान्धाख्ये
विगतशरणे पापजटिले महामाये गङ्गे
चरणकमले देहि शरणम् ॥
श्रुतौ श्रद्धां बद्ध्वा गुरुचरणवाक्यामृतरसं
मुहुः पीत्वा गङ्गे परमपदयानामलिखितम् ॥
शुचि प्रातः मायं यदि पठति नित्यं तव तटे
सुपुष्पैरेकान्ते तव पदनिलये याति विलयम् ॥
इति श्रीशङ्कराचार्यविरचितं गङ्गापुष्पाञ्जलिस्तोत्राष्टपदं समाप्तम् ।

रागिणी भैरवी—ताल चौताल

अस्थायी

होजे कृपाल दयाल हमको तिहारो भक्ति
निजचरण शरण करतार ।
तुँही आदि तुँही अन्त तुँही निरगुण तुँही सगुण
तुँही है जगत आधार ॥

आभोग

एकही अनेक होय व्यापो है जगतमें नानारूप
रङ्ग नाम भेद बहुत प्रकार ।
कहुँ जल थल कहुँ पर्ब्बत कहुँ पखान कहुँ सुर
असुर नाग पशु पंछो कहुँ रङ्गराग सागर होय कहुँ
नर कहुँ नार ॥

कुटिल कुन्तल कुण्डल कान्ति कान्ति कुवलय भासरे ।
किंवे कुञ्चिताधर कुमुद-कौमुदी कुन्द कैरव हासरे ॥
कान्ह कालिन्दीकूल काननं कुञ्जे कुञ्जरराजरे ।
किंवे कामिनी-कुच-कुमकुमाञ्चित-कामकोटि
विराजरे ॥
कनक किङ्किणी कङ्कनाद कुण्डलाञ्चित अंशरे ।
केलि कोकिल कण्ठ कुण्ठक काकली कृत वंशरे ॥
केशरीकटि कम्बु कन्दर कुञ्ज केशर दामरे ।
कलिकाल कालीय कवले कम्पित दास गोविन्द
नामरे ॥

२

तारणी श्रीयमुना श्याम कमलदलनयनी ।
दरस परस दोष दूर होत है अघकाटन कौं छैनी ॥
सात समुद्रकों भेंट करतहै भक्ति मुक्तिकी निसैनी ।
शरण आए गुण गावत नित प्रति वल्लभ कों वाञ्छित
फल देनी ॥

४

अचलराज करो कोटि वरस लों चिरञ्जीव रहो
यशुमत तेरो लाल दरस देख भए निहाल मैं जोगी
सुख पायो मेरे जिय आनन्द भयो उरन समात है ।
जौलों ध्रुव धरणि तारो जीवे तेरो राजदुलारो तोलों
रवि शशि सुमेर गगन पवन पानी लोमश कोसो
आवल होय यह अशीश दे जात है ॥
डिम डिम डमरु बजाए सिङ्गी नाद कर मुखसे गाए
महादेवजो दरशन पाए अलख को छवि निरख
मन्द मन्द मुसक्यातहै ।
पाँच वार फेरो कर कछु श्रवण लाग मन्त्र धर
बैजू नाथ कैलाशके वासी प्रेम मगन नाचे ताण्डव लासो
तकथं गात कछू थुं गा निरतत अपने मन सुख पातहै ॥

५

बड़े बड़े नैन लाल लाल डोरे कारे कारे भौंरा नीके
मँड़रातहैं ।

अतिरस चातुर भएहैं तियाके वस जाके द्रग देखे
मीन खञ्जन लजातहैं ॥
जोलों देखियत सखी तोलों पाइयत सुख देहके
दरद दुख तेह्र मिटि जातहैं ।
लाल गिरिधर पिय नीचो नजर किये लाजके जहाज
मानो मोती भरे जातहैं ॥

६

नाद अगाध बहोत गए हैं साध सुर नर गुणी गन्धर्व्व
रच पच गए सिद्ध समार ।
काहून पायो पार कर कर थाके विचार कमल
अक्ष तर शिवश्रवण धार अञ्जनीनन्दन कहे उचार
सरस्वती तरन लगी हिय में दी तुंवा डार ॥
सप्तसुर तिनग्राम इकईस मूर्च्छना बाईस सुरत
उनञ्चास कोटतान अंग न्यास विकृत धार ।
छैराग छत्तीस रागिणी ओड़व खाड़व के भेद सुध मुद्रा
सुध वाणी तानसेन करी विनान जाको सूझत
न आरापार ॥

७

चातकचकोर-चक्रवाक-चञ्चरीककुलकाकलि-कलाप-
कलिकाकल्लोक-कमलं ।
दरदर-विन्दुविन्दुगन्धवन्धगन्धवाहमन्दमन्द
तुलित-लता-विशेष-विमलं ॥
वृन्दावनमनुचलितालिवालिशतया मादधान-
मृतुवल्लभमकरन्द-सकलं ।
सुन्दर-शिरोमणि-मुकुन्दमरविन्दमुखमंतरेण
हन्त नैव यातु जीवनमलं ॥

८

अतिसुख देनी एरी सजनी प्यारेकी मिठी मिठी बतियां
लागत मोहे अङ्ग अङ्ग रोम रोम रहोयत मोहाग ए।
प्रेमभरो रङ्गरूप रसभरो दोजकी सोंह कहत हों मैं
तोहे मैं चाहे चाहे वे मोहे मिलिहैं आस पूजाए
होनी होय सो होए ॥

करत फिरत मीत मेरो तेरो करताहै गम
गरीबनिवाज ।
सप्तद्वीप तिहुंलोक सकल मध भर तिहारो हिएको
छतराज ॥
लखचौरासी जीव जीन जेते चराचर सबन को काज ।
टाम आम करन शरण आयो राखो सबन को लाज ॥

१०

अचलराज करो कोटि बरसलों चिरञ्जीव रहो
राजाधिराज राजा रामचन्द ।
जोलों ध्रुव धरणी तरुण पवन पानी गगन मेरु लोमश
कोमी आरवल होय मार्कण्डेय आदि ऋषि आशीष
देत जोलों जगमें भान इन्द ॥
गुणी गन्धर्व्व किन्नर गावे नारद मुनि वीणा बजावे
ब्रह्मा वेदधुनि करे अमङ्गल सब दूर होवे दुख
दन्द फन्द ।
सिंहासन बैठे शुभघरी शुभदिन शुभपल महूरत
शुभनक्षत्र साध अमृतयोग शुभचन्द रागसागर
मन भयो आनन्द ॥

११

दोजो दीदार होवे करार मन को तुमहो जगत
के आधार ।
अलख जोत निरङ्कार रच्यो अखिल सरदार भक्ति
मुक्ति दातार तुमहो मधुसूदन मुरारि ॥
तिहारी गति अपरम्पार एकहो अनेक ह्वै व्यापो
संसार तंही ब्रह्मा विष्णु त्रिपुरारि ।
तंही आदि तुंही अन्त तुंही सब जग भरपूर रह्यो
रागसागर के प्रभु निरञ्जन निरविकार ॥

१२

सुन्दरमृगनयनी कामिनी करत मानत पतिसङ्ग ।
भुज पर शीश कपोल दशन मध कुच पर काचुकी तङ्ग॥
जांघन पर जांघ मुख तँबोल अधरन पर टपकत रङ्ग ।
यह भाँविन के सुखदे सुखले रङ्ग लाबी लाज केल अङ्ग॥

१३

मेरो सुध लीजो तुमही सबेरो हरि गोपाल तुम मत कीजो देरी।
मन इच्छा सबही पूरण करो हरि मोहे आसरो शरण इं तेरो॥
गीध व्याध गज गणिका अजामिलादिक पतित तुम तारे काहे भूलेहो हमरो बेरो।
रागसागर प्रभु आसरो तिहारो चरणकमल में चित उरझेरो॥

१४

अचलराज करो लाख बरस लों कायम रहो
महम्मदशा अकबरशा पातशाह कों सोहत छत्र तखत सब देश देश तें लीजे खेरात।
अनेक जशन नोरोज करोर करोर होए एसेही
जैसेही शुभ नखत जागे सब दुनिया के भए मनके काज चात॥

१५

भेदन सुर सप्त सुरनके पावे जब तब गुरुनकी सेवा करे जीव अपनेकों।
साँचे गुरुन सों सीखे जो आवे विद्या नीकों तोकों
गुरु ज्ञान ध्यान कर वाहकों मन में तब गुणीयन कहे वाकों॥

१५

आज मेरे भाग जागे पिय भोरही सुध लई।
इतनो भई निहाल पिय तुमपे वल वल गई॥
तन मन प्राण तुमही निश दिन तुमरे रङ्ग रङ्गई।
तानसेन प्रभु तुम चतुर शिरोमणि रस वस तिहारे भई॥

१६

बीतत हम पर जैसे हों हमसों कहत हो रावरे।
काहे तुम्हे ओर पहचाने हम जानत जहाँ जावरे॥
रैन दिना मोहे कलन परत है तूं तूं लो लावरे।
शाह बहादुर तुम वडोनायक हमसों भए लड़ वावरे॥

तखत बैठो महाबली ईश्वर होय अवतार।
देश देश के सेवा करत हैं दकसत कञ्चन थार॥
जोई आवत सोई फल पावत मन इच्छा पूरण आधार
तानसेन कहै शाह जलालदीन अकबर गुणिजननके काज करन को कियो करतार॥

१८

रास मका सधु रागन तासु मदा वसो मैनन वे हरसों।
राज मका निशिवासर से रसता लखसों अँखियाँ मरसों॥
राम रचौ रसुजाल जहाँजर विधना हलधखे रसमों।
रागमें श्याम लमें रचि हामन सों रस ले वसके मतसों॥
मारस वाणी मरा समरा मिमो राम सरामन वा रससों।
मातन सांगे हँसे रस चैन नचै रस में हरि सानन सों॥
माम बड़े महतारि कळाई इका करि नाह बड़ो वस सों।
माग रचे रसमें सुनिबो समवैनि रुमो सुरचे रङ्गसों॥

भैरवी चौगाष्टक-- चौताला

१९

पँचदस साधो गुणी चतुर दिश दरिया।
द्वादश विन घन विचित्र पिरके गरजत सप्तध्याय तिरोया।
सप्तस्वर तीनग्राम इकईस मुरछना बाइस सुरत खगोया॥
उरप तिरप लाग डाट अतित अनाघात घिरोया।
आतक खातक स्वरान्तक औड़व खाड़व सम्पूर्ण बैजू करोया॥

२०

चन्दवदन प्यारो बैठि सिङ्गार करत हैमचोको मध्य प्यारो धरे भूषण साज।

नृत्यकार निरत करत सप्तसुरन होत गान ता विच
प्यारो लीनो मीठी तान बजत साज ॥

२१

भए रवि उदै होत आए हो भैरवी से लागत
भए रमणी वस प्यारे ।
भैरवी तान मुरली में बजावो रिझावो वाही
त्रिया रैन के जागे नन्ददुलारे ॥

भैरवी—धीमा तिताला

अधम उधारनी जय श्रीगङ्गा ।
दरस परस अघ दूर होत हैं सदा रहत शिवके
सहसङ्गा ॥
वामन चरण परसके धाए सगरवंश पावन भए अङ्गा ।
वल्लभ निहाल भए जबही तें छवि निरखत मन
उठत तरङ्गा ॥

२

प्यारो मुसक्यान लियो मन मोहो ।
प्यारो आज जोही प्यारी तुह्मारी वोहो ॥
प्यारो छवि देखि चकित भयो चन्दा तो पटतर नहीं
है कोई ।
प्राणजीवन मुरारि वस प्यारो पिय हिय तो
गलमाला पोई ॥
प्रेमकथा जाने सांई वल्लभ जापर बीती होई ॥

भैरवी—जलद तिताला

प्यारो तेरे मनमें क्या जो मोहाई ।
रत्ती रत्ती जोड़ी बहोत दिनन ते तोड़त लाज न आई ॥
निरमोही हो रही बेदरदो यह सिख कौन सिखाई ।
तेरे जियको तूं जाने प्यारो वल्लभ और निभाई ॥

भैरवी तिताला

दिलजान मोरो जानो तोसों लागो अँखियाँ निमानी ।
तेरो ध्यान निशिवासर मेरे तें क्या मन में ठानो ॥
अपनो जानके किरपा कीजे नेकहु दया उर आनो ।
वल्लभ पियको जीवन कहिये सदा रहूं गुणगानो ॥

८९

भैरवी—जलद तिताला

किसनू कहीरे मैंड़ी जाई दीलों दी गल्ला ।
सोनेदे अँदर हूकें उठदी विरह सतावे मैंनु आई दिला ॥
रात देहाड़े कल नहीं पड़दी उसनु वेखणदी चाई ।
वल्लभ पियको प्राण पियारो वेगि मिलोरी मैंनु धाई ॥

भैरवी—तिताला

सजन विन बहुत रहीरे पछिताई ।
मैंड़ा दिलवर कंसि रहाहै कोई लावोनी समुझाई ॥
कहीरे दशा सब नाड़े तनदो बरब रात दिन जाई ।
वल्लभ पिय पर रीझ रही हौं उस विन कुछ न सोहाई ॥

२

प्यारा मेरा सुनदा भी नाहीं फिरियाद ।
विरहदो मारोंमैं वन वन कूकों वल्लभ करदा
नाहीं याद ॥

भैरवी—ताल ठिमटा

प्यारो ना जानू जादूसा क्यारे किया तन मन रस वस
कर जो लिया ।
नैनवान दिये उर माहीं मोने घायल वे मार किया ॥
रैन दिना तलफत जिय मेरा विन देखे कल नाहीं
हिया ।
वल्लभ पिय पर किरपा कीजे दरस दिखावो
सुख पावे जिया ॥

२

प्यारो जान मछरी ज्यों तलफे हिया ।
प्यारो मिले सुख पावे जिया ॥
महाकठिन बीती निशि सगरो सुमरण करत विहान
किया ।
तुंही प्राण तुंही ध्यान एक तन मन धन सबही
प्यारो तोहे दिया ॥
प्यारे जियको प्यारो वल्लभ तो समान नहीं कोई
तिया ॥

भैरवी—सुरफाक्ता

तननननन तन दिरना तदानी दोस्त ।
नादृद्रदानी तंद्रदृ धितुलां तुंदृद्रदानी ॥

जो में कभी आवे जाइ जारे मित्रवार ।
पास बैठा जिसे चाहे जगा न दीजे यार ॥

भैरवी—तिताला

मित्र बिछोहो अतिही कठिन है वे जिन दे करतारो ।
जब सुधि आवे प्यारे तेरो बरसतहै नैन वारो ॥
काठ रुखे तन व्यापत प्यारे युग विछुरे मरे सारे ।
वल्लभ पिय अब मिलहै प्यारो सदा रहूंगो लारे ॥

भैरवी—जयतश्री

होरी खेलनकों प्यारो आवोने हमारो गलीरे ।
केसर रङ्ग उड़ावों मन मान्यो फूली गुलाब की कलीरे ॥
अबीर गुलाल की उमड़ घुमड़में घूंघट ओट चलीरे ।
प्यारे पियको प्यारो वल्लभ अङ्ग सों अङ्ग मिलीरे ॥

भैरवी—तिताला

प्यारी चलोनी निकुञ्ज वने रङ्ग ठने तत बीतत
झिखर बजाय घने ।
सप्त तीन इकईस बाईसो छत्तीस छत्तीस गाय गुणे ॥

भैरवी—लक्ष्मीताल

वारी वनवारी वृन्दावन सखीपति सखापति करत
रास गोपाल ।
नृत्यकारी झनकारी बजी गत भ्रूभङ्ग कट धिधिक
धुम तक त्वकट तान ताधा ॥

भैरवी—गणेशताल नव

मनमोहन मनमानी यातें तू प्रवीण सयानो ।
सुन्दरवदन चन्द्रवाला जानो तोसी तुहीं तिया
और नाहीं तिहूंलोक सानो ॥
तानसेन चिर चिर जीवो एसो प्रीत रहो जोलों
जमुन गङ्ग पानो ॥

भैरवी—रुद्रताल

आरे श्याम मोरे घर तू मनमोहन मेरे मनको प्यारे ।
तुम बिन मोकों कलना परत है मुरली टेर सुनारे ॥

भैरवी—चौताला

उठ भोर चल किधों मेरे आंगन प्यारे कौन वियन
सङ्ग सरसाने आए होज़ ।
चञ्चल चरण गतिमन्द चलन देख दृगन मिले मेरो
हीयरा सिराए होजू ॥
जोई करो तुम निडर अनत जाय सरस रङ्ग रस
मनके भाए होजू ।
जाहिकों भाग ताही अङ्ग लाय लई अनत त्रिलँभे
जाय कहूं मन ललचाए होजू ॥

भैरवी—ताल रूपक

वना व्याह ले चल्यो माई चन्द्रमुखो वनरी कों
घरले आय ।
सूनो मन्दिर कहे वाको हमारो अपनो अपनो
घर बसाय ॥

२

आदेश कर गुरुकों जो गुरुनके गुरुकों ब्रह्म
गुरु कों तामों सप्तसुर तीन ग्राम आवे सुरभरकों ।
इकईस मूर्च्छना उनचास कोटि तान अस्थाई सञ्चाई
अलंकार बँज प्रभुके चरण धरकों ॥

भैरवी—ताल सवारी

फुलवन सेज बनैहूँ करिहूं सिङ्गार पिया मिलो
भावतो मोहे आज ।
गावोरी बधावा सब सखियन मिल सङ्गत सों मेरे
घर रच्यो काज ॥

२

आहे नाद्रदीमृदोमृतन दिरनायललीयललीयला
यलायललेतनजे आशकतां वेगस्तम्वरके याव
विस्तादये मनचु हुवावे तावेरा ॥

३

वेरव्वा मेनु आसरा तुसाड़ा वे रखले साडडो लाज ।
रैन दिना मेनु ध्यान तुसाड़ा रहदा मेरा मोयाँ
और नहीं कोई काज ॥
चीना मस्ता नादरा आतस नजर कर के अजवद
मस्तोयस आतस नजर कर ॥

भैरवी—चौताला

सारेगमगरेसारेनिधरेसानिधसासानिधनिधपधप
मपमगमगरेसारेसा ।

गमपमधसामानिधपधनिसागरेमामगरेसासा
मानिनिनिधधपपपममगगगरेरेरेरेसा ॥

भैरवी—धीमा तिताला

धनिसारेगमधधपममगमगरेसागगरेसाधनिसामानि
सारेगमगरेसा ।
गगमधधनिसागमानिधपधपममपधपमगम
निधनिधपमग ॥

भैरवी—तिताला

निनिनिमगमधनिधगमगरेमागगरेमामगरेसानिमा
धधनिमारेगमपमगरेमामगरेसा ।
ममधपधनिसानिसानीसाधनिसारेगमधप
मगरेमगरेसा ॥
मपमपमधसानिसागरेसानिधपगमगरेसागरेसा ।
मासानिमानिनिनिधनिधधपधपपपमपममगम
गगगरेगरे ॥

२

मसारेगमपधनिधपमगरेसा ।
निधनिधमधनिमासानिधपमगरेसा ॥

३

माँचो कहो हमसे मनमोहन आज कहाँ मारो
रैन जगे हो ।
रङ्ग रङ्गीली अँखियां कहुं देखो कौन रङ्गीलीके
रङ्ग रङ्गे हो ॥
मोतीयन हार चुभे उर ऊपर याहो तें काहूके अङ्ग
लगेहो ।
सूरश्याम तुम वहांही जावो तन मन काहूके प्राण
पगे हो ॥

४

आज सोहाग भलो रतियां छतियां ब्रजनाथके
हाथ छुवाई ।
मै बड़ भागिन हूं तिहुं लोकमें तीनलोकपति
पोतम पाई ॥
देख सखी मुनि मनसों न देखत सो देखत मेरो
गात लोभाई ।
कुवरकों वर वरजोर न माई बसाई मेरे तन
सुन्दरताई ॥
एक नेकन भई कितियां बतियाँ सखियन उमांम समाई ।
रूप अनूप सुधानिध राधा मङ्ग केलि प्रेमरङ्ग रमाई ॥

भैरवी—ताल पञ्चमुखी

ताण्डव-नृत्यत-पिणाकपाणि-डिमि-डिमि-डमरु-
वर्षित-वर्णम् ।
जगदीशात्मज: शृणोति शब्दं श्रुति-पटलध्वं
पायूषपानम् ॥
सुरर्षिसिद्धचारण-गायक-यक्ष-रक्ष-विद्याधर-पानम् ।
संनकादिकस्मृतिसारविचारं मुनिराजर्षि-
समाधिध्यानम् ॥
नारदवीणाविद्याविशारद-शारदाश्रयति मुखाम्बुज-
पानम् ।
यक्षपतिविस्मृतिस्वरहस्य: गोविन्दगौरसन्निधि-
पानम् ॥
स्थावरजङ्गमगतिप्रतिबद्धमम्भिताकाशजलाशये
शयानम् ।
सरोरुहपार्पितसर्पतिमपंजड़वजर्गति जगद्धतो भानम् ॥
आनन्द-उद्गम-विष्णुपरायणचित्तचक्रधरचलायमानम् ।
षट्पद-निर्मितशिवश्रुतिसारं प्रेमरङ्गकृतनित्य-
स्नानम् ॥

भैरवी—तिताला

राम नाम जपले मन मेरे कटत पाप एक छिनमें
तेरे ।
परब्रह्म जगदीश गुँसाई रसना रटले साँझ सवेरे ॥
धन जोवन कछु थिर न रहेंगे कोटि उपाय करो
बहुतेरे ।
सूरके प्रभु अन्तरयामी ठाकुर हम दास हैं तेरे ॥

२

बेड़ा पार करोवो रामा कठिन धार पार करोवो ।
भवसागरको दीनदयाल दशरथके लाला शरणागत
कोला धरोवो ॥

गीध व्याध गज गणिका तारी भीवरी गौतमनारी
तरीवो।
जानकीदास निवाणे नू रखले साड़ो जिंद तेरे
वार परीवो॥

२

वारवार समझाऊं रे मन क्यों नहीं राम कहे।
विना हरिभक्त जगत दुख पावे शिर यमदण्ड सहे॥
ज्यो चाहे आराम नाम जपतो सुखसों निभहे।
वेद को भेद ज्ञान ज्ञाननकों जानकीदास यहे॥

भैरवी—जयतश्री

वार वार समझावत हूं तोहे मान लेरे मन तू मेरी
कहीकों।
दुख सुख सो बीती सो बीती याद न कर वरवाद
वहीकों॥
एक ब्रह्म देखो सब जगमें छाड़ कपटकी गाँठ
गहीकों।
जानकीदास सुमिर श्रीरघुवरकों गईसो गई
अब राख रहीकों॥

भैरवी—धीमा तिताला

गावते हरिकों यश प्राणीते जग में धन धन गुणी ज्ञानी।
सोई सुखिया सोई बड़ भागी जिनकी प्रीत राममें
लागी॥
सोई पण्डित सोई दानी मीठे वचन सबन सों बोले
तेजन जगमें निभें डोलें ते कुलमंते परम सुथानी।
प्रभुपदरति मन वच क्रम जिनकी चरण धूल राखु
शिर तिनकी जानकी दास परमहितमानी॥

२

कृष्णगुमानो मेरे मन वस दावे।
इस जगमें वारी और नहीं भाँदा निशदिन उर
विच वही लसदावे॥
वही ध्यान वही मान वही सब वही तन मन धन
कुटंब वसदावे।
प्राणपति परमेश्वर श्रीहरि नन्दनन्दन मृदु मुख
हसदावे॥

खान पान जग बीच नहीं नादा और सुरत दिल
विच नहीं धसदावे।
कृष्णरसिक रङ्ग मूरत वसीली गावत हरि हरि हरि
यश दावे

३

राम गुमानो साड़ी पो नजर बूझदावे।
तेंडरे दरस विन व्याकुल रहदे जानकी दास फकीरन
बुझदावे॥

भैरवी—तिताला

राधे वंशी किन लीनो चोर।
चञ्चल चपल नारि एक सुन्दर अबही गई याही ओर॥
हाहा मोय बतावो प्यारी विनती करूं कर जोर।
जानकीदास कीं आस पुजावो निरख दृगनकी कोर॥

२

श्यामसुन्दर गिरिधारी वनवारी धुन वंशी फेर
बजावरे।
जैसी बजाई वा दिन प्यारे तैसी तान सुनावरे॥
ग्वाल बाल सब सखा सङ्गले मेरी गलियाँ विच आवरे।
जानकीदास रसिक व्रजमोहन भुज भर कण्ठ लगावरे॥

भैरवी—नड्डला

लगाय दे मोई झुम्भानि झुझानि बेड़ा पार।
गहरीभी नदियाँ वारा नाव पुरानी आन पड़ी
बिच धार॥

२

मैंतो जोयनु वो तेरा समझाय रहो।
बार बार जोयरा मानत नाहीं समझ समझ
पछताय रहो।
जानकीदास श्याम वेदरदी बार बार वलिहार गई॥

भैरवी—तिताला

यारदा मुखडा मेनु भाँदानी भाँदा वे सांवल साड़ो
वल आँवदानी जाँदावे।
जानकीदास सांहनी सूरत नजर पड़ी जबसे वो
मूरत गल लगणीनु जो चाँदनी चाँह दाव॥
वंशी बजावदा छैला जोर नागर नन्दकिशोर।
विन वेखे कलन परतहे क्या सब क्या भोर॥

घेरो न तेरो न तेरे बबाको घेरो गली में क्या पैर
लडैहो।
जोतुम चाहत चाखन माखन सो तुम माखन
नेक न पैहो॥
कंस के राज में धूम नहीं बरोआई बबाको सोंह
बूँद न देहों।
टूटेगो हार हजार को तब नन्द यशोदा समेत
बिकेहों॥

भैरवी—जल्ला

तेरे साथ लागी मोरे नैनरी।
कहा करूं कछू बन नहीं आवे बीत जात
सारी रातरी॥

भैरवी— ताल एकताला

नैना वो तेडा जालमजोर।
रैन देहा मेनु ध्यान तुसाड़ा वे सोना तुहो तूही सब
ओर।
जानकीदास निमानें नु रखले आमिल नन्दकिशोर॥

२

प्यारावो सोना सांवलयार।
तेरे दरस विन कल नहीं पड़दी रैन देहा बेकरार॥
दरस वेखाजा माड़ी आस पूजाजा मैं तुझ पर
वलिहार।
जानकीदाम निमाने नु रखले दे अपना दीदार॥

३

मिल जानाहो प्यारा नन्दकिशोर।
वेख नजर भर घायल कीता बाँके नैनाँ दी कोर॥
तेंड़े दरस विन फिरावे दिवानो ढूंढ़दो फिरा चहुं
ओर।
जानकीदास वेख तुसी हरखां जैसे चांद चकोर॥

३

वे सांवलडा यार लागी तो ओर निभाना।
तेड़े मिलनमु सब जग चांदा विन दीठीयाँ दा दिवाना॥

विन वेखे वारी नैनादी झरी वरसांवदे दरसदी पोस
मिलावना।
प्रेमरङ्ग मग दानी वो नित नित नेहडा वो मन भावना॥

भैरवी—जलद तिताला

रघुवर बेडा मैंनु पार लगायदे।
भवजल थल दानि वे पारन मिलदा भवदे पार
पहा चायद॥

भैरवी—तिताला

पावन नाम तुमारो रघुवर मोसे पतित कों तारो।
जल थल चल चहुं दिश मन चिपटत सब दृग दोष
निहारो॥
प्रेमरङ्ग रङ्गे घनश्याम के लगे तन रङ्ग पियारो॥

२

वेड़ा पार लगाय दे मेरा माँझीवाला माझिधारमें
वयार बहावत मत पतवार फेरादे।
सतगुरुकों गुण लगन सकत है सम दम दण्ड
दिखायदे॥
प्रेमरङ्ग भवसागर उतरत निजपदथाह थँभायदे।

३

सुमिरन राम सुमिरन सुमिरन जो साधन काम
साधन साधन जो।
जगत जो धाम जगत जो जगत जो भगत जो नाम
भगत जो॥
मतकर साम मतकर मतकर जोंलग तन दाम
लगतन लगतन जो।
निशदिन जाम निशदिन निशदिन जो रङ्ग तन चाम
प्रेमरङ्ग रङ्ग तन रङ्ग तनजो॥

भैरवी—धीमा तिताला

पश्चवने व्रजकुञ्जवने व्रजदार मनोहर वंशधरम्।
रन्ध्रसमुत्थित धैवतराग-विमोहित दैवत दैत्य नरम्॥
मान मपा कुरङ्गछवि लच चलं सकलं हरिरूपवरम्।
विश्ववियोगी जनाखारंदुसहा किंशुक जाल सरम्॥

तिथ्थैया तिथ्थैया थंथं द्रुग गड़दां गड़दां केलि
विलास राधावरम् ॥

२

कृष्णलला शरणागत तेरो राख लाज अपने जन केरो।
अशरण शरण तोकों जग जाने नित दीनदयाल
दया कर हेरो ॥
दूजो और न कौन समर्थ है जाके नाम कटे भववेरो।
कृष्णरङ्ग प्रभु प्रणतिपाल सुनि तरिये कटाक्ष कमल
द्रुग फेरो ॥

३

भलो भली भांतिहै जो मेरे कहे लागो है।
मन राम नामकों सुभाय अनुरागो है ॥
राम नाम मोदकसुधा सनेह पागो है।
पाय परतोष तीन हार द्वार माँगो है ॥
राम नाम को प्रभाव जान जूड़ो आगो है।
सहित सहाय कलिकाल भीरु भागो है ॥
राम नाम कल्पतरु जोई जोई मागो है।
तुलसी सारथ परमारथ न खांगो है ॥

भैरवी—जल्दत्ता

हरिनाम भजो थोरी जिन्दगी।
अवसर बीत पीछे पछतैहो यमपुर जैहो गरे फँदगी ॥
निशिबासर हरिनाम उचारो तजो मनुवा कपट
रिंदगी।
कृष्णदास जगमें जो कहावो दूर करो सब छल
छिंदगी ॥

२

कृष्ण भजा तोहे कृष्ण दुहाई और न दूजो तोहे सहाई।
द्रोपदसुता को लज्जा राखी डूबत गज ग्राह आन
छुड़ाई ॥
खँभ फार हिरणाकुश मास्यो प्रह्लाद भक्त हित
नरहरि आई।
शङ्ख चक्र गदा पद्म लिए हरि अपनें जनको और
निभाई ॥

भैरवी—धीमा तिताला

टप्पा

भोला भोला मुखडा जानो यारदा एक पल नहीं
भुलदा को करां दिल दुख दावो मीयाँ।
रात देहा मैनु ध्यान तुसाड़ा वो मीयाँ तुसी घरो
घरो क्यों रूसदा मीयाँ ॥

भैरवी—झपताल

तेंड़ो भुवे कालोयांवे आड़िया सुनिवे नैनादो नोक
संभाल आख्या सुनि तेंड़ो।
वहमस्त मुरावसद पेच ताव गिरह दाद अवरावये
आफताप तेंड़ो ॥

भैरवी—धीमा तिताला

झोखों वाले मियांवे विरहदी सार न कमलावे।
मैंतत्ती दाको उन ज्योमत दे डालवे ॥

२

सांवले हो मुरली वाले हो रावरे हो कान्ह।
प्रेम उमगो उमगाई नेक भलो वीण बजाई हो प्राण ॥

३

खेड़ोंदा पर वेला भला मियावे सानू चकाज वों
जवां भादा कोइवे।
विछोनु सनु वेले वल खेड़े वे मियाँ सानु चाक जवा
नाद कोईवे ॥

भैरवी—धीमा एकताला

मानु भांदी गलियाँ वे सोनें दी मानुआं।
जावो नो कोई वे मुडले आवो मियाँ रांझे विना
जिन्द वी कलियाँ ॥

२

तेनु समझाय रहो दिलवर वेखन कारण
लोकोदियाँ वदियां सहेंदे।
इश्कदी गला समझदा नाहों नादम् हाल सुनाये
केहनु ॥

३

सांवलियादो जोर महोब्बत इश्कदे नाल दिल
मांड़े लगदी।

इश्क़ लगा करके छूटदा भी नाहीं मैंड़ा मियां तैंरे
रखे नहीं रहदो ॥

४

जालम् जारिया वे रब्बा जारोयांदे नाल गुजारोया
दोठोया जमानेदो कुड़ियारोयाँ ।
मनो करो उस निधड़ेनु भावना साडरो गलो तू
क्यों नहीं ग्राँव दारोयाँ ॥
लाल चोरा हाथ सख़ कड़ो बेखां कोई नैनादो ग्रान
मारोयाँ ।
तू तवीव दिल्दा साड़े ग़ोरो मियाँ मज़ोदे ग्रांग
चल चंगी साड़ो इश्क़दो बोमारोया ॥

५

दिल मजनु कीता हम फरेमस्तहो कूबकू सहरा
बसेरा लेलो ।
मदहोश्रो से ग़ोरो ने जिस दम् लब् लब् ग्रप शुभ
रिनयलो ॥

६

नई नई नए न्याज सों भरो ऐसो सोज गुदा जिसे
कोन फूंके हरे कदममें दम साज मियाँ ।
नए दरूं तिहो सदायना दूसे बोले ग़ोरो हर दम
बोले परो परो ॥

७

रांझेदे नाल करार मेरावे कोकरां जो नहीं
लगदा मेरा ।
राँझेदो सूरत मेरे मन पर बसदो वे मियाँ राँझेदे
नाल मन पग दावे ।
ग्राशिक उसे मत जान जो बदनाम न होवे ॥
दोवाना वोही है जिसे ग्राराम न होवे ।
रवा तेगो निगाह उमोदको गर दम रहे बाको
तड़फा करे विसमिल जो ग्रगर काम न होवे ॥

८

तकके चलाई सानू साँग विरहदो नैनो वाले मियाँ ।
दिलते ग्रा लगो ग़ोरो दिल रह गया उचकके
लाई मियाँ ॥

दोने ना देनी ग्रागे वे सिपाईडा मेरा मोयां तू
राजो रहना मेरोयां ।
ग्राप न ग्रावे वारो वे ना लिख भेजें मेरा मियाँ
सुख बसे मुलतान वे सिपाइडा मेरोयां ॥

१०

मस्जि सहेरा में जा मोस्त कोजिये पोजिए पियाला
मद होशोका मस्तो ।
सनम् ग्रपने ग्रपने दिलमें ग़ोरो है हजूर मोजूद
हस्तो ॥

११

तेड़े मिलनदा चावबे मेनु ग्रामि पियारा वे मियाँ
डर दियाँ वदनामो कूल तेड़ो ।
तेड़े कारणमें सब कुछ छड़ियां वरदिवाँ विन दामोदो
ग्रनमोल तेड़ो ॥

१२

मदशानु भूल क्यों गया वे मह्दिे चावन चाक ।
ग्राप छड़ जांदे नाल मेह्दिे ग़ोरो मियाँ माह्निु
उड़ो कनियां वे पेड़े दियांनो उड़दो खाक ॥

१३

ग्रामिल राझा जानवे ग्रामिल मैंतो ताड़े सदके
कोतो यार गुमानोड़ा ।
ग्राशिक तें माशूक करम करे साडरो जान इस जग
विच जोवन महमानड़ा ॥

भैरवी—जल्दा

हांवे ढोला मन पर चांदिया भग सिया लेदो जटियाँ।
ग्राँखि लड़ादियां भौंवा मटकोंदो चित चढ़ जांदिया॥

भैरवी—धीमा तिताला

इश्क़दा फन्दा क्योंकर छूट दावे भला कोई
बतलावन मेनु ।
ग्राप छाड़ लगी लड़ तेरो वे मियाँ कभो तो दरस
वेखावन मेनु ॥

२

सोना वेदरदीया रवे मानु तो रहंदा तेडा प्यारवे।
तुझ विन गोरी मैनु कल नहीं पड़दी साड़ी लेदा
क्यों नहीं सारवे ॥

३

टपाटप कार सादो गाँठ प्रेमकी घूंट पीवे सोई जाने।
इश्कदा गुलफूल गोरी खुशवो आँदी जब चढ़ जाँदी
दमदी घोर ॥

मियाँवे छोड़ क्यों चला नैनी नैना तकदी चुपकोनी।
भट पई तैंड़ी चाकरी खेड़ांदी गोरी जोजांदी मै
तेंड़ा भला ॥

भैरवी—अद्धा

चुमल बसेंदे वो मीयाँ नाकर झेड़ा खेड़ेदे कोलवे।
गोरी तू तो बदमामल हाँहाँ वेफन्दी विच साथों
मत बोलवे ॥

भैरवी—धीमा तिताला

किवों तू मैड़डा दरद गवाँवी यारवे।
राझण मेड़ा वारी वे मेरामैं दिवे मेरी मिया तेरी
भलाई सैला जोवी मीठो तू साड़डा दरद
गवाँवी यारवे ॥

२

चोरा चंपदावी वालमजो वस पाया कीसोदे गोरी
सिर तेरे।
चम्पेदा माना वेसोणा वम पइयाँ वे मैं तेड़े सोणा
जो नहीं लगदा गोरी कोकरा वहानावे॥

३

लाला लड़के भड़के झगड़के आए भोर भए मेरे
चढ़के।
डगमग पग ढिग धरत धरणि पर बात बनावत
हो घढ़ घढ़के ॥

४

प्यारा तोसाड़े नाल नहीं मिलनावे जावोनी
समझावो उसनु कोई।
तुझ विन जिन्दड़ी मैंड़ी वे कल रहदी गोरी,
ल्यावोनी समझा उसनु कोज ॥

५

माहिया दे तुमाहिया वे की गुजरी साड़ी हालवे।
बीच पङ्गुरा दोवे पड़वे तरफेदी मेरा मियाँ
मुई पई दमनाई ॥

६

लाला वाला जोवन कोसो दावे रति रहजा जोवन
वालावो।
गुलवी लाला बाग बहारां विगुल विना फरमानी
दावे दाग जिगर विच कालाला ॥

७

राँझा मैनूं न विसारी मैंतो तोडे सदके कीती यार
गुमानीड़ा।
एही गला पछावदी मैड़ी दिल विच कारिया
मानून विसारियाँ ॥

८

सइयाँदे मरदान वे बून्दी तखत मकान चहल तन।
पश्च तन पाक दोवे जारत चलियाँ रोशन सकल
जहान चहलतन ॥

९

मानिवे वसँति यारवे चीरा करीदा शिर देवन
आया तुरो जरीदा सोने हरीवे।
मुखड़ा तेड़ा बाग बहारोंदा गोरी सोणा जम जम
मुवारक वादोवे जानो ॥

१०

लाइयाँ वे मैनु लाइयाँ कइयाँ तू तंगा सैला लाइयाँ।
राँझा तू तखत हझारांदा साइयाँ हो रसिया
लेदो जाइयाँ ॥

११

फूलों साँझी वेख वहार दावे सोणा सोणा लगदा
मुखड़ा जानी यारदा।
गोरी हजार गुल लालाना फरमान दिवे सदके
कीती सदके जांदी प्यारदा ॥

१२

जालम मुखडा परीदा पाया तेतो जोर लगदा
तबहे दार।
ओरीदे सरदार यार परियादा कर गइयाँ परियां
गिरथे साया ॥

१३

झोको वेखण जांदियां वे रंझेटा तेडियावे।
राझण मिलिया मैंनु वे सब दुख भूलिया ओरी
फुली अङ्गन समादियांवे ॥

१४

मिरजा जानवे जिन्द तोलाइ हुन तेड़ड़े नाल।
दिदनो जारेदा मेला ठेला ओरो मियां गरीबोंदा
रखले मान ॥

१५

मुखड़ा सोणेदा परी पैर कर पायावे।
भलो लगदो ओरो यारांदो सेनवे ॥

१६

जानो जियरातें बाजू साड़ा भूलदा नाहीं मानुले
भी संभाल।
अखियां लग खटकदो भटकदा दिल कीता कोल
तेंड़े नाल ॥

१७

ठग ठगोले नैना तेरे लेंदे साड़े भला क्यों दिलनू।
एकतो दिल वारो वेते ठगलो तावे मियाँ दूजे नहीं
होंदा मिलनू ॥

१८

दिल नहीं लगदा वे आद्या तुझनु वेखों तो जीवों।
वेमियाँ तुसी जोंदा रहियो लाख वरसलों
अदारङ्गनु पार उतार ठण्ढा पानी पीवों ॥

१९

मिलना हो तो मिलजा ढोलन क्यों कुड़ेलावे।
साड़ी मे देख चुको तेंड़े नित दे वायदे सुनवे राझा
विरह सानु रहदावे ॥

२०

वोमियाँ जानो रब तेड़ा भला करे कभीतो आमि
मांड़डे कोल।
वन्दी होवी तेंड़े विन दामोदी गुण मीत गले
लगनेदा सानु देह मुड़ बोल ॥

२१

जाले वेदरदा नाल पाले सुन मेरे सदारङ्ग अल्ला वाले।
दोस्ती कीती क्या कहूं मैं पे दुश्मनके विपदा न डाले ॥

२२

मै किस गुण उसनू समझावे दरद मेरो गल
नहीं मानदा।
अपनी तो आप जाने परवो किसीदा भला बुरा
नहीं मानदा ॥

२३

मह्वोब्बत लगोवे मियां कीकरां मेंडे तेड़े नाल तुसो
जानदा नाहीं।
महम्मदसा पिया सदारङ्गीले जोरधि गाना में ठगी ॥

२४

वे तेंड़े वेखण दावो मेड़े सांइयां मैनु चाव घनेरा।
कहा करूं कित जाऊं सखीरो दरद अबतो
इशकने घेरा ॥
याद लगी तेंड़ो मियां तू भी करदा याद के नाहीं।
दरद क्या हुई यारांते जोर दस्त गरेवाहीं ॥

२५

अपने जियको वीथा तुही जानदा मेड़ा हाल।
तुम सिवामें कासे कहूं तुही समस्त प्रतिपाल ॥

२६

वेखण कारण यारनु दिल ठगा दिल वगा यारनूको
इंइयां डूंगो बोच थल्ला।
पुराणा इशकदा सोई सजा पार लगा
रांझण गले लगले ॥

२७

वेड़ा वदनामिवो मैनु मेंड़ा सयानु सलार दावे।
वेला चमेलो दवना मरुवा गले फुलांदा हार दानिवे ॥

८१

छड़के न जानावे मैनु मेरा महर मया रस पाही ।
रैन देहा मेनु ध्यान तुसाड़ा नेहड़ा लगातो निभाही।

२९

प्यारेदी कोई ल्यावो खबरां जोवन जादा रखो
साड़ी भवरां ।
रैन गुजरे मान उड़िकानि खड़ियाँ दिन गुजरे
मेनु कहराँ वे जबरां ॥

३०

वेदरदांदा वालो तुसाड़ा वो सवाजो मँडिवे ।
कोई किसोदा वारिबे कोई किसोदा मेरा मियां
असनो मानोदावे ॥

३१

चम्पेदो डालियां बोवां वहारांदे नाल भलियां वे रब
मिले तोमे वारियाँ ।
मुखड़ा तेंड़ा वारोवे अजब बहारदा शोरो मियां
कानाँ सोहै बून्दे वालियाँ ॥

३२

दिर दिर दोम दोम दोम तननन तननन यललल
यललललले ।
लगाहै इश्क प्यारेका जिगर में छूटता नाहीं
मिलावो सांईकों अपना एहो जोवन हमाराहै ॥

३३

मै जानू मेरा जीव जानें लोक दिवानें क्या जाने ।
कासे कहूं आलो कोई न जानें मेरो दिलदो दाद
खुदा जाने ॥

३४

सांतो कित ल्याईयांवे मैनु साङ्ग भलो नैना
वाले मियां ।
जंग शियाले मैनू चोरो गइयां मेरा मियां चकवोवा
नैना वाले मियां ॥

३५

आमिलवे प्यारा सांवल मेंड़ड़े मे भा चलां सोना
नाल ताडडड़े ।

तांना भो देंदा वारो मैना भी देंदा मेंड़ा कष्या
सदके कोतो जिन्द मेंड्डे ॥

३६

सानूवो कारण लोथो फकोरो गरज नहाँ कछू तेरोयाँ
निमेरियाँ ।
शाल दुशाला मेंड़े मन नहीं भावे कर्म लिखो माड़े
कामर कारियाँ ॥

३७

कोई यार मभां लाइयां वे मेनू मेड़ा प्यारा
मनमोहन सांवलावे ।
इश्क लगा तेंड़ावे कित वल छूटदा हो तुम हर
मयर कन्हाई ॥

३८

झोखों नू सँभाल वेख्राड़ मह्रो घर आमिसवे ।
थारो चोरे वालियां वे वाबुल साड़ा चाक छांड़ मैहों
रावे ऐसो तो माड़ड़ो कोलवे ॥

३९

यार नालवे दिलदार नालवे मियां आशिकानु
तलव दोदार नालवे ।
हाथों सोना पेरों सोना गल सोनेना सोना नाल सोना ॥

४०

आएछो म्हारे डेरे वो मनमोहन नन्ददे गुमानो
छंला यारवे ।
कांई मनुहार करा म्हारे सायवा झोना लोना मोना
करले म्हासूं प्यारवे ॥

सिन्धु भैरवी—ताल तिताला

सोनेनू आन मिलामि तांड़ड़े कुरवान कोतो ।
वस रहो तांरो सूरत मन पर ते मेड़ो जिन्द खुश
कार लोतो ॥

भैरवी बहार—ताल तिताला

लालाना फरमान इश्क दे जनु में पोछे रस ताई ।
वेवाबुल शोरो आए दिन बहारदे इश्क न कोता सार ॥

२

सोनियादो वहार वेसाड़े नाल किती मेंड़े यारवे ।
बिन वेखे कल न पड़दो सुनवे मेड़े प्यारवे ॥

भाँदावे साड़े दिलनु महेरम यारदे निजारेदो गमजा।
वेखतो गोरो इनवितो रमझ तुझ नैना दिया गमझा॥

भैरवी—धीमा तिताला

दरदीम तदोम तदोम तुम तनन तनन तनदिरना
तनदिरना तनदिरना दानि दानि दोस्त।
नाद्रद्र तंन्द्रद्र तनन तदोयनरे तदियनरे तदियनरे
नाद्रद्र तनन दिरना दानि॥

२

बोल मेड़े नाल बोलवे प्यारा बोल मेड़े नाल बोल।
मैतो तेरो सोवो एक लग देशाँ में दो लग देशा
भारन देशाँ तोल॥
रांझण मेड़ा वारोवे मेरा भनदा लोकादो का जोर॥

३

वेखोनो माड़ो मइयाँ होर रांझेदा को मान।
इश्क लाल महोब्बत सब जग छूटा क्या अपना क्या
विगान।
लटक चाल चले वारोवे मुड़के न वेखे मेरो जान एही
महबूबदो आन॥

४

राँझेदा मैंनु दाग लगावे सुन लोजि खेड़े वालो
नोकुड़ोए।
विन वेखा सानु कल नहीं पड़दो हो रमियाँलो
मङ्ग जुड़िए॥

५

को बहारांदे नाल चम्पेदो ड़ालियाँ क्यारियाँ।
खिल रहियाँ गुलजारोयाँ हाँहारे वे वणजारा तोमें
बारियाँ॥
केवड़ा चम्पा चमेलो गुलाब फूल रहो अपनो उमग
से जब प्यारा मिले तो वन्दो थारोयाँ॥

६

नाजा महरम नाजा वे कभो तो साडड़े मन मान
गलावे आजा।
तू गोरोदो कसम मतकर समझ रमझ दिलजा॥

जोथे चलो उथे लेचल मैंनु मैंभी चलाँ तेंड़े
नाल मेरा प्यारा।
महोब्बत लगो तेंड़े साथ गोरो मियाँ ज्यों भामि त्यों
पाल मेंडा प्यारा॥

तूं आपो नाहोया मियदावे भूल गई सुध मेंडो
तेनु सोनावे।
तुझ जेहा मैंनु होरन दिसटा तूतो महरम दिलदावे॥

९

मेरा महो बालोयाँ वे मियाँ।
मेहोदे कारण वे चाक सेहोडा बो मोयाँ बूटा बूटा
कर पालियाँ॥

१०

सेंदोयाँ देनो वेले तुमेड़ा साँइयाँ आन मिले तोमें
जोवाँवे।
सुणनी होरे राँझा तखत हजारेंदा साँई चाक
मेहोदा मझो बालावे॥

११

आदम् आदम् आदम् दमदे दम् विना नाहीं
किसो कमदे।
किभरवासा मैनुं जोदड़ोदा प्यारा ए जोगो जग
विच रमदे॥

१२

काँई गुन्हा में थांको कियोछे मानु बताय दो
सायबा राजा।
कोटा भी देशाँ थाने बून्दो भी देशाँ थासो लग्यो छे।
म्हाको काजा राजा॥

१३

साथोड़ा महानु साथ भी भाँना हम परदेशी
लोग विगाना।
इस गलियाँ बिच आंदानो जाँदा अपना सो अपना
विगाना सो विगाना॥

१४

नाम लैलीदा क्यों लीता मजनू मीयां सहरा सहरा
हुए मस्त।
चीना आशीक सुन्द जाएके हर दम् मे रवट
होश मजनु अहस्त मे गोयद मुवारक वादर गोस्त॥

१५

भलीया साड़ीयां बनो तौड़े हतां विच खुबदा छला।
हाथो मेहदो पावाँ मेहदी किये जे तरहाँ दारनी
घनी भला॥

१६

प्यारका उठ पीवो प्याला।
शोरी को नशेमें अबकका बहका फिरे मस्त प्याला॥

१७

नामदा नामदा नामदा में नु आसरा इभांदा वे मेनु।
तुझ विन मेड़ा औरन कोई शोरी तहां तइ जबदानु॥

भैरवी—धीमा एकताला

वे सोणींदि मेनु भाँदी गलीयां।
राज पीयारा मेडा दरद न जानसिवे मीयां रांझदे
नाल रहांदो वे कलो यां।
वे जावोनी कोई मुड़ले आवो खबरां रांझ विना
नहीं भलीयाँ॥

२

देखोरी मोरी गुइयाँ कजरवा देख।
पाँनादी लाली वारिवे अजब सोहावदी देख
मिस्सी देख॥

३

सोपाई माँरी अरज सुनजाइयो हो जाने बालेहो।
कबकोमें ठाड़ो ठाड़ी अरज करंशा इतनी अरज
माड़ी मानबो॥

भैरवी—धीमा तिताला

बे नजारा महर मन जानीयाँ वेतेड़ो वलालु
कभी तुसाड़ा मांन।
तेनु शोरी एक दम हठ मत कर नजा प्यारा लगनावे
कीतानी कौल करार।

गहरी नदीया वारी वे थेलड़ा पुराणा मोला
लगावे बेड़ा पार॥

२

तोड़े विछुड़े मोहे चैनन आवे क्यों छांड़ चला परदेश।
मुसलमान साजने दिल न जाए खेश।
नेसहा सना सुद बकशो चु असनाए खेश नेस्त॥

३

वालम याना नालवे कमली अपी लायानी पछतावया
लगीयानी मत वे जीवे लाख वरसहो तू मेड़ा
साईयांजी।
रात देहा महोब्बत सुख साड़ी लगा रहदा
ध्यान तेड़ावेजी॥

४

लखा तेड़ा सुभदा दिल विच गुमानोड़ा यार मीयाँ।
चंपे जेहा तेड़ा रङ्ग विरङ्गीला सोणा आँखा विन
वेखे सानु कल नहीं पड़दां सांवल मेनु भायानि
खेड़ा सला आँवांदो फांकां॥

५

रव्वा मिलामी सोणा यार मिले।
आठ पहर मेनुवे ध्यान तुसाड़ा मेरा मीयां मौला
करे तुसी जीन्दा रहियो एहो मांग दियां दोहाई
सोणा यार मिले॥

भैरवी—तिताला

माहीड़ा ठग बजारदा ओमेनुदा।
रेंदी तेड़ी याद तेरी सोगी मांनोड़ा हो तूतो दिलवर
हजारदा॥

२

जानीजीयरा ते बाजूवे मीयाँ मांडे महरम दानी
विसे मालावे।
अखियां लड़ खटकेंदी भटकदा दिलको कल भरे
पारवे मीयाँवे॥

भैरवी—धीमा तिताला

अली वेमीयां नैनो दगा भर भारा।
घायल कीता साडे दिलनु मोयां ईश्क लगा
गोरी यों ठग लीता॥

भैरवी—एकताला

किन फूकीयांवे मोयां तेड़े कानो बोच एहो गला
भूंठीयां माचीयां।
मन्दीर मन्दीर वारी वो ध्यान तुमाडा वो मोयां
नाहक मेंडो जिन्द लुटीयां॥

२

जादू कीना वो मोयां घरो पल छिन नहीं कटटो।
तुझ विन जिन्द वे काल रहदीं इश्क लगा ठग लीता

३

मैंतो तेड़ी बातन मानो तुमो आमिल मोहन
नन्द दे गुमानो।
रैन दिना मैंनु ध्यान तुमाड़ा वो श्याम एक घरो
पल छिन कलन परत जानी॥

४

वे मियाँ तैनु कीतावे यार जोन्द मैड़ो कुरवान।
तुसाड़ो बन्दियाँ भलो नहीं लगदो गुण मोत
रवनु मान॥

भैरवो—धीमा तिताला

काशिद भेज भेज मन रखना।
तैड़ी जुदाई मैंनु भली नहीं लगदी इस दुनियाँ
बिच कोई नहीं अपना॥

२

दिन बहारांदे भांदावे महबूबा तानु जम जम।
गुलफल मियाँ गुलशन बिच तेरे बुल बुल बोले
चहचहा बागबहारां गुलाला नाल मान दे नरगम॥

३

गोरी बागबहार यारको शेबत कारण हसकों
रङ्ग भर दोजे।
क्योंजो पीवो प्याला सजन इस कैफोयत का नशा
प्यारे कीजे॥

चढ़ताजो तुरङ्ग तुरंग तें मेरा मोयाँ चलोयाँ सकार
सहरा गस्तनु मजदे सुबू।
हमा आङ्ग न सहेरा सरे खुद निहाद वर कफसरे
मन फिदा हेग हे विसियार मेहो खुाद॥

५

अमी तेड़े सदर्क कीतो जानी मिल जावे मिलजा।
घोल घुमाई मैड़ा साँवला आजा॥

६

दरदोमतदोमतदोमतुमतननतननतनादोरना
तनदोरनातनदोरनादानिदानिदोस्त।
नाद्रद्रतंद्रद्रतननतदोयनरेतदोयनरेतदोयनरे
नाद्रद्रतननदिरनादानि॥

७

हीर राँझेदा को माणावे अनि वेखो सइयाँ मेड़ीयां।
लटक चाल चले वारोबे मुड़के न वेख मेरो जान एहो
महवूबादो आन॥

८

चलो नेणानु भाल वेमोया जालम जटिये पंजाबदो
वे मेरा मोयाँ।
जोतूं चाँदा इश्कनु जंग गियाले जाय जंग शोयाखे
दो जटणो रखेंगे विलमाय॥

भैरवी—झपताल

छांवे मांनु भांदिया जटोयाँ भोंवे कालोयों।
घूंघर वाले तेडे मुख पर सोहे झमक रहा कानो
विच बालोयों॥

भैरवी—तिताला

हीर राँझेदा नुवे सइयां वेखोणो।
सावत साँई अल्ला का जोवो होशो को करेगा कोई॥

२

जिन जारे बालम सेजड़ोयां सुतड़ोनु आनके जगाई।
हाहा करूं तोरे पइयां प' पति करत निठुराई॥

३

नित दिन नजारा नैनादा तेड़ा भला लगदा मैंनु
टुक मुखड़ा वेखामो।

८२

अजब खुमार भरे झुक रही अखियां निमानि
दे घर आमो ॥

भैरवी—धीमा तिताला

प्यारा वो घर आमि सवेरे खाय गया गम ते ।
वे गुमानोड़ा ।
उठ गोरी मिल जारत करिए भूल करो कभो भो
फेरा गुमानोड़ा ॥

तेंड़ी याद मेंनु हरदम दिल में तुझ विन नहीं
किसो नाल लगदे ।
गुजर गई गुजरान गोरी मोयाँ होय जोगी इस
जगमें रमदे ॥

३

आओ सजन हिल मिल जुल रहिये जगमें जीवन
थोरारे बलमा ।
तुम्हो हमारे वारो हमो तुमारे जिय मोरा मन
तोरारे बलमा ॥

४

सइयां वेलो आँखो दूर न जा सदे लोग विगानेरे ।
मिन्नत करदी में खड़ोयां सोणावे सांई करे मुड़ आवोरे ।

५

सुनवे जालम यार बस कोताबे जिन्द मेंड़रोए ।
नेह लगा कर वे भूल क्यों गया मेरा मोयांको हुइयां
जिन्द मेडरोए ॥

६

मेरा मुजरा लोजोजी सिपाइड़ा अपनो गला
से दो नेंनादे ।
सलाम दस्तसे करना मौजूद रहे मेरा दिल चाहे तो
मन रखो ॥

७

तारन वालावे आसरा मेनु तेरा ।
देवी मुराद मेंड़ो वे मुश्किल करो आसान रब्बजो
पोर मेरा ॥

भाँदावे साड़े दिलनु महरम् यारदे निजारेदा गमजा ।
वेखतो गोरी हुण बोतो रम गइयां नेणा दिया गमजा ॥

९

रावोनु चलत गिरूं में तो ताँड़ो लेवां बलाई ।
जंग सियालेदी जालम जटो मेनु विलमाई ॥

१०

अपने खेंरादो दो नैंणादोमें मैंतो मनदो
रहदीयां मान ।
घूंघर वाले बाल तोड़े मुख पर सोहे पलका तोर
भोंवे कमान ॥

११

माहो यारदो वेखो वहारणु वेमे भूल गईयां रात
वहारनू ।
जोमें जानती कित वनफुल खिलोना में जानती
गुलजान ॥

१२

उस परोदा नाम लेले दिल दिवाना होगया ।
जो गया मुल्के अदमको सो वहीं का हो रहा ॥
फेर उसे इस मुल्कमें दुसवार आना हो गया ।
जो लिखा किस्मत का गोरी होना था सो हो गया ॥

१३

साजन सानू मिलि मेंड़े इलाहो वांके सजने नु दिल
समझा को बेकदरादे नाल जागो रात सारो ।
मेंभी याणी वारी नेह को जाना सांची गलां सांचो
आंख आंखो भला ॥

१४

माड़े रतोयन लग्दा जोयरा महरवान हो मोयाँ छांवे ।
तै कहदियाँ मांड़े साइयाने वेखो मोरा रब्ब जान दावे ॥

१५

छांवे मेनु किसी दे नाल ।
गम नाहीं सायवा मेनुड़ा दे नाल ॥

१६

प्यारियाँबे नहोरेनोयाँ निरखियाँ बे मेरोयाँ।
आप छड़ जाँदा वारी नाल मेहोदे आजज कीतो
इन राँझेदी कठियानी मेरोयाँ॥

१७

साथोडा विलंभाबे राजी रहणा माड़ा।
ढूंढ़दी फिरेदा वारो हुई दिवानो आन मिलावो
माँड़ा वालोड़ा साथोड़ा॥

१८

रब्बाबे माड़ी जोन्दडोदे नाल जहानवे।
मदत होवो शहर कुल आलम मदतशा मरदानवे॥

१६

साड़े साथोड़े न ल्यावो हो माड़े माहोड़ेनु ल्यावो।
हाथ रङ्ग भर मलटो मेड़ेवालेनु ल्यावो राँझेदो
सूरत अजब करेशाँ दुलहा ते लाल बनावो॥

२०

आमो वोख नैनानु भूले आडावो।
राँझेदी सूरत सब जग भाँदी मेरा मियाँ लह सकल
हनि भाँदा॥

२१

नैना चोरोदा जारोदा न लाईये वेयां मानोड़ा हाँवे
दरद नहीं मान परवत हादो मटा सुध विसराई।
अति भोंवन मोड़ो तनक भनक सुनत श्रवण मुरलो
सुखदाई समसुरन गति मत सुध विसराई॥

२२

तारण जग माँई सांइयां वे समभ मन भाइयां।
यह दुनीयादा मेला ठेला कोई किसोदा नाहोयां॥

२३

वे गुमानो यार दिलवर माहिड़ा यारमें तेरोया तेरोयाँ।
ले चल मेनु तेंड़ड़े नालो जिन्दड़ो वारो वारो फेरियाँ॥

२४

वेमे घोलियां घोलो दानी गुमानो मियाँवे कोकराँ।
मेडा वस नहीं चलदा मुझ वेनो मानोदा॥

२५

वे महर मयाना हां सोणाबे महर मयाणा मैं वारो
माड़ा रतो पल लगदा जोयरा।
कहदोया माँड़े सायवानु बे माड़ा रब जानदे हियरा॥

२६

या रब्बा माँड़ा दोस्त मिलामो कोकराँ जनहो
मान दावे सजन सांइनु मिलो माड़े इलाहोया
बकस सजनानु गल समभावो वेकदरादे नाले
जागो निशि सारो।
मैंभो अयानो वारोवे नेह को जाँन मोयाँ सांचो गला
आँखि मेवारो॥

२७

सैयो निमाहो जादावे माहिदा रख वालो माड़ा
आंख लडाँदा सरमादा जाँदा नेहडा तुसा कित
गुण लाया।
मकुचदोयां कहदियाँ उमगदो गला तेंड़ड़े कारणमें
इशक किया नेह वे मोयाँ॥

२८

वेमियाँ तेड़े मुखड़े दो लेवाँ बलइयाँ तूभो तखत
हजारेदा साइयाँ हिरमिया लेदो जाइयाँ।
तकोया लगाया परदा जोरा जोरी भोंए तु पलका
तोर चलादियाँ।
घायल मायल कर के वो अपनो नैन खुमारोयाँ देरत
नालोयाँ डोरे घाव सेलादोयाँ॥

२६

रेदड़ियाँ तेदड़ियां मेनु यादड़ियां नुबे सोणा मोलेरें।
यानो घतड़ियां छदड़ियाँ निकतड़ियाँ मजो दड़ायां
दोतडोयाँ कुरवानड़ियाँ मोवे सोणारे॥

३०

पलके दड़ियाँ लटके दडोयाँ भमके दड़ियां भलके
दड़ियाँ।
भोंबा तोर चले दड़ियाँ मरटके दड़ियां हवे दड़ियां
लवे दड़ियां साढ़े जोय बचे दड़ियां॥

३१

भला मैने रांझोया मैनु इश्क़दावे नशा आशिकनु
होया यारवे मैनु संभाल।
कैफीयतदी वगनां मानले वे अचपल सर सारीयां
होइँया वेकमाल ॥

३२

जेतुजांदा तेड़े नाले जोन्द जान्दीया जाने वाले यारवे।
मत जाना नेणाहि निभाना अचपल कदीया
सरमादियावे ॥

३३

जिसदा दिल वेकरार उसनु कहें सुने नाल कद
होदा करार।
भला मैतो आपो समझांदियाँ सुन मेरा अचपल एक
अनार सदबीमार ॥

३४

गरीबांदी हाय बुरी होदीं विन जानवे नादान वे
न जान मेग प्यारा।
जिसनु लग जादी बला अचपल यही तो किस्सा
सारा ॥

३५

फ़रियाद रब्बा दरद न कीता माड़े हालदावे
संभालना मांई।
अचपल फन्द बिच फन्दे गइयां मैंडो अरज
तुझ तांई ॥

३६

दिल मैड़ा आँखोंसि करां टोना करां तो कोकरां
इस दिनमणि।
बारीवे बनदी नाहीं अचपल कितवल आंखों में
जो धरानो ॥

३७

नाल हुसैन अल्लह मल्लामदा मोजदा दिल बिच
समझ के पाल।
हाल कल रज़ी न उसको चिट्ठी औकात ग्रोरी
उसनु भी देख भाल ॥

३८

या करीम या रहीम तेड़े कारण मैडी निगाह
चाहिये तो होंवे निस्तार मेड़ावे।
तेरो वे परवाहियों से मैड़ा जो डरे तू बड़ा
गफ़ूर रहीमवे ॥

३९

साहबकों साचा जानोजो साहबकों सांचानु और
कहेतो क्या मानू।
एक मांगे एक ठाड़ो रहो एकन कों वो देत सभी
वे हत भगवान साहब और कैसे न पहचानू ॥
एक कहे एक चुप रहे और एक करोरन देत सोचत
सोचत सांच करूं तो दिल में नित यह ठानू।
एक बीज में क्या क्या उपजे आंखो सेति देख डाल
फूल फल पात अचपल क्या क्या और बखानू ॥

४०

मतवाला जोवनदी सदा वेद्रर्थ रहणा साँवलड़ा बांके
नैना वाला चाल चलत मतवाला ॥
गजचाला वंशोदी तान सुनावो नन्दलाला ॥

४१

दमका सब आदम से नाता दम में आता दम्में जाता।
अपना नगरमें कोई नहीं दिसदा रब सों नेह करो
दिनराता ॥

४२

सुनहुरे लोगवा ननदीया हमोसन झगराई।
निशि दिन मोकों तुबर भइले पीया बिन
मन जो गवांई ॥

४३

मन मेरो लीनोरे रावरे कान्ह।
अचानक जा निकसो कहो सच कुच झझकी हो
अजान ॥

४४

मैंतो फन्दी वे फन्दा तेरीयाँवे मेड़े दानियावे।
आपन आवे वारी ना लिख भेजें वे न पढ़े में तकदी
तकदी तेरीयांवे ॥

४५

दिलवर मेंड़डी गलो तुसी कर फेरा बहाल
दिलांदा वारो।
वे किसनु सुनावा मेरा मियाँ चुप रहदे लाचारो॥

४६

सुनवे जालिम यार वमकीतो वेगोद मेंड़गेनु।
नेह लगाकर वे भूल क्यों गया मेरा मोयाँ कोछुड्याँ
वेरे मेंड़ोनु॥

४७

हमतो तेरे देखन के गरजो मरजी जैसी कीजिये
हमतो तेंड़े वेखण वारे।
करोजो हुकम करो हों बन्दगी हमतो गुलाम
तिहारे नजरकों देखन हारे॥
ऐसा न जान मुर्भ सुजान दान मांहो हम जिन्द करे
कुरवान नजरके देखन वारे॥

४८

वे मृगानैनी तारण साँई अल्ला।
इस जगमें वारो कोई नहीं अपना सुभवे
गरीवान्दा अल्ला॥

४९

वेखोनी यह कौन हो दावे।
मह्नोयांदा रखवाला आँखि नगांदा मरभाँदा जांदावे॥
चोरी सो गरो मानु वेख वेख जादा कमलो यार
धिगाँनावे॥

५०

भला हुआ उमर गुजर गई करदा वो गरूर जोवनदा
सइयाँ माड़ो जान सलामत नोका रङ्ग नहीं मिलदा॥

५१

यारे मन यलायनले दोमतनुँ तानुम दिरना
आतानु दोमतननतदनु मकुन वेवफाई।
टुक खुदा सों डर प्यारे सोगा यारे मन॥
दिलवर चोन जुलफ कमन्दे तो वस्तए।
मवर मनज का जोर मकुन दिल शिकस्तए॥
मखने न करदे एमक सेरन कोस्तए।
मंजूर मन हमोको आशको रूहे गस्तेए॥

८२

५२

विरहदोवे जटीयाँ दावे मौंया जादूगर सुनवे
मोयां संग।
गोरोनु को इश्क लगाकर के तब लेचला मार थांग॥

५३

प्यारेदे मन चाव घनेरे जो मिल जामी मानु
सांझ सवेरे।
साँई मांड़ा मानु आन मिलामी औसरताँ नाल मानु
सांझ सवेरे॥

५४

सोणावो सानु मिलजा प्यारा गम नहीं खांदा
सांई वेगुमानोड़ा।
साँई दे नाल नित अरज मेड़डी असरतां नाल
प्यारा असमाना॥

५५

हाँ वे खूब परीवे मेड़े हाथ परी नैनन सोहै तेरे
गात परी।
गले सोहै तँड़े मोतीयाँदी माला शोक दिल
देवे तू साथ परी॥

५६

तँड़ी भूदें कालीयाँवे आडा नैनांदी नोंक सम्भाल।
विन देखे कलन पड़दी ज्यों भामा त्यों पाल॥

५७

वे खाय गया गम तेरा में तेरोसों यार भांखां वालीयाँ।
मेंड़ोदे कारण वे छाड़ चला मोयाँ रांभा कांन सोहै
वुन्दे वालीयाँ॥

५८

वोमें बारो वोमेवारो मेवारो मेरा मौयाँ वोमेवारो
मेवारो मेवारो मेरा मोयाँ।
नैन जटो दे तरकस तीर कलेजे कारो वो मोया
राभण हुवाहै फँकोर वो सोयालि मेरा मियाँ॥

५९

माहुड़ा वालम यानामें तेरो सोमा।
कसम नवोदी मत मानले गोरीका हुइया हुण
तेंड़े थागेमां॥

६०

भंवरु मत तोड़ कलियाँ फसले नो बहार वे रस भरिये।
मदियोमो बो लाला दे चार दाग जिगर पर मलीए॥
शोक रंग हजार गुल नैनादी निरगस कभो चित
चोरिये॥

६१

जोवोजो थांसो म्हारो मनडो लागो वेससो ताया।
पुगुदा दिल हुइयां ढ़ंढ़िया वेले सुख पाया॥

६२

कारदा गरूर जोवन दानी के रङ्ग नहीं मिलदा
साड़े नाल संइयो दिल चांदा।
लेलर नम नैमु मुझ से मैं कभी कैवार तुझे
कोलो में भलंगा॥

६३

वे मियां विरहदोमै नहीं जानदो साड़े दिलादा
तुझे नहीं मौनदानो।
जो तू चला वारो वे चलन न देशां मेरा मोयां पल्लड़ा
पकड़े मैं खड़ोयानो॥

६४

यार अदा मैनू मुखड़ा भोंड़ा वहार दाइया पार बू
महक रही है।
गुलशने ये शोरी वहका फिरे मस्त वुलवुल
चहक रहोहै॥

६५

नैनी नैना तकतो चपको तोवि मोयां छांड़ क्यों चला।
भटपई चाक चाकरी खेड़ादो शोरी जाजादो
तेरा भला॥

६६

वे माहीयां वे नैनो सार वे यह मुराद मांगो।
वे माहीयां आवन आस पुरी सानु झौंभो तो
ाद मांगो॥

६७

मेनु तेड़ड़े वेखनदी थांगरे।
चढ़ वेखां वारो राबांनु वरदावे सोणा रव सुनले
साड़ी चांगरे॥

६८

आयानी संभाल वो राझण यार की हुइयाँ तेनू यार।
होरनो मानोनुको पूछदा पोरु दिलदो हुइयाँ सार॥

६९

आज बजाई कान्हा बांसरी　निकसत नहीं मेरो
प्राण सांसरो।
वंशी बजाय मेरो मन हरलीनो बहो जात मेरे
नेणा आंसुरो॥
मुरलीको धुव सुन भई हौं　दिवानो विकल भई
गड़ो हिये मेरे फांसरो।
रसि रङ्ग रस बस करलियो लग गई मेरे मन
प्रेम गांसरो॥

७०

जो मरजी मेड़े यारदो वो जों सोई सोई मेनु करना
अरजो मरजो।
सांचो कहना सुखो रहना शोरो मियां भलो नहीं
खुदगरजो॥

७१

दिलदा महरम कोई नहीं मिलिया कासे कहूं या
दिलदो अरजो।
सब जग देखा कोई नहीं अपना जो मिलिया मोई
अरजो गरजो॥

भैरवी—झल्ला

विरहदो नोके मे सेदोयां तेड़ो झोखां वाल्लोयां।
कभोतो आन मिलो रब दाढ़ा नहींतो गल तकेदियां॥

भैरवी—धीमा तिताला

भला कोई बतलावना मेनु इश्कदा फन्दा क्योंकर
छुटदावे।
कोई ततोनू छुड़वारो वेलगो लड़ते तड़िये मोयां
कधा तू दरस वेखावनावे॥

२

दूर न जा बसेदे लोग विगाने सइयां नवेलिया वे।
मिन्नत करदो वारो वे पइयां न पड़दिवों मोयां रव करे
तुसो मुड़ आवे॥

दरकदी आइयोरे जानी मैनुभी दरस दिखाइयोरे।
तुझ कारण वारीवे जोग कमाया मैंड़ा कथादिल
दोत बुझाइयोरे॥
तुझ बिन देखे मोहि कल न परतहै आकर
हित सों जगाइयोरे।
सरसाई मनभाई कर कर अचपल पीय घर
आइयोरे॥

१०

कदी मिल जाना यार नदाना तुझ कारण दिल
अतिसुख पाना।
जो गत लिखो सो प्राण पगी सब सुन्दर रूप निमाना॥

११

जादूड़ा कमाल कीतावे।
इश्क लगा मैंड़ा जो तरसांदा हाल जिगर
पर बीतावे॥

१२

कौन गति भई मोरी आन न मिले पीय मोकों।
उन बिन कल न परे पल छिन कैसे रैन विहाय आन
मिले पीया मोकों॥

१३

मार चला क्यों छोड़ चलारे मजनू इश्क गरीबां
क्यों मोयाँ।
या खुदा याद सुन मेरीदा है फिरियाद शोरी मियाँ॥

१४

खेड़ांदा पर वेला वे भला मोयाँ वेमानु चाक चाक
जवाँ भांदा कीइवे।
आदानी जाँदा साड़े घरवे शोरी लगी महोब्बत पाकवे॥

१५

ए चतुरङ्ग सुअङ्ग मन गाइये गुणियन सुरजनन
रिझाइये मनमें संकोचन न लाइये।
धाकिट तकधुम किटतक गिदिगन धेतलां२
धड़ दीम द्रद्रद्र दीम चतु० ॥
सारेगमपधनिसानिधपमगरेसासारेसारेगरीगरो
गमगमगमपमपमपधपधनिधानिधानिसा॥

कदर न जाने दरकदर मोयां क्या जादूड़ा
कीतावे दिलनु।
वेखननु सूरताक जो मेरा इश्क लगा मन लीता
दिलनु॥

४

चल उठ कर दीद निजार मोयाँ दीद निजारेदां
आंवदा जाँदा मोयां।
बाग बहारानीवे वेखण चलिये हो मोयां मेड़ा दिलवर
आवदा बजार मोयां॥

५

करना होय सो करले प्यारे नहींतों जनम जात दिन
रैन सवारे।
सगरी उमर बीत जइहै छिन पल माँह विनस
होजारे॥
धन जोवन कुछ थिर नहीं है चेतना हो तो चेत
सवारे।
मनरङ्ग प्रभु मत भूल जगत सङ्ग काहे को सिरपर
लेत तू भारे॥

६

साथीड़ा मेरा और निभाना हम परदेशी मुल्क
विगाना।
इस गलियां विच आँदानि जाँदा शोरो अपना सो
अपना विगाना सो विगाना॥

७

परखले परखायले एमोयां देखना दीदार यारांदा।
खोटा खरा पहचाँन शोरी मोयाँ सोई गनीमत
ईमान प्यारांदा॥

८

कीजाल मांड़ीवे मोयां जो किसदी यारीदा ले
विसडड़े नाल न जानू नाल न जानू की करवे।
मुख वेखां तेड़ा सांवरो या मेंड़ो जाने जिदड़ो दिवानो
मेंड़ा जो डरवे॥

१६

चतुरङ्ग सबे मिल गावो गुणी तरना त्रेवट ख्याल

सरेगम धमो धेयती धे धे या धमो धे धे या।

धधपपपपपपधधनिनिनिनिनिसासासासानिनिधधपप

ममगममगरेसा तकट तक ताध्रकट तक ताधा

गेदिन नुतान धात्रकट ध्रकट थंताता विकुकु

भेझे धाताड़ा धाधा धोधा धा ताड़ धाता दि धाधा

तड धाता गिदिगनं धा॥

१७

केहो कूड़ी गलाँ करदा साड़े नाल मियाँ वे असो

तो तालब तेड़े मोयाँ।

तुझ विना होरन दिसदा विन वेखे नाहीं चैन जियाँ॥

१८

छांबे ढोला मन परचांदोयां।

आँख लडोंदो भोंवा मटकांदो चित चढ़ जादोयाँ॥

भैरवी अड्डा—होरी

जिस घड़ी तेंड़े फन्द विच पइयों जबसे

या लगा तेंड़ा ध्यान।

जबतो तोरे दाव में जायके फसे सैयाँ हम आह के

ताक नाहीं कैसे करे फरीयाद॥

भैरवी—धीमा तिताला

मेंड़ा प्यारा झम झम झम झमके बाला सोहना

मोहनानो साँवलड़ा आयानो।

सांवली सूरत साड़े मन पर बसदो मनदो

आस पुजयानो॥

भैरवी—तिताला

द्रनाद्रना तुम तन उदन तुम तननन उदनत तुम

तननन नित नतनतुना द्रद्रद्रत दानितन तु द्रद्रद्रत

दानो ताद्रद्रतु तारेदानि तारदानि तारे दानि तुंतन

उदन तुमनन उदतननननन मतं।

सुन्दर चतुरङ्ग बनाय के राग राग रूप स्वरूप

अति त्रिवटं तिलाना गावो सरिगम चतुरङ्ग धा

किट तिक त्रिकट तकधुम किट नगदिति कड़ानु

गिधि गन धातुं तुम तनमतन॥

सारेगमधपमगधनिनिधनिनिसागसानिनिधपमग।

सारेसारेगरेगमरेगमपधनिधनिसानिधपमगरेसा॥

भैरवी—धीमा तिताला

दोतेना देनो जागी वेसपाईड़ा तू राजी रहना।

नेंनां तुसाड़े वारीवे वरछोदो नोकों वे मोयां

इश्क दे नाल सानु बहाना।

तू शोरी तू सानु भलावे जो तरसाँदा नेह लगाकर

को सानु दहणा॥

२

बालम याना नाल साड़ा दिल लगियाँवे।

कमलोतू आ पिलायोनि पछतावण नेह लगियाँनो

जालवे॥

३

वोमें कोकरां अरजो जोसांई तेरी मरजी।

नवाज सुजात दोल साईं सलामत मेरा मोयाँ

आशक रङ्ग तेरो गरजो॥

४

आदम आदम आदम दमदा दम दुनोया विच कोई

नहीं कमदा।

नहीं भरोसा घरी पल छिनदा नाथन दिल जोगी

होकर रमदा॥

५

चल फिर करदोद निजार दे आया गादा महरम

दम दमदे।

सोरखे गुजरी गुजरान शोदरी दे भाल परोसे

एक नजरदे॥

६

मारे नैनादो भुलोयाँवे मोयां।

नैन लड़ेदे लड़लड़ जादे गम जामा ते नैनादो

वालोयां॥

७

उठ शोरो मिल जारत चलना भले बुरे दोदभो

करना।

नेह लगा करके तरसाँदा देखी तेरी चाल नदाना ॥
इस गलीयां बिच आना जाना कुछ तो समझो यार नदाना ।

८

बाग बहाँरा दामको सुन तो सोना यार यावे ।
तेड़े कारण चमन बनाया चल शोरी सुन प्यारो यावे ॥

भैरवी—जङ्गला

अम्बुवाकी डारी डारी कोयल बोलेरी ।
कोयल बोले शब्द सुनावे एकविकी तेरी बारी ॥
अनवट बिछुवा पायल बाजे चलने की गतिरी ॥

भैरवी—धीमा तिताला

देखो मोरी गुइया मोको लाखन गारी दीनोरी बरजोरी ।
मोरो दधिरस चाखो तापर हरवा लीनोरी ॥

भैरवी—जलद तिताला

आवतही रङ्ग रङ्गाय सो पीय मोर ।
सगरी रैन जागे रस पागे हांवन लागो भोर ॥

भैरवी—झपताल

तानु द्रनातन दिरना तदर दानी ।
नाद्र नाद्र दीम दाम दीम दीम तननन उदत तिला तान दिरना तदरे दानी ॥

भैरवी—धीमा तिताला

मेरी अरज करो सानु सांणा नाल ।
जिस दिन मीला मेरा हाकिम होवे फजल करे तोमें भी निहाल ॥

भैरवी—झपताल

यारा सुनो तेरी भुवां कालीयाँवे ।
चंदा जैसा तेड़ा मुख वेखावणावे सूरतदा जिन करो मानवे ॥

भैरवी—धीमा तिताला

तानदिर तदेनी दीम दिरना दिरना दीम यारंमल लियललियलीयललललेे ।
धितिलितीलाना ददतिलातालले तिलीलानातदेना ॥

खुद राह दराि राहाके आमी दीर कोल्ल वलके फसान दारहो मिलिलातिला लीता लत ललले ॥

२

रावो काजो कजाक की कर आवे ।
मन सारा वेमीयां गर्भ कीलों मेराजी इम खेडांदीवे ॥

३

दिलवरीयां नाल वे सजणा यारां मैंतो फन्दीया वन्दीयां तेरीयांवे ।
और किसनू में जानदीभी नाहीं यावे तेरो तो शरमा दीयावे ॥

४

आगुमानी यार प्रेम तेड़े घोलघती ।
तुझ विना मेनु कल न पड़ेंदी आधरती ॥

५

एमनु भदियाँ जटीयां भुंव कालीयांवे ।
घूंघर वाला सोणा मूरख बिचा वह झमक रहो कानों वालीयांवे ॥
मीयां मेनू छाड़कों चलानुनो नाल तकदी चौ पकतीवे ।
बटपई खड़ चाकरी कर दे शोरी जाजा दावे ताड़ा भलीवे ॥

सिन्धी भैरवी ताल तिताला

मैंतो मर चुको तेनु शोरो चक सानु क्यों देदा जबाव ।
तूभी तो जानदे गुबा मियां मेरो उमदी प्रीति लगरही तेनूको होय शवाव ॥

भैरवी—धीमा तिताला

आदमी बन आया ढोला आदमी बन आयावे ।
हाविल्ल काविल किसका बेटा आदम किसदा जायावे ॥
वलिहारीमें जिसकी जो जपरदा गोद खिलायावे ॥

तूक्यों रोदी यानी छोरे रांज नोकर चाकर तेरे।
तन फूंकदा दुखदा गाहक गोरी चाव रहदी या
धीरे धीरे ॥

३

चाह करे वाको चाकरी कीजे।
नाहीं करे वाको नाम न लीजिये ॥
आपपेको चाहे ताको आपह्न चाहिये।
आपह्न न चाहे ताकों आपहन चाहिये ॥

४

भैरवी प्यारे भोरही गाई श्यामसुन्दर ले बंशी बजाई।
सप्तस्वर ताल तीन ग्रामले मधुर मधुर धैवत
ग्रह लाई ॥

५

ओमेनु रेदी तेड़ी आशा तें ड़ी ओमाहीड़ा
ठग बजारदा।
गुमानीडा तुसी गोरी दिलवर अजब सोरदा ॥

६

लिया एव सन्त तुम सुराक दीजँग्रा प्यारो निजाम
दीन औलीया महबूद यार यासाँई।
जद वेली चढ़ी चदरवासों सदा रङ्गीले अम्बुवा
बौराई ॥

७

यारो दम अटम बिच आया जद आदम नाम धराया।
आतंही जग बिच नाम धराया सुख दुख दो फल
पाया ॥
गठरी बांध बोझ रख शिर पर दुनियादार कहाया।
दुनियादारी लागी प्यारी भारी बोझ उठाया।
गठरी फेंक बोझ दे शिरतें जहाँ के तहाँ समाया ॥

८

मातें नैना वालियाँ वेमियाँ नैना लड़ादे लड़भिड़
जाँदे गमजाँ।
गोरी तूँभी तोरती समझ मियाँ को इइयाँ उनानु
विरमातें ॥

वालिनी जटीवे तेंड़ो वालियाँ थो जिंद वालियाँ
वालियाँवे।
मुखड़ा तें ड़ा बेवाग वहारोनोवे मन्दल भोनो ताँड़ी
पटोवे ताँड़ी वाली ॥

१०

समझ मियाँ वे दिलवर सोणा हाँवे इश्क दिया
हाँ हाँ रमझा।
गोरी रमझ नजारे वालां मैंभी मुश्ताक उठदिया
हाँ हाँ रमझा ॥

११

अणी मैं ड़ा नाज करें दा नाज़ुक नाज मियाँ झम् झम्।
सुरख पेच तुर्रा जरीदा गोरी मुख वदेदा
झमकडंदा झम झमोदा झम् झम् ॥

१२

जानैं वाला वेसोनावे मेराभी साथ निभाहीये मैंनु
भी ले चल नाल सोणावे।
तुझ जेहा मानू कोई नहीं अपना मैं ड़ा सोणा
किसनु सुनावे साड़ा हाल सोणावे ॥

१३

तूं आपी नाहीं मिलदा वे भूल गई सुध साड़ड़ो
सजना।
अखड़ोयाँ सानु मिलादेमी नाहीं या आपी सरमाँ
दियाँ ॥

भैरवी—जङ्गला

पालना गढ़ दे रे बढ़ैया।
अगर चन्दन को पलनों बनाऊँ झूलत कृष्ण कन्हैया ॥
मोतियन को पलनो बन्यो है सुन्दर रतन जड़ैया।
सूरदास प्रभु पलना झूले यशुमत लेत बलैया ॥

२

मेरा राज बंशी वाला वे काहे को प्रीत लगाई।
प्रीत लगाय चले मधुवन कों छांड़त लाज न आई ॥
दौलत छोड़ी दुनियां छोड़ी छोड़दी पत सांई ॥

भैरवी—धीमा तिताला

पार करिवे बेड़ा पार करिवे बेड़ाभी औगुण
गारों दावे।
सांवत सांईं तेड़ी आस पूजामि वांह गहेका लाज
करिवे॥

भैरवी—तिताला

यार खड़ावो दिलदार खड़ावो सूरतदा मतवाला
खड़ाहो।
तें मेरा प्यारा दिलदा महरम तेंड़े मिलननु
मुश्ताक खड़ावो॥

भैरवी—जल्द तिताला

लैलो लैलो करदा फिरे मजनू आपो लैलो होरहा।
आपो लैलो आपो मजन आपो लैलादो चेरियां
होरहा॥

२

मेरे पासरी पिया न आएरे।
क्यारे करूं कछू वस नहीं आवे निकमत नहीं
जिय सांसरे॥

३

सइयां रमभां लाइयां वे मैनु मेरा महरम यार
सिपाई।
रैन देहा मानु ध्यान तुसाड़ा आसरा लगाहै
तुझ तांई॥

४

मैंतो कमलिनी हुइयां साड़ी मैंड़ा हाकिम हुइयां
मांड़ो को तकसीर।
अम्माभो मारे बारो बाबूल भड़के मियां वीरन
दे दासानू घोर॥

५

मैंतो तैनु आंख बिरहदो राभनावे।
ढूंढ़दो फिरदो वारोवे मिलदा भो नाहीं मेरा
सोणा सदके कोतो जिन्द मेरोवे॥

६

तोड़न कों कलियांरे चलो धन हमरी बारीरे
हमारी बारी।
नेह लगा तेंड़ा घूम घुमेरा धुरपटने दो सारो।
अनवट गढ़ादे बिछुआ मंगादे पांयलको झनकारो॥

७

फुलबगियां मेंःकौन गुण जाऊंरे।
बेला चमेलो का मैं बंगला लगाऊं चुन चुन
कलियां बनाऊंरे॥

८

नैना वाले मेवा मैनू वस कोतानि।
गोरोदा दिल वे घायल कोता इश्क लगाय
मन लोतानि॥

९

आवोरे मोरे सइयां डोलियां ले आव।
चोक पुराऊं मङ्गल गाओ पिया मिलनको चाव॥

१०

एसो ताल वसोणा दोदारदो।
जिन गलां थे वारो चुपके सोयों असो चाकर
तांड़े प्यारदो॥

११

जानो यार गवरू न जारे।
चुभ गइयां साड़े दिल बिच सूरत जोवन जातहै रख
आवरू भला न जारे॥

१२

दिलनु कैसे समभावे जानो यार।
नेह लगा वारो वे नजर न आंदा मेरा मियां महरम
तुसाडड़ो न पाई मैंड़ा यार॥

१३

छांड़ चलावे करके बदनामो।
चोरो चोरो आंदा वारो छिप छिप रहदा नाहक
नेहड़ा लगामो॥

१४

रूसे कन्हैया कों मनावोरे ग्वालिन मगरूरो।
रूसे कन्हैया जूड़ो कदम को छइयां मुरली बजाय
मन मोहोरो॥

१५

वे मैंड़ी दिल भर देंदा कभीतो दाद।
मौला मेरा काजभी होसो पकड़ कवाँ फिरीयाद ॥

१६

सोणा चीरे वाली यानी वो मियाँ।
चौतुँ को गल करि नाल सदारङ्ग दे हाल्लनु मैंनु
हंस हंस मुख वेखला मियाँ ॥

१७

रब फकीरों दी एहो गुजरानवे।
भली बुरी शिर ऊपर झलदे शोरी गरीबोंदा मानवे ॥

१८

सोणा वेमियाँ कोइइयाँ साड़े हालदी तदवीर।
इश्कों जाल वारी वे कोकर छूटदा हाल नहीं
तदवीर तकदीर ॥

१९

रांझा वेमैं तेंड़े सदके कीती वो गुमानीड़ा
मैंनू न विसारणा।
निंरा भरके निभाई छैला राझण वाले हो लगदे
तीर जिगर बिच भी मारणा ॥

२०

के वरजोर लगा नैंनोंदा।
उठ दियाँ हुका वारीवे कंकों नैना वाले वस नहीं
चलदा दिल भर यारदा ॥

२१

चीरा चँपेदा वो जालम जो शिर तेरे चीरा
बंधवाया आया।
पचरङ्ग शिर चीरा सोहै बिच रङ्गोवो दुशाला
एक रङ्ग लख पटका सोहे लाल खड़ा मतवाला।
कांनुदा बृन्दावाला मोतियांदी माला इस बनरो
मन भाया ॥

२२

पिया बोलो नाहीं सोवत निदियाँ जगाई अटरिया।
सगरी रैंन मोहै तलफत बीती मरहूं खाय कटरिया ॥

२३

दाग दिलों बिच दे गयो जानो।
जङ्गल ढूंढ़ा वारीवे बेला भी ढूंढ़ा मेरा मियाँ ढूंढ़त
ढूंढ़त भईहों दिवानो ॥

२४

तेरे जोवना नें धूम मचाई।
उमगे जोवन सावन भादों नदिया जोर बढाई ॥

२५

कहा करूं मोरी आली नहीं पाए वनमाली।
कुञ्ज कुञ्ज वन विथन डोलत ढूंढ़त भइहौं बिहाली ॥

२६

रांझनु मनावन चलिया हीर अकेलड़ो।
मनदी मुराद पुजावीनि साँई मेड़े रब्बा जिथे
राझण तिथे होवे साडि मेलड़ी ॥

२७

नैना अञ्जा लगाय कहो वोर आईरे।
साल्हू सरस कसूमो अंगिया शिर को गागर
कहीं तोड़ आईरे ॥

२८

एमैं कैसेकें मनाऊं अपने बालमको वोतो रूसोई
जाय वो रूसोई जाए।
वालि देश भोलाइ शोकरङ्ग जों जों सुलझाऊं
त्योंत्यों उलझोई जाए ॥

२९

हांवे दिलवर मैंड्डो गली कर फेरावे।
हाल दिलोंदा वारी किसनूं सुनावों मैंड़ा मियां
चुप रहदे लाचार भलावे ॥

३०

गागरिया चटकाई राम सइयां मोरीरे।
कहत लैलो मजनु को कसम नहीं खाने को बहीयाँ
पकर झकझोरी सइयां मोरी मैं ठाड़ी करत
निहोरीरे ॥

३१

मारूजीसे कहियो मेरी जैश्री जैश्री कृष्णा।
थारे विना माने काँईन सूझै थांके मिलनरी
हो तृष्णा॥

३२

कैसेके समझाऊं अपने सांवल कों ज्यो ज्यों बोलाऊं
त्यों त्यों रूसोई जाय।
रसिक रङ्ग पिया मनके भवनवा उन विन जिय
तरसाय॥

३३

पनिया भरन कैसें जाऊं मोरे रामा सिरतें उतार
लीनो गगरिया मोरी।
बाट घाट मोहे रोकत टोकत काहूकी न मानु
मैंतो होउंगी तोरी॥

३४

जानी मेरावे महबूबाँदो गल मानले।
मुखड़ा तेड़ा वारी बाग बहारां शुभ रङ्गनु
तू पहचानले

३५

देगयो मोहे सेनमें गारी वसकी रसीली पीत की प्यारी।
लुक छुपके वोतो दौरीही आवे सुनो सखियां
यह विनती हमारी॥
सगरे व्रज में है वोमोहन शोक रङ्ग देखा
चतुर खिलारी॥

३६

मोहनावे आमिल मेडड़े नाल।
ताँड़े कारण जिन्द तपदी रहदी इश्क तुसाड़ा पाल॥

३७

दिवानी रहदी जादूड़ा जालमजोर।
किस रसियालि ने जादूड़ा कीता रांझण
हिरदी ओर॥

३८

पीया कों देहो मिलाय आनन्दो माई।
तैनु भी ध्यावे वारी अम्बुदे राजा दिन दिन जोत
सवाई॥

३९

हँस हँस मुख ताड़ा भला मैनु लगदा
महबूबाँदो गलाँ मान ले जानी मेरा।
मुखड़ा ताँड़ा वारीवे बाग बहाराँदा मियाँ पचरङ्गनु
तूं पहचानले जानी मेरा॥

४०

सोनावे मियाँ की हंइयाँ साड़े दिलांदी तदवीर।
इश्कदी फँदा वारीरे छुटदा नाहीं मेरा मियाँ हाल
नहीं तावीर॥

४१

जान वन्दिदा राँझा भलावे मैनु।
हिरनी मानीनू आमिल खेंडेनू॥

४२

तू अचरा सम्भालरी सालूवाली।
बड़ो बड़ी अखियाँ कजरा सोहै घूंघट में मुसकानी॥
चलो पनघटवारी है कोई राम दिवानी।
आगे चली जैसे मङ्गल हाथी बीचमें मस्तानी॥

४३

अच्छो नीको कजरा देके का जियरा मार डरिहो।
बड़ो बड़ो अँखियन कजरा सोहै तीखी चितवन
मोहे मार डरिहो॥

४४

राम नजर लगी मैं चलत रहोली मगवा।
सारीरे मसक गई वहियांरे लचक गई छूट परे मोरी
अङ्गठिया को नगवा॥

४५

प्यारी प्यारी बतियाँ करके जीयरा लोभाय लीनो।
लाख कही पिया एकन मानो सनमुख होके बुलाय
लीनो॥

४६

मौलासे मैं मङ्गदी रहदी अमानवे।
भला जान वाले तोरे शरमदी अमानवे॥
दूर गया वारी वेख वरन लीतो मौला मिलावे आनवे॥

८५

४७

बड़ो बड़ो अँखियन कजरा दीनों घूंघट में
मुसक्यातरी।
गोरे मुखपर बिंदिया सोहै घूंघट में लजातरी॥

४८

मस्तानु कोई पूंछे वे यार जिसनु इश्क तिसनू
कतण केहा।
घायल मायल फिरे दिवानी नैन सँाइदे नालर
तेरे लगा इश्क छूटो मसलत विसर गइयाँ पंजे सेतें
जिनानु इश्क तिनानू कतण केहा॥

भैरवी—खेमटा

वंशी सुनतेहो अङ्गवा में लग गईरे मोकों सुनायदे
वंशीरे।
वंशी सुनाय मुख दिखलादे वृन्दावन दौरी में गईरे॥

भैरवी—एकताला

तुम आए मेरे बालम रैन कहीं जागे।
सगरो रयन मोहे तलफत बीतो भोर भए गर लागे॥

२

कैसो बाजो वंशी यमुना तीर।
मुरली की धुन सुन भईहीं बाबरो सुध बुध गई है
शरीर॥

भैरवी—जल्द तिताला

अङ्गीया मोरो मसक गई राज।
इस अङ्गिया में लाल लगेहै छुवो न लगावो हाथ
ब्रजराज॥

२

सङ्ग मोवे मोरी बलायरे बलम तोरे।
ऊंची अटरिया चन्दन किवरिया देखत जिय
घबरायरे॥

३

पिया मोरे भवना ले आएरे।
चार कहार मिल डोलिया ले आए आए वरात
ले गएरे॥

कन्हैया मोरे यमुनामें कूद परे।
कूद पताल कालो नाग नाथ्यो फण पर नृत्य करे॥

५

कन्हैया तोरी मुरली बाजोरे।
साँवली सूरत देख सखी मन भए राजोरे॥
जहाँपना तुम युग युग जीवो रैयत राजोरे॥

६

व्याहन आया मा लाडलो बनीका बन्ना।
मुसकना शिर सेहरा विराजे हीरा लगे मोती पन्ना॥

७

सोना बेदरदो यारवे मानु तो रहदा तेंड़ा प्यारवे।
तुभ विन शोरो मैनु कल नहीं पड़दो साड़ो लेंदा
क्यों नहीं सारवे॥

भैरवी—तिताला

यारदा गम खा खा कैवे कोतावे कलेजा फाड़दा।
मदारङ्गदो गलां कोई नहीं जानदा चेरी दे नाल
गुजारदां॥

भैरवी—जयतश्री

जब तुम हमतें एक स्वरूप।
हमारा तुमरा एकही रूप॥
जब आया काया में साँसा।
तुम भए ठाकुर हम भए दासा॥

भैरवी—जल्द तिताला

कहत प्रह्लाद पिता सों मेरे तो आधार नाम।
जमड़ बमड़ पांड़े कहा पढ़ावे हमतो पढ़व
राम नाम॥
विन हरिभजन मुक्त कहो कैसे जगजीवन विश्राम।
पढ़त पढ़ावत पण्डित थाक्यो कह्यों नृपत सों जाय॥
ब बड़ कन को पढ़वो भुलानो ताल मिरदङ्ग बजाय।
इतना बचन सुना ज्यों असुरपति बांध्यो खम्भ
सों लाय॥
खड़ग निकास ठाढ़ भयो ऊपर कहां हरि तेरा सहाय
आंधर पिता सूझे नहीं तोकों जल थल व्यापत राम।

मोमें तोमें खड्ग खम्भ में कोकर मके संग्राम ॥
नरसिंहरूप धस्यो हरि जबहीं निकस्यो खम्भा फार।
हिरणाकुशको उदर विदार सूरदास कों उबार ॥

२

मद मतवारो पिय जागे न जगायरे।
पइयां परतहूं विनती करत हूं जागत नहीं सइयां
मोरे जगायरे।
सोवत है सुख नींदन आवे मोहन गरवां लगाय
मोरा जिय तरसायरे ॥

३

मोरी प्रीत की रीत न जानीरे।
सगरो रयन मोहि तलफत बीती सइयां निदरद
पहचानीरे ॥

४

सुध सारी मोरी सइयां बिसराय डारीरे।
उनसों मेरा नेन लगत है चरणकों में तेहों
बलिहारीरे ॥

५

कैसेन प्रीति लगाई मेरा सब ठौर पियारा।
प्रीत तें संसार बनोहै प्रीत छोड़ कहा जाई नहीं
वासों छुटकारा ॥
विरह अगिनमें जरतहूं निशदिन बारहीने चिनगी
लगाई जो दिन दिन हो अङ्गारा।
साहब आप बचो नहीं प्रीतमों और कैसेंक
बचाइ रहे कोउ कैसे न्यारा ॥
आदिअन्त सब प्रीत से बांधो फन्द यह कसे छुटाई
अरे मारारे मारा।
प्रीति लगाय मुख मूंदे कायम पीऊ जो करत
निठुराई मेरो करो सहारा ॥

६

धोका धोको जनम जात मन जाग कहा रहा
सोईरे।
चार दिना का जीवन जगमें अमर भया नहीं कोईरे ॥
अपने अपने सब स्वारथके मात पिता सुत जोईरे।
सोते इनको सङ्गत करके वृथा अवस्था खोईरे ॥
यह सुखहै सपने को सम्पति छिनमें जात
बिछोईरे।
तासों अबही चेत बावरे डार हिये मिल धोईरे ॥
गुरु कृपा कर तोहे बतायो राखो न कुछ गोईरे।
कबि नायक हरिनाम भजे बिन मुक्त कहूं नहीं
होईरे ॥

कजरवा देके हम पछितानो।
पिय बिन कौन सिङ्गार कजरा को जब हम
सोचइ ठानो ॥
एक दिन अंखियां मोरी खजुवारी औषधि जानके
कजरा दीना तिहूंपे सास रिसानो।
अरिए ते हरीये क्योंकर भरिए जोयहि जियमें
मानो।
कायम पियाकों अपने में पाऊं मेरे गुण औगुण
जानो ॥

बैठ रहूं तो रहे ठिग बैठो जो कहूं जाऊं तो
आगेही धावे।
सोय रहूं सपने में सतावे चौंक उठो इंस कंठ लगावे ॥
मौन रहूं तो रहै घट भीतर बोल उठो उर माह
समावे।
मङ्ग मुरारि रहे निशिवासर हाथ पसारूं तो हाथन
आवे ॥

९

मेरो मन लागो राधारमण सों।
जगमें और कछु न मोहावे छोड़ो प्रीति सखी और
सबनसों ॥
तन मन धन अरपन सब कीनों नेह लगायो
सुन्दरधनसों।
घरी घरी पल छिन निशदिन रस रटना राधाकृष्ण
कहोंमैं प्रणसों ॥

वह वृन्दावन वह वंशीवट वह यमुनातट कुञ्जन वनसों
वह गिरि गोवर्द्धन तरहटी मानसीगङ्गा
राधाकुण्डनसों ॥
वह नन्दगांव वह बरसानो चरणपहाड़ी वह
महावनसों ।
वह गोकुलहै धाम हमारो वल्लभ रङ्ग रङ्गो
में रङ्गनसों ॥

भैरवी—ठुमरी

परवत बांस मंगाव मोरे बाबुल नीका मेड़ा
छबाबोरी।
सोना दीना रूपा दीना बाबुल दिल दरियावरी ॥
हाथी दीना घोड़ा दीना दीना बहोत मन चावरी।
डोलीया फन्दाय पिया ले चलेहैं तब सङ्ग कोई नहीं
आवरी ॥
गुड़िया खिलौंना ताक मेँ रह गए नहीं खेलन
को दावरी।
निजामदीन औलीया बहियाँ पकर चले धरिहों
नीके पावरी ॥

भैरवी—जलद तिताला

मेरो मनडो लगो हरिचरणनसों सखी अब
मोपै रहो नहीं जायरी।
निशवासर मोहिं कलन परत है विन दरसन
तरसायरी ॥

२

मेरो लगन लगी प्रीतमसों सजनी यह दुख
कासो मैं जाय कहों।
निश दिन मोकों कलन परत है विन देखे पीयाके
मैं कैसे रहों॥

३

तन मन धन मोहन पे वारों मोहिकों उन विन काहून
सोहातरे।
घरी घरी पल पल छिन छिन निश दिन युग सम
सखी मोहि जातरे ॥
कुण्डल चमक चटक भृकुटी मटक अति मुकटलट
लटकी दृग पीत पट वंशीवट कट निकट यमुना
तट मधुर मुरली सुर सुहातरे।
श्रवण सुनत सुर नर पशु पंछी मोहि यमुनानीर
उलट बहत भए ऐसी वंशी बजातरे।
रागरङ्ग सुधङ्ग अङ्ग सों बजत सुर सम्पूरण गत मत
सों रागसागर प्रभु आन मिलो हरि तुम विन जुग
नहीं भातरे ॥

४

तुम जागो मोरे बालम रयनीया बीती जातरे।
भोर भए नैहर कों जाना छुटिहै मोरा साथरे ॥
करो चैनकी रतियां बतियां मिलैन ऐसी घातरे।
अवसर बीते मिलन न बनीहै हो जइहै परभातरे ॥
कहत कबीर राम सुमरन करो नातो फेर पछतातरे॥

५

बंसिया काहे कों बजाई सोवत जगाई मोरी नींद
गंवाई।
चोंक उठी घरमों चली जब उमगे दोउ नैन ॥
कुंज कुंज पूंछत सखी कौन बजावत बैन।
कोउ तो देहो बताई ॥
वंशी हो गंभी लगो बेधन कियो शरीर।
नन्दमहर को लाड़लो हरि हमारो पीर ॥
यह दुख सह्यो न जाई ॥
एक कहै सुनरी सखी खोटी जात अहीर ॥
काहूके को मनमोहना हैगो बडो बे पीर।
घर घर करे छल छाई ॥
मोर मुकट शिर पर धरे गल डाले वनमाल।
त्रिभङ्गी जादू भरो देखत रूप विशाल ॥
ढूंढ़े हूं नहीं पाई ॥
कित जाऊं पाऊं श्याम को दीजिए मोहि बताय।
दास नारायण चरण तर रहूं सदा लपटाय ॥
अबतो दरस देखाई ॥

चढ़ियावे लाडल बनरा संदल भीनो रात।
बाँकोई थारो कमर कटारो बांकोई तेरो साथ।
शिर सोहै जरकसी चीरा सज कमानो हाथ॥
मोहन बनरा बन ठन आया कोटिक काम लजात।
श्यामा श्याम दोउ छवि ऊपर राग रङ्ग वलिजात॥

७

सखीरो आज वंशो बाजा है वनमें।
सुन धुन विरह भई तन मनमें॥
नाजाऊं कछू जादू कियो है।
मेरो मन सखोरी हरि जो लियो है॥
तान बान कस बंधो हियो है।
सरवस आलो मैं जो दियो है॥
मुकुट लटक पोताम्बर कटितट।
भौंहैं मटक ठाड़े वंशोवट नट॥
वृन्दावन कुञ्जन वनवारो।
छवि निरखत राग रङ्ग वलिहारो॥

८

छैल छवोला रङ्ग रङ्गोला श्यामसुन्दर है गातरो।
पांच वरषके मनमोहनवा ढोट लङ्गरवा मनके भवनवा
सुन्दर चतुर सुघर नन्दनन्दन बोलत मधुरो बातरो॥
रुन झुन रुन झुन पैंजनो बाजत पग नूपुर अतिहो
धुन छाजत ठुमक ठुमक पग धरत धरणो पर
नन्द यशोदा मन भातरो।
बाललोला व्रज केलि विहारन सुर नर मुनि जम भए
निहारन परब्रह्म शिशुरूप निरख छवि रागसागर
वलि जातरो॥

विरहको तानें सुनाइयो नहीं वंशो बजाइयो
नहीं गाइयो नहीं मेरे मनको लोभाइयो॥
वंशो को धुन सुन भई हौं बावरो बोलत धुन सखो
कहै बावरो विरहको जरोको जराइयों॥

८६

वृन्दावन को विथनमें चल करो वंशो सुनो
मनमोहन को सुन्दरश्याम कमलदलनैना वंशो
अधर धरो मुख वैना इन्द्रवधू सब वस करो
विसराइयो॥

१०

मांपे यह दुख सहिलो नजाय वेदरदो।
इश्कदे कारण मैंतो मरदो कर आए मैल बंगाल
मुलक पर शुक रङ्ग आशक गरजो॥

११

भोर भइल आइल मोर प्यारे कित जागल सब
रतोयारे।
मई कई अवध बद कतउ विलम रहे बोलल झूंठो
बतोयारे॥
अधरण अंजन भाल महावर उर नख दोहन
छतोयारे।
डगमग ते पग धरत धरणि पर हममों करत हो
घतोयारे॥
वहीं जावो तहां रैन जगहो जिन सिखलाई
मतोयारे।
राग रङ्ग तुम भूल परेहो कहां सोखे यह
लतोयारे॥

१२

सुन्दरश्याम कमलदलनैनन सैनन वैनन मोहोरो।
छिन छिन घरो घरो पल पल निशदिन मनमोहनवा
ढोट लङ्गरवा चतुर सुघर लङ्गर वनवारो नटनागर
गुणआगर सागर जित देखो तित वोहोरो।
बंसरो बजाय रिझाय धायके गाय गाय व्रजवनिता
सबहो हँस हंस कर वस कर नन्दनन्दन निरख
नरख छवि जोहोरो॥

१३

भोर भए उठ जाग मेरे प्यारे कहां नोदमें सोएरे।
सबहो वयस अकारथ खोई महा मोह में मोहेरे॥
जैसो करणो वैसो भरणो दर्पण ले मुख जोहेरे।

बार बार अवसर नहीं पैहे वृथा उमर क्यों खोएरे ॥
हरिसङ्गत हरिसुमरण कीजे दया दीनता सब मोहेरे।
हरि भज लीजे विलम न कीजे हरि विन जगमें
कोहेरे ॥

१४

मैंतो रहो अटरीया निरखतरो वनवारो गिरधारो
के आवनको।
हरि विन कछू मोहे कलन परत है घरी घरी पल पल
छिन छिन निश दिन जबतें भनक सुनो मनभावनको ॥

१५

वनवारो गिरिधारो मोहन मनडा लिए जातरो।
एसो मन्त्र पढ़ो वंशीमें छिन पल जुगन मोहातरो
मनमोहनवा श्यामसुन्दरवा रागरङ्ग वलिजातरो ॥

भैरवी—जयतश्री

सुनहो बात मोरी सखीय सहेलरो।
पियाके देश मैंतो चलीहूं अकेलरो ॥
को जाने मिलना कब होई।
यह नैहरवा मेरा दिन दोई ॥
पियाले डोलीया दुआरवा में आए।
बाजन बहोविध सकल बजाए ॥
बाबुल विदा करो मोहे वेगो।
हारेको चार करे सब नेगो ॥
सइयाँ का देश बहुत नगिचाना।
अब छुटा नेहर हम जाना ॥
कागत होहो मोरो ससुरारो।
ज्यो पूछे कुछ बुध विहारो ॥

२

यहरे यौवनवा मोरा दिन दथरे कहारे करु
कुछ नहीं मोरा वसरे।
चोलीया मैली चुनरीया पुरानो का ले जइहूं सखी
अब ससुरे ॥
पिया ले डोलीया गवनवा कों आए सङ्ग लिए नेगी
सरवसरे।
बुधविहारी मैं चेरो तुम्हारो औगुण हारोकों
अबके वकसरे ॥

३

झांझरो मोरो नैया पार करो।
गुण नहीं एक औगुण बहोतेरो छोटी नइया बड़
भार भरो ॥
विना दीए कोज पारन जैहो खेवनवारे कों
याद करो।
गावे गुदर मेरो नाव तेरे कर आपन जान
निभाव करो ॥

४

अलवेला वे छैला नन्दके गुमानो तेरो वात मेरे
मन मानो।
तुंहो जीवनधन तुंहो तन मन तुंहो रोम रोम
रहोरे जानो।
अलवेलो का जीयरा मानेना आन मिलो अलवेला
मेरा जानो तुंहो जीवनधन हो प्राणो ॥

५

मनरे यहां नहीं कछू तेरा यांहो कहत मेरा मेरा।
किसको मढ़ो और किसका मण्डप झूठा
जगत बखेड़ा ॥
कौन कौन यहां आयके वस गए वहांर न कोनो फेरा॥
धन माया सपने को सम्पति तापर गरब घनेरा।
कोउन राखे घरो एक घरमें जब आवे अंतवेरा ॥
शाहपना कहै यह वाणो ज्यों बूझे प्रभु केरा।
जो बूझा सो पार उतर गया चढ़ सतगुरु केबेरा ॥

६

दारु लगोरे करेजवा भरेहो रसोयाको पकड़
मँगावोरे।
महुवा को दारू लगो करेजवा अम्बुवाको फांक
चुसावोरे ॥

७

आवो सइयाँ हमो तुमो गरे लागो।
भोर कैसे होगा मिलनवा पो ॥

भैरवी—जल्द तिताला

मोरे बाबुल दीनो गवनवारे।
मैंतो चलीऊं सइयां के नगरवारे॥
मिललोरी मोरी सखीय सहेलरी फिरन होइ है मिलनवा।
नैहर में हम बयस गमाई सासुरे भएहै चलनवा॥
न्हाय धोयके वस्तर पहरे शीतल तिलक चन्दनवा।
चार कहार मिल डोलीया ले आए हिल मिल लगी रोवनवा॥
गुण औगुण मोमें एको नहीं कहा कहीं पीय सनवा।
कहत कबीर सुनोरी दुलहिन पीय के धरले चरणवा॥

२

समझ बूझ के देखो गुइयां भीतर यह को बोलताहै।
बलबल जाऊं अपने गुरुको जिन यह भेद बतायाहै॥
आदममेंवो आपी आप समाया जिन ढूंढ़ा तिन पायाहै।
कहै कबीर सुनो भाई साधो कपट कों भेद खोलताहै॥

३

जब तक सीनेमें दमथा दागदिल जलता रहा।
बे चिराग यह घर हुआ मालिक जाथा चलता रहा॥

४

चेत नामका अबहीं सबेरा है काई जगमें देखा तेरा॥
इधर उधर जीय काहे भटकावत कोई है जगमें देखो तेरा॥

५

हारन जो कों भूल न पीकों आनन्द होय काज मन केरा।
सुरत लगायके घटही में देखो दूर नहीं सांई निपटहै नेरा॥

६

काहू कहे न गए समझाय मोरे लाल जोवन हमसे विदा मांगेरे।
काहाके हाथ लिखो मैं पाती काहाके हाथ सन्देशवारे
अब को बार मिलले मोरेप्यारे राखो सरम हमारीरे॥

नित नईरे नई प्रीत नई।
नई सखी नई कान्ह नई प्रीत भई॥

८

सांवरे हाथ बिकानी सइयों मैंतो भईहौं दिवानी।
मेरे मन बसो सोहनी सूरत लोग कहैं बौरानी॥

९

वालनी अलवेली ने कीनो बिहाल अरी।
झांकीको झकाई देखेगी याके मनमें लग गई विरहा को भाल अरी॥

१०

मैंतो राह कीं भूलीहौं सइयां।
इस नगरी का सगरी गलीन में कैसीहै भूल भूलैयां॥
इधर उधर जो मत भटकावे पी नमिल गलबहीयां।
बांह गहेकी लाजतो कीजो हादो परे तोरे पइयाँ॥

११

सइयां बोलो तो बोलो ननदोया क्यां बोले।
अपने नैहरको मैं कहा कहीं सजनी बाबुल मोतीयन तोले॥

१२

राम दिनवा चारी मईकों जानदे नैहरवा।
सासूजीके पूतवा ननदजूके बिरना जुदा सुत चोलीयां भीजे रैनपसीनवा॥

१३

बारे करेजवा को बिरहा सतावेरे।
कासे कहूं मोरा जा तरसतहै यासों वेदरदीको कोउ जाके लावेरे॥

१४

राजदुलारा बनरा व्याहन आयारे।
यासों बना मेरा जोबन बारा बनरीके मन भायारे॥

१५

चलो मेला लगा है बगीया में ढूंढ़न जाऊंरी।
यासों पीया बगीयामें मिले बरजोरी गरवा लगाऊंरी॥

१६

अनोए सइयोंनि मोरी खबर न लीनीरे।
उस बिन मैंतो जरत मरत याह समय याद
नहीं कीनीरे॥

१७

बिरहा चैन देतन मइकों आली जीय घवरावतहै।
प्रीतको जो कोऊ नाम लेतहै या समय पीया
याद आवतहै॥

१८

बीरारे बटोइया सन्देशा लेता जाइयोरे।
पूरब जाइयो पच्छिम जाइयो नैम धरममें रहियोरे॥

१९

बिलखाय गयो गोरी को वदनवा राम गोरी
को छीजि जीवनवा।
जालीकी कुड़ती बनात की नारी तापर
दमकें निम्बुवा॥

भैरवी—जयतश्री

जिन्दडीदे नाल वे करार वे मेरा मीदां।
आँदा जांदा दम किसनु आखे जोरहदा
वे करार वे मेरा मीयां॥

२

मोरी बारी निंदिया जगाय दईरे।
एकतो निंदिया रसकी रसीली छतीयां सइयां नें
लगाय लईरे॥

भैरवी—आनन्द तिताला

तोरे आगे मोरी अखियां लगाई जानी।
छोटे देवरा मोरे गोदीके खिलैया अङ्गना में
बालम फिर फिर जाय जानी॥

भैरवी—जयतश्री

गोरी जायरी बदनवा सम्हेरी।
गोरे वदन का छबिहै निरालो घूंघट में मुख फेरेरी॥

भैरवी—आनन्द तिताला

जानो तोरे रङ्गमें मैं मातीरे।
बांह पकर पीया ले चलेहो कोउ नहीं सङ्ग साथीरे॥

कीती बेपरवाही यावो मेरोजान भलावो नैना वाले।
प्यासे नैना नजारे नू तरसदे शोरो मियां टुक
मुखड़ा वेखलाइयोरे॥

३

म्हारो ईश्वरी जैश्री रामाले।
रामा लेरे कृष्णालेरे बैकुण्ठे सुख धामादे॥

४

जैश्री रामा जय श्रीकृष्णा सुन्दर मूरत श्यामारे।
वृन्दावनकी कुञ्ज गलीनमें मिल गए घनश्यामारे।
रामाभी तारे कृष्णाभी तारे पायां अचल विश्रामारे॥

५

गोपीनाथ प्यारे रजा तोरीरे।
दरस दिखावो तपत बुझावो विनती सुनो
प्रभु मोरीरे॥

६

श्रीश्यामा प्यारी दे डारीनि बंशी हमारीरे।
इस बंशीमें मेरा प्राण बसतहै सो बंशी गई चोरीरे॥

७

श्यामा श्यामा करदा फिरे कृष्णा आपहीं श्यामा
होरहा प्यारा।
आपहीं श्यामा आपही कृष्णा आपही रिझावन
हारा न्यारा॥

८

मोरी बैरन ननदीया जगाय गईरे।
नींदका मातो सोय रहो भिझक उठी इठलाय गईरे

९

अरज करी सांई सानें नाल साड़ो।
निशि दिन तनू में खड़ो उड़ो
का कर्म करीतो मेहांवो निहाल साड़ो॥

१०

सइयांने मोकों गारी दीनी गोकुलमें रम रहिहों।
राम दुहाई गङ्गाकी किरीया सइयांके पइयां
परो रहिहों॥

दुखमें हरिकों सब भजे, सुखमें भजे न कोय।
सुखमें हरिकों भजे तो दुख काहेकों होय॥

११

पवन झर लागीरो गुइयाँ।
उमगत बदरा बरसत मेहा भींजि मेरो सारीरे दैया॥
खोलो पीया चन्दन किवड़ीयां बरोटबामें
ठाड़ीरे गुइयां।
चमकत बिजुरी बरसत मेहा अरे जान भींजेगी
मोरी सारीरे गुइयां॥

भैरवी—जयतश्री

गोरीया सिङ्गरवा करके सइयां कों विलमायोरे।
आज जान कों ढूंढन निकसी मोतनीया गरवा
लगायोरे॥

२

भोर भये तुम आए मनमोहन कहा बनावत बातरे।
बंदनमाल विराजत मुख पर सबहो हो चिन्ह
लखातरे॥
विनगुण माल मरगजे वागे सोहत चन्द दुरातरे।
धोंधी के प्रभु वहांहा जावो जहां जगे सारो रातरे॥

३

बेणी गून्ध कहा कोऊ जाने मेरामो तेरो मां राधे।
बिच बिच सेत पीतराते सोहत फूल को करि सके
तिहारोसीं राधे॥
बैठे रसिक सवांरन बारन कोमल कर ककईमों
राधे।
हरिदामके स्वामी श्यामा नख सिखलों गुंथनहीं
सांराधे॥

४

मोर मुकटको लटकको चटक मन देख निपट
लोभाय गयो।
नन्दकिशोर औरे कंजनकी नैनन सैन बुलाय गयो॥

५

मेरा राझों मियां न जामी परदेश।
मेरा मारु ढोला न जामी परदेश॥

राँझे दे कारण वे कमलिनी हुँ ईयाँ ढूंढ़ फिरी
चहुँ देश।
बाबुल भड़के वारी वीरन भांदे छूटे लम्बड़े
साड़े केश॥

६

मेरा मारु ढोला कहीं गया परदेश।
जङ्गल ढूंढ़ा वारोवे वेला भा ढूंढ़ा मेरा मियां ढूंढ़
फिरी चहुं देश॥

भैरवी—जलद तिताला

अरी मेरा प्यारा मिले तो मैं पंज तनको वलजाऊं।
पँजतन पाकदुवाज दे नांम्राकों दोना चढ़ाऊं॥

२

जान जान प्यारा क्योंकर आवे चैन।
तेंदे मीयाँ वेकल परे दिन रैन॥

३

नजर नहीं आंदा प्यारा मेराभी दिल रहदां वेकरारवे।
बाबुल आधीन वारी वे याद बिच रहदे नित
रहदों तेरा ध्यानरे॥

४

एमो ताल व सोना टोदारदो।
जेन गलां थे वारो वे चुपकर आदेवो मियाँ असो
चाकर तेंडो प्यारदो॥

५

वेसोणा मेंतो तकदो रहदी राइयां।
दूर गया वारो वे खवर नलोतो वे मोयां मौला मिलावे
मेंडा साइयां॥

६

आयोजी आज म्हारे डेरेवे।
तांडे कारण मेंड़ी जोडड़ी तपेदो वस पइयाँ हुण
तेरेवे॥

७

तेरे कारण वारी बाग लगाया रे मीयाँ वेखो जानो
यार वे बाग बहारां।
बिच महबूबांदा बङ्गला वेखो जानो यारवे इश्क
कोताहै जहारां॥

रामा जोगीरा बना बन ठन मेरा ।
शीश गङ्गाधरे भभूत जटाधरे मौजूद पीया मेरा ॥

९

कोई आन मिलावोनी बंशी वाले श्याम पियारेनू ।
मन्द मुसक्यावन बांकी चितवन सोहे सइयों दरस दिलावोनी मैनू ॥

१०

माड़ी की तकसीर सोणा मेड़ा माहीड़ा।
दिलदी दरद वारी वे कोई नहीं पूछदा असीकों भूलामि साईंड़ा ॥

११

मेंड़ो जान सुजान सोजान बैन बजावरे ।
मैतो थारी दासो तू मेंड़ा साइबा आज रहो म्हारे डेरे काजरे ॥

१२

मेड़ो सइयाँ उसवे राँझन मेंड़े घर आयोनो ।
रांझणदो मै लेवों बलाइयां वे मनदो मुरादें भर पायोनो ॥

१३

असो तेड़े मिलनेदी रहदीं मुश्ताक भला मेंड़ा सांवला यार ।
रैन देहा मेनु ध्यान तुमाड़ा आन मिलो साड़े यार ॥

१४

बांलीयां किन झमकाइयां मेरी यावे ।
कांनो बिच करनफूल सोहै मेरा प्यारी चूड़ी भरीवे कलाइयां ॥

१५

सजन बोले नाहो मेड़ो फरोयांदवे ।
सबसे छोड़ो लगी लड़ तेंड़े ज्यों भावे त्यों पालवे ॥

१६

साँई तेड़ा भला करे बाँके नैना वालियाँ ।
नैनादी वरछी वारीवे भौंह कमान तिरछी कर मुझे मारीयां ॥

१७

राँझा मेंनु प्यार करेदा मैं राँझादे लायक नाहियाँ ।
राँझा मेरा वारी मैं राझेदो रांझा मेड़ा प्यारियां ॥

१८

मेरा मियां जिन्दड़ीदे नाल वेकरार वे ।
जोद तो तेंड़े वस पई नाइक इश्क लगाकर हुई बीमारवे ॥

१९

मैंतो भूलियां भी नाहीयां मेंड़ा रांझनानोवे ।
दूर गया वारो वे खबर न लीतो मौला मिलावे मेंड़ा सांइयानी ॥

२०

बलखाय गयो गोरोका बदनवा राम गोरी का छोजे जोवनवा ।
जाल को कुड़ती बनातकी नारी तापर तोरे निम्बुवा ॥

२१

सोणा यार वेदरदो आमिलवे ।
जो तू तखत हजारेदा सोई हो रसोयां लेदोका मिलवे ॥

२२

जाने वाले यार आमिल वो मेड़ो जान ।
जो तूजादे तांड़े नाल जिन्द जादियां राझण मेड़ा प्राण ॥

२३

बलमा तेने कैसी जगाई मारो रात ।
क्यारो करूं कित जाऊं सखीरो पलकन लागी परभात ॥

२४

सांई मेड़ा राभा केतीक वसे दूर ।
आपन आवेना लिख भेजे आमिल मेड़ड़े हजूर ॥

२५

कोयल बोले सजा रङ्ग बगीया मेरे ।
इस बगीया मे लाल लगेहैं देखनकों जोय लगोयारे ॥

२६

कोयल बोले अम्बुवा की डारो डारो।
तेरे कारण वे बाग लगाया सींचत माली
क्यारी क्यारी ॥

२७

अम्बुवा पर झूमर डारोरी।
डारो डारो कोयल कुहुके कुहुक लागी बाको प्यारोरी ॥

२८

राँझनसों में लागी सजनो छोड़ा सकल जहानवे।
बाबुल वैन भई सब छोड़े जोडा राझन साथ
पहचानवे ॥

२९

तदरदानो दोम तनन तन दिरना नादरतूं दरदिर
दिरदिरदिरतदारतददानो।
नादरद्रद्रतूं द्रद्रद्रधेतन्नाँ धुमकिटतकधा ॥

३०

रात सइयां से न बोलो पछितानोरे।
सुनियोरी मेरी सखी सहेली सइयां मोरे
निपट अनारीरे ॥

३१

मोपे यह दुख सहो नहीं जायरे वेदरदी।
इसके कारण में तो मरदीवे ।
छड़िया शहर बङ्गाल मुल्क पकड़ गुजरात
एरी एरी दैया शौक रङ्ग आशक गर जीवे ॥

३२

सांवरेनुमें मिलने चलीयां तोत्थे नैना लगींवे।
सखी सहेली हिल मिल चलियाँ हाथ चम्पेदी
कलीयांवे ॥

३३

रसिया वेदरदी मैं पनिया न जइहैंरे।
घर मेरा दूर गगर शिर भारी यमुना को रेतो
में खड़ीरे लजैहैंरे ॥

३४

सइयां रात तेरे गरे लागमें बड़ो चैनसों सोईरे।
उठी हाथ मल मल पछितानी नींद चैन सब खोईरे ॥

३५

युग युग जीवे मेरा सावलानो।
तेरी सूरतदी में बार बार गई तुझ विन मेरा
रावलानो ॥

३६

करवटोयाँ सइयाँ नैना लगाय जालम जोररे।
सगरो रयन मोहे तलफत बीती इतने में
होगई भोररे ॥

३७

सइयाँ के आवनको भनक सुनो हमरहो डगरीया
ताकतरो ।
घरो घरो पल पल छिन कलन परत है निशदिन
मगमें झाँकतरो ॥

३८

सखी कहीं अगवा नचावत इथनो।
यामत जानो वालरूप व्रजसागर सिन्धु जिन
कियो मथनो ॥
खेलत गेंन्द गिरो यमुना में पैठ पताल कालो
नाग नथनो।
गए शिशुपाल हारि ग्रह अपने लई चढ़ाय रुक्मिणी
मम रथनो ॥
अज महेश जाको ढूंढ़त थाक्यो भूल मत जावा
कियो एक कथनो।
गावे गूदर मत वालक जानो कंस मारे केश
गहे इथनो ॥

३९

रयनीया भईलो भोररे तुम आयोरे कन्हैया घरवा।
हमसों अवध वद अनत विलम रहे कवन तिया
मनहरवा ॥

४०

बाके दरस कों जिय ललचावे।
मनमें रहे और नजर न आवे ॥
हाफिज अधीन वासों कैसे बन आवे।

बात सुनावे और गात छिपावे ॥

४१

हरिसों ध्यान भुलायारे बाबा।
हरिमें हरिको सुमरण करले जिन यह भेद बताया ॥
पाँच चोर तेरे सङ्ग लगाहै चोर चोर धन खाया।
जो जागा सो माणिक पाया मूरख सोय गमाया।
कहत कबीर सुनो भाई साधो हरि सुमरण चित लाया ॥

४२

काहे दियो दुख तैं मोरा हीयरा।
घरी पल छिन मोहे कलन परत है जान वारूं तोपे तन मन जीयरा ॥

४३

सइयां उमगे जोवन नहीं आएरे।
मैं रात जान पीया सपने में देखे भोर होत नहीं पाएरे ॥

४४

बिंदोया मोरी कन्हैया लीनी छीन।
यमुनाके नीरे तीरे नन्दकोरो लाला ठाड़ो बजावे वीण ॥

४५

इडुंगोया मोरी कन्हैया लीनो छीन।
ग्वाल बाल सब सखा सहेली बनमें बजावत वीण ॥

४६

उन विन सजनी कैसे कटे दिन रतीयां।
विरह वियोग मोसे सहो न जावे पीयाको सुनाओ मोकों बतीयां ॥

भैरवी—खेमटा

सोते में नींद उचट गई रतीयां मैना जाने पी किधर गयोरे।
आपन आवे ना लिख भेजी पतीयां में कैसेक पठइं सन्देशवारे ॥
करके नादांन तेरो दोस्ती इन्तजारी में मेरी तो जान गईरे।
झांकत निरखत सब निश बीती कवन नवल तोया विलमाय लईरे ॥

३

मोरे सइयां ने चकबा सों प्रीत करी अपनेसे मुझको विगानी करी।
जोमैं जानती शादी न करती एसी दोस्ती सोंमैं जियसों जरी ॥

४

बनरे कों कहियो बुलाले मुझे क्या दिल से मुझको भूल परे।
उमगो जोवन अब रहत है नहीं मदन सतावे तेरे पाय जो परे ॥

भैरवी—ठुमरी

उन विन सजनी कैसे कटे दिन रतीयांरे।
विरहा वियोग मोसे सहो नहीं जावे पीयाको सुनावो मोकों बतीयांरे ॥

भैरवी—खेमटा

विरहाकी माती सताइयो नहो जराइयो नहो।
सास मोरी गारे ननद देती तानें वालमका जीयरा जराइयो नहो ॥

२

चरखला तै मोरी नींद गवाई।
सोने रूपेदा चरखा बनाती इश्क दे तार लगाई ॥
मगरी उमर मेरी चरखेनो कनियां साहब मान बढ़ाई।
शाह हुसेन फकीर रवाणा विन मसलत उठजाई ॥

भैरवी—जलद तिताला।

बीरारे बटोइया सन्देश लेता जाइयोरे।
पूरब जाइयो पच्छिम जाइयो नेक नजर सों आइयोरे ॥

दाग लगी करेजवा जानीवा कों पकर मगावोरे।
महुवा कोदारू कारो लगत है अब्बु वाको फांक
चखावोरे ॥

३

मैना जानू सइयां कैसे नोका लागारो ।
रसिया सइयां मेरे मनही मे बसदा सारो
रतियां छतियां गरवा मेरे लागारो ॥

४

मेरी कैसे कटे दिन रतियां सइयां बिन मोकों
कलन परत।
वेग लेजावो कोउ मेरी पतियां चञ्चल तोरे विन
कल नहीं परत ॥

५

कहा करूँ कित जाऊँ मोरा दयारो वारे करेजवा
निकसोई जावे।
हित करके मैं सुख नही पायो कौन घरोतें प्रीतमें
कोनो चञ्चल मोग दुखका दिवैया मोपे तो
कछू बन नहीं आवे ॥

सिन्धु भैरवी—ताल रूपका

मान करे नामाने मन मोरा वस कानो बंसी वालेने।
एसी बजाई बंशी वादिन वाने मन हर लीनो कारो
कामर वालेने ॥

भैरवी पहाड़ी—दादरा ताल तिताला

विसरत नाहीं यह बांको ओढ़न पटसाज मटकन
कटि लटकन लट।
झूमन झूलन झमक भूषण मुक्तन श्रवणन नैनन
कोलाज खटकन चट हट कनहट।
हेरनि मुख फेरनि टेरनि जन राम सखोन के सङ्गके
काज झटकन पट सटकन झट ॥

भैरवी—खेमटा

अलके बिथुरी उतलानो लली।
देखो चली यह जात गली॥

वसनके सम लग जे सुधारत हरि कचुको ढली भली।
अरुणनयन जन राम निरख वह अरसानी छवि
लगी भली ॥

भैरवी—सिन्धु काफी

उन विन कल नहीं एक घरी कहो कैसे बीते
दिनरात। सखो अब०।
वेग मिलनकी रीत सुधारो गिन गिन रैन बिहात॥अब०
सपनेमें कहूँ देख परत मन भावन की यह गात।
कब हूँ है फिरि फिरि बात भांत। सब उ०।
सुन्दर छवि चौंक परत जनराम झझक फेर बचन न
कहो जात॥ अरी तब उ०॥

२

नवल लली एक जातरी लचकत यह मगमें।
हेरनि हंसन वसन तें छिन छिन बन ठन छवि
दरसातरी॥
उझकन वह इठलात निरख जन राम कियोसो
घात मन फसनों डग मग में॥

राग लूम—ताल खेमटा

गोरे गोरे अमल कपोलन पर दूनी दुत अरुण
रेख सरसत।
लटपटात मुख वैन सग वगे नैनन में नई छवि
बरसत॥
कछु एक अधरन परत ललन परत कछु कछु
नई दरसत।
यह निरखत रूप जन राम ललोकों अंचर
खोल पवन परसत॥

मूलतानी—खेमटा

दिन दिन नैनन और मनको वान नई दरसत।
दोष उन्हे नाहीं विकुरनमें निश दिन नहीं टरत
मूरत तिहुँ असुअन जल वरधत॥
मन नित उत जन राम रहत जापे अति अकुलात
सो मिलवे को तरसत॥

विहारी—खेमटा

चञ्चल मन अटको यह चितवन द्रग कोरनमें ।
बन्ध कञ्चुको कसन फिर देखन मन उरझाय लियो
वह मसकन अङ्ग मोरनमें ॥
झझकन मुख फेरन मटकन हेरन लख जाय फसो
बरबस इन चित चोरनमें ।
श्रवणन लोल कपोलन पर डोलन निरखत जन राम
अधरन की ओरनमें ॥

खम्भाइची—खेमटा दादरा

गोरी तेरे गोरे गोरे मुख पर सोँधे सुगन्ध सनी
लट लटकत ।
नई सुघर समेट झट पट अट पटो यह बात सखी
तोह नाहीं डर यारो देखत लालन मन अटकत ॥
जबतेँ देख लियो जन राम वो छवि निशदिन
छिन छिन गिन गिन कर तोरी गलीन में नित
नित भटकत ॥

टेश—खेमटा

गोरी तेरो वान ठगोरो परो फिर फिर मुसिक्यात ।
बाट बटोही चलन नपावत अटक रहों नहीं जात ॥
मान कहो जन राम भरो अबहै यह घात ।
(इति रामसहाय कृत नवरत्नगीत) ॥

भैरवी—खेमटा

घड़ी हंसके बोले घड़ी होवे खफा एसे बेदरदोको
दोस्ती क्या ।
मेरो कहो तु मानत नाहों तेरे रूसे मेरा
होवेगा क्या ॥

२

इंतजारो में हाय मेरो जान गईरे करके नदान
तेरो दोस्ती में ।
आपतो सइयाँ सौतन सङ्ग सोवे मेरो गिनत तरैयाँ
विहान भईरे ॥

मोरे सइयाँने चकवे किसो प्रीत किया अपने से
मुझको बिगाना किया ।
जोमें जानती प्रीत न करती नाहक दिल ज्यो
मैंने दिया ॥

४

दरबजवा टटिया लागेला सइयाँ हमारे विदेश
गइला ।
बांको डुमनिया कोँ कोज समझावे नैना सें नैना
मिलावेला ॥

५

मेरा दिल ज्यो थामा घबराना हुआ मैंने जाना
जनोया जादू किया ।
जादू कियारे टोना कियारे चितवनमें मन जो हरके
लिया ॥

६

बंशी वालेनेँ मेरो मन हरलीनोरे ले चलो
ब्रजके बङ्गलेमेँ ।
गोकुल ढूंढ़ वृन्दावन ढूंढ़ो ढूंढ़ फिरोहौं जङ्गल में ॥

भैरवी—एकताला

भला वो बंशी वाला मुखड़ा तेंड़ा जोर ।
चन्द सूरज सौँ सदके कोत वारे काम करोर ॥
मन व्याकुल तन शिथल चलत नाहीं नैन तकत
वाही ओर ।
बुध विहारो मैं वलिहारो जलदो कोजे गोर ॥

२

यह कहियो जाय समधन से करे जोवनको तैयारो ।
हम सब मिलकरके आवेंगे करें तेरी खातरदारी ॥

भैरवी—जलद तिताला

चमकता माथे पै बैना ।
बताती है हमें सैना बने है क्या तेरे नैना ॥

२

भिरे हैं मस्त मतवारो ।
चलेहैं चाल ठुमकसे बजे:तेरे बिछुवे झाझन पड़े हैं,
चौंक सब साजनके सुन बिछुवन की झनकारो ॥

चमन में इश्क सामुसान होगा बागवां रसीया,
कैमें समधन किस्तो चुंगा हमेशा चाहसे क्यारो ॥

४

बंशीया काहेकों बजाईहै कान्ह,
बंशिया बजाय मन मोह लियो मेरो ।
बंशीया बजाय बजाय मधुर सुर वस कीनां
मेरो प्राण ॥
तेरी बंशिया भ्रमभ्रम कीनों विसर गयो गुरु ज्ञान॥
घर अङ्गनान सोहाई है कान्ह ॥१॥
तेरी बंशीया बांसको हम व्रज युवती जीव ।
बंशिया में कछू जाद पढ़त हो साची कहो मेरे पीव ॥
अधर रह्यो रहत लगाई है सदा बंशी कान्ह॥२॥
यह वंशिया बैरन भई वेधत सकल शरीर ।
भए वेदरदी कृष्ण सांवरा आखिर जात अहीर ॥
टेरन लेत बुलाई है मोहि कान्ह ॥३॥
याव्रजको बसबो अब छाड़े करें अवर पुरवास ।
बांक वरस कहै राधा गोरी करो यहां तुम रास ॥
यह व्रज कैला छाड़ि रहो है कान्ह ॥४॥

५

नैना काहेकों लगाया नैना लगाय परदेश चले ।
नैना लगाय चले दूर देशा सुनाजू श्याम सुजान ।
तुम विन देखे कलन परत है तलफतहै नित प्राण ॥
जीयरा काहे कों लगाया नैना ॥१॥
हंस निज अङ्ग कस गतले बांको किया चलाकी पीव ।
अनी दार यह तनय पाय सिर फेंक वेध लियो जीव॥
सैना काहे कों चलाया नैना ॥२॥
तब नहीं पीर भई कुछ हमको अब बड़ भयो कलेश ।
तुमे हार कों जान नैना कों कैला कौन दियो उपदेश ॥
विरहा हमको सताया० ॥३॥
वांकवरस कहै राधा व्याकुल करत कृष्ण सों बात ।
कृशित भई छिनमें अति गोरो श्याम वरण भयो गात ॥
एसी मुरली काहे को बजाई० ॥४॥

पतिया लिखन पठाईहै सइयाँ करी निठुराई सुरत
विसराई मोरो ।
विरह व्याकुल कीनो राधा कों रटत रहत नित पीव ।
पीय निरदइया खबर न लीनों तलफतहै मेरा जीव॥
किन सौतन विलमाई मोरे सइयाँ करो० ॥१॥
मै पतीयाँ लिखि हूं सखा निरखत करे न मोरो बार ।
ले मसि भाजन लेखनो कर सुमिर विरह अनुसार ॥
विरहा मति बौराई मोरी० ॥२॥
पतीयां लपेट लई विन अङ्क को दियो जधवकें हाथ ।
और सन्देशा सब लिखोहै यह न लिख्यो ज्यो साथ ॥
यह दुख कहियो जाई० ॥३॥
गयो उलङ्ग दीनो हरि हाथ नृ यह दुख कहो
कर जोरी ।
तब तको जानोन निज तिय हिय गति जान्यां लखो
पतीयां कोरी ॥
उठ चले कृष्ण कन्हाई है सइयाँ क० ॥४॥
आए लाल ठाड़े भए राधा निज गृहद्वार ।
राधा तुम मम प्राण पियारी तुमही प्राण आधार ॥
भुज भरि लियो है लगाई है क० ॥५॥
वांक वरस कहै राधा श्याम दोउ करें एक सङ्ग रास ।
जो यह ध्यान करें नहै वृन्दावन वास ।
मुरली को धुनि व्रज छाईहै गुइयाँ क० ॥

७

वंशी में जादू डारि मेरा मोहना जन्त्र मन्त्र कर
मन वस कीनों ।
मधुर तान सुनाय वंशी में मोह लियो मेरा प्राण ।
आन ध्यान मनमें नहीं सजनी रटत रहा नित कान्ह ॥
कौन तन्त्र पढ़ दीनो मेरे मोहना ॥१॥
मन मतङ्ग माने नहीं मदनमस्त गम्भीर ।
दोहरो ते हरि चाहरो परो प्रेम जञ्जीर ॥
अङ्कुश देदे हारी मेरे मोहना ॥२॥
शक ताल पटतर भयो हंसा कहूं नजाय ।

बांधे पिछली प्रीतके कङ्कर चुंग चुंग खाय ॥
इन मोतियन पर वारी मेरे मोहना ॥
मारीए मर जाइये छूट परे जञ्जाल ।
एसा मरना को भला दिन में सोसो बार ॥
मरनेको गत न्यारी मेरे मोहना ॥३ ॥
भंवरा बैठे डाल पर कलो कली रसले ।
कांटा लागा प्रेमका बार फेर जोयदे ॥
लग गई प्रेम कटारी मेरे मोहना ॥
प्रेम कटारी मारके रह्यो कबीरा सोय ।
मरने कोगत औरहै घायलकी गत और ॥
घायल कों पल भारी मेरे मोहना ॥

८

जाद काहेकों कियारे सांवरे मुरली वाले यार ।
जन्त्र मन्त्र जादू टोना कर कर वेधा तन मन हिया।
सांवरी सूरत माधुरी मूरत सरवस में अब दिया ॥
वेग दरसदे पियारे सांवरे ॥
दया करो गुण मान दइके अब कोई बूझ-पोर ।
दई बनाई सो मोहनो मूरत धरो जात नहीं धीर ॥
घाव लगी हृदय कारी सांवरे० ॥
घाव लगी कारे हिरदे में कौन सुनें दुख मोर।
कहोतो कहो बनत नहीं मोसे चुप रहो वालम और ॥
अब मान ले दईके सँवारे० ॥
एक नजर दिखलावो मूरत हूं मैंतो वलिहारी।
नित सङ्ग रहो सजनी सुन्दर रूप निहारी ॥
मोकों विरह सतावे प्यारे सांवरे ॥

९

काहे कों प्रीत दुराईरे जधो प्रीत दुराय परदेश
गवन कीनों ।
अचल राज कुब्जा को दीनों हमकों व्रज को बास।
हम को जोग करन कों कुंजन कुब्जा को कैलाश ॥
कौन से मंत्र पढ़ाईरे ॥
यश अपयश दोउ होतहै जधो कबहुंक
अवसर पाय ।
सोने कुय माटी भई हाथ कछु नहीं आय ॥
विधि से नाह बसाईरे ॥
कहे करे सो नीतहै सतवन्तन की बात।
अचल मेरू ध्रुव नाटरे टरे न पुरुषकी साख ॥
सोई जग रहत बड़ाईरे ॥
एक बेर दया करहु गोकुल पर वंशी देहो बजाय।
आस सुआस लगी गोपाल को इनकों देहो जिवाय ॥
तब व्रज बजत वधाईरे॥
सोवत जागत ध्यान ध्यानमें अब करहु हरि जोग।
वे गुदर मेरी दीनता व्याकुल व्रज के लोग ॥
दरसन देहु दिखाईरे जधो प्रीत लगाय० ॥

१०

चेटक काहे कों कियारे सांवला जुलफाँ वाला यार।
मानो लटको नागनीरे वास कीयो है शीश।
ताछवि मेरे उर विच लहरे क्यों जीओ जगदीश ॥
अब मोरे जीयकों जियाबहुरे सांवला जुलफा० ।
जन्त्र मन्त्र एको नहीं लागी कर हारी सब जांग।
व्रह्मा इश्क छुटे नहींरे छुटे न करमके भोग ॥
मोरे मनकों चाहोरे सा० ।
जब सुध आवे तिरछी चितवन लहर देत तन गोत।
लोग कहे व्रज कहा भयोरी अजब तमाशा होत ॥
अब गुणीवैद बोलावो सां० ॥
एक सुभावको औषधि नाहीं जानत है सब कोय।
छूटे न कबहूं जनम मरीरे दाग विरह तन धोय ॥
कोटिन करो उपायरेसां० ॥
गावे गूदर छवि मोहनी लागी कारो घाव।
एक सखी सबसे कहे चुप कर भेद बताव ॥
मोहन आन मिलाउरेसा० ॥

११

जगमें बांटत यारो अरे मन मानत नाहीं।
देखो जग व्यवहार यह इन्द्रजाल विस्तार।
अन्त न आवे काम कछू होत होयेमें सार ॥
भजले अवध विहानरीरे।

भजन हेत यह सुभग जनम पायो नर अवतार।
विषय वासना परहरो भूलो सब जञ्जार॥
सा सब सुरत बिसारोरे॥
हरि पदरत विनु जगत दुखी
सुख हरि भजन सों होय।
जीवन नर जगधन सोई प्रेम लगा चित सोय॥
दिन दिन आनन्द कारोरे म०।
बहोत गई थोरी रही अजहुं सुरत सँभार।
सर्व्व जात हरि सुमरण विनु कलमें नहीं उबार॥
फिर फिर कहत पुकारोरे म०॥

भैरवी—दूसरी

अरे मन कहांरे भुलानो राम सनेही बिसरे।
जो बिसरावन सो छिनकारो दृढ़ उपदेश करे॥
छिन छिन खबर लेत सन्तनको कर शरचाप धरे।
नित उठ सङ्ग किया विषयन को तीनो ताप जरे॥
काम क्रोध मद लोभ मोह वस माया हो करत मरे।
सुन्दरवदन कमलदललोचन देखत पतित तरे॥
आठ मास गरभमें पाल्यो ताको सुध न करे।
रामदीन के बन्धन काटि करुणासाल भरे॥

भैरवी—जलद तिताला

जादू टोना काहेको कीयारे रावरे हो वंशीवाले कान्ह।
तड़फ तड़फ बाहु मङ्खाति बीत गई मोरी रेन।
कहा करूं कछू वस नहीं मेरो विन देखे नहीं चैन॥
अरो वाको विरह सतायारे सांवले हो॥
मुहेदा क्या पहरना दूंद पड़े रङ्ग जाय।
आशकदा क्या मारना भड़क टोए मर जाय॥
मुखड़ा काहे को छिपायारे सा०॥
सोनो होतो करूं रखवारो मोती राखूं पिरोय।
बाला जोवन कैसे राखूं दिन दिन मैला होय॥
विरहा काहेको सतायारे सा०॥

२

कित गए कुंवर कन्हाई मोरो आलो सुरत भुलाई
मेरो सुध विसराई।
नैन सैन देहमें बुलाई हम आई व्रज मांह।
उन हरि हमसे एसो कीनो छाड़ गए वन मांह॥
मोरो आलो अब हम कितहो जाहो मा०॥
वा कान्हा सों परसके जरत आजलों देह।
इन मनमोहन एसो कीन्हो भलो निवाह्यो नेह॥
सुध बुध सबही गमाई मोरो आलो।
हम हरि को ढूंढत फिरे याबन आधारैन।
प्राण हमारो लेगए सखा कलन परतहै चैन॥
बांक वरस समभाई मोरो आलो करो निठुराई सु०॥

३

भगतन क्या नैना भमकावे रूपा पहरके रूप
दिखावे।
साना पहर रिझावे गले डाले तुलसी की माला
तीन लोक ललचावे॥
धरती बरस अम्बर धावे मेंडक ताल बजावे।
कपड़ा पहर कगधा नाचे ऊंट विसुनपद गावे॥
बैठा सिन्ध जो पाय पलोटे घूंस विलोरी लावे।
मूसा मूसा मङ्गल गावे भैसा अर्थ बतावे॥
रूख चढ़े मछरी फल तोरे कछुआ बिन बिन लावे।
कहे कबीर सुनो भाई साधो याको भेद बतावे॥

४

सइयां मोसें जिन बोलो गगरोया गइलो फूटरे।
हाहा करत हूँ पइयां परत हूँ मारो मरक गई
छूटरे॥
आह करूं तो जग जले वारो जंगल सब जल जाय।
पापी जियरा ऐसा जला वारो तिसमें आह नसमाय॥

५

रात सइयाँ तोरे गरे लागमें बड़ो चैनसों सोईरे।
बालापनमें खेल गमायो सारो उमर योंही खोईरे॥
अब पछताने कहा होत है असुअनते मुख धोईरे॥

६

वास नहीं तहाँ वैष्णव केरो तहां न बसीये बासड़ियां।
जोभड़ला जप माला ना करे ते जोभड़लो खासड़ीयां॥

सास उसासें सुमरण न कस्यो घमन तनातें सासड़ीयां।
भने नरसैया भारे मागे मावड़ला दश मासडियां॥

७

मोरे सइयांके यौवनवा करत जोर अरी एहा सूनो
सेजमें करत शोर।
जालकी अङ्गीया मसकन लागी उमग आए
दोउअनके तोर॥
यह दोउ यौवना सइयांको खेलोना कहवां
छिपाऊं यह अङ्गके चोर।
सारो अवधमें बैठ गमाई तड़फ तड़फ जाय
भया है भोर॥
योगीन होके में भस्म चढ़ाऊं पीयको मैं ढूंढ़
वनको ओर।
गावे गुदर प्रीतम वस नाहीं जनम गमायो
कहि मोर मोर॥

८

मोरी नईंर लगनीया लागोरे सांवरे कन्हैया मों
मैं पागोरे।
सौतनके सङ्ग तुमह भयाहै वैरिन परोमन बागोरे॥
ताविच दतो अचानक आई नैन मिलाकर भागोरे।
जाकर भेद कहो सौतन में तुमसें प्रीत प्रभु त्यागोरे॥
जाके रहत प्रभु वाहीर तरे हम रहवे चरणन
लागोरे।
गावे गूदर यह भाव दूतोको पानीमें लावे आगोरे॥

भैरवी–जयतश्री

मे तुझसे पुछूं अहा विदेशी कौन और कहां के हो।
इस दुनियां में रहना नाहीं टेढ़े होके बांकहा॥
आतेहो तुम रोने लागे क्या कुछ छूटा तुमसे वहांहो।
होश हुवे पर याद करोगे अचपल इहां के नहीं
वहांके हो॥

२

जाग पीयारी अब क्या सोवै।
रैन गई दिन काहे को खोवै॥
जिन जागा तिन माणिक पाया।
हम विरहिन सब सोय गमाया॥
पीया चतुर हम मूरख अनारी।
कबहूं पीयाको सेजन सवांरी॥
मैंबोरी बौरापन कीनां।
भर यौवन पीया अपनां न चीनां॥
कहत कबीर तन मन रम रहीये।
तज अभिमान हरिशरण जइये॥

भैरवी—अद्ध तिताला

सुनों जो हैवान भोला डमरू बजावे।
छे राग छत्तीस रागिणी नाना रङ्ग उपजावे॥
सप्त तीन वारी इकईस सुध सुन सुरमुनि ध्यान
लगावे।
जानकीदास वारी हमको निरखत हरख हिय
सुख पावे॥

२

देवीदा भवन सुहावना सुभ्र भा दरस देखावना।
पान मिठाई तेरो जागत चलो भला मा जो मांगो
माई पावना॥
विन्ध्य पहाड़ां बिच बसना तुं माइ भालो मा निश
दिन भजन वधावना।
प्रेमरङ्ग दासनु आस तुं साड़ी भोलारी चरण कमल
परसांवना॥

३

तेनु वेले दोछा वाले जावां अनी भला गोरी एनो।
फँदाय डोलो मेंनु लेचल खेड़ेनु कित वलकुक
सुनावानो॥

४

सखो सासुरहै बड़ी दूररे।
चलत चलत थक रहो मोरे साहब पायन पर गई
धूररे॥
एसो गुण ढङ्ग सोखो नहीं नैहर का लेइयर
मिलव हजूररे।
कहै गूदर दोज रङ्ग बरोबर मुख पर वरसत नूररे॥

शामिर बंधु कोथा गइलो रहोलो के मने घोर।
जेखुनो तेखुनो पीरीति करोलो रहोलो अङ्ग भोर ॥

६

शिव तोकों बुलावे चलोनो गारो सइयों।
सप्त सुरन और तीन ग्राम मां रागरङ्ग उपजइयो ॥

७

नेहरवा रूमल जाय हारेमें कहा करू रामा।
सोवत थो में कटमको छइयां सब सखीयनके साथ।
बोलत सुनी गवनेके लोगवा हाथ पसारे जात ॥

८

एरी एरी मतवरवा मइकुं भर भर मधवा पिलावे।
आप पीवे मइकों पियावे देया मोहे लुभावे ॥

भैरवी—खिमटा

हारे वेदरदी डुमनोया मेरे डुमरेकों किया खराबरे।
आगे आगे डुमरा पीछे डुमनोया बङ्गलेमें बोतल
शराबरे ॥

भैरवी—तिताला

काढ़ मसिवर आमी मवेरा भोखानु सँभाल वे।
असी तुसाड़ड़े कोलवेमे माहो तेड़े नालवे ॥
वाबुल देशा चाकरे वोरन देशा चाकवे ॥
रहदो महोवत पाकका० ॥

२

आंजादा महरम हम दम चल फिर कर दीद
निजारंदा।
खुश गुजरो गुजरान शोरो मियां नाज परीदा
एक नजारेदा ॥

३

को मजाल साड़डी वे जो किसुदो यारोदा नाम लेना
जानो की करेजा।
दरस वेखामो तो मैं जीवों सिपाइड़ा नदानावे
जिन्दड़ी दिवानी भांड़ाजो डरेंदा ॥

दिन वहारोंदे यारदा सानु भांदे वे महबूबों
कोंना तेड़ड़े आदे झमझम।
वेला गुल फूल मोयां गुलशनों विच तेरे बुलबुल ॥
बागबहार गुलालाना फरमान दे निरगसे गुलखिल।
आय जोबावरो यांको जांदे आंदा जांदा
जमजम जोवे साड़ा हमदम ॥

भैरव—जल्द तिताला

तांड़ो याद लगीवे साड़ा प्यारावे।
हुणतो शोरा किथेनून दायां जङ्ग सोया लेवालावे॥

२

महो बाला मांड़ो खबरन लोतोवे।
आप जांदा वारा वें नाल महोदे साड़ो खबर
विसार दीतोवे ॥

भैरवी—तिताला

तेज नजरा नजरांदा वेनैना वाले करदा मोयां।
चश्में वदर क्या खूब लगदा शोरो नामें खुदा ॥

२

बालम तोरे सङ्ग मोये हमरी बलाय।
ऊंचो अटरिया चन्दन किवरियाँ देखत जीय
घवराय ॥

भैरवी—एकताला

रावला में तेरी मांवे मेनून विसारना।
तपदी सुखेदी वारोवे मुदत गुजारोवे तू मंनू
न विसारना ॥

भैरवी—जल्द तिताला

अङ्गोया मोरी मसक गई कौन।
उमगी यौवन मोरे पाया घर नाहीं एसे कामके होन॥

२

सइयां न छूवो छतीयाँ बेरन भईरे।
कहत निरंदर कि गरवा लगावे लुटगई
दुलरी तिलरीरे ॥

भैरवी—तिताला

कौन खड़ा मेरी जान नीबू तरे।
छोटे छोटे नीबुला अधिक रसीले छबिरस
लियो नदान ॥

भैरवी—जल्द तिताला

नैहरवा रूसल जाय हारे मैं कहा करूं रामा।
सोवतथी मैं कटमको छईयाँ सब सखीयनके साथ ॥
बोलत सुन गवनेके लोगवा हाथ पसारे जात ॥

२

एरी एरी मतवरवा मइकुँ भर भर मधवा पीलावे।
आप पीवे मईकों पियावे दैया मोहे लुभावे ॥

भैरवी झंझटा

हारे वेदरदो डुमनीया मेरे डुमरे कों किया
खरावरे।
आगे आगे डुमरा पीछे डुमनीया बंगलेमें
बोतल शराबरे ॥

भैरवी तिताला

झूठी काया माया का तू क्या गुमान करताहै।
जोतू काया मलमल धोवे, सोभी तेरे सङ्ग न होवे,
लोक कुटुम्ब सब ठाढ़े रोवे, तन माटोमें परताहै ॥
माया पाय भया अभिमानी, इतवित चितवत
त्योंरी तानो,
सङ्ग न चाले कोड़ो कानो, नाहक पच
पच मरता है।
जानकोदास सांई जन साचा जो साहेबके रङ्गमें रांचा,
निर्भै होके जगमें नाचा, सो भवसागर तरता है ॥

२

भैरवी अर्द्धङ्ग जाके वृषभ वाहन डमरू मृदङ्ग साज।
माधव रङ्ग उमाधव शम्भु देवनके शिरताज ॥

३

रामरस पीवत जन विरले।
झूठो भक्त सुवाने कोनो बोलत बंध परे ॥
साचो भक्त पपीहाने कीनो बोलत विन पकरे।
कहत कबीर सुनो भाई साधो हरि हरि हरि उचरे ॥

फेर वंशी बाजीरी सजनी।
वृन्दावन द्रुम कुञ्जनमें सखी लाजगई तजनी ॥
गुरुजन पुरजन सोवत छाड़े छाड़ दई लजनी।
चाँदनी रात छिटक रहे तारे बहोत गई रजनी ॥
सूरदास स्वामी तेरे दरसको चरणकमल भजनी ॥

५

राम भजे तंई बड़ा साहहै नाह भजे तोहै बड़ा चोर।
तन मन धन कछू थिर न रहेगा काहे कों हर्जाये
एता कठोर ॥
तंई धनवंत तंई सुखवंता कृष्ण नाम कहे निश भोर ॥
काम क्रोध लोभ मोहमें विषय वासना लागी डोर।
सूरदास प्रभु सुमरण करले नहीं तो जावोगे
यमका पोर ॥

६

रामको जाने सांई धन धन है।
उत्तम चारो वरण कहावत वाको जाने सो उत्तम
वरण है।
उदै अस्त तक राव कहावे वाको न जाने तो सब
निरधन है ॥
छार लगाय भेष कर नाना भटकत फिरत मांह को
वन है।
गावे गूदर गुरू मोहि सिखायो वाको जाने सो
वाही कों जनहै ॥

७

अबही कछू ऊंचो नितम्बहो अबही कटको कनो
फोरतहो।
अबहीं उरमांह उरोज नहीं अबहीं कित अंग
मरोरत हो ॥
अबहीं कछु भोहन भाव नहीं अबही दृगते
दृग जोरतहो।
वृषभानुसुता अब मान भरी अबही रसमें
विष घोरतहो ॥

मार चले मेरे मरम कटारी।
मृदु मुसकाय बजाय बांसुरी दिल लोतावे
बांकेविहारी॥
इश्क लगाकर कित वलजादा तुम विन कौन करे
दिलदारी।
सांवलीसूरत मनमोहनीमूरत रूप रङ्ग तन मन
वलिहारी॥

९

नहीं भूलदी थारी याद विहारी।
घड़ी पल छिन मारी जिंद तरसावे यार क्यों नहीं
आंदा गेल हमारी॥
दिन नहीं चैन रैन नहीं निद्रा तलफ तलफ
सारी रैन गुजारी।
न्याज भरा मुखड़ा वेख लाजा रूप रङ्ग तुसी
दरस भिखारी॥

१०

मेरे ऊधो जाय कहो माधव सों प्रणाम ।
कहा ऐसी चूक परी है हमसे जो तज दियो व्रजधाम॥
सुनीयत भई कुवजा पटरानी चलाय चामके दाम।
ये बातें सोहत सब हरिको अब वाही से काम॥
जो बीत तैसी सब कहियो जैसी सहावे राम।
रूप रङ्ग समझोगी वादिन आय भेंटोंगी श्याम॥

११

तन दिरना तुम् तना तनना द्रद्रद्रतुद्रद्रद्रतननतनन।
मिसाले आवले भएवा यह क्या जिन्दगानी है।
जिसी के पांव पड़ते हैं विसीको गिरानी है॥

भैरवी—जलद तिताला

कैसी वंशी बाजी यमुनाजीके तीर।
मुरली सुन सुन भईहौं बावरी सुध बुध गईहै
शरीर
मन भवतही लगाय कहीं बीर आई

१८

सिरको गगरीया सालुरे सरस कुसमका
लहंगा कहो चुहरी कहां फार आई॥

३

रोवत आज वाल यशोदाको।
ललित खिलोना ल्याईहै लालपे मचले फिरत
आँगन वो नन्दको॥
उठाय लेत गिरि परत धरणि पर मरमन जाने
तनको मनको।
उठोहै रिसाय नन्दको रानी राज करो या लरको॥
नन्दकों बहीयां पकर दिखलावत मैंनन मांगत
चन्दकलापे नन्दकों।
कंचन थार वार भर लाई पकर लेहो अहो नन्दकों॥
सूरदास छवि देख मगन भए यह सुख होत व्रजको
सखोनकों॥

४

मोरे सइयांने पठई बुलायरे।
मोकों सइयां ने पठई बुलाइ पठाय छूटा घर
बाबुलदा आजरे॥

भैरवी—खेमटा

मिललोरी असि सखीय सहेलड़ो देदे साड़े गलवांह।
बालपनमें खेल गमायो अब पीयर खेलदी चांह॥
कबीर चलो चलो सब कोऊ कहे मोहे अंदेशो और।
साहबसे परचे नहीं बैठोगेके ठौर॥

भैरवी—जयतश्री

चिठोयाँ दरद फराकां वालीयां असि गोंसे
बजब चाइयां।
बांचन वाल्या सची आखोंवि मीयां तेरीयां अजुआ
क्यों भर आइयां॥
दोषको देवे अमाए वावे मैंनु वहद तलोकाँ लाइयां।
पिया विछोड़ा उन्हों दोस्तो नालों जद रजक महारो
चाइयां॥

२

कारो सांघ गंझेटे मारो साड़े सुड कलेजे रडके।
ज्यों भोंचाल पवन गड़हा ग्रिर तत्तोदे कड़के॥

मा मैनु लख ताने दें दी वीर बोलेंदे लड़के ।
अत्तण वत्तण नहें दाया सइयां जनो जणो मैनु झड़के ॥

२

जिस तन लगी सोई तन जाने की जाने ज्वल लाई ।
मैंजाना मैंड़ा दिबुर जाने तुमी विच्चिन आवो कांई ॥
जुवारी यांदे गुणना जुग असां सिर सिर बाजो लाई ।
काबुल यार मिले तौथो वांचंगो नहीं तो घोल घुमाई ॥

४

पंथ असाड़े कोई पावन रखो असा लखिलो
गहसाया ।
इश्कनु गरदे अन्दरनु असि शिरदे पैर चलाया ॥
मत्थे बेंदी हत्थों मेंहदो अखियां कज्जल पाया ।
छकं छबीले छैल पर वल्लभ रसिक कहाया ॥

५

गम् फराक कोता बोच बंगला दर यार ढुंढ़ाया हुरबा ।
इश्क चन्द्रो हुन जगसावन अत्तन वहन
बजाया हुरबा ॥
ठंडी ठंडी छाइयां अंजुनो थोयां सूले बहुत
सताया हुरबा ।
हुमहा मदो कौन विचारे सइयों अनु हाल
बन जाया हुरबा ॥

६

खोलत वीवां पटियांतु अलड़े घावन छेड़ ।
जेंतुं दरद मिटावना तोरुठडा साजन मेल ॥

७

अयत विंब उठजा घर मत कुवे मैंडा हाथ ।
चढ़े इश्क टेके कहे उतर शिरदे हाथ ॥
इश्क खेतसों नाटरे आवें बैठ उसास ।
इश्म चोटसे शिर उड़े धड़ चाले शावास ॥
चलनाहै रहना नहीं चलना विसवा बोस ।
अहम्मद सहेज सुहाग पे कौन गुंधावे शोश ॥

८

तनको तनक सराय में किनह्न ना पायो चैन ।
शाम नगारा कूंचका बाजतहै दिन रैन ॥
की रूप छवि देखके चित न रहा एक ठोर ।
अहमद अपने मोतको वह चितवन कछु और ॥

भैरवी—रूपका

देखो ऊधो बजो कहीं वोण ।
कान्ह कों ढूंढ़न निकसो राधिका सब सखीन
सङ्ग लीन ॥

२

नजानू रसिया कैसे होके लागारोमें नाजानू ।
गोरा पारवतीके आगे सुहाग माङ्गत गइयाँ
चोवा चन्दन होके लागारो मैना जान ॥

३

सालु वाला तूं अचरा सँभालरी ।
जेहर तेहर अनुवट विकुवा उर मातोनको मालरी ॥

भैरवी—जलद तिताला

कान्ह वंशी बजाय मन ले गयोरी ।
श्रवण सुनत मोरी सुध बुध विसरो चितवनमें
कछु दे गयोरी ॥

२

देखो मोरी गुइयाँ मइकुं लाखों गारो दोनोरे ।
अङ्गरी पकर मोरा पौंचा पकर लोनो
बहोयां पकर रस लोनोरे ॥

भैरवी—एकताला

अनो वेखो सइयों होर रांझेदा कोमान ।
लटक चाल चलेंदे भुड़के यहो महबूबांदो आन ॥

भैरवी—जयतश्री

सइयांरे मतवरवा मइकुं वार वार बरजो ।
आप पोवे और मईकुं पिलावे माने नहीं अरजो ॥

२

अम्बुवा पर भ्रमर डारोरे ।
सब रस पिया वन वन मिलवन बन आए गारो
देत मोहो प्यारोरे ॥

१

सांवरे हो सइयाँ तुम सन लागल मेरो जियरवा ।
तुम विन मइकुं सुहावेन भावे ढीट लङ्गरवा मोत
पोयरवा ॥

निश दिन घरी पल छिन आन बसो मार होयरा।

भैरवी—जलद तिताला

तुम आवो मोरे सइयाँ लागो हूँ तोरे पइयाँ।
भवन भवन के मौत पोयरवा ढोट लङ्गरवा अतिहो
चतुरवा सुरजनुवा ए गुसैंयां॥

२

साँवरेने सुरत विसारो मोरोरे।
विन देखे मोरे कलन परत है आन मिलो
गिरिधारीरे॥

३

तू मेरा वे साँई सुरजन यार।
तुझ बिना मैनु कलन पड़ेंदो विन दोठे सांझ सवेरा॥

भैरवी—तिताला

प्यारावे झरलाई इश्क धगाना दे बिच दानीया।
इश्कदो खितो वारोरे हासल भरना मैड़ा मोना
जो भामो त्यों मानीया॥

२

जादूगर मीयां करदा फिरदानो मेड़ो सइयां।
सोहनो सूरत वे रसभरो अँखीया साडडा दिल
फन्द गइया॥

भैरवी—जल्द तिताला

सांवला तोरे आगे मोरे नैन लजानो।
सोहनो सूरत देख लोभानो लोक कहै दिवानो॥

२

रैनके उनोदे कहीं जागो मोरे बालम।
सगरो रयन मोहे तलफत बोतो भोर भए
गर लागो मोरे बालम॥

३

कोयल बोले शब्द एक बगीयामें।
उस बगीयामें एक फूल लगेहैं जो सइयां तोरो
पगीयामें॥

४

सांवलदा मुखड़ा मैनु भांदानो भादावे साड़ोवल
भांदानो जांदावे।

जानकीदास सोहनो सूरत नजर पड़ा जबसें वह
मूरत गल लगनेनु जोय चांदाना चाहदाँनोवे॥

५

वंशो बजावदा छैला जोर नागर नन्दकिशोर।
श्रवण सुनत सुध बुध सब विसरो वा यमुनाको ओर॥

६

मानले मारो अरजो गुमानोड़ा मैंतेंड़े वारो गई
सांवलड़ा।
दिलदा महरम कोई नहीं मिलिया जो मिलिया
सो गरजो गुमानोड़ा॥ मैं तेंड़े वारो०॥

७

रैन किथे गुजार आइयां मेरो यावे।
तुझ विना मैंनुवे वेकल रहदावे जावो तेंड़े चेरेदो
में चेरोयांवे॥

भैरवी—जयतिश्री

रात प्यारे सों न बोलो पछतानोवे।
सइयां मोरा में सइयाँ को सजनो सइयों के रङ्गमेंमे
सानोवे॥

२

कजरवा मैं न देहों सइयाँ हो दगाबाज।
गोरोके आँखन कजरा सोहै सांवरो के मुख पर पान॥

३

तू आपो नाहों मिलदावे भूल गइयां सुध मेड़ो
तेंनु सोना।
तुझ जेहा मैंनु औरन दिसदा तूं तो महरम दिलदा
हांवे सोना॥

४

कहाँदो दुनोयां कहांदा दिवाणा खेड़े तु करदा
साथों जोर धिगाना।
शकरगंज वारोवे लखांदा दाता पोरां देवे
सानु नैन पिराना॥

भैरवी—जलद तिताला

रब फकोरांदी यहो गुजरानवे।
भलो बुरो शिर उपर सहदे शोरो गरोबांदी
तुसो मानवे॥

काये कहूं मैं दिलदी अरजो
वे मरजो जाये दिल मानेवे।
दिलदा महरम कोई नहीं मिलिया जो मिलिया
सो गरजो॥

३

वे रांझे तेडो गला माड़ा मनुड़ा चाहेरांझे वंदो
हों रहीयां।
भूल गया मेंड़ी सुध बुध सारी टुक टुक कहंदां
गोरी मियां॥

४

एखोरी कजरवा मोपें दियोह्न न जाय॥
इस कजरे से मोरी आंख लजायमा।
नैन बैन सुख मोहो दे गयो कजरा मोरा नैना
लजायमा॥

भैरवी—खेमटा

मुख चुम्वा न देहों बिना झूलनीको बिना झूलनीरे
बिना झूलनी।
बड़े बड़े मोती गुंधावेला झूलनी वारी मारे
नजर भाला॥

भैरवी—जलद तिताला

अब कैसे लाज रहो दई मोरो श्याम सुन्दर मोरी
बहियाँ गहेरी।
वरवस आय झटक लई चूनर मोतीन लर
टूट गई अब०॥

२

सुन एरी बीरी केकों मैं बात सहूं मनमोहन बिन
पलन रहूं।
सास बुरी मोरी ननद हठीली सइयाँके विरह जरूं॥
मेरे तो जीयमें ऐसी बसतहै यमुनामें कूद परूं॥

३

राँझा मैंनु गालीं देदानो वे ततीदा सिखलाया।
काढ़ कलेजा वारी वे हाजर कीतावे आखर
पूत पराया॥

मोरी छोटी ननदीया बैरन भईरे।
काहेकों रार करतहो रंगीले हमर तो जिय कपट
नाहीरे॥
भवानी तोरे मन्दिर पान चढ़ैहों।
जो भवानी मोरे मनसा पूजे सोनेके छत्र चढ़ैहों॥

५

रात सइयाँसे न बोली पछतानीरे।
सगरी रयन मोहे तलफत बीती भोर भए
अलसानीरे॥

६

सइयाँ मोरी डोलीया ले आवोरे।
चार कहार मिल डोलिया ले आए मैंतो चली
पीयाके पासरे॥

७

मैंतो पनिया भरन कैसे जाऊं मोरी ननदी
देखो यमुनामें बाज रहो बांसरी।
बाँसरी बजावत जियरा ललचावत निकसत नाहीं
जिय सांसरी॥

८

कन्हैया मड़कु गागी दोनो गोकुल में छिप रहिहौं।
बाबुलको सौं विनकी सौं सइयाँकी कसम न खेहौं॥

९

तुम तनन दिरना तदर दानी यललो यलायल ला
यललललले।
दीम दीम तनातनना तननारे धिति लितिलाना
दिग्दिग् थों किट धागड़ान धिकिटक धांधां
धिलाङ्गधा॥

१०

दीम् तनुम् तनदिरना दानी नाद्रद्र तुंद्रद्रतुंतदार
तद्रदानी।
भ्रतिलो भ्रतिलो तिलो लाना तनुम् तादेरनादेरना
तदेरना तददानी॥

भैरवी—जलद एकताला

छदड़े जाँदीयाँ हुण तेंड़ीये राँझना यार।
दरदटा मारूड़ा क्यों नहीं आयारे राँझना यार॥
चलो सइयों असी वेखन जाइये राँझन जोगी होंदा।
कानन कुण्डल गल विच सेली होर होर कहे गंदा॥
चलो सइयों असि वेखन जाइये राँझा सूली चढ़दा।
सूली चढ़दा खिल खिल हंसदा मौत लालन डरदा॥
चलो सइयों असि वेखन चलिये राँझन देना हटो।
दुध पिआंदा टहा विकांदा सास निमानी खटो॥
चलो सइयों असी वेखन जाइये राझन दे चोवरों।
होरनी मानो इटे ढादो रांझन ढोंदे गारों॥
चलो सइयों असी वेखन जाइये राँझन देनी घेरों।
दूध बंठके उमर गुजर गई रांझन कोतानी फेरों॥

२

यार तेंजेवे रंझेरा दरद टादा छदड़े जादीयों।
सइयां प्यारा किन विलमाया यारन आया वेखो
टारूँ रांझा मेहीयाँ आइयाँ॥
मानु दिलांदे अन्दर कुछ नहीं भाया कोकराँ माड़े
मजना वे तेंड़े नाल राजी हुइयां।
राँझेदे मोहागटो असिवो रङ्गरलीयाँ॥
दस्त मजन नाल जिन्द लगोया मेड़ा रोंदी जंद भलियां।
नन्दरानो तेरा वाल्लाना वे कुंडो गलो मोमों
करं तोभा में चुप करहो रहिग्रां॥

३

सुनरी यशोदा फिरयाद करो तकसोर सुनो अपने
सुतको।
हौं दधि बेचन जात वृन्दावन बांह पकर हम
झटको॥
लाजको बात कहांलों कहुं सखीयां मुसकाय सबे
मटको।
दधि माखन खाय लुटाय दीयो चित चोहटमें
मटको पटको॥
तुम ग्वालिननारि गवांर बड़ो कोउ जानत ना
तुमरे टरको।
दस बीस मिलो बनको जो चलो तुम केल
करो अपने हटको॥
केल करो रस कुंजन में दया मोसों कहा
मटको पटको।
बाँसरी जो बजी नन्दनन्दनको सुनके घनघोर
हिये खटको॥
कुलकान तजो वनको जो भजो हरि दीमत नाहीं
फिरो भटको।
मो भागन भेंट भई सजनो सुधि भूलि गई अपने
घटको॥
छवि देखि नया रसिया नटको चित चोहट में
मटको पटको॥

४

आवतहो रसके चसके तुम जानत हो रस होत
कहाहै।
नेक रहो मशि भौंजन देउ दिना दशके अलबेले
ललाहो॥
तैंतके अंत वेहो दिन आवत ग्वालनके तुम सङ्ग
सखाहो।
लिहो कहा इन बातनमें घर जाओ लला अबहीं
लरकाहो॥

५

आईहो आज नई व्रजमें कछु नेन नचायके रार
मचैहो।
चाहतहो हमसों छलके दधि बेचन जावो सो जानन
पैहो॥
लैहो चुकाय सबै रसखान तबै पाछे मनमें पछतैहो।
जोतुम होजु बड़े घरको इठलातो कहाहो
जगाति नदेहो॥

६

कहा करूँ मोरा गुइयों बलम लरकैयां निकस गयो।
अपने सइयाँ को मैं ढूंढ़न निकसो फूल परे वहो
ठइयाँ॥

१०१

वारे वालम सइयां चोठो न भेजो रोवत हमरी
वलैया ॥

७

सोवत नींदोया जगाई अटरोया पोया बोलोनारे ।
आए अचानक बांह गहोरो ठरोहुँ नछहोहुं
कटरियारे ॥
जो पोया मासों बोले नहीं मरिहों रसको कटरियारे ॥

८

नजानूरो कहाँ भूल आई बिछुवा ।
हौं यमुना जल भरन जातरहो रातको जागो
भुलाय आई बिछुवा ॥

९

सांवलेका मेरा जोय चांदा और नहीं मेरे
मनमें भांदा ।
लोक लाज कुलकान तजो सब एहो रूप
मोहि चांदा ॥
सूतोथो मैं अपने मन्दिरमें सजनो आय कर
वंशो बजांदा ।
चौंक पड़ोमें उझक कर देखूं नैनन रूप लोभांदा ॥
रसिक रङ्ग अङ्ग सङ्ग रङ्गरातो वारवार मेरे आंदा ॥

१०

जाहो जुहो में कन्हैया बिराजे गुल लालोंमें राधा
प्यारोरे ।
चंपेमें चतुर्भुज गुलमखोमें विहारी दोनामरुवेमें
गिरिवरधारोरे ॥
गेंदामें गरुड़ध्वज चमेलोमें चक्रधर मेरे बेला में
वंशोधर वारोरे ।
वांकवरस कहे वैजंती में वांकेविहारो मेरे
कमल में कमलोधारोरे ॥

भैरवी—जल्द तिताला

सपने में गरवा लाग रहोमें ।
वांकवरस कहे सुख लूटत रहो चौंक उठो अब
सोच रहोमें ॥

विरहिया सैन चलावे नैना लगावे का जिय
ललचावे ।
वांकवरस कहे बंसोया बजावे हंसि हंसि गरवा
लगावे ॥

३

जबतें भई मैं तो पायको सोहागन तबते चहे जाय
गमनें चलनकों ।
कर सिङ्गार मन्दिर निज बैठो आशा लगो मोरे
पोयके चरणकों ।
अब जाय चाहे गवनें चलनकों थोरो रह्या दिन गरवा
लगनकों ॥

४

उमड़ घेरो घन कारो बदरिया कैसो करूं घर नाहीं
पियारे ।
वांकवरस कहे मोहनो मूरत बिन देखे नहीं
चैन जियारे ॥

५

गोरो बालारो जोवनवा छिपाय लेरो ।
वांकवरस कहे तेरोरो जोवन एसो पोया को जिय
ललचाय रहोरो ॥

६

सइयाँ ल्यावोरी जोवनवा को मातोरे ।
वांकवरस कहे अजहूंन आए पिया कैसे कटे
दिन रातोरे ॥

७

तेरो बंशो मधुर सुर बाज रहो धुन गाज रहो ।
बंशोवट कट निकट यमुनातट सप्तसुर तोन ग्राम कहे ॥

८

अंचरा संभालरो सालु वालो ।
तू गोरोके मुखपर अचरा सोहे नैना लगे मोहे
प्यारनो ॥

रब्बा साड़े भाग जागे प्यारा घर आयानो।
मनमोहन सोंहन मृदुबोलन अखीयाँ बीच
समायानो॥

१०

किनो वे परवाहीवो मेरो जान भला वे नैना वाले।
दुखोदे नैना नजारेन् तरसदे आगे मियां मुखड़ा
वेखन्नाजा रहदियाँ वेकरारे॥

११

एखन रजनी आछे अल कोथा जावे प्राण।
चञ्चल होयेछ केन हबे निशि अवसान॥
कमल उदित हृदये, रजनी प्रकाशिये,
आशा जावे निज स्थान॥

१२

मारो कैसे कटे दिन रतायां सइयां बिन मांको
कलन परत।
वेग लेजावो कोउ मेरो पतियां चञ्चल तोरे बिन
कल नहीं परत॥

१३

कहा करूं कित जाऊँ मोरो दैया वारा करेजवा
निकसोई जावे।
हित करके मैं सुख नहिं पायो कौन वरोतिं प्रीत
मैं कीना चञ्चल मेरा दुख का देवेया मोपे तो कछू
बन नहीं आवे॥

१४

नींद गइलो पिया बिन मोरो सजनी कलसे
बेकल भई सारो रात।
चौंका चौंक परूं ख्वाब ख्याल में नागर समोहे
आन जगाई॥ कलसे बे०॥

१५

बेकल रही तोरे बिन सारो रात विरहा जगाई
मोहै नींद की माती।
तुमतो चञ्चल सौतनके सङ्गातो हौं एसो जरो
जैसो दीपक बाती॥

१६

मोसे मोसे नाहीं अटक कन्हैया ताहे जानत हौं
नन्दके नटखट।
लपट झपट कर चूनर झटकत चटकत हो गिरको
मटकी पटक॥

१७

मतकोई करियो गुमानरे छैला बड़े बड़े छत्रपति
गएहैं अकेला।
कालके हाथ कमान रहत है वाल तरुण
विरध सकेला॥

१८

जटो तेरे जादू नैना जुलम करे देनो।
भर भर बाण वागे विरहके मारे वे मियां आशिक
चोट सहे देनो॥

१९

बांको भोंहै नैना कारे रैंदे मतवारेनो।
एक तो जटो तेरे नैन रसोले भर भर,वाकों मारेनो॥

२०

मेरा गोना लेने को आयारी।
तुझ जेहा मानु और न दिसदा मैं तुझको चाहानो॥

२१

जननी मैं नजीवूं बिन राम।
कपटी कुटिल कुबुध कुचालो आग लगो तेरे गाम॥
सुर नर मुनि सब दोष देतहैं भलो नकोनों यह काम।
राम लछन सीय वनको सिधारे नृपति गए सुरधाम॥
प्रात होत हमहूं वन जैवे अब घर है केकाम।
वार वार विनती करूं मैं नोको न कियो काम॥
रघुवरचरणकमलनयन बिन मोहि नहीं विसरामें।
तुलसीदास प्रभु तुमारे दरसको भए विधाता वाम॥

भैरवी—जयतश्री

सावलियां भावको भूखो।
दुरयोधन का मेवा त्यागे साग विदुर घर रूखो॥
शिवरोके बेर सुदामाके तन्दुल भर भर मुठो बूको।

गजके काज पियादो धायो कियो ग्राह दो टूंको ॥
करमाबाईको खोचरी अरोग्यो रूखो सूखो गिन्यो
न सूखो ।
नन्दके घर नवनिध राजें अहीरड़े घर ढूंको ॥
सोलासहस्रगत आठ पटरानी कुवजा नाहीं न मूकों ।
नरसीको स्वामी सामलिया औसर कबहूं न चूको ॥

२

कान्हा तेरे ओलंभ हारो ।
दूध दही घृत माखन मेरे और मिठाई सारो ॥
यामारग जिन जावो तुं बरजो हौं तूने राखंकूं वारो ।
हूंभी हारो और विहारो भूंठो विरज कांनारो ॥
तूतो व्रजको ठाकुर कृष्णजीको थारो वलिहारो ।
नरसैयाको स्वामी सामलियो मानले विनति हमारो ॥

३

वार वार नित नई भईरो ।
आम कोडार कोयल एक बोले समुझ समुझ
पछताय रहोरो ॥
जानकीदास आस चरणनकी गई सोगई
अब राख रहोरी ॥

भैरवी—एकताला

नैना वाले मियातूं कोनो लाई माड़े हाल दिलाँदिवो।
इश्क लगाके मन लेगया शोरो आवो तुमैड़ो जिंद
खिला दोवो ॥

१

'राम राम राम कहुरे मेरे मन ।
दुखहरन सुखकरन उन चरण गहुरे मेरे मन ॥
जगमें जो जनम पाय साध सङ्ग रहुरे ।
काम क्रोध लोभ त्याग हरिके चरण गहुरे ॥
ऊंचो नीचो बात कहै सबको तुम सहुरे ।
नेति-धर्म्म कामतें तुम शीतलचरण लहुरे ॥

भैरवी—आड़ा चौताल

गदाए बादशाए मुफ़ला राए ।
किश्ती दर श्याम मेकुनम शोर दरवाहे
अजव कारे तुम शकल माजराए ॥

भैरवी—एकताला

तोरे रङ्गमें मैं मातोरे ।
बांह पकर पिया लेचले कोई सङ्गन साथीरे ॥

भैरवी—जल्द तिताला

तेरे दरसन को बान पड़गई मोकों ।
बाट चलत मोंही रोकत टोकत सुन्दर वाको आन ॥

२

काजर नदेहों मैंयाँ दगावाज ।
गोरी के मुखपर कजरा मोहे सांवरी के नैना लाज ॥

३

असोताल व सोना दो टारदा ।
जिंद गलाती वारो चुप कर रहना आशिक रहदा
देते प्यारदो ॥

४

तुइको देख ललचायरे जियरवा।
सुन्दरवदनी मृगलोचनोरे निशदिन लागी तोहीसों
होयरवा ॥

५

एरो लाज करन भईरो ।
क्यों कर देखन पाऊं सुन्दरश्याम कों एलाज कहे
यह नेह कहाहे नेह कहे यह लाज जरोरो ॥

भैरव—फरोदस्त

आहेना दूदीम तदीम तदीयन रे तदरदानी तुम
तननन तारेदानो ।
तदीयन तदीयन तुं तननननन आहे दोस्तयललेयल
यलले ॥

राग भैरव—ताल सवारी

बरजो मोरो बहियां गहे कन्हाई ।
अगन बिच झगरत नित नित धाय,
लङ्गरढोट कह्यो नहीं मानत धाय धाय,
लपट गहीरो कासे कहों यह बतियां सुनाय माई ॥

एरी मैंतो जागी सारी रात भोर भए पिय आए मेरे।
कहाँधौं रति मानो उन विन सुध बुध भूलो मेरो।
पियकों मुख देखत जब छिन लकन जबही
पहिचानो प्यारे मैंतो वैन बिनोरो ॥

भैरवी—जलद तिताला

गुणी गायन चतुरङ्ग गावोरो गावो अङ्ग चारिसों
सरिगम विवट तिल्लाना।
सानिनि मानि मानि धपम समरगमम धधरे मारे
सा मारिगम गमपधनि सानिधपमगरेमा मानि मानि
सानि मानि मानि यललोमयललोमयलोयललल ॥
द्रद्रद्रद्रतननदामदारादोमदामदोमतनदेरना
देरनातदोमदामतदोमतदामतननँनकिटिकिटिता
किटिकिटिकिटिथुंकिटिकिटिक्रांक्रांतक्रांतधुमकिटधा
धुमकिटधा धाधाधाधाधाधाधोनाक्रांक्रांक्रांधुमकिटि
तक्रांक्रांत ॥

भैरवी—तिताला

पनीया न पो वारी दातमों लागे जियरा तोरे डरेरे।
कूकर कुइयां पताल जल पानी भरत भरत मोरी
कमर ढरेरे ॥

२

बांसरी बजाई जादू डारारे सांवलीयानि।
सुनरी सखीमें क्या कहूं तोसों कोन मन्त्र पढ़
डारारे सावलीयानि ॥

३

मोसों बोलदा क्योंनहीं बोलियां किस वेलेदामें
खड़ीयांवे।
तेंड़ो सूरत मेंड़े मन बिच बसोया असि हाजर वन्दो
तेरीयां किस वेलेदामें खड़ीयांवे ॥ मो० ॥

४

सो मोरे सइयां भींजे लाल लहरीयारे।
चमकत बिजुरी वरसत मेहा भींजे मोरी लाल
चुनरीयारे ॥

अटरीया पिया बोला नाहीं सोवत नींदीया जगाई।
हमरे बलम मोरी कदर नजानो मरीहों डरीहों नाहीं ॥

६

बोलन लागी चिरियां वे भए फजरवा बाजे गजरवा
हरि सुमरणकी विरियांवे।
सोवत सोवत सब निश बीतो चेत पीछली विरियांवे ॥

७

मुरली बजाई भली मनमोहनने।
मुरली बजावत मन रङ्ग भीने कलन परत घरी
पल छिन तनमें ॥

८

दिल बिच गुमानीडा यार मियां लाखा तेड़ा छुभदा।
चंपा जेहा तेड़ा रंग बेरङ्गी सोणा आँखा आवांदी
फांक खुवटा ॥

९

मौला वारे मियां रखले दामन नाल।
चरण लगेंदी लाज तुसानु जो चाहें करो पाल ॥

भैरवी —जलद तिताला

बालियां किन भमकाई मेरी यांवे।
बावुल दे. वेरी वे वोरन दोवे तेरी सोंमे नहीं
खादियांवे ॥

२

पलमें होत विहान सोंकों नीको सोवनदे।
निश सङ्ग जागा बलमा तोरे उमाहे अबतो मोरी
सोख मानले ॥

३

सइयां तोरे आगे मोरी अँखिया लजाय।
क्राटे देवरा मोरी गोदोके खेलोना उन विन रहोलो
नजाय ॥

४

भोवत काहेकों जगाई पिया निरखो नाहीं नजरिया।
जो पिया हमसे रार करोगे मरहूं नटरीहूं फजरिया ॥

५

रे पनियाकों कैसेंके काज कन्हैया तेंने पनघट घेरो।
वाट घाट रोकत नित टोकत बहियां पकर झकझोरो ॥

भैरवी—जयतश्री

मैनुतो तलब दीदारदी यारदी भलावे मे।
नाकोई बोला वारीवे नाकोई पुछदा वो मियां
शोरो नवरङ्गीला मेनु प्यार दीवे॥ मेंनु०॥

२

छदड़ जादीयां में तेड़ेवे गवक यार टोददा माड़ा
सांवल साईयांवे।
में हुइयां आइयां यारन आया कभीतो करजा
माड़े फेरीयांवे॥
लकड़ी जल कोयला भयो, कोयला जल भई राख।
पापी जियरा एसा जलो, कोयला भईन राख॥

भैरवी—जल्द तिताला

दिल जोरोदे नाल गुजरार आईयां वे वोवां।
सगरो रयन सानु तलफत वीतो भोर भए सानु
गर लाईयांवि वीवां॥ दि०॥

२

चलो सखीहे सहेलड़ी सांवलेनु मनावन।
सइयों सखी मिलवी मायकं लावो विन टोठे कल
नाहन॥ सा०॥

३

तेंदड़ोया रंदड़ीयाँ मेनु यादड़ोया निवे सोनियालें
वेदड़ोयां वले टड़ियां सेनड़ियां करें दड़ियां पूछे
टड़ियां नोमाड़डोयां हालडियां। नोवे।
घोलड़ीयाँ नोवतड़ियां कितड़ियों नोकदड़ियाँ
जिंददि तड़ियांना करवानड़ियाँ नोवे॥
आँखड़ियां मरमें टड़ियां नालगते टड़ियाँ
नी नोदड़ियाँ जाले टड़ियाँ सबरात तड़ियाँ नोवे॥

४

मौला तेनु चङ्गी रखे चङ्गे नैना वालोयांवे।
तेंड़ो सूरतदामें भए दिवाना चाल चले मतवालीयांवे॥

५

वंशी वाले सोना रखले सानु नाल।
विन टोठे मेनु कल नहीं पड़दी त्रिन वेखेहो वे विहाल॥

मैंतो बावरो नो हुइयाँ सांवल जाँदे विदेश।
जङ्गल जङ्गल फिरदी दिवानो कर जोगनदा भेष॥

(अथ व्रजनिधके)

भैरवी—ताल धमार

आज रसमसे आए जो मेरे गेह कहो तो डगन
डगमगे पग धरत हो नैन रङ्गोले रसीले।
अतिहो बनावत हो अब वह बातें देखो पाग पेच सोंहैं
ढीले॥
सब निशि सूरत रङ्ग में राते तातें कपट करत हो
मनमोहन रहे मौन गसीले।
अब रस प्रोत रीत व्रजनिधजू कहाँ सोखेहो छलबल
घात कवीले॥

भैरवी—जयतिश्री

आए जु आए प्राणपियारे रूप छके रस बस
मतवारे।
जामनी जगे पगे भामिनी सङ्ग रहे नसम से अरुण
नैन तिहारे॥
पीक लीक शोभित कपोल अञ्जन अधर असबुंदन
जल छाय छवि भारे।
व्रजनिध मदनदेव प्रज्वल करले भोरहो इत भले पधारे॥

भैरवी—रेखता ताल पश्तो

दरद कामी दरद डारा दिल मैंतो धरो।
वेदरद होना नहीं नजरमें फिर क्याकरों॥
तुमरे नहीं है भाव कोऊ जीयो या मरो।
अबतो रहीमकों कीजिए मेरे दुख सब हरो॥
व्रजनिध वेजोर होयके मैन पीर हरो।
इश्क रङ्ग रङ्ग सूरत के रङ्गमें रहीं नित भरों॥

भैरवी—धीमा तिताला

सोणा वंशीवालड़े वे प्यारा जीतू फलज करो
मेड़ा साइयाँ।
कंकदी फिरदी वारी नजरन चाँदा माड़ी सूरत
विसारोयांवे॥ सो०॥

सोणा चारे वालीयांवे सोणा ओ तोकों गल करी
साड़े नाल।
सदारङ्गनु वारी हँस हँस मुख वेखलामी ज्यों
भामी त्यों पाल॥

भैरवी—जल्द तिताला

सांवरेदे नाल सानु हिलि मिलि रहिये।
सुन्दरश्याम चरणन चित दइये॥
जोदमहै सो श्याम रङ्ग रङ्गीये।
औरांदे नाल नाहीं चित लइये॥

२

नाल ढोलनदे हिल मिल रहीये एजग जोवन मीठा
बोलनावे ढोलना।
चोलो चुनो मानु माप्यानें भेजो और पढ़े सुवा
चोलना वे ढोलना॥

३

हो नैना वालियाँ नानु मुख वेखलाय।
रैन दिना मैनु कलन परत है तेंड़े वेखन दे चाव॥

४

जोगना मैं हुइयाँनो रांझेदे उसो नाल।
जोगी रांझा जोगण होरे इश्कदा पाया जञ्जाल॥

५

जोगण हुइयांनो हुई तजे खेड़ादे वाम ते एमे
मोहिनी सोनीयां देवास्ते।
तखत हजारा वारो सब कछु वसई देखे क्या देखे
तब वल रास्ते॥

भैरवी—धीमा तिताला

मेहर नजर नाल आशा बल वेखियां कितो तेंड़ियां।
चारी सोणा किस वेलेदी मैं कूकदी खड़ियां हुना
हुइयां बंदी तेंड़ियां॥

भैरवी—जल्द तिताला

खस खस की टटिया बांध आवें वलम मेरे जानो।
टटियाके ओट मेरे नैन लगी हैं सुन्दररूप लुभानो॥

बङ्गलवाकी टटिया बांध आए वलमा देख डरानो।
टटिया बांध मेरे नैन लगेहैं फेंक लकड़ीया मारी॥

३

जीबो लाख बरस जीबो लाख बरस हो तूं साड़ा
साइयाँ सोणा खेड़ा सलामत तेंड़ावे।
रात देहा महोब्बत तुसाड़ो लगा रहदा ध्यान तेंडावे॥

४

रातके उनोदे नैना काहेकों जगाईवे।
नामें बोलो नामें चालो विरहा आन सताईवे॥

भैरवी—तिताला

मेरा प्यारावे चोरे वाला यार मेरावे मन लेगया।
साड़े दरद वारी किसनु सुनावे मेंड़ो जिदड़ोनु
दुख देगया॥

भैरवी—जल्द तिताला

चाहीयांवे मानु चाहीयां तुहींतो सांवल साँई
चाहियां।
सांवला तुसाड़े वारी गोकुलदे माईयाँ राधे कोरतदी
जाईयां तुहो तो सांवल सांई चाहीयां॥

२

लाईयां वेमेनु लाइयां कहीयां तू तंगा छैलो
लाईयां वेमेनु०।
रांझा तू तखत हजारेदा साइयां हिरसोया लेदो
जाईयां वेमेनु०॥

३

वसदे लोग विगाने सईयां नवेलियावे दूरन जासो।
मिन्नत करदी वारी वे पायन पड़दी मेंड़ा माना
रब कर मुड़ आसो॥

४

मौला मिलावे मेरो और खुशी साथ दिखावे।
तेरी कसम बेज देत दिल रङ्गहद वेकरार और
कभी न मिलनेके दुख उसके सब में सहे भला अने जीवे
वह जीता रहे॥

यार दावे निजारा दमदा मैंतो साड़े नाल पङ्गेया
मेड़ा मोयांवे।
दे दीदार जमाल करदे तेड़े मिलननु चावमें दमदा
अटारङ्ग मेड़ो गला नहीं मान दावे ॥

६

अबमें राम राम कहि टेरों ।
मेरे मन लागो उनहींसों मीतापतिपद हेरों ॥
चरणसरोज श्रवणमन सेरो धुज अङ्कुश सुख केरो ।
तानसेन प्रभु तुम ब्रजोनायक इन तरवन पर फेरों ॥

भैरवी मध्यमान—तिताला

क्यों जी पीवां प्याली सजन अत कैफोहद कान
साहोदे प्यारे।
उदीतसेन लागोदी बटनामी सह देवे प्यारे ॥

२

फेर कहदा मेनुवे छलिया छलिया।
आंवदा जांवदा हाय दुख देला उदीत उसनुंमें
इहा कद दीवल्लीया ॥

३

कौन गत भईलो मोरी आनन मिल पोया मोकों।
उन विन कलन परत घरी पल छिन कैरेंके रैन
बिहाय मोकों ॥

४

इश्क लगा जादूड़ा कमाल कीतावे।
मेड़ा जो तरसाया अब जिगर पर बीतावे॥

भैरवी—रूपका

रात सईयां तारे गरे लाग में बड़ो चैन सों सोईरे।
बालापनमें खेल गमायो सारी उमर यांहो खोईरे ॥

भैरवी—जल्द तिताला

उठो हाय मलमल पछितानी रैन चैन सब खोईरे।
अब पछताए कहा होतहै असुअन सों मुख धोईरे ॥

२

सजन सकारे चल बसे, मोसे पूंछीन बात।
सोवत सों रोवत उठी, पाटी पटकत हात ॥

देदरदांदी लगा दिल एवे कीजाने इश्कां दाग जालम।
उदेत उनसों तू नहीं मिले तनु याद करे वेग
मिलजा जालम ॥

४

टपाटपका रसको गांठ प्रेमका घूंट पीवे सोई जाने।
इश्कदा गुल फुल शोरी मियां खुशबु आंदा जब चढ़
जांदी दमदो आने ॥

५

विरहदा जानो यार वे मैंतो मरदीयां खांदिम
तेरा भुकभुक नैनादा तीर।
शोरीदे मैंनु रब देखसों जांदे जांदे रति झुक झुक
नैनादा तीर ॥

६

रे सारी रात मेनु तेड़े कारन नवेला कांदा बेंदीया
सहदे विहानो।
जागदी जागदी छुनकी आँखि लगई शोरी गलांदी
थां मोया सयानी ॥

भैरवी—तिताला

नैनी नैन तकदी सुपकोती मोयांवे छांड़ क्यों चला।
झटपई चक चाकरी खेड़ादा शोरी जान दिया
तेंड़ा भला ॥

२

दो नैना वेनी आगे प्रेमपाईड़ा तू राजो रहना सरोयां।
आपन आवे वारी वे लिखना भेजे मेरा सोणा
सुख बसे मुलतान ॥

भैरवी—जल्द तिताला

हांवे ढोला मन पर वोदीया हाहांवे जङ्ग सोया
लेदा जटिया हांवे ॥ ढो०।
आखे लड़ाँदो भोंरा मटकँदो चित चढ़ जांदीयां
हावे ॥ ढो० ॥

भैरवी—तिताला

देदा क्यों नहीं दाद वेसाहब मेरेवे।
रैन दिना मेनु ध्यान तुसाड़ा वे किस नाल करे
फिरियादवे ॥

भैरवी—जल्द तिताला

अजब तरह की बातें हैं जो हमसे तुमसे दिल लगाया
फेर बेवफाई को।
समझ लेतू अपने दिलकी बातें हम सानु फिर
निठुराईको ॥

भैरवी—धीमा आड़ा तिताला

मस्तनु कोई पूंछेंदे जिनादे इश्क कीता हड़ कहा।
घायल मायल ढूंढ़दी फिरदा दिवाला साँईदे
नाल रता ॥
लगदा इश्क दुर्दी मसलत उधर गइयाँ पजा गतौं ॥

भैरवी—एकताला

किन फकियां वैभायां तैंडे काना वोच एहो गाला
भुठीयां साड़ायां।
बीच पगरादो वे पाई तरफेंदोयाँ मायां सुड़ पइयां
दम नाहीयां ॥

२

इस हालमें कहून लिखव मेरो तुम साहब में
चेरा तेरो।
हाल हवाल कोजरो खबर तुसी पार करा अब नाव
अजमेरी ॥

३

मीयां दमकं रङ्ग चमकं भम भम भमकें वालीयां।
शिर सोहै पग्ग जरजरीदा दिखनु देखत भर्ना लगदो
वालियां ॥

भैरवी—जल्द तिताला

तू सोवोगी सोब तिया मइयां के सङ्गरे जायरे।
जबसें सइयां मोसे मिलके बिछुर गए तबतैं मोरी
छतीयांरे ॥

भैरवी—धीमा तिताला

मैंनु दरस दिखाजा दरकदि आइयोरे जानी।
तुझ कारण बातरी जोग कमाया सीणा दिलदो
तपत बुझाइयो ॥
तुझ बिन देखे मोहे कलन परत है आकर छितसों
लगाइयो।
सरसाई मनभाई कर कार अचपल पीय घर
आइयो रे जानी० ॥

२

तैंड़ी भुवें कालीयां वे आख्या सुनी नैनादो
नोक मभाल।
वहँ मस्त सुरि वसद पेच ताव गिरहैं दाद शवरामभे
आप तब ॥

भैरवी—तिताला

तेड़ो अखड़ियाँ मेरो मन हरलोनो देखतहो सुन
दशरथ ललवा।
हौंतो भई बावरीसी अब डार दियो पटके कछु
छलवा ॥
फिरिहौं सङ्ग तुव बदन बिलोकत तानटरस वेपुर
गुरुजन वलवा।
गमसर वे छवि देख विवस भई कलन परत घरो
घरो छिन पलवा ॥

२

समझ बूझ अर खोज पीयारे आशिक होकर सोना
क्यारे।
पाया होय सो करले सौदा पाय पाकर खोना क्यारे।
गुल वहो जरो गुलहो पहिचानें काट काट
फिर बोना क्यारे ॥
रूखा सूखा गमका टुकड़ा फीका रस अलोना क्यारे।
शाहहुसेन फकीर साईंदा शौश दिया तब रोना
क्यारे ॥

३

तैंडे नाल वो तुसी जानन जान मेड़ा जान दिल लाया।
मीयां मुखड़ा वेखनन जो तरसे मेड़ा गवरू आधीन
की सताया ॥

४

नैन करेंदे सैनरवा हावे हो दिल कीता वे चैन।
गवरू आधीन नाल पीत लगा कर यार रहन लगी
दुख देन ॥

लेहव पियरयाकी बिन दीठे भेड़ जानो क्योंकर
आवे चैन।
गवरू आधीन तेड़ी याद विच रहदी कलना परे
दिन रैन ॥

७

मेनुभी लेचल नालमें तेरोया जिँदीति वेहाल
मेरीयांवे।
गवरू आधीन वारीवे कलन परेदो नित रहदा वारो
अब ध्यान तेरो यांवे ॥

भैरवी—धीमा तिताला

सुध काहे मोरी पीयाने विसराय डारोरे।
ववरू आधीन सुनो मोरे वालम नेहा लगाय
हम मन हारोरे ॥

पीया काहे मोरी पीरन जानोरे।
ववरू आधीन तोसों मो सो कहो प्यारा तें मोरो
नेक नहीं मानोरे ॥

२

मेँड़ा जिन्दड़ो तेंपर वारीवे असो विरहदो वारोवे।
ववरू आधीन दीठे हुन तेंड़े तीर निगह लगा
कारीवे ॥

भैरवी—तिताला

जीयकी विथा में तोसे कहियाँ तें मोरी नेक
नमानोरे।
समझ सोचले मनमें सइयाँ मेरी प्रेम कहानोरे ॥
ववरू आधीन अब मन लागो तोसों तुम मोरो
नेक न मानोरे ॥

भैरवी—धीमा तिताला

बकस गुन्हां साँई अञ्ञा तेंड़ि बन्दो हुइयां।
तुंही करीम तुंही रहीम तेरे हात निवाह मेरीयाँ॥

२

क्योँ सोणा मेँड़े प्यारा छंतो दुनो नाल रैन गुजारे।
आशक जिँदवार फेर डारे रङ्ग भीने यह कहे
कहे हारे ॥

नहीं डरदे दिल दुखवनवारे शिर पर चलदे नित
करदे आरे न्यारे ॥

भैरवी—जलद तिताला

मेने तेंड़े घोली घति कोतियाँ जिंद कुर्बान।
मालपा कर सानु घायल कीना सुनवे महबूब सुजान ॥

भैरवी सिंधी—धीमा तिताला

मानु तलब दीदारदो यारदो मेनु।
जंग सियालेनो वे राँझन मिलीयाँ मीयाँ आंखे
दीठो मानु प्यार दीयाँ मेनु ॥

२

सोणा यार मिले मेंड़ा रवावे मिलामो।
आठ पहर मानुवे ध्यान तुमाड़ा वे मियाँ मौला
करे तुसि जिन्दा रहीयो यही माँगदो दुहाई ॥ सोँ० ॥

३

एमन मेरे श्याम हरोरी गुइयाँ।
मुरली की धुन सुन भईहूं बावरी मन अटको कोऊ
लाख कहोगी देँया ॥ एमन० ॥

४

साँवलीया ने जादूडारा मेरा बाजूबन्द खुल खुल
जायरे सा०।
जादू डाला तूने भला कियारे अचरा खुल
जायरे साँ० ॥

चलो मेला लगाहै बगीयामें ढूंढ़न जाऊंरो।
इस बगीया में पिया मिलेंगे हंस हंस गरवा
लगाऊंरो ॥ चलोमे० ॥

६

मन सांचोई सुमरन करले हरिके चरण चित
रखले। एमन०।
काहे कों भटकत फिरत बावरे हरिके चरण तूं
धरले ॥ एमन० ॥

भैरवी—जलद तिताला

साँईमें सचा पाया जद अपना इश्क लगायारी
गुइयाँ। सेंसा०।

दुनीया दौलत माल खजाना नाहक भरम गमायारी
दईया॥ भैंसां० ॥

२

कोई दीजो विरहदा कंगना एरो मैंतो ढाड़ी
विरहकी मातीरे। को० ।
इस कंगनमें लाल लगेहैं हीरा लगे मोतिपबारो ॥
कोईदों० ॥

भैरवी सिंधी—धीमा तिताला

सांवलियादो जार मोहब्बत इश्कांदे नाल आंखे
माड़ी लगदी।
नेहा लगा कर मेनु भूल क्यां गयावे मेरा मोया
तेरे रखे नहीं रहदो॥ भलावे मं० ॥

२

नैनादा सांई भला लगदा भजन सांई
भला लगदा प्यार नैना तेड़ा नदाना वेनिजारा।
आखेनु समझावे दिल वर हौंदा हांदा क्यां नहीं
दम दमदा गुजारा॥

३

बींवा वे माड़ो दुखांदो कान्होदो वालीयां गाड़ो
हौले हौले छेड़ बींवावे।
कणका पकीयारे घर कामननो आएना घर ढोला
वारो आमादे जाए जीवे वेखेवे उथे लोक पराए॥
चहुं ओर वेले वेखड़ोनि कूंकांए मेनू लेचल अपने
नाल वीवांवे मेंतेडे नाल राजो हुइयां।
बोल पपोहारो तू सावन आए चहुं ओर मोर बोले
कूक सुनाए राह मुसाफिरानू घर भेज वीवां
मैं झुक रहियां चंपेदो ड़ालियां॥
पड़दीयां धूपा वो साड़ा जीय दुखेदे रव रव करे
असी साम्ह कूके देई हुथे साड़ा जोथे धउ कंदे
आमिल होरदे नाले रायांवे गवरू तेड़े नाल राजो
हुइयां।
ढोले वगदियां एड़ो मुरादे मगदीयां इनकानुगो हो

लिखन हारेनु पगदीयां जिन्दड़ीयां असो तेड़े
नाल लदीयां॥
ज्योंज्यों घन गरजे त्योंत्यों जीयरा लरजे दीयां
बीबांवे तेड़ी वाटड़ो खड़ो जोवां सोणा होर नाल
दिल पगीयां।
एकतो अंधेरी दूजे रातो कालीयां मान करेंदे घर केथा
वालीयां॥
आमि आमि वेतू मेड़ा चन्दा बोलीदा लड़काम
मेड़े सोने में बन्धा ढोलन दे चला नेवे वगदीयां।
छुरीयां साड़े दिलदे अन्तर मानु लगदीयां नोबुरीयां॥
कंथ विछोड़ो दूजे रैन कालियां खड़ोनि कूं कंदी मैं
चंपेदो डालियां।
साड़ा दिल लगा तेड़े नाल बींवावे
मैं झुक रहियां विरछोदो डालिया गारिहों० ॥

सिन्धु भैरवी—तिताला

सखी अपना पियामैं पाया।
सच्चा इश्क लगायारी गुइयां॥ भैं० ॥
काम क्रोध मद लोभ मोह सब दूरहो डार बहाया।
सोवत जागत विहरत निशदिन हरिचरणन चित
लायारी सखी०
कृष्णानन्द मे रङ्ग रहोहूं यह गुरूने भेद बतायारी॥

२

धुन सुन धरन सुहायरी गुइया बंशी बजावे
बाकों मारुड़ा।
सप्ततीन इकईस सूरछना लाग डांट बजावे॥
सुर नर मुनि सब भएहैं शिव सनकादिक सुख पावे।
कृष्णानन्द में मगन भएहैं मुरली रसिक सुनावे॥

३

बीबावे माड़ी वातड़िया सुन जाइयो छलड़ा भलड़ा
बांकड़ा तिखड़ा निकड़ा सांवलड़ा सोना वे॥ माड़ीवा०
तेदड़ी सूरत सारे मन वश गइयां रङ्गड़ा चुनड़ा
मारुड़ा ढोलना बीबांवे० ॥

सिन्धु भैरवी—एकताला

एरो गुइयां अपने करम कोयाको सोच पोत
मानो जैसो थोख।

हम तुमको क्या समुझावें आसो अब काहूको
दोष ॥

२

मैं क्या जानूं पीत करी पछताईरे।
बेकदर बलमा मोरी कदर न जानी आईर कछुन मैं
पाईरे ॥

३

पिय प्यारेको गरवा लगाय रखतो।
मेरा कहा एक मानत नाहीं ठाडो रहा माला जपतो ॥

४

अरी एरी गुइयाँ लागी कलेजे फाँस निकासत नाहीं
मेरी साँस।
नैन थकित भए धुंधुक तन मन भयो सुकास ॥

सिन्धु भैरवी—तिताला

एरी भौजी दारूड़ा पिलाई बांका मारूड़ा।
सोनेटी सुराही पांनेटा प्याला गरवा लगावे
नीक मारूड़ा ॥

२

जादू जादूरे सांवलीया नैना वालीयां।
तेरो जुलफें सोहे घुंघर वालिया टेडी बांकी भौहें
मुझे मारियाँ ॥
तेंडी लटक चाल पर वारी सांवलवा रंगाई तेरी
चितवन तिरछी मुझे प्यारीयां ॥

३

रङ्ग रङ्गावे गुले अतर चमनमिल किन खिल
गया ना फरमा मेरे मनमें।
गुले लाल गुलेना फरमा हजारा गुले हमचुं हमचुं
गुले मोनानका नजारा ॥
जोती आपी हजारो दिलवर हंजरी राग बीच
गुलशन यो गुलदारा ॥
नूरदे नूरदेरवा नूरदे अक्षहन चीर देखे तू
सूरतदा प्यारा।
लेकिन जिसके तनमें लागे सोई जाने सागरी
का जैडा वस गया मेरे तनमें ॥

राति कोरा राति कोरा राती कोरारे।
राती गोरा राति भोरा राति चोरारे ॥
रङ्ग रङ्गके रङ्ग में रङ्ग बोरारे।
राति कलियां रङ्ग रलीयां रङ्ग भौंरारे ॥

५

राति जागे राति पागे राति भौंरारे।
राति माते जाए नींदे के भोरारे ॥
मदको लोया रङ्गरलिया मलिया मलियारे।
छवि लागे भलियाँ रलियाँ मलिया भौंरारे ॥

सिन्धु भैरवी धीमा तिताला:

हे सखी सुध श्याम की आई कहा करों जिय
थिर न रहाई।
सोवत चौंक परी पलंगमें तलफ तलफ सारी
रैन बिहाई ॥
ना कोई एसो हितू हमारो जासों वेदन
काहीं सुनाई।
छवि नायक जो आन मिलावे ताके दोउ कर लेउ
बलाई ॥

भैरवी ठुमरी—तिताला:

आवो पियरवा ढंग दरसदे क्यों तरसावे मोहेरे।
तलफत तलफत कैसे कटे निश दिन जबसे गए
बिछोहेरे ॥
कहा करूं कछु वश नहीं मेरो ना कोए धीरज
होहेरे।
छविनायक पर कृपा मिलो जो नैनन राखे लोहेरे ॥

भैरवी—जयतश्री

मिथ्या जनम जात जग माहीं।
जो सुख लाग भ्रमत हों निश दिन सो सुख
जों तरवरकी छांहीं।
अबहूं चेत हेत कर हरिसों सुर नर मुनि जाको
ध्यान धराहीं ॥

छवि नायक संशय सब मिटिहै अभय करेंगे
गहे दोउ बांहो ॥

भैरवी—दादरा ताल

कर याद रबाको दम बदम निश दिन घरो घरो
पल छिन हर दम ।
टेढ़ी घड़ी बिसराय डार वही राखे लाज शरम ॥

सुमरण कर हरि का दम बदम जामें रहे तेरो
लाज शरम ।
घरो घरो पल पल छिन छिन निश दिन मनन
बिसारो परो हरदम ॥

भैरवी—ताल अत फारसी

चुँनें वाजम होरिमा महरू आमि वतुख वहरमद ।
रङ्ग आमेज बखूबो कर दम रूये गुले रुखे लालेरा ॥
मी पाशंवर अराजे खवो अतर अम्बार गुलालेरा ।
अज मयना बाब मंदेश्रा वोमो शमी वोस
कोनारा मद ॥
होरिमा महरू आमि० ॥

२

कल कुछ जो आय गई यारो तुममें बैठ बैठ कुछ
मांको लहर मेरे मनके अन्दर ।
चला गया धुनमें अपनी उस परो के घर के सहन
के अन्दर ॥
देखा रूसाप तन तन तनके अन्दर रमक डामकया
ओरया चितवनके अन्दर ।
दिल की मौज भई देख देख कर वदनके अन्दर ॥

३

धन घरो धन पल धनहो महूरत धन धन
आजको वेलो ।
धन वृन्दाबन धन वंशोवट धन यमुना करतहै केलो ॥
ज्ञानानन्द रङ्गमें रङ्ग गई रहाहूं आप अकेलो ॥

भैरवी—तिताला

अब लग रहे अचेत चेत मन छाड़ जगतको आशारे ।
यह तन अपना अचलन जानो जों घुलजात
बतासारे ॥
सुत बनिता सों नेह जो कोन्हों पहिरो मलमल
खासारे ।
कोटि जतन कर कर धन जोड़ो सङ्ग न जैहै मासारे ॥
बहु बिध चुन चुन महल चुनावत करहु इहांको
लासारे ।
सो सब मिथ्या जान बावरे पल पल पलटे संसारे ॥
एक आवत एक जात चलले अब यह जग यही
तमासारे ।
छविनायक हरिनाम भजन बिन होइहैं
यमपुर वासारे ॥

२

बांसरी कन्हइयाने बजाई आली आजरी ।
तनक भनक सुनत सुध न रहो तन विसर गई
गृह काजरी ॥
छूटो संयम खान पान और टूटी गुरुजन लाजरी ।
छविनायक अधरन बस निश दिवस कानि ब्रजराजरी ॥

(बंगला गान)

भैरवी तथा बरवा—ताल तिताला

ओर ओ गोकुलोवासी, केमोने वजावो बांसो ।
तुमि अन्तरे बजावे बांसो, आमार अन्तरे
पाशिलो आशो ॥
चूड़ाय मयूरपांखा मुखे मृदु मधु हांसो ।
एकि अनङ्ग मयत हये कदंबेर डाले बांशो ॥
वेणुर वेर्षार वहैवे एसब्र व्रजवासो ।
दुकुल हराइ तार यमुनार कुले आशो ॥

२

अरेहो काला आमार मनतो मानेना ।
एअति चिकनो काला, गले शोभे बनमाला,
हाथे शोभे मोहन बांशो, मुखे मृदु मधु हाँसिरे ॥

३

श्यामेर वंशो किन्होले चोरे राँह तेना दिल ।

सुनि जे श्यामेर बाँशो, मोने होइलो उदासो,
कुलो मानो सबै गेलो, बांशी कुलो नासोलो ॥

४

सखोहे प्राण आमार बिरहवा चंना आर ।
बाँसरो सुनिला सजनि दिवस रजनी रुदन कोरिछि
वार ॥

५

आर केधौना राधा प्यारो तुमार एलो वंशोधारो ।
जार लागे दिवा निशि रुदन कोरोते बोसो
सनमुखे धाइये देखो मोहन वंशोधारो ॥

भैरवी तथा सोरठ—जल्द तिताला

कि अप रूपो हेरिलाम जमुना तटे ।
गजे रूप देखे छिपटे, सेइ वंशो बटे बटे ॥
त्रिभङ्ग अङ्ग हेरिए, अनङ्ग अङ्ग छाड़िए,
आसे बुझिलो काये कोटीतटे पीतपटे ।
मोमो होइलो व्याकुलो, आर नारहे गोकुलो
आशु सदुपाय बोलो कमोने घटना रटे ॥

भैरवी तथा भीमपलासी—तिताला

लागिलो नयने मोने किखने ।
नवीन किशोर सुन्दर अइ सोई यमुना पुलिने ॥
आरतो किछु भालो लागेना वुझिना रहे कुले
मुरली सने चलित चरण बांधे चरणे ।
पदे पदे आरोपिये त्रिभङ्ग अङ्ग हेलाइये
इन्दीवरो निन्दोए नीलम्बरने ॥
नटवर बेशे मृदु हांसो मोनासे सखो राखो कमोने ।
आरो ताहे राखो शर सन्धाने ॥
भालो बांसो बोले तइ कि एतो दुख दिले ।
अबला सबला पाये पाथारे भसाईले तद्दकि एते
दुख दिले ॥

भैरवी—एकताल

बामा हरो हृदि परे विहरे केरे ।
हेरा उलङ्गे दज सङ्गे रङ्गे रण करे ॥
लोलो रसना भोषण दशना खारो असि करे ।
ईषत् हासे दिक् प्रकाशे असुर संहारे ॥
अरो शिरधरा बराभयकरा घोरो रव करा
पोनो पयोधरा श्याम अङ्गे शोणित धरा वदन विस्तरे ॥
चन्द्रभाल मुण्डमाल गलित चिकुरे ।
दानव गर्व छोड़ईलो खर्व आशुतोस उरे ॥

सिन्धी भैरवी—तिताला

हृदि पद्मासने केरे विहरे मा भैरवो ।
चतुर्भुजा अक्षपूता माला वरमा भैरवो ॥
रक्तवर्ण त्रिनैना मुण्डमालाइ भूषणम् ।
भाले खण्ड शशा प्रतिपदे प्रभा करे रवि ॥
मुने मुने मनोयोग करो यहा मनोयाग जदि है
अयोग जोग शिव होइये पदे रवो ॥

भैरवी—जल्द तिताला

भोष्मजननो भागीरथो मा गंगेगो ।
तारण कारण भवभयतारण स्थावर जङ्गम
कीट पतङ्गेगो ॥
हरिद्वारावतो अतिद्रुतगतो अनुमनो धन गङ्गेगो।
सगर सन्तति जारे दिते गति विरह सागर सङ्गेगो ॥
कारणवारणो पतितउधारणो नारायणो द्रुव शङ्गेगो।
कलुखे कातर काला कलेवर पड़े शच पाप तरङ्गेगो ॥

२

भैरवो भवतारिणो भागीरथो भवानो भवरानो ।
भवसिमन्तिनो भवसा भोषणा रूपिणो तुमसो
भूप वेहाङ्गिनो भवभयभजनो ॥

भैरवी—धीमा तिताला

कामलो बोलोडा कोरे साटा ।
सुखा सुचोनाङ्गि दुथे नाम लोते कौनो माते
वाधाको मोन ॥
आशो दोवे निशि कोरिला भ्रमन
तबतो न गइला तुमार विषय येधोधा ॥

२

परे जो परेरोपरे वृथा ए जतन कोरे आपनो
भाविए पोरे आघातो प्राणो पोरे।

परे शोभा वोए पोरे सुखी हों परस्परे एहान भावो नको

अन्तरे किहवे एहार परे ॥

सिन्धी भैरवी—ताल तिताला

राधाकृष्ण गावोरे काहे को भुलानो मन ।

कूकर सूकर खर जौन जिनावर हो वागो चोरासो

सों छूटना अब पायोहै मनुषतन ।

बालापन बालसङ्ग तरुण तरुणोसङ्ग ऐसेहो

बितायो प्राणो लागो अब चोखेपन ॥

जगत स्वारथ साचा तेरो साथो कोऊ नाहीं

मृगतृष्णा नोर जानो दारा सुत धाम धन ।

सो करे सहाई कोनो संतनके सुख दानो

सुनके शरण आया कृष्ण रङ्ग दोनजन ॥

सिन्धी भैरवी—ताल जयतश्री

मिलवेको मेरा जोय चाहेरे तुम आन मिलो

मेरे प्यारे ।

काहा करूं कछू कहन सकतहूं इतनो अरज मेरो

मानोरे ॥ तुम आ० ॥

भैरवी—तिताला

मियां मैंतो चाल पहचानारे तेज नजरसों

जानो मियां ।

सूने पाएन दहन से तेरे दुशनाम तमाम जभो

शेल भोने अपना तो किया काम तमाम मियां ॥

सिन्धी भैरवी—तिताला

साँवले माईहों दिवानो तोरे जोवना को साँझ

सबेरे ढूंढ़ फिरोहूं कुंज गलोन वृन्दाबनको ।

काहा चाहत उसवो दरदो को खबर नरखे जो

काहू चनको कभो हलाहल कभो है अमृत

यासन पूछ इन चितवनको ॥

२

तेरो चितवनको मेंवारो बांकेरे सिपैया ।

यासं तोरे देखत चितवत बरछो लगो जैसे कारोरे ॥

१

गरवां लगायले सइयां न मानोगो न मानोगो ।

मेरे पोया तोसे ध्यान लगाहै बरबस बहियां

झक झोर ठानोगो ॥

४

हांरे वींबाबें रजवाड़े का जाना छांड़दे हा जटोरज० ।

रजवाड़दा जालम जटियां जाय बसा रजेबाड़े

सोणावे ॥ र० ॥

५

राणाजो मैंतो गिरिधररा गुण गास्यां ।

तुमारा ता प्राण चरणामृतरा निन उठ देवल जास्यां ॥

गुरुप्रताप साधरो सङ्गत सहजहो तर जास्यां ।

मोराके प्रभु गिरिधरनागर चरणकमल लिपटांस्या ॥

६

सदके जादा याहुन तेंडेवे सांवलायार ।

वंशो बजावदा गाय नचांवदा करदा सानु प्यार ॥

७

कोयल बोले शब्द इस बगोयामें ।

इस बगोयांमें फूल लगे हैं जो सइयां तोरे पगोयामें ॥

८

चोरेवाला यार मेरा मन लेगयो हो ।

दरद साड़ा वाको किसनु सुनावे मेड़ो जिदंड़ो

ने दुख देगयो ॥

९

भाल मेंड़ो जानवे तेड़रे कारण लानवे ।

इत महबूबांदो बात बनेंदो वे मोयां एहि गलामें

तोचड़ो वेठोले ढेगन यारवे ॥

भैरवी—धोमा तिताला

फूलो सभिखे वेखू बहारदा वेसोणा सोणो

लगदा मुखड़ा जानो यारदा ।

शोरो हजार गुलना फरमानोदे सदके कोतो

सदके जानो ॥

१

जानो जोयराते बाजवे मोयां माड़े महरदानों

भो संभालवे ।

आंखि लड़ खटकादो भटकदा दिल कीता कलेजेरे
पारवे ॥

२

मेरे पीयाने भेजो गवनवारे अबन होय अबनवारे।
मिललो मोरी एसखी सहेली फिरन बनीहै
मिलनवारे॥

सिन्धी भैरवी—ताल धमार

झोखानु संभालवे छाड़ मेंडो धुर आमि सवेरे
असो तुसाड्डे कोलवे में तेंडेरे नालवे।
बाबुल सहदा चाकवे वीरन सहदा चाकवे असो
तुसाड़ारे कोलवे में मोंडो तेंडो चालवे॥

इति श्रीभैरवी रागिणी सम्पूर्णः।

झिंझोटी—ताल चौताला

आलीरो झूम झूम झुक झुक परत भूमि पर
घूम घूम।
दृष्टि परे नन्दनन्दन जबते मनमें परोरी मेरे
काम धूम॥
कलन परे निशिदिन घरी पल छिन हेलो मारत
विरह उमग दूम।
जानकीदास प्रभु श्यामसुन्दर बिन अतही बेदन
रूम रूम॥

२

सुन्दर छवि छाजत राजत मोहन कहा कहो
रूपकी निकाई मोसों बरनो नजाई आली एसे
श्याम कन्हाई।
श्रवण कुण्डल मकराक्रत कटि पीतवसन हाथ लकुट
मुख मुरली मधुरधुन गावत अति सुहाई॥
सप्त स्वरन और तीन ग्रामले बाईस सुरत उनचास
कोटि तान लाग डाट लखाई।
षोड़व खाड़व सम्पूर्ण भातक खातक खारांतक
बादी बिबादी सवादी अनुबादी तानसेन लेरिभाई॥

सुन्दरबदन पै लोयन बार बार परत करत घर जोयमें
आली तेरे रूपको निकाई।
गुलफकी सफाई कहूं ग्रीवकी गुलाई
कुचनको सुन्दरताईके कटिकी छोणताई निरखत
हो सबनके मनदास कीनें यही अद्भुत चित्रकार तार
बनाई॥

४

तुम्हारो प्रीत ऊधो पूरब जनमकी मनहु भयो मोरे
जीयके गरजो।
बहुतकदे वश सङ्ग रहे ऊधो सङ्गको बिछुरो
हमहूं भई मरजो॥
अगम निगम जो भरोई रहतहै आघटे न बढ़े
तो लेउ नरजो।
सूरदास प्रभु बहुर कहांलो तन तन भयो ब्योंत
मन भयो दरजो॥

बिष्णपद झिंझोटी—धीमा तिताला

कुबजाने जादू डारा निरमोहिया श्याम हमारारे।
निशदिन चलत रहत नहीं राखे इन नेनन जल
धारारे॥
अबये प्राण कैसे के राखूं बिछुरत प्राण पियारारे।
ऊधो तबते कलन परतहै जबते कान्ह सिधारारे॥
अबतो मधुबन जाय लेआवो सुन्दर नन्ददुलारारे।
सूरदास प्रभु आन मिलावो तन मन धन सब वारारे॥

झिंझोटी—ताल तिताला

सांवला मैनु भांवदा।
सोहना सूरत रङ्ग भरो मूरत मैंनादो रैन चलांदा॥
आंदा जादा बेण बजांदा वे माड़ा दिल ललचांवदा।
जानकीदास नन्दनन्दनदी छवि लखि लखि सुख
पांवदा॥

२

एते दिन नहीं पायावे तैड़ा मरम।
जगमें दोष कौन कों दीजे दोष लिख्या साड़े करम॥

दरस दिखायजा प्रीतमप्यारे लोक धरेंगा साड़ा भरम।
प्रेम दिवाना कहै मस्ताना देव दरस कर धरम ॥

३

महोब्बत बाँसरी वालेसों जोरेरे।
लोक कहत कारो कामर वारो मेरो लाख करोरी ॥
लोकलाज कुलकान सबनकी ले यमुना में बोरी।
सूरदास प्रभु तिहारे मिलनकों अविचल रहों यह जोरी ॥

४

रघुबरलाला पीताम्बरवाला हो।
कीट मुकुट मकराकृत कुण्डल उर मोतिनकी माला॥
साँवलीसूरत मोहनीमूरत सुन्दरनैन-विशाला।
जानकीदासको शरण राखले निज-भक्तन-प्रतिपाला॥

५

तेरी दंशोने जुलम किया वे।
तानकमान बिरहने मारे वेधा तन मन होया ॥
वेदरदी तोकों दरद न आया मैं क्या तेरा लिया।
जानकीदास सांस अध शरुकात जीया तो जीया न जीयाहो ॥

६

कोई दम बोल दें दो असनाइयां।
माय बाप भाई कुटम्ब कवीला सङ्ग चले कोज नाहीयां ॥
नरतन पाय भजे नहीं हरिकों नालत उमर्क ताइयां।
बार बार अवसर नहीं पावें नाहक जनम गवाइयां ॥
हरि भज लीजे कपट तज दीजे और नहीं जग माहीयां।
कहत कबीर सुनो भाई साधो जिम ढूंढ़ा तिन पाइयां॥

७

भलावे घर कीथे नीवे समझ नदानीयां।
एवी एवी राहे कीथुथे जाँदड़े न दीठा मेड़ा प्यारियां मीर मूलक सुलतानीयां ॥
आपही पाले आपही मारे जबराईल बहानीया।
शाह हुसेन फकीर रवाना मेड़ा प्यारियाँ विन मसलत उठ जानीयां ॥

८

अजब अचंभा दुनीयादावे।
तरह तरह का रङ्ग बनाहै जैसे चमन गुलसुनीयादा ॥
कर हरिभजन मनुषतन पायो दात पूरवला पुनीयांदा।
जानकीदास लखे कोई बिरला होय चेला गुरु गुणीयांदा ॥

९

यार तेंड़ी गला जबही याद आदीयांहो।
जानकीदास खासरु करहदो अखीयाँ जल बरसौं दीया ॥

१०

विलम रहे पीया कोने देश।
जारे पथिकवा लेआवो पतियां पीयको सुनावो सन्देश ॥
बीतो अवध अजहूं नहीं आए खेत भए शिरकेश।
जानकीदास श्याम मिलवेकों करूं जोगनको भेश ॥

११

दुनियाँदा अजब अचंभा दम गनीमत जानवे।
नातू पवन नातू माटी है तू कौन पहचान ॥
होगए भूप रूप घन सूरे रह गया नाम निशान।
समझ खेल कर केल जगतमें जानकीदास तज मान॥

१२

सइयोंनी मैं साँवल ते नाल सङ्ग सोइवे।
कीकहों सखी रतीयांदी बतियां श्यामसुन्दर मन मोहिवे ॥

१३

एरी मेड़े नैना लगी नटनागर नन्दलालसों।
वंशी बजादा वारी जीय ललचांदा साड़े दिलनु चेटक लाँवदा ॥
जानकीदासदे मन विच भांवदा चञ्चल नैन विशालसों ॥

१४

मत मारोहो प्यारा नेनवा निदरदी केला मेड़ी जान।

जानकीदास निमानु रखले सुन्दरश्याम सुजान
अरज गरीबांदी मान ॥

१५

तेंढ़ी वंशी सितम करेंदीहो सांवला मनहर लेदीवो
भला।
जन्त्र मन्त्र जादू टोना पढ़ पढ़ जीवड़ा बशकर
लेदीहो ॥
जी सोजंतो नींद न आवे औचक चौंक पवेंदीहो।
जानकीदास दरस विन अखीयां पल पल जल
बरसेंदीहो ॥

१६

वंशीवालेने मन वश कीयो रसभरी तान सुनाय
जादू करके।
निरत करत मनहरत सखिनको कृष्ण मोर मुकट
शिर धर के ॥
देख रूप छवि चकित भई सजनी नैन कमल
चित हरके।
जानकीदास आस दरसनकी चाकर श्यामसुन्दरके ॥

१७

मदनमोहन चितचोर भएरी अब।
अब कछु और और ढंग दीसत छलबल करत
कठोर भयोरी ॥
सीखे श्याम आंखन में चोरी देखत देखत और।
जानकीदास व्रजतिय यों कीनी जैसे चन्द चकोर ॥

१८

साधो भाई ठाकुर मेरा यार।
ठाकुर मेरा मैं ठाकुरका ठाकुरका अखत्यार ॥
सबघट पूरण पूर रहा है बाग बहार गुलजार।
जानकीदास हरि हरि भज हरदम तर भवसागर पार ॥

१९

रङ्गीला छैलातें जादूड़ा मोपै डारारे।
रस भरी तान सुनाय वंशीमें बश कीनो प्राण
हमारारे ॥
तेरी आन विच आन फसोहीं हंसी करै जग सारा।
जानकीदास की आश यहीहै एक पल होयन न्यारा ॥

२०

जो दम है सो बाहबा प्यारे।
तज सकल जग भरम समझ जारे ॥
जानकीदास सोई नर धन धन जो पल छिन नहीं
नाम विसारे ॥

२१

अबतो अति जीय मगन भयो मेरो भलो बात
बन आई।
सुन्दर-नरतन जनम-विप्रग्रह रामभक्त-निधि पाई ॥
भवसागर तें बूड़त राखो जमको त्रास मिटाई।
जानकीदास को भले भाग सो गुरु नृसिंह सुखदाई ॥

२२

बदरा वैरी झूम झूम आए सजनी उमड़ घुमड़
जल वरस गरज घनघोर।
पवन चलत सननननननननन दहत विरहतन
पीया विन निशदिन चमक चपल चहुं ओर ॥
कहा करिए कित जाय सखीरी तरसतहै जियमोर।
जानकीदास प्रभु मदनमोहन विन एकहो जान मोहि
घरी घरी पल छिन मदन कसकत कर जोर ॥

२३

प्रीत कर किन किन सुख पायो।
प्रीत करी पतङ्ग दीपक सों सरबस अङ्ग जरायो ॥
प्रीत ज्यो कीनी हिरन राग सों मनसुख शायक खायो।
झख रसना सों प्रीत करी तब कांटो कण्ठ फंसायो ॥
गज गजनी सों प्रीत करी तब एसो डील बंधायो।
प्रीत जो कीनी ब्रह्म जीवसों आपुही जीव कहायो ॥
धनसों प्रीत करी जिन जिन तन सरप रूप धरायो।
लोक कुटम्बसों प्रीत करी तब होय भूत डर पायो ॥
देखत सुनत प्रीतकी बातें मेरो मनहू डरायो।
गोपिन कीनी प्रीत कृष्णसों रोवत जन्म गंवायो ॥
प्रीत किए सुख होय अचलित गुरु कहै मन हरषायो।

जानकीदास सुखसागरमें जिन रामकथा हित लायो॥

२४

अचँभा कौनसों मैं कहूं।
मैं नहीं जानू मैं कौनहीं तापै कहीं मैहूं॥
मैं भूला और सब जग भूला समुझ समुझ चुप रहूं।
जानकीदास कों आश नामकी जप तप मगन मैंहूं॥

२५

हरमें हरका झलका झमका।
याविध यह छवि रहत निहारत नाश भयो भ्रम
तमका॥
गोविन्दयों विचार गोविन्दको यह लहजाहै दमका॥

२६

यमुना किनारे किनारे मोहन धेनु चरावैं।
कारी कारो पोरी पीरी धोरी धोरी धूमर लेले
नाम बुलावैं॥
सङ्ग सखा सब ग्वाल बाल मिलि मधुर मधुर
स्वर गावैं।
बलिहारी वल आँवल अजर सुर नर पार न पावैं॥

२७

राजै श्रीकृष्ण जनमदिन घर घर मङ्गल गाजै।
नाचत गावत मङ्गल मुदितमन मृदङ्ग मधुर धुन
गाजै॥
हरद दूध दही छिरकत परस्पर आनन्द मङ्गल
साजै॥ राजै श्रीकृष्णज०।
जैजै धुन उचरत सुर विचरत बलिहारी दिन
आजै॥ राजै श्रीकृष्णज०॥

२८

मैं अवधूत हूं जोगीया मैंतो देखन को आया
तेरा लाल।
अलख-निरञ्जन प्रगट भए हैं मोहन-मदन-गोपाल॥
धन तेरो भाग सोहाग है राणी धन धन गोपी ग्वाल।
तीनलोक का साहेब मेरा देख भए हैं निहाल॥
काशीबासी शिवहै सन्यासी सुमरो तीनो काल।
यह मेरा मैं उपकारी माई पुरुषोत्तम प्रतिपाल॥

२९

मोहन मुरारि बेड़ा पार लगाओवो।
नदीया गहरी वारी नाव झाँझरी आन पड़ी
मझधारीहो॥
तिहारीहो ज्ञान ध्यान तिहारोई सुमरन विनती
सुनलो हमारीहो।
भवदरीया अति-गहर-गंभीरा सूझतन पारावारीहो॥
हम पतित तुम पतितपावन युग युग भक्त उवारीहो।
चन्द्रसखी भज बालकृष्णछबि तन मन धन
बलिहारीहो॥

३०

मेरो मन हरि-चितवन उरझानो।
फेरत कमल द्वार हूं निकसो दरसन कर
सिङ्गार भुलानो।
अरुणअधर दशनन-दुतिराजत सांवलो-सूरत
फिर फिर मुसकानो॥
यह रस मगन हेत निशिबासर हार जीत कबहुँ
नहीं मानों।
सूरदास चित मगन होत क्यों हँसि चितवन और
हियरो लुभानो॥

३१

कृष्णचन्द्र गोपाल अबतो तेरे हाथ निवाह।
मोर मुकुट वैजयन्ती माला पीताम्बर फहराय॥
दीन जान मोहि दरसन दीजे सुजान मोपे किरपा
कीजि सूर पतित अपनो कर लीजे बांह गहेकी लाज॥

३२

तुम बिन कौन हरै मोरी पीर।
जानत हो अन्तर की बातें मुनि-मन-रञ्जन-धीर॥
दीनदयाल कहावत हो तुम सुन्दरश्याम-शरीर।
रामलला निजदास जानकी कृपा करौ रघुबीर॥

३३

तुम तजि कौन नृपत पै जाऊं।

मदनगोपाल मण्डली-मोहन सकल भुवन जाको ठाऊं ॥
तुम दाता समर्थ तिहुंपुरके जगके दीए अघाऊं।
परमानन्द दासके ठाकुर मनवाञ्छित फल पाऊं ॥

३४

राम-रङ्ग रङ्गे सोई जाने।
महरम होय रसिक पहचाने।
अमल चढ़ेको औरन सूझत निशिदिन रघुबरके गुण गाने ॥
तन मन धन जन राम निहारे एसोई मनको मनावै तो माने।
प्रेम-रङ्ग सतगुरु-पदरज हो जीयनहीं रामके रूप समाने ॥

३५

जो कोउ वृन्दावन-रस चाखें।
खारी लागे खांड़ गुखोपरा आन देशको दाखें।
अन्न समान मूल नहीं औषधि लोभ दिखावै लाखें ॥
भूखे रहे और पावे भाजी निरखि रहे द्रुम साखें।
जन गोविन्द वलवीर बिहारी जो वृन्दावन राणी राखें॥

३६

औसर बार बार नहीं आवै।
जो जानो सो करो भलाई कल कोउ दुख न पावै॥
गोधन जोबन सबही झूंठो कोउ काम न आवै।
तन छूटे धन कौन कामको काहेको कृपण कहावै ॥
जाको मन ठाकुर सो सांचो ताको झूंठन भावै।
सूरदास प्रभु तिहारे दरसको विमल विमल यश गावै॥

३७

कदम तरे गावे गिरिधारी मुरली बजावे वनवारी।
मोहन सुर भरि धरि अधरन पर तान लेत अति प्यारी॥
ढवन त्रिभङ्गी मोहन रङ्गी धरत उक्ति न्यारी न्यारी।
लछनदास मोहनी वँशी घाव करत उर कारी ॥

३८

राम शरण भल भावत मोको।
जाकी शरण अभयपद पावत जगत वासना लागत फीको ॥
विषय मनोरथ में चित लागो करत भरोसोया जड़ जीको।
तारीदे भागेगो छिनमें तन ज्यों गिरै करार नदीको ॥
यह संसार विषहुतें अति विष चाखत हितकर जान अमीको।
हरिसों विमुख न जानत खलमति सन्त प्राण सुख-दायक हीको ॥
त्याग मूढ़ मन कपट कुमारग मन वच क्रम अबदे प्रण टीको।
लछनदास सकल झूंठो लखि साँचो एक शरण सीयपीको ॥

३९

सानु वृन्दावन जानाहो भला।
लाख कहै कोई एक न मानो विन मसलत उठ जाना वरसाना नन्दगाम वतलाना ॥
उठ चल मिल ऊधो श्यामसुन्दरसों चीरघाट यमुनाजीका न्हाना ॥

४०

आज मोहे मिल गयो श्याम विहारी।
श्यामा तेरी हसन बोलन मुसकानि पर वारी ॥
मोर-मुकुट कटि काछनिकाछे चितवनकी छवि न्यारी।
राजबहादुर सांवली मूरत चितवनपे गई वारी ॥

४१

जबतें मन परतीत भईरी।
दिन दिन औगुण छूटन लागे उपजी प्रीत नईरी।
थोरे वणिज बहोत विभव बाटी उपज न लागी लाल मईरी ॥
अगम निगम दोउ खोज निरंतर राम-नाम गुरु मूल दईरी।

तुलसी भजन साधको सङ्गत रहइ तिविकार
सों दूर भईरी ॥

४२

तन अभिमानी ममझनदे ।
आठ पहर नित चढ़ी रहत है मौत तोरे कन्धे ॥
आवत जात सकल सुर नर मुनि करम डोर बन्धे ।
जानकीदास सुमिर श्रीरघुवर छोड़ कपट धन्धे ॥

४३

आज नागरी किशोर भावत विचित्र जोर कहा कहों
अङ्ग अङ्ग परम माधुरी ।
करत केल कंठमेल बाहुदण्ड गण्ड गण्ड परस्पर
सरस रास विलास मण्डली जुरी ॥
श्यामसुन्दर विहार बाँसुरी मृदङ्ग तार मधुर पाखनु
पराग किंकनी धुरी ।
देखत व्यासहरि वंश आज निरतनि सुधंग चाल वार
फेर देत प्राण देहसों दुरी ॥

झिंझोटी—ताल एकताला

राम जनम अवध पुरी सरयू के तीरे ।
असुर सब शंक कियो जादिन जनम राम लियो
लङ्कापति कम्प गयो धरत नाहीं धीरे ॥
सुरनर मुनि हरष होत अवध मानो देख जोत
मङ्गल सबकार कोलाहल दरशन रघुवीरे ।
गावत गुणि गन्धर्व मिल ऊंचे सुर कर जो लग दर
दरयाव सिन्धु निरमल होनारे ॥

झिंझोटी—ताल तिताला

प्यारे रघुवर क्योंन रहो यांही ।
घर रहो सीय करे गलबांही ॥
प्रभु वन गमन अचल जब ठानो ।
बचन कहत कौशल्या राणी ॥
राज त्याग सों कछून डरानो ।
विरह विथा व्याकुल भई वाणी ॥
जहां तुम जननी वाहीं वाहीं ।
तुम विन जीवन नाहीं ॥
उत प्रभु इत मेरो जीय जावे ।
जल विन मीन को कौन जिवावे ॥
दुर्व्वल गौ बछरा धावे ।
खान पान कछु सुध नहीं पावे ॥
माता पिता सम वेद बखाने ।
सोत वचनसों नृप ललचाने ॥
भरत राजके काज लोभाने ।
प्रेम रङ्ग मोहे मार पराने ॥

२

हरिके सङ्ग रहती तबन गईरी ।
तबन गई पाछे पछितानी प्रीति पुरानी विपत नईरी ॥
जब जाती कंचन है रहती अब माटीके मोल भईरी ।
मेरे मङ्गकी सब मन आई हौं भई बावरी सकुच
रहोरी ॥
जारों लाज इन कुतिन कों जिन मों ऐसो तबन
कहोरी ।
सूरदास प्रभु तिहारे दरसको जनम सिरानी
यांहो रहोरी ॥

३

जगन्नाथ मन मोह लियोरी ।
घर अङ्गना मोहि कछुन सुहावे लोकलाज सब
छोड़ दियोरी ।
नीलचक्र पर ध्वजा विराजे परसतही आनन्द भयोरी ॥
साँवली सूरत पर रज लपटानी लाल दुशाला
ओढ़ लियोरी ।
श्रीवलभद्र सहोद्रा सङ्ग लिए कृष्णदास वलिहार
कियोरी ॥

झिंझोटी—एकताला

जबते मोहि नन्दनन्दन दृष्टी परे माई ।
कहा कहों सुन्दरताई वरणोइ नजाई ॥
कुण्डल की झलकनि कपोलन पर झांई ।
मनहु मीन सरवर तज मकर मिलन आई ॥
भृकुटि कुटिल चपल नैन चितवन में टौना ।
खञ्जन औ मधुप मीन भूले मृग छौना ॥

१०६

अधर सधर मधुर सखी मन्द मन्द हाँसो।
दसन दमक दामिनि दुति चमकत चपलासो ॥
चारु चिबुक नासिक शुक ग्रीव तीन रेखा।
नटवर प्रभु भेष धरे रूप जग विशेषा ॥
क्षुद्र घण्टिका अनूप नूपुर अति सुहाई।
गिरिधर प्रभु अङ्ग अङ्ग मीराँ बलिजाई ॥

२

मेरे गिरिधर गोपाल और नहीं कोई।
मैंतो आई भक्त जाँन जगत देख मोही ॥
असुअन जल सींच सींच प्रेम वेल बोई।
जाके शिर मोर-मुकट मेरो पति सोई ॥
शङ्ख चक्र गदा पद्म कण्ठ माल जोई।
साधन सङ्ग बैठ बैठ लोक लाज खोई ॥
छाछमें सों घृत काढ्यो जाने सब कोई।
मीराँ प्रभु लगन लगी हानी होय सो होई ॥

झिंझौटी—ताल तिताला

जय जय सीतापते दशरथनन्दन राम।
राजीव लोचन भवभय-मोचन मुनि-जन-मन-विश्राम ॥
करधनु-शायक और वरदायक सुन्दर हैं अभिराम।
जन-उधार बलिहार पार किशो पँहुचायो निजग्राम ॥

२

नचलत तेरो नाव माझी गुण राम बिनावे।
ममता मोह पड़ो जल गहरे तृष्णा तरंग कुदावे ॥
कामवाम कर पवन झकोरे करिहो कवन उपाव।
जीवलिहार पार गयो चाहै रसना रघुपति गाव ॥

३

लोक अयाना हरि नहीं जानावे।
तन तरुणाई भूल मत जियरा थिर नरहै काई
रावन राणा ॥
आये मिले सब सज्जन सङ्गातो स्वारथ लागि सयाणा।
चलतो बेर कोउ सङ्ग न चलि है उठि गए हाकिम
लुटि गए थाना ॥
काज सँभाल्यो जिन हरि चीन्हा और भूलि पछताणा।
अवध घटे दिन बादि गंवाए सिर पर काल पयांणा ॥
कोट उपाव किये नहीं छूटे आखिर मरणा जीय
ललचाना।
राधावर सुमरो बलिहारी जे हरि रूप समाना ॥

४

गोविन्द गायले सुख पायले जो जीय चाहै भला।
राजा रंक फकीर मीर क्या लग रहो चलो चला ॥
गुरु उपदेश नाम-नौका गहि मेरो मान सला।
नाहीं तो मझधारमें बूड़िहै आगम याते कर हरि
मीत मला ॥
सपनेको व्योहार जगत को सब तू क्यों जात छला ॥
याते समुझि साध सङ्ग करने हरिसों रङ्ग मिला।
पूरण-चन्द्र आनन्द भज व्रजपति उरधार नन्दलला ॥

५

मिलो क्योंन प्यारी दे गलवांहीं।
कौल असाड़ा कीया महरदे यार कदमदी छांई ॥
सुरत तू साड़ो दिल विच वसदो न्यारा कीया न जाई।
एकवार हंसि बोल बलिहारि तो जीवन जग मांहीं ॥

६

आज रामजी कों राखो बिलमाए।
राम चले लछमन भए साथी सीतहुं सङ्ग लाए।
ठाड़ो कोशिल्या रुदन करत है विनति करत सुनाए ॥
एसो कठिन कठोर प्रधान जिन रथते राम गमाए।
तुलसी दास प्रभुको कोउ ल्यावो दशरथ प्राण जीवाए ॥

७

इस दमदा मैं नू कीबे भरोसा आया आया
आयान आया।
सोच विचार करो मत मन में जिसनू ढूढ़ां उसनू
पाया ॥
या संसार रैन का सपना कहीं देखा कहीं न
दिखाया।
नानक हरि यशके पद परचे निशदिन रामचरण
चितलाया ॥

८

जादिन मन पंछी उड़ जैंये ।
तादिन तेरे तन तरवर को सुखपात झर जैये ।
यह देही को गरभन कोजे स्यार काग गोध खैये ॥
तीन नाम तन वोष्टा कृमि ह्वै मातर खाक उड़ैये ।
कँह वह नीर कहाँ वह शोभा कहाँ रूपरङ्ग दिखइये ॥
जिन लोगन सों नेह करतहै तेही देख घिनैये ।
घरके कहत सबेरे काढ़ो भूत होय घर खैये ॥
जिन पूतन का बहुप्रतपाल्यो देवो देव मनैये ।
तेईले बांस दोयो खोपरो में सोस फार बिखरैये ॥
अजहूं मूढ़ करो सतसङ्गत सन्तनिमें कछु पैये ।
कहै कबीर सुनो भाई साधो आवा गमन नसैये ॥

९

चेतन मानले मेरी बतीयाँ ।
यह देही तेरे सङ्गन चलिहै क्या पोषत दिन रतीयाँ ॥
जो हिंसा कर नरक परौगे आंच सहोगे ततीयाँ ।
बिन भगवान कोई नहीं अपना यही सचहै मतीयाँ ॥
काम क्रोध मद मोह झकोले बहा जातहै घतीयाँ ।
सूरदास प्रभु को रटले तू हरि सुमरण में रतियाँ ॥

झिंझौटी—जलद तिताला

रङ्गीला छैला वंशी बजाय जादू कोतावे ।
रङ्ग भरो तान सुनाय श्रवण मग साड़ा दिल
हर लीतावे ॥
रत्त देहा मेनू होरन भाँदा तेड़े नाल जित दीतावे ।
वलिहारोयां वारियाँ तुझ ऊपर मेंड़े मोहन मोतावे ॥

१

भला घर कित्थेनी समझ नदानीया ।
एवी एवी राहे कित्थे जादेडे नदीठा मेरा प्यारा
राजा रंक सुलतानोया ॥
आपही मारे वारी आपही जिलावे जबराइल
बहानीयाँ ।
शाह हुसैन फकीर रवाना बिन मसलत उठ जानीयाँ ॥

झिंझौटी—तिताला

साड़ा डेरा कित्थेनी समझ मन माहीयाँ ।
वोही पाले वोही मारे वोही वोही घट घट ठाइयाँ ॥
राईको पर्व्वत पर्व्वत राई सागर रङ्ग मिलाइयाँ ॥

२

तेड़ा घर इथ्थे नहींरे नदानीयाँ ।
राजा रंक अमोर महाजन चला जात सुलतानीया ॥
आपही पाले आपही संहारे आपही रङ्ग निमानीयाँ ।
एक आदा एक जाँदा सगर बिन मसलत
उठ जानीयाँ ॥

३

मिलनाहो दिलवर महबूब ।
कीत कोल करार मिलनदाजो कीता सो खूब ।
वलिहारी हँस बोल विहारो तीन लोकके भूव ॥

४

महो वालाहो बंशी फेर बजाव ।
अरज हमारी सुनहु विहारी वलिहारी चाहै
जीव जिबाव ॥

५

इस तनदावे गुमान न करना साहब कोलौ पल
पल डरना ।
देख सभी जग चलदाइ जाँदा जानकीदास
ते नू भी मरना ॥

६

छमा करो अपराध हमारो पाहि पाहि सीयपति
सीय प्यारे ।
नन्दनन्दन दुख-भञ्जन जगतके भक्त हेत युग युग
वपु धारे ॥
जब जब दुष्ट भए या जगमें चक्र धनुष गदा खड्ग सों
मारे ।
जानकीदास को शरण राख्यो जगन्नाथ जगके
उजियारे ॥

अब हम फेर भए लरिका।
बालक जान करे हित सब जग शरण लिया हरिका॥
जानत नाहीं पहिचानत नाहीं कौन कहां सों आया।
जानकीदास अँचभा अद्भुत सतगुरु भेट बताया॥

झिंझोटी—जलद तिताला

तेरो बंशीने कहर कीयारे।
भृकुटी कमान दृष्टि सर मारत वेधत प्राण पीयारे॥
निरमोहिया मानत नहीं सजनी कठिन
कठोर हियारे।
ब्रह्मदास रस प्रेम प्रीत को पीया पीया सो पीयारे॥

२

मैया मेरी वंशी कहा भई।
प्रातही धेनु चरावत मधुवन दाऊ मोहि दई।
कैधों वन बिसराय गई है कि कोई ग्वाल लई॥
वंशी लेहों तो वन जैहों हारि यह टेर कही।
ब्रह्म दास मोहि गोधन की सों लेदेउ और नई॥

३

मोपर डार गयो हरि टौना।
वंशी बजाय आय गृह मेरे सुन्दर-श्याम-सलोना॥
एक समय दधि मांगत मोपै पत्र लिए कर दोना।
ब्रह्मदास मोहि छलि जातहै नन्दमहरिको छौना॥

४

तेरी वंशी कहर कियारे।
सुर कमान कस तान वान हंस मार विकल
जिय कियावे॥
रहिन सकत पव देह गेहमें चाहत मिलन पीयावे।
जानकीदास सांस तन ये सब मिल जब गाय जियावे॥

५

दुनीया लंडी झूंठी है हो यार।
मतलब होका इसका प्यार॥
जोकोई इसके रहै भरोसे सोउ लख्खो होगा ख्वार।
जानकीदास दया सतगुरुकी निश दिन पल छिन
सुमरो करतार॥

झिंझोटी—तिताला

लोभी लोभ भरम भरमाया झूंठा जग
लालच मों लोभाया।
कच्चे कांच चमकत चिपटे राम-रतन अनमोल
गमाया॥
कोटि जनमके जतन तन पाया ख्वावन सोवन को
नहीं आया।
प्रेम रङ्ग प्रभु तोहि जिवाया जान मूरख विष
विषय क्यों खाया॥

झिंझोटी—जलद तिताला

सुनीयत कान्ह ले जानेको आयो अक्रूर नहीं
अति क्रूर कहायो।
मत रजनी परभात करे तू मो सोंपो सो
दाँव लगायो॥
गाज परे कोई एक ऊपर लख आप सगुण सूनो
घर आयो।
प्रेमरङ्ग यशुमत दुखित अति व्रजजीवन परदेश
चलायो॥

झिंझोटी—तिताला

एक ओरको प्रीत कठिनकी।
तान सुनाय बधिक मृग वेधत अलि अटकायो
कली कमलनकी॥
मत्त गयंद फंद मानुषके मीन मीत गुटिका
निगलनकी।
दीपक देख पतङ्ग अङ्ग जरे एकको एक वान
मरनकी॥
मानुषको पाँचो एक तनमें अचरज सुध राखत
जिय तनकी।
मन वच कर्म समर्पण कीने प्रेम रङ्ग प्रभु
मौत मिलनकी॥

डिम डिम डमरू बाला लाला लाल पीयाला पीवै
मतवाला वाला ।
लटीयां विच कालीयाँ काला कानो बिच मुद्रा डाला
गले बिच सेली माला ॥
संतोदां तू रखने वाला दुष्टां देदा देश निकाला,
जिसनु चांहदा तिसनू करदा वो निहाला ।
प्रेम रङ्गदा दिल चरणां भाला भैरों भवदा तारण
वाला ईश पूरो रखवाला ॥ ला० ॥

झिंझोटी—ताल एकताला

नेक चितवो नेंक हँसवोरी गोरो ।
टेढ़ी बातें तैंनू किन सिखलाइयां मनमोहन
मन धसवो ॥
मान किये अब नाहीं बनेगी एक कुञ्जको बसवो ।
नित प्रति छवि बिथिन वृन्दावन निशदिन को
यों निकिसवो ॥
सुन्दर-श्याम कमल-दलनैना मन्द मन्दहै हँसवो ।
कृपा सखी कसिके छिपिहै यह्न राम विलास विलसवो ॥

झिंझोटी —तिताला

हरो हरो वंशी बजावे हरी ।
हरि हरि वसन आभूषण हरि हरि उर वनमाला हरी ॥
हरो हरी भूमि लता सब हरी हरो द्रुम कुञ्जन सन
हरी हरो ।
जानकीदास हरीकी छवि निरखत सखीयन की मति
हरी हरी ॥

२

प्रभु तुम भक्त वत्सल निज जनके जो जैसा तैसे तिनके ।
तीन लोक के लोभसे इन्द्रने विघ्र किये ओचनके ॥
वेद सुनाय किये वस वलिको मन वाञ्छित मागनके ।
दोय चरण भर भई त्रिलोकी तीसरा और चाहनके ॥
वलिको धरम बंधनसों बांधे धर धर दोनधरनके ।
सुतल धसायो प्रेमरङ्ग प्रभुको राखे द्वार रोकनके ॥

क्या रघुवर तेरा चेरा चाकर जोई जोई चाहत
सोई करावत ।
विन मरजी अरजी नहीं सुनदा विन चीठो नहीं
चरण चलावत ॥
तन मन धन गुरुसों छिनवाए पोषन प्राण
दिए पावत ।
प्रेम रङ्ग मत प्रीत करो कोई नेह लगी फल
एसेही पावत ॥

४

स्वामी खिजमत पाया सीता राम सनेही ।
सतगुरु सङ्ग समाज बांढुवन चरण-कमल परसाया ॥
धर्म कर्म टाउ भेंट देवाई भक्तादो मा लै मोल उढ़ाया ।
प्रेम रङ्ग दशकत निजकर कर हाजिर रहो
फरमाया ॥

५

भरत भइया हो कपि सों उरण हम नाहीं ।
सौ योजन मरयाद सिन्धको कूद गये छिन माँही ॥
लंका जार सीय सुध लाये नेक गर्भ जाय नाहीं ।
लक्ष्मन वीर पर्यो धरणी में सकल सखा बिलखाहीं ॥
दोनो गिर सजीवन लायो आन दई मुख मांही ॥
पैठ पताल तार जमकातरलै प्रगट्या पल मांहीं ।
फेरी दुहाई रामचन्दकी राज मकरध्वज पाई ॥
ज्यो नहीत हनुमत से योधा का ल्यावें जग माँही ।
तुलसीदास दासन की महिमा सीयपति निज
मुख गाई ॥

६

मन भयोरे सैलानी भजन बनत नाहीं ।
खाने कोतो अच्छा नीका और ठंडा पानी ॥
पानको गिलोरी चहिये और पीक दानी ।
हाथी घोड़ा रथ चहिये और तंबू आसमानी ॥
सेज तो अनूठी चहिये और रूपवंती राणी ।
किलातो अटूट चहिये और महलानी ॥

१०७

पूत तो सपूत चहिये कुलको निशानो ॥
परब खरब द्रव्य चहिये और कुल श्यानो ।
कहै गङ्गादास दुनीयाँ मायामें भुलानो ॥

७

हाटड़ीवे छाड़ चला बनजारा ।
इस हाटड़ी बिच सब कुछ सौदा कोई नहीं
परखन हारा ॥
इस हाटड़ो बिच सात समुद्र हैं कोई मीठा कोई खारा।
इस हाटड़ो बीच महल ओमाड़ो सबका
होगया गारा ॥
इस हाटड़ो बिच नौ दरवाजे दशमा धरम द्वारा ।
कहत कबीर सुनो भाई साधो भजनो राम आधारा ॥

८

ऊधो जाके माथे भाग ।
बिलपत छांड़ सकल व्रजयुवती चेरो चपल सुहाग ॥
आए जोगको बेलि लगाँवन काट प्रेमके गांठ ।
कुबजाकों पटरानी कीनो हमकों देत बैराग ॥
लौंड़ो को अब डौड़ो बाजो बन्धो श्याम-अनुराग ।
निलज्ज भए टोज खेलत हैं बारामासो फाग ॥
भलो मोहाया साथ बनोहै राज हंस और काग ।
सूरदास प्रभु ऊख छाड़के चतुर चिचौरत आग ॥

९

न नित्यं लभते सुखं न नित्यं लभते दुःखम् ।
सुखान्तरं दुखं प्राप्तम् दुःखान्तरं सुखं ध्रुवं॥
यहा समझ सुन मेड़े मन यार ॥

१०

हो चोरे वाले गवरू यार फिर गई वंशी की दुहाई ।
व्रज गलीयाँ गलीयां व्रजजीवन होय रहे
हिरदे कन्हाई ॥

११

झोंकावालेनु घलेया जांनवे सनेहा साड़ो ।
घर आजा वर सांवलड़ावे सोयालोनु विरह सतादा
रहदा तेड़ा ध्यान ॥

१२

महरम यार मेरो तेरो अँखिया लग
गइयाँ सांवरे सुनवे ।
लोकांदी बदनामो थे मत डर गोरी कम आदो
अपनो धुनवे ॥

झिंझोटी—धीमा तिताला

झम झम झमके वालानो लाल पोयाला कलालो
मद भरके ।
लट हटोलो जोर चमक चमकेदी नेड़े गोरो साथा
रखड़ा मत वाला ॥

२

कालड़ो धारा मन पर बस रहोयांवे आड़ा ।
नूर परंदा वारांवे खेड़ा अजब सुहावना मन रङ्ग
रङ्ग रङ्गोलो बहारांवे याड़ा ॥

३

मतवारे नैना सिलावनन् अनो आशनो तेड़ा आना।
गोरोनू ले साथ मांयांवे जटोयानू विरमाता ॥

४

परोयांदा झूमर परी जात भलावे ।
कोई हंसदो कोई बालदो करेंदा केल कोई
छिपावत गात ॥

५

जींद लोतो नैना नाल मोयांवे ।
सानु फन्द का विरहदा जान मोयांवे ।
चञ्चल नजर सहर भर मारो सानु जाता विहालवे ॥

६

वो मृगनैनो क्योंजोवल मा थारेहो ।
अति कजरारे प्राण हते प्यारे रजने आप संवारे हो ॥

७

छैलादा खेमेवे नाल भरोयाँ तेड़े बागेदो डारोयां
झूम रहोयाँ ।
जोथे निजारा रहदा महबूबांदा मनरंगा निथे
अंखोयां भर निरखेड़े परोयाँ ॥

८

कब लावेंगजी रेणदो ।
मिलन चली गलवांहो गोविन्द पत राखे
भगवानदो ॥ क० ॥

९

माँड़े विछुरेनु मिलांदे रब्बां एहोतो तुझमे मुगदे
मङ्गदो रहदो ।
कद्भल विन ेनु चैनन आँदा टुक मुखड़ा वेखजा
जादे ॥ रब्बा० ॥

१०

मुखड़ा वेखला जावे महबूबां कभातो माड़ो वल
आजावे ।
इश्कदो गलां तुसो मानले बोच चल्दो वानादी
तपत-बुझा जावे ॥

११

दिलन भांदिया ।
आँदिया जांदिया चांदिया गोरोनु साड़े दिल बिच
भांदिया ॥

१२

माहोड़ा भूलोयांवे क्यों मेनु सुनो एबेदरदा हत
बिच कोपया
किन सिखदोतो छुप दूता रङ्ग तुसानु रङ्ग भाने
तें नाहक दिलनु लगाया ।

१३

भलावे राजो रहना कबनी ततो ताँन विरहदे ।
गोरो सम्भल संभाल महबूबांदे यगोरत. दम दमले ॥

१४

भलावे जादूगर मोयाँ केहा सहर कोता सेन
कर करके ।
भावे तू जानन जान गोरो तो बचोया मर मरके ॥
धिङ्गाने वालोयांवे करदोयाँ नेड़ा जांरा जोरी
कमला जानके ।
मेनु मारन खीलोतें कारन मजाका लग गइयां गोरो
टपेदी तान तानके ॥

१५

रांझेदे मिलनदी तंगवे मेनु ।
जिथे बाज घड़ो रहदोयाँ नैन हटोले सङ्गवे मेनु ॥

१६

विलमाया जालम जटोने ।
सुनवे महबूबां कोतो वेपरवाहो करदा
समझाया जालम जटोने ॥
भले लगदे तेड़े नैन गोरो मोयां आशिकनू को
सताया ॥ वि० ॥

१७

आव पियारा मिलजा मिलजा कित वेलेदो
मेखड़ोयां कूकां ।
तकदो राह बूहे तू गोरा नजरन आँदा चारे वाला ॥

१८

रांझेदा मुलक सोहावना भलोगांवे ।
एकतो राझा सोठा बोलन जब्बदो घाटो सोनो
सोम बलायावे ॥

१९

वारोयाँ इश्क रांझेदो नगरीयाँवे उमगनु नित
घर लावे ।
चाकर हाजर होके रहना भला मोयां गोरानू ले
साथ सोणाको करनो तुसी नौकरो वैनावे दूजे
बज देनो ढोल ॥ चा० ॥

२०

फिरक्यों शरमादे वे जानो यार दिलभो लेजांदे ।
खुल रहदो चाकरो चलदा नाहीं गोरो यारदा
शिर पैंचवे ॥

झिंझौटी—तिताला

सोणा माहो वालोयाँ सेतो ताड़े वारो जा ।
विन दोठे वारोवे बेकल रहदोरे मोयां में तेनु प्यार
करें दोयां ॥ सो० ॥

झिंझौटी—धीमा तिताला

वारोवे सोहावना मुखड़ा तेंड़ा मानु भांदा
भांदावे सोहावना ।

इश्कादी गलाँ हाँ कीकरदा ओरो भांड़े दिल बिच भांवना ॥

झिंझोटी—तिताला

हाँवि मै कीकराँवि रावल मझड़ीया छड़ गइयां।
जिनादे नाल एसाँवि वालापन खीया सो सइयाँ लद गइयाँ ॥

२

राहे राहे वेराहे राहे वेजादीयां नीमै।
अनी कही दिद्वानी महरम यार छैल छबीले जानदे गवरू नीमें ॥

झिंझोटी—धीमा तिताला

ऐसी कमली नाल वे चाकर दो नैनादी तेरीवो सिपाहिड़ा यारवे।
बिन देखे सानु कल नहीं पड़दी चाह रहैंदी नित मेरे ॥

२

अरेहां मैंतो सङ्गीया राजा मैं तो सङ्गीया राजा मैं तो सङ्गीया ॥
अंखी भरी तेरी काड़ रे काजरदी नभरी कैसी उतरी और दिनामें पीउके जाँदे भला जानि क्योंजो मैंतो मंगीया।
राजा हमारेनें बाग लगाया अरु पके हनु दारू नहींतो मानु हटड़ी देदे नहीं तो मानु पथड़ी जादू मैतो संगीया ॥

झिंझोटी—तिताला

रांझा राहनू तकैंदी परगइयां।
कब घर आवे वारीवे राझनमेरा ढोलन मेरा वेमीयाँ ढूंढ़ फिरी मैंहो वालेनु पर गइयाँ ॥

२

सइयों मैंड़ा नन्दनन्दन ब्रजके बसैया बागांदानी सनेहा।
सब सखीयन मिल चली नन्दके मोहन मांगोदे चादे हांदे हाड़े नालदे मिसाड़ा बढे सनेहा ॥

नूरपुरी झिंझोटी पहाड़ी—तिताला

तेड़ा खेड़ा अजब सोहावणा जटीनुवो कालियां कानों सोहै बुंदे वालीयां।
नूरपुरेदा वारीवे पुर अजब सोहावणा वीवां चाल चलं मतवालीयां ॥

२

मृदु मृदङ्ग बाजत आज वेखां सइयाँ।
तक्टधि क्किटि तक् धुमकिटिधिधिकन बाजत मृदङ्ग धुमकिटिधा ॥
त्रिकटधा धिकटधा धिधिगन त्रिकट तकताधा।
तकिटतकाकिटतकधताताधकधकिटतकिनागीस्लो थरीकीथुं गीं गीतें तमें तमें तरिततुगीनाँगीनाँगाठुङ्गो थादुगदुगदुगगेदीगनधिधिगननगदितधिटकिटतिट किटिगिदिगनधाधाधाधा ॥

नूरपुरी झिंझोटी—धीमा तिताला

ओजो झलकैंदीयाँ परीयां नैनादीके होयांवि लगन लगीओ।
नूर शहर दीयांवि ठंडड़ो छइयां मेरा मांयाँ बिचवेमैं वारी चन्दा बिचवे मत्बूबांदा थाना ॥

२

ओजो झलकैं दीयां परियां ननादा।
टेढ़ा घाटा वारीवे विखरा पेड़ावो चढ़के सोणा तोरवल पहदे मेरे सोणा गोदो तेरे वालक यानावे मोया ॥

३

पर्व्वत तेरा: सोहावना राजाजो।
सुखवै वसैं राजा ओनगर तेरोओतू जीवी मेड़े मनभावना राजाजो ॥

झिंझोटी—तिताला

जम्बूदा पहाड़ वेख लाजा सोणा जम्बूदीवे कला राहें पानी असी लाय कलेजे में धाय याड़ा।
सतवे सहेलीयां सबे हुन चालीयां उतरो रावीदे घाट झनकार सोयाट सभी बेल धाय याड़ा ॥

जोनर बंबं शिव शिव रटे।
र होत तन ताप तुरतहि आनन्द उर प्रगटे ॥

झिंझौटी—धीमा तिताला

वंशी बजावे नन्ददे गुमानी ढैलावे।
सुन्दर-श्याम-मदन-मनमोहन उर वैजँती माल ॥
वंशी बजावेदो तान सुनावे सुन्दर नैन विशाल।
कृष्ण रसिक मन मोह लियो है मोहन-मदन-गोपाल ॥

२

कान्हने बांसुरी बजाईरे मुरली की टेर सुनाईरे।
मुरली की धुन सुन भई बावरी सुध बुध सब विसराईरे ॥

३

दाखा भूरयांवे छांवे।
राह मुसाफरानु घर भेज उठदो में वेरीयांवे ॥

झिंझौटी—तिताला

मैकिथे टुढ़ेदी आईयांवे मैं कित्थे गोरीदा कगणा यारवे।
नथनीदा मोती फौजदार बनोछे कजरा थानेंदारवे ॥ मैं इथ्थे० ॥

झिंझौटी—धीमा तिताला

वोग्रोगीया परोहै तिहारे वसमा दिलोंदा दरद कोई जानै।
दर्द बन्दी दर्द वेदानारा रहो दर्द आशिककै पहचाने।
तेड़ा ध्यान लगा उमगसे जब इश्कांदो रमज पहचानें ॥

२

सांवलड़ानी वेगुजरदी नाहीं गुजरान।
रात दिना मैनु ध्यान तुसाड़ा भला बुरा पहिचान ॥

३

असल सोयालीदा चूंड़ा रङ्ग लाना।
रावीदे पारां रांझेदा डेरा अङ्ग सीयाखी रङ्ग थाना ॥

४

मैं ममदयां तेड़े नाल मैं भूली माड़ी जान।
कबको मैं ठाड़ी ठाड़ी अरज करायाँवे मीयां इतनी अरज मैंड़ो मान ॥

५

वोमे बन्दोया आपनै चाकदी मोज माह्वीदा दिल राखदो।
रांझण मैंड़ा वारी वेहेनु मिले मौज मिया तैंनूभी गल आंखदो ॥

६

जिन्द दिवानें तेनु वोपरो रमझै अदाए सिख लाइयां नाज भरी।
मनदी मुराद तेंड़ी नित रब देवे और तुसी मौज करो घरीए घरी ॥

७

गुमानी मोयांवे नेह लगा तेंड़े नाल।
अपनी मौजसे असा दामन लगा तेंड़े तुंभी मैनु चितसे न निकाल ॥

८

मीयां रांझे मैंड़ें नाल बोल आवे कर महर नजर दिलदी घुंडी खोल।
अपनी मौजसे तुझ पर रहदी एदिन रात असी घोल ॥

९

भलीयांवे नैना वालोयां असी तेंड़े नाल दिल लोता सालु वालोयां।
मायल करसानुवे घायल कीता तिरछो चितवन भालीयां ॥

१०

एरे हांरे जादू करके मेरो मनहरके अपने वशमें करके जाओ कहां अबसरके।
कहु अखोयां तोरे पायन परके ओस नौहरके सोय रहों टुक लगकर गरके दिलवर जानो झिगरके ॥

११

यार लगी तेरे नैनादी अदा मैनु प्यारी।
दूर दूर जांदा नेड़े नहीं आंदा आशिक रङ्ग फकीर गरीब सांवरी सूरतदे वलीहारी ॥

१०८

१२

हो रव्वादे मैं वारीयां मेड़े प्यारेनु कोई समझाणा।
देशडा पराया मुलक विगाना बन्दोनु साथ निभाना ॥

१३

मेरा मैंहो रांझाको जिस गुण लिया थारे देश।
तख्त हजारेदा वेगवरु जदाना नूरपरेनू छाड़ चला
परदेश ॥

झिंझोटी—जल्द तिताला

लाखा बार सदा समझायानोवे।
साड़ी गला वारोवे एक नहीं मानदा शुभ रङ्ग कहदा
हजारवे ॥

झिंझोटी—तिताला

जटोदे नैन संभाल जादूड़ा मतडार।
नैन तुसाड़े वारो वरछोदो नोकें मेरा प्यारा
लगदे वेख माड़े नाल ॥

२

समझाले मन अपना परी जोगोड़ा चाहने नाल
तैंड़ा निरभाव करो प्यारे।
एती मगरुरोना कर जोवनदो अपने उमगसे
मोहनो प्यारो इस दुनीया एक पलदा सपनारे ॥

३

क्यों रव्वा वेखनदो दिवानियांवे तेंड़े नाल इश्क पाया।
जोगो वगके सब जग ढंढ़ा अजहूंन जोगोदा
भेद आया ॥

४

इश्क मिणाहीयांदे नाल लगावे विन देखे नहीं
चैन रव्वावे।
नैनादा हाँसिल इश्कोंदी बेड़ो छैलातू बाग तमासे
नजा कलियां गुण भरोयांवे ॥

५

जानो मियाँ तुसाड़ी गल सुन जावे।
याद रहदियाँ जुलफों वारे तखत हजारे दावे ॥
तेरो मारी मरेंदोवे जानोझ दरसन वेखा बनावे।
इश्कदा हासिल गोरी यहो भरदो विन वेखे
वेकरार दमनावे ॥

६

लगी चकाला रूपो अमर अन्तरे।
पित धरवाका जूड़ा मुरलो अधरे ॥
तड़ित जड़ी आभा रूप किम्वा मनो लोभा प्रभाकर
शशि धरणि खरे ॥ अन्तरे० ॥

७

तैंड़ा इतना मान गुमान भला गोरी सुनवे।
नूरपुरेदा लहंगा सोहे लावन छापेदार।
आखाँ तेरे कजरा सोहे चलो मुसाफिर मार ॥
भला गों० ॥

सुखांदा सुखांदा राजान जावे राहरन यार छुनक
सबै जिगड़ मोयांवे।
मानूतो रहंदो गोरो येहो फिकरवे जिरदे दुखांदा
नाजावे ॥

९

जोर नहीं चलदा मेड़ावे जानो यारदे आगे विङ्गाना।
क्योंगोरो अरमान चाखदे मिलजंदा एक दम आपो
आणा मिल जाना ॥

सुखांदा सुखांदा मानु राझदा मिलनावे।
गोरी तैंनु कसम समझ बतलागा दुख चन्दड़ा
कोथेसे पालावे ॥

११

नैन सोपाइयांदे जोर जोर जड़ेंदे लड़जांदे खांदे गम।
ओगोरी मैंभो सुनीयां कहीं गोर निजारदी जिथे
मजनूवां वोथे तूंभी रमजा ॥

१२

मैंनु चुभदे रहदे तोरवे अंखि वहांदे नोरवे।
अति रङ्ग नेह खड़ी पुकारांदी जङ्ग सोयालेदी होरवे ॥

१३

छियरे मिलनेदो मैनु आसवे बैरन भई मोरी सासवे।
अतिरङ्ग विन कैसे मन समझाऊं नेह रङ्ग विन
जोयरा उदासवे ॥

१४
तेज निजारेदा गमजांवे तेजना वाले सोयाँ
हमने समझा ।
गिलगुलका कल वाले यार मेरे शोरीदे मन
विच रमजा ॥

१५
चीरा बलदार बांधे शौख मेरा जानवे ।
तेरेतो चोरने बारावे सब जग माछा सोरा सोयां
इश्कादा बड़ा जञ्जालवे ॥

१६
तेरावे सोयां पलकादी कुछ कही नजाय कज अबरू ।
चुशन चालाँकियांदे नाल मन मेरा छोन शोक रङ्ग
कज गबरू ॥

१७
बो लोकाँगें ऑदिया खेड़ा पुंछदो राँझेनु कोई
बतलावे ।
तानुतो इश्क पाया नाल मक्रियांदे रङ्ग भोने इन
गलादा गम खादियांवे ॥

१८
बनगेका माई राता चोलरा ।
जोकुछ मांभा बदन को मेड़ा जान सुखड़ा
तुसाड़ा परोदा ॥

१९
दोठोयांवे पाक सैंताड़ो वह दोस्ती सही वाले चाकवे।
परियां मरदो क्योंनहीं देखदा रङ्ग भोने इन गलोन
रहियां ताकवे ॥

२०
अच्छा गुमानोडावे मैं तेंड वेखणदो मुश्ताक
रहँदो दिल जानो ।
यमुना तीरथ गोरी चलो उमगसे भरके घड़ा
घडुला पानो ॥

२१
विरहानु संभालवे गुझो गूझो सूंला आशिकदे
होंधो पार ।
नाकर भोड़ा शोक रङ्ग सुन लेनो परज निहार ॥

२२
मिलायाँ सानु रांझणावे मैं तो तेरा राजो यार ।
इश्कदो मसलतदा कौन होंदा काजो शोक रङ्ग
इश्कका जो यार ॥

२३
मैं चुकोयाँ नेह लगायके प्यारे तेड़े नाल एसो
महोयांदे कोलवे ।
रम रहा एमो गरोबांदी खबर लेदा जोर
निमानोदोवे ।
जिन्द फेर देवो राता रङ्ग भोना योंहो चावनके
साड़ो जिन्दरू कोतोवे ॥

२४
मेंहोयां चराँवदा होयार ।
जोर मोयाजे तेनु रब उडो कदो आजिज दिल
तुसो नेड़े नहीं आँदा वेयार ॥

२५
माड़ो यार तेड़े नाल वेसोयां लग गइयाँवे जालम
अखोयां ।
इश्क छिपाया छिपदाभो नाहीं आजिज दिल नाल
फन्द यौं वेसोयां ॥

२६
तुसोन जासो मेड़ा प्यारिएँ आशिकानु रोंदे छड्के ।
जिन्द तुसाड़ो रङ्ग भोने सुनवे मदनूराभो रमणावो
आजाना मानु मुड्के ॥

२७
जिन्द लगो तेड़े नाल मोयाँवे ।
वेखनदा मुश्ताक माड़े आजिज दिन नहीं जानदा
मेड़ा हाल सोयाँ ॥

२८
यार जाने ताको आगो यार होंदा यार यार ।
अगर दरआशको खाँई मेरा यार न्याजदा विन मया
दस्त वरदार रङ्ग भोने तवहो करां गूंकारह आर॥

२९
रहदो रहदोवे आस रहदो भला भला विदेशो तेड़े
फिर आवनदो ।

कोई जाय लेआवो बिसनु मछली जेहा तड़फे रङ्ग
भीने गुच्छदी फिरूं जगंल बिच आमो मेंडे पास ॥

३०

छेडे चाकरी में करदियां हो नाहीयां ।
मोरीदा मैनु दम गनीमत मिलना राँझेदे नाल
सुख पाइयां ॥

३१

मुलक गुजरात दानी गोरी एदा ।
उमगी जोवनदा तेड़े धोबां पइयां मुजरा पहली रात
दानी गोरी एदानी० ॥

३२

बे जालम आलम मरदानोरे तोखे नैना सँभाल ।
नजर तुमाड़ी तिरछी बरछीर मोयां उमग दिलदीं
वेख भाल ॥

३३

एलटक चलेदडी ठुमक चलेदड़ी होजूड़े वालोदा
जोवन जोरनो जोरनो भला गोरी ।
नयन दिल नाल करदीं मुजाका कानो बिच सोहै
बुंदे वालीयां भला गोरी ॥

३४

लगोयांवे म्हाड़ाहे रैनाजो ।
हाँर सायबांवि नोर्को लागी चाँदनी हाँजो मैड़ा यार
खाड़ा तांड़े वगोयाजो ॥

३५

दुपट्टे वाले बोमोयाँ मोही माही मैड़ो जान ।
दमन लगेंदो वारो गरम तुसानु ज्यों भामी त्यों पाल ॥

३६

मेंअरमादोयांवि तेंड़े नाल गला करोदीयाँ ।
बाबुलदी सों वीरमकी सौं मेरा मोयाँ मैं तेंडी कसम
नहीं खइयाँ ॥

३७

मैनहीं जांनदी सजनावे ।
बसदी में राज पुरेदीयां तू साहब मेरा मैं पहचानवे ॥

३८

राँझा जानवे मैं तक आइया ।
राँझण मिले मैनुमें वारणे जांदी कर रही सौत
बुराइयां ॥

३९

क्या बाला बतलावे लाला तेरे गले विच
मोहनमाला ।
क्या कलीयाँ कछनार को सोहे तूतो फुल गुला
लालाला ॥

४०

सांवलीयाने जादू डारारे ।
एकतो विरहिनी विरहकी मातो दूजे मन वस
कीया हमारारे ॥

४१

सावलड़ा प्राणवे आन मिलावो मुझनु मेंड़ी जानवे ।
उस विन दोंठे कलन पड़दी क्या संझा क्या विहानवे ॥

४२

देदा क्यों नहीं दादवे माड़ी ।
मैं खड़ी करां फिरीयादवो तेड़ो ॥
बाबको मैं ठाड़ी ठाड़ी अरज करागां बंदीदा मानो
फिरियादवे ॥

४३

गोकुल मथिवे तेड़ी गोर गलीयाँ ।
अलीयां मिलीयां भलीयां हिलीयां चलीयां कुञ्ज
गली रलीयाँ ॥

४४

मेरा माहीया वेवालम याँणा नाल सहीयां साड़ीयांणी
नाल नेह लगयदा खेलवे ।
वेपरवाही नाकर नाल मवीदे गरोव तेड़े असी
आगेकी होषावे ॥

४५

क्यों भुलीयांवे यार याद मेड़ीयां होमरोवाँदे
रमदे लोकां ।
आपन आवे वारीवे नाखिख भेजें कोहुइयां तेड़
मिखदेनी मिखदे

४६

पवनन लगीं तैड़े नैड़ेवो सजन सांई तू मेंड़ावे ।
झिन्द डरावीपे दोसन लागी जङ्गसीयालेंदे खेड़ेवो

४७

मेंवारी वेमीया सोनेंदा जमाल ।
जंग सोयली रैनु छोड़ कित जाँदा मेरा मियां बुझदा
क्यों नहीं हाल ॥

४८

भना सानु मिलकर जाणावे मिलकर जाना ॥
जानो सिपाई मिल० ।
मुश्ताक नजर नजरौंदे नाल श्रोरोदा कौन ठिकाना ॥

४९

मेंड़ो तेंड़ो लगन लगीवो लोक दिवाने हसदावे ।
बाँके नैणादे यारोंदे नाल कंहड़ाहो जीय डरदा
इशकतेंडरे नाल हँसदा जींय बसदावे ॥

५०

जालम जटावे नैणावाले जटींवे ।
चलो सइयों असी वेखन जइये राझण वालो हटी ॥
हीरणी मानो इटेठोंदो राझण ढोदा मटो ॥

५१

वरकनदा जानु रब्ब मेंड़ाना वाला ।
वरकनदां जादाकेहीं असी नाल हुइयां पोदे
लड़ाइया वारी सोणा लड़दे अपने लाजेनु
रब्ब मुडवे लाव ॥

५२

आगम तेंड़ावे मेड़ो जान मेड़ावे सुजाहौला सांई ।
आशक रङ्ग तेंनूवे देंदावाइयां मेरा मोया लाख
वार जांदे सिपाई दिलदो मुराद भरपाई ॥

५३

मेड़ा डोगर दानीवे मैनुले निराला रखदावो ।
सब जग जाँदा तैंनू घर घर बणादे मेरां मोयां नाल
मगोंदे काले पठावो ॥

५४

निरत रहदी तेंड़ो याद मेरा सांवला प्यारावे ।

१०८

कितवल वेखां वारीवे कितवल जाँदा किसनु करां
फिरियादवे ॥

५५

सांवला आजानो मेंड़ा मन चाहे तेड़े मिलनन
आमिल गुमानो गोरी ।
चाल चलत कुढ़ियांना सजन मोतीयाँदा दाना गो० ।
सात सखो मिल पानीयानु चलोयां असाँवो
पनीयांनु जानागो० ॥

५६

चूड़ा नाजो झमकेनी लाल लवां विच दांत आवां
हरख मिसोटी दमकैनी ।
हाथाँ विच महंदी लाल रचरही अखोयाँदा कजरा
मेड़ो जान का नाद बूंदा वाला दमकेंनी ॥

५७

राज करे तैड़ा चहनाबो तू लोकां नाल मिलदा
साथो करदा रहणा ॥
छैला इश्कदोयां झांको किरतंनु नोशा बना मेरा मियाँ
अशीयाना तू सयाना ॥

५८

समझत रमझे हजार मोयांवे इश्क दोयां हांहांवे ।
इनवे महबूबांदो अखोयां बिचवे असी खमारां मोयाँ ॥

५९

जिन्द मैड़ो तरसेंदो तैड़े कारण ढोला तू मिलावन
मेड़े होहोहो हो सुभे ।
असोवे गरोबांदे तू अदारङ्गदे देखो सइयों
असो हालवे ॥

६०

दाखा भूलियांनोवे राह मुसाफिरानु घर भेज
सकदोमें डरोंआं ।
थोड़े पानियाँमें मछलो तड़फेंदो राजा तेरे चाकरांनु
लिखदो में चोरीयांवे ॥

६१

मानले पियारावे साड़डे दिलांदो गलाँ ।
चोरी चोरी आदा वारीवे छिपकर जांदाहो मेरा
मोयां ढूंढ़दा फिरदा इश्क निराला ॥

६२

परो रहंदो याद घरी घरी ।
शोरी फकीरांदा जीय मिला मुश्ताक मिलणनु इश्क
लगा भरो भरी ॥

६३

साँवली सूरत ताड़ो मन भाँवदी ।
जोतू चला वारोवे जानन देशांवे मोयाँ नेह लगा
शरमावदी ॥

६४

छोकैला हुकमादीं बन्दो ताँडो ।
तांडे हुकम विन पल नहीं कटदो शोरो सौ सौगंदे
भैतैडो खाँदी ॥

६५

जटियादीहु देन कमाल मियाँ ।
शोरी सिर पर पचरङ्गी चीरा पान खाए मुखउ लाल ॥
चशमो बिच रैंदी तैड़ी याद जसटी प्यारी लगदीवे
तैड़ो घदा ॥ जटी० ॥
भावे तू जानन जान शोरो मींया साधु दिलांदो
फिरिया ॥ मो० ॥

६६

प्रीत करणी तोसो असानवे निभाना कैला मुशकिलवे ।
हथाँ देदीनु वारोवे रूस रूस जाँदे बो नित नित
करदे मौनवे ॥

६७

भूलड़ोनु राह बतलामोवो ।
जण सिधालेदोवे राह बतलायजा मेरा मींया रांझेदा
दरद देखामोवो ॥

६८

मेंडो कमलीदे लवड़े भवड़े वाला सइयों ।
अतर गुलाब भरे मुंह महकैंदे वोमींया नथा
बिच मोती लालवे ॥

६९

मैनु दरद ओमाये हुण कसम नबोदी खाँदीयांवे ।
खेड़ेदे भेड़े मालवे तुसी लड़ादांवे तैनु चमम जबरे
मत आंदे माये ॥

७०

नीमानीदा चूड़ा रङ्ग लागावे ।
जब्बदा चूड़ा वारोवे राबोदा थाना विछुड़ा दोस्त
मिलानावे ॥

७१

तैड़े वेखनदा मैनु चाहवे गुमानोदा सोना तैड़े देश
चलना जरूरवे ।
आपन आवे वारोवे नालिख भेजे वोमियाँ कधोतो
दरस वेखावनावे ॥

७२

साँई साँई जाँनदा मेरा मोयां ।
भेद दिलांदी वारोवे मौलाई जाने वोमींया तूको दर्द
पहचानदा मेरा मियाँ ॥

७३

वेखनदो दिवानीयांवे मैतो तैड़े ।
जावोनी कोई मुड़ले आवो होर जटो सुख पादोयावे

७४

डावर नैनी तू माड़े डेरे आवोनी ।
रैन देहा मैनु ध्याने तुसाड़ा वो नैनीदा मुल्क
बसावोनी ॥

७५

मैं वारो सोंना तैड़े मिलनादे चाव ।
कदीतो मौलावे दरस देखावे मेरा सोणा मेहर करी
घर आव ॥

७६

चोरे तालाड़ो छैला यार मैनु आंदावे माड़ो वाला ।
सोनेदी सुराही वारो मीनेदा प्याला वे आप पोवे
मैनु पिलावे शोरो मतवाला ॥ हो छैला० ॥

झिंझोटी—धीमा तिताला

काकरेजो चीरे वाला मींया ।
शाल दुशाला वारोवे मोतीयांदी मालावे कानो
सोहै बूंदे वाला ॥

२

चख विंगानी चाकरी वेहा जिर होकर
रहेना मोयांवे ।

वेखनदे मुश्ताक ओरो मियाँ कोकरणा तुसो
नोकरीवे ॥

३

मैंडो तेंडो नहो बनदीवे बनदीवे ।
वारो सोना तै मैंडा कोतवालवे मैंडा तैड़ां न्याव
करदीवे करदीवे ॥

४

इश्क लगावे ढोनन यारदावे मियांवे मंनु तारणा ।
हांहां वे हांहां हुंहूं इश्क० ॥

झिंझौटी—तिताला

राझा मानु अखी वेखला जादू तोंदे कौन सोना
इरादा क्योंवे ।
राझन मैंडा वारोवे मैं राझनदो वो मीया हुन क्यों
तुसी चोरी छोड़ जादा मोयांवे ॥

२

आमिलवे मानु यार मैंड़ावे मुजाहोजा सांई ।
आठ प्रहर वारोवे तेंड़ो याद बिच रहदा अगिक
रङ्ग मुरादें भरपाई ॥

३

सुनवे मोहन यार मेरो तेरो दोस्तो लग गइयां रावरे ।
आपन आवे वारोवो नालिख भेजो
वन्दोदा कौन हवालरे ॥

४

मैंडो बातड़िया सुन जइयो हो भला जाने
वाले मियाँ ।
तूतो छैला वारो वे तोर हजर ढुर ढुरके मेरा मोया
मेरी एक नमानोवे भला जानें० ॥

५

दिवाने चेटक लाया वोचेटक लाया को फल पायावो ।
अदारङ्गदो वारोरे मिन्नत पूजोयारे विकुड़ा साजन
साईंने मिलायावो ॥

६

बोल सुनाय आवे संइयो सानु भांदे भांदे ।
प्रहर पूनेदे बिचवे आजम वे खदेवो मोयाक्रो ओरो
शरमादे जांदे ॥

७

दिल रखना राजोवे फकोरांदा प्यारा नोवो ।
आपन आवे वारो नालिख भेजे हो मोयां ओरो
शरीरांदा नजारांदा चाकर प्यारा नोवो ॥

८

जाने वाले मेरो वाताड़ियां सुन जाइयो आइयोहो ।
मैंभो तो चाकर रहदे ओगे मियाँ फजल करो तुसो
आइयो जाइयो ॥

९

छड़दीता झिझिकणा राँझेदे कारण वोमोयां ।
आपन आवे वारो ना लिख भेजे कमलेदा
कौन ठिकाना ॥

१०

मानुको जाने मेनु भलावो कमला नदाना ।
मैंभो या नोरा वारो नेहको जाने पूछन लोतो कोई
रखन सयाना ॥

११

माहि ड़ावे मैंड़ो जान ।
जमुनाके नोरे तीरे गऊ चरावे वंशो
बजावे गावे तान ॥

झिंझौटी—धीमा तिताला

आन पड़ो ताड़े इश्कोदे फन्द बिच मारोया
जालम मारोयारे ।
कोकरा साड़ा बस नहीं चलदा सभो गलसु
मेहारोयांवे ॥

झिंझौटी—तिताला

सावलो सूरत ताड़ो मन भाइदो ।
जोतू चला वारोवे जानन देशो मोयाँ
नेह लगा शरमाँवदो ॥

२

होछैला हुकमादो बंदो ।
ताड़े हुकम बिन पल नहीं कटदो
शारो सौ सौगंद तेरो खांदो ॥

झिंझौटी—धीमा तिताला

निमानीदी मानवे रांझेदानो घर
आवनावे घर आवना ॥
तख्त हजारादे वो हाकिम इहयाँवे सोणा शोरी
कदी तू बंदोनु दरस देखावणा बीबांघर आवना ॥

१

रांझे रांझे मैनु सब कोई आखो होरण आंखो कोईवे ॥
रांझण मैंड़ा वारीवे मैंरा झनदी रांझे शिरदा सांईवे ॥

झिंझौटी— तिताला

वेखनदी दोवानी योवे जटी पञ्जाबी मैंतो तेंड़े ।
जावीनी कोई मुड़ आवी होर जटो सुख पांदोया
यारे जटी पञ्जाबी मैंतो तेंड़े ॥

२

काशिदा किथो सों आयावे ।
खबर रांझेदी वारी मिलनदी लइयां इथेसों आयावे ॥

नजा मांनु नजावे महेरम यार हुनक
मरें दीयां सुखादां सुखांदा सानु मैंनुतो ॥
साड़ड़ी सलामवे क्योंकरदा नीचो नजरा नैनावाले ।
क्योंहोंदा दिल बिच खफा मैंतो
तैंड़ी बोलीदे गुलाम वेतो ॥

करदो बेयाद करदो ।
शोरी उठदा दिल बिच धुंआ विरहांदी मैंतो मरदी ॥
दो नैनादी रमजा वालियाँ नैना साड़े फन्द नैनोवे ॥
नैना तुसाड़े वारी वरदीदो नोकावे
जित फन्दे तित फन्दे बन अनो हांवे
तेड़ा चाह महल फिरदेनी हुण देखण आदे ॥
किशोरी तुसी मिलदा क्योनहीं को हुइयां
साड़ो गुजर गइयां वे ॥

झिंझौटी—धीमा तिताला

गुन्हेगार भलावे सोना तेड़ावो ।
भरज बन्दीदो सुमदा क्यो नहीं दिलवर यार
दिखादा तू मेड़ावो ॥

दानीतून मन मतन दिरना आहे
तनदिरना तन दिरनां तननादर तुंदर ॥
दरि दरि दरि दरि तदारत दरदानीतम ।
नदोदे जुलफ माशूकाँ कुदम मिसकोण तुराँ बांहे रतन
कि चिरा आशिक परेचाँ शोरी मेदानो तनु ॥

३

दोम्तननतनदिरनातदरदानीदो० ।
आहे ना तनदिरनातनदिरनातदरदा० ॥
तेरे बजारमे यार क्यों करन बिगरे सौदा एक नहीं
उस फलन आजरताहै कखरीदार कई तारदानोत० ॥

४

तूतो साड़े नाल करदा सोणा रमजा गमजा ।
कितवल जांदा वारीवे कितवल कहुंका रांझेनु बोल
सुनादे हमजा ॥

५

तूं क्या जानदानी वेसोणावे साड़ड़े दिलादे महरम ।
वोशोरी सानु सुख विच लाजा नहींतो रहदा
साड़ा भरम ॥

६

वन्द पहचांनेहो वाला वेयानांवे ।
राजा तोड़े हाथीयां पाइयां पार वताड़े जोन लगा
भूलो वोरानवे आनावे ॥

७

सजनादे नाल वोजिन्द लगीवे महोब्बत श्यामसों ।
नैन मिलाये महरदे मोहन वलिहारि यादो जिन्द
ठगोवो ॥

८

नैना नजारादे व्याज परोदावे ।
किस बहाने आजा म्हारे डेरे सिरसे बांधे
चारो जरीदा ॥

९

सइयोनी मेकों बोताड़े इश्कदो झालावे ।
नापग उठदा वारो वेना जिन्द कुट दोहत विच
चुभदोयाँ भालावे ॥

दिल जानो मैड़ा ढोलना।
जिन्द मैड़ो तैं ड़ेवोलोनो कितो पोय पायो
आनमोलना ॥

११

हरि बिन को जानं प्रगट कीज्यो नहीं प्रेम।
मनही मनमें मूंद राखिये जप तप ध्यान और नेम ॥

झिंझौटी—तिताला

परियांदे चाकर चाह करंदे तंनु इश्कदो कारण
आखरके।
सानु लगा दिल लगा शोरी मीयां इश्क लगा मानु
आशिकदे ॥

२

धिगांने वालीयाँवो करदायाँ नैनावालियाँ वोकदीयाँ
नैना जोरा जोरा कमला जान के मानु मीयां ॥
मेरड़ कोली तूं करना मजांवा लगदीयाँ शोरीदा
टप्पा गानो मियाँ० ॥

३

दावन लगी गुजरातदा एरी गोरीए।
दावन लगी वारीवे नैन तुसाड़ेवो मीयाँ सैना चलों
तेरे साथदा ॥ गो० ॥

४

अपना लटकेंदड़ा साटर भला।
सब कुड़ी मिल पांनीनु चलीदा शिरदे गागर भला ॥

५

जमुना जल भरन चली पनिहारी जोबन मदमाती
सूरत न्यारी न्यारी।
भर भर घड़ा शिर ऊपर धरके बोल बोल ऐसो
मोहनीको डारी अलप वयस वारी मार हंसे
देदे तारी ॥

६

यशोदा तेरो कान्हने मोकों कैसो गारी दीनो
कालिन्दीके तीररे।
बाट चलत बरजोरी मोरी बहियां मरोरी
कैसे धरूं जिय धीररे ॥

७

मिलकूर आंणावे मीयाँ मेरावो यार सिपाई सानु।
आपन आवे वारीवे ना लिख भेजें मीयां सांवरो सूरत
वेख लाजा सानु ॥
ढोलन मत जावो साड़ी गल्लां जो तरसांदा सुनवे
मियाँ खेड़े नूवे सानु ॥

८

फन्दा क्यों कर छूटे मेरो जान मेरावो मैं वारो सांयवां।
सिर पर गागर वारीवे पग ठुमक ठुमक रस ले
गयो ॥ सा० ॥

९

लगीयां जबावन देदीयां वो छैला जोबन अखीयांवे।
तिखीयांदा तीरांवो तबदो कोरां जोगरांदी घाव
करें दीयां याद लगी माड़ा प्यारावे ॥

१०

मैं क्योंकर मन समझाऊंगो।
आवो सइयाँ गल लगजा रमही वाला यार छिप
रहियां परगइयां ॥

११

तुझ देखनदा चाव मैवे सानुड़ा।
इतनी अरज शोरी मानले मानुड़ा ॥

१२

याद लग रहंदी माड़ो रहदे कदम।
वांक वरस कहै कांई नहीं दोसदा कासे करूँ
फरायाद कानसो देदा मांड़ा दाद ॥

१३

चारां बांधनुदा बांवलामोवो मोयंवा।
बगल सोहे जामदानोदा बूटा मुख सोहे तांड़े
पानादा वीरा ॥

१४

कित समझाय रहो नाजा मैड़ा माहोड़ा।
शोरीदा झगड़ा निबेर कोई नहीं जाने मीयां
जाने नैना वालीयां ॥

११।

१५

खड़ियांनी मैकूकानी आमिल कालड़ी धाड़ा।
वाजपीयारे कामन मिलियां कौन लेवो मेड़ो सारां॥

१६

तीखे नैन सँभालवो वांके नैन संभाल आलम जालम
वसदानो ओओ ओतो।
नैन तुसाड़ेवे बरछी तिरछीवि जित लगे तित पार॥

१७

कजरान दिया तैंने कहर कोयावे।
ये गोहन तैंने सब गोहा तन मन धन प्यारे तुमकों
दोयावे॥

१८

वोमैं बन्दोया अपने चाकादो साथ माहीदा दिल
राखवोगे०।
राझन मैड़ा वारीवे मैनु मिले मौज मोयां तेनुवो
यही गल आखदो वो०॥

१९

जिन्द दिवाने मैनु वो परी रमझे अदाए सिखलाईयां
नाज भरी।
मनदी मुराद तेड़ी नित रब देवै और तुसी मौज
करो घरी घरी॥

२०

वो गुमानी मीयांवो नेह लगा तेड़े नाल।
अपनी मौजसे असो दामन लगो तैंडे भी मैनू
चितसे न बिकाल॥

२१

मीयां राँझे मेड़े नाल बोल अब कर मेहर नजर
दिलदो घुलडो खोल।
अपनो मौजसे तू जप रहंदो दिनराती असो
घोल॥ अब क०॥

२२

मूरख समुझ देख मन माहीं।
दृष्ट पदारथ जहां लग देखो तीनकाल सो नाहीं॥
जगजीवन अनेकन भाँति अबतो न एक आंही।
केहरि कूप निरख निज छाया तिहमें कूद पराई॥
मोह प्रताप कहां लग वरणों आगम निगम कहांई।
रामप्रसाद राम सुमरण कर जनम मरण मिट जाई॥

२३

ऐसो गात अकारथ गारो।
करो न प्रीत कमला लोचनसों जनम जुवा ज्यों हारो॥
विलसत विष वासना निशदिन फूट गई सब चारो।
अब लागे पछताय पाय दुख दीन दई को मारो॥
नीको बदो विचार न कोनो परमारथ न पारो।
सन्तदास स्वारथ अपनेको बांध चला गिर भारो॥

२४

अब तुम देखन लगे मेरो करनो।
धरणी व्याय रह्यो तब कोरत सुख मुख नौबत भरनो॥
वरणी वेद पुराण कविन मिल फिर न गयो काहूं शरनो
अब तुम लगो कहन व्रजजीवन जैसो
तेरो तानो तैसो मेरी भरनो॥

२५

आज मोहे मिलगयो श्याम-विहारो।
श्यामा तेरो हसन बोलन मुसकान पर वारो॥
मोर मुकट कटि काछनी काछे चितवनको छवि न्यारो।
राज बहादुर साँवरो मूरत चितमें बस गई प्यारो॥

२६

मोहे निपट कठिन दिन बीते माईरो मैं कैसो करूं।
ओसन प्यास मिटे नहीं सजनी घरो पल छिन
युग सम भरूं॥
दया सखो घन श्याम लाल विन विरहा
अगन में गरूं॥

२७

ऊधो हमरे करमनहीं को दोष।
ऐसो प्रोत ठरगई लालनको जैसे मोती पर ओस॥
ऐसो चन्द्र मुखोसी कुवरी नहीं कुब्जाको दोष॥
सूरदास यह भाग हमारे मिटत न जोय को
रोष॥ ऊधो०॥

२८

मैड़ा माहोड़ावो कहाँ चला मेनु मार।
तैड़े दरस बिन बेकल होंदो सुनदा नाहीं पुकार॥

२९

नेक चलो नन्दरानो वर्राङ्ग॥
देखो अपने सुतकी कौतुक दूध खिलावत पानो।
हमरे गिरको सुरङ्ग चुनरिया लेगो रसमें साँनो॥
अनरस रोत कहा कहूँ तुमसे दिखरावत है ज्ञानो।
केतो समुझाऊं समझत नाहीं अपनो बातें ठानो॥
सूरदास जलदको वरखा घोरे में इतरानो॥

३०

मैड़ा दिल तैं लोतावो यार।
जानकोदास सहचूत्र सांवला दृष्ट कटाक्ष निहार॥

३१

जिस माहबने पैदा किया उसदोया याद न भुलामोवो।
जानकोदास सुफल तन नर तन हरदम
हरिगुण गामोवो॥

३२

गूजरी पानोड़ा भरे हो मदमाती।
रेशम डोरी वारी सोनेदा गडुवा रतन जड़ांवको
ईडुरी उमगसे रस भरी गगार शोश धर वो मद०॥

३३

साँचो जांनो सइयां की बानो।
रामनामकी प्रीत जगतमें लछमनदास सिंघ
के मन मानो।

३४

देख आज आली व्रजराज कंवर आवे।
केसर को तिलक भाल वारिज लोचन विशाल
मंजु गुंजमाल गले मुरली को बजावे॥
कम्बुकण्ठ अति अनूप नटवर जलद रूप
भुज सुख पर सदन वदन मदन कुल लजावे॥
वरणत सुर नर महेश दिनपति गौरी गणेश
हरिकि चरणनकी महिमा सूरदास गावे॥

३५

श्याम मन मानो भई कुबजा पटरानो।
तीन लोक नाहीं कोई कुबरीके समको॥
उनकों वर आसन सिंघासन पाटंवर पहरायो
हमकों लिख भेजी पानो योग के रसमको।
उनको सुख सेज्या औ पान दान सुख सो सब
हमकों वो भेजी पोटली भसमको॥
सूरदास हरि वाहि चरणनको कहे व्रज गोपी आई
खरचो खसमको॥

३६

राधे कृष्ण गोविन्द गोपाल वनवारी।
मदन-मोहन मनहरन मनोहर माधो मधुसूदन
मुकुन्द मुरारी॥
हरे हरे हरे हरे हरे हरे हरे हरे हरे॥

३७

मुलक विगाना करदोयां मेंडा सइयां।
देश पराया वारोरे काई नहीं अपना
नजर लगी तैड़े नाल॥

झिंझौटी—तिताला

छड़जानवे तैड़ा देश जोर धिगाना तैड़ा नहीं भांवदा।
ऊँचे पर्व्वत रांझा वसदा हेटल बसे जग सारा॥
रांझा मानु पतोयां न भेजें मेनु प्यारा कोल
जानवे जरूर॥

२

पंकौनीय कौन होंदा कमला यार धिगाना
करदा कमला यार।
धिगांनो मानु छड़ सोंई आदा नैनाद कजरा
संभालनी॥

३

मेरा मन मोहलियो अच्छी बनो।
दांतोदी मिस्सी वारी अजब बनो मेरा मीयां
पांनोदा वरो रङ्ग लालनो।
एकतो विरहिनी विरह सतावे दूजे जादू डालगो।

दिया कैसे कटेगी कठिन रतियां प्रीतम
पाई मैंने एक रतियाँ।
कासिद भेज मैं वाकों बुलाऊं शोक रङ्ग गाऊंगी
मैं गुण गतियाँ॥

५

वाला वाला परो तेरा जोबनवारे।
हातांदी मेंहदी होंठादी लाली नैनादा सुरमा
कालारो॥

६

रैंन किथे गुजार आइयाँवे बोवांरे।
आलस वसव अङ्ग दीठे मैंनु नैना लाल सुधार
आइयांवे॥

७

पनीयां कैसे भरों छोटो ननदोरे।
भारो गागर शिर सम्भरत नाहीं अचरा कैसे के धरौं।

८

लागीलो म्हारो नेह बंसीवाले सांवरे सों।
देखत छवि मोरी बह्योयां मरोरो सांवरो सुरत
प्यारो मन बसो॥ एह०॥

९

माधे सोहै वेदनी झुलनीया रतनारो सइयां।
इतना पहर गोरी चढ़ोले अटारो
हाथ लिए करवा गंगाजल पानो।
सांवन भांदो की निशि अन्धियारी पीछले पहर
गोरी चढ़ोरे अटारो॥

१०

वारोरे सनेहिया पिया दखन सिधारे।
कैसे करू मोरी आलीरो जोबन भए मतवारे॥

११

परदेशी यारे मोकों छड़के न जा नैना
नोमानो तेरो चुनरो।
भौंह कमान चढ़ी गोसे पर तक तक मारत वान
सनेयारे॥

१२

निरधन के धन माधो मेरे।
बारंबार निरख सुख पात तजत नहीं पल आधो॥
छणछण परसत अङ्ग मिलावत प्रेम प्रीत गांठ बांधो।
निशिदिन चन्दचकोरकी छवि मिटत परसकी साधो॥
कृष्णानन्द प्रेमरस माते छूट्यो जगत को वाधो॥

१३

राम नाम जपता नाहीं किस भरवासो सोवैरे।
झूंठी माया झूंठो काया वृथा जनम क्यों खोवैरे॥
कृष्णानन्द कहतहैं फिर फिर नैन खोल क्योंन जोवैरे॥

१४

बालम रूंसोहै कैसे करूं मोरी आलोरो।
मन मोहन सों बिछुरत गोया तीर लगा जैसे कारीरो॥

१५

मोतीयांदा गजराहो जो म्हारा सायवां।
इस गजरे में लाल लगोहैं और मगायदे हीरा धनरा॥

झिंझौटी—धीमा तिताला

मैं तोहे पूंछो ननदोइया मोराया मोरीरे ननदीके
पीयरवा।
मैं जो गई थी गङ्गा न्हानें मोरीरे सांवल बंसो
बजाईवो॥

सिन्धी तुमरी—तिताला

सइयां मोसे रूंसोरी कोई जाके मनाले।
चुन चुन कलियां में सेज बनाऊं रहस रहस
गरे लावोंरी॥

झिंझौटी—धीमा तिताला

बालम राजरे बांका मेरा मारूड़ा।
तांड़े कारणवे में सब कुछ छड़ीयांवे रूंस रहे
कौन काज हांजो महाराज॥

२

सही न जात चितवन की चोटें।
भई व्याकुल सब गोकुल नगरीरी सितम कियो
यशुमत के ढोटें॥
जिन नहीं देखो मोहनी मूरत सोहै निपट
करमनको खोटें।

हमहीं अकेलो घायल नाहीं काजम केते
पड़े वाके द्वारे लोटें ॥

३

अबे हांवे मैनु किसीदे नाल कम नहीं अबे हांवे
सोनावे ।
आमिलो ठाड़े बेपरवाहो मोना बातों तो नात बानीवे॥

४

आन बसावो नगरीया हमरी ।
बाट चलत मोहे दूवर भईलो छैकोहै डगरीया हमरी।
दुखको फुहार परत है देखो भींज न पावे
चुनरीया हमरी ॥
तुम छोड़ कायम केहको पुकारूं कोउन
सुनत गुहरीया हमरी ।
यही अरज हैतुरावको हजरत पार लगावो
नावरीया हमरी ॥

५

भलावामें कब लग जोवां प्रीत लागी जा तेरे नाल ।
किस निरमोहियाने बंसुरी बजाई
पड़ीहों विरहदे जाल ॥

६

जैयो राधावल्लभ नमो नमो ।
कुञ्ज कुञ्ज द्रुम लता लता तर विहरत
दोउ सदा समो ॥
वृन्दाबन यमुनाकी कून्न वरिन वसन्त जहां तहां जमो।
कोउ कर सके छित आनन्द यह गुण गावत
तन मेरो रमो ॥

७

सांवरेको सहबूब नजर भर देखूंगा मैं खूब ।
शङ्खचक्र गदा पद्म विराजे कुण्डल मोतिन लूंब ॥
सुर नर मुनि ब्रह्मादिक सेवत गावत नारद तूंब ।
पुरुषोत्तम प्रभुकी छबि निरखत मिटगई तनकी डूब ॥

८

दाऊ कृष्ण यशोदा मैया हरषित गोद खिलावे ।
नाना भांति खिलौना लेले गोविन्द लाड़ लड़ावे ॥
ब्रह्मा जाको पार न पावे शिव सनकादिक ध्यावे ।
वाको यशुमति मेरो मेरो पलना मांहि झुलावे ॥
तीन लोक जाके मुख मांही इन्द्र करत सेवकाई ।
वाको यशोमति दूध पिलावे मुख चुम्बत बलजाई ॥
कुम्भ करण रावण जिन मारे खरदूषण दुखदाई ।
वाको यशोमति लूण उतारे नजर लगेहै कन्हाई ॥
निराकार-पूरण-भगवान भक्तवत्सल-सुखदाई ।
अहो भाग ब्रजराज महरके खेलत कुंवर कन्हाई ॥
बाललीला नित कब लग वरणुं ब्रजमण्डल सुखदाई ।
जैत सखो रङ्ग मोहो मोहन वार वार बलजाई ॥

झिंझौटी—तिताला

तेरे बांके नैनानि मुझे मारा वो बेदरदा
तुसी आन मिलावो ।
बांको भोंहैं तिरछो चितवन घायल कर कर डारावो ॥

२

खड़ी पुकारों रब तुही रब तुही मोरे पिया
समझे न नादान ।
चुन चुन कलियां मैं सेजियां बिछाऊं सेजोया न
आवे मूरख नादान ॥

३

श्यामा सैयां फुलांदा गजरा मगायदे ।
चम्पा चमेली नरगस मरुवा जाफर माना गुल्लाला
गुलाबांदो फलीयां लगायदे ॥

झिंझौटी—धीमा तिताला

मधुबनहोति आई पाती मधुबन० ।
सुन्दर-श्याम कान्ह लिख पठाई आय सुनो मोरी माई॥
अपने अपने ग्रहतें दौरी ले पाती उर लाई ।
नैना निरखि के नीर बहत हैं प्रेम त्रिया न बुझाई ॥
कहा करें सूना या गोकुल हरि बिन कछु न सुहाई ।
सूरदास प्रभु कौन चूकतें श्याम सुरत बिसराई ॥

२

सुख सोवें कुमारिका चार नले तेरो मटोयारे ।
झूंठी माया झूंठी काया झूंठोहै सब बटोयारे ॥

जो आया सो सबही जायगा राजा रङ्क घट घटोरे रे
क्या ले आया बन्दा क्या ले जायगा मरके सटियारे ॥
कहै कबीर सुनो भाई साधो मटोयामें
मिलगई मटोयारे ॥

झिंझोटी—तिताला

इनमें कौन राधिका रानी ।
पूछतहैं रुक्मिणि सखियनसों प्रेम वचन मृदुवानी ॥
नीलाम्बर जाके उर सोहै मुख पर लट लपटानी ।
सोई वृषभानुसुता कहियतहै दे अञ्चल मुसकानी ॥
रसके बस कीनें मन मोहन सुनके नारि मृदुलबानी ।
इह अंखिया दरसनको प्यासी जैसे मीन बिन पानी ॥
शिव ब्रह्मा जाको पार न पावै सो महारानी ।
सूरदास प्रभुसों जाय कहियो हरिके हाथ बिकानी ॥

२

मेरे मन बसी लालनकी आँन ।
तिरछी तकन त्रिभङ्ग चलन की ऐंड़ी बेंड़ी बाँन ॥
मोर मुकट अलबेलो फेंटो पीताम्बर फहरान ।
हरिदयाल पुरुषोत्तम प्रभुकी मृदु-मीठी मुसक्यान ॥

३

कौन गुना दधि लूटोरे कान्ह मोरो ।
वृन्दावनकी कुञ्ज गलिनमें धर बहियां झकझोरो ॥
या ब्रजमें कोई हितू हमारो लोक कहै सब झूंठो ।
लपट झपट मोरी बहीयां मरोरी गिरको गागर फूटी ।
चन्द्रसखी भज बाल कृष्ण छबि हाहा करत छूटो ॥

झिंझोटी मिश्र अधेला—तिताला

पीयारो श्याम वियोगी मधुकर ।
बिछुरन भए मिलन कब ह्वै हैं नदी नाव
संयोगी ॥ मधु० ॥
नन्दनन्दन मधुवनहो सिधारे अन्त बटाउ लोगी । म० ।
देखत लोग हँसैया सारे यह सुख सम्पतिके सोगी ॥
मुंह पीरो कारो तन मधुकर कलोय कलोय रस भोगी ।
सूरदास कब ब्रज फिरि अइहैं कहिहौं प्रभु संग
जोगी ॥ म० ॥

झिंझोटी—धीमा तिताला

सखीरी श्याम बिना ब्रज सूनो ।
भरमत चित रहत उदास नित बार बार सिर धूनो ।
यही अँदेश रहत नित ऊधो यही बात तुम गुनो ॥
सोवत कैसे एक सेज पर कृष्ण कूबरी दोनो ।
किधों लिये फिरत वे साथी कोधौं खाट खटोनो ॥
कोधों नायक होतहै कुबजा मोहन होत नगीनो ।
सूरदास प्रभु कब ब्रज अइहैं मिल बिछुरन हरि कीनो ॥

झिंझोटी मिश्री—तिताला

जेजन ऊधो मोहन बिसारे ताहे न बिसारूँ छिन
पाव घरी ।
जो मोहन भजे भजों मैं वाकों यही टेक मेरी
पार परी ॥
वो मेरो मैं उनको ऊधो भक्त हेतसे देह धरो ।
काटों मैं अजनम जनमके फन्दा बायलें राखों
वैकुण्ठ पुरी ॥
ध्रुव प्रह्लाद रैन दिन ध्यावै गुपत रहोसो प्रगट करो ।
भारतमें भरदुलका आँड़ा राख लीया गज घगट तरी ॥
सुमरण कीनो द्रोपदी राणी चीर बढ़ाए आप हरी ।
दुर्योधन की दुष्ट सभामें दु:शासन विपत्ति करी ॥
अम्बरीष घर गए दुर्वासा चक्र सुदर्शन भ्रमत फिरी ।
सूर श्याम गजराज उबारे कृपा-सिन्धु गोपाल-हरी ॥

झिंझोटी—जलद तिताला

आज जगत सों नाता छूटा हुलस हुलस जम लूटोरे ।
खाट पकर वाकी माता रोवे देखी चढ़े संग भाईरे ॥
लट छिटकाए वाको तिरिया रोवे हँस अकेला जाईरे ।
कच्चा कोट पक्का दरवाजा जिसोमें माल खजानारे ॥
जिसको दौलत जाको सुपरत कार रह जाय
नाम परायारे ॥

झिंझोटी जङ्गला—तिताला

बलमा उतारले गगरीया हमरी ।
हार गई तन मनसों सगरी ॥
एक बैरन मोरी सास ननदिया दूजी बैरन मोरो
सगरो नगरो ।

चाहकी डोर लगोहै हिरदै में फिसरो भई
रमरोया हमरी ॥
हमरो भरी गागर समटे नहीं मांसां मोहन लेहा
खवरोया हमरी ।
छोड़ चरण अब कहाँ जाए काजस चरण अटको
पगरिया हमरो ॥

२

जै नारायण ब्रह्म परायण श्रीपति कमला कान्तं ।
नाम अनन्त कहां लगि वरणों शेषन पार लहन्तं ॥
मच्छ कच्छ शूकर नर हर प्रभु वामन रूप धरन्तं ।
परशुराम श्रीरामचन्द्र होय नाना काटि करन्तं ॥
कृष्ण बलभद्र सत दंत संहार कंसके केश गहन्तं ।
जगन्नाथ जगमग चिंता बैठेहैं निवन्तं ॥
कलपीक होय कलंक त्यों हरिये जग दर्श गुणवन्तं ।
दशमस्कन्ध भागवत गावें रूप शरण भगवन्तं ॥
परब्रह्म पूरण पुरुषोत्तम आगम निगम भनन्तं ।
सूरदास प्रभुको पारन पावत अलख अनादि अनन्तं ॥

झिंझौटो—धीमा तिताला

जापर दीनानाथ ढरे हरि कीजो कृपानीधि ।
राजा कौन बड़ो रावणतें गरवहो गर्व हरयहो ॥
रंक हुतो जो विप्र सुदामा आप समान कीयोहो ।
कौन स्वरूप अधिक सीतातें राम वियोग पर्‍यौहो ॥
कौन कुरूप अधिक कुबरीसों हरि सुन्दर रूप कीयोहो ।
जोगी कौन बड़ो शंकरतें मोहना देख डर्‍योहो ॥
वीर कौन हनुमतसे योधा लङ्का खोज कर्‍योहो ।
तैल सिन्दुर चढ़ावेरे नाथ हरि भागन आन वस्योहो ॥
अरजुन भीम युधिष्ठिर राजा नकुल सहदेव बस्योहो ।
दुःशासन द्रौपदी चीर खैंच्यो ताको वसन पर्‍योहो ॥
अम्बरीष घर गए दुरवासा आन सराप धर्‍योहो ।
चक्र सुदर्शन जारबे कारण जहाँ तहाँ भ्रमत
फिर्‍योहो ॥
गरब कियो रत नागर सागर मुनी आचमन कर्‍योहो ।
सूरदास प्रभु गरब छांड़के हरिचरणन चित धर्‍योहो ॥

झिंझौटो—तिताला

विरहाने आन सताई मोहे जग शोच कछून सुहाईरो ।
खान पान सबही हम त्यागी वर अन्नजान सोहाईरो ॥

२

रस भरीया महराज मोहिको आन सुनाई बांसुरीरो ।
सुनत बांसुरी भई दिवानी निकसत नाहीं सांसुरी ॥
मिसकतहै जोय निकसन नाहीं लगो करेजे फांसुरी ।
हाहा कैल अनोखे कायम काहे करावत हाँसुरी ॥

ठुमरी—तिताला

वंशी कीं बजायके जाय तरसावतरे दैया ।
मोर मुकुट पीताम्बर माहे लिये लकुटिया हाथरे ॥
गउअनके पाछे मन मोहन आछे आवतरे दैया ।
चकईसो मन भयो हमारा डोरा उनके हाथरे दै० ।
घूमतहै निशदिन याही विध जैसे आप घुमावतरे दै०॥
भाई बन्धु सब लोग कुटुमरा झूठा इनका साथरे ।
बुध विहारी तुम बिन कोई कामन आवतरे दैया ॥

२

हरिसों प्रीत लगाले काहे भटकत हेरे मनुवा ।
यह संसार रैनका सपना कोई नहीं अपना
माथोरे मनुवा ॥
निशिदिन हरिको सुमरण करले चरण-कमल चित
अटकतरे ।
काम क्रोध मद लोभ मोहकों दूरहि ते सब पटकतरे ॥
राम नाम विश्वास भरोसा ताकों काल न गटकतरे ।
लोक कुटुम्ब भाई सुत बनिता मतलबका
धन गटकतरे ॥
अन्त समय कोई काम न आवे धरा रहत सब
लटकतरे ।
हरि भज लीजे अबेर न कीजे शुभ दिन का झटकतरे ॥
कृष्ण सनेही चित धर येही बारबार तोहि हटकतरे ॥

झिंझौटो—तिताला

तोसों नैन लगाय रोरो अपने नैना गवाँवतरे ।
तू जित चाहे उत विरम रहेहो हाफ़िज कैसे पावतरे ॥

नैनवा तोसे लागोरी बिन देखे नहीं रहत नैनवा० ।
घरी छिन पल एक भोर भएकी हारे ठाढ़ो तनक
सांवलिया देख नै० ॥
सास लड़े ससुरा गरियावे ननदी अधिक रिसाय ।
बिन देखे सांवलिया तेरे पल भर रह्यो नजाय ॥
जो तुम मिले तो सब मिले छूट जाय जञ्जाल ।
नहीं तो जियरा जातहै बुध विहारीलाल ॥

सिंधकाटी—धीमा तिताला

श्रीगोवर्द्धन नाथ हमारे गिरिवर धार्‍यो हाथ परे ।
भक्तन के रक्षपाल महाप्रभु इन्द्रको गर्व्व हर्‍योरे ॥
श्रीनवनीत प्रिया अति सुन्दर यशोदाजीके
प्राणपियारे ।
वाल विनोद करत अङ्गना में गोपीजन प्राणप्रियारे ॥
श्रीमथुरानाथ मनोरथ पूरण श्रीविट्ठलनाथ
विराजत भारे ।
द्वारकानाथ दीनके बन्धु गोकुलनाथ गोप रखवारे ॥
गोकुलचन्द्र महारस पूरण सब गोपीजन
में रास रचोरे ।
देखत चन्द लज्जित होय ठाढ़े सुर नर मुनि
तप भूलेरे ॥
मदनमोहन सुन्दर-शुभकारी पीतपटधारी
कुञ्ज-विहारीरे ।
माथे मुकुट मुरली कर राजत यमुना पुलिन विहारीरे ॥
कल्याणराय परिपूरण कामहै वालकृष्ण आनन्द
सुख कारीरे ।
गोपालसाल रघुनाथ श्यामघन सूरदास हरिको
बलिहारीरे ॥
शिव सनकादिक नारद शारद ब्रह्मा शेष नित ध्यावैरे ।
द्वादशस्कन्ध भागवत लीला व्यास विमल यश गावैरे ॥

२

नैन मिलावत श्याम तेरी चितवनने मन मोहि लिया ।
हँस मुसकान लखान छबीले उमग होये
दिल भातीहै ।
लीजो उरसे लगाय साजन यही बात मन भातीहै ॥
देख मरोरन भौंहें कमान शर पलकोंने
क्या काम किया ।
जुलफें छूटी मुखड़े ऊपर इश्कका जाल बिछाय दिया ॥
तेरे देखनके खातर ऐसा मैं सामान बनायाहै ।
अजब आन चित बसी तुमारी और नजर न आयाहै ॥
वृन्दावाला तेरे कानो में मुखड़ेमें तेरे पान सजा ।
गलेमें मोहनमाल विराजै ऐस प्रात का बना सजा ॥
उरझे प्राण जो सुरझत नाहीं अपना बस किया होया ।
जबसे देखा हमने तेरेको ख्याल खयालने जो दिया ॥
प्रेम प्रीत का बना सजा बनाये तेमी उमंग खोयारो ।
है जीको जान ले सांवल रङ्ग बलिहारो ॥

३

श्रीरघुनाथ दयाके सागर चरण पर्‍यो कमलाकान्तं ।
आगम निगम जेहो भनत नेत कहि वरनु कहा
अनन्तं ॥
सुर नर मुनि हित जनम लीनो हरि अज अविनाशी
अचिन्तं ॥
करहुं मगाय हेम रथ सुन्दर तापर आप चढ़न्तं ।
खैंचे तहां सखा लघु नागर हरि वहु विधि विहसन्तं ॥
वाल विनोद करत अङ्गनामें काग भुशुण्ड सुगन्तं ।
अवधपुरी दशरथ नृप मन्दिर लीला नित्य करन्तं ॥
धन्य कौशिल्या धन्य भानुकुल जहां प्रभु नित्य रमन्तं ।
राम प्रसाद वंश्य यश वरणत जेजे श्री भगवन्तं ॥

४

चन्द्र खिलौना लैहों मैया मोरी ।
जइहुं सबल लोटिहुं छिति ऊपर तेरी गोद न ऐहौं ॥
धौरीको पय पानन करिहों वेणी सिरन गुथहों ।
ह्वै हौं लाड़लो नन्द बबाको तेरो सुत न ह्वै हौं ॥
आगे आव बात सुन मेरी बलदाउन जनैहौं ।
अति लोनो शशि हूते सुन्दर नवल दुलहैया विवैहौं ॥
रो मैयामें दुलहा ह्वै हौं अबही व्याहन जैहों ।
सूरदास वैकुण्ठ पथमें मुदित सुमङ्गल गैहौं ॥

५

श्रीयमुना तीर देनारे तू नीके कर असनान जोई जोई
ध्यावे सोई सोई पावे पान फूल दूध धार चढ़ावे
करदे भवको पार।
महारानी तीनो लोकमें जानो, वेद पुराण
कथामें बखानो, विष्णुदास वैकुण्ठ निशानी वेग
करो उधार॥

६

हमसे नेह छोड़ फेर कहीं नेह लगावत रे दैया।
हमरो आँख बचाय अवर कहीं आँख लगावतरे दैया॥
हा हा करके अपनी सभामें भुलावतहै अलसावतहैं
हम बैठतही उठ जात अवर कहींन गमावतरे दैया।
इस जगमें जैसे काठ पुतलीया जोहो यह निरधारसे
नाचतहै दिन रैन उहो जो नाच नचावतरे दैया॥
या संसार में सोई पियारा देखो हृदे विचारके हो
जाकों देत हंसाय वोहीको फेर रोलावतरे दैया।
सहज सहज जग तजके कायम साहिबसों
मनवा लगावे वाहीके शरणनमें जात तुझे फिरको
भटकावतरे दैया॥

७

कन्हैया मेरी गागर भर देहो।
अजी भला भरदे शिर पर धर देहो।
हमारे सङ्ग को दूर निकस गई सास ननद कोडरदेहो॥
हौं यमुना जल भरन जात रहो बहियां पकर
मोहि वर देहो।
चन्द्रसखो हित वाल कृष्णछवि चरण-कमल
तेरे पर देहो॥

झिंझौटी—एकताला

भला जोगीया गहे लीनी मोरी बहीयाँ।
सुध बुध हमारी विसर गई सगरी देखतही वाको
परछइयाँ।
कहा हमही उन हाथ विकानी वेरी भई हमरी
सब गुइयाँ॥
रहत सहत काहूकी घरमें जबसे बसो मोरे
हीयके ठइयाँ।
है तेरे हाथ दरस कायमके लागूं तुरावमें तेरीपइयाँ॥

२

कठिन गत कछु मोसे सइयाँ।
आए अबेर सबेर सिधारे रह गई मनको मनमें गुइयाँ।
कैसे तुराव पियाके भूखे वेतो बसे मोरे हीयके ठइयाँ॥

३

आएन मोहन मन-भावन ब्रज भयो रजको उभावन।
जबसे सिधारे द्वारका मोहन सदा रहत नैनन
नित सावन॥
छूटो आश मिलन काज बसे तबसे वाहां भए
दरसन पावन।
प्रीत जोर के तोर द्वारका ऊधोजो आए
योग सिखावन॥
जोग हमारे वियोगके आगे कौन काज
कासों चित लावन।
तेरोहै ज्ञान अनूठो कायम योग वियोग दोजकों
भुलावन॥

झिंझौटी—तिताला

एसो या मनवा दुवर भइलो ठौर ठौर मोहे दे
भटकाय।
कबहूं तो जाय लटकनमें लटके कबहूं तो
जुलफ़नमें उरझाय॥
ऐसे रूप सजनके देखे कायम सुध बुध जात हैराय॥

२

अनो सालेनो अनो सोले मेंड़ा झोना वालक मोले।
काम क्रोध मद लोभ मोहके कैसेहो झकझोले॥
अगर चन्दनके पालने झुलाऊं रेशम पाटपटोले।
वालापन हस खेल गमाया तरुणीपन बस होले॥
विरध भयो जब हेरन लाग्यी यमके राख मनोले।
अबतो आती जाती झोटा देतो थपक थपक
सुख भोले॥

काफी—तिताला

कैसे जीऊंरी माई मन हर लीनो श्याम सुजान।
हौं यमुना जल भरन जात रही उतते आवत कान्ह।
चितवतही हंस दियो सखी बतो लग्यो नैनको बान॥
व्याकुल फिरो गिरो गागरलै छूट गयो कुल कान।
विसरत नाहीं सखी वह चितवन जाहि लगी
सोई जान॥
जाय कहौं वही नन्दनन्दनसों दीजे दरसन दान।
नाहीं तो चलन चहत या तनसों यदा सखीको प्रान॥

झिंझौटी मिश्री—तिताला

विषय वासना के बस मगन होइलोरे मन।
सिखानेको बोले भौलो विषय भेद भूले पइलो
परम निधि हारा एलो वृथा बांचो धिग जीवन॥

१

छिनमें होत विहानरो सखी सोवनदे।
सगरो रेनमें तोरे संग जगी नातर इतनी सइयाँ
मानले॥

झिंझौटी—तिताला

नाचीछे आन भरे मन मोहनो रासकोरे।
वेद वदति ब्रह्ममइ लोई अन्तरे तनोइले कोनो
त्रिलोचनरो होमाझे चरण धरे मारे॥

२

नलेता चित चोराय निगर नन्ददे।
रस भीना रङ्ग रङ्गीलरा मीठी बोली सुनाय॥
कान्ह ग्वालोया सोहना दिल विच रहा समाय।
केवलराम वृन्दावनमें खड़े सूरतदे वलि जाय॥

३

नाजो नाजो नाजो मोसें नाजो बोलो कानुड़ा।
हाथ नलागावो साड़ा मैला होदा गात। वलमा॥
जावोजी जावोजी तुम कुंवर कन्हाई जो गरलाई
मनभाई सारी रात॥
जिनहीके ढिंग बस यह सुख कीनो रहस रस
भरी बात। वलमा०॥

विष्णुदास प्रभु समझो मनमें तूतो हैगा हारी डारी
मैंहूं पात पात॥ वलमा॥

४

हरिजीसों कहियो मोरी।
ऊधोजी पाँय पड़े तुमारे चितदे अब कान ककोरो।
यह जाय कहियो श्यामसुन्दरसों अवध गए कर थोरो॥

५

अबतो मगुवा लागिलो तुमोसन पिउ वेगही
गरे लगाय लीजिए।
जो जो चाहिए सोसो कीज्यो पै ए गवन को
नाम न लीजीए॥

६

तन खोय अबही जाए भजन विनु नर बावरे
हरि शरणन लीनो।
कहा कीनो जनम समूह विषय वस बीतो राम
भजनमें न चित दीनो॥
सुत पितु मातु बन्धु धनकों धाय धाय नहीं कल लीनो।
गउ दधि उलंघ उठावे हाथ गिरि तिनहूं को काल
ग्रास कीनो।
भगवान दास नहीं कोई अपना अबतो हरिके
शरणमें चित दीनो॥

७

आज महरके भयोहे जगाती।
छीन लेहु लकुट कामरो मूरख ग्वालिनी महीको माती।
दधि लुटाय छीन लेहीं मन तेरो कर मींजत रहिहों
पछताती॥
जाकर कहिहौं कंसरावसे पकड़ मगाऊं तेरो
जनम सङ्गाती।
असुर-संघारण जन-प्रति-पालन मात यशोदाको
पूतन नातो॥
मारो कंस शंशय जिन जानो को समान
अहीरको जाती।
तब डर बस प्रभु चरण गह्योहे तब सर्वज्ञ लगायो
छाती॥

अज महेश सुर नर मुनि गन्धर्व्व जाको रटत
करत दिन राती ।
गावे गूदर सोकियो वन क्रीड़ा जो भावे मन चोर
सोहाती ॥

८

प्रभु व्रज हमको जानेन कोउ ।
गोपिन छांड़ भये कुवजा वस कोकिल काग
बरावर दोउ ।
वृथा भई सब कथा कहांनो राजनोति जग रह्योन सोउ ॥
ऊंच नोच चेरी पटरानो जात न वोय सिन्धु वोच धोय ।
गावे गूदर आनन्द करो तुम हमको विरह दुख
होउ मोहोउ ॥

९

ऊधो वचन सुनावो अमोसे ।
कहे सनेह मेरो प्राणपतिके आनन्द होय विरह
गमोसे ॥
भोजन भवन वसन तन भूषण सब हमकोहै
तुमरो कमोसे ।
गावे गूदर एक अरजी मेरो दरस देखावो
जगत रमोसे ॥

१०

अबके राखले भगवान में अनाथ बैठो हम डारो
पारद साधे वान ।
तरे पारधी वांन साधो ऊपर उड़तर सुचान ।
दोऊ ओर भयो दुख भारो कौन उचारे प्राण ॥
राम कहत प्रह्लाद उबारे साखो निगमजो पुराण ।
हरि सुमरथ विष डस्यो पारधी करते छूटा वान ॥
मनको दुवीधा छांड़ देहो तुम सुमरो श्रीभगवान ।
सूरदास सर लगो चुचाने जैजे कृपानिधान ॥

११

रसना क्यों भूली हरिनाम ।
एया देहो को गरवन करिये जों बादलको घाम ॥
षटरस भोजन स्वाद बतावे क्रोधो कपटो काम ।
गङ्गाधरके अन्तरयामो सोधे आत्माराम ॥

१२

बावरो भई मेरो जान ऊधो मैं बावरो भई ।
अरे ऊधो कोहै कान कहाँको वासो कहांकोहै
पहिचांन ।
काके कहे कौन सन्देसो लेआए कासों कहों
हित जान ॥
अरे ऊधो अपनो रोझ अनूठो गावे ऊधो भंवर रहे
रस सान ।
अब यह वेल फरे के सूके बाय कहा हित ज्ञान ॥
अरे ऊधो वेनजाय हरे मन मोरे राग रागिनो गान ।
जैसे वधिक विचारत नाहीं मारतहै सर तान ॥
अरे ऊधो पिया विन प्राण प्राण हरिपतसों विन
दांधे वन्ध आन ।
जब श्रीकृष्ण पूतना मारो सूर सदा येहो ध्यान ॥

१३

नेह नगरको राह बतादो ।
जिनसों नेह लगाहै तिनसों सुनरो सखो मुझे
श्यामको मिलादो ।
ख्याल खुशाल उमग उर छाए इतनो खबर मोरो
पियाकों बतादो ॥

१४

कासों कहिये कहोन जात ।
प्रोत खुशाल अपार श्यामको गूढ़ मतै कोबात ॥

१५

जैतुलसो गोविन्द पो प्यारो ।
गुण अनन्त को वरण सके कवि महिमा अगम तिहारो ॥
कृपासिन्धु सकल जग जानत पूजत नर अरु नारो ।
पावत ज्ञान ध्यान अरु सब सुख नो निध सिद्ध अपारो ॥
भगत मुकतहो आन परापत श्रोपत वर सुख सोरो ।
प्रेम खुशाल बढ़ावो घरो पल राधावर पर वलिहारो ॥

झिंझौटी—जलद तिताला

श्याम पनघटवा ठाड़ारो जईहं मैंइहां यमुनाजोके तोर ।
चञ्चल चपल छैल नन्दनन्दन भानर तो रङ्ग गाढ़ो ।
ख्याल खुशाल करत अलवेला अङ्ग अङ्ग योवन बाढ़ो ॥

२

नैन छबीले गुइयां रसके रसीलेरी।
कजरा दीए करत कमनैती भौंह धनक पल वाम
कसीलेरी।
रसीया ख्याल खुशाल नेहके लखत बेगत रसिकन
अरसीलेरी॥

झिंझौटी—तिताला

अरी विन लाइयो फुलवारियाँ।
राधा मोहन रूप मनोहर आननक्रान्त अपारियां॥
साँझी ललित बनाई नागर गावत मङ्गल चारियाँ।
यह सुख शोभा निरख सखो जन ख्याल खुशाल
अपारियाँ॥

जंगला—तिताला

नए नेहको नई चितवतियाँ।
चपल बैस जोवन की माती पलक तोर भौंहैं
चढ़ी कमनियाँ।
ख्याल खुशाल भरे नैनमें छलत छलन मोहनी
मुसकानियाँ॥

झिंझौटी—जलद तिताला

कुंवर कन्हाईरी दूले रसीया।
कर कगना केसरीया वागा मोर मुकट छवि वरणी
नजाई॥
रास विहार महा शोभा सुख बाढ़ रही अति
देत दिखाईरी।
सङ्ग दुलही वृषभानुदुलरी गलवाहीयाँ दिये मृदु
मुसकाईरी॥
नृत्य जुवतवो नागर अलवेली निरखत मुख लेत
लुभाईरी।
रसिक खुशाल जोवन फल दाता देख भेष मन
मदन लजाईरी॥

झिंझौटी—तिताला

भरे नेह मतवारे नैना।
निरखत ख्याल खुशाल लुभावत विन लपटे पिया
परतन चैना॥

१

पीया प्यारी लगी तेरी अखीयाँ जोवन केमदमें
मतवारी।
मोहनी ख्याल खुशाल विलोकनि नैनन नेहको
उरझ अपारी॥

२

कुमर कैसा मागत दान दहीको।
उमगाई परत रुकत नहीं रोकाई मानो डर कहीको॥
काहूके सिखाए भुलाए काहू केया अपना चाह
चहीको।
कैसे ख्याल खुशाल करतहो बसले एक ठाहीको॥

झिंझौटी—जलद तिताला

बैठे राम राज मन भावत।
मङ्गल धुनि चहुं ओर अवधमें सुर नर मुनि गुण
गावत॥
अस्तुति करत ब्रह्मा ऋषि नारद शङ्कर प्रेम बढ़ावत।
दुरत छत्र चंवर युगल वरसे छवि कहतन आवत॥
सकल सिद्ध दाता प्रभु महिमा वरणत निगम सुनावत।
सुन सुन श्रवण उदार सुयश यश उर आनन्द
प्रगटावत॥
भरत शत्रुघन लछमन भाई भेंट अनेक दिखावत।
रघुकुल कमल दिनेश विलोकत जन खुशाल फल
पावत॥

झिंझौटी—तिताला

निरखत नारी सकल मिथिलापुर व्याह समय
दम्पति छवि नैनन।
काम कोटि शोभा नहीं पावत विधु लाजत
गत लखेन वैनन।
मोहत हास विलास भरे गुर्ण मन रुच करन
अरु वैनन॥
करत नेवछावर युगल परस्पर रसिक लेत भरभर
सुख चैनन।
ख्याल कुशाल दसों दिशि लखियत सुर नर मुनि
प्रसन्न चित चैनन॥

झिंझौटी ठुमरी—तिताला

झूम झूम घिर घिर घन नाचे सङ्ग लिए दामिनी
चपलासी लख लख मोरन शोर मचाए।
बोलत पी पी पिया पपिया हाखसो उमग
तन चोंप बढ़ाए॥

झिंझौटी—जल्द तिताला

वंशी वाला श्याम मेंड़े आदानो साड़े नाल हँसदा
लुभाँदानो।
गान पट ऊधमो नन्दमहरदा नैन सैन मिला दानो॥
करदानी वस साड़े ख्याल पड़ा रहदा पल पल मन
ललचाँदानो।
चाहत सकल खुशी अपनीको बातें कहदा सुना दानो॥

२

बदरा झूमर लाइयां आए घिर घिर कैरो।
एक अखियांगे कारो निश सावनकी मोरन
शोर मचाइया॥
पीपी कहत पपिहा धावत पवन चलत पुरवाइया।
ख्याल खुशाल श्याम मिलनेकों कोयल कूक सुनाइया॥

झिंझौटी ठुमरी—तिताला

बगीयानोवे तेरे नैन निजारे।
आमिल मेरे यार पियारे॥
मीठी यानो ख्याल कुशाल देखारे।
नन्दमहरिके कुंवर दुलारे॥

२

कहाँ बजाईरे कान्हा वृन्दावन मांझ बंसुरीया।
भनक परो श्रवननमें सखीरी तू रस छविकन छकाई।
बाढ़ो चाह रुकत नहीं रोके देखन कुमर कन्हाई॥
नए नेहको उरझन सजनी कापर वरणो जाई।
ख्याल खुशाल करत व्रज मोहन कुञ्ज कुञ्ज छवि छाई॥

झिंझौटी—तिताला

राधावर कुञ्ज विहारी दूले रूप मोहनी छाई वृन्दा
विपिन मझारो।
निरखत मोहि रही व्रजवनिता अङ्ग अङ्ग सुकुमारो॥
कुञ्ज कुञ्ज में केल करत ख्याल खुशाल अपारो॥

२

तानू तकदी आइयां सोणा मेंड़े जानी।
हो रहीयां मुश्ताक निजारेदी नए नए नेह
उरझाइयाँ॥

३

नाल तुसाड़े नेह लगाहै जगमें कौन सखीरी जोए
फारो गोपिया।
यह दुख देखके कठिन सखीरो मुंह अपना पपीहा
ने मूंद लिया॥

४

श्यामकारे मन भाइया।
विलसे ख्याल खुशाल कुञ्जनमें यही चित
रचि चाहिया॥

५

वारी वैस नन्दलाल मिले तो घरी घरी पल पल
लिपटाऊं।
अरे अरे लाला उमग भरो रति छतीयन लखि
मदन गोपाल॥
लावे बुलायनो सइयों विरहिन बेहाल॥

६

अरे अरे लाल नए नेहको बतियां पिया कहियो जाय,
कहा कहत गिरिधरजू कुछ कहो सुनाय॥
अरे अरे लाला प्रीत बढ़ी हिय सजनो ज्यों चन्द चकोर,
विन देखे जिय व्याकुल नन्दकिशोर।
मदन चोंप जिय उमगी उत पिय मचलाय
कैसे कोजो सजनी दुख सहोन जाय॥

७

अरे अरे लाला पिय चतुराई।
देखो सखी नैन मिलाय कौन मानको रितुहै जो
कहो सुनाय॥
अरे अरे लाला वो चितवन नहीं विसरे मनहो
समुझाय।
ले आवो पिया वेग बुलाय मिलें आय पिया
गिरधर हित भगत बढ़ाय ख्याल खुशाल बढ़ाय
व्रज मधु दरसाय॥

पियको पियारी छवि देखोई कोव्हे मोहनी सूरत
मोहनी मूरत अधरसुधा रस हिल मिल लोजे ।
ख्याल खुशाल रात दिनको करोयम जगत जननको
यही सोख दोजे ॥

९

रङ्ग रङ्गोलो तेरो जोड़ो हो प्यारो लागे ।
तेसेही राम लखन दोउ भैया तैसेहो दोउ अरोहो ॥
चरण कमल पर मेहदो राजत कर सोहै कङ्गन
डोरो हो ।
पावनरे की छवि पर कानर वारों मैं काम करोरोहो॥

१०

मदसों भरी इतरात गुजरोया ।
ऐंड़ी बेंड़ो फिरत कुञ्जनमें देखत नाहीं भरके
नजरोया ॥
हरिसें भेंट भई कुञ्जनमें मानो पूरण राज उजरोया।
घरसों निकसो गोपाल दरसकों भूल गई हाट
बजरोया ॥

११

एमाजो कोमें पाय पर देतो चूक पड़ो भई मोमें एतो ।
डोलिया फंदाय पिया ले चले मोंकों नाता छूटा
नेहर सेतो ॥
जो जनतीरे बेठ विदेशवा चलतको वेर दावन
गहि लेतो ।
कहा होत अबके पछताए अवसर गयो तबे
नहीं चेतो ॥
अब पिय विन जिय तलफत जेसे जल छूटो मोन
आय परो रेतो ।
जान कहतहै प्राण कोई दममें पियको विछुर
जीजमें केतो ॥
विनती बहोत बहोत कर थकोमें पियके आवनको
नेतो ।
तब मनरो में चलतको कायम अब जिय जातहै
मोरा सेतो ॥

झिंझोटी सिन्धो—तिताला

बैस गई मोरी नेहर सेतो ।
हेतके बीज येखेत बिथारे उपजो विथा जर जाय
यह खेतो ।
करके प्रोत सब मोत विछुर गए नेहके मिले दिन
चारके नेतो ॥
प्रोत करत सुध गई विछुरनको अबतो कहा होत
जो चेतो ।
दिल मिलके परदेश चले गये जोबस होत जाने
कब देतो ॥
अब कोई जगमें प्रोत करो जिन मानो बात
हमारो एतो ।
आप तरों जग तारों कायम प्रोत लगाऊं
सुसाहेब सेतो ॥

झिंझोटी—तिताला

मोसें नेह लगाया चाहत है फेर छुड़ावतरे देया ।
हमारी आँख बचाय अवरसे आँख लगावतरे देया ॥
हाहा करजो अपनी सभामें लाऊं तो अलसावतहै
बैठे नहीं उठ जात और कहीं रैन गमावतरे देया ।
यह जगमें है जोई पियारा बाकों देखा वही सुभाव
जाकों देत हंसाय वाहोकों फेर रोलावतरे देया ॥
है जग जैसे काठ पुतलिया बूझो मनमें विचार के
नाँचतहै दिन रैन वहोजो नाच नचावतरे देया ।
सहज सहज जग तजदे कायम साहेबसे मनुआ
लगा वाको शरणमें आयके फेरको बहकावतरे देया॥

२

अरो में पियासों प्रोत न करतो ।
यह दुख मोपे काहे कों पड़ता प्रेमके पेंड़े जों पांव
नधरतो ॥
मोह जरायो विरहा अगनमें जों पखो दोपकमें
जरतो ।
अब पछताये होत कहा कायम मनमोहनको
चरणन परतो ॥

३

बिछुरत नहीहै वार जगतका मेलारे ।
आखर चलनाहै छिन माहीं एक दिन सांझ सवेरारे ॥
मतकर मोह तनक जोवन पर नाकर धन संकेलारे ।
सबहो धरा रहत धरणी पर जब जिय जात अकेलारे ॥
अपनो अपनी गरज कारण कुटम भयो है मेलारे ।
इनमें ना हरि विन कोई तेरा हस्तराम दहेलारे ॥

४

बूझ नहीं मन तहांन जइये ।
आदर घटत अनादर होई कँचन बसत तभइये ॥
जानत नाहीं मरमको बातें गुन्हा पान नहीं कहिये ।
हरि विमुख जगमें नर सोई ताको सङ्ग न पइये ॥
खर कूकर कौवाको नाहीं ताके सङ्ग क्या लइये ।
कहै कबीर वलिहारी ताका हरिचरणन चित दइये ॥

५

सब जग धन्धाहै धन्धा पहचानत प्रभुका वन्दा ।
पुत्रादिक मित्रादिक अक्लो महामोहका फन्दा ॥
तन धन काम कारणे केते मूरख पच पच मरदा ।
मैं मेरा तैं तेरा करता आप खजावे अन्धा पर निन्दा ॥
अपवाद ईरषा किसके काज करन्दा ।
छिन छिन कालतकावे तुझकों मारेगा मति मन्दा ॥
वेपरवाह बन्दगी करना रहेन सदा स्वछन्दा ।
हस्त राम हरिभज भव तरणा जानोसों आनन्दा ॥

६

लिखोसो विधि नाहीं टरे ।
कहाँ शशि सूर कहांवो राहु सनमुख आन अरे ।
पण्डित व्यास वशिष्ठ आदिदे लिखि लिखि लगन धरे ॥
दशरथ मरन हरन सियाको वनमें विपति परे ।
भीषम करण द्रोण भीमा ढिंग तासों नाहीं डरे ॥
भरी सभामें द्रोपद सुताको पट दुःशासन पकरे ।
सुर नर मुनि असुर पन्नग सब भागो वसहो परे ॥
तीनलोक चवदा रतन मथ कर्मगतहो अनुसरे ।
सूर श्याम चाहै सो करिहै वृथाक्यों भ्रमत फिरे ॥

७

सालिगराम सुनो विनती मोरो यह वरदान दया कर पाऊं ।
प्रात समय उठ मज्जन कर कर प्रेम सहित प्रभुकों अन्हवाऊं ॥
धूप दीप चन्दन तुलसीदल भाँति भाँतिके पुष्प चढ़ाऊं ।
आप जाय सिंघासन बैठे घंटा शङ्ख मृदङ्ग बजाऊं ॥
एक बून्दचरणामृत पाऊं पित्रनकों वैकुण्ठ पठाऊं ।
जोकुछ मिलत सहजमें अब दिन भोग लगाय फिर जूंठन पाऊं ॥
जंह लग पाप कियो दुनीयांमें परिक्रमाके माथे बहाऊं ।
छूट जात डर भवसागरको सब देखत वैकुण्ठ सिधाऊं ॥
अंबरदास कहै कर जोरे प्रभु दासनको दास कहाऊं ॥

८

राम कृष्ण वासुदेव हरे हरे कहो मन ।
केशव यादव जय वंशीधर देवकीनन्दन कर मुरलीधर चक्रपाणि मन ।
मोहन मधुसूदन पारब्रह्म परमेश्वर ब्रजपति कंस-निकन्दन पीताम्बरधर ॥
माधव दीन-बन्धु करुणामय माया-पति मुकुन्द मनोहर ॥
हित परख रमारथ श्रीनन्दनन्दन दीनदयाल दयानिध चिन्तामणि मणि-मानस अन सकल धर ॥

९

देखो राम नामको माया ।
यह जगमें आयके कोउ नहीं उबरा जैन नारि फसाया ।
विषया तनकों कौन चलावे सुर नर मुनि सबहो नचाया ॥
आवत जात फिर फिर आवत ऐसा फेर लगाया ।
कहै कबीर तेरो बलजाऊं ऐसो जाल बिछाया ॥

तुम तज कौन नृपतिपै जाऊं।
मदन-गोपाल मण्डली-मोहन सकल भुवन
जाको ठाऊं।
तुम दाता समरथ तिहुं पुरके जाके दिए अघाऊं॥
तुमही छोड़ और कित जाचूं पर हाथ कहा बिकाऊं।
परमानन्द दासको ठाकुर मन वाञ्छित फल पाऊं॥

११

मैं तो महीदे कारण लुटीयाँ मैड़े माहीड़ावे।
जावोनी कोई मुहले आवो मैड़ा मीयाँ इश्क लगा
जिन्द फन्दीया मैड़ावे॥

१२

ब्रजकी रजमें भई क्योंन बीर।
परी रहत गोकुल की डगरमें उड़ उड़ लागत
श्याम शरीर॥
सुर नर मुनि ब्रह्मादिक दुर्लभ श्रवण सुनत
वंशीवट तीर।
चन्द्र सखी हित वालकृष्णछवि मिलगए मोहन
मिट गई पीर॥

१३

मन लाग्यो कान्हा अनोखेसे।
साँवली सूरत मोहि लियौ मन मोहनवा नीकेसे।
गुरु जन पूरं रसिक विहारी वेखनदे तन तोखेसे॥

१४

वारी श्यामा इहि कुञ्ज मग आयजा।
पीतम नैन चकोर चखतहैं वदन चन्द दरसायजा॥
मुखतें नेक निधारो नोलपट छविसों
मुरि मुसिकायजा।
नागर नवल किशोर लाल पर चितवन रस
बरसायजा॥

१५

अखियाँ कृष्ण मिलनको प्यासो।
आपतो जाय द्वारका छाये लोक करत मेरो हाँसी।
आमको डार कोयलिया बोलै बोलत शब्द उदासी॥
मैंतो जनमें ऐसो आवतहै कर करवत लैहौं कासी।
मीराँके प्रभु गिरिधर नागर चरण-कमलकी दासी॥

१६

रघुवर कौने वन जाऊं मेरी गोदीरे वालकवा।
रोवै हरण गोद लिए वालक एक ओर वधिका
शिकार।
सर लिये एक ओर व्याधा एक ओर जाल फन्दाय॥
अब नौकै वन्ध भुवङ्गम व्याधा आवै जाल उड़ाय।
विषधर डसो बधिकसों तबही मृग बहोत हरषाय॥
उठी हिरनी हिरण और वालक यह गत लखीन जाय।
धन धन धन प्रभु सूरके स्वामी राख लिये शरणाय॥

झिंझौटी—धीमा तिताला

प्रीत कर कौनहूं सुखन लह्यो।
प्रीत जगोकरी पतङ्ग दीपकसों अपनो तनजो दह्यो॥
अलिसुत प्रीत करी जलसुतसों सम्पुट वास रह्यो।
सारङ्ग प्रीत करी नादसों सनमुख वान सह्यो॥
हमजरी प्रीत करी नन्दनन्दन सों चलत कछुन कह्यो।
सूरदास प्रभु तुमारे दरसकों यह जाय सोच रह्यो॥

२

वोदधिदानी कानुड़ा मैंडा जान।
यमुनाके नीरे तीरे वंसरी बजावे गावै नौका तान॥
घर अगनान सोहाविन भावै वस कर लीने मेरे प्राण।
विष्णु दास कों कलन परत दिन देखे तेरी आन॥

३

जोवनदा साड़े माँगदा मसूलनी कौन कोना वट
वालनी।
जोवनदा कर किसने लगाया सुन सुध बुध गई
भूलनी॥
गोकुल गाँवका रहना छाँड़ो कालिन्दीका कूलनी।
विष्णु दास न पास वसनदा धरम नहीं निरमूलनी॥

झिंझौटी—तिताला

किन दई इसनू हाकिमी जोवनदा कान्हा
माँगदा जगातनी।

जोवन जगात सुनी नहीं कबहूं इह बचरजकी बातनो ॥
त्याग करो यह ब्रजको बसवो चैन नहीं दिन रातनो।
ठंडो राम सुख कैसे पइए इन लोचन जिय जातनो ॥

७

सांवलड़ा जोवनदा साड़े हासल मांग दानो।
आंदे जांदे इस राहदे अन्दर किसनू न लीता जगातनो ॥

झिंझौटी—धीमा तिताला

सतगुरु जागे जग जंजाल कृपा कर कर किए निहाल।
कण्ठी बांध किया जिन सेवक नाम सुनायो श्रीगोपाल ॥
श्रोंकारका तिलक बताया नाम जपनको तुलसी माल।
पूजाकी सब रीत बताई एसे किरिया करो त्रिकाल ॥
तिमिर दूर कर ज्ञान दिखायो घटमें दीपक दीनो बाल।
महानभावके पद बतलाए समय समयके सुन्दर ख्याल ॥
सप्त सुरन और तान ग्राम भलो राग रागिनी औ सुरताल।
ऐसे ठंडा राम गुरु स्वामी विष्णुदासको करो प्रतिपाल ॥

झिंझौटी—तिताला

श्याम तेरी वंशी में जबतें सुनी।
सुर नर मुनि थकित भएहैं श्रवण परी जब धुनी ॥
स्वर्ग लोकतें रम्भा आई नारद गन्धर्व गुणी।
सप्त सुरनसों तान मधुर धुनि राग सागर में लीनी दूनी ॥

२

कान्हा तैंने वंशी बजाय जादू डारारे।
जन्त्र मन्त्र टोना पढ़ पढ़के वस कियो जियरा हमारारे ॥

नदीया किनारे किनारे गोरीया सुधारे बार।
इततें आए कृष्ण सावरा उततें आई ग्वारि।
रङ्ग रसावते पूछन लागे कौन पुरुषकी नारि ॥

पिया बिन कैसे कटे दिन रतियां।
बिरह अगिन मोहि आन दहतहै फटो जातहै छतियां ॥

५

जोगी बिन आज मढ़ैया सूनी।
कित गए आसन धूनी तजके कहां अलख भनी ॥

६

गुमानी नन्ददे छैला साड़े नाल कदोतो बोलवो।
भूख गई निशा नींद न आवे छिनडे नोको जिन्द घोलवो ॥
निठुराइयां तेनु किन बतलाइयां दिलदी घुंडी खोलवो।
सुखदाई महबूब पियारे बिन दामा लीतो मोलवो ॥

७

सांवला यार सितम करंदे बांके नैना तेड़े जालम जोरवे।
अकथ कहानी जानी तेंड़ड़े हुसनदी जोवनदी अजब मरोरवे ॥
लोग दिवाना मैनु देदा बुगइयां इश्कांदा पर गया शोरवे।
रसिक गोविन्द अभिराम श्याम तुम जादूगरहो चित चोरवे ॥

८

तोरी चितवनदी कारे करैया।
निरमोहिया तू छलिया कन्हैया ॥
तिरछी चितवन लग गई कारी देखनको अब कोहै महैया।
कायम छिन पल कलन परतहै राखु शरण तेरी लेत बलैया ॥

९

बनवारारी वंशीया लागी तोरी प्यारी।
वृन्दावनमें खड़ी राधा प्यारी अखियां लागो मतवारो बिरहिन लागी जिया विहारी ॥

कलालोरी मदकों मधवा पिलावे कला० ।
हाथको कङ्गना दूंगो गलेको हरवा दूंगो अच्छी नोको
भरदे गुलालो ॥

११

सदा समभाय रहियाँवे लाखों वार ।
महोदे कारणवे ढूंढ़न चलियाँवे खड़ावे उड़ोकाँ
रावो पार ॥

१२

मन गइयां तेड़े नालमैं भूलो मेड़ो जान ।
नैना तुसाड़े बाड़ो वरछोदो नोकों ज्यों भामोत्यों पाल ॥

१३

लाड़ो थारो भाग चम्पेदा माणावे ।
बागभो तेरा वारो बगोचाभो तेरा बोच महबूबाँदा
थानावे ॥

१४

तेड़ेवे कारण वे मैड़ा बागाँदा वासीवे ।
वागभो तेरा वारो बगोचाभो तेरा तू बागाँदा साइयावे ॥

१५

भला जाने वाले मेड़ो सुरत विसराईवे ।
जिस तन लागे वारो सोई तन जाने मैड़ा सोणा
तू क्यों जाने पोर पराईवे ॥

१६

नैना ताड़े जोर विरहियाहो ।
कबको मैं ठाड़ो ठाड़ो अरज कराऊं इतनो अरज
मेरो मानलीहो ॥

१७

फंदा क्योंकर छुटदा मेरी जानवे ।
चलोवे मैंवारो छैला सिर पर गागर भरो ठुमक
ठुमका पग रखना जानवे ॥

झिंझौटी—धीमा तिताला

पनो हांडावे रङ्ग भुर मटड़ा ।
साथों कुड़ोयां मिल पनियांनु चलियां उधर गयो
तेरो घंघटरा ॥

रबा माड़ो सुनवे गरीबांदो भला ।
विछुड़ेनु कोई आन मिलामो रब करे तेड़ा भला ॥

झिंझौटी—तिताला

बेरावलियां तू मेड़ो गलां माणवे ।
बाबुल खेड़े वारोवे जम जम बसदे वो मोयां खेड़ादे
खेत बबूलवे ॥

२

बलमा एसो बांसरोया तैंने काहेकों बजाई ।
वह गामको नाम न जानूं जहाँ उपजे यह बांसरो ।
श्रवण सुनत सुध बुध सब विसरो लेत निश्वासे सांसरो ॥

३

कहै केवट प्रभुसों मत छुवो पांवसों नाई ।
सुनोयत पाथर नारि करोहै मेरो यही कमाई ॥
कठवत माहे चरण धराए गोद लिये बैठाई ।
डरत डरत पर पार उतारे रीझे श्रीरघुराई ॥
कर भूषण उतराई दोनो ताहि कर नहीं लाई ।
नाई सों नाई न लेत मुड़ाई क्यों मल्लाहसों मल्लाई ॥
तुम तारत भवसागर जनकों हम उतारत धर नाई ।
प्रेम रङ्ग प्रभु काकुत्स्थ दोनो हंस मलाह गरे लाई ॥

४

लगन मोरो लागी पियसों ।
जबरे लगी तब लगत न जानी मन वस गई जियसों ।
कृष्णानन्द भईमैं बावरो रोम रोम हियसों ॥

५

जो सइयां चले परदेश गवन विष खाय रहिहोंरे ।
सास बुरो मोरो ननद चवैया उमग दिलको मैं ना
कहियोंरे ॥

६

कान्हा काँधे कामरिया और शिर पर मुकट
कटि पोताम्बर हाथ लकुटिया छाजे ।
अधर धरे बंशी मनमोहन सप्त सुरनसों गाजे ॥

७

सुरत मोरी मोहनसों अटको ।

अबते चोट सरोज भएहो व्याकुल फिरौं भटको ।
वंशीवटके निकट हरि ठाढ़े छोन लई मटको ॥
दुरजन लोक चवाव करतहैं सास नदद हटको ।
ब्रह्मदास छवि कहा बखाने बा नागर नटको ॥

८

बिरहिया आज मइकों विरह जनायोरे ।
विरहाको मातो बन बन डोलौं कतहूं खोज
नहीं पायोरे ॥

९

रजबाड़ेका जाना छोड़दे ।
सइयां इतनो अरज मोरो मानले ॥

१०

मन हर लीनो मेरो इन सांवलियाने मोपे डारके
प्रेम प्रीतको फेरो ।
बिन देखे मोहे कलन परतहै सुनरो सखो कंसो करिये
बाको तो सूरत छवि हित चितमें बसतहै नैनमें
फिरत रहत घरो पल छिन भव नहीं छूटे अपनो
मौजसे कोऊ कहा बहुतेरो ॥

११

अरे तू न जायरे जोबनवा ।
कैसे कर राखूं में अपने मोजसों मनमोहन पिया
नहीं घरवा ॥
कलन परत घरो पल छिन सखो मोहै मदन कदन
अति जदन करतहै मनवा ।
हित चित मोत नित बसे नहीं नेड़े छतीयां उमग
धक धक करे सजनी नींद नहीं आबे पिया बिन विरह
सतावे मइओं सूनो भवन लागे डरवा ॥

१२

सांवलियारे मोरी नरम कलैयां जिन तोरो ।
हौं जमुना जल भरन गई सांवलियारे ॥
घरे हरि मोरी भरीरे गगरोया जिन कुवो सांवलियारे ।
माधोदास गुण गावहिं में तो चरण-कमल वलहारो
सांवलियारे ॥

१३

हांरे मोरे माथेको गगरोया ढुरकाय डारोरे ।
दधि मेरो खायो मटकिया फोरो नरम कलाई
चटकाय डारोरे ॥

१४

सइयां मत जाइयो विदेशवा मोरा जोबनहै मतवार ।
हाहा करतहौं पइयाँ परतहौं विनतो सुनले सइयां
हमार ॥ मत जा० ॥

१५

मुरलिया बाजो बनमें ।
आधो अधो रतियाँ टेर सुनाबे कुञ्जलता घनमें ।
तीखी तान आन मनमथको वेध रहे तनमें ॥
निरतत अङ्ग बिभङ्ग सांवरा गोपिन के गनमें ।
कृष्णरङ्ग सखो सरबस वारे आनन्दहै मनमें ॥
हरे बांसको बाँसुरो, निकसी परवत फोर ।
जोमें एसो जानती, लेती तार मरोर ॥

१६

रसोया नागर कान्ह कोथा गइलोरे वँधु ।
आमार नागरो आइलो वँधु खाइलो नागर पान ।
बैठन देवो शोतलपाटो जोवन देवो दान ॥

झिंझौटी भूपाली—तिताला

तुम पार लगाय देहो कन्हैया मोरो नैयाहो ।
तुमहो ठाकुर तुमहो परमेश्वर तुमहो राम रमैयाहो ।
तुमहो जगत उधारण तारण विनतो करूं परूं
पैयांहो ॥
तुमहो तुम दोस्त मब ओरे तुम विन कौन
रखैयाहो ।
कृष्ण सनेहो में तेरो वल जाऊं भवसागर पार
करैयांहो ॥

झिंझौटी—तिताला

नन्दनन्दन बुलावैरो कदम तरे चल सजनो ।
सुन्दर वदन मदन-मन-मोहन मृदु धुन वंशो बजावे ॥
तुम विन श्रीवृषभानुनन्दिनो उन मन और नभावे ।
राधा राधा नाम रटत मुख जानकीदास सुख पावे ॥

नैन विरछिया तोरे पियारे।
अनियारो उजियारे कजरारे चञ्चल नैना अतिरतनारे॥

२

नजानो कोने बजाई मुरलीमें एसी तान।
जबही भनक परी विरहाको बीरन भूल गई
गुरु ज्ञान॥

रातके सइयाँ तुम कहाँ कहाँ जागे भोर भए तुम
आए मेरे आगे।
कवन नवलतिया रस बस कीने कर लीनो
भाल महावर नैन अनुरागे॥

५

मदकी गागी दीनीरी सुन ननदीया वीर तिहारा।
ना मैं बोली ना मैं चाली मदनवान मोहिको मारा॥

६

रमैया मोरीरे नैया लगाय दीजे पार।
भवसागर अपार बहतहै प्राची बहै बियार।
औघट घाट नावहै झांझरी केवटहै मतवार॥

सुध नहीं लीनो हमारो सइयाँ मोरा कौन
देशवा गए।
कौन जतन मोहै खबर सुनावो वन्न वन्न जाऊं
तिहारी सजनी कौन देशवा गए॥

८

चुरीयाँ चुभ गईरे मोरी नरम कलैयारे।
ना पहनो मोरी सास रिसाई सइयाँके करेजवामें
चुभ गईरे॥

९

गईरे सागर पनीयाको।
गागर भर हमजो चलीरे सागर, चिकनी माटी पग
रपट गयो घड़ल फुट गयो सासु ननद कहै मातोरे॥

१०

आगे ठाड़े मनमोहन सोहन यमुना पानो नजइहूं।
मटकी झटकी भू में पटकी नैनन सैननदे घटकी
तन मन वस सब भइहूं॥

११

उन विन जियरा निकसोई जात कोउ सईयाँ
कों नहीं मिलात।
चञ्चल बिन मोहि कल न परतहै कैसे कटिहों
दिन रात॥

१२

पिया बिन वन फिरूं अकेली साथ नहीं कोई
सङ्ग सहेलो।
सिन्ध रीछ बटपार वन मेंहाफिज नहीं कोई पास
सजन मैं० नवेली चलहूं अलवेलो॥

१३

अब मोहि तारणकी वारी सुन लीजे अरज हमारो
गिरिधारो।
लख चौरासी भटकत भटकत आए शरण तुमारो॥

१४

बस गयो बस गयो बस गयोरी मन मोहन मन मेरे।
छवि देखत जीयरा निकस गयोरी॥
दिन नहीं चैन रैन नहीं निद्रा चितवन में जिय
धस गयोरी।
काजिम रोम रोम तन भरे नन्दको लाल विलस गयोरी॥

१५

छवि देखत मन मेरा अमनायोरी।
लोक लाज सब जीसे निकस गई जबसे श्याम मन
वस गयोरी॥
कोउ कहत मोहि भई बावरी कोउ देख मोहि
हँस गयोरी।
नित प्रति देखहु कायम हम कहँ दरसन अपना
बकस गयोरी॥

१६

झुरमरटदा मैंडी लटिरँदा माड़ें सेनावे।
रात देहा मैंनु वे ध्यान तुसाड़ावे मांदल भोनो तैंडो
पटोयांदा माड़ा साहबांवे॥

१७

मन मेंड़ा चाहे तेनू सांई असीं बंदीयांवे।
रोशन तेड़ी ले दे बलाइयाँवे तेड़ड़ी आन मेनु
भंदीयाँ साइयांवे॥

१८

राझन साड़ी गली आव होर मो जीव जिबावे।
कित वल जांदा वारोवे कितवल बसदावे कैसेके
मन समझावे॥

१९

तांड़ेवे कारणवे आयानो माड़ा बागांदा वासीवे।
बाग भी तेरा बगीचा भी तेरा तू बांगादा साँईवे॥

२०

बांके नैनाका मारा भला म्हाका राज।
एकतो नैना वारीवे वेख नजर भर देखे आवे लाज॥

२१

आवना म्हाके देश सांवला बनवारी।
म्हारे थारे मिलनरी मनमें रहेछे आन मिलो गिरधारी॥

२२

वंशी वालाहो आजा म्हाके देश।
थारे कारण मैं ढूंढ फिरोंहूं कर जोगणरो भेश।
घर घर वन वन नगर नगरमें आय मिलो वाली वेश॥

२३

अंमा वालगोविन्दा पर गुटो टयु चूड़ चूड़।
पीर गुटो टयु वालमुकुन्द पुन चूड़ चूड़ मासुर
पुड़ पुड़॥

२४

लाग गईलोरे हमारे नैना एक कन्हरवाकी चोट।
तिरछी चितवन देरके वस किये प्राण हमारे॥ ला०

२५

भर गए नदीय उमग गए नरवा अब कैसे घर जाऊं
मोरो ननदुल।
उमगी जोबना भएहैं सागर अब कैसे राखूं एमोरो
गुइयां॥

२६

अंखो अंखो लगाय लिए जायरे देखो देखो लुगैया
गंवाररे।
अनवट सोहै बिछुवा सोहै चलत कमर लचकायरे॥

२७

बंशी बजतहो करेजे में लग गईरे बाजो बाजो
मोहन तेरी बाँसरीया।
तान वानसों मारत लेत निकासे सांसरीयाँ॥

२८

एस बागके मेले में चलकर यार देखो तमाशा
परियांका।
ठंडी हवाहै छाई खड़ाहै मोती झील पे यार क्याहै
बहार॥ दे०॥

२९

विरहिया आज मोहिको विरह सतावैरे।
वृन्दावनकी कुंज गलीन में मृदुधुन वंशी बजावैरे॥

३०

मोहन प्रीत लगाए हंस मधुर वेणु बजाए।
जन्तर मन्तर जादू पढ़ पढ़ मधुर मधुर सुर गाए॥

३१

गोरी मलोगा तेरो कोऊ नहीं तेरे साथ।
मनमोहन सों प्रीत तू करले भुज भरले तू बाथ॥

३२

पिय सङ्ग लागारी जिय सारा मेरा।
कासे कहूं मैं आज पियाने आंचकहो मोहि घेरा॥

३३

मैं भूली नेहा लगोवो नेहा लाया।
जिथ्थे जोर नजारा लगदा तिथ्थे दिलनु अड़ाया।
सङ्गले जावो ढूंढ़ पहां चावो बड़ा भार उठाया॥
रव नाल नेहडा कोता अमानु जोवनदा सुख पाया।
भजन तेड़ा बाज बनाहो आशिक नाम धराया॥

३४

साजन लेगये मदको लेगये रतियां भुलाय।
जान विना हम व्याकुल सजनो उन विन कछून सुहाय॥

३५

ननदोरी सइयां काहेकों रिसायो।
बाट तकत रैन बीत गई न जानु जाय कहाँ ठहरायो॥

३६

दैयामें कहा करूँ सइयां कोन गुण उतरूँगी पार।
पहेलारा टिकारा लागा मारा गुइयां चेतकी
आईरे वहार॥

३७

मोरो पियाकि आवनकी कोन कहे अब कोन कहे।
बेजो गए एसे फेर न आए मदन कदन अब मोहि दहे॥

३८

माधो केशन सों डगर। बुहरतो माधो।
जोमें जानती सइयां मोरे आइलो फुलवन सेजियो
बिछावतो माधो॥

३९

नजरीया का मारना जावे।
रे बरछाका मारा वारी काई दम जावे नैनाका मारा
मरजावे बिचारा।
औषधि मूल एक नहीं लागे छत्रानन्द रूप मतवारा॥

४०

सइयां मोरो अंगुरी मुरक गईरे।
एक डरहे मोहि सास ननदका चोलाया मसक गईरे॥

४१

सइयां नेक मोंके बोलो जियरा जइहे रिसाय।
अन्त कन्यको काउ न जाने देखत मन ललचाय॥

४२

तोरा मोरा जियरा एकरे जानो।
जानो मिले दिलदार गुमाना प्रीतकी रीत न
छानारे जानो॥

४३

अलकें तोरा घूँघरवाली अरे वनबारोहो।
वृन्दाबनमें खड़ी राधा प्यारा चाल चले मतवालो
मदकों लागे नीकी प्यारो॥

४४

पनीयां ना जइहोंरे मोरी जुलम कर गई जेठनिया।
सिर पर घड़ा घड़े पर झारो पतलो कमर
लचकनिया॥ मे०॥

४५

पनघटमें ना जइहोंरे मासें मोहन करत बरजोरो।
बाट घाट मग रोकत टोकत झक झोरत बइयाँ मोरो॥

४६

रोड़ा माहोड़ावे कूडे बाल न बाल।
अवध बदो वारा अजहुं नहीं आए कोताना साडे कोल॥

४७

साड़ा गलो आँमो वामाणा।
नैनादा तपत बुझामोवा मांणा॥
आवण अमा मुखाक तउरे देवे आयो काई टपेदो
नाम सुणामोवो सोणा॥

झिंझोटी—ताल जत

लेगया जियरा लोभाय जानम लेगयो हमरा।
हे कोई यह दुखका बटोया याको काउ जा समझाय॥

झिंझोटा—धीमा तिताला

रसिया जोबन वाला मेरा प्यारावे।
सिर माहे सेहरा हाथ माहे कंगना जावे राजदुवारा
मेरा प्यारावे॥

झिंझोटी—तिताला

घूंघर वाला बाला मेरा बनरावे।
मुसकाना सिरते सेहरा विराजे अजो बनो घर आया॥

२

झोनडे वाला नाला सइयों दिल लगोयांवि।
झगड़ा भगड़ा तिखड़ा वोकड़ा सभा रतां जगोयांवि॥

३

सांवल प्यारावे आमिल मंडे नाल।
तुझ जेहा मेनू हारन दिसदा ज्या भामा त्यों पाल॥

४

ढोलन प्यारावे आमो माड़े देश।
तेड़े खातर वे जागन हुइयों छुटे लावड़े साड़े केश॥

साड़ी की तकसीर मायां रांझावे ।
ज्या तू छाड़ कर मैनू गया विच्च अवेड़े रव वरण
लोंतो फ़िर कर यों कहदा हारवे ॥

६

बंशी नोको बजाव मोहन प्यारावे ।
जन्त्र मन्त्र टोना जादू करके वर अङ्गना न सोहावे ॥

७

ना देहों बदनामी कजरारे ।
ए कजरा मेरे नेंहरसे आया जर जर मरे मोरी
ननद जेठानीरे ॥

८

तं मोरी मसकाय डारी अँगिया ।
जावो जल्लालटान हमसे न बोलो तुम नाहीं मोरी
कुच तोर डारी अँगिया ॥

९

तोहे रास रचैयारे दिखाई ।
कोट बार रजी नहीं मानो देख मोहन मोरी लाख
लोकन में लाज गमाई ॥

१०

भर भुज मसको देयारे ।
जात हतो मैं अपनी सोंजसे नाजानू इधरसे आए
अचानक मारग घेरो मेरो ढोट कन्हैयारे ॥

११

पानीड़ा भररे मदमाती गुजरिया ।
रेशम डोरो मोनिदा गगरा रतन जड़ाऊंकी इंडुरोया
उमगसे रस भरे गागर शीश धरे सा मदमाती
गुजरिया ॥

१२

ए में तोरे विन वेकल भई सारो रैन ।
सगरो रैन मोहे तलफत बीतो सइयां नहीं
आयो सुख देन ।
कृष्णानन्द मोहे हृदय लगावहे बोल अमृत के देन ॥

१३

नोका लागना अच्छा शावे जियरा मोरा मानत
नाहीं अब तुम जावोरे ।
बाटके बटाइया पइयां तोरो लागूं इतना सन्देसवा
ले पहुँचावोरे ॥

१४

बालमने चल मइकों डालाया फन्दाय ।
नेंहर में मारा है कोई ऐसा मखियन जाय सुनाय ॥

१५

गोरी लट छाड़ देरी तेरा लटायामें काला नाग ।
कालेके काटे हमजा बचारे अपने सइयांके भाग ॥

१६

बनरा मेरा अच्छा नोका लागारे ।
चुन चुन कलियां में सेज बनाऊं रहस रहस
गरे लागारे ॥

१७

बलमा मोरे उचट गईलो मोरी नींद हो ।
जामें एसो जानतो प्रीत न करतो बिन देखे नहीं
चैनहो ॥

१८

एरोए में तोरे बिन वेकल भई सारी रात ।
सगरो रयन माहे तलफत बीतो सइयां नहीं
आए मेरे पास ॥

१९

रावलाको कोई न मारा लग गई प्रेम कटारी ।
काई बोले रामा रामा काई बोले हरि हरि ये नदंया
तू काहे बरिन भईरो ॥

भिंझौटी—पौना तिताला

अरे बांके यार कहां लेना जाइयारे ।
पाँव मारा भारी चल न सकतई ऊंचे अटरिया
चढ़ाए लिए जाइयोरे ॥

भिंझौटी—तिताला

कलालोरी मइको मधवा पिलावे ।
हाथ का कंगना दूंगी गलेका हार दूंगी अच्छो नाको
भरदे गुलाली राम ॥

आगो सारी रात बनरा जोवेरे भलावे।
बनाके खातिर वारीवे बाग लगायावे मीयाँ या बनरो
रङ्ग भीनावे ॥

३

तू की जाने वेदिलाँदी मेरीयांवे।
जा तन लगे सोई तन जाने दिलनु थीर नहीं सेरीयांवे।

४

कटारी जिन मारो सइयां कारी लग जैहै।
एकतो कटारी दूजे विरहने मारो तोमरी कटारी
मोरे कारी लग जैहै ॥

५

ढोलन सानु जटियांदे केड़े नहीं जानारे।
जंग सोयालेदी जालम जटीयाँ तनु राखे विलमायावे
इस देसकी जालम जटीयां जंग सोयालेदी थानावे ॥

झिंझोटी मपालो—तिताला

अब जल भरन न जाऊंरी ननदोया।
जैसी बात हरि कीनी मोसों तोसों कहत सकुचाऊंरी
जब जब आवत याद बात वह समुझ समुझ
पछताऊंरी।
जानकोदास कैसे बनहै यह अन्याव तेरे गांवरो ॥

झिंझोटी—तिताला

सइयां की सेजिदा में कैसे कैसे जाऊं लोक दहनवा
जागेरो गुइयां।
कृष्णानन्द पहिर बैठी में रङ्ग रङ्ग के बागेरो गुइयां॥

२

'मोरा गवन लिए जाय वदरीमें सुनियेरो।
मोरी वगर परोसन हितकी जाय कहो गोकुल नगरो

३

भोनड़े वालड़ा वाला मेरा बनरावे।
हंसकने सिरते सेहरा विराजे अच्छो बनो घर
लाया मेरा बनरावे ॥

बनी बना संग अज बबनोरे।
कुसम सेहरा शीश दोउनके चांद सूरज मिलगई मगनो॥

५

सइयां निरमोहिया में कौन मग जाऊं।
नैहरको मैं राह न जानत भूल गईहों वा गाऊं।
कहाँ नाते लाए तुम मोको जानतही नहीं नाऊं॥
ऊंच नीच पथहै सब जगको परत नहींहै पाऊं।
जगतनाथ को लाए जहांसे पहुंचावो वहीं ठाऊं॥

६

लागा झकोरा प्रेमका गोरी सोय गईरे।
सासुजीको बोलन बोलोरी कोयलिया डर लागेछे
मैं मोह गईरे ॥

७

जो नहीं लगदावे रावला मेराजो।
खेड़ेनु छड़वेके कितवल चलोयांबे मोयां जित वल
वस दानो रांझणाजो ॥

८

नाहीं करत मोरी बहियां मरोरो यह तोरी
वर जोरीरे।
अंगुरी पकरत पहुंचा पकरा वोही कहावत तोरीरे॥
गोरी ठठोली मोसन छोरी कोऊ जानो छोरीरे।
हाफिज तुरक मिल अङ्गुरी मरोरी गाननको कहा
पोरीरे ॥

९

वाको कौन नगरमें ढूंढूं वाको कौन डगरमें पूछूं
वाको कौन वगरमें पाऊं वाको कोऊ बताउरे।
नगर डगर वगरमें नाहीं हाफिज उत विरम रहो
सांई कोऊ दूंढ़न पाए वोतो आपो चाहे आएरे॥

१०

वैरन बँसोया बाजोरे नींद उचट गई सइयां हमरो।
हरे बांसको बांसरीरे कोई मोहनके मुख लागीरे।
कृष्णानन्द निशि वासर टेरत अबतो तू बड़ भागीरे॥

बोले मोर पपीहा प्यारे पुड़ीयां कड़की भुड़कीरे।
कृष्णानन्द रहत रस माते श्याम घटाहै घुड़कीरे॥

११

अपनेरो मन्दिररसें निकसी सइयांकी मैं चोरीरे।
सासकी न मानू नन्दकी न मानू मानू जेठानीया
तोरीरे।
कृष्णानन्द एक नहीं मानू श्यामसुन्दर मन बोरीरे॥

१२

वारी वारीरे सांवलीया तेरी मानकी गानकी तेरी
मान की तेरी टुमक चलन तिरछानकी।
कुम छननन पग नूपुर बाजे तुम तननन मुरली धुन
गाजे सननन सन पवन चलतहै पूर्वानकी कुर्वानकी
वलिहारी गो तेरे वारी मेरे प्यारेकी तेरे आनकी॥

१३

खड़ीवे उड़ीकां तेरी आन भला भला माही वाला।
जङ्गल जंगल वे ढूंड़ती फिरी मेरा मियां कलन
पडें जो मेरी जान॥

१४

तोरी चितवन दुख दीनो मोरे सइयां।
विनती करतहूं तोरी पइयां परत हूं तापर मानत
नहीं मोरे सइयाँ॥

१५

बस गई सइयाँ सेतीरे मा।
हितकी वीज ज्यों खेत विथारो उपजे विथा जरजाय
यह खेती।
हिल मिलके परदेश चले गए नाहक मिले दिन
चारकी नेती॥
अब कोउ जगमें प्रीत करो मत मानो बात
हमारो एती।
आप तरो जग तारौं कायम नेह लगाऊं
सुसाहब सेती॥

१६

छीन लियो रतियां मोरा जियरा।

सुपने में बालम आए सखोरी वहु भांतन सुख दीन,
किन दई मारेने आन जगाई पीय सों लीनो मोहे छीन,
विन देखे तलफत मोरा हियरा॥
नाम न जानो ठाम न जानो एसे रहे अनचीन,
नाजानू कैसी थी सूरत चित मोरो हर लीन,
है सांवरधौ मोरा पिय पियरा।
ऐसे पियाको को दिखलावे अलख लखो नहीं जाय,
जो वाके नगर को राह बतावें कायम लागे पांय,
दूर देसहै वाको नियरा॥

१७

मोरा गवनवा करदे आगे होनी होय सो होय
मेरी जान।
आंम पके अंमली और नीबू और महुवा टपकत
मदरान॥

१८

झमका तेरा नैनादा वाह वाहरे।
किन वल आंदा वारीवे कितवल जादा मेरा मोयां
सोणा आपी आपी खुल खुल जायरे॥

१९

वंशी बजाय लिये जाय हो रिझाय बुझाय
सांवलिया सलोना।
मोर मुकट कुण्डल राजे चितवनमें किया टोना टोना
जान ढौना॥

२०

तेड़ो झँझटोने जुलम कियावे अहो मुरली मैं गाय तान।
सप्त सुरन इकईस मुरछना मोह लिया मेरा प्राण॥

२१

वृन्दावन देखन कों चलो मेड़ो जान।
जहाँ कुञ्ज गलिन वटवंशी कदमको ठइयां शीतल
छइयां मधुर मधु बाजे वंशी तान॥

२२

वंशी वाले मोहन मेरा प्राणरी।
मोर मुकुट मकराकृत कुण्डल उर वैजन्ती मालरी॥

११६

२३

मोरे प्यारे पिया मोसों न बोलारे ।
धाय धाय मोरे गरवां लगतहो कहा कोनमें तोरारे ॥

२४

जियरा मार डारोरे तेरो जालको मछरीया ।
नदीया किनारे बगुला बेठा मछरी चुंग चुंग खाय ।
सौंगी ने जब कांटा मारा तलफ तलफ जिय जाय ॥

२५

लगत बुरा यारवे दिल तरसावणा ।
साड़े नाल दोस्ती कोती मुद्दत निभाय देदोहो
दिलाँदा तपत बुझावणा ॥

२६

सांवलड़ा मेड़े थाँदा आंदा मेड़ो जान ।
गाँवदा बजावदाँ मेड़े डेरे आँवदा रहस रहस
गर लावदा चाँवदा मेड़ो जान ॥

२७

छांडदे गुमानीरा ढोला म्हारे डेरे कामछे ।
म्हारे अङ्गन वारोवे चम्पेदा विरला वे चन्द्रसखो
म्हारो नामछे ।
जो थारे मन वारोवे मिलनेदो आश मेरा सोणा
यमुना किनारे म्हारा गामछे ॥

२८

माँडी की तकसीर बेजालम यार ।
ताडी खातिर वारोवे बाग लगायावे मोयां बिच बिच
बोया गुलनार ॥

२९

रवा मेडी सुनवे नोमानोदा भला ।
दूर गया वारोवे खबर न लोनो मियाँ रवा मिलामो
तोभला भला ॥

३०

तू मेडी गला मायवे रावल यार ।
रावल खेडे वारोवे भम भम वसदा वो मोयां सुखसे
वसें तेड़े नाल ॥

३१

मदमातो जोवन वालियां ।
अपने बोबां सङ्ग रतियांनी मतियां बाबुल देदा
गालियां ॥

३२

लाडों थारे भाग चंपेदा मानावे ।
बाग बगोचावे धन फुलवारोवे बोच महबूबांदा थाना ।
तेड़े आँगनवे चंपेदा विरला केसरोया रङ्ग माणा ॥

३३

रस भोनोया जोवन वालियाँरे ।
सजनोदे कारण रतियांदो बतियां राझण
देगए गालियांरे ॥

३४

ये कजरा मेरो बेरो भयोरो ।
एकजरा मो नेहरसे आयो जर जर मरे मोरो ननद
जेठानोया कजरा देत मोहे देर भयोरो तेहो छिन
पिय परदेश गयोरो ॥

३५

चलोरे जात मदमातो गोरो ।
आगे जातहे कान्हर कारे पोछे जातहे राधा गोरो ॥

३६

सिपाई बांके जटोयांदा नेहड़ा मत लाइयोरे ।
मेरा कहा तू मानत नाहीं फेर पाछे पछताइयोरे ॥

३७

तू को जानेवे दिलांदो मेरोयांवे ।
गेंडो गेंडो बातें वारो वेकाई नई जानदावे मोयां
इश्क रङ्गन नाल पगोयांवे ॥

३८

कृष्ण गलोनमें खड़ो राधा प्यारो ।
शिर पर मटको खड़ारे पुकारे दहो लो दहोलो ब्रज
वासी के लालारे ॥

३९

कारो कामरो वाला मेरो मन लिये जायरे ।
सांवली सूरत वारोवे मन पर बसदोवे कृष्ण वेखन
म जिय भायरे ॥

४०

तोरी चितवन दोधौं कारे करैया।
घूंघर वालो अलक भौंह टेढ़ो वलिहारो जाऊं तेरे मनके हरैया ॥

४१

कन्हैया हो नैणा ांड़े जोर सांवलडा नोवाने।
सूना पांबदा साड़े घर आंबदा खाँबदा माखन चोर ॥
वेख नजर भर वायल कीता हुण लीता चित चोर।
पुरुषोत्तम प्रभुको छवि निरखत बांके दृगणदो कोर॥

४२

सिपैया हो नैना तेरे जोर।
कबको में ठाड़ा ठाड़ो अरज करेगां इतनो अरज मेरो तेरो ओर ॥

४३

बिलैया हो नैणा तेरे जोर।
सूना पावें घर नहीं आवें खावें मूसा तोर ॥

४४

जागी सारी रात बनरा जोवैजो भलावो।
बनाके खातिरवे बाग लगाया वोमोयां इस बनरी रङ्ग भीनाओ॥

४५

मोरें पियाकों किन विलमायो।
मगरो रयन मोहि तलफत बोतो भोर भइल भल आयो॥

४६

बोबां माही जान गुमानी लट खोलना।
लटजां खोले वारोवे बालोंदा खेड़ा किस तरह हंस बोलना ॥

४७

काशी शहर निमाना चल वसणावे।
मणिकर्णिका पञ्चगङ्गा माधो रामघाटदा न्हाणा॥
ज्ञान-खान अघ-हानि मुक्ति तहां सेवत राजा राणा।
योगी जती और विप्र सन्यासो बांचत वेद पुराणा॥
घर घर कामधेनु चिन्तामणि दूध भातदा खाना।
दास ऊधो आनन्द वन मूले रामचरण चित लाना॥

४८

जगन्नाथ मन मोह लियोरे।
घर अँगना मोहे कछु न भावे लोक लाज सब छोड़ दियोरे।
नील चक्र पर ध्वजा विराजे परसतही आनन्द भयोरे॥
साँवरा सूरत पर रज लपटानो लाल दुशाला ओढ़ लियोरे।
ओवलभद्र सहोदरा सङ्ग लिये कृष्णदास वलिहार कियोरे॥

४९

शरण रघुवीरदो मै गइयांहो।
जोई धावत सोई पावत तुमकों मन वच क्रम फुल पइयां॥
रैन दिना मैंनु कलन परैंदोयाँ पीर हरो पहं पइयाँ।
राम सखे छवि निरख मगन भए वार वार वल जैयां॥

५०

अब तुम कब सुमरोगे राम।
वालापनमें खेल गमायो ज्वान भए बहु काम॥
वृद्ध भए तन कम्पन लागे बीत गए अवसान।
कहत कबीर सुनो भाई साधो जे बोलो सीताराम॥

५१

भिक्षा फकीरांदो खाबनावो।
हाजर हायतो भेज दिवानो नातर फेर पकावणा॥
रूखा सूखा मैं नहीं खाँवदा ताजा माल खिलावणा।
शाह हुसैन फकीर रवाणा बोले वचन सुहावना॥

५२

कन्हैया मोह लई माहि रस भरो तान सुनाय।
वृन्दावनको कुञ्ज गलिनमें मधुरीसो वैन बजाय॥
मुकुटको लटक और भृकुटो मटकसों नैनन सैन चलाय।
राम रङ्ग रस वस कर लोनो सुन्दर छविहो दिखाय॥

५३

श्याम नैनादो चोटवे लागो मैरेवो।
जबते कृपा करी नन्दनन्दन मिट गई कर्मदो खोटवो॥

लख चौरासी भटकत भटकत श्यामशरण आई चोटवो।
आनन्दघन घनश्याम मोहि मिल गए मनमें न रह्यो
कहुं टोट हो॥

५४

श्याम नैनादी चोटवों लागो माड़ेवे।
जबते कृपा करी रघुनन्दन मिटगई दिलकी खोट।
आनन्दघन पियके मिलवेकों का घूंघटकी ओट॥

५५

बिना रघुवरहो मेरी हरे कौन पीर।
सोच मिटावन सुख उपजावन राम लछन दोउ वीर॥
अमृत-सिन्धु आनन्द अवध-पति विहरत सरयू तीर।
गाय बजाय रिझावत ऊधो निर्मल होत शरीर॥

५६

मिलनावो प्यारावे महबूब।
बलिहारी मनमोहन प्यारे जो कीता सो खूब॥

५७

लाजि गरवां लगाय प्यारारे।
निरख रह्यो सुन्दर मुख तेरे बांके नैना दरस देखायारे॥

५८

शीश मुकट मुरली कर राधे जब सोहै।
निरतत यमुनाके तीर सखीयनके गोहै।
बांसुरी बजावत मुसकावत सब भोंहैं॥
वरणन में कौन करैं जगत छैल कोहै।
रामदास चरणन छवि बार बार जोहै॥

५९

पनिया भरत छैला लावो मोंकों घर तिया।
सखियनके सङ्ग कबहूं न बोलै पाय अकेली लावै
मेरी छतियां।
और कहत कहो नहीं आवै रामदास मुरलीवालेकी
बतियां॥

६०

है पूरण अवतार सजनी।
धन धन गोपी ग्वाल वृन्दावन हरि सङ्ग करत विहार
सजनी।
धर्म्म हेत अवतार लियोहै प्रभु हरण प्रथीको भार॥
देखतहै नर नारी झरोखन सों छवि वारम्वार।
भगवान दास धन नन्द यशोदा जाके खेलतहैं हरि द्वार॥

६१

रसीया मत बौराई कौन गुण उतरूंगी पार।
रैन अंधेरी बिजुरी:चमके लजत जियरा हमार॥
मकरीकें कहा तारहै साहब दोनो तार।
जोवो चाहै तारवे तो तारत लगै न बार॥

६२

श्याम मोरे नैननमें अब बसोहो रहत दिन रात।
भेद प्रेमका का कहै वजहन कहवेको नहीं बात।
मदन मोहन पिया हिरदे बसतहैं कबहूं नहीं
बिसरात॥

६३

मैं अपने प्रीतमसे लेहों सुनरीया रङ्गाय रङ्गाय।
लाख जतनतें विनती करके जोवनाको उमग दिखाय
दिखाय दिखाय।
लग गये यह नैना वजहन अब नहीं जियरा
लजाय लजाय लजाय॥

६४

घूंघट कौन करै मैंतो ना करूं मधु मतवार।
आठ पहर सङ्ग छाड़त नाहीं ऐसो ढीट खिलार।
आप पीवें वजहन मोकों पिलावें देखत हंसे मार॥

६५

बात वोहो जो गुरूने कही।
घट घट आपी आप बिराजे नैना खोलके देखा सही।
भटकततो तबहोलों वजहन जबलों दुवधा
जिय में रही॥

६६

बना बन आयारो माई नवल बनीको।
हाथ कँगणा सिर सेहरा बिराजे मुखड़ा अधिक
सुहायारो माई।
धन धन भाग बनीको वजहन एसो सुघर वर
पायोरो माई॥

६७

चोरवा जोवन मेरो ताकैरो गुइयां।
दिन दिए चोरवा सेंध देतहै अब रख लाज मेरो राखेरो गुइयां॥

६८

एसी रङ्गो रङ्गरेजवा चुनरिया।
उपजो ज्ञान पहिरतहीं हिरदे सूझ परी अब प्रेम डगरिया।
भटकत हतो सो छूट गई वजहन पिय पायेमें अपनी नगरिया॥

६९

वालम तोरे नैनाहैं जोर।
शीलके काजर कबहूं जो लागे सब जगमें मचे शोर।
वजहन कहत यह बातहै ऐसो जैसे देत कोऊ बोरमें बोर॥

७०

इन नैनन ना कोउ समुझावत।
ठौर कुठौर देखत कछु नहीं नाहक मेरा जियवा फसावत।
ऐसो उपाय सुनो नहीं वजहन ज्यों जल भीतर आग लगावत॥

७१

कान्हा ऐसो बांसुरीया तैंने काहेको बजाई आज।
जबतें भनक परी श्रवणनमें भूल गए सब काज॥
व्याकुल होके निकसो मन्दिरसों तनक न आई लाज।
वहरे गाँवको नाम बतावो जहाँ कहैं वो बांस॥
विरह विथा कासे कहौं जाऊं मैं केहके पास।
अब वजहन कहा होत है अब लगी करेजे फाँस॥

७२

मुरलिया बाजी कौनी ओर।
एरी सखी कोऊ मोहे बतावो वह बैरन चित चोर।
भनक सुन्यो देख्यो नहीं वजहन याही तें व्याकुल चित मोर॥

पिया अपने जोवनके माते।
हमसें प्रीति लगाय औरन ढिग निश वासर रहे जाते।
आगेसे ऐसा जो जनते वजहन काहेकों जियरा फंसाते॥

७४

विरहका लागे जब वान।
कटु बोली सुनियो होय काहे न भूलजा वाके गुण ज्ञान।
वजहन यह सब लोग नगरके नाहक मोपर करतहैं तान॥

७५

छांड़ गुरुके चरण कहां जाऊं।
हरिके शरण निशि दिन उर ध्याऊं।
जाकी कृपातें घटही अपनेमें वजहन देखूं हरि मूरत ध्यान चित चाहूं॥

७६

लाज मेरो रखैंगे भगवान।
सुख सम्पति देहैं मांहे जगमें आखर मुक्तिदान॥

७७

थारे नैनाने जादू कियारे।
एकतो नैना आपतें काफर तापर एसो टोनो काजर तबहोतो अधिक जुलम कियारे।
वजहन इत वित माड़ा मन मोह लियारे॥

७८

लाग गईरे मोको काहूको नजरोया।
करके सिङ्गार सुनोरी सजनी नाहक चढ़ीथी मैं ऐसे अटरीया।
नाजानो कैसो नजरहै वजहन विरहने मारो कोंधीं प्रेम कटरीया॥

दोहा

वजहन राग तुम सब कहे ओठुमरो कहो पचीस।
एक नजरोया ऐसो कहो सो लेत निकासे ख्वांस॥

७९

मोहुकों मधवा पिवादे सइयाँ।
आप रहत हो सदा मतवारो वजहन तुमारो परतहैं पइयाँ॥

११७

८०

पनघट कैसे ले जाऊं गगरीया।
जित देखूं तित ठाड़ेहैं वजहन मोहन प्यारा रोके
आन डगरीया॥

८१

हरि विन गाये गाना धूर।
दोनो बराबर सुन व्रजजीवन जैसा सुघर वैसा कूर॥

८२

क्या जानें म्हारो पीर वेदरदो कन्हैयावे।
यमुनाके नीरे तीरे गऊअ चराॅवे साँवल सुघर शरीरवे॥

झिंझौटी—जत्त् द तिताला

कहा करै ननदी सइयाँ नहीं आयोरी।
सगरो रैन मैं उन विन जागी भइसों ककुन वतायोरी॥

२

मेरे सइयाँको कौन विलमायो।
पीर हमारो उनहूं न जानी रहस वहस गर लायोरी॥

झिंझौटी—तिताला

वारी सनेहिया मोरी उन सङ्ग लागोरी।
रैन दिना वारीवे मोहै कछु नहीं भावे उनहोंके रङ्ग
पागोरी॥

झिंझौटी काफी—तिताला

भटकेंदड़ी साहरड़े चलोर।
साहरड़ेदा मुकालाऊं आए ले चले मैनू पुर पराइयां।
वावुल मैनु दायज दीता एक अठे न छलो भाइयां॥
तं मर जोइयां आइयां देह विदा मैनु मबे सिधाइयां।
वावुल मैनु देर विछोहा कलड़ो मय चलो रवा डोली
मैधीता हरडेल थो ना कोई सङ्गो ना कोई साथी
शोहर अपनेदी महर मनाइयां॥
कीकुरहो सो भलो जेहा कीता कर्म कमाइयां।
धर मस्तक पैले रवा ले ग्वाया शाह हुसैन सबे
भलीया चँगीयामें इकलो मिलाइयां॥

झिंझौटी—तिताला

ऊधो व्रज मोहै विसरत नाहीं।
वंशी वट यमुना जल अचवन और कदमकी छाँहों॥
लेसुर भीतर कनक दोहनी खरक दुहावन जाईं।
ग्वाल बाल सब केल करत हैं हंस हंस दे गलबांहो॥
जब हम मधपुरोको सिधारे आवतहो सकुचाईं।
सूरदास मोहि यही अचंभो अब व्रज वसत के नाहीं॥

२

एसोरो जनम जर जाय जग आयके।
कोऊ पूजे देवी देवता देव जो मनायके॥
जेहिरे जनम दियो तेहो विसरायके।
कोऊ चढ़ावे भैंसो भेड़ो मुरग मगायके॥
निज काया पोखवेको पर जी सतायके।
भलो चाहै अन धन दे विप्र बुलायके॥
कोई गरे फाँसी डारे डगर चलायके।
कोई खाए लड्डु पेड़ा पुरीया मगायके॥
साधो खाय रूखा सूखा हरि गुण गायके।
कहै कबीर हरि भजो सुनर तन पायके॥

३

चौक अचानक घरतें निकसी देख परी सूरत मोहनको।
भूल गई सगरो सुध घरको॥

झिंझौटी जंगला—तिताला

इन वंशी वाले साँवरेने मेरा मन मोह लिया।
मोहनो सूरत रस भरो मूरत तन मन वस कर लिया॥

२

चलो जा मोरी ननदी लागूं तोरे पइयां।
आगे आगे ननदी चलें पीछे ननदाइया जाके पीछे मैं
चलो मोरे पाछे सइयां॥

३

मारो मरूंरे मैं तो दर्द छिगुरीयाको।
कृष्णानन्द कोई नहीं बुझदा वेदन व्यापो सजीवन
मुरियाको॥

४

सांवलीया नहीं आयोरे किन विलमायो।
यास पिया जो मोसों विछुरके जियरा सतायो॥

मोरा जियरा दहला जायरे ।
रात विरात अँधेरे उजियाले यास पकड़ चमटायरे ॥

६

जोवनवा हमरा जायरे ।
कासे कहूं विपता विरह को यास पिया नहीं आयारे ॥

७

जियरा ललचाय तोरे मतवारे नैना ।
कृष्णानन्द को आन मिलो अब बोल अमृतके बैना ॥

८

कैसे भरूं मोरे रामरे में गगरो ।
पनवट ढीट लंगरवाकी नगरो ॥
घूंघटको आटहीं ठाड़ो मातन बहियाँ पमार
मोसें झगरो ।
इत गोकुल उत मथुरा नगरो बीच उमग एक
कान्हबाको मोसों डगरो ॥

९

नैनादे निजारे नाज मेरा मन मोहारे ।
शुभ रङ्ग पिया तुम चिर जुग जोवो अचल रहो
वारे थारेरे ॥

१०

मारे मइयांरे तोरो बोलीयाँका मारा ।
कहा करूं कछु वस नहीं मेरा निशदिन जरूं बोली
ठोलीयाँका जारा ॥

११

जिय घबराय सखो मइयां नहीं आए मोरा ।
कहा करूं कुछ वस नहीं मेरो कान सखो बिलमाए
पिय मोरा ॥

१२

मेरा मन लागी हांरे ।
कोई विरहिया वेर पुकारे विरहो वेर पुकारे ॥

१३

में वनज करेदोयाँ थारो बनरावे ।
हाथ कंगन सिर सेहरा गुंधो बनरा थारो मालिन
छुड़यांवे भजो कांई उतरां सासू थारे बागबे ॥

१४

दरद बतादे ननदो वाला जियरा मोरारो ।
मास मोरी वैरण ननद हठोलो मइयां पइयां लगेरो ॥

१५

राधा प्यारो मन मोह लियो मेरा नैनवा तामें लागेरो ।
चन्द्रवदनो मृगनैनि श्यामा तन मन रसमें पागेरो ॥

१६

मइयांनो से ढंढ़ डर जावां सजणादे कारणे ।
जङ्गल ढूंढ़ा वारोवे वेला भो ढूंढ़ा मेरा मौया ढूंढ़ा
शहर विगाना ॥

१७

इशक कूंचेमें जालम लेजा मोहि बाग मेरे ।
सुरख चोरा मोहि रङ्गादे माहिं जुलफे नागनारे ।
तेरे तो कूंचेमें जालिम देखो दाय न्याजुनोरे ॥

१८

वेखलो यार परोयांनु सब कोई चाँहदानो ।
हीरा सोनो लाल जवाहर वामल दिल विच
भांदियानो ॥

१९

ए लङ्गरवा भरन न देरे कुएं परे पानोड़ा ।
चूनर झटक मोरा अचरा पकर लोना सास सुने तो
क्या बालेगो सब पांवे शोक रङ्ग जानोड़ा ॥

२०

मन मोह लियारे सजना बिसार नेणा नाल ।
दिलदो विथा में कासे कहूं शोक रङ्ग मातड़ा भो नहीं
वो सेतो हाल ॥

२१

क्यों सारदा यार बोलीयां ।
अस्सो हजार बन्दोयां तेरोयां क्यों बोलदा यार ॥ बो०॥
ऊंचो अटरिया चन्दन किबरोयाँ हांरे जिसमें बसे
छल वलिया यार । बो० ।
ऊंचे चौवारा पलङ्ग बिछाया तामें पवन चलत
पूरवैया यार ॥ बो० ॥

२२

मुरलिया वाले आन मिले तौ भला।
तैड़े कारण मैंड़ा जिय तरसतहै आन मिलो
यहीहै सला॥

२३

गले मूंगेको हार गोरे वदन पर गोदना।
तेरो टीमनीया कारीरे गोरी कपड़े पहरेहैं लाल॥

२४

हांरे कान्हा तोरे रङ्ग भीनो मोरी चुनरी अरे हांरे।
सेज सुती वारी नींद न आवे रहिहूं हौं नैना मून्दरो।
सोतीथी मैं नींदकी मांती अब न सोऊं तेरी सेजरो॥

२५

पर देशिया वालम मेरारे झुक गरदा मोरे लागरे।
बारा बरस पर पिय मोरे आये नींदके मार्ते जागरे।
कृष्णानन्द अरज इतनी मोरी आज खुल्यो है भागरे॥

२६

मोती माला मेरो कान्हा छोड़त न करसे।
अच्छी मीठी बात कहके लायो मोहे घरसे॥
एसा विश्वासघाती मोरे नैना सरसे।
वृन्दारवनकी कुञ्ज गलिन में जन शिव टेर विकाने
राधा वरसे॥

पंजाबी—तिताला

बांकारे बेदरदो सइयां मेरो कहो माने ना।
हमसों अवध बदो अनत रास बसे दिलको विथा
मेरो सबदो बीती जाने ना॥

२

सइयों मोसे इश्क लगा नन्दलालरे।
चञ्चल चपल सुघर मनमोहन चञ्चल नैना विशालरे॥

३

को पतियां ले जायरे विदेशवा लगन लगो मोरो।
एक पार गंगा वारो एक पार यमुना बीच बालम
तेरा गांवरे॥

४

बोलियां न बोले आधी रात पपोहा प्यारे।
प्रीतम पियाको कोई समुझावो डोलिया ले आवो
पइयां परडूं चलडूं साथरे॥

५

मेरा वाला जोवन योंही जायरो हौंतो पिया कछु
देखा न भाला।
उसरे पियाकी मैं कासे कहूं सजनी कानो सोहे
बुंदेवारा।
चञ्चल सइयां तोरा इश्क निराला ना जाने
वैसा जादू डारा॥

६

मेरा सोच नहीं जियरा जायरो गुइयां।
ऐसे बेदरदी वालमसे कछुन बसायरो।
उमग दिल की कासे कहूं सजनी समुझ समुझ
पछितायरो॥

७

एरी मेरा बांका सनेही यार।
आंख लगाय दिल घायल कीता जांदा चोरी यार।
तीखड़ा बांकड़ा भलड़ा छलड़ा मिठड़ा दिठड़ा
सांवलड़ा मेड़ा यार॥

८

सइयांको वेग बोलाय मोरी ननदी नींद न आवे सारो
रतियां मइकों।
ना जानू कहां उरझे रङ्गीले धरक गइलो मोरी
छतियां ननदी॥

राग बरवा—तिताला

मेरे कान्हाने देखो मुरली बजाय मन दस
कीनो मोरा।
मुरलीको धुन रे जबते सुनीरी सुध बुध गई बिसराय।
तन मन वारूंरे अपनो जाको जो कोई कान्हको
मुरली आन सुनाय॥
लाज शरम सब छाड़ सखीरी तिय कुल शरम गमाय।
कान्ह कान्ह रटना लागीहै कान्ह बिन कछु न सुहाय॥

झिंझौटी पीलू—तिताला

ननदोई लालारे सइयांके दरद दिवानी भई।
सगरी रैन मोहि तलफत बीती नाहक मेरो
जवानी गई॥
कृष्णानन्द अब आन मिलो मोहि मैं तेरो
बलिहारी गई॥

२

मोरा जिय तरसतहै कान्हरो मिजाजी।
सब सङ्ग प्रीत करो मेरो सखियां परवस भई
मैं तेरे ललाजी॥

३

कदर्डे आँदीया हुण तेरीवे रांझणा यार।
चलो सइयां असा वेखन जइये राझां जोगी होंदा।
कानन कुण्डल गल विच सेली हीर हार कहे रोंदा॥
वेराझ०॥
चलो सइयां असो देखन जइए रांझिदा चौबारा।
हीर निमानी टेढ़ेदी राझाँ ढोंदा गारा॥
सबर परो इन कहारां पे ज्यों खड़ी न कीतो डोलो।
ओरोंदे नाल मैं हिल मिल चलियां रांझिदे नाल
नहीं बोलो॥
चलो सइयां असो वेखन जइये रांझा सूली चढ़दा।
सूली चढ़दा खिल खिल हँसदा कीता नाल न डरदा॥
वेलो वेलो सब कोई आखे रँभो आखां येलो।
निकस भँवर जय बाहर बैठा सूनो पईरि हवेलो॥
चलो सइयां असो वेखन जइये रांझदिया पोलो।
ना कोई सङ्गी ना कोई साथी ना कोई मीठो बोलो॥

४

आनन्द भयोरी आनन्द भयोरी मनमोहन मेरे
घर आइलो।
आवो गावो नाचो सब सखी सहेली सदारङ्ग
पिया पाइलो॥

५

माड़ा मन मोह लियारे इस साँवलियादो अखियाँ।
कलन पईदो बिन देखे सानु ध्यान रहंदा दिन
रतियां सखियां॥

६

देखो सोणा गङ्ग धारे ढाङ्गणा।
हाथमें चौमुख कांधे धोती करन चले गङ्गा असनान
काशीमें ङ्गाणा॥

७

बोलियां न बोले आधी रात एहो।
अपने सइयांको मैं बल बल गइयाँ डोलिया फन्दाय
लियो साथ एहो॥

८

मोरे गरवा फुलवनको हरवा।
रात चोर चोरी आन कर डार गयो प्यारसे सुन्दर
सौत पियरवा॥
हौंतो ऐसो नींदको मातो करवटोयां न लई
सारो रतवा।
नेक जागती जो अपनो मौजसे न छोड़ती मैं उनको
अचरवा॥

९

कौन जानेरी सखी मनको बात विरानो।
भलो बुरो बीततहै जापे वोही बहे पहिचानो॥
मार विरहको सोई जाने जाके लगो तन माने।
मौज इम राहमें बहोत गएहैं मल मल हाथ सयाने॥

१०

हांरे सांवलिया गिरिधारी गणिका दोनोंरे तार।
आठ जाम नित नाम पुकारे सांचो प्रीत गोपाल भावे
भवसागर उतरे पार॥

११

भला वोई सांवले रंगो वाले मेरे प्रीतम प्यारे मोहे
दरसन दोजारो जग उजियारे।
जा दिनतें मथुराकों सिधारे रैन बीती गिनत
मोहि तारे॥

१२

एरो मोरा बांको सिरोहो वाला यार।
रण चमके तरवारिया सारो फौजारा सिरदार॥
आजा तू आजा जटे चोरेदी झलक दिखाजा यार।

बांकोइ घोड़ा तांड़ो बांकोइ जाड़ा बांकोइ कमर
कटार ॥

१३

बमना सांचो कहियोरे मोरे पिया मिलन की आस।
जो मोरे पिया बेग आवें मोतियन थार भरेहों
तू तेरे साच ॥

१४

छोटो ननदो कुवा पानो न जाय नैना लगाय कोई
लै जायगा।
सोनेका गडुवा गङ्गा जल पानो कोई पो लेगा
ननदोया नजाय।
चुन चुन कलियां में सेज बिछाऊं आवोरे जानो
सेज हमार ॥

१५

मद छकियांदे राज मोहे ना पिलावो दारुड़ा।
मैतो थाम्रों अरज करांछां अमलारां बांका मारुड़ा ॥

१६

पहरो लहरको चूनरो ककरेजिया जानो डारो उतार।
जालोको कुरतो अतलसको अङ्गिया सोहै गोरो
तेरा जोबनारो जैसे बाग के अनार ॥

१७

दरकाय गई छतियाँ दिन रतियां।
सास ननद मोरो वैर बिसाहै सौतन आन परो बतियां॥

१८

मदकै छके मतवारे नैना बालम छैल छलबलो चाल।
चाँदसा मुखडा मैन रसोले घूंघर वाले बाल ॥

१९

सारे जगतको फांस लियोहै जुलफांके डाले जालरे।
दांतामें बांके मिस्सो रचोहै होठहैं पानो लालरे।
कहत मदतअलो दरस दे अपने करदे मोहे
निहालरे ॥

२०

दाहो लागे मेरे करेजवा।
मोरे मैं कैसे आयो सन्देशवा हमको चुनरो
पियको खेसवा ॥

२१

बांसुरिया वैरन मोरोरे सांवलिया तेरे नैनवा।
जबतें भनक परो श्रवणन में रहत नहीं मन चैनवा।
कहै गुदर दोऊ रङ्ग बराबर आन बजावे रैनवा ॥

२२

अरे मोरे मोहनवा लागोरे ये मुरलो वाला सांवला।
सगरो रयन माहै तलफत बोतो भोर भए
आए मोहनवा ॥

२३

तेरा जोवनवा हाकिम मांगे सुनरो अराए गुलबदनो।
आधा मांगे काजो मुल्ला आधा कुतवाल सारा मांगे
गामके हाकिम सुना अनाखो वाल ॥

२४

अखियां न्यारो लगो बन बाला पपोहरा सेत।
हरे हरे बनके मोरलारे तारा बलैयां लेत॥
अपने पहर बालम ना तारो बलैयां देत ॥

झिंझौटी—जलद तिताला

कैसे भरूं मोरे रामरे मैं गगरो पनघट बीच
नगरवाको झगरो।
ओट घूंघटको उठाय लई उमगसे सोतन बहियां
पसार मोसे झगरा ॥

पीलू—तिताला

कजरा ढुरि ढुरि जाय सिपाइड़ा आंख लगा मन
मोह लिया मोरा।
सांवरे वदन गोरा अपने उमगमें कैसेके समझाय ॥सि०॥

२

लैगयो जियरा लुभाय जालम लैगयो हमरा।
है कोऊ हमरे दुखका बटैया यार उसका जिय
समझाय ॥

३

बांकारे बेदरदो सइयां रात मन लेगयो।
नामें नानो यास पियाको दाग मोहे दे गयो॥

४

सइयां मोरा अनमोला मोतोला।
विरहाको पोर कबहूं न छुटाइरे लेऊं तेरो बला ॥

भला भला वेराजो रहना मेरो जानवे ।
आड़ियाँ मेंतो मोहो मेरो जानवे ।
तुझ बिन मेंड़ा और न कोई तुहो असाड़ा प्राणवे ॥

६

थारेतो नैनाने बिलमाया मेरो जानवे ।
बांकोइ जोड़ा तेरो बांकोइ घोड़ा बांकोइ
कमर कटारवे ॥

७

नैनादी तेरी कहीं बान परोवे ।
बान परो निशदिन आँख रहोवे ॥
दूर दूर जाँदा वारो मेंड़े नहीं आँदा तेंड़े चरणन
चित धरोवे ॥

८

जावांदे सांवलड़ा सोणा म्हारे डेरे कामछे ।
मेंड़े आगण वारोवे चम्पेदा विरवा मेरा प्यारोयां
सांवलो सखो म्हारो नामछे ॥
जो तेंड़े मनमें वारोवे मिलनेदा आश मेंड़े सोणा
यमुनादे तीर म्हारो गामछे ।
देव कृपा प्रभु रस वस कर लई ध्यान ध्यान तेरो
अष्टजामछे ॥

ख्याल—तिताला

देखो देखो जी म्हारी अखियाँने क्या काम किया ।
पहले तो आप लड़ो फिर मुझे बदनाम किया ॥
जादू किया टोना किया दिया मुझे पानके बीच ।
प्रितम नैनाने किया सुधि न रही शरीरके बीच ॥
माल्लो तू रोक रुपैया ले बागों में जाने देरे ।
मेरा जानो पड़ा घायल पट्टी लगाने देरे ॥

झिंझौटी—तिताला

जोवन जोर भए मोरी को पतियाँ ले जाय ।
सइया हमारे परदेश गवन कियो जियरा
निकसो जाय ॥

२

मोरे करेजवा लग जारे लगजा मोरी बालम ।
जो पिया हमसे रूस रहेंरे प्रेम गांठ मोरी खुलजायरे
खुलजाय मोरे बालम ॥

३

आजरे बधावा बने लाड़ले घर गावो माई ।
बालके घर व्याह रच्या बूट नामदी तेल चढावो आके
बनेको गाइये बजाइये रिझाइये माई ॥

पीलू—तिताला

जादू जादू कहदा मैं नहीं जानदी ।
प्रेम नगरदा हाट लगाहै गोरा दिल पछिचानदी ॥

२

मोसें नेह लगाय गयारे बालम ।
याम पिया तुम एक घराको काहे मनाय गयारे
बालम ॥

३

कारे बदरा डरावें मइको निंदोया न आवे ।
एकतो अँधेरा दूजे विरह सतावे ताजे पापारे पपीहा
पीउ पीउ बोल सुनावे ॥

४

एरी एरी गुइयां नैणा लागे ।
जब जब छूटे तब तब दुखदाई मन पागे ॥

५

म्हारो लावो लोक नातोरे चूरम चूरा वोआणारजो ।
शोणादा कंगिना आवे रूपेदा कोशाण आणारजो ॥

झिंझौटी—हीरो ताल

छक पीवश्यां हो राजाजी समुद्रको झालो ।
भूलो पनिहारो काँई पानोनू चलियां कोजो थारे
पानोरो गदलो गदलो राजाजी० ॥

२

ये माझारा लो मायवां नोवे राव राजारा छोकरो पर
मैंने रंग डारा ।
मड़ोरा डोरा देशमें लगावे लाल पटादियाँ वेडोरा ॥

झिंझौटी पीलू—तिताला

सइयाँ मांड़े बांसरीदो तान लागोरे ।
हुणतो ठाढ़ो साड़े घर अन्दर कान भनक सुन भागोरे ॥

जावोरी जावो बसनिया प्यारी नैनासें मारे
नज़ारा जान।
भागल पुरको सकरो गलियां जामें बसे
कलबरीया जान।
भर भर मधवा मदकों पिलावे आप न पीवे थोरा
पनिया जान॥

झिंझौटी– धीमा तिताला

सोणावे मानले माडड़ा गला दिल रहंदा वेकरारवे।
इश्कदी रमझ समझ ले आगी तरवा करे तांड़ा भला
मियांवे॥

२

परी तेंड़ा मेनु निज़ारा भाँवदा अभी तेंड़े नाल
दिल चाँवदा।
नजर आधीन मत विमार दिलसे इश्क लगा कर
चारी चोरी आंवदा॥

३

छड़ खेड़ोदे चाकरीवो मैंतो करदियाँ नाहियाँवे।
शेरीदा मेनु दम गनीमत मिलनो सानु करणा
रांझेदा नोकरीवे॥

४

दिल भर जानी प्यारावो मेड़ा माथीडा मोगा एनडा
वाहीड़ा छलड़ा भलड़ा निखड़ा बांकड़ा नैना वाला
मतवाला सायना वो छैला।
भला मद होणी गर यार सिपिदा मनुदा गजनु जालम
इश्क दरद वेपरवाह रङ्ग भोने सितम गर
माशूक मेड़ा वाला वो छैला॥

५

नैना लगी ताड़े नाल जादूगर मियाँवे।
बरछीदा मारा वारीवे कोई दम जीवें नैनादा मारा
मरजायवे॥

६

जानदा जानदा मौला मेरा दिलदी पिउनें किन
राखो विलमाय।
कोई नहीं जाने जिन रङ्ग सब कुछ पहिचानो इश्कदी
बात निवाह॥

७

सोणा मही वालियां में तांड़े छंदड़े जावां।
वही जाने सदारङ्ग पहिचाने जिन रङ्ग सब कुछ
पहिचाने इश्कदो बात निभावां॥

झिंझौटी –तिताला

भूल क्यों गयावे मेड़ो यादवे सोणा।
याद तेंड़ो यारो दिल बिच बसदी किससे करुं फिरियाद॥

२

तेनु हुसनदी कसम मेड़ा साहिड़ा हुसणोंदा
झमका वेखलाजा।
दिलदे अन्दर चाह लगी मेरा मियां इश्कदा शोरणो
चमकाजा॥

३

रैण किथे गुजारावे सुनतां गलाँ मेंड़ा यार सिपाई।
जो लगाना किसोसे भला नाहीं इस जग बिच गोरी
मियाँ ना कर किसोका बुराई॥

४

जारे जारे जा पिया मोसोंना बोलोरे।
जावोरे रसोया नींदके मातें उरझ रहे कहुं और
घुंडो ना खोलोरे॥

५

तुरकवाने गारी दई दईरे।
मामें बोली सायवा ना मैं चालो मोसों करत
बरजोरीरे॥

६

जियरा न भावेरो एरीए मेरो अको गुइयाँ।
योगन होइयुं पियाके कारण लागा प्रोतका चसका॥

७

देखोड़ा विगाणा अब नहीं रहणावे।
सौतन का मोहे डरहै सइयाँ भली बुरी सब सहणावे॥

मुख बसोयो तेड़ा खेड़ा सांवल प्यारावे।
सोहनी सूरत वारीवे माधुरी मूरत वो असी वेखलामो
तांड़ा डेरा ॥ सा० ॥

झिंझौटी—धीमा तिताला

रात रहजा जानें वाले टुकबो दरस दिखायजा।
मैंतो तेंड़ो हाजर बन्दो तू मेड़ा साहबा मेहरदो
नजर कर आयजा ॥

२

गबरू यार नाजों बन्दोदा दिल रखणा सोंणावे
रात रहजा।
गोरी कितवल रहंदा तेंड़े कारण मेड़ो जिन्दड़ोदो
तपत बुझाजा ॥

३

नथड़ी झोखाँ खाँदो भला यारवे।
नजर न आंदा गोरो कितवल रहंदा साड़े कारण
माड़ो जिन्दड़ो तपाँदो॥ भ० ॥

४

खड़ियानो में कूकां नोवे कुहुकावे आमिल
कालड़ो धारां।
बाज पियारेका मन मिलिया कौन मिले मेड़ो सारां॥

५

सजनावे में नहीं जानदो।
बसदो में राज पुरेनू तू साहब मेरा मानदो ॥

६

माशु भांदीवे सोहनो सूरत तेंड़ोवे।
रैन देहा मेनुवे ध्यान तुसाड़ा मेड़ा मियां कभोतो
दरस दिखा दोवे ॥

७

रस भीनीयाँ जोवन वालियाँ।
सांईदे रङ्ग रतियाँनी मतियाँ बिच मुखड़ा
बोड़ा लालियां ॥
होरदे कारण रांझे दिवाणा रांझण देंदे गालियाँ।
सजनादे कारण भई दिवानी रांझण देंदा गालियां॥

तेनु कहंदोयावे जानो रेदोयां याद तोड़ो।
कहि गला तेंनु आखां जिन्द रङ्ग मानले भला तू माड़ो ॥

रावलिया तूँ साड़ो गलाँ मानवे।
रांझण खेड़े वारीवे जम जम बसदे वे दे खेत
बंबूलवे ॥

१०

बनो मेरा मन मोह लिया चूड़ा अजब बहारां दानो।
इश्कदी गला वारीवे मानदा भो नाहीं में कोकरां
समझावोनो ॥

११

योगी बिना आज मढ़ैया सूनो।
औरोंदे नाल वारी हंसदा बोलदा मैड़े नेड़े सइयों
अनामनो॥

१२

गोरो तेरे कानों बिच बुन्दावालावे।
दंतादो मिस्सो तेंड़े अजब सोहावदो गर सोहे
मोतियांदो मालावे ॥

१३

होरनु कोई आनके मिलोमो चौंकावे।
या रब्बा रांझेदा वेलीवे होरदा मुलक पञ्जाब
आखाँवे ॥

झिंझौटी—तिताला

रेरेग सारे मगरे सारेसा।
सारे मरे गरे सानि धनि धप मगरेसा ॥
मगपपधनिसानिधपमगरेमधपमगरेसा।
ममपपधनिधपमपसासासानिधपपनिधपमगसा ॥

२

मन राजो रहना मन मतीए।
रेन देहा मुखसों गुजर गइयां बिन दोठे सानु कलम
पतोए ॥

३

रासमण्डल मध सखो निर्तत बनवारो।

करसे कर जोरे श्याम गोपीगण ठौर ठौर बीच
मोहन राजत छवि कोटि कामवारी ॥

झिंझौटी—एकताला

पञ्चवटी परम पटी पातनसों छाई ।
जहां निवास जाय किया जानकी रघुराई ।
काञ्चनको मृग निहार, बाला मिथिलाकुमार,
याको मृगछाला प्रभु मेरे मन भाई ॥
सुनत वचन धनुष धार, लछमन उठि खबरदार,
या बनमें डोलत बहु निशिचर समुदाई ।
घेरो मृग दूर जाय, कोना अनुज न उपाय,
हाहा करुणानिधान माया को सुनाई ॥
लछमन उठि जाहु वीर, सङ्कटमें परोहै भीर,
बरबस पठए अन्त नाहीं न भलाई ।
लङ्कापति दियो जाय जानकी दिखाई ॥
सूनो भवन राम देख दारुण दुख पाई ।
प्रगट दुरत डरत जात, मुकुट छवि लखि सकात,
फिरि फिरि प्रभु निरखि जात जीवन सुखदाई ॥
निशिचर मारीच नीच, निर्त्तत धनुष नस बीच,
मारं सन्ध्या निदान प्राण खग पठाई ।
तुलसी प्रभु दीनबन्धु, करुणा-आनन्द-सिन्धु,
आरत प्रण-तारत निगमागम यश गाई ॥

२

सीतापति रामचन्द्र रघुपति रघुराई हो ।
रसना रस नाम लेत, सन्तनकों दरस देत,
बिहंसत मुख-चन्द मन्द सुन्दर-सुखदाई ॥
दसन दमक दुति रसाल, अयन बैन दृग विशाल,
भृकुटी मनो धनुष कोर नासिका सोहाई ।
केशरको तिलक भाल, मानो रवि प्रात काल,
श्रवणकुण्डल झलमलात रतिपति छवि छाई ॥
मोतिन की गले माल, तारा गण गण निहार,
मानो गिरि शिखर तीर सुरसरि चलि आई ।
साँवरो त्रिभङ्ग अङ्ग, काछे कछ कटिनि खंग,
मानो माया को छवि आपी बन आई ॥

सुर नर मुनि सकल देव, शिव विरञ्चि करत सेव,
कीरत ब्रह्माण्ड खण्ड तीन लोक गाई ।
सखा सहित सरयू तीर, बैठे रघुवंश वीर,
हरषि निरखि तुलसीदास चरणन रज पाई ॥

३

कलयुगके तारवेको गङ्गाजी आई ।
जटा जूट शीश धरे शङ्करी कहाई ॥

४

जबतें मोहि जगन्नाथ दृष्टि परे माई ।
अरुण खम्भ गरुड़ खम्भ सिन्धु पोर भाई ।
मन्दिरको शोभा कछु बरणोइ न जाई ॥
मङ्गलाको दरस देख आनन्द ह्वाजाई ।
जेजे श्री जगन्नाथ सहोदरा बल भाई ॥
थाल भोग लगनेको विरियाँ जब आई ।
उखड़ा श्री दूध भोग प्रभुजीने खाई ॥
महाप्रसाद भोग खात आरती सजाई ।
अपने प्रभु नासिका पर मोतिन लटकाई ॥
बीचमें सुभद्रा सोहै दाहिने बल सोहाई ।
बांए हाथ लक्ष्मी छवि वरणोइ न जाई ॥
मारकण्डेय वटेकृष्ण रोहिणी सुख दाई ।
इन्द्रदमन स्नान करत पाप सब नसाई ॥
महोदधि चक्रतीरथ गङ्गा गति पाई ।
मीराके प्रभु जगन्नाथ चरणन बलजाई ॥

५

कृष्ण जनम यमुना तीरे भक्तन सुखदाई ।
भादों मास कृष्ण पच्छ अष्टमी रोहिणी नक्षत्र शुभ घरी
शुभ पल मङ्गल बुधवासर सुहाई ॥
मथुरामें जनम लियो, वसुदेव को दरस दियो,
शङ्ख चक्र गदा पद्म चतुर्भुज दिखाई ।
नन्दके आनन्द भयो, यशोदाने गोद लियो,
ग्वाल बाल नाचत सब गावतहैं बधाई ॥
निर्तत सङ्गीत गीतन नई नई, तान लेत ठाड़े ततथेई थेई,
ताधिलाङ्ग मृदु मृदङ्ग बजाई ।

सप्तखरन तीन ग्राम बाईस सुरत मुर्च्छन उनचास
कोटि तान सुखानन्द गाई ॥

झिंझौटी—धीमा तिताला

परियां तेरो जुलफांमें केते आलम जालम बसदावे ।
पतलो कमर लंबे बाल नैनादा कजरा भोवें टेढ़ो
बान भर कसदावे ॥

झिंझौटी—तिताला

तेंड़े कारणवे बागोंदा बासावे ।
बागभी तेरा बगीचा भी तेरा बीच महबूबांदा बङ्गलावे
२
सदा समझाइयोंवे लाखों बार ।
महादे कारणवे ढूंढ़न निकसो खड़ो उड़ीकों
रावी पार ॥
३
पियकी बतियाँरे जिय में लग गइयांरे ।
जो पिया हंसके रूस रहेंगे लेतो मैं छतियां लगाय
पियकी घतियांरे ॥
४
झूलनो खोय गई बालम मोकों लावो मगाय ।
लाख टकेको झूलनो गढ़ावो देख सब ललचाय ॥
५
बोल सुनाय जावे सानु भाँदे भाँदे ।
शहर पूना बिच आलम बसदा क्यों शोरो
शरमांदे जांदे ॥
६
जँगशोयाले नू ले चलना दम हंसके ।
ओ शारो हांदो दिल मायल हंसके ॥
७
माहीड़ा बालम याणा में तेरो सों सइयों साड़ जाने
नहीं नेह लगणदो सारवे ।
बेपरवाह ना करणा बनवोदे गरीब थों प्यारवे ॥
८
प्यारा राझांवे मेड़ोकी तकसोर ।
जो तू छाड़ कार मैनु गया बिच बबेडे खबर न लोती
फिर कर यों कहदी होर ॥

आज रहो घर मेरे हो सइयां ।
घरको महरोया मनहूं न भावे चोरो का गुड़ मोठा हो ॥
१०
छैल मोरे डेरे आज अइयांरे ।
सांवनो सूरत माधुरो मूरत सुन्दर दरस दिखैयोरे ॥
११
छैल मोरो नाजुक बहियांरे ।
नई झूलना अंगावा सूरत का मोतो लगयारे ॥
१२
वँगुरो मुरक गईरे सइयाँ मोरो ।
अङ्गुरो पकरत सारा पडुचा पकरे बहियाँ पकर
रस लोनोरे ॥

झिंझौटी—खेमटा ताल

वंशी बाजी सो मेरे मन बस गईरे लेजा बिरजकी बासो ।
सुन्दर-श्याम मनोहर-मूरत मोहन-मधुर मुख हांसो ॥

झिंझौटी—तिताला

गोपी गोपाललाल रास मण्डल माहीं ।
तत थेई थेई सुघङ्ग निर्तत गलबाहीं ॥
द्रुम द्रुम द्रुम द्रुम मृदङ्ग झननननन नूपुर रङ्ग झगड़ता
झगड़ता थिलाङ्ग उघटत रस माहीं ।
श्रीराधा मुख शरद चन्द, पोंछत श्रम-जल-बून्द
श्रीगिरिधर लटकि लटकि करत मुकुट छांहीं ॥
बीच लाल बीच बाल, प्रति प्रति प्रति दुति रसाल,
ठुमकत गति अति उताल रीझ प्राण वारो ।
देखत थकित यमुना नीर, खग मृग द्रुम तट गंभीर,
बलि बलिजाय सूरदास रास सुख निहारो ॥

झिंझौटी—एकताला

तेरो रमन बोलन श्याम मेरे मन बसिया ।
यमनाके नोरे कान, वंशीमें बजावे तान,
मुरली मधुर अधर धरे सुन्दर छवि लसिया ।
केसर को तिलक भाल, वैजंती गरे माल,
चमकत कुण्डल कपोल काछनी कटि कसिया ॥

मोर मुकट पीत वसन कुञ्ज कुञ्ज रास करैं सुर नर
मुनि ध्यान धरें ऐसे हरि रसिया।
कहै युगराज दास सुन लीजो महाराज आज नैननमें
निरखि निरखि हिय जियमें धसिया॥

२

झुमक चलत राम जबहिं बाजत पैजनियाँ।
किलकत उठ चलत धाय, परत भूमि लट पटाय,
धाय मोद गोद लेत दशरथकी रनियाँ।
अञ्चल रज अङ्ग झार, विविधि भांतिसों दुलार,
तन मन धन वारि डारौं कहत मृदु बचनियां॥
मोदक मेवा रसाल, मन मानै लेहु लाल,
और देउं रुचिर पानी कञ्चन झुन झुनियां।
उपमा शशि कम्बु कण्ठ ग्रीवा त्रय रेख रुचिर
कुटिल चिकुर मधुर वचन मन्दसी हसनियां॥
शोभा अद्भुत अपार, को कवि अस वरन हार,
कहि न सकहि शेष जाके सहस है रसनियाँ।
कृष्णरङ्ग रघुवर छवि पट तरको दीजे काहि रघुवरको
छवि समान रघुवर छवि बनियां॥

३

वृन्दावन बीच विदित विहरत वनमाली।
सङ्ग सुभग सोहै वृषभानुजा रसाली॥
अंब नीम जांमनी जम्बीरो, सरस सीताफल पीपरो,
वट पाकरो अशोक ताल झाली।
करवारो कर हरि कदम्ब बकुल कञ्ज कांस कटहर
बहेरो बेर बड़हरे बराली॥
आँवरे अतूत अघट आमलो आचार जहाँ उनये
अनार केलो मोरसिरो हाली।
नीबू नारङ्गियां बिजोरे औ छोहारे भलीदाख देवदार
भोजपत्र हाली॥
सहजनो अगस्तीया अनेक भांति देखिये
सो फालसे पलास कहूं ठौर नाहीं खाली॥
हरसिङ्गार मालती सुगन्ध रायपा और जहाँ चन्दनकी
लपट झपट तुलसीकी डाली।
नारियल पुङ्गीफल कैंकरी खजूर धव गूगली गुलाब
जामन झुमरो बकाली॥
कौन भांति कहि सकै अठारो भार वनस्पति
कालिन्दीके कूल पवन बहै त्रिविधि चाली।
गेंदा गुलदावरी गुलाब गुलाबांस जहाँ गुलतुर्रा
गुलमेंहदो गड़हरा गुवाली॥
केतकी चमेल रायबेल रायसोन जुही केवड़ो सदा
वसन्त दुपहरी तमाली।
मोगरा पाण्डूर करण सदा गुलाब सुष्ट गन्ध अनेक
पुष्प लता शोभित सुगन्ध लपट चाली॥
कोकला कपोत मोर, क्रीड़त हंस औ चकोर,
शोर कुञ्ज पुञ्ज भ्रमतहै पपीहा इंगाली।
बोलही सुहाए बोल, झिनन मिनन करत शोर,
सभी जात जीव जन्तु सुखीहैं सुधाली॥
चिन्तामणि भूमि और महिमाको नहीं पार
कृष्ण राधिका विहार भक्ति जहाँ माली।
जाको यश वेद गावें, सुर नर मुनि सकल ध्यावें,
बड़े बड़े नर भक्तराज बहुतहैं बङ्गाली॥
लालकृष्ण जाकी रज चाहतहैं ब्रह्मा शिव सन्तनके
चरण शरण कालो मा कराली।
सोई बड़ भागी यह लोचत श्रीवृन्दावन राग सागर
गान करत तीनसौ साठ ताली॥

४

रुक्मणि मोहि ब्रज विसरत नाहीं।
वह क्रीड़ा वह केलि यमुना तट शीतल कदमकी छाहीं॥
गोप-वधूके भुजा कण्ठधर विहरत कुञ्जन माहीं।
और विनोद कहां लगि वरणौ मो मुख वरणो न जाहीं॥
सुरभी सुत औ नन्द यशोदा चितते न विसराहीं।
सुत हित जान हमे प्रति पाल्यो विछुरे विपत सराहीं॥
यद्यपि सुख-निधान द्वारावती व्रजको समहै नाहीं।
सूरदास मोहन सुन्दर-घन समझ समझ पछितांहीं॥

५

रुक्मणि व्रज मोहि विसरत नाहीं।

हंस-सुता कूलनीकी शोभा चढ़ कुञ्जनकी छाँही ॥
वेसुरभी गोवत्स दोहनी खरिक दुहावन जाँही ।
ग्वाल बाल मिल करत कुलाहल निर्त्तत गहि
गलबांही ॥
लीला बहुत भाँत हम कीनी यशुमति नन्द निवाही ।
जब जब सुरति होत वा सुखकी मन उमगत तन मांहीं ॥
यह द्वारिका कञ्चनकी रचीहै मणि मुक्ताहल तांहीं ।
सूरदास प्रभु सुमिर सुमिर सुख फिर फिर
पछितांहीं ॥

इति श्रीरागसागरोद्भव रागकल्पद्रुमे झिंझौटी समाप्तः ।

अथ जंगला राग लिख्यते

राग जंगला—ताल तिताला

अनि मैंड़ी सइयां आइयो कुञ्ज गलिनमें साँवल
मुरली बजाँवदा ।
मुरली बजाँवदा तान सुनावदा साड़ा दिल ललचाँवदा ॥
रास रच्यो वृन्दावन मोहन मधुर मधुर स्वर गाँवदा ।
रसिक छैल कृष्णानन्द प्यारे निरख निरख सुख पाँवदा ॥

२

मोहि वंशीवालादे नाल अनीवो मैं वृन्दावन जाँवां ।
सोहनी सूरत रस भरी अखियों वेखतहीं सुख पावां ॥
वंशीदी धुन सुन भईहूं असी बावरी घर अङ्गना
न सुहावां ।
कृष्णानन्द मैं रङ्ग गइयाँ सइयां बार बार बल जाँवां ॥

३

वेखो वेखो मैंड़ो जानवे सोणा साँवल चतुर सुजान ।
तैंड़ा चितवन मोह लीता मन एती अरज मैंड़ी मान ॥
ग्रह अङ्गना कछु नेक न भावे विन देखे चैन न प्राण ।
कृष्णानन्द आनन्द होय तब दरसदे श्याम सुजान ॥

४

तू कब लग होगो ख्यानीरो नादान गजरे वालो ।
जगजीवन सुख जानौ, यह मेरो कह्यो तुम मानौ,
तू क्या एसो रहैगो वालो भोलीरो । मां० ॥

एक सगुन यह कीजे, जरा लाग गले लग लीजे,
जामे दिन दिन होवे बहालीरो ।
नयो जोवन नयो रूप रंगहै नए लाल मन मानीरो ॥

५

वृन्दावनदे कान्ह मेरी श्यामसुन्दर अनमोलनो ।
सुघर चतुर मन-मोहन मन मोहा उसदे मदके
कीती जिन्द घोलनी ॥

६

मोहन मैं तैंड़े वारी जाँवाँ वंशी बजायजा ।
सप्त तीन इकईस बाईसो नीकी नीकी तान सुनायजा ॥
सुन्दर-श्याम कमल-दल-लोचन सानु मुख वेखलायजा ।
कृष्णानन्द आनन्दके रङ्गमें मधुर मधुर सुर गायजा ॥

७

नेहा लागा तैंड़े नाल सुनो मदन-गोपाल ।
काछनी कटि औ पट पीताम्बर करन मुरली
श्रवण कुण्डल घुंघरारी अलकैं झलकैं नैन कमल
भाल विशाल ॥

८

ऐसे भएहो छैल छिकनिया ।
नन्द बाबा तेरो व्रजरैया माई तेरी वो यशोदा रनियाँ ।
गुञ्जकीमाल बीच मोतिन मणिया मोर पङ्ख शिर कट
तेरे तनियां ॥

९

रघुवर जानकी रस माँते ।
वन प्रमोदमें विहरत दोउ हँस हँस करत रसीली बातें ॥
कहुं कहुं ठाढ़े होत नवल पिय झुक झुक गहत
द्रुमनकी पाँतें ।
लै सुमनन सियकी सिंगारत बिच बिच श्याम
श्वेत पितराते ॥
श्रुति कीरति विमलादि नागरी सिखवत कोक
कलाकी घातें ।
जयराम हित मृदु मुसक्याते गहि लीन्हो
मिथुलाके नाते ॥

१०

श्याम रङ्ग भीनी श्रीराधे ।

१२०

लखि लालन आनन्द अतिबाढ़ो फूल अङ्ग भर लीनो ।
श्रीराधे ॥
याहीके सुखमें सुख पावत परम सुरसिक प्रवीनो ।
श्रीहरिदासी ललित केल हित हँस सबन बधाई दीनी॥
श्रीराधे ॥

११

जिनको लगन रामसे नाहीं ।
सो नर खर शूकर कूकर सम वृथा जियत जग माहीं ॥
कहा भए बड़ कुलके जनमें ज्ञान हीन बुध नाहीं ।
जैसे फूल उजार में फूले वृथा लागि भरजाहीं ॥
सुन्दर रूप उजागर आगर गुणीय गुण गरवांही ।
विनु हरि भजन इंद्रायनके फल कुत्रत हाथ करुवांहीं।
सुन्दर अति करतूति रुचि आछी सुन्दर बहुत सलोने ।
तुलसीदास अनुराग ज्ञान विन व्यंजन सभी अलोने ॥

१२

तेरे नैनाने जुलम कियारे ।
भौंहैं कमान कटाच्छन वेधा आहे गरीबांदा हियारे ॥
रहदे मस्त महा मतवारे खञ्जन मधजो पियारे ।
आनन्द-घन व्रज मोहन जानो मन मोह असाड़ा
नियारे ॥

१३

गोरी तैड़ा हुसन पञ्जावदा वे सुरमा पांवन सिखिनीवे।
थोड़ाभी सुरमा वारी हुसन चंगेड़ा मिस्नोदे कारण
रूसीवे ॥

१४

सांवला मैनु दरस दिखाजावे साड़े घर आयजा ।
बिन वेखे मानु कल नहीं पड़दी साड़े दिलदी तपत
बुझायजा ॥
रैन देहा मैनु चैन नहीं एक पल निमानीनु वंशी
सुनायजा ।
कृष्णानन्द सदके तैड़े गइयां टुक मुखड़ा वेखलायजा ॥

१५

सांवलड़ा मैनू भांदानी भांदावे साड़ो वल
आदानी जांदा ।
वंशी बजावदा वारी तान सुनावदा माड़ा जीव
ललचांवदा ॥
वेख लुभानी तैड़ी मोहनी मूरत मैं तेड़े कुरवानदां ।
कृष्णानन्ददी आस पुजावदां मुरली मधुर सुनावदा ॥

१६

सांवलड़ा नीवे मैनु नेक निहार ।
जानको दास दिवानेनु रखले घायल करदें पुकार ॥

१७

सोणा मैड़ी आंखेंनी फरकेंवी श्याम सलोना घर आवे
प्रीतम प्यारावे ।
राजबहादुर मोहन प्यारा समुझ नयन जल ढरके ॥
सुनेरो श्याम ॥

१८

सुनोनी सइयों नीका सगुण भयाहै मानु दरस वेखावे।
सोहनी सूरत रङ्ग भरो अखियां मुरली मधुर बजावे।
कृष्णानन्ददी आस पुजावी ताड़ेहो यश नित गावे ॥

१९

नाञो केहडानी कूड़ कमाया नेहडा लगायानी ।
नेह लगायाको फल पाया नाहक भरम गमाया ॥
तैड़ी सूरत देख सब जग मांहे कृष्णानन्द रङ्ग
दिखलाया ॥

२०

वेदरदा मैं पीलोनी हुइयांने पीलोनी हुइयांवे ।
पीलोनी हुइयां कालोनी हुइयां ज्यों सांवन फूली तुरैयां ॥
चंद चढ़ा कुलवे आलम वेखे वे सोणा मैं वेख
तुझ तुइयां ।
विन वेखो मानु कल नहीं पड़दो कृष्णानन्द मैं रङ्ग
गइयां ॥

२१

मोडो चीरे वालड़ेदे नालनी मैं खेड़े जावां ।
अङ्गूरीयादे बिच पुर पुर छलड़े अनोवो मैं
भ्रमर पावां ।
मायल कर मानु घायल कीना कृष्णानन्द तैड़े घोल
घुमावां ॥

२२

तैड़े गलां पइयांवे मेड़ीयां लजावे ।
लाख गुन्हा बक्षोतेरा भी कीतावे खेड़ा भेड़ावे
मैनु तजा।
कृष्णानन्दनु का गला आंखदा सूरत दिखाय तैड़ो धजा ॥

२३

यार मेरेये कैसा जादू डालावे ।
जन्त्र मन्त्र टोना पढ़ पढ़ कृष्णानन्द बस कर डालावे ॥

२४

गोरी तैड़ा हुसन पछाबदा वे सुरमा पावन सीखोनो ।
थोड़ाभी सुरमा वारो हुसन चंगेड़ा दातांदो
मिस्सी तैड़े नीको ।
कृष्णानन्ददे दिल बिच बसदो और सौतन
दीठो फीकी ॥

२५

इस जिन्दगीदा की भरोसावे ।
इस जोवनदा मान न करिये सोणा पाणोदे बीच बतासा
कृष्णानन्द कृष्णमन रङ्ग लियो जग झूठा तमासावे ॥

२६

लोकां मानु ताने न देदेवो ।
रांझण मेड़ा आरा में राझनदो वेड़े माड़ो खुचर
करें देवो ॥
तानेभो दे दे वारो मानेभो देदे सांवल नाल दिल
मानेदो ।
कृष्णानन्द रङ्गीलो सूरत तन मन धन परचानेदो ॥

२७

मेड़ो सइयों कोई नहीं जानदा वे सांवलेदे मिलनदा
मामला ।
जो कोई हाकिमवे उसनु सुनावे वे मेरा मियां इश्क
पया साड़ा कामला ।
कधोतो मौला मेरावे काजीभो होसो मेरा मियां
पकड़ करेसाँ फिरयादला ॥
बाबुल झड़के वोरण भाँदादे सास ननददे हामला ।
कृष्णानन्दमें दिल बस गइयां विन वेखे नहीं कामला ॥

सोणा मेड़े वेड़ेनो आजावो मुख वेखला जावो ।
मेड़ो नहीं आंदा जिय ललचादा दिन भर अखियाँ
घुमाय जावो ।
श्रीकृष्णानन्ददे दिल बिच बसदे मनदो आस
पुजाय जावो ॥

२८

कहा चेटक दे गयावे यार मैनु ।
जंत्र मंत्र जादू टोना पढ़ पढ़ जीवड़ा बसकर
ले गयावे घर मैनु ॥

३०

वगदोभो रावो बोच पादीयाँलसां सरणा कबूलवे ।
यारन दिसा आंखो मेड़े ढाललनु वे किन विलमायावे ॥

३१

सोणा मेड़े वेड़ेनो आजावो मुरलो मधुर बजायजा ।
तैड़ो मुरलो मेड़े मन बस गइयां नोको तान सुनायजा ॥
कृष्णानन्दनु दरस वेखायजा दिलदो आस पुजायजा ॥

३२

मेड़ा परदेशी दूर न जावो ।
नेह लगाकरवे छड़ कित जांदा रब तेनु मुड़ ल्यावो ॥
त्रिकुड़ेनु कोई रबहो मिलावे कृष्णानन्द वेग आवो ॥

३३

सांवलड़ा मेड़ा मोह लिया मनड़ावे ।
छलडानो भलड़ानो तिखड़ानो बांकड़ा कृष्णानन्दनो
कड़ा कन्हड़ावे ॥

जंगला—तिताला रूपका

सुगना राम नगरके बासो ।
रामनगरमें जनम लियोहै मरनरनको कासो ।
कृष्णानन्द प्रेम रस माते छूट गई चौरासो ॥

जंगला—तिताला

अंखियां न लागेरे बनवारो ।
जबते ते देखो मोहनो सूरत बिसरो सुरत हमारो ।
कृष्णानन्द भई अब चेरो हों तेरो बलिहारो ॥

वह देखो बांसरी बजतहै बनमें।
सुन धुन श्रवणन कल न परतहै लाग रहो तन मनमें।
कृष्णानन्द निरख सुधि भूली अधरनकी फरकनमें ॥

२

यहां कोई बांसरी हो बजीथी।
नएरी बांसको नईरी बांसरिया सांवले अधर सजीथी॥
कृष्णानन्दजी से सुनी गोपी कुल मरयाद तजीथी ॥

श्याम मोरा कौन दिवस ब्रज अइहै।
यहि अभिलाष रहतहै नित प्रति घर घर मङ्गल गइहै।
कृष्णानन्द अङ्ग अङ्गन पर वारी नेवछावरि जइहैं ॥

५

मैं तेरे पर वारी साँवरे मैं।
लैके चीर कदम पर बैठे हम जल मांझ उघारी।
कृष्णानन्द देहु अब अंबर विनती सुनहु मुरारी ॥

६

बधाई बाजत आज सुहाई।
प्रगट भए नन्दके नन्दन सखी मिल मङ्गल गाई।
कृष्णानन्द मगन ब्रज वीथिन आनन्द उर न समाई ॥

ललना झूलत सुन्दर पलना।
अगर चन्दनको पलना गढ़्योहै झुलावत ब्रजको ललना
कृष्णानन्द निरखि सुधि भूली याही रङ्ग में रङ्गना ॥

जङ्गला—तिताला रुपक

विदेशी मोरे आज आवेंगे।
सुनियांरो मोरी लहुरी ननदोया करकत है मोरी
अङ्गीया तिन्हें हुलसावेंगे।
कृष्णानन्द पिया मोहि मिलके हरषि सेज सुख पावेंगे॥

१

हमसे कौन बहाने बोली।
बारा बरस पीछे सइयां मोरा आइलो हंस हंस
घूंघट खोली।
कृष्णानन्द यहै विनती मोरी रस समुद्र मोहि घोली॥

गोरी तेरा लाद चला बनजरवा।
इस नगरीके दस दरवाजा निकसा जात मन हरवा।
कृष्णानन्द नेह तू करले त्यागै सब घर बरवा ॥

४

मइको ले न गए भी भर नजरवा।
धुर ढाकेको सारो मगाई पटने शहरको हरवा।
कृष्णानन्द मैं देठो विसरत कैसो नेह नगरवा ॥

५

गोरो तेरे नैनो में जादू समाना।
बारा बरसके वारे जोवनवा तेरा बरस रङ्ग साना ॥
तिरछी चितवन करत बावरी तिल तिल
करत न छाना।
कृष्णानन्द अरज मोरी सुनिके करहु जान पहिचाना॥

६

नींद भरे गोरीके नैना एजी अलसाने एजी मरमाने
नैना नींद।
प्रेमरङ्ग मद झुकि झुकि आवत उचरत ना सुख वैना।
कृष्णानन्द निरखि छवि नीको पावत रून सुख चैना ॥

७

फुलवन सेज बिछाई मोरा सइयाँ।
हँस हँस लाग गरे मोरे सइयाँ।
कृष्णानन्द हिये मोहि लावहु हाहा करत परें पइयाँ॥

८

कैसा बनारे विरहका वँगना।
अए बमना मोरे पोथी बांचो कब आवें सइयां
मोरे अङ्गना।
कृष्णानन्द व्याह प्रीतम सङ्ग एक पल छांड़ो में सङ्गना॥

९

गोरी तेरा जोवना सदा नहीं रहिहै।
यह जोवना तरवर की छइयां ढरत ढरत ढर जैहै ॥
जोवना पर मत मान करै तू माटी के मोल बिकैहै।
कृष्णानन्द राख जिय मेरो फिर पाछे पछितैहै ॥

१०

कहा जाने भूलनीका मोलरे मुरख।
यह भूलनी मोरे मदकेसे आई हीरा लगी अनमोलरे
मुरख॥

११

बालम तोरी लाली उतर गई किन रसीया रस लीनोरे।
बालम तुम बनके मोरवा बोलत मन हर लीनोरे॥
बालम तुम चिन्ता न मानों हंसना मोरा सुभाव।
बालम तुम बनके बर्हलिया कहा जानो भूलनाको दाव॥
बालम तुम कंइया न भाको गिरि परिहौं लगिहै चोट।
बालम तुमको लेया लेऊं है छिप रहो देहलीको ओट॥
जोवन दानो गांठा में कस गए छूटेता लूटे बजार।
जोवन दानो नेहरके पाले जूझन चले ससुरार॥
सेजरीया पर कुश्ती भई जैसे लंका लड़े हनुमान।
जैसे महा भारत कुरु खेतमें लड़ेहैं दूरयोधन
अभिमान॥

१२

रासमें नाचत थेई थेई तताथेई।
श्यामाश्याम मिल सङ्गीत उघटत ताधीलाङ्ग
ताधीलाङ्ग तता थेई थेई।
तक् थंगा तगड़ थंगा थाधाता धिलाङ्ग तक थोता
धिलाङ्ग तकथेई थेई ताधिट किट धिकिट तक
गिदि गनधा थेई॥

१३

मेरा बांका सिरोही वालाजो मोरा।
बाँकाई घोड़ा तेरा बांकाई जोड़ा बाँकाई कमर
कटारा जो मोरा।
कृष्णानन्द बांको चाल चलतहै बाँकोई ओढ़े
दुशाला मोरा॥

१४

देरी देरी यशोदा दक्षिणा तेरे पुत्र भयोहै सुलक्षणा।
कृष्णपक्ष भादों निथि आठें शुभ रोहिणी बुध सुलगना॥
कृष्णानन्द असो सत ठाढ़ो बलिहारो तेरे बलना॥

१५

मेरा प्यारा सांवलियारे तैंडी सूरतदी बलिहारी।
गिरिधारी बनवारी प्यारा सांवलियारे तैंडी सूरतदी
बलिहारी॥
बिन देखे कल परत न एक पल खड़ी कूकां जन
गिरिधारी बनवारी। प्या०॥
बंशी बजावदा तान सुनावदा मनमोहन मुरारि।
कृष्णानन्द धुन छाय रहीहै मुरली शब्द सुखकारी
बनवारी॥ प्या०॥

१६

अनी ऐना सांवल साड़ा दिल लगावे।

नाल पगावे॥

१७

मेरा परदेशी रायला मैंडी जानवे।
पार करावे दूतांदा बेड़ा वेग मिलो मुझे आनवे॥

१८

प्यारा मोसों भली निभाई प्रीतहो प्यारे मिल बिछुड़े
नहीं चैनवे।
आपन आवे वारोंवे ना लिख भेजे मैंडा सोणा कौन
गांवकी रीत प्यारा०॥

१९

मैं ढूंढ़ फिरेदी कोईतो बतादे जित्थे मेरा रांझन
बसदावे।
चेरोंमें वसदो मियां रांझण मिलादे साड़े जिय
कमकेदावे॥

२०

मै तर गइयां रांझा सानुकी आंखदा।
पांच रुपैया पानोदां बोड़ा मुजरा सारी रातदा॥
सबोदे चावल महिशोका दूध यह खाना
माड़े यारदा।
सवा मोहरदो नथ घड़ादे बेसर नाल लटकेंदा॥

२१

बंशी वालेसों लागा म्हारा नेहड़ा।

१२१

मोर मुकट पीताम्बर सोहै और सोहै शिर सेहरा ॥
साँवली सूरत माधुरी मूरत कुञ्जनमें बसै गेहरा।
लछमणदासको यही विनती लिख लीज्यो मेरा चेहरा॥

२२

तैड़ो मैड़ो रब न तोड़े दोस्तो किन किसीको
किसमत न मोड़े।
सदके जाइये रबड़ादे कौलदी जिनसे ढूंढ़ना रब
फेर जोड़ै॥

२३

तैड़ो मैड़ो दोस्ती साँवलड़ा लोक अयानो नहीं जानै।
गुम मतदो बातरी सजनी और दिवाने॥
कहा पहिचाने तुही तन मन धन सम्पति तुही
तोहीतें मन मानै।
कृष्णानन्द में रङ्ग रहै हैं और रङ्ग नहीं ठानै॥

२४

भूलदीभी नाहीं मैड़ा सोणा तैंडरो मैनु याद।
कल न पड़ैदी एक पल विन देखे मानदावे माड़ी
फिरियाद॥

२५

कसम कीनीरे साँवलियाने।
गोरी गोरी बहियां हरी हरी चुरियां बहियाँ पकर
रस लीनीरे।
कृष्णानन्द हियो परिपूरण प्रेम सहित करि दीनीरे॥

२६

साँवलिया से नैना लागेरे।
वादिन देहौं बताय जौन दिन प्रेम प्रीतमें पागेरे॥
जबसे निरखी मोहनी सूरत तन मनमें रस जागेरे।
कृष्णानन्द रहत नहिं रोके चरण कमल अनुरागेरे।

२७

जोवनवा तोरे कारण।
जोमें जनती सइयां रूसैहैं करती मैं सेज संवारण॥
जोमैं जनती सइयाँ मोरे ऐहैं कततो नाना सूत।
अपने सइयाँकी पगिया बनीतो जैसे गुलबवाको फूल
जोमैं जनती सइयां मेरे ऐहैं रखतोमैं सब्ज कमान।
बगल बगल दोय तरकस रखतो जोवनाको करतो
निशान॥
जोवन जोवन आवै पियासों जोवन मधुर सुर बोल।
जो वे न आवें सेज ऊपर मोरी विरथा जोवन अनमोल॥

२८

सुन भारत भैया हौं कपिसौं उरिण हम नाहीं।
शत योजन मरयाद समुद्रको कूद गए छिन माहीं।
लंक प्रज्वाल सिया सुध लायो गरभ नाहीं मन माहीं॥
पैठ पताल तारो रसातल राख लिए गहि बांहीं।
जो न होते हनुमतसे योधा को लावत जग माहीं॥
सकती बान लगे लछमनके बैठे मन पछिताहीं।
जायदोना गिर सजीवन लायो लछमन सुखजो पाई॥
वचन भङ्ग कबहूं नहीं कीनो जहाँ पठयो तहाँ जाई।
तुलसी दास हनुमतको महिमा श्रीपति श्रीमुख गाई॥

२९

गोपाल पियारे तैंने भला जो किया।
खड़ावे पियासो तैंडा आँखड़ीयानु जीव जिवावन
दरस दिया॥
उमर दराज गरीबांदो बस्तो कितवे महरम
सबाब लिया।
आनन्दघन ब्रज जीवन जानो कुरवानो मुख देख जिया॥

३०

वृन्दावन चलो सजनी मनमोहन बुलावैरो।
सप्त सुरन और तीन ग्रामसें मृदुधुन वंशी बजावै॥
सुन्दर-श्याम कमल-दल-लोचन देखतही सुख पावै।
नाम रटतहै राधे राधे सूर श्याम मन भावै॥

३१

रसीया तोरी बातन मोरा जियरा जात जरो।
बाट चलत मोहि रोकत टोकत जित देखो तित खरो॥
रसिया० ॥
आवत जात तू मोहि सतावत निशदिन रहत अड़ो।
रसिया० ॥
कितनो कहत हूं मानत नाहीं काहेको बैर परो॥

सङ्गको सखी मोरी लोग नगरके सब मिल नाम धरो।
कृष्णानन्द कहतमैं फिर फिर यह अब चितते न टरो॥

३२

रामाहो हिरदै विसरामाहो।
रतन सिन्घासन रघुवर बैठे बांये अङ्ग जानकी भामाहो॥
भरत शत्रुघन चम्वर दुरावैं सनमुख करजोरि
हनुमानाहो।
तुलसी दास प्रभु शरणो आए मन-मन्दिर में करो
विसरामाहो॥

३३

मोहन मोह लियो मनहारो।
शोभा सिन्ध सोहनो सूरत जित देखाँ तित ओहोरो॥
आँखड़ल्याँ थारो सेन पियारो जानको दास उर वास
कियोरो॥

३४

चलो सखी राम देखनको नृप दशरथ के आँगण।
सङ्ग सखा मिल चारों भाई खेलत आंख मिचावन॥
शत्रुघन खुटवा हाँथ बैठे कमल-नयन गए
आँख मुदावन।
छोटे लछमन छिपत छोरलो छिपे सखा पकरावन॥
कहत सखा प्रभु पास न आवो अँधियारो उजियारो
करावन।
प्रेम रङ्ग प्रभुकों सब पकरत तन दुति दमक दिखावन

३५

मेरा राम रमैया निश दिन मनकों रमावत।
धर्म्मादिक फल मुफतमें पावत प्रीत सनेह बढ़ावत॥
जाग्रत स्वप्न सुसुप्ति तुरीयमें जागत मोहे सुभावत।
ऐसे नाथ अनाथने पाए रीझ रीझ गुण गावत॥
विमुखको विमुख कराय दुरावत सन्तको सङ्ग लगावत।
प्रेमरङ्ग प्रभुसों रङ्ग लागत बिन मागे पद पावत॥

३६

गिरिजा-पति पतितनकों तारो।
मेरो ओर निहारो शङ्कर शरणागत को उधारो॥
बस काशी में शिव शम्भू भव बंधनतें टारो।
प्रेमरङ्ग प्रभु भोले भूपति कोटि जनम अघ जारो॥

३७

रघुवर तैंडे नाल तन मन वारदोयाँ घर आयजावो।
सन्तनके धन राम कहेंदे लोभदो जाल छुटायजा॥
पोर न जाना पया विच सागर स्नान जहाँ जचायजा।
प्रेम रङ्ग प्रभु करण धारयत भवदे पार पोंहचायजा॥

३८

साँवलड़ा मन भाया सइयों साड़ड़े नाल।
जींदड़ी साड़ी घोलो घतो छंदड़े गइयाँ इश्कदा
पइयाँ जञ्जाल॥

३९

दिल बिच तैड़रानू रस मादा।
रातो देहा सानू वान पइयेहो जोरा जोर धिगाना।
हुण गोविन्द बिनु होर न दिसदा रबदे नाल लुभाणा॥

४०

नारीह् न जाने बैंदा निपट अनारीरे।
लाल पलङ्ग पर जरद बिछौना प्रेमको कटारी मेरे
हिया बिच मारीरे।
द्वारकामें एक वैद बसतहै तासों मोरी यारी तुम घर
जाओ बैदा मोहे रोग भारीरे॥
मीराने गिरिधर मिलावो यही अरज हमारीरे।
बूंटी तो झूंठो भई औषधि विहारीरे॥

४१

कान्हड़ो मिजाजो सइयां मानि नहीं मेरो गलाँ।
रत देहा चन्द चकोर जेहा कल नहीं पांदो घड़ी
एक पलाँ॥

४२

वंशी गोपाल को आज बाजै।
अद्भुत तान तरङ्ग मधुर धुन ससुरनसों गाजै॥
लाज धीर कुल कान मान डर श्रवण सुनत सब भाजै।
रसिक गोविन्द अभिराम श्याम छवि देखत
मनमथ लाजै॥

४३

दिलांदे महरम सांवलियार दरस दिखाय जावो।
बांसुरी अधर धर बजावत नाचत गावत यमुना निकट
सँावलो सूरत माधुरी मूरत हिरदै मैं समाय जावो॥
कंचन कङ्कन कटि पीताम्बर कानन कुण्डल शीशमुकट
घुँघरवाली अलक झलक नैनन मैं समाय जावो।
जानकीदासनु तेंडड़ी आस निशदिन पल खाँस खांस
सपनें टुक दरस पामो सकल दुख नसाय जावो॥

४४

मान न करिये वंशी वाला याद करेंदा।
मुख नहीं बोले पलक न खोले नैनन छिन छिन
नीर झरेंदा॥
तेरी रङ्गदारी अङ्ग पर जरद दुपट्टा प्याराले धरेंदा।
ब्रजनिधनु आली तुझ दिन निशदिन घड़ी पल छिन
नहीं चैन परेंदा॥

४५

रे जग झूंठा समझ मन माहियँावे।
नाल जनादे वारो नेह लगाया नाल चले कोउ
नाहियांवे॥
यार जिनानु प्यार तू करदा सो जाले तेरे तांइयँावे।
जानकी दास प्रीत ऐसी जगकी जैसी ठगका
मिठाइयांवे॥

४६

थारेंवे नैनादे नाल मैंतो ठगोयँावे।
इश्क लगा वारीवे छिपदाभी नाहीं जाहर कीता
इन अँखियांबे॥

४७

भला मैंड़ा सोणा नैनादे नाल निभायदे।
तिरछो भौंहैं नैन तकेंदे बरछीदों नोको एढ़ी टेढ़ी
निगाहां लगायदे

४८

फन्दड़े जादानी दूरवे दिलांदे नेड़े बसदा हजूर
सोणावे।
इक पुनड़ेनु मानके मिला मिसरीदी सूरत झरवे॥

४९

चला जांदड़ावे जोवन आपनावे।
जोवन जांदा वारीबे फेर नहीं आंवदा नाहक उमर
गमावदांवे।
इस जोवनदावे मान न करनावो मियँा हंस हँस
बोह झड़कदांवे॥

५०

दिलांदे नेड़े बसदा मेड़ा सोणा अंखियादे
कौलानी दूरवे।
रोझदा बाड़ा बिच सब कुछ जमदा मेरा मियां
खेड़ेनी खेत बंबूरवे॥

५१

पाँनाया जावे अलबेलो पनिहारनी जान।
तेड़े घड़ेदा वा ठंडा पानी साड़े दिलांदा टुक
प्यास बुझाजा जान॥

५२

गोरी तेंड़ी अंखड़ी अखियां रतनारियँा।
साड़े दिल भूलेंदो जालो यँावे॥

५३

वोमैं पुंछदो आइयँा इत्थें।
जङ्गल ढूंढ़ा वारी बेलाभी ढूंढ़ा रदावङ्गदा डेरा कित्थे॥

५४

सांई रबा मेंड़ा न्याव करो।
गहरी वो नदिया नाव पुरानी मेहर नजर देनु पार करी॥

५५

प्यारा तेंड़े मिलनेंदो मैनु चाव आमिल सोणावे।
नेहड़ा लगाय गया तुसी मैंडे नाल मेहर करो
घर आववे॥

५६

राह तकेंदेनीवे सुहतें गुजर गइयँा कीतानी
कौल करार।
रैन देहा मानु ध्यान तुसाड़ा मेरा मियँा साड़ा
दिल बेकरार॥

५७

छैला मुद्दताँ गुजर गइयाँवो ।
गुजर गइयाँ गइयां यनो यनो यनो यनोवो ।
तैंढ़े मिलननूवे सगुण मनादो मेरा मियाँ हाल
बेहाल हुइयाँ नोवो ॥

५८

मेरा छाकमा मैंतो भूलीरे मेरे छाकमा भूलीरे भूली
तेरी चालमें ।
जङ्गल ढूंढ़ा वारोवे बेलाभो ढूंढ़दा मैंभो लो चढ़ोए
राजो रखणा ।
मेरा मियाँ खेड़ेनो खेड़ेवो मं रोलो वा मेरे छाकमां ॥

५९

भला तू मेरा थानेदार ।
आयानो सावन वे मन परचावन वो मियाँ बाजुबन्द
बूटेदार ॥

६०

पनियान् कितवल जावाँ दिवगानिया कंवा पर
आसन जोगी दानियां ॥
चार मिलेवो मेनु माहब न जादे एक मिला
दाढ़ी जार जिठानियां ।
एकतो जोगो मेनु कामन मिलोया मैं शरमांदा
वेमर मर जाटो वा दिरानियाँ ॥

६१

यारदो मेनु तलब दोदारदो ।
रोशन शाह तेनु देदे दवाइयाँ वे मियाँ गला कोतोयाँ
मेनु प्यारदो ॥

६२

भला मेरा वुन्दि चोरे वाला दोस्त मिलामो वो ।
चोरे वालानो मानकरदा जादुड़ान् मुड़केले आमोवो।

६३

गोरी तेरा बालक युग युग जीवेवो ।
गोरीदे आँगणवे सगुण सोहावण हँसत खेलत
दूध पोवेवो ॥

६४

अणो मा भवन चलो आनन्दोके दरसन पावना ।
परस चलो परसाय चलो बे अनो मेढ़ा गोदो
बालक याना ॥

६५

साड़ो रंगाय देरे बलमा मोकों ।
साड़ी रङ्गायदे पचरङ्ग चुनरो और रङ्गायदे गुलनारो
किनारोरे ॥

६६

मेरा एडो झगड़ा वो मोतोड़ा मगायदे ।
सोणेको मोढ़े नथनो गढ़ायदे दो मोतो एक लाल
चुन्नो लगायदे ॥

६७

रसड़ो में बोलै मोरे पिया रसियारे ।
अपने पियाको मैं ढूंढन निकसो याहो नगरको बसिया ॥

६८

मैं देखो पियको चतुराईवे ।
औरन से पिया हंसत बोलत हैं हमसे करत निठुराई ॥
हमसों अवध बद अनत विलम रहे मोरा जियरा
तरसाई ।
चन्द्रसखो छित बाल कृष्ण छवि रहत चरणन
चित लाई ॥

६९

काहे श्याम मेरो सुरत विसराई ।
जबतें बिछुरे प्राण पियारे अब लग खबर न पाई ॥
वेदरदा कुछ दरद न आयावे क्या जाने पोर पराई ।
ऊधोदास आश चरणनको आन मिलो यदुराई ॥

७०

गोविन्दा तोमों नैन लगे बिन देखे रहिलो न जाय ।
लियो चुराय चिते चित मेरो घर अगना न सोहाय ॥
जानकोदास कों दरसन दोजे टुक मृदु सुर मुसक्याय ॥

७१

हा सुघर बना मेरावे लाल बना ।
बनाके सिर वारो शेहरा विराजे होरा लगे मोती पन्ना ॥

१२२

७२

लख लोख्योरी गोविन्द आँवदा।
गोविन्द आंवदा मेड़े मन भाँवदा मधुरो वेणु बजांवदा

७३

वो बजाई मोहन मुरलोको टेर।
सुन धुन चौंक परो कानन में ब्रजवनिता लई घेर॥

७४

इन नैनोने लाज गवांई।
राजबहादुर मोहन प्यारे मधुरो वेणु बजाई॥

७५

राज मारे नथुनोदा मोती लाल।
सांवल साज समाज पहरे वलिहारियाँ तेरे काज॥

७६

सानुकी पायावे किसोदे नाल।
वेदरदाँदा हाकम म्हारा मियां बुझदा क्यों नहों हाल।

७७

बकस गुणा मेरे बेलिया यार।
माशूकदा रङ्ग फूल गुलाबो आशिकदा रङ्ग तेलिया।

७८

तैं मन लोतारे वंशी बजायके।
वंशी तेड़ो मोहनोरे पड़ीहै काना बिच आयके॥
मगवरी न करवे महरदे जोवनदा मद पायके।
वलिहारियां क्यों नेह लगाया लगाया तो और
निभायके॥

७९

मेरा बालपनेदा यार कन्हैया।
खेलत गेंद गिरो यमुनामें सङ्गहो कूद पड़ैया॥
पैठ पताल काली नाग नाथ्यो फण फण निरत
करैया रे कन्हैया।
इन्द्र कोप कियो ब्रज ऊपर छिनमें देत बहैया॥
गिरिगोवर्द्धन नख पर धार्‌यो ब्रजकी करत सहैया।
प्रात समय यमुनाजो न्हात लेकर चोर कदम चढ़ैया॥
वरुण लोकतें पिता ले आए यशुमत लेत बलैया।
पुरुषोत्तम प्रभुको छवि निरखत बार बार वल गैया॥

नजर भर वेखण देरे महबूब।
राम लछमन भरत शत्रुघन अवध नगरके भूप॥
मोर मुकट पोताम्बर सोहे सोहै कलङ्गो खूब।
शङ्ख चक्र गदा पद्म विराजे जगतारणके रूप॥
तीन लोकके नायक कहिये अदभुत आनन्द स्वरूप।
जधोदास आश चरणनको शोभा अतिहो अनूप॥

८१

सांवरेने कीतावे जादुड़ा सांवले।
वंशी बजायके मेरा मन लोता दासदे दिल बिच
मोहन जोता॥

८२

सइयोंनो मैड़ा राँझा केतिक दूर मैड़ा दिलदानो
महरम साँई रबा पुंछ पुंछ हारो रात सारो।
जो मियाँ राँझा वारो वे सुझनु चाहै नेह निभायवो
दिल भारो॥

८३

निजारा जटोयांदा यारवे।
शोश शोरो मान समुझ सांई फन फुन मारा
लटोयांदा यारवे॥

८४

जोमैं जानदोवे साड़े नाल नेहरा मैं नहियां करदो।
जोमैं जानदो ऐसाभो होंदा मेरा मियां इश्कदे
फन्दे में नहियां पड़दो॥

८५

जिन्द घोलोदा निजारे नालवे सोणा।
दोस्तोदे नाल सुख पाया महम्मदसा ऐसो तेरो बातें
भोलो भोलोवे॥

८६

छदड़े जाँदोया हुण तेरेवो मेरो जान।
मिन्नत करदो मैं सगुण मनादियाँवे कब घर आवे
बालम मैड़े डेरेवो जा०॥

सिन्धी जंगला—तिताला

जटो मुख वेखलाजा सानु वे कमीतो आनके ।
होर रांझेदो गोरो रही महोब्बत पायके ॥

२

खेड़ोंदो चाकरी मैंकरदियाँ हो नाहियां ।
गोरोदा मैनु दम गनीमत मिलना चेराखान गवाइयां ॥

३

भूलिए चाहना चाहनी कहं देवे तू को जानें चाहनेदो सारवो ।
साड़ा दिल लगं तो तू जान किसोदे रमझानु असांतो करदा बहाना ॥

जंगला—तिताला

मुड़ आमो वो साड़ड़े कौलवे छैला ।
गोरो मैं तैनु चांहदा मझभा नारहो महलां महलां ॥

जंगला सिन्धी—तिताला

छैला मान न करिये रबडादे नाल डरिये ।
उठ गोरी मिल प्याला पाले समझ समझ पग धरिये ॥

२

जटोदे नैना संभाल ।
घायल मायल दिलथे होंदा जुलफों वारी जटो हटो ॥

३

लगदा बाग बहारवां वेखड़ा आंदे हजार ।
मुख गुलाब नरगसे चश्मा सम्भल जानो संभाल ॥

४

अटक रहे दिल प्यारेदे नाल सेनु मिलना जरूरवे ।
ले चल ऊधो वारी श्यामसुन्दर जहाँ मथुरा केतिक दूरवे ॥
जबके गए भए बाहोके कुवजाके रङ्ग जूरवे ।
कृष्णानन्द वारी तुमरे दरसकों रह गया कूर अक्रूरवे ॥

जंगला—तिताला

बना पर वारोरे आज वारो वारो वारडारो दिन दुलहे नन्द लाल ।
कुसुम सेहरा गोश दोउनके झुमके मोती लाल ॥
रङ्ग भीना केसरिया बागा चलत मतगज चाल ।
छवि निरखत वलिहार दोउनको नैना होत निहाल ॥

२

वंशीके बजैया वंशी फेर बजावरे ।
वही तान वही ध्यान वही सुर वही गान सुनावरे ॥
नटनागर नाचत ता थैया मेरे आँगन आवरे ।
वलिहारो सूरत पर वारो मोहन कण्ठ मिलावरे ॥

३

रसिया नाचत है वन माँहो ।
वृन्दाविपिन पुलिन यमुनातट राम कदम्बको छांई ।
सुन्दर-श्याम बजाई मुरलिया राधा सां गलवाहों ।
नागरिया नैनन में बसतहै चरण कमल वल जाई ॥

४

तू गयाबे नेह लगाय ।
व्रजमोहन सों लगी लगनियाँ वंशोदो तान बजाय ॥
इश्क साड़े जाल पाया तैं सूरत खूब दिखाय ।
चितै चित चोरो बहारो वलिहारो मुसकाय ॥

५

साँवली सूरत साड़े मनमें बसोवो ।
मोर मुकुट पीताम्बर सोहै मुरली मुख पर लसो ॥
देख लुभानी सइयां मोहनी मूरत उसदे फन्दड़े फसी ।
पुरुषोत्तम दे नाल विमोहो बांको चितवन हंसो ॥

६

अरे मन हरि बिन कोई नहीं तेरा ।
चार दिननको प्रोत जगतमें आखर जङ्गल डेरा ॥
जगमें कोउ कछु सङ्ग न चाले जिसे कहै तू मेरा मेरा ।
जानकी दास प्रोत तज जगको हो रघुवरका चेरा ॥

७

सुख आनन्द भए आनन्दोके दरसन पाए ।
दरसन पाए अतिमन भाए सब दुख रोग जलाए ॥
जाज्वति जोत जगत में जाहर बड़ भागन लख पाए ।
जानकोदास जप तप सिद्धि बिन सहजहो मस्त कहाए ॥

कठिन लगन की प्रीतरे लागे सोई जाने ।
घायल मायल फिरदो दिवानो रांझण बिना कोई
माने नहीं माने क्या करे बैद सयानेरे लगी सोई० ॥

जंगला—एकताला

लङ्गर लरकवा नैन सैन दे बैण बजाय बस कीनोरे।
मुकटकी लटक चटक भृकुटिनकी कर धर
मुरली लीनोरे ॥
वृन्दावनकी कुञ्जगलिनमें गउअनकी ठठ कीनोरे ।
पुरुषोत्तम प्रभुको छवि निरखत श्याम-सुन्दर
रङ्ग भीनोरे ॥

२

सुन्दर चतुर सुघर बालमुवा तेरे वेखनदा चाहवे ।
मेरा जिय चाहे तेरे मिलनकू महर करो घर आवरे ॥
श्याम-सुन्दरवा नन्दके दुलरवा मेरा मन ललचावबे ।
पुरुषोत्तम प्रभु लङ्गर लरकवा मधुर मधुर सुर गावबे ॥

जंगला—तिताला

झूठेही दोष लगावत माई मेरे ।
हौं वाको घर कबहु न देख्यो देन उराहन आवत ॥
जहाँ मैं फिरत गैल ग्वालन सङ्ग तहाँतें पकरि मगावत।
सब ग्वालिन मिल घेर लियोहै बरबस मोहि नचावत॥
तोसों झूठ साँचके कारण मुख दधि लेप लगावत ।
कर गहि पकरत चोरकी नाईं तोकों आन दिखावत॥
धागाकों भेट मरम नहीं जानत बातही बहुत
बनावत ।
सूरदास यह चाल अट पटो बहुत यसुदहि भावत ॥

३

नींबो लपक गहो यदुराई ।
जब कर कमल धरो श्रीफल पर परोहै धरनि पर आई ।
ततछिन रुदन करत यदु-नन्दन मनसों बात बनाई।
एसी ढीट देत नहीं ग्वालिन राख्यो गेंद चुराई ॥
तब अस विहँसिके कह्यो ग्वालिनी मोपे नाहिं कन्हाई
जहाँ जहाँ खेल कियो कुञ्जनमें तहाँ चल देंहू बताई॥
बाल विनोद परम सुत केरे महरि चली मुसकाई ।
सूरदास यह रसिक शिरोमणि को जाने यह भाई ॥

३

युगल छवि दृगन माँझ अटकी ।
दै गलबाँहीं कदम तरे ठाढ़े वा वंशीवटकी ॥
ऐसो ध्यान बसत हिरदेमें अब क्यों डोले भटकी।
मनकी मनही कृष्णरङ्ग जाने को जाने घटकी ॥

४

मो सम कौन कुटिल खल कामी ।
तुमसें कहा छिपी करुणामय सबके अन्तरयामी ॥
जे तन दियो ताहि बिसरावत एसो नून हरामी ।
भर भर द्रोह विषेकों धावत जैसे सूकर ग्रामी ॥
सुन सतसङ्ग होत जिय आलस विषयन सङ्ग बिसरामी।
श्रीहरि चरण छाड़ विमुखनको निशदिन करत
गुलामी ॥
पापी पतित अधम अपराधी सब पतितनमें नामी ।
सूरदास प्रभु अधर उधारण सुनियो श्रीपति स्वामी ॥

५

माधो अस तुमारि यह माया ।
करि उपाय पचि मरिय तरिय नहीं जब लगि करहु
न दाया ॥
सुनिय गुणिय समुझिय समुझाइये दशा हृदय
नहीं आवे ।
जेहि अनुभव विनु मोह जनित दारुण भव विपति
सतावै ॥
ब्रह्म पीयूष मधुर शीतल जोपै मनसों रस पावै ।
तौकत मृग जल रूप विषेको रण निशि वासर धावै॥
जेहिके भवन विमल चिन्तामणि सो कत काँच बटोरे।
सपने परवस परे जागि देखत कहि जाइ निहोरे ॥
ज्ञान भक्ति साधन अनेक सब सत्य झूठ कछु नाहीं ।
तुलसीदास हरि कृपा मिटै भ्रम यह भरोस
मन माहीं ॥

ऊधो कहा करव ले पाती।
जब लग नाहिं गोपाले देखों बिरह जरावत छाती॥
निमिष एक विसरत नहीं हमको उदय चन्द्रकी राती
सूरश्यामसों यों जाय कहियो बतियाँ ठकुर सुहाती॥

७

उनकों ब्रज बसबो नहीं भावै।
वहां वे भूप भए त्रिभुवनके यहांको लाल कहावै॥
वहां वे बैठें सिंहासन आसन यहां क्यों बच्छ चरावै।
वहां वे पहिरें पाट पटम्बर यहाँ क्यों कमरी शुचि पावै॥
नन्द यशोदा बिन बिसराये हमरो कौन चलावै।
सूरदास प्रभु बड़े निरदई पतियाँ लिख न पठावै॥

८

मन्दिर देख डरे रे सुदामा।
यहां रही मोरी राम मढ़ैया सो कोउ नृप उतरे॥
यहां उहाँ कर फिरो सुदामा मनमें सोच करे।
ठाड़ी झरोखे परम सुन्दरी ताके द्वारे खड़े॥
पहलो पौर गज हस्ती राजत दुसरो तुरङ्ग खड़े।
तिसरो पौर विश्वकर्मा राजत रतन जड़ाउ जड़े॥
चारि पदार्थ भए भवनमें दीनानाथ ढरे।
सूरदास बलि जाँऊं चरणको यदुवर शरण परे॥

९

अपनेको आपुहीतें बिसर्‌यो।
जैसे स्वान काँचके मन्दिर भ्रम भ्रम भूंस मर्‌योरे॥
ज्यों मृगा तजो नाभि आपनो बन बन भ्रमत फिर्‌यो।
तैसे नरके निकट नारायण कबहुं न सूझ पर्‌यो॥
जैसे फटकशिलाके देखत गज दन्तसों जाय भिर्‌यो।
ज्यों केहरि प्रतविम्ब निरख छवि कूप में कूद पर्‌यो॥
जस मरकट मुट्ठी नहीं छांड़त द्वारे द्वारे फिर्‌यो।
सूरदास नलनीको सुवना कहो कौने पकर्‌यो॥

जंगला—एकताला

केते दिन हरि सुमरण बिन खोए।
परनिन्दा रसनाके रसमें अपने परतर बोए॥
विविध बनाव कियो या तनको मल मल वस्तर धोए।
तिलक बनाय चले स्वामीह्वै विषइनके मुख जोए॥
काल अचानक झपटत शिर पर ब्रह्मादिक सब रोए।
सूर अधमको कौन चलावै उदर भरे पर सोए॥

२

कहत नर आगे जपबों राम।
बीचें भई औरको औरे परो कालसों काम।
बालापन खेलत सब बीत्यो जोवन जोरत दाम॥
जरा-जोवन जब तन आय घेरो गृह सुत धन धाम।
सूरदास कैसे छूटेंगे बिना लिए हरिनाम॥

३

तुम बिन नाथ सुनै को मेरो।
काम क्रोध रस लोभ मोह वश निशदिन रहतहै घेरो।
दूसर दीन-बन्धु कोउ नाहीं तासों अरज करत
यह चेरो॥
नन्दलाल विहाल बहुतहीं पाहि पाहि शरणागत
तेरो।
सोणादासी आस चरणनकी कृपाकटाक्ष प्रभु
तन चित हेरो॥

४

कोउ क्या जाने अस रामगति रामगति परमेश्वरगति।
नारायण नर करत जगत जड़ चूको रूप धर पारवती॥
कहै माता कर जोर राम तहां कहाँ छोड़्यो
शिवनाथ जती।
दक्षसुता तहां भ्रमित लजित भई गई महिमा
सब लाज रती॥
गौरी बौरी ह्वै बन ढूंढ़े जहाँ देखो तहाँ प्राणपति।
बरज्यो ईश तब एक न मान्यो कौन बौरायो ज्ञानमती॥
कहो माता दहिने बैठायो या तन भेंट न होत सती।
यज्ञ विध्वंस कियो जाय पिताको गावै गुदर जिय
जान हती॥

जंगला—तिताला

अरे मन असो क्यों न करो रामनाथ चितमें धरो।
रहत विकल विष आजस पिये पुन पुन बाढ़ो भरो॥

मन पछतैहै अवसर बीत जइहै जब शिर आन परी।
गावै गुदर तज शोक सकल भय करले हरी हरी॥

२

अरे मन मानत नाहीं कह्यो भवजल जात बह्यो।
बार बार चौरासी भटकत नाना भोग सह्यो।
आवै न त्रास बास यम-याचन पुनिपुनि अनल दह्यो॥
आवागवन निवारत नाहीं गुरु पद चरण गह्यो।
गावै गुदर मन चेत अजहूं करजो कुछ रह्यो सो रह्यो॥

३

मरम तेरो का जानो हो।
थाको आदि अन्त सब पढ़ पढ़ काला नहीं पहचानोहो।
नाम अनन्त सबही ठहरायो कहत वेद मुख वाणीहो।
पायो न थाह अथाह रह्यो सब नारद शेष भवानी हो।
अमित कला करि जगत दिखायो माया तेरी
दिवानो हो॥
जहां पुण्य तहाँ पाप विराजे विष अमृत
सम मानोहो।
जहां गुण एक औगुण बहुतेरो जहां लाभ
तहां हानो हो॥
व्यापक सब घट न्यारो निश दिन छवि तेरो
अलभानो हो।
गावै गुदर सब बीचहो रहैगो कहाँ तक सारङ्गपाणी हो॥

४

चोरे वाला सांवलड़ा मैड़ा प्यारावे वंशी बजाय
रिझाय लई।
बंसरी अधर धर बजावदा मनमोहन मैड़े मन
भाँवदावे॥

५

जबते बजाई हरि बांसुरी हो देया।
एक एक मुखते वाक न आवै एक एक भरो दृग
आँसुरो हो।
घरी घरी पल छिन कल न परत जिय लग गई प्रेमको
फांसुरोहो॥
जानत मोहन तेरो मैं चेरो काहेको बजावो ब्रज
हांसुरो हो।
गावै गूदर कल बिन देखे नहीं हरि लीनो तन मन
सांसुरोहो॥

६

किने बजाई वंशी मदन मरोर।
जब धुन सुनो आई मुरली को थिर न रहत जिय मोर॥
ग्रहते निकसो लोक लाज तज फिरतहैरो ढूंढ़त
सब ओर।
गावै गूदर यह काला विहारो भलो ठगो दिल मोर॥

७

आज सलोनो रूप बनेको।
छवि निरखत रवि शशि भए लजित वारूं मं कोटिन
भूप बनेको॥
गणतारा नग जड़ित मौल शिर चमकत मौज अनूप
बनेको।
गावै गूदर दशरथ सुत नन्दन व्यापक सकल स्वरूप
बनेको॥

८

कियो किरतार्थ कुबजा श्याम।
गोपिन छांड़ि दियो गोकुलमें ताकों दियो
द्वारका धाम।
गरल पान कर गयो शम्भु नीलकण्ठ भयो सिरनाम॥
दास विभीषणको कर गहि कर लंका राज दियो
तैंहो राम।
दास कसाई सदन बखानो जामें बसी सालिगराम॥
राज नेत कविजन यों सराहत करता अकरता है
हरि श्याम।
गावै गूदर मन वच क्रम सुमरो रसना कहै
ले आठों याम॥

९

बस राम कियो देखो देखो शिवरो।
जो पद सेवत बीत्यो कल्पयुग सो पद मारग
सहज लियो॥

ताफल खायो झूंठो प्रेम वश आप समोपते धाम दियो।
गावै गूदर धन भाग भोलनो नाम अमी रस घोल पियो॥

१०

छवि निरखत राम लखन जोरो।
मिथला जनकपुर आनन्द भयोहै जबते राम धनुष तोरो॥
राजा जनक उर अपने बिनवत धन विधि राखि परन मोरो।
गावै गूदर भयो सोय स्वयम्वर कहत जनक अस कर जोरो॥

११

सखो बन केश सवाँरत हो।
जगपति आप बलकर गहे कर ले शशि पर वारतहो॥
जो नख गह्यो गोवर्द्धन गिरिवर ता नखसे निरवारतहो।
ताछवि सुर मुनि सपने जोहत सो सुर-पुर-पति मान निवारतहो॥

१२

मुरलिया कौनें ख्याल परी।
काज करत सुन हार थको इत उत पगन धरी॥
नवल वधु ब्रजयुवती जन सबमें प्रीतहो प्रगट करी।
नागरो हरिको वंशो धुन सुन प्रेमजाल सकरी॥

१३

कहाँ प्रभु विलम रहे सारो रातो।
लटपटि पाग जुलफ घंघरारो सोहै उनींदे रस भरे रातो।
डग मगात पग धरत चलत मग साठ परो सब कोमल गातो॥
रहत अवर कहुं कहत अवर कछु हमसे झूंठ हजारों बातो॥
कहत हांस ब्रज होत हमारो छवि तिहारो कुछ कही नहीं जातो।
गावै गुदर मैं कहि कहि थाको यह सब करतब तुमै सोहातो॥

१४

दिबस भयो राज गरवाँ छांड़ो।
जागोहै मेरो सास ननदोया आवे नैना बिच लाज॥
कछु कछु प्यारे रातको बतियाँ क्या क्या सुखके साज।
गावै गुदर पुनि गरवां लगावे तुम मेरे शिरताज॥

१५

सोवत सङ्ग जागे मोहन प्यारे।
नई नवेलो रस भरो अँखियाँ खञ्जन उर बिच लागे॥
चोरी कियो पहचानतहूँ मैं झूंठ कहो कोई आगे।
गावै गूदर प्रभु वहाँ रहो तुम नई नेह जहाँ लागे॥

१६

कलेजे म्हारे बांसुरोको धुन लागी।
हौं अपने ग्रह काज करत रहो श्रवण सुनत उठ भागो॥
खान पानको सुधि न सखोरो कलन पड़े निशि जागो।
रैन दिना गिरिधरन लालकी मीरा रहे रङ्ग पागो॥

१७

कन्हैया तोसें बार बार कहियां वो वंशोको टेर सुनावो।
बांके विहारो तेरो चितवन प्यारो नैनासे नैना मिलाय जावो॥
ख्याल खुशाल प्रेमके भरे रहो हिय उमग उमगाय जावो॥

१८

राधा मेरी प्यारियँावो कोई सइयों कोई लाके मिलावो।
मोहनो मूरत सोहनो मूरत कबहूं नहोबे न्यारियांवों।
चञ्चल चपल अनोखे नैना ख्याल खुशाल अपारियांवो॥

१९

चलो सखो देख आमिवो मोहन नन्दका दुलारावो।
ठाढ़े कदम तरे वंशो बजावे छेला प्राण हमारावो॥
ललित त्रिभङ्गो कान्हा छवोला रसका रसोला मेरा प्यारावो।
नैनन सैन मैन गुण भर रहे ख्याल खुशाल अपारावो॥

२०

लागी नैना श्याम तिहारेवो नैना बसे आय हमारेवो।
मेरे मोहनी मोहन नागर चञ्चल चपल सुकवारे॥
नेह लगोहै उमग उठोहै सुनियो नन्ददुलारे।
पल पल ख्याल खुशाल सिखावत प्रेम प्रीत उरझारे॥

२१

शरण तक आयोमें श्रीराणी रंवे आदि भवानी।
तीन लोकमें जोत विराजे धर्म्मधुजा भगवानी॥
घट घट पूर रही महामाया महिमा वेद बखानी।
जन खुशाल पर किरपा कीजे दीजे भक्ति प्रमानी॥

२२

कैसा चेटक लाया वो प्यारेवो वंशीको टेर सुनाके।
सुनवे मोहन प्राण पियारे नैनासे नैन मिलाके॥
माधुरी मूरत चितवन बांकी रति रस छकन छकाके।
रसिक खुशाल छैल अलबेले बातें कहत लुभाके॥

२३

प्यारे बिन देखे नहीं दैनरे मोहन मोसें भली निभाई प्रीतहो।
आपतो जाय द्वारका छाए ऐसी करी विपरीत॥
लिख लिख पतिंया बतियां घतियां आन दहतहै चीत।
पुरुषोत्तम प्रभु वेग दरसदो आन मिलो मोहे मीत॥

२४

अणी मेरा लाल बना घर आयानी।
रङ्ग रङ्गीला बारी छैल छवीला सांवल मैड़े मन भायानी॥
श्रीब्रजराज दुलारे प्यारे बड़ भागिन सानु पायानी।
हीरा रतन भिर मेहरा सोहै पुरुषोत्तम मन भायानी॥

२५

आज सइयों सांवल साड़े घर आयानी।
हांथ लकुटियां कांधे कामरिया पीताम्बर सोहायानी॥

२६

रेमन काहे सिखावतरे।
चारों वेद भेद सब तीरथ उर बिच एक न आवतरे।
मूरख ज्ञान सदा दृढ़ नाहीं थकि रहे ब्रह्मा लिखावतरे॥
जस अन्धरेको अन्ध मिलेहैं वेसो पंथ बतावतरे।
गावे गुदर ज्ञान सजीवन अवगत अलख लखावतरे॥

२७

अरे मन तजदे कुमत विकार।
या नगरी बिच पांच मुसाफिर बसत पचीसहो धार।
तीन जगातीया जगकों खायो मत भजीत भगवान॥
कठिन नयन सर लाग्यो भाई माया बनीहै कमान।
याधन हां काइ नहीं तोर भुको भुको रहे गहेहै कान॥
अपना किया हम पायो भाई जो कुछ कियो नादान।
तैसी जग बिच फैल रहीहै करणी करम विवान॥
या नैननसे देखो भाई सुनि सुनि अपने कान।
गावै गुदर सत-गुरु वलिहारी गावो गोविन्द गुण तान॥

२८

हमारो वंशी प्यारी तुमदो वृषभानु-दुलारी।
हमक्या जाने प्यारे तुम देखो जहाँ विसारी॥
कहां दुराई सांची बतावो मुरली प्राण पियारी।
वह मुरली वहु सुन्दर मोरी प्रिया सोंह निहारी॥
हम नहीं ललन विलोको मुरली कहां भूले कहि ठारी।
पूछतहो क्यों छैल छवीले कोजाने कहां डारी॥
वो वंशी मोहि नेक न विसरे दीज्यो वेग बतारी।
अब न छिपावो सांची बतावो विनती करूं तिहारी॥
नहीं जाने तुम कहां धरोहै बांसुरी श्रीगिरधारी।
बार बार क्या पूंछतहोजी मनमोहन बनवारी॥
या बंशीने त्रिभुवन मोहे कहां लग कहूं विचारी।
तुमतो गुण नहीं जानो याके सुर नर मुनि हित कारी॥
हम नहीं श्याम छिपावें मुरली तुमसे कुञ्जविहारी।
सांची कहें मुरलिया हमने नहीं देखो नैन निहारी॥
यह मुरली मेरी ललित मोहनी सो तुम राखो लुकारी।
बन बन माह बजावों याको तुमरेहो गुण गारी॥
सो सब सांची कहो कुंवरजी हम क्या जाने नारी।

यह गुण या मुरलीके माहीं सुन मोहीं व्रजनारी ॥
हंस मुसकाय दई तब मुरली प्यारी पिया बतारी।
छह खुशाल लाल मुरली लीनी नए नेह उरभारी ॥

२९

ओंकार खोल लङ्गरवा पीतम मिलेंगे नाह।
आपतो पार उतर गए हमको छाड़े मझ धार ॥
अन समझन के बहोत मत समझनको मत एक।
रजब निशाना एक है तीरन्दाज अनेक ॥
मूरखके मन बांबाई, निकसत वचन भुवङ्ग।
ताको औषधि मौनहै, काल न करत प्रसङ्ग ॥

३०

देखोरी छबि राम बदनकी।
कोटि कोटि दामन दरपन दुति निन्दित
क्रान्त कपोल रदनकी ॥
नासा मृदु मुसक्यान माधुरी मन्द करी अति घुमड़
मदनकी।
फब रह्यो क्रीट मुकट झालर सिर मनहुं फांस दृग
मीन फन्दनकी ॥
चोरत चित भृकुटी दृग शोभा कुण्डल-कपोल
खौर-चन्दनकी।
राम सखि छबि कह्यो न परत जब सुध न रही तब
बमन सदनकी ॥

[illegible]

अरी मोमि दरद दिवानी दरद न जाने कोय।
घायल की गत घायल जाने जाएं बौती होय ॥
सूली ऊपर सेज हमारी किम विध रहिये सोय।
मीरा के प्रभु गिरिधर नागर वैद सांवरा होय ॥

३२

भईरे में राम दिवानीरे कृष्ण दिवानीरे।
आगे लशकर पाछे डेरा, जित देखूं तित साहिब मेरा ॥
कोरा घड़ा गङ्गा जल पानी।
जोरे पीवे सो होय निर्वानी ॥
मीराके प्रभु गिरिधर नागर चरण कमल रज लपटानी ॥

१२४

भईरे में राम दिवानीरे।
जो कोईहो राम दिवाना पावे सोई पद निर्वानी ॥
लोक लाज शोभा कुल तजके तन मनकी सुध बिसरानी।
मीराके प्रभु गिरिधर नागर आमिल मोहि सारङ्ग पानी ॥

अथ पुरुषोत्तमजी कृत भजन।

३४

लगनादा पंथ निराला।
जिनके लगे श्यामसों नैना सदा रहे मतवाला ॥
जिसके भाग खुले इस कलिमें तिसनू यही खियाला।
पुरुषोत्तम प्रभु प्रेम दिवाना मस्त रहै मतवाला ॥

३५

सांवल तैंडे नैन सलोने।
खञ्जन मीन मृग विवस किएहैं अनियारे बंकलोने ॥
जो देखत है सोई मोहत है कहा भयोहै टोने।
पुरुषोत्तम प्रभु निरखि मगन भई लाग रही चरणोनें ॥

३६

हो रसवादो प्यारे कान्ह।
सांवरी सूरत माधुरी मूरतहो तेरे कुर्बान ॥
बाट घाट माहिं रोकत टोकत सुन्दर चतुर सुजान।
पुरुषोत्तम प्रभु निरखि मगन भई देवो करी
सुख दान ॥

३७

सोवल प्याराबे मैंडी जान।
जब तुसी वेखां तब असी जीवां नातर फिरां दिवाना ॥
देख लुभानी तैंडी मोहनी सूरत मैंडे जीवन प्राण।
पुरुषोत्तम प्रभु मोहन प्यारे देवो करो सुखदान ॥

३८

छैलवा रोक रह्योहै आगे डगरा।
मैं दधि बेचन जात मधुपुरी पकर खैंचा मेरा अंचरा ॥
कहा कहौं कछु कहत न आवे राज करी यह बगरा।
पुरुषोत्तम प्रभु मोहन नागर मोह रह्यो ब्रज सगरा ॥

३९

प्यारो लागे हो हजको डगर।
श्याम-सुन्दर पिया खेलन निकसे नित नित याही वगर ॥

लुक लुक खेलें आंख मिचावन चलो चरण पहारी पगर।
पुरुषोत्तम प्रभुकी छबि निरखत मोह लियो ब्रज सगर॥

४०

चलोजो सब गोवर्द्धनको डगर।
श्याम अचानक मिलही आयके गोपालपुराकी वगर॥
सांझ समय गउअन कों घेरत श्याम ढाकको ठिगर।
पुरुषोत्तम प्रभुको छबि निरखत रहो चरण तर सगर॥

४१

लालन बस गए नैनन मेरे।
जैसे चन्द चकोर चाहतहै हौं चाहत मुख तेरे॥
वैरो लोग चवाव करतहैं कहा जानेवे अनेरे।
पुरुषोत्तम प्रभुको छबि निरखत भए बिन मोलके चेरे॥

जङ्गला—एकताला

देखनदे ऐसे छैल गुमानो।
श्याम सलोना रूप रिझोना मन्द मन्द मुर मुर
मुसक्यानो॥
मुरली बजाय रिझाय लियो मन मोह लईहै सब
ब्रजजानो।
पुरुषोत्तम वलिहार लियोहै हौं तो यह
चरणन लपटानो॥

२

दरशनदे मोहे श्याम केश वारे।
घूंघर वारो झलकें मुख ऊपर हँस चितवो
वलि जाऊं ललारे॥
छबोलो लटक अधर धरो मुरलो मोहि लियोहै
प्राण हमारे।
पुरुषोत्तम प्रभुको छबि निरखत भुज भर मिले
मोहे नन्ददुलारे॥

३

कौन भरन मोरो जाय वो गगरिया।
लङ्गर ढीट अहीरके छोहरा जिन मोरो रोकोहै
आनको डगरिया॥
वृन्दावनको कुञ्जगलिनमें पकर अंचरा मोरो लेत
वलैया।
पुरुषोत्तम प्रभु मुकुट धरे ठाढ़े हौं वलगई ऐसे छैल
छिकनिया॥

जङ्गला—तिताला

भलावे मेरे सांवलेने सुध विसराई।
जबतें बिछुरे मोहन प्यारे हाहा खबर न पाई॥
विरह विकट वाको रहत जो कहा जाने पोर पराई।
पुरुषोत्तम प्रभुको छवि निरखत वेग मिलो यदुराई॥

२

इतना मान न करना जानो।
यह जोवनदा कारे भरोसा सबसों हिलमिल
रहना॥ जानो०॥
जगत चवाव भय्यो दुरमतसों जोई कहै सोई सहना।
पुरुषोत्तम मेरो यही आग्रहै चरण-कमल निज
गहना॥ जानो०॥

३

कछू कहो मेरी महोब्बत लगो।
वेणु बजायके मन हर लीनो विरहदे नाल पगो॥
सुन्दर-श्याम सलोनो सखियां नेह लगा जिन्द ठगो।
पुरुषोत्तम प्रभु मोहन प्यारे दशा दिश दुख भागो॥

४

पाक सूरत तैंड़ो बनो सांवरे लगो नैनादे बानवे।
भौंह कमान चढ़ाय रहतहै मारत तिरछो तानवे॥
लगो कलेजे चुभो हमारे घायल कोतो कानवे।
पुरुषोत्तम महबूब सांवलो मानोदे जोवन प्राणवे॥

५

सांवरेने टोना कोता।
अब कैसे रहवो घर भावे नैनादे नाल मन लोता॥
शिर सोहै लट पटा फेंटा पोत पिछोरो दोता।
पुरुषोत्तम प्रभु वेणु बजावे यह ब्रज-जन सब मोता॥

६

मेरे मन लाग रह्यो गोपाल।
छिन विन देखे कल न परतहै चञ्चल नैन विशाल॥
मोर मुकट पोताम्बर सोहै उर गजमुक्ता माल।
सदा रहो मेरे पुरुषोत्तम तुमहो परम कृपाल॥

अमारे घेर श्यामाटे नथो आवोछो।
एनी पेरे आव्या शूं करोछो मनड़ म्हारूं ललचावोछो ॥
छाना माना जावो आवो गोठड़लो मनावोछो।
पुरुषोत्तम प्रभु वृन्दावननी वाटे मुरलो मधुर वजावोछो ॥

८

तैंड़े दरसदो हो दिवानियांवे।
टुक मुखडा वेखलावो सुझको सुध बुध सब हिरामियांवे ॥
तुझ बिन जीवन कैसे बनिहै समझ देखो मन मानियांवे।
रङ्ग रस करी हां पुरुषोत्तम प्यारे साड़े दिलदे जानियांवे ॥

९

प्यारे तैंड़े दरस बिन बेहाल।
वेग आय महवूब सांवरे टुक मुखड़ा दिखावो रसाल ॥
नोको मुरलो सुनावो जानो विरह पाया मंनु जाल।
पुरुषोत्तम मन-मोहन मैंड़े राखो चरणादे नाल ॥

१०

प्यारे मोहे कृपा करो निहाल।
दरस देख हौं मोहो सांवरे सांकरो खोर मिले नन्दलाल ॥
भेंटी अङ्ग सकल मन मोहन कोमल पुलकत अङ्ग रसाल।
पुरुषोत्तम प्रभु यह सुख विलसत पहराई वनमाल ॥

११

जियकी बात रङ्गीलोइ जानै।
जाके जिय बसो यह मूरति सोई ताकों पहिचानै ॥
काहूको न मानै न जानै काहूको बड़ो विध कहो सयानै।
पुरुषोत्तम प्रभु रूप सांवरे जनम जनम पहिचानै ॥

१२

मनतो मोहन बस पर गयोरे।
काहुन सोहाय नेक बिन देखे टोना सो कछु कर गयोरे ॥
मृदु मुसकाय बजाय वेणु धुन नैनसो नैनन लड़ गयोरे।
पुरुषोत्तम प्रभुको छवि निरखत प्रेम-सुधा हिय भर गयोरे ॥

काफी—तिताला

डार गयोरी गले मोहन फांसी।
विरहको मारो बन बन डोलौं करवट जाय मैं लेहौं कासी ॥
अम्बको डार कोयलिया बोलै मेरो मरण सांवरेको हांसी।
मीराके प्रभु गिरिधर नागर तुम मोरे ठाकुर मैं तेरो दासी ॥

२

मान मनायो राधा प्यारो।
दोउ कर जोर करतहैं विनती आगे लिए सखो ललितारो ॥
मान सरोवर मान कर बैठो कुञ्जन कुञ्ज लतारो।
पुरुषोत्तम प्रभु सखो भेष धर चले मोहन पिय गिरवरधारो ॥

जंगला—तिताला

रास रच्यो वृन्दावन बनवारो।
वंशीवट कुञ्जन यमुनातट मनमोहन पिय रसिक विहारो ॥
निरत करत मन हरत सखिनको उपजत रङ्ग तरङ्ग अति भारो।
पुरुषोत्तम प्रभुको छबि निरखत व्रजजन बार बार वलिहारो ॥

२

वंशीवारेनै चेटक लायावो।
मोहनो तान बजाय रागमें ताल स्वरन मन भायावो ॥
देखके रूप ठगो मन-मोहन नैनादा सैन चलायावो।
पुरुषोत्तम प्रभु सांवरे गवरु मन मोहन मन भायावो ॥

३

चल्यो जारे कान्हा अब तुम काहे लगावत दान।
हौं दधि बेचन जात वृन्दावन मानत नहीं नन्द आन ॥

सुन्दर-श्याम मनोहर-मूरत उलटी चाल रहे ठान।
पुरुषोत्तम मग रोक रह्योहै नन्दमहरिको कान्ह॥

जंगला—एकताला

कौन कहै तोहि छैल छिकनैया।
नन्द बाबा तेरो व्रजको रैया मातहैं तेरी यशोदा रनियां॥
गुञ्जकीमाल बिच पाँचकी मणिया मोर पखा शिरकट तेरे तनियां।
व्रजजीवन प्रभु मोहन प्यारे जगतको धनी हमारो बनियां॥

२

मोहन मुसक्यान लगे सोई जाने।
ठाढ़ो हतोमैं अपनी पौरमें औचक निकस्यो आनवा
हैरानवा हँसन माधुरी लागी मनमथ-बान सखो कोई घाव न जाने॥
घायल भई मृगी ज्यों डोलूं परी भूमि पर आन,
यन्त्र मन्त्र औषधि ल्यावो भूलो सबही अपान, करो कोई यतन सयाने।
छूट रहो अलकें घुंघरवारो कुण्डल झलकत कान,
जानतहै वे पौर हमारो युगल सखाके प्राण, कहो कोऊ भेट न जाने॥

३

वंशी धुन बाज रहीहै तट यमुनाके तीर।
चलो सखो मिल देखन जइये बजाईहै बलवीर॥
श्रवण सुनत ग्रह ग्रह तें निकसो पहर विविध रङ्ग चीर।
जाय मिली पुरुषोत्तम प्रभुसों करत सकल सुख धीर॥

४

कहियो ढेड़े दिल जानीसों।
विरहदी अगन बुझत नाहीं बिन नैनादे पानीसों॥
जोगको कथा कहा कहीं जो अब लग दरस दिवानीसों।
पुरुषोत्तम प्रभुसों मन मान्यो सुरत खूब दिवानीसों॥

५

मधुबनिया श्याम हमारा।
आय अचानक नित प्रति निकसत गउअनको रखवारा॥
घर घरतें सब कोउ चले आवत मग रोकत कान्हा प्यारा।
पुरुषोत्तम मनमोहन जानो व्रजजन-प्राण-अधारा॥

६

बल बल जाँदीयाँवे तेड़ो मुखड़ेदो।
गवरू सोणा नन्दमहरदे वंशीदो तान सुना दियाँवे तेड़ो॥
मायल कर सानु घायल कीता नैनाँदो चोट चला दियाँ।
राग सागर रस रतियाँनो मतियाँ साड़ा जीय ललचाँदियाँ॥

जंगला—तिताला

रोहणी नन्दन जय जय जय।
हल मूषल नित धरेंहो रहत हैं असुर-दुष्ट-निकन्दन॥
लटपटी पाग विघूर्णित लोचन देखे दरस मिटे दुख-फन्दन।
कुण्डल झलक कपोलन ऊपर पुरुषोत्तम कियो पदवन्दन॥

२

बलदेव विहारी जय जय जय।
घूमत अरुण रस भरे लोचन लटपटे चिकनी छवि भारो॥
कुण्डल एक मनोहर राजत अलकन झलक सोहत घुंघरारो।
हल मूषल नित धरेंहो रहतहैं दुष्ट-संहारन भक्तन तारो॥
सुर नर मुनि जाको यश गावत शारद ब्रह्मा वेद उचारो।
पुरुषोत्तम प्रभुको छबि निरखत आनन्द भक्तन-सुखकारो॥

३

नैनन भर निरखो श्रीबलराम।
रोहन विरह निकन्दन भक्तजन पूरण काम॥
हल मूसल नित धरेंहो रहतहैं पूरवे सबही काम।
पुरुषोत्तम प्रभुकी छवि निरखत अङ्ग अङ्ग अभिराम॥

४

भजलेरे मन रोहिणी-नन्दन।

हल मूषल नित धरेही रहतहैं दुष्ट-दलन
असुर-निकन्दन ॥
शिव ब्रह्मादि अरु रुद्रादि ध्यावत सनक सनन्दन।
पुरुषोत्तम प्रभुकी छवि निरखत चरण-कमल-
रज-बन्दन ॥

५

ब्रजमें श्रीदाऊजी आप विराजैं।
जिनको श्रीमुख निरख मनोहर कोटिकही अघ भाजैं॥
अङ्ग अङ्ग प्रति अमित माधुरी दरसही मनमथ लाजै।
पुरुषोत्तम प्रभुकी छवि निरखत भक्तनके सुख काजै॥

६

जय जय जय बलराम पियारे।
लटपटी पाग केसरिया वागो अरुण नैन घूंमत
मतवारे॥
भक्तनकी रच्छाके कारण हल मूषल नित आप कर धारे।
पुरुषोत्तम प्रभुकी छवि निरखत तन मन धन कीनो
बलिहारे॥

७

सुन्दर श्याम बलराम सुखदाई।
हल मूषल आयुध कर माँहि कृष्ण ललाके हैं बड़े भाई॥
रसमाते उनमत्त फिरतहैं भृकुटी घूम घुमाई।
पुरुषोत्तम प्रभुकी छवि निरखत बार बार बलिजाई॥

८

अरे मन क्यों न भया अपनारे देख जगत सपनारे।
सुन्दर रूप देख लोभानाहो तुम हुआ जग सपनारे।
जप तप योग यज्ञ व्रत संयम कर थाके कथनारे॥
बिना भक्ति भगवान है दुर्लभ हथा जगमें क्यों खपनारे।
कृष्णदास दासनके ऊधो हरि हरि हरि जपनारे॥

९

चोसोणा कश्चो महोदा डरारे।
नेम धरम तू कारले बन्दे शिर पर जमदा फेरारे॥
तात मात भाई सुत बन्धु इनमें कोई नहीं तेरारे।
ऊधोदास आश नटवरको चरण-कमल चित चेरारे॥

१०

देखो कुड़ी दुनियांदा अजब तमाशा।
कौड़ी कौड़ी कर पैसा भी कोना जोड़ा लाख पचासा॥
जोड़ जोड़ एक ढेरहो कोन्हा सङ्ग न चला रति मासा।
बालूकी भीत पवनदा थंभा याकी कब लग आशा॥
नर देहीका गुमान न करिए पानीदे बीच बतासा।
जटा बढ़ाय कर भए सन्यासी मगन फिरैं जैसे भैंसा॥
चमरी ऊपर भस्म लगावै मनमें पैसाइ पैसा।
जैसी करणी वैसी भरणी ऊधो हरि जैसा कों तैसा॥

११

मेरी महारानी राधा राधा राणी ए श्रीराधारानी।
जाके बलसे मैं सबसों तोरो लोक लाज कुलकानी॥
प्राण-जीवन धन लाल विहारन वार पिऊं नित पानी।
भगवत मुदितनकों मन मोहन टहल पाई मन मानी॥

१२

वंशी गोपालकी आज बाजै।
अद्भुत तान तरङ्ग मधुर धुन सप्तसुरनसों साजै॥
लाज काज मान डर श्रवणन सुनत सब अघ भाजै।
रसिक गोविन्द अभिराम श्यामसों मिल सब
ऊपर राजै॥

१३

लगनको चोंप चटपटी जानत जगमें कोय।
परजो गयो मन प्रेम जालमें क्योंकर निकस न होय॥
परवश परे दुरे नहीं सजनी कहा समुझाऊं तोय।
हस्तराम हरि हाथ बिकाने दूध दूग कपटा दोय॥

१४

बनवारी देंदा गालियांहो।
नन्द-दुलारे महरदे छैला हम ग्वालिन तुम ग्वालिया॥
तुम तो अकेले रहो ब्रज महियां हों दश वास नवेलियां।
नाच नचावों छीनलें मुरली श्यामदास दे तालियां॥

१५

बालपनेदा मैंड़ा यार कन्हैया।
खेलत गेंद गिरी यमुनामें सङ्गहो कूद परैया।

१२५

पैठ पताल कालो नाग नाथ्यो फन फन निरत करैया ॥
इन्द्र कोप कियो व्रज ऊपर छिनमें देत बहैया ।
गिरि गोवर्द्धन नख पर धार्यो व्रजको करत सहैया ॥
प्रात समय कालिन्दी न्हाने सङ्ग सखा बल भैया ।
वरुण लोकतें पिता ले आए यशुमत लेत बलैया ॥
ग्वाल बाल सब सखा मण्डली मुरली नाद गवैया ।
पुरुषोत्तम प्रभुकी छवि निरखत चरण-कमल बल गैया ॥

१६

मो मन लोता वो वंशी बजायके ।
वंशी तैंड़ी मोहनी पड़ी कानो विच आय ॥
मगरूरी न करवे महबूबां जावनदा मद पाय ।
वलिहारी क्यों नेह लगाया लाया तो ओर निभाव ॥

१७

सम कौन करै अवध बिहारी हाहा हारीको ।
भूतल भार उतार महीको सन्त जननके हितकारी ॥
सागर सत नामतें बांध्यो गौतम नारि शिला तारी ।
रावणके दश मस्तक छेदे वीस भुजा न्यारी डारी ॥
शिव विरञ्च सनकादिक सेवत इन्द्रादिक आज्ञा कारी ।
दास ऊधो लखि रङ्ग भरो मूरत कमल-नयन
सारङ्ग धारी ॥

१८

क्यों श्याम मेरो सुरत विसराई ।
जबतें बिछुरे प्राण पियारे अब लग खबर न पाई ॥
वेदरदान् दरद न आवे क्या जाने पीर पराई ।
ऊधोदास आश चरणनकी आय मिलो यदुराई ॥

१६

खेलत कन्हैया यशुमत अगनामें ।
ठुमक ठुमक पग धरत चलत डग लटकत
चाल चलैया ।
पीताम्बरको डारे अँगुलिया ता छवि कही न जैया ॥
वसुदेव देवकी कारण जनम बन्ध छुड़ैया ।
उग्रसेनकों राज दियो है ता छिन कंस हनैया ॥
नथनी जाय कोनों वसुनीकों गिरवर नखके धरैया ।
डूबत ग्वाल उबार लियो है ता सुख इन्द्र लजैया ॥
जो सुख आदि वैकुण्ठ मैं नाहीं सो सुख व्रजमें छवैया ।
गावै गदर जाको ध्यान न ब्रह्मा ग्वालिन गोद खिलैया ॥

२०

मोहोरी नन्दनन्दन मोहोरी ।
शोभा सिन्धु मोहनो सूरत जित देखौं तित ओहोरी ॥
कँचन लकुट दियेरो भुज तल शीश पीताम्बर खोईरो ।
जानकी दास मिलौंगो प्रभुसों कछु होय कहू देउं
तोहोरी ॥

२१

रासमें मोहनो मोहना श्याम सखी बन आई ।
गोरी कान बने नटवर वपु वंशी सरस बजाई ॥
भानु सुता जब कान्ह बने नन्दनन्दन राधाउ
बन आई ।
राधा कान्ह कान्ह राधाकी जानकीदास बलजाई ॥

२२

ऐसे समय पिया रसिक रास संग हंसवो नहीं
चाहियेरी प्यारी ।
चन्द्र-प्रकाश रास मण्डल में तुम बिन सकल विकल
बनवारी ॥
तुमरे साथ इतरात जातहैं माने अरज व्रषभानु-
दुलारी ।
तब उठ मिली प्रिया प्रीतमसों जानकीदास वलिहार
वलिहारी ॥

२३

बनड़ा जोगी भला बन आयावो ।
माथे चन्द जटा गङ्ग विराजै शीश शेषको छायावो ॥
सुर नर मुनि गुणि गन्धर्व्व गावै वेद न भेद न पायावो ।
जानकीदास याको ध्यान धरतही मनवाञ्छित फल
पायावो ॥

२४

कलि-मलहरणी गङ्गा महाराणीजू ।
विष्णुचरण जल ब्रह्म कमण्डली शङ्कर शिर
भागीरथी आनीजू ॥

खान, पान, परसत जल, दरसत, पतित पुनीत होत
गति ग्लानीजू ।
जानकीदास सप्त श्रुति गावैं कहैं स्तुति जाको अमित
कहानीजू

२५

जिनके प्रिय न राम वैदेही ।
तजिये ताहि कोट वैरी सम जदपि परम सनेही ॥
पिता तजे प्रह्लाद, विभीषण बन्धु, भरत महतारी ।
गुरु बल, व्रजवनिता पति, त्यागि भए जग मङ्गलकारी ॥
नातो नेह जाहीसों कीजि सुहृद सजन जहाँलों ।
अञ्जन कहा आँख जो फोरै बहोत कहूं कहाँलौं ॥
तुलसीदास सब भाँति पूजिये प्राणनहूंतें प्यारो ।
जासों होय सनेह रामसों सोई मतो हमारो ॥

२६

तैंने कहीं देखारे मेरा वंशी वाला एरी सखी ।
बन बन ढूंढ़ फिरत मेरी सजनी मेरे पैरन पर गए
छालारी ॥ कहीं ॥
तन मनकी सुधि भूली भवनमें वैरन वंशी जादू डाला ।
जबसों भनक परी मेरे श्रवणन मोही सब व्रज वाला ॥
दिन नहीं चैन रैन नहीं निद्रा ना जान कैसा चेटक
डाला ।
चन्द्रसखी भज बाल कृष्ण छबि कब मिलिहैं नन्दलाला ॥

२७

गाइये गणपति जगवन्दन ।
शङ्कर सुवन भवानीके नन्दन ॥
सिद्धि-सदन गज-वदन विनायक ।
कृपासिन्धु सुन्दर सब लायक ॥
मोदक प्रिय मुद मङ्गलदाता ।
विद्या-वारिधि बुद्धिविधाता ॥
माँगत तुलसीदास कर जोरे ।
बसहु राम सीय मानस मोरे ॥

२८

मन पछतैहै अवसर बीते ।
दुर्लभ देह पाय हरिपद भज कर्म वचन अरु हियतें ।
सहस-बाहु दश-वदन आदि नृप बचे न काल बलीतें ।
हम हम कर धन धाम संवारे अन्त चले उठ रीते ॥
सुत वनितादि जान स्वारथ रत न कर नेह सबहीतें ।
अन्तहु तोहि तजेंगे पाँवर तू न तजे अब हीतें ॥
अब नाथहीं अनुराग जाग जड़ त्याग दुराशा जियतें ।
बूझे न काम-अग्नि तुलसी कहुं विषय भोग बहु घीतें ॥

२९

सुमिर सनेहसों तू राम नाम रायकों ।
गँव अरु निगँवरोको सखा असहाय कों ॥
भागहै अभागहूको गुण गुण-हीनकों ।
गाहक गरीबको दयाल दानी दीनका ॥
कुल अकुलीनकों सुन्यो है वेद साखीहै ।
पाङ्गुरे को हाथ पाँय आँधरे को आँखीहै ॥
माय बाप भूखेको आधार निराधार को ।
सेतु भवसागर को हेतु सुखसारकों ॥
पतित पावन राम नामसो न दूसरो ।
सुमिर सुभूमि भयो तुलसीसो ऊसरो ॥

३०

जागो जागो जीव जड़ जोह जग जामिनी ।
देह गेह नेह जानो जैसे घन दामिनी ॥
सोवत सपनेहो सहै संसृत सन्तापरे ।
बूढ़ो मृग वारो खायो जेवरी को साँपरे ॥
कहे वेद बुध तूं तो बूझ मन माहीरे ।
दोष दुख सपनेके जागेही पै जाहीरे ॥
तुलसी जागे ते जाही ताप तिहूं तापरे ।
राम नाम सूचो रुचि सहज सुभायरे ॥

३१

सुन मन मूढ़ सिखावन मेरो ।
हरिपद विमुख कहुं न लयो सुख शठ यह समुझ
सवेरो ॥
बिछुरे शशि रवि मन नयननते पावत दुख बहुतेरो ।
भ्रमित भ्रमित निश दिवस गगन महँ तहँ
रिपु राहु बड़ेरो ॥

यद्यपि अति पुनीत सुर-सरित तिहुं पुर सुयश
घनेरो।
तजि चरण अजहूं न मिटत नित बहिबो ताहू केरो॥
छूटै न विपति भजे बिनु रघुपति श्रुति सन्देह निबेरो।
तुलसीदास सब आश छाड़ि करि होहु रामको चेरो॥

१२

जानकी-जीवनकी बल जैहों।
चितु कहै रामसिया-पद परिहरि अवन कहीं चलि
जइहों॥
उपजी उर प्रतीत सपनेहूं सुख पद विमुख न पइहों।
मन समेत या तनके बासी नईहै सिखावन दैहों॥
श्रवणन और कथा नहीं सुनिहों रसना और न गैहों।
रोकिहूं नैन विलोकत औरहो शीश ईशही नैहों॥
नातो नेह नाथसों करी सब नाते नेह बहैहों।
है छर भार ताहि तुलसी जग जाको दास कहैहों॥

१३

माधो मोह फांस क्यों छूटै।
बाहर कोटि उपाय करिये अभ्यन्तर ग्रन्थि न टूटै॥
घृत पूरण कराह अन्तरगत शशि प्रतिबिम्ब दिखावै।
ईंधन अनल लगाई कल्पशत औंटत नाश न पावै॥
तरु कोटर महं बस विहङ्ग तरु काटे मरै न जैसे।
साधन करिये विचारहीन मन शुद्ध होइ नहीं तैसे॥
अन्तर मलिन विषय मन अति तनु पावन करिय
हमारे।
मर इहं उरग अनेक यत्न वलमीक विविध विधि
मारे॥
तुलसीदास हरि गुरु करुणा बिन विमल विवेक
न होई।
बिन विवेक संसार घोर निधि पार न पावै कोई॥

१४

मैं हरि पतित पावन सुने।
हम पतित तुम पतितपावन दोउ बाणिक बने॥
व्याध गणिका गज अजामिल साखी निगमन भने।
और अधम अनेक तारे जात कापै गने॥
जानी नाम अजान लीने नरक यमपुर मने।
दास तुलसी शरण आयो राखिये आपने॥

१५

जोपै राम नाम रति होतो।
तौ कत त्रिविध-शूल निशिवासर सहतें विपति
नसोतो॥
जो सन्तोष सुधा निशि वासर सपनेहूं कबहुं क पावै।
तौ कत विषय विलोकि झूंठि जल मन कुरङ्ग ज्यों धावै॥
जो श्रीपति महिमा विचारि उर भजतें भाव बढ़ाए।
तौ कत द्वार द्वार कूकर ज्यों फिरतें पेट खुलाए॥
जे लोलुप भए दास आशके ते सबहीके चेरे।
प्रभु विश्वास आश जीती जिनतें सेवक हरि केरे॥
नहीं एको आचरण भजनको विनय करतहीं तातें।
कीजे कृपा दास तुलसी पर नाथ नामके नाते॥

१६

जोपै रहनी राममों नाहीं।
तौ नर खर कूकर सूकर से जाय जियत जग माहीं॥
काम क्रोध मद लोभ नींद भय भूख प्यास सबहीके।
मनुज देह सुर साधु सराहत सोतो नेह सिय-पीके॥
सूर सुजान सपूत सुलक्षण गणियत गुण गरुआई।
बिन हरि भजन इंदारुनके फल तजै न करुआई॥
कीरति कुल करतूति भूति भलि शील स्वरूप सलोने।
तुलसी प्रभु अनुराग रहित जैसे सालन साग अलोने॥

१७

अब कोउ कैसो कहो दिल लागा।
नन्द-नन्दन ब्रजराज कुमरसों ज्यों कंचन मिल्योहै
सुहागा॥
अबतो बिछुरो न जाय मोरी सजनी ज्यों ब्राह्मण
गल धागा।
पुरुषोत्तम प्रभुको छवि निरखत चरण-कमल
चित पागा॥

अंगला—एकताला

दुख लागे अब हांसी साधो अजब जमाना आयाहै।
उलटा चलन चला दुनियाँमें जासों जी घबड़ाया है।
मुट्ठी चून साध के आँचे कहै नाज नहीं आयाहै॥
कारज काढ़के बहोत माल दे वैश्या हाथ बिकायाहै।
कथा होय जहां अंधे श्रोता वक्ता मूड़ पचायाहै॥
चरणामृतको घूंट न पीवे मधु चाखन छवि आयाहै।
भाग वलो कोउ भागव चाहै गंजा बहोत उड़ायाहै॥
भरो भागका राम-नाम-रस जासों प्रेम लगायाहै।
मात पिताकी शंक न माने ससुरा बड़ा ठहरायाहै॥
दुनिया दौलत माल खजाना नाहक भरम डोलायाहै
कहै कबीर सुनो भाई साधो सतगुरु भेद बताया है॥

अंगला—तिताला

हरि हरि बोलना दिलांदी घुंडो खोलना।
हरि हरि कहत सकल अघ भाजे सुफल भए ते नर-
चोलना॥

दोहा

संस्कृतर्क अर्थ को तुलसी पाक संयोग।
भाषा पनवारे बिना हरिहि न लागे भोग॥
जिन हरि मन विध बड़ कियो नाहिन गुमान
को लेश।
भार धरे सब जगतको तोऊ कहावन शेष॥
मन मूंसा पँगुल भयो पियारा भयो हरि नाम।
रजब रत्ती नहीं चल सकै रह्यो ठामको ठाम॥

२

मोरी नैया किनारे ले आवोरे पिया मिलनेको जाऊंरे।
गङ्गा यमुना और घाघरा इनका यही सुभाव।
चाँद सुरज को जोत चमकै नजर न आवै पार॥

३

मैंतो रहदियाँ ताड़े कारणवे।
औरांदे नाल सानु हँसदा बोलदा मैं नाल घुंडो नाहीं
खोलदा दुख सहदियांवे॥

नैनादे नाल मैंतो ठगोवे ठगो मेरो जानवे।
इश्क छिपाया वारोवे छिपदा भी नाहिं रांवे मोना
इश्कदो बान पड़ी मैंडो जानवे॥

५

वंशी में लिए जायरे जिय नैन लगाए साँवलिया।
सुनत बांसुरो भई दिवानी सूझत नाहीं डगरिया॥
घरी पल छिन मोहे कछू न सुहावे रस बस करि गए
बावरिया।
नैना से मारे जाएरे साँवलिया पिया बावरिया॥

६

साँनु निशदा निजारा नैनादा प्यारा लगैवो।
मुखड़ा वेखलाजा सूरत मेंढ़े जानी तेरा अजब भरेहै
खुमार।
टुक दरस वेखावना साँनु सरस रङ्ग वलिहार॥

७

नैना रतनारे कारे अनियारीको रङ्गा देनो वारे ए माले
काम भूपदे।
खञ्जन कमल मीन घोलो घोलो घते प्रेमदे परमाते
भौंरा छके रूपदे॥
हिलणीनो मिलणीनो हजो वेलो खिलणीनो विरहदी
तपत बुझावणीनो।
धूपदी टोणीनो एटोंने लोंने लोंनेनो सलोंनेंनी नन्ददे
ढिठोने देनो सरस रङ्ग रङ्ग होणि अनूपदे॥

८

दरद बतायदे ननदो वाला जियरा मोरारो।
एक वैरन मोरो सास ननदिया दूजे नगरके लोगवारो॥

९

दिलदा दिलथीं कहनावे साथी चुप रहना पया मैनु
नितदा सहाणा।
दुश्मन जा अपनो ढूंढ़ निकाला हम नेह नजरते
दिल सल मोलहो लोता वन थन दिल आँखिनु
नितदा कहाना सहाणा॥

१२६

पीलू जंगला—तिताला

छड़दे जाँदियां हुण तैड़ेवो मैड़ो जान।
राह तकैदोगु मिलजा सोंनावे कदोतो पामो घरफेरे
वो मैड़ो जान॥

पीलू—तिताला

छड़दे गइयांवे में तुझ पर वे मेरे यार।
पंडित पूछेंदो सगुन मनादो कभो तो आजा
साड़े डेरे मैंड़े वो यार॥

२

नन्दके नन्दन ब्रजराज कुंवरने देखोरी मेरो मन
हर लीनो।
तिरछो चितवन विसरत नाहीं साँवरो सूरत जादूसो
कछु कीनो॥

३

रैन बिदा होने लागोरे मोता मोरे।
मन हरवाके छाहरा उठत भुनसरवा गरे लागो।
सगरो रैन मांहि तलफत बोतो छोड़ वहियाँ तोसों
पागो॥

४

तेंने मेरो प्रोत तज डारोरे सुरजनवा।
बड़ो बड़ो अँखियन तिरछो चितवन हँस कस बस
कर डारोरे।
कृष्णानन्दन कृपा कर मिलना हों तेरो वलिहारोरे॥

५

सांवलो सूरत मन बस गईरे ना जानू कछु
जादूसा कोनारे।
जन्त्र मन्त्र टोना पढ़ पढ़के वंशो बजाय जिय
हर लोनोरे॥

६

रैन कारियांबे डरावनो लागे।
घर मेरा दूर गगर सिर भारो हिल मिल पनियां जात
सखोरो ठाड़ो कन्हैया पनघट आगे॥

७

मोरा जिय तरसाए ऊधो ल्यावो बलवीर।
बीते बारह मासरो सजनो मथुरा यमुना तीर॥

संवलड़ावे गुजर गई गुजरान।
रात देहा मैनू ध्यान तुसाड़ा भला बुरा पहिचान॥
कृष्णानन्द प्रेम मद छाके करत अमीरस पान॥

९

मेरी जान मौजको दुलरो।
दुलरो गुंथावन में जो गईरे पटुवे मारो सैन॥

१०

जियोरो जियो बसनिया प्यारो दूरसे मारो
निजारा जान।
निजारा मारे सैन चलावे छतियनसों लगावे ज्वान॥

११

गरजत बादर चौंक परो।
पोर करोम में वलिहारो जइये जिन मोहे दई
मुराद भरो॥

१२

भागलपुरको ऊंचो डकनियां नोचे बसे कनवरिया जान।
अच्छे अच्छे मधवा हमको पिलावे बाला जोवनवाको
अच्छो रिझवैया जान॥

१३

आज बनोका गवन होना।
चार जने मिल चले विवाहन घर ढूंढ़े बनरा मिलाना॥

१४

जालम यार भाड़ा का तकसारवे।
ताना भो देंदा वारावे माना भो देंदा मेरा मियां
मिलणा हुनो तुसो जोवांवे॥

१५

सांवरे में नहीं जाँदावे लोका मानु।
साहुरे घर अलवत जाना सेज चढ़े जाना शरमादोवे।
नदिया गहरो नाव पुरानो सांवरे पार पहुंचामोवे॥

जंगला—पीलू तिताला

तोरे नैनवाको वान भूलत नहींरे।
बड़ो बड़ो अंखियन कजरा दोनो मोहे तेरो बांको
चितवनियां विसरत नाहींरे॥

पीलू—तिताला

जियरा मोरा घबरायरो आलो मानत नहीं।
का मैं करूं कछू बनत नहीं है यामों पियाहै रिसायरो॥
आलो०मा०॥

अंगला—पीलू तिताला

एकसों मन लग गयो गुइयां।
रातको मइकों आके अचानक यास नाम कोउ ठग
गयो गुइयां॥

१

कोऊ बैरन लीनो लुभाय बालम रूस गयो।
यास पियाको किन बिलमायो भोर भई नहीं आयो॥

पीलू—तिताला

मन भायाहै बांको मेरा याररो।
यास पिया घर जाऊंगो ननदी मैंका बुलायदे कहाररो॥

२

गरवाँ लगायले सइयां जाऊं तोरे वारी।
बरछी न मार मोइको नजरको कारो काढ़ेकी
यास पिया देतहै गारी॥

३

कहाँ रहे तुम रात बालम।
सगरी रैन यास तलफत बीतो कहैको नहीं कछु बात
बात बात बालम॥

४

मैं काहे न छोड़ हट जा काऊ देखें न बालम।
यास चुमट मोरा जियका लेहै देखे मइकों न सता॥
को०॥

५

मैं कहा करूं गुइयां जियरा रहा नहीं जाय।
यासकी बिछुरे कल नहीं एक पल बिरहा मइकुं सताय॥

६

शरमाय जाय बालम मोरी अखियां।
यास पिया तोरे चाहत कारण तान देतहै सब सखियाँ॥

७

जोबना दिखाय दीना घूंघट खोल लुभाय लीनो।
अखियां मिलायके और शरमायके यास पियाको
लोभाय लीनो॥

सइयां हो रूस गयो मोसों न बोलो न बोलो न बोलोरे।
यास पियाने रातको मोरा जिया व्याकुल आके कियो
मइकोरे॥

८

पिया मइसों न बोले जिय तरसायारे।
चाँदसा मुखड़ा देखायके क्यों छिपायारे॥
हाथ न मइकुं तुम लगावो देखो खबरा पायारे।
देख लिया मैंने तेरा कौल ओर करार यास जुदाई
तेरोने मुझे मार डालारे॥

१०

कासे नेह लगायोरी यास पिया नहीं आए ननदी।
जागत जागत भई व्याकुल किन बैरण बिलमायोरी॥

११

आरे आजानो प्यारे जानी छिटक रही चांदनी।
नदिया किनारे लागो फुलवारी यास मिल बैठे
वारी॥ जा०

१२

आज बधायो सोहायोरी प्रगट भए व्रजराज व्रजमें।
सब सखियन मिल मङ्गल गावो नन्दलाल वर पायोरी॥

कासे कहूं दुख अपना दईरा प्रान करो किधा
रोत नईरी।
इन निरमोहियासे काम पड़ोहै आँख लगा
मैना जियसें गईरी।
कृष्णानन्द रहत मनकी मन कहत बनत नहिं जात
सहीरी॥

१४

नाजो खड़ियेंवे उचट गई नींदड़ी सारी नींदड़ीवे
नींदड़ी।
ऊंचा नीचा पीपलवे पिंगानी पया मेरो जानवे भोखे
देदो सानु छोरनीवे सानु छोरनी॥

१५

नथनीदा मोती झलके।
गोरिया रातकी जागी लागी नाहीं पलकें॥
नैना लगी तेरे मनभावनसों भौंहैं कमान वान
कपोलन अलकें॥

१६

मजेही मजेमें मेरो सब रस लीनोरे लाल कीनो बावरे।
रस बस कर मोसें नैन लगाए जादू टौना कछु
कीनोरे बावरे॥

जंगला—तिताला

सांवरा मन भांवदा वेखो सइयोंनी शैलो वाला
अखियां लड़ांदा जांदावे।
सांवरेदे सुख देनीवे लेवाँ बलांइयोंवो मियाँ तू मेरे
घर आंदा शैलो वाला॥

२

मन मोहलियारे रब्बारे मैं कूकेंदी आगन कोथे।
सजनादी सार नैना नाल दिलदी विथा मैं कासे कहूं
शोक रङ्ग मानदाभी नाहीं हाले आशिक दिल
बस नईंथे॥

३

दरद बतादे ननदी जाय जियरा मोरा।
सास मोरी वैरन ननद हठीली सइयां पइयां लागूं
मैं तोरे॥

४

वेड़ा वालावे कदीतो सांवल वेकदर मानु
मत छेड़वे।
तरके रहंदी वारी होभीतो आइटावे मियाँ सो कभो
तो चाक रंझेटा शोरोवे।
एती बात बनायके पीके पास गई जब छवि देखो
पियको सगरी भूल गईवे॥

जंगला धनाश्री—तिताला

रे मन भूलो भूलो कहुं डोलत आदि अन्त हरि वही।
इतबित चितवत ठौर ठौर नित मैंने तोसें लाख कही॥

जंगला—ताल पश्तो

गर हमने दिल सनमको दिया फिर किसीको क्या।
इसलाम छोड़ कफर लिया फिर किसीको क्या।
आप कियाथा अपने गरेबांको हमने चाक आपो
सिया सिया न सिया फिरकि०॥
क्या जाने किसके गम्मेहै आंखे तुमारी लाल गर
हमने तो नशा पिया फि०।
अपनी तो जिन्दगी भला मिसले हुबाबहै जो
खिजर लाख बरस जिया फिर किसीको क्या॥

पीलू—धीमा तिताला

वेनिजारा नैना साड़ो जान तेंड़े नाल लगदानी
भूलदानीवे।
नजर गुजर थी मुलकदा अवर्क सोणा सजन सांई
चल फिरके उठ चलोवे॥

पीलू—तिताला

हांवे ढोला मानले हांवे ढोला मानले मैंतो तानु
आंख नहीं समझांवे।
भिक्षा देंदा वारी लेंदा भी नाहीं मेरा मियां
सूरतदा मतवाला हांवे ढो०॥

२

तारणावे मियां मैंतु तारणा सोणा तेंडी लटक
चालदी मैं वारीवे बोवां मैं०।
सोहनी सूरत वेमन पर बस दीवे मियां तू मैंनु न
विसारना वे बोवां मैं०॥

३

उठ दिया हांकों पल पल सानु पल पल सानु।
दरद बतादेनीवे सुनवे बोवां मेरा मियांको कहाँ
जिन्द वेकल रहंदियां हांकां पल पल सानु पल सानु

४

सोणा मैंनु तारणा वे तेरी लटक चाल पर वारी।
सुन पावे कोई माल मुकद्दम सुन पावे पटवारी॥
साहन मुला हाकिम दंड़ा शिर पर गठरी भारी॥

५

तेरो लबियां छावावे हवेवे तू वहो चीरे वाले तू
वो हवे।
जो तू भूखा इश्कदावे तू टाहापड़ो क्यों नवो हवे ॥

६

बाड़ीदा ठंढड़ा लगदा पानी।
सात कुवा नव बावरी रे सालासे पनिहार।
जिसमें गोरा कौनसारे बालापन को यार ॥

७

कुँवे परे पानीड़ा लङ्गरवा भरन न देरे।
चुनर झटक मोरा अँचरा पकर लीनो सास सुने तो
कहा बोलेंगी सुन पावे शोक रङ्ग आनोरे ॥

८

को पतियाँ ले जायरे विदेशवा लगन लगो मारो।
एक पार गङ्गा एक पार यमुना बोच बालम का गाम॥

जंगला—तिताला

हेरी मोहे छल गयो नन्दको बिहारी पनघटवा
जान न दे।
मारग रोकत ऐंडो डोले मैन सैन रसले ॥
ए ब्रज मोहन छैल छबीला पनियां भरन न दे।
सरस रङ्ग रङ्गीला रसीला चितवन बस करले ॥

२

रब्बा मैंडे प्यारेनु मिलामो फन्दड़े जांदानो दूरवे।
जो कोई प्यारा मैड़ावे आनके मिलामा नातर
मरना कबूलवे ॥

३

मोतीड़ा मगादे मोरा यहो झगड़ावे।
इस मोतियनको लड़ मोरो लटके माथे गी नैना
घुमाये यहो झगड़ावे ॥

४

साँवलावे तुसी मुख वेख लाजावे मैड़ो मनदो आश
पुजाजावे।
तुझ बिना मैनु कल नहीं पड़दी कदी तो दरस वेखाजा॥

५

मैड़ा दुख दूर करिवो रब्ब साँई असो तैंड़ो लेवा बलाई।
सदारङ्ग तैड़े जांदे वारा तुझ बिन और न कोई
मैड़ा साँई ॥

६

मुलक मुलतानदा मइयों मैंड़ा।
वेखानो असो बसजा तू मानु साणा या भला लगदा
मुलतानदा मैड़ा मइयोंनो ॥

पीलू—एकताला

मार गयो चितवनको बानहो नैना मेरे।
एक एक बार मरे सब हम ताहर चितवनमें तजि
परानहो ॥
आ रब बचाय दुरजनको हमको मारत ढूंढ़ ढूंढ़
पहचानहो।
बार करों सकुचों जोतनको कायम सब जियसों
कुरबानहो ॥

जंगला—धीमा तिताला

मूरत माधुरो मेरे मन बसोरे।
देखतही सुख भयो मेरे प्राण चितवा मृदु मुख हसोरे॥
छैल छबीले मोहना प्यारे श्रवणन कुण्डल लसोरे।
कृष्णानन्द आनन्दसों निरखत श्रीवृन्दावन बसोरे ॥

जंगला—तिताला

नैनाने जुलम कियावो श्याम तेरे।
भौंवें कमान बान कटाछन वेधा गरोबांदा हियावे ॥
यहो रहँदे महामतवारे खञ्जन मध जो पिया।
आनन्दघन ब्रजमोहन जानो मन मान पकड़ लिया ॥

२

माती माला मेरो काह्ना छोड़त न गरसे।
मोठो मीठो बातें कहैके लाए मोहे घरसे ॥
ऐसो विश्वासघाती मारो नैना सरसे।
वृन्दावनको कुञ्ज गलीनमें जन शिवदीन बिकाने
राधावरसे ॥

मूलतानी तथा जंगला—तिताला

२

धिग जोवन ना प्रभु जाना हो।
ऐसेहो ऐसे दिन खोए तुम कैसे हो चतुर सुजानाहो।
करले हेत लाज मोहनसों मधुर मधुर सुर गानाहो॥
जोवन जब सुफन होयगो हरिके हाथ बिकानाहो।
सूरदास भगवान भजन बिन फिर पाछे पछतानाहो॥

सिन्धु भैरवी—ताल तिताला

तेरे होठोंदी बोड़ी लालियाँ कानों सोहैं तेड़े वालियाँ।
सोणावे०।
साड़ा दिल लेगंदी जुलफें वालियाँ सोणोवे ताँड़ेहो॥
जेहर तेहर अनवट बिछुवा माथे सोहै बेंदो लालियाँ।
सोणावे०।
मायल घायल दिलनु कोता तेंड़ो सोहनो सूरत
मतवालियाँ॥
सोणावे०।

जंगला—एकताला

सांवलिया मेंड़े प्राणहो सांवलिया असी जानरे।
माथे मुकुट मुरली कर राजे सुन्दर वदन टेढ़ो भौंह
कमानरे।
दीरघ नैन तिरछी कटाच्छ मानो लगत मैनके बानरे॥
केशर तिलक गल माल विराजे कुण्डल झलके कानरे।
मृदु मुसक्यान अलबेलो पगिया गावतहै नोको
तानरे॥
एक बार हंस बोल पियारे राखो हमारो मानरे।
कृष्णरङ्ग सखी दोउ कर जोरे माँगतहैं दरसन दानरे॥

जंगला—तिताला

बिहारीलाला ठाड़ेहैं यमुनाके तीर।
भूषण मणिगण अङ्ग विराजें सुन्दर-श्याम-शरीर॥
मधुर मधुर धुन मुरली बाजे सुनि मन धरत न धीर।
कृष्णरङ्ग सखी हौं लखि आई तूं चल री मोरी बीर॥

जंगला—एकताला

अधर धरी मोहन बांसुरिया।
सोवत चौंक परी मैं सेज पर तानन बेध गई पांसुरिया॥
जो जैसे सो तैसेई धाई डार दियो गरे प्रेम फाँसुरिया।
कृष्णरङ्ग प्रभुके मिलवेकों कुलकी लाज करी नासुरिया॥

२

मन अटको छबि नागरनटको।
केशर खौर मुकुट माथे पर उर बनमाल विराजत
टटको।
मृदु मुसक्यान भौंहको मरोरन नाक बुलाक हिलन
हिय खटको॥
वंशी अधर मधुर धुन बाजत, झुमक लेत गति
अम्बर झटको।
कृष्णरङ्ग प्रभु सङ्ग फिरौं बन अब न रहौं काहूको
हटको॥

जंगला—तिताला

जावादे गुमानोंड़ा कृष्णा म्हारे डेरे कामके।
इत गोकुल उत मथुरा नगरी यमुना किनारे म्हारो
गामके॥
म्हारे आँगन तुलसीको बिरवा सांवरो सखी म्हारो
नामके।
जानी नहीं तो पूंछ लाज्या कुञ्ज द्रुमन म्हारो धामके॥
चन्द्र सखी भज बाल कृष्ण छवि श्रीराधा म्हारो नामके।
कुञ्ज भवनमें ढूंढत डोलों रट म्हाने बतावो कहाँ
श्यामके॥

२

जिन्दे अटको प्यारेदे नाल मानु मिलना जरूरवे।
ले चल ऊधो श्याम सुन्दर जहां मथुरा केतिक दूरवे॥

मुलतानी—तिताला

थारा ढोलिया चाकर रहस्याँ पन्ना मारूजोमें।
म्हारे तो थारो चाव घनोंछे थारी दासी मैं होश्याँ॥

२

बलमा मैं न्यारो होंगीरे बङ्गला छवायदे वांहो रावटीरे।
सास लरे घर ननद हठीली दिवरा दे मोहि गारीरे॥

जंगला—धीमा तिताला

मेरा जालम परी परी दिल जांदा।
मुख बीड़ावे बाजुबन्द और चूड़ा औ जो चाहे तेरे
मिलनेनु ओरी कल नहीं एक घरी घरी पलदा॥

पीलू—तिताला

सुनरे बटोइया बात बोरा कद आवेंगे ।
बरसन लागी मेघवा सावनके निशि अँधियारो कारो
रात ॥ कद० ॥

२

सखो पिया बिन कठिन बोतत सारी रात ।
कासे कहुं और कौन सुने है मोरे जियको बात ।
वैरो विरहा पोछे पड़ोहै ना कोऊ सङ्ग न साथ ॥

३

सइयाँ रङ्गरेजवाने मइकुं गारो दोनोरे ।
सुहेको रङ्गाई बारो सब कुछ मागे जो मागे सोई
दोनोरे सइयाँ ॥

४

तासुको अङ्गिया मोरोरे देवरा लोभानो ।
तासुको अङ्गोया जरद किनारो रेशम लागो डोरोरे ॥

पीलू—एकताला

बांके नैना कहाँ लेके जाउंरे ।
जाके कहो मोरे वारे सइयाँसों हमरा गवन लेइ
जायरे ॥

२

थारो बलिहारो वे लाड़लोका बनवारो ।
शिर साहे गुजरातावे चोरा कलङ्गो रतन जरकसो
भारो ॥

३

वारोवे लायोरो दण्डोदार पंखा मेरावो ।
इस पँखेदो में लेवाँ बलाइयाँ वे मियाँ देदा ठंडो
हवा वारो ॥

पीलू—धीमा तिताला

नैना तेरे मतवारियाँ वारो तेड़े जोवनदावे ।
होठांदो मिस्सियाँ पांवो धड़ियां डोरे तेड़े डोरे तेड़े
कारे वारो तांड़े जोवनदावे वारो तेड़े मतवारे ॥

२

गारो न दूंगी सुनेंगी लोगवारे ।
बोलो ठोलो छोरहो ठठोली धर बहियां झकझोली ॥

पीलू—तिताला

कंगना चुभो चुभो जाय गोरे हाँथन ।
छल्ला माजूं मुदरो माजूं और माजूं गलेका हार ॥
झलक माजूं जोवना माजूं चन्द सूरज तोरा जार ॥

२

मसक मसक मेरो सब रसलोनोरे राम कोनो बावरे ।
मगरो रयन मोहे तलफत बोतो भार भए गरे लाग
लोनोरे राम कोनो बावरे ॥

३

लाल डोरा कुसुम रङ्ग बोरारो ए डोरारे ।
सांझ भई पिया अजहूं न आए सावन भादोंको
भोरारे ॥

४

सइयां मइकुं बुलावे नदिया उतरूंगो पाररे ।
गहरावे नदोया नाव पुरानावे कैसे उतरूंगो पाररे ॥

इति श्री अंगला पीलू रागिणी ।

श्रीकृष्णाय नमः ।

रागसागरसंग्रह-कृत ।

रागिणी सिन्धु—तिताला टप्पा

वोपरो जादोंदे परे बन बन आंदेहो मियाँ परना
मार सकदे परमाना ओ समरू तेरे रूबरू ।
परियां देवो परे परो उड़ न सकदायां शोरोदेनो
टप्पे नु तेरेशे आवरू ॥

२

नाजुक मुखड़ा नाजुक नजर निजारे नैनवे परोदा ।
तेरे मुश्ताक होभो शोरो मियां शिर तुर्रा जरोदा ॥

सिन्धु—धीमा तिताला

करदा मैंडे नाल दिन भर यार दिलवरियां छैला
जोर जोर ।
इस दम कोई किसोदा वारो कोई किसोदो ओर ॥

२

वेपरवाहोदो तैंदड़ो रहँदो याद मियांवे ।
शोरो आपेन् क्यों करदा बरवाद मियांदे ॥

नजारा जटियांदा यारवे।
सीख माड़ी मानले समझ सांई पुन पुन सकदा
मार लटियांदा यारवे ॥

भैरवी सिन्धु—तिताला

आँदावे साड़े दिलनु महरम यारदे निजारंदा गमजा।
वेखवे ओरा छुनवो तो गुमज गुजे नैनादियां समझां ॥

सिन्धु—तिताला

मुड़ आमि माड़ड़े कौलबे कैलदो।
ओरो मैं तैनू चांदियां तुसी कभो न रहो मेला मेलावे॥

२

तैंड़ोवे गुमानोंदा भलो लगदो दिलनु दिलवर रमझां।
मंह महताव सितारे चश्मा ओरो तेरा ओख
निगाहदे सदके हमजा ॥

३

वेखमें भूल गइयां नैनोंदे निजार दियांरे रमझां।
ओरो तैनु वेख रहियाँ आँदो जाँदो गुंजा गमझां ॥

४

वेदरदी यारवे नैड़े क्यों नहीं आँदा जांदा सुन भला।
यार यारांदा को करिए गला ओरो अजब तेरंदा
रशम चला ॥

५

आओसादे मत भूल पुन यारदा मिलनाहो मियां।
ओरो मेरा तेरो मिलन गनीमत लाय पुनि यारदा
मिलना ॥

६

असा मिलादे मैंड़े सांवरेनु।
बिन दीठे मैनु चैन न आँदावे आँख लगी नहीं छूटदा॥

७

दिल रखना राजी जानो यार फकीरांदा।
होंदा सौदा किस नींद प्यारा ओरो दिल बिच बात
सांच सबदे शरीरांदा॥

८

चल फिर करदे दोद निजारा प्यारियाँ सोणी सजदा।
ओरो इस बीच आंदे जांदे करदे टप्पेदा रजदा ॥

आजटी सानु मानले मरजा देखा गम तेरा मैं तेरी सौं।
लोकोंदो बदनामो थीं डरमत ओरोनु अपना गम
खाँदो मैं तेरीसौं ॥

१०

आ पियारा मिलजा किस वेलेदो मैं खड़ियाँ।
तकदो राह चूएनु ओरा नहीं मिलदा चोरे वाला ॥

११

करदावे याद करदो आड़ा वे मैं तक रहियां चूएनु
दरद वालियाँ।
ओरो आपे नु क्यों करदा बरबाद मियां॥

१२

क्यों रुठड़ा जांदा वे हांवे राजो रहना मिलजा मैनु
तकसोर साड़ो माफ कर राजो रहनावे।
आवन उरेनु जावन परेनु ओरा इस गलो आँदा जांदा
सबेरा चाहनावे ॥

१३

आवोजो मिरजा जान माड़े डेरे आजा बांकेसे ज्वान।
ओरोदे सरदार यार परियाँ कर दियां मिजमानो
कांई टप्पेदा सुन लाज्यो तान॥

१४

दिल लगा रहँदा यार तुझ बिन कमला इश्क बिच
अपना हेर फेर।
सदके कोतो जिन्द असाड़ड़ो उथे हम दम जिथे तुम
आवो दिलवर चल फिर॥

१५

भाटांनी जरीवे योवनड़ा सोई मैं तो तैंड़े वेखन कारण
हुआ कमला।
नेह लगाकर तू कित जांदा सदारङ्गो ने मिल गए
पीतम प्यारे हुआ कमला॥

१६

हरदम् आंदा जांदा दम् जब तूं कहांदा आदम्।
छदड़ी तादम में आन कर अदमनु चञ्चल नहियाँ
भूलना अबर वनु ॥

१७

सोधे पैड़े थीं नाहीं विसरबे हरदम रब्बा ध्यान करें।
इस्ती मस्तीमें भूलन चश्चल हंस रकावी रख दिलपर
डरे॥

१८

तेरे विरहदे मारे हरदम भरदे आहदे नारे।
हुशन महबूबांदा वेख ताव न आंदी चश्चल नैन
जिनादे कारे॥

१९

सुनवे देरादा महबूबां यार मतदो दुख मैंड़े दिलनु।
नाहक जिन्दड़ीको सतावो चश्चल आशिकनु
पल कल देनु॥

२०

निजारा जरा आ वेखलाजा जान किसे वेलेदी राह
तकेंदियांवे।
दिल रहँदा मुश्ताक वेखनदा तेंड़े नाजुक मुखड़ेदे
चश्चल छदड़े जांदावे॥

२१

तुझ विन रैन नहीं कटदी पल पल आँखि उचटदी।
नजर मिला चश्चल चट चेटकदी॥

२२

वेखणनु जिन्द भटकदी केहो करा थीं माहोड़ा।
जाय कहो चश्चल देनाल कोई याद तुसाड़ी
आन आन खटकदी॥

२३

आदमदे बीच दम जान मियां दम दमके दम महमान।
क्या दमका भरोसा है वकीलि सौदा दम कुछ है हरेक
दममें कुछ है चश्चल कौसो जिन्दगी परमान॥

२४

कोवीं विरते पे गुमान योंहीं जांदी एक पल बीच जान।
गुजर गई गुजरान तेड़ी चश्चल क्या खेड़ा क्या मैदान।
कौं शोरी तूतो मिलदा नाहीं आहे मुखड़ा बाग-
बहार माहोड़ा॥

२५

माहोड़ा बालम यानावे मइयां साड़ा जानो नहीं
नेह लगणदी सार।
क्यों शोरो तू मिलदा नाहीं आये मुखड़ा बाग बहार।
वेपरवाहो ना करना नओदे गरीबां तारे तो आगे
की हाणारे यार॥

२६

वे लाल लड़के लटियां थंको समझ लाग लगाई।
रमझ समझ शोरी कुटदा नाहीं विरह दाद लाई॥

२७

जानोदा मिलनावे प्यारेदा मिलनावे मियां मैनु
दम गनोमतहो जांदा।
आँजादे दुख भूल जांदे शोरी नेह लगा सब कारांदा॥

२८

गुजारा दमटा दमदे नाल किमी तरे हो जांदावे
गुजारा।
अमरदाको मरदा शोरी तूभी तो क्यों करदा सोच
विचारा॥

२९

मिरजा कैला वे मियां तैंनो लोता मैंड़ो जा खबरां।
भलाहो या रव तैनु आमिलो तैंनो लोतो मैंड़ो जोरवो
जबरां॥

३०

चाकदा राजी रहना रखना राजो काम मेरा
मैं तो चाकर।
शोरी हो शम दम मेरा मैं कोकरां तेरो दौलत कुछ
पाकर॥

३१

चलाई हो नैना वाले मियां साँग।
शोरो मैं तोडूंगी विरहदी थांग॥

३२

क्यों रुठा यारवो मियां तकसीर साडी माफ करो
राजो रखना मैनु।

१२८

खुशरङ्ग शोरी यार साड़डा हरि नाहकदी गलां गिर
पर न धरो ॥

२२

ओजटोदे जादू नैना सहर चलांदे तीर नजरदे गुजरदे
पारावार मियांवे।

तादे तुफान कमान भवांदी भटक मटक शोरी
दिलले जांदा सरकार ॥

२४

यागुमानो यारवे नाजाना कर मोहीमें ततीदा कौन
संभालन वाला।

आशोरी टप्पा गा दिल बहलाजा यार ॥

२५

सोणावे गल लगजा ढोलन यार गुमानो।

तुझ पर सदारङ्ग ने एती अरमल कीती दुतवल वेख
तैंड़े दरस बिना नैनादी मिझमानी ॥

सिन्धु धीमा—तिताला

सुकर गुजारियांवि मैं तो रब डाढेदी।

या रवा आन मिले महबूब साड़ड़ा कर्म कीती लाख
हजारियाँवि मै तोरब० ॥

२

बेड़ा ड़ा पार करांवि माड़ा मांइयांवे।

गहरीवे नदी वारी थालवे पुराणा सोणा आन पड़ो
मझधारियांवि ॥

३

तैंड़ी आन भांदीवि मैं तेंड़ी माही वाले यार मैंनु।

जङ्ग सियालेंदा होर सियाली हम दम दिलवर दिल
वरदानियां मैंनु ॥

४

कौन खड़ा दरवाजड़े वेखों सइयों हालनो।

एसी आई ताड़े वेखन कारण अदारङ्गदी
गला मानले ॥

५

अटकी ढोलनदे नाल अंखि साड़ी खटकदीवे।

यारां दुखदे नैनादे मिजारे सजन नाल साड़ी
खटकदीवे ॥

सुख रांझेदा शोरो भूलदा भो नाहीं आइयां में तखत
हजारथों होर भटकदीवे ॥

६

मैं तेनु आंखदीवे सांई मैड़ा वालीवे।

घोल घुमाई जिन्द सदके कीतां तेज निजारा में
ताकदो सांई मैड़ा ॥ वा०

सिन्धु—तिताला

धारां वाला तारणाजी पोर मेरा।

देवो मुराद मैंड़ी वे मुश्किल करो असान आसरा
रब तेरा॥

२

मिलजा छैलावे नदानियां तेनु लीती साड़ी जोरानी
खबरां।

भला हुंड्यां रब तेनु आखां दिल मिला आगरो आयोनी

३

भला वेदरदी यारवे।

यारदा को करिए गला शोरी अजब तरहदा रसम
चलावे।

४

वेसोणा तेनु लेवां बलाइयां।

जोवे मेरा मियां हांवे दोस्तवो दुशमन पे माल
शोरी फकीरांदा साया॥

५

आपियारे मिलजा रहंदिया मुश्ताक चावण तेरे
वेमियाँ।

शोरी मियां रहंदे हर दम बेबाक तेड़े मिलनदा प्यारा॥

सिन्धु—धीमा तिताला

जादू जादू कहंदे मैं नहीं जानदी।

अपने नैनादे जादू जानदो शोरो मुश्ताक मन
मानदो॥

२

मैंतो तेंडी बन्दीहो रहियांवि भावे तू जान न जान
गुमानीड़ा।

नेहा लगाकर जिन्द तरसेदियां इतनो अरज मेरी
मानले गुमानीड़ा।

गले लग नैनू जो तरसांदियां इतनी अरज मेरो
मानले गुमानीड़ा ॥

सिन्धु—तिताला

जानी यारदे आगे धिगाना जोर नहीं चलदानावे ।
सुन गोरी उर मान चाखदे मिल रहँदे एक दिन
आपो आन मिल जानावे ॥

२

मैं वारी छोदियां मन परचे दियांवे नैनों भला जटो
जोर जोर ।
लेचल उथे जिथे महबूबांदा थाना आदियां शोणा
टप्पेदे गोरीदे गोर ॥

३

जटो मूं वेखलाजा सानु कदो आनकेरे ।
होर रांझेदो गोरी रही महोब्बत पाकरे ॥

४

यानिजारा जटियांदा जोर निजारा ।
बिन वेखे कल न पड़दी दमदा गुजारा ॥

५

भांदावे महबूब पियारावे आशिक रहंदा तेड़ा
मुश्ताक पाक ।
दिल लगा रहंदा यार नदाना मियां दिल बिच
रहदा गोरी सहबूंबादा झमका ॥

६

विरहइया यार माड़ा वेगोनो सजदे मिरजा जानवे ।
लखपरियां मुश्ताक रहंदो मिलननु गोरीदे नाल उस
टाढ़ादा प्यारवे ॥

७

कोकरां हुन नजर नहीं आंदा गुमानोड़ा दिलवर
ढूंढियावे जङ्गल बहार ।
वेलेनु होर गईथी गोरी रांझेने दोठी उसदी बहार ॥

८

थारो वे नेनादे नाल मैंतो ठगियांवे ।
इश्क लगा वारी छुटदा भी नाहीं वेमियां आखर
कीता इन अखियाँ ॥

नैन मियाँसों ना अटके ।
दोद निजारेदा मेला ठेला गोरी भूल गइयां सब खटके ॥

१०

रमझ नजारेदी गमजाँ नजरा वाले तेज तेज ।
वेखन जार थीं दिल भूला भूला जाँदा गोरी मैंतो
करदियां परहेज ॥

११

नैना जोड़ोदा चोरोदावे गुमानोड़ा ।
धरम नाहीं भावे मान पर्वत दिसदावे गुमानीड़ा
मैंतो मुख न मोड़ोदोचोरो दावे ॥

१२

राज वालम राज रहना माड़े डेरेवे ।
कबकी फिरेंदो वारी बाटड़ो तकंदीं हांवे शोकरङ्गतें
क्या कोती ॥

१३

गलाँ आनके सुनावोरे प्यारेदे मिलनदो ।
रति दरद देहा दरसादियाँ दुखदा हम पामोवे ॥

१४

अनी वेखो सइयों सांवला खड़ाहै बाटमें ।
सोहनो सूरत रसभरो अँखिया सब सखियाँदे बाटमें ॥

१५

प्यारो लागोवो तिहारो अँखियांवो ।
अनियारो कारो कजरारो व्रजमोहन हम लाखियाँवो ॥
कमल कुरङ्ग मीन खञ्जनसे केलो पलोटत पाखियाँवो ।
हरिदयाल सुर चख प्रतिपालन दानकनके प्रण राखियां ॥

१६

मेरे मन गड़ो लालन को आन ।
तोखो तकन त्रिभङ्ग चलनको ऐंड़ो बैंड़ो वान ॥
मोर मुकट अलबेलो फेटो पोताम्बर फहरान ।
हरिदयाल पुरुषोत्तम प्रभुको सुर मीठो मुसकान ॥

१७

मन मोह्यो मोह्यो वेचोरे वालडेने ।

सुरङ्ग पेचा वारी अजब बन्धा मेरा सोणा चोरेदी
अजब बहार तुरेंदो अजब बहार ॥

१८

मेंडी जान सानु आमिलवे।
जोतू तखत हजारेदा सायबावे मियां रखले
गरीबांदा मान सानु ॥

१९

वेमियाँ तैड़ी वेलो जिन्दरदा सांई सांई।
जिथे तू कदम धरी उथे ततो कबकोमें ठाढ़ी ठाढ़ी
तैड़े दरसन मेरा मियाँ लेंदी बलाई ॥

२०

मैंतो तैनु चाहदो फिरियाद आडोयांवे।
हो निजारा मेरो जान तैड़ा भला लगदा न भूलदावे॥
नजर गुजरनु तलाकदे मेरे साईयां उठकर मिलवे ॥

२१

पतरह लोका सोहै नरम भोनवा।
तन सुकुमार मेरे मनड़ो लुभावै भरे भरे दरस
लालचो भए नैनवा ॥
बोलदा क्यों नहीं वेढोला जागदा क्यों नहीं वेढोला।
तोरा शबद सुनके बेकरार ना आई तैड़े सूरतदो
मैं भईहूं दिवानो मैंडा मनड़ा तैड़े नाल लोभानो
वेढोला ॥

२२

दिलदो घंडो नहीं खोलदा वे ढोला।
तन बन्दूक मन जामगो चक मक पो के नैन।
ये जोरावर माने नहीं लगे पलीता देन वे ढोला० ॥

२३

भला जाने वाले मैंतो तैड़ो लेऊंगी बलाई सानु दरस
देखाजा।
कबको मैं ठाढ़ी वारी तकदो तेरे जमालनु मेरा मियां
नैनोनू लगरहो गरड़ो लगाजा ॥

२४

थांसो लाग्योजी म्हारो मनड़ो बालमराज।
कांई गुन्हारे म्हासों बोलो क्यों न राजिन्दर रूस रहे
कौन काज ॥

२५

मन मोहे लियारे रबबे में कूंकदो डोलूं आँगण इथे
सजना विसार नैना नाल।
दिलदो विथा में कासे कहूं शोकरङ्ग मानदा नाहीं
वेतो जानदा बिहाल आशिकदा जिथे स० ॥

२६

तू मेड़े नेड़े आजा सांवल प्यारा साड़े आंगन फेरा पामो।
तुझ बिना मैंनु हार न भाँदा सांवलो सूरत वेखामो
मेड़ा मोहन प्यारा सानु दरस दिखामो तू मेड़े नेड़े० ॥

२७

एरीमैं कैसे करूंरी अरो मेरा मनड़ा सांवलड़ा
लिए जाय।
सोहनो सूरत माधुरो मूरत साड़े दिलमें रहे समाय॥

२८

बांकड़ाजो म्हारो राज छलड़ा भलड़ा तोखड़ा
नोकड़ा माड़ा गबरु यार।
छदके गइयां असो घोलड़घतो साँवलेदे रङ्गराती
दे रङ्गारतोनों मति साड़े नाल करदानो प्यार ॥

२९

मेरा गुमानोड़ा कभोतो मुख बेखलामो दरस देखलामो।
एकबार मिले तो मैं लाख लाख वारो मोतोनु गरेहो
लगामो दरसांदे नाल पामो ॥

३०

याद करदो रहंदोवे आड़ानो में तक रहियां भूरे वाले
समझनु डरदोवे।
शोरो उठदा दिल बिच विरहदा धूंवा मैंतो मरदोवे॥

३१

फकोराँ आज रम रहणावे फकोरावे मेरा तो थाना
महबूबांदा मियां।
दोद निजारेदा मेला ठेला शोरो तुंभोतो
मायल खुवांदा ॥

३२

घोल घुमादियां जांदिया मियां हुण मैंतो तांरे पोत
झरोखे गुमानो जांदियां।

गल न सुनै दुरदी माने ना मैं तवे महबूब देख साइयांवे गुमानो ॥

३३

मिलकर आनावे जाना दिलांदी बेपरवाह गरीबां हाँ सोणा।

एक पियासा साड़े ख्याल शोरी दिल खोणा ॥

३४

जपदियाँ तेरा नाम साइयांवे।

तैंनिभी देदा वारीवे मानदाभी देदां वे मियाँ पुनु पुनु करके कंकदी आइयांवे ॥

३५

नैन लगा अब कैसे छूटे छूटत बड़ा दुख देतरी देया गुईंयां।

जब लागे तब लगत न जाने अब लागे दुख देन सनैया॥

३६

नजारा सांवरेदा जटियांदा यारवे।

सीख साड़ी मानले समझ साइयां शोरी फेर सदके जादियां ॥

३७

विलोचनियांवे काजी रखणा तूवे।

मैंड़ी तैंड़ी दोस्ती अल्ला जाने नबीय रसूलवे ॥

३८

मैंको जानी ताँड़ी गलाँ कोकर पूंछा यार माड़ड़े।

तुझ जेहा मानु और नहीं दिसदा ढूंढ फिरी सब आई थलां भलांमे ॥

मेड़ा यार नहीं मानदा प्याग मिड़ड़ी गलां मैं कोकरां।

आपन आवे वारी ना लिख भेजे वेमियां ढूंढ़ फिरी सब नलां तलांवे ॥

३९

ठाली लैंबिया छावो वोहावे मेरी जान।

वोहवे वोहो चोरे वाले वोहवे तू वोहवे ॥

ना मैं व्याही ना मैं सज्जी ना मैं रूंखी दीठा सोबे ठाड़ी लंबो० ॥

१२८

४०

जटी तेड़ा देखणा दुश्मन होया।

जिन्दा आंख लगी माड़ी जबते महोब्बत तू खुलदा नहीं मैन इश्कदा पेखना ॥

४१

जोथे माड़ा रांझन बसदावे मैं ढूंढ़दी फिरदी कोई बता देवे।

चेरी मैं उसदी मियां रांझण मिले तो मैं वारियांवे ॥

४२

छड़दे साड़ड़ी बांह मैं तो अपने घर जावां मिरजा मैं तो डर गइयां हुन।

वन्दिरबा बिच मत कर भेड़ा वेखन लोग लगा हुन वन्दिया हुनतो जामो हुन साड़ी घर आमो क्यों ॥

४३

मैं तो चाकर चाहदा रहणा राजी कामन मेरा।

शोरी होश दम मेरा मैं क्यों कर छांड़ु कुछ तेरो दौलत पाकर मैं तो चा० ॥

४४

आसरावे मैनु दमदावे महरम यारदा जीवै तू जम जम।

शोरी जग बिच तुहीं तुसाड़ा रतो भूला ॥ म०

४५

जानी कोकरदा मैंड़ा गबरू।

वेखणनु मुश्ताक तेड़े शोरो रखले सोनो साड़ो अबरू

४६

याद करदो वे याद करदियां डावो मैं तक रहियां गुणा गुण बेदरदा वाला।

शोरी उठटा दिल बिच विरहदा दमामा मैंतो मरदो फरियाद करदो ॥

४७

मानु न छेड़ मियां तैंड़ो वान पई मैंड़े दिलवर मैंड़े।

तैड़े इश्क दे कारण बदनामो मैं लोतो पाक नजर तैनु किन सिखलाइयांवे आपना आप निवैरवे ॥

४८

लगदा बाग बहार तेड़ा मुखड़ा मैड़ो जानवे ।
मुख गुलाबो नरगिस नैना साँवला यारवे

४९

डार भंवरादी शोणा आई बहार सजनदे मुख वेखननु।
गुल फूले रङ्ग विरङ्ग दे फुलेवे अजब ढङ्गदे फूले दीठो
सोनी वसंत बहार ॥

५०

वे मियाँ मन रखणा राजो जानो बेफकीरांदा ।
भाँदा खूब सोंदा सुख नींद प्यारा दिल बिच बादशा
शोरो शब्द शरीरांदा ॥

५१

फकीरी करणावे राजी रहणा हरदम वदम सोणा ।
भलो बुरो सब सहदे शिर पर इश्क रङ्ग वरदे गाल
रङ्ग रङ्गनावे ॥
दिशनो यारवे मियाँ मैंनु शहर पूनेदा भलोयाँ वे मियाँ ।
भलावे मैंछड़दोता गम तेरा दुना देखेड़े बस होरहो
रबादो महरबानियाँवे ताड़ा ॥

५२

आन मिलाओ मैड़े सोनेनु वेशार ।
जिस दिन मोजा मैड़ाये काजा भो हासो मैड़ा मियाँ
पकार कराँ फिरयाद वे मैड़े यार ॥

५३

मैंता भरदो वेयाद करदो सोणा मैंतो बेदरदांदे नाज
डरदो।
शोरो उठदा दिल बिच लहराँ इश्कदो खेड़ा भरदो ॥

५४

कमला वाले वे मेराबे किन विलमाया हाँहाँ हांबे
लोका ।
जा पूछोंदो मैं अपने रांझेनु जा आनके मिलाओ ॥

५५

मैंनु तेड़ो आन भांदोबे मैं तेरो माहो वाले यार ।
जंग शियालेदो होरसियानो हमदम दिलवर
दिलवर-दानो यार मैनु तं ॥

५६

पीत लगाकर को सुख पाया हाँबे लोकों ।
यार मेरा सो नहीं आया किन दूतां विलमाया हां
बे याना मैं तो भूलो भूलो सोखाबे पो० ॥

५७

नए रङ्ग जोरदावे मांड़ा तूं ।
दिल ठग लोता तेज निज़ारे न दोठोयाँ तूं शोरो यार
मैनु बसे कोता मैंड़ा तूं ।

५८

मैनु प्यारो तुं हो लगदाँबे वंशीवाले मेरा यार ।
नन्दमहरदे तुहो हरदम तुहो दिलवर सांवलावे ॥

५९

साड़े नैण मियाँ सोणा अटके ।
दीद निजारेदा मेला ठेला शोरो भूल गइयाँ सब
खटके ॥

६०

ना सताओ तू ना सताओबे ।
बेदरदा वाले दिलनु बेदरदाँ मियाँ चङ्गड़े दिलनुओ
दुख लाया बेमियाँ तू भो तो ना सुख पाओ
सताओबे ॥

६१

मैनु तेड़ो याद आँदो बेगशरू सोणा महरदे ।
तुझ विना मैंनु कल नहीं एक पल आनन्द तुं हो
भाँदोबे ॥

६२

पोत लगाकर शोणा बे मियाँ ।
हांवे लोकाबे यार मेरा शो नहीं आया हावो लोकां ॥

६३

याना मैंतो भूलो भूलो सोणावे ॥
बिन दोठे चैन न पाँदो सुन मोहनावे ॥

६४

न बताओ तू ना बताओ अपना भेद सुन वंशीवाले ।
किथे गुजारो रैन पियारो भोर भए घर आओ ॥

६५

तेज तेज नजरांवाला करदा रमझ नजारेदो गमझां।
वेख नजारेयों दिल भूला भला जांदा शारो में तो
करदियां परहेज ॥

६६

हांवे नेना जोरोदा जोरादावे गुमानोड़ा हांवे ।
छोर नहीं भावे मन पर बसदावे गुमानोड़ा तुसो
मुखनो मोरदावे ॥

६७

नैना वाले यार मियां तैं तों मेड़ो खबर न लोतो ।
कभो तां आन मिलो सोणा दिल भर मैनु दाढा प्यारावे ॥

६८

बेदरदा वे पर वाहनो छांहाँ सवो आंखो साड़ड़ो बेवन्द ।
गिरुंगारे नदो वारो वेथेलड़ा पुराणावे मियां केहा
गस्स मिलानो छांहां ॥

६९

अल्लादो महरबानिया मेड़े शोणेनु वे यार ।
जिस दिन मोला मेड़ा काजो भो छासो वे मेरा मियां
मदत पोर जहाँनिया मे० ॥

७०

में मोहो मोहो मोहो तेरो चालवे दुपट्टे वाले ।
दामन लगो वारो शरम तुसानु ज्यों भामो त्यों
पालवे दुपट्टे ॥
जात न लगो वारोवे सांई तन जाने और क्या जाने
टालवे ॥

७१

चाकर माहो वालोयांदे चाकर रहणावे ।
सोहनो सूरत वे रसभरो अंखियां वेचाल चले
मतवालियां ॥

७२

जादू जादू करदा में नहीं जानदो ।
सांवलो सूरत रसभरो अंखियां चाल चले मतवालिया ।
मुखड़ा तेड़ा अजब बहारांदा अचपल इश्क महोब्बत
मानदो ॥

७३

धनवादो म्हारो राज बालोरे ।
मैंतो थारो दासो वारो थें म्हाड़ा सायबा नेह लगा
प्रतिपालोरे ॥

७४

सजदे शोनो चल फिर करदा दोद निजारा परियांदा
मियां ।
शोरो तो इस बोच चाँदा जांदा करदा टप्पेदा नारा ॥

७५

मानु न विसार यार वेमुख वेनो मानदो कोगुन्हावे ।
मैनु छोड़ लागो लड़ तेरा आन असो तू देदा सानु
पोरोदा पना ॥

७६

अंखियां साड़ो खटको अटका ढोलन यार दुख देन
नाल सजन नाल साड़ो खटको ।
मुख राँझनदा शोरो भूनदा नाहीं छुटदा नाहीं
आइयां में तखत हजारेदा छोर भटको ॥

सिन्धु काफी—तिताला

अलवेलेड़ावे केसर भिजानो में जादियाँ श्याम
मनावनन् ।
गड़दे मोणारा सोणेदा कंगणा मान करेनो शावनान ॥

सिन्धु—तिताला

ला मेरे बनरे रङ्ग घना मातियांदा माला लाइयो ।
कँगना लाइयो वारो बाजुबन्द लाईयो नथुनो लाइयो
अनमोलनो ॥

२

चोरे वाला माँड़ा गबरू दस्त कटोरा दहोडार ।
याड़ा वे ये मनावन चलियां आधो रातो रावोरे किनारे॥

३

साड़े नाल करदो तूतो रमझां गमजां ।
कई कोतो साड़े नाल समझां तूतो साड़ा करदो
शोनो रमझां गमजां ॥

४

नेना सांवलियांदे जोर जोर लगदे लरजे गरजे
गम खांदे ।

गोरी फकीरांदी वे यह गुजरांदी वेमियां आयरम
मत तुम रम रहोरे ॥

५

ढोलन मिलजा मैनु आई में तेड़ी लेवां बलाई ।
कबको में बाटड़ी तकैदो मेंडो लाज शरम रखले
जग मांई ॥

६

यारवे की गुन्हा कीता तेड़ा सांवला न भुलामी ।
हमसे अवधबद अनत विलम रहंदा किसनु गर लामी ॥

सिन्धु—धीमा तिताला

मजारा झँगदा कर देवे परियाँ जेहियाँ जटियाँ
नाल नेहा जड़दे ।
चन्द्र जेहो अखी भलिटां दिल बिच बसेदियां
इश्कदे लहरे विच तरदे ॥

सिन्धु—तिताला

काली बोलो काली बोलो काली बोलो काली ।
तुही सुख आनन्द तुंही सुख सम्पति भक्त जननु
प्रति-पाली बोलो काली काली ॥

मिश्र काफी—तिताला

हो फकोरां विरम रहना वेहां फकीरां वे मेरे तो थाना
महबूबांदा ।
दोद निजारेदा मेला ठेला गोगी तु भी तो मायल
खुवांदा ॥

सिन्धु—तिताला

विरहोदे नैना मियांवे नहीं हटदे ।
बिन दोठे मैनु चैन नहीं आंदा गोरीजे वेखोंति मुठड़े ॥

२

में तेनु आँखदी शोणा मेंड़ा वालीवे ।
घोल घुमाई जिन्द सदके कीती गोरी तेज निजारा
ताकदी शोणा मेड़ा वाली ॥

३

आपरा मैनु दमदा महरम यार जोवे जम जम यार ।
गोरी जग बिच यार असाड़रा रती भूलाया न गमदा ॥

घोनिजारा नैनादा सांई गरे लगजा पियारा मेंड़ोदा
जानिया ।
अखोनु दिल भर तुसाड़ड़ा उनाको नहीं होना गुजारा ॥

५

सोने मैनु हांहां बिन दोठे नहीं परदी कलवे ।
रसोयानु कोई आन मिलावे गोई मुश्कलवो अगर
न गोई मुश्किल ॥

६

बना बराहन आया सलोना ।
सारी रैनका आज राता माता जागा सारी रैन ॥

७

चक्खां यारांदा तेनु आन पया बिन मिले न रहंदो
मेंड़ो जान ।
सची कहना सुखी रहना गोरी दिल भला अपने
वस कोना जा० ॥

८

भलावे तू ऊंानन जान गुमानोड़ा मैं तो तेड़ी वन्दिया
हो रहियां ।
गर लगण नू जो तरसदे गोरी इतो अरज मोरी
मानले गुमानोड़ा ॥

९

भला वेदरदो यारवे करदा क्यों दिलभर असाड़रे नाल ।
यारदा को करिए गलां गोरी अजब तरेदा रशम चला ॥

१०

संवलके ीर भरोवे लैलो महरा मजनूटा ।
लैलो दिलदा मायल होणा गोरी मियां सुन मजनु
नाम जिन होदां ॥

११

आजा ल्हालो राज राजी रहणा माड़डे डेरेवो ।
मैं तो तेनु दवाइयां देदो वारी जादो सो सौ फेरोवे ॥

१२

मेड़ा दुख दरद वे दूर करोवे मेड़े सांई ।
असी तेरी वो लेवां बलाई पदारङ्ग सबनु भाड़ वेखा
कोई नहीं तुसाड़ड़ो दाई ॥

१३

निजारा जटियांदा यारवे सजन समभी समभा
दिलवर दिलनु ।
तूं तो साड़े नाल करदावे रमभां केही कीती साड़े
नाल न समभा दि० ॥

१४

अनी सइयों मान करेंदा लटकेंदड़ा भम भम
भमके वाला ।
ऐंड़ी बेंड़ो जुलफों वाला चीरा जरद सुनेहरी गज
मोतियांदी माला ॥

१५

मान न करिये रबडाढ़े कौलों डरिये छैला ।
दिवानी भोखां तेंडी वे राँभा क्यों सोनेदा छला
क्या रूपेदा छलो वेछैला ॥

१६

लेचल नाल वोमियाँ राँभा मैंनु हाँवे मियाँ दुख गए
सुख राँभावे ।
माड़ड़ी खबर विलोचनादे माड़डे बेखबर मियांवे ॥

१७

उठ चढ़ी वारी वेरवां वेसोदागर ।
इंदर जेहो होरे पुन जेहेयो ला मांड़ड़ी खबर ॥

१८

मौजा वाले मियाँ मैंनु लहराँ तेरी भांदो याद
जब जाँदा दिल भूला भूला ।
मैं तो तेनु आखर होरतो ठम मियाँ मिरजा मुगलां ।
दाम महेरमनो सुनोदे बुरी ए बला इश्कदावे आखर
गुल खिला मियाँ पर खोला ॥

सिन्धु टप्पा—तिताला

ओकारेनो सइयों घूंघरवारे बाल सजनदे बिसीयर
कालेनो सइयों ।
आशिकदा दिल लड़कर करेंदे घाले मालेनो सइयों ॥
घुड़रदो कोई नहीं गुददो उमगवे कारे मतवारे
अति भारेनो सइयों ॥

सिन्धु—तिताला

अहो सनम महरम यार मैंको जानु तेरो गलाँ ।
दूर गएनु साँई मिलावे आन मिलो तो मैं चलों भला ॥

२

आँगन फेरा पाजावे सांवल यार ।
जङ्गल ढूंढ़ा वारी वेला भी ढूंढ़ा तूं कित विलम
रहोला यार ॥

३

यार सानु आमिलोवे मैंतो तांड़ड़ो लेवाँ बलाइयां ।
दूर गयानो वारी बेखबर न लोती वेमियां बिन
दोठोयां दुख वादियां ॥

४

वसदी रहँदो दिलवर नाल लाई महमत हित चित
सों मियां ।
दिलदो गला मैं किसनु करां तेरी वेवफाईका ।
जहाँ मैं नाम न ले तेरो आशिनाईका ॥

५

अरज मिजाजोड़ा मानले मेरो चोरा बांधनुदा
वन्ध लामोवे बोवांवे ।
गले सोहै जामदानोदा बूटा मुख सोहे तांड़े
पानोदा बीरावे ॥

६

आइयांवे सोनेदो में ढूंढ़दो ढूंढ़दो ।
कांई करे तांइमें दिलभर दिलनुँ आँख लगो मैनु
छिपदो छिपदो ॥

७

लगियां जबाव न देदियांवे ।
तोखोयांदो तबलाँदो को राँभि जिगरांदो घाव
करां दियांवे ॥
नैना मत मारबे मैं आपो मरजादियांवे ।
नैना तुसाड़े वेबरछोदो नोके गुजर जांदी आर पारवे ॥

८

माहोदे नाल चलेयां पुनदे नाल चलेयां ।

१३०

मोरी भोली बारो वेखेह्यो वालो अलड़ो भलड़ो सांई
माह्योदे दस्त रङ्गेस्यां वेपुनदे दस्त रङ्गेस्यां ॥
तेड़े जिन्द आह्यो मांड़े कोकराँवे वेलियां ॥

८

रहँदी याद मियांवे वेपरवाहोदी तेंदडोवे ।
शोरी आपनु करदा वेख मियां बरबाद मियांवे ॥

१०

सुन आई बहार सजनदे सुख वेखननु माहोड़ा
बेडार भंवरादी ।
फूल फूले रङ्ग वेरङ्गदे फूले बेढङ्ग देदीठो सोनो
बसंत सब रांदी ॥

सिन्धु—एकताला

नाकर फेरामें बन्दोदा कौन सभालन वाला
यार गुमानी यारवे नाजा ।
यार शोरी कोई टप्पा गाय कर दिल बहलायजा ॥

२

झमका नाज निजारेदा भांदा नैन मिलाकर क्यों
शरमांदा ।
ख्याल खुशाल भरे दिल जानो क्यों नहीं नाल हमारे
आंदा ॥

१

नन्दमहर घर आज बधाई ।
प्रगटे गोकुलचन्द मनोहर शोभा कान्त सकल
जग छाई ॥
नाचत गोपी-ग्वाल सकल मिल गावत मङ्गल मोद
बढ़ाई ।
पाए फल जोवनके सब ब्रजजन ख्याल खुशाल प्रभु
लछन लखाई ॥

४

किन मुख अबीर गुलाल लगाए ।
रङ्ग डारे केशर रङ्ग प्यारे मनसिज उमग उमग
उर लाए ॥
बातें सकल प्रेमकी कह कह कहोजी कहाँ रैन जगाए ।
ख्याल खुशाल सभी सिखलाए चञ्चल चपल छैल
मन भाए ॥

होरी खेले ब्रज गोरीयांवो ।
सङ्ग लिए नन्दराय लाड़लो प्रेमरङ्गमें बोरियांवो ।
कोई गावत कोई रीझ रिझावत कोई चतुर कोई
भोरियांवो ॥
झुम झुम तक तक तान चलावत हंसत परस्पर चित
चोरियाँवो ।
करत खुशाल श्याम सुन्दरमें पावो प्रेमको डोरियाँवो ॥

६

पतित पावन सालिगराम ।
ठाकुर नाम कहावत त्रिभुवन सुन्दर-मूरत-श्याम ॥
धोइ पीवत चरणामृत जी नर नरक न गति अभिराम ।
लछनदास कल्पतरु कलिमें देत अभय-पद-धाम ॥

७

रामकृष्ण वासुदेव दामोदर दीनबन्धु दयासिन्धु
करुणानिधि मोहन बनवारी ।
मधुसूदन मुरलीधर माधव जगजीवन प्रभु कमल-
नैन राधापति गोविन्द गिरिधारी ॥
अच्युत गोपाल कान्ह चिन्तामणि चक्रपाणि विट्ठल
भगवन्त विष्णु केशव कंसारी ।
नारायण पद्मनाभ हृषिकेश परमेश्वर गरुड़ध्वज हरि-
मुकुन्द सुखकारी ॥
गोपीवल्लभ मुरारि त्रिविक्रम भगवान भक्त-वत्सल
कल्याण कुंवर श्याम ब्रजविहारी ।
गोकुलेश चैनराय पुरुषोत्तम यज्ञ पुरुष नित्यानन्द
जगत-गुरु जनार्दन दनुजारि ॥
राघव रघुवीर रङ्गनाथ प्राणनाथ स्वामी श्रीपति
रघुनाथ योग ध्यान रावणारि ।
जानकीश कौशलेन्द्र मनरञ्जन यादवेन्द्र नटनागर
नन्दलाल यदुपति असुरारि ॥
विश्वम्भर धरणीधर परमानन्दजी उपेन्द्र ब्रजपति
रघुनन्दन रणछोर दैत्यारि ।
रघुवर जगदीश पुण्डरीक अच्च कमलापति बनमालि
जगतपति किशोर दानवारि ॥

निर्गुण चैतन्य ब्रह्म अव्यक्त अज निरञ्जन विभुव्यापक
ब्रह्मण्य ज्योति अविगति अविकारो।
पारब्रह्म नित्यानन्द निर्विकार विश्वरूप ईश्वर
अविनाशी वैकुण्ठ विश्वकारो॥
मच्छ कच्छ शूकर नरसिंह वामन परशुराम धनुर्धर
बलिराम विबुध यज्ञ निंदोडारो।
कल्की मनु व्यास हंस यज्ञ ऋषभ हय ग्रीव बद्रीपति
कपिलदत सनकादिक चारो॥
प्रथु अनन्त धन्वन्तरि दुष्टदलन जानराय गुप्त प्रगट
चतुर्विंश लीलावतारो।
नामावली सुखविलास लछन दासानुदास अज्ञ-
अल्प-बुद्धि चरण शरण परि पुकारो॥

८

बड़ी बड़ी अंखीयन वारो मोहि लग्यो अति प्यारो।
दीरघ कोर हेरत मोरि ता बिच अञ्जन कारो॥
बिसके कंजल जात जात दुरो ओरि अरुण रङ्गजारो।
लछमणदास कठिन वाको चितवनी मानो ढरकत
पारो॥

९

ट्रगण लागो आज मेरे सांवरो सलोनो सुन्दर सूरत
बांको चितवन प्यारो।
चमक चलनि चञ्चल चपल मोर मुसकन पिय
प्यारेको न्यारो॥
थिर न रहत तन मन धन घरो पल छिन आलोहो
बस कीनो लाल विहारो।
लछमणदास तलफ तलफ नहीं विसरत कठिन
पीर कारो॥

१०

हरिजनके चरणकी जो करे बन्दगी।
जगत-ज्वाल प्रबल-जाल तपत उर कराल काल,कोह,
मोह, भ्रम, विषाद, कटे गंदगी॥
मतसर, जञ्जाल, आल बाल, सघन घेर रहे काटत
नहीं बार काम छलित छन्दगी।
सजन अनुकूल मूल अङ्कुश भए हरि प्रसूल राज त्याग
जावे घट फेल फन्दगी॥
भक्तनको खास दास करत रहत सुखविलास जमकी
नहीं त्रास बास घटे मन्दगी।
लछमणदास तोहिसे ल्यावे विश्वास आश भक्त मुक्त
पावे आवे अमन्दगी॥

११

बेसर कौनको अति नीको।
होड़ परी ललना औ लाले चौंप बढ़ी अति जीको॥
दांव बदो ललिताकि आगे कौन ललित कौन फीको।
चतुर विहारी बिलगि जिन मानो धारनी
अधिक ललोको॥

१२

वे कहा जाने पीर पराई।
सुन्दर-श्याम कमल-दल-लोचन हरि हलधरके भाई॥
मुख मुरली सिर मोर-पखौवा बन बन धेनु चराई।
जे जमुना जल रङ्ग रङ्गहे अजहुं गईं तकराई॥
वे भूलेहैं देखि कूबरी हम सब गईं भुलाई।
सूरज चातक बूंद भईहै हेरत रहे हेराई॥

सिन्धु काफी—तिताला

भूनदे फकीरांदे दानिनो तुसी।
दाने असाड़े भूनन देंदो असीयां फकीर निमानिनो॥
दानानो लेंदो तू फकीरांगी लेंदो लड़दिए जोर
धिगानिनो।
माह हुसैन फकीर रवांदा जङ्गल तंबु तेनिनो॥

२

तनदिरना दोमननुम् तनम् या तरानो तुमने खूब
बनाया नादरना दर और अन्तर सुन्दर धरमधुर
बनाया पर सुन आके कहियो सनम्।
मौज नेहचे रख मनमें दरजमे हिजर मकुनना
लो फरियाद केदो सजदा आम् फालके फरियादरसे
में आयद जब आवे तेतू यहां गाना हो होके बेगम्॥

सिन्धु अर्थ सहित—तिताला

तन अन्दर तन मन्दिरमें रख ज्ञान ध्यान धर आहे
आहे जानो तन दर तन धररै देना नादर दर नारे
नारे आ जिन जिन तन तेतुं नारे नाता तोर तोर
रर हर हर हर हर।
नारे नारे नारे नारे तारे तारे तारे तूं भूंठे नर
धधा धारे ॥
तनदर तनदररे देनारे भूंठे धंधे धारे धारे मिथ्या
जग-जंजारे तज डारे मतवारे नर नारायण नित नित
रर रर नरहर गिरिवर ध्यान अन्दरमें ज्ञान धर धर ॥

१

वंशो बारेने टेरो यमुना तोरवे।
सप्तसुरन विध तोन तान लेत गंभीरवे ॥
सुन धुन विकल भई ब्रजवनिता सुध न रहोहै शरीरवे
रूप रङ्ग प्रभु रस वस कर लोनो मुरली बजाई सखो
बलवीरवे ॥

१

कैसे बनेगो यह ब्रजकों बसवो।
सुन्दर-श्याम नाम नन्दनन्दन रोकत मग नहीं देत
निकसवो ॥
भुज भर भरत ना डरत काहूसों मेरो मरन
लोगनकों हँसवो।
जानकीदास हार याते मानी सोखे श्याम उर द्रग
मन धंसवो ॥

सिन्धु—एकताला

कैसेके बनेगो भरवो पनियाको।
भरन न देत लेत गहे गागर रहोन कौन काँधि
कनियाँ को ॥
बाट घाट मग रोकत डोरे ऐसो ढोट नन्द रनियाँको।
युगल सखी प्रभु माधुरी मूरत में न आवत अनियांको।

१

रघुनाथदे चरणदा नेह लगा साड़ावे।
तेनु करुणानिध कहेंदे नाम जपदा तेंडावे ॥
आठ पहर तेंडे याद बिच रहंदे प्रेम रङ्गदी लाज रखोवे
मानु भरोसा एक शरणदावे ॥

२

नहों करणावे दुनियांदी आशा।
दुनियांदो आशा ओसका पानी पिया चाहे सो जाए
पियासा ॥
जानकीदास आश कर उसको जिसकी माया जगत-
प्रकाशा ॥

४

गुण औगुण मेरो तुम न निहारो।
दीनदयाल लालदशरथके पतितपावनहै विरद तिहारो॥
गीध व्याध गज गणिका तारी गौतम-नारी अजामिल
तारो।
आए शरण चरण यह यश सुन जानकीदास अधीन
तुमारो ॥

५

चोट बुरीवे नैनादो यारवे।
जिस तन लगी सोई तन जाने हरदम आय पुकारवे ॥
बिन वेखे सानु कल नहों पड़दी पल पल जोवदा
बेकरारवे।
जानकीदास निमानेनु रखले दे सांवल अपनो
दोदारवे ॥

६

आज बधाईयाँ माई अवध नगरमें।
राणी कौशल्या सुत जायो मङ्गलचार होत घर घरमें॥
अतिआनन्द भई पुरवनिता कञ्चन-थार रोचन
लिए करमें।
जानकीदासको आश भई पूरो गावत आवत डगर
डगरमें ॥

७

द्रगनमें लाग गयो मोरे सांवरे।
सलूनो सुन्दर मूरत बांको चितवनि तिरछो नैन वारे॥
लछनदास तलफ तलफ नहीं बिछुरत घड़ो पल
छिन प्यारे ॥

लाग्यो मन विपिन-विलासी सों।
मृदु मुसक्यात जात कुञ्जनमें डारि नेह डोर गल फाँसीसों॥
सुन्दर-श्याम मोहनो मूरत कहियतहै गोकुल-बासीसों।
जानकीदास रसिक ब्रजमोहन कीनो बिना मोलको दासीसों॥

९

नमोस्तुते वृषभानु दुलारो।
महिमा अगम निगम क्या बरनैं अखिल लोक एक ब्रह्म मुरारि॥
अतिउदार त्रिभुवनके दाता मोहनी मूरत रसिक-अपारी।
ख्याल खुशाल सकल बन आए नाम नेत श्रीराधा-प्यारी॥

१०

जै श्रीराधा प्राण पियारी।
राजा महाराज त्रिभुवनकी वृन्दावन कुञ्ज-विहारी॥
सेवक पर नित प्रसन्न रहतहो देत सिद्ध नौनिद्ध अपारी।
ख्याल खुशाल निधान ज्ञानके ध्यानी ध्यान भगत उपकारी॥

११

अनोखे छैला इश्क लगा तैड़े नाल।
नैनन भरी मोहनी मोहन दिठीयांनो ख्याल खुशाल॥

१२

हठ नहीं कीजे मान लीजेनी हठीली प्यारी॥
वचन अधीन मदनमोहन पिया यह श्रवणन सुन लीजे पिया प्यारी॥

१३

अति सुकुमारी मिल मोहन सुख दीजे।
मिलो खुशाल श्याम तन भावन अधर-सुधारस लीजे।

१४

मोररी चहुं ओर बोलन लागे।
काली घटा दामिनी दमकावत तैसोय पवन झकोरे॥
पिया कहत पपीहा कोयल कूकत है बरजोर।
उलहे गुण चित प्रेम प्रीतकी निरखन नन्दकिशोर॥

१५

नेह कामनु लग रहा चसका कब होहै मेरा यार बसका।
ख्याल खुशाल भरे नैननमें देखनको सोणा सोलह बरसका॥

१६

नेह कियातो तू जानोनो वाले।
नैन मिलाकर सीने लगाले॥
ख्याल ख शाल दिखावनो माने वंशी बजाकर जीव जिवाले॥

१७

देख नजर भरवी मेरे प्यारे।
घायलहै तेरे नैनाके मारे॥
लाग रहो गले हमारे दिलवर ख्याल खुशालोंसे होना जुदारे॥

१८

जपदियाँ तेरा नाम साईयाँवे।
ताने भी देंदा वारीवे झड़केभी देंदा वेमियाँ पुन पुन करदे मुखदो आइयांवे॥

१९

नजारा जटियाँदा यारवे।
सोख ताँड़ो मानले समझ साइयाँ शोरो फिर मकादे मेरे यारवे।

२०

मियाँ तेनु किन सिखलाइयाँ विरहदी चोरा चोरो।
गलांवे मियाँ चोरो चारो आंदा छिप छिप जांदा मानदा नाहीं गला शोरो॥

२१

छैला जोर जोर करदा मांड़े नाल दिलवरियाँ दिलवर साड़रे नालवे।
हम दमकर दिलवर कोई किसोदा किस दोवे॥

१२१

२०

झम झम झमके वालानो मान करेंदा लटकेंदड़ा ।
ऐंड़ो बेंड़ो जुलफें घूंघरवाला चीरा जरीदा
सोनहरो गल मोतियाँदो माला लटकेंदड़ा ॥

२१

इश्क लगाकर मारणा आशिकनु कोजनु अपना
जानके ।
तीखी अदा तानुवे किन सिखलाइयाँ शोरोन योंहो
जीवे कर डारनो ॥

सिन्धु—धीमा तिताला

यार अल्लावेमें तेरियाँ तेरी माड़े सायवांवे ।
पार पुनदेवे डेरेनु आयावे मियां सकरवा ठानीमें
तेरी तेरोवां० ॥

२

प्यारेनु जो चाँदावे हाँजो दिलदा महरमनुंही अल्ला ।
एसा गम खाना शोरी तुहीं वेहरदम करिए
नई नई चाह ॥

३

मांरे राझणनु इश्कदी बान पई बिच झेले कोई
ल्यावोनी ।
हीर निमानीदा साँवला सजन मैनु आन मिलावोनी ॥

४

रङ्गीली सेजां मचल रहोजो म्हारो राज ।
तू म्हारे डेरे आइलो साहबां जोवन भरोलो
साहबा राज ॥

५

आइयो बलमराज माड़े डेरेवे ।
मैतो ेनु देदो दुहाइयां वारी जांदे सौसौ फेरे रहना
माड़े डेरेवे ॥

६

गगरी मोरी काङ्क फोर डारीरे ।
रसिया छैल छबीलो नन्दकोहै यह बड़ झगरारीरे ॥

सिन्धु—तिताला

बिजली चमको देखरो यह पीरकी ।
छाई घटा नैननमें नामदार बरस रही थम थमके ॥

१

नाहक जो तरसाया अनी मेरावो ।
आपन आवे वारो वे ना लिख भेजें मियाँ सांवलो
सूरत देखलाजा अनी मेरावो ॥

२

बदनामी कजरा ना देहोंरे ।
ए कजरा मेरे मइकेसे आया जल जल मरे गुइयां
ननद जेठानीरे ॥

४

तैंड़ो याद लगीरे मैंड़ा प्यारा रैनका ।
मैं क्यों कर मन समझाऊं आवे सइयाँ गले लगजा ॥

५

मेरा रावलावो मैं तो माहींदो कारण लुटियाँ ।
जावोनी कोई मुड़ ले आवो हीर निमानीदा कुटियाँ ॥

६

हीरेनु कोई आनके मिलामो लोकाँ ।
यारवा कोईवो आनके मिलावे मेरा मियाँ हीर
राँझिदा गुमानी रङ्गभीना लोकां ॥

७

बना तेरा सेहरा गुंध गुंध ल्याई सेहरा गुंध ल्याईरे ।
हाथन मेंहंदो पायन मेंहंदो मेंहंदो रङ्ग लायोरे ॥

८

खटका रहंदा दिलनु यार जब लग नहीं मिलदा
मेरा प्यारा ।
इश्क महोब्बत नाल उमगजा जुलफों नाल अटका
रहदा मेरा प्यारा ॥

९

दारुड़ोवो पीव न अपनाहो मारुड़ा नाई झकलाई
दुखछे ।
सङ्ग मधको भरा चङ्गड़ा सौतन राते माते कहियो
करछे आज लालन घरवे रूड़ाछे ॥

१०

नजारांदा ढोल फन्द नैनादो ।
एक चंदा दूजे गरजो नैना आन पड़ी बस तेरो ॥

११

याद लग रहंदो माँड़ो रखदो कदम ।
बांक बरस कहे कोई नहों दोना कासों करूं
फ़िरियाद कौन सेदेंदा माड़ी दाद ॥

१२

सांईदी आशा वोसुन रहना नरको शरण सुन क्या
मन गहना ।
बांक बरस कहे मुझे राम वे दुनियांदा रोगसे काकु
नहों सहना ॥

१३

सांइयां तू माड़रे बेलीवो ।
आरत जोबन रात माते महबूबां पोरांदे सदारङ्ग
औरफिरांदियां नवेलियांवे ॥

सिन्धु काफ़ी—तिताला

लोटत आङ्गनमें लला मचले नन्दजोके पारब्रह्म
रज अङ्ग भरे ।
इन्दु, विन्दु, छवि देख महाप्रभु मांगत महरिसों
अरुण भरे ॥
ग्वाल बाल सब आनि खिलौना आपन आपन
आन धरे ।
लेत नहीं माँगत शशि तारे सुनत रोष जिय डरन डरे॥
चूम चाट उर लेत यशोदा थिर न रहत प्रभु गोद परे ।
लोटियन करत लटूरियां लटकत लपट झपट
हरि होत खरे ॥
रोय रोय हंस देत छिनक छिन लोग गोकुलके
मुदित भरे ।
सूरदास बलिजात यशोमति आय जोगिया शिर
चन्द्धरे ॥

२

बारो बारी जावाँ असी प्यारेनु मनावां ।
हांहां हां हां वा ।
बेसर जेहर पायल बिछुवा अतर गुलाब बहावां ॥

३

दुखकी फन्द परोगी मत करो काहू सङ्ग प्रीत ।
कमलके भीतर भँवर मुदानो चार जाम गई,बीत ॥
जीव दियोपै पातन काव्यो बुरो प्रीतको रीत ।
सोयादासो विलासो सांवरो कब मिलहो मोहन मीत ॥

४

अलबेलड़ावे केसर भीनानो में जादियां
श्याम मनावणनु ।
गड़दे सोनोड़ा सोनेदा गजरा मोल करे नोशावना ॥

५

नैन माहोंदे तारने वो भला सानु मारणे ।
को करो कोथे जावों जातो मेरी सइयों किस विध
कहर गुजारने ॥

६

झेड़ातो नेड़ावे कमलोदे नाल ।
राह चलेंदे तैंनु देंदे दवाइयां सुखानो वसे तेंड़ा खेंड़ा
मेड़ा वो तू बूझवे बेहाल ॥

७

लाज सनेह पड़ो झगड़ोरो ।
लाज कहै यह नेह कहाहै नेहकहे यह
लाज जरोरो ॥
झगरत झगरत सब निशि बीती निपट्यो नहीं आयो
फजरोरो ।
चन्द्रसखो यह लाज बाटहै आखर नेह बड़ो गरोरो ॥

८

वंशी बजाय दृग सैन चलाय नन्दलाला जान ठगोवे ।
बिन बेधे सानु कल नहीं पइदो जानकोदास हरि
प्रेम पगोवे ॥

९

पयावे साड़े दिलांदा एहो सुभाव ।
और रूप जग बिच नहीं भाँवदा रामरूप वेखणदा
चाव ॥
लागी लगन छूटे नहीं सजनो करो कोई कोटि उपाव।
जानकीदास घनश्याम मिलनदो यह तन रहोके जाय॥

१०

मन लागोजी श्यामा-श्याम विलासीसों ।
भोर भए निशि बीत गई सब रविकरकिरण प्रकाशो॥

पँछी जागी बोलन लागी दरसन भए अविनाशीसों।
युगल छबीले छवि पर बल गई चन्द सखीसी दासीसों॥

११

घूँघटको पट खोलदे तोकों राम मिलेंगो।
सब घट रमता राम रमैया कटुक वचन मत बोलरे॥
धन जोबनको गर्व न कीजे भूँठा पचरङ्ग चोलरे।
सूना मन्दिरमें दीपक बालले आशाकों मत डोलरे॥
जोग जुगत सुरङ्ग महल पिया पायो अनमोलरे।
कहै कबीर आनन्द भएहैं बाजत अनहद ढोलरे॥

१२

तोरे मुख पर नागण उरभ रही सुरभायजा वे
महरम यार।
उरभत सुरभत गोकुल नगरी इन नैननमें लाजरे म० ॥

१३

मनमोहना मेरो मन हर लीनोरे मन हरलीनों मेरो
चित हर लीनो।
आपतो जाय कदम चढ़ बैठे वसन हरे सब
तेरे भइहों आधीनो॥

सिन्धु काफ़ी रेख़ता—तिताला

मनमोहनका मुख देखतही मेरे नयनमें छवि छायरही।
तन चीण भयो मत होन भई मन हेरत आप हिराय
रहो॥
अब सोच किये कहा होत सखो जब प्रेम फन्दे
बिच आय रहो।
मुखसे अचरा जब दूर कियो जब जोतमें जोत
समाय रहो॥

सिन्धु काफ़ी—तिताला

कृष्ण कथा रसरे मधुर बहु।
सेवी लाची सेवीतो राजन परी कहोंही न मरे॥
जा यार सयानें संसारत्वनो पाई चोहा निसरे।
अमृत फलसे फलित भइली दैहिक ताप सरे॥

२

दीजे दान गोपी करत श्याम भगरारी।
या मारग नित आवो जावो बेचनकों दहियारी॥
दान हमारो देतन ग्वालिन जात चलीकर चोरी।
कैसो दान होतहै दधिको काननहू न सुनोरी॥
दान दिये बिन जान न पैहो नन्दराइको छोरी।
काहेकों रार बढ़ावत ग्वालिन जोवनको मदजोरी॥
तुमतो ढोटा नन्दरायको हम वृषभानुकिशोरी।
सूधो गैल चलोजा लाल मतकर बतिया भोरी॥
या ब्रजमें बसत रहत बावरी एसे जान कहोरी।
देउ चुकाय अभी सब दिनको चाहत बास बसोरी॥
छोटे गात बात बड़ी बोला बहोत करो जिन थोरी।
जोकहुँ कंसराय सुन पावै जान परे बरजोरी॥
ग्वालिन गारि सभारिन बोले डारं मटकी फोरी।
वरुण कुवेर इन्द्र जाय डरपे कंस बापरो कारो॥
यह सुनि सकुच ग्वालिनी सनमुख ले माखन कर-जोरी।
सुन्दर-श्याम विहँस कर लीनो बाँध प्रेमकी डोरी॥
यह जो चरित सुने और सुमरे ताको भाग बड़ोरी।
कृष्णरङ्ग दधिलीला गावै ले सुख सिन्धु हलोरी॥

३

लगी श्याम-तन धूर सुहावन।
मानहुँ बह्यो जमुन-जल ऊपर सुभग सलिल
सुरसरी जगपावन।
मचलि परे नृपके गोदीते भपट जसुमत हँसि
लगीहै उठावन॥
मानत नाहीं तबहुँ कनियाँतें धरणी लोट पग
ठुमकी बजावन।
उड़गन चन्द्र मागत बरीआइ देहो जननी मोहे.
आन खिलावन॥
मणि खँभन प्रतिबिम्ब लखावत तबहीं बन्धुचारो
उठ धावन।
हरिप्रसाद उर बसहु राम-पद अरुण-कमल अघ आघ
नसावन॥

४

को जाने मिलना कब होहो।
यातें हिलमिल हरि भज लीजे कीजे गरभ गुमान
न कोई॥

नरतन पाइ विचारहुरे मन कृष्णानन्द सिखावत
जोई ॥

५

आलीरी अति राजत अलकें।
मैं चुक मृदुल मनोरथ मुखपर गोपद-रज छबीलो
छवि छलकें ॥
लटकन लटक रहे अधरन पर ताको हिलन हिए
बिच हलकें।
जुगल सखो ऐसे प्रभुहो मिलनको निशदिन
रहत हिए बिच ललकें ॥
अतिशय क्रान्त कनक कुण्डलकी लगी लगी लोल
कपोलन रलकें।
देखत बनत वरण नहीं आवत तन मन हरत
परत नहीं पलकें ॥

६

जावँदिरा इस सांवरेसों कौन बोले।
हमरी ओरसे औरको हमसे झूठो बात लगावत डोले।
प्रीतकी रीत कछुअ न जानो छाछ बराबर माँखन
तोले ॥
और सखियनसों हँस हँस बोलै कपटी कपटको
गाँठ न खोलै।
सूरश्याम राधे सुख मोरे मत भूलि कहुं गुजर भोलै ॥

७

गोपाल पियारे तेंने भलावे कियारे।
खड़ीवो पियासी तेंड़ों अखड़ोयां न जोव जिवावन
दरस दियारे ॥
उमरदराज, गरोबांदो दोस्तो है दिल महरम
सबाब लियारे।
आनन्दघन ब्रजजीवन जानो कुरबानो मुख वेख
जियारे ॥

८

सुन एरो सखो आज विलम रहे कहुं कान्हा।
हमकों कहत तुम पलँग बिछावो उनको बात
हम माना ॥

आवन दे पिया अपनो बार कहुं नित उठ ठग ठग
जाना।
सोलह सिङ्गार बत्तोसो आभरण अङ्ग सजे मन ताना ॥
हंसत खेलत ब्रजको सखियनसों अरो बतो करिहै
बहाना।
सुन्दर श्याम कमल-दल-लोचन नन्दमहरजूको
छोंना ॥
मोर मुकट पीताम्बर सोहत कुण्डल झलकत काना।
सांवरे मुखपर तिलक विराजे जामा लग्यो मेरो आना॥
वंशी बजावत गावत नाके मांहे हमारे प्राणा।
सूरदास स्वामो तेरे दरसको चरण-कमल लगो
ध्याना ॥

९

मेरा मेरावे गोरीदा जाँनीवे।
पलकांदे नाल बहारो गलियाँ सेज राम्भणदो।
मैं बिछाऊं कलियां।
नेह लगाकर ढूंढो मैं गलियां वे आवेगा साजन
मेंड़े रङ्ग रलियां वेखो सइयोंना गोरीदा जा० ॥

१०

ठगो ठगो मन मेरो जियरा।
रात देहा मानुवे ध्यान तुसाड़ावे टुक मुखड़ा
वेख लायजा हियरा ॥

११

बोल सुनाय जावे सइयों सानु भांदे भांदे।
सहर पुन बोच वेलाभो भांदे सुन शोरो अरमादे आंदे ॥

१२

माड़ो जिन्दनोनु कल नाहीं पेंदो तेंड़रे देखणदे
मेंनु तांड़े महाल भया असानु।
का दर जाने सचाए अता महम्मद इश्कदा भेड़ा
अगाहे वेदरदांदे दिलनु ॥

१३

होजटोदे जादु नेनां।
सेन चलांदे तोर नजरदे गुजरदे पारावार सोवा ॥

तोदा तो फाँन कमान भौंनो झटके झटक खटक
दिल ले जांदा ग़ रो सरकार सोना ॥

सिन्धु—तिताला

मोहो मोहो मोहो तेरो चालवे दुपट्टे वारे।
दावन लगो वारोवे शरम तुसानु सानु ज्यों
भामी त्यों पालरे ॥

सिन्धु धीमा—तिताला।

भो छैला मानु न छेड़वे केहो वान पइ सुन दिलवर
मेरे।
इश्कदे कारण बदनामो लोतो पाक नजरते
सिखलाइयाँ अपनो अपनो वेर हो० ॥

सिन्धु—तिताला

मैं तेड़ियाँवे नेना वाले यार।
माँड़ो गइयाँ जिन्द तेरो लख फेरोयाँवे यार ॥

२

गुमानो चीरे वाले यार मैं तेरियाँवे लाग गइयां
संद विरहदो।
चीरेवालेनु आनके मिलामो शोरो वार वार जिन्द
लख फेरियाँ ॥

३

याजटो सुग़ताकमें तेरो कदो तू साँवल करो फेरा।
कदो तू आन मिलो रव साइया कदो तू कर साड़े
आंगन फेरा ॥

४

जपदियाँ तेरा नाम जांनोवे।
रेन देहा मेनु ध्यान तुसाड़ा वे मियाँ पुन पुन कहक
दोंदा आइयां ॥

५

संग चलांदियांवे नेनावाले मियां।
शोरो मानु लग गइयां संग विरहदो ॥
भूल जावे साड़ा दुख वेतुसो करम करो रव साँइया।
करम करो तुसा फ़ल करोवो शोरोनू आनके
मिलायजा ॥

६

मैं तो जानदो भी नहियां तैंड़े खेड़ा किस गुण लाया
साथो अपना नेड़ा।
तूं अपने मैं अपने खेड़ेदा मनरङ्ग किसनु भले
लगदा विरहदा उलझेड़ा ॥

७

तुसी आजा साड़ो जान मियाँबे।
बांके नेनादो रमझा माहोदावे ॥
को होया सांड़े नाल मियांवे
आँखो लगो तेड़े नालवे बांके नेनांदो०॥

८

करदोवे याद करदो आड़ावे मैं तक रहियाँ
बूहेनु दरद वाले यार।
शोरो उठदा दिल बिच धुंआ विरहदा मैं तो मरदो०॥

९

रखिए लाज रुद्रानोजो मेरो।
आदि जनमको तारण तुंहो याते तू सर्व्वानो भवानो ॥

१०

मुल्क मौला‌दानो वेरांझण जानो यारवे भलोवे
मिया।
नौ बहार सांई जोवानो तुं मांडुवे सुख बसे
मुलतान भलावे ॥

११

माहोदे नाल चलियाँ तु सांई जिन्द मोहोवे
मांड़ो कदबांवे मैं भूलोवे।
मौलो मैंड़ो थान ते तलवट नानो वेपुन दस्त रक्खां
मैं वारोवे ॥

१२

त्रिलोचो माड़ो जानवे कुहाड़ा मैंड़ो जानवे
मे मोहोवे माड़े यार।
भामिलो तो जोवां मांड़ड़ा यार नाहो नाहों तो
फिरां दिवानो मेड़े प्राणवे।

१३

इश्क लगा कर वेपरवाह होदे नाहियांवे।

दिल भीतर बना भाँदा शारो बिखियाँ रखियाँ

पाक महोब्बतवे ॥

१४

भूलदेवो विरोहोदे नेन सियांवे नाहियां ।

चन्द जहां मुखड़ा बाग बहार वेसियां गोरा

उसदे उकदे नाहियां खुल देवे मियां ॥

१५

नैनन जोरटीवे सोड़ा दिल ठग लोतावे ।

तेज नजारेनु दिठोया तू गोरा यार मैनु बस कीतावे ॥

१६

भला बेदरदो यार करदा क्यों दिलवर माड़ड़े

नाल जगों भामी ख्यों पाल ।

बिन दीठे मानु कल न पड़ेदो मोहन मदनगोपाल ॥

१७

माहावालावे कटोतु सांवल वेख जरा मनु मत

छेड़ मियांरे ।

तरतर विनुवे मैं भी तु आइथां मियां मोणा

कर चाक रंझेटा शोरो मियांवे ।

१८

नजारा झंगदा करदावे परिदा जहरिया जटिया

नाल नैन लड़दे ।

चन्द्र जिहो अकी भलियां दिल बिच बसेदियां

इशकांदे लहरा बिच तरसंदे ॥

१९

रंझेटा मानु आमिनी सोणा जिन्द जाना ।

तेड़े कारण वारो सब कुछ छड़ियां बिन वेखे इशक

बहानो ॥

२०

सुध लाग रहो तेरे आवनको ।

छाय रहे तुम जाय विदेशवा आय गई ऋतु

सावनको ॥

२१

तरगइयां राभांवेतभी दिलदा साभांवे यार ।

वेखण गए मुड़ आप वेखणोमा कोई सङ्ग सनेहा

वेयार ॥

आशिकानु माशूक मिलोगा फिर घर आवन

कहावे यार ॥

२२

लाग लगामी वे लड़के में जटोकी समझाई ।

तिरछी भौंह नेनन तक्क मारो इश्कदा मांग चलाई ॥

सिन्धु—धीमा तिताला

ढालन मद माजिए माड़ो घालोवे उमर

केशर भोनी माड़ो चोलो ।

सइचूरो बदस्ते आनगारे नाजना टादम ।

वसाखे सन्दला पेचो इमारे अमरा दादं ॥

२

माड़ो याद रहंदो होवे रहंदावे भला गुमाना ।

तेरो मोहदे जालम यारके इश्कदाहो मैनुहो सेंदावे

भला गुमानो माड़ो ॥

सिन्धु काफी—तिताला

ललित लतन तर बिच मुसुकावे ।

निरखत वृन्दावनको शोभा नवल-द्रुमन फल फूल

लखावे ॥

बोलत पंछो रङ्ग रङ्गके कुञ्ज निकुञ्ज विशाल दिखावे ।

बन कुसुमित अवनो सुख राजत दुति ऋतुराज लख

सकुचावे ॥

गावत सङ्ग सखो मधुरे सुर वोण मृदङ्ग कानन बजावे ।

यह सुख यह सुख केल विलोकत दम्पति निशदिन

ख्याल खुशाल सोहावे ॥

सिन्धु—तिताला

श्रीराधे मुख इन्दु उजारो ।

छाय रहो छवि वृन्दावनमें कुञ्ज-निकुञ्ज ललित

प्रगटारो ॥

कोवरने कवि निजसुख महिमा पावत न भेद वेद

बिचारो ।

त्रिभुवन नायकके जीवन-धन मोहनो सकल विश्व-

उजियारो ॥

बस होरहे चराचर जाके सो वृषभानु-कुमार-दुलारो।
ख्याल खुशाल सकल सुखदाता मूरत मोहनी नैन निहारो॥

२

विपिन-विहार करत पो वो प्यारो।
कुञ्ज कुञ्ज छवि पुञ्ज विलोकित फूल रहो जित तित फुलवारो॥
नवल वेश नई नेह उलझ रहे ऋतु रसविलस विलास अपारो।
मृदु मुसकात कदम तले ठाड़े रूप-रास गलबहियां डारो॥
अति उनमत्त नयन-रस बरसत अङ्ग अङ्ग राजत सुकुमारो।
ख्याल खुशाल विलोकित चहुंदिशि मोहनी मूरत मदन-मुरारि॥

सिन्धु धौमा—तिताला

सुनो श्रीवृन्दावन बासी।
यह विनती सेवक अपनेको प्रभु सर्व्वज्ञ सकल-गुणराशी॥
दरस लालसा ललित देखनको अन्तरयामी प्राण-हुलासी।
अति-उदार तिहुंलोक-उजागर त्रिभुवन-नायक विपिन विलासी॥
सब वरणै गुण सकल तुम्हारो शेष, शारदा, जिनकी राशी।
वेगही होहु प्रसन्न मनोहर रसिक खुशाल हिरदेके निवासी॥

सिन्धु काफी—तिताला

मुरली मोहन अधर धरे वृन्दावन चन्दरास करे।
बोले सब हरे हरे गावत सखी रङ्ग भरे॥
मधुर मृदङ्ग मुरली तान सप्त सुरन सुरनस्वर बन्धान।
बाईस सुरत मूरछना युत ताल काल युगत प्रमाण॥

सिन्धु—तिताला

रजनी विरहनि वियोगो राधाकर लीने ए सारङ्गी बजावत
हरिसुत होन ताम रिपु पति बिन ता अरि बंधुहो तू नहीं आवत।
छाहा लिखि मदन काग लिखो कोयल लखि पन्नग मरुतहो भरमावत॥

२

ऊधो हरिसों कहियो सन्देश।
नन्दराय दृग सजल रहतहैं यशुमत अधिक कलेश॥
गोपी ग्वाल सबहैं व्याकुल तज्यो चाहत यह देश।
सब सुध आवत कुञ्ज भवनकी मोर पंखको भेश॥
सुरपत कोप कियो व्रज ऊपर नखपर धर्‍यो नगेश।
सोतो गुण समझ समझ नहीं बिसरत हरिप्रसाद परमेश॥

३

पैजनियां पग पाँय मनोहर।
चलत श्यामघन बाजत राजत निरख विनोद मगन मोहे सुर॥
अरु मन मुदित यशोदा रनिया पाछे फिरें गहे अङ्गुली कर।
मानो धेनु बन छाँड़ि बच्छ हित प्रेम पुलकी पय श्रवत पयोधर॥
कुण्डल लोल कपोल विराजत लटकत ललित लटैयाँ भुवपर।
सूरदास अवलोकनको सुख किनकत हँसत गोपाल याके घर॥

सिन्धु काफी—तिताला

भजहु बहुत सुख होय रामकृष्ण नामकों।
राम लियो औतार अयोध्यापुरी सुहाई।
मथुरा कृष्णको जनम गोकुल रहम बनाई॥
राम शुक्क दिनके बोतेहति ताड़का जाय।
कृष्ण पूतनाको वध कीनो धनमुखहो लगाय॥

राम जनकपुर जाय सहजही शिवधनु तोड्यो ।
कृष्ण पैठ पाताल नागधरकै मन मोड्यो ॥
राम जीत परशुरामकौं सीय व्याही बजाय ।
कृष्ण रुक्मिणि व्याह ले आये शिशुपाल लजाय ॥
राम देवतन काज पिताके वचन सिधाय्यो ।
कृष्णतो अक, बक, तृणावर्त्त आदि कंस घाय्यो ॥
रामचरणकै रेणुतें तरी अहिल्यानारी ।
कृष्ण आप कुबरीसों रीझे भई सखियनमें प्यारी ॥
राम निषादही तार प्रेम अतिसे सुख दीनो ।
कृष्ण अहीरन बाल झूंठन सब लीनो ॥
राम बसे पञ्चवटीमें लछमन सीय समेत ।
कृष्ण जगतको भार उताय्यो भेंटे कुल कुरखेत ॥
मारे रामजी खरदूषणकौं त्रिशिरासुर बहोत खाय ।
हतो कृष्णजी जरासिन्धै वेगे सवा खेत चढ़ाय ॥
राम किये बहु सखा भाल बन्दर समुदाय ।
कृष्णतो वृन्दावन गोप गोपिन रिझाय ॥
राम-कृपा हनुमान पर उधि बल कह्यो न जाई ।
कृष्ण अरजुन रथ पर बैठा भारत दियो जिताई ॥
सागर बांध्या राजजाममें कटक उताय्यो ।
कृष्ण गोवर्द्धन आदि इन्द्रले वृजही उबाय्यो ॥
राम रावणही मारके लङ्का विभीषण पाय ।
कृष्ण कंस निकंसकर उग्रसेन बैठाय ॥
राम अनुज सीय सहित यूथ निजपुर पग धाय्यो ।
कृष्ण मथुरातें चले द्वारका जाय संवाय्यो ॥
राम कृष्ण औतारकौं विरला पावें भेद ।
भीषकौं बल एक ब्रह्महै नाम उपासन देव ॥

सिन्धु—तिताला

एजानीड़ा तोरे बसमें मैं आईरे ।
हो हो हो ।
आपतो जाय कदम पर बैठे अबतो तेरो सबही
बन आईरे ॥

२

कौन बातको कोजे परेखो ।
ना हरि जात न पांत हमारे कहां माने दुख लीजे ॥
वसुदेवजी देवकुलके दीपक वन्दो जिन बिलमाए ।
नन्दनन्दन गोपीजनवल्लभ ना हरि कान्ह कहाए ॥
नाहिन जोरें चन्द्रिका माथे अरु नाहीं बनमाला ।
अब सुनियत भूपनै भूपत सुन्दर श्याम-तमाला ॥
अब नाहिन घर बनको नातो बसत एकही अङ्ग ।
सूरदास मिटगई सगाई वा मुरलीके सङ्ग ॥

३

तेरे नामका अधारा तेरे० ।
भक्तनको पक्ष कीनो आन खंभ फारा ।
हिरणाकुशकों मार प्रह्लादको उबारा ॥
मेरो मेरो करत फिरे रैन दिन बिसारा ।
राम नामसो टेक और धन्धका पसारा ॥
गेंद कारण कूद परे कालो नाग नाथा ।
हस्तीके दन्त तोड़ कंसको पछाड़ा ॥
द्रौपदीको लाज करो अखे चार बाढ़ा ।
भीलनीके बेर कुए कीना निस्तारा ॥
दुष्टियोंको मारके सन्तोंको उबारा ।
लङ्का गढ़ घेरे राज छिनकमें बिगारा ॥
सूरदास सुरत लागो रामजी रखवारा ।
मोर-मुकुट शीश धरे नन्दकादुलारा ॥

४

भज मन त्रिभुवन-नाथ मुरारि ।
भूलो फिरत असार जगतमें हरि सनेह सुख-
ललित विसारी ॥
जाके चरण-शरणकी महिमा गावत चवदेभवन
मझारी ।
तेही चरण-शरण क्यों न आवे त्याग कुमत मन
सुमत विचारी ॥
शिव सनकादिक और ब्रह्मादिक नारद शारद
पावें न पारी ।
ऐसे प्रभुको विसार कहांहै हो खुशाल प्रिय
कञ्ज-विहारी ॥

५

एकही ब्रह्म सकल जग छायो।
देखत सब कोई चीन्हत नाहीं वेद विधाता
पार न पायो॥
जाको लीला अपरंपारी सोई-वृजराज कुमार कहायो।
रूप मोहनो नाम कन्हाई सुयश सकल लोकनमें
गायो॥
दीन-दयाल महासुखदाता भक्त हेत आकार प्रगटायो।
निशदिन ख्याल खुशाल करतहैं जाको ज्ञान
ध्यान लगायो॥

६

कौन ले गयोरी मेरी दधिकी मथनियाँ।
ढूंढ़न चली गोपी ग्वाल सङ्ग कैते जनियां।
जाय लख्यो नन्द-गृह यशोदाजोकी कनियां॥
कोमल वदन चरण कमल बाजें पैंजनियां।
कटि-किङ्कणी लसे नोंक नाकमें नथुनियां॥
सर्व्व जोत जात लख्यो पीत वसन तनियाँ।
रूप देख भूल गयो माँगोवे मथनियाँ॥

७

अँखियाँ बार बार तरसे बिन देखे बालम बाँका।
हाहारी मोकों या विरहा पीड़ित आय आतंका॥
दिन नहीं चैन सखो एको पल उठत इश्क और दाहे
दमंका।
हरूराम हरि परस बिन मिटत न चांप चमंका॥

८

तेरेने ताहो स्वरूप निगम नेत गावे।
भक्तन वस श्याम-सुन्दर देह धार आवे॥
योगी, मुनि, ज्ञानी, ध्यानी, सुपनें नहीं पावे।
नन्दघरनी पकरके बाँधके नचावे॥
गोपीजन प्रेम आतुर सङ्ग लिए डोले।
मुरलीमें नाद सुनि गृह तज बन डोले॥
सुश्रुति शास्त्र पुराण करतहैं विचारो।
परमानन्द प्रेम कथा सबनसों न्यारो॥

९

बस जो न करो ऐसेको नन्दके।
मानहु श्याम-भुवङ्ग डसी शशिवदन बिलोकी
हँसी मंदके॥
गोकुलकी सुध नेक नहीं दरसे दृग गोकुलके चन्दके।
धीर न धीर परे तनकों तनकों न संभार पढ़े छन्दके॥
यन्त्र मन्त्र कछु न लगे कुछ नहीं होत दिए बन्धके।
युगल सखी न करो न करो न परो न परो भकरे
फन्दके॥

१०

प्रीतकीरी यह रीत निराली है।
कोजाने वृजनवलसुन्दरीको नन्दलाल विहारीहै॥
कोजाने सरसतिय चढ़ीजे पतिके काज लाज तज-
डारी है।
प्रेम मगन जब भई पियासों जरी बरी भस्म भई
पिय प्यारी है॥
गूंगाकी गति गूंगे जाने क्या जाने कोउ वैद
अनारीहै।
युगल जानत बालकको वेदन कहा जाने कोउ
बांझ बिचारीहै॥

सिन्धु काफी—तिताला।

भजले राम सबेरा हो मन।
जनमत बढ़त घटत तन छिन छिन निशदिन होत
सबेरा हो मन०॥
अजहुँ न चेतत अन्ध भयो मूढ़ आगम होत अँधेरा।
धन परिवार काम न ऐहै होइहै कूंच जब डेराहो०॥
तब कहा करिहो प्रीतम प्यारे जब जम देहिहै तरेरा।
गावैं गूदर जब आन बजो शिर बसन चलो कुछ तेरा॥

२

जाके राम न लागे अन्तरहो।
वेद पुराण शास्त्र पढ़ पढ़ योग युगत सब जन्तर हो।
अबतें कह्यो समझाय सतगुरु भूल गयो सब
मंतरहो॥

पांच पचीस तीनकों मारि तब घर बैठो सतम्मरहो।
गावै सूदर गोविन्द गुरु वलिहारी साध सङ्गत कर
निरम्सरहो॥

३

मन मस्त भया तब क्यों बोले।
घटता था जब चढ़ा है तराजू पूरा भया तब क्यों तोले॥
हंसा पायो मानसरोवर मोती तज कङ्करको क्यों ले।
तेरा साँई है तू माही बाहर नैनाको खोले॥
इधर उधर काहे भटकत मनुवा कृष्ण भजन अनमोले।
सूर सागर नित भरोई रहतहै ताल तलैयामेंरे
क्यों डोले॥

४

कृष्णनमध निरतत वृषभानकी दुलारी।
वृजवनितन कियो साज, सङ्ग लिए कृष्णराज,
हिलमिल सब नाचत गावत पुहमो पग धारो।
भूषण बहुभांत कियो, शीश मुकट तिलक दियो,
उपमा छवि कौन कहे रवि शशि कोन न्यारो॥
बाँसुरीको सुनत बोल, चवदे भवन गयो डोल,
अज, महेश, शेष, शारद, गयो ध्यान हारो।
गोकलके धनहैं भाग, जनम कृष्ण लियो लाग,
गावत सूदर वेद चार कहत वारो वारो॥

५

भजले सीताराम अब तेरो दाव बन्यो है।
लख चौरासी भ्रम भ्रम आयो कबहुँ न पायो विश्राम
मात, पिता, दारा, सुत, बंधु, कोइ न आवें तेरे काम
चरणदास चरणनको चेरो राघोजी सारेगो तेरे काम॥

६

रामचन्द्र-पद भजवे लायक भजवे लायक सब सुख-
दायक।
अभय करण भव-तरण पोत ढिग युग युग साखी।
वेदके बायक॥
चिन्तत चरण सकल फल करत व्यापक सबहो
पाप नशायक।
सज्जनको रक्षाके कारण निशदिन लिए रहत
कर शायक॥
गौतमघरनि, गज, ग्राह, तारण शरण विभोषण
कपि जो सहायक।
सेवा अल्प मेरु सम मानत करुणासिन्धु अयोध्या-
नायक॥
शिव सनकादिक वेणुधरशारद शेष विमल यश
गायक।
जानकोरमण भक्तवत्सल हरि अग्रदास उर आनन्द-
दायक॥

७

कहां लग हरिको मैं करूं बड़ाई।
सोते सेज लात रिषि मारो उठे सँभार चरण लपटाई॥
कुलिश कठोर हिरदो अति मेरो कोमल चरणकमल
रिषिराई।
सेना सहित करत प्रभु अस्तुति प्रेम मगन नैनन
भरलाई॥
नैनासों प्रभु रहो निरखि मुख गदगद-कण्ठ वचन
नहीं आई।
युगलदास मुख कहत पुकारे भजहु गोपालप्रिया
सुखदाई॥

८

कैसेके बिलोऊं गहे रह्योरो मथनियां।
छोटे छोटे चरण छोटो भुज ननियां॥
वदनपे छींटे पड़ो शोभा अधिक बनियां।
हाथन हरिके कड़वा सोहै पायन पैजनियां॥
रूपके सुघर सुन्दर नाकमें नथुनियां॥
घूंघरू बन धावे हेलो ठुमक धरनियां।
टेखोरो अनोखो सखो वृजमें चिकनियां॥
सूरदास बलगई नन्दजूको रनियां।
वार फेर यशुमति पोवेहेरो पनियां॥

सिन्धु काफी ठुमरी—तिताला

मानहो जान कनै दोनारे बालमुवा।

परदेशीको प्रीत फूंसका तापनारे दिया करेजवा
काट तोजभो न आपना ॥
नदिया किनारे जुन्हरिया क्यों बोईरे, भुट्टा लेगया
चोर ठठेरवा यों खड़ा जान० ।
चाल जल बर जाय ताल नहीं टूटिहैरे
व्याहो खसम मरजाय यार नहीं छुटिहै ॥ जा० ॥

सिन्धु—तिताला

वंशी तान मानसों बजे ब्रृन्दावन मध रास करे ।
श्रवण सुनत सुर नर मुनि ध्यान टारे थकित धुनि
तीन लोक मोह लिए सुख-विलास आनन्द भरे ॥
सप्तसुर तीनग्राम इकईस मूर्च्छना उरप तिरप
लाग डाट धरे ।
कृष्णानन्द आनन्दमें सुन धुन ब्रह्मादिक मन हरे ॥

२

भवसागरके भटक फिरनमें प्रभुजी तुमको भूल रहो ।
काम, क्रोध, मद, लोभ,मोहके झकझोरनमें
भूल रहो ॥
वृथा कथा बकवाद विरहको इनसों मिलत फल रहो ।
तिहारे चरण शरण बिन ब्रजनिध योंही इत उत
डोल रहो ॥

३

लेखोरी भरि लोचन लाहु ।
सखी सयानी एक मिथिलापुरकी घर घर सीख
देत सब काहु ॥
ना फिर राम जनकपुर ऐहैं ना हम नगर अयोध्या
जाहु ।
दुइये दरस दुर्लभ दम्पतिको समझ फिर मन
पछताहु ॥
चाहिन करी टार दृष्टि औसर नारि पुरुष सबहीं न
निवाहु ।
मनहु कामना करि परिपूरण फिरि न होइ उर
अन्तर दाहु ॥
ब्रह्मा ईश सकल सुख राजत रामसिया कर
विदित बिवाहु ।

हरषे गगन सुमन सुर बरषे सकल भुवन भर रहा
उछाहु ॥
सुखसागर रघुवंश उजागर तिनहुं देख चकृत चाहु ।
तुलसीदास बड़ भाग वाहीको चितवत जात
जानकी-नाहु ॥

४

सदा वाहिमां वाहिमां शरण रामं ।
निर्विकार, निजानन्द, निरवधो विमोहन, निष्कामं
तनित अवध धामं ॥
अखिल, अखिलेश, अव्यक्त, व्यापक, वीरज, सर्व्वगति
सर्व्वरति, सर्व्वपालं ।
दीनपति, दयापाल, कदवननिशिचराकाल, काल
कालक कहियत करालं ॥
गुणी गुणवन्त, गुणपालं, गुणदायक, गुरुन-गुरु,
सर्व्वज्ञ ईश, ईशं ।
सच्चिदानन्द, सदरूप, संशय हरण, कोशलानन्द,
आनन्द भेशं ॥
देव देवादि जग-उदित पावन विरद रङ्गते राव
कोनो जेहो अधोनो ।
राम कीना प्रणत अवधपति नाथको आपना
जान मोहो शरण लोनो ॥

५

अलफ एक बहुरङ्गो सांई हरघटमें वाकी परछाई ।
जहां देखो तहां रूपहै न्यारा, ऐसाहै बहुरङ्गी प्यारा ॥

दोहा

वजहन कहै तो काहा कहै कहिवेकी नहीं बात ।
समुद्र समायो बून्दमें यह अचरज बड़ो दिखात ॥१॥
वे बिन गुरु भेद कोहु न पाया, धरतीसे आकाशलों
धापा ।
पहले प्रीत गुरूतें करे, प्रेम डगरमें पग तब धरे ॥

दोहा

बिन गुण गुरु वजहनजो कोई लेतहै वसन रङ्गाय ।
यह निजके तुम जानियो वह दोज घोरतें जाय ॥२॥
ते तब योग तेरा बन ऐहै अब बैरी बन दुविधा जहहै ।

वही तो मनमें कपटकी ठाटी, जहीं सब खेल
किया है माटी ॥

दोहा

जो मनकी महिमय छूटे, ओ तैंतेका बन्धे तार।
वजहन साहब अबही मिलत, नेक न लागी बार ॥३॥
से सावत होय ध्यान ज्यों लागी,
आपुही आप भरम सब भागी,
अजपा जाप तू जपरे भाई, छूट जाय दर्पणकी काई ॥

दोहा

वजहन कहत सो जाप कर, बैठ रहो ध्यान लगाय।
सुरत निरत वह राखिये, वृथा श्वांस नहिं जाय ॥४॥
जीम जुगतमें और बतेहा,
अब तोहै एकलाहै कहीं पैंहो।
अबही तो वा सङ्गो नहीं छूटे,
दिन दुपहर जिन पेड़े लूटे ॥

दोहा

कहने कों तो पांचहैं, औहैं वे पूरे तीस।
उनहींको कारण ना मिले, अबहोलों जगदीश ॥५॥
है हद भरया भूलहै तेरो, एक बात न माने मेरो,
अबलों तो ऐसा होय जाता।
ऊसे कोऊ भला मदमाता ॥

दोहा

कहा गईथी बुध तेरो, ओ कहां गया था चेत।
ऐसो काया पायके, जो हरिसे किया न हेत ॥६॥
खु खुविन्द क्या कहिहै प्यारे,
मूंद देख तो दशों दवारे,
सुन परिहै अनहदका बाजा,
परजातें होय जइहै राजा ॥

दोहा

सबे साज तनमें बजे, ओ ऐसे मचेहैं राग।
वजहन जाकों सुन परे, बड़ेहैं वाकेभाग ॥७॥
दाल दया मनमें जो राखे, प्रेमका रस कैसे ना चाखे,
बिन मद पिए होय मतवाला,
निशिवासर वो करे नजारा ॥

दोहा

झूंठे जगतमें आयके, करिए ना तू अभिमान।
दया धर्म्म ना छांड़िए, जबलों घटमें प्राण ॥८॥
जाल जोंक जबलों नहीं आवें,
तितनो चाहे कोउ मन भटकावे ॥
हिरदे लगे न प्रेमकी गांसो, कैसे मिलें कहो अविनाशो ॥
तेरे राजमें ऐसा खोला, जैसा कुछ मन सुरसों बोला,
सोसब सुने रहे तू कोरा, जान परत मथरे कोई चोरा ॥

दोहा

लाजकों काजर नैनन तू, क्यों नहिं डारे धोय।
वजहन कहत कैसे भला, दरसन पीको होय ॥९॥
जे जर देख जो भूला रहिये, सगरो वैस अकारथ जइहै।
प्रेम भट्ठाका मद पोव चाखा,
मिट जईहै सब मनका धोखा ॥

दोहा

वहांसे कहा कहि आया हथा, इहां किया क्या आय,
झूंठो माया देखके, एसा गया भुलाय ॥१०॥
सोन सहजका सोखले लटका,
काहेकों फिरत है इतउत भटका,
सोच न करहु अबहोंहै सबेरा,
त्रिकुटी कोटमें करदे डेरा ॥

दोहा

लाख जतन का जतनहै, वजहन दिया बताय।
जो सांई कृपा करे तो, सभी बात बन जाय ॥११॥
शोन शोर तनमें है जइका, अबहोलों न चीने बहोका,
दिन भर लिखा करत है पाटो,
सांझ भएतें दे सोवत टाटो ॥

दोहा

साहसे कुछ परचे नहीं, चोरनसे व्यवहार।,
वजहन कैसे देख तो, भूल रहा संसार ॥१२॥
स्वाद सबूरो साधकों चहिए,
कठिन परे काहूते न कहिए,
जासों समझि अपने मन माहीं,
होना वही जो चाहे सांई ॥

१३४

दोहा

आसन मारके बैठ रहो, मनमें रख तू धीर ।
साइके परताप तें, करदे हैं सब धीर ॥१३॥
ज़ाद जरूरत इतना कीजे, निशदिन नाम हरिका लीजे,
मैंतो मनमें यही विचारा, तब हुइहै तेरा निस्तारा ॥

दोहा

वजहन जगतमें आयके, जामें होय कुछ ज्ञान ।
हरिको नाम सुमरण करे, अलीसों राखे ध्यान॥१४॥
तोय तालिब तुइ कहांहै पूरा, प्रेमनगरका नाघे ना धूरा,
वहीके आगे औरहै चलना,
सहज नहीं साहबका मिलना ॥

दोहा

पीर नगरकों पहुंचके, नबी नगर कों जाय ।
ती वे वजहन घटहीके अन्दर, हरका गाम देखाय॥१५
ज़ीय जाहिर वतान है वही, वही वही सबही वही,
जेह अपने मनमें यह बूझा, हर हरमें हर वाकों सूझा

दोहा

प्रेमकी नदी गहरो बड़ी, भजी कोउ उतरो पार ।
आशिक औ माशूकमें, तब रहो कौन विचार ॥१६॥
एन इश्कका पेड़ा न्यारा, वहाँ दूजेका नहीं गुजारा,
शीश काटके हाथ जो धरे, तब दरशन वो पीके करे॥

दोहा

गली साँकरी बहोतहै, औ बैरीहै सब गाँम ।
ठोकर कुमत बचायके, सँभलके धरिये पाँव ॥१७॥
गैन गरूरने खेल बिगारा, देख पराण पीतम प्यारा,
औरइ बात न रहत है राजी, कैसा हारा जाता है बाजी।

दोहा

बाजीमें कही कहा रहा, अगले रखाहै दांव ।
बरजोरी जीता चाहतहै, साहबका जप नाम ॥१८॥
फ़फ़मान तलका ऐहै, कामुखले वर पियके जइहै,
वादिनका कुछ सोचन कीनें,
हरिका नाम कबहूं न लीनें ॥

दोहा

आगे कहे तो ना सुनें, अबहूं कहतहीं चेत ।
एकदिन फिर पछतायगो, चिड़ियां चुंग गई खेत॥१८

काफ़ कौल तेराहै झूंठा, ओन्यो ढङ्ग देखो तीन अनठा,
सुना किया साधनकी वाणी,
तेपर अबही लुभवा न ज्ञानी ॥

दोहा

जो मनका हीना भया, बहकी कौन कहै है बात ।
पहलेतो सोचत नहीं पाछेकों पछतात ॥२०॥
गाफ़ करम उन बड़ाहै कीना,
मानुष जनम ऐसाहै दीना,
आप छिपे और तोहै उघारा,
यहतो मनमें सोच गंवारा ॥

दोहा

वेइका बदला एकहै, सो मैं देऊं बताय ।
हरि हेरत तोय चाहिये, पहले आप हेराय ॥२१॥
लाम लोभको छाड़दे बातें,
मैं जो कही यह सीखले घातें,
असल ठगीहै पियसे जीउ तोरा,
चन्द्रको जैसे चाहे चकोरा ॥

दोहा

जीतू प्रेमके रङ्गमें, तन मन लेह रङ्गाय ।
पहलेही बोरमें देखिये, लोभ किधर धौं जाय ॥२२॥
मीम महोब्बत चहिये मनमें, घरमें रहे रहे चाह बनमें,
गले परी जब प्रेमकी फांसी,
कहांकी अयोध्या कहांकी काशी ॥

दोहा

जाके हिरदे लगतहै, वजहन प्रेमकी बाण ।
छूट जातहै सब टंटम्, औ भूल जात है ज्ञान ॥२३॥
नून नहीं ज्यो जाकों जगमें, आपही आप रमाहै सबमें,
हित चितसों सुनले यह बैना,
खुल जैहैं तोरे ध्यानके नैना ॥

दोहा

वजहन कहत मो बूझले, यही राख तुइ बूझ ।
एकदिन याही बूझतें, होय जइहै फिर सूझ ॥२४॥
वावही एक यारहै तेरा, तेहको गली किए न फेरा,
दुरजनधे सो मौत बनाए, ममझा ना मेरे समझाए ॥

दोहा

मैं जाना था चतुरहै, है तू बड़ा नदान।
कितनोउ समझावत रह्यो, एकउ कियो नकाम ॥२५
हे हादो ऐसा तू पाये, वाहते अपना चित न लगाए,
करिए हियसों वाहे अधिकारी,
देखिए क्या गति होय तिहारी ॥

दोहा

इहाँके हारि हारहै, और इहाँके जीत जीत।
बजहन कहत सो मानले, माहबसें कर पोत ॥२६॥
ए यारो हरसे जो करना, यह अचर हिरदे बिच धरना,
बनत बनत बन जैहै एसा, कोई दिनन मन सूरथ जैसा,
वजहन अचर ऐसे कहेहैं, साधनके हथियार।
बिरहाके मैदानमें, पतिके राखनहार ॥२७॥

इति श्रीवजहन साहब कृत अलफ़ वे सम्पूर्णम्।

सिन्धु भूलतानी—तिताला

रात कहो पिया कहाँ तुम जागे।
काहेकों हमसे छिपावत हो अब अन्ते नैन कहींहैं
लागे।
एसी निठुराई न चहिये वजहन और नहीं कुछ
कहतहों आगे ॥

भीमपलासी—तिताला

लागलो औशेर माए मोहि कब घर आवें पियरवा
मई देश।
बन बनवा डोरे डोरे करहुं जोगनियाका भेश ॥

सिन्धु भूलतानी—तिताला

पीयके मिल भईरे लोगवा ए पतिंगवा अजहूं न
आये सन्देशवा।
घरी पल छिन मोहै कल न पड़तहै वेग दरस
दीजो मोहि उन बिन रहे अन्देशवा ॥

२

मैं कैसे जानूरे काहूके मनको।
अपनी अपनी और निभालो वा क्याही जाने
काहूके मनको ॥

किन ठगीयाने मोहे ठगोरे डारो ठगोरी।
जानत नाही पहचानत नाहीं जोवना उमगसें
बोले मुरली धुन कोनी बोरी ॥

४

दोउ अटके नैन हमारे मनमोहन मुरली वालेसे।
लोक कहै तुम लाज करो क्यों न लगगई तब लाज
कहाँरे ॥
मदारङ्ग पिय सब गुण पूरे अनेक जतन करि हारे ॥

मलतानी—एकताला

आनके मिलामीवे दोस्ते दिलेयार
मजन मैं तो तेरो हाजर बन्दो तूनो मैंड़ा माई वेदो० ॥

२

मतवारो दारुड़ा पिवावे बरजोरीरे।
नहीं नहीं करके मैं जासों रहस रहस गरे लावैरे ॥

३

अँखियाँ तू काहूको न भईगे।
यहं प्रसिद्ध संसार कहानी कहत पुकार कहीरो ॥
कहिये कहा अँखीलो बरजी तोड़ गई नागरीदास
लाल गिरिधर कर मोमन बांध दईरो ॥

मलतानी काफ़ी—तिताला

मोरो गत रामजी चाहेरे।
तुम बिन मोकों कलनपरत है घर अँगना न
सोहावैरे ॥
कहा करों कछु वस नहीं मेरो रैन दिना नहीं भावैरे।
रूप रसिकसों यों जाय कहियो वेग दरस देखावैरे ॥

७

जप जपरे मन कालो अभय सञ्चीनो सञ्चीनो वानी।
त्रिपुर सुन्दरी श्यामा, विमला विमल जगजननी भवानी॥
प्रेमानन्दे भज तुमि भुल नारे मन जपरे जपरे।
तारा नाम शुभ नाम विष्णु पद भुलना
भुलनारे नारे नारे ॥

६

हेरा यार तेरे नैननमें आशिक क्यारे ढूंढे बन बनमें।
ज्यों कस्तूरी मृगमें बसतहै आशिक तेरे तनमें ॥

मायामें तू भूल्यो फिरतहै मत चूके साधनमें।
कृपानिधान तेरो गुण जावे ज्यों मुखड़ा दरपनमें॥

४

प्रभु-विमुखनकों मुख कबहुँ न देखाबो राम।
जाके सङ्गतें दुरमत पाप उपजे सपनेहु न दरस
दिखलावे राम॥

मूलतानी—धीमा तिताला

सदा फकीरांदी मानले तेरो मन माने सो कर हांवे
दिवाने।
हर बिन कोउ जग काम न आवे यह जिय तन मन
ठानले॥

मूलतानी—तिताला

जीन्द ठगीवे मियाँ यार नदाना नाल ठगी।
कीकरां बारी को समभ्भावो यारदे नाल मेंतो पगी॥

२

अब मोरे जियकी भटक गई।
चमकी जोत निर्गुणकी हियमें मनकी अंधेरी
सटक गई॥
सहज दृष्ट हमरी लागी और सबही शिर पटक गई।
ऐसी दया जो रहे कायमपर फिर सब जियकी
खटक गई॥

३

हरिकों न भजें नरतनकों पाय।
जिन युगन युगन कीनीहै सहाय॥
जिन ग्राहतें गज लीनो छुड़ाय।
दियो वसन द्रौपदीको बढ़ाय॥
दारिद्र सुदामाको दियो बहाई।
जेही बल विष पीगई मीराबाई॥
जिन गिरत गिरत प्रह्लाद राख।
हिरनाकुश मार्‍यो वेद साख॥
जिन दुरयोधनको त्यागी दाख।
झूंठे शिवरी फल हितसों चाख॥
जिन गीधे गति दीनी अपार।
गौतम-तिय तारी चरण धार॥
जिन दण्डकवनको हरो भार।
सब मार असुर किए सुर सुखार॥
जिन विधकी मति दीनी भुलाय।
थाके ब्रजके बच्छ दिए चुराय॥
जिन कालो दहसों नागनाथ।
किए निरत फनपे धर हाथ माथ॥
पूतना प्राण पीय पयके साथ।
कृष्णानन्द गए शरणनाथ॥

४

युगजीवन जग्यो ना हरि जानोरे।
एसेही इतउत दिन खोए तू कैसेहो चतुर सयानोरे॥
करले हित मीत मोहनसों का पीछे पछतानोरे।
जीवन धन सबही बन जैहे हरिके हाथ बिकानोरे॥

५

मोहन जानदे मोहे जलजानों।
रोकत टोकत बाटघाट मोहे कैसे भरूं में पानी॥
अचरा पकरत झकझोरहो नन्दको करत हों कानी।
सूरदास यह ब्रज कैसे बसों करतहों आनकी आनी॥

६

मेरे मन रामजी गोविन्द गावेरे।
सोवत जागत विहरत निशदिन हरि बिन कुछन
सोहावेरे॥
कहा करेगो लोभ काम क्रोध ज्ञान ध्यानकों जगावेरे।
कृष्ण रसिकके चरण कमल पर बार बार बलि जावेरे॥

७

मैं करोंगी अनन्द बधाए हो पिया घर आए।
सङ्ग लगावे सखी व सहेली हुवे सकल मन भाए॥
नितप्रति ख्याल खुशाल करोंगी श्यामसुन्दर
वर पाए हो।
आए उमड़ घुमड़ वरसनको हो बदरा धूम मचाएहो॥
बोलत मोर पपीहा पी पी कोयल शब्द सुनाए हो।
हरियाली द्रुमद्रुम वृन्दावन ख्याल खुशाल लोभाएहो॥

८

मेरे गिरधारीजीसों काहे लरी।
चलरी मैया मैं तोहे बताऊं जो मोसें झगरी।

मेरोरो गिरधर असुधन रोवे तू मुसकात खरो ॥
तू तरुणो गिरिधर मेरो वारो कंसके भुज पकरो।
सुन्दर-वदन नील-पट ओढ़े चञ्चल चपल अरो ॥
मेरोरो गिरिधर बन बन डोले हाथ लिए लकरो ॥
सूरदास या मारग ब्रजमें कहो कैसे निबरो ॥

इति मिश्र-काफी सम्पूर्णम्।

श्रीकृष्णाय नमः।

मूलतानी ठुमरी—तिताला

आज मोहन पाऊं सजनी जागूं सगरो रातहो।
बमनाके लावत सगुना मनावत कब घर आवे साँवल
लोने लोने गातहो ॥
पलङ्ग बिछाय आई, दियरा जगाय आई,
एक टक ठाड़ो चितवत बतियां जातहो।
प्रेमरङ्ग प्रभु सङ्ग रंगमां रगोंगो तन मन धन सब वारों
छिन पल युगसों मोहे न सोहातहो ॥

२

रामसुन्दर श्याम मोरे अखियन आगे डोलहुहो।
धावत चलत ठाड़े बैठत सुनत सुपने रसिक
हसनिया मुहवाँ मीठा बोलो बोलहुहो ॥
कवन भजन जोगनसों पाऊं पाऊं कवन करम मोरे
माया टटिया खोलहुहो।
बसत करेजवा हरे मोरे छैलो औ प्रेम रङ्ग
लागल जियरा रुप तप तोर नाम अमोलहुहो ॥

३

मोरी गली नहीं आवतरे।
घर घर फिरत रहत मनमोहन हमरा जिय
तरसावतरे ॥
अवर सखिनसों रसकी बतियाँ हमसों नजर
छिपावतरे।
जिन काजे मोहन बस कीनों उन्हीं मिले सुख
पावतरे ॥

प्रीत लगाय मोहि मारारे।
दिन नहिं चैन रैन नहिं निदिया कौन मन्त्र पढ़
डारारे ॥
जो कोई मानुष मिलके बिछुरे कैसे जीवे विचारारे।
जिन काजे मोहन बस कीना प्रेमको जोत अखाड़ारे॥

५

मैंतो अपने सइयाँ सङ्ग मातीरे।
भर भर प्याला देत अमीरस लटक चलत बहु भाँतीरे।
जो कोई वाको चरचा करि है मउत्र ना दिन रातीरे
गावे गूदर गुरु जिन मोहि लिख दीनो जो मोरे
जनम संघातीरे ॥

६

गइ कोई बाँह निबाहतरे।
चारों जुगमें साथ मोहि हैं नेक बड़ोंको चाहतरे ॥
कञ्चन काँच और झूठ सांच जग निरमल अनलके
डाहतरे।
गावे गूदर है पुरुष सोई जग सों हमड़के चित
चाहतरे ॥

७

कारोसा कामरो लेके कहाँ चल्योरे जोगिया।
कानन कुण्डल गले मृगछाला कवन नगरको
है तू भोगिया ॥
ऐसे नैना लगाय मुझे मारारे मोन मिरग बसकर
डारारे।
घायलको गत घायल जाने क्या जाने बेद बिचारारे॥

८

निबुला मैं तोर लाई मैं तोर लाई मलियाके बाग।
छोटे छोटे निबुला नरम कलियाँ देखले नाहीं मोहे
चोरिया लगाई ॥

९

गोरोया दिननको थोरो तैं मेरो मन मोहेरो।
गोरी गोरी बहियाँ हरो हरो चुरियाँ दाँतन मीसी
हाथन मेहंदी माथे टिकुलिया सोहेरो ॥

१३५

१०

साँवलाजोम्हो म्हें जान्यो थाँगे जान।
रतमानो परभातड़ो आया झूठा करोछो बखान॥
प्रगट पुकार करोछे काजरा पाक लोक अधरान।
इनमें झूठ नहीं तिलजा काँई रङ्गीला प्रीतमरो आन॥

११

कवन बचन बिलमावतरे ऊधो।
जे पद सेवत बीत कल्प युग सो कुब्जा उर लावतरे॥
जो सुख ब्रह्मलोकमें नाहीं सो कुबरी सुख पावतरे।
सगरे ब्रजको राज दियो है हमें लिख योग पठावतरे॥
जबते हरिमुख मोर तोर लियो है तबते भवन नहीं भावतरे।
गावे सूदर में कहि कहि याको सो बस कबहूं न आवतरे॥

मूलतानी—तिताला

तेरी गति अपरंपार।
अतिप्रचण्ड जिन रच्यो ब्रह्माण्ड आदज्योति निरञ्जन निराकार॥
जाको कोउ न पायो पाररे।
निगम गावे पार न पावे ब्रह्मा मुख उचरे॥
ध्यान धरे वाको पञ्चानन श्रीपति यश अति अभय भक्त दातार॥

२

मन रामकृष्ण रामकृष्ण ध्यावरे सोई।
महाजप कररे वे हरि प्रसन्न होवेंगे।
मन वच क्रममों याद कररे ध्यान करो भवपार परोरे।
प्यारेरे करुणा-सागर तिन पाल्यो सब संसाररे एसे मधुसूदन मुरारिरे॥

मूलतानी ठुमरी—तिताला

मोरो गल्लो पाँय फेर जाहो।
हथिया चढ़ कर आए मारे बालम लोक जाने उमरावहो॥

२

गई सगन हम जानोरे।
जो तुम रसिया बोला बाल्लो तुमई ते नारि सयानोहो॥

३

मैं गवने नहीं जैहौं राम।
जो गवनेको बात चलै है तापर टोना चलैहौं राम॥

मूलतानी—तिताला

बंसी बजाय जादू डारारे।
मुरलीको धुन सुन भइइं बावरो बस कियो प्राण हमारारे॥

२

कारोरे बदरिया राम कैसो उमड़ आई।
साँवनको ऋतु आई पिया मिलन धाई अरे बहे
पुरवैया मनभावन बिना सूना मन्दिरवाहा राम॥कैसो०

मूलतानी ठुमरी—तिताला

उमगो उमगो आवे गोरिया जियरा हमारहो।
काहा करूं कछु बस नहीं मेरो तन कारो मन पियरा हमारहो॥
छत्रानन्द रुकत नहीं रोके मोहलियो हंस हियरा हमारहो॥

२

परदेसिया मित्र हमारहो तोरे गरवा लागूंगो।
आधो आधो रतियां पिछले पहरवां सोय सोय मैं जागूंगो॥ तोरे०

३

कोई जाय कहो मेरे पोसोरे कोई।
तुम बिन माको कल न परत है आ मिलो अपने जीसोरे कोई॥

४

हरिजोसों मिलना कैसे होय।
पाँच पहर धंधेमें बीते तीन पहर गए सोय॥
बालपनो मैं खेल गमाया तरुणपनो नारी सङ्ग सोय।
वृद्ध भए चिन्ता बहु बाढ़ी गए जनम सब खोय॥

आगी पीछे नाहन चेत्यो मया-मोहमें गयो विलोय ।
मीरांके प्रभु गिरिधर भज ले हानो होय सो होय ॥

५

चेटक देदे मारा राम ।
जन्त्र मन्त्र जादू कारकै मन बस कियो हमारा राम॥

मूलतानी—तिताला

सुनड़ोनु आनकै जगाई म्हारा राम कौन हमारो बैरो
हों अपनी निंदियामें सोवत थो धर बहियां झमकाई
म्हारा राम को० ॥

२

यार सांवलिया लगजारे इन नैननपर ।
नैना तेरे बहुत रसीले नेक दरस देखाय मन पग जारे॥

३

मोरी गई रे नथुनियाको गुच्छ कुंवेपर भोर भई ।
नयारे कुम्रटवा नई पनिहारिन नयो जोबन नया रूप॥
नयारे दुलहा नईरी दुलहिन नयो नारिको नेह ॥

४

गई गईरे बलम तोरो सेजरे मोरो लाल मुंदरिया
नगीनेको ।
मुन्दरीकी मुन्दरो गई गई कंगनवाको कोलरे मोरो०॥

५

जाजारे बटोइया तोरो बाटरे में बहुत दुख पायो ।
जबते गए मोरो सुधह्न न लीनो सौतन कोनो बातरे ॥

६

मोहे चेटक देदे मारा राम ।
निसदिन मोकूं सुहावै न भावै कौन बिपतमें डारा
राम ।
आठ पहर लौ लागो क्या करे सागानन्द विचारा
राम ॥

७

नैन झरोखे लाग रहा दिल दोउ तेरेरे दोउ मेरे
राम ॥
सांवलो सूरत रस भरो अँखियां रैन भँवर रसवास
लहो० ।

कहाँ प्रभु बिलम रहे सारो रातो ।
अटपटो पाग जुलफ सिर उरझा अँखिया नींद
भरी रसमातो ॥
डगमगात पग धरत चलत मग सांट परो मन
कोमल गातो ।
रहत अवर कहुं कहत अवर कछु हमसों झूठ
हजारा बातो ॥
कहत हाँस हुज होत हमारो छबि तिहारो कछु
कहो न जातो ।
गावे गूदर मैं कहे कहे थाको यह सब करतब
तुमहिं सोहातो॥

९

अबतो सुनले बनके टेसुवा अब केह कारनते जनमो
कोनो ।
कहा पूछत हो वीर बगाट केन अधिक दुख दीन
अन्तर बठ मन मोरा बस कोन सुधह्न न लीनो ॥

१०

एसो कवन लगन लगाईरे भंवरू ।
मैंतो सुखमों माने नहीं पाइरे भंवरू ॥
रसटो गला तेरो कौन जाने ग्रोकरङ्ग वोही जाने
जाको नाम गबरू॥

११

मैं कैसे आऊंगी बैरन मोरो जागे ।
देखत है मोरो सास ननदिया मिलन न देहों
ग्रोकरङ्गसे कारहि चवाव।

१२

तेरे घंघटमें चकडार फिरे तेरे नैननमें चतुराई ।
नीको सुन्दर यहि चतुर नारिने बाट चलत आँखुलड़ाई
आनबान तेरा ग्रान ध्यान सबहो दुरस्त चलाके
ग्रोकरङ्ग यह रेख मिससो दो दाँतनको सफाई ।

१३

मेरे तेरे झगरेका कौन है काजी मेरा दिल तोसे
राजो तू मोसे राजो।

इन लोगनको मैं वारं तुमपर जो तू आशिक दिल
झगरावे श्रीकरङ्ग यह देख मिस्सोदो दांतनको
सफाई ॥

१४

एरी मैं तो न जानू थी नेहा यह कैसा होता जब
से हमपर दुख पया तबते यह गलां पहचानो।
लोक लाज मैं तो सुनी थी और काहूंसों कहोन
आय श्रीकरङ्ग दाव उसको जो बतावै उसका मै
तो गुण मानूंगो।

१५

थिर ठेठे हारो तैंने न जानो सार हमारोरे।
नित दम तेंनु ए गंवार देदे गारोरे ॥
हितसों बिसारी मोहे चितसों बिसारी नीको काम
कछु नहीं कीनो श्रीकरङ्ग यही सोच बीच रैन
गुजारो ॥

१६

तैंने मनलेके मन मेरो कहा कीनोरे।
एक मैंने मन लेके और काहूको न दीनोरे ॥
मन भी लीनो तन भी लीनो श्रम रङ्ग पियामें एक
हम बाकी रहो सो भी मेरो छीनोरे।

१७

तेड़ा दिल तैनु चाहदाहै दा यारवे टुक मुखडा
वेखलाजा दिल मेड़ाते
दूर दूर जांदा वारो नेड़े नहो आंदा और सङ्ग
रहांदा तैड़ा प्यार ॥

१८

खबर नहिं पाई प्यारेरे।
जबके गए भए चार्हाके जीवन प्राण हमारे ॥

१९

कोऊ आन मिलावो पीउरेको।
वारिरे सनैया मोरी जनम संघाति आन मिलावो
मोरे जीउरेको ॥

२०

नित नालो तैड़े बलिहारो तैनु नालदाड़े देके ता
हाजिहा मेड़ानो
शाह हुसैन मैड़े वागो आया देख जवा पसन्द
पाया नेहड़ानो ॥

२१

मैंतो तेड़ो बंदिया मियां तू नहीं पुछदा मेड़ा हाल।
चोंचकदे घर धोयानो बनाया कीहु इयां होरदे नाल ॥

२२

सलोना टोना कर गयोरी आली मदन मोहन
घनश्याम।
श्याम सलोना रूप रिझौना मोहत कोटिकाम ॥
निशदिन रहत बिसूरत मनमें भूलो तन धन धाम।
कृष्णानन्द भयो चितचेरो रटति रहत नित नाम ॥

२३

मनतू राम नाम सुमरोरे सबही पाप नसाय।
वा दिन तेरो कोई नहींरे आखर राम सहाय ॥

२४

रब नाल नेंह लगा फकीरोदोउ नजु रखा बिनु
इूर नहीं दिसदा।
रहत ध्यान ध्यान हरदम उसदा तजा संसार त्रिखदा।

२५

समधन हम तेरे हारेंगे नवलखा हार।
अपनो उमंगसे करावन लागी घरको कार ॥

२६

अबतो बाबुल मोरे मैं तारे ढिगवा बैठ रहूंगो।
जो कोई हमसों एक कहेगा मैंवो लाख कहूंगो ॥

२७

अति धूमधाम अरे बनमालिया बंसी बजायरो।
सब सुरन अतिजोर प्रेमरस फुकत मन्त्र पढ़डारो ॥

२८

पातिगवा मोरी पतियांले जावो मोरे पियके पासुरे।
पिया दिकरण मोहि चैन न आवै तिहारे मिलनको
रहत मोहे आसुरे ॥

२९

काहू मनमें ठानो मेवारोयांको राज महाने बतलावो।
वाका मारहा राजदुलारा सङ्ग अजीज दोन धरज
करे रोत पीत अच्छो थांको ॥

३०

बांधु डोरियां मेरी नौलासी बनो तेरो वर आवेंगे।
डोरा जो तेरा पाटका सोहे ज्यों गोरे हाथ किम
यह सुहागण लगाइया तेरे झुलवेको बहार॥

३१

देवरा छोटल माई आप छोटल और मइसन
करे ठठोलियां।
वरओ एसा नहीं कैसे नहीं माने देख उनको
सुभाउरे मैंतो उनसन कछु न कहा हमहुं देहों
गारियां॥

३२

आसन बासन पास न गइलो लोगवा धरइ मोहि नाम
कहा करूं कित जाऊं मोरी सजनी छांड़ देहों
यह गाम॥

३३

जोगी तेरारे मरम नहिं पायारे।
कानन कुण्डल गल बिच शेली घर घर अलख
जगायारे॥

३४

माई पिया काहे न बोलत हैं अब मोसों क्यों दे
सोयो पीठ।
किनरे तिया जिन तुम बिलमाए किनरे लगाई दीठ॥

३५

अरे मन भूला भूला कहांरे आदि अन्त वहो वहो।
जित तित इत उत नित चित रम रह्या राम रमैया
है सही॥

३६

जनम जनमको फल पायो मैं आज पियाके मिलनतें।
सुनरी सजनी आज मेरे दुख दारिद्र गए तनतें॥

३७

लागलो औसेर माए मोहे कब घर आवें पियरवा
वाही देश।
वन बनवा डोलूं ए करहुं जोगनियाको भेश॥

१३६

सजन विदेश गए मोरी खोज न पतियां ले आवहुरे।
सो मोरी०।
पार भी गङ्गा पार भी जमुना बिच बालमुवाका
घरबाहुरे॥

३९

माही वाला दिल लै जांदावे कोकवां साड़ा मन भांदावे।
आधी रतियाँ पहरदा तड़का भोरहि आण जगांदावे॥

४०

रसना नाथ नाथ कहि बोल।
काहे मन बकवाद करत है क्षण क्षण काह डोल॥

४१

छाँड़ दे कान्हर मैं गारी दूंगी।
एक तो सहूंगी दूजो न सहूंगी तीजो बुरो मोरी सास
ननदिया बहुरि फिर आऊंगी॥

४२

बंगलवा थारो देश छाँड़ गयोरे परदेशवा।
तुम बिन मइकं कल न परत है कैसेके रैन विहाय॥
आठ पहर चौंसठ घड़ी करहों जोगण भेश धाय॥

४३

नेक नहीं परदापोसोरो मा कैसे निभहै नेह
जनाबनरो।
छांड़ दीतीवे तेट़ी सब जगदी रीत ब्रजको लोग
लुगाई बनाबनरो॥

४४

मुड़ आमो साड़ड़े कोलवे इस दुनियांदा देख तमासा।
इस दुनिया बिच एसाइ दिसदा जोवनेदा धोखा
मरनेदा सांसा॥

४५

बावरी नारि सो मेरो मन ले गई।
करके सिंगार ठाड़ो भई है बिरहा कामको चोट॥
नैनन नीर बहन लागी ठाड़ी खड़ो मोसों होट।
बिरह बिथा भई मेंपर ठाढ़ी देहलीदी चोट॥

४६

दारातिले तदारे तनदिर दानो दोम तनना द्रद्र
तुद्रद्रद्रद्र तदरे द्रद्र दानो ।
बसूरते तबते कामतरो करो खुदा तोराकसोद बदर
सकला मसोद ॥

४७

दानो दोम तनन तन दिरना तन दिरना दिरना दोमतन् ।
दानो उदतन उद तननन तना दानो दारादोम् दोम
तननन तिलातुं द्रतदारे तददानो ॥

४८

अबतो सुनले बनकरे सुवा अब तो केह कारण
तेजरवो कोन ।
कहा पूंछतहो बोर बटाहो केल अधिक दुख दोन ॥
अन्तर बेठ मन मोरा बम कोनो सुधङ्ग न लोन ॥

४९

उदन दोमतनन तनदिरना तनना तनना नित तनन
नारे नित ननारे नारे ।
तनतुं मितनन नितननुं मतननित तनन नारे ॥

५०

बाजो बाजोरे मोहन तेरो बांसुरो ।
सप्तसुरन और तोनग्रामसों गावत राग धनासिरो ॥
श्रवण सुनत सुध रहत न तनको उठत हूक
जेसे पांसुरो ।
जानकोदास मिलहु हरि प्रियसो काज वागे
क्यों न हांसुरो ॥

५१

मैंतो तुमपर वारोरो मुरारोजो पतिनपावन
प्रभु करुणासिन्धु ।
गृधिका गोध अजामिल हस्तो गौतम-नारि-शिला
तारोजो ॥
तारे पतित अनेक एक तुम अधम-उधारण हो
व्रतधारोजो ।
जानकोदास पतित शरण आयो अबकी बार
हमारी बनवारोजो ॥

५२

जा जारे भंवरा दूर दूर ।
तेरोही भङ्ग रङ्ग है उनको उन मेरो मन कियो
चूर चूर ॥
जब लग तरुण फल महकत है तब लग रहत
हजूर जूर ।
सूरश्याम हरि मतलबो मधुकर लेत कलिन-रस
घूर घूर ॥

५३

तमाशा अजब नगरका देख ।
पांच पचोस जात बसे जामें राजा भेष अलेख ॥
राजा इसमें है सबलायक जिसमें मोन न मेख ।
जानकोदास लिखा गुरु गमसो आतम सुख विसेख ॥

५४

बेदरदो महबूब हांदेवे सङ्गसे भो दिल मलाइना देवे ।
जानकोदास जा इन बस परदे तन मन धन सब
खोंदि रोंदे बे ॥

५५

अंजनोनन्दन बुध बलदाई ।
अरुण वरणतन रविका किरण मानो तेजपुञ्ज
अधिकाई ॥
गति मति अति त्रिभुवनपति निरखत निज सुख
करत बड़ाई ॥
हठके हठोले तोड़े वज्रके कोले जानकोदासके सहाई ॥

५६

ठाढ़ो ठाढ़ोरे कदमको छंयां ।
होमैं ठाड़ो देखों अपनी पवरसों तू जो कहतो
नहिंयां ॥
अब कैसे धोर धरों मोरो सजनो रहो न जात घर
मझियां ।
प्राणपियासों मिलहों निडर ह्वै डार प्रोतम
गलबहियां ॥

५७

समझत नहीं मूरख मदान प्यारे दिन दोयका इतना गुमान।
राजकाज समाज सकल सुजान सुपन समान ॥
सुर नर मुनि छत्रपति गति गरद भए मशान।
जानकीदास विलास करि हरि आपहो भगवान ॥

५८

राम रंगीला बना जनकनन्दिनी बनी।
निरखत चन्द वदन चकोर ज्यों सब नरनारी घनी ॥
आनंद भयोरे जनक दशरथ नृप हरषित भए मिथिलापुरधनी।
गावोरी मिल लछनदास सब यह भली बात बनी ॥

५९

दरस माहि दीजे श्रीरघुबीर।
दास जानके करुना कीजे धरा जात नहिं धीर।
वा दिनको कुछ सुरत करो जब बढ़ो द्रौपदी चीर ॥
जगन्नाथको बार सांवरे काहे भए बेपीर ॥

६०

अब मोरी राखो लाज मुरारी।
सङ्कटमें एक सङ्कट उपजो कहे मरगसो नारी ॥
और कछू हम जानत नाहीं आए शरण तिहारी ॥
उलट पवन जब बाबर जरियो स्वान चल्यो गिर झारी॥
नाचन कूदन मृगनी लागी चरनकमलपर वारी।
सूर श्याम प्रभु अवगत लीला आपहि आप संवारी ॥

६१

हमरी तुमकूं लाज हरी।
जानत हौ प्रभु अन्तरयामी जो जिय मांह परी ॥
कहत और कुछ और कमायो प्रभुजीसे ठगिन करी।
अत परपञ्च मोट बाँधिके अपने सीस धरी ॥
अपनो औगुण कहालों बखानो पल पल घरी घरी।
सुत बनिता संग मोह लियो है सुध बुध सब बिसरी॥
खीजे पार उतार दीनबंधु अब मोरी नाव भरी।
कहै नानक बिरद तिहारो वाही ओट पकरी ॥

६२

जीवनको जिन्दगीको व्योहार।
माता पिता भाई सुत बन्धू और पुन ग्रहको नार ॥
देस कोस पुर ग्राम नगर किये जहाँ तहाँ सुख प्यार।
अन्त समै कोउ काम न आवै त्यागे प्रेत पुकार ॥
अबहूं चेत मूंढ़ तू मनमें करले सोच विचार।
कृष्णानन्द भजहि राधावर सिखवत बारंबार ॥

मियां धनाश्री

ठगियारे अरे हरि सब कह डार ठगोरी एँहा सबको कलन परत सब निस जनिया।
ए धन दिल्ली धन तुम्हरा ख्वाजे कुनबदीन बर पाया ॥
मेरे जान यारे करतार तोको सुहाग भाग बढ़ाया ॥

२

अब तो नेह नजर हो राखो ये बने प्यारे।
तुम्हारी दयाते जग जीवन नित महम्मद सा रंगीले लाल सबको सुख देन नयारे ॥

३

सइयो मैनु सुमकल होया आक्षण विछा भेकातण।
मित प्यारे बल नित चक्खा ना रहमण हाल न जाण दियां साथण ॥

४

वेसाड़ा हाल रबनु मालम काइ आखे मैनु कमली हुई कोइ आखे मजन आलम ॥

५

आजको दिन शुभदिन मेरे लेखेरो आलो जी बन बन आएरी लाल मेरे मन्दिर।
बिधाना तोपे एसा मांगत हो एसो मेह बरसे जी हारेला घरते बहार न जाय श्यामसुन्दर ॥

६

आरे बरमणारे मोरेरे पियाको खबर सुनावो सगुन बिचार।
पोथी बाँचो मोतो वारो दछना देहों रतन मन भर थार ॥

तैंडे देखणदा दीवाना सचा साईं तुसी करदा
बेपरवाही मियां शोणा ।
तू बी सभा बाग उसदे नाल गुमानी मियां तैंड़े
जोबन सांड़ा मनभाणा ॥

मूलतानी—तिताला

आशक मारा पढ़ावे जालम तेरो गरम निगाहकी
अदाका ।
सीता बखबर ले एती पर मेरी पूछत नहिँयां
सुना जाहेहाल सदारङ्ग गदाका ॥

२

साधो मनका मान त्यागो ।
कामक्रोध सङ्गत दुरजनकी तातें अहनिश भागो ॥
सुखदुख दोनों समकर जानो और मान अपमाना ।
हरष शोकतें रहें अतीता तिन जग तत्त पहँचाना ॥
अस्तुत निन्दा दोऊ त्यागो खोजो पदनिर्वाना ।
जन-नानक यह खेला कठन है किनहूं गुरुमुख जाना ॥

३

साधो रचना राम बनाइ गए एक बिनसे एक
अस्थिर माने अचरज लिख नहिं जाई ।
काम क्रोध मोह बस प्राणी हरि मूरत बिसराई ॥
झूठा तन साचा कर जाने ज्यों बादरकी छाई ।
जन-नानक जानो जग मिथ्या रहो राम शरण लाई ॥

४

साधो यह मन गह्यो न जाई चञ्चल तस्ना सङ्ग
बसत है यातें थिर न रहाई ।
कठन क्रोध घटहीके भीतर जेहि सुध सब बिसराई ॥
रतन ग्यान सबको हरि लीनो ताको कुछ न बिसाई ।
जोगी जतन करत सब हारे गुनी गुन गाई ॥
जन-नानक हरि भए दयाल तो सब बिधि बन जाई ॥

५

कोउ माइ भलो मन समझावे ।
वेद पुरान साधसंग सुनि कर निमिख न हरिगुण गावे ॥
दुर्लभ देह पाय मानुषको बिरथा जनम गंवावे ।
माया मोह महासङ्कट बन तासों रुचि उपजावे ॥
अन्तर बाहर सदासङ्ग प्रभु तासों नेह न लावे ।
नानक मुकत ताह तुम मानो जेहि घट राम समावे ॥

६

मनरे कहा भयो तू बौरा ।
अहनिश औध घटे नहीं जानत भयो लोभ सँग हौरा ॥
जो तन ते अपनो कर मान्यो अरु सुन्दर ग्रहनार ।
इनमें कुछ तेरोरे नाहीं देखो सोच बिचार ॥
रतन जतन अपनेते हार्‍यो गोविन्द गत नहीं जानी ॥
निमष न प्रेम भयो चरनन सों बिरथा अवध बिसरानी ।
कहै नानक सोई नर सुखिया राम नाम गुण गावे ॥
और सकल जग माया मोह्या निर्भय पद नहिं पावे ।

७

साधो गोविंदके गुण गावो ।
मानुष जनम अमोलख पायो बिरथा काहे गंवावो ॥
पतित पुनीत दीनबन्धु हरि शरण ताह तुम आवो ।
गजको त्रास मिट्यो तिहि सुमरन तुम काहे
बिसरावो ॥
तज अभिमान मोह माया पुनि भजन राम चितलावो
नानक कहत मुक्तपन्थ यह गुरुमुख हो तुम पावो ॥

८

भूल्यो मन माया उरझाय कैसेके समझाऊं राम ।
जो जो करम कियो लालच बस आपतें आप
बंधायो राम ॥
संग स्वामीसों जान्यों नाहीं वन खोजनको धायो ।
रतन राम घट हीके भितर ताको ग्यान न पायो ॥
नानक प्रभु भगवन्त भजन बिनु बिरथा जनम गँवायो ॥

९

कहीं कहा अपनी अधमाई ।
उरझो रह्यो कनक कामिनि रस नहिं कीरत
प्रभु गाई ॥

जग झूठेकों साँचा जानके तैसोउ रूप उपजाई।
दीनबन्धुको सुमरन करले सदा होत सहाई॥
मगन रही मायामें निशिदिन छूटो न मनको काई।
कहै नानक अब नाहीं अनतगति बिन हरिको
शरणाई॥

१०

रेनर यह सांचो जिय धारे।
सकल जगतहै जैसे सुपना बिनसत लगत न बार॥
बालूभीत बनाय रचपच रहत नहीं दिनचार।
तैसोही यह सुख मायाको उरझ रहेरो गँवार॥
जहं समझ कछु बिगर गयो नाभजले नाम मुरारि।
कहै नानक निज मति साधनको भाष्यो ताहि पुकार॥

११

जो नर दुखमें दुख नहीं माना।
सुख सनेह अरु भय नहि जाके कञ्चन माटो जाना॥
नाहीं निन्दा अस्तुति जाके लाभ मोह अभिमाना।
हरष शोकते रहै अतीता नाहिन मान अपमाना॥
काम क्रोध और लोभ मोहते जामें नाहीं रहै छाना।
नानक हरियश गावो निशदिन करले गुरुके ध्याना॥

यह जग मीत न देख्यो कोई
सकल जगत अपने सुख लाग्यो दुखमें सङ्ग न होई॥
दारा मीत पूत सम्बन्धी सगरे धनसे लागे।
जबहीं निरधन देख्यो नरको सङ्ग छांड़ि सब भागे॥
कहां कहा यह नर बौरेको इनमों नेह लगायो।
दीनानाथ सकल भयभञ्जन यश ताको बिसरायो॥
स्वान पूंछ जो होय न सूधो जतन बहुत मैं कीनो।
नानक लाज बिरदकी राखो नाम तिहारो लीनो॥

मूलतानी—आड़ा चौताला

अबही तुम करमें दर्पण ले देखहु प्यारे पाछे और
कोउ जाय
वाहीके जावो जाके रंग रात हो आय॥
सुकरत काहे बलमाहो भला गुण मानो जो
लुका लुकात सो हम पाय।

१३७

रूपक व्यान तिताला

लालको लगन कैसे छूटे॥
लाख जतन कर मन समझाऊं पै बालपनकी
प्रीत लगी कैसे खूटे।
कृष्णरसिक नेंक न मानत बरबस हिल मिल जूटे॥

मूलतानी—तिताला

साधो भाई सोई साधु परवाना।
हरिको भजन हरिको माला हरि हरि हरि लवलीना॥

२

मिल लोनो मेंड़ो महेलड़ियां असीसा हरड़े घर जावों।
अम्मा सानुदाज रंगाये एक चोलो एक चुन्नो
गबरू साड़े लेने आये अखियां भर भर रुन्नो॥

३

हम देखोलो लालन संग जातोरे।
सुरंग चुनरिया जरद किनरिया यह जोबन
मदमातोरे॥

४

हरवा गरवा डारोंगी मा जो पाय आवे मोरे मँदिरवा।
चतुर सुघर बालमवा मोरे कवन देश रहिनवा।
सदारङ्ग कोई आन मिलावे उनके परसु चरणवा॥

५

रब खेवा लगामा पारवे आजम निपट गरीबाँदा।
ताड़े महरदो में कोगल्ल आँखों तू सांई मालम सत्तारवे॥

६

सगरी रतियाँ जागलो मा पियके सङ्ग में पागलो।
जागलो जागलो जागलोमा०॥
रैन दिना रुदके कल न महरबान पलकनसों
पलक न लागलोमा०॥

७

राज मितवा बालम मोरारे।
अपने सइयांको मैं सपनेमें देखो लाग कहं माहि बोरारे॥

मूलतानी—तान मल्हार

मोपे कान्हुड़ाने गाढ़ो रङ्ग मा डारे मोपे
कान्हड़ाने गाढ़ो रङ्ग डारोरे।
कहत सकतइं एरी सखी मापे गा०॥

मुलतानी—तिताला

माईरो अचरज यह जग जीवणा।
रसभरो मूरत रँग वरसाइलो अमृत पियाला
भर पीवणा॥

२

प्रभुजी मैंने एकही तुमकूँ जाना।
और जग नाहीं पहिचाना॥
तुमही आदि अन्तही तुमही तुमहीतें सब प्रगटाना।
जीव जन्तु पशु पन्नग सुर नर तुमही अँतर मनमाना।
कृष्णानन्द हरि सर्व भूतनमें ब्रह्मरूप ह्वै समाना॥

३

प्रभु में कछु नाहिं दोष बिचारो।
हौं तो आयो शरण तुम्हारो अपनो विरद हरि पारो॥
ना मोमें ज्ञान ध्यान ना सुमरण अज्ञान फिरत
मतवारो।
कृष्णानन्द एक भरोसो चरणको भवसागर पार
उतारो॥

(अथ ऊधोजीको विदा बद्रिकाश्रमसे)

केदारो—तिताला

तुमारो बचन न मेट्यो जाई।
परमनाथ कृपाल परम-सुजान जादोराई॥
कहत पठवन बद्रिकाश्रम गूढ़ ज्ञान सिखाई।
सकुचि साहस करत सनपं चलत परत न पाई॥
पताकाकि दण्ड जोतन लियो सङ्ग लगाई।
कहा करहि चित चरण सम्मुख बसन पवन नसाई॥
मेरे हिया विरदयके गुण कठिन सकल सुभाई।
सूर सूखे वचन सुनि सुनि हियो खण्डन थाई॥

२

करुणा-सिन्धु कृपाल हरिसों हौं कहा कहौं।
प्रभु अन्तरयामी जानत सब यह सुनि सोचि रहौं॥
आयसु देत साहु बद्रीबन कह्यो सो कियो चहौं।
बिनु मन बुद्धि जड़ देह दयानिध कैसे ले निबहौं॥
समुझि आपनो करणी गुसाँई काहे न सूल सहौं।
मैं यहि ज्ञान छला ब्रजयुवती कियो सो क्यों न लहौं॥
प्रगट पाप तन ताप सूर प्रभु काहे पर हठहि गहौं।
अब उर सोच विवेक अनल भरि विरह बियाकों दहौं॥

(प्रभासलीला उपरान्त अर्जुन द्वारकासे हस्तिनापुर आये)

मुलतानी—तिताला

हरि बिन को पूरे मेरा स्वारथ।
मोड़त हाथ शीश कर पटकत रुदन करत नृपपारथ॥
थाके हस्त चरण गति थाको अरु थाके पुरुषारथ।
पांच बान शङ्करके दीने ते पुनि गये अकारथ॥
जाके सङ्ग सेतु बँध कीनो अरु जीत्याहौ भारथ।
चलि नहिं सकत सूरके प्रभु बिन घट नहिं प्राण
पदारथ॥

धनाश्री—तिताला

कहांलों गनं गुण कान्ह तुम्हारे।
कृपा करी पाँचो पाण्डवपे जहां तहां सब काज संवारे॥
कालकूट लाखागृह राखे पन्नग गये उबारे॥
गेह बेधपन करा प्रगट करि गुपतहोसों रिपु मारे।
करखत सभा द्रुपदतनयाको अम्बर आपु सवारे॥
कौरव कंस संघारि दियो सुखये सब काज तिहारे।
असुर जाति नृप किये आप बस पारथके रखवारे॥
भारतसिन्धु कृपावो हित करि खेइत पार उतारे।
सूरदास कुन्ती यश बरणत हरि मतलोक सिधारे॥

(ध्रुवको माताकी शिक्षा)

राग नट—तिताला

रे सुत बिन गोविन्द कोउ नाहीं।
तुव दुख दूर करन कारणको ये विधि निधि
सब चाहों।
शिव विरञ्चि सर नाग मनुज मुनि तिनहूँको
गति मन अवगाहो॥
जगतपिता जगदीश शरण बिनु अनथ अनाथ
न कहुं समांही।
और उपाय सोधि सब देखे तृणसो अगन
मेघकी छांही॥

सूरदास भगवन्त भजन बिन कोटि करहु तो
दुःख न जांहो।

२

ध्रुव ने छ मास तपस्या कीनी।
वासुदेव भगवन्त नमो नमो वह कहि कहि रसना
रंगभीनो ॥
शुष्क पत्र तरुवरके खाये जल औरपवन भच्छ प्रण लीनो
सखि नारद मुनि उपदेश दियोहै गुह्यज्ञान
मन लयो प्रवीनो ॥
निशदिन हरिको ध्यान धर्यो दृढ़ तत्त्वध्यान
हृदयमें चीनो।
सूरश्याम प्रभु शीघ्र प्रसन्न भये अचल राजहरि
ध्रुवको दीनो ॥

धनाश्री—तिताला

यशोदा लरकाकों समझावो।
द्वार तीर औ बहियां मरोरत जमुना जल भरन
न पावो ॥
कांकर मारत जलहो डारत तिरछे नैन नचावो।
कृष्णानन्द प्रभु ढीठ लँगरवा पूत अनोखो पावो ॥

२

मेरो माई साँवरोसों मन मान्यो।
और नहीं जगमें मोहि प्यारो ज्यों सोना सोहागहो
सान्यो ॥
लोकलाज कुलकान तजी मैं जबतें भनक परी कान्यो।
दीनदयाल कृष्ण रसिकहै वेद पुराण बख्यान्यो ॥

३

यशोदा चञ्चल तेरो पूत।
आनन्दो व्रज भीतर डोलत करत अटपटे सूत ॥
दही दूध घृत ले आगे करि जहाँ जहा धरों दुराई।
अँधियारे घर कोउ न जाने तहाँ पहिले हो धाई ॥
गोरसके सब भाजन फोरे माखन खाइ चोराई।
लरिकनके कर कान मरोरे तहाँते चले कवाई ॥
बांटि देत है बनचरनिकों कौतुक करे विनोद
विचारो।
परमानन्द प्रभु गोपीवल्लभ भावे मदनमुरारि ॥

ठाढ़ो बूझति नैन विशालैं।
ताहि यशोदा सिखवन लागी त्रिभुवन गुरु गोपालैं ॥
बलि लेउं कत घरजात पराए दूध दहीको चोरो।
ऐसोइ ग्वालि कहति है मोसों माट दहीको फोरो ॥
जिनि पतिया तू इनकी बातें युवती सुभाव न जाई।
जो हम पांच करें काहूकी बाबा नन्द दुहाई ॥
खेलत हुते जहाँ रङ्ग अपने झूंठे दोष लगावें।
परमानन्द दास यह बूझै कौन बात जिय भावे ॥

५

विहरत वृन्दावन गोविन्द।
गोपमण्डली मध्य विराजत श्याम-मनोहर
पूरणचन्द ॥
बरहा पीड़ दाम गुञ्जामणि पीत करनिका श्रवण
बिराजनो।
लोचन लोल कपोल मच्छिकन सुन्दर वेणु मधुर
धुनि बाजनो ॥
गावत नाचत आनंद मूरत नटवरगति नाना रसरूप।
बरणत गोपी पावन लीला गाए भेष परमानंदरूप ॥

६

बने विशाल कँवलदलनैन।
तामें अति चारु विलोकनि गूढ़ भाव सुचित अलिसैन।
वदनसरोज निकट कुञ्चित आलक मधुर मनोहर बैन ॥
मदन नृपतिको देश महामद बुद्धिबल बसि न
सकत उर चैन।
सूरदास प्रभु दूत दिनहि दिन पठवत कपट
चुनौती दैन ॥

७

नैना मानत नाहीं बरजों।
इनके लिए सखी सुनि मेरी बाहिर रहत न बरजों ॥
यद्यपि मात पिता पति त्रासत तऊ न मानत हरजों।
हों आधान भई सङ्ग डोलत पर्यो पराये कर जों ॥
बिन देखे चटपटोसी लागत मानहु मूंड परो परजों।
को पावै मेरे सुनहु धो सूरश्यामसों बरजों ॥

बनी बन आवत मदनगोपाल ।
नृत्यत हंसत हंसावत किलकत सङ्ग मुदित व्रजबाल ॥
वेणु मुरज उपचंग चङ्ग मुख चलत विविध सुरताल ।
बाज अनेक वेणु रवसों मिलि रणित किङ्किणी जाल ॥
यमुनातटके निकट वंशीवट मन्दसमीर सुढाल ।
राका रजनी विमल शरद शशि क्रीड़त नंदको लाल ॥
श्याम सघनतन कनक पीत-पट उर लम्बित वनमाल
परमानन्द प्रभु रसिक-शिरोमणि चञ्चल-नैन विशाल ।

लाल आज खेलत सुरंग खेलौना ।
कामशब्द उघटत है पपिहा बङ्गो मधुर मिलौना ॥
प्रेम घुमेंड़ लेत हैं फिरकी भ्रमना मन हुसलौना ।
चट्टाबट्टा चौंकत चकई छितज़ मवक्की करौना ॥
भुमिरि भूमि भुकि बाट देखत हथ बङ्गी मनुज फिरौना ।
परमानन्द ध्यान भक्तनको सब व्रजकेर निरौना ॥

विकल व्रजनाथ-वियोगिनी नारि ।
हा हा नाथ अनाथ करहु जिनि बोलत बांह पसारि ॥
हरिके लाड़ गई जीवनके सका न वचन संभारि ।
जनियत है अपराध हमारो नहीं कुछ दोष मुरारि ॥
ढूंढ़ति बाट घाट गिरिगह्वर उरझि नैन जलधारि ।
सूरदास अभिमान देहके बैठी सर्वस हारि ॥

११

यशोदा तेरो भलो हियो है माई ।
कमल-नैन माखनके कारण बांध्यो उखल लाई ॥
जो सम्पदा देव-मुनि-दुर्लभ सपने न देत देखाई ।
याहीते तूं गर्व भुलानी घर बैठे निधि पाई ॥
काहूको सुत रोवत सुनिके दौर लेत हिय लाई ।
अब अपने घरके लरकासों कहा एतो निठुराई ॥
बार बार जल लोचन भरि भरि चितवत कुंवर कन्हाई
कहा करों बलि जांउ छोरतो तेरीये सौंह देवाई ॥
जो मूरत जल-थलमें व्यापक निगम न खोजत पाई ।
सो मूरत तेरे आंगनमें कर दे ताल नचाई ॥
सुरपालक-हरि असुर-संघारक त्रिभुवन जाहि डराई ।
सूरदास प्रभुको यह लीला निगम नेति कहि गाई ॥

१२

रथ पर हँसत लसत पिय प्यारी ।
सङ्ग सखी रागन सुर गावत बाजत साज मिलारी ॥
भुम रहे घन अति छवि बाढ़ी पवन सुगन्ध निहारी ।
छवि राजत राधा वर विधु सम ख्याल खुशाल अपारी ।

१३

जय जय जय वृषभान-नन्दिनी ।
तीन लोकमें देखी जोत है लखत तिमिर मिटजात कन्दनी ॥
योगमायासे सृष्ट रचाई कृपा करत जब दुख-निकन्दनी ।
रसिक खुशाल सभी बन आवें नाम लेत भवभ्रम निकन्दनी ॥

१४

जनकनन्दिनी दशरथ नन्दन जेंवत अति सुख पावत ।
चहुं दिशि बैठे मिथिलापुरकी नारि मधुर सुर गावत ॥
आनन्द बढ़्यो युगल छवि निरखत अतिसे प्रेम बढ़ावत ।
गारी देत नाम ले इत उत सुनत श्रवण-मन भावत ॥
मङ्गल मूरति सिय रघुवरकी दोउ छवि नैन समावत ।
गोरी-श्याम मनोहर जोरा लखि रति मदन लजावत ॥
अचवायो करकमलन छितमों मुख तम्बोल खवावत ।
लच्छनदास प्राण निवछावर करत सुगन्ध लगावत ॥

१५

लेहुंगी नैननको लाह ।
अति माधुरताई अङ्ग अङ्गकी निरखो करि मन चाह ॥
कोटि काम छवि कहि मन लाजत कहुं पावत नहिं थाह ।
लच्छनदास भयो नख सिखलों रूप उदधि अवगाह ॥

१६

श्याम प्यारे मोरे मै कबको टेरत आवो।
जगत प्रपञ्च लगत नहिं नीको निज सुखरूप देखावो
दाता तीन लोकके तुमही ज्ञान ध्यान बतलावो।
जगतनिवासी व्रजके वासी ख्याल खुशाल सुनावो॥

१७

मैं करहुं आनन्द बधाये मोरे पिय घर आए।
जागे सखीरी भाग हमारे विरहा दुःख गँवाए॥
ख्याल कुशाल भरे अङ्ग अङ्गमे मनवांछित फल पाए

१८

निश दिन आनन्द भइलवा मोरे श्यामसुन्दर घर आए।
सदारङ्ग पिय मनके भवनवा रहसन गरवा लगाए॥

१९

सखी को राजकुमारी एरी मोहि मिल गयो मारग जात
जटा मुकट कोदण्ड चढ़ाए साँवर गोरे गात॥
उत्तर दिशाते आवत मजनी दछन दिशाको जात।
आज रहो याही वन माही बहुरि चलेगे प्रात॥
चलरी सखी मैं तोहि बताओं कन्द-मूल-फल खात।
निपट निसङ्क फिरत वनमाही काहूसो न डरात॥
सङ्ग नार सुकुमार सखीरी हों पूछो एक बात।
नैनन हंसि उन सैन बतायो एक देवर एक नाथ।
तीनजने तिहुँ लोकको शोभा दृग देखत न अघात॥
रामचन्द्रकी छबपर कान्हर बिनही मोल बिकात॥

२०

मेरो अलबेलो राजकुमार।
नव सरोज-लोचन रतनारे लम्बी जुल्फे बार।
हों सखी देखे कनक-भवनमें पहरे नव सरहार॥
रामचन्द्रकी छबपर कान्हर बार-बार बलिहार।

२१

आली मोरे छल गयो छैलवा नन्दको कुमार।
पीत पिछोरी काछनो काछे गल गुञ्जनको हार॥
प्रीत लगाय करोरी बेबस नेक न लगो अबार।
या व्रजनिधकी प्रीत कपटकी भई मोरे अंगपार॥

१३८

मेरो मन ले गयो, सो मेरा मन ले गयो।
डार ठगोरी वंशीमें कुछ मदनमन्त्र पढ़के गयो॥
लगी चटपटी प्रीत अटपटी चेटकमों चित ह्वे गयो।
वा व्रजनिधकी प्रीत कपटकी लपट झपट दुख
दे गयो॥

२३

पैजनियां पग पाय मनोहर।
चलत श्याम धन बाजत राजत निरखि विनोद
मगन मोहे सुर॥
अरु मन मुदित जशोदा जननी पाछे फिरति गहे,
अंगुरी कर।
मनहुं धेनु तृण छोड़ि बच्छहित प्रेम पुलकि
पय स्रवत पयोधर।
कुण्डल लोल कपोल विराजत लटकन ललित
लुटरिया भुवपर॥
सूर-श्याम अवलोकनको सुख झलकत बाल गोपाल
याके घर।

२४

आछे मेरे सांवरे हो एसी रारि न कीजे।
मधु मेवा पकवान मिठाई जो भावे सो लीजे॥
मद्य माखन साजो दह्यो अत मीठा पय पीजे।
हठ न करो बलिजाइ यशोदा खोजत खाजत छीजे॥
आनि बतावत अनमहो बातें बलि द्राभ कौन पतीजे।
सूर-श्याम हठि चन्दहि मांगत चन्द कहांतें दीजे॥

२५

यशोदा कान्हहुँ तें दधि प्यारो।
डारि न देति मथनिया रीता तरमन नन्ददुलारो॥
दूध दही माखन लै वारो जाहि करति तू गारो।
कुंभिलानो मुखचन्द देखि छवि काहे न नैन निहारो।
ब्रह्मा शिव मुनि ध्यान न पावत सो व्रजगाइन चारो।
सूर-श्यामका बलि बलि जइए जोबन प्राण हमारो॥

२६

कानको कनछेदनो हाथ सुहाइ भेली गुड़को।

विधि विहसत हरि हँसि हँसि गति यशोमतिकेर
धकधकी उरको ॥
रोचन भर ले देन सीकसे श्रवण निकट श्रतही
चातुरको।
कञ्चनको हे दूर मगाँई लिए कहा कहे छेदन
आतुरको ॥
लोचन भरि-भरि दोउ माताके कनछेदन देखत
जीमुरको।
रोवत देखि जननी अकुलानी लियो तुरत
नौवाको भुरको ॥
हंसत नन्द युवती सब विहँसी झमकि चली
छवि भीतर दुरको।
सूरदास नंद करत बधाई अति आनँद बाला व्रजपुरको ॥

२७

हरि छवि देखि नैन ललचाने।
एकटक रहे चकोर चन्द ज्यों निमिष बिसरि ठहराने॥
मेरो कह्यो सुनत नहिं श्रवणनि लोकलाज न लजाने।
गए अकुलाय धाय मा देखत नेकहु नाहिं सकाने॥
जैसे सुभट जात रन सनमुख लरत न कबहुँ पराने।
सूरदास ऐसे हो इनके श्याम रङ्ग लपटाने॥

२८

आपुन चढ़े कदमपर धाई।
वदन सकोरि भौंह मोरत है हाँक देत करि
नन्द दुहाई॥
जाय कही मैयाके आगे लेहु सबै मिलि मोहि बंधाई।
मोको जुरो मारन जब आई तब दोनों गुंडरो
पटकाई॥
एसे करि मोको तुम पायो मानो इनको मैं करो
चेराई।
सूर-श्याम वो दिन विसराए जब बांधेते ओखल धाई॥

२९

मोहन मानो मनायो मेरो।
हौं बलिहारी कमल-नयनको नेकु चिते मुख फेरो॥
माखन खाहु लेहु मुख मुरली ग्वालन बालन टेरो॥
जोरो करिके जोर आपनो न्यारो गैयां घेरो।
कारो कहि कहि मोह खिझावत नहीं बरजत
बल अधिक अनेरो॥
इन्द्रनीलमणिसो तनसुन्दर कहा जाने बल चेरो।
मेरो सुत सिरताज सबनको सबते कान्ह बड़ेरो॥
परमानन्द भोर भयो गावे विसद विमल यश तेरो॥

३०

वदन निहारत है नंदरानी।
कोटि काम शत कोटि चन्द्रमा कोटिक रवि वारति
जिय जानी॥
शिव विरिञ्चि जाको पार न पावत शेष सहस
गावत रसनानी।
गोद खिलावति महरि यशोदा परमानन्द कियै
बलिहारी॥

३१

आज नीको बनी राधिका नागरी।
व्रजयुवति यूथमें रूप अति चतुराई शील सिङ्गार
गुण सबनितें आगरी।
कमल दक्षन भुजा वाम भुज अंश सखी गावति
सरस मिलि मधुर सुर रागरी॥
सकल विद्याविदित हँसि हरिवंश हित मिलित
नवकुञ्जवर श्याम बड़ भागरी॥

३२

हों चरणनको चेरो राम।
नहीं और अवलम्ब जगतमें प्रबल पक्ष मोहे तेरो राम॥
पाऊं निज परतच्छ प्रमादो दास आहु कहि
टेरो राम॥
भक्त अनेक एक मैं किङ्कर कृपा-दृगन मोहे हेरो राम॥
काम क्रोध मद गलित गयंदको शान्ति क्षमा पथ
फेरो राम।
प्रेमरङ्ग प्रभु पायके लायक दीजो निज पद डेरो राम॥

३३

घुटरुन राम चलत निज आँगन झनन झनन
पैजनिया बाजी।

पाछे लछमन धाय धरत पद ता पाछे त्योंही
भरत शत्रुघन ॥
जननी तीन उचकि मुख चुम्बत छिनमें चारो छैल
विचरण ।
रामचरण तिहुँ पकरन दवरत मानहु वेद वादन
तन पावन ॥
नृप आए अतिकौतिक पायें भरत शत्रुघन गोदमें
आवन ।
प्रेमरङ्ग प्रभु राम लछमन लखि पीठ पैं जाय बैठे
दोउ कांधन ॥

३४

राम मोहि कवन औगुण बिसरायो।
पुण्य पापसों देह बनत है तैसो जनम हम पायो॥
सब जन चाहत सुख पावनको दुखकों किन उपजायो।
पूर्व जनमके करम कार तुम अब मोहि काहे सतायो॥
आप अशुभ औ शुभ कराय प्रभु निज अज्ञान सुवायो।
प्रेमरङ्ग निजपद करि आशा निशदिन तुम
यश गायो

३५

पनघटवा जान नहीं पाऊं मैं।
उंमोइ नाच नचावत मोहन तैसोइ जल भर ल्याऊं मैं॥
जो कहिए काहूसों या गत तो कुललाज लजाऊं मैं॥
नित युगराज जाहि मग जइबो कहांलौं रार
बचाऊं मैं।

३६

राम मेंडो औगुण चित न धरो।
औगुणहारोने औगुण कीना आपुन फजल करो॥
अपनी ओर निभाहे बनत है जाको कर पकरो।
रूपमती पिया बाजबहादुर अब मेरो सुधरो॥

३७

राम बिना मैं देखो तेरा सङ्ग नाहिं कोउ साथीरे।
छत्रपति और योध महीपति हारे झूमत हाथीरे॥
कार अभिमान रामसों बिमुख मायाके रङ्ग रातीरे।
धर्मराय जब लेखो मागे फाटेगो तब छातीरे॥

मधुकर प्रभुसों यह जाय कहियो यह जाय
दीजो पातीरे।
चरणशरण परताप निहारे प्रेम तरे गुजरातीरे॥

३८

रावण जीत राम घर आए।
अवधपुरीमें शोभा छाए तिहूँलोक गुण गाए॥
राजत राज सिंघासन बैठे युगलरूप मन भाए।
निरखत सभा समाज जहां तहँ प्रेम मनारथ पाए॥
आनँद धुन प्रगटाय रही पुर मङ्गल-मोद बढ़ाए।
रसिक खुशाल बिलोकत निशदिन जीवनके फल पाए॥

३९

विहरत जगन्नाथ सुखदाई।
पुरी माह निरखत नरनारी त्रिभुवनकी छवि छाई॥
भक्त हेत बहु लीला धारी उपमा बरनि न जाई।
रसिक खुशाल सकल सुख बिलसत जीवनके
फल पाई॥

४०

ललित लतनतरे बंशी बजावे नन्दकिशोर
पियारा हमारा।
सुन सखी देख भेष नटनागर नैन मैन गुण भरे
अपारा॥
हास विलास हुलास प्रेमके मोहनी मूरत कुमर
दुलारा।
निश दिन ध्यान खुशाल करत है यशुमतलाल
कृपाल निहारा॥

४१

दर्शन दीजे त्रिभुवनपाली।
त्रिभुवन-नायक बहु सुखदायक विलम करो
मत ढ़ाली।
अति उदार गति अगम निगमके रसिकनके रस
ख्याली॥
श्रीकमलापति व्रजके वासी कर खुशाल प्रतिपाली॥

४२

राधारानीके बोलनपे मैं वारियाँ।

गुण अपार कोई पार न पावत मेरे सकल रस सारियां ॥
जा बस करत रसिक मनमोहन यों अञ्जन छवि धारियां।
ख्याल खुशालके छैल छबीले लखत करत बस प्यारियाँ ॥

४३

देख मन गङ्गाकी धारा।
प्रगट भई हरिके चरणनते सकल लोक निस्तारा ॥
कातिक माह बिराजत अति छवि घाटन घाट अपारा
आरति करत सकल नरनारी जय जय कहत पुकारा॥
चार पदारथ भक्तनके घर होत न लागत बारा।
ख्याल खशाल सभी बन आए भाई भगत उदारा ॥

४४

सखी मेरे बनमे बसी है मोहनी मूरत आय।
ऋतु रस माह किलोल करत है आनँद उर उमगाय ॥
नैन सैन से मन चितचोरत रँग रहे रङ्ग लुभाय।
ख्याल खुशाल करत बस निरखत प्रेम प्रीत उरझाय

४५

कैसे धीर धरूं ऊधो तुम योग सिखावन आए।
एक समय हरि अपने करनन करणफूल पहराए॥
ता करनन माटीके मुद्रा मधुकर हाथ पठाए।
चीर चोर चित चोर चोर दधि चोरी करहु न पाए॥
पिछली प्रीत कहा भई ऊधो अब गुरुज्ञान लिखाए।
वेणी हार गुहे कर अपने एड़ियन जावक लाए॥
शरद समय वृन्दावन मोहन रास विलास कराए।
लागी लगन कैसे छूटे सजनी चित हरि नेजु चुराए॥
जैसे चकोर चन्दको निरखत एकटग रहत लगाए।
हरि जो हमसों प्रीतसु दारके मधुवनको जो सिधाए॥
तलफत जल बिन मीन ज्यों ऊधो केसेके जीव जिवाए।
कहा कहिये सखी श्यामसुन्दरसों हमरी सुरत बिसराए॥
कबहूं धों सुध करत गोकुलकी यशोमती और नन्दराए।।

ग्वाल बाल गउ बच्छ लता घन सबहि रहे मुरझाए॥
सूर श्यामको वेग ले आवो जो चहो प्राण जिवाए।

४६

मैं तो तेरो सांवरो सूरतपर वारी वनवारीरे॥
वारी वारी वार डारी गिरधारी चितते मोह न बिसारीरे॥
निशदिन ज्ञान ध्यान सुमरण तेरो घड़ी पल छिन याद लगी हरि तिहारीरे।
क्रीट मुकट मकराकृत कुण्डल शङ्ख चक्र गदा पद्मके धारीरे॥
सांवरी सूरत रस भरो मूरत जुलफे सोहै घूँघरवारीरे।
ब्रह्मादिक नारद शनकादिक शत-सहस्र मुख किरत उचारीरे॥
ध्रुव प्रह्लाद अंबरीष विभीषण गौतम नारशिलाको तारीरे।
शुक नारद भीषम श्रुतदेवा रटत रहत गोविन्द मुरारिरे॥
गीध औ व्याध अजामिल हस्ती शिवरी नार गणिकाहु उधारीरे।
रङ्का वङ्का पोपा नामा नाभ धना रैदास मूढ़ गंवारीरे॥
तारे अनेक एक तुम श्रीपत सन्तनके सुखकारीरे।
भूचर खेचर जलचर बनचर नीच ऊंच न विचारीरे॥
अबको बेर करुणाके सागर दीनदयाल सत्यव्रतधारीरे।
देवकृष्ण प्रभु रागसागरको भवसागर करो पारीरे॥

४७

मनरे तूं धीरज क्यों न धरे।
जाके शिर रघुनाथ विराजे कारज सबहो सरे॥
एक हजार बरसके भीतर ऐसो जोग परे।
म्लेच्छ तेजको ऐसे जारे जैसे कीट जरे॥
दक्षिण फौज बहुरि ब्रज आवै एकछत राज करे।
थोरे दिवस आप आपनमें युद्धहि युद्ध मरे॥
इन्द्रजित रावणको बेटो पूरब जनम धरे।
इरवर पुत्र पुवार घर प्रगटे दिल्लीराज करे॥

महाबलो बलवन्त फौज सो महिपर छत्र फिरे ॥
असी बरस लग सतजुग बरतै धरमकी बेल फरे ।
तुलसिदास रघुनाथ कृपाते दुष्टन नाश करे ॥

४७

निरख मन माधुरी अनूप ।
मेरे कहे तू मान सोहागन छबि है सुधारस रूप ॥
अति परवीण महागुण-वाले सकल भुवनके भूप ।
लछीराम प्रभु-कृपासों मिलले छाँह गने मत धूप

४८

एरी बन बाजी बाँसुरिया कैसे रहौं घर देया ।
कलमलात जियरा मिलबेकों है कोई धीर धरैया ॥
आग लगी यह लाज निगोड़ी करिहै कहा चवैया ।
आनंदघन पिया उघर मिलोंगी अब डर करत
बलैया ॥

४९

चञ्चल मन माने नहिं मेरा कैसेके समझाऊं राम ।
गजमों उदर भुचो सुख विषयन भोगत नाहिं
अघाऊं राम ॥
दस इन्द्री ताके बस डोलत तज धीरज रँग
धाऊं राम ।
तनको जतन करत धन अनको जित-तितसों
घर ल्याऊं राम ॥
मत सङ्गत गत सुन सज्जन सुख चरण-शरण कब
आऊं राम ।
प्रेमरङ्ग प्रभुको पदपावन पावन पावन पाऊं राम ॥

५०

राधे तेरो बदन विराजत नीको ।
जब तूं इतउत बङ्क बिलोकति होत निशापति फीको ॥
भृकुटी धनुष नैन सर साधे शिर केशरको टीको ।
मनु घूंघट पटमें दुरि बैठो पारिधि रतिपति हीको ॥
गतिमें मत्त नाग ज्यों नागरि करे कहति हौलीको ।
सूरदास प्रभु विविधि भांति करि मन रिझयो
हरि पीको ॥

५१

सांवरे जिनकर भोरहि रार ।
अपया-सुता तासु पति ऊपर जलसुन नेक निवार ॥
सुरभि सुताकी नेक न मानत ढीठो भयो मुरारि ।
कालनेम मधुकैटभ ऊपर तासों करो पुकार ॥
दधि रस चाहो तो लेहु साँवरे दूं छकरेहु उतार ।
गणपति पिता तासु देरो रस देहै नंदको नारि ॥
इतनो सुनत गेंद गहि मारी सुनत मातकी गार ।
रहसत विहँसत चले कुञ्जनमें सूरदास बलिहार ॥

अरे वीर कहा कहिये तोसों लगगई लगन मत
पूंछ मोसों ।
बिन देखे घनश्याम लालके मरो जात वह
आपहिसों ॥
कौन सुनै कासों कहुँ सजनी लाज गई अब कोसों ।
विष्णुदास जल मीन पियासी काम चले नहिँ ओसों॥

५३

मैं तो ताँडे वेखण्दी रहँदी सुप्तांदा मैं तो तेड़ो
तलाख ।
सुन मोहना तैँडा पंथ निहारत अरु जोयां
भई है हलाख ॥
रैन दिना नैन कल न परत है मैंहदी विरहँदी सलाख ।
विष्णुदास तैँड़ी वरदो कँहादो घरो वरो कहँदो
भाख ॥

५४

मेरी प्रीत गोविंदसों नाहिं घटै मैं तो मोल
मांग लई जिय साखों ।
चित सुमरण करौं नैन अवलोकन श्रवण वाणी
रस यश पूर राखौं ।
मनमय करौं चरण हिरदे धरौं रसना रामनाम
अमृत चाखौं ॥
साध सङ्गत बिना भाव न उपजै भाव बिन भक्ति न
होय तोरो ।

१३८

कहै रयदास एक विनती हरि पत राखो अब राम
मोरो ॥

५५

कन्हुवां टनुवां कर गइला सुन सुन मोरी मा ।
ऐसा जो मैं जादू जानती क्यों लाती उन सनवा मनुवा ॥
बैठो थी मैं अपने भवनवा आय गयो श्याम मोर
अँगनवा ।
विष्णुदास प्रभु वंशी बजावे डार गयो मनमथके
बनुवा ॥

५६

तैने मोरी सुरत बिसारी बनवारीरे ।
निशदिन तुम बिन चैन न आवै सुनियो अरज हमारी
गिरिधारीरे ॥
वह चितवन वह कान्ति वदनकी कृष्णानन्द जाउँ
बलिहारीरे ॥

५७

पियाके मिलनको सगुण बिचार ।
लीन्हो जनम करम जेहि कारण समझ समझ मन
वारंवार ।
भोर सोय सुख क्रिया नानाविध पाप पुण्य भयो
उरको हार ॥
निशिदिन गहत रहत उर भीतर वस नहिं कोउ
निठुर करतार ।
गावै गूदर मैं जोगन होकर निशिदिन ढूंढ़त
हरिको द्वार ॥

५८

मनुवा हरि सुमिरणको बान ।
गुरुमुख वाक साधुको सङ्गति भजले सारंगपान ॥
काहेको इतउत मन भटकावत छोड़ कपटकी खान ।
गावै गूदर सब जगहै स्वारथी कोउ मत अपना जान ॥

५९

कँहवा हो उलझ रहे पीउ ।
आवै न चैन उन बिन देखे तलफ तलफ रहे जीउ ॥
गावै गूदर मेरी विनती निशिदिन आय बसो मेरे हीउ ॥

६०

पिउको रे हाल न पायो ।
जो सब गए भए उहनेके कोउ बहुरि न आयो ॥
नहिं जानो सुख क्यारे भयो वहँ जोरे गयो सो छायो ।
गावै गूदर मोहि अचरज याहोसों गुरुने ज्ञान
बतायो ॥

६१

दिल बस कोनावे वंशीवाले ।
सोहो जुलफें सितम करेदियां नैनावे रतनाले ॥
दिलदा दरद साड़ां तू नहीं जानदा जिंदड़ो लगीहै
गोपाले ।
रसिक गोविंद अभिराम श्याम सुन इश्क
घने घर घाले ॥

६२

सांवलाजो हों जानो आगे जान ।
थेउ लगाना किटड़े विनव्या पगड़े देखायो मुख आन ॥
प्रकट पुकार करत नव छतियां पोक लोक अधरान ।
इनमें झूंठ नहीं तिल जितनो रंग लागो तन वारो
आन ॥

धनाश्री तथा मह्नाना—ताल जत

सलोना टोना लगी बनरेकों तें कच्चे घड़े भरे पानो ।
हाहा कर कर पइयां पर पर उनहोको हों कुरबानो ॥
मापता हाथां जमोन फिरे यहतो अपने अलीके
मदरानो ।
को अब आंख लगा लू चाटे खगोसे यह जानि
तब आंख लगानी ॥

धनाश्री—तिताला

बिन दामोका गुलाम कहायो यह साहबजादा
नौशेरानो ।
कान पकर जब सामने आया तो बातें कामरू जानो ॥
दिलको अंगूठोमें पुतलीका इश्क बंध इश्कको
आगमें फंकानो ।
एसी सोनेको चौकोपै आंखोंकी मसनद पलकोंसे
झाड़ बिछानो ॥

चौकी हो गर एसो मशनद हो एसो पलकोंसेंहो
भरानो।
भला ऐसो क्यों बात न कहिये ऐसो बनरो रैन
बिठानो ॥
एसो अँगोठी आगे इश्‌कबँध एसाहो तो क्यों न
कहानो।
एक दाना जले मनर लाटले दोनोंको अब
ना गहानो ॥
वहाँ प्यारो बनोको बैठावे बना हाथ बाँधे खड़ा रहे
आनो।
भला एसो जग जरा कहिये न क्यों एसो बनरो परे न
बैठानो ॥
एसे बांध बूँध कर कीना अनो गुलाम शाह
हासानो।
अकबर देहरो बैठो सलाम करे एसे टोनेसे देहरो
चढ़ानो ॥

धनाश्री—एकताला

नन्दके फरजन्दजोंके मुखड़ा खूब चन्द।
हसन-मन्द दशन-कुन्द जोत कोटि चन्द।
ब्रज-निध आनन्द-कन्द अङ्ग अङ्ग अति-सुगन्ध ॥

मुलतानी—तिताला

अब तो हरि नाम लौ लागो साधो।
सब जगके यह माखन-चोरा नाम धरो बैरागो ॥
कहाँ छोड़ो मोहन मुरलीको कहां छोड़ी सब गोपी।
अब मूड़ मुड़ायके धुरकट बाँध्यो माथे मोहन टोपी ॥
मात यशोदा माखन-कारण हाथे बाँध्यो दाम।
नवलकिशोरा भए नव गोरा चैतन वाको नाम ॥
पीताम्बरके भाव दिखावे कटि काछनो कसे।
दास भक्तके दासो मोराँ रसना कृष्ण बसे ॥

मूलतानी—ताल पश्तो

साड़े घरतु क्यों नहीं आंवदा सांवल तिरछे नैना वाले।
मायल कर सानू घायल कीता ओ फरजन्द नन्दवाले ॥
गबरु मोहना मोहना प्यारा सूरतदा मतवाले।
कृष्णानन्द नू रसवस कीता प्यारीयां मुरलीवाले ॥

धनाश्री—आड़ा चौताला

बालमरे ए बालम अनत न जा अनत न जाइरे।
आंको भर कर गरे लगावो माहि जियाव जियावहुरे ॥

मूलतानी—आड़ा चौताला

कोउ कहे वाको समझाय।
माईरी वा बिन मोरा जियरा अकुलाय ॥
निशिदिन बीतत रहे उन समझाय ॥

२

कवन देश गइला मोरा बालमरे लागवा मो अरे
बल बाहु देशके बलिहारीरे।
सो एरो माई उन बिन कल क्यों न परे सदारङ्ग
बीत गई ले जोगवा ॥

मुलतानी—तिताला

तेरो सूरत हो लागे प्यारो।
मनमोहन मुरलीवाले कान्ह चाल चलत हो अति
मतवारो ॥
तेरो तान सुन त्रिभुवन माहे तेने मोहोहे व्रजको
नारो।
कृष्णानन्द प्रभु वृन्दावनमें रास रच्योहै अतिहो भारो ॥

२

पीतडोरो हो मनते न बिसरे।
लोन होय रहे मोनके संग ज्यों सूरज चन्द
चकोरो हो ॥

३

तोरे माथे हो दुशाला लाल।
सुभग चीतनो सुन्दर राजत गाध ऊपर शाल ॥

४

सइयाँ हो गुमानो हो गँजवा न पोओ।
दिल्ली शहरका गँजवा मगाया, चिलम मगाई
मुलतानी हो ॥

मुलतानी ठुमरी—तिताला

विरहाने घेरी हो एरी एरी मोहे।
अगल बगल सब लोग बसतहैं बीच मढ़ैया मेरी हो॥

२

गरगजवा न जैहों एरी एरी सखी।
सास मोरी सोवे ननद मोरी जागे सइयाँ ले
आँख लजानी हो घर गवना न जैहों एरी एरी सखी॥

मुलतानी—तिताला

देखहु न पायो गुजर गई रातो।
मनमोहन बिन कल न परतहै उमगि उमगि आवे
मोरी छातो।
कृष्णानन्द रटत निशि बासर अखियां रहत
नेह-रस-मातो॥

२

ऐसे गूजरगढ़में अकेली ना रहूंगी लाल।
एकतो सास बैरी दुसरे ननद बैरी तीजे पिया
बिछुरन न सहूंगी लाल॥

धानी—ताल खेमटा

जिन जावो वाही ओर सांची कहों सुन बावरिया।
यमुना-तीर बसत कुञ्जनमें सांवरो चितचोर॥
तुमहो माती अपने जोवनकी गरव न करती थोर।
वह हँसके मन मोह लेतहै चितवनकी कोर॥

२

धन रोय रोय अँखियां लाली भई।
लाली भईरे गुलाली भई॥
मैं जो जानी पिया सइकूं मनइहैं उलटा मनावन
मैं जो गई।
सांवन भादोंकी निशि अँधियारी दरकन छतियां
लाली भई॥

३

लेजा लेजा चोर तोपर गाज परो।
सारी भी ले गए लहंगा भी ले गए अँगिया ले गए
सोहाग भरो ले०॥

लेजा बेदरदी बालमुवा सइकूं ले जारे।
बारा बरस पिया बालारे जोबनवा तेरा बरस मोहे
ले जारे॥

५

रघुवर नैना लगाय कहाँ जायगा।
काहेको तेरो नाव नेवरिया काहेको पतवारियाँ॥र०॥

६

महाराजा बनिनिया गौने चली।
अरे हौं ठाड़ो रहोरे॥ म०॥
नैनो रोये वारो मुख हँसेरे छटकानि खाईहै पछाड़।
आए बनिया ले चले गवने नैहर हो गए पहाड़॥
अरे हौं ठाड़ो रहोरे॥ म०॥

७

बारे करेजवामें लग जारे लग जा मोरे बालम।
जो पिया हमसे रूस रहतहैं प्रेम गांठ मोसे
खोलजारे खोलजा मोरे०॥

८

हमारा दिल रखले गोरी तेरा जोबनहै दिनचार।
दिल्ली शहरको अँगिया मगाई लगीहै गोट किनार॥

९

आमिल माहीयांवे लगीयांहे फन्दे रत्ते।
माड़े नाली वारीवे कौन चक्करी नैन तेरे कामन घत्ते॥

धानी—तिताला

का करले मोरे मारे राम श्याम मोपे।
टोना करले जादू करले और करले रसबस तोपे॥

२

सांवला का कहले मोपे।
जादूरे बस कइल मेरो मान॥
जादू भी किया टोना भी किया तन मन धन सब
हर लइलरे॥

३

नई आई सुघर पनिहार कुवटा उमड़ रहो।
ना मैं गोरिया सींचेको ढारो ना मैं गढ़िले सोनार
कुवटा उ०॥

धानी मिश्र—तिताला

फिर बोली आधीरात कोयलिया फिर बोलीरे।
सांझ न बोली सकारे बोली बोली अंबुवाकी
डार कोलिया० ॥

धानी—ताल खेमटा

बाला बाला परी तेरा जोवन वारो।
हाथोंदी मिस्सी वारी होठोंदी लाली आखोंदा सुरमा
अच्छा पालारो ॥

झिंझोटी—तिताला

नीका लागारे मेरा मेरो सइयां।
चुन चुन कलियां में सेज बनावती रहस रहस
गर पागा० ॥

धानी—ताल खेमटा

भींजे भींजे दावनरे उमगो सावन।
सुनरे बटोइया लिखहूं संदेशवा पिया मोर कब
घर आवनरे० ॥

देश—तिताला

का मनमें किया हो राज छोजा ए सुन सइयां हो जो।
म्हारी लहरां लागांहो आवे ॥
कामन कर बन हम चन्ती मजनी देवरानि पकरी
बांह जादू किया हो राज ॥
धुर भादोंकी रैन अंधेरी रिम झिम रिम झिम
बरसे पानी।
पाय ठाढ़ी पग टुमकके बाजे बिछुवनकी झनकारन
साज टोना कियाहो राज ॥

धानी—ताल खेमटा

द्र द्र दोम दोम ततुम तन दिरना तन दिरना तारदानी
धितोली तिनाना तिलिलाना तननारे तनना तनना
तनना दर तुंदर दर दिर दिर दिर दिर तदार
तददानी ॥

२

सूरत दोदम् वले न गोयम् नमे गोयम नमे पोयम्।
कसे मरा पुरसद बिगोए बिरादर उरा बे गफ्तमके
जोयम ॥

ई चुनीदा न मदरवीनो पो मस्तारबुद आए नदानं
किए गोयम् ॥

३

तुसो आमिल मेड़ड़े नेड़ेवे इश्कदो पई उलझेड़े बेजान।
असो तंड़े छदड़े छदड़े जांदियां घोलियां घोलियां
प्यारियां ॥
रेंदड़ियां तेंदड़ियां मैनू यादड़ियां नोगोलड़ोयां
नोवत्तड़ियां छदड़ियां नोकोत्तड़ियां जीदड़ियां
दित्तड़ियां।
कुरबानड़ियां छलड़ा भलड़ा वांकड़ा तोखड़ा
मेड़ड़ा प्राण ॥

४

जान जान मै ना जइहों तोरे साथो।
यार पियाते लाख जतन कीनो छिप छिप आऊं
मैं राती ॥

५

जान मेरे जान जादू कर गयो सइयां हो बेईमान।
हम जानी पिया और निभावोगे नइया चढ़त गुण
काट गया बेईमान ॥

६

जामदानीको सारो पहरके मेरे मिरजाको लियो
लुभायरे।
बड़ो बड़ो अंखियां लम्बे लम्बे बाल चाल चले जैसे
पूरी छिनाल मिरजाको मन लियो हरके ॥

७

दिल आपो लगा कर मारारे मैं तोरा कहा कियो जान।
पीत करो कछु और बसायो कहा करूं कछु कहा
न मान ॥

८

जान कजरा दियो कछु थोरारे कजरेका मुजरा
खोल मेरो जान।
इस कजरेको खूब सिलाई जरा मुखसों तो कछु
बोल बोल० ॥

१४१

लागोरे सांवन बालम कोयल बोले मदमातो।
जावो सखी मोरे पियाको ले आवो उनको लगेहों
मैं छातो॥

१०

नैना लगाय जियरा ले गयोरे। जा०॥
देख न तोरे बड़ा-बड़ा अरमान॥
हमरा बालमने सुधहू न लोनी पिया बिन
हियरा निकस गयो जान॥

११

मैंना जइहुँ पिया हुआ जोबनरे।
इस गांवके ऐंठेरो गेंठे केशर क्यारो खेत।
हमहूं रंगाई चुनरीरे मइयाँ रङ्गायो खेस॥

१२

बेकल होय होय जाय जींद मोरो राम जबते सखो
पिया मोरा बिछरोरी।
चञ्चल सइयां कोउ वेग मिलावो होतो दरस बिन
दरदको मारो मरोरो॥

मुलतानी—खेमटा ताल

तुम कौन प्रोत कीनो मेरो ओर।
नई करो तुम मोसे रोत॥
चकवा चकवी बिछुरे रैन परे तुम चञ्चल बिछुरत
मोसें भोर॥

धानी—खेमटा ताल

मोरे पिया बिना जो घबरावे मैं कहा करूं कित
जाऊं सखोरी।
उन बिन मइकों तलफत बोतत चञ्चल बिरहा सतावे॥

२

छांड़दे देवरा मैं मारो जइहूँ मारो जइहूँ निकासो
जइहूं।
सास ननद मोरो जनमको बैरन इन बातनमें लाज
गमइहूं॥

३

सुआ सारो हमारो रँगायदे रे।
ऊपर लगादे किनारो मेरो जान।
याम पिया तोरो वारोमैं जाऊं,
छतियांसे छतियां लगायदे रे॥

४

तोरो अँखियां लजानो मोकूं मार डारोरे।
शाह आज़म पिया मनमें बसतहैं तन मन जियरा
वार डारोरे॥

मुलतानी—खेमटा

ऊधो सांचो सांचो कहियो हरि कब आवेंगे।
जोग पठायो के आवन हूं कह्यो के कहीं मधुवन
छावेंगे॥
जान परो अब सब चतुराई ऐसेहो प्रोत निभावेंगे।
एवृन्दावन ए वंशोवट माधुरोमो बंश बजावेंगे॥
अब तुम ऊधोजो माधोजोसों कहियो ब्रज सुख
कब दिखलावेंगे।
कबहूं सुरत करत या बनकी लीला राम रचावेंगे॥
गोपोनाथ सकल जग जानत क्या कुब्जानाथ कहावेंगे।
यह सुख ख्याल खुशाल देखाके अब क्या जा तरसावेंगे॥

बरवा—तिताला

श्रीराधे राधे राधे।
तुम बिन मोकों कल न परतहै बिन देखे पल आधे॥
हा हा हो वृषभानुनन्दिनो कहत दाऊकर बाधे।
जानकोदास निरख हिय हरषत दम्पति रूप अगाधे॥

धाना—तिताला

रे बालम बिन कैसे कटे मोरो रात।
दिन भारो निशिकारो पिया बिन ऐसे ऐसेहो दिन जात॥
भावे न भवन न भोजन न खावन बिन मनभावन
नाहिँ सोहात।
जान बूझ प्रोतम निरमोहो तनक न पूछो बात॥

२

सइयां निशि जागे गुइयां हमारा संगातो मैं सोवूं
निंदियाको मातो।
प्रेम बिना दरसन कैसे पइहो पड़ गई बोच भरमको
टाटो॥

है कोज ऐसा बेचूं मैं निदिया यादई मारो जो
मोल बिकातो ॥
जो पिया चाहे सोवत जगावं अन पिया चाहे
कामन माटी ।
सो काजम सोए उठ जागे अपने पियाकों लगाए
लूं छातो ॥

३

सइयां गहिल्लोनो गुइयां टोउ मेरो बहियां ।
अपनी ओरको शरमहै तुमको नेह निभावो
परूं मैं पइयां ॥
गुण औगुण सब माफ करो मैंतो समझत हूं कछु
अब नइयां ।
छन्नारसिकमां प्रोत लगोहै चरण-कमलमें है मेरा
ठइयां ॥

४

वंशी बजाकं हो मिलाकं नैन घरी मन मोहारो
नन्दकुमार ।
ललित विभङ्गो ठाढ़े कदम तर हां देखत ब्रजको
बहार ॥
बंसी बजाकं हा मिलाके० ॥
छाय रहो छवि ख्याल खुशालदो वो जोबन उमगे
अपार ॥

५

कुञ्ज भवन पिय प्यारो अरो दोउ आवेरो भोरहि भोर ।
गलबहियां दिये मुसका‍ि श्याम सङ्ग राजत सांवल गोर ॥
ख्याल कुशल विलास विलस रहो राधे नन्दकिशोर ॥

६

रङ्ग रङ्ग फूल खिलाई लाई आईहो बागबहार ।
बेला चमेली फूली गुलाब सेवती बूटा बूटा गुलजार ॥
ख्याल खुशाल करत श्रीराधे सङ्गले नन्दकुमार ॥

७

छलबल कर जांदावे सजणा घरे मुड़आमीवे
साडड़े नाल ।
तैड़े वेखणदो वांन पइयां सोणा दिलादां महरम
नन्दलाल ॥
क्या एसो चूक पइयाँ यारवे दिखलावो ख्याल खुशाल ।
नेह नगरको डगरने अहमद उलटो चाल घायल
फिर फिर मारोए खूना फिरे खुशाल ॥

बरवा—तिताला

भेजंगो संदेशवा उड़रे कागा राह बतादे ।
लिख लिख पतियां सगुण मनावो लागारा अंदेशवा ॥

२

अरे मोरे बाबुल मड़हा छाइयेरे ।
हरे हरे बांस कटावे बाबुल पानन मड़हा छाय ।
मड़हा ऊपर कलसा राजत देखो राजा-राय ॥

३

इथ ढूंढ़ेदो आइयांवे मेरा सांवल यार ।
जङ्गल ढूंढा बेला ढूंढा ढूंढ फिरा मोहन मतवार ॥

धमारी- तिताला

बोबो मोड़कारो तूंतो पानोमें कोड़ानो ।
कोवा तेरा भाई भतीजा, चील तेरा दिवरानो ।
बगुला तेरा लहुरो देवरा, ताको देख लजानो ॥
चहा आशिक [illegible] पदमनो, मेंड़क ताल बजावें ।
कमर बांधके गधा नाचे, ऊंट विशुपद गावें ॥
कहत कबीर सुनो भाई साधो, यह पदहै निरवाना ।
यह पदको जो निन्दा करिहै, ताको नरक निदाना ॥

२

मोरो तोरो जारे सनैया ।
आठ महीना पिया बाहर रमतहै चार महीना घरवारी ।
तें जो पिया परदेश गवन कोनो घर दावन भई ठाढ़ो ॥

३

कैसे काट दिन रात बिसर गया ।
एक ता अंधेरी राता दूसरे दिया न बाता तीसरे
तिरियाका जात ॥

भरवा —तिताला

गोराया बांएरे दहिनवा बोल कगवा ना सोहनवा ।

छींकत पानीनू में चलीरी तट जमुनापर ठाढ़ीरी
मनमोहनवा ॥

धानी—तिताला

छोटे देवरा तोरे पइयां परू बिनती मानो मोर ।
लपक झपक मोरी बहियां गहि लीनो मोसें न बोलो
कहा मानोना ॥

२

भइली सांझहो घरवा न आइलरे कन्हैया ।
चार पहर दिन मग जोवत भई कौन धामवा रहिलों
मांझहो ॥

३

गोरिया देतीरे नैननवा भर काजररे ।
सास मोरी बेदर्दी दर्द न जाने आधी आधी रतियां
पठावल पनियां सागररे ।

४

पिया बिन जोबना मैं कैसे राखूं राम ।
सुनियोरी मोरी बगर परोसन अचपल पिया घर नाह ।
किन बिलमायो यह दुख मोपै सहिलो न जाय ॥

५

तोड़ी सारे जगतसों जोड़ी तुमसों पोत ।
तापर भी तुम ना मिलो अजब तिहारो रीत ॥

६

कोई जाय कहो मोरे पियारे बालमसों तुम
बिन रहिलो न जाय सजनो ।
कल न परत तुम बिन मोकूं मोहन दिन बीतो अब
भई रजनो ॥

७

झारे सुवा बसियारे करले भादोंको सैल ।
बारा बरस पाछे सइयां मोरे आइलो नैनामें
रखतो मैं मैल ॥

८

प्रोत लगी तेरे नील बालम चलिहो के नाहीं ।
जो मैं जनतो सइयां मेरे अइहैं रखती मैं जोबना
बनाय ॥

मोरी तोरी अंखियां लगी लेजा लेजा बालमुवाके साथ ।
छोटासा देबरा मोरा गोदीकं खेलैया नैना लगी
सिपैया तेरे साथ ॥

मूलतानी—तिताला

नोबूला मैं तोसे न बोलूंरे बेसर अटकी डार ।
एकतो नोबूला काट कटोला दूसरे रसोलो ताड़ां यार ॥

२

भटकत कौन फिरेरे गुसैंया मोरे ।
कोटिन तीरथ मनहींके अन्दर काहेकों भरम
करेरे गुसैं० ॥

धानी—तिताला

फुलबरीया बीनन गईली अरी ए ननदोया हमरे
मन्दिरवा ।
रायबेली चमेली चम्पा दवनामरुवा गुलाब केतकी
सोसनजाई जुही नरगस शोक रङ्ग डारो हरवा ॥

२

छोटे देवरा मोसे बोलाना तोरे पइयां परूं मैं
अरज करूं ।
छोटेही देवरा छोटे लरकैंया छोटे जोबना मैं
कैसे भरूं ॥

३

बाव बहत पुरवैयाके सइयां मोरे सोवे यह पुरवैया ।
मोरा बैरन सइयां नहीं जागे ॥
अम्बाको डारो पदइ खड़ो गोरा बैराग भरो ।
क्यों तोरे नहीं यार डर के क्या तेरो सास बुरो ॥
न मोरे नैहर डर न मोरो सास बुरो ।
तूं चलो जारे बोर बटोई तुझे मेरो क्या परो ॥
जोमैं बनकी कोयलिया मैं बन बन रहतोरे ।
जो पिया जावे शिकारकों में शबद सुनातोरे ॥
जोमैं जालकी मछरीया जल जल रहतोरे ।
जो पीया जावें न्हानेकों मैं पइयां छुड़ातीरे ॥

बादरवा गरजी गरजे पिया सौतनिया गइलोरे।
एक अँधियारो दूजी बिजुरी चमके पिया बिन हिया
मोरा लरजैसो० ॥

५

या कैसे कटे दिन रैन बालम तुम बिन सइयां।
एकहु घरी मोहे कल न परतहै यासों गयो सुख चैन।
कासे कहूं बिपत बिरहाकी फूट बहे दोउ नैन ॥

६

दुहवां तो बन्धवे दुलहे फाटोसी पगड़िया चल मोरे
नैहरवा तोके सिरवा बन्धावूं।
दुहवां पहरवे दुलहे जामा पुरानवा चल मोरे
नैहरवा खासा मलमलकेहैं जामवा सइयां।
दुहांतो उढ़वे दुलहे फाटोसा दुपट्टा चल मोरे
नैहरवा तोके चद्दर उढ़ावूं॥
दुहवां तो खावे दुलहे टूटे सूटे बसना चल मोरे
नैहरवा खासा साग मगैहूं।
दुहवां तो मिलत न फूटे टूटे लोटवा चल मोरे
नैहरवा खासा भारावा मगहूं दुलहे मोरे० ॥
दुहवां तोकों नहीं मिलत बिछौना चलो मोरे
नैहरवा खासा सेजिया बिछैहूं दुलहु मोरे०।
दुहवां तो सोब दुलहे हाथको उटगनो चल मोरे
नैहरवा तोहे तकीया बनेहूं ॥
दुहवां तोके नहीं लागत बहरिया चलो मैं तोके
बोजनवा डुलेहूं।
दुहवां तो देखवे दुलहै उजरी गढ़ैया चल मोरे
नैहरवा खासा बगीया लगैहूं ॥
दुहवां तो बन्धवे टूटोसी कपरिया चलो मोरे नैहरवा
खासा भवनवा छवेहूं।
छोटासा देवरा मोरे करमके लिखिया दुलहे
ओहो गुनवामें सहोरे तोरी बोलिया ॥

राग बरवा -- तिताला

सइयां बिन ससुरैमें नैहरको बासोहो।
मात पिता घर लग नहीं मोरे हो अचरज आवे
मोहो हांसो ॥
पांच पचीसको मन्दिर काया सइयां नहीं देखो
मैंतो ढूंढ़त उदासो।
गावै गूदर गुरु मोहे लखायो तबते जो भई मैंतो
चरणको दासोहो ॥

२

सइयां बिनु नोको नहीं नैहरको रहना।
वारे व्याह रूप जिन दोना पांच पचीस पहरायो
मोहे गहना ॥
दुनना पहर धन चललो ससुरवा सइयां
निरमोहिया जो माने मोरे कहना।
दोन चारे रसनाके कारण गावै गूदर दुख तापर
बड़ सहना ॥

सांवनी बरवा—ताल रूपक

अबके सावन सइयां अवइहों लेहों चुनरी रङ्गाय।
देख देख कारे बदराहो जियरा अधिक हुलसाय।
व्याकुल रहतहों निशिदिन को पतियां लेजाय ॥
ज्ञानहोके खंभ बनाबतो डोहु ध्यानको डोरी लगाय।
झुलवा झलोंगो बजहन पिय सङ्ग पञ्चतनके गुण गाय ॥

२

सइयां जो मोरे घर आवैहो दियला मैं घोके जराय।
सावन मास सोहावन पिया बिन रहो ना जाय।
झुलना झूलूं त्यों बालम सङ्ग चूनर लेतो रङ्गाय ॥
झूम झूम आवे ज्यों ज्यों बदरा त्यों त्यों जियरा डराय।
आस न छांड़ो बजहन कहतहे साहिब तेराहै सहाय ॥

३

अबके सावन स्वामी घर रहो मूरख गँवार।
दामनी दमके जियरा लरजइ हो बरसेहै बरषा बहार ॥
सांप न छाड़इ कञ्चुकी, नदिया छाड़े न करार।
चतुर ना छांड़े वाला जोवन, जोबनको सुखसार ॥
पइयां परत बजहन सिखबतें बिलसहि कर
सुख प्यार ॥

१४१

बीजुरी चमकै जियरा लरजइहो सइयाँ नहीं आए
हमार ।
कारी कारी घटा आगन छाईहो कासों करों मैं पुकार।
नान्ही नान्ही बून्द मेहा बरसै हो कोयल टेरत गोहार॥
कासों कहों सन्देशवाहो काम करत तन गार ।
अबकी बार घर आवहु वजहन ओर निहार ॥

५

एरीए मैं भींजन उन बिन कबको खड़ी बिरह
सतावत घरोरे घरो एरो ।
सपनेमें आय मोरो मन लेगया दे गयोरी मोतियनको
लरो एरो० ॥
बिन रसिया जियरवा उमड़ोहो आवै लाग रहो
असुअनको झरो अरोए मैं भी० ॥

६

करको सुनत मोरा जिया धरकै चमक चमक
बीजरी करकेरे ।
बीरो फिरतहुं तुम बिन रसोया लोगवा हंसत
मोरि हरकेरे ॥
कृष्णानन्द चुभी चितवन तोरी निशिवासर मोरे
हिय खरकेरे ॥

मलार—तिताला

अच्छा नीका टोना लागी साँवरेको रस बस होय
मेरे जानो ।
अब छाड़ा कर कर पइयाँ पर पर बनरोंके हा कुरबानो।
जन्तर मन्तर जादू करके बनरा हाथ बिकानो ॥
करखा कचा सूतहै कचा बनरा बस भए आनो।
नाचना हाथों ज़मान फिरे यहतो अपना बनोके
भए मानो ॥
बनरीसे अब आंख लगावन निरखत भएहैं लजानो।
बिन दामोंका गुलाम कहाया कामरू मन्त्र पढ़ानो॥
दिलको अङ्गूठीमें पुतलाका दस वन्ध ईश्कको
आग लगानो।
सोनेको चौकी पर आंखको मखमल पलकोंसे
सेज बिछानो ॥
कान पकर कर सामने आया हाजिरहै फ़रमानो।
कृष्णरसिकको रस वस करलिए राधे हाथ बिकानो ॥

बरवा—तिताला

नैनवा लगाए लिए जायहो बलमा मोरे ।
सगरी रयन मोहे तलफत बीतो तलफ तलफ जिय
जायहो बलमा ॥

२

सइयाँ मोरे वारोका भंवरा कटीला अँखिया ।
बीत गयो सांवन पीय नहीं आवन तलफ तलफ
जिय जात ॥

३

पातर मोरी करहैयां वा जानदे बालम मैं फेर ऐहों।
हमरे घरके लोग सब जागतका बदनाम करैयाहो ।
अबकी बार मोहे जानदे वजहन तोरे मैं लागूं
पइयाँहो ॥

४

भंजंगो सन्देशवारे उड़वे कागा राह बतादे ।
लिख लिख पतियां मैं सगुन मनातो जा भँवरा
वाहु देशवारे ॥

५

हमारे तीरथ कौन करे ।
मनमें गङ्गा मनमें जमुना भटकत कौन फिरे ॥

६

जियरा मोरा लाग रह्यारे रां जइहूं बजारे बजार ।
गङ्गा पूजा देवी पूजा और पूजा भैरवनाथ ॥

बिहारी—तिताला

लेचल बजारे बजार मोरा जियरा न मानै ननदो ।
छोटा ननदो छांटेहो दिवरा छांटेहा चारों कहार ॥

पीलू—तिताला

हरि हरि बोलनावे जगमें जोबनहै दिनचार ।
जो आया सो सबही जायगा देखो समझ साच बिचार॥
आप स्वारथीहै सब दुनिया झूंठाहै संसार ।
जानकीदास आपचरणनको छूट गया जञ्जार ॥

बरवा—तिताला

समुझ समुझ मन गुरुकी बचनियाँ ।
जबतें सतगुरु साँच न पाया तीनलोक कहुँ मिले न शरणियाँ ॥
अनभो उदित मुदित घटहीमें निरख निरख छवि जाए वरणियाँ ।
गाढ़े गूढ़ संशय भागो जबतें पुरुष चले आप धनियाँ ॥

झिंझोटी—ताल बिसटा

ऐसा किसका होय ऐसा मगन मन मेरा ।
हरि गुरु संत कृपा करी मोपर मिटगया भरम अंधेरा ॥
असन वसन और खान पान सुख शुचि हरिचरणन केरा ।
जानकीदास आश भई पूरी भया हजूरी चेरा ॥

पीलू—तिताला

मेरो न बनो महाराज शरण आए सबको बनो ।
ध्रुवको बनो प्रह्लादको बनो अम्बरीष गजराज ॥
शिबरीको बनो अहिल्याको बनो गीध व्याध खगराज ।
शुक, नारद, भीष्म, कुन्ती, द्रुपदाको राखीहै लाज ॥
शिव, ब्रह्मा, इन्द्रादि, देवता रटत रहत धर्मराज ।
पाराशर, पुण्डरीक, व्यासजी, भीष्म, सुदामा, द्विजराज ॥
हनुमान, सुत सौनक, वल्लभ, सुग्रीव, कपिराज ।
रङ्का, बङ्का, पीपा, नामा, सैना, धनाके, किए काज ॥
मदनारे दास मीराबाई कृपा करी हजराज ।
ब्राह्मण, क्षत्री, वणिज, अंत्यज, बनचर, निशिचर-राज ।
और अनेक पतित तारे तुम कहांला गिनो मैं राज ।
ऐसाही तेरो विरद सूर प्रभु जांह गहेकी लाज ॥

जंगला—तिताला

मैं हरि पतित-पावन सुने ।
हम पतित तुम पतित-पावन दोनो बानक बने ॥
गीध, गणिका, गज, अजामिल, साखी निगम भने ।
और अधम अनेक तारे जात कापै गने ॥
जाम नाम अजान लीनो नरक यमपुर मने ।
दास तुलसी शरण आयो राखिए अपने ॥

पीलू—तिताला

तेरो मेरोरे जियरा मिल जाय राम ।
सकर खटोलना पर दोय सुतवैया कममसरे मोपै रहिलो न जाय राम ॥

२

तोरा मोरा जियरा अब जारल कौनसी बाटो राम ।
हरिनामकी रोटी करले आगे शहर नहीं कोई घाटी राम ॥
धर्मराय जब लेखा मागे त्रिवेणीके घाटी राम ।
कहत कबीर सुनो भाई साधो;माटीमें मिल गई माटी राम ॥

३

मोहन बसे कृष्ण मेरो कौन नगरीया ।
गोकुल ढूंढ़ो वृन्दावन ढूंढ़ो किनहूं न पाई खोज खबरीया ॥

४

मैं देतोरे कजरवा पिया परदेशवा ।
कगवाके हाथवा मैं भेजतो सन्देशवा पिय नहीं आए जिया भयोरे अन्देशवा ॥

५

दे कजरा भमकावतरे बांकी नैना जोबनाके माते ।
मनरङ्गमा पिया गरवा लगावो इतउत काहे भरमावतरे ॥

६

नींद गईनो मोरो पिया बिन सजनो कलसे बेकल भई ।
चोंप चोंप खाव ख्यालमें नागर रस माहे आन जगावे ननदो ॥

७

मैनु छड्ना वे काह भनक सुनेगा यार ।
सुन पावे काई माल मुकद्दम सुन पावे पटवारी ।
शाह इसमा काजो होदा सिर पर गठड़ी भारी ॥

८

तोरे नैनवा दिवाना छुटत नाहोरे ।
बड़ो बड़ो अंखीयनमें लाल लाल डारे तेरो सांवरी सूरत भूलत नाहीरे ॥

देश—तिताला

मदको न जगावो सइयां निंदीया लागीरे।
बारे बरस पर सइयां मोरे आइलो पइयां तोरे
लागूं॥ म०॥

बरवा—तिताला

बन्धावो ह्मारो धीर एरी सखी सांवन आयी।
भर गए ताल तलैया मोरे सजनी वरसन लागो मेह
उनआई बादरो देरनोया भीजि ह्मारो चोलोरे॥

२

मीया मैनु तारणावो रैनु तारणा।
सोषा तेड़े लटक चाल पर मेवारो०॥

३

सेवत चरण गुरु धन जगभागु।
कोटिन तीरथन जेहो बसे चरणन महं त्रवेणी और
मकर प्रयागु।
दरसन किए अघ गएहु सबही कलमष देखत सबही
खोयो।
तेहो आगि चौरासी भ्रम गयो चारियुग रज द्रग करि
धोयो।
गावै गूदर प्रभु जेहि मति दीनो गुरु-मरजाद
करणसों लागु॥

४

राम नाम गुण जात न वरणो।
शेष, महेश, शारदा, कृपासिन्ध कहांतक करणो।
हारे आदि अन्त सुर नर मुनि जोजो जनम लिया
यह धरणो॥
सहस अठासी नौनाथ सिद्ध योग जुगत कर हारे
हरनो।
चारउ वेद भेद रघुपतिको गावो गूदर सब भए शरणो॥

५

सईयां हमारे पठवल एक चोलो।
तामें पांच तीन नव बूटे पहीन पहीन धन भइ
अनमोलो।
सो चोलोया हम तन मन पहीना सो बन्दोया मोरे
सतगुरु खोलो।
भयो विहार वजहन कर सजनो गुण औगुण चढ़
ग्यानको डोलो।
गावै गूदर धनोया ससुरे तनी कुट गइला ताना माना
नैहरको बोलो॥

६

कुबजासे वचन कहु हरि सोठो।
उर बीच गाढ़ो कुवरी पोठो॥
कहेहु वचन प्रभु सनमुख ठाढ़े वे चेरीको जात
होत जग ढोटो।
गावै गूदर कहिं दास होत व्रज-दासीके दास भये
हो वसीठो।

७

जनम जनम की प्रीत परोखो।
तब चेरी पटरानी भई है बिधि बड़ भाग राख
ताहि लीखो॥
सूर्पनखा भंग कियो दियो और तन भई सबत
अमिय बिच बाखो।
गावै गूदर कहो मरजादा प्रभु बसकियो कवन
गुण सोखो॥

८

चलहुके चलहु दुलहे मोरे नैहरवा में तोके लेके ना
अलग होयके रहवूं दुलहे।
इहवां तो खावे दुलहे रूखो सूखो रोटिया चल मोरे
नैहरवा खासा भिनवा भतवा खवैहूं॥
इहवां तो खावे दुलहे टूटे फूटे पनवा चल मोरे
नैहरवा खासा बिरवा लगैहूं।
इहावातों रहवे दुलहे टूटे फूटे घरवा चल मोरे
नैहरवा खासा बङ्ला छवैहूं॥
यहांतो सुहवे दुलहे टूटोसो खपेतोया चल मोरे
नैहरवा तोंके पलंग बिछैहूं।
दूनोरे जोबन असकर खम्भवा गड़ैहूं आधी रातोया
तोकों झुलवा झुलैहूं॥

बरवा ठुमरी—तिताला

कांई जियरा हमार हो कमि भूमि आवै।
आपन आवै बारी ना लिख भेजें जब सुध आवै
पीतम प्यारहो ॥
जबके गए भए वांहोके हमारो सुरत बिसारहो।
रागरङ्ग प्रभु आनमिलो महै बारबार बलिहार हो ॥

२

देखहु न पायो गुजर गई राती।
वृन्दावनको कुञ्ज गलानमें मोहन मिले तो लगाय
लूंगी छाती ॥
सुन्दर-श्याम कमल-दल-नैना सांई मेरे जनम
जनमको सङ्गाती।
रागरङ्ग प्रभु मुरली बजावे मधुर मधुर सुर लागतहै
सुहाती ॥

३

रैण रही थारा मोरे सइयां नहीं आएहो।
सगरी रैन मांहि जागत बीता कवन नवल तिया पिया
बिलमाए हो ॥

४

मोहल्यूं जोबनवाको पार सइयां कैसे धरिहौं धीर।
आधीरात भयाबनोरे घटमें बरसत नीर ॥
पीउ पीउ रटत पपीहरा बोलत मारगभोर ॥ सइयां०।

५

मैंतो आऊं आधीराती तोरा माथा ढुकूंला।
तुमको मेरे मनमें बसनको तुमको मेरे जनम जनमके
सङ्गाती ॥

६

गइलो निशिया भइलो दिवसवा मोरे सइयां नहीं
आएहो।
मनमें अन्देशवा आलो न सन्देशवा केशवा अनत
बहसवाहो ॥

७

रैन विदा होने लागोरे मीता मोरे।
जैसेहो में उनोदी तैसोहो जागो हो ललना मोरे ॥
उठ भिनसारवा गरवा लागो हो ललना मोरे ॥

जंगला—तिताला

छल्ला मेरा यारदा निशानो वेखा सइयों।
इस छल्लेदे होग नग जड़ाया बार बार पावां पानो ॥

बरवा—ब्रह्मताल

बोलन लागे हमसों कान्ह याहो ब्रजमें।
तू कौन हैरी कहा तेरा नाम कहदे मो आगे ॥

बरवा ठुमरी—तिताला

मोरा बादरवा गरजेरे पिय परदेशवा मोरे सपनवाहो
गए रामरे।
आगरेको लहंगा बुढ़ानपुरको छीट,
पटनेको मोहनमाला हीराके बीच ॥
मोरे जीयरवा लरजेरे ॥

२

मैं मरी दरदका माता अटरिया कैसे जाऊंरोमैं०।
सेज चढ़त बाजे घुंघरू जागे जागे नगरके लोगरी ॥

३

चलत वदन कुमलाय गया मेरे सइयांने पूंछो बातरी।
अपने सइयांको मैं ढूंढन निकसी सङ्ग नहीं कोउ साथरी॥

मिश्र बरवा—तिताला

पनघटवा कैसे जाऊंरी बीरा ठाड़ो मोहन
मग बाटमें।
निशिदिन मइकूं रोकत टोकत हाट बाट औ घाटमें।

२

मोरे सइयांका किन बिलमायारे मैं ठाड़ी नगरके
बाटमें ॥
अपने सइयांको मैं जग ढूंढ़ी ढूंढ़ी यमुना घाटमें।
अबमें ठाड़ी ठाड़ी गोकुलके घाटमें ॥

३

मोरे सइयां मिल्या नहीं आजरी मेरा रह्यो जियरा
घबरायके।
ढूंढ़त ढूंढ़त मैं जो फिरीरे सइयां न आया बगरायके।
मिलवेको मेरा जिय चाहैरे तू आन मिलो मोरे
जानी ॥

१४२

धानी—तिताला

मोकों मिलेरे कृष्णनवन कन्हैया।
बरसानेको ग्वालिनोरे घर घर देहि जनाय।
चलो सबे मिल गोकुलारे गोरस बहोत बेचाय॥
गोरस रस बनायके धर मटकोकों शीश।
ता मारगमें मैं गईरे आय मिले जगदीश॥
आवत दृग नहीं देखियारे ग्वाल सखा लिए साथ।
सिर मटको डगमग भई जब डाखा दधिये हाथ॥
कोई अंबर काई करगहे कांई मागे दधि दान।
कोई कहै तुम बन बसोरे कोई मारे दृगसान॥
सुनो सखो दधिको बेचख्यो इह चरित्र बन कान्ह।
गावे गूदर कर जोरके तब मैं भईहै आधीन॥

बरवा—तिताला

सनमुख रामचरण गहे लोनों।
आवत केवट देखे दूरते धन विधि भाग आज मोहि दोनों।
चढ़इ न देत नाव पद बिन धोये जोयमें न डरत महाप्रण कीनों॥
प्रभु मुसकाय निरख धींवरकों आपन जान भक्त कर दोनों।
धन धन भाग निखाद सुरसरितट अमोध जनम जग मोनों॥
आमिष भोजन आमिष वचन तेहि सन्त बराबर कियो प्रवोणों।
गावे गूदर यह प्रभु मरजादा तारनो तरह जात मतहोनों॥

बरवा ठुमरी—तिताला

कह्यो कथा सब अकथ कहानो।
पाँयो न भेद वेद, ब्रह्मा, नारद, शारद, ईश, भवानो॥
पायो न आदि अन्त वनि वाको रचना कियो जग जन सुन वानो
गावे गूदर यह प्रभु योग माया याके सबे बुधि बौर भानो॥

मोहे लग्यो विरह वैराग अबमें जोगन भई।
चारों वेद भेदसे पूंछे तीरथ कोटि गई।
भेष अभेषको कियो नानाविध सब बचन कहो॥
सहस्र अट्ठासो नाथ नवो सिद्ध सब हरि एक पंथ लहो।
गावे गूदर गहो नाम हरीको जो गुरु ज्ञान दई॥

३

अरो मैं होवूंरे जोगनिया सइयां हेरोरे।
बसन रङ्गाय तन भस्म चढ़ाऊं नगर नगर करूं फेरोरे॥
विवसहो वस आवत नाहीं छलबल कियो बहुतेरोरे।
गावे गूदर कोई पियाकों मिलावे पइयां परूं होवूं चेरोरे॥

४

मैं सइयांको जगाऊं सारो रतियांरे।
निशिदिन नैना में जोबना सम्हारू सइयां कुसल कौन बतियांरे॥
सारो अवधमें बैठ गवांई तबहूं न लागे मोरो छतियांरे॥

५

राधे तोम तोम तोम तोम तोम तोम तोम प्राण पियारो राधे तुम।
रटत रहूं तुव नाम रैन दिन करूं तिहारो ध्यान।
तुम बिन मोंको कल न परतहै तुम मेरो जोवन-प्राण समान॥
निरख जिऊं मुखचन्द तिहारो हो वृषभानु-दुलारो।
एकवार हंस हेरो मोतन जानकीदास बलिहारो॥

६

हरि कुवजा विलमावतरे कौनसो रोझपरो सांवरेको।
आपतो जाय द्वारका बैठो व्रजयुवतिन तरसावतरे॥
जा कुंजन मग एक सङ्ग रहस्या सो कहूं नजर न आवतरे।
गावे गूदर सब करतब ऊधो अब हमकों भरमावतरे॥

७

गोरीया धोरे धर गगरीया छलकोय न जाय।

सुकृत पुराकृत पुण्य-पुञ्जसों भरपायो अधिकाय ॥
नहीं सम्भार धरत सुन सजनी फिर जइहै टरकाय ॥

८

चमक गईलो बीजलीसी गोरीयारे।
एक बैरन मोरी सास ननदिया सहनो न जाय
बोलीया ठोलियारे ॥

पीलू ठुमरी—तिताला

सइयां परदेशवा रे लिखतोरे कगदवा।
सास बुरी मोरी ननदी हठीली सौतनके बोल मोरे
सालेरे करेजवा ॥

२

गोरीया बदन लचकावतरे सांवरे सलोनवा मोहनीया।
कदलीसो जनुव सुवा नासा सोहै छतियां नरियल
मोहलिया ॥

३

नई नई प्रीत लगावतरे सांवलीया गिरधारी नन्दको।
हों यमुना जलभरन जात जब नैनकी सैन चलावतरे॥
सुन्दररूप भूप मनमोहन बंशी मधुर बजावतरे।
राग रङ्ग प्रभु चरण धरे कर बैकुण्ठसों सुख पावतरे ॥

४

हरि भज विलम न कररे नानची मनुवा।
या संसार काठ किवाड़ो समझ समझ पग धररे ॥
गुरुप्रसाद साधुकी सङ्गत परदारा परहररे।
नानकदास नामटा बेड़ा तेह चढ़ि पार उतररे ॥

बरवा ठुमरी—तिताला

तोरी बान परी हांरे सांवलीया हो।
बहियां पकर मेरो मन रस लीनो सास ननदी
मोसों झगरो ॥

बरवा—तिताला

मोरे कन्हैया हो अङ्ग मोरे कुइ कुइ जाय।
अङ्ग मोरे कुइ कुञ्जन बन गएहुं केह द्रुम रहेहु
छिपाय ॥
ढूंढ़त सुर नर मुनि जन थाक्यो कोउकर गहेलो
न जाय।
गावे गूदर विनतो सुन मोरो दरसन देहु दिखाय ॥

कोयलीयारे बोले चम्पुवाका डार।
हरो हरो कलियां फुलन बगवा बोल मधरो बचनीयां
उचार ॥

३

अरे दुरमतिहारे गुरु बिन कौन सुधारे।
गुरवाटो और नाम औषधि पावत त्रिविध दुख जारे।
अन्धकार मिटगयो सकल भो ज्ञानको दीपक वारे ॥
सूझ परो तहां परम जोतरे पांच पचीस गहे मारे।
गावें गूदर मांड़े मत दीजो आवागमन निवारे ॥

४

नींदरो न आवे सारी रात मोरे बालम।
मोरे पिछवारे पीपरका बिरवा तकत रहो सारी
रात जात ॥

५

तोरो नैनवादो वान छुटत नाहीरे।
बड़ो बड़ो अँखीयन कजरा दाना तोरो सांवरो सुरत
विसरत नाहीरे ॥

पीलू ठुमरी—तिताला

मैनु छेड़नावे कोई भनक सुनेगा यार।
सुन पावे कोई माल मुकद्दम सुन पावे पटवारी ॥
साहनशाह हाकिम मेरे सिरपे गठढ़ी भारी ॥

त्रिहारी—तिताला

उठ जागरो गोरी तेरो अँखीया हैंगो खुमार भरो।
नाजुक रङ्ग तोरे हँस हँस कहँदा फिर फिर देख
तुमकोरो ॥

बरवा ठुमरी—तिताला

नोइरो बुहारनो अङ्गनारे रसमातल गोरीया।
नैवल बुहारती पीय मोरा आइलो मैं चढ़गई
पियाको नजरीया ॥

२

सांवलीया मोरा जीयरा लगाए लिए जाय।
सपनेमें पिया तोरे गरवा लगतहों कहा करों मैं तेरो
पिया निरदेया काहे भईलवा मेरा मन गएहै बिकाय ॥

मिरजा तोरे अङ्गना सासू जाने नहींदे।
पायल मोरी रुनझुन बाजे छोटी ननदी नहीं आनेदे॥

४

फरकतहै मोरी बांह पिया तोरे गरवा लागूंगी।
हंस मुख पीयकी मैं सपनेमें देखे जोय छोत
सोय सांय॥

बरवा—तिताला

गुरु दीना वारांग यह अन्ध कूप संसार।
मायाके रङ्ग रची सब दुनिया नहीं सूझ पड़त करतार।
पुरुष पुराण बसे घट भीतर तिनकाके ओट पहार॥
मृगाके नाभमें कस्तूरी बसतहै सूंघत भ्रमत उजार।
कहै कबीर सुन भाई साधो छूट जात भ्रम जार॥

२

गुरुमुख वचन अमी मम लाग्यो।
धन गुरुगोविन्दको पद दीनो जनम जनम युग
संशय भागो॥
तबते मन मोर सुमत भयोहु मोर तोर मम सब
धन त्यागो।
गावै गूदर गुरु अनहद-प्याला पावत भक्ति उठ
अनहद जागो॥

३

गुरु आगिक मोहे दीएउ सिखावन।
गुरुपद-रेणु जो कोन सुमिर कोतिक पतित
जग तरिगया पावन॥
गुरुमुख मन्त्र तन्त्र अरि माया रुचित वमत जहां
प्रभु मन भावन।
गावै गूदर कियो रहित गवने पुन युग युग जनम
बहुरि जनहो आवन॥

४

बिन गुरुज्ञान सकल भ्रम होई।
जब गुरु दीनो नाम सजीवन आदि अन्त ताके
पूंछे न कोई॥
दीयोहु अमोपुर वस नीका गाऊं आदि नहीं
दुख तहां सुख होई।
गावै गूदर पद छुवत कमल कर अन्धकार मिट
दुबधा धोई॥

५

बिन गुरुपंथ सूझे जग नाहीं।
गुरु-पद-रज दृग भयो सुअञ्जन जबते साहिब देखो
सब माहीं॥
तोनलोक जो शोक विमोचन सारि बसत उर अपने
माहीं।
गावैं गूदर सब रतन पदारथ अन्त समय हरि-
पद तहां जाई॥

६

दुलहिन तोरि रजवा वेरन भईरे।
बिन देखे दुलह नेक न भावे सुखवा भईलै अजवा॥
सास मछरिया मनहु न भाव आर गेहुँवाको रोटी।
जाको पीया नित उठ चाहे वाको कमर छोटी॥

७

बोलै अम्बुवाको डार भला सुगियारे।
हरि हरि सुगोयाके लाल लाल ठोरवा कोन विरछ
तर छुइयां॥

८

हमरो कोउ न सुने जीयरा पराए वसमें।
सास ननदी मारो जनमको वैरन सइयां सोवत रसमें।
कृष्णानन्द विहरत निशिदिन तन पर्यो कसमसमें॥

९

सुमतीयारि हरि बिन काऊ काम न आवै।
हरि गुरु संत कृपा करि तब सहजहो भवपार पहुंचावै॥

१०

नैहरवां कोउ नहीं आए सुन मोरो सजनोरो।
सास ननद मारो जनमको वैरन दाहत दिन अरु
रजनोरो॥

११

बदरवा गरजे राम सइयां नहीं आए सपनवा होय
गये रामरे।

जागत जागत सब निशि बीती कौन तिया पिय
बिलमाए राम ॥

११

शिवजी जोगियारे सीतारामको मिलायदे।
काशीमें विश्वनाथ विराजे भवदे पार पहुंचायदे ॥
कृष्णानन्द यह अरज करतहै भवदे पार पहोंचायदे ॥

बरवा—एकताला

सांवलीया तोरे कारण जिय जाय।
पातर रहल्युं पातर गइल्युं जैसे कुम्रटाकी डोर ॥
अपने सइयांकों पनीया पीलावल्युं बिन लोटवा
बिन डोर।
बिन देखे कल पल न परत कछु रहें हो नैननमें छाय॥

२

सांवलिया तोरे कारण जिय जाय।
हाहा करत परत तोरो पइयां बहुत भांत समुझाय।
लोक कुटुम्ब हम सबही त्यागो तो तेरे नहीं भाय॥
औरन मों पिय हंसत बोलत हैं मोहि राखत
बहिलाय।
किन सौतिनके रसवस पागे हमसों नेह लगाय॥
दिन नहिं चैन रैन नहि निद्रा विरह दीन बौराय।
तन मन प्राण नोछावर कीन्हो और न कछु सुहाय॥
तुं बेदरद दरद नहिं जानत क्यों चितवत मतराय।
कृष्णानन्द अरज मोरी सुनिए मदनमोहन चित लाय॥

बरवा—खेमटा

लगनीया लागोरी मोरी गुइयाँ।
एकतो नई मैं नेहरते आई दूजी लाज सइयाँकी पाई॥

बरवा—ठुमरी

सुन मोरी सजनीरी वह सूरत अब नाहीं।
जबते गए सइयाँ भए वहींके बिरह बढ़यो मन माहीं॥
कृष्णानन्द कों एकबार मिलावें जाके बल बल जाहीं॥

२

एरी सुन दैया सइयांहो मोहि मिलो अब आन।
बिन देखे जिय चैन न परो पल बिरहा बढ़ो अब
प्राण॥

कृष्ण रसिक बिन कछु न सुहावे अब मेरो राखो
मान॥

बरवा—तिताला

मोरे बलमूरे उठत जोवनवा में पोर।
दिवस बीते अजहूं न आए कैसे धरूं जिय धोर॥
कृष्णानन्द अरज मोरी सुनिये मदन कियो तन भोर॥

२

निज पिया परदेशीया हो बिछुरन लागे।
कौन भरम भूला रहोलो नैहरवाहो कित बसाऊं,
कहले पियाको सुरतिया हो बिछुरन लागे॥

३

काहेकों प्रीत लगाईहो हम साजु।
हम जानो पिया और निभाहोगे पर बीचहो
रार मचाइहो॥

४

वैरन भई पिया बिन कारोरे कोयलिया।
जब सुध आवे तोरी आधी आधी रतियाँ विरहा
सतावै दरकावै छतियां॥

बरवा—कहरवा

ढूंढ़ लावोरी वंशी ढूंढ़ लावोरे गई गई श्यामा
तोरे ढिंग।
या वंशीया मोरे प्राण-जीवन-धन घरी पल छिन
वंशी नहीं भावो॥

२

रात सइयाँ पायल मोरी बाजे।
सास मोरी सोवे ननद मोरी जागे ससुरो अरटवा ठाढ़ो॥

बरवा—दादरा

नजराय गईरे बालम तोरे अगवा।
वैद बुलाओ मोरी नाड़ी देखलावो॥
सोनेको चिराद मोरा छोरा कङ्गना तोरा लाख रुपैया
मोरा बाला जोवना॥

कालिङ्गड़ा—दादरा

लपक झपक पानी भरके चलो छम छम छम छम
करके।

यार खड़ा दिलदार जरा देखो नजारा भरके हारे चलो० ॥

२

कैसी कैसी आन नई नई देखलाइयाँ ।
सब आने तेरी मोमन भावै सही न जाय एतेरी निठ़राइयाँ ॥
सनमुख ठाड़े तेरे प्यारे मुर मुर देख देख तेरो मुसकाइयां ।
जुलफेंहो दई मारे नागने छूटन जो केतेइ सिखाइयां ।
बीच फसे हमहु एकबार मोहें भए कर कुटाइयाँ ।
ध्यान लगावे कायम साहेबसे कब तक करोहै सबको भलाइयां ॥

बरवा -कहरवा

मेरा मन कैसा फंसाय गया जुलमो ।
रस वस नैना लगाय गया जुलमो ॥
अपने मन्दिरमें रहो सुख चैनसों आय आय जियको सताय गया जुलमो ।
सहज सहज घर आय आय मेरे चित मन लेके उड़ाय गया जुलमो ॥
नेह लगा झिलमिलके जियते भलो भलो भांतन समाय गया जुलमो ।
अब सो डरे जोउ प्रोतसे कायम अस कछु रोत सिखाय गया जुलमो ॥

बरवा—खेमटा

हारेसे बालम फिरगए राम राम ।
सोतीथो मैं नोदको मातो चितवनमें कछु कर गएरे राम ॥
या निंदोया वैरन भई मोरी घर अङ्गनासे नींदको मातो सोय गई अङ्गनासे चले गएरे राम ।
कृष्णानन्द दरस देहु मोहे सांवरो मूरत मन बस गए राम ॥

देश बिहारी—एकताला

सुन प्यारोरी वंशी गईहै चोरी ।
लई होय तो बतायदे राधे जीवन-प्राण मोरी ॥

काहेसे गाऊं काहेसे बजाऊं सुन वृषभानु-किशोरी ।
कृष्णानन्द डोलत कुञ्जनमें राग रङ्गको पूरो ॥

देश—ठुमरी

काहे लई मोरो चोर कन्हैयारे ।
लेकर चोर कदम चढ़ बैठो सुनो हलधरके वीर ॥
का मरो जातहो लाजको मारो कैसे तजहो नीर ।
जो कहो सोई करिहुं मोहन कृष्णरसिक अहीर ॥

बरवा—कहरवा

मैं तरुणी मोरे सइयां नदान ।
पांच मोहरको गैयां मगावल अरो दुधवा पिलाय मैं करलं सयान ॥

कालिङ्गड़ा—कहरवा

बांके मिरजामें टुल्लरी लूंगो ।
टुलरी तिलरी चालरीरे चम्पा गलेका हार ।
टुलरो गढ़ावन मैं जो गई तो पट्वाने मारी सान ॥

झिंझोटी—कहरवा

मिरजा साहेब तोरा गलियांरे मोरा हीयरा हराना ।
मैंने कहा मिरजा राखो सिपंया मिरजाने राखा पतरीया ॥
जब आई लड़नेको निरोया खिड़कोमे भागो पतरोया ॥

कालिङ्गड़ा - कहरवा

चलो राजा महराव करेको भोलपे ।
फिरंगोका डेरा लाल लाल कुड़तो तिलगंवाका पहरा बकराको भोलपे ॥

बिहारी—कहरवा

नदिया किनारे लगो जान गुदरो ।
जालीका कुड़तो कलिङ्गन्दरेका लहंगा रतन जड़ाव सइयां लेदे मुन्दरो ॥

जङ्गली—कहरवा

पायाहो ता दे महाराज बाजुबन्ध छूटा पलंग पर ।
सुन पावे मोरी सास ननदिया देवरा सुने आवे मामहे लाज ॥

२

लड़का रोवै पलङ्गपर बहियां छोड़ो महाराज।
मस्त भए पिया मानत नाहीं जागत भोर भइयां ॥

बरवा—कहरवा

मै बनोयानो सइयाँ मोरा बनोयारे।
मै बेचौं साग पात सइयां बेचें धनोया मनियारे ॥

२

भवसागर मोहे पार उतार।
लख चौरासी भटकत भटकत हरि आएहो शरण तुमार ॥
फिरत फिरत माला भई पूरी चरण सुमिरतें जिन मोहे टार।
कृष्णानन्दको आश भई पूरी भक्तवत्सल प्रभु होजो मुरारि ॥

झिंझौटी भूपाली—कहरवा

तोहोको देख ललचायरे गोरीया।
बारा बरसको कामनीरे छतियां उमग उठ आईरे ॥ गो० ॥

२

कौन लियो मन लियो मेरो एरी छलबलोया।
बांकी चितवन चितए आलो तन मन धनवा दियो छलबलोया ॥

३

किन छलोयो मेरा रतियां जियरवा।
सुन्दर-श्याम सपन हम देखो जाहि सुध दहकत हमरो हियरवा ॥
तेहुकी छवि देखत में भूलो पियरा जान पड़ा न सबरवा।
जागत नोर बहत अखोयनतें अब असुअन नित भींजे अंचरवा ॥
जग आय एसो पोत कहुं देखो यह विध काहूको लागो न हरवा।
मनसा फल पिया बिसके कायम तोरे गर लाग्योहै मनको हरवा ॥

४

रात सइयाँ मोरे मन बस गयोरो सजनो।
सोहनो सूरत रसभरो मूरत मन्द मन्द मुख हंस गयो सजनो ॥
अपने सइयाँको मैं वलि वलिहारो कृष्णरसिकमां भई सखी लजनो ॥

५

सांवरेके साथमें चलो जइहुँ सजनो कहा करेंगें
दुरजन पुरजन निशिदिन वाहोके शरण रमि रहिहुं।
घरी पल छिन मोहे कल न परतहै तन मन रस बस भइहुं सजनो ॥
कृष्णरसिकके हाथ बिकानो मन मानै मो करिहुं सजनो ॥

बरवा—कहरवा

सइयां बसायोहै चोर नगरीया में।
आप तो सइयाँ आवत नाहीं चोरवा भईल दुख मोर॥
नैहर सासुर दोनों भुलानें न कछु तोर न मोर।
गावै गूदर ये बात दोनों दोस रह गए नाता तोर॥

२

सन्त सदा उपदेश बतावत केश सभी सिर खेत भएहैं।
तै ममता अजहूं नहीं त्यागी कालने आन सन्देसे दिएहैं ॥
काल चला उठ मूरख तेरेहो देखत केते गयेहैं।
सुन्दर क्यों नहीं राम सम्भालत क्यों जगमें थिर कौन रहे है ॥

भैरवी या—तिताला

रे तिसना तू अजहूं न अघानो।
चौदेहो लोग अहार किएते सात समुन्दर पिए पुन पानो।
जहाँ तहाँ तू ताकत डोलत काढ़त आँख डरावत प्राणो ॥
धन्ध कुचावत जोभ हलावत याहोतें डायन जानो।
सुन्दर खात भई केते दिनहै तिसना तू अजहूं न अघानो ॥

बरवा—कहरवा

दाह देगए मोरे करेजवा।
मोरे मइकेसे आए सन्देशवा हमके चूरी पोके खेसवा॥

डमरा—कहरवा

पातर मोरी करहैयाँ लहंगवा भू लोटेरे।
खड़ी जनीया अरज करतहै सुनो सइयाँ मोरी बात।
घरकी जोरू गंवायके तुम सोवत पतरीयाके साथ॥

बरवा—कहरवा

भैरे महरवा मोरो डोलीया फन्दाय।
त्रिकुटी चढ़कर देखन लागी केतीक दूर मोर पीय
कर गांव॥
इस डोलीयामें दस दरवजवा चार कहार मिल
घर पहुँचाय।
कहत गोपालदास कहरवा चरण कमलको मैं
बलि बलि जाय॥

२

कारे कुंवर टुक दरस देखाय।
जो जनती करिया कपटीहै हुज माखनमें देती न खाय॥
कारे भंवर रस कादर ना जाने सब फूलनमें रह्यो
लुभाय।
खगपति कवि तोरी रीझि समझती सब सखी लेती
कुंवर बनाय॥

३

मइकुँ लेचल देवरा अगम कुंइया।
अम्बुवाकी बगीया पुड़ीया पकावती सिजीया।
बिछावती लुटावती भुंइया॥

४

लागत वैरी बोलरी कोयलिया तेरे।
जो मोरे श्यामको आज मिलावै तो तेरे बोल
अमोलरी॥
उठ उड़ जा मधुवन पीपर पै छलीयनको छतीयां
छोलरे।
प्रेमरङ्ग तिन घर सोहली विरह-विथा मत खोलरे॥

राम भजन मोहि श्रवण सुनावो।
सुनत पापके ताप नसावत तन मनके सब कलुष
बहावो॥
नाम कहत सब काम होतहै दुरदिनको दुरबुध
दुरावो।
रामचरण पद-पावन चाहो प्रेमरङ्ग प्रभु लगन
लगावो॥

६

चल मनरे तिरवेणी न्हाय।
कोटि जनमके पाप कटत हैं भारद्वाजके
दरसन भाय।
मकर मासमें परे अमावस ब्रह्मादिकको मन ललचाय॥
जो तिरवेणीमें देही बुड़को सुरपुरलोक वैकुण्ठ जाय।
पूरणानन्द आश रघुवरकी पितरनको वैकुण्ठ पठाय॥

७

ले चलरे जहां अपना न होय।
घरमें छाड़ल पुरुष पुरना दिन चार पइहुं जोय।
जब हम चलली अपने ससुरवा गरवां लगाय
हित मित ले रोय॥
तोरे कारण हम धन माया तन मन दोनों
दिहली खोय।
इन पाँचोही कजरा लगावल सइयां मिलन गए
सब धोय॥
और देश बालम ओरे सहैयारे हम तुम अब रहबे
सोय।
गावै गूदर सब भूंठ सनैया समुझ बूझ सङ्ग
जैहै न कोय॥

८

प्रभुसे मिलना कैसे होय।
पांच पहर धन्धेमें बीते तीन प्रहर रहेहै सोय॥
मानुष जनम अमोलख पायो सो तैं सबही डाखो खोय।
मीराके प्रभु गिरिधर भजीये होनी होयसो
अबही होय॥

नेहरवाहो मोंसे रहीलो न जाय ।
जब सुध आवे बारे बलमको गिनत गिनत दिन
रैन बिताय ।
रहत अन्देश सन्देश न पावत नई लगन भई
एरी बलाय ।
पचरङ्ग चुनरी मैली भइली पिय बिन विरह
विपत रही छाय ।
भिक्षुकके सब ध्यान बतावत बिन सइयां मोहे कछू
न सुहाय ॥

दादरा—बरवा

एकबार फेर जालम वंशी जो बजाव ।
वंशोको धुन सुन भईहौं बावरो तन मनको जानो
काहे तरसाव जालम एक० ॥
जनम जनमकी चेरी होतहूं, अबही लिखत वजहन
जो तू लिखाव ॥

२

मधुवा मोहे पिवाव मोरे जालम इतनो बात
मानले बालम् ।
प्रेमकी भटी देखो देखके ललचावत जियरा वेगो
छकाव इतनीबा० ।
मेरी तेरो प्रीत सब जानतहैं अब न छिपत वजहन
कितनो छिपाव ॥

२

मेरे मन बस गए बनवारी बनमाली ।
रामकृष्ण निशिदिन सुमरण करो तन मन धन
सबही में वारी ॥

बरवा—कहरवा

ध्यान धरो सांईते अपना ।
गुणको वात समुझो कछु बूझो औगुण देहो विसार,
गौने के दिन नेड़े आए अब नेहरको चलना ॥
साँच बात बूझो ते याही फेर जगत सुख सपना ॥

१४४

बरवा—दादरा

मैंतो पियसों चूनरो रगाऊंगो ।
करजोरके विनतो करके जावनको उमग देखाऊंगो ॥
जादिन पायो मन्दिर बिच वजहन लाख जतनते
रिझाऊंगो ॥

झञ्झा—दादरा

बालम लेहो खबरिया हमारो ।
प्रेम गगरोया शिर धर लोनी सागर दूर और बोझा
भारो ॥
डगमग पांव परत अब बालम अब घाटहै निशि
अँधियारो ।
सङ्गको सखो सब दूर निकस गई वजहनकों नित
आश तिहारो ॥

२

यह कैसो केसी मुरली बजाई आज कान्ह ।
भनक सुनत हिरदे बिच मोरे लगो गयो जैसे बान ॥
बहोत सखियनको यही गत बजहत जिन जिन
सुनी याको तान ॥

बरवा—ठुमरी

मोह लई मोहे भरत गगरोया ।
आयो कान्ह गउन सङ्ग पनघट एसो बजाई वाने
बैरन बंसरोया ॥
जगतपै गागर कुए बिच करवा हाथको हाथमें
रह गई रसरोया ।
अब वजहन कछु बन नहीं आवैरो गल बिच पड़
गई प्रेम फसरोया ॥

देश—दादरा

सुने नहीं जात मोंसे ननदोके बचनवा सोख न पायो
नेहरवा ।
भेज दियो एसो जलदोरे गवनवासु० ॥
कैसे होय बाजी पिया वजहन ना मोंमें रूप नएसोरी
जोबनवा ॥

बरवा—कहरवा

बिन मधु पिए मोसें रहिलो न जाय ।

नेह कियो कालबरवाके सङ्ग नगरके लोग याते
अधिक रिसात ॥
जबते भयो मतवारो वजहन घटही में सूरत पोको
दिखात ।

झञ्झा—भरवा

मैंतो कौन जतनसों रिझाऊं राम अपने पियाकों
पावों तो सजनी ।
लाजही लाजमें दिन बीत गई अब बैठा पछताऊं
मार राम ॥
लाख सिङ्गार करोंमं वजहन नएरी जोवन कहां
पाऊं राम ॥

झिंझोटी कहरवा—तिताला

अबहूं ना तुम चेतरे मन अबहूं ना तुम चेतरे ।
सङ्गके मीत सब छाड़े जातहैं औ छाड़ गएहैं
केतेरे मन ॥
गवनेके दिन नेरे आवतहैं कबहूं तो नाम साहिब
का तुम लेतेरे० ।
झूठे जगतमें कायसों [illegible] खे भूल रहे वजहन हो एतेरे० ॥

सिन्धु—आड़ा

का मुखले घर पीके जाऊं ।
नैहरमें कछु ढङ्ग नहीं सीख्यो गवनेके बाजन बाजे
चलेहैं अङ्गनामें ठाढ़ी ठाढ़ी लजाऊं ।
नगरके लोग फरकेलों सङ्गहो आगे कोउ परि
है न पाऊं ।
लागि उनके चरणको आशा वजहन वाको
मोहन नाऊं ॥

बरवा—सावन

अबतो रङ्गेहूं चटक चुनरीया जो पिया आवै मोरो
नगरीया ।
ज्ञानको रङ्ग ध्यान को बूंदा जेहैं सोहै वजहन
उनको पगरीया ॥

पीलू

जैसे पानी रङ्गमें डारे रूपको खोय ।
एसे जे मनमोहन ते मिले सो मनमोहन होय ॥

पूरवी—एकताला

नैया मोरो हरिजो लगावेंगे पार ।
एसो और कहो कौन दूजो चतुर सुघर खेवनहार ॥
गहरो नदो तो कहा भयो वजहन मनमें हरिजो
विचार ॥

२

क्या सांई तुमते है दूर सुनो साधोहै हजूर ।
यह ठाटी दुविधाको टूटे दरसन पावो जरूर ॥
बात वही सांचीहै वजहन जो बोला मन सूर ॥

मुलतानी—धनाश्री

साधो भाई सांई साध परवोना ।
हरिको सुमरण हरिको माला हरि हरि हरि हरि
चीना ॥
हरिको ज्ञान ध्यान जग हरिको हरिसों और
न भीना ।
कुशलरसिक रङ्ग हरि सङ्ग राता हरिचरणन चितदीना ॥

परज

ख्याल नाहि सधमें होती भई ततदारमें ।
देश विदेश फिरा जोहि प्यारवा मो पायो अब घटमें ॥
काहको छिपावो काहूते वजहन देख रहो रङ्ग
घटघटमें ॥

मंझौटी

जिस देश मेरा प्यारा बसदावे वाही देशमें भी
जाऊंगी ।
पिया योगीया तो मैं भई योगीनिया अङ्ग भभूत
रमाऊंगी ॥
निपटहै व्याकुल मन मेरो वजहन जबलों दरस नहीं
पाऊंगी ॥

२

प्यारानो गरूर करदा सानु असीतो बन्दाया हजूर ।
तुझ वाजु हुण होर न दिसदा तुही तुही सबदे
अन्दर जहूर ॥

भैरवी—आड़ा

बरछी कहो यह नहीं ना यह तीरन बान ।
याही में एक मरोरहै सो धर धर खेंचत प्रान ॥

भैरवी—ठुमरी

सांवलिया देखो कैसो चलाईहै सेन।
मोह लियो मन मेरो सखोरी कल न परत दिन रैन॥
अब वजहन क्यों क्या वन भावै लगगए जब नैन॥

बरवा—ठुमरी

सांवलोया प्यारे मोकों सुनादे वंशो तान।
जैसो बजाई वादिन मोहन सप्तसुरन बन्धान॥

बरवा

मन हर लियो मेरो मुरलो बजाय।
नाम कन्हैया ब्रजको बसैया एसो ढीट बात कछू न बसाय॥
नोकी चाल नोकी छवि वजहन कैसे न यह जियरवा लुभाय॥

बरवा—कहरवा

तोरी चितवन चित चोररे सइयां।
चितवतही मेरो मन वस करलोनो छाड़ छाड़ छाड़दे मोरो बहियां॥
एसे निठुरको प्रीत कहा वजहन जानदे घर मोहा परतहूं पइयाँ॥

बिहारी

कोज पठवे जो सागर मैंतो ना जैहूंरे।
मोहि कारण बन बन ढूढ़ों सब गांववा के घरमें छाड़के कहो कैसे निकसे पावमें॥
सास ननदीया जनमको वैरन उनहोके सब लोग।
चोरसे कहतहैं चोरी करले साहसे करतहैं जोग॥
सात समुन्दर तनमें वजहन परतहै मोहे दिखाय।
सुरत निरतसों पनोया भरहों गुरुके चरण चित चाय॥

बरवा

बालमरे मोहे गरवां लगाय।
हित चित मित कर जित तित नित तूंतो बिन मोहे कछू न सुहाय॥

बिहारी

मोती भरनेके पानी राम पोलेहो।
पाहलो सइयां करिहै सिकारवा एड़ा गेंड़ा चिल पाड़ा बाग मारोलो॥

सोरठ

पपोहा पापो सोवन नहीं देत।
जबहीं पलक लागन पै होतहै तबहीं जलावत चित॥
एसो हूक उठत हिरदे बिच नाम जो पियाके लेत।
एक घरो चैन परे नहीं वजहन करके विदेशोयासों हेत॥

देश॰

चितवत नाहीं मेरो ओर एरोए मैं ना जानूं काहे।
चार दिनाका जोवनहै वजहन तापर इतनो मरोर एरोए मैं जा॰॥
अरे पपोहा कलसरे तोहे सिखावत कौन।
बैठा बैठा डार पर धावपै छिरकत लौन॥
आठ पहर पिउ पिउ रटत तूं जानत पिउ दूर।
जान परत कबहूं नहो तोहो मिलना भरपूर॥

जौनपुरी—ताल जत्

तूं कैसे बैपारो भए मनतूं।
देश दिशावर जायके यह मिस भूल गई सुध बुध सारो।
साँईको नाम लेनको चहिये लिखनो खाँड़ औ खारो॥
मेरो कहा अबहूं जो माने सुनतहै मूरख अनारो।
एक जुगत ऐसो बतलाऊं बन जाए खेप तिहारो॥
गुरु दयालसों नेह लगायले शाह मिलो है बड़भारो।
साँई नामको सौदा कोजे वोहो मान करारो॥
ध्यानके बैल चहिए लादनको बोझाहै अधिकारो।
सुरतको डोर नाथ से न छूटे प्रेमको बाटहै न्यारो॥
जो कोटिबार लासो चाहै खेपन कावन उधारो।
पैसेके ठौर सवावलों दोजे मानोए बात हमारो॥
पाँचाको मार पचोसको डाटके निडरहो चलना अगारो।
वजहन कहत तोहे सांच काहेको पँजतनहै रखबारो॥

ठुमरी—सिन्धु

मनमोहनको देखत रहिए एसो मेरा जिय चाहतरे।
दूर नहीं बसदा घटहोमें कबहूं नजर न आवतरे॥
जबते लाग लगोहै वजहन और कोज नहीं भावतरे॥

बिहारी

अरे मन तू जो भयोहै चाकर।
सिपायगोरीकी जो बातें कठिनहैं सीखले मोसों
आकर॥
कोजो बताऊं सोई कोजे दिन दिन बढ़ोहै कृपाकर।
दयाकी गिरहन मनको बखतर ज्ञानकी ढाल लाकर॥
नाम अभूषण पहरले जाकर गुरुको ओट किला कार।
निगमके वचनको धरो ध्यान नित कुबुद्धि दूर तजे
जाकर॥
ले तरवार गुरुके वचनको ध्यानसों बांधिए तापर।
प्रेम-कटारो हाथमें रखोए ज्ञानको शोश पागर॥
पांच पचीस पढ़ेहैं उपाई वे नित बसतहैं पांजर।
पांचको मार पचीसको घरमें सुनतेहो पड़ोहै मागर।
अजपा जापको सास उसासको त्रिकुटी कूटमें लाकर।
वजहन कहत अपने साहिबकों देखाकर निशिवासर॥

२

अपनी चुनरीया पियको पगरीया एकहो रङ्ग रङ्गइए।
एक स्वरूप सकल घटमें जो दुविधा भरम गमइए॥
एहो प्रेम गगरीया शोश धरी जब तब काहेको लजइए।
घूंघट तें मुख खोलके सजनी ध्यानकी डोर लगइए॥
निरमल होत सुकर्म राममों जो वजहन भर पइए।
सागर तो गागर घर लायके जगतकी प्यासकों
बुझइए॥

कलिङ्गरा

सोवत बहुत दिन बीता जाग मन मीता।
काया भीतर पाँच निवाती इनसे कोउ नहीं जीता॥
काम क्रोध मद लोभ लहर गावत भगवतगीता।
कहत कबीर सुनो भाई साधो आधे राम आधे सीता॥

२

विलम न करीये हरिके भजनको।
करत पलकमें और नाहिन भरो सीतनको॥
आय बन्योहै औसर नीको करले मनोरथ मनको।
बार बार सुमिरि गुण पूरण सुनि यश आनन्दघनको॥

तादिन काजर देहों सखोरी।
जादिन नन्दनन्दनके नैना अपने नैना मिलैहों॥
करों न तिलक तंबोल तरो न वसन पलटि न पहरैहों।
करों हटतार सिङ्गार सबनको कङ्कना पात बधैहों॥

बरवा—कहरवा

अबतो जीय एसो बनआइ भूले अनत चितै नहीं
देहों।
परमानन्द प्रभु याहो परिखो अब बारबार लजैहों॥

२

कहा करों वैकुण्ठहो जाय।
जहां नहीं कुञ्जलता अलो कोकिल मन्द सुगन्ध
न वायु बहाय॥
नहीं वहां सुनोयत श्रवणन वंशोधुन कृष्ण न पुरत
अधर लगाय।
सारस हंस मोर नहों बोलत तहांको बसवो कौनकों
सोहाय॥
नहों वहां ब्रज वृन्दावन वोथन गोपीनन्दन यशोदा
माय।
गोविन्द प्रभु गोपी चरणनको ब्रजरज तजि वहां जाय
बलाय॥

३

जहां मोरे नैनवे उरझाय अस मूरत नहों परत
लखाय।
तसका जग मिस लाग गई हिय छिन पल तनको
सरक न जाय॥
लगत डरा जिऊं मूरत वारिसों छूट न जाय कहूं
सुरत लगाय।
फिर देखा वहो मूरत वाला रहो मूरतमा आप समाय॥
यह विध जो लोभहै काहूकों मैं जानो वहो लोन
लोभाय।
घुसरहे कहां काजम आपहो अपने रूप रहो उरझाय॥

४

तेरे दरसनको बानरे पड़गई मोकों।
वेग दरस दे नन्दके लाड़ले तुमहो मेरे प्राणरे॥

भग मन जीवे करीलो लजाय।

कारे करों कहों कहांलों आई रतनसो जनम जो
चले गवांय।

घिर पर आई काल नियराई पियके वचन सुनि
हियरा डराय॥

कर जोर विनता करों जब भाई जोवन मोचको
करनो उपाय।

छिन एक दखडोया राखो विलमाई पिछलो बकायामें
देवों चुकाय॥

यहाँको कहल कछु काम न आई सनमुख वचन
कहा कहो जाय।

गावे गूदर कछु बन नहीं आई धरकत हियत हिले
डगेयाय॥

६

लचकाव मोरि बालम अबहो उमरको थोरोरे।

एक पतलो दूजि जोवनवा जानो बेदरदोया न
मोरोरे॥

छमा करो रस होने दे बा[illegible] करो
बरजोरोरे।

गा[illegible] गूदर हाहा कर हारो पड्यां परों बहियां
मरोरोरे॥

७

हम न मरब मरीहै संसार।

हमका मिला जियावन हार॥

हम न मरब मरना पहचाना।

वोहो मरे जो जिन राम न जाना॥

हरि मरहै तो हमहु मरबो।

हरि न मरे तो हम काहे मरबो॥

कहे कबीर मरेगा सोई।

जा घरमें हरि नाम न होई॥

८

मोरो लूंगी लटकनो भींजेरे भींजि सिपैयाकी जोरा
भलामलो होयेरे।

नामें पहरूं कङ्गना मोरे सइयां मोरे निकस गए
पटना हाय कहा करूंरे०।

नामें पहरूं उदा मोरे सइयां महलमें कूदा
धमाका होयरे॥

नामें पहरूं चोलो मोरे सइयां चलावे गोलो टहाका
होयरे।

नामें सोऊं उमाग मोरे सइयां ठाड़े पिछवारे
लखालखो होयरे॥

नामें पहरूं आरसोय हथिया मरदको तरसो गजब
होय जायेरे।

अब न पहरूंमें चूनरो मेरे सइयां निकस गयो दूरि में
हाय कहा कोनारे॥

बिहाग

ऊधो मनमोहनको लावोरे उन बिना नहीं सुहावैरे।

जियको चटापटो मनको तलावलो उन बिना
पलन पल नहीं भावैरे॥

कुब्जाके रसवस भए मोहन लाज सकुच नहीं
आवैरे॥

बिरह बियोग हम तलफत निशिदिन रहे रहे जीय
घवरावैरे॥

सूरश्यामसों कबधों मिलावो छिन युग सम मोहे
जावैरे।

जोगिया—रेख़ता

तेरे इस जोरका प्यारे बयां कोजि तो क्या कोजि।

लगा दिल छूट नहीं सकता पिया कोजि तो क्या कोजि॥

महीने से गुजरते हैं नहीं आतहो हम कूचे में,

बताओ दिलके अपने हम निशां काजि तो क्या कोजि।

लगा दिल इश्कसे आतिश जलताहै तन बदन मेरा,

जो हालत अब गुजरताहै बयां कोजि तो क्या कोजि॥

फसा दिल जुल्फ पेचामें गई सब भूलदां नाई,

भला सुन तो अरे ज़ालिम इहां काजि तो क्या कोजि।

शरावे शोकमें सरसार वजहेन अब हुआ एसा,

जहांमें होरहा एसा नेहा काजि तो क्या कोजि॥

हरिको न सुरत विसारिएहो।
खेतीको जो मन चाहतहै बौहरसों कर यारो।
बीज बिसहरा नीके देहै जुगत बतैहै न्यारो॥
चहुँ दिश बिन दुरुंधके अनहद जरबको चलइ कुदारो।
ज्ञान ध्यान के बैलनतें फिर मेरोही सवारो॥
हेतको बोज खेत बियारो मानलो बात हमारो।
दयाको सागर होय रह्यो पूरण करो सुचैनो भारो॥
खेत बढ़ो थो पाक गयो जब तबतें यह रखवारो।
पाँच चोर खेतके खतई उनके गुरु अधिकारो॥
काट माड़े उसायके वेगो पेते करो तयारो।
हाकिमका देले जो बांचे घरको भरे बुखारो॥
भूखा दूखा जो कोई आवे सब जगकों नरनारो।
बेरुंगी प्रसायदे वजहन जाए बात तिहारो॥

२

बनत बनत बन जैहे तेरो।
अपने साहेबसों नेह लगावो ठनत ठनन ठन जैहै।
गुरुके वचनको मथन कर वजहन छनत छनत
छन जैहै॥

जोंगिया

रङ्ग वोहोजो पियकों भावे और रङ्ग क्या करनारे।
बसन तू सबहो रङ्गावत वजहन बहुत कठिन मन
रङ्गनारे॥

२

वोही रङ्ग रङ्गाऊंगी जो जो रङ्गको पोको पाग।
एकतो रङ्गरङ्ग हरिको वजहन दूजे अपने मनको लाग

३

उनहीं हरिकों पायारे साधो।
हरि हेरत आप हिरायारे साधो॥
आशिक आप माशूकहै आपही आपो आप लुभायारे
साधो।

४

बलिहारोमें अपने गुरुके जिन यह भेद बताया।
समझ समझ देखाजो वजहन मूंदे समुद समाया॥

एसो मुरली बजाई श्याम मेरो मत बौराई।
जबते भनक परो श्रवणनमें तबतें नैनन नींद न आई।
भोजन भूषण विसर गयो सगरो बन बन फिरत
हौं धाई॥
विरह विथा यह सुनोरी मखीरो तापर अपनो छवि न
देखाई।
बाहके नैन लगी काहूं सङ्ग जब जाने पोर पराई॥
जात अहीर पोर नहीं जाने सोखोहै इतनो निठुराई।
लागो लागो तो लगो रहे वजहन कबहूं तो गरवा
लगाई॥

६

घट घट आप समायारे साधो।
जो तुरक कहे तो आप नहीं हिन्दु न आप कहाया।
सब मेंहै औ सबतें न्यारा कैसा भेद छिपाया॥
कहीं काजो कहीं आपो मुल्ला अपनेहो न्याव चुकाया।
कहीं वामनहो पत्रा बांचे पंडित नाम धराया॥
कहूं माशूक कहूं भयो आशिक आपहो आप लुभाया।
कहीं लैला बन वैठा मन्दिरमें कहूं मजनू बन आया॥
आपो रङ्ग आपहो रंगरेजवा आपहो वसन रङ्गाया।
गुरुको दयातें देखा जो वजहन दूजा कोउ न पाया॥

षट्राग

जिन साहिबसों प्रोत जगो कोनो उनहों कछु पायारे।
जाके जनम दुविधा में बीते राम मिले नहीं मायारे॥
अपनो अपनो समझहै न्यारो जाको समझ यह
आयारे।
माल मुलक सबहो उन छांड़े चित साईंसों लायारे॥
झूंठे जगतमें आयके ए मन काहेसों देख भुलायारे।
और किसोका क्या कहै वजहन संग न होत यह
कायारे॥

जयजयवन्ती

रङ्गरेजवा तोरी चेरोमें होंगो ए रङ्ग रङ्गदे चुनरोया
मेरो।

नैहरमें जो बीतो से बीतो अपने सुनो गवनेको
खबरीया।
देखन वजहन रीझ रहे पिय अब मोहे बुलावै
अपनो नगरीया॥

विहारी

बटोहिया तू जागत रहियो मानियो मोरी बात।
या नगरीमें चोर चोरोंको ठाड़ेहैं लगाए घात॥
सुरतकी चौकी ध्यानकी पैड़ा वजहन वहै दिनरात॥

२ सर्गी

मइकुं चलन अवधमवा राम जदुवा कइ लारे।
सारीया मचक गई अङ्गीया लसक गई टूट परे
करकी कङ्गनवारा०।
अहमद अली मोपे ज्लार डारी अब कहा करिहो मैं
कौन जतनवारा०॥

दादरा

राम राजीव-लोचन मेरे नैना लगे।
खान पानमें ज्ञान ध्यान में रोम रोम तन मन पगे॥
कोउ कहै भुव भरनको भेषहै कोउ कहे अनुराग जगे
रामरङ्ग एकरङ्ग निहारत दुरजन देख विमुख भगे॥

—दादरा

वंशी गरजत गरव गुमान भरी।
अति मगरूर भई है जबतें तबतें मोहन अधर धरी॥
देत न चैन रैन दिन सजनी व्रजवनितनके वैर परी।
तानके वाण विरह शिर मारे जानकीदास तन
घरी मरी॥

२

गोरिया बोलत नहीं गरव गुमान भरी।
कर सिङ्गार मङ्गनतें उनरो मानो सिरोही पै बार धरी॥

खरवा

मन अटकी छवि नागरनटकी।
केसर खौर मुकुट माथे पर उर बनमाल विराजत
टटकी।
मृदु मुसक्यान भौंहकी मोरन नाक बुलाक हलन
हिय खटकी॥

वंशी अधर मधुर धुन बाजत झूमझि लेत गत
अम्बर झटकी।
कृष्णरङ्ग प्रभु सङ्ग फिरों बन अब न रहो काहूकी
हटकी॥

खरवा — दादरा

वंशी न बजाव एसे मार डारी जालम वंशी०।
वंशीकी अगनमों निपट जरी जात मोर जोवना
जरा जरे जीकी जराव एसे०॥
एना बैना विष भरे औ वेधत करेजवा चैन नहीं
रैन दिना इतना न सतावजा०।
कारी घाव खाय खाय निकस क्यों न जात जीव
कौन कहे घाव पर घाव न लगावरेए०॥
एक तोरा चितवनमें का कीनो बावरो दूजे वंशी
फूंक फूंक जादू न चलाव।
मोहन मुख बांसरी कायम मिल बैठीरी तेरे बांके
बीच निपट एसे बनाव॥

विहारी

सूरज मुख पनीयां न जावो मोरी बंदीया का रङ्ग
जर जाय।
मोरेरी आगन तुलसीकी विरवा ठाड़ो जपूं सीताराम॥

२

छतियनसे लगायले हमारे बलमा।
बहियां सों बहियां और पइयां सो पइयां नैननसों
नैन निरखो पल पलमा॥

३

जगतमें आयके एसे भुलाए।
अपना रूप आप नहीं चीना अपनी मायामें तुम
आपो नचाए॥
सङ्गत छोड़ कुसङ्गत बैठे हरसे भजन करार कर आए।
खान पानमें मन चित राखे सुरत त्रिया सुखमें अटकाए॥
भटकत फिरे लोक तीनोंमें सतप्रभुसे नेह न लाए।
ख्याल खुशाल मिलेंगे जबहो निशिदिन रहो ध्यान
जो लाए॥

बंशी न बजावो प्यारे काहे मार डारो।
तेरी बंशीमें जान फसीहै हंसीय करे जग सारो।
राग रङ्गमें मोह लियोहै कृष्णानन्दघन बिसारो॥

बिहाग

आज मोहे भवन न भावे मनभावन जो रिसाय।
निशिदिन बीतो भूषण भोजन दूजे नींद न आवे॥
जेही कारण मोरी यह गत वजहन ताहे न कोउ
मिलावे॥

बिहारी

गागरीया भरन कैसे जाऊं बाटमें ठाड़ो ब्रजराज।
एसे निठुरसों डरतहों मैं वजहन जाको न काहूको
लाज॥

२

सुन्दर पाती तुम भेजो लागि रहो मोहे आस।
तुम बिन मोरी यह गत प्यारे तनमें रहो नहीं मास॥
वजहन कोहै ध्यान तुमोसों जबलग घटमें साँस॥

३

अरे मन कब भूला भूला रहय अबहू तू टुक चेत।
सगरो जनम वजहन एसोही बीतो हरिसों कियो न हेत॥

४

बाबुल तोरा चेराहूं रहिहों अबहो नैहर मोहे राख।
वारी वैस ढङ्ग नहीं सीख्यो नाहीं आदर ससुरे न पइहौं॥
सास ननदीया होतहै वैरण उनके बोल कबलों सहिहौं।
सनमुख होत पियाके वजहन बिन गुण ज्ञान लजैहौं।

५

बटोई तोरी चेरो न हुइहौं चित माँईसों लाव।
नगर में होय कौन निकसेंगी चोरवा पंजतनके गुण गाव॥
अपनो बीतो वजहन तोहै सिखावत हरिचरणन
चित लाव॥

६

घने दिन बीतेरो आली पिया मेरे नहीं आए।
कासे कहूँ कित जाऊं सखीरो कौन देशमें छाए॥
एसो समझ परतहै वजहन उन कहीं नैन लगाए॥

छाड़ो म्हारो गैलवारे उनहींके ढिंग जावो।
सगरो रैन जहां चैन कियोहै नयो नयो नेह लगावो॥
विरह छिपाए छिपात नहीं वजहन लाख जतन तें
छिपावो॥

८

नयो मेरा जोवन पिया बिन योंही जात।
कहा करों कित जाऊं मैं वजहनकैसे कहूं यह बात॥

९

श्याम तोरी मूरत चितसे बिसरत नाहीं सारी रात।
देश बसो परदेश बराबर वजहन यह कैसी बात॥

१०

दुलहिन तोहे पिया घर चलना।
करले सिङ्गार नैहरमें सजनी कोई नहीं अपना॥
बालापन सब खेल गमायो तरुण भई अब मानले
कहना।
जब अइहै पिया तोहे लेनको तब नहीं चेत रहेगो
इतना॥
मात पिता यह लोक कुटुम्ब सब दान दहेज दे
चाहे जितना।
वादिनको कोउ नहीं सङ्गी गुण औगुण जब
पूछेंगे ललना॥
लाज सकोचको ओढ़ले चूनर नेम धरमसों पहरले
गहना।
बाट घाट घूंघट न खोलिये लाख जतनकी काहेको
चितना॥
जो यह जतन वजहन बतलावत मो चितलिय हिये
बिच रखना।
सास ननद जामें बोलो न बोले और रीझ रहे देखत
छबि दछना॥

अलैया—अड़ाना

जग चतुरा हमहीं बौराए।
काग भसुण्ड गरुड़ समझाए सो कलयुग हम
देखन आए।

धरमही देख भगनसे लागे पापही पाप रहे लपटाये॥
माया कारण निशिदिन धाए रामरतन अनमोल
गमाए।
कहै कबीर सुनो भाई साधो रामनाम रसना रटलाए॥

२

ना जानू मेरी कहा गति होई सगरी दैस
अकारथ खोई।
ज्ञान ध्यान मन कछु नहीं कीनों पांव पसारके
निशिदिन सोई॥
आगेतें वजहन शोच न आयो समझ समझ पाछे
अब रोई॥

३

कहो बलमा सारो रैन कहां गमाई।
हमसे अवध बदि अनत बिलम रहे भोर होत छवि
आन दिखाई॥
अब जानो में भेद यों वजहन नई नई तुम कहुं
न्याग लगाई॥

४

नैया मोरी हरि तुमही खिवैया तुमरो लगाते पार
लगैया।
गहरो नदीया नाव पुरानो पार करो वलभद्रजके भैया॥
अजामिल, गज, गणिका, तारो शिवरी, अहल्या,
द्रोपदी, लाज रखैया।
मीरांके प्रभु गिरिधर नागर बार बार तुमरे वल गइया।

५

सांवरेसों नैन लागेहो।
रैन दिना मोहे न भावे हरिचरण चित पागे हो॥
सांवरेसों नैना हो०।

६

अबधौं कैसो बने मोरी देया॥
हौं निरगुणी और पिया गुणवंता जगतके
लोग हंसैया०।
वजहन जाय कुठोर परो मन सांई है सुधके लेवैया॥

भैरवी—तिताला

ए करतार ए काज तिहारो याहो पलमें निस्तारो।
कहतहै मोरन सब जग देखा हर हरमें हरहै
हर न्यारो॥

आसावरी—तिताला

साहब मेराहै बड़ो रङ्गी उस बड़ोरङ्गीके हौं बलजाई।
जहां तहां सब घट रमरहो हरघटमें हरिजीको
परछांई॥
आपही लाला आपही मियां आपो सेवक आपो
गुसांई।
महम्मदसा पिया श्याम-सुन्दरकों जोलों जिओं तोलों
यश गाऊं॥

दोहा

ऊंचा गढ़ बैरागका, पंछी पहुंचे रोय।
घना चढ़के गिरपड़े, बिरला पहुंचे कोय॥
परो कसोटी प्रेमको, झूठा ठके न कोय।
साचा भो वोही टिके, जो बारा बानी होय॥

घाटा—तिताला

पतझर भइलो रामा गई चैतका बहार मोरे रामाहो।
नई चोंप कुपल भईलो नई नईहै रङ्ग बहार
मोरे रामाहो॥

२

अबहो गइलो रामा नैहरतें भल ससुरा मोरे रामाहो।
सुनरे ननदोके वीरना मोरा लाग जियरा तुमसों
होरामा॥

३

हमरो ननदोका वीरना लागब तुमसे मोरे छिनबा
होरामा।
बोलेरे पपीहा पिउ पिउ जों जां सुध आवे मोरे
मितवाहो रामा॥

कालिंगड़ा—कहरवा

बनरा माई अधिक सजीला।
तबहीते सब जग देखन धायो सुघर बनोको व्याहन
आयो धम गजरसों छैल छबीला॥

अमानत अलीके बंधमें एसो इनायत अली बना
रङ्ग रङ्गीला ॥

झिंझोटी—तिताला

इठलात गुजरोया मदसों भरो।
ऐंड़ो बेंड़ो चलो जातहै चितवत नहीं वोजो भरके
नजरोया ॥

चलैया

बनरो सिङ्गार तू करने न पाई गवनेकी अचानक
भईहै अवाई।
नेहरमें खेलत रहो निशिदिन सगरो अकारथ वैस
गमाई ॥
यह सब लागहै सङ्गकी सखीनकी बहक गई
उनको बहकाई।
अब कहा जतन बतावे वजहन सनमुख पियके
जो होय न हँसाई ॥

२

सांच कहों तो हमही दिवाने जिन हरि जपा वो
चतुर सयाने।
एसी सुन्दर काया पायके माया मोहमें रहे लुभाने ॥
सगरो खेत तो चिरियां चुंग गई कहा होत अबजो
पछताने।
अब वजहन कछु बन न अइहै चलनके दिनहैं आये
नगिचाने ॥

३

जादिन गवनेकी पाती अइहै सोच सोच बौरी पछतेहै।
अबही चेत मानले कहनो औसर एसो बहुरि न पइहै॥
नेह नेहरमें करले पाया सो सनमुख होत न जियरा
लजेहै।
एजगमें जाको मीतहै जानत सो वजहन कोऊ
सङ्ग न जइहै ॥

जङ्गला—भैरव

मोहे कोनी सांवलियाने बावरो कासे कहूं मैं
जियको हाल।
जा तन लगै सोई तन जाने जाको विरहको घावरो ॥
विरहको सागर सूझत नाहीं भइहूं भवको
मैं नावरो।
मेरे मन बसो साँवरो सूरत अब पत रहोके जावरो ॥
नहीं रोवत नहीं हँसत पुरजन लखि सौतन
लगायो दावरो।
गावे गूदर उर बसहु विहारो वाको छवि सखी
मोहे भावेरो ॥

१

मोरे आज गवनवाको रातरो कवन सरूप सँवारूं
सखी।
जब सनमुख होइहूं पीतमसों कैसे करूंगी मैं बातरो।
जो सुख कियो भयो दुख आखिर मेरे जिय कछू न
सोहातरो ॥
मिलनेकों आई सखी सहेली भई सइयांके मैं साथरो।
गावे गूदर मोरे नेहर छूटा अब सासुरको मैं जातरो॥

२

मोरे करहु गवनवाको साजरो आज सन्देसा आयो
सइयांको।
नेहरमें हम खेल गमायो सासुरको बड़ लाजरो।
नौ रतन ले मांग सँवारों जिन पिया कवने काजरो ॥
सासुरमें धौं कहा सुख पैहै मोरे छूटा नेहरको राजरो।
गावे गूदर जो पिया नहीं राजो तो नैहर आछो मैं
बाजरो ॥

४

करूं कुबजासों प्रीतरो देया गोपिन छाड़ दियो
गोकुलमें।
अबतो बीच पड़ो धवलागिरि भयो बटाऊ मीतरो ॥
एकैक श्वास सहस दुख नाना कहांलग गने गनितरो।
गावे गूदर प्रभु कुबजा पाया बड़ो समर रण जीतरो ॥

अथ बारह मास

बरवा—देश

ऊधो भोरही मधुपुर जाव कन्हैयाको ले आवहुहो।

शीतल चन्दन अङ्ग लगाए कामनि करत सिङ्गार ।
बहुत दिनन भए पिय नहीं आए लाग्यो मास असाढ़ ॥
कन्हैया० ॥
एकतो ऊधो वारी वैसीया, दुसरे पिया परदेश ।
तीसरे मेहा रिमझिम बरसे, सावन अधिक अन्देश ॥
भादों ऊधो मेह बरस गयो, निशि अँधियारी रात ।
बादर गरजे बिजली चमके, थर थर काँपे गात ॥
कुंवारहो असनो आश लगाए, पिय नहीं आए मोर ।
अबकी बारजो पिय मोर अइहैं, जियत न पावें
जिय मोर ॥
कातिक पूरणमासी ऊधो, सब सखी गङ्गा न्हाय ।
हम एसी अबला परम सुन्दरी, केहके जोहनवा
जाय ॥
अगहन ऊधो ठाड़ी आगन, बहुविध उपजे काम ।
चकइ चकवा केलि करतहैं, हम विरहिनहैं वाम ॥
पोसहो ऊधो पुहवा पड़ गए, भींजत अङ्गके चोर ।
यमुना किनारे वंशी बजतो, सुधि आवत नैनन नीर ॥
माघहो ऊधो पवन झकोरे, पी बिन जाड़ न जाय ।
अबकी बेर जो पिय मोरे अइहैं, रखिहौं हियरे
लगाय ॥
फागुन फगुवा होगए ऊधो, पिय नहीं आए मोर ।
अबकी बारजो पिय मोर अइहैं, खेलोंमें रंग झकोर ॥
चैत ऊधो टेसू फूले, भंवरा अधिक लुभाय ।
का भंवरा फिर लौटे पोटे, यह दुख सहिय न जाय ।
वैशाखे ऊधो बँसवा कटावतो, रचि रचि बङ्गला
छवाय ॥
यह दुख परे सौत कुबरीपर, जिन हरि राखे
बिलमाय ॥
जेठ मास हरि आए मेरे, गाए बारह मास ।
सूरदास प्रभु तुमरे दरसकों, पूजे मनकी आस ॥

जङ्गला - पीलू

याद तुं साड़ो रहंदोवे झोखा बाले यार ।
यास मैं तेड़े कारण माहीड़ा क्या क्या दुख सहंदोवे ॥
यादनु भुलांदोनु वेखा माड़ो सइयों ।
खेड़ा खेड़ा वारी वे यासदे कारण ढूंढ़दो पूछदो
वेखन आइयां ॥

३

प्यारा नजर न आयानो आए माड़े आगना ।
सजन मिलाव सब मिल गावो यासदे नाल रहे
माड़ा सुहागिनी ॥

४

सांवलिया प्यारा माड़ो जानवे ।
यासदे दिल बिच खरकादो नौकों चुभदा तेड़ो आनवे ॥

५

बोवों मैनु नैनादा झमका वेखना जावे ।
यास रतो मैनु कल नहीं आंदो सांझ भई चान्दसा
मुखड़ा वेखना जावे ॥

६

जालम जानवे अच्छा मैंड़ा माहीड़ावे ।
यास मैनु तेड़ा गमां भांदियां जोंद कीतो कुरबानवे ॥

७

माहो वाला मांड़े मन भावांरे ।
नैनादो झमक वेखाकर बोरां यासदी जोंद
तरसांवांरे ॥

८

मेंड़ो जिंद लगो राझणमां सइयों कित बल ढूंढ़न
असीं चलां ।
होर न सुझनु भावे न सुहावे बिन दाठे महीवालेदा
गलां ॥

९

राझण नहीं आयोरे कितबल ढूंढ़न जावांनो ।
राझण मेंड़ा वारो में राझणदो रांझा मेंड़े मन
भायानो ॥

१०

ऐश बाग के मेले में चलकर यार देखो तमाशा
परियांका ।

ठंडी हवाहै छाई, घटाहै मोती झील पै यास
है क्याही बहार ॥

पीलू

मेरा बाला-जोवन योंही जाय परदेशी पिया नहीं आए
नामें जानू यास पियाकों किन बैरन बिलमाए ॥

१

रहै सदा सलामत जम जमसे ।
मेरा नबाव बजीर आगा मोतुमद्दौला सखी बहादुर
यासहै चेत रहा तमसे ॥

२

सदा रहै जमजम अहे राज ।
जहांपना मेरे शाह जमनका रहै यह कायम
तखत और ताज ॥
मशरक् से मगरतक यास करे जो दिलमें अपने क़यास
नहीं है सानो कोई आज ॥

४

सांवन आए पिया नहीं आए मोरा बाला जोवन
योंही जाय ।
देखो आली आश्र बेदरदी कबलग जीय तरसाय ॥

५

मोहे सांवनवा सइयां बिन भावैना ।
कैसेक काटूं अंधेरी रतियां यास पिया जो आवैना ॥

६

मइको जरद चुनरीया रङ्गादोजी आई वसन्त
बहार पिया ।
यास पिया तुमपे वारी में जाउं बरजोरी गरवां
लगालोजी आई० ॥

जंगला

क्या तैंने धूम मचाईरे मेरे कुंवर कन्हैया ।
भर पिचकारी मोहे यास न मारो दूंगीमें राम
दुहाईरे ॥

पीलू

सारी रङ्गमें ओ कन्हैया ।
अरडारो चुनरीयां यास नाहक क्यों सतावत मेरे
होरी खेलैया ।

ए सखी आमिल होरी खेलें आए पिया मोरे द्वार ।
बरजोरी यासको गरवा लगावो गलबहियां कर हार ॥
अबीर गुलालको छाई घटाए रङ्गको परत फुहार ।
सारी चुनरीया रङ्गसे भींजो ए होरीको आई बहार ॥

२

मेरी रङ्गसे भिंजोई चुनरीयारो लाजको मारो मैं
कह न सकौं ।
यास पोया कछु विनती न माने ऐंचतहै मोरी
फरोयारो ॥

जङ्गला

नयोरे कन्हैया सब सखियां मिल खेलो धमार ।
नयो आयो फागुन नयोरे समान नयो रङ्ग मच्योहै
मुखसे मले सब अबीर गुलाल ॥
यास पिया मोरा होरी खेलतहै नयोहै ऋतु और
नयोहै साल ॥

भैरवी

अनोए सइयांने मेरी खबर न लीनोरे ।
उस बिन मैंतो जरत मरत हूं यासने कोउ वैरो
खबर न लीनोरे ॥

२

विरह चैन देत नहीं मइको आली जिय घबरावतहै ।
पीतका जो कोउ नामहै लेवत यास पिया याद
आवतहै ॥

३

मोसे पीत लगायके दगा दीनोरे ।
कासे कहूं विपता विरहाको मोरो सइयांने याद
भुलादीनोरे ॥

पीलू—झपका

कासे कहूं दुख अपना दई प्रीत नईके रीत नई ।
एक नजर देखलाय मोहे मारा केहु जतन फेर
सुधि न लई ॥
अस निरदईसों काम परोहे आंख लगा मैं जियसों
गई ।

प्रीत लगायके वासों जगमें नाहक मैं बदनाम भई।
हाहा तुराव परों तोरी पइयां काजमये कर मोरी मई॥

२

कान्ह कुँवरके कारण राधा तनसों भई पियरी दुबरी।
जबतें सिधारे द्वारका मोहन सूनी भई सब गोकुल नगरी।
राणी पुरानी भई बैरागन राज करत अनौखी कुबरी॥
जर जरके मर मरके सखियाँ कुहुकतहै दई कहा करी।
किन बिलमायो तुराव पियारे भूल गयो जो सुध हमरी॥

अड्डाना—तिताला

बिरहा मोकों सहो नहीं जाय।
नेह छिपाए अधिक बाढ़तहै यह दुख हाय कहो नहीं जाय।
कैसे तुराव उघरन देखे बिन देखे तो रहो नहीं जाय॥

२

नींद गई मेरी तुझ बिन जालम्।
तेरे आए पिया जिया सुख पाए यास तू आजा एक दिन जालम्॥

३

रात मन लेगयो बांको बेदरदी सइयां।
नाम न जानो यास पियाको हियरा में दाग सखो देगयो॥

४

गुजर गई सारी रैनरी नहीं आए सइयां।
भोर भई मोहे रोवत यास पियाकों किन बिलमायो गुइयां॥

५

बालमा जियरा लुभायके देखो नहिं आवतहै गुइयां।
रैन अंधेरी सेज अकेली यास पिया नहीं पास कासे कहूं विपता बिरहाकी जिया कल पावतहै गुइयां॥

१४७

छाड़ो ना मै लागूं पइयां नींदको मैं माती सइयां।
छोड़त छोड़त रैन गुजारियो यास न मरोरे बहियां॥

७

मोंसे न बोलो जावोजो मैं मारी दरदकी।
यास पिया बिन कल नहीं मइकुं पइयां कोउ पर लावोजो॥

८

रात पिया तुम आयके मोरा जियरवा लगाए गए।
यास पिया फिर सुधहू न लोनो काहे सुरत दिखलायके॥

९

जहाँ जागी रहे सारी रात बालम वहीं जारे।
यास पिया तुम मइसों न बोलो बोलो वाहीके साथ॥

१०

जावो पियाको कोउ लावो जो मोरा जिय कल पावे
यासके हंसे जीहै व्याकुल ल्यावो पियाको देखलावो जो मोरा० ॥

११

मोरे माथेको बेंदोया जियरा लोभाय।
यासको देख भुमर खाऊं मेरा यार सांवलोया जियरा लोभाय॥

१२

तेरे वारी गई कहा मानले मेरा तू अचरा छांड़देरे।
यास यह तेरो नेहको बातें एसे नहीं कोउ जानले मे० ॥

१३

काहे छेड़े तुरकवा मैं ना बोलूं।
शुभ महुरत ठाढ़ो रहतहै यास आस छाड़दे अंचरवा मैं ना बोलूं॥

१४

विरहा मइकुं छेड़ेरे मैं आणी मरत हूं।
नेहको चितवन यास तुमहोसे बारोहूं मत फेरेरे॥

पोलू।

सइयांरे मोरा तुम बिन जिय घबराय।
कबहूं देहरिया कबहूं अटरीया जातहूं मन परचाय॥

यास बिना मोहे देशवा विदेशवा नैनन कछू न
सोहाय ॥

२

बांकोरे छैलाको दैया मोरा जिया चाहै।
मोहे चितवनकी बरछी वो मारे यासको देखो दैया
मोरा जिया चाहै ॥

३

आवतहै पिया बार बार चोरा चोरी।
यास पिया मोहे सोने नहीं देतहै मइसे करतहै
जोरा जोरी ॥

४

तेरा बाला जोबनवा सितम करे।
यासकों तेरी बात न भावत तेरा हाथ कंगनवा
सितम करे ॥

५

जोबनवा मेरा जायरो।
रैन दिना मोहे ध्यान रहतहै यास पिया नहीं आएरो ॥

नाहक मइसे सखी यह करतहै छेड़ा छेड़ारी।
यासहै मेरो बाटको घरत आनके मेरा फेरारी ॥

७

छाड़दे मइकुँ सइयां पइयां में तोरी लागूं।
सास ननद मोरी यास देखतहै और देखतहै
गुइयां पइयां० ॥

जासे जाऊं फिरयादरी पिया मोरे बोलत नाहीं।
यास पियाने जोसे मोरा एसा भुलादीनो यादरी० ॥

मोरा सांवरे पियासे देया अंखियां लगी।
राह चलत मइको यासहै टोकत एसे बलमासे
काहे दइया अंखिया० ॥

१०

तेरा कहा जायगा यार कोई मर जायगा हारे।
यास पिया बिन दिल तड़फतहै कबतक आयगा यार॥

भुलाई करका कङ्गनवा भलारी श्रोमें कंसेके घर
जाऊं।
बहियां पकर मोरी लाज गंवाई यास न चलत अगनवा
भला ॥

१२

छेड़न मइकुँ जायरे देखन कोउ देखले।
यास न मइकों भी चले देखन कोउ देखले ॥

१३

मेरा मन लिए जाय बांके नेना वाला।
छुटी भुवें और सांवरी सूरत दासको देखि सरमाए
बांके नेना वाला ॥

काफी—बारहमास।

पठयो तुम नारि रैन बन बालक संग।
चैत अयोध्या नगरमें है रास,चन्दनसों लिपवायो धाम,
गज मोतियनसों चौक पुराय, सोनेको कलस
दियो धरवाय, घरे घट मन्दिर ॥
वैशाख ऋतु ग्रीष्म लाय, पवन चलत जैसे वज्रसमान,
जैसे जल बिन तलफत मीन, लागत मेरी कोकाई कोन,
दियो दुख दारुण ॥
जेठ मास न लागत अङ्ग, राम लछमन सीता संग,
राम चरणपद कमल समान, जरतहै धरनी
ज्यों समसान, चलें तामें कैसें ॥
असाढ़ मास गरजे चहु ओर, रहत विहंगम
कुहकत मोर, विलखे कौशिल्या अवधपुर धाम,
भींजत हुइहैं लछमन राम, खड़े तरुवर तरे ॥
सांवनमें सरसाने नीर, कैसे धरें कौशिल्या धीर,
भुइ पट गुञ्जत फिरत भुवङ्ग, राम लछमन
और सीता सङ्ग, रैन अंधीयारे ॥
भादों गरजे मेघ अपार, ग्रहको गयो सगरो संसार,
बड़े बड़े बून्दन बरसत नीर, भींजत हुइहैं सीया
रघुवीर, झमक झमक झर लागी ॥
लागीरो सखी मास कुंवार, धरम करे सगरो संसार,

जो घर होते ऐसे राम, विप्र जिमावतो देतो दान,
थार भर कंचन ॥
लागोरी सखो कातिक मास, गड़है करेजे दुखको फाँस,
घर घर मानिक बारत नारि, हमारो अयोध्या
करत अंधियार, कियो केकईने ॥
अगहन करतो कुंवर सिङ्गार, कपड़े सियवतो
सोनेके तार, कटि पीताम्बर कुण्डल लाय,
चीरा जरकसी देतो बन्धाय, गरे वैजन्ती ॥
पोस मास ऋतु व्याप्यो जाड़, बैन भई खांड़ेकी धार,
कुश आसन कैसे रहिहैं राम, कैसे करिहैं बनविश्राम,
जनक सेजरोमें ॥
माघ मास ऋतु लागो वसन्त, कैसे जियउ
बिना भगवन्त, रामचरण सिर गून्दो मोर,
भरत ठाढ़े ढुलाउं चम्वर, बसन्त मनाऊं ॥
फागुनमें अधिकान्यो रङ्ग, चोवा चन्दन लगावत अङ्ग,
भरत बैठे धारि अवतार, कापर छिरकों बिना रघुवीर,
कारोमें कैसो ॥
जो गावे यह बारा मास, सो पावे बैकुण्ठको वास,
कहत भवानी अवधपुर धाम, करत आए आलछमन राम,
मिलो कौशिल्या ॥

दोहा

तोको जान न देऊंगो यार रंतो गर लागोगो ।
तेरी सूरत मेरे मनमें बसत है यम अस जर पागोगो ॥

परज—भजन

बारहमासा

सनेहो रघुनन्दन के ।
वैशाख अशोका समीपा ।
सिय ध्यावैं रघुकुलदीपा ।
प्रभुको बहु भांति पुकारी ।
सुधि लीजो बेग हमारी ॥ सनेहो० ॥
सखो जेठ मास दिन बाढ़े ।
मोर पिया बिन लागत गाढ़े ॥
त्रिजटासों कहत जटारी ।
कब आवेंगे बेग खरारी ॥ सनेहो० ॥
सखो बरषा मर्म निहारी ।
नभमण्डल कारी घटारी ॥
आषाढ़ मास बरसायो ।
सखो दशरथ सुत कहुँ छायो ॥ सनेहो० ॥
सखो सावनको घनघोर ।
पिक चातिकको अति शोर ॥
बरबुन्द बरसो घन गरजे ।
मोरे प्यारे बिना जिय लरजे ॥ सनेहो० ॥
सखो भाँदो रैन अंधेरो ।
बरसे जुगुनु चमकेरो ॥
रघुवर अजहूं नहीं आए ।
सुनि त्रिजटा कहि समुझाए ॥ सनेहो० ॥
सखो कुआर मास हनुमाना ।
हमते कुशल बखाना ॥
विजय दशमी जा प्रभु आवै ।
तबही मोहा जीवत पावै ॥ सनेहो० ॥
सखो कात्तिक मास दियारी ।
हनुमान प्रभुपै सिधारे ।
हरि सेवत सब तन मारे ।
सब मिल पूजिहैं मुरारि ॥ सनेहो० ॥
सखो आयो अगहन मास ।
सोको मिलनेको हरि आस ॥
रघुनाथजी लछमन जो पाए ।
सुनो रघुकुल बचन सुनाए ॥ सनेहो० ॥
सखो पोस मास दिन छोटे ।
मोरे पिया बिन लागत खोटे ॥
दिन भूख नींद नहीं रजनी ।
रघुनाथ कहां हैं सजनी ॥ सनेहो० ॥
सखो आयो माघ सहोना ।
पिय क्यों निठुराई लीना ॥
सखो यां कहै प्रभु आयो ।

रिपुते संग्राम मचायो ॥ सनेहो० ॥
सखी फागुन भईहै चढ़ाई।
दशकन्ध हन्यो रघुराई ॥
जब सीता राम मिलाई।
सुर नर मुनि जन सुख पाई ॥ सनेहो० ॥
सखी चैत्र मास सोहाई।
अवध गए रघुराई ॥
भयो रामराज सियरानी।
दियो तुलसीदास सुखदानी ॥ सनेहो० ॥

परज—जङ्गला

तुमही मेरे बन्धुहो और जगत सब धन्धुहो।
तुमही मात पिता सुत भाई तुम बिन अन्धुहो ॥

टेरा—ल म

भोरही हरि गुण गावो।
सुफल मन चावोहो अनेक जनमते मनुष तन पावो॥
लख चौरासी अन्त जपत जपत माला भई पूरो
रण सुसुमेर पावो।

काफी—जत

आलोरी उन श्यामसुन्दर बिन मैं न जिऊंगी।
अगमन लाग्यो अगहन मास, सब सखियाँ मिल
करत हुलास, हमरे श्याम रहे छाय विदेश,
लिखत न चिठीय न पठयो सन्देश ॥
पूस मास तन व्यापत शीत, कबधों मिलिहै
सामरो मीत, बिन पिय जियको जाड़ न जाय
सिसिक सिसिक सारी रैन विहाय ॥
माघ मास ऋतु लागी वसन्त, अजहूं न आए
हमारे कन्त, कासे कहूं सखी जियकी बात
बिपत बटावन कोउ न लखात ॥
फागुन रङ्ग रचै सब कोय, हम सब रैन गवांबै रोय,
धन धन धन कुबरीको भाग, हमरे श्याम सङ्ग
खेलैं फाग ॥
चैत मास तन कुसुमति केश।
हम जानी पिय भइहैं विशेष ॥
कठिन कठोर हियके श्याम।
रहेहैं लोभाय सवतियाके धाम ॥
तपन लागी बैशाख जो वोर।
छिन छिन छीजत गोरीको शरीर ॥
उठिए करेजे बिरहा दवार।
पिय बिन यागत भईहै हमार ॥
जेठ चलत अति तात लपाट।
कैसेके चलिहै बलम मोरे बाट ॥
सब सखी सोवै भवन सुख खाट।
हम धन पकरें किवारको पाट ॥
गाढ़ असाढ़ मेघ चहुं ओर।
बोलत पपीहा नाचत कल मोर ॥
सबके पिया घर आएहैं धाय।
हमरे श्याम रहे द्वारका छाय ॥
सावन मस्त सखी झूलें हिण्डोर।
पिया बिन लरजत हियरा मोर ॥
कासे कहूं सखी जिय समुझाय।
बिछुरे श्याम कोउ आन मिलाय ॥
भादों गरजत घन गम्भीर।
भरि आई नदीया उमग चले नीर ॥
चमकत बीजुली डरपे जीउ।
आन मिलावो सखी मेरे पीउ ॥
क्वार कमलदल प्रफुलित ताल।
आवन हार भए नन्दलाल ॥
उमगत छतियां दुनावत नेह।
पुलकित रोम शीतल भई देह ॥
कातिक करम करे सब कोय।
तुलसी पूजै निहोर निहोय ॥
हमरे श्यामको मिलिहै धाय।
सूरदास चरणन बल जाय ॥

खम्माइची—तिताला

कब लग आमो प्रीतम प्यारहो सांवला यार।
आयो असाढ़ कान्ह नहीं आयो सुनरी सखी
क्या करिएहो ॥

उमड़ घुमड़ चहुं दिश घन आए पिय बिन कैसे
भरिएहो ॥
सावन ऋत वरषाकी झरीयाँ।
गरज गरज घन बरसै चमक रहो चपला चहुं दिसतें
जायके कहे कोउ हरसे ॥
भादों मास घटा गहरावे मोरन शोर मचाएहो।
यह पावस रित बीतन लागो कान्ह कुँवर नहीं
आएहो ॥
क्वार मास ऋत जमुना न्हाई वृन्दावन छबि छाई।
अजहूं न पो मधुवनसे आए ऐसो सुध बिसराई ॥
कातिक मास कालिन्दीकूल सब सखी मिलन न्हावै।
बिन मनमोहन लगत न नीको सुख समूह व्रज छावै॥
अगहन मास ऋत शीतल व्रजमें लागत अधिक
पियारी।
बिन नन्दनन्दन कुञ्ज कुञ्ज सुख त्रिभुवन नाह
मझारी ॥
पूस मास हरि बिन न सुहावै विरहा धूम मचाईहो।
जारी रूखो बुलाला पियको मधुवनतें सुखदाईहो ॥
माघ मास व्रज फूल फूल रहे वृन्दावन चहुं ओरोहो
जाबे कोई मधुवनतें ल्यावे नन्दकुँवर चितचोरोहो ॥
फागुन मास रह्यो व्रज सगरो द्रुम द्रुम फूल खिलाई।
जनु कब आवेंगे मधुवनतें व्रज नन्दकुँवर उठधाई ॥
चैत मास वृन्दावन शोभा बनमाला ले आवेंहो।
विरहा पीर मिटावा तनकी मोहनो रूप दिखावेहो॥
मास वैशाख न लगत सुहावन बिन नन्दनन्दन
प्यारेहो।
बिन दरसन मन धीर न आवे सुनिहो नन्ददुलारेहो॥
जेठ मास यह रित ग्रीषमकी जब पियको सुध आवे।
ख्याल खुशाल करन चित चाहे कुँवर कान्ह
मनभावेहो ॥

खम्माइची—ठुमरी

कैसी करूं सजनीरी चितवनीया तिरछी तोरीरे।
भौंहैं कमान बानन तक मारी रसबस कियो मोहे
गोरीरे ॥
कटि केहर कदली जन्घा श्रीफलसी छतियाँ जोरीरे।
इश्क रङ्गमें रङ्ग रहेहैं मारत मदन मरोरीरे ॥

घाटा—तिताला

साँवरेसों यारी कीजे दीजे मनुवा लगाय।
जाकों नाम अधम उधारन गावें मुनि समुदाय ॥
भवसागर तर्यो जो चाहे नाहीं और उपाय।
जानकीदास प्रभु सब सुख हइयाँ दीना गुरुने बताय॥

२

हमरी सुध बालम अजहूं न लई।
आयो वसन्त कन्त घर नाहीं जोवन आन दही ॥
अरे इनजो कोई कुलकसी लागे छिन छिन जात तही।
जानकीदास पोर प्रीतमकी नाहिन जात सही ॥

३

जमुनाके तीरवा कन्हैया खेले गैयन के पास।
मोरवाके पर सिर धरे करें केल विलास ॥
मुरली बजावे गावे बारे बोले बतियन हास।
प्रेमरस अनङ्ग हरावें शशि कोटि प्रकाश ॥

४

मइयां बसे कौन नगरीया हो रामा।
जोगन होके मैं बन बन ढूंढ़ं हरेक पूछूं डगरीया
हो रामा ॥
आछे दिन पाके पकतानें कोनो न शाच अगरीया।
गावे गूदर गुरु मिले भांत जासे बनी सगरीया
हो रामा ॥

५

सोअत चुभी चुभी जाय मोरे रामा मइयाँ मोर
कुसुमी वोढ़ावल।
ताहेरो कुसुमियाकी चुनरी रङ्गावत पहरत सब दुख
जाय मोरे रामा ॥
मोरे पहिर धन चली अटरीया ननदीके जिय
ललचाय मोरे रामा।
गावे गूदर पिय आपन मैं पायो रहसल गरवा
लगाय मोरे रामा ॥

१४८

भरे फुलली कुसुमीयाहो ननदुल सइयाँ बिन।
सइयाँरे विदेशवा गइला भरे रखतो जोवना हो॥
भरे चोली बन्ध तरकन लागी भरे भुल नहीं
विदेशवाहो।
गावै गूदर कहा करिहो मोरी ननदुल भरे बोतलो
समैयाहो ननदुल०॥

मेरो तो जोवन राधा बिन देखे नहीं चैन।
पइयां परों मैं तेरो ललिताभो प्यारो लेन॥
मोसे चूक परीहै कैसे रुसोहै सुख देन।
धीरज प्यारीकों देखे शीतल भए नैन॥

बिरहा रामप्रसादजीका

कहरवा

श्रीगणेशको सुमरण कर कर भाई।
मोरेरे पुन श्रीय देवी मनाय गावतहूं मैं बिरहा
सुन्दर दोउ मिल होउ सहाय भाइ लोगवा॥
वरणन करो जगत हित कारण भाई मोरेरे सकल
सुनहु चितलाई।
इहाँ सुयश परलोक होय सुख कृपा करहिं रघुराई।
कहा बौरानो भाय जगत मा भाई॥
कियो द्रव्य पर नेह जैसे असन बनावत षटरस
डारे तामेरे हा०।
मोहकों मित्र देत तहीं यमपुर ताहे मले विधि मार।
ज्ञान अगनके प्रगट करहु तुम भ्रमको डारहु जार॥
भव कपास तरु अति सब शाखा हरिहै ताका मूल।
दिष्ट पदारथ जहां लग बरनो निरखो तो न अहे
सब तूल।
श्रीप्रह्लाद तरे भवसागर भाई मोरेरे केवल भजन
प्रताप।
शील स्वरूपा अहिल्या तरगई छूट गयो मुनि
श्राप॥
श्रुति सिद्धान्त व्यासको सम्मति बहुरि मुनिन मत सार।
पढ़ने निवृत्ति शास्त्र कहे नित उठि गीता करहु
बिचार॥

त्रिया पुरुष जो यहको गावे भाई होय जलदो
भव पार।
रामप्रसाद वैश्य कहे सबतें मानउ कहा हमार॥

अगरेजी चढ़ंग

डीयर यङ्ग मोर बट बान गौड टू भाई एम प्रे
श्रो माइ डीयर श्रोलाई होयर माइडो०।
जपु यौर वर्डस नो मेन कैनसो भ्रांभ्रांभ्रांभ्रांभ्राम
दंढंढुंद्रद्रभ्रोंभ्रोंभ्रोधूंधूं॥

सरगम २

पधसासाधपनोधपमगरेसापधसारेधपगगरेरेसा।
इंगलिशमैन व्हैरो गुड मैन व्हैरो बैड विलायत मैन
गिल श्रावे गोरा तरिलल्लल्॥
तरिलल्लल्लल्लल्वरग शाना वर गनान इट गुट
लोटटाम् टूमडाम् धूम्रधाधोंधां॥
सांगष्टेर सो इट बङ्कद लेलना फरमावे वरगे।
माई गौड ब्रह्म लोडे बक नट।
इन तइयनु बौनवे॥
बट इनदो बाई जाफदो लारइ॥

अनोहो डाड़ कलामन तकिया फरियाद।
वैश कंपर रुख तंरुख ते श्राए सनावर वरो अरो
फैन मिक बंबे
रुख तोरं बे नाफरजान दड़फतो दड़फता अनो
होना फरदो डाड़ कला अनोहों॥

४

पपधधसासाधपपधनिसारेरेधपगममगरेसा।
पधसाधपधपमगगमगरेसा॥
धसाधधपमधनिसाधपधपमगगमगरेसा।
धधपधधसानिधपरेगमगसा मसा ममा धधनिधप॥
पसारे सामपधरेसानिगरेसानिगरेसानिधपमगरे सारे
सारे सासानिधपममगरेसासारेगमपधानि सासानि
सानि धनिधपधपमपमगमगमगरेगरेगरेसरेसा।
सारेगमपमपमगमगगगरेसासारेरेगमपगगममपपध
धनिधधपधसानिनिधधपपममगगरेसा॥

देरो जेड्ल टान टु मिरोविंस नाड निघर इह जगान
ट्र फाइट फौर दो जौरज दी थर्ड।

६

वरं शंवे गिडि गोरा बाजे वाहा हाहाहा एवाहर
हरिशंबे जास मंजस्तोर माला कमला मोमन
सा कमले तरि ललल अङ्गरेज माननरो गुट मानन् गुट
मानए फैयर गलतरिललललल गिलशावे
गोरा धृधृधाँधाँधां॥
धांधांधांधांधांधांधां माल बुलक सों वोत गेरेरो
मोरो मोरो तो मेरो तोर॥

७

राम दिलांदा महरम मेरा इत्थे उत्थे भरवासा तैंड़ा।
कूड़े लोक बुराइयां वेखदे भटपए नाल कोसाड़ा भेड़ा॥
याद तुसाड़ड़ो भूलदा नाहीं भांवदा भोनाहो सानु
और बखेड़ा।
प्रेम रङ्ग नाल पाक महोब्बत नेह नगरदा औघट पेंड़ा॥

८

राम कहो तन नाहक तोड़त जब लग जगमें
जानत जोड़त।
छिन भंगुर तनसों क्या नाता तूहीं छोड़ नहीं तुझको
छोड़त।
लाख करोर तात सुत कोनि फिर क्यों वाहो करनको
दौड़त॥
मम अहङ्कार मूल भवतरुको डार डार पैबंद जोड़त।
प्रेमरङ्ग अनङ्ग रङ्ग तज भर जनम न सन्त मुंह
मोड़त॥

९

ताजवे ताजनो बनो बनो बनो बादए दिल शावुगो।
वर्जे हैयत कार खुरी गरन मुदाम मए खूरो बाद
बखुरव याद बोता०।
खुशनशोव ह्लिवतं दस्त वगोर बादए वोस
सोता बकाम जोता०॥
शाहद दिल कुशाप मनमें कुनद भजनदाए मनू नक्
न गुल जरङ्ग बूता०।
बादसवा बुबु गजरो बरसरे कुया परो किमएश्रो
हाफ़िज़ वगो॥

घाटा—ताल तिताला

गईरे कुसुमके खेलवा सुध भाई बालम तोरो
मोरोरे रामा।
जोमें जनतीऊं सइयां मोरे अइहैं बगियामें तम्बू
तनावत्यूं॥

२

पोषली चिरैया रामा उड़ो गईलो कौन देश मोरे
रामाहो।
दाना खातो पानो पोतो बोलिया बोले अनमाल॥

३

कुवरी कवन तप कोनो बस भए भगवान मोरे राम।
हाड़तो हिमाले गाले काशोमें करवट लेऊंरो॥
प्रयागे तपस्या कोनो जाते काया सुधरो उवरो॥

४

कौन बन ढूंढूं तोहि आज सनेया कौन बनहो रामा।
एक बन ढूंढ़ सकल बन ढूंढ़ा पात पात डार डार
सइयां कौन बनहो॥

५

चैतको आईलो बाहार मोरे सइयां लौटल नाहीं।
नयो जोवन नई चोंप कोंप तरु नई नई कलीयां बहार॥

६

वंशीया बजावो मोरे रामाहो बाहुरे कन्दमवाके तरे।
वंशीयाको बाजा सुनो मोसें रहिना न जाय मोरे
रामाहो॥

७

पोयरो न पहरों रामा आई चैतको बहार मोरे रामा।
एकतो अङ्गवाको पातर दूजे सइयांहै नदान॥
अतलस लहंगा पहरूं अङ्गाया पहरूं बूटेदार
मोरेहो रामा॥

कहरवा

देखोरी छवि मदनगोपाल।
कोट मुकट मकराक्रत कुण्डल उर सोहे बैजन्ती माल॥
शीश मुकट मकराक्रत कुण्डल निरतत आवत मदनगोपाल।
सूरदास प्रभु तुमारे दरसकों जनम जनमका भयो निहाल॥

२

साईं मोकों साज दियो एक डोलवा।
चार कहार मिल चारि जतन कर जहाँ उतार तहाँ दिसो न दुवरवा।
रूखन विरखन जहाँ मन्दिरन छाया छिन एक धूप निवारिले कहरवा॥
आवत जात बहुत दिन लागी फिर नहीं आव बहुरि नैहरवा।
कहत कबीर सुनो भाई साधो निकर गए प्राण रहगयी लोलबा साईं॥

३

लागो मोरो प्रीत थोड़े दिननकी दईयां में भारूं बमना जिन मोरो माने लगन धरदीन।
क्या करूं इन माय बापको जिन मोरे बारे बिदा करदीन॥

४

कङ्गनवा लेदे मोल बालम पइयां परूं।
आगे कङ्गना पाछे कङ्गना बीच मोतियनकी कोरे॥

५

जुड़ा निबियाको शीतल छइयां उदासी मैं ठाड़ो बालमरे मैं उदासी ठाड़ो॥
मेरे सइयां चले चाकरिया सगुन ले ठाड़ो।
मोरे सइयांके ढल तरवरीया कमरसे लागो॥
मोरे सइयां बिछवा सेजरीया दगा देके भागो।
मोरे सइयांके हाथ रूपे मा झपट गरे लागो॥

तोरा बड़ा गुण मानूं दूर देशीया मोकों सङ्गवा लायदे।
कोठे उपर कोठरीरे, जिसमें काला नाग।
काले के काटेसे बचो, अपने सइयांके भाग॥

७

छल बइयां जुमनी चलत मुसाफ़िर बिलमाईरे।
अपने उसरवा जुमनो कुटन लागो धान थोर पछ कौन बहुत मारे सान॥
हाथ में लड्डू बजारमें खड़ो जुमनीको जोरन बाबसे लड़ो॥

८

नन्दकुमार चरावत गइयांरे।
जगकारण तारण भवसागरसे गोपन सङ्ग दूध दुहैया।
जाके चरण-धूल जग-पावनतें हरि जमुना मांझ धनहैया॥
जाको जगत भरण पोषण कहे नितहीसे प्रभु प्रमदनतें दधि मगैया।
रामप्रसाद अघए अधमन में हरि अहेत तब लेहु बलैया॥

भहंग—नेपाल बोली

ना बोलो वरु ऊंवुं लाल बोलो ना सुनो।
ऊखा लोकाचो सो पानो गींगन पात पोउला॥
पिया मोरा परदेश जोवन कश लाइ देउला।
काठमांड़ाको खूरो पानी भात गांवको झाला
पाटनको रामली मैजो जोवनको धार बोलो॥

अरबी

या महम्मद अरबी अरहक् शोकक कलत्रो अग्शानी मज़लूमो इलहाम कलाम् फसीहा।
अलज कार नबी हुलमो पाय सग् बोलो द मजनू खलक् पूरसो॥
इंची वृन्द गुफ़्तइं समाइे गाहे कुय लैली रफ़्त बंद॥

काश्मीरी

यत मोयत मोयत मोहाल वाजी मारीयतभो आरवल
ध्यानो यतमो।
बाग सच्याने गिलास फूलीयहैं हार बलध्याने यतमो॥

काफी

कान्होड़े कामणगारे कीनो मूने घेलीरे।
वंशी वजाड़े वान मोहनोने मन्त्र मेलीरे॥
आठ पहर आंख लागी आंसुड़ाना एलीरे।
सारी रैना सुध गई श्यामाटे मन मांहे लोधुं कोधी
घेला ऐलीरे॥
मननी वात तो तूं श्यूंरे जाणे आच्या तारुं मारुं
चरचा करेछे कैलो पैलीरे॥
नरसीनो स्वामी सांवलीयो तारो म्हारो वात सब
जगमें फैलीरे॥

ग्रल्हैया

सारिसारिगमपमगमरे सामारिगम पगमपधनि
धपपपधनिसासानिधपमगरेसा।
सानिसामानिसारेसानिधपनिधनिधपधपमपममगरे
गरे सासारे सामारे गम पधनिसानिधपमगरेसा॥

काफी

विषय वासनाय कीनो मगन हुइल्लोरे मन।
सेखानेकी बोली आइलो विषय भेद भुले गेलो
परमनिधि हाराइलो वृथा बांचो धोग जीवन॥

२

ताए कोणोमा एगो जाए परवस प्राण ताएरको।
जगन्नाथ महाप्रभु किवा मन्त्र जानो सातस पचाश
कोस डोरोया लगाय आनगो जाए॥

धनाश्री

होरी बोल होरी बोलो हकाशोमा बाजार गोविन्द
होरी भजहे।
टेरेरे रामर टेरेरे टेरेरे टेरेरे टेरेरे टेरेह॥
हरि भजहे नागा ठाकुरहो॰ ढोला ढालाहो॰ छेल
सांपैयाहो॰॥

सिन्धु

बँधु आमार प्राणरोवोर तामिर उमिर पिरितो करि
काला सङ्गे लागोलो आमार ध्यानरे बंधु॰।
मधुर वंशी बजाइलो कान्हर कारारे॥
जमुनार तीरे ठाकुर वंशी गान करिलो राखिले
तुमारो आसे जादुर डारारे॥

२

आमार बाड़ी एसो कानाइ गायो मधुर तान।
आमार बाड़ी एसो बंधु खाया नागरपान॥
बोसते दिवा शीतल पाटी जौवन दिवा दान॥

दक्षिणी

विषय त्यजा भजा श्रीरामया।
विष भक्षुणीया एकबार मरे कोटि कोटि जन्मया
लया लया लया॥
कामिनी जपर धरोल्य ताहे मतो आयुष्य जाइ
लया लया लया।
देवराव भणे श्रीगुरु लापुसा संसारीन फसा फसा
फसाया॥

कहरवा

मेरे मन बसगई मूरत गोपाल।
बिसरत नेक टरत नहीं टारे मृदु-मुसक्यान अनोखो
चाल॥
मुकट लटक कुण्डल कहा बरनो कल कपोल भुज
अतिही विशाल।
मृगमद हसन दमन दामिन द्युति बांको चितवन
बांको उर साल॥
सुन्दर-वदन मदन लागत अति चन्दन-खौर विराजत
भाल।
कटि-किङ्कणी बाजत पग नूपुर छम छम छननन
गर बनमाल॥
मधुर मधुर धुन मुरली अधर धर बाजत गावत ताम
रसाल।
थुक थुक थुक थुक तातता-थेइ थेइ निरत करत
सरस रस ख्याल॥

नारद शारद ब्रह्मा शुक शङ्कर मोहे शत्रुघन शेष
पताल।
रूप रङ्ग छपा कर कानर दरस दियो भयो मगन
निहाल॥

पील्

झूंठी काया मायाका तू क्या गुमान करता है।
जो तू काया मलमल धोवे, सोभी तेरे साथ न होवे,
लोक कुटम्ब सब ठाढ़ा रोवे, तन माटीमें पड़ता है॥
माया पाय भया अभिमानी, इत उत चितवे तिबरा
तानी, सङ्ग न चाले कोड़ा कानी, नाहक पच पच
मरता है।
जानको दास सोई जन साचा, जो साहेबके रङ्गमें रांचा,
निर्भै होके जगमें नाचा, वो भवसागर तरताहै॥

कहरवा

मोर-मुकट वाको कुण्डल कान मेरो मन लेगयो
श्याम सुजान।
बांको चितवनीया नयना-रतनार तिलक केसरको
मोहे लिलार॥
बोलन हसन मन्द मुसिक्यान चलन लटकानो
बरनो नहीं जाय।
हरिजन कहत कठिन एक बात महा सुख शोभा
नहीं लजात॥

२

देखो देखो बालम चतुरैया हमार टमरोमें तीन
कौड़ो फेर ले आय।
दमरो हलवैयाके दोन सासूजीको लड्डू ननदजीको
पेड़ा सइयांको सोरा चटाय लाई॥
दमरी सोनरवाको दोन सासूजीको दुलरो ननदजीको
तिलरो सइयांजीके कड़ुआ घड़ाय लाई।
दमरी रंगरेजवाको दोनो सासूजीको चुनरो
ननदजीको पियरो सइयांजीको चीरा बन्धाय लाई॥
देखो देखो बलम चतुराई।

१

जमाना खोटा कजरा राखो छिपाय॥
कापर पहरूं हरी हरी चुरीयां कापर करूँ सिङ्गार
बलम मोरा छोटा॥

बरवा

लहरीया मोरो भीजि भीजि मोरे बालम परदेशरो।
हमरो भीजि सुरङ्ग चुनरोया सइयांके लट पागरो॥

बरवा—कहरवा

मोरे ललुवा दुधवा डारि कान्ह नीको नजर लगो।
एक दमड़ीके पनवा मगायन तापर लिखदई टुनवा॥
पियाका सङ्ग मोहे नीका न लागे यार बिना घर सुनवा।

२

पिया मोर बड़ निरमोहिया कजरा न दे।
खानेको तो दोन भानवाके चावर मागीका दई
पुतान सुतइको दोहन लालोरे पलंगोया खेचई
भिलंगाके बाद॥

३

कन्हैया राज मोरो पिराय कैना दरद नहीं जाने।
टिकुलो हिरानो गुमार अयोध्या न्हाय आइ गुइयाँ॥
सूरजकुण्ड में टिकुलो हिरानो ढूंढ़ लागो अपना
अपरार॥

४

चल मन मेरे काशी बस जाय।
मणिकर्णिका पंचगंगा माधो श्रीगोपाललालके
दरसन पाय॥
जनम जनमके पाप कटतहैं आवागमन फिर
नहीं आय।
कृष्णसनेही निज करले चरणकमल बन बल जाय॥

५

लागि वृन्दावन नीको आलो मोहे।
घर घर ठाकुर सेवा बिराजे दरसन गोविन्दजीको।
रतन सिंहासन बिराजे मुकुट धरे तुलसीको॥
वंशीवट जमुना सुन्दर सब ब्रजकाहे टीको।
चन्द्रसखी भज बालकृष्ण-छवि श्री सब जग
लागत फीको॥

भजन बिन काहेकों देह धरो।
काम क्रोध मद मोह लोभमें वृथा उमर गुजरो॥
ना हरि भजन गुरुको सेवा साधु सङ्गत न करो।
नौ मास गरभमें राखे मैया भार भरो॥
निशिदिन सोवत जागत विहरत कहेला हरो हरो।
सूरदास प्रभु तिहारे मिलनको गुरु बिन सूझ न परो॥

७

अब मोहो पिया मिले ब्रह्म ज्ञानी।
घट घट व्यापक सबसों न्यारा एसे अन्तरजामी।
कुमति जराय करों मैं काजर चढ़त प्रेम-रस बानो॥
एसो रूप करो क्यों न विरहिन तो पियके मन मानो
सहज सिङ्गार चित करो चोवर सुरत निरत
करि बानो॥
शील सन्तोष पूरहो दोउ कङ्गन हुइ रहो प्रेम दिवानो
एसो साहिब कहूं न देखा कबीर हरिके चरण
लपटानो॥

देश बिहारी—तिताला

रघवा होय गइल अघवारे भकुवा रामनाम चित
धरिला।
जाहि जपत प्रह्लादवा नारदवा परासर पुण्डरीकवारे॥
व्यास अम्बरीषवा शुक शौणकवा भीष्म आदि अनेकवा
कदामाङ्गद अर्जुनवाके रथ हकवा वशिष्ठ औ
विभीषण लङ्का दहलवारे॥
ध्यान धरत शेषश ए गणेशवा शारद ब्रह्मा ईशवा।
कृष्ण रसिकवाके कारणवो राम भइलवा परल
रहो कतहुं शरण रहोलवारे॥

तैलङ्गी बोली

२

मे सुन सुतो मङ्क पोइ नाड़ु।
मैसु मोहन वंशी चेपो पाई नाड़ु॥
पोकुल सोपारो आकुल पान। मुकु नाक औ चुवुल कान
रमुछाती कड़पु पेट नटु। मक मरहै ताके हेटु॥

नोउमा वाड़ु नाउमें वाड़ु, नौ मानो कगर
चोस्कु नारा लेड़ु।
आड़ु वाड़ु आलस्य मेंदो पान सोपारो ओकुल
पोकुल॥

तिलंग—तिताला

साँवरेदी सुरत मानु भाँदोवे मेड़ो सइयांरे।
बिन दोठीया सानु कल नहीं पड़दो चित चढ़
जाँदो झूमर पाँदोरे।

२

आवना माड़ेरे नाल गबरूवे।
तेड़ो सुरतदो मैं दिवानो भई ज्यों भामा त्यों पालवे
गबरु या०॥

३

रांझ रांझा कूकदो आइयां इथे हीर निमानो
कहदी यार कित्थे।
सदारङ्ग दे नाल गुजर गइयां वसदा रांझण जित्थे वे॥

४

सांवला प्यारावे श्यामा प्यारोरे।
युगलछवि माड़े मन बस गइयां वृन्दावन छवि
निहारवे॥

५

बदनामो देंड़ा जग सारावे सांवरे गबरूवे।
कुड़े लोक बुराइयां दंदे साड़ो राख अबरूवे॥

झिंझोटी—बिहारी

मेरे डेरे आवो हे रसिया।
बिन देखे मोहे कल न परतहै तुहो मन बसिया॥
तेरो सुरतदो मैं भईहौं दिवानो मेरे मन बसोया।
कृष्णानन्द रङ्गीलो सूरत तन मनमें धंसिया॥

२

तुम्हार मन मैला न होय डारो गले बिच बहियां।
लोक लाज कुल नेक न सकुचत मैं बरजत तुम
मानत नहियाँ।
मैं तन रोम रोम बलिहारो श्याम निरखि तेरो
परछँहियां॥

नैन बसत निशिवासर छैला कसकत रहत हियके
महियाँ।
मन मोह्यो मनमोहन प्यारे कृष्णानन्द चरण गहि
रहियां॥

कालिङ्गड़ा

नजरिया लागी मोरी गुईयां।
वंशीवट अरु तट यमुनाके श्यामसुन्दर रस पागी।
निशिवासर मोहि कल न परतहै लोक कुटुम्ब
भय भागी॥
वह चितवन मुसकान अधरन लखि अब भयो
मन वैरागी।
मोह्यो मन मनमोहन प्यारे कृष्णानन्द अनुरागी॥

२

बांसरीया बाजीरी मोरी गुइयाँ।
आधी आधी रात पहरके तड़के श्रवण सुनत उठ
भाजोरी॥
श्रवण सुनत कल परत न छिन मोहि तन मन
विरहा दाजोरी।
कृष्ण रसिक रस बस करडारी सप्त स्वरनसों बाजोरी॥
मोरी०॥

राग—ठुमरी

रङ्ग भींना बनरा जागारे।
खोल घूंघट मुख देख बनीका घूंघट में मन लागारे॥

२

क्यों रहंदी फ़ीर माहे मारवीं वे।
इस कारण वे पातल वेलो वे राभ्रणदे मन धीर॥

३

हुसना के आनी मेरावे।
मैंने बुलाया वारी चन्ददे चांदणी वे आया मसालोंदे
नाल जानी०॥

४

नैनादा झमका तैंतो लेंदा मेरी जानवो।
इस कारण मैं ढूंढ़न निकसी इश्क रैंदामैं लेंदा
मेरी जा०॥

५

साड़ी वल वेखवे मैं तैड़े छंदड़े जाँदीया।
सदके कीती सदके जादी खोल घुमाई जिन्द मेरीयाँ॥

६

मुरलीया वालेसों मन लागो।
मोर मुकट पीताम्बर सोहै गले बैजन्ती माला सों०॥

७

इस नगरीकी नई रीत सुख देखेकी प्रीत।
अन्तकाल कोइ काहूका नाहीं जगमें याही अनीत॥

८

चूड़ा लटकैंदड़ा नीकुड़ीए लाला घूंघरवाला
ताड़ा यार।
इन अङ्गुलियांदेनी पुर पुर छलड़े मैं दोदा रङ्ग कुड़ां॥

९

चोलीदा बन्ध सीनावे सवाजों मोड़ावे।
चोली तेंड़ी अजब कसादीवे केसरदा रङ्ग भीनावे॥

१०

लङ्गर बटपार हमसों न बोलो।
बहियाँ मरोरी झक झोरी मोकों हंस हंस घूंघट खोलो॥

११

आज रङ्ग भींना बनरा मेरे घर आया।
केसरीया बागा अङ्ग सोहै भागनतें पाया॥

१२

अच्छा बना लाड़लेहो सुघर बना।
नाम न जानूं ठाम न जानूं बरबस घूंघट खोलो॥

१३

हमसों करत नित रार प्यारे।
औरनसे रङ्ग रसकी बतियाँ मोसें करत तकरार
नन्ददुलारे॥
कृष्णानन्द मन मानै सो करले मनमोहन बलिहार
जियारे॥

१४

सखीए:क्यों नहीं हुण सुण सुचदी।
दिलांदे मुश्ताक पुनु बिलोचदी॥

राग मझगाग लूम—एकताला

एसोए सोनी केहोया सुचदो दिलदो मुश्ताक
पुनदे उसदो ॥

फन्दोयावों मुसाफिर कित तेड़ा रव वर सुनो बुखारेदे
कंचदी।

ईमन—तिताला

मन लालनको लहकन लागो देखो सखी गोरोका
सिङ्गरवा।

अब रङ्गसों लाई महोब्बत चञ्चल अचपल मन पागो

गारा—तिताला

लेहु सौतन तुम अपनो पियरवा नाहक मोरो बांह
गहोरो।

सेवा करत मोरा जनम गइलवा तुम जीते हम
हारी पियरवा ॥

२

मैं पिया पायाना चाँदनो रात।
चाँदनो रात छिटक रही तारे निरमोहिया हम साथ॥

३

आज सलोनी रातमें पिया पायानो।
सात सखी मिल मङ्गल गायानो हँस हँस गरवा
लगायानो ॥

४

देखत अङ्गीया मोरोरे देवरा लोभाया।
लासको अङ्गीया बनातको नारो रेशम लागो डोरोरे ॥

५

मोहन घर आयानो आज हमारे।
सब सखियन मिल मङ्गल गाया मोतियन चौक
पुरायानो आज० ॥

६

आज सनेही मोकों नोको न लागेरे बारे
सनेया मोकों०।

को समझाऊं समझत नाहों ढूंढ़ फिरो चहुं बागे ॥

७

आयानो मेड़ा जोवन जोगावे।
मैंने बुलाया बारो चाँदके चाँदने आया मशालोंदे नाल॥

१५०

आंगन मेंड़े आयानो मा मेंड़ा सइयों।
चन्दन चौका बारोवे आन धरो मेंड़ा मियां छरां
मङ्गल गायानो मेंड़ो० ॥

९

चोलोदा बंध सोनावे सबाजो माड़ेवे।
चालो तेड़ावे अजब कमोदावे केसरदा रङ्ग भोना ॥

१०

अच्छा बनावे मेंड़ा रङ्गीला बनावे।
शिर सोहै बारोवे जरकसो चोरा होरा लगे मांतो
पना ॥

११

नोचल गोशेन भूमर पावां।
राझण जागो वारो मैं जोगियानो अङ्ग भभूत रमावां॥
रांझा मेंड़ा बारोवे मैं रांझेदो सोणा रांझेदे सदके
मैं जावां ॥

१२

देखो सइयों कासिद आयानो।
मैंता अजब तरे गल पूछां दिलबरदो ॥
याद करैंदा रहंदा अपना उमगसों हाल नहों
साड़ा कभो तो दरस देखां ॥

१३

कन्हैया मोरा गागर ढोरांहो।
हों जमुना जल भरन जात रही बहियां मरोर
झकझोरीहो ॥

छत्यानन्द छैल मदमातो बरबस करत ठठोरोहो ॥

१४

मानो मनायो न माने मनमोहन मनमानो।
घूंघट पट खोलत नाहों बोले अनगन ठनगन ठानो॥

१५

अनो रङ्ग झुरमठदा अणा हांवे।
सात सखो मिल पनोयांनु चलोयां उघर गयो तेरा
घूंघटड़ा।

१६

माड़ा जोबन जोगा हांवे आया माइयांदे नाल वेहारवा।
मैंने बुलाया बना चन्दादे चांदनी आया चिरागोंदे नाल॥

१७

नैनादा झमका तूतौं लेंदो मेरा जानवे।
इश्कदे कारणवे ढूंढ़न निकसो महरम यार मिलेदीं॥

गारा—धीमा तिताला

मौला करे तुसो जोवां माड़ो जानवे।
मुखड़ा तैंड़ा वांग बहारों बार बार पानो पीवां तुसो जावां माड़ोजां० ॥

२

तबीब दिलांदा साजावे यार तरगइयां हांवे।
वेखणदे मुण यार रखामोना कोउ सङ्ग सनेहावे॥
आशिकानु माशूक मिलोया फिर घर आंवणा केहा॥

३

चूड़ा लटकैंदड़ा नोकुड़ीए लेंदा तैंड़ा घुम घुमाला घाघरानो।
अङ्गरोयादे पुर पुर छलड़े मैं दोदा रङ्ग गूंड़ा॥

गारा—तिताला

झूमर पावानो चल गोशैनू।
रांझाण जोगी वारो मैं जोगियानो अङ्ग भभूत रमावानो चलगो० ॥

गारा—धीमा तिताला

चाक कोथाइ दानो याड़ा माड़ो सुतड़ीनु सभालन देंदा भलावे।
सेज सुतोनो मैं ओघर गइयाँ यारवेके शरम रखे रव साँइया॥

२

पार खड़ावे पुकारे सोमैं कैसे आऊं डब्बर भरोला।
बीर मलाहके हमारो नेबरोया रसोया पार लगावे॥

थनैया—धीमा तिताला

भलो निभाई यारवे रव करे तेंड़ा भला भलावे।
जिस दिन मौला मेड़ा काजो भी हासा मियां पकर खड़ो तेरा पल्ला॥

थनैया—तिताला

सितम करेंदोया नैना वालियां हांहांवे।
चङ्गड़े दिलनु घायल कीता जोरा धिगणां दुख सहंदोया हांहांवे॥

थनैया—धीमा तिताला

भूलोया मैनु सभालवे क्यों झड़केदा मैंनु।
तुझ देहा मैंनु कोई नहीं दिसदा मेरा मियां लाइयांदे इश्कदो भालवे॥

२

तांड़ो बला जाने जा गुजरो साड़े दिल बिच माहिड़ा।
मेड़ो लड़ छाड़ तुसो औरनु मिलदा रहंदा रांझा सानु आँखदा सहो सयाणाजा॥

३

सोना लाईवे सोना गबरू ते लाल कहंदे हुण लाई सुनदावे।
मैं कोकरां कितबल जावांवे मियां हांहांवे॥
आठ पहर तेनु कहंदे रहंदे रुठड़े जालम नहीं मिलांदा गल मानजे सों॥

४

रहो रहोवे दिनवर रहो रांझेणो बात सुहो सहावे।
घोल घतो कुर्बान कोतो अपनें उमगदो सहोवे॥

थनैया कसूर—तिताला

सानुभो पया उलझेड़ावे तेरे नैनादे नाल मेड़ो माहोड़ा।
तुझ बिन जिन्द बेकल होंदो रहंदो सङ्ग तुसाड़ड़े खेड़ावे॥

थनैया—तिताला

हालनो मैं किसनु आँ वे कदर न जानदा बेकदर मायां।
जो तू मेंड़ा वारा कदर न जानो मेंड़ा मियां नेह लगाके मैं भुलोयां।
रांझण मेंड़ा वारोवे मैंभो रांझणदो मियाँ इश्कदा पई जंजालवे।

धनैया—अद्ध तिताला

जम जम जोवांवे माड़े माहोड़ा तानु भलादो भमानवे।
जोतू माडी वारोवे कदर न जानदावे मियाँ नेह
लगाके मैं भुलोयां मियाँवे॥

धनैया—धीमा तिताला

मैं नहीं जानदोवे यार मैं नहीं जानदोवो।
रफ़ेटा साड़ड़े चाँदाका ग़रमाँदा॥
कुल भसाड़े वारोवे दूतोंदा वेड़ावे मियाँ
लख बदोयाको भरमांदा॥

१

अँखोयार तूतो मिलजा साड़े रङ्ग नाल भलो नहों
साड़े नाल।
सहरानु छड़के उठचल हमदम ज्यों भामो त्यों पाल॥

२

चाकनु कोई आन मिलामो सइयांनो।
सुन मैंड़ा काजो वे दिल मैंड़ा राजो मियां लाई
महोब्बत पाक॥

धनैया—कसर धीमा तिताला

जादू जादू कहंदे मैं नहां जानदे भला अपने
नैनादा जादू जानदी।
जैसोयानी वारोवे शहर करदे चचपल नाल उणा
सङ्ग मुठा लेजांदे भला॥

धनैया—धीमा तिताला

तैंतो मैंडो जिन्द मोहोरे मोहो चोरे वालियाँ।
वक्सनदो एक गल्ल सुन जामो वे मियाँ लाख
बदनामो सिर सहावे सहो चोरे वाले॥

१

रात किथ्ये गुजारोयाँवे सोनाधो गड़दे लड़के
चस्मादे कोलवे।
कोठे ऊपरवे पालन पइयाँ वेखे राफणदा शिवा॥
बिछड़ो यार मिलदे नाहीं नोवे गाहड़ोया सुन जावो
भलावे रात किथ्ये॥

चसुमा बोरदे वे कड़ेद वाले।
इश्कदो रैनो वारोवे मूलन मिलदो मियां रङ्ग
घणे घण बोरवे॥

४

बूझदा नाहीरे हाल राँझण बेपरवाहियाँ करदा।
मछरोया थांगु पाइ तरफेंदो रव्वा ईश्कदा लगा
सानु जाखवे॥

५

मैंतो चाल पहचानो हांवे नेनादे चङ्गड़े दारुड़ोदा
हो यार सानु।
तननन ताक तन शहर दिननुवे काफरां जारो
तूँतां हां हांहांहां॥
भलावे महबूब पियारा भलावे आशक रहँदा ताड़ा
मुश्ताक पाकवे।
दिल लगा रहंदा यारा नदाना मियां दिन बिच
रहंदा योरो महबूबांदा झमका॥

६

सेदोयांवे मियां तेड़े इश्कदो नोकां झोकां
झोके यारवे मियां।
हाल दिखादां मैंड़ा रवहो जानदा किमनु वेखा
कितवल कूकां यारवे॥

७

सोना मैंड़ो जानवे मैं तड़े वारो जावां।
जोतू चला वारोवे मेनु भो ले चला यार जिन्द रहोवे॥

८

एशवा अजहं न पाया मैंड़ो जानवे।
जानाबु बरतो पुन दिगरन दार पेश जान जाम्बु वर॥

९

मारा मियां मूरज दिगरतोदानो दोस्त।
तुसाड़े गरे घा लगोवे दिलबर इश्कदा लाग लगोवे॥

१०

मियां साजन बादला भला मेरो जानवे।
जिन्दड़ो मैंड़ो बसनाहों साजन वे वेरणभई सारो रात॥

११

चाकनु कोई याका मिलाओ वेआन मिले तोमैं
जोवांवे।
रखा कीवे मैनुकी झड़कीवा मीयां साइ महोबत
पाकनु॥

राग सरपड़दा—धीमा तिताला

दो नैना मांहे लगींवे तुसाड़े नाल सुनवे माड़े
माहिड़ा।
चश्म मनवा चश्मतो चश्मानैतो जाए दिगर मन
तमासा एतो बिनमतो तमासा भए दिगर॥

श्रलैया—धीमा तिताला

रखदीती तानु बड़ाइयां वे साइयां माड़ेवे।
तू हाकिम महबूब नगरदा मियां लोग तैनु देदो
दुहाइयां वे सइयां मैड़ेरे॥

२

मियां मैंतो चाल पहचानी दिलबर तेज निजारेथो
जानी।
दमशु सुनै न पाए न दहनसे तेरे दुश्नाम तमाम
शुवेसे लवहोरे अपना तो हुश्रा काम तमाम॥

पाठान्तर

सुनने पावन तेरे दहन से दुश्नाम तमाम।
शुम श्रोलवमेंहूं मेरा तो हुश्रा काम तमाम॥

श्रलैया—तिताला

बन्दि पटवारी मीना खेड़ेदा मुकाना।
इश्कदी खेती वारी हासल भरना रांझेदे कारण
चलीवे बन्दी॥

२

पान चङ्गेरानी लायावे शुमानी मेरा मियां।
मिलीया महरम यारसो मन्न दुख भुलियांवो
कीता करम रवाणी॥
श्रज्ञा मिलावे मैड़े रांझेनु सवेरे।
श्राकद खबरनी या मद जो बकस चेपे बर दरियाव॥

श्रलैया—धीमा तिताला

राइ राइवे दिलवर राहि वेघोल घोल घतो कुर्बान
कीता साडेहे मन लाइवे।
मान करंदी होर सियालो साड़े इश्क निभाना
प्यारीया साड़े डे नाल तुसो राजो अपने मन साँइवे॥

२

लावोना कोई यार मैड़े नु काई उनसन जाय
समझावोनो।
जङ्गल जङ्गलवा ढूंढ़दी रांझेनु भुल्लीनु राह बतापनी॥

श्रलैया कुमुर—धीमा तिताला

तैतो जोर कोई जाजान भला मोर्जा वाले लहरदा
बनावे।
भलावे फकीर सोणा मियां ताड़े टप्पेदी श्रशीवां
सुणदे श्रोर॥

२

मत जारे ढोलन मतजा मानले साड़ड़ा गलां।
असी तरसादे तुसो वेखननु मत० ॥
बिन देखे हुण कल नहीं पांदा सुनवे महरम भलां॥

३

दिलदावे महरम यार तू मैड़ो कदर न जानदा।
दिलदा दरद वारावे किसनु सुनावां चुप रहँदे
लाचार माणदा॥

४

श्रा पियारे मिलजा सानु रहदींया मुश्ताक चावन
तेरेरे।
श्रोरा तां मियां रहँदे हरदम वे वाक तेड़े मिलनेदा
प्यारेरे॥

सरपड़दा

लाग रहूं तेरे गरवा मोरा जिय चाहे प्यारे मोरे।
कलिली सिङ्गरवा सेज सवारूं श्रौर फुलनको हरवा॥

सिन्धु कसुर—धीमा तिताला

श्रा पियारा मिल जावे किस वेलेदी मैं खड़ीयारे।
इश्कदी गलां तुसो लगदो भलादे नाहीं तो साडे
नाल गुजारा॥

सरपड़दा—तिताला

पूरब बङ्गाला जादू गररे भरे भरे लागो।

कन्हैया हमहिं छांड़ मत जइयो घरे ॥
पूरब देशको बाँकीरे बङ्गालिन राखेंगो नैना
लगायरे लोगो ॥

खयाल—धीमा तिताला

मौला करे ताड़ा भला भला भली निभाईं यारवे ।
जिस दिन मौला मेड़ा काजीभी होग्रो मेरा मियां
पकड़ खड़ी तेड़ा पल्ला ॥

खयाल—तिताला

मद्दहीनु रजम थल भरपूर रहीलोमा ।
हरे गांव हरे ठांव ठाढ़ी नाम लेत अनुआइरे
सोप्यारे महबूब इलाही कीनो अपना ज़ुहर ॥

२

गलियां बिच ग्रांदा जांदा रहना माड़े दिलवर
इशकादा फन्दा बुरा होंदा तुसी जानदे ।
याणे नाल स्याणे तुसो नेहा क्यों लगानावे ॥
प्रेमरङ्ग होंदे निभाना माड़े दिलवर० ॥

तिलङ्ग—तिताला

बाबरेदी सारन जानोवे कमला यार भलावे मियाँ ॥
जङ्गल ढूंड़ा वारोवे वेलाभा ढूंड़ा मेरा मियां
ढूंड़ा मुलक मुलतानवे ॥

२

नित उठ जानदाबों भोरनो छैला ।
रैन देहा तेड़ी याद बिच रहंदावे मियाँ असरता
नाल जिन्द जोरनो ॥

३

साँवरेदा मिलना जरूरवे मेंड़ो सइयांवे ।
बेलां बेलां टोभां जङ्गल ढूंड़ फिरो मेंड़ा माहीड़ा
आमिल तेड़े हजूरवे मेंड़ा सांईवे ॥

४

यारदा निजारा सानु मेरा सोना प्यारा लगना
कोकरां जिन्द मेरी खसदोयां ।
दे दीदार जमदाल करम तेरे मिलनदा चाह दम
दमदा सदारङ्ग मेरो गल मानदा भो नाहोयां ॥

१५१

कमलेंदी सार मैं नहीं जानदी मेरी जानती मैं नहीं
जानदी भला ।
लैलोदी खातर वे मजनू भी भला ग्रोरी मियाँ कूक
फिरे देंदें सांवरेन् भलावे सोना ॥

६

किन मारियांवे आल सटोयांवे ।
इशक छिपाया वारोवे छिपदाभो नाहीं जाहर
कोता इन अंखियारे ॥

खयाल—तिताला

तुम कौन हो भला कहाँके हां आए कहांते कहां
जाओगे ।
यहतो टुक बतलावो हमें किसने भेजा क्या है काम
जो नया नगर आ झांकेहो ॥
इहां आते हो तुरत जो रोते हो कुछ लाए हो सो
खोय गया किस सोचमें हो क्या भूल गए हमने
जो पूंछा है तुमसों इसका दो जल्द जवाब हमें आंखे
खोलो क्यों ढांके हो तु० ॥
हन्द हो के मुसलमान हो दुनियादार के फकोर
निदान देखो इधर किधर है ध्यान मुहसे तो कछु
बोलो भाई बेपारी हो या हो सिपाई सोधे हो के
बांके हो ॥
वतन तुमारा है किस ठांव बड़ा शहर है याके गाँव,
इन दशों दिशामें यह तो कहो पूरब पच्छिम उत्तर
दच्छिण ईशान अगन नैरत वायव धरतीके हो के
आसमां के हो तु० ।
क्या नाम तुम्हारा था वांपे जात में कौन कहलाते थे
अब इहां कहा कहिये क्या हो तुम कुछ हमको तो
मालूम नहीं तुम आपी अपने साहब हो के दास
किसोके हांके हो ॥
इस नगरी में जो आए हो मौज से यहांका सुख देखो
पर डरते रहियो याद रखो मैं तुमको समझा दोना है
कुछ एसो करनी मत कोजो जो यहांके रहो न
वहांके रहो ॥

कुछ बन नहीं आवे छोहरा मलाह राम कैसे पार
उतरिए।
नदिया गहरी नाव झांझरी कहा करिये नवादवाद
बांनन चपुनव खोना कोउ जाको खेवनहारो पवन
चलत पुरबैया उछलत मेड़ा पनिया अथाह मझधार
जोर करी।
नाके मगर कच्छ मच्छ पैरत फिरें देख देख जिनसों
डरिए राम॥
अनघट घाट पाट अति चोड़ो पायन मिलत रेतो
नहीं दोसत लहर पैलहर चढ़नकी उठत आवे
बहार किनारे छलको छलको जावे कित जइये
कासों कहिये धोरज मनकों कौन बिध धरिये राम।
बहुत देरसे आय किनारे, बैठ रहो हों तुम्हरे सहारे,
अपनो दयाको नाव पर मोकों बेग बैठाकर ए
सोतावर पहले खेवे अपनो मोजसों पार लगा
किरपा करिए॥

३

यह औसर दमका मिला है जो तू जग आया तो हिल
मिल जुल खा पोले बैठ उठ बोल बतलाव फिर
आना यहांका दुहेला है।
ते नातेतें अपने तई घेरा, नाहक कुनवेकों कहे मेरा,
इसकों तो मनमें सोच समझ माय बाप भाई कोइ
नहीं तेरा, तू आपी अपना अकेलारे॥
अव्वलसे लेटे आखर तकता इह धोकेमें बहत जाते पै
कामको बातें नहीं पाते, यह हस्तो दरशन मेलाहै।
दरशन मेलेमें सूरत है सूरत में क्या क्या मूरत है॥य०।

४

प्यारे वहां जाके कहा बोलोगी करी कमाई यहाँ
गमाई खाली हाथ जाके जब पूछेगा तुमसे साई तब
गांठ गिरह क्या खोलोगी॥
किस कौल करारसे आयाथा बंधी मूठोमें क्या लाया
था प्यारे आदम नाम धराया था इसका तुझ को
निरवा करना जो यहां दोगी वहां ले लोगे।
इस नगरोको क्या परतीत चलना वहांका विसवा
बोस, जिसको तुम समझे हो मोत, यहां तो है डरने
को रोत, और खेल क्या खेलोगे॥

५

यह जग दरशनका मेलाहै जो तूं आया है यहां तो
कुछ देख भाल चल फिर मिल जुल हंस बोल बता
ले खा पो इस कारण सबको एकठोर सकेला है।
इस मन्दिर बिचमें रखता क्या रङ्ग बिरङ्ग मूरत है
हिरदे से तनक परख तूं इन मूरतोंमें क्या क्या
सूरत है यह अवसरद०॥
धन उस कारोगरको जिसने इन अपने हाथ बनाया है
गुण ज्ञान जोवन छवि रङ्ग रूपमें हरएक आप
नवेला है।
जबलों सब यहांका है तबलों शहर हैं बाग बहार है
मन आनन्दे और चैन करत हैं लहरे मारे हैं यह
सुखका समया और सगरे यह देखन हारे आजो हैं
कल आप आप कों चल जायगा एकहो कावे
अकेला है॥
ए जो देखे है तूं आपसमें यहां एकसे एकका है नाता
कोई बाप बना कोई बेटा है कोई चचा भतीजा
कहलाता है।
कोई मियां अपनेंको जानें है, कोई दास आपकों
मानें है कोई, पीर मुरीद कहाता है कोई गुरू कोई
चेला है।
जिस दम यह अपना रस्ता गह जावे गए दोस्त
निसबत ना है सब यहांके यहांहो रह जावेंगे यह
बूंदें जिन दरियोंको हैं जब मौजसे वह मिल जावेंगे
फिर तो कुछ ठंडा है न उसन है बखेड़ा
झगड़ा है न झमेला है॥

६

एक दमका नाता आता है फिर जाता है।
पछताता है कछु हाथ नहीं मन पाता है॥

मृगतृष्णा संसार बना है काम क्रोध मद मोह ठना है
नाहक पच पच मरता है।
नहीं डरता है मैं मैं निशिदिन करता है नहीं रस्ताहै
नहीं गाता है॥

७

हरि द्वारकानाथ गोविन्द गोपीरमण नन्दनन्दन
द्रुपदजा पुकारो।
काक कौरवन मानसपति हंसकों मलिन करमें
मलिनता विचारो॥
वृद्ध अनिरुद्ध सब बद्ध मुख देखियत दुष्टशासन वचन
कहे सिकारो॥
चीर छीनत छक्यो प्रेमरङ्ग अनगिनत विष्णु भए
वसन मय किनारो॥

८

जावादे कन्हैया म्हाको सास लड़ाकोछे।
ननदल छोटो दगद्यारो पोटो सासु समोय्यारो
लड़वामें झगड़ा कोछे॥
पानोड़ाने जांता म्हाकि पाग गिनेछे झूठो सांचो
बोले थांके साथ खड़ाकोछे।
प्रेमरङ्ग प्रभु तन मन धन वारो छानो प्रीत राखो
म्हाको लाज बड़ाकोछे॥

९

पैर परत प्यारो झांझर झमकें प्यारो कान्हदा बुन्दा-
वाला वेसर चमके।
प्रेमरङ्ग चूनर चटकीलो जोबन मद मुख दामिन
दमके॥

१०

नैणा नाल नैणा साड़े मिलदे न सकदेवोड़ेरदेन
जांदे जांदे दिल बिच सकदेवो।
लगणी न जाणी न पँचाणि दरदो न प्रेमरङ्ग लग लग
छुट छुट सकदेवो॥

११

नरदेहीको याहो काम मुख सीताराम सदा निकरे।
राम राम सुमरण बिन खांसा लोहकार सोध
मन करे॥

त्रिविध तापके सनमुख मतहो क्या जाने जम
कब पकरे।
आज अभी इस छिन कहो सोयपति छिन बीतो
फिर नाहीं फिरे॥
कोलग कों नहीं पार गढ़नको मत तोसों मल्लाप धरे।
प्रेमरङ्ग रङ्ग भींजत श्यामघन मत ख्यालोंके ख्याल परे॥

१२

ज्यों रघुनाथ पियारे लागे।
तौ मूरख तन धनके कारण क्यों पच मरत अभागे॥
जिन जिन धर्म्म धर्म्मसो चाहत डर मायासों भागे।
जो भए हैं होइ हैं सजन सब मोह नींद तज जागे।
कहा तो तृण सो रूख होयगो तोउ काल मुख अभागे
प्रेमरङ्ग प्रभु शरणागतको बध्य ज्ञात नहीं त्यागे॥

१३

मैं मन राखूं रामजो राम रहे मेरे मनमें।
तनिक तेज तनको निरखावे तो न मरुं तन मन धनमें॥
जो अब पाऊं पांव न छाड़ूं छाड़ कुमति
रङ्गं मल्लनमें।
प्रेमरङ्ग एक रङ्ग रङ्गऊं कहुं रहे कबहु घरमें वनमें॥

१४

रघुवरदे नाल लगी रूप सलोने नैन पगी नेह।
दिल बिच रहंदा वारोवे न आंदवे प्रेमरङ्ग दा
जिन्द ठगी नेह॥

१५

बेदिलदो कहिए सनकोइ जाय सुनावा।
जोथे राझण वसदा मेरा मियां उमनुवे दिलदो॥
दूणकदा कमला वाराहे दरद दिनी बिचावे।
प्रेमरङ्ग नु टुक दरस देवाइवो तवोयां विरहवसनु॥

१६

साड़े नाल नैना होदवे परवाह।
तलभ दोदारदो मूलन लभ देवो प्रेमरङ्गदे दिल चाह॥

१७

दिलदो मुराद भर पाई यार,सुनवे सइयांनो साड़ा
हाल सैन बताई यार।

प्रेमरङ्ग प्रभुदी धे लेंदीं बलाइयां वे दिल भर आस
पुजाईं यार ॥

१८

मेरा बनवासी क्यों नहीं आया।
कहो सुमन्त्र कहाँ छोड़ फिराया ॥
सुत सन्देश कहत डरत है शृङ्गवेर सो फिराया ॥
एक एक पूंछत राम कहाँ है वदन ढांप अकुलाया।
अपनी मनकी कहि न सकत है जिन रथते राम
गमाया ॥
ज्योंत्यों पहुंचो राजभवनमें मोहित नृपको जगाया।
कहो राम कईके गरलाया चित्रकूटमें बताया ॥
सुत ले आय देखाय जिवाबो दुखी जान करो दाया।
प्रेमरङ्ग प्रभु वनमें विहरत कहि दशरथको सुताया ॥

आलैया—धीमा तिताला

ओजो कान्हो आंटो न जम्योरी कांई म्हासो राखन
लाग्यो ॥
काईतो करोला मायड़ा लेराँ लेरानीवे ननद
निगोड़ी घरमाहे कोंटों ॥
टेले तो सायब मोसों रसां बात बोल्या अब नाटो तो
अब नाटो।
रसिक सनेही रस अमृतरसहो कांई तो करोला
सब म्हारो बाटो ॥

आलैया—तिताला

भली कीनी भोर ही आए मेरे अगना।
लटपटी चाल उनींदे नैना वहीं क्यों न जावो जहां
रहे सजना ॥
हाथ रङ्ग केसर माथे सोहे चन्दन करजोरी सूर
कहै पीठ गड़े कङ्गना ॥

२

अहो मेरे हितकारण नन्दनन्दन नियरे कीनो गेह।
एकं दिवस गई धेनु दुहावन वा दिन बरख्यो मेह ॥
लई ओढ़ाय कामरी कर गहि निजकर जान्यो गेह।
झूठो जादू कर कर मन बस कीनो कौन जुगत
कर लेह।
सूरदास प्रभु महा प्रबलदल सोत साल जिन देह ॥

आज हम करि ... दङ्गको काम।
या ब्रजको बसबो हैलोरी रस गोरसके दान।
बरजो जशोदा अपने कान्हको हम लूटी है पहचान ॥
ग्वालबाल सब सखा सङ्ग लिए मारग रोको है आन।
सूरदास प्रभु तिहरे दरसको प्रीत पुरातन जान ॥

४

श्याम विनोदीरे मधुवनियां।
पाट पटम्बर पहरन लागे अब हरि भए हैं चिकनियां ॥
वेदिन हरि क्यों विसर गयो हो बांधे फिरत है जब
तना।
अब हरि मोपे काहे आवे भावत नवजोबनियां ॥

५

पीत पटवारो अङ्गरङ्ग को सांवरो नाम न जानू आली
कौनको डावरो।
तट जमुनापे गउ न चरावे बेन बजावे मोतन हँसके
तिरछो चितयो जबते आली तबतें मेरो मन भयो है
बावरो ॥
गृह काज और लाज तजो सब पड्यो प्रेमको मदन-
पावरो।
रूप सलोनो ब्रजनिध सोहै वापर सुमके चित है
उमावरो ॥

६

री वा ठगियाने मन हर लीनो।
नैक ही चितवनमें कुछ कीनो बरजोरी मेरो प्राण
छीनो ॥
नाम न जानो जात कौन है श्यामसुन्दर रस भीनो।
दीसत है ब्रजनिधकी सों वह मन्द हसन छवि छीनो ॥

७

आवेरी धुन वार देया।
बीच बहे जमुना गहरोरी कैसे उतरूं पार देया ॥
यह मुरलीमें मन लिए जात है कीजे कौन उपाव
देया।

नाइन अङ्ग सङ्गार नागरी या कुछ बचन चलत
जब कीजि कौन उपायरे दैया ॥

८

बनाजी थारो सेहर तो रङ्ग रूड़ो।
तन मः.   निहार चिरञ्जीव म्हारो बाईजीरो चूड़ो॥

९

छिम छननन छिम छननन बिछिया बाजे मेरे पाय।
सुनत श्याम सङ्ग लाग्यो हो आवत धाय ॥
डर लागत मोहि सास ननदको अब कहा कीजे
कैसे जीजे मेरी दैया हाय।
यमुना निकटको ज़ेबोरो अइबो नित न्हैबो
मोपे तजो न जाय।
रसिक गोविन्दसों उघर मिलोगो हँसेंगे लोग
तोऊ जानेगी मेरी बलाय॥

१०

नोल-पटवारो प्यारो प्रानमप्रानको।
नवल-किशोरी गोरी भोरी वृषभानकी॥
कुञ्जभवन-राजत छवि छाइन रूप-... लाजत
लखि रतिपति अङ्ग सङ्ग पोके उपजत लेत मधुर
सुरतानकी॥
सुभग सिङ्गार रह्यो फबि अङ्ग अङ्ग हँसि चितवनि
रङ्गरस भरी बानको॥
रसिक गोविन्द अभिरामनि मोभिजि नवदामिनि
घनश्याम सुजानको॥

भजैया—तिताला

नदीया भासिल रे गोरा-प्रेमतरङ्गे।
कालिन्दोर कुले बंशी बाजाइल रङ्गे॥
एवे सुरधनो तोरे सहचर सङ्गे दीनहीन जन देखि
दया करि कोले करि धरि हरेकृष्ण गोविन्द बोले।
व्रजवासी कान्दाइले हे श्रीराधे बोले॥

२

क्योंकर पनियां जाऊं सखीरी हँसि हँसि घूंघट खोले
कहा कहों रंगरसकी बतियां औचक छतियां छोले॥

हरि बिन या बिध व्रजमें रहियत।
जागत जात जाम जुग जामिनि, जतन नहीं
निरबहियत॥
पर पीड़क जानत तुम ऊधो, ताते हों सब कहियत।
एक स्वाद रसनाके अरजो, याते सब हो सहियत॥
मन क्रम वचन शब्द सुन सूरज और कुछ नहीं
चहियत॥

राग ध्वनि

श्रीमन्नारायण नारायण नारायण।
जाको नाम लेत अघ नासे, कोटि पाप भए जारायण।
शिव सनकादि आदि ब्रह्मादिक, सुमिर सुमिर भए
पारायण॥
शिवरीके फल रुचि-रुचि पाए, विप्र सुदामा तारायण।
माधोदास आश चरणनको, भवसागर भए पारायण॥

२

श्रीरामजो लला मोकुँ भावे हो श्रीकृष्ण लला
मोहे भा०।
चारहु भैया रामजी सुंदर श्याम, मैया गोद
खिलावे हो॥
पोत झुंगलिया सुन्दर सोहे मैया, हाथ हरष
पहरावे हो॥
सिर सोहे जरकसी पगड़िया, कान कुण्डल
झलकावे हो॥
बान धनुष्या सुन्दर सोहे, खेलत सखा संग आवे हो।
लाल खड़ा सुन्दर हरिके पग, अवध नगर फिर
आवे हो॥
चारो भैया चतुर सुजाने, लक्ष्मन चँवर ढुरावे हो॥
माधोदास भजो सिय रघुवर, नैनन माहि समावे हो॥

३

आछे प्यारे रामजी लला,
तुम्हारे बदन पर अनन्त कला॥

मुखमें बोरो नैना विशाल,
जित चितवे तित करे निहाल,
जहां पड़े भक्तनपे भीर ॥
हरषत आवे सिय रघुबीर।
छोटोसो धनुष्यां छोटो छोटो तोर ॥
खेलन निकसे सरजूके तीर।
प्रागदास चल सरजू तीर।
बीचमें मिल गए सिया-रघुबीर ॥

४

देखो सखीरा नन्दजीरा लाल, मोर मुकट गरे
गुंज हार।
जमुनाके नीरे तीरे धेन चरावे,बंशी बजावे दे-दे तार॥
ग्वालबाल सब सङ्ग सखा लिए, आवत है सखी
नन्दके द्वार ॥
कृष्णानन्द वह सन्ध्या समै में, गावत है नीको तान
पसार ॥

राग तिलङ्ग

एसो छल-बल कीनो मोरी माईरी, बँसरी बजाई
मेरो सुधर बिसरी।
दई-दई कर आई मोरी माईरी॥
हीं दधि बेचन जात वृन्दावन अँगुरी पकर मेरो
सब रस लीनो मो० ॥
ठाड़ो कदम तर,बंसरी बजावे, बंशी बजाय मेरो
मन हर लीनो मो० ॥

२

वे राधा गोरी मोरा सांवरो कन्हैया।
कान्हाके शिरपर मुकुट बिराजे, राधाके शिर मोरी॥

३

पान चंगेड़ो ला दे होजो मानो म्हानोहो।
दिलदा महरम मिलिया सब दुख भूलो याको
तानो रम रब्बाना जीवानो मानो हो ॥

४

राँझेदा कसमाना वे जिहाना मेडाहो।
मेरो उमग वारो रांझेदो आइयां, खेड़ा कूंड़
बहाना मेडाहो ॥

५

खेड़ा मगदानो जोरनो कमला यार भला मियांवे।
जङ्गल ढूंढा वारीवे वेला भो ढूंढा, मियां ढूंढा
शहर तंबोलनी कम० ॥

६

मेडो सुध लाइयां वे रसिया यार।
रसिया प्रीतम साडे दिल बसदा, मियां मेडे दिल
बिच बसिया यार ॥

७

मिल मिल जाना हो मेथी महरम यार।
ववक्त अधीन बिन कल न परंदो वे, सुनरे रब्बा
साडा दिल खिल जा॥

८

हुसन निजारा कीता वे भला मेंडे हाकमां।
इश्कका बीज बोके यह फल पाया, हाफिज़ मनभांदा
किन कीतावे ॥

तिलङ्ग—तिताला

नींदरो मेडो भोके खाँदिया कमला यार नदाना
भलावे मियाँ।
साहब सिन्ध राजा वारावे जुग जुग जीवे मेरा मियाँ
सेज चढ़ी सरमादियां ॥

तिलङ्ग

राँझा दिल बिच समाना वे मेडा जहाना।
ऊंचानो खेड़ा वारोंवे ढामक वाजे मेरे मियां
राँझेदा सदयाना वे जहाना ॥

राग गौरी

एरी आली आछेनु पग धरत चलहु तोउ धरे
तोहि नाम।
अब हो मैं नेहरते आई, यह अब जान्यो ठाम ॥
यह गोकुल गामको पेंडोइ न्यारो, निपट चवाई गाम॥
मारग मिले नन्दको ढोटा मोहन वाको नाम
कपट पोत वलिहार श्याम है, मोह लेत व्रज वाम ॥

गौरी—तिताला

ओ मोहन मेरो अचरा छांड़ दे, हंस मत बोले निरख नगर नरनारो ।
कहा मोहि तुम वैसो जानो, नाहि न तुमपर वारो ॥
सुन्दर वदन देखावो ताहोको, जो तुमपर तनमन भई वारो ।
प्रेमरङ्ग हमसों नहिं तुमसों सुनन चाहत दश गारो ॥

गौरी

रमो राम म्हारे मनमें तनमें ।
जम लोभो नां मन होय धनमें ॥
सुकृतो होय जा जनमा तरन, तो सङ्गत हइ जो सन्तनमें ।
कान संभाल्नो गुण रघुवरनो आंख रूप जो ए स्थापनमें ॥
नाक चरण तुलसो रस सूंघे, भने नाम कोर्त्तनमें ।
हात करेते करम कृपालनु पाग बडे परमार थपनमें ॥
प्रेमरङ्ग प्रभु रोम रोम रम, रहो सरखु सुख घरमें वनमें ॥

२

एगो अटके प्राण हमारे, इन मोहन मुरलोवारेसों ।
दिन नहीं चैन रैन नहीं निंदिया, भले मन्त्र पढ़ डारे ॥

३

हा राधा प्यारो मैं थारो गुण गास्यां ।
पान खवास्यां फूल बिछास्यां, मुखपर चंवर उड़ास्यां ॥
रसिक गोविन्द अभिराम श्याम सुन, छवि पर बल बल जास्यां ॥

४

गाय ले रे मन गोविन्द गुना ।
गोविन्द गुनारे गोपाल गुना ।
एसो समय बहुरि नहों पैहो, फिर पछतैहो मेरे मना ।
जिन तोकों तन मन धन दोनो, नैन नासिका और रसना ।
जाहि रचत दश मास लगे हैं, ताहि न सुमरत एक छिना ॥
अधम तरे अधिकार भजनते, जेइ आए हरि चरना ।
ना पतियावे तो साख बताऊं, अजामाल गणिका सदना ॥
धन-जोबन अञ्जलिको जल जस, घटत जात पल-पल छि छिना ।
यह जिय जान भजो रघुनन्दन, नाम देव आए हरि शरना ॥

श्रीराग

श्रीरघुवीर कृपाला ।
दशरथ लाल दयाके सागर, मेटन भव जञ्जाला ॥
कौशल्या सुत त्रिभुवन नायक, करत भगत प्रतिपाला ।
भरत शत्रुहनके सुखदायक, धावत लछमन लाला ॥
नाम राम तिहु लोक उजागर, मोहनो रूप रसाला ॥
सदा रसिक गुणगाहक लायक, दाता ख्याल खुशाला ॥

२

प्रगटे गोकुलचन्द कन्हाई, चारहु दिस सोभा सरसाई ।
नन्द महर घर नौ निध राजत, अष्टसिद्ध तहां दैत देखाई ॥
बन-ठन सब वनिता व्रज आवत, लायत कञ्चन थाल बनाई ॥
निरखत मुखसुख यशोधानन्दन गावत मङ्गल देत बधाई ॥
चिरजोयो जुग जुग यह ढोटा, रसिक खुशाल जोवन फल पाई ॥

३

बसो मेरे नैनन राधे कान ।
तिमिर हरन भव मेटन जनके, प्यारो पिया समान ॥
करुणासिन्धु सकल सुख आगर, गुण तिहु लोक निधान ॥
मोहनो मूरत सोहनो सूरत, नेह सदैव निभान ॥
चौदह भुवन एक सोई व्यापक, पूरण ब्रह्म सुजान ॥
ख्याल खुशाल करत निश-वासर, भगत हेत भगवान ।

निरमोहियारे सुरत बिसार डारी मेरी कित
बिलमाये श्याम।
लाज न आई वचन कहेको, कठिन कठोर भए मनके
अब भूलि गये निज धाम॥
चित नहिं धरत कबहु इत माही, निठुर निडर लागे
मोहनजू पौढ़ि पढ़ायो वाम।
लच्छनदास रावरी कीरति प्रगट भइ जग कल अपने
भलो धरायो नाम॥

५

आवत वनते धेन चराई।
सन्ध्या समय सखा सङ्ग लीने, राम कृष्ण दोउ भाई॥
रँग रंग वसन अभूखन पहरे, उर वनमाल सुहाई॥
बैन बजावत मृदु मुसकावत, छब अपार हो छाई॥
निरखत व्रजकी बाला जित-तित, हृदय विनोद बढ़ाई
जीवनके फल पाय असीमत, जीवो कुंवर कन्हाई॥
यह अपार सुख शोभा शोभित, उपमा वरनि न जाई
मात यशोदा करत आरती, रसिक खुशाल लुभाई॥

कबहु करन गयो माखन चोरी, दे-दे दगा बुलाय
भवनमें भुज भर भेटत उरज कठोरी।
जानत कहा कटाछ तिहारो, कमल नयन मेरी रतन
किशोरी॥
आवत देख्यो उराहनके मिश, ठाढ़ो चितवत
चन्द चकोरी।
सूर सनेह श्याम मन अटक्यो, अन्तर प्रीत जात
नहिं तोरी॥

७

बेन माई बाजे वंशीवट।
सदा वसन्त रहत वृन्दावन, पुलिन पवित्र शुभग
यमुना तट॥

कलिङ्गा—गौरी

नर जाने अमर मोरी काया हो।
एक कुआं पे पाँच पनिहारो,पाँचो सोचे अपनो वारो॥
औघट घाट कुअनवा टेढ़ा, कुम्हलाय गई पाँचो क्यारी।
सहस पांखरी एक शरीर, तन मन भजले दास कबीर
अपने गुरुके बलिहारी॥

गौरी

अब तो मानि न हठीलो मेरी बतियाँ।
चार दिवसको चटक चाँदनी, फिर आवेगी अंधेरी
रतियाँ॥
छोड़ गुमान कान दे सजनी, सौत लगाय रही है
घतियाँ।
रामलला सिख मान हितापन, हरि हिय लाय
जुड़ावे छतियाँ॥

२

आए हरि नामके बंपारी।
काहूने लादे खांड़ खोपरा, काहुने लादो खारी॥
सन्तने वन जा नाम हरीका, पूरा खेप हमारो॥
तुम तो हमारे कुम्भ कलस हो, मैं खासा पनिहारो॥
नाम तुमारा शिरपर राखत, नेक न शिरते टारो॥
तनकर महल सुरत का पेढ़ा, ज्ञानको गोन उतारो।
सूरदास प्रभु माल खजाना, लादे सन्त सुधारो॥

कलिङ्ग

हमारो गुरु भूले कुं राह बतावे, सतगुरु तीन छन्द
ले गावे।
छपरमें कमरो वो जंगलका लकरो, गगुरो याकोरो
व मकरो वो बकरो लकरो मकरो॥
जुलाहा केरा ताना तंबोली केरा पाना,
नानबाई केरा दोगाना पाना ताना॥
बनिया केरा आछा हिङ्गा भैसो केरा सिङ्गा,
महादेव का एता लिङ्गा, हिङ्गा सिङ्गा लिङ्गा॥
कहत कबीर सुनो भाई साधो या सन्तनका मेला।
याही बातका महरम जाने, वही गुरु हम चेला॥

गौरी—अड़ाना

जोबन मदमातो एड़ो डोले।
नयन सैनके अनेक भावते रसवस मन हंस बोले॥

गारा

मैं तो सइयाँसो सरमात हों मैं तो नहिं जइहों सासरे
औगुण भरा गुण एको नाहा, कैसे करहों पियामों
मैं त्रात हों मैं तो० ॥

२

एडो मैंने लाड़ले दा घोड़ियां हाँवे ।
घोंड़ियां धुर मुलतानसे आइयाँ, जोवे भाइयांदा
जोरियां ॥

३

घुमा घुमा चरखुले वालियाँवे ।
चरखा तेडा रङ्ग विरङ्गा, जावे कातनवालियांवे ॥

३

अरे अरे हो बलमा मोपे जादू डारारे ।
जादू डारा भला कियारे अरे मन हर लिया
हमारारे ।

४

कोयल बोले शब्दको बगियामें ।
इस बगियामें लाल लगेहैं देखु बलम तोरो पगियामें ॥

५

बांके नैनादा मारो मर जाऊंगी ।
हमारे सइयांके नैन रसीले, अँखियोंमें कजरा
घुलाऊंगो ॥

६

ननदल थारोरे बोरो यामे बारो म्हारो हजारी ढोला
मालुसे लाला ज्यों जोमाके यिरमें गरमो लागी ॥
म्हारे माक आंगन बाहु चपलारो बूटो मारो लड़्का
लूटो ॥

७

चला जारे बज़ार हमें जानीरे ।
ठराडो ठराडो टोलिया गङ्गा जल पानो, पीवनहार
गुमानीरे ॥

८

सइयां बनवारी कदमको छइयां सइया मोहे
आन मिले ।

एक वन ढूंढ मैं तो वनवन डोलूंरे मेरे गिरधारो
मेरेरे मुरारो ॥

९

तू तो माने न हठालो मोरो बतियांवे ।
चार दिवसको चटक चांदना, फिर आवेगा अँधेरो
रतियांवे ॥
छोड़ गुमान कान दे मजनो सात लगाय रहो
घतियांवे ।
राम लला सिख मान हितापन, हरिहिय लागि
जुड़ावे छतियांवे ॥

१०

सोना असो नाल तुसा नहीं बोलवे क्यों किता
मिलनंदा कोलवे ।
मनडा लगाय सांवल वस कोता सुन गवरू अनमोलवे ॥

कलिङ्गवादि

निकसि आई बलमा मैं तेरे देशवा ।
तेरे देशवाके सब लोगवा दुखवा सुखवा भोग ।
यहां मैं अइल्युं कूडकमैल्युं अपने खसमके भोग ॥

टप्पा

घरमें गइल्युं सोगमें भइल्युं तुम बिन कैसे रइहौं ।
पाप पुण्य दोउ सङ्ग कर दज तोरे चरणमें अइहौं ॥
पांच पचास नार एक राजा, झूठा जगत पसारा ।
गावै गूदर मन लागत नहिं सतगुरु किए मोहे पारा ॥

देशान्‌म

मोह लियो मेरा जिय कामना तैंने ।
महम्मद सा पिया मोरे डारे आईलों मोहो हमारे
पिए ॥

दश

म्हाने डर लागेछे राम मैं तो आवन कहेस्यां मोरो
मइयो रैन अंधेरो ।
निश अंधियारो कारो बीजरो चमंके, सनन पवन
चले बेकल भई सजनो ॥
इतनो अरज म्हारो सुनोरो रसिया अब बिरहा
दुख देस्यां ॥

जोबन झालो रह्यो नहीं जाय।
दिन-दिन दूनो दुःख भरोरी, सायबा कासे कहूं
मैं जाय॥
एसे समै थे गुमानो डा मोसो धीरज धरो ना जाय॥

३

जोबन मातीके जो सार् ढामें मुसकावे।
उमगो जोबन मेरी बल देशां सास मोरो आन
जगावे-सतावे॥

४

अछो रे वह काईं थारो लासारो हो राजमूणि।
अधर न लाग गरे रस छातो, आप मरण
जगदा सरो होराज॥

५

मेलोवारे तेरो बांसरीने मोह लियारे।
बंशी बजायकं मन हर लीनो जादू टोना कियारे॥

६

पियाके नैनासे मोहीरे।
बाँको तेरो कमर कटारो, ठुमक चाल पर वारो॥
इश्करङ्ग पिया याद लगो है, आँख लगा जन सोईरे॥

७

रावल जोगीरा मैं तो मोहोबे।
कानन कुंडल गल सेलो विराजे, सुध बुध सब
मेरो खोई॥

८

साजन लटकत आवै तोरो नाकबेसरियाके साजना।
साजन हो लटकत आवै पनघट देख ले कोने
सिपैयाके साजना॥

९

नहीं नहीं आली अब एतो हठ नीको।
मोरे कहेते चलरी सयानी मान मनायो नागर पीको।
अब तो मान तजो लखि राधे, रविको किरन
पान रस फीको।
प्यासे प्राण जायँगे जल बिन, फिर कह कीजे
सिन्धु अमीको॥
सूर गरभ लखि जोबन भामिनि, जानति हो अपने
शिर टीको।
जाके उदे त्रइलोक प्रकाशित ससिहिँ कहाडर
कुमुदकलीको॥

बिहारी

महतारो मैं न रहूं बिन राम।
वनको गवन राम लछमन सिय चले कहा करि
हों तेरे ठाम॥
महापापो कपटो कुटोल कुचालो, बसत जहां
जर जावे वह गाम॥
होत प्रात वनको हम जइ हैं, इहां मेरा कौन काम।
नहर अयोध्या सूनो लगत है, दशरथ गए सुरधाम॥
सुर नर मुनि मोहि दोष देत हैं का करि हो रजधाम।
चरण शरण रघुनन्दन विन मोहि, छिन न परहि विश्राम॥
सूर श्याम चित्रकोट बसत हैं, मोहि नहीं आराम॥

२

माने नहीं सइयां गुइयां नैनवा लागे हो।
नयेरे जोबनवाको नईरे उमगिया राम, वो तो
कुवे मोरो वहोयां गुइयां नैनवा लागे॥

३

रसिया प्यारा लागेरी मतवाला छैला आवै।
नैनन भरो मोहनी मोहन, मुरली मधुर वजावे॥
झूमत आवे मन ललचावे, ख्याल खुशाल मचावे॥

दश

पिया बिन सूनो म्हारो देश।
मोना लेने पो गये वारो, सूना कर गये देश॥
सोना मिला न पो मिले, रूपा होय गये केश॥

बिहारी

सइयांको खबरिया कोऊ ल्याओरे पतिकवा।
जबतैं गये अजहूं ना आये, कैसे धरूं जिय
धीर मतिकवा

बिहारी—ताल जत्

वह सूरतको बलिहार सखोरी।
और नहीं देखे कोउ जगमें, वैसो हो अनुहारो॥
सर्व सहे मेरे प्राण जोवन धन, वाहीसो हो भवपार।
गिरिधर पियको वा छव ऊपर कृष्णानन्द गये वार॥

कलिङ्ग

मैं ता ठाढ़ो री अंगनवा हो सइयांको आवन सुनवा।
कागा बोलेरे सखो सगुन भइलवा, दरक-दरक म्हारे उठल जोबनवा॥
बिन देखे मोहि कल न परत है, कृष्ण रसिक छल मनका हरवा॥

२

सुनोरो सखोरी तोरे सइयां हैं अवैयाहो।
जैसो करनो वैसो भरनो अपना है जग मंयाहो॥
खेलत रहो सखिनमें सजनो, आई लगव तन कोउ न रखैयाहो॥

गौरी—कलिङ्ग

अब मैं जोगन भई मोहि लग्यो विरह-वैराग।
चारो वेद भेदसे पूछे तीरथ, कोटि गई॥
भेष अभेष कियो नानाविध, सब कोई मन्त्र दई।
सहस अष्टनाशी नो नाथ सिद्ध सब हरि एक पन्थ लई।
गावै गूदर है नाम मूलको जो गुरु ज्ञान दई॥

२

सइयां मोहि बावरा कर डारो, अरे सइयां भला मेरो जान।
भला हुआ दिन थोड़े हो बीते, तेरो उमर गुजरो मारोरे॥

३

तुम आवो हमारे डेरे सइयां, काहे रूस रहेरे।
बारा बरस चकवोसो बीती, सोतनके बोल सहेरे॥

४

हो सइयां तोर वलैया लूं, चूनरिया ले दे मोलरे।
तैं तो मोरा लहंगा फारा मैं फारों तेरी तनियारे॥
सुनियो म्हारो राँझ परोसन, चचा-भतीजन मारारे॥

सुन मोरो गहकनोरो कोई चुरियां ले।
गली-गली मनहरवा कूके, अब लोरे चाहे तब लोरे॥

गौरी—कलिङ्ग

बेंदिया न देहों मोरे जियके जञ्जालरे।
बेंदिया देके मैं निकसी बजार, बेंदियाका हासल मागे शहर कोतवालरे॥

टेप—तिताला

वारो वारोरे सांवलडा वंशोवालडावे।
मोहनो तान सुनाय रागमें, केहा जादू तेंने डालडावे॥

कलिङ्ग

सांवलो सूरतदा बल-बल जाऊंगो।
वंशो सुनाय रिझाय लिया मन, चरणकमल चित लाऊंगो॥

२

मेरो लुङ्गे लटकनिया भोजेरे, भोजे-भोजे सपइयाका जामा झिलमिला होयरे।
मोरे गाढ़े गढ़ गये कंगना, मोरे सइयां बसे धुर पटना॥

३

राम-रस ऐसा है रे भाई, जाको नाम लिये अघ जाय जाके पियत अमर होय जाय।
सूंघत हो बौरा भए चाखत हो मरजाय।
आगे आगे दव जरे, पोछे हरियर होय।
वलिहारो वा वृक्षको, जड़ काटे फल होय॥
घर राखे घर जवरे, घर राखे घर जाय।
एक अचम्भो एसो देखो, मरो कालकूं खाय॥
एसो मिठो मोलाकोरे, तन-मन अरपे कोय।
जो नर पोवे सुधारस जाके, धर पर सास न होय॥
सो रस पीवे नाम दे पिया गुरू अरु दास।
पोवत कबिरा छक रह्यो, अजहुँ पिवनको आस॥

४

बंगला अजब बना हद वेस जामें नारायण बोले।
इस बंगलेमें दस दरवाजा बोच पवनदा थम्भा॥

आवत-जावत कोई नहीं देखा, याही बड़ा अचंभा।
पाँच तत्त्वकी भीत चुनाई, तीन गुणांको गारा॥
भरम-भरमकी छान छवाई, चिनै न चेतन हारा।
पांच पचीस पातुरा नाचे, मनुवा ताल बजावै॥
कहै कबीर सुनो भाई साधो, बूझै सो फल पावै॥

काफी

माई मेरो दोनो कुल उजियार गुर गुण लेहु विचार।
सात खसम हम नैहर करले, सोले करल ससुरार॥
पांच पुत्रमें एककुं खैलूं, और खइलूं दोय-चार॥
रांड परोसन कलेजं कैलूं, सांझ बड़ महतार॥
कालो मूहको एक न छोड़ा खाय गइल संसार॥
कहै कबीर सुनो भाई साधो, या पदको करो विचार।

६

हम न मरिब मरिबे संसार हमको मिला जीयावनहार॥
हम मरि है तो हमहूं मरिबे, हर न मरै तो हम काहे मरिबे विचार॥
हर हममें हम हरमें निश-दिन, अलख निरञ्जन हो निराकार॥
हर हो हम हम हो हर दीसत सब जग व्याप रहा करतार॥
कहै कबीर मर गया सोई, जाके घटमें हरि न संभार।

आशावरी

बसे वनमाली आली किसविध पाइए?
एसो जिय आवै जैसे, आंगी होय जाइए॥
ओढ़ै अङ्ग मृगछाला, विरहन भईबाला;
नख-शिख अङ्ग-अङ्ग भभूत रमाइए॥
गरमें डारंगी सेली, होंगी अकेली हैली;
ढूंढ़त निकुञ्ज कुञ्ज काहू न बताइए॥
एसो कोन वेग मिलावे श्रीगोविन्द प्रभुसों भेट भुज भर भर अङ्कसो मिलाइए॥

२

ढोला मेडा यार वो ढोला मण्डा माहीडा आख्या वो मैं रहियां किनारे तीर।
आप हो पार उतर गया साजन, एसी तकदीर रह गई हीर॥

३

वारी उस खेड़ेदी बलिहारियां जिथे मेडा रांझण बसदा वे।
रांझण मेडा मैं रांझणदी, रांझण मेडे मन बसदा वे॥
जोतूं प्यासा इश्कदा झङ्गसियाले जाय।
झङ्गसिया लेदा जाटनोतें राखेगो तेनु विरमाय॥

४

होले-होले छेड़बो बिवा गाड़ावान यार।
नेह लगायकार दूर कित जांदा, झङ्गसियाले तुसा खेड्यादे झेड़बो॥

बरवा—कहरवा

अजब घेरदार लहंगा छापेदार घूंघरू।
नाले-नाले मैं चलो वे बूझे खड़े हजार मैंवूहेंदी वारीजा, वां रांझणदे शिरतज॥

६

नदियाहे पार धिगाना एसो कुकंदियांवो।
तेनु अखा रावी पार खड़ी मैं हर करो घर आवनावो॥

७

कमर संग लागीरी मोरा गुइयां।
अँगनेमें बैठो सास ननदिया देखत मोहे अभागिरो॥

आशावरी—नइ ना

ताना देद आदियां वो सोणा तेरो बांदियां।
अरज बंदीदो वारो कहे नहीं सकदा, बिन दामोदो तेरो चेरियां॥

२

मोसों चलहु न जाय राम ससुरवा।
नेहरमें हम खेल गमायो, गुण-औगुण ले चलो सइयांके एसरवा॥

३

झांझरी मोरी नैया पार करो।
गहरी नदिया नाव पुरानी, अपनो जान उद्धार करो॥

एरी अलबेली नार ! मेरे कहा मानरी ।
राज बहादुर सब मिल खेले आइलो वसन्त
बोलोरी कोयलो अंटवा मोरो ॥

आशावरी

कोई पुन मेरनु ले गया ले गया जालम जोरवे ।
अन्दर बेखों वारीवे बाहर वेखों, मेरा मियां
सुनो पाई तेड़ो सेभवे ॥

२

वारो मेरा कमलांगांजा ल्याया नसा जोरवे ।
भांग अफीमदा अमन माने, एक चिलम घनघोरवे ॥

३

साड़े पैरां नालवे बन्दोदे अनवट नालवे ।
झांझर छल्लो नालदे बन्दोदे पाजेब नालवे ॥
ऊँचा अटारावि कतरा बैठा वा सोणावा पुरोंदा
. कल्लि नालवे ॥

आशावरी—तिताला

मिल कर जानावे लाभो पुन्नापि समोदे गर लाग ।
ससोदे पा बिच पावाटेवां पुनदे हस्तर वा, वाजिनोदा
जो बोकुरावे तिनोदा कोन हवाल ॥

२

तू घर आमो बैनो मानोदा मानवे ।
राहतकदांनू आ मिल मोन्या जन्मदो असो चेरो
कहामो ॥
ऊंचानो कोटला हा रदानो सइयीं वमदे लम्बे
ज्वान रावोदे पारासो हामगें तिथे साड़ामनमा ।

३

कंगड़ेदो राह वतलावणा वे संता मैंनू देवानु पूजन
जाणावे गांवदो वजावदोवारो मन्दर आंवदो मनदो
मुरादे पुजांवणावे ॥

४

मेरा कमला जिन्दा भो रहणावे ।
रैणदेहा मानु ध्यान तुसाड़ा किसो वहाणे तू
मिलदाभो रहणावे ॥

१५४

सोणा तैनू इश्क पइलाइयां बेड़ियां बेलियां
सों इश्क रंझेटा सानु मायल कोता मइं रहतहां
सोइ जाणि ॥

६

पियवा कबों आवरे मोरे घरूं ।
तोर बिना मई कछुअ न भावे राख लेहु अबरूं ॥

७

भलो यां बेदरददो वाणो कोतो नाल सजन गर लाग
सवेरे जो बोतो सो बोतो ॥

८

मड़ो जिंदड़ो कबलग याद करे ।
आटा सेर तोन गज वस्तर दुनिया नाहक भ्रमत फिरे ॥
माड़े तोन हात घर तमकूं चहिये नाहक महल चुने
नानकदामहै आप मुसाफिर जङ्गल बास करे ॥

आशा—टप्पा

मैंन् भांदा गबरू जानवे हां जान सलामत जगदो
सोभा चाकवे ।
गोरीने सुन राजो रहणा मेरा मियां मैंनू तोहो तैंड़ो
पैरोंदो खाक पाकवे ॥

आशावरी

मिल कर जाणावे जाला दिलबर बेपरवा गरोवांथू ।
क्यों ओणा ओरोते सुण राजो रहणा कोपया
साड़े ख्याल जोन्द खोणा ॥

२

मैंतेरा सोंआवणिया चन्न ग्रायवां बेसर मांदियां ।
अम्माना मारे वारो वाबुन झड़के वो मियां ताना
दें-दे सगाबोर ॥

३

रामावे गोकुल जा बसिये ।
गोकुलमें गङ्गा गोकुलमें जमुना, सब तीरथ गोकुलमें
सचिये ॥

४

सोणानो में कित वलकूकां रांझण बेपर वाह ।
कुल तोह साड़े दुतोदा बेड़ावे मैं किस बल आखो जा ॥

अवेहसया आगी पैर ना धरो लूट दियांवे।
हो रसिया लेदो जटियाते मैं सुख सदियां ॥

६

कोई चुड़ियां लो कोई चुड़ियां सुन मोरी
गाहकनोरो।
गलो-गलो मनहार पुकारे, शिरपर धरे मोटरिया ॥

७

रावीछड़ोवे रावीछड़ोवे ढेला वो मैं दूतोंदे कोल डरदो।
जित वेखां तित ढोला जांदइ जाँदा नथिदा बड़सो
दोनो कोंवारो ओझड़खांदा नित तड़फेदो तेंड़ो
जान कमोनो मैंड़ो जात भलो ॥

८

जोगो बार बार क्यों आवे सानू सच बतला तेरा
मतलब क्यारे।
दें दोवे भिक्षालैदा बिनहो सुरतदा भरमावे ॥
आधीरात पहरके तरके, घर घर अलख जगावे।
आनिकानो मुद्रा गले बिच सेलो सींगो नाद बजावे ॥
महोवाले तूं रत्ताणो मत्ता साडा जिय ललचावे ॥

९

एरो ए मैं कैसे भरण जाऊं पनियां मग रोकत
कुँवर कन्हैया।
बाट-घाट मग रोकत टोकत माने न नन्द-दुहैया ॥
सुन्दर श्याम कमलदल लोचन, मेरे मनको हरैया।
पुरुषोत्तम प्रभुको छब निरखत, चञ्चल छैल कन्हैया ॥

१०

कान्ह करे तेरा जोरनो मोहनदो मइया एरो सुन
मात जशोदा कान्ह।
सब सखियांदे नाल जशोदा जाँदो जमुना पानो
चुन चुन कङ्कर कान्हा मारे गागर करे निशानो ॥
नन्द गरीब गरीब जशोदा अरो, कान्ह पिता कोई हो
रानो।
रहो रहो ग्वालिनि गाल न दोजे निपट गंवार न कोजे
अनदोसेनू दोष लगावे ठाकुरका भो कोजे।

मेरो हो ढोटा निपट हो छोटा तुमतो नवल
किशोरनो ॥
यह कान्हा वृन्दावन माहीं अधम अधिक मचायो।
उलटो रोष करो तुम हम पर पूत अनोखो जायो ॥
दधि मोरो खाय इन लाज मोरो लोनो भाजन
डारि फोरि ॥
एक दिन काना सङ्ग ले ग्वालन अगनें साडे आए।
सूने घरमें धूमचाई दहो लूट कर खाए।
मेरो दृष्टि न आवें कबहूं याके चेटक जोरनो।
जित देखूं तित रोता भाजत कहा होतरो माई ॥
एक दिन कोने लाग रहो तब आए कुँवर कन्हाई।
पकरो मैं बांह मोहन मन पकड़्यो एक दिलादां
चोरनो ॥
बाहर देखूं बाहर मोहन अन्दर मोहन देखूं।
सांवलडो सलोनो मूरत तहाँ देखूं मन पेखूं ॥
एसो लगन लगोरे जशोदा जैसे चन्द-चकोरनो।
इनको बात न मानो मैया यह तो बड़ो सयानो ॥
बाहर हमसों ऐंड़ो डोलै, यह तो परो अयानो।
केवलराम वृन्दावन जोवन माय हंसो मुख मोरनो ॥

११

बालाजो बाबा शरण तुम्हारो आयोरे।
जनम मरण सुख दुख क्षुधा पिपासा षट उर्मिने
सतातोरे सोसा जलवासो ॥
जाग्रत, सपन, सुसुप्ति रातदिन तापत्रयने जराया।
चौविस तत्त्वसो तन फरकात है, पचोसवां ढिग आयो ॥
त्वंपद लक्ष चौरासो भटकायो तत्पद राम लोभायो।
प्रेमरङ्ग प्रभु शरणागत है, भक्त वत्सल सुन धाया ॥
श्रोव्यङ्कटमरणा श्र० नोलाम्बर वसना० रामानुज देवा
सङ्कर्षण स्वामो श्रोराधेकृष्णा।

राग आशावरी—तिताला

बन्दगी करिए बाला यार गला सुन-सुन जिन्दगो
रहंदे।
रब्बडा ढेदा ध्यान रखिए जिय धरिए शिर मन्दगो ॥

जटियां जोर ठगाइयांनो तेरो तेज निजारा
वनजारियांदे।
हाटबजारां तैनू ढूंढदो फिरेदो रिन्दने में होदे
कारण लुटियां॥

४

अमा नुकमो केहरे सोनिया हरिदेनाल नेह लगा।
विश्वम्भर हरिनाम कहेंदे, अपनेनूको होर क्यों मगा

देश—खेमटा

रात बालम हमसे लड़े हो।
वे मनमोहन हठ कीनो सखी मैं अपने मनमान भरे हो॥
जबतें मोहे सुहात कछू नहीं, विरह अगिन तन
जात जरे हो।
रामदास पिय वेग मिलावो, अबतो धीर नहीं जात
धरे हो॥

२

श्यामसे मोरे नेना लगी हो।
सुधि आवत झमकत चितवनको, वेधत बरछी
वैना लगी हो॥
भावत नाहिं वसन भूषण कछु कहां सेज सुख चैना
लगी हो।
रामदास पोतमके बिछुरे, बिछुड़त सब सुख सैना
गये हो॥

३

पोतमके कोज फन्दे पड़े ना।
जो कोई प्रीतके फन्दे परत है, कोटि जतन कोन्हे
उबरैना॥
विरह अगिन बाढ़त निशवासर, दहत अनङ्ग सरीर
जरे ना।
खान पान सुध भूल जात है, मनुवा एक पल धोर
धरे ना॥
कृष्णानन्द रटत निशिवासर, नेह लगे कछु काज
सरे ना॥

मोरे निदियासे नैना झुके तोरे पइयां परूं जरा
सोवन दे।
सास मोरी सोवे ननद मोरी जागी, बाले सइयां तोरे
पइयां परूं मोरे॥

५

मइकूं न जगावो सइयां, निदिया लागो रे।
सगरी रयन मोहे तलफत बीती, भोर भए रंग
पागी रे॥
जागत-जागत सब निश बिती, भोर भए तोसों
अनुरागी रे।
कृष्णानन्द प्रभू रसवस कर, लोनो प्रेम प्रीतमें दागो रे॥

देश—एकताला

बेंदिया खोइ गई मैं तो साईं पिया तोरे साथ।
यह बेंदिया मोरे मैकेसे आई, सात लगाय रहो घात॥
कृष्णानन्द लेहौं तुम होसों, मानी मोरो बात॥

२

बिछुवा देडालो महाराज, मैं तो भूलो बालम
तोरो सेज।
निरखत हैं मारो नाज अदापर, चोन्ह लई तेरो घात॥

देश

हांसुरीया वाले सांवरे, मेरो गैल मत आव।
गारी मैं दूंगो नन्दके छैला, तेरे हो नाम ले चाव॥

२

अंखियां काहेको लगाए, बिन देखे रहो ना जाय।
सास ननद मोरी जनमको वैरन, नित ही रहत
खुनसाय॥
सगरो रयन मोहे तलफत बोतो, भोर भए गर लाय।
कृष्णरसिक तेरो यह मूरत, मो मन रहो समाय॥

देश—ठुमरी

गोरिया पनघटवा तेरो घूंघटमें मन मोहे।
कारे केस रतनारे नैना, गोरे गात अत सोहे॥
चन्द्रवदन मुसक्यान माधुरो, तिरछो नजरन जोहै॥

निठुरि चमक सिर धरत गगरिया, अदभुत ख्याल
रचो है।
कृष्णानन्द विलोकत सोभा, देह-गेह विसरो है॥

२

गगरिया छलकाई राम सइयाँ मोरीरे।
मैं जो गई थी पनियाँ भरनको, कुवत लाज न
आई राम॥
कृष्णरसिक रसबस कर डारो, बरबस कण्ठ लगाई
राम॥

देश

ननदुल सइयां बहुत दुख दीनो।
सनमुख हमसों प्यार औरनसो, ना जानें कछु कीनो॥
हाहा करत दया नहि आवत, मन मेरो हरलीनो।
चितवन भौंह मटक मुखमोरन, कोरन सरवस कीनो॥
कृष्णानन्द मानत नहि मनुवा, प्रेम प्रीत रस भीनो॥

देश—ठुमरी

उरझे बालम हमार नैना मे उरझे री कहीं।
उरझेत सुरझे नही परली रेशमवाकी गाँठ॥

२

हरवा मे ना पहिरू मोरे सइयांके चुभि चुभि जाय
लाख टकेको हरवा मगायो, देखत सवत लजाय॥
कृष्णरसिक सुख निशवासर मे, करिहों ढोल बजाय॥

३

बाबुल मोरी विदा करो काहेकूँ बलमा रिसान।
भीतर भोली डोलिया संवारो, बाहर चार कहार॥

सहाना—तिताला

बिजुली सी गोरिया चमक चली री रङ्गमहलमें
ठाँड़ी रंगरलीरी।
साँवन भादोको रैन अंधेरिया, चमकत बाजूबंद दुति
दशननिया॥
चन्द्रवदनि मृगनैनी सुन्दर, कटि केहर रसन नरियर
जनिया॥

सौतनकी बात मोहे नाहुन भावे गुइयाँ अपने सइयां
यह बिलमावे।
जादू-टोना जन्तर-मन्तर, पढ़-पढ़ कर ले आवे॥

२

नित दौर नित दौर आवे मोरे मोरे मन्दिर तानन
गावे रिझावे सुन्दर वर।
दर-दर फिरत रहत अन्दर वर, तन नारे तन नारे
तान सुनावे वर॥

सहाना—धीमा तिताला

सुन्दर दुलहा सुन्दर दुलहन सुन्दर सखा सुन्दर
सहेली सब।
सुन्दर सुरंग केसरिया वाना, सुन्दर नग-भूषण
जग मग अब॥

सहाना—तिताला

ननदीको बोलो-टोला मोहन सुहाय गुइयां नींदसे
जगाय गारी दे-दे वरवस।
बड़े गुण मान वरज नहीं लहिहों, जावोगे बाबुल
कैसो परोगे नाहो परवस॥

२

कालो बोलो कालो बोलो कालो बोलो कालो कालो।
शिवानी मृड़ानी भवानी महारानी बोलो कालो
कालो॥
याहि आदि याही अन्त शक्ति है, तीनलोक प्रतिपाली
बोलो कालो कालो।
याहि जिय जान याही सुखसम्पत,भक्त मुक्त प्रतिपालो
बोलो कालो कालो॥

३

राजनके राजा महाराजा विक्रम साह।
देश-देशके गुणीजन आए, देत मुबारक अचल
राजराज॥

४

राजनके शिरताज राजा श्रीरामचन्द्र।
जगत उधारण जन प्रतिपालन, तुही आदि अन्त
सब ही कहे बन्द॥

सेजिया न सोवे नदान मोरे सइयां खड़ो पुकारू
रब तुही रबतुहीवे।
चुन चुन कलियां मैं सेजियां बिछाऊं, सेजिया न
सोवे नदान मोरे सइयां॥

३

अब नहीं रहि हौं नदान जोबनवा।
सासुजीसे कहियो ननदजीसे कहियो, सइयांसे
कहियो सुपनवा।
निस अरु दिवस छिनक नहि भावत, अब लै जाहु
गवनवा॥
अंग अंग सिथल रोम हुलसाने, लागो मदन पवनवा।
कृष्णानन्द विलोकत ठाढी एकटक केलि भवनवा॥

सोहनी—जत्

किनो वस मोहे सखीरी वनवारी सोहनी तान सुनाय।
मधुर-मधुर स्वर अधरन धर हरि वंशी नीको स्वरन
सजाय॥

सोहनी—तिताला

सइयां मैनू चिठियाहु नाह पठावे।
रैन अंधेरो डरावनी लागे विरहा आन सतावे॥

सोहनी—तिताला

सोहे ले डालो मलिया औको वारो चुन लावे नीको
कलियां।
बेला चमेली दोना मरुवा मन रंगरलियां॥

सोहनी—तान सवारी

मेरा मन जित लगियां तित लगियां।
माधुरी मूरत देख लुभानी श्याम रङ्गरस पागियां॥
कोउ वरजो कोउ कछू कहोरी डगर चलत मैं
मगियां।
जाय मिलोंगी ब्रजमोहनसो सरस रङ्ग-रस रंगियां॥

२

मोहन प्यारे दी जरूरनी मैनू सोनेदी जरूरनी मैनु।
पत्तन कारण पत्तन वेलियांवे सांवलके तू दूरनो मैनु॥

मैंडे सोणेनु मिलावो साईं सञ्जा पीर मेरा मियांवे।
मग्गा साईं वारिवे जग विच रोग्गा न मियां मनरंग
तू आस पूजा मोवे॥
छांवे मानु राहे बिच छेड़दा आंख लड़ादा
रसमांदा नाहींवे।
सांवलड़ा मैनु कुछ-कुछ आंखदावे इस गलोमें तो
भांदा नाहींवे॥

सोहनी—धीमा तिताला

फरियाद सानु दिल करदावे मानदावी नाहीं
बोलदावो नाहीं तुसी सांवलयार।
रस वस गइयां मैं तो तेंडरे नाल सोणा मिल जा
मैनु महरम यार॥

सोहनी—तिताला

मौला जाने बेहाल मेरारे।
दिलदी दरदवारी मौलाहि जाने बिनदीया बेकरार॥

२

सुघर बनीके संग जागा बनरावे।
नीके रङ्ग लगा पागावे॥
सुन्दर दुलहन सुन्दर दुलहो, हितचितसो अनुरागा
वनरावे॥

२

बने तेरी बनरी नीकी बनो जीवे म्हारा बना अरे
छांवे बना।
घोड़ेनो चढ़िया लाल बनरावे, मोतियन सोहे
गरे माल बनरावे।

सोहनी टप्पा—धीमा तिताला

भजनादि

फरियाद असा दिल करदांवे मानदावी नाही
तुसो ढोलन यार।
लुट गइयां मैं तो तेंदडेरे पिछेनु आ मिल जा तोसो
नाल पियारा दिल करदावे॥
सोणी सुरत यारदी आंखो भरियांवे खुमारदो।

१५५

जावोनी कोईवे मुड़ ले आवो, रमझांवे सानु तो
तलब दीदारदी ॥

सोहनी—अत्

सोणा जिन्द जानोवे मैं तेनु पुकारदो सजन सोणा
तांड़ो बेपरवाहो मियांवे।
सोणीदा तन नाज कशोरी लगदे विरहदे ठाढे वाणवे
सोणा ॥

सोहनी—तिताला

सइयोनी मैं वारीवे बाला सनेही यार को कर
रखनीनो जञ्जाल।
रांझण छांड़ चला बिचा बेलेनी बूटा-बूटानो जञ्जाल।

२

कितक्सीर कीतीवे ढोलणदावे।
दिल दीगलां क्यों नहीं आंखदावे मेंडे मियां मेड़ो ॥
घोल घुमाई जिन्द सदके कीती नेह लगा जिन्द
जीतीवे माडेंवे मियां।

३

वेखा मानुकी आंखदा कमलावे रूठड़ा जांदा
मेंडा सा थोड़ा।
सेज सुख पइयाँ उचर गइयां यारवे ॥

४

रंग लागा बनरारे अब रंग लागा।
चञ्चल वनरो अचपल बनरा ज्यों सोने मिल्यो
सोहागा बनरारे ॥

५

एरो छैल मेहरदा छोहरारे मेरी ओर नैन घुमांवदा।
माथे चीरा कलंगो सोहे, नैनन सैन चलांवदा॥

६

कौन जाने दिलांदी सार अनीवे अनूठी।
रांझण मांड़े डेरेनी आंवदा जिन्द असां सुख लूटवे
अनूठी ॥

७

कदर न जाणी तैं तो मांड़ीवे रांझा।
लख वदनामी तेड़ीवे शिरपर झिलीयावे मियां तु ;
लख फेरीवे रांझा।

इश्क फन्दे बिच फन्दीवे मियां।
नेह लगा करबे तू कित जादा मेंड़ा सोणा ज्यों
गुजरी सो सेहदी सेदींवे सोणा ॥

९

उठरी जोबन मदमाती रामनाम भज ले दिनराती।
सीख मान ले आज जा दिलकी हरि बिन कोउ
तोरा सङ्ग न साथी ॥

१०

सांवल मैं बलमूल न वेखो हुण क्या करिए उपाय।
बिन दिठियां मानूं एक पल ना कल सदा रङ्ग
तड़कदिया जीय जाय ॥

११

कान्ह वंशी बजाई आज सोहनी।
सप्त तीन इकबिस रंगीले मदन मन्त्र पढ़ मोहनी ॥
व्रज युवती बहु और श्यामके, हरष-हरष
मुख जोहनी ॥
जानकीदास हरिचन्द्र चकोर त्रिय इकटक पलकन
छोहनी ॥

१२

झाड़खंडी जङ्गलके वासी हो।
सुर नर मुनि सब तुमको ध्यावें, पावें सब सुखराशि ॥
वृषभवाहन सीस गङ्गविराजै, और भुक रही जटासी।
जानकीदास पै किरपा कीजो, उमारमण अविनाशी ॥

१३

तूं कित जांदा मैनूं ले चल नालवे।
राम न लगियांदी बेशरम तू आनवे लृणा ज्यों
भामी त्यों पालवे ॥

१४

नैनादी झोके प्यारियाँ वो श्याम सुन्दर नन्ददुलारेओ।
बिन देखे सानू कल नहीं पड़दी, जानकीदास
सुख कारियांवे ॥

१५

सयाँने मुंड़ी आवे दूर न जाना।
विनती करेंदी तेड़े पइयां पड़दी, जिन्दुड़ी साड़ी
जीवाय मुज आजावे ॥

१६

वंशी अब न बजावो बनवारी।
श्रवण सुनत सुध रहत न तनकी सुध-बुध दई बिसारी॥

१७

रांझण मेड़ा मेड़ानीयारवे आख्या वो मैं कित बलकुं काँ जाय।
जङ्गल ढूंढ़ा वारी बेलावो ढूंढ़ा हो रसिया लीद यारवे॥

१८

रैण कहां जागे प्यारे बलमाहो।
रैणके जागे मातें नैन सोहावेंदे कौन तिया अनुरागे॥

१६

बिसरमत आवे नदानीयांदी यारियांबे।
घड़ी बिच तोला वारी घड़ी बिच मासा, घड़ो बिच पल हजारो॥

२०

माणिगर स्याने बोला बेडा वरनेणीरो।
मैं कांई जाणा थारो मनडो लग्योछे माणी डार पोढ्या म्हाने स्याने जगावो॥

२१

घोली कोतोनो रांझण आयावो।
गलियाँ साड़ड़ी अन्तर बिछावां बिछुड़ा साजन पायानीवो॥

२२

दिल लियाँ जायरे यह सांवलियाबे।
मुख मुरली वारी तान सुनावदां, साड़ा जिया तरसायरे यह०॥

२३

मन लियां जायरे अरे कोउ ठगियारे।
सांवली सूरत साड़ा दिल चोर लोता जादू कीता इश्क बगीयारे॥

२४

हो मारूडा माने न पोला मृगानेणीदा।
सोमेदी सुराही वारी मोनेदा प्यालाबे कोन पिलावे चङ्गा दावड़ा॥

फिरियाद अला-रब करदाबे माण दावो नाहीं मेड़ा ढोलन यार॥
दिलांदी दरद वारी मोला हो जाने, कोई नहीं देसाड़ो दादबे॥

अलड़े घावन क्छेड़ मेड़ा रांझणाबे।
तुज बिन मैं तो कल नहीं पांदो मेड़ा रांझणा मानले साडी गल्ल सजणावे॥

२७

अब मेड़ी आँखो बीच बसदा साजन सुरजन सइयां।
आवो सजन गरलाग सवेरे, बार-बार बलगइयां॥

२८

कानुरा रसिक पर वारो जो।
वंशी बजावे मन ललचावे, आवत खारो हमारो जो॥

२९

जाणोदी सोहनी सूरत यारदो मन परबसदो।
पल नहीं भूलदो याद करदो तैनू, नित उठ पूछदो तू कब मिल मैं राह तकदो॥

३०

काला चोर वालाबे महावालाबे महोवाला तू साडड़ो जान कमलाबे॥
तेंड़ो याद साड़ड़ो भूलदीवो नाहीं कांना सोहेदे बालाबे॥

सोहनी—सवार

अरी अरे मलिया तोरो वारो बिनलावो नोको कलियां।
जान-सुजान पो माने रंग रलियां॥

२

नड़रूं नड़रू नड़रूं बलमा कासे कहूं कोउ नाल जाए मा।
एक डर है मोहे सास ननदोयादे रनिया जेठनियाको धाय लगो तेरे पाय॥

सोहनी—तिताला

चन्द जाहा मुखड़ा यारदा मैनू भावे।
और गलों तेंड़ो कछु न सोहावे मिलन हो तो आवे॥

आंणाबे मैं काहंदो तैं नू यही गलांबे तुमाणा लेरवामी जिन्द रखोबे।
भट खेड़ांदे ढूंढ़री फिरेंदी तैनुबे मोयां आणावे मे कुककुक जिंद थकी॥

सोहनी—धीमा तिताला

गिरिधर तेड़ी सुरत मनपर बसदी मिलही मोहे आय।
जबते गय भय नहीं के राग रंग नू देहो देखाय॥

सोहनी—तिताला

सुजवे गुमानी दामीयां ढ़ोलन यार गुमांणो।
घायल कर कर खवर नाली तोहांवे मियाँ सदा रङ्गवारो जिन्द कुरवानो॥

२

माहोदी जहवे मेनु कित वजांदा मेंड़ासांई।
जिस कारणमे पत्तल मलोयांवे वोहो रांझण दूरदी वीचे मैनु॥

३

सोलागा मोरा नैन तुमी सोंहो।
सांवली सुरतवे रसभरी अंखियाके बिन देखे नहीं चैन॥

४

वे मियां असी वन्दे तेडे साडे हाल परमे हरदोन जर रखणावे।
तुसी करदार मझसाड़ेनाल मियां तेड़ी लेवां बलाइयां तेड़ी रमझदा मुस्काल लखणांवे॥

सोहनी—धीमा तिताला

तुसी मेड़े घर आनो ढोलन प्यारा।
तेड़ी सुरतडे मुस्ताक रहंदे नित उठ रेन दिना।
वेमियां जब आमो साडे कोल माड़े दिलनु चेनहो आंदा तेड़े बिरना॥

सोहनी—तिताला

सुरत बिसार डारो नन्दके दुलारे।
हमरी बार मान होय बैठो राधारमण दमन दुखभारे॥

पुञ्ज पुञ्ज भौर गुञ्जहार हिय कुञ्ज कुञ्जवनविहरन हारे।
छिनछिन खबर लेत संतनको सदा सर्व्वदा सांझ सकारे॥
अपत अजामिल गोध गणिकादिक ते पतित पातको तारे।
हमरो बार विचार करत हो कबहु न काहुके दोष निहारे॥
पतितपावन विरद तिहारो अबकी मोहे निस्तारो।
जुगल पतितके आनबनो है नाथ निदान निवारो॥
आपसे पोयारे आपसे नहीतो जानदे कौन कोसे।
इसफसने सेतो गयजाना तुने मन बसे सपने दीसेनी मन जानदा कौन कोसे॥

२

साडा दिल चाहोदा वे यार जोतु बोरनो भाई।
महरदी नजरामे वारिनि तराखो तो जोवन हो सोयोहो रहोंदा नित सोच विचार॥

३

मे तेरोवे मोहो वाला यार मे तेरोवे।
आप छाड जांदावे नाल महोदे हणहोंवो दो तेरोवे॥

४

सोइ तेरा भला करे वेगी आवनारे।
इतनो अरज मेरी मानले गरीवांदी नालबादोदा पाइ॥

५

औगुण तेडा भावे गुमानी डावे।
औगुण तेडा बारोवेगुण करलोता वन्दोयानु कोत रसावे॥

६

तेंड़े नैन लगेहो रानाल सज्जन मैं तो फंदिया तेरो मैंनु नादमदे।
साँवलड़ा मैंनुको समझांदा, असो वे तुसाड़े सोणा किस झमदे॥

आइयो वो रावल मियां कदो असां बल फेरा।
तपदी सोकदी फन्द उड़ोके तू सुण राझां साँई
कदो पाई॥

देणीडा बेगाणा हां-हां वे यार।
आँखें लड़दो रवकोसोदे नाल॥
विनति करेंदो बारो पैरां पड़ेंदो कबो समझ
नादांणा बेयार॥

९
सटडे गइयाँ मैं तेरे सोणाबे मारे माहोडा यार।
जिन गलाँ तो मैं तेंडे बारो बे यार॥

१०
सोणा लटक दिवाणा बाला नजर मिलांदावे।
लटकें वारो मियां दाणा नटाणा दुर न सकदेवो
भटकें माहोडा॥

११
बिछुवा मैंनू की करणा यार।
सान की पईबे इस्कदोगलां समझ दटाकों करणा मान

१२
भला मोहो यार मैं तो मोहोबे आँखों सानूको
मारदा।
भालां मा.डा दाबणा चंगडा काजोवो हाणा गा
तू तो ठग बजारदा॥

१३
सइयांनी मैनू झाला झालण झालियांबे।
कढ़न छेला पुनससोदा हाल, जिस दिन मेरा वारावे
काजों होसोबे मियां जावो सुनावो ससोदे हालनो॥

१४
वे अम्मा वे मेरी अम्मा वे अम्मा वे अकावे अम्बावे
मेरो वे।
पान सोपारी तेडो जारत ले आइयाँ भूलो मां
चण्डमुण्ड असुर दलावे॥

सोहनी—एकताला
गल सुणजा मेंडो तुज विन चैन न आंदा वे यार गुमानो
दिलदो दरदा थों बेकल रहंदो असो कूकदियां
फिरदियां दिवाणो॥

२
अणी रांझण कजाक लूटलोतो जिन्द मांडो।
जो तू सांडो जिन्द फेर देवो असो बंदियां हुइयां
हुण तेड़ो।

३
एरो माइ अंगना बुहारूं पलकनसों मोत पियरवा
साजनवा आइलो मेरे घर।
तिहारे मिलन कहो मन हुलसोला सुघर सुन्दर चतुर
बालमुवा पाइलो॥
सदारंगोले पूजाले सबहो इकरोयां बड़ भागन
पाइलो॥

सोहनी—तिताला
वेमहो वाले मैंनू न विसारणावे।
कित बल जाँदा प्यारेदो असान तेनूवे॥
तेंडो सुरत मेंडे मन पर बसदो वेहोरनो माणो
जिन्द वार वार जांदो॥

सोहनी
वो मेंडा साँई तेंडे हाजर बंदो बिन दामादो
सांवल तेडोयां वो०।
जोवे जोवावण बलिहारि यांदा अणोवे तु नाहक
मेंडो जिन्द फन्दो।

२
बो चोरेवाला भला भला मेरो जांन।
छिप-छिप जाँदा बारो खबर न लोतो अदोत तेडे
कांनां सोहे बुंदेवाला॥

साई जाणेवे हाल मेडावे।
हुरों वोछड़ो वारोवे मेहोया वोकड़ोयांवे ग्रोरो
तुकित विगोरियांवे॥

१५६

४

जङ्गसियालेनुवे ध्यान असाडा वेमोया रांझण
आमिल भलीयां ।
जतन लगी वारोवे सोइ तन जाणावे रांझण ध्यान
रहंदा तेडांवे ॥

५

कर कङ्गणा महंदो लावरे ।
अङ्ग उबटना मेंदो तेल चढ़ावो सौक रङ्ग पियाके
लगावरे ॥

६

मैडा ढोलना दिलजानो ।
नैडो सुरत मैडे मनपर वसगइयां बांकी सुरत मिठ
बोलना ॥
ठगाठगाइ कर के मन बस करलोता मैडे चसमोंदे
बिच अन मोलना ॥

७

सुनतो जानो यारवे अँखियां न फेरोवे ।
हमदम इश्कदोना कहोना सुनो बन्दियां मैं तेरोवे ॥

८

बिन देखे कैसे रहिये अब मोपै रहिलो न जाय ।
जो रहें उनको हियो सराहिये सदारङ्ग मइकूं रैन चैन
ना दिन बिहाय ॥

९

आज माई सानू पियरवा मोसे करत रङ्गरसको बतियां ।
सदारङ्गीले पिउ हँसत बोलत हैं मइसन करत है
नेहको घतियां ॥

१०

बड़ी रैन गइलो अजहु नहीं आये पो अब कहा करूं
कित जाऊं एरी दई ।
आपन जायके अनत बिरम रहे नींद गमाई औरनको ॥
हम जानी न थी एरी सखी जो होवत है प्रीत
अतही बुरी ॥
मौज कछु का तुम जानत हो होवत हैंगी रङ्ग जवाबरी ॥

११

वारोवे दिवाणा कहैदे लोकांवे मस्ताना कहैदे ।
मैं तो तैनू कहँदो सोवे मानदां नाहो याहो मलां
सयांणा कहैदे ॥

१२

दिल करे फरोयाद वेमांन दावो नाहो तेतौ ढोलन यार
लुट गइयां वारो तैडडे पाछे गेरा मियां आ मिलो
साडे नाल प्यार ॥

१३

खबर न लोती मेरे यारवे मेरियां ।
आप न आवै वारो ना लिख भेजवे पैडा मैं तकदी
तेरियां ॥

१४

गुमानी घर आजा रहणा रमिया ।
हंस हंस करजाणा पोवो पिवावो मइकों छकावो
आज मेरे घर काजा ॥

१५

यारवा मैडोको आंखदा कमलावे ।
साथोड़ा जाँदा मैड़ावे माथोडा यारवा ॥

१६

अणी अणी रांझण काजाक लूटलोता जिन्द मेडो ।
जोतू मैडो जिन्द फिरदैवो असो बन्दियां छोड़यां तेडो ॥

१७

मैंनू आ मिला गरबांहोवे रांझा ।
तेडे कारणवे ओलंभे रहंदे असो तू मांडरे सुखदा सांजा ।

१८

तै एत्ता मानको यारो नार हौं तोहै कबको
मनावत तैं एक न मानो ।
हितसों तोहै समभावतहौं सो तूं अपने मनमें जानो ।

१९

सुपने जागी रैन मैं तो उसके सबहो साथोरे प्यारा
मेरा बेखोरो एहां ।
बारोंरो इस दुतियनको जिनराखो न्यारा ॥

सोहनी—धीमा तिताला

सखो पल आट भए जो भइ मन हो मैं कहा कहां
काल न परे।
इन्द्री बिकल उदास बालन बिन यह दुख कौन सहे ॥

सोहनी—तिताला

आज भइ कहो नवल बारोमें परमल बास।
चहुं ओर करक रहो प्यारे भँवरूं डारत पास ॥

२

म्हारे डेरे आइयोजो ढोला सायवां राज।
सेज सुनी निंदरिया न आवे उभो उभो बाटरो
जोवे वेगो आवो मोरे नाहा पूजलो मनको आस ॥

३

एतो मान न कीजिरो नार वोतो कबकी मनावत
एक न माने।
होंतो तेरे हितु लागा वा तू न माने समझ बावरे सांचे
मनको आली ह्रंतो तेरे नैन पराने ॥

४

राखिते ना पारि आमि प्रभु दियाछि येजन।
अदरशने आंखि दुखी, हेरिले ये मन सुखी,
नयने रोदन करि ना हइल मिलन ॥
कि हइल आमार पेल. बलि कि करिया लन,
किशोरी हेरिले हेरि, से चित ना हेरे मरि,
लोगेछि तारि केमन ॥

५

राझण मैंडो खबर न लींतो अब मैं किसनू जाय
सुणावांदे।
जो बीतो सो दिल बिच बीतो नूररङ्ग टंडो मांमांले
रहजावां ॥

६

क्यों सोणा मै वन्दियां तेरियां महर नजरदो चेरियांवे।
गुण औगुण सब माफ करोवे तुज विना नहो मेरियां ॥
एक गुण औगुण जानदे नाहोवे तु सुण जागलां
मेरियांवे ॥

मरूडो बोलावे मृगनेनो वा मारूडो।
मैंतो थारी दासी वारी तुमह्यारी साथ वो कौन
पोलावे सङ्ग दारूडा मारूडो ॥

८

को तकसीर कीतो वो ढोलन मैंडो दिल दागलां
आप क्यों नहो आखदावे मियां।
घोल घुमाई छदके कितो नेह लगा जिन्दलीतो मंडो ॥

९

ढोलण साडो नजर नहो आंदा केवल कुकांजाकरे
फरियाद।
दिलदो गलां वारी कौसन सुनावां रतियां आन
भूलदो आदवे ॥

१०

वरमें नूर जहूर मोराजी तेरे रोझरडे पर।
जोड जांइ धावे शोंद शोंद फलपावे पाप काटे दुखदूर ॥

११

मैंडा रोझण मिलादे पोरां तेरे जारत अइयाँ सुरादे
मङ्गदा मदके सदके गइयाँ होरां।
तेडे घोलियां घलियां घलियां घलियां छइदे छइदे
जादियांरे दडियां नेदडियां याद साँझ ओ सवेरा ॥

१२

नैणांदो नोके प्यारियां रोझण मिले तो मैं वारियां।
नैणां तू साडो वारो बरछोदो गांकों प्यारो लगे जेबे
कारियाँ ॥

माने न पो लावें सङ्ग दारूडाहो मारूडा।
सोनेदो सुराई वारी मानेदा प्याला आप पीवै म्हांने प्यावै॥
उभी उभी मृगनैनी अरज करे थो अरज मानो म्हारो
अवारूडा ॥

१४

जांणोदो मोहणी सुरत यारदो मनपर बसदो पल
नहीं भूलदो।

याद करदो तैंनू नित उठ पूछदी तूँ जब मिल
मैं राह तकदी ॥

१५

साँई जाणोवे सादी दिलोदा दरद वारोवे ।
कोई नहि जाने बिन दीठियाँवे करारोवे ॥

१६

कामन मैंनू लायावे मेंड़े यारदा जमाल ।
इश्कदी वेडो सानू आखवे सदारङ्ग किता तिसनु
सम्भान ॥

१७

जब तेंड चाकर हुइयां कुरवांण घोल घुमैंदियाँ
वतियांणो ।
तेंडी सुरत मेंड़े मनपर वसदी को करां मेंडे सांइयानो ।
मदत तेंडो रखवेहाड्या महरकरो मिजमानो ॥

१८

औगुण तेंडा भावें गुमांनीडावे ।
औगुण तेंडा वारो गुण करलोता वन्दिनू को तरसावे ॥

सोहनी—तिताला

लागो म्हारो नेह साँवलेसों ।
साँवरो सूरत वारो मोहनो सूरत बिन देखे नहो चैन।

२

महिमोरावे मोला जानिवो ।
दिलांदो दरद वारो कोई नहो जाने बिन दिठिया
देदिवाने ॥

३

ढोलण मैंडा मेंडामो यारवे ।
आखावोमें कितवलकु कां जाँय करा फिरियादवे ॥
कदी तु मौला मैंडा काजोवो होसो पकरकरां
फिरियादवे ॥

४

असो जिन्द वारियां असो वारियांवे ।
पलकांदो नोकों वेयार लड़ लड़ जांदियां सोहनो
सूरत लगदो प्यारियां ॥

५

सद्दयो वेखो जोवन मैडा जाँदाणो ।
जोबन जाँदावो नूर नहीं आंवदा नाहक
उमर गमावदाणो ॥

६

अलडे घावन छेड़वे बोवा मेंडेवो ।
नैणातं साड़े बरछोदो नोंके वेसोणाको करदे
उलझेडवे ॥

७

झालण झालणा पयावे मैंडा यारवे ।
एक तत्ती दूजे मैंनू सहँदो उमग खेड़ांदी करो पुकारवे॥

८

बाग बहारांवे दिलवर मेंडा ।
हंसत फुलझड़े दे नाल उमग दिलवर कोता गुलजार॥

९

लाडले बनेंबनो सो रङ्ग लागा ।
अतहो जोबन मदमातो बनरो हित चितसों
दिलपागा ॥

१०

इश्कफन्दे विच फन्दोवे मियां ।
हाल दिलांदा वारोवें मौलाहो जाने तु को जाने
हालवँदिया ॥

११

नैणादो नोंकि प्यारियां ।
जो सहंदा वारोवे नाल उमगदे मिया उनदे कलेजे
सारियां ॥

१२

तेरो मुरलो नेक बजाऊं श्याम ।
जोई जोई तान होत मुरलोमें, सोइ सोइ गाय सुनाऊं॥
तेरे सोस गधंरच वेनी, अपने मुकुट बंधाऊं ।
तेरे भूषण मैं पहरूँ हरि, मेरे तुमे पहराऊं ॥
तुम माननो होके मानकर बैठो मैं पर पाय मनाऊं ।
सूरदास प्रभु होइ राधिका, मैं नन्दलाल कहाऊं ॥

१२

आयके यशोदासे कहोंगी ।

सूधे रहो न गहो कर, सों कर बहुत सहो अब मैं न सहोंगो ॥

तोहैं हमारो जो सारो कुवोगे, गारो दिए बिन मैं न रहोंगो ॥

हॉरे हमारे को हाथ न लावो, लाल ! मैंहूं बनमाल गहोंगो ।

मोंसो' टेक करो जिन मोहन एकको लाख बनाय कहोंगो ।

युगल सखी करो' प्राण निछावर, अङ्ग अमिय रस लाय रहोंगो ॥

१३

तज अभिमान मान जो चाहे, प्रभुमय जगत न निरखत काहे ।

सतुगुरु सङ्गत कर गरुता तज, सहज मुक्त फल मिलत है ताहे ॥

जहां अहङ्कार तहां प्रभु नाहीं, सुखदुख अपनो करम निभाहे ।

प्रेमरङ्ग संतन पद रज हो, कोटजनम अघ ठन दव दाहे ॥

१४

प्रभु तुम केते पतितकूँ तारे गिनत मैं हारे तारे ।

क्या ब्राह्मण छत्री, वणिया अन्त्यज क्या बूढ़े क्या बारे ॥

क्या पशु पँछो जलचर वनचर, निशिचर क्या दानव क्या कारे ।

यमकी फांस प्रेमरङ्ग छूटत, कहतहि शरण हैं आये तुमारे ॥

१५

घटमें पैठत महरम पाया मनसों देखत मनमें समाया ।

मगकों देखत भरम भुलाया जगनाथ सबकों बिसराया ॥

नामरूपसों स्वरूप छिपाया स्थूल सूक्ष्म कारण महामाया ।

तन मन धन सब सियपति अरपे, प्रेम रङ्ग प्रभु भक्त कहाया ॥

१६

मेरा कहा मानोजो मोहन मोहना ।

नन्दरायके लाल लाड़ले, छैल छबोले सोहना ॥

किए प्राण बस नैन मिलाके, अब आवो मेरे गोहना ।

ख्याल खुशाल करण चित चाहत, कुञ्ज कुञ्ज छब जोहना ॥

१७

सखो मन मोहनाने मुरलो बजाई ।

बंशोवट-तट ठाढ़ारो आलो, वरजो न कंवर कन्हाई ॥

चलोरो सखो मिल देखिए शोभा, उमंग उमंगाई ।

ख्याल खुशाल करत कुञ्जनमें, वृन्दावन छब छाई ॥

१८

दिवाणें क्यों भूला मगरूर ।

नरतन पाय सुमर साहेबका, या हितु जो मञ्जूर ॥

डार पत्र फल फूल उसोका, हेगा जलमें जहूर ।

गगन चन्द्र सूरज क्या तारे, सबमें पूरन-पूर ॥

आपन आपकों विसर गया है, एसा है बेशहूर ॥

सोवत जागत उठतं बैठत, हरदम रहंदे हजूर ।

सबकों जगमें बड़ाकर माने, आपकों जाने धूर ॥

जब वो करम करे आपसे, तब हो होवे मसूर ।

कपटको टाटो डार बहावं तब दरसे वो नूर ॥

रूप रङ्ग रन हेत सोस दें, जो बिरले कोइ सूर ॥

१९

दिवाणें क्या खोजे घर दूर ।

इबराहोम अधम दिया छाड़ बलखको शोलासे लख हूर ॥

गोरख गोपोचन्द भरतरो शिरमें डारो धूर ॥

शेख फरींद कंवेमें लटके हो गए चकनाचूर ॥

अनलहक हक कर पहुँचे शूलो चढ़ मन शूर ॥

छांड़ कपट पकर गरोबो ताते पावे मञ्जूर ।

कहत कबोर सुनो भाई साधो सौदा पूरण पूर ॥

सोहनी—चौताला

एरी इन बांसुरिया माई मेरो सरवस चोरायो हरि
तो चुरायो हतो अकेलो चोर।
असन बसन अरु नयन श्रवण सुख लोक लाज कुल
धरम धीर॥
अधर सुधा सर्व्वस जु हमारो ताहे निधरक पीवत
रह गंभीर।
नन्ददास प्रभुको हियो कहा कहूं यह प्रेम बीर॥

२

सोवती कैसे ना मोहे नाहन सतावे गुइयां!
बोलो ठोली मारे नैना मचावे लड़े बरबस॥
अङ्गुरी नचाय नचाय गारो दे सइयांको रसबस करे
मोहे कसकस।

मालकोष—तिताला

गिरिको गुफा मध बजत बधाए सब सुर पवन
प्रतापसों धाए।
अञ्जनी अत हरषत सुर निरखत विधि कर
परस उठाए॥
अपने अपने शस्त्र अबध कहे अज चिरजीव बताए।
सुरमुनि काज करन कपि प्रगटे रामके दास कहाये॥
सुर मुनिवर वर दीन अभयकर सूरज शास्त्र पढ़ाए।
प्रेमरङ्ग रघुनाथ मिलनको ऋच्छराज घर आए॥

सोहनी—तिताला

बजत बधाई अञ्जनीके आज।
प्रगट भए हनुमान महाबल्नि सुरमुनिके सारे काज॥
अञ्जनी आनन्द हरषत निरखत देव दुन्दुभी बाज॥
पवन-पुत्रको जनम सुनि हरषित श्रीरघुराज॥

राग विहारी—ताल ठुमरी

छोटी ननदीने पनियां कैसे के भरूं।
भरोरी गगर शिर सम्हलत नाहीं मथवा कैसे के धरूं।
नाजुक कमर चलत लचकत मग कृष्ण रसिक कररूं।

विहारी—ठुमरी

मोरी ननदीरो घर अङ्गना न सुहाय।
जबसे गए पिया सुधहु न लोनी रहे रहे जिय
छोटी घबराय॥
छिन छिन शूल होत हियरे बिच क्यों सइयाँ दीन्हो
बिसराय।
कर मीजत निशिदिन पछितातो लोकलाज जरजाय॥

२

लगोला म्हारो नेहरे सांवरे कन्हैया सों।
पल भपकत मोरी बहियां मरोरी सूरत-मूरत
प्यारे मन हरलीनो॥

३

न जगावो मोहे रातको पिया जागो।
कहाँ गंवाए पिया रैन निठुरता भोर भए अनुरागो॥
हम जानो यह कपट तिहारो पोकलोक द्रग लागो।
(न जगावो मोहे)
रामदास पिया वेग मिलावो निपट लाज हम त्यागो॥
(न जगावो मोहे)

४

मैं तोरे बिन व्याकुल भइ सारी रात।
सगरो रयन मोहे तलफत बीतो पिय नहीं आए
मेरे पास।
कृष्ण रसिक अब एक न मानों तुम क्यो सौंहैं खात॥

५

कागा बोले नारे जिया लहरियाले।
तलफत है दिन-रैन पिया बिन जावो खबरिया देरे॥

६

उमंगसे दे डारो मोरी झुलनी।
यह झुलनी मोरे मइकेसे आई नोकी-भोकीको झुलनी॥

७

नदिया किनारे बिके राम गुजरो।
लहँगा भो लाए सारो भो लाए
अंगिया न लाए सारो बात बिगरो॥

८

हिँडोलना मैं ना झूलूं मेरी जान।
जिय धड़कत यही बात सखोरो देवराको मन बेमान॥

सासके आँगन केवरारे कहीं ननदोके आंगन डान।
जामें उरझो आचरारे सइयांसे कढ़ियो छुड़ान॥
कासों कहों यह भेद सखीरी बिसर गई कुलकान।
कृष्णरसिक रसबस कर लीनो वह मधुरी मुसक्यान॥

६

गगरिया मैं घर घर आऊं ठाढ़े रहो बांके यार।
गगरी में धरि आऊं चुनरी पहिर आऊं
करि आऊं सोरहो सिङ्गार॥

कलिङ्गरा—ठुमरी

लागी गइलो हमरा जियरा।
पनवा ऐसो पातलोरे गज मतकोसो चाल।
कृष्णरसिक तिरछो चितवन सों फेंकत है वह जाल॥
नहि मानत मेरो एक पल हियरा॥

बिहारी

ना बसो बईमानको नगरिया।
आप न आवै वारो ना लिख भेजे जोवनई पिया
तोरो डगरिया॥
कृष्णरसिक कासों यह कहिये कोउ न लागत
मोरी गोहरिया॥

२

जोबनवा तू ना जइयोरे तेरे रहँसे मेरा मान।
जो तू चला वारी वे जान न देशां मौला राखे
तेरो आन॥
कृष्णरसिक यह बात मान ले अब समुझे नादान॥

बिहारी—तिताला

रातदी उनोदो बुंदे पानो पीने आइयाँ।
सेग सङ्गता बेग बंगता बेधड़दे दूवाइयां॥

जंगला—तिताला

मोरी भोली परोसिन वृन्दावन गैल देखाय देरे।
वृन्दाबनमें कान्ह वसत है मुरलीको टेर सुनाय देरे॥
कृष्णरसिक सों लगन लगो है मेरो मन
समुझाय देरे॥

बिहारी—खेमटा

सूरज मुख पानो न जैहौं मोरी बेंदियाका रंग जरिजाय।
यह बेंदिया मोरे मइकेसे आई देखत सवत रिसाय।
कृष्णरसिक मन भाई झुलनिया कासे कहां समुझाय॥

बिहारी—तिताला

मेरो श्याम कन्हैया चिरमायो मैं कुवरी।
कारो तुम्बो गुणो हाय परो जब मधुर मधुर बाजो
तुम रवरो॥
चेरीको चेरो पटरानो भई है कृष्ण कन्हैया वर पायो
कुवरी॥

२

नन्दनन्दनको जगवन्दनको कुछ कुबरो चन्दन
घस ल्यावै।
चेरोको चेरो भयो नंदलाला हमें तजके कुछ टेड़े
मनभावै॥
हाय ऊधो अब कह करि रहिए विष खइए याहो
जिय आवै।
गोपिनको मोहरें न चलें या कुवरो चामके दाम
चलावै॥

३

को हम को तुमसे तपसो बिन जोग सिखावन
आए हो ऊधो।
पै यह पूछत हों तुमसों सुध पाछलि आवत
है केहुंधो॥
एक भला भई भूप भए और भूल गए दधि
माखन दूधो।
कुवरीसो अत सूधो बहको मिलो वरदेवजो
श्याम सो सूधो॥

४

काहु कान्हरको सुन कान कथा बहुभावन तो
भहराय गिरो।
छिन एक न नेक कहूँ कल लेत रहो मुखको
मुख माह फिरो॥

हरके फरके फिर हो फिर जात भई टटकी
पिंजराकी चिरी।
झुक झूम झुकी उझकी झिझकी झझरी न झरोखन
झांक फिरी॥

५

ऊधो कैसो ले आये पातीरे।
मोहि योग कथा न सोहातीरे॥
जब सुध आवे बारे श्यामकी विरह जरावत छातीरे॥

६

चल बसिए वह गाँम जहाँ न बाजे बांसरी।
वन वन डारूं कटाय वाँस सब जो कानन सुनपाऊं॥
काहूंकु विरह विथा तन उपजे काहूकुँ नोर बहाऊं।
रूपरङ्ग बैरन है बंसरी कैसेके दाग मिटाऊं॥

७

सइयां मोरे बारीके भंवरा कलिन कलिन रस लेरे।
छाड़त नाहीं सुभाव आपनो कोट जतन कर हारो॥
कर जोरें पाय परी बहु भातन और करी मनुहारी॥
रूपरङ्ग यह करमकी रेखा अरे टारी टरत नहीं
टारी॥

८

नींद नहीं आवेरे सजनी बिन पीतम मोरे नैन।
नेक पलक नहीं लागल मोरी जागिल सारी रैन॥
एक तो विरहा आन दह्यो मोहिं दूजे सतावन मैन।
रूपरंग जिनके पी घर हैं सोवत है सुख चैन॥

९

देखो देखोरी कन्हैया इत आवैरी।
सोवत देखी पाय गोरस मुख माहिं लगावैरी॥
इत उत फिरे डरे नहीं नागर पुनि पुनि मोहे
जगावैरी।
क्रोधित देख मोहि अत चञ्चल बंसी मधुर बजावैरी॥

१०

मतवारे नैनां तुम कोरो कहाँ लगाए।
अञ्चल ओट उमंग भरे नैना घूंघट ओट छिपाए॥

विहाग—धुन

जोबना तैं गोरो अंगिया छिपाए।
मदमातो वह चाल चलत है देखत मन ललचाए॥

विहारी

तिरछो नगरिया मोरे बालमको विदेशिया।
बारा बरस पर सइयां मोरे आइला न जानू काहे
बाट बसैया॥

दीपचन्द

रतनारे नैना तुम काहे लगाए।
चञ्चल और छबीले नैना घूंघट ओट छिपाए॥

बरवा

मैं बौरान भई हो सइयाँ तोरे सेजवां।
मास-मछरिया मोहे न भावे औ गोहुंवाको रोटो॥
पिया ऐसो चाहे जाको कमर छोटो॥

विहाग।

नींदरी न आवे सारी रात मोरे बालम।
मोरे पिछवर वा पोपरको बिरवा
पिपरा कोसो तर छइयां॥

२

झुक चलोरी दोऊ जबना उमंगी जाय।
छाड़के चलत तरवार मोरी सजनी अंगियामें कैसे
समाय॥

३

सइयां राजो मैं रहिहों तेरी मरजीमें।
हमसे तो तुम काहे रिसाने बात कहो अलगरजीमें॥

४

ऊधो बावरो भई मेरी जान।
कहांके कान्ह कहांके बासो कासों है पहचान॥
काके कहेको संदेसो लाए कासों कहो हित जान।
ऊधो अपनो रीझ आन ढिग बैठो भौंरा है रस छान॥
अब यह बेल फले या सूखे वाहे कहे हित जान।
बीन बजाय हर्यो मन मेरा राग रागिनी तान॥
जैसे वधिक विचारत नाहीं मारत है थिर तान।
पिय बिन प्राण प्राणपति हरि सों बिन बांधे बंधजान॥
जब श्रीकृष्ण पूतना मारी सूरदास प्रभु खींचे प्राण॥

सखीरो हम चरणनको दासी ॥
जौलों चरण न देखें उनके तौलों जियकों रहत उदासी ॥
भटक भटक जिन जाओ कोउ तीरथ सुनत रहोरे जोगी सन्यासी ।
कहां होत तीरथ कों तुमरे गरे परो मायाको फाँसो ॥
मुख फेरो करवट लो जगसे का ले करो हो कर बत कासी ।
उनको दयासे देखे का जम ठौर ठौर मूरत अविनाशो ।

६

विनती मान ले पिय मोरो सोस धरतहुं तोरे चरननपर ।
घूंघट खोल दरस दे मोकूं बलजाउं तेरे घूंघट खोलन पर ॥
हितसे मिलत रहो मोरन मुख दोउ जग वारहुं हितके मिलन पर ।
कब रहें पाप पाछेके बोलो तोरे आगे सीस धरन पर ॥
बकस दे औगुण का जमकों डर कृपा न छांड़ो रहों चरनपर ॥

अरे मन सुख चाहो तो शिव पार्वती कों ध्यावो ।
सेत मूरती काकुट छानो जलसों सानिके मूरत बनावो ।
आवाहन हरको करि हरपर अक्षत धोय चढ़ावो ।
आक धतूरा बेलको पातो कनककेर ले सुमन संघावो ॥
धूप-दीप नैवेद्य देइके पुन निज सीस नवावो ।
आस-पास फिर तारी देके गलबल गाल बजावो ॥
शिव सबके मनकी जानत है भक्तिभावको भावो ।
शिव प्रसन्न करबेको ढाकन बहुतहि सहज उपावो

विहाग—ठुमरी

सखीरो वह सूरत मनमाहो ।
जब सों निरखो मोहनो मूरत और मोहे भावत नाहो ॥
वह चितवन वह हंसन मनोहर वह कान्ती वह चाहो ॥
कृष्णानन्द आनन्द में डोलत बार बार बलजाहो ॥

विहारी

नैना मेरे निपट विकट छवि अटके ।
वारिजवदन कमलदललोचन यमुना निकटके तटके ॥
सोवत जागत विहरत निशदिन ध्यानमें वंशीवटके ।
मीरांके प्रभु गिरिधर नागर तोरे दरसकूं नागर नटके ॥

२

जो कोई कानहि आज मिलावे ॥
तनमनसों जाउं बलिहारो श्यामसुन्दर परसावे ॥
बिन मोहन मोहन सुन सजनो घर अंगना न सोहावे ।
रूपराम अब आय मिले हैं मन इच्छा फल पावे ॥

विहारी—ठुमरी

औसर बार बार नहीं आवे ।
जो जानो सो करो भलाई कित कोउ दुख नहीं पावे ॥
तन मन धन जोबन सब झूठो कोउ काम न आवे ।
तन छूटे धन कौन कामको काहेको कृपण कहावे ॥
जाको मन हरिसों रंग राचो ताकों झूठ न भावे ।
सूरदास प्रभु तोरे दरसकूं विमल विमल यश गावे ॥

विहारी

हम तो एक हो कर जानो ।
दोय कहे ताकों दुवधा है जिन हरिनाम न जानो ॥
एक हि पवन एक हि पानो एक हो जोत संसार समानो ।
एक मटोके घड़े घड़ोले एक हि उपावनहार मैं मानो ॥
माया देख कर जगत भुलानो काहेरे नर तू गरवानो ।
कहे कबीर सुनो भाइ साधो हरिके हाथ काहे न बिकानो ॥

विहारी—तिताला

अरे हरि सांवरे सो कहियो विरह बिथा भई मोरोरे ।
डार दियो विरहाके सागर भंवर मदन चाहे बोरोरे ॥

योग किए विरहा नहीं छूटे करो तीरथ बहुतेरोरे।
अब ऊधो सूधो होय बोलो विनती करूं कर जोरीरे॥
गावे सूदर कुबजाके कारण अजहूं न किए व्रज फेरोरे॥

विहाग

सूरत मेरो मोहन सों अटकीरे।
जबसे ओट सरोज भए हो व्याकुल फिरों भटकीरे॥
वंशीवटके निकट हरि ठाढो छीन लई मटकीरे।
दुरजन लोग चबाव करत हैं सास-ननद हटकीरे॥
ब्रह्मदास कवि कहा बखाने वा नागर नटकीरे।

२

अब नंद गइयां लेहो सम्भार।
हम तो तेरे आन प्रगटे चराई है दिन चार॥
दूध दही सब चोर चोर खायो तुम जो कियो प्रतपार
हिरदेसे ए गुण तुमारो अब डारो है न विसार॥
ग्वाल-बाल सब पठाय दीने लीने भर अंकवार।
मात यशोदा हारे ठाढ़ी दोनों आंसूडार॥
को पिता को पुत्र काको देखो हिरदे विचार॥
सूरके प्रभु चले व्रज तज कपटका कागद फार॥

विहारी

मेरा राम मेरे घट हीमें बसता है।
जोगी होके मठो बिच बैठा लम्बी माला जपता है॥
सांच नहीं उसके अन्दर यों क्या साहिब मिलता है।
जोगी होके जटा बढ़ाई नंग पैरों फिरता है॥
हाथ बांध उपरकों करता यों क्या साहिब मिलता है।
मुल्ला हांके बांग जो देता यों क्या साहब बहरा है॥
चींटीके पग नूपुर बाजे उसको साहिब सुनता है।
सबके अन्दर सबसों न्यारा परखनकों क्या पैसा है॥
कहे कबीर सुनो भाई साधो हरि जैसाका तैसा है॥

२

मै पियकूं ढूंढ़न जाऊं जोगिनियाके भेख किए।
सगरी रैन मोहे तलफत बीती भोर भए पिय लायो हिये॥

विहारी—ठुमरी

मेरे मन वोही सुरत बसी।
जबसे निरखे गिरिधर प्यारे वह चितवन वह हंसी॥
गुणनिधान परवीन सुन्दर छव दिलपर मेरे लसी।
कृष्णानन्द आनंद हिरदेमें उर विच चिह्न धसी॥

विहाग

यह जोबना मैं कैसे राखूं कैसे राखूं कैसे राखूं।
ज्यों पवनके लागे झकोरारो मैं कैसे राखूं॥
उमगे नीर भए तन सागर विरहा रहत तन घेरा॥

विहारी—तिताला

मैं तुझ पर वारी मेरा लाल बाना।
सिर सोहे गुजराती चीरा हाथों तेरे सब जपना॥

२

वियोगी देवरा कोन नगरिया लोभानारे।
खोजल मैं हाटल खोजल मैं बाटल खोजल मैं सारा जमानारे॥

३

हीरामन तोता कोन बगिया लोभायारे।
आमके धोके नरियर खाया चांच टूट पछतायारे हो०॥

४

कैसो है सागर ताल गगरिया ना डूबे बालम।
गगरी झुकके भरनें लागी बिछुरन लागि पांव॥
भरत-भरत मोरी कमर पिरानो कैसे धरूं आगि पांव॥

५

झमका तेरे नैणांदा वाह वाहरे।
गोरे मुखपर बेसर सोहे कानों मोती बूंदेवाला चमका॥

६

रामारे भइलो वदना मह मोरे सइयां सो परचे नाहीं चूनर धूमर भई।
आसाराम वे निरगुण गावत का भइलो का भइलो॥

७

विन पिया मोहे नहीं चैन कैसो करूं मैं सजनी।
हमसों अवध बद अनत बिरम रहे कैसे कटेगी कठिन रैन॥

जाओ जाओ ऊधो हम जाने हो।
गुनन भरे मोहि जान परे हो कपटो परम सयाने हो॥
जोगकी बातें कहा सुनावो बांचत नैन पिराने हो।
यह उपदेश देहु जाय कुबजा जाके रूप लुभाने हो॥
जैसे वे तैसे तुम सेवक देखत निपट सयाने हो।
सूरदास गोपी सब खोटी तुम वे एकै रङ्ग रंगाने हो॥

६

साजनवा हमरा मोतरे बालमुवा मोरा।
गढ़पर बाजे बाजनारे नगर सोहावन लोग।
काहूकी बरजो ना रहि हौं मोरी ननदल बोले
बोलरे॥

बरवा

मन लागा देवरसों क्या जालम भोजाईरे।
धीरेसे टटिया खोल मोरे देवरा खटका सुने तेरा
भाईरे॥

विहारी

लिखि भेजो तेरी सूरत नगोनेमें।
बेसर जड़ाई मोतिडा सगाया लालड़ो मढो नगीनेमें॥

२

ए नर! बं-बं-बं शिव रटरे।
दूर होत तनताप तुरत हो आनन्द रहै निश घटरे॥
हर हर करत सकल भय भाजत, यमको त्रास सब
मिटरे।
जानकीनाथ सेवक शङ्करको कबहुँ ना होवे घटरे॥

३

बोलो राम पिञ्जरके सुआ।
मूढ़ ज्ञान चेत कर देखो धन्धा करत सकल जग मुआ॥
काल मंजारो ले जायेगो हार चले जैसे ज्वारीको
जुआ॥
गढ़ सुत हार कटहरा साजो अबहुँ चैन न नीच
मन हुआ।
चाँप सखो जो रहो आधारन घटत नहीं करम
जड़कुआ॥

कहत कबीर सुनो भाई साधो सन्तनके मुख
अमृतरस चुआ॥

८

सुनहु भरत घर-जाओ करम ऐसो लिखो।
हिरदे सोच जिन करो सदा आनंदमें रहियो॥
पालागन परनाम तीनों मातनसों कहियो।
जाय अयोध्या राज करो तुम विलख बदन जन हो॥

विहारी—तिताला

फेरो पीठ चले हम बनको तजो हमारो नेह।
तबे भरत उठ कहा सङ्ग हम तुमरे चलरे बाट
बाट चलत दुख होय॥
सेवा हम तुमरो करवे बालापनमें खेल रहे हैं
बिछुरत अत दुख होय।
बिछुरो बिथा सोई पै जाने जाका बिछुरन होय॥

२

जबे भरत घर जाय मातासों कहा रिसाई।
बिछुरे सीताराम लच्छमनसे दोउ भाई॥
बैठो कैकयी राज करो दशरथ त्यागे प्रान।
ऊंचे-नीचे महल देखके कौन हमारो काम॥
नगर छोड़ सवा हाथ भुंइ खोदो रामचरन
चित लाई॥
परकरमाकर पूज पायरी भरत कीन्ह परनाम॥
धोंधोदास विरह वियोगी जे बोले सीताराम॥

३

सब जग रूसा रूसन दोजे काई रामजी न रूसो
चहियेरे बाबा।
अगन जरत प्रह्लाद उबारे मारो विष अमृत कर
पाईरे बाबा॥

विहाग

हरि विन को राखे पत मेरो।
अन्ध अन्धा को दुष्ट दुशासन आन सभामें घेरो॥
भोषम द्रोण करनसे योधा तिनहुन पाछो फेरो।
ओ मति भ्रष्ट भई सबहिनकी पकर लई जो चेरो॥

यो विश्वास रहो जिय मेरे हरि हिरदेमें टेरो।
हो यदुनाथ द्वारकावासी बूड़त राखो यहि बेरो॥
तजि खगराज आतुर उठ धाए तपन हरन जन केरो।
सूरदास प्रभु वसन बढ़ाए होय गए परवत ढेरो॥

२

रे उधो प्रभुसे कहियो समझाय।
को दुख देखे व्रजबधुअनको सबै रहैं बिलखाय॥
गोपीन छाड़ो व्रज गोकुलमें रहे द्वारका छाय।
गावे गुदर प्रभु सङ्ग गयो हों आयो पछताय॥

३

राम मोकों दरशन दीजै रूप सलोने नैन।
वरन सकत नहीं एक जोभसों चलत नहीं मेरी बैन॥
वेद कहत जननीको अठरमें नेक नहीं सुख चैन।
प्रेमरङ्ग निशदिन रटना मिलन चाहत मन नैन॥

विहारी

जा जारे उधो हम जानेहो जानेहो पहचानेहो।
जैसे हरि तैसे तुम सेवक निपट चतुर सयानेहो॥
हमसे जोग भोग कुब्जासे वाहीके रूप लुभानेहो।
सूरदास मतलबी मधुकर मधुवन माह भूलानेहो॥

२

जाग जाग रे मुसाफिर जाग रे।
बीतो रैंण और भोर भइलवा बोली चिरैयां कागरे॥
गाफल पड़ा सोवे क्या कर गया कूच काफला आगरे।
तातें सोच समझ जिय अपने इहां नहीं कोइ सागरे॥
इस नगरीका अजब लेखा है चोर बसत औ ठागरे।
वसुधा सगरो मांग लेत हैं छीन पिछोरी पागरे॥
जमा संभार बचाय अपने को देहन दम धागरे।
रूपरङ्ग हुशियार सदा रहो साईं पंथ अब लागरे॥

वेहाग—ठुमरी

राम गुण गाऊं रे रतियां मैं राम गुण०।
जेहि गावल तरि पार पहुंचावल नाम ना वको मे
पाऊंरे दिनरतियां॥
वान परल प्रेमरङ्ग पाय पकरूं उहिम करि मन
लाऊंरे लाऊं छतियां मैं०॥

विहाग—तिताला

हरि बिन कोउ नहि जगमें मीता।
यह संसार रैनका सपना जों बारूको भीता॥
यह स्वासा जो लुहारका धमना हरि बिन जगमें
जीता॥
रागरङ्ग प्रभु सुमरण करले अवसर जात है बीता॥

२

बोलो राम पिञ्जरके सुवा।
सोच विचार देखो घटहीमें धन्धा करत
सकल जग मुवा॥
काल मञ्जारो ले जायगो हार चले जैसे
ज्वारीका जुवा।
कहत कबीर सुनो भाइ साधो सन्तनके मुख
अमृतरस चुवा॥

विहागी

मेरो श्यामसुन्दर सों लागो अंखियां वो।
हौं यमुना जल भरन जात रही सङ्ग नहीं कोउ
सखियां वो॥
औचक आन मिले पनघटमें भूल गई सगरो
बतियां वो।
रामलला विन कल न परत है कैसे कटेंगो कठिन
रतियां वो॥

२

मेरो श्याम सनैया नहीं आयो सजनी।
बड़ो बार भइ जागत गइलीं भोर भई सब गई रजनी॥

३

बेंदो मोरी छूटो नैहरवा।
जा कहियो नैहरके लोगसे बेंदो गिरो औसरवा॥

विहागी—तिताला

बहुत रही बाबुल घर दूल्हन चल तोहै पियाने
बुलाई।
माया मोह छाड़ पीयरको बहुर मिलन नहीं पाई॥
ध्यान धरो ससुरार की सजनी अन्त तहां तू जाई।

चार कहार तेरी डोलिया ले आए सङ्ग बाम्हन
और नाई ॥
न्हाय धोयके वस्तर पहरे सज सिङ्गार बनाई ।
विदा करनको चले कुटुम्ब सब सङ्ग ले लोग लुगाई ॥

बिहारी

हमारो निरधन को धन राम ।
हात न खरचत चोर न लूटत गाढ़े आवत काम ॥
दिन दिन होत सवाए डौढ़े घटत नहीं कहुं दाम ॥
तुलसीदास प्रभु चित में आवत पारस को नहीं काम ॥

२

सुध आए सुध जात हरीको ।
हातमें छूटो यह मन मेरो जो अन्धीमे पात हरीको ॥
गाँठ गाँठमे गांठ परी है छूटत नहीं छुटात हरीको ।
लतीफ पिया तुम समझ बिचारो सुरज सुरज
पछतात हरीको ॥

३

तन दिरना दीम तन दिरना तारे दानो नादानो
तदानो तुम तना तन दिरना तन दिर तदरदानो दोस्त।
आखे गुलकीसी तरे एकदहे नाजुक तेरा
क्या लचकता है उठाए हुए बहारे दामन ॥

४

निपट विरहिया लोग व्रजके ।
मिल बिछुरत बिछुरे फिर मिल मिल पावत चितकू
चैन ॥

५

तैं मोरो मसकाइ डारी अंगियारे ।
जावो लाल पिया हमसे न बोलो तुम हो तो
मसकाय डारी अंगियारे ॥

६

तेरो चितवनको मारी मैं मर जाउंगी तेरे नैनाकी
मारी मर जाउंगी ।
आलम सा पिया गरवा लगाए मैं मारे शरमके
मर जाउंगी ॥

देस—ठुमरी

बनजरवा लादे जाय राम देखहु न पायोरे ।
इस नगरीके दश दरवाजा निकस गइल कौन बाट
मोरे सइयां रूस जाय राम० ॥

२

मोरे पियाकी नजरिया लाग गईरे ।
माला भरीकी कामनोरे मोतो मासे दोय ॥
कमर फूलके बोझमेरे लचक लचक लच होय ॥

३

मोकूं चलत अङ्गनवा राम नजर लगो ।
राह चलत मोरो बगरो सुरग गई
छूट परो मोरे करको कङ्गनवा ॥

४

सुन सइयां मोरे ले दे मोती सागर खातका ।
नथनी बीच लाल लगा दे और झूमक नथनी
जड़ाय दे ॥

५

नदिया गहरीरे सइयाँ ए मैं कैसेके उतरूं पार सइयाँ
एक तो बादरवा दूजे गरजेरे तीजे अंधेरी सुनो
मेरे स० ॥

६

साजन सुरजन विना घरो ए घरो ना रहूं ।
साँचो पीत लगन को टोना मरस बुध गुरु से कहियो
अपने जियाको मरम सङ्गवा न छाडूं जनम जनम ॥

७

कजरवा देके तैं तो जियरा मार डारोरे ।
ए कजरामें कछु जादू कियो है वस कियो प्राण
हमारोरे ॥

८

लाड़ीला म्हारो रंभा हो ।
हमलारा राता माता म्हारे डेरे आइला
दिलवारी जोत सवांई आवे झूमा हो ला० ॥

अंसुअन भीजी म्हारि केस गोरिए।
बारा बरस पीछे सइयां मेरो आइलो छिप रहे
देहलीके ओट।

१०

सांवरेने वंसी बजाई मेरा मन मोहारे।
वंसी बजाई घरतें धाई मुरलीको सबद सुनाई मेरा०॥

११

मन लागो सांवरिया सों जायरे उन विन काहु न
सुहायरी।
जब लागी तब लगत न जानी अब भइल दुखदायरे॥

१२

क्या तुम हीं नहीं आये हो विदेसी सब परदेसी
अपने घर आये।
सावन आए पिया सब आए
कब लग जिय तरसाये हो विदेसी स०॥

देश

कहां लगाऊं मैं तोर अरे मेरे नेहरके बिरवा।
बेला लगाऊं चमेली लगाऊं बिचबिच लाऊं तोर०॥

२

काईं बोलोजी मासों राज।
बोलो जो-जो काईं सतडोनू
आमके लगाई प्यावे दारूडा॥

३

एहां झमकडा लागण देवो बांके तुरकांणिदे।
सोनेदा चरखा रूपेदी मेखां इशकदी पचरां लागणेदे॥

देश—तिताला

घोड़ला धीमा करो महाराजा जी।
धप पड़े धरती तपेरे इन धूपनमें धीमा करो महा०॥

देश

मैं भूली सइयां डगर बताय दीजोरे।
सइयांके मिलनकों मैं जो गईरे औघट पर गयो पांव।
रुणझुण रुणझुण बिछुवा बाजे मोरे जियरा लजाय।
तन घोड़ा मन पालकीरे काईं प्राव पियादो जाय॥
बालम चले सिकारको रे विरह बाज लिए हातरी मैं०

हम ही कमावें तुम खावोरे ननदीके वीरा यारबे।
हंसहंस पूछो बात तुम चलो हमारे साथ
घरे भंवरा कतहूं न जावो अधीरात॥

३

परदेसी माऊ कहां लगाई एती बाररे।
नागर रस मोरे मनमें बसत है
किन सौतन बिलमाई ए०॥

४

गागरिया ढरकाई सइयां मोरीरे।
हीं जमुना जल भरन जात हो
धर बहियां मचकाई स०॥

५

निगोरे नेना लाग रहेरी बगियामें करत कलोल।
इस बगियाकी रीत निराली हमरे सइयां अनमोल॥
जब रे लगी तब लगत न जानो अब लागी दुख देन॥

६

गुसाईंजो मैं जोगिन हो यार रहोंगी
तोरे बांके नेनाने मुझे माररे।
पान फूल और बेलको पाती गुसाईंजोकूं तिलक
चढ़यूं॥
गुसाईंजीके लटमें गङ्गा बहत है
घटसट तीरथ नहींयूं॥

७

गोकुलमें छिप रहोरे कन्हैया मोंसे रूस रहो।
तेरे कारन योगन हुइयां घर घर ढूंढ़ फिरे मो०॥

सोरठ—तिताला

प्यारो प्यारो राधाजीको करत खवासो।
रीझ रिझावत कमल फिरावत देख रूपको रासो॥
सूरजमुखी ढङ्ग लिए प्यारो ठाढ़ो राधा नाम उपासो।
प्यारीके मन प्यारो हो रञ्जन किशोरो आलो सङ्ग
दासो॥

सोरठ-देश—तिताला

थारी दासी होस्यांजी बिहारी आज म्हारे याहीं रहो।

नैणांरो निरख सुहावनी सूरत
याही बालपोछे प्यारो ॥
बरषाने की रलियां गलियां पाँवस रेण उजियारी ।
कुञ्जमहलमें चहल पहल बिच
ब्रजनिध मान करस्यां सारोजो ॥

देश-सोरठ—तिताला

विरद सभारो राज कान्हुड़ा नन्दके ।
आनन्द करो दुख हरो सांवरे
निज भक्तन प्रतिपाल करो ॥

२

बोलो क्यों नहीं राधा प्यारी यामें काई मान घटेछे ।
हम बोलत तुम बोलत नाहीं
नन्दरो गुमानो थारे वास वसेछे ॥
बांके नैणां तिरछी चितवन
रावरो मूरत म्हारे दृगण वसेछे ॥
तिहारो हो ध्यान ध्यान तिहारो हो सुमरण
नागरीदास दिन रैन रटेछे ॥

३

रसिया म्हारा अमलारा राता माता आजोजो ।
थारो दासो में जनम जनमरो
थे म्हाने नित चहा जोजो ॥
थारी म्हारी लगन लगीछे रसिया
मत कहीं लोग हँसाजोजो ।
ब्रजनिध रसिया म्हारे मन वसिया
वंशीकी टेर सुनाजोजो ॥

४

कोठे म्हारे राज सइयांने ऋत मानी ।
को काहुसों तन वस कीन्हों को कहूं हो गये ध्यानी ॥
को कहूं वृन्दावन कुञ्जनमें मुरली मधुर बजाई बानी ।
रसिक रसीला श्याम सलोना को काहू नैणा लोभानी ।

कालिङ्गरा—तिताला

मोको लागो बालगोविन्दा बालगोविन्दा जशोदानन्दा
कुटिल लटूरी मुखपर पूरी
जसुमत गोद लिए नन्दनन्दा ॥
घुटुवन ठुमक चलत मन्द गत
माखन मांगे आनन्दकन्दा ।
रुम झनन रुम झनन बिछुवा
बाजत रसिक मांगत चन्दा ॥

सोरठ

हरिजन बोलता नहीं सुआ ।
अष्टदलके कमल भीतर बोलता एक सुआ ॥
तोड़ पिञ्जर उड़ो चाहत प्रेम पारस छुआ ॥
पांच चोर पचीस पावक बांध डारो कुआ ॥
दास नानक शरण आए देत सतगुरु दुआ ॥

देश

अरे मन समझ समझ पग धरिए ।
इस जगमें अपनी नहीं कोई परछाई सो डरिए ॥
दौलत दुनियाँ कुटम कबीला
सङ्ग न चले कहा करिए ।
राम नाम ना विसारोजो मुख
सुमिर सुमिर जासों तरिए ॥

२

ओलू थांरी आवेछे घणा दिन बीता हो विहारीजीओ ।
थारी म्हारो प्रीतरो अन्त नहीं छे
म्हारा जिय तरसावे छे ॥
पगड़े पगड़े आवन कहे गए नैन नीर बरसावे छे ।
सुगणोरा सायबां अब तो आंव जोवन अमृत रस
बरसावे छे ॥

देश

ना छेड़ोजो राज म्हाणे ना छेड़ोजो ।
सास ननद मोरो निरखत मन रंग
दुणही आवत मांहे लाज ॥

खम्माच

भवसागरके भटभेरनमें प्रभुजो तुमकूं भूल रहा ।
काम क्रोध मद लोभ मोहके झक झोरनमें झूल रहा ॥
वृथा कथा बकवाद विरहको
इनसों मिल मिल फूल रहा ।
तिहारे चरण शरण विन ब्रजनिध
यों हो इत उत डोल रहा ॥

सोरठ

जाने मोहि दीजिए चरण गहों नन्दलाल।
एजी जान देहों जगदीश जावों हों तुमरी वलिहारी॥
दधि बेचन हम आई प्रातते भई दुपहरी।
श्यामसुन्दर वलिहारी हों अब न करो लरकाई॥
हमरे सङ्गकी ग्वालनी सोइ बेच दही घर जाई॥

२

एजी अजहूंलों यह दान दान तोरे पिता न लीनो।
अजब हठीले कान्ह छोट बड़ जात न चीनो॥
गगरी डगरमें फोरिहूं जाव खड़ो दरवाजे।
सुन पै है कंसराज अति कठिन हैं करम तुमारे॥
जेहि दरशन कों फिरे सिद्ध सिर जटा रखाए।
सो दरशन नन्दलाल आज तुमरे अब पाए॥
सकल आनन्द भयो जिय मोरो और न कछू सुहाए।
श्यामसुन्दर झगरो सोइ गावत राधेदास बनाये॥

देश

चितवनमें चितचोरी भई सखी
को मेरी लागो लागो गुहार।
यहरे गाँवको नाम बिरहपुर यह विरहा अधिकार॥
धूरो ना गत जात रहो मत घूंघट दीनों उघार।
चितवन का जैसे प्रेमको गासो लगी ओ हो गई पार॥
निपट भयो जियरा जब व्याकुल तब कों इतनी पुकार
रहि है कसक उठत हिरदे बिच निशदिन सो सो बार॥
अबलो कों हूं भरम न जाना आए बैद हजार।
पियको औषध एक है सजनी कोनो मनमें विचार॥
जो वजहन पिय मधवा पियासे
औ देखूं मैं वाको बहार॥

झंझौटी

गोरीदा कङ्गणा यार वो मैं ईथे ढूंढेदी आइयां।
नथडीदा मोतीडा नीका लागे कजरा धांणेदार॥

सोरठ

शुभग ठौर ढिग चूककै महावर पाई।
जैसे देखे चन्द उदित आमोदनो
नीरस पायकै मोद उमंगाई।
शुभग सनेह नेह मृदुल मुसकान प्रीत
दसन दमकत अधर पल्लव अरुणाई॥
रचित बोलत वैन सुनत पिया उर चैन
रसक रस द्रवत तत भरी रस पाई।
उनत माधुरी ग्रीवहार हारावली
लाल पन्ना मानक मोती मुगाई॥
दुलगी तिलरी चम्पाकली सोहनी क्रान्त
तापै बनमाला सुगन्ध मधुर महकाई॥
भुजाभूषण भूषित बलय पहुं चिन रचित करन महं
दोलती अङ्गरी मुदराई।
दिव्य द्युति वसन प्रभु लसन अङ्गरङ्ग पर
त्रिभुवन कहां ऐसो है सुन्दरताई॥
जुगचरण पङ्कज बरन तिमिर पतीयत पहरन
निशवासर ज्ञानो ध्यान लय लाई॥
जुथ जुवतीन मञ्जु अवध सुकवार कुञ्ज
ख्याल खुशियाल पुञ्ज केल उरझाई।

देश

झुकाए नैणां डोलै छैजो जोबन माता।
नन्दलालके नेह भरो है प्रेम प्रीत रसराता॥
अङ्ग अनङ्ग देख सकुचावत तापर मृदु मुसकातो।
निशदिन करत ख्याल खुशाल किशोरी
राधे कृष्णगुण गातो॥

देश—जङ्गला

एरी माया सासुर है बड़ो दूर जां दिन सइयां मोंसे
पूछो सब जग का लेकर मिलबो हजूर।
चलत चलत थक गई नैहरमें हो गई चकनाचूर॥
पाँच पचीश दशों दिस सखियां
तिन मोहि कियो मगरूर।
जिन कहना गहना कियो पियको कर सिङ्गार भरपूर॥
गावै गूदर धन भाग सराहै मुखपर बरषत नूर॥

देश

अजब तमाशा देख नटवा नटवा एक कला बहो तेरी।
सब घट माच नचावनहारा लिखे नहीं जात अलेख॥

ठाकुर हारिमें बेठो विरहमन मक्के अन्दर शेख।
वेद पुरान कुरान पढ़पढ़ मजहम और विवेख॥
गावे गूदर दोउनको झगरो साहेब जात अलेख॥

देश—लूम

मारवणरो सरवर पांणी न जाय
सातो सहेलो मारवण झूम रही।
साथांको है मारवण भरभर ल्याय
थे कित अकेलो मारवण घूम रही॥
औघटरो मेरी आलो भरडं न जाय
पनघट उभा मारू ढोला है।
देखत रो सखी म्हारो मन डोलो
भाय उभोछे मारुड़ो अनमोला है॥
अरी झूठोरी मारवण झूठ न बोलवे
परदेशी ढोला कब घर है।
ज्यों तुरी आलो सचहो जान चढ़ा चढ़
चोवारो मारू देख रहे॥
काहे कूं री मारवण लिया है पहंचान
काहे सें देखो चाल सुहावणी॥
सूरत सों मेरो मालिया है पहचाण
वोही है मारुड़ो मन भावणो।
आंखोंसे मेरी मा करो है पहचाण
पलकां से देखो मटकतो है॥
काहे पैरी मारवण गई मुरझाय
काहेकुं इत उत उभकतो है।
काहे पैरी मारवण धोवतो पाव
काहे पे मिशी दांत लगावत है॥
ढोलारो मेरीमा आयोछे वागों
अब म्हारो मनडो रिझावत है।
सोनेको गाड़ुवा मारवण रेशम डोर
लपक झपक मारवण जल भरे॥
ढोलारी खातर मारवण रभो है सुखमें
पानांरो बोरी अधर धरे।

१६०

नाइकारे बेटा चतुर सुजान
इनमें मेरा मारू ढोला कौन छे॥
बांकोइ घोड़ा जोड़ा कमर कटार
मारू ढोला उभा सुर छे।

देश—ठुमरी

जल भरत गगरिया मोह लई मोह लई अरे गोरिया।
गागरो उतारल कुंवना ऊपर
डार चलो रावरे प्रेम फसुरिया॥

देश

तुम बोलोरे सुगनवा बोलोरे सुगना
राधाकृष्ण राधाकृष्ण बोलोरे सुगना।
केतो पढ़ावत पढ़त नहीं तुम
बड़ो वारते मैं ठाढ़ो अंगना॥

२

एरी बुलियानाके रामरोरी बोलियाना
अरे मोरी साले ले करेजवा राम।
उचवा चढ़के मैं निचवा निहारोरी
कोउ नाहीं मेरा घेलना उतारे राम॥
कृष्णरसिक मन भयो बावरो निशदिन
फिरत तोरी नेह नगरिया।

देश-सोरठ—ठुमरी

मोरे निंदिया सों नैना झुके
तोरे पइयां लागूं जरा सोवन दे।
सास मोरी दूतो ननद मोरी वैरन
करि हैं सकारे चबावरे भोर होवन दे॥

देश—ठुमरी

राज मोरो डोलिया ले आवोरे
मैं तो चली हूं पियाके देश।
बाबूल मोरो डोलिया मंगावो चलो हूं पियाके देश॥
चार कहार मिल डोलिया ले आवो
मोरी डंडिया न मैलो होय।
बहियां पकर पिया ले जे हैं तब सङ्ग और नहीं कोय॥

देश—तिताला

मोरे बूते हिलो ना जायरे जोबनवा उमंगो ।
काजर देहा तोकर कर वारो सुरमा दिया ना जाय ॥
जिन नैननमें पिया बसे हैं दूजा कौन समाय ॥

२

सन्देसड़ा म्हाड़ा लेता जाइयो राज ।
सब जग रूठा घोरो रूठ जाय दे
सइयां न रूसे जासों काज ॥

देश—ठुमरी

सेजड़ियाँ न जाऊं मोरा जिया तरसे जोसे ।
भाड़ आई भूड़ आई पलग बिछाय आई
अछी नोको भाग आई वेगरा देखाय आई ॥

बिहारी

खेवटिया पार लगावो नइया रही मझधार ।
हमरे गुना पर तुम ना जावो अपनो ओर निहार ॥

देश

मोहन तोरी पइयां परूं
मइसे तिरछो नजरिया न फेर ।
तोरे चितवत सब जग चितवत है
पिया राखे सखो सब मेर ॥
जित देखों तित कोई न हमारो तोरो चितवनका फेर
फिरत विहाल याहो तन वनमां होयगा कहूं भटभेर ॥
रामसहाय दयाको चितवन
चहुं दिस होइगा उजेर ॥

२

सइयां कौन गुण रीझे सजनो ।
कहो कौन एसो सुन्दर कुबजा
जाके काम सब सोझे सजनो ॥
रामसहाय समझ अपने मन
कोऊ काहूको न खोजे ॥

३

सजनो सइयां कौन गुण कोनो ।
एक अनेक रूप धर बैठो तापर परदा दोनो ॥
रामसहाय सोच वही निशिदिन भय अजहूं ना होनो ॥

धोहा धोहा बालू रेतापर वारो बेलांझा होनो नाजो
जो धावधारे धाबुनो टटोलो वालो राज ।
मेरा छोटा देवरा नादान धन वारोरे
लांझा होनो नाजो काचो कामनो ॥

५

झूमाझूमा माधो है वालो बोलो करे हटियालो
अनोखो कैसे समझाऊं ना समझे राज ।
आधो आधो रात वो तो नींद गमाई इन
सुपना किया यों हो जाग रहो म्हांको कोय न काज ॥

देश—जुम

मारूजी आज वसो न म्हांरा सहरांमें थांको म्हांको ।
प्रीत लगोछे मारुड़ा पगड़े चलेस्यां थांरे देश ॥

२

म्हांके थे छो थांके म्हें छों
कांईरा करो जियामें अन्देश ॥

देश

चलोने केसरिया मारूजो लूब बनो छे हरिया डूंगरां ।
खलबल खलबल नदोनोर करे छे
मोरला बोले छे डूंगरां ॥

२

बाला जोबन युं हो जाय रे सुन सइयां मोरे ।
तू जो कहत पिया बालोरे बहुरिया हमरा कौन काज ॥
बेदरदोसों पोत न कोजे देखत आवे लाज ।

३

सइयाँ मैं विरहा को मारो मरूंरे ।
जो पिया हमसे रूस रहो है वाके पइयां परूंरे ॥

४

पइयां पइयाँ चलो पियाके मिलनकूं ए सजनो ।
या रित वरषामें फकर पिया परदेशवा विरम रहा
सतावन लागी मोरा जिया ॥

५

हमारे सइयाँ बोलिया न बोलो मोरे साथ
भुज भर लोनो मोहे गात ॥

रागरंग सइयां तोरे पइयां परत हूं
जिन छुवो म्हारो गात ॥

६

नींदकी मातो गई सोय ये री ए मैं ना जानूं ॥
मइमदसा पिया मोरे डेरे आइले
रखतो नैणवा लगाय ॥
मइकूं न जगावो सइयां निंदिया लागीरे ।
बारे बरस पे सइयां मोरे आइले परहुं तोरे पइयां ॥

७

अब तू तो माने न हठीलो मोरी बतियां ।
चार दिवसको चटक चांदनो
फिर आवेगो अंधेरी रतियां ॥
छोड़ गुमान कान दे सजनो सोत लगाय रही घतियां ॥
रामलला सिख मान हितापन
हरि हिय लाय जुड़ावे छतियां ॥

देश—तिताला

जोवै जोवनरा बाला बनरा ।
कांईं करेंगां थांसे थारे गुणगनरा ॥
राज सुहागणरे तेर सियाले सायबां थे मारो जोबनरा ॥

२

सइयां नदिया गहरीरे कैसे उतरूं पार ।
एक तो बादर बिजरी चमकत
तीजी रैन अंधेरी घनघेरीरे ॥

३

महाराज बिछुवा दे डालो
मैं तो भूलो पलंग थारी सेज ॥
रसके रसीले प्यारे अजहूं न आये
कबहूं न आऊं थारी सेज ॥

देश

जियराके मार डारोरे अबरे कजरवा देके ।
बड़ी बड़ी अंखियन कजरा सोहै
चितवनमें सिङ्गार डारोरे ॥

सुनो सुनो ननदो कैसे कटे दिन
सांवना सांवना मन भावना ।
नान्हीं नान्हीं बूंदे मेहा बरस गयो
मोरवा बोले सुहावना ॥
बीजली चमके बादर गरजे दूरके ढोल सुहावना ॥

३

जोबन बांको छे जो सालुड़ामें मसकावे ।
उमंगी जोबन वे रावल देखां
सास भलो मेरो आन अगावे ।

४

वृन्दावन बाँसरी सो बजी ।
श्रवण सुनके भनक परी है नागन होके डसो ।

५

सवाजी म्हारा रसिया लागो हो आवे ।
बाट चलत मोरा अचरा जो गहे लोनों
बहियां पकर ललचावे ॥

६

मैं पइयां लागूं री मोरे पियाको संदेशवा बताव ।
हमसे न हंस बोले सुनोरो सखीरो
एरी युग सम दिवस सिरात ॥

७

ओ मैं नहीं जइहूं रे सइयां बगियां तुमारे साथ ।
तुम तो हंस मोहे नोक न लागत छूबूं तुमारो माथ ॥
नेके चलोरी गोरिया नेकं चलोरी
पिया पूछे एक बात ।
नेक चलत है नोकी लगत है हंसमुख पूछे एक बात ॥

बरवा—देश

अरी ए विदेश बालम धन अकेलो
लगतें सांवन घर आय हो ।
सासरी दुख कासे कहिए तुमरो तो पूत निरमोहिया
हम खरच मांगत तरफ बोला
जदरे बिदेसो घर आय हो ॥

हरि हरि गुबरी पियरी माटो महल लिपाय हो।
उस महल ऊपर राजा सोवै
रानीजो बिनिया डोलाय हो॥
उड़रे कागा मैं दूंगी बागा सोनेसे चोंच मढ़ाय हो।
तेरी पंख ऊपर कलम लिखि है
जदरे विदेशी घर आय हो।
आरे गङ्गा पारे जमुना बिच चन्दनका रूख हो॥
इस रूखके ऊपर कागा बोले कागाके वचन सुहाय हो।
आ मोरे बमना बैठ अङ्गना सांचे वचन सुनाय हो॥
थार भरके मोती दूंगी जदरे विदेशो घर आय हो।

सोरठ—झपताल

शोभा सदन प्यारी वरनि न जाई।
रूपकी राशि छवि अतुल राजत
वदन वरनन करे जो हो विधि बनाई।
इन्दुतें चार प्रगास आनन दोपत
रुचिकर मन धर धर सैन उपमा लखाई॥
तासु वर लोला बरजनहो कालिन्दो
लोला करत कालो सकुटम्ब लाई।
लहलावत किरच सुरङ्ग रङ्ग चुनरो
नवल आभास जल ललित प्रगटाई॥
मानहुं नभमध बादर अरुण प्रात हो
विगस दिनकर सुभग सकल सुखदाई।
रतनमणि जड़ित बैना सुन्दर भाल वर भौंह
मनमथ धनुष रितु गुण चढ़ाई॥
चलत जीतत राज चारोदिस चक्रवतो
राजा जोबन देत अपनो दुहाई।
नैन मधुकर जुगल निरख रस के तूजोकी छाए
उमंग भरे आनन्द मन बढ़ाई॥
जान रितु वसन्तको कोर बैठे डारन
चलो अवलो तापे वेसर सुहाई।
रङ्ग वियाली लालो लजो अमल वदन
वह्नो कपोल लोल आरसी दुराई॥

श्रवण कुण्डल मार निरख अलकन और मछत
बोलत जानत पावस रितु आई॥
नथ मुक्ता ललड़ी रचत लटकन लटकाई।

सोरठ—एकताला

निपट निडर नटवर वर डगर डगर घेरे।
अतहि चतुर चितवत हरि गुरुजनहिं नाहीं सकात
अङ्ग निडरि निडरि अरि कर कर अङ्ग हेरे॥
अति अरज बरज काहूंको न मानत लरजत हिय मेरे।
हरिजू करत कारज सब गरज अपनो टेरे।
पीत वसन दामिन दुत हेरत जुगराज दास
फिर फिर मुसकाय तिरछो नोको चितवन चितैरे॥

२

कारो भारो अतहो डरावत मई एसे हो अचानक
तुम गहे लोनी पिया कर धर देख धरकत है
मोरी छतियां कैसो बतियां।
तुम तो सरस रसिया अपने हो गरजके काहो कोउ॥
कैसेके निकसन पैए डरत फिरत हो पिया कैसे कर
निकसे मेरे मुखसो बतियां॥

३

अब तुम कैसे अचानक गहे लो पनियां भरन करको
कराई बोलन लागो बँगरो गई लो मुरक।
बाट घाट मग रोकत टोकत पैंड़े चलत नोका अटक
भटक॥
अपनो बार रसिया तुम तो जावो कैसेकें सरक।
रस बतियाँ विनसे करत जाओ जाको लागो
नाई चटक॥
धरका साह आजम छांड़ दे मइकूं घर जान दे लङ्गर
ढोठ तुरक॥

४

छैला सैलोका जरदो मैनू भांदो तेड़े नैणां जोगी
रावला भलावे।
वेषण कारण सुरत महबूबां अङ्ग भभूत मलावै॥

५

मोरे सइयां हो तुम बिन नींद न आवे।
नींद न आवै विरह सतावै तुम बिन कछु न सुहावे॥

देश

कांई बोलोजी म्हांसो राज भजो होजो पिया
सुतड़ो थानके जगाइ पीवन दारूड़ो।
मैं तो थारी दासी सायबां जनम जनमरो
भरज करैछे छोटो मारूड़ो॥

२

बिनन गईली बारी फुलवा न लागीला मोरे इतवा।
सदा रंगीले महम्मद सा सुन्दर बने
मोरी बहियां पकर लीनी मोज डारी॥

३

म्हांरी कलालन ए देखानी भालीजारा सरूप।
ताना सो तनिया छे थारी भेरते
कहीं ननोय भरोछे भाज म्हारी॥
म्हांरी कलालनरो पावरो कहीं बनोछे
जेसलमेर देखनै भाजो॥

४

जिन्दड़ी लगी लगी तुज तांई
जिन्दड़ी लगी तुज तांई वो वो यार।
दिलांदा महरम साड़ा तुझोंके जानै रब्ब सांई वो यार॥

सोरठ

छिटक रही चांदनी रस्रभीनो रात
पिया तेरे मिलनको भास।
सास ननदिया जागे मोरो
कैसे भाजं सइया तोर पास॥

२

मोहे सैन बुलावै बाँका मारूड़ा
मैं कैसेकर भाँउ तोरे ढिग भागी।
चाँदनी रात प्यारे मोरे ननद जेठानी देरनिया जागी॥
तोरी परछाइ मइ लुकके भजोअटोनको समीप
कैसे भाउं जो तुं चलो श्याम बसन पहर भागी॥

३

पिया कर जोर विनती करत हों तिहारो
सइयाँ इतनी भरज है हमारी।
सुन ले तुमने क्या जियमें विचारो॥
अपनें जियाकी बात मैं कह न सकत हों एती
निठुराई किनपढी भाजज दिल हों कइ तिहारी॥

४

बूंद भाई हो म्हांरे सायबाँ जो बूंद भाई हो।
इतसें भाई बादरीरे उतसें भायो मेह
हों भीजूं थारे कारने नित नित नयो सनेह॥

५

बालमजी म्हारो चुनरो भीजे राज
दुपटा रोप लो भाडो दीजेजो।
घूमर म्हांरो रंग रंगीलो सायबाँ
छोटो लाडोजोरो जोबन छोजेजो॥

६

मोहे सैन बुलावै बाँका मारूड़ा
एरी भाली कैसे कर भाजं।
तेरे कारण गुरुजन दूरजन लाज लजाजं॥
नेक धीरा रहो सोवन दो मन रंग
थारे पइयां परूं भौर बल बल जाजं॥

७

नेवरिया भांझन बाजे म्हांरो भावन ना बने रे
छोटो लाडो ननदल जागे।
सास ननदिया देरनिया जेठनिया
भागे हो रहत नित लागे॥

८

म्हांरे गरे लागणा रसिया बालमराज॥
भमरस जिन करो म्हांसे भदा रंग रसीले रस पागणा र०॥

९

कोयल बोले कांई तारां भीनो रात।
कूक कूक बाग बाग डार डार पात पात कांई तारां०॥

१०

द्रद्र तनन तदरे दानी दोम तदोम तदानी दोस्त।
दिरतुम दिरतुम नित नारे उदन तुं तद दानी दोस्त॥
तुरक चश्म मस्त कातिलके पुरजे जादू है दोस्त॥
क्योंकार दिल जांबर हो इनसे एको दारू है दोस्त॥

सोरठ—एकताला

मेड तणो मांडो छे मतवार।
दयमी भाटोरो मद घोखो छे भर दे सुमत कलवार॥
नैन पियाला पीवत अत रूप रस
काम क्रोध दियो जार॥
बखतावर मीरां बड़ भागन घर बैठां ही पाये मुरार॥

२

घूंघट रो जिन खोलो जो थांने म्हांरां सों छे।
उभी उभी मृगानैणी अरज करी छे
धीरे धीरे मों सों बोलोजो थांनें म्हांरा सों छे॥

सोरठ

थांरे आज मिलन रो उमाहो है मन मांहीं
रंगलो जामें करस्यां।
गणगोरोंरो घोस सुहावनों
रसिक कुंवरजीनें भुज भर लेस्यां॥
नँदजीरा लाल कुंवर बड़भागो मैं उनमें बरस्यां।
व्रजनिध बालम आये छे आलम
सब हरख निरख हियड़ामें धरस्यां॥

२

रांणाजी में सांवरे रंग राचो।
बांध घूंघरू प्रेम करि हो हरि आगे मैं नाचो॥
राणे जी विषरो प्यालो भेजो हो नाहन जिय कांचो॥
मीरां चरण लाग रहो निरभै हैगो सांचो॥

३

मुरलिया राधे किन लई दे बताय।
प्राणनसों तिहारो सो गावत हों गुण गाय॥
बिन देखे मोहे कल न परत है पलभर रह्यो न जाय
यह वंसीमें मेरो प्राण बसत है मोकूं आन देखाय॥
शिव सनकादिक ध्यान धरत है सुर नर रहे लुभाय।
सूरदास प्रभु वंसी दीनो आनंद उर न समाय॥

४

सुन ननदल म्हांरो थांरे वीरानें समझाय।
ले म्हांरो चीर कदम चढ़ बैठा
अब कहा करूं मेरी माय॥
आठ पहर म्हांरे लारे लाग्यो मन्द मन्द मुसकाय॥
व्रजनिध म्हांरो चीर दे डारो ठाढ़ो यमुना जाय॥

५

प्रीत करी सो मैं जानीरे मोहन।
दे विश्वास गयो तज मथुरा रति कुबजासों मानो रे०॥
कपट भरो कारो तन तेरो कपट भरो सब बानो रे०॥
आनंदघन हित चित री बातां जानत राधा रानी रे०॥

६

चुनरी में रंग प्यारी जो थांरो।
प्रेम प्रीत सों पिय संग बैठी गावत तानतरंग॥
नवल किशोरी गोरी भोरी तूं रसभोरी अंग।
रसिक गोविंद अभिराम श्यामसों
हिल मिल उमंग उमंग॥

७

घटानें छोड़ी लटा बूंदनकी अब कहा रोऊं माई।
बिजरी चमके कोयल कुहुक कुहुक डरावे॥
रंगरस भरे अहमदसा कां देख री मेरा ध्यान बटावे॥

दश

वैरन कोयलिया कुहके घरी घरी कुहुके
मुझ विरहनकों अत हो सतावे माईरो।
दादुर मोर पपीहा बोले अत हो सरसावे
उनतन मेरो सुध ले आईरो॥

सोरठ

मद छको कांई आवे मारुड़ो मांणे।
आपो पीवे मांणे प्यावे हरगुण दारूड़ा मारुहा॥

२

पपिहरा पियाको बोलो न बोल।
सुन पावेगी विरहको मारो डारेगो पङ्क मरोर॥

३

सजन सुरजन बिना घरी वे घरी नां रहो
संगवा न छांडो हो जनम जनमको।
सांची पोतकों नगरकों टोना रस रसबुध यों कहियो
उनतें जाय अपने जियाके मरमको॥

पियो महाराज दारूडोरो प्यालो
आप पियो म्हांने प्यावो।
निदान रंग दासी थारी थांसे म्हांको काज
थें म्हांरे मन भावो॥

५

अंधेरे बगर में उजारा सखोरो दीपकके मन भावे।
चमकत दामिनी मेहा रे बरसे
बादर घोर डरावे वे प्रेमकी आँच जरावे॥

६

कर कँगणवा सो बलमा मारा उतार लीनों।
अंगुरी पकरत पोंचा पकरा
बहियाँ झटक अचरा छीनों॥

७

आसा पूजन मन चिन्ताहरण प्रभु बिन कौन समझरे
मन दुख दारिद्र दूर करनमें।
तारन तरनका सुमरन कीजे जिन सदनको परनसीं
मनरँग सरन पाए जब हीं लागे चरनमें॥

८

चुनरी में रंग प्यारो जो थारो चुनरो में रंग।
पहरि पोत सो पिय संग बैठा गावत तांन तरंग॥
नवल किशोरो गोरो भोरो तूं रसबोरो अंग॥
रसिक गोबिन्द अभिराम श्याममों
हिल मिल उमंग उमंग॥

९

थे तो म्हांने प्यारा लागो राज।
बलि बलि जावां थांके मुखडारो
घर पर भलांहो पधार्यो म्हांरे आज॥
प्यारोरे रस बस बसिया रसिया सज केसरिया साज।
धन धनजो अभिराम श्याम थे तो
रसिक गोविन्द सिरताज॥

सिंदूरा—तिताला

असाढ़ मास बरषा रितु आगम झिंगुरे झनक लगाई
गरज गरज घनघोर आए चहूं ओर तें
अब कोकला कुहक सुनाई॥

सिंदूरा

सुरत लागोलो गोरोरे पोउ तुमो
यार आवो गरवा लाग मिले।
सदारंगीले महमद साह पियरवा नेक चल मो ढिग
मंदर बैठो जो सुख पावे हितू अनहितू देख जले॥

२

वेगो फेर बैलोंवाले अरे वोरा ले हीं रामनाम।
हरो भूम कोनो गुसैयां सींचे चहूं ओर अष्टजामनाम॥

३

थे तो आवो जो म्हारे डेरे सुरजन सइयां मोरे
लेहों मै तुमरो बलैया॥
रैन दिना ध्यान तिहारोई लागो हा रहत है
आय करो वेगो काज पूरे मनके सब मेरे॥

४

गंवार के छोहरारे अरे भला कहा कोनों मद तोरा।
जाऊंगो मै अपने ननदके छोरा नहीं कहीं जोरा॥

५

अरे जिन आस लगारे मन मेरे पियसों
ए कपटो कपट भरे।
बाजो लगा सो हो जीता महरबान
जाको और होवे पास अरे०॥

६

अरे जिन हम बहुत कर देखे दोद पे जिनसों
मिताई थो वे सब कर देखा दोद।
भला बिन कोंन खबर ले मेरो वो जब साहब
अधरात कर देत अदा रंगसों दिन ईद॥

७

अदा रंग सों और निभाई ए प्यारे निशदिनमें।
एसो पो किन नहीं पायो
जो पायो सोते चल कर उन सों॥

८

परमें मौंढ़ा घोनिया लोढ़ा जा न सका जान।
परमे मौंढ़ा सोधिया लोढ़ा जा न सका जान॥

डंगरिया चाडूंगरो चेम चेम नसा भतण पतण
नाथोया नाढ़ा नितनयार नैण नैण करी देयार ॥

९

यार ढोलन घर आवरे आवरे साँई मै तो तैंडी
लेवाँ बलाई अरज करां तुजताँई ।
हाँ बे मैनू अपने करमदा नाल निहाल करो वेड़ा
एरब्बा एही मांगदे असां तू साड़े नाल
साड़े मनदी मुराद बर लाई ॥

१०

ओजी मै तो कांई जांणा छे राज
थाँरी नगरीरो बाट ।
अब भूला भूला फिरा छाँ या जगरे मांह अब थांरो ।
नाम जपां छां आम्हे सुख पाठ हो जी म्हारा
अपनी मौजसे पूरण करदे थाट ॥

११

हां बे मियां मैंड़े तैंडे नाल आंखो लागी बे मैड़ा प्यारा
जानो लोवां मैनू देखदा तैनू दैदे नाहीं बे ।
तैड़े बिन दीठे साडा मन अकुलांदा बे मियां कूक
वेषलामी मैनू अब ढोलन तैड़े बिन दीठे साड़े
चश्मां चैन लेदे नाहीं ले ॥

१२

सइयोनी मैंडा रांझा केतिक दूर माड़े दिलदानी
महरम सांई रब्बा पूछ पूछ हारो रात सारी ॥
जो मियां रांझेनू आन मिलाबे नेहदी बन्दी थारी ॥

१३

हरिको नाम लेरे गंवारा कहा मन सोचत वारं वारा ॥
जब दरसन देखा चहिये तब दर्पण माज रहिये ॥
जब दर्पन लागो काई तब दरस कहांते पाई ॥
बाजीगरने डंक बजाया तब लोग तमासे आया ॥
बाजीगरने डंक सकेला तब रह गया आप अकेला ॥
जब पार उतरना चहिये तब केवट सों मिल रहिये ॥
जब उतर गए भवपारा तब कहा कामकों संसारा ॥
जब सौदा कीना चहिये तब सौदागर सों मिल रहिये ।
सौदागर सों सौदा कीना सौदागरके हम चीना ॥
कहे कबीर हम जाना जानके यह पहचाना ॥
पण्डित होय तो पतीजे मूरखको क्या कीजे ॥

सोरठ

सखी मोहे वाहो देशको जाना ।
जाको नाम न जानो ठिकाना ॥
जहां टूट जाय सब फन्दा ।
जहां दुनियां नहीं नहीं धन्धा ॥
जहां उगी नहीं शशि भाना स० ।
जहां पीर पैगम्बर देवा ।
जहां रिषि मुनि असुर न भेवा ।
जहां कुफर इसलाम समाना स० ॥
जहां जाना ना कोई आवे ।
जाको रीत न कोई गावे ॥
जहां जायकर फेर न आना स० ॥
जहां वेद पुराण न बमना ।
जहां कुरान किताब न मुल्ला ॥
जहां पूजा निमाज न ध्याना स० ॥
जहां अंधेरहि उजियारा ॥
जहां भूख न प्यास अहारा ।
जहां पूरन आद जमाना स० ॥
जहां अगिन पवन नहीं पानी ।
जहां मरत जीव नहीं जानी ॥
जहां जाय न पढ़ी परवाना स० ।
जहां नरक सरग भी नाहीं ।
जहां सोउं पिया गलबाहीं ॥
जहां पेरं सोहागके बाना स० ।
जहां नाद वेद ऊ नाया ॥
जहां सिपरो सारी माया ।
जहां पीव रचो झारो गाना स० ।
जहां लागो प्रेमको बाड़ी ॥
जहां फूल गुलाबन बाढ़ी ॥
जहां फली है मरवा दोना स० ।

जहां रंग रूप नहीं रेखा ॥
विन नेन साहब देखा ॥
जहां पायो जीव अस्थाना स० ॥
जहां जात न पांत विवेका।
सब घट एक हो लेखा ॥
जहां कृष्णानंद सब भाना।
ब्रह्म रूप तहां मन माना ॥

सोरठ—एकताला

बंसी वेर परी वे मुरलिया मेरे वेर परी।
आवत जात वजावत गावत कल न परत एक घरी ॥
एरी राग आग तन तावत निशदिन विरह जरी ॥
इन निरदई दरद न जानो मदन पंजको गांठ धरी ॥

मारठ

नैना नींद घुरो किशोरी जीके नैनां नींद घुरो।
आलस वस जोवन वस मधु वस देखत ललन दुरो ॥
पियकर सों सहज चिवुक तन बांकन भौंह मुरी ॥
बावरी सखो हित व्यास सुहन वल देखत आनंद भरो ॥

२

बैठे दाउ कुञ्जनको परछाई चलो क्यों न देखिये ॥
एक भुजा गहे लेत द्रुमको दूजो भुजा गलबांहो।
छवि सों छवोली लाल लिपट रह्यो
रो कनकवेलि उरझाई ॥
श्रीहरिदासके श्यामो श्यामा
कुंजविहारो पगे हैं रंगमांहो ॥

३

सराइ ए नंद तिहारो हियोरे।
मोहन से सुत छांड़ मधुपुरी गोकुल आन जियो ॥
कहा करूं मेरे लाल लाड़िले जो तुम विदा कियो।
जीवन प्राण हमारे ब्रजको वसुदेव छोन लियो ॥
कियो पुकार बहोत पचहारन वरजत गमन कियो।
सूरदास मन मानक मोहन ले पर हात दियो ॥

४

मेरो नैन भयो बैरागी।
बिन देखे मोहन पिय सजनी नेक पलक नहीं लागो ॥
जाके गृह प्रभु आप लुभाने धन धन वाको भागो।
ग्रानदास प्रभु श्याम निरख छबि ताके हों पग लागो ॥

५

छोटो म्हारी ननदल बड़ो लबार।
है गुणवती बारो गुण हु न जानो
एकको न वसे हजार ॥

६

सखोरी चातक मोहि जिवावत।
पिउ पिउ रटत रहत निशवासर सोई शबद सुनावत ॥
अत सुकठ अपने पोनम को ता से जो मन लावत ॥
आप तो पियत रहत निश वासर
ओ विरहनकुँ पियावत।
जो न सहाय होत यह पंछी प्राण अधिक दुख पावत ॥
सूर सुफल जोवन ताको का काज पराए आवत ॥

७

बगवां बगवां कोयल बोले ज्यों ज्यों बोले
त्यों त्यों मोरा जिउ थर थराय।
अरे अरे मलिया हों डरपाकनो अकेलो
बलालों देखिये सदारंग कौन आन मिलाय ॥

दंश—धीमा तिताला

हों जो म्हांणे सङ्ग लिए जाय।
ऊंचो अटारो म्हारे पियाको पलंग बिछा देशो
म्हांसों चढ़ोई न जाय ॥

मारठ

नैना तो गुलाबो हो हो जो राज कोनिजो शरिया।
लटपटो पाग कुसंभो बागा कहीं
सौतणरे रँगभरिया हो हो जो ॥

सोरठ—तिताला

माणो सिख माणो राजा महल पधारो बालो राज।
ऊभो ऊभो लाड़ो थां सों अरज करेश्रो म्हांरो राज ॥
इतनो अरज म्हारो माण ले सायबां
लाड़ो हठ माने छे जो माणो ॥

सोरठ

हो जो म्हारो वेगी सुध लोजि हो जो महाराज।

कबको मैं उभी उभो अपने मँदरवा
अरज करेशां बालो राज हो जो म्हांरो ॥

२

छोड़ा वर नैनो थांरो जोबन बाला जोबन बाला छैजो ।
सोनेदी सुराइ वारी मीनेदा प्याला
आप पोवे सदा मतवाला ॥

सोरठ—तिताला

थे म्हारे घर आवोजो श्याम सलोना ।
अबके म्हारे गले लगोछे जी सायबां
राम करे सोइ होना ॥

सोरठ—धीमा तिताला

हो राजा छैलो देतो लाजो झालो दियो हु न जाय ।
गोरी गोरी बहियां चुरला विराजे सायबां
चुरलारो कोल म्हांरे चुभ चुभ जाय ॥

सोरठ—तिताला

सुवा चल बागन कों रस लोजे ।
जोवन कृष्ण राम अमृत फल
श्रवणन भर भर पोजे ॥
को तेरो पुत्र पिता तू काको व्रथा मोह क्यों कोजे ।
काल कराल करनको भच्छन विषे वासना छोजे ॥
सोवत जागत विहरत निशदिन राधाकृष्ण कहोजे ।
सूरदास सेवर कों तजके हरिचरणन चित दोजे ॥

सोरठ

नहिं अस जन्म वारंवार ॥
पुरवलों धों पुन्य प्रगट्यो पायो मनुष्य औतार ॥
घटे पल पल बढ़े छिन छिन जात न लागे बार ।
धरन पत्ता गिर परे ते फिर न लागे डार ॥
भवसागर जमलोक दरसे निकट अँधेरो डार ।
सूर हरिकों भजन कर कर उतर पेले पार ॥

प्रभु मैं पोछो लियो है तुमारो ॥
तुम तो दोनदयाल कहावत सकल आपदा टारो ॥
महाकुटिल कुबुध अपराधो औगुण भरि लियो भारो ।
सूर कूर की याहो विनतो ले चरननमें डारो ॥

प्रभु तुम मोसों पतित उधारो !
अब आयो हों शरण तुमारो जो जानों त्यों तारो ॥
तोनो पनमें भक्ति न कोनो काजर हूंते कारो ॥
हों पतित तुम पतित पावन अपनो ओर निहारो ।
गोध व्याध गज गणिका तारो गए ले ले नाम तुमारो ॥
सूर कूर को या हो विनतो ले भक्तनमें डारो ।

देश—सोरठ

लागे थाँने रमक रँगोलो महाराज
थाँने मोह्यो नंदकुमार ॥
चंद्रवदनो मृगलोचनो श्यामा वरसानें की नार ॥

सोरठ

चूड़ा रंग लाग रह्यो छे म्हारे आलोजा हो राज ।
आप रंगीला थारो सेज रंगोलो रंगरंगीला साहबांजो
कांई और रंगोलो थारो रात ॥

२

सलूणो धणरा साहबां हों राज ।
घट घट जोवे थांने कामनी जो
काई फोजोंरा सिरदार ॥
अटक उत कर आवसो कांई
मृगनैणो जो रो प्राण अधार ॥

३

घोड़ला कांईजो पलांणो म्हारो राज
म्हारो शिख मांणो हो राज ॥
एक लख देशां वारो दोय लख देशां
थांरा घोड़लारो बाग पकर खड़ेस्यां ॥

४

रूडो गोवलरा हो धजदार लोय थणोयाला ।
कैलासवासो आनंद निवासो मोह्यो शिव सरदार ॥

५

नदिया गहेरो भई पिया बोलई पार ।
हाँरे हाँरे वोर खेवटियारे वेगो ने आवो नेवरियारे ॥

६

सुरत लागलो मोरोरे पिउ तुमहो और आव
गरवा लाग मिलो ॥

ए सदारङ्गीले महमद सा पियरवा नेक चल मंदर
मो ढिग बैठो सो सुख पावे
हित अनहित देख जले ॥

७

काहेकूं प्रीत लगाई रे दैया।
प्रीत लगाकर बहुत दुख दीनों
यामे कोंन बड़ाई रे दैया ॥

सोरठ—जड़ल्ला

भालो राज छेजी उमगो जोबणछे ।
पलंग बिछावो म्हारो छैलो ने बुलावो
दारुडारो बातें कांई उणहो जगावो राज
अपणो उमगसे जैसे मै जागो वैसे उण हो जगावो ॥

सोरठ

राज बहादुरां कांई जाणे राज कैफ पीरछे राज
कैफ पीवेछे बाज मतवारोछे राज।
सीस लटपटो पाग सोहै अदा रंग
कर सोहै मदरो प्यालो छे राज ॥

२

सेही गल चंगो बे जिहड़ो बे मौला भांवदो बे।
चुचक दे खर घणियां निधियां होर राझेनाल मंगो ॥

सोरठ-देस—तिताला

सांवलिया बिलमायोरो मेरे घर नहीं आयो।
अवर सखिन सों रसकी बतियां
हमसे नजर छिपायो मेरे घर० ॥

२

म्हारो सईं है भालो बालो लाजो।
पायल म्हारो रुणझुण बाजे नदद्ल बैरन जागे ॥
सीस फेंटो अतहो लपेटों और केसरियो बागो ॥
रसिक बिहारोजोरो छब निरखत ही
लाज छाड़ चलो आगे म्हारो ॥

३

सुणे राखीछे मै तो म्हाण सरो बातें नाइन जाणूं
थांरी देश रा भांतण नाइन अरी ए।

वाट घाट मई रोकत टोकत गगरो डिग डिगवांदी
म्हारो हों जागतो तो लाती साथष ॥

सोरठ—तिताला

अरे मेरा भाता एरी श्रो जा तू रह न सकत बावरे।
छतियां खेलण गइयां जांम रङ्ग लागा
ढोलन मेरा लावे नेह नवेल

सोरठ

थे तो कांई जानो बांका मारू राज।
बिन देखे म्हांने कल न परे छे
थांसों लाग्यो म्हांरो काज ॥

२

थाँरे झमकड़े को राज माणे चावरे राज।
सात सखी मिल झूमर खेलन गइयां
कोइ गावे कोइ भावरे ॥
अपने पिया सङ्ग खेलन गइयाँ खेलन कांयह दावरे॥

३

म्हांरा मधवा मारू हो जो यह रोत चनवेको नाहींजो।
चार महोना थांने चलन न देश्यां
लख्बो लख्बो बांह पुकारोजो ॥

४

म्हाराजां म्हांरे नेड़े हो राजा आंवणा करां
कमल पदम जोरो आंण।
बारूरे दखणरो चाकरो विकट नरवदारो घाट ॥

५

बे केसरिया म्हांरो राज चूड़ो म्हांरो
रंग रंगा दे सायबां।
रंग गोरो रंग सांवरो जो म्हांणे पंथो म्हांणे
रंग रंगा दे राज चूड़ो म्हां० ॥

६

म्हांणे प्यारा लागोजो राज आवो जांपना हो म्हांणे।
रङ्ग भीना महाराज राजेसुर कुमर जो
कांई राज तुम प्रवीण प्रताप ॥

अपने को तेनू एसो बहुत घणे पछतांणा।
दारूमे दर्वदिल बदा भोंही पूछदी में वैदतें सयांणा॥

८

म्हे को बे जाणां सांई धावे मैंको।
जम्ब वांदी घाटो ठंडा पानो
आणा बे आणा बे आणा बे आणा॥
भांवो खांदो मीठा भातुला
ढेरन खांदो थोड़ा वे जम्बु वांदो॥

९

वारा म्हारा गाढ़ा मारुड़ा हो
दोजे मोहे लहरां लहरां।
पार खड़ा मित्र रांझण
कूके दो सदियानी में सहरां सहरां॥

१०

तुसी वल चम्म मेंदे चम्मयार भले डड़ी जब लड़ियां।
गुल अनार चोला वारो मेगू पौठे बंधा तनियां॥

११

अरे तुम आ जारे अरे हो गउअनवारे।
श्याम सुन्दर कृष्ण मुरारी मुख सों बांसरी बजायोरे
अरे तेरो भोजेगी कमरिया अरे हो०॥

१२

बाइजो रो वोर हो मांणी कांई जाणें कब मिलसी।
मोर मुकट कर लकुट विराजे चितवत तें म्हांके तोर॥
कहो गणिहत कब मिलन होसो जिया धरत ना धोर।
रसिक विहारी जो थांने प्यारोजोरो
आँणं आँण मिलो बलवीर॥

१३

नैणारो सवादो गोरो थांरे आंगण
ऊभो ऊभो सेणा करे छे।
मारे दिलरो थांरे दिलरो कौन जाणे मनरङ्ग
म्हे कांई जाणां राजादो वे॥

१४

बनाद ठेहो आवे हो आवे हो राजोन्द्र है।
अतरसरो तरो वारो पीत बढ़ावे॥
मुणे कहे के थांणें चांहं एसो कपटो सङ्ग
सदा रङ्ग नैन सो मैन छिपावे॥

१५

उमगो जोबण छे जो हो हो बालो राज छे जो।
पलणा बंधावो म्हारो हैंलोने बुलावो म्हांराज दारुड़ा
रोवत कहे होउनें बोच खावो हो राज
अपनी उमगसे जैसे तुम जागी वैसे उनेबो जगावो॥

१६

थांरे तो नैनामें हों अलसांन घणो छे
पिया देख रहे चिबुक उठाय।
बिथुरो अलक सिथल भइ पलकां भोंहे बांक तणोछे॥
घुल रहो नींद नैन अत लाली काजर रेख बणोछे॥
रसिक विहारो प्यारो जो रो चितवन
मिल रहो अणी सों अणोछे॥

१७

ज्यांख्या ज्यांख्या हों लोभो थांरा छल छन्दपना।
नैन निबाय देखाय छल बल
दामो सों थांरा मकर घना॥
याँ बातां थांने कौन पतीजे सायबां
थे तो बोलो भूठ घना।
रसिकविहारो थे नाम कहावो
सोभा पावो याँ लछना॥

१८

नैनां सेतो बोन्धी है विहार जोने आलो।
घायल ज्यों विररावत रांधे
घड़ी तोहे विना नहीं टालो॥
नैन सैन कुछ टोना कर कार चाल चलत मतवालो॥
सब दुख मेट भेंट व्रजनिधकों छाड़ कपट चिरतालो॥

१९

लाड़ोजीरो खोजनमें मुरड घनो छे
हो रूंड़ी ठाढ़े उरडमे।
नेमगा गाड़ो भाड़ो छब बाढ़ो राज नहो कहुं कुंड़ो॥

झीणा पटरै घूंघटमा हों कर चमके कङ्कण चुड़ो।
या सोभा किणरी व्रजनिधजी
बात बनावो कांई अत अल जुड़ो॥

२०

क्यां जो मरजो री गरजो गिरधारी
ते क्यों राख्या जी तोर।
पहले तो हित कर अपनायो
चाहिजे अब निवाहण ओर॥
बांका विहारी व्रजनिधने देखो ऊभा छे कर जोर॥

२१

राधे गुन्हा किया सब माफ करो।
कर जोरे ठाढ़ो हूं सनमुख
अवगुण मेरो चित न धरो॥
निशदिन ध्यान रहत चरणनकां
मूरत माधुरी हियरे धरो।
अब तो लाज स्वामिनी मेरी व्रजनिध मेरी ओर ढरो।

२२

म्हारो मन मोह्योजी बैन बजाय।
सुनत कामकी पोर उठत है निशदिन कछु न सुहाय।
दिन नहीं चैन रैन नहीं निद्रा तलफत जिय अकुलाय॥
मेरो कह्यो तू मान सखीरी व्रजनिध बेग बुलाय॥

सोरठ-देश—तिताला

एरी सखी बावरी क्योंरी भई।
वा कपटी लपटी सों झपटी रपटी सङ्ग गई॥
जानत नहीं साथन बातन घातन वाकी घई।

२

हांजी मै तो कांई जाणां छे राज थारो नगरीरो वाट।
भूला भूला फिरां छे या जगरे माह
थारो नाम जपाछां मुख पाठ॥
हांजी म्हारा अपनो मौज सों पूरन कर दे थाट॥

३

या दिन महल री आयो आयोछे राज।
आयोछे आयोछे म्हारा साथीड़ा है आज॥

हांजी मैं तो घणाघण केल करेस्यां
म्हारो राज आयो म्हारा मणमा छे काज॥

४

होराज थे तो म्हारा लारां लग्या आवो राज।
चांदनियामें सैन चलावो हो राज॥
इतनो अरज म्हारो अनबलिया अनखिला साजन
म्हारा जीव थांको चाहे हो राज॥

सोरठ

छिन्दगारो धन मारूडाने मोह लियो नखरालो है।
कांई जाणा मारूड़ा मोह लियो मृगानैणी जो है॥
ना मैं थारे घर गई जो सायबां ना मैं लिखीछे बुलाय।
अमलनांरो रातो मातो म्हारे डेरे आइलो
आयोछे रूप लोभाय॥
म्हारी है वैरण आधा आधो बांट लियो
छन्दगारो कामन।
मारो कठड़द लरीरा हीरा पन्ना
ए सोतन आधो आधो बांट लियो॥

सोरठ—तिताला

सजन घर आवोजी मोठा बोलो।
थारे कारण सब जग छांड्यो सायबां
छांड्योछे तिलक तंबोलो॥

सोरठ

सादो महजादा जो म्हांरो बनो राज।
इकटक अंखियां निरखत मग जित तित
सागर लाग्या जहाज म्हारो बनो राज॥

सोरठ—धामा

माणोजा माणोजा जिन्द यार वे
तेंडे मुखड़ेदो माणू भांदो बहार।
मौला तेंडा नितही रखसी लाज
तू ता जाणदा महबूबांदो सार॥

२

दारूड़ीरो चाल हो सायबां लाड़ो जोने हो हो जो
सायबां प्यारोजीने हों म्हारे मन्दरो ये हो।

राजीन्द्र बकस उठ कलालण
घण वकसे खग वालो लाड़ोजी ॥
२
ठाढ़ो लो हारवा मद्दरे बोलावे
सेनन दे मद्दरे बोलावे ए हां मा।
जौलों नहीं देखों तोलों चेन नहीं मोहे आवे
रातरो यां लुक आवे ॥

सोरठ—जंगला

सलुड़ा मेरे मुसकावें जोबन मातो छेजो सा०।
उमग जोबन कहो रावल देशां
सासु ननद मोरी आन सतावे ॥
२
हाँजो म्हारे राजाजी सो कहियो
हो जो महलां सों डेरा नेडा करे।
भीजे म्हारी तंबूरो डोरो हांजो
असमानो रङ्गरो बदरो झरे ॥

सोरठ

चढ़ आए बोले दई मोर हरे रुखको ओर।
मैंने जानो रित पावस को हाफिज
आयो सावन घनघोर ॥
२
मांझली रात पपीहानें जगाई हो।
एक तो पपीहा पोउ पोउ बोले
विरहानें आन सताई हो ॥
लक्षरसिक विन तलफत कामिन
मनसिज मद बौराई हो ॥
३
हैलो ठाढ़ो यमुनातीर सुन्दर श्याम शरीर।
मोर मुकट कर लकुट विराजे
चितवत तिरछो चितवन आलो
मुरली बजावे बलवीर ॥
४
मद छकिया बालम छोजो म्हारा मोती दे घालो।
अलवट हेरो सलवट हेरो
मोतीरा चोरपना जी छोजो ॥

सोरठ—जंगला

हों तोरे सङ्ग कैसेके जाय हों प्यारे मोरे
चरचा करेंगे यह चबाउ लोग नगरके।
अब तुम जावो आपन मन्दर कछू न जोय धरो हो
चन्द्र छिपे आय अङ्ग भर लेऊंगो पायन परके ॥
२
पीतम नैणोरो कटारो हो राज।
हतियन राज सम्भालो हो कलेजे म्हांणे ॥
महम्मद सा पिया हमारे डेरे आइलो
थे तो म्हारी लाज संवारो हो राज कड़ेजे ॥
बालम राज गाढ़ो रङ्ग माने छे ॥
दूलो पूत पठानरा राज मुड़े अवज कमानो सैला राज
तू सुणरे म्हारा वारीके भँवरा रेन घनरो रङ्ग मानेछे ॥

सोरठ—धीमा

सजन सुध ज्यों जांनो त्यों लीजे।
प्रेमको गत प्रेमहो जाने नित नित जोबन छीजे ॥

सोरठ

बिकाने मत जाजो हीराज
थाने वरजेछे घररी नार हो राजोंदा राज।
सोनेदी बतक जरावदा प्याला
मुने प्याजो हे बखत सिंघ राज ॥
२
मारूजी मै नहीं आवणाछे हो हो हो राज।
थे मारे डेरे आइलो सायवां हो हो हो हो हो हो राज ॥
ऊंची माड़ो लाल झरोका रङ्ग से रङ्ग बतला
थे मारे डेरे आइलो सायवांजो ॥
३
थारो जोवण वाला हो मृगानैनी थारो।
सोसफूल जरावदा कङ्गना
गलां सोहै मोतीमाला हो० ॥

४

रसिया मारूजी मे ना बोलूं ना बोलूं केसरिया ।
पिछली पोत मोरे आगमन जानो
आंगिया बन्ध ना खोलूं ॥

५

तूं जात मइ ओर कहियोरे पतंगवा बोरा पतंगवा ।
बहे रोय रोय दोउ नैण हमारे
लाग रहे दिन थारा हांरे वीरा ॥

माणो सुख माणो राज महल पधारो म्हारो राज ।
ऊभी ऊभी लाड़ी थासों अरज करेशां महाराज ॥
इतनी अरज म्हारो माण ले सायबां
लगी हठ माणो जो राजा राणी राजा महल
पधारो मारो ॥

सोरठ—तिताला

मतवालो म्हारो अनवट ले गयो ।
ले गयो तो ले जान न देश्यां
कांई सालुड़ा में मनवट दे गयो ॥

सोरठ

मेरा कहा मानो सायबां माझलो रात ।
चांदनी रात छिटक रहे तारे
कोठे पलंग बिछावो सायबां ॥

२

कहीं मोरवा बोलन लागेरो या मधुवनको ओर ।
इतना सन्देशा मोरा पिया सन कहियो
तुम चंदा हम चकोर ॥

३

कोठे थे विलम्यां छोजो राजा म्हारे बून्दी वाला ।
बांकोइ घोड़ा थांरो बांकोइ जोड़ा
बांकोइ कमर कटारो छेजो० ॥

४

लाल चिरिया रङ्ग दे न मेरा अच्छा रङ्ग देनी ।
साल मेरा लाल चिड़ोई दो मोती एक नाल ॥

५

गुमानोड़ा मैं कैसे आऊं राज ।
रुनुझुन रुनझुन पायल मोरो बाजे
सास ननदरो लाज गुमानोड़ा० ॥

६

ननदल जागे म्हांरो है कैसे आऊं राज थारे महल ।
धीरज धरो मोपे बन नहीं आवे मन हो मनमें दहल ॥

७

गारलरो तिहार है सजनो चलोने यमुनाजीरा तीर
पूजन कारन ढरस्यां ।
गणगोरांरो दिवस सोहामनो रसिकबिहारोजीने
भुज भर लेस्यां रङ्गीलो कुञ्जांमे रङ्ग करस्यां ॥

८

सहेलो आलोजारो छब म्हाने भावे छे
निरख नैन सुख पावे छे ।
रंग रमावे छे मुरलो बजावे छे
रहस रहस रङ्ग जमावे छे ॥
कूरम कुलमें भान उदे भयो जारे जग जश गावे छे ।
रंगभीना महाराज जगतसिंह
म्हांरे महलां आवे छे ॥
सवाई प्रताप कुलमें भाण ध्रुव ज्यों
अटल रह्यो आछो पोत निभावे छे ॥

९

आई सावन तीज सहेलो म्हांरो ।
रिमझम रिमझम मेहा वरषे सरस चमके बीज ॥
डूंगरिया हरियाला भया जो कांई
बोले पपोहा पोउ पोउ भोज ।
घोड़ला चढ़ कांई सहल करे छे प्रतापसिंह प्रभु रीझ ॥

१०

नैना तो गुलाबो हो लायण क्यों जो राज किण ठगिया ।
रातामाता अँखिया रतनारो चितवन में रस पगिया ॥

११

रसिकबिहारोजीने फेर परणास्यां ।
कुंवरो किशोरी रसिक अलबेलो
रहस रहस गुण गास्यां ॥

व्रजनिध मङ्गल गास्यां बाजि बजास्यां
उमग उमग हुलसास्यां।
व्रजनिध जोरी यह छब निरखके
हरख हरख हरषास्यां॥

१२

लागोरी नैन अनोखो नेह।
उलटी बात सुनोरी सजनी
नीर बहत अंखियन यह देह।
खांन पान हो सब विसरोरी
पलक न लगत सुहात न गेह॥
व्रजनिध रूप माधुरी निरखत बार बार छब एह।

१३

नैना तो सलोने हो जो थारे क्यों जी राज।
मैं तो थारी दासी जनम जनम की थे म्हारा शिरताज॥

१४

थाँरो राजागाणो लटका बनो।
आछो लागे हो सायबां सालुडा
झटकावण आछो लागे हो॥
हों राज म्हांने कच्ची नींद जगाई।
पोढ़न दे जित मन रंग रसिया कांई थारे मनमें आई॥

१५

थकी छट माणो सायबां मांझली रात।
घोड़ला तो दीजो सायबां निपट निदान बे
डेरा तो कीजो सायबां चबल पार
छोटो लाड़ो अरज करेगां जियो महाराज॥

सोरठ—तिताला

मारू मारो गाढ़ो है हो राज मारू म्हांरो।
आंगन मारे केवड़ोजी कोई फूलोजी
गुलाबी नाजुक पोंचो पकर डर छोड
सायबां अरज करे छे पिया प्यारी
घूंघटड़ो जोर खड़ेग्रेजी राता॥
उरूगो जोबन ए घनो खेबटियो बटपार।
पाखर भीजे तंबू चुवे कांई बोलोरे असवार॥

सोरठ

ए सुन सइयो कामण म्हे कियो हो राज।
म्हारा साजादा बनरा कांईजी
म्हारी लारंइ लागोही आवे का०॥
कामन करबन हम चली जो सायबाँ
देवराने पकरो बाँह जादू म्हे कियो हो राज का०।
धुर भादोंकी रैन अंधेरी रिमझम रिमझिम फरो
पयलड़ो ठुमक मैं फरो बिछुबा झनके
म्हे फिरी हों जो म्हारा राजीं दवनारा कामण॥

ठुंग-सोरठ

आली कहीं बरज्यो है बरज्यो मद पिबो बादरो।
गरजो है मा गरजो चपल सैनन दे
मारे डेरे आए शोकरङ्ग म्हारा जिया लरज्यो है मा०॥

२

ए तो पिया प्राण मारे ए नैसा लगी
ए तो टोना दुरावन नैणा लगी।
सायबां म्हारे दिलादीं सुरजन सांई चितमें पगी॥

सोरठ

एरे जोगो बावरे थे म्हारो गलो आवरे।
भादोंकी रैन डरावनो लागि
मुझ विरहनकों जिबाबरे॥

२

हाँ जो थाने म्हारा सों छे घूंघटरा जिन खोलो।
उभो उभो मृगानैणो अरज करेंसो
धीरे धीरे मोसे बोलो॥

३

तुम पर अली महाबली जो को सहाय रहे।
बनरा बनरी मौज करो जी सायबाँ
ए पूरण होय मोरे मनके काज॥

४

नैणां मोहीरे पियाके नैणां मोहीरे।
बांकोइ तेरो कमर कटारी कांई
ठमक चाल पर वारी पि०॥

आकरङ्ग पियाकी आंख लगी है

आंख लगायके मैं सोई।

तोरे नैणां मोहि नीके लागत है अब लागी सुख दैन

भटक भटक सब मिट गई आनन्द है दिन रैन पि०॥

५

लाया हो नैणी सांग विरहदी।

सोनेदे पौर गुजरदी नेहा

दिलदी डरियां सांन लगी रंहदी सांग॥

६

याद नालबे दिलदार नाल सोणा हां तां सोणा पैना

सोना गल सोनेदा सोणा

आमकांनू तलबदी दिलदार नाल सोणा॥

७

दरद न जाणदा वा मैंड़ा मांइयां।

ग्वारी बी लाई वारी बे लाय न जानी

मेरा मियां पाक महोबत तेरियां॥

८

नित दौगां तू दरद न जान हां यार यार यार।

असी आए तांड़े वेखन कारण

इतनो अरज मारी मान॥

९

म्हारे महलां आइया हमलांरा राता माता म्हारे

आयो हो राज कुंवर।

पाग कसुंभो थारे साथीड़ा में सोहै

मदककी वातां आण सुणाजो दलरोयो छके॥

१०

ए तो कामन वारने उभी छे हो हो

राजाजी थांरे थांरे कारनें।

सावनियाँ कैसरियाँ माणि लाल रङ्ग

अबल छको जो सौतनियाके हारनें॥

११

मोतीड़ा चुभ छे धीरा राज बोलो बोलो है राज कुमरजी।

इतनी विनती म्हांरी मान लोजे प्रताप सिंह

थें तो दिलांकी घुंडी म्हांसो खोलो॥

१६४

१२

आवो भीनो सेभ हमारो आवो क्यों न राज।

कांई गुना मोसें रूठडा सायबां आवो क्यों न घरज

करे थांरे पइयां परत हूं सुभ रङ्ग डारे फुलवन हरवा॥

१३

नींद नहीं आवे छे क्यां छैला मोहि नींद विहाने।

आवन कहि गए अजहूं नहीं आए

किन सौतन विरमाए॥

१४

हियरा मोरा रूंधा हो आवेरे।

जिनके पिया परदेश गवन कीनो

उन विन कछु न सुहावेरे॥

सुधबुध विसर गई तन मनकी

विरहा विकल भई जाय सुनावेरे॥

ब्रजनिध पतके किसन सांवरे

सजनी मोहन आन मिलावेरे॥

१५

मेरा मन मोह्यो बे रावल जोगिया।

कान कुण्डल गल सेली सोहै सुध बुध मोरी सब खोयोबे०॥

१६

झुलनिया तेरो जोर बनो नैहरके सुघर सोनार।

आट खाटकी नेयर बनी है मौला हो लगावे पार॥

१७

हां बे छैला मार गया विरह कटारीरे।

लोभी नैक कहा नहीं माने वरजत वरजत हारोरे॥

१८

भला इन सांवारेने मेरो मन हर लीनो।

बांसरी बजाए मोहि टेर सुनाए

चातुर सुघर सुन्दर रसभीनो॥

तिरछी चितवन मन पर बस रहो

ना जानूं कछु टोना कीनो।

नजर अधीन भत रस भरो मूरत

तन मन धन बलिहारी कीनो॥

१९

असो भला तारदा वो यार
तैड़ो रूड़ो रूड़ी नजरां प्यारदी।
अजोजदीन गमभ्भां तेरो तोखो
अखियाँ अकल खोंदो हुशियारदी॥

२०

बिछुर दुख दीनो लाल प्राणआधार
आकर दरस दे मोंहि।
आवन कह गए अजहुं न आए
जित ठौर कुतके ठौरको भई योंहि॥

२१

रसिया काई' न करो सायबांजो म्हारो कांई गुना
मोसे रूषो हो जी केसरिया राज।
मै तो थारो दासी सायबां जनम जनमरी
मै तो थारोदासो थे म्हारे मन बसिया॥

२२

मारू म्हारे वालो है राज।
बागों बागों केवड़ाजी कांई सायबां ऊपर फूल गुलाबो
नाजक पोंचा पकर लियोजो कांई अरज करे पिया
प्यारो घुंघटडो जोर करे थे म्हारा सिरताज॥

२३

हो महाराजा जोसे कहियोजो
जे म्हारा तंबू वारो लाल किनात।
हो रेशमदी डोरी रङ्ग चुबे के महाराज॥

२४

चुनोटा टेढ़ो के जोके गाढ़ा मारू के जो।
अलगर अलगर यों बहे जो खाँड़े कोसो धार।
देख बिगानी गोदनो कांई' औघट पड्यो गंवार॥

सोरठ—चौताला

थोड़ा दीजो राज राज म्हांणे
पोवे न पिवावे म्हांणे दारुड़ी।
ना मैं थारे घर गई है ना मे लियो छ बुलाय।
मदको मातो म्हारे आवसोजो सायबां
आंवत भोखा खाय॥

सोरठ

रङ्ग बरसे छ सायबां रङ्ग छे हो रङ्ग छे
थारो मुखड़ो ने रङ्ग छ थारो बातड़ियांने रङ्ग छ॥
आप बनों मतवालो सायबां मूने कहै कोन ढङ्ग छे॥
जे तू म्हांसे चतुराई लाई मे वो करां उमंग छे।

सोरठ—धीमा

अलबेलो म्हांरो राज थांपे रङ्ग छ मैं तो मोहो।
माथे तिलक भाग थारे सोहे बांके नैन सरोहो॥
थरे दिलमें बस गयो रङ्गरस धूम परो है नगरमे॥
आवनको जलदो कोजिये नहीं तो
सौतन करेंगो हंस हँस हंस॥

सोरठ

स्वामी सांवलियो जोवे हो राज
अब न करेस्यां सायबां।
आवन करेस्यां सायबां आवणा हो राज सांवलिया
म्हारो राज करेस्यां सायबां थे म्हारे सिरताज॥

२

मानो म्हारो बात सायबां कांई कहेस्यां।
थे तो म्हारो पीत पहचानो
मै पावण लागी ए महाराज कांई कहेस्यां॥
ऊभी राणीजो थानों बरज रहो
मारूजो थे म्हारो सिरताज॥

३

ननदल जोरा बीरा काह कैसे समभ्भावो
देस्यां थाने ओलंबो।
पगड़े कोठे विलंम्या अलघा रह्या हालोजो हालोजो
कांई' हेला देस्यां राज जाणों थाको घालंबो॥

४

हो जो रसिया राज म्हांरा म्हाने आंगन सेन बुलावे।
कैसे आऊं ढिग उनरे म्हारो ननदल जागे।
कनक भुनक म्हारा बिछुवा बाजे हातरो चुरो खड़के
महलां जाकर सेज बिछाऊं महरबांन म्हारा वसिया॥

५

हेलो रसिया राज म्हाने ऊभो आगण सेन बुलावे।

मै कैसे आऊं मेरो सास ननदिया और जेठनिया जागे॥
रुनक झुनक मोरी पायल बाजे हातदो चूड़ो खनके
महलां चढ़ मे सेज संवारो मेहरवान मन बसिया॥

६

पानीडा जावे छे बलमारे आंगन बावरो खोदाव।
पानोड़ा जाऊं बलमारे आंगण बावरो खोदाव।
पानोड़ा जाऊं ता म्हारो चूनर भीजे
छोटो लाड़ो जीने वेग बोलाव॥

सोरठ—चौताला

म्हासो म्हारा बालम रिमया राज।
गातां महल लगे आरो से दरश्यां नैणया राज॥

२

लोयण रा हो लोभी राज साहिबां
थे तो झूठो झूठो सोंह करे छे राज।
बातडली न मानस्यां भुकन लजाणछे॥

३

म्हारो राज आज मारूजो म्हारे पावना ड़ेहलो रङ्गरास
चतुरकारो दूलमार रीझ सों
मौज महलां महलां दरसे।

सोरठ

सांवराजी हो राज चूड़े रङ्ग लाग रह्यो छे
लाग रह्यो छे व्रजराज चूड़े।
रङ्ग चूड़ो रङ्ग चूनड़ो जी कांई रंगीलो साज रङ्ग
वृन्दावन कुञ्जलताजो कांई सहस गो प्यारा सिरताज
चूड़ो रङ्ग लाग रह्यो॥
रङ्ग छे थारो बांसरलोजो कांई रङ्ग छे सबहो समाज।
मोरा गिरिधर रङ्ग रङ्गो छे बांह गहेको लाज॥
प्यारो थारो नैननडो मन
रञ्जन खञ्जन मीन मृग मोह्या छे।
मनमथ गञ्जन भञ्जन दुखड़ो
मुखडो मन मोहन सोह्या जोया छे॥

सोरठ—चौताला

प्यारी तेरे नैना मोहन मन रञ्जन खञ्जन गञ्जन
बिना हो अञ्जन सोभा सरस देत।

रूप उजारे अनियारे ठरारे गुनवारे भारे जोबन
मतवारे घूमघुमारे अरुण असित सेत॥
जबते निहारे मे वारेरो मदन वान
मीन तुरत मृगज जलज समेत।
रसिक गोविन्द अभिराम श्याम प्यारे रसवस भए
तिहारे न्याय आपनपो हारे
वेद वानो वदत जाय नेत नेत॥

सोरठ

राधा प्यारो नाचत पियाके सङ्ग।
उरपति रपगति भेद बतावत गावत तान तरङ्ग॥
ललितादिक सखो ललित बजावत
बोन मृदङ्ग मुहुंचङ्ग॥
रसिक गोविन्द अभिराम श्याम घन
बरसत नव नव रङ्ग॥

२

सब गुण भरो हो गोरो रूप राधा।
हावभाव कटाछन हँस हँस पिय मन करत समाधा॥
अङ्ग अङ्ग गति ललित सुभायन पाय चलत अगाधा।
जन वलिहार होत मन मेरो गई विरहको वाधा॥

सोरठ—चौताला

निरगुण निरञ्जन निराकार
करतार गोचर सो देखियत।
सबहो गुणन में समाय रह्यो वाहो बात
काठमें ज्यु तास पास फूलनमें विसेखियत॥
छोरमें जो घ्रत वोजमें तरवर साई जगत जगदीश
जग पेखियत।
वाहीको जगत जोत नैननके तारनमें
तारनमें ससिमें सूरजमें देखियत॥

सोरठ

ए पिया मैं वारो जाऊं ए वारो जाऊं।
इतनो अरज मारो मानलो महाराज
म्हांको जिन्दड़ो करेस्यां वलहारो॥

लाड़ो जोरे सोंधे भीने बाल।
अकत कथा एक देख सखीरी
फन्द गयो मन रिझवार॥
३
आली कहो वरजो है वरजो मद पिवो बादरा
कांइ गरजो ए मा गरजो।
चपल चञ्चल म्हांरे डेरे आइलो
शोकरङ्ग म्हांरा जियरा लरजो॥
४
लाड़ो थारा जीवे हो बनरा राजाजो
थाणे चाहे हो राज।
एक लख देशां थाने महल पधारो सायवां दूजे लगच्छ
देशांनी खोलो हो घूंघटरा ए म्हाराजा
लाड़ी खोलो हो घूंघटड़ा॥
५
जोबन झिल रह्यो नहीं जाय।
सइयां बिन न हाय म्हांरे महलां आवो
छमलारां राता माता म्हांरे आयो है राज कुंवरजो।
पाग कुसुंभो थारे साथिडाने सोहै
मदछको बातां आण सुनावो दारूरीयो छको॥
६
ए तो कामनवारणि ऊभी छे हो हो राजा
थारे थारे कारनै।
सांवनिया केसरिया म्हांनि लाल रंगा दे
अवल छकोजो सौतनिकं वारणे॥
७
मोतिड़ा चुभे छे धीरा राज बोलो है राजकुंवर मो०
इतनी विनती म्हांरी मान ले प्रतापसिंह
थारो तो दिलांदो घुंडी म्हांसे खोलो॥
आवो जानी सेज हमारी आवो क्यों न राज॥
८
कांई गुनासे मोसे रूठा सायबां।
अरज करे थारे पइयां परतहं
सुभरङ्ग डारो फूलवन हरवा॥

लारां लागोई आवे छे ननदल थारो वीरो
म्हांसीं पिछली प्रीत जतावे छे।
एसो कपटी ढीठ ननदल थारो वीरो
सब भौला लाज लजावे छे॥
१०
लेली मजनूं वे इश्कदे रंग रंगे।
लेली मजनूं मजनूं लेली वें एकही रङ्ग पगे॥
लेली मजनूं एकही इश्क में चकनाचूर
इश्क सागरमें पड़ा सिर में डारके धूर।
मुलतान सहर छोड़ यों एकदम आया लेली पास
जात पठान मजनूं चला कोस दोय सो पचास॥
पाय सङ्ग बोसीदन॥
११
मेरी वाणीमें बनवारो बसो
एक मुख करि गुणिन गसो।
असद अलाप अलापो न होई
मोसलताई तज नीके कसो॥
मुरली मुरसो समोइ लीजिये
जो गावै राधिका सुर रमजसो॥
आनन्द घन हित सरसो बरसो
सोई कहत हो कहां धो हसो॥
१२
मोहन मित्र मिलाय।
सांवलिया पत लियो सुन्दर उन बिन रह्यो न जाय।
पिय रसियो अत बसियो राखो कण्ठ लगाय॥
नागरी दास छैल रस बागो जागो तो रैन विहाय॥
१३
तुम बोलोजी बोलो तुम बोलो
कपट न राखो जियरा खोलो।
नैन तराजू नाल हियरा
शोक रङ्ग तुम सोच सोच तोलो॥

१४

आयो ह थांना मारू पावणा लङ्गरवा लश्कर लायो है

दिलिया नगरवारो सुन बे शोकरङ्ग

थारे दो नैनाने वाने मारो है ॥

१५

मै थांसे न बोलूं राज थे तो म्हांरो

अंगुरी पकरत ऐंचत बांहीं।

थे गूजरवाको छोहरा शोकरङ्ग मैं व्रजको बामणो

थांसे हंसकर घूंघट न खोलूं ॥

१६

हिंडोलना मैं काईं झूलां राज।

अगर चन्दनके खम्भ घड़ातो मलयागिरका पटाव।

रेशम डोर पवन पुरवैया और घटा सावनकी आज ॥

१७

कवन घरी लागो नेह तुम सो जानो।

वो घरी कौन सो थो नेह हमैं जानो थो हाफिज

लगन लगी ध्यान न आवै पीतमें होतो जान जानो ॥

सोरठ—तिताला

बातड़ी थांको राज रे मै काईं गुण मानां।

अमल छके आए घरसों रे पीत करी तो

कसम साहबकी रङ्गभीने कैला नोमानां ॥

२

मारे डेरे हो सायबांजो छको दारुड़ो।

सोतनके ढिग कैसेके जाऊं

रसिया नेहा दिल मतवालड़ो ॥

३

क्या सोवै उठ जाग रे भोला परदेशी क्या सोवै ॥

एसो करो पाछे हंसो न होवै

अन्त न लागै तोहे दाग रे भोला०।

४

बाटड़ी जोईं सावन आया पी नहीं आए बाहरसे।

फूले फुलवा वन घन लता द्रुम

छावनो छाईं विरहा झरसे ॥

हां बे वो बांखेड़ांदो पवन सोहावणो।

ऊंचानी डूंगर मोरला बोले

ननियांदी रमल मोही भावनी ॥

६

हां बे लारों लागो हो आवै हो राजेन्द्र थांरा वीरा

म्हांसे पिछली पीत जतावै।

आवन करेस्यां म्हांरे एसो कपटी

सदारङ्ग नैनासे सेन जतावै ॥

७

ढीलो नथ ढलके मारुड़ो मलके गोरी जोरे हो मुखपर

झीना पट घुंघटडारे मांहो

नथनीरो झलको हो:जो भलके ॥

पगे लागस्यां झांझण झणके मोतियनरी लरां लरके।

नरवर कोट गढ़ अङ्गसमाहो

अलकांरी पलकां हलके ॥

८

काईं छे विरसासी सेलो वाले थारी बांसरी

मनभर आशा मारे बहको जात है सांसरो।

दारुड़ो छकाईं मारो ढोठ लङ्गर बांहो पकर

म्हांरो छीन लियो छे हांसरो ॥

बांहन गहै लो म्हारो गाढ़ो गाढ़ो

सोकरंग थारे नेहांसरो ॥

९

छैल छबीलो छैल चिकनिया गोरी रूप लुभायो छे जो।

तुम चटकन मटकन पर रिझवत

बांह पकर अपनायो छे जो ॥

१०

चतुर बनोने बनरा रिझायो है

घणो हो रिझायो हो सोनेरे बाजूबन्दवालो।

झांझन ऊपर हो जो पैजणो म्हांरे सालुड़ा ऊपर चोर ॥

नथुड़ी ऊपर मोती सांवद्दा,

म्हांरो सगो ननदोजोरा वीर ॥

११

तैंने मोह्यो बे रावल जोगिड़ा ।
रूड़ो रूड़ो बीन बजावे उमंगसे
सुधबुध मेरी खोई बे रावल जो० ॥

१२

मेरा मन हर लीनो तुम जादूगर चित चोर ।
हम जो कहत तुम मानत नाहीं जैसे चन्द चकोर

१३

बाज रह्यो छे थाल महलमें ।
उमगी प्रीत करत है रङ्गरस रो महलमें ॥

१४

होजी म्हाने छोटी लाड़ी काईकूं बतलावे
राज राज सैनरा हो ।
हों समझायो समझत नाहीं
एसोरी ढोट सवाई राजा बैनरा हो ॥

१५

सांवलड़े पिया क्यों करदा बेचैन ।
तांड़ो जुदाई नाल सुन बे आसक दिल
झांकी लेंदो दिन रैन ॥

१६

वालो कहीं वरज्यो है वरजो
म्हारो सुन्दर सांवरा गरजो ।
बेन बजाय वम कर लीनो सुन्दर मूरत हरजो ॥

१७

हां वे मियां मांड़ी गला सुनदा नाहीं
हुणको कीतो तकसीर तेंड़ो ।
राव राज बहादुर कर झर अटारङ्ग
नाल तो रहै हुरमत मेंड़ी ॥

१८

अब तो म्हारे कौन जगावे छे जो राज
वालो भजो नीदड़ियां मतवालो सायबां ।
जभ छे झरोखे रानी बाट तकेंदो
कब घर आवे गुमरङ्ग रे सा० ॥

१९

थांपर वारो म्हांरो राज बालो है ।
ना मैं थारे साथ गइलो ना मैं लियो छे बुलाय ॥
अमलांरो राता मातो म्हारे डेरे आइलो
इस्क पञ्जरेमें झालो है थाय ॥

सोरठ—अंगला

कुत्तेने म्हांरो देढ़ सेर आटो खायो रे ।
मैं जो खड़ो थो बाहर आँगणमें
कुतका ले कर पाछे दौरो दुम पकरके धायो रे ॥

सोरठ

क्यों बताना थां गम हरम यार बिरहदो ।
दिलदो सांग विरहदा चुप कीतो ग्रोरो
इसविध जांदो जान गर रहदो ॥

२

जानो निमाणा बे मेड़ा लोकांदो बंदिया
सहदे एक नेहादे कारण ।
आज जमया कीजे सुध लीजे म्हांरो इस विध
जांदो जान तेरो दोस्तो जियदो तारण ॥

३

म्हारा राज लाडला हो राज थाने खम्मा ।
ऊंचो अटारो चन्दन केवारो दिबलारो जोत सवाई ।
आया छो थे म्हांरे डेरे रसिया
झमाझमा हो राज खम्मा ॥

४

मान ले म्हारो अरज गुमानिड़ा थारां बेखणरा गरज ।
आज जमया कीजे सुध लीजे म्हारो
आपणा बेखण अरज ॥

५

मारू जीने कहजो हां जो म्हारा राज मारूजीने
कहजो समझाय आसमानी डोरो
रङ्ग चुवे जी लाल डेरांको ।
ऊंचा थारा तो तम्बू जरद बनात
हो हो आसमानी डोरो रङ्ग ॥

लाल पागयांसो लागो नेह ।
एसो सुन्दर वर मोह मिलावे राखोंगो नैननमें एह ॥

७

कांई कांई कैसे हो राज अब मैं थांने ।
झूठो सोग न म्हासों खावो उन ही रे जावो आज ॥
नथरो झलकां माळड़ो मलकां हंस हंस हा हा खाय ।
आगाने पधारो मधवा मारूल
राखस्यां हियरे लगाय अब मैं० ॥

८

खिल रहे सोधे भोने बार बार देखा छे निहार ।
देख सखो अलकनको लटकन
मनड़ो भयोछे रिझवार ॥

९

हो जाय कहजो जी आलोजा थांने
सुखसो विहानो रातड़ो ।
बालम आवो म्हांको छाय पाय
हरषे पिय सुन मतवाल्लो बातड़ो ।

सोरठ—तिताला

सायबां म्हांरो नोदड़लो रा बालम जाग हो जाग मा ।
सानेदो सुराई वारो मोनेदा प्याला
प्याजा अधिक छकाजो जो ॥

२

हांजो महाराणो जीरा महलां रङ्ग बरसै ।
देखो जबाई बेटोरा हित बित वारो चित सरसै ॥
अनुरागो या बातई नाहीं घरराइ रसायत परसै ॥

टप्पा सोरठ—तिताला

मारूड़ाने समझावो है ननदल ओलझो मैं
देशां जीके देशां म्हांरे मारूड़ाने हो जो समझावो० ॥
दारूडारो बनक भरा दे सायबां
अचकको छब गयो हैं ॥

सोरठ

हो जो अमलांरा माता आवज्यो जो म्हांरो बालम राज
बांकोइ जोड़ा थांरो बांकोइ घोड़ा
बांकोइ कमर कटारो है ॥

पतियां ले जाइयो पियके देश पतंगवा ।
गले बोच सेलो कान बिच मुद्रा
कर रहो जोगणवारो भेष ॥

३

म्हांरो सुन प्यारोजो कौन कौन अंगना सराऊं ।
हों भौंहे मृगनैन खञ्जन लख नासा फिर दुराऊं ॥
दशन चमक चोपे चमकन वचन सुनत सुख पाऊं ।
कह न सकत कछु वदन चन्दकों मनमें सुरस बसाऊं ॥

४

म्हांरो चतुर सुघर सुन्दर सुरजनुवा
पोतको रोत न जानो ए अनमानो ए हो ।
पियाको पोत मारे जियामे बसत है बिन देखे नहीं
चैन सरस मत अरज करे महारानो आनो ए ॥

५

हो जो लटकेदड़ो मोतो रूड़ो है ।
रूड़ो सेज रूड़ो महारानो
अपनो उमंगसे रूड़ा सालुड़ानो रङ्ग चूड़ो है ।

६

हां जो थांने और ठोर अब बाधा ओगुण वालो
नांह सुने छे जोने पूरां ।
पाछलो पोतको रोत कहां गई एतना दाष करेशां ॥
पास बैठ कर दाष लगावे सायबां
हो जो मैं तो लाज मरेशां ॥

७

राज थे घणो मिजाजन है तेरा मारूड़ा जभा बाट ।
रङ्गड़ो बात तें कहो नगणा छे
अपने धणोवासों रार न कोजे ।
ए गोरो उमंगो पोतरो प्याला मधवा घणो छे ॥

८

थे तो म्हांने प्यारा लागो राज ।
बलि बलि जावां थारे सुखडारो छब पर
भलां हो पधस्या म्हांरे आज ॥
प्यारो रे रसबस बसिया रसिया सज केसरिया साज ।

धन धन जीवन अभिराम श्याम थें तो
रसिक गोबिन्द सिरताज ॥

सोरठ—तिताला

हाँजी थारे महलांमें मन्दिलरा बाजे राज
नीके महूरत महारानो घर काज ।
सब सखियन मिल देशाँ असोस थांने गाढ़ो
शोकरङ्ग मारूजी हीरे मोतियनको
सोस बिराजत ताज राज ॥

सोरठ

घोड़ला चढ़ियाला म्हांरो सुन्दर सरस नाल ।
कमर कटारो थारो बांकड़ोजी सदारङ्ग
गुमानीड़ा काईं रूड़ी रूड़ी सैल करस्यां चाल ॥

२

म्हांरे गरे लागणा रसिया बालम ।
अनरस जिन करो म्हांसो सदारङ्ग
अदारङ्ग रसीले रस पाग ॥

३

एरी लालसे किस गुन मिलन बने गो एरी ला० ।
जो तुम समझे अपने जियमें तुम राजा हम चेरी ॥
ननदीरा बीरा नैन लगी सो लगी ।
इतनी अरज म्हांरी मान ले रङ्गरस
जितइ जगी सो पगी ॥

४

केसरिया मारू बांह गहेको लाज हो ।
हो तो थांरे दावन लगी छे थे म्हांरा सिरताज ॥

५

सोतणकी सब सहँदे रहँदे हो तैंड़े कारनवा ।
हमरो सुख ले अपनो नहीं कहँदे हो महर करो
अब सरस इश्क सो नैन रहंदे तैंड़े ऐंड़े बैंड़े ॥

६

थांरो गुण मानो छे म्हांरो राज ।
कृपा करी जी म्हांरे महलां आए बांह गहेको लाज ॥

७

उड़ कागा म्हांने गह ला दोजो राज ।
जो आँवना म्हांरे कथन बे लागी ॥
आसक दिल मिले चौक पुराऊं गाढ़ो आंगण छे ।
शोकरङ्ग लिपाऊं कांई कांई छपाऊं ॥

८

लेहरां लागोई आवे ननदल पिछलो पोत जतावे ।
नन्दरो ढीट वरज्यो नहो माने कूड़ा बोल सुनावे ॥

९

घणो यबार म्हांने भई हो राज थांरो मग जोहै ।
कोटेंविलँभो म्हांरे मंदर है महरबान
मैं ऊभी अपने द्वार थारो मग जोहै ॥

१०

जागो क्यों न राज हो जो बाजे ठननननननन
बेबर झनकार बाजे बाजे बांको राज ।
होजी सायबांन दारूड़ो पीबो यों राज ॥
नथनो फटके हो केथा ढ़ोला मोती हो जी
टीलो ढीलो बांको राज सा० ॥

११

लाड़ो थांरा जीबे हो बनरा बादसाहे सरा ।
एक लख देशाँ वारो महल पधारो
दूजो लख देशां खोलो घुंघटरा ॥

१२

साँवल सङ्ग मिला बे सोइ गलभांदो ।
बे सैड़ा में उनको सजनो ज्यों सोणा सोहागा चांदो ।

१३

थे तो आवन करेस्यां राज मह्कूं डर लागे छे
सुनो मारो सजनो रैन अंधेरो ।
निश अँधियारो वारो बिजरो चमके सुन भवन
बेकल भई चेरो इतनो अरज सुन लोजा सब रस हो
बिरहा दुख देस्यां ॥

१४

लाड़ो जीरा प्यारा हो पो घर आवो तो मैं लेवां बलाई ।
कितरो बार मोहो गैलो जोवत भयो
वेग आवन करेस्यां साई ।

१५

हो मारूजी मैं नहीं आवणां हो हो हो राज।
ऊंचा माडो दिवरां थारां रङ्ग हो रङ्ग बतलास्यां थें।
म्हांरे डेरे आइलो सायबां हो हो हो हो हो हो राज॥

१६

गोरो री थांरे रे कंचन से कुच अंगियामें थांरे।
सियरे हात न लावो महरबान लागो लगी छे करारे॥

१७

छावर नैणी जोरो जोबन बालो हो।
मैं तो थारो दासी सायबां
जनम जनमरा नेहा लगा तुमो पालो हो॥
हो जी हो जा भीयां मारू जी मैं तो थांरे छाइयां।
ना मैं थांरे चाल चलो छे ना मैं कियो छे करार॥
रमक झमक मारे डेरे आइला
म्हांरे द्वारे ठाड़े बलिहार॥

१८

नींदकी मातो गई सोय अगे ए मैं ना जानूं कांई।
महमद सा पिया मोरे डेरे आइलो
राखतो मं नेणवा दोय अरो॰॥

१९

सखी मोहे ताना दै दै लोक अरो ए मैं कित जाऊं॥
बावर जियरा मानत नाहीं केतिक बार समझाऊं॥

२०

हम परदेशी लोग भंवरा
पियाका मिलन कब होवेगा।
अबके बिछुरे कबधों मिलागे
नदिया नाव संजोग भंवरा॰॥

२१

जोबन झूम रहियां झूम रहियां दिन चार।
यह जोबन तरवरकी छइयां देखो शोच विचार

२२

रैनको उनीदो मातो काहेकूं जगाईरे।
सगरी रयन मोहे तलफत बीतो भोर भए गर लाईरे॥

२३

कंगणिया घड़ाय दो ओजो आछा म्हांरा मारू ढोला।
सोनेको मोहे कंगनी घड़ाय दो
हीरा मोती लाल लगाय दो॥

२४

बोलिया न बोलो आधीरात मोरे सइयां
जोगियाके सङ्ग निकस जाऊंगी।
तोरी बोली मोहे नीको न लागे
तन मन धन सरसाऊंगी।

२५

अमेतो आया आया म्हांरो ए सायब
मैं जाणां मेवाड़को।
रूपनगर सों चलो मारवण फतेगढ़ नागोर जोधपूर
मेरता मरहट असल बसे मारवाड़को मेवाड़को॥

२६

कहां कहां जाऊं तोरे साथ कन्हैया
बंसोकेरे बजैया कन्हैया।
वृन्दावनकी कुञ्ज गलिनमें गहे लोनां मेरा हाथ क॰॥
दध मेरो खायो मटकिया फोरी
लीनो भुज भर साथ क॰॥
दध माखनके चोरैया क॰।
लपट झपट मोरी गागर पटकी
सांवरे सलोने लोने गात क॰॥
कबहूं न दान लियो मनमोहन
सदा गोकुल आत जात क॰।
मीरांके प्रभु गिरिधर नागर जनम जनमके नाथ क॰॥

२७

रंगीलो सखो वंशी वनमें बजो।
धीर समीर तीर जमुनाके सुन्दर श्याम सजो॥
श्रवण सुनत सब ब्रजको वनिता आतुर तुरत भजो।
जानकादास श्याम मिलवेको कुलको लाज तजो॥

२८

मेरे डेरे मोता मोहन आवरे।
दरद दिवाणो रूप लोभानो सुन्दर रूप देखावरे॥

पलकनके पग पांवड़े कर हों घर पुतरी पर पावरे ॥
गोविन्द शरण व्रजमोहन प्यारे आनन्द रङ्ग बरसावरे॥

२८

थें म्हारे गर लागो जी श्याम सलोना।
कृपा करो म्हारे महल पधारो मोहन मनहि लगोना।
सुन्दर वदन सोभा सुख सागर
मुरली मन्त्र मदनको टोना।
भई दासी व्रजनिध थांरी अब कछु और न होना ॥

३०

म्हांरा रसिया बालम जी थाने चाहै हो राज।
दासी थारो मैं जनम जनम री थें माकां सिरताज ॥

३१

म्हांरा रसिया बालम जो मोती दे घालो।
अलबट ईख्या सब सलबट हेख्या
मोतिडारा चोर पका जो हो ॥
और इठे थांरे म्हांरे काचे नाहीं
थांने छकन्दपना घना जो हो।
जभी राधा प्यारी अरज करे छे
मानो व्रजनिध बना जो हो ॥

३२

हेली चलो देखोरी चितरो चोर।
रेन अँधेरो कारी बिजरो चमकत
मोर करत अत सोर ॥
व्रजगोपन सब सुख मदमातो कित रजनी कित भोर।
वृन्दावनको कुञ्जगलिनमें मदन जगा चहुँ ओर ॥
नन्दमहर को ढोट सांवरो हम सों भयो कठोर।
मन व्याकुल बिन दरस श्यामके चञ्चल चितमन जोर॥
तानसेनकों दरशन दीजे ओबल नन्दकिशोर ॥

३३

राज म्हांने ना छेड़ो जी खड़के म्हारो
हाथाँरो चूड़ो पायल म्हांरो बाजे।
इतनी विनती मोरो तुम सों महरबान
सास ननद मोरी जागे ॥
रेण चांदणी कांई हठ कर हियरे हाथ न डारो ॥

३४

भवन न भावे ए री मोहे पिया बिन।
एसो जान सुजान पिया घरो घरो पल पल छिन छिन॥
इत घन गरजे बिजरी चमके जिय डरपावे ॥

३५

बनाजी थांरी अंखियां कामन मारो हो बनाजी।
मोही छे जी थांरी लटक चाल पर बरसानेकी नारी॥
जन्तर मन्तर जादू टोना कर कर बहुत हि हारी।
मिरांने बस कियो गिरधारी सांवरी सूरत प्यारी ॥

३६

है आतुर आयो सखी बधियां बागी दोर।
अलबेलिया रिझवार री अजब छकणारो तोर ॥
छिपि छाने आयो जरा मिल कर री अलगार।
अब रसिया जुवराजजू कर राखूं उरहार ॥

३७

ए सखी सावन बीते जात मोरे पियाने न पूछी बात।
बरषत मे चपला चमकत है जियरा डरत अधरात ॥
सांवर रङ्ग पिया परदेश छाए उन बिन कछु न सुहात॥

३८

ननदोरा वीरा काँई कांई कहे समझावां।
पोढ़न दो जी म्हांने अब रङ्गरसिया
कांई थांरे मनमें आई ॥

३९

उनोदो छांजो कांजा कांई जगाई जगाई हो राज।
आलस आवे जिय अकुलावे नाहक नींद गंवाई हो॰॥

४०

हो मारुडाने थाँरो चाह घणो छे
उठ चल वेग पधारो मारो मारवण मारू।
मैं तो थांरो दासी जनम जनमरो
आज जमारो धणी छे ॥

४१

जाओ जो जाओ उनीदीरे सायबां।
राजकुंवरजो थांरे पग परशां और देशां राम दुहाई॥

४२

म्हांरो मारूड़ो किण विध थें वस कीनो ।
एक तो पियालो दूसरो पियालो
तीसरो पियालो भर दीनो ॥

४३

छकिया राजींद आयो है मारवण ।
देख सखी आवनरी सोभा
कांई करां नेछावर हे मारवण ॥

४४

नैणां रा सवादी थांरे आंगण ऊभो सेन करे छे ।
थांरा मनरो बात बीन रङ्ग उनरा
मनरी बात मैं न धानें हो राजोजो ॥

४५

अमलांरा माता म्हांरे डेरे आवो जो राज ।
डगमगता महल पधारो खँमा खँमा करलेशां ॥

४६

आजो पगड़े पावणां ।
थे कंथा अलगा क्यां आगा आवणां ॥

४७

पापीरे पपिहरारे पियाको बोलो न बोल ।
सुन पावेगो कोइ विरहनी डारेगा चोंच मरोर ॥
डारो चोंच पपीहरारे डारे ऊपर कालां लोन ।
पिउ मेरे मैं पीउकोरो तू पिय कहै सो कोन ।
थारो शब्द सहामणारे जे पिया मिले आज
चोंच मढ़ाऊं सोवनो तू मेरो सिरताज

४८

रमिया राज बांको है हो आंगन सेन बोलावे ।
कैसे आंउ ढिग उनरे सजनो म्हांरो ननदल जागे आवे ॥

४९

मैं कैसे आऊं थारे ढिग राज वो
कांई रुणझुण बिछुवा बाजे ।
पायल मोरी रुणझुण बाजे सास ननदको लाज वे ॥

५०

हो रङ्ग सायबां रङ्ग छे थांरो बातड़ियांमें रङ्ग छे ।
आय बनो मतवालो सायबां कौन कहै यह ढङ्ग छे ॥

५१

हो तोरे सङ्ग कैसे के जइहूं प्यारे मोरे
चरचा करेंगे यह चवाउ लोग नगरके ॥
अब तुम जावो आपन मन्दिर कछु जिय न धरो येहो।
चन्द्र छिपे आय अङ्क भर लेऊंगो पायन परके ॥

५२

रूड़ो गोरलरा धजदार लोयन अणियाला ।
कैलासवासो आनन्दनिवासो मोह्यो शिव सरदार ॥
जिननें शेष सब जग रटत है
महिमा कहियत वारंवार ।
कर पूजन प्यारो राधे पायो ब्रजनिध सो भरतार ॥

५३

लोयण लजोणा लागाजो राज आज यामें
थोरों रीझ भाक राज लोयण लजोणा।
निशसारो प्यारो किन मोह्या
सांचो कहो क्यों न करो जो तुजवा ॥
काजल लेख पोक अत राजे
आठ पहर म्हांरो उनारो अजक ।
ठगनी ठग लियो है ब्रजनिधको
अधर मधुर रो करो रो गजक ॥

५४

आया छो जो मिजमान मोहन उदमाद्याजो म्हांरे ।
केसरिया मोठा करोरी कसूमा
फूलपान ल्यावो अतरदान ॥
राधाने महलां पहुंचावो जहां
मोहन सुन्दर श्याम सुजान ।
पूजन करवां टोरो बंधाई गोरलरो सनमान ॥
जनम जनम ब्रजनिध वर दीजे ए मागूं वरदान ॥

५५

आछी बहंकाइ थांरो वांसरो हो राज ।
अधरन लाग गले रस छाको
आप भरणे जग हांस रो हो राज ।

५६

आई सावन तीज सहेली म्हांरी।
रिमझिम रिमझिम मेहा बरसे सरस चमके बीज।
डुगरियां हरियाला हुवाजी कांई
बोलरे पपीहा पिउ पीउ उचारी॥
घोड़लारा असवारणी न जताकणरो वाड म्हांरे तो
महल पधारजोजो प्रतापसिंह महाराज॥

५७

रसिक विहारी जीने फेर परणास्यां।
कुंवरी किशोरीजी रसिक अलबेला मोहन सोहन है
बरजोरी हरख निरख हरखास्यां॥

५८

थांसो म्हांने तीज रमणरो चाव।
थें अलबेला रसिया मोहन सावन मास सुहाव॥

५९

प्यारा मीठे बोलना ढोलना
थें माने प्यारा लागो अनमोलना।
म्हांने बोलाया थें नहीं आया
कांई करो छे यह घोलना॥

६०

चांदणियरा खंभा विलंब्या।
उझख झरोखे झांकियाजी कांई
होजी छोटी लाड़ी जोरा सूरज उग्या॥

६१

दारुड़ीरा चालो है सायबां
लाड़ोजीरे म्हांरो है मन्दरो ये राज।
राजीन्द्र बकस उठ कलालण धन बकसे खङ्गवाड़ो॥

६२

हो म्हांरा राजाजी म्हांने थांरो
छब प्यारी लागे छे हो राज।
रूड़ी रूड़ी छब थांरी म्हांने ओजो
मुडारी जोत जगीछे साज॥

६३

या दिन मङ्गलको आयो छे आयो छे
आयो म्हांरा साथिडा हो आज।
हांजी म्हें तो घणाघण केल करेस्यां म्हांरा राज
याही म्हांरा मन मणने भायो छे काज या०॥

६४

म्हांरे आजोजी रसिया म्हांरे अमलांरा राता
माता आजोजी मैं तो थांको छब पर बल बल जाज्यो।
बंशी में तान सुनाजो म्हांको थांको प्रीत जगत
सब जाने छे अब जिन लोग हंसाज्यो॥
रसिक गोबिन्द अभिराम श्याम घन
तन री तपन बुझाज्यो॥

६५

जावाद्यो विहारी जीसों कौन वहांसे बोले।
वो तो रे अन्तर कपटी कारो गुझ्न गांठ नहीं खोले॥
मद मतवारो कुब्जन मांहो घर घर भटकत डोले॥
व्रजनिध थांरी दासी वेस्यां छतियांरो छेद न छोले॥

६६

नैणां सुख भेज्यो है विहारी जीने आलो।
कोयल जो कुल लावत राधे वदत न धरो दोय ठालो॥
शीतल अङ्ग सुरत तेरो चंदा लाग रहो थांरो घालो।
सब दुख मेट भेंट व्रजनिधजी छांड़ कपट सिरतालो॥

६७

सुन ननदल म्हांरो थांरा वीराने समझाय।
ले म्हांरो चीर कदम पर बैठ्यो
अब कहा करूं मेरी माय॥
आठ पहर म्हांरे लारेइ लाग्यो मन्द मन्द मुसकाय॥
व्रजनिध म्हारो चीर दे डारो ठाड़ी जमुना माय॥

६८

हांजी सारी रैन आंखडल्यां बीच बीती।
आवन कहे गए अजहूं न आए
कौन भरमाया थांनेदू तो॥

जिनरा घरां पधार्‍यां उमंगसों
सो तो निचिती होय सोती।
बखतावर सांचा ब्रजनिधजी जाण्या थें कितर पछोती॥

६९

मोरा मैलांड़े रङ्ग छायो।
कोट भाण बांके महलां दोसे आंनद अत हो उमायो॥
शिव सनकादिक और ब्रह्मादिक वेद पुराणमें गायो।
बखतावर मीरां बड़ भागी घर बैठे वर पायो॥

७०

मन रे तें भज ले सारङ्ग पाण।
हो गए बड़े राय और राणा रह गए नाम निसाण॥
यों तन फूटो पींजरोरे चञ्चल पञ्छी प्राण।
उड़ गयो कोई अचरज नाहीं रहे सोइ अचरज जाण॥
खास जात और आत है देखां याको कौन ठिकाण॥
एक दिवस यों चल्यो जायगो रोक न सकै कोइ आण।
जब लग सांस शरीरमें रे तबलग कर ले कल्याण॥
माणक ताको सुमरण कर ले श्रीपत श्रीभगवाण॥

७१

बैरन बंशी फेर बाजो म्हे कांई जानां राज।
मैं सोवत ही अपने मन्दर श्रवणन आन परो
तजी घरके काज अब में का०॥

७२

लगन लगी है श्याम पियारे।
अब कैसे यह दुरावत हो जो व्रजमोहन उजियारे॥
हों दूत कहत तिहारे ई गुण निशदिन सांझ सवारे।
आनन्द घन इह मुरली तिहारो ए सब भेद उचारे॥

७३

म्हांने भालो दियो राज।
श्याम सुन्दर रतनारे नेणां मोह लई व्रजराज॥
मनमोहन मन मोह लियो छे
तज दइ है सब लोक लाज।
रसिकविहारी बनवारी गिरधारी थें म्हांको सिरताज॥

१६७

७४

नित ही चितारां चितये विहारी थांने।
थांके नैण सो म्हे रस छाक्या
रीझरीझ कर म्हांरे मन माने॥
आन कान सों म्हांनि लजाने
आन पख्या मैं तो राजरे पाने।
ब्रजनिध थांने जगत पछाने
क्यों कर रहस्यां मैं तो सबके छाने॥

देश-सोरठ

मुरली श्याम कहां धो पाई।
करत नहीं अधरनतें न्यारो कहा ठगोरी लाई॥
एसो ढोठ मिलत ही हो गइ उनहीके मन भाई।
हम देखत वह पोवन सुधारस देखोरो अधकाई॥
कहा भयो मुंह लागी हरिके बचनन लियो रिझाई।
सूर श्यामकूं विवस करावत देखो री अधिकाई॥

२

जनकपुर आए रघुपत राज।
विश्वामित्र को यज्ञ सुधार्‍यो सब विध सारे काज॥
कुण्डल किरीट पीताम्बर बागो नीके रह्यो विराज।
तोर्‍यो धनुष तिनका ज्यों रघुपति
दिन दूलह महाराज॥
दीनों जनक कनक मुक्ताहल पाटम्बर गजबाज।
दीजे दान भक्त नोछावर राम गरीब निवाज॥

३

राधे दे वृन्दावन वास।
महामधुर रसकेलि माधुरी फुरे याही अनियास॥
हरो खरो सुख भरो निकुञ्जन नव नव सुखद विलास
जमुनातीर ललित बंशी धुन अदभुत अमो निवास॥
कृपा रमडी उमड़ी आनन्द घन वेगि पूरीए आस॥

सोरठ

देवकी देखी दुःखभरी।
कालिन्द्रीके सुघट घाट पर बैठो सीसधर कलस न गई
जशोदा रानी ले गगरो डगरो॥

को घर सास ननद दुख दारुन के पीसों झगरी।
ना घर सास ननद दुख दारुन ना पिय सों झगरी॥
सात सुवन मेरे कंस पछाड़े आट वो गरब भरी।
तुमरे सुतकों पोषपाल हों हम चाहे सो करो।
सूर श्याम हरि जन्म लियो है कंसहिं विपत परी॥

२

कहांके पथिक कहां कोनोरे गवन।
कौन गांवके ठांवके वासो
केह कारन तुम तजो है भवन॥
उत्तर दिसा एक नगर अयोध्या
नृप दसरथ वसे दिसा है तवन।
पिताके वचन सुनि वनकों सिधारे
इस कारण हम तजो है भवन॥
सीताके वचन सुनि सखी कहे पुनि पुनि
दोउ पथिक प्रिय तेरो है कवन।
सिय मुसकाइ कहे मधुर वचन इमि
गोरे हैं देवर स्वामो सांवरे तवन॥
कर जोरि सखो कहे जानकीसे बतियां
कबहूं के यह मग करोगो अवन।
तुलसी प्रभु विन भवन न भावे
मेरो मन हर लोनो जानकीरवन॥

३

साधो मैं वैरागन हरको।
भूषण वस्तर सबही हम त्यागी खान पान विसरानो
ए व्रजवासी पाहुन पापरो में दासी गिरधरकी॥
ऊधो जो तुम जावो द्वारका विपत कहो गोपियनको
जैसे जल विन मीन ज्यों तड़पे
सो गत भई सखियनकी॥
पात पात व्रन्दावन ढूंढ़ो ढूंढ़ फिरो व्रज घरको।
आप तो जाय द्वारका छाए पीर मोटो विरहनको॥
मीरांके प्रभु गिरधर नागर मैं दासी गिरधरकी।

४

प्रभु मेरे ज्यों राखो त्यों रहिए।
तुम बिन नाथ अनाथकों को है
कासों विथा यह कहिए॥
निरबलको बल और न कोई सुन सुन सबको सहिए।
दीनदयाल अखिल प्रतिपालक याहो चाव ललचइए॥
प्रेम लछन भक्तनपे कृपा कर नेक माधुरो कहिए॥
केवलराम व्रन्दावन जीवन सतसङ्गन सुख लहिए॥

५

सब तज भज हो नन्द कुमार।
और भजे तेरो काज न सर है मिटे न जम जञ्जार॥
जहिं जहिं जनम लियो बहुविधि सों
जुरे अघनके भार।
तें काटनकूं समरथ हरि कों तीछन नाम कुठार॥
वेद पुराण भागवत गीता सब कों यह व्रत सार।
भवसमुद्र पद नौका तुम विन कौन उतारे पार॥
इह जिय जान ताहि छिन भज ले वीते जात असार।
सूरदास इह समय पायथो दुर्लभ सब संसार॥

६

मैं वारो जाऊंरे सांवरिया तेरे वारना हो।
माता पिताको बन्ध छुटाई नन्दरायको धेन चराई।
जशोदा भरम भुलानो झूलो पालना हो॥
प्रगट भए हैं व्रजमें जबतें सबकों दुःख गयो है तबते
कूद परे कालीदह विषधर नाथना हो।
अघा बघा बहु असुर संघारि कंसरायके केस उपारे
जमला अरजुन और पूतना तारना हो॥
इन्द्र जो कोप कियो व्रज ऊपर कोइ न रछकहार प्रतछक
कृपा करो नख ऊपर गिरिवर धारनाहो॥

७

देखो है विहारोजी म्हांसे नेह निभायो।
बहुत दिनारो प्रोत हमारो तोरत दरद न आयो॥
तन मन धन सब होमें अरप्यो बहुतक भांत रिझायो।
व्रजनिधजो सरवस में दीनो वां म्हांसे कपट जनायो॥

८

साँवरिया जो राज अब तो भूले नाहीं बने।
विपत बिदारन गिरधर तुम हो सुखमें मिलत घने॥

मैं तो मूढ़ कछू नहीं जानूं तुम विन कौन गिने ।
अबको वेर कृपा करो स्वामी व्रजनिध सरस तने ॥

९

जी रसिया आज अमलांरा राता माता म्हांरे आज्यो
मैं तो थांको कब पर बल बल जावां वंशीमें तान सुनाज्यो
म्हांको थांको प्रीत जगत सब जाने छे
अब जिन लोग हंसाज्यो ।
रसिक गोविन्द अभिराम श्यामघन
तनरो तपन बुझाज्यो ॥

१०

ऊधो रे मनकी मनमें रहो ।
आपतो जाय द्वारका विरम रहे हम सों कछु न कहो ॥
उत मथुरा इत गोकुल नगरो जमुना बीच बहो ॥
एक समे हरि आए इते जो हों थो मथत दहो ॥
वे तो डार डारके भंवरा नई नई बास लहो ।
सूर श्याम सो यों जाय कहियो वेग मिलो अबही ॥

११

ऊधो हरिसे कहियो जाय तुम तनक हमारो बात ।
सोतन हो गई नींद हमारो सुनियो अचरज बास ॥
नैन किवाड़ो खोल सांवरी गई तिहारे मान ॥

१२

अँखियां बहुत दुखारी ऊधो और सकल अङ्गनते सेरो।
अधिक सिरात मिरात न कबहूं कोटि जतन कर हारो॥
एकटक मग लखि निमिष न लागे विथा भई भारो।
भर गई विरह बयार माधोको एकटक रहत उघारो॥
अलि लाए गुरुज्ञान सलाका काहे के ए तिहारो ।
सूर सुअञ्जन आंज रूपरस आरति हरो हमारो ॥

१३

विनती सुनो एक मोरीरे ऊधो ।
विन देखे मोहे कल न परत है स्वास जात है रूंधो ॥
वेग ले आवो श्याम सुन्दर कों मिले तो दरस कहुंधो
कृष्णानन्द प्रभु आन मिलावो बोलत काहे न सूधो ॥

१४

पियारी तेरे कजरारे नैन रङ्गीले ।
निरखत लगत मदन रितु राते चञ्चल चपल छबीले ॥
मोहन मेरे ललित सुखवारे भृङ्ग वरण नकमीले ।
ख्याल खुशाल विलोकत निशदिन
जोवन उमंग उबीले ॥

१५

सहज हो आए घर जदुराई ।
वागे वेस अङ्ग अङ्ग सोभा रूप मोहनो छाई ॥
ललित नैन रसभरो विलोकन चितवन चित उरझाई ।
विवस होय रहो लटू भटूरो सुरझे ना सुरझाई ॥
मृदु मुसकानि प्राण कीने वस जोवन नव मन भाई ।
निरख रहो जबहो लिपटानो ख्याल खुशाल रंगाई ॥

१६

मृदु मुसकात किशोर किशोरो ।
कुसमकुञ्ज मध अत रसभीने प्रेम प्रवीण नवोरो ॥
अंसन पर भुज दिए विलोकत
उरझावत मन कर वरजोरी ।
ललित खुशाल ख्याल व्रजमोहन
विवस सैन चितचोरो ॥

१७

दरस दीजे जो पियारे मोरे श्यामजो ।
जैसे व्रजबालन को दीने सरद रासमें वसकर लीने
तैसो देखावो छव धामजो ॥
जेहो भेष गिरिराज उठायो ग्वाल ग्वालनो सकल बचायो
किए रूप बाहर से सब अभिरामजो ॥
सोसरूप जो माखन खायो नवल ग्वालनी छीन छिनायो
सगरे सखा सिखायो पूरण कामजो ॥
शिव ब्रह्मा सब जाकूं धावत सारद नारद गुणको गावत
वोहो खुशाल मिलावो सुख विसरामजो ॥

१८

मान भरो प्यारो मान ले रो मान ले ।
ललित कुञ्ज मध लावत लावत हित पहंचान ले ॥
विन दरसन मन धीर धरत ना
याहो बात जिय जान ले ।
करिए ख्याल, खुशाल श्याम मिल प्रेम प्रीत पहंचान ले ॥

१९

झरोखे पिया उमड़ घुमड़ घन आए।
हिये लगाय लेहों व्रजमोहन मदन उमंग उमंगाए॥
दामिनी दमकत पवन सीयरी मोरन शोर मचाये॥
ख्याल खुशाल बच्यो रोकत है कोयल कूक सुनाए॥

२०

प्यारी छब छाई सइयां नन्दकिशोर।
नैन उनोदे बिलास रासरस सरस नेह रङ्ग बोर॥
रित रसभरे नैन लख सकुचत मैन फिरत अहुँ ओर।
मृदु मुसकान मोहनी चितवन चिते लेत चित चोर॥
राजत भूषण वसन अङ्ग अङ्ग सोभा स्यामल गोर।
ख्याल खुशाल करत निशवासर कुञ्ज निकुञ्जन ठोर॥

२१

छुटत न नैन छुटाए लगीरो
श्यामसुन्दर सुकवार नन्दवारे सों।
चितवन रूप मोहनी मोहन प्रेम प्रीत उरझाए॥
करिए ख्याल खुशाल कुञ्जनमें ज्यों ज्यों रुच मन भाए॥

२२

वंशीवट बजी हो वंशी श्याम राधे राधे राधे नाम।
छाय रही छब नन्दनन्दनकी नव निकुञ्ज अभिराम॥
ललित त्रभङ्गी ठाढो लतन तरे रूपरास सुखधाम।
हिलमिल श्रीव्रषभाननन्दनी करिए पूरण काम॥

२३

सखी छब छाई हो नन्दकिशोर।
नवल वेस मनमोहनी चितवन नैनन में रंग जोर॥
मोह लियो मन माधुरी बोलन ठाड़ोरी साँकरी खोर।
ख्याल खुशाल भरे मुसकावत नए नेह रङ्ग बोर॥

२४

मांने प्यारी लागी छे जी राजरी मरोर।
सीस मुकट रतनांसो जरियो कुण्डल सुरज कोर॥
सांवरी सूरत अत हो सुन्दर नैनन चितके चोर।
व्रजजन मोहन तिहारे वदन पर वारो तन मन मोर॥

२५

कृष्ण पधारोजो रङ्गभरी रैन।
रङ्गभरो दुलहन रङ्गभरे पिय श्यामसुन्दर सुख दैन॥
रंगभरो जोरी यह चिरञ्जो रंग भञ्यो उलहत मैन॥
रसिक विहारो प्यारो दोउ मिलि करो रङ्ग सुख चैन।

२६

आधी रात चांदनी छाय रही।
अति सुकुमारी लड़ेती प्यारी प्रीतम उर लपटाय रही॥
मनसो मन नैनन सों नैना तन सो तन उरझाय रही।
नागरिया नागर दोउ राजत लागत मृदु मुसकाय रही॥

२७

पिया बिन नागन कारी रात।
कहूं जामन होत जुन्हैया दस उलटो ह्वै जात॥
जन्त्र न फुरत मन्त्र नहीं लागत पोत सिरानो जात।
सूर श्याम बिन विकल विरहनी मुरमुर लहरां खात॥

२८

वृन्दावनवासो कब मिलहो हरि
हम कब होंगे व्रजवासो।
ठाकुर म्हांरे नन्दकिशोर हैं ठाकुरानी राधासो॥
सुनियोरी मोरी सखी सयानी हरि वंशी कर दासो।
वंशीबटकी सीतल छइयां सुभग बहे जमुनासो॥
शिव ब्रह्मा जाको ध्यान धरत हैं
कर भोजत कामलासो।
इतनी आस सूरको पूजो वृन्दाविपिन विलासो॥

२९

हों नाहक बदनाम भई।
देखन दोष लगावत उपजी व्रजमें रीत नई॥
श्रवण सुने न लखे कबहूं सखी मेलत कबहुं नहीं।
दीनबन्धु उर लागत मोहन तब कहती न गई॥

३०

निरतत नट नागर जमुना तट चटक मटक और
रपट झपट सङ्गीत गत ले ता थेई ता तता थेई ता।

दिग् दिग् थों थों जग जगताँ जगतां झिनक झिनक
झिन ननन राासविलास सुन्दर गत लेई ॥
ता थुंगा ता ता ता थंगा धिरक धिरक
क्रको थिरर थिरर गड़ गड़ धां धां तान लेई ।
ता ता धो धो थु थुन्ना किट था दिटि था धा कड़
तक तक धम कट तक गिदि गन धा धा धा धेई ॥
धा ताड़ धा धा धो धा धा धा बजत मृदङ्ग रासमण्डल मध
राग सागर मुरलीमें गावत उपज लेत नई नई ॥

३१

लङ्कामे फिर गई राम दुहाई ।
कहत मन्दोदर सुन पिय रावन तें क्यों कुबुध कमाई ॥
एसो कुमत करो पिय तुम जो सीता हरी है पराई ।
तू क्या जाने मेरो पराक्रम उनको करे बड़ाई ॥
भुवमन्दिरमें पकड़ मंगाऊं वे तपसो दोनों भाई ।
बीस भुजा दस सीस हमारे कुम्भकरन सा भाई ॥
जामवन्तसे जोधा जिनके अङ्गदसे बलदाई ।
हनूमानसे पायक जिनके छिनमें लङ्क जराई ॥
सरब सोनेको रचो है लङ्का सो जाजन जल खाई ।
तुलसिदास प्रभुको गतलीला अवगत लखो न जाई ॥

३२

एसे रणमें रामजो जीते ।
गहे कर धनुष कोप चढ़ धाए मार रावण लिए साते ॥
दोहु दिश जुद्ध भए हैं भारो हनूमानजो लङ्का जारो ।
गदा खड्ग बरछो फरसो सो ढाय दई लंक भीते ॥
गरजत मेघा कुम्भकरणसें भारते भारो बीते ॥
एक लख पुत्र सवा लख नातो जूझ मरे हैं अरोते ।
लङ्काराज भभीषण दोनो राम सोया लें आए
सुर नर मुनि मन आनन्द भयो है मङ्गल भये मन चीते ॥
भरत मिले शत्रुघन प्रफुलित मन
राम लच्छमन दरसन प्रीते ॥
जैजैकार भयो अवधमें रागरङ्ग मन डंका होते ॥

३३

लगन लगी है श्याम पियारे ।
अब कैसे यह दुराव रहत है व्रजमोहन उजियारे ॥
होइ सेवक तिहारे गुण तें मडराते चोप मतवारे ।
आनन्दघन इह मुरली तिहारो ए सब भेद उचारे ॥

३४

या जग भरम भुलाना रे साधो ।
रामनामका सुमरन छोड़ो माया हाथ बिकाना रे० ॥
धन जोबन मायाके मदमें निशदिन रहत दिवाना रे० ।
मात पिता भाई सुत वनिता उनके रस लपटाना रे० ॥
कहे नानक कोटनमें काहू गुरु मुख ह्वै पहंचाना रे० ॥

३५

राधावर मान लोजो राज
गरोबांरो याह्रो विनती हो राज ।
अरज करा छाँ चरण लगा छाँ दरस दान मोहिं दोजो ॥
मैं तो थाँरो दासी जनम जनमरो कृपा रावरो कोजो ।
अलो किशोरी प्यारोजोरा जोबन रूप रस पोजो ॥

३६

राधा म्हांरो चंपावरनी राज ।
जोबे कुञ्जविहारो से वर रसिकोंरा सिरताज ॥
अचल सिंवासन छत्र चंवर ढुरे
अलिजन सकल समाज ।
अलो किशोरी दर्शी निरखत सोजा सकल सुकाज ॥

३७

आछो तो बजाई थांने बांगरो हो राज ।
अधरन लागो रस वरसे छे
ओर को मरन याको हांमरो हो राज ॥

३८

म्हे नहीं जाणां कपटी है ये रो मोतनरे मन गांसरो ।
व्रजनिध भेद भेद अण छेद्यो परो रोम रोममें फांसरो

३९

है री मा नन्दको गुमानो म्हांरे मनड़े वस्यो ।
गहे द्रुमडार कदमका ठाड़ो
मृदु मुसक्याय म्हांरो ओर हंस्यो ॥

पीताम्बर कट काछिनी काछे
रतन जटित माथे मुकट कस्यो।
मीरांके प्रभु गिरधर नागर
निरख वदन म्हांरो मनडो फंस्यो॥

४०

आवत री डफ बाजत गावत
मोहन सङ्ग चाचर व्रज खोरी।
गोपी मिल सज मारग रोकें रंग अबीर घट भोरी॥
गारी केवल राम श्यामको छल करि धरिय निहोरी।
लच्छनदास लाय मुख लीजि हंस लीजि पट छोरी॥

४१

म्हांने भालो दियो राज।
श्यामसुन्दर रतनाले नेना में कोई कोनो राज॥

४२

व्रजचन्द्जू पियारे जीवन जरो हमारो।
गल मोतियनदी माला साहैतिरछो चितवन न्यारो॥
सिर बादनू चोरा कलंगी सोहत है लटकारो।
कुण्डलको सोभा निरखत भांको दई विहारो॥
सब निरखत हो मोह लई सुध बुध गई विसारो।
अलीरतन छब देखत हो बार बार बलिहारो॥

४३

सो मो बार तोहे समझायो।
गोरस तो घर हो बहुतेरो काहेक छुवत परायो॥
तनक दहीके कारण कान्हा माखन चोर कहायो॥
एक समै एक राचस आयो करत है आपन चायो।
गोपी ग्वाल गउनके पाछे विधना तोहे बचायो॥
जन्म लियो वसुदेव देव घर मथुरातें व्रज आयो॥
भाग बड़े हैं नन्द बबाके तिनको पुत्र कहायो॥
बूड़ततें व्रज राख लियो है गोबर्धन कर लायो॥
जे जे करत देव सब ठाड़े सुकृत आड़े आयो॥
वरजो री वरजे नहीं मानत करत है आपन चायो॥
सूरदास भक्तनके पाछे विष्णुरूप धर आयो॥

४४

राखो पति गिरिवर गिरधारो।
अब तो नाथ रह्यो कछु नाहीं
उघरो माथ अनाथ पुकारो॥
रथविहीन पांडवसुत डोले
भीम गदा कर सों महि डारो॥
थाकी पैज प्रबल पारथको
हाथ धरनि धर हिथ्यात डारो॥
बैठे सूर सुभाय सुभट सब भीष्म करण द्रोण व्रतधारो॥
कहे न सकत कोई बात परसपर
इन पतितन मेरो अपत बिचारो॥
लाज गमाय दास दासनको
फिर का करिहो आन मुरारो॥
सूरदास लज्जा दासीको फिर पकतैहो देख उघारो॥

४५

हों तो थाको ढाढ़न कूं जी राज।
कुंवर जनम सुन हरख हुआ ए सुन व्रजपत महाराज॥
मनवाञ्छित फल लेश्यां जी अब
मैं तो यो दिन पायो छे आज॥
प्रगट हुवा अभिराम श्यामघन
रसिक गोबिन्द सिरताज।

४६

नन्दजीके घरके ढाढ़ो आयो।
जनम सुनत नन्दलाल श्यामको आन सोहलो गायो॥
श्रीव्रजपत महाराज रीझ कर टोना दान सवायो।
रसिक गोविन्दको बांह पकरके निज व्रजवास वसायो॥

४७

चिरजीवी बेटो भानको।
सुन्दर माधा रूप आगधा मोहन जीवन प्रानको॥
लटकि लटकि पग धरत अवनि पर
गजगति मदन गुमानको।
रासविहारनि नैन निहारनि
अलि जोय कृष्ण सुखदानको।

४८

दुलहनो प्यारो श्रीराधे दूलह नन्दकुमार ।
सारी सुरङ्ग पीत पटवारी राजत अदभुत रूप अपार ॥
गोरी श्याम मनोहर जोरी सुन्दर अति सुकुमार ।
लच्छनदास जुगल छब ऊपर नोछावर रति मार ॥

४९

जानिम नेहरा बड़ो जगमें साइरो वरवस मनहीं हरे
निरखत ही वस कीनो सांवरो तबतें कल न परे ॥
छिन छिन छीन होत अङ्ग मेरे मनतें नाहीं टरे ।
लच्छनदास दसा नैननकी अहनिशि नीर भरे ॥

५०

पपिहरा बोलइरे रटत रैन दिन स्वाती सलिल सनेह
मोत कठिन घनश्याम प्रात वाके
बूँदन माहिं क्यों नाहिं वर बसत मेह ॥
रसनाथ क्षित नयक्षत कण्ठस्वर थकत न दुबरी देह ।
लच्छनदास धन्य प्रण वाकी
लगन न पावत रहत संभारे लगन प्रेमकी ठेह ।

५१

मन्द मन्द हंसत लाडली नवल श्याम
रजनी जुगल जाम ठाढ़े हैं कदम तरे ।
कमल नैन मधुर बैन बोलत परस्पर रसभरी बतियां
सुखमें मगन दोउ उर लगाय बांह गरे ॥
रीझि भीजि हाव भाव दुहुंवोर चित चाव
लाज तोरि मधुर मधुर गावत अति प्रेम भरे ॥
लछनदास रसविलास अधिक सनेह बाढ्यो
चीर गहे लालजू प्रियाजू पीतपट धरे ॥

५२

पलक न लागेरी मेरी सुन आली
उन विन देखे घरी पल छिन अब रैन दिनेरी ।
कल न परत सोवत जागत मोहिं कोटि करो
बिसरे नहीं मनतें लाज रहे घरने गुरुजनको घेरी ॥
निपट बिसाऱ्यो निरदई मोहन कबहुं न सुरति करत
इत माहीं भूलि न आवत फेरी ।
लच्छनदास इतो गुण मान्यां वेगि देखावो प्यारो
बिन ही दाम लियो सो को मानो चेरी ॥

५३

मन रे सुनि पुराण क्या गीता ।
मोह नगरकी गैल न छांड्यो काम अमल मद पीता ॥
सुत वित नार बन्धुके कारण पचि पचि जनम बितीता ॥
पढ़ि पढ़ि ग्रन्थ कहाए पंडित लोभ अधिक मन जीता ॥
तिरथन गए दिवस निशि श्रम करि
सह्यो धूप अरु सीता ॥
अहङ्कार मच्छरको तनपर छोंदां फिर रस लीता ॥
मिथ्या दम्भ कपट नहिं त्यागो पाठ करत नित गीता ।
लछनदास सब घाले खोयो हरिको कियो न मीता ॥

ढंग—सोरठ

म्हांरे हिरदे लिख्यो जी हरिनाम अब नाहीं बिसरूं
मैं तो हिरदे लिख्यो जी गोपाल ।
हाथी घोड़ा बहो घणा माया कंर न पार
राज तजूं चितोड़की गामड़ी है असी हजार अब० ॥
साध हमारो आतमामें साधनकी देह ।
रोम रोममें रम रह्या जों बादरमें मेह अब० ॥
राणो मार्तो हरिनामको बांध भक्तका मार ।
राम अमल साखो फिरे धन मीरा राठोर ॥
एक आड़ी गुरु गोविन्द खड़ा एक आड़ी सब संसार ।
कैसें तोड़ राममों मारो भा भारो भरतार ॥
संसारी निद्रा करे रूठा सब परवार ।
कुल मारोइ लजाइयो मीरां बाई बड़े अकरार ॥
भक्तहीन पापी घणा राणांके दरबार ।
कैतो विषरा प्याला पायदां के डावो कण्ठहार ॥
राणेजी विषरा प्याला मोकल्या दीजो मीरांरे हाथ ।
मैं तो चरणामृत कर पी गई अब थें जाणो म्हांरा नाथ ॥
मीरां विषका प्याला पी गई सोती खूंटो तान ।
म्हांरी दरद दिवाणा सांवरो
म्हांने दोड़ जगावे लो आन ॥

गरुड़ चढ़ हरि अब आए मीरांके पास।
आनन्द तूर बजायके पूरो मनको आस॥
राणां मो पर कोपियो म्हांरो तक तक सेज।
लाज लागि छे म्हांको दीजो पीहर भेज॥
मीरां महलमें उतरी राणे पकर्‌यो हात।
हतले वारो नातरो परत न मानूं बात॥
मीरां रथ बहल सिङ्गार के ऊंटां कसिया थात।
डावो मेलगो मेरतो पहले पोखर जात॥
राणा साथ जो मोकलगो जाव्यो मीरांरी ओर।
कुलको तारण अस्तरो मुरड़ चली राठौर॥
राणा मो पर कोपिय रती न राख्यो मोद।
ले जाती बैकुण्ठमें समझी नाहिं सिसोद॥
मीरां सुख दुहेलड़ी रामको ऊैसी खांड़ेको धार।
कोइ सन्तजन बिरला उतरे भवके पार॥
मीरांने प्रभु गिरिधर मिल्यो नागर नन्दकिशोर।
तन मन धन सब अरपिया चरण कमलकी ओर॥

सोरठ

हमारो सुध ज्यों जानों त्यों लीजो।
तुम बिन मोरे और न कोई कृपा रावरो कीजो॥
दिन नहीं चैन रैन नहीं निद्रा यह तन पल पल छीजो॥
मीरांके प्रभु गिरिधर नागर
मिल बिछरन नहीं कीजो॥

२

हे मा बड़ी बड़ी अंखियन वारो
सांवरो मोतन हेरत हंसिके।
भोंहे कमान वान वाके लोचन मारत हियरे कसिके
जतन करो जन्तर लिखो बांधो ओषध लाऊं घसिके।
ज्यों तोको कछु और विथा हो नाहिं न मेरो वसिके॥
कौन लतन करों मोरो आलो चन्दन लाऊं घसिके।
जन्तर मन्तर जादू टोना माधुरी सूरत वसिके॥
सांवरो सूरत आन मिलावो ठाढ़ो रहूं मैं हंसिके।
रेजा रेजा भयो करेजा अन्दर देखो धंसिके॥
मीरां तो गिरिधर बिन देखे कैसे रहे घर वसिके॥

जावा दे गुमानो कृष्ण म्हांरे घर काम छे।
थें हो लङ्गर नन्दमहरके व्रज वरसाने म्हांरो गाम छे॥
जानो नहीं तो पूंछ लीजो श्रीराधा म्हांरो नाम छे।
मीरांके प्रभु गिरिधर नागर नाम थांको बदनाम छे॥

४

घर आवो जी सजन मिठबोले।
तेरे तो कारण सब हीं तजो है काजर तिलक तमोले॥
जब सुध आवत विरह सतावत
छिन मासा छिन तोले।
मीरां तो गिरिधर बिन देखे कर धर रहो कपोले॥

५

राणां जी सांवरे रङ्ग राचो।
कोइ निरखत कोइ हरषत है जो
कोइ कोइ करत है हांसो कोइ सांचो।
ताल मृदङ्ग बजे मन्दिरमें हां हरि आगे नांचो॥
मीरां दासी गिरिधर जूको जनम जनमकी जांचो॥

आवो जी गिरिधारी जी थांसु म्हें बोले।
थें तो म्हांरा जनम जनमरा सङ्गो
थांरे लारां लारां सङ्गमें डोले॥
आद अन्त तन मन धन मेरे आनन्द करां कलोले।
मीरांके प्रभु गिरिधर नागर आन मिलो अनमोले॥

७

मोरे प्यारे गिरिवरधारीजी दासी क्यों विसार डारो।
द्रौपदीकी लाज राखो सब दुखसों निवारो॥
प्रहलाद पेज पारो नृसिंह देहधारो।
भीलनीके जूठे बेर खाए कछु जात न विचारो॥
कुबजा सों नेह लाया श्री गौतमकी नारि तारो।
प्यासो फिरों दरस बिन तलफों मोहे काहे बिसारो॥
मीरांको दरसन दीजे गिरिधर अपनी ओर निहारो॥

८

मनमोहन म्हारू मन डोलो धुंरे ।

श्यामा टे छया न थी अलगा थइया

कालो मरखोटो नाटा मनको धुंरे ॥

हवे हूं तो एटलु घर थिए हथी नथो नीकलूंजी

बड़ो म्हांरू केणो पेरे बिधुं ।

नर सैयानो स्वामी साँवलियो

म्हांरे जोबडारू कामसारू सिधुं ॥

९

मुरलिया बाजो जमुना तीर ।

उमंग चली सांवन मलिता जों व्रज जुवतिनको भीर ॥

आहे दई निरदई मोहि रोके कैसे धरो जिय धीर ।

नागरीदास प्राणपति आगे पहुँचोंगो छोड़ शरीर ॥

१०

हरि छवि निरखु नैन जड़ मेरे ।

तरुन तमाल श्याम सिरसोरुह

अङ्ग अङ्ग पर दुति उरझेरे ।

मणिमय मुकट बिराजत माथे

उदित कोटि रवि मनहुं सवेरे ॥

अलकें छुटक रहीं पग ऊपर

कच घंघरवारे सघन घनेरे ॥

भ्रकुटी कुटिल श्रवण कुण्डल चल

आनन्द इन्दु कहत सकुचेरे ॥

भाल विशाल तिलक मृगमद को

कीर लजान नाशिका हेरे ।

जप तप योग यज्ञ तीरथ व्रत

राम ध्यान विन लगत अंधेरे ॥

लच्छनदास सन्त उर मूरत

वसत न भूलत सांझ सवेरे ॥

११

सब गुण भरो हो गौरा रूप राधा ।

हाव भाव कटाछन हँसि हँसि

पिय मन करत समाधा ॥

अङ्ग अङ्ग गति ललित सुभायन पाई चलत अगाधा ।

जब बलिहार हात मन मेरो गई विरहको बाधा ॥

भूपाली—कर्मा...

दिल मेरा दरिया हुआ कैसा लहर लहराती है ।

जा नहीं सकती है बाहर दिल ही में फिर जाती है ॥

लाखों मगर लाखों मच्छ लाखों सरप लाखों कच्छ हैं

लाखों करोड़ों जानवर दुनिया इसमें दिखलाती है ।

मनसूबे केते जहाज इसमें हैं सौदागरोंके जिनमें

जिन्स सबसों सब तरफकूँ आती जाती है ॥

इसकी चाह थाह जो सो मरजिहासे पावेगा ।

जिसमें कवि खालिक भी लाल मणि पाती हैं ॥

देख चारों धाम यों कहा जानकीदास

जिधर तिधर हरि रङ्गन रङ्ग नजर आती है ॥

कलिङ्ग

महबूब खूब गरूर दिलदार यार महरम

तेरो हुसन हवाका जाहर जहूर है ॥

वंशीमें तान सुनके दिल हो गया दिवाना

मैं किसको जा सुनाऊं मेरा कसूर है ॥

अबरू कमान कसके चश्मों के तीर तक तक

जखमी किया जिगर कूँ चकचूर चूर है ।

गोविन्द रसिक सजन सुन तुजसे लगन लगी है

जो जाय या रहे वले मिलना जरूर है ॥

७

इस साँवले सजन सों मिलना जरूर है ।

जिसको हुसनहवाका जाहर जहूर है ॥

नीलेसे तन बदनमें गुणका गरूर है ।

आँखोंमें आशनाई का दरियाव पूर है ॥

गोरीं जुवान जिसको गोया अङ्गूर है ।

खुश होके हंस मुसकानमें न्यामतमा नूर है ॥

महरम है महरम दिल है साहब गझूर है ।

जिसके निवाजने का ममला मशहूर है ॥

इस हो सबबसे मुझको रहना हुजूर है ।

जो कहे सो करना डरना कसूर है ।

१६८

कहना हाल आपना भी नज़दीक दूर है ॥
रसरास उसके इश्क़में दिल चूरचूर है ॥

सरपड़दा

कीजे नजर महरकी मैं तो तुम्हारा हो चुका।
अपने दिलो जान से मैं तो तुम्हारा हो चुका ॥
मुझमें तो कुछ ढङ्ग न रङ्ग जो पियासे मैं करूं
एक कृष्ण नामही सों काम मेरा हो चुका।
मेरो तुम्हारी लगन है औरको मालूम क्या
जगमें तो यह शोर है ए तो तुम्हारा हो चुका ॥
टुक तो कदम दीजिए दिलकी मुराद लेनेको
जो किया क़िसमत लिखा सो तो मेरा हो चुका।
क़सम पिया प्यारीकी कीजे नारायनकूं दास
ए तो गुलामान गुलाम अब तो तुम्हारा हो चुका ॥

कलिङ्ग

गोविन्द रसिक जानी सुन नन्दके गुमानी
लागी लगन पिछानो मुझको सलाह क्या है।
पग फूंक फूंक धरना हरदम सबीसों डरना
नित इस गलीका फिरना मुझको स० ॥
मुश्किल है इश्क़बाजी दिल है तुम्हीं सो राजी
तुम तो हो खुश मिजाजी मुझको स०।
जाहर जहान यारो इतने पे बेकरारो
कुरबान बे बिहारी मुझको स० ॥
फरजन्द नन्दका है उसकी अजब अदा है
बेदर्द है बेपरवा है जाने सबाब क्या है ॥
रहना सदा मगनमें मुश्ताक जे हुसन पे
जोबनकी मस्ती तनमें जिसकी शराब क्या है।
उसकी हंसीमें आई मरना है औरका हो
अब लागी आशनाई मुझको स० ॥
गोविन्द रसिक प्यारा महबूब है हमारा
महताब आफ़ताब कमल और गुलाब क्या है ॥

२

महबूब खूब इश्क़की पहचानता नहीं।
नसीहत भी किया उसके तईं मानता नहीं ॥
गुजरी जो दिलपे आन कोई जानता नहीं।
हंसि गुफ्तगू मुझसे सामने ठानता नहीं ॥
गोविन्द रसिक जांको कोई जानता नहीं।
कोई मेरा हवाल उसे बखानता नहीं ॥

सोरठ-धानी—पश्तो

जीते जी दामे मुहब्बतमें गिरफतार हुआ
जो तेरा यार हुआ ॥
तेरो उलफतके लिए अपना बिगाना गए भूल
ना हुआ खाक वसूल अब तो सूरत भी तेरी
देखना दुशवार हुआ जो०।
बस परी उसके तईं इश्क़का आजार हुआ जो० ॥
आज जाते थे जो दीवाने तेरी महफिलके
जकड़े जञ्जीरोंमें बस
जङ्गल औ बियाबांसे सरोकार हुआ जो०।
सच है ऐसों के एसे हो सितमगार हैं हम
कर तू अब क़तल हमें दिल लगाकर
मैं परी तुझसे गुनहगार हुआ जो० ॥
रातों को हम से तू छिप छिपके क्यों जाती है परी
है खबर जरी जरी सच बता दे के तेरा
किससे नया प्यार हुआ जो० ॥
जबसे देखो है तेरे हुस्नको ऐसी झलक
न लगी तबसे पलक दिले आशक़ हो नहीं
तुझसे गिरफतार हुआ जो० ॥

सोरठ

मैंने अबतक तो तेरा इश्क़ निबाहा
अहा खाके सौ तरहके गम।
वले अफसोस मुझे तूने न चाहा
अहा बानिए जुलमो सितम ॥
तुझ बिन अबको ए कह के मेरा दिल
बोला नन्द आ बाखुदा।
काहेको इसतरहसे पहलूमें कराहा है
याद तो कर तुझको कसम ॥
सरफ तुलूं मर वफील हो जब धुकायां सनम।

हम जामीद बिमा न्फाहा सुन आहा वफा हा
आहा तरज तर वजकत मवकत मस्तो चकमो देम
तुरा दरबरि खेस समबिल्लाहके मनदो दम अस्तु
सनन चन्द अदा हां आहा कुशतए नासतां अम ॥
ज्यं ज्यं दोज्यां ज्यज दर्द जोड़ तु दोजे जोड़ खुदो अ
चे वो जुवा खिले दिल आवे माशूक
बसा दस्ता हा हा हा आहा ॥
जोड़ दां इश्क़ असम मानू घायल कीतो तकसीर
तेनकी माँड़ो जो आ जाँन भलो मदड़े जोंदा ना तो
तिरछो तो निगाहां आहा नहीं कछु तोरनोकम।
काहे रूस खायके तुम रूस रहे हो पीतम आवो
किरपा करो जो जात है जान
करत विनती हूं हा हा आहा ॥
पाप हो जाइ धरम ॥
हैफ़ सद हैफ़ अफसोस सद अफ़सोस आया पेगाम।
अजल छुट गया ज़ख़्म जिगरसे मेरे
हा हा हा अब निकल जाएगा दम ॥
अजमें अजोज तेरे मब मार सुसलसल मौजं
शिकन नहीं इसमें जरा यह गज़ल जिसने सुनी
उसने सराहा आहा तेरे ही सिरकी कसम ॥

सोहनी

मुझको चाहे जकन देखाता है
मेरा यूसफ़ कुएं भंकाता है।
कुछ जो सीधी भी बात कहता हूँ
तिरछियां फिर मुझे सुनाता है ॥
समा महफ़िल वो मुझको समझा है
शायद इस बातसे जलाता है।
ज़ुल्फ़ को छेड़ता है जब शाना
दिल मेरा पेचताब खाता है ॥
गरमियाँ गैर से न कर ज़ालिम
जल रहा हूँ अबस क्यों जलाता है।
खाक से भी मेरी गुबार रहा
कब्रको ठोकरें लगाता है ॥
तुझको अपनी हँसी खुशीकी कसम
किस लिए तू हमें रोलाता है।
फ़िकरेमें उसकी चपलाहट
और मजमून कुलबुलाता है ॥
लेकिन आगे न फिकर कर गाया
देखता मुखतसिर हो भाता है ॥

२

बावफ़ा था मर गया इक बेवफ़ाके वास्ते।
आशना था जां गंवाई आशनाके वास्ते ॥
बागबाँ दीवारें गुलशन तक तो आने दे हमें
केंचियें लगवा न आ ज़ालिम खुदाके वास्ते ॥
बेतलब गर मौत भी आए शरीके मर्ग हूं
मिन्नतें ऐसी न लूं हरगिज दवाके वास्ते ॥
ए हुमा पेशि फ़कीरों सलतन क्या माल है
बादशाह आते हैं परीसे गदाके वास्ते।
बाद मरनेके भी छेड़े हमको तिफ़लाने इसों
ले हमारी खाक गिलको आशियांके वास्ते ॥
मू दिखावा दिक मसीने केनुए खुरशेदरू
माहे नौ है शिर झुकाए इलतजाके वास्ते।
छोड़ दुनिया कर कनात बैठ कुञ्जे फखूरमें
खाक मत शिरपर उड़ा जले हुमाके वास्ते ॥
जान कर गुलशन मुझे संयाद ले जाता नहीं
तू हो ए खुद रफतगी ले चल गदाके वास्ते ॥
हो गया नाबूद जब उकदाय तब साबत हुआ
उस करमको दीद ए अहले फनाके वास्ते।
खाक हो जो फिर मियाबखुतानका मारा बदन
हाथ उठाते शरम आती है दुआके वास्ते ॥
हमातन चश्म नरगिस यार तेरे दीदका
गुल हमातन गोश है तेरी सदाके वास्ते ॥
रहम कर ए जोफ बस इतना न तू मुझको भुला
हड्डियाँ दो चार रहने दे हुमाके वास्ते ॥
दिल न अपना है तन अपना न जी अपना है आह
सबसे बेगाने हुए एक आशना के वास्ते ॥

करियो गोयाको सिफ़ाते या नबो बहरे खुदा
ए खुदा तू बख्श देना मुस्तफ़ाके वास्ते ॥

सोरठ-धानी—पञ्तो

पिया सांवरे महबूब को दिल बीचमें पाया।
नख सिखसे रूप मोहनो मन देख लोभाया ॥
मुखचन्द उजारो रहो छब छाय हर तरफ़
होरोंका मुकुट पन्नामें लालोंमें जड़ाया।
अङ्ग अङ्गमें गहने पहने हुए कानोंमें कुण्डल
जोटा वसंती साजे हुए सोने लगाया ॥
वनमाला गलेमें परो खुशबूसे तर बतर
कर में है कंगना बंधायों दूल्हा बनाया ॥
वर बृन्दावनको कुञ्जमें करता खुशाल ख्याल
जो एको तीनलोकमें नन्दलाल कहाया ॥

सोरठ—सरपड़दा

फरजन्द नन्दजीका दिल बीच भांवदा।
वर पाय खूब नूपुर सुन्दर सोहांवदा।
टीका संदलका खींचके माथेमें अदासो
आता है लटक चाल मटक मेरे भांवदा।
नीमा जरीका गल विच कट काछनी कसे
पीले दुपट्टे वाला बीड़ा चबांवदा।
करता है निरत नादर घुंघरू को भनकसो
ता ता थेई थेई ता ता गत है लांवदा ॥
नैनोंकी आन तानके अबरू कमानसे
पलकोंका तीर खींच कलेजे चुभांवदा।
घायल किया है मेरे तई उसके इश्क़ने
शुकदेव चरण दासके दिलमें समांवदा ॥

सोरठ—कलिङ्ग

दुनिया मेरो सो आके खरीदार ले चले।
एक दिलके आइनेमें फक़त यार ले चले ॥
जाना नहीं मैं आपसे ले जाते हो मुझे।
जुल्फोंमें बांध बांध सितमगार ले चले ॥
कहती थी एती बातें महलोंमें इश्कके
जावेंगे हम उधरको जिधर यार ले चले ॥
भागी खुदाए जाने क्या होवेगा सितम
फुसलाके मेरे दिलको तरहदार ले चले।
तहकीक है यह रोजे गुलाल है गुलाबी
मरनेके तल्ख शोरीं सरकार ले चले ॥

सोरठ—भंझौटी

किसके घर रात रहे आए हो घबराए हुए।
ज़ुलफ़ बिखरी हुई मुखड़ेपे बल खाए हुए ॥
आज कुछ खैर नहीं आए हो मचलाए हुए।

देव

सुरङ्गी सीस पर पगियां जवाहर जोत जगमगियां
कलंगी परम मन ठगियां किया क्या हाल तैं मेरा।
तुझे मैं रैन दिन गया मुझे तू ताब सताया
शिकायत कहर फ़ुरमाया किया० ॥
भुला मुझे बाट चोहटका पड़ा मुसकानका डाका
लुटा यह दिल शहर बांका किया०।
पड़ी कुलकानको गरदा चढ़ा है इश्कको जरदी
हुवा है रङ्ग जों हरदो किया० ॥

मिश्र

दास उलफत में तेरे जोके गिरफ़तार हुवा
सबसे आजाद हुवा।
खञ्जरे नाज़से जिसका जिगर अफ़गार हुवा
वोहो दिल शाद हुवा ॥
इश्क़में चैन कहीं होता है दिलको साहब।
तुम्हीं इनसाफ थारो जिन्दगानी सों गया
जिसको यह आजार हुवा जानसे बरबाद हुवा ॥
जिसने माथेमें मला खाक रहै पोर मजा
वा दिले सिदको सफा फिर कोई दिनमें
वा हिम्मालके आसार हुवा ॥
साहबे इरशाद हुवा खूबरूयों में बेवफा।
किसने सुनी या देखी नकमूका ज्यों गुमां जो हुवा।
इनमें सोदाई सितमगार हुआ पर तू उस्ताद हुवा ॥
क्योंकर अब रात दिन आरामसे अपने न कटे
किमदतादेसे बुधविहारीका कदम
हमको सजावार हुवा यह खुदादाद हुवा ॥

दमबदम तेरी नई शान है मेरे कन्हैया।
चश्म बद्दूर अजब भान है मेरे कन्हैया॥
हाथमें वंशी औ वनमाल गरे शिरपै मुकुट
क्या ही दिल लेनेका सामान है मेरे०।
ना तु है माह न खुरशेद न हूरे हिरम
जिन फरिश्ता न तू इनसान है मेरे०॥
इस तेरे हुस्ने नज़ाकत का क्या करूं मैं बयान
बदख्शां तेरे से हैरान है मेरे०।
बुधविहारी जो तेरी वंशी नहीं है ए कोई
फ़ितनओ आफ़तो तूफ़ान है मेरे कन्हैया॥

खम्माच

जो एक निगाह महरको वो महलका करे।
दुश्मन अगर तमाम जहां हो तो क्या करे॥
राहत हो या के रञ्ज हो शादी हो या के गम
ख्वाहिश वही है अपनी जो कुछ सांवरा करे।
नक़शे क़दम तेरेमें है तासीरे जामिजम
असरार दो जहांसे बहम आशना करे॥
तीरे निगाह तेरा लगा जिसके दिलमें है
क्यों कर न उसकी आंखसे आंसू बहा करे।
है इलतमास बुद्धिविहारी से यह सदा
जबतक यह जो रहे तेरी वंशी बजा करे॥

धानी

दिल पर सौ ज़ख्म बदन पर कोई आसार नहीं
कहो कहो इसमें क्या।
हमने इस काटको देखी कोई तलवार नहीं
निगाहे यार सिवा॥
तेरे दीवानेने खञ्जरसे मारा क्यों कर
तू ही बतला दे हमें।
बुतकदेमें कोई बुत तुझसा तरहदार नहीं
ए सनम नामे खुदा॥
बदजबानीका तुम्हारी नहीं करनेके गिला
है यही अपनी वजा॥
गो ज़बां रखते हैं पर आदते तकरार नहीं
जो कहो तुम सो बजा।
इश्क़के खूबांने है उस रङ्गको देखलाइ बहार
जिसकी ना टोटो शमीद॥
दाग दिल छोड़ हमें भाता कोई गुलज़ार नहीं
गो सरापा हो फिज़ा।
कर चुके तजरुबए इश्क़ ए ज़ालिम आजा
इश्क़ हासल है यही
होगा चङ्गा मरीजे इश्क़ वो बीमार नहीं
कीजिए लाख दवा॥
ना हमें तख्तको ख्वाहिश है न मसनदको हवस
ए खुदावन्दे करीम
दिल मसीहाए बज़ुर्गस्त खाके दरबार नहीं
हमको बिठला न उठा॥

कलिङ्ग

दिल औ निगाहको करके परेशान ले गई।
चितवन मरोर तनकी झलक जान ले गई॥
दिनको तो चैन ले गई मुखड़ेकी याद और
रातोंकी नींद ज़ुल्फ़े परेशान ले गई।
तेरी निगाहबानी करे कोई लाखमें
जिस दिलसे लाग थी उसे पहचान ले गई॥
जाता है कोई दाद औ दानिश्ता तालबे
मेरी निगाह मुझे उधर अनजान ले गई।
चम्पाकली की देख नए पाव हाथ फूल
बाले की झोंक सब मेरे औसान ले गई॥

गागिनी—जंगला

जानो मुझे बस किया बांकी अदा देख देख।
तिरछी भौंहें खींच कमां तीर रवां कश किया॥
दुनियामें अजब खूब एक तू ही है महबूब
सेहर किया मेहर किया जेहर किया हश्र किया॥
सदके जाऊं तेरे यार एकबार कर पियार
हो कर दिलदार सजन गशके तांई गश किया।
इश्क़के नशेमें मस्त है जानकीदास
और नहीं प्यास खास दिल मेरा बेकस किया॥

झंझोटी

देखा था मैंने सनम एक चला आता था।
उसकी थी सांवली सूरत औ मुसकराता था॥
मैंने उससे कहा तू एक बात मेरी सुन
सैन दे मुझको बुलाता वो चला जाता था॥
क्या कहूं दूरसे थे देखते गुरुजन ठाढ़े
लाजके मारे मुझे खौफ औ डर आता था॥
देखे से दूरसे गुरुजन से शरम आता था॥
सखी तू मुझकों मिलावे जो कहूं प्राणप्यारा
रहे तब जान मिले सैन जो बताता था॥
सखी थी चतुर सुजान उनको तो है ले आई
मिले जो पीउ पियारे मदन लोभाता था॥
जानकीदास दोनो मिलके जो आनन्द हुआ
मोहे सूरत से न कुछ ध्यान किया जाता था॥

बिहारी

याद कर साहेब को गाफ़िल नाहीं तो पछतायगा।
करता है मगरूरी मूरख जमकी जूती खायगा॥
हो गए सुलतान राजे तू भी यों हीं जायगा।
लाख चौरासी में ज़ालम हरि विना भटकायगा॥
कहता जानकीदास ऐसे नाम ही रह जायगा।

सोरठ

मैं दीवाना नामका मोहो कोइ न छेड़ोरे।
वन वन सब मैं ढूंढ़के हस्तीको मारोरे॥
हस्ती बिचारा क्या करे मैं तो शेरको मारोरे।
हाथ मेरे शमशेर मेरे खूब तरेकारे॥
भग जा मेरे आगेसे नहीं मार बैठूंगारे॥

जंगला

पांड़े मोहे राम नाम लिखावो कुछ और नाहीं सिखावो
सिखते ही सेहल सममें जो तुममें है सो हममें
जननी जना पिलाया देह देवने तो जिलाया
जिन्दगीका कौन ठिकाना पिञ्जरेमें पवन समाना॥
जिन पांच तत्त्व नचाया एक एक सों बचाया
मिल जुल जगत बनाया सब नाम रूप जनाया॥
पढ़ना पढ़ा तभी हरिनाम लेहीं अभी दिन चार
राज निहारो विन राम है अंधियारो॥
एकचक्र राज पिताकों प्रतिबिम्ब नाहीं ताकों
प्रेमरङ्ग कों बिगाड़ो जो रोम रोममें ठाढ़ो॥

कलिङ्ग

मेरा महबूब खूब सोहना मोहना सांवला बेलो है।
चीरो शिर जरकसी सोहे गरे मखतूलको सेलो है॥
किनारीदार दुपटा जाफ़रानो जिसपे क्या बूटा
भया दिल देखिके मुश्ताक़ छबीला छोर है छूटा।
सनम बंशी बजांवदा गांवदा तान सुनांवदानो॥
साड़ी गली आंवदा भौंवदा चश्म चोट चलांवदानो।
जिगरमें घाव किया अबरू लिए खञ्जर कटारी
वही दारू दरद सबी वो लगी है उससे यारी॥
प्यारा गोविन्द रसिक सजन हैगा दिलटा जानी
कीती साड़ी ज़िन्दगी कुरबान भई मैं प्रेम दिवानी॥

२

लगी हैं इश्क़दी चोटें दे दे पलकको ओटें।
भीजी रस प्रेमदी पोटें देख सखी नन्दके ढोटें॥
भई हूं रूप दीवानी भरन गई जमुना तट पानी।
मिले हैं कृष्ण गुमानी सूरत उर माहिं लिखानी॥
भए हैं मनकेरे भाए कृपा कर कृष्णजी आए।
नानाविध भोग लगाए चरणमें सीस नमाए॥
जशोदा जूके हैं प्यारे छके रसप्रेम मतवारे।
बने हैं रैन रतनारे सेवादास पतितकूं तारे॥

सरपड़दा

हरिनामको सुमर ले क्या वक़्त पाया है।
फिर हाथ नहीं आवेगा सतगुरु बताया है॥
इस मायाके नशे में बेहोश हो रहा है।
ए काया भी चलेगी किस नींद सो रहा है॥
माता पिता बिरादर फरजन्द में उरझाना।
इस काम क्रोध मोहमें हर गए हैं सिराना॥
रावण सरीखे हो गए जिनके तपे निशान।
एक पलमें छीन लीने तब तेरा क्या गुमान॥

कहता है मगन रूप टुक समझो यार मन।
हरि राम नाम सांचा सब झूठा है जतन॥

२

आवेंगे महाराज आज भाग हमारे
वारूं तन मन धन सभी औ प्राण पियारे।
नैननको कारनसों पन्थ बुहारे
पधारे घन श्याम सुन्दर नन्ददुलारे॥
वृन्दावनचन्द्र देख नैनके तारे
हिरदे लगे हैं मेरे प्राण पियारे।
माणक ऐसे मिले आनन्द भारे
सुध बुध सब भूल गई काज संवारे॥

जंगला

मुखड़ा ज्यों टुक देखावो जियराने कों लुभावो
तेरे लोचन सलोने मेरा जो मन हरा है।
सुनिए जो रामबिहारी चितवन तेरी कटारी
लागो कठिन हमारे घायल ज्यों तन परा है॥
नासा लसत मोती निदरेत चन्द्र जोती
अंखियोंको तप्र बुझावो नव रूप सों भरा है।
चोरा सुरङ्ग सोहै अत चित्त कूं विमोहे
झलके कुटिल छबीलो जादूमा कुछ करा है॥
श्रीनन्दजूके वारे राम सखीके प्राण प्यारे
सांवल सरूप तेरा हियेमें आन धरा है॥

पीलू

मैं कहा था इस जहांमें मत किसीका हो रहो।
क्या कोई आपना करेगा आपी आपना हो रहो॥
कृष्ण नाम मनमें जो है ना और किसीसे काम है
जो होना था सो हो गया चरणोंमें उसके हो रहो।
जो तुझे जाने है उसकों जान उसका हो रहो
जो तुझे जाने नहीं है उससे न्यारा हो रहो॥
जो तुझे सरे रा करे हमराह उसके हो रहो।
जो तुझे ग़मगीं करे ग़मख़्वार उसके हो रहो॥
काम है जो करनेका उस कामका हो हो रहो।
कारबदकारी का बद है तू बेकार ही हो रहो॥

यह नसीहत सुनते हो सुनके ज्यों बहरा हो रहो।
प्रेमरङ्ग देखा जो चाहे देखता हो हो रहो॥

कलिङ्ग

देख दस्तारे बसन्ती साकिए सरशारको।
खुल गई हैं आज अंखियां नरगिसे बीमारको॥
रात रहे जावेगी क़ासिद वक़्त रहने का नहीं
दिल तड़फता है शिताबी ला खबर दिलदारको।
आशक़ोंके रज़्ममें और किसीका काम नहीं
क्या तरह गुज़री मगर मन्सूरसे सरदार को॥
जो तुझे मेहदीका शौक़ है दिल हमारा हाथ ले
हर किसीसे पूछ ले रङ्गोंके रंग रंगदारको।
ईबलीसे बेवफ़ाको मेहरबानो पै न भूल
दिलका दुश्मन है वही जो बात करता प्यारको॥

सोरठ

श्रीरघुनाथजी मेरे कों बरन सके गुण तेरे।
प्रभु प्रथम मीन वपु धार्‍यो संखासुर गरब प्रहार्‍यो॥
ब्रह्माको वेद जो दीने तुम काज सुरनके कीने।
प्रभु कच्छप रूप बनायो मंदराचल पीठ धरायो॥
शूकर नरहरि बपु धारो प्रह्लाद प्रतिज्ञा पारो।
तुम ही बल बामन स्वामी तुम परशुराम वरनामी॥
तुम हो रघुवंश उजागर तुम कृष्णनन्दके नागर।
बुध निकलंक रूप तिहारो हर भक्तनको रखवारो
अवगत गत नाथ तिहारी जाए दास कान्हर बलिहारी॥

२

असोना बसोना बहम देखते हैं
वो इस आईना दिलमें जम देखते हैं।
गमे हिज्रमें उसके जो अपने हरदम
खाना पराया अदम देखते हैं॥
जो जी चाहता है के जा उसमें मिलिये
तो ताक़त नहीं इतनी हम देखते हैं॥
न मिलनेका उसके बयां क्या करें हम
शबो रोज़ रञ्जो अलम देखते हैं।

अगर आवे अब नाज़नीं वो शिताबी

तो हम अपने दममें यह दम देखते हैं॥

अदमसे जुदा होके हस्तीमें आके

न देखे कोई के जो हम देखते हैं।

तसव्वरमें उसके बहर लब हमेशा

जमाल अपने दिलवर का हम देखते हैं॥

२

सलोने बांसरी बजाई लगी धुन श्रवणमें आई।

परी हूं धरन मुरझाई श्याम विन क्यों जिऊं माई॥

व्याप गई मैनकी वेदन दिवानी हो गई ता छिन।

कछू सुध ना रही तन मन श्याम रट नाम लेलेकिन॥

बुलावो वेद गुनीजनकूं जिलावे मन्त्र पढ़ उनकूं

कहत सब परत नहीं जानी बिकल तन जात

मुरझानी।

चले सब गुनी गुन हारी डशी मानो श्याम अहिकारी

उसमें लेत है प्यारी न देखे नैन गिरिधारी॥

समझ सखी चतुर तू मनमें यही दुख विरहकों तनमें

वैद सखी श्याम मन माने पीर वह मर्मको जाने॥

कोउ सखी चतुर गई तहंते ले आई श्याम हैं जहंते

रसिक जब चतुर उठ दौरे हंसे कछु तनक मुख मोरे

दियो जल मन्त्र पढ़ पढ़के गयो दुख काम कढ़कढ़के

तनक मूर्च्छा जो जागी लखे हरि फिर पल लागी

सकुच पट ओट मुसक्यानी लगी जिय रहत

नहीं छानी॥

कहत सब धन कुंवर नन्दनन्द निरख वलिहार

गोकुलचन्द॥

जंगला

जगमें आए तो क्या हुवा जो कृष्णनाम न जाना।

ज्यों शूकर कूकर मरकत सम हरिको नाहिं न जाना

आठ पहर धन्धामें बीतत काम क्रोध लोभ साना।

एक घरी हरि नाहि न सुमरो जो सोहत सुखप्राणा

अन्त समें कोउ काम न आवे आखर फेर पछताना

सूर कूर मान ले मेरी हरि चरणन कर ध्याना॥

रात समें कहने लगी रो रोके परवानेसे

तू भी जले है वलेकिन मैं भी तो अए जाने मन॥

देख तो तुझको जला देता हूं सारा बदन।

आते ही बस जान फिदा करता हूं तुझ पे सनम

फिर मैं फिरता नहीं ज़िन्दा तेरे अस्तानेसे॥

झंझोटी

किस क़दर मुझको नातवानी है।

वारे सरवे भी सरगरानी है॥

सारे कूचेमें उस परीरूको आजकल जो लंतरानी है॥

कूचए इश्क़की गदाईमें

किसको मिरजाई किसको खानी है।

महीनों घरमें मैंने रखा उसको

यह बिताई है दया समानी है॥

तेरा आरज़ू छिपा तो बसमें मुआ

आरज़ो मेरी ज़िन्दगानी है।

ग़ैरकी दुश्मनीका क्या शिकवा

या रज़ाए अदूए जानी है॥

पैर रख कर ज़मीं पे कब वह चले

पैहन पोशाक आसमानी है।

तलवे काटों से हो गए गिर बाल

खाकसी ख़ाक हमने छानी है॥

चाहिये ज़ख्म दिल हरे हो जायं

उसको पोशाक आज धानी है।

दिल भी उससे उठा नहीं सकते

नातवानी से नातवानी है।

इश्क़में उसके हमको ए गोया

रात दिन शग़ले गैरख़ानी है॥

गारा

उसको मुझसे रुठा दिया किसने

मेरे दिलको रुला दिया किसने।

एक क़लम हरफ़ दोस्ती भूला

हाय उसको पढ़ा दिया किसने॥

आईने में दिखाके तेरो शकल
हमको हैरां बना दिया किसने।
ए फ़लक हमतो बैठे हंसते थे
उठते उठते रुला दिया किसने॥
मांगते हो गुनहगार हुए
उससे बोसा लिया दिया किसने।
नहीं मालूम शौक़ क़त्लमें कुछ
सर हमारा उड़ा दिया किसने॥
हवाए नफ़्समें कबाबका बू है
मेरे दिलको जला दिया किसने॥
कल तलक दोस्त था वो गोया के
आज दुश्मन बना दिया किसने॥

सोरठ

रात हिजरां में तेरी याद थी औ रोना था।
हो गया ग़मसे तेरे मुझपे जो कुछ होना था॥
अश्कबारी से न थी आंखको फ़ुरसत एक पल
सोते जागते थे कहां खाट किधर सोना था॥
मेरे दिलवरसे वहीं जाके हुवे चश्म दो चार।
जो के क़िस्मतमें बदा दिल के तईं होना था॥
उड़ गया होश मेरा जिसके असरसे झटपट
उसकी चितवन थी न जादू था न कुछ टोना था॥
आस्तीं आंखपर रख दी मेरे नामहने अश्क
अश्कसे अपने मुझे दाग़ जिगर धोना था॥
खाक ज़र जिनको बराबर है न पूछो उनकी
जिसको वह मैल उठा देते उसे सोना था।
दरद ग़म हो तो है फल फूल इस मुहब्बत का
तुराब इश्क़ तुझे दिलमें नहीं बोना था॥

बिहागी

यां तलक दिलमें जुदाईकी रवानी रह गई।
वस्लमें छूटा न दाग़ उसको निशानी रह गई॥
दूरसे वह मुंह दिखाकर ले गया सब्रो क़रार।
सामने आवे तो ज़िन्दा जांफ़िशानी रह गई॥

दोस्तो क्या कहिए उसका माजरा फिर इन दिनों
मेहरबानी घट गई नामेहरबानी रह गई॥
खत निकल आया गई उड़ सादारूईकी बहार
हमसे अबतक उसकी वो ही बदगुमानी रह गई॥
वो तजल्ली है कहां मुश्ताक़ हो जिसका कोई
नाहक़ अब यारोंसे उसकी लंतरानी रह गई॥
मिट गई लैला मुवा मजनूं हुवा क़िस्सा तमाम
आशक़ो माशूक़की जगमें कहानी रहगई॥
मुनतज़िर साअत करो ग़ाफ़िल न हो हवसे तुराब
आये दिन चलनेके थोड़ा ज़िन्दगानी रह गई॥

सोरठ

हमन हैं इश्क़ दीवाने हमन का होशदारी क्या।
रहे आज़ाद या जगमें हमें दुनियासे यारी क्या॥
खलक सब नाम अपनेको बहुत कुछ सिर पटकता है
हमन गुरुज्ञान आलम हैं हमन को नामदारी क्या॥
जो बिछुड़े हैं पियारे सों भटकते दर बदर फिरते
हमरा यार है हमतन हमनको इन्तज़ारी क्या।
न पल बिछुड़े पिया हमसे न हम बिछुड़ें पियारेसे
जहां यह प्रीत लागी है तहां फिर बेक़रारी क्या॥
सांई कबीर हो फ़ारिग़ दर दर दस्त दुनिया पर
कि चलना राह नाज़ुक है हमन सिर बोझ भारी क्या॥

सोरठ—कलिङ्ग

जबते लगी है सजनी भावे नहीं दिन रजनी।
छिन छिन अतन तन तजनी कैसा करूं पायल बजनी॥
जबतक न देखूं श्यामको
नींद नहिं आवे अंखियनको।
जबतक न लगाऊं छतियन सों
तबतक नहीं चैन जियको।
भृकुटी सरस बनी है नयना सिर बीच तनी है॥
सर फेंकत कामधनी है बिरहिन जिय मांझ अनी है॥
कुण्डल कपोल बिच झलके
मानो शोभा आनन्द छलके॥

१७१

वे तो घूंघरवाली अलकें बिन देखे परे न पलकें ॥
नासा बिच बुलाक सोहै मेरो मन मोह लियो है ॥
व्रजयुवतिन कों मन मोहै
ऐसो सुन्दर जग बिच को है ॥
वाके अधर बिम्ब विशाला गल बीच वैजन्तो माला ॥
सब सङ्ग सखा लिए बाला वाको नाम है नन्दलाला ॥
शिरपर मुकुट विराजे मायो भानु उदित भए छाजे ॥
जमुनाके कुंजकरोलें कुञ्जन कुञ्जन बिच डोले
कहे बांक बरम राधा प्यारी ललिता सखा सङ्ग बोले ॥

मारठ

लगा है इश्क तुम सेती निबाहोगी तो क्या होगा।
मुझे है चाव मिलनेको मिलावोगी तो क्या होगा ॥
सुनूंगो तान वंशीमें सुनावोगी तो क्या होगा
हुसन चश्मोंके प्याले भर पिलावोगी तो क्या होगा।
चमन बिच आनकर मुखड़ा देखावोगी तो क्या होगा॥
भरम करता है कुल आलम हँसावोगी तो क्या होगा
सजन तुम विन तड़पता जो जिआवोगी तो क्या होगा
मेरे इस दिल दोवानेको सतावोगी तो क्या होगा ॥
अजब दीदार रोशन है छिपावोगी तो क्या होगा।
चोराकर दिल पराएको दिलावोगी तो क्या होगा ॥
जिगरके दर्दको दारू बतावोगी तो क्या होगा।
रसिक गोविन्द सोने से लगावोगी तो क्या होगा ॥

२

भए तुम नन्दके दानी नई व्रज रीत यह ठानी
चलत हो चाल लङ्गराना तिहारी छैलता जानी।
जमुन तट हौं चली पानी मिले मग बीच मोहि आनो
कहत क्यों बात सतरानी
चले क्यों न जावो अभिमानी
कहां तुम फिरत इतरानो कही मेरी नेक नहीं मानो
जोवन गुण रूप गव्वानो करें अब तोहि नकसानो ॥
वचन सुनि ग्वालि मुसकानी कही रसरीतको ठानी
रसिक गोविन्द दिल जानी
लगी तोसों प्रीत मनमानी

सरपड़दा

ए तरहदार भला तुमने अजब काम किया
भर नज़र देखने पाए नहीं बदनाम किया ॥
अब खुशी साथ हमें आके देखावो तो जमाल
जुल्फ़ तेरोने मेरे दिलको कैदे दाम किया ॥
तुझको कुछ शर्म नहीं आतो है अफ़सोस सनम
तेरो खातिर न कभी मैंने तो आराम किया ॥

जंगला

ले चलो मुझको उस आईनए रुखसारके पास।
खाक उस जीस्त पै जो यार न हो यारके पास ॥
दिले दोवाने के हम होश का दीवाना हूं
फटकता है नहीं हरगिज़ किसी हुशियारके पास ॥
निरगिसे चश्म का मत कर दिले बीमार खयाल
याने बीमार नहीं रखते हैं बीमारके पास।
सर मेरा तनसे जुदा खूब किया सर मदके
रखना कातिल मुझ पर अपनी हो दीवारके पास ॥
मस्त चश्मों से कर आदर को हुए हमबिस्तर
है मज़ा हमको यहां बैठे जो मैख्वारके पास ॥

भैरवी

हज़ारों ही ख़ूबांको हम देखते हैं
परी गुलबदन तुमसे कम देखते हैं।
तू जैसा था वैसा ही है मेरे प्यारे
वो नादां हैं जो बेशो कम देखते हैं ॥
तुम्हें आईनेसे हमें गफ़्लत तुमसे
वह तुम देखते हो यह हम देखते हैं ॥
उतर जाए है दिलसे ठेहरावे कावा
तेरे अबरुओं का जो खम देखते हैं।
तुम्हारा है हमको खयाल ख़ाबमें भी
तुम्हींको खुदाको कसम देखते हैं ॥

भैरवी—जंगला

जो तू सनम हमसे बेज़ार होगा
जगमें जोना तेरा दुशवार होगा।

चलना होवे तो चल मेरे प्यारे
कबतलग बतियां बनावता रहेगा।
जिधर भर नज़र करके देखेगा ज़ालिम
उधर मोतो लड़ियोंका बाज़ार होगा॥
मैं जाता हूं दिलको तेरे पास छोड़े
मेरी याद हरदम दिलाता रहेगा।
बुतोंको परस्ती तू मत कर ए ज़ालिम
खुदाकी क़सम तू गुनहगार होगा॥

जंगला

अरे मन हरिको शरण परेगा
जगमें तेरा काम पलमें सरेगा।
नज़र भरके देखेगा रघुवरको
पलकमें सभी पाप तनका जरेगा॥
गणिका गीध अजामिल हस्ता
उन्हें रघुवर अपना करेगा।
गोविन्द सुमरे सदा सुख होगा
प्रेमरङ्ग प्रभुमो जो रंग रंगेगा॥

जोगिया

राम तुम्हीं सों जो हमने देखा
हर एक आलम जुदा हुवा है।
कोई जला कोई गया बहाया
कोई ज़मींमें सुदा हुवा है॥
क्या पण्डित क्या मुल्ला बांचे ओढ़ी
ब्रह्म वही जो खुदा हुवा है।
सबमें तो तुम हो सबका ज़िन्दगी
प्रेमरङ्ग दिल फ़िदा हुवा है।

सोरठ

वो सांवरा सलोना मेरा नज़र पड़ा है।
क्या खूब रङ्गमहलमें बांको अदा खड़ा है॥
सिरपर गुलाबी फेंटा कलंगी को झलक तैसी
कानोंके बोच कुण्डल करमें कनक कड़ा है।
मुरली लकुट विराजे कटि काछनी छवि छाजे
ब्रह्मरङ्ग प्रभुको शोभा लखि चरणों बिच अड़ा है॥

कलिङ्ग

दिल ले गया है मेरा दिलदार हंसते हंसते।
क्या काम कर गया है गमख्वार हंसते हंसते॥
हमने कहाथा ए दिल उस बेवफ़ासे मत मिल
एक रोज़ करेगा तुझको बेज़ार हंसते हंसते॥
यारो ज़रा चलो तो लाओ मनाके उसको
वो हो गया है हमसे बेज़ार हंसते हंसते।
मजलिस में आशक़ोंको अबरू तेरोको देखा
आपसमें चल रही है तलवार हंसते हंसते॥

आसावरी

चमनमें जाकर जो हमने देखा
हरेक बुलबुल चहक रहा था।
क़दम क़दम पर तमाम गुलशन
गुलोंको बूमें महक रहा था॥
अरे तू बुलबुल कल कहां था
अजब तरहका समां जो देखा
इधरका गुलशन खुशोसे हंसता
उधरका सबज़ा लहक रहा था।

देवगान्धार

इश्कको चोट है भारी कहा तिन जाने संसारी।
लगी दिल लगन मोड़ जाने कठिन यह नेहको बारी॥
कसक उर पोर थिर नाहीं कलप मन छलक जग जाहीं
मीनतन प्राण जल वारो नेक जो नोड़े करो न्यारो।
सती प्रिया पतिके सङ्ग जरई सूर सन्मुख वात्र रण लरई॥
चातक चकोर व्रत है सांचा लगी मन प्रेम ले बाचा।
विरह जर जोर सुखकारी मिटे पिय दरश उजियारी॥
दासको आस बलिहारी नेक दे दरस धनुधारी॥

परज

तड़फनेमें क्या मज़ा है क़तल हो प्यारेके हाथ
उसकी लज्जत को किसी बिस्मिलसे पूछा चाहिए।
जिसने उसका ज़ख्म खाया है उसे मालूम है
तेग अबरू को सिफ़त घायलसे पूछा चाहिए॥
यार मेरा जो नहीं मिलता है के बीमार है
बात कहनेको नहीं घायलसे पूछा चाहिए॥

यारके मिलनेको मुझको कोइ तरह आती नहीं।
किस तरह जाता है दिल बेदिलसे पूछा चाहिए ॥

कलिङ्ग

हमनसे मत मिलो लोगो हमन खफ़ती दिवाने हैं।
खुशीको राह छोड़ो हैं कठिनमें जिय समाने हैं ॥
छोड़ो खिलकत वज़ीरोंकी मिलो लज्जत फकीरोंकी
चढ़े किश्ती सबूरीकी जिरह दे हाथ गहाने हैं ॥
हमन दिन रैन रोते हैं क्या ग़मसे जान खोते हैं
शूलीकी सेज सोते हैं इश्कके या मकाने हैं।
हमन एक जान हैं जानी पिया हरनामका पानी
आखिर को हो गए बानी वलोनामा समाने हैं ॥

२

जबतें देखो है सलोनो तबतें नहीं भावे भोनो।
कहो मत बौराए कोनो तन होय रहा मन मोना ॥
दुति साम सलोनो दमको
मानो दामिन सों तन चमको।
मलयागिर उर गमको छब छाय रहो जग झमको ॥
जबतें देखो भरि नैना तबतें नहीं आवत चैना ॥
मोहि सूझत नहीं दिन रैना रट लाग रहो हरि बैना।
कबहुं ढिग आय देखावत है
कबहुं कहुं जाय छिपावत है ॥
कबहु तन आप नचावत है
कबहुं कहुं दरशन पावत है।
कबहुं चोरो है दूध दही कबहुं सखियनको बांह गही ॥
कबहुं उरहन सब जात कही
कबहुं हरि सांचो झूठ नहीं।
कबहुं कालिन्दी कूद परो
कबहुं वसुनाग कीं सीस धरो ॥
कबहुं ग्वालनसन इन्द्र हरो
कबहुं जमला सो भाग डरो।
कबहुं साधुन उर आन बसो
कबहुं कर धनुष हि बाण कसो ॥
कबहुं गोपिन घर करत हंसो
कबहुं कलङ्गी सिर मुकुट लसो।
कबहुं सागरको जाय मथो
कबहुं पारथको साज रथो ॥
कबहुं द्रोपतसुता लाज रखो
कबहुं गजको जल टेर लखो ॥

बिहारी

है अजब लज्जत शिकार अफगन तेरे तीरोंके बीच।
जिसकी चरचा हो रहा है मारे नकचोरोंके बीच ॥
है खुमारी आंखोंमें बिखरे हुए बालोंके बीच
जिस तरह दो मस्त जकड़े होवें ज़ञ्जीरोंके बीच।
खूनके कतरेका आलम तू मेरे अश्कोंमें देख
लालके टुकड़े चमकते हैं पड़े हीरोंके बीच ॥
आके दिल होता है टुकड़े उसका मेरी आहमें
आ गया काफ़र के अब आहोंकी तासीरोंके बीच।
गर मुरक्कमें तेरे हो उस मसीहाकी शबीह।
जान पड़ जावे मुसव्विर सारी तसवीरोंके बीच ॥
शामसे मैं बैठता हूं रोज़ फिक्रे वस्लमें
शब गुज़रके सुबह हो जाती है तदबीरोंके बीच।
जा नहीं सकता है कोई तेग अबरूके क़रीब
दिलको टुक देखो जिगर जलता है शमशीरोंके बीच ॥
गुफ्तगूए यारको क्या बात है क्या बात है
सारी महफ़िलको लगा लेती है तकरीरोंके बीच।
हो सफर तुमको मुबारक सैर गुलदस्ते चमन
लाल औ गुलका न लावो ज़िक्र दिलगीरोंके बीच ॥
उस तरहको अब तो सूरत कोई नक़शिसकी नहीं
शायद हो जावे कोई तक़सीर तकमीरोंके बीच ॥

देश

क़ासिदो कुछ भी खबर यारके है आनेकी।
जान जाती है चलो हिज्रमें दीवानेकी ॥
आप आवे न कभी खत न किताबत भेजी
सैकड़ों तरह देखाई मुझे तरसानेकी।

जिरियां मेरी पै उसे रहम नहीं आनेका
जबतलक चश्म मेरो खूं नहीं बरसानेको।
ए शमा बहरे खुदा कुछ मुझे तदबीर बता
या मुझे जल्द मिलाने या उसे आनेको॥

रमन—माफ

गम रहा जबतक कि दममें दम रहा।
दिलके जानेका निहायत गम रहा॥
मेरे रोने को हकोकत जिसमें थी
एक मुद्दत तक वो कागज नम रहा॥
रोते देखा मुझको ता वह हंस दिया
बर्क चश्मे अब्रे बारां थम रहा।
दिल न पहुंचा गोशए दामां तलक
कतरए खूं था जमीं पै जम रहा॥
कहते हैं लैली के खेमे को शिया
उसमें मजनूं का सदा मातम रहा।
शब गुजर गई शाम होने आई मोर
तू न चौंका अब बहुत दिन कम रहा॥

बहग

लाल रुखां समन बरां सर्व रवां कोस्ती।
सङ्ग दिलां सितमगरां आफत जदां कोस्ती॥
अज चमन कि रिश्तए नरगिसे दस्तबस्तए कद्र
शिकर शिकस्तए गुञ्जेदाहां कोस्ती।
अबरूए तो चु माहे नो बुर्दजे माहे नो गिरो
आफते जानमन मशा फितनए जां कोस्ती॥
सर्वकदे तो दीद आम आहे अफलक शोदम
नरगिसे दोद दीदम ताबतवां कोस्ती।
खाकानो गुलामे तो मस्त शोद जिजामे तो जाबिद
हद बनाम तो रूहे रवां न कोस्ता॥

२

मुतरिबे खुश नवा विगुता जवता जनो बनो
बाद ए दिल कुशा विगो।
बा सनमी चु लाबुते खुश ब नसीब खिलवते वाश
घिताब कामजू ताज बताज नोबनो।

१७२

बरजी है या तेके खरो वरन मदाम
मयखोरो बाद बिखुर बना मौता॥
साकिए सीन साकीमन मस्त मयम
बियार पेशजू रदकि पुर कुनम सबूता॥
शाहेद दिल रूबाये मन मे कुनद
अज बरायन मन काशी निगारो रंगूबूता।
बादसबा चु बुगजरो बरसरे कूय आपरो
फोसए हा शश विगुता जबता जनोबनो॥

कलिङ्ग

सलोनो सांवरो प्यारो सजल मर जलद दृग कारो।
मुकट शिर चन्द्रका छाजे तिलक वर भालमें भ्राजे॥
विकट भृकुटी अलक छूटी मनो मनसिजने हैं लूटी।
डोलनि छवि श्रवन कुण्डलकी लजत दुति भानु
मण्डलको॥
अधर मुरली सुभग नासा कपलोन चिबुक छवि वासा।
विराजित ग्रोव वनमाला कमल कर कम्बु दुति आला॥
रुक्म मनिमाल उर सोहै उदर त्रिरेख मन मोहै।
रोमावलि असित है नोको जमुनको धारको लोको॥
लम्बित नाभी लगे प्यारी अगम जल अलि नयन वारो।
पिताम्बर कटि कसे आवे लखि अनङ्ग नित सकुचावे॥
जटित मणिकाञ्चनो काछे गुहे घुंघरू ललित आछे।
जुगल जङ्घा हरत मन को मनो मनिखम्भ निंदन को॥
उरू पदकञ्ज अरुनाई झनक नुपूरन सुखदाई।
विशद नख अवलिका भाए नखत गन देखि सकुचाए॥
त्रिभङ्गी ध्यान जो धारे अवसि भव जलधि सों पारे।
प्रगटि व्रजमें विहारन को लछनदासन उधारन कों॥

भैरवी

गुलशनमें देखता हूं सब गुलरुखोंमें तू है।
तुझ गुलबदनका प्यारे सारे चमनमें रू है॥
जिस गुल को तूने चाहा किया खुशबूसे मामूर।
हर फूल ओ कली में गुलगूं सभीमें तू है॥
इस तख्तए चमनमें हैं गुल तरह तरहके
सब है जहूर तेरा सब रङ्गियोंमें तू है।

है नाजनीं तू ऐसा सानी तेरी न कोई
मुश्ताक तुझ दरसका इश्क़े, चमनमें तू है।
जलवा तेरे खुशरङ्गका हर गुलमें है झलकता
हर शाख बर्ग कहता दस्ता गुलोंमें तू है॥

कलिङ्ग

सांवरे महबूबका दिल कों मेरे ध्यान है
हां मनको मेरे ध्यान है।
देख मुकटको लटक पीत वसनका चटक
मनका मिटा सब भटक आनके कुरबान है॥
देख नैनोंकी कोर भौंहकी प्यारी मरोर
मनको हरन चितको चोर माधुरी मुसकान है।
बरछी सी तिरछी निगाह करती है सीमें राह
क्यां कर बचे कोई आह किसका ए अब शान है॥
मुख ऊपर मु ली धरे दुखका हरे सुख करे
गुञ्ज को माला गरे कुञ्जके जुह हान है।
कालिन्दीके तीर रास हर तरे करते विलास
वलवल जानकीदास मदके कोती जान है॥

भैरवी

रहता हूं सदा तालबे दीदार उसीका।
बीमार हूं मैं निरगिसे बीमार उसीका॥
वंशीको तेरो तान है या तीरे सीना है
सूराख, मेरे दिलमें हुवा पार उसीका।
है गोपियोंका हाल परेशां जो बेतरह
दिखलाए कहीं तुरए तर तार उसीका॥
तन उसका है जां उसका है और दोनो दिल उसीका
मैं हूं ए खरीदार है बाज़ार उसीका।
है बुद्धिविहारी जो मेरा सांवरा साहब
करता हूं गुलामोमें मैं इक़रार उसीका॥

खम्माच

सुध मेरी लीजिए आइ नन्दनन्दन वनवारी।
विरहका घाव मेरे दिलमें लगा है कारी॥
हरिहो हरिहो हरिहो हरिहो।

याद आती है मुझे जब कि मुकुटकी वो लटक
जान सीने से निकल जाती है सौ-सौ बारी॥
मिस्ल सौदाईके फिरता हूं परेशां अहवाल
जबसे देखो हैं तेरो गेसुए घुंघरवारी।
कौनसो बात पे रीझेंगे वे साहब हमपर
न हमें इल्म न करतब न कुछ जरोजारी॥
बुधविहारी जा तेरे शौक़में बेताब है दिल
कब देखावोगी मुझे सांवरी सूरत प्यारी॥

२

आहुए चश्म तेरा मोतिथांदा हार न टूटे।
यह अश्क मुसलसल रहे पर तार न टूटे॥
हम पर बिरहना चले सहराको निकल कर
हर चोब पुकारे कि मेरा खार न न टूटे।
सैयादसे बुलबुलने कहा रोके क़फ़समें
मैं मर गई बलायसे गुलज़ार न टूटे॥
रातको मजलिसमें सुराहीको न लगो हिचक
प्याले से लगी कहने कि खु मार न टूटे॥
मैखानेमें जा शोख़ोंसे साक़ीने पिया मय
सीसए एकदिन खबरदार न टूटे।
मत भूलियो इन बातों को जाने दो चुप रहो
यह रिश्तये नाजुक है मगर तार न टूटे॥

मारू

रङ्गीली कान्हकी बंशी पड़ी धुन कानमें प्यारी।
दर्द विरहा भयो आलम कहरमी जान पर भारी॥
परी बेहाल सुनसुन कर जमीं पर प्रेम मतवारी।
कहे मुखसे कछू निकसे कहूं मैं वारी गिरधारी॥
सभी सखियां कहें एसे तुजे को पीर है क्यारी।
कहे तू क्यों नहीं हमसे तेरे आंखोंसे जल जारी॥
कहूं मैं पीर क्या तनको तुमन पे ना टरे टारी।
लगन जो को लगी जिससे सोई मेटे विथा सारी॥
लिया चाहो अभी तुम ज्यो मिलाबो आन वनवारी।
तुमारे पाय पर परके जानकीदास वलिहारी॥

सोरठ—षट

बिपिनबिहारीको प्यारी बंसी
　　हमारी बैरन बजी है बनमें ।
मदनमोहन बसकरन मन्त्र पढ़
　　हरत चित्त मन सुनत श्रवनमें ॥
याकुल व्याकुल सुन सकल मधुर धुन
　　परत न कल पल फिरत भवनमें ।
न जानं अब क्या करेगो ज़ालिम
　　अगन लगा कर विरहकी तनमें ॥
है कोई ऐसा जो जा सुनावे
　　तरस जो आवे पियाके मनके ।
ऐसा न कीजे जी दान दीजे जो
　　लाय लीजे लगा वदनमें ॥
सुनत सहेली चली अकेली
　　तड़फ तड़फ जैसे बिजुली घनमें ।
सो पूछी जाकर कहा जुटाकर
　　निकट बुलाकर सरस वचनमें ॥
सुनत बिचारी बिया करारी
　　मरत बिसारी जो तन अपनमें ।
सखी पकड़ भुज ले आई हरिको
　　जहां है प्यारी खड़ी भरनमें ॥
पकड़ जुगल भुज प्रिया प्रीतमको
　　आनन्द उपजो मदन मदनमें ।
जानकीदास छवि दिरख दोउन को
　　हरखि हरखि सुख लेत दृगनमें ॥

मिश्र—भैरवी

दुनियाके जो मज़े हैं हरगिज़ यह कम न होंगे ।
चरचे यही रहेंगे अफ़सोस हम न होंगे ॥
आग़ाज़ इश्क होमें शिकवा बुतोंका ए दिल
टुक सब्र कर अभी तो क्या क्या सितम न होंगे ॥
बुलबुल का दाग़ दिल से हरगिज़ जुदा न होगा
　　कल हाथ दोनो जबतक मेरे क़लम न होंगे ।
दिल लेके सबका साहब मजलिससे उठ चले हो
　　कोई दममें आशकों के सोजेमें दम न होंगे ॥
ज़ुलफ़ोंको तेरी निस्बत सम्बुलसे कम नहीं है
　　जब चाहो देख लीजो यह पेच खम न होंगे ।
सुनता हूं बाद मेरे दिले दख़्न गैर का है
　　तुमसे अलाहदा हम कभी एक दम न होंगे ॥
पावें ठेखाके कर दो मुझको ज़मींके अन्दर
　　सुनते हो गरचे हम पर रञ्जो अलम न होंगे ।
लगती न पलक मेरी निशदिन सहर है
　　आंखोंमें मेरे जबतक सारे क़दम न होंगे ॥
यारो गिरफ़्तगोंको क्यों राह बतरको क्या
　　क़ुरबान हुवे गुलपर गुलका अदम न होंगे ॥

भैरवी

रहता हूं सदा तालबे दीदार तुम्हारा ।
मुद्दतसे मेरा दिल है गिरफ़्तार तुम्हारा ॥
उम्मेद यही शामो सहर रखता हूं दिलमें
　　रब्ब जो देखलावेगा दीदार तुम्हारा ।
महताब भी खिजलतसे नरख़ पे है घट गया
　　क्या ख़ूब है मुखड़ा यह तरहदार तुम्हारा ॥
दिल देने को तयार हैं कितने ही खरीदार
　　क्या गर्म है यह हुस्नका बाज़ार तुम्हारा ।
यारोंको तो मुखड़ा ज़रा देखलावो नाज़नीं
　　देखा करें यह हुस्न सुबह शाम तुम्हारा ॥
यह बात सुनाओ है तो हम जावें खुतनको
　　है नाज़ नहीं ज़ुल्फ़का हर काम तुम्हारा ॥

भैरवी

कैसा सितम यारो किया बाद सबाने ।
गुनचोंको है खिला दिया बाद सबाने ॥
सिर सङ्गसे टकराया इस गमसे हिनाने,
किस तर्फ है भुला दिया बाद सबाने ।

२

जमशेद कहां जम कहां ओ कहां दारा
　　दुनिया है मकारा

बस भूल गये तुम भी उस हक़का सहारा।
उस तर्फ से भूल गए सबको हमदम
रब्बा विना न कोई अपना दुनिया हुवा सपना
कहता है मदन हैदरी हैदरके करमसे
ए तेरा कार जहां जाए जब करम करे करतारा॥
दुनियामें तेरा कोइ नहीं मन कहत हो पुकारा।
हरनाम उतारा भवके जो पार पोमें
हर आ है सहारा॥

३

तुम बिना दिल नहीं लगता है मेरो जान
ए मेरे दिलजां।
मानिन्द शेर फिरता हूं हर शहर बियावां
नहीं डरता हूं मैं आपसे लग जायगी कहां॥

४

जाते हो पास गैरोंके सुनता हूं मैं हरदम।
वहां होता है मुझे गम
ऐसा जो कोई करता प्यारे जौर श्रो सितम॥

रेखता

आज मोहन मोह लई बांसरी बजायकें।
हरि हरि सब करत जात गागर गिर धरत जात
नीर नार भरन गई सुध न रही सरीरकी।
वन वन सब ढूंढ़के कटाय डारू बांसरी
ना उपजे बांस नाह बाजे बांसरी॥
मोर मुकट सिरपे धरे हाथ लई बांसरी
पेमसोंकी राखे निकास लई सांसरी।
विरहिणीकों वसमें बारो कामकी जगायकें॥
ग्वालनी सब मोह लई राधिका रिझायकें।
सूर प्रभु मगन भए इतना गुण गायके॥

रेखता—कलिङ्ग

मोर मुकुट अली अलक तिलक
कुण्डल की लटक फिर तैसेही।
मेरो मन मोह्यो नन्दलला चोरीको चटक फिर तैसेही॥
भाल विशाल विशाल दृगन दुति
पलकनकी गत तैसेही।
तिरछी चितवन चित चोर लियो
भौंहोंकी मटक फिर तैसेही॥
लोल कपोल मोल लीनो मन
शुक नासा छबि कौन गिनें।
हांसी फांसी सम विन्दु लसें
दांतो की चमक फिर तैसेही॥
अधर चमक रसना ठोढ़ा वर
गर कौसुभ मणि कण्ठ लसे
भुजदण्ड सुदण्ड करों वे मानो पट पीत-दमक फिर तैसेही।
कमला भृगुकी पदचिह्न लसे
वक्षस्थल उर रेख महा नाभी सर श्रो वनमाल बन्यो
मोतिमाल झपट फिर तैसेही॥
कट केहरो जङ्घ कछे काछनी
श्रो चाल गयँदन की निदरो जानु प्रभानु चरण पङ्कज
मन मधुर अटक फिर तैसेही।
वेनु बजावत आवत गावत सुख उपजावत मैंन ठगे
सांवल सोभङ्ग त्रभङ्ग भेष नटवरकी भटक फिर तैसेही॥
अङ्ग रङ्ग तन मन पगे जिय नोछावर कोजे
सङ्गे दास मुकुन्द अनुपम शोभा
उपमाकी भटक फिर तैसेही॥

राग अड्डा—गज़ल अंगरेजी

संगष्टर सुइट विगिन दि ले।
एवर निउ एण्ड एवर गे॥
ब्रिङ्ग दो जय इन्सपायरिङ्ग वाइन।
एवर फ्रैश एण्ड एवर फाइन॥
विइटस् ए हारट एण्ड रिगेल अस।
जेण्टलो लेट दो मोमेण्टस् पास॥
कीस ई ष्टीलिङ्ग ह्वेन यू मे।
एवर फ्रेश एण्ड एवर गे॥
जेण्टल ब्वाय हूज़ सिलवर फौट।
नो मोर सुब टु कंडेम्स् ख़ोट॥
फ़िल अस कुइक दो जिन रोश वाइन।
एवर फ्रेश एण्ड एवर फ़ाइन॥

ह्वाइ व्वाय लाइफ् डेडो ओसमो अरस ।
व्वाइय ओट वाइन समो डीउसियो अरस ॥
दीज् विल मेक टाइम पास
एवर फ्रेश एण्ड एवर गे ॥
टु मि दी स्वीट एनचेण्टिङ्ग मेट चारमस ।
डीवोट्स देट नेवर फेड ॥
चारम टेंग्श पाथर हरपोटसमाग ।
एवर फ्रेश एण्ड एवर पाग ॥
जिफाइरस ह्वाइल यू जेण्टली मूव
बाइ दी मेशीन आफ, माइ लव ।
सफ्टली हाफिम सम इसष्टेस रिपोट
एवर फ्रेश एण्ड एवर स्वीट ॥
ओ माइ डियर, गड नो मैन केन सो डियर
इज नो मोर वट वान गड टु आई ऐम प्रे ।
ओ लर्ड हियर माई दीज् पूअर वर्ड्स नो मैन केन सो
धध धाधिंधांधांधांधांधांधां तरानननननंनंना नंन
नंनानननननना ॥

झंझौटी

दीवाना किया बज्मसमें शब आके किसीने ।
बेहोश किया चहरे को देखलाके किसीने ॥
कुछ दस्त दराज़ी का दगदा किया मैंने ।
झटका वहां हा हाथ फिर शरमाके किसीने ॥
रखियो मेरी तुरबत पै गुले दस्तए निरगस ।
मारा मुझे दीदारसे तरसाके किसीने ॥

२

किसके घर रात रहे आए हो शरमाए हुए ।
सोने का चाक किए दिलमें हो घबराए हुए ॥
जिसका दिल लेना है मञ्जूर किफायतसे कहो ।
पर फैलाके जो तुम बैठे हो मचलाए हुए ॥
आपसे मैं नहीं आनेका तेरे दरको तरफ ।
दिल ले आता व लिये जाता है दौड़ाए हुए ॥

झंझौटी—एकताला

काहेकूं बांधत तीर कमनिया ।

१७२

भौंहें बनी कमान तुमारी
पलक बन्द उर कसी कमनिया ॥
सन्त हृदय मृग वन वन ढूंढत
चुनि चुनि मारत शब्द रमनिया ।
राम सखे तू घायल कीता पहुंचाए हैं सुरगनिमनिया ॥

झंझौटी—रेखता

समझ मन जानेको मैं बदनामोमें क्या है ।
गोश कुतब अब्बिया सब ऐसे कहता है ॥
भूखे प्यासेको देना सङ्ग यही चलता है ।
प्यारेको राखो याद मौलाकी रजा है ॥
छके हैं जे दरससे उनको शराब क्या है ।
सुखसों सङ्गता हरेक दुखमें प्यारा आता है ॥
जिन्दगानी जाना उसका जो नेह निभाता है ।
दिल मिलाता दिल सेती जिनसे छाना रखना क्या है ॥
जो न चाहैं अपने तांई जिनको चाहना क्या है ।
वल्लभ सो लगा नेहा वाही दिलमें भाता है ॥

झंझौटी—तिताला

दिल कहीं मेरा गिरफ्तार हुवा चहता है ।
फिर मुझे इश्कका आज़ार हुवा चहता है ॥
वो तो परदेसे निकलता नाहीं हरगिज़ बाहर
जिसका तू तालबे दीदार हुवा चहता है ।
पान खा खाके लबे बांम फिर वा आने लगा
खूं हमारा पसे दीवार हुवा चहता है ॥
देख लेने दो जग और भी मुझको यारो
बन्द अब रोज़ने दीवार हुवा चहता है ।
गुलपै गुल खाए जा फुरकत से तेरा सोने पर
सीना अब तख्त कोई गुलज़ार हुवा चहता है ॥
बात करता है रुकावटसे खुदा खैर करे
मुझ पै यारा मितसे यार हुवा चहता है ।
ऐसा भड़काया रकीबोंने उसे वाय नसीब
दुशमने जां मेरा दिलदार हुवा चहता है ॥
कहिये उस परदेनशींसे तेरा खातरके लिए
आज रुसवा सरे बाज़ार हुवा चहता है ॥

विहारी

हाथ फिर वहशतने फैलाए गरेबांको तरफ़।
फिर मुझे जाना पड़ा कोहो बियाबांको तरफ़॥
फिर बहार आई गुले रुखसार याद आने लगे
उड़चला दिल मिस्ल बुलबुल फिर गुलिस्तांको तरफ़
आस्तीं फिर आंसुओंसे आह तर होने लगी
फिर उमड जाने लगे यह अश्क दामांको तरफ़॥
फिर यह दिल मायल हुवा उस काकुले खमदारका
फिर चला दौड़ा हुवा दीवाना जिन्दांको तरफ़।
राग रङ्गमें रङ्ग हुवे मस्ताना हो मस्तानेके
इश्क़ खूबांको बहार देखो परस्तांको तरफ़॥

झंझौटी—पश्तो

कहते हैं जीन ब्रह्मको के आद अमर है।
उसके नहीं फ़रज़न्द न मादर न पदर है॥
दिन रातको है रोशनी वह शमस कमर है।
हर जापे हर समयपे जिसका यह असर है॥
तहकीक़ किया खूब वह हर घटमें रम रहै।
व्यापक है ब्रह्म कृष्णानन्द ब्रजमें रम रहै॥

ग़ज़ल—विहागी

आराम कहां दिल तो पड़ा गैरोंके पाले।
मुफलिस को खुदा इश्क़के फन्देमें न डाले॥
डाले तो जनाजे पै खड़ा इश्क़ पुकारे।
अब तुम तो चले मुझको किया किसके हवाले॥
अरे हांरे जा जा बात नसीहत को ज़रा मान।
अब टुक तो ज़रा देख ले यह चलते हैं नाले॥
जो दर्द सताना है सताके तू हंसा ले।
क्या तू न पड़ेगा किसी बेदर्दके पाले॥

२

मालक कुल आलमके हो तुम सांचे श्रीभगवान।
थावर जङ्गम पावक पानी धरती वो आसमान॥
सबमें जलवा तेरा तेरी कुदरतके कुर्बान।
सुदामाके दरिद्र काटे पांडेको पहंचान॥
भई दो मूठी चावलका चाबी बख्शी दो जहान।
महाभारतमें रथ हांका अरजनको पहंचान॥
उनने देखा अपने कुलका पटका तोर कमान।
कौन है मरता कौन है जीता यह तेरा अज्ञान॥
तैं तो चेतन अजर अमर है जो गीतामें ज्ञान।
लख चौरासी ढूंढ़ है आया कर हरिको ध्यान॥
हरविलास आसा चरणनकी कुदरतके कुरबान॥

कलिङ्ग

क़तले उश्शाक़ किया करते हैं।
बुत कहीं खौफे खुदा करते हैं॥
सिर मेरा तनसे जुदा करते हैं।
दैरको आपी दुआ करते हैं॥
मर गये पर हदफ़े तीर यार
जा बजा तोदा बना करते हैं।
नातवानी ने दिए पर मुझकों
जो परीको हुमा करते हैं॥
खून रोती है चमनमें बुलबुल
हम जो फूलोंसे हंसा करते हैं।
रोज़ दो चारका करता है खून
दस्तो पा सुर्ख रहा करते हैं॥
राज़ महशरसे डरे क्या आशक़
एसे हंगामे हुवा करते हैं।
दहने ज़ख्मसे उस क़ातिलको
तेग़को चुन लिया करते हैं।
हम बने चांदके हाले गोया
गिर्द उस महके रहा करते हैं॥

विहागी

सख्तली रङ्गपे मैं मर हो गया।
दर्द सर किसका यां सर हो गया॥
क्या लिखूं खत के तेरे खत निकला।
कहियो क़ासिद कि वो दफ़्तर हो गया॥
ए मसीहा न खबर ली तूने।
वो जो बीमार था सो मर हो गया॥

पैर तो मैंने अदब से न धरे ।

राहमें तेरो मेरा सर हो गया ॥

वो मुआ कौन करेगा यहां प्यार ।

आपके कूचेका वो प्यार हो गया ॥

ए मसीहा मैं करूं क्या जीके ।

पाससे मेरे दिलवर हो गया ॥

जान भी मेरी गई हमराह ।

नामे क्या लेके कबूतर हो गया ॥

अपने कातिलका लड़कपन देखो ।

देख कर खूंको मेरे डर हो गया ॥

क़त्ले उश्शाकसे अब न कर तहे तेग ।

अबरू बाज़के अन्दर हो गया ॥

और गैरोंसे वो क्या कहता है ।

एक सिर थांभे मेरा फ़िकर हो गया ॥

७

गरक शोशे मन अमरे दास्ते यार बक़ाय गुज़रे दास्ते ।

आंके जहां रवागी जिन्द करद काम तुमन

हमनज़रे दास्ते ॥

रफ़्ते ओ परवाने ओ मे शुदे शमा गर बाल परे दास्ते ॥

बिहारी—खम्माच

रात उस कूचेमें क्यों कर मेरा जाना बनता ।

देख लेता जो कोई ख़ाक बहाना बनता ॥

मेरी औ तेरी मुलाकात जो होती जानो ।

दुश्मने जान मेरा सारा ज़माना बनता ॥

डर है और ख़तरा मुझे ख़ौफ़ है जासूसोंका ।

बने कब उससे तुझे ले के रवाना बनता ॥

हम सफ़ीरोंमें भला कौन सा होता अपना ।

दिल लगाना न कहो कैसे लगाना बनता ॥

सोहबते यार अगर होती मुझे वाय नसीब ।

फिर न ताज़ीस्त मेरा दिल यह दिवाना बनता ॥

मुतरबे बज़्ममें उस महके किसी तौरसे आप ।

यह गज़ल उस बुते रानाको सुनाना बनता ॥

मारु

कहो मन राम औ सीता । जनम यह जात है बीता ॥

जैसे घुन काठको खोवे । तेसे यह काल तन खोवे ।

इनका निपुन पति सङ्गी । न ध्यायो नाम तिरभङ्गी ॥

कठिन है जाब जमवाटो । लुटे जहां निड मसाना ॥

जमा सब जात हो हारे । परे गरे तोक चलि भारे ॥

लिखा जब हिसाब लेवेगा । वहां का जवाब देवेगा ॥

रहो है भूल मायामें । न चीनो चोर कायामें ॥

मखन एक कोर जब पावे । सदा गुण रामके गावे ॥

कृष्णानन्द गावत यह ताना ।

सुन्दर वदन मदन मन मोहन सों जो लागा ध्याना ॥

भपाली

प्यारी दधि बेचनके मिश आवे ।

गरब गहीली आहे ग्वालनोरि तोरो गत कोउ न पावे ॥

उझकत झांकत बोलत सुनावे ।

पतकी लज्जा राखे अचरा छुड़ावे ॥

मन चितवत आनंद मन भावे ।

कबहुं टारत कबहुं परावे काहूके दधिको मटका गिरावे ॥

श्री झलकत सब गोपियनमें कर धर बान बजावे ।

सूरदास स्वामी तुमर दरसकूं रीझ रीझ गुण गावे ॥

एकताला

घर महरवारे मोरो डालिया ले आवो ।

जाहु ले चलो मोरे पियमों मिलावो ॥

आइला दिन गवननके अब मोपे रहिनो न जाय ।

याह्न मोरो पीर पावो ॥

लावनी—भपाली

भजन कर मजन कृष्ण केरा ।

मिट जावेगा तेरा लख चौरासी का फेरा ॥

अरे मन तू मत कर अभिमाना ।

अमर नहीं कोई इस जगतमें कर ले हरि ध्याना ॥

सचर अचर सब जीव पड़ा है काल जाल माहीं ।

हरि भज लीजे विलम न कीजे कर चित एक ठाहीं ॥

परे जब काल आय घेरा ।

रहै धन दौलत माल धरा,सब लाखनका डेरा।
छोड़ चलैगा छिनेरा आखर कोई नहीं तेरा॥
राम रुपैया रोक अमोलख खरचे नहीं खुटेरे।
हस्तिराम हरिनाम हुण्डियां लिखि दई गुरु तूं ठेरे॥

लावनी

अबकूं समझ मन मेरा मूरख एदिन फेर न आवेगा।
हरि विन विरथा जनम जात है फेर पाछे पछतावेगा॥
बालपना सब खेल गमाया लरकनके सङ्ग जाता था।
तरुणापन तरुनीसे खोया विषे वासमें रहता था॥
विरधपना बेकाम न खोना राम नामसे ले लेना।
भाव भक्त कर जुगत समेतो खूब तरे गोविन्द गाना॥
आगें जरा अवस्था आवे जामें बहुत दुख पावेगा।
हाड़ मासमें सूल पड़ेगी जब क्या गोविन्द गावेगा॥
कृष्णनाम सों मुक्ति होवे रामनाम सों तरना है।
हस्तिराम हरि सुमरण कर ले
तासों भवपार परना है॥

२

सुफल जन्म तेरारे मिटे चौरासी का फेरा।
कर दरशन गिरिधरन राजको सुफल जनम तेरा॥
पूरव देशमें पुरी जो मथुरा गोकुल का नेरा।
सीतल जल ठकुरानी घाट का जहां वैष्णवका डेरा॥
सुन्दर मन्दिर सात सरूपके देवल ऊंचेरा।
ध्वजा फहरके नौबत बाजे घड़धो घड़धो सवेरा॥
नर नारी हिल मिलके आवें गुण गावें हरि केरा।
दरसन पावें आनन्द आवे तरे भवसागर बेरा॥
हरि हरि करतां हरे सकल दुख सुख होय अघकेरा।
कृपा करो हरिदासके ऊपर राखो चरणन नेरा॥

३

गगरिया उतारेरे वनवारो। तेरी सूरत पर वारी॥
ले गागर सागरकों निकसी कङ्कर मारो गिरधारी।
गगरी फूट गई चुनरी भीज गई
सास ननद घर दें गारी॥
उड़रे कागा जावो दक्कनकों खबरां ले आवो प्रीतमकी।
प्रीतम मेरा फूल गुलाबी मैं कलियां सुख दरसनकी॥

रखनेवाला सोई है बैल वाला।
आसन बनारसीमें डाला पहरे गल विभूत मृगछाला
वर देवेकूं बड़ो दयाला॥
तुम तुम तुम तुम डमरूवाला
सोहै त्रिशूल और मृगछाला।
बाघम्बर अम्बर सोहै शिव जटाजूट मन मोहै॥
रागरङ्ग करत है गाने कृष्णानन्द गावत है ताने॥

४

कानने बजाई वांसरी मुझे बिलमाईरे।
सखी जब जमुनाका नीर भरन कूं जाईरे॥
एक दिन जल भरनेकुं चलो सीस धर मटकी।
मोहे मिले नन्दके लाल बांह मेरी झटकी॥
मेरे तोरा हार सिङ्गार चोली सब तरकी।
मैं तो गिरि रपटके पाव फट गई मटकी॥
मैं गिरि धरन पे जाय सखी मद्र सटकी।
मैं तो हो गई हाल विहाल देख छव नटकी॥
मैं गई सुधबुध विसराय सरम नहीं रईरे।
मोहे मिला नगर का लोग भरम सब गईरे॥
मेरी सास सुने और ननद सोर सुन करहे।
सुन पावें गुरुजन लोक तासों मैं डरहे॥
जब देख बहूका हाल सास तब बोली।
बहू कहां फटा तेरा चीर अङ्गकी चोली॥
बहू कौन मिला बलवान भरी मेरी ओली।
बहू बड़ी भई है खैर कंथ घर पोली॥
मेरा पुत्र बड़ा जलजाल सांचा कहु मेरे।
एरी कुलकूं लगाई दाग लाज नहीं तेरे॥
जब कहत बहू सुन सास अरज एक मेरी।
या गोकुल व्रज को नार बड़ी छल केरी॥
कहने लागी सब सखन देन लागी गारी।
मेसों झटझोटा हुवा चोर तहां फारी॥
सबल जबरका सङ्ग मुझे दे मारारे।
बहू कहे चतुराई सों बात समारीरे॥

यह छलबल सों कर बात मास समझाईरे ॥
मास किया बड़ प्यार अङ्ग भर लाईरे।
बहु औगुन लिये छिपाय चतुरताईरे ॥
कहि केसव दास बनाय सगुण ब्रह्मताईरे।
कृष्ण पूरन अवतार पार नहीं पाईरे ॥

कहरवा

न बजावो मोहन मुरली जादू भरो तोरी तान ॥
जैसो तोरो वंसीको बाजन तैसोई तेरो गान।
कुलको कलङ्क लगावत धावत सुन कान ॥
छांड़ आई पीवत बालक छोड़ महीको मथान।
प्रेमरङ्ग प्रभु सङ्ग निशदिन खेलन परो बान ॥

ठुमरी

सिकियाके चोरी चोरी बंगला छवाव
तू खिरकी रखतीरे गोरी।
गोरियारे गोरियाके करो सुरतिया
सइयां मोरा भुललीरे गोरी ॥
बंसवा कटाय कैसे बंगला छुवावती
खिरकी रखतीरे गोरी।
गोरियारे गोरीयाके करो सुरतिया
सइयां मोरा भुललीरे गोरी ॥
सोवनाके थरवामें जेवना परोसती
घियना डारतीरे गोरी।
गोरियारे गोरिया जेवईको बेरिया
सइयां भुललीरे गोरी ॥
चुन चुन कलियां मैं सेजियां बनावती
फुलवा डारतीरे गोरी।
गोरिया सुतईको बेरिया सइयां
मोसों रुटलीरी गोरी ॥

लावनी

नन्दनन्दा मोहै प्यारे कृष्ण गोविन्दा।
वृन्दावन रास रचन्दा सुर नर मुनि सब वृन्दा
करे रासविलास आनन्दा ॥
घर घर छवि माखन खावे ब्रज गोपानके घर जावे
दौरी जो आप वो धावे।
कुम छननन ठुमकत आवे तत थेई थेई नाच नचावे
घुटुरन जलदो हरि धावे कृष्णानन्द लावनी गावे ॥

बिहारी—खम्माच

आंख उस अबरू तमासे जो लड़ाना बनता।
दिल मेरा नावके मिज़गांका निशाना बनता ॥
सामने कातिले अफ़ फ़ाक के जाना बनता।
सिर तहे तेग अजल काश झुकाना बनता ॥
अपना बेगाने का करता न कभी मैं शिकवा
यार बेगाना अगर वो न यगाना बनता।
याद होतो मुझे गर किस्सए शोरींफ़रहाद
हाल दिल उसको अबे वसल सुनाना बनता ॥
सखी अनजाममें होता न अजलसे साकी
वार एक और जो कातिलका लगाना बनता।
गोश अलताफसे सुनता वो अगर हाल मेरा
हरके शिकवाको न तकरीर सुनाना बनता ॥
दस्तपा सुरख़ मेरे ख़ूनमें करना कातिल
शौक यह रङ्ग हिना का तो बहाना बनता।
इश्क़ शानासे न होता मुझे दर्दे शाना
मेरा शाना जो तेरे ज़ुल्फ़का शाना बनता ॥
दोस्ती यारको उससे ज्योंहो होती मजनूं
दिलको फिर सारे जहां में तो छुड़ाना बनता ॥

लावनी—भूपाली

आज हम देखे गिरिधारी।
सुन्दर वदन मदनको शोभा चितवन अनियारी ॥
बजावे वंशी मदुबनमें।
गावत तान तरङ्ग रङ्ग अति बैठे ग्वालनमें ॥
सोहनी मूरत है प्यारी।
निशदिन दिलमें बसी रहत है टरत नहीं टारी ॥
प्रेम दो लगन लगी जगमें।
आन मिले दिलदार यार दीदार करो जगमें ॥
सांवरी सूरत है प्यारी।
वंशीवट घाट निकट जमुनतट निरतत बनवारी ॥

लावनी कहते नटवरकी ।
कृष्णानन्द आनन्द मगन भए श्रीराधावरकी ॥

लावनी—विहारी

गिरिधर मुरली बाजे कृष्ण तेरी
आवाज़ सुन कर मैं दौरी ।
बीजल ज्यों असमान चली बादल ज्यों गाजे गहरी ॥
नागड़ दम नागड़ दम कदम कदम तरे
बाजे बांसरी मोहनकी ।
रिमझिम रिमझिम मुरली बाजे
तट जमुना पै लाग झरी ॥
हातमें लठिया कांधे कमलिया कृष्ण चले वृन्दावनमें ।
सभी गवाले धेन चरावें हिल्लमिल बैठे कुञ्जनमें ॥
तट जमुनाके तीर कृष्णजी गए जल जमुन न्हानेकी ।
रिमझिम रिमझिम मुरली बाजे
लगी लाल गुण गाने को ॥
ही नन्दजीके व्रजबासी कन्हैया
हमसे कर गए बहाना ।
दूध दही सब छीन जो लीन्ही भए हरी मस्ताना ॥
कृष्णानन्द रहत निशवासर हरिके चित ध्याना ।
तन मन धन सब अरपण कीन्हे हरिचरन मन माना ॥

२

सुफल जन्म तेरा रे मिटे लख चौरासीका फेरा ।
कर दरशन गिरिधरनराजका होय पार बेरा ॥
व्रजमण्डलमें पुरी ज्यों मथुरा गोकुल के नेरा ।
शीतल जल ठकुरानी घाट का तहां वैष्णवनका डेरा ॥
सुन्दर मन्दिर सात सरूपके देवल अंधेरा ।
श्रीनवनीत प्रिया तहां राजत जशोदा नन्दकेरा ॥
मथुरानाथ मनोहर मूरत विठलनाथ मेरा ।
दीनदयाल द्वारकानाथ है गोकुल चन्द्र नेरा ॥
गोकुलनाथ अनाथके नाथ है कृपादृष्टि हेरा ।
मदन मोहन सोहन सूरत है बालकृष्ण चेरा ॥
कल्यानराय त्रभङ्गी नटवर मुकुन्दराय हेरा ।
श्रीगिरिधर गोस्वामी सेवा करे गोपाललाल केरा ॥

श्रीवल्लभ श्रीविठलनाथ प्रभु विष्णु स्वामी मेरा ।
नरनारी मिलजुल सब आवैं दरस पावैं हरि केरा ॥
प्रसाद पावैं कीर्त्तन गावैं पुष्ट मारग केरा ।
रामसागर आनन्दमें निशदिन तरे भवसागर बेरा ॥

लावनी—देश

गगरी भरीरे दही दूधनकी ।
मैं बेचनकुं चली नजरां पड़ीरे तेरे कन्हैयाकी ॥
मुस्कल हुई जानेकी चोगाली लगावता गेंदेकी ।
छोड़ देत काकनी कड़ा लिया रे तन वदनेका ॥
अजब खियाल कन्हैयाका जशोदा देख ले
तेरे फ़रज़न्दकी ।
दूसरो ग्वालनी इमकर बोली
देखे जशोदा मेरो वृन्दावनमें भई अकेली ॥
के मेरे शिरपर की गगरी तेरे कन्हैयाने ढोरी ।
सारी भिजोई ज़रतारनकी सास मारत वह दौरी ॥
तान लाग्यारे कान्ह ह्ंसनेकी ।
तोसरी ग्वालनी इमकर बोली मैं देखे जसुधा मेरो ॥
तीं ठाड़े वनमाली मुजकूं केतारे सुन अलबेली ।
देखुं चम्पाकली हार लियारो गजमोतिनकी ।
अजब ठिकानारे गोकुल नगरी तीं ठाड़े वनमाली
बंशी बजावत सारङ्गधारी ।
रिमझिम रिमझिम मुरली झननन तानन सी तननन
ताथेइ ताथेइ ताता नाचतरे रासमें रङ्गिनकी ॥

२

शिव शङ्कर जूकी लीला परमसुलीला ।
चढ़ा बैल व बाघ तबेला दुर्गा अपने पास कबीला ॥
गणेश बालक अजब छबीला रङ्ग रङ्गीला ।
बूटेदार बाघम्बर पीला तापर गज चर्म्माम्बर गीला ॥
गर सी गरी बन्यो है लीला मरकत मणि
जों है नीला ।
भोलानाथ चित्ततें ढीला सीस गङ्गा जटा सलिला
तापर अमृत राय वसीला ॥
रसिक रसीला शिव बमभोला छैल छबीला
रङ्ग रङ्गीला ॥

मेरी लाडलीके मन्दिर आगे नाचेरी गणेश ।
पग दोनों चौरासी बाजे हाथ कमलका फूल ॥
लम्बी सुण्डको लटक बतावे एकदन्तको हूल ।
तिसरे हाथमें वेद लिये है चौथेमें तिरशूल ॥
सब पञ्चनकों राम राम मेरे गुरुकों है आदेश ।
थुङ्ग थुङ्ग तकथुङ्गा धोलाङ्ग धेई धेई ताता थेइ थेइ तत् ॥

लावनी—जंगला

मेरी मदन मोहन सों प्रीत लगीं दोउ अंखियां ।
मोहे बिन देखे नहीं चैन रैन दिन सखियां ॥
मैं बंशीवट पनघट भरने गई पानी ।
मेरी नजर पड़ गया आह श्याम दिलजानी ॥
जब आह आह कर नार भई बेहाले ।
तब पड़ो धरन पर जाय डसी जों काले ॥
सब देख प्यारी का हाल सखी भई जरदी ।
कहे ढूंढ़ ले आवें जल्द श्याम बेदरदी ॥
चल नन्दनन्दन से जायके कहा सहेली ।
चली तुम बिन रही है सूख मदनकी बेली ॥
जब सुनति आए नहीं कहा होस बिसराने ।
जब चले दौर जो जा कोइ आग बुझाने ॥
तब प्यारी प्यारो कहे उठा श्याम गल लाए ।
जब सखी मगन भई जानकीदास सुख गाए ॥

२

ए री ग्वालनी कहती जशोदासे ।
संभाल अपना गोकुल कन्हैया जुलम पड़ा हमसे ॥
एक दिन जल भरने जाती ।
मात सहेल्यां हिल मिल ग्वालन नखरे सों चलती ॥
कृष्णने मोहो मेरी जान ।
महलोंके ऊपर महल मेरा आधीरात का जो पहरा ॥
किधर सों आया कृष्ण तेरा ।
हो गया किस्त और मिस्त लिया शिर आन मेरा ॥
मेरा मन हरया हरो मेरी जान ।
उलझे नैना आवेना करे औ सैना से सैना ।
कृष्णानन्द गावत यह ताना ।
सुन्दर बदन मदनमोहनसों जो लागा ध्याना ॥

लावनी—जंगला

हम तेरे वे खातर बड़ी दूरसें आते ।
तुम हमें देखके क्या मुखड़ा छिपाते ॥
हमसों जो लगाई लगन काहेकूं तोड़ा ।
मेरी कौन गुन्हा तकमोर बोलना छोड़ा ॥
हम तेरे इश्कमें जोबन जोय जलाया ।
चला हिरदेसो बेदरद दरद नहीं आया ॥
यह साह वली उस्ताद गावता ख्याले ।
पर इश्कका फन्दा बड़ा बुरा जञ्जाले ॥

२

सुन सहेलियो मेरा लाल मनावो ।
पल पमारके मेरा दरद सुनावो ॥
तुम जावोगे हमे सङ्ग ले जाना ।
मैं अकेली मेरा धरकना सोना ॥
पिया मत जारे परदेशां का जाना ।
कोई साल दुसाला आढ़ लपटके सोना ॥
इस पहरमें क्या परदेशाका पाते ।
उठ चला महोबत छोड़ जगतकी रीते ॥
इस पहरे में क्या रंडाको असनाई ।
कोई कठिन प्रीतकी रीत चातुरा भाई ॥

३

परदेशोसे महोबत करके दिलमें पछताना ।
छोड़ चला बेदरद बिछुरते लाज नहीं आना ॥
धर घोड़े पर जीन सिपइया राज सुनजारे ।
निकाल कमरसों कटार मेरे तनका मार जारे ॥
भली करो मौलेने जोड़ो बिछुड़ाई ।
याद करो उस रोज बिछुड़ते लाज नहीं आई ॥
छोटा सा एक यार हमरा ढूंढ़ा जग सारा ।
देश कवन सो जाय कि घरको भेजो हरकारा ॥

४

ले गागर सागर सों निकसो कङ्कर मारे गिरधारी ।

गगरो फूट गई चुनरी भीज गई

सासु ननद घर दे गारो ॥

जल भरनको आय मेरा लाल पनघटवा।

उड़ो काग तुम जाव दखन को

खबर लावो मोर पीतमको उमगे जोबना कहा न मानै

नदिया बाढ़ी सावनकी ॥

इश्क करोगे मुसकल होगा रंडो अपने मतलबको।

इन बातनमें नफा नहीं है सङ्गत कर ले साधोंको ॥

बहोरौ—प्रदीप

माया बेधर हो मन ए दई निकसब कैसे क होई।

जगमें आय कछु भक्त न कीनो

निशदिन खाय खाय सोई।

तन मन जिउ पिउ कछु नहीं जाना

वेस अकारथ खोई ॥

का आया कायाके हो गए याही को मल मल धोई।

चलतकी बार याहु सङ्ग न लागी और लागे कब कोई ॥

का जम बेत सों हेतको विरवा खेतमें जोको बोई।

शिव ले नामको सांझ सवेरो फल पावे गो सोई ॥

२

माया का हमको भटकावे ठोर ठोर है वोही।

मो उरझाइके आप उरझा है अब निरवारे सोही ॥

कों उरझा और कामें उरझा एही है एही ओई।

जोहि जोहि काज का रूप धरा उन सो एको ने होई॥

कुन्त लियो पहले विन जोते कैसे जोतां बोई।

सत गुरु मिल सब पायो काजग तनया जुमतिया खोई॥

पियाको मिलि आनन्द सङ्ग जागी खाई सोई ॥

३

खट कबतक हम भरिए दुखके दिन अबतक पिय

नहीं अइलो मा।

बीते असाढ़ तबके विन पीके रो रो सावन गइलो मा॥

भादो आसन पियको आस न

कौन कौन दुख सहिलो मा।

बारा मास दुःख में गुजरे कौन कौन गम खइलो मा

दुखके दिन कौने दिन जइ हैं

कब सुखको निश अइलो मा ॥

पियके मौत काजमसे पूछतो कहा धीरजको गइलो मा

खट

चित मोरा पिय ओर के भरे अब को गगरी।

लागी लगन पिय ओर को जबतै

लोक लाज तबही बिसरो ॥

छूछी गगर धर जात डरे जिउ

कैसो पीत लगत करो डगरी ॥

श्रीरामदूताय नमः

लावनी—कलांगड़ा

हनूमान वीर ठंका जिनका मुलकोंमें डंका।

हुकम पाय कूदि गए लङ्का उठि जब रावणके शङ्का ॥

बड़े बड़े जोधा आए हैं स्वामी।

अखेकुमार माय्यो एक नामी ॥

बागे सब दिया उजारो।

लङ्का सोनेको जारो ॥

सिया सुध छिन में ले आए।

वीरवानो जब रिझाए ॥

मरजादा रखो समुन्दरको।

शिला सब तर गई पत्थरको ॥

सकत एक लागो लछमनकूं।

हुकम जब दिया पवनसुतकूं ॥

सजीवन लाय देहु हमकूं।

कि मुसकिल नहीं है यह तुमकूं ॥

दोना गिर ल्याया एक छिनमें।

के लछमन जगाय दिया पलमें ॥

कारज रघुवरके सारे।

सदा तुम भक्तनके प्यारे ॥

अञ्जनी पूत धन्य तुमकूं।

दुष्टनको संहार करो तुम मेहर करो हमकूं ॥

सहायक सदा रहो मेरो।

के दुसमन आवे नहीं नेरो ॥

श्रीवल्लभ चन्दकी मायासा।
के रघुवर मिलनेकी आसा ॥

लावनी—रेखता

गोरी एक बनो है हद वेश।
शिरपर लम्बे लटके केश ॥
आदासे चलो है सुख मोर।
अचरा दिया उरसे छोर ॥
श्रीमुख कोटि चन्द सा झलके।
मदभरो नैनांदो पलके ॥
नैनांमें श्याम फबरा कजरा।
हाथोमें बेलांदा गजरा ॥
मांग शिर मोतिनको सोहै।
गोरीका बांको है भोहै ॥
कानोंमें करणफूल ढलके।
शिर बिच शोश फूल झलके ॥
आड़ शिर सोहै केसरकी।
मोह्यो मन मोतो बेसरको ॥
शिर पर टीको यों लहके।
अङ्ग सब केतको जों महके ॥
गोरीके बेंदो फब रह्यो भाल।
आशिक पर डार्यो प्रेमदा जाल
भाल बिच हीरेको टीको।
दशननको चमक है नोको ॥
दांतोमें चुनोदो मिखें।
मिसोदो अजब बनो रेखें ॥
नासिका सुवासा राजै।
अधर लख किन्दरो लाजै ॥
नाक बिच सुन्दर है बारो।
ओढ़े कुसुम्भी सारो ॥
ठोढ़ो मद चुम्बको शोभा।
कपोल गाढ़ कामको गोभा ॥
गुलूबंद गलेमें सोहै।
बाजूबंद देखि मन मोहै ॥

गोरीको अजब बनो अंखियां।
मुखमें चबाय रह्यो बिडियां ॥
प्यारोको खूब बनो छतियां।
करमें हरो हरो चुरियां ॥
प्यारो कुच श्रीफल कर मइयां।
चकवा दोउ श्रीफलको सबियां ॥
हाथों हथफूल है भारो।
पोहोंचा बङ्गड़ोको छब न्यारो ॥
पावनमें मेंदो है प्यारो।
अङ्गुल्योंमें छल्लोंको न्यारो ॥
उदर परो ना न है रेखा।
नाभो गम्भोर छवि देखा ॥
प्यारो कटि केहरसो दरसे।
लहँगा रङ्ग सुहावना सरसे ॥
नारा रङ्ग हरा बना भारो।
गयन्द गति चलति मतवारो ॥
जङ्घा छवि कदलो का नाई।
अङ्ग बीच मदनका झांई ॥
कटिपर किङ्कनी राजै।
मधुर सुर मन्द कल बाजै ॥
चरण बिच जेहर कर रह्यो मोर।
अनवट त्रिभुवनको घनघोर ॥
पायल पग पायन यों झमके।
नखों छवि चन्दकला चमके ॥
एड़ो रङ्ग नारङ्गो नाई।
पगों तले कमलको झांई ॥
गोरीके अजब बने सब गात।
सुन्दर हँसि हँसि करतो बात ॥
गोरोने दर्पण लोना हात।
चहूंदिश सुर मुरके मुसिकात ॥
गोरीने सज सोहल सिङ्गार।
गले बिच मन मोतिनके हार ॥
नवेलो सङ्ग लिए सखियां।

१७५

दरख़्तों बीच फूलोंदी छड़ियां ॥
हुकुम श्रीवल्लभ का पाया ।
छन्द यह यारोंने गाया ॥
वल्लभ छन्द किया खासा ।
जुगल चरननको है आसा ॥

देवगान्धार—रेख़्ता

देखें कहीं नन्दके लाला । बतावो वंशीवाला ॥
मेरा जी उलझ गया आलो । टोना मोहे डारि वनमालो ॥
तजो मैं खान पानोरो । नहीं मेरो पोर जानोरो ॥
लगी दोय कानमें दूतो । नजो मोहे सेजमें सूतो ॥
विरहका बाण मारा है । कलेजा छेद डारा है ॥
सलोना सांवरा प्यारा । दृगन सों होय ना न्यारा ॥
ढूंढ़ा वन बाग बी सारा । मिला नहीं प्राणका प्यारा ॥
आलो कोई हरि मिलावोरो । मेरा कोई जीव बचावोरो ॥
देखे विन जीय तरफत है । नैनों बिच नोर वरषत है ॥
जहां होय कान्ह कारोरो । मुझे ले जाय डारोरो ॥
मेरो मन नाहीं मानैरो । लगी रट श्याम कान्हेरो ॥
अरज हरिदास प्यारे सों । मिलावो कान्ह कारे सों ॥
कृष्णानन्द आनन्दमें डोलै । वृन्दावन करता कलोलै ॥

कलिङ्ग

सांवरे गोविन्दने मन तो मेरा हर लिया ।
फिर गई तिरछी निगाह सोनेमें जादू किया ॥
मोर मुकुट की झलक वंशोकी प्यारो ललक
कानमें कुण्डल चमक झांको अजब गश किया ।
भौंह तावांकी कमान चलते हैं चितवनके बाण
रखता हूं मैं जाय प्राण सोनामें रस्ता किया ॥
गिरिधर का यह काम जपता हूं एक तेरा नाम
रखता हूं मैं आठो जाम हरिके चरण दिया ॥

जंगला

रूड़ी पैठ वालो न थी नाथ तू नेहु न मुरे ।
श्यामाटे न थी आव्या घेर आव्यां क्यां भम्युरे ॥
माहे मन नोन पुरो आसशाल हा क्यां विलम्युरे ।
कृष्णानन्दनू पामखे एणी पैर माझे जीय भम्युरे ॥

बरवा

वालहा आमि जाने तुमि रङ्ग रङ्ग सुरङ्ग छो रेलो ।
तुम निकले हो रङ्ग पतङ्ग छ वा निरमोही
न थइए दोनानाथजो रेलो ॥
वाला आमि जाने तुमि दरियाव छो रेलो ।
तुम निकले डंगरियां रानो हे ए वा निरमोही
न थइए दोनानाथजो रेलो ॥
एणी पेरे कृष्णानन्द विनती करे रेलो ।
श्यामा टे न थो आव्या माझे घेर है ए वानी रेलो ॥

२

धन वृन्दावन रूड़ु धामके धन जमुना नदीरे लोल ।
धन धन मोकलो यं सारूगासके
आठो भादरवा बदो रे लोल ॥
त्याहा प्रगव्या नन्द नन्दन आनन्द मन अति
घणीरे लोल ।
कृष्णानन्द जाय वलिहार उदयो व्रजचन्द तनो रे लोल ॥

कलिङ्ग

श्यामा थें न थो आव्यारे आव्या ।
वालहा तें तो जनम जनम ना माव्या ॥
रूड़ी पैठे लागो वालहा नीका ।
वालहा थें तो नन्दमहर ना कोका ॥
चन्दन घसहुरे नीका ।
माझे और लागे सब जग फीका ॥
म्हाझे घेर आवोरे रसिया ।
कृष्णानन्दने मन तुम वसिया ॥

२

धन धन रूड़ो व्रजदेशरे ।
वालहे माझे कीनो परवेसरे ॥
तैने जपे ब्रह्मा शेष महेश चलो श्रीजोनो दरशन
करिएरे ।
धन धन वृन्दावन धामरे धनधन गोकुलयूं गामरे
धन धन श्रीमथुरा धाम चलो श्रीनाथजीने जोइएरे ॥
वालहो नटवर वेश साजेरे रसरास करे है समाजेरे

सब गोपिनमें आप विराजि चलो० ।
माहे मनमें थयूं आनन्दरे निरखि रूप वृन्दावन चन्दरे
वारो जावे श्रीकृष्णानन्द चलो० ॥

धनाश्री

तारे चरण कमलनें हूं नमूं महारानीरे ।
वृन्दावन दे मोहे वास राधा रानीरे ॥
धन धन यह गोकुल गाम जो महारानीरे ।
धन वरसानो यह ठाम राधारानीरे ॥
धन नन्द गाम गोवर्द्धन महारानीरे ।
धन व्रज चौरासी धाम राधा रानीरे ॥
कृष्णानन्द जाए वारने महारानीरे ।
मुने श्रीकृष्ण मिलननी आस राधारानीरे ॥

२

नन्द नन्दन वृन्दावन चन्द प्रगट थयूं व्रज माहोजो ॥
अन्धकार सब दूर गयुं माहे
आनन्द भयुं मन याहोजो ।
रूड़ो पेठे लोलामृत जो गाने
कृष्णानन्दते वलवल जाहोजो ॥

गौरठ

माहे माटूं थयूंछे आनन्द आए सांवलिया
माहे मननो पूरो आस ।
मैं गाऊंरूड़ो तान
माहे मनमें छे अब ध्यान आए० ॥
सङ्खचक्र गदा पदम सोहै
निज भक्तजनको मन मोहै आए० ।
कृष्णानन्दने सुख पाया
राग रङ्गते घण जास्यूं आए० ॥

धानी

माहे मनमें थयुं आनन्दरे आज सोहलो ।
माहे घर आव्या व्रजनाथरे आज सोहलो ॥
पूरव्या मनना सबही काजरे
निरख्या नैना श्रीव्रजराजरे आ० ।
धन वृन्दावन मथुरा धामरे
धन धन गोकुलियो यह गामरे० ॥
कृष्णानन्द निरख व्रज चन्दरे
काव्या जनन जमना दुखदन्दरे आ० ॥

राग—मल्हार

आज आनन्द माहे अति घणु आव्या व्रजना नाथ
मङ्गल गाबूंरे ।
आजनो दिन रलियां उमानूं सर्बे पूरो
मननो बात मङ्गल गाबूंरे ॥
पलकन थो मग आमो भारस्यूं भेंट करूं माह्रो
नाथ म० ।
कृष्णानन्द जाए वारने धन धन माह्रा नाथ म० ॥

धानी

आज भोर हो माह्रा नाथजो आया छो म्हांरे द्वार जो ।
क्यां क्यां तुमो राता रम रह्या
कुड़ी नथो बोलो म्हांमे बात जो ॥
रूड़ी पेठे पोठे कङ्कनादा गोयो नैना तंबोल लखात जो ।
धरनी पगे तें डगमगस्यूं धगो कृष्णानन्द
झूठा सोहै खात जो ॥

राग—गौरी

टाड़े टाड़े माखन चोरो करो छो तुम प्रनारे ।
नेदाड़ाना आव्याछो म्हांरे हाथ जो
ओछारे तू नन्द अहीरनारे ॥
नन्दगाम सों कान्ह तुमो आवियारे मागे छे
महोड़ानो दान जो श्यामा टे एटलो घेरनारे ।
मथुराते ग्वालनो चलोरे कहीं माथेछे महोड़ानो माठ
जो बीच रोके छे नन्दनन्दनारे ॥
मागे छे जोबन दान जो ओछारे तूं नन्द अहीरना
कान्ह गढ़ सुरे ग्वालन उतारनारे ।
नहीं दे छे महोड़ा दान जो कृष्णानन्द जाए वारनेरे ॥

मटोयाल

माहे मोटूं थयूं छे आनन्द जो हरिना जन पावनारे
लोक ।

माझे मोतियां बुठ्ठे मेह हरिना जन पावणारे
लोल पुरवल्‌ उदयो छे पुख्य हरि० ॥
रूड़ी पेठे छापा तिलक शोभतां जो कण्ठे सुन्दरते
तुलसीनी माल हरि० ।
कृष्णानन्द आनन्द डोलतां वलिहारी जावे कृष्णजोना
माझे घणुं थयूंछे आनन्द जो हरिजनना
पावणारे लोल ॥

भूपाली

आनन्द माझे मन थयुं सखी निरख्याते नन्दना नन्दरे ।
अतीर्ति हरख्या आल्हादमें सखी
आव्या श्रीगोकुलचन्दरे ॥
नैनें ढाल निरखारे श्रीव्रजना नाथ श्रीगोकुलनाथ
गावो सखो आज सोहलो ।
घरघरते बन्दन माल सोभित गावें छे मङ्गलचाररे ॥
धा धा किटतक धुमकिट धा धिलाङ्ग
बाजि छे वीन मृदङ्गरे ।
बीच वसरी डफ झांझ झनकन गावें छे कृष्णानन्दरे ॥

लावनी

सुन रे मन क्यों फिरे भटकता
कर ले ध्यान जगदम्बेका ।
सुख सम्पत नित बढ़े पियारे होगा जनम सुफल तेरा ॥
बड़ा कठिन है मनुवा मेरे रस्ता प्रेमनगरकारे ।
समझ बूझ पग राख संभल कर
चाख प्रेमको रस प्यारे ॥
मधु जोबनमें फिरो दिवाना
कुछ नहीं ख्याल खबर तुजकों ।
औसर गया हाथ नहीं आवे
समै पाय मत गाफिल हो ॥
सुमर भवानी सब जग जानी
कहा भरोसा इस तनका ॥
प्रेम सखीकी रहे आसरा सदा उसके ही चरणनका ॥

२

जै काली कल्याण करे सन्तन प्रतपाली सदा खुशाली ॥
मङ्गल की सेवा सुन मेरी देवा हाथ जोड़ तेरे द्वार खरे ।
पान सोपारी ध्वजा नारियर ले ज्वाला तेरे भेंट करे ॥
बुद्ध विधाता तूं जगमाता मेरा कारज तूं सिद्ध करे ।
चरण कमल का लिया आसरा चरण तुमारे आन परे ॥
ज्यों ज्यों भीर परे भक्तनमें त्यों त्यों आनके सहाय करे ।
गुरुबारते सब जग मोहो चरण अनोखे रूप धरे ॥
मात होयके पुत्र खिलावे आप ही जननी सहाय करे ।
शुक्र सुखदाई सदा सहाई सन्तनके जय कार्ज करे ॥
ब्रह्मा शेष महेश सहसफनि लिये वेद तेरे द्वार खरे ।
तुमरी महिमा कबलग वरणों छिनमें संकट दूर करे ॥
वार सनीश्चरकूं का वरणों जब कालीका हुकम करे ।
खपर तसूल मखड़धारणी जब रक्तवीजकूं भस्म करे ॥
तेरो महिमा कब लग बरनूं महोषासुरको पकर दले ।
आदित्यबार सुनि आदि भवानी
अपने जनके दुःख हरे ॥
बड़े बड़े सब दानव मारे चण्डमुण्ड सब चूर करे ।
जब तूं देखे दयारूप होय छिनमें संकट दूर करे ॥
सोम सुभाव धरे मेरी मैया जबको अरज कबूल करे ।
सिंह पोठ पर चढ़ी भवानी अटल भवनमें राज करे ॥
दरसन पावे मङ्गल गावे सदासन्त तेरे ध्यान धरे ॥

२

कैसे करूं साजन पिया विन जाता है जोबन मेरा ।
कोन देशमें जाय विलम रहे नहीं आया दिलवर मेरा ॥
बार बार गजमोती परोए सुरत बनाए गुलदारा ।
चन्दबदन सा बदन जो उसका
हुवा बादलमें उजियारा ॥
छतोस पान का बीरा चावती नीर बरसता नैनोंमें ।
बाला जोबन मदनकी मस्ती पड़ गई प्यारे इश्कोंमें ॥
आसमान सो परी जो उतरी
ज्यों बीजल चमके बादलोंमें ।
सोले सिङ्गार बतीसों आभरण करके बैठी महलोंमें ॥
लावो जहरका प्याला पीजिए
अब नहीं जीवना मुल्कोंमें ।

बेदरदी सों प्रीत कर के नफा न पाया यारीमें ॥
मदनमोहन को आन मिलावें उन विन मेरा जीतरसे
रागरङ्ग सों तान सुनोंगी जासो हियरा अत हरसे ॥

४

खड़ी दरसन देखन को तिहारे दरसन दे जारे।
अरे जलदी आव मेरी जान सांवरे नैन मिला जारे ॥
विन दरसन मन मानत नाहीं जसोदानन्दवारे।
करना प्यार हमारे प्यारे अबहीं आ जारे ॥
तुम तो बड़े प्रवीन हमको किस प्रीत मारे।
अरे श्रीवृन्दावन-चन्द-विलासी पूरन अवतारे ॥
यही चाह चित बढ़ी उमंग उर टरत नहीं टारे।
मिलिये धाय धाय पिय अपने मोहन मतवारे ॥
करिए केल कुञ्ज कुञ्जनमें गहर गहर वन टारे।
ख्याल खुशाल भये अंग अङ्गमें वेग हो प्रगटारे ॥

तथा रागसागर रचिते

प्रथम भए रवनो बस प्यारे विस्वके उदे आए
राम खिरिया खात।
बिबस भए देखियत गात अदेशकार कौन तोय
ललित वचन बोलत हो तुतरात ॥
वेला वेर बीत गई आली आस पूज गई देव
गरीब नवाज का को भी सङ्कम खट पट भई रात।
दे शाख सुघर तोय सुधा वस्त्र पहर खड़ो
सुघराई जानि परात ॥
हम आसवारी सारी रैन तुम देवगन्धारी गावत
गुजरी सुन बीती परभात।
तोड़ी हमसों प्रीत जोनपुर वसत है नवल तोय
दे शीख उने जाय लाचार हो बहादुरी डरात ॥
जङ्गल जङ्गल ढूंढ़त हारी झिझवट जिन करो
मेरे प्यारे आसा जोवत विहात।
सारङ्गनयनी पास जावो मधु माधवी बड़ हंसनो
सामन्त प्यारे वृन्दावन मध दहां लङ्क दहात ॥
धन धन श्री मूलतान मन्त्र पढ़ डाम्यो अभी मैं
पल छन निरखत तुमको पुरिया बड़ भाग गात।

जैतश्री वाको पूरब पूरे पुण्यफल जाको पूरवा लखात ॥
मार वाने दई है कामको श्रीमहाराज
गोरो गोरी टंकगत।
एमन होत कल्याणको चाहत भूपाल बड़े
हमीर पूरी रात ॥
को मोदीयत कर छाया पग डगमगात।
ऐहात जभात बहु नायक हो जु कान्हर बागे कमरो
कण्ठमाल कौस्तुभमणि महाना बोल सुहात ॥
वाके दरबारमें गए बहार करन झिंझोटे
पांचमे वसत हो भंवर नाम कहात।
विहागत भई मेरी खम्भा पकर ठाढ़ी रहत
पर जो दुख बीतो मारू कासे कहूं बात ॥
सो रटन लागो सास मेरी जय जय बनियां करार कर गए
सोहनी मोहनो कर घात।
मोहि अहीरी जान गोकुल ग्वालिया एराको चाल
चलत कलङ्क छांड़ कहीं जात ॥
कपोल कहां पीक लागो जानि है जु जानो दीपक
चन्द प्रकाश भए नीलाम्बर आढ़ आए कलि
गये अवध दे रात।
हे घनश्याम मोलार नटवर हैं वाहीके गोड़े पग धरात ॥
बांके श्रीविहारी लहर लोम पहाड़ पै
कङ्कन गड़ात खड़ो ता नायकाको बात।
बेजु बावरो गावरी हितू हितारी रागसागर गावत
तीन तिलक शिर मांझ देखात ॥

इति रागसागर

सोरठ

मेरा दिल है बेक़रार सांवनमें पी तू आ जा।
कारी घटा डरावे विरहा मुझे सतावे
तेरा है इन्तज़ार सा० ॥
कोयल कुहुक सुनावे बिजुरी चमक देखावे
बरसे है बारबार सा० ।
बोले हैं दादुर मोर करते हैं झींगर शोर
बरषा नई है बहार सा० ॥

१७६

वेताब हूं सुन ए दिल भाता नहीं कुछ तुम बिन
आंसू है ज़ार ज़ार आ० ॥

२

परदेशी पो कब आवेंगे वमना सगुन बिचार।
कारो घटा सब छाई नदीयां सबो भर आई
पड़ने लगो फुहार ॥
सुनियो वीर बटोही पियासों कहियो यों हो
रोती है ज़ार ज़ार ॥

३

केसरिया बालम राज तू म्हांरे डेरे होता जा।
सेज दिलकी सूनी है सोनेके मन्दिरमें
चैनो खुसो पाई न कहीं विरहा नगरमें
यह हुस्न मुलक उन बिना होता है तराज तू० ॥
पण्डित जो पूछती हूं ब्रह्मा जोत बामना
कहो शुभ घरी सीं आवे सजन मेरे आंगना
सदका माता आवे मेरे वस्लका सिरताज ॥

सोरठ

निगह वह तीर जिसको है ज़ुल्फ़ ज़ञ्जीर जिसको है।
फिरश्ते देखकर हैरां कि यह तसवीर जिसको है॥
कन्हैया हुस्नका सागर लहर गम्भीर जिसको है।
अजब महबूब है बांका अदा शमशीर जिसको है॥
मरे आशक़ जिलाने को हंसी अक्सीर जिसको है।
सलोना सांवरा प्यारा कि राधा मीर जिसको है॥
तगाफ़ुल ऐसे सुन्दर पर बड़ी तक़सीर जिसको है॥

२

छवि देखि कन्हैयाकी दिल हो गया दीवाना।
ज्यों गुल पर भ्रमर घूमे ज्यों शमा पर परवाना॥
ज्यों चन्दमें बादल तैसे ज़ुल्फ़ोंका घुमड आना।
वह बांकी निगाहें और कछु मन्द सा मुसकाना॥
वह सांवरे तन ऊपर गहनोंका झमक आना।
ज्यों श्यामघटा भीतर बिजुलीका तड़प जाना॥
ज्यों कृष्णका दरसाना ज्यों राधिकाका आना।
यह दोनोकी छब ऊपर सुन्दर हुवा कुर्बाना॥

करुणानिधान सुनिए कछु करुणा कान्ह मेरो।
निशदिन रट लाग रही है जिय मांझ याद तेरो॥
प्रह्लादके हितकारो। खम्भ फार देहधारो॥
नृसिंह नाम पाए। सब सन्तनके मन भाए॥
गजको जो अरज मानो। सो तो अविदित वानो॥
ग्राहके जो फन्द काटे। अघ कोट कोट डाटे॥
जुग जुग पतित तारे। कवि गिनत गिनत हारे॥
टुक मेरो ओर देखो। तुम सोवत हो के जागो॥
मैं बार बार टेरों। टुक बाट तिहारो हेरों॥
महाराज अवध-विहारो। मिल राम सखो बलिहारो॥

भगवत्स्तुति

करुणामृतैकजलधे शृणु कृपया मे सुवाचम्।
करुणासुनोसि साधो, कमलेश दीनबन्धो,
प्रह्लादमेव पातु, दितिजासुरं निहन्तु,
कृष्णानन्दं पातु लक्ष्मीपते शरणं त्वम्॥

२

भुवनगुप्तये ब्रह्मणार्चितम्,
दशरथालये व्यक्तिमागतम्,
जनकनन्दिनीलक्ष्मणान्वितम्,
भज मनः सदा राममद्भुतम्।
कमललोचनं पापमोचनम्
स्वजनरञ्जनं दुरितभञ्जनम्,
षड्रिपुमर्दनं बुद्धिवर्द्धनम्
भज मनः सदा राममद्भुतम्॥
अमरकिन्नरैः सिद्धचारणैः
मुनिभिरर्चितैरप्सरोगणैः
परमविद्यया स्वेच्छया चितं
भज मनः सदा राममद्भुतम्॥

३

अच्युतं केशवं रामनारायणम्
कृष्णदामोदरं वासुदेवं हरिम्।
श्रीधरं माधवं गोपिकावल्लभम्
जानकीनायकं रामचन्द्रं भजे॥

स्वरजं शेषपं सत्यभामाधवं श्रीपतिं श्रीकरं
राधिकाराधितम् ।
इन्दिरामन्दिरं चेतसा सुन्दरं देवकीनन्दनं
नन्दजं संदधे ॥

विष्णवे जिष्णवे शङ्खिने चक्रिणे रुक्मिणीनायक
जानकीवल्लभे ।
वल्लभी-वल्लभायान्विताय ात्मने कंसनिध्वंसिने
कृष्ण केशिहृते असुरनिकन्दिने ॥

कृष्ण गोविन्द हरे भक्तपते नरहरे
वनमालिन् विठ्ठल वृन्दावनचन्द्र हे ।
द्वारकानायक द्रौपदीसहायक
असुरविदारक यशोदानन्द हे ॥

राक्षसादर्पित सीतया शोभित
लक्ष्मणेनार्चित वानरै सेवित
सर्व्वविश्ववन्दितागस्तिना पूजित
राघव-रावणमस्तकछेदन हे ।

धेनुकारिष्टकानिष्टकृत् प्राणदूत
भूमिभारदूरकृत् गोब्राह्मणपालन हे ॥

इति श्रीकृष्णानन्द-व्यासदेव-सङ्कलित रागसागरोद्भव सङ्गीत-रागकल्पद्रुमे
मृदङ्गमालो-खयाल-कहरवा-दादरा-बिहारी-सोरठ-रेखता-गज़लियात
धनाश्रमादि रङ्गीन गान सम्पूर्ण ।

—•—